蘭溪道隆禅師全集

第一巻

蘭溪和尚語録

佐藤秀孝
舘隆志
共編

大本山建長寺

題字御染筆　建長寺派管長　栢樹庵

吉田正道

国宝　建長寺所蔵　蘭渓道隆（大覚禅師）頂相

縦一〇四・八×横四六・四糎

建長寺所蔵　覆宋五山版『蘭渓和尚語録』

縦二二・八×横一六・一糎

裏表紙(上巻)

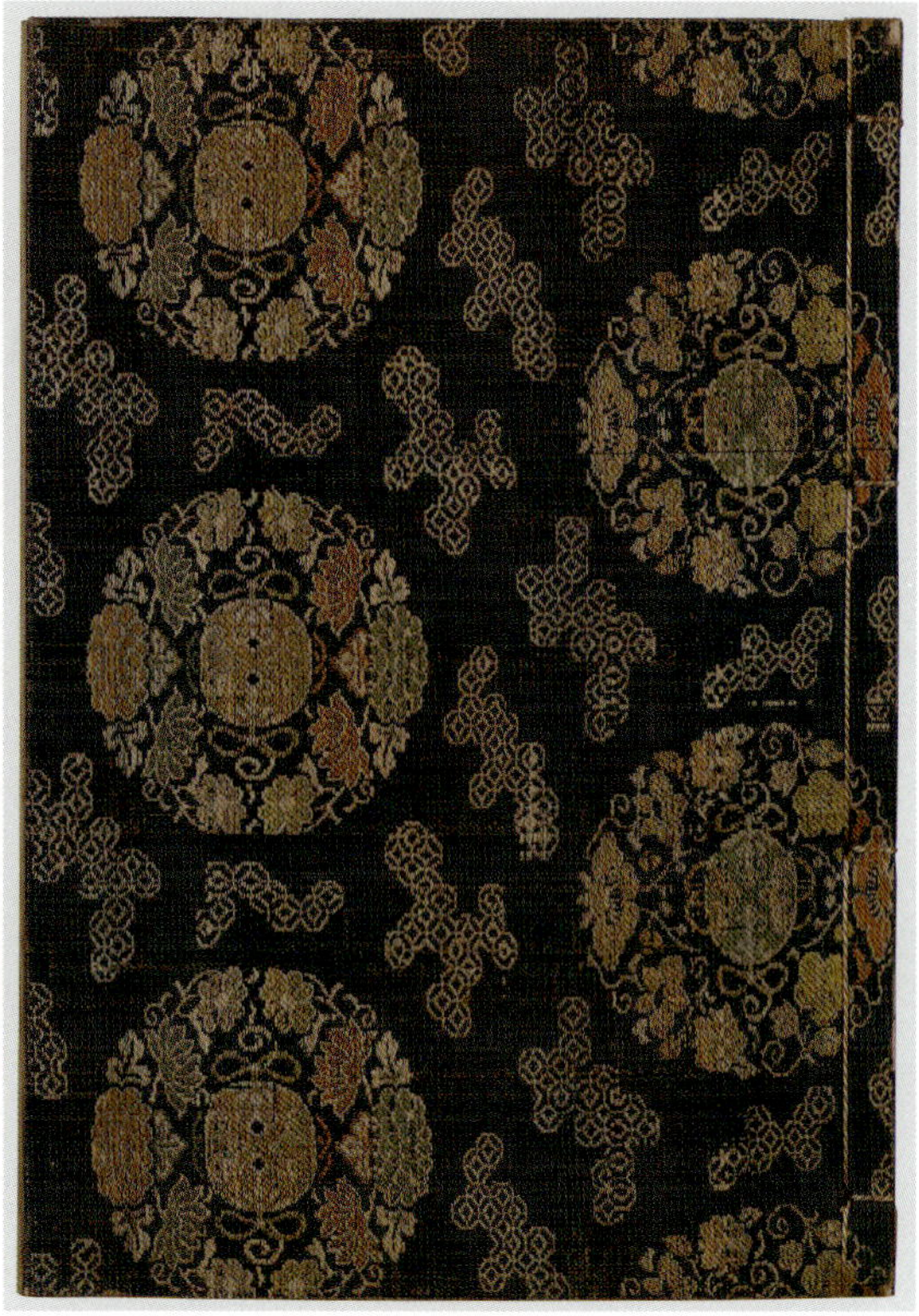

表紙(上巻)

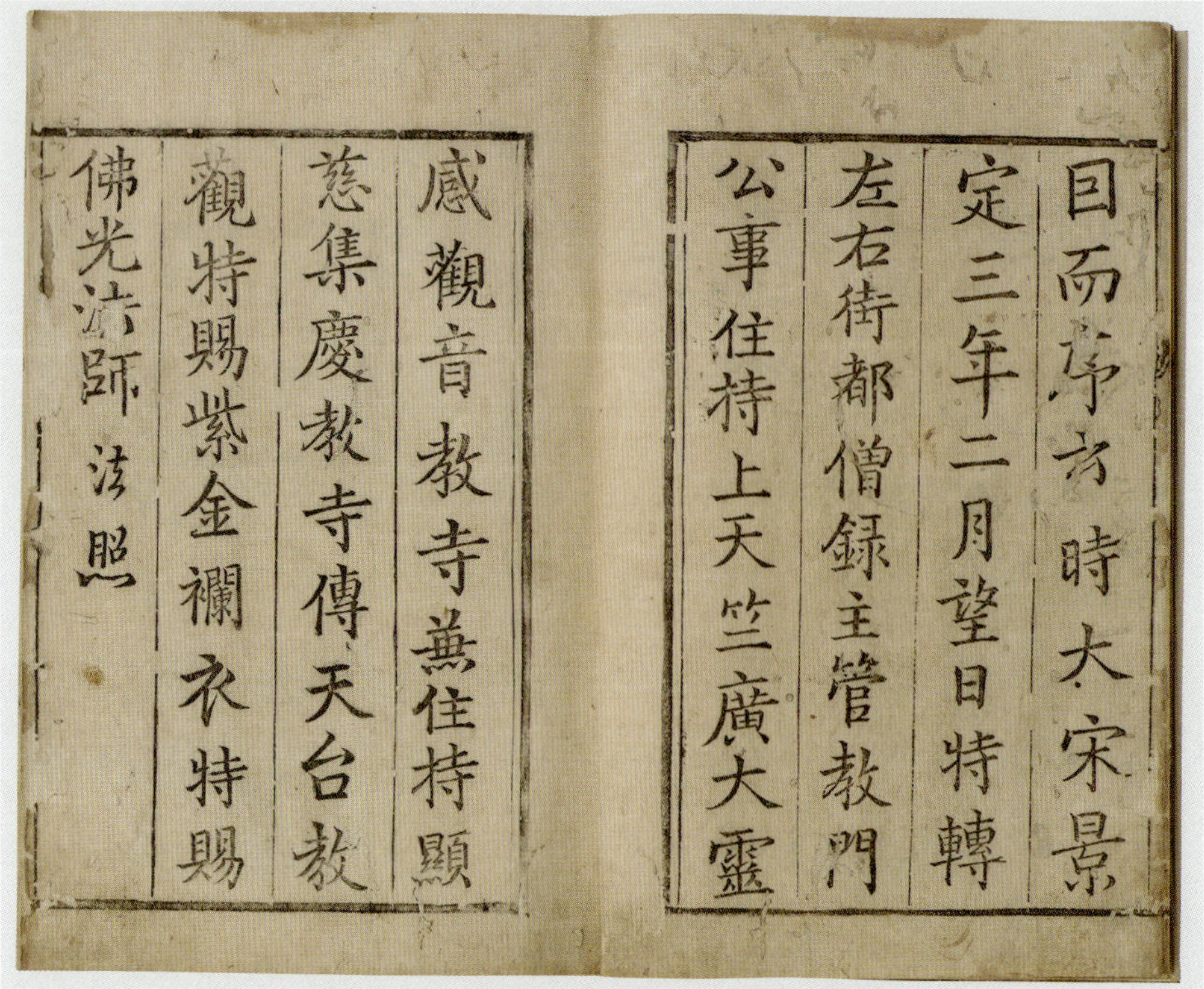

曰而序之時大宋景
定三年二月望日特轉
左右街都僧録主管教門
公事住持上天竺廣大靈
感觀音教寺兼住持顯
慈集慶教寺傳天台教
觀特賜紫金襴衣特賜
佛光法師　法照

晦巖法照(仏光法師)の序文

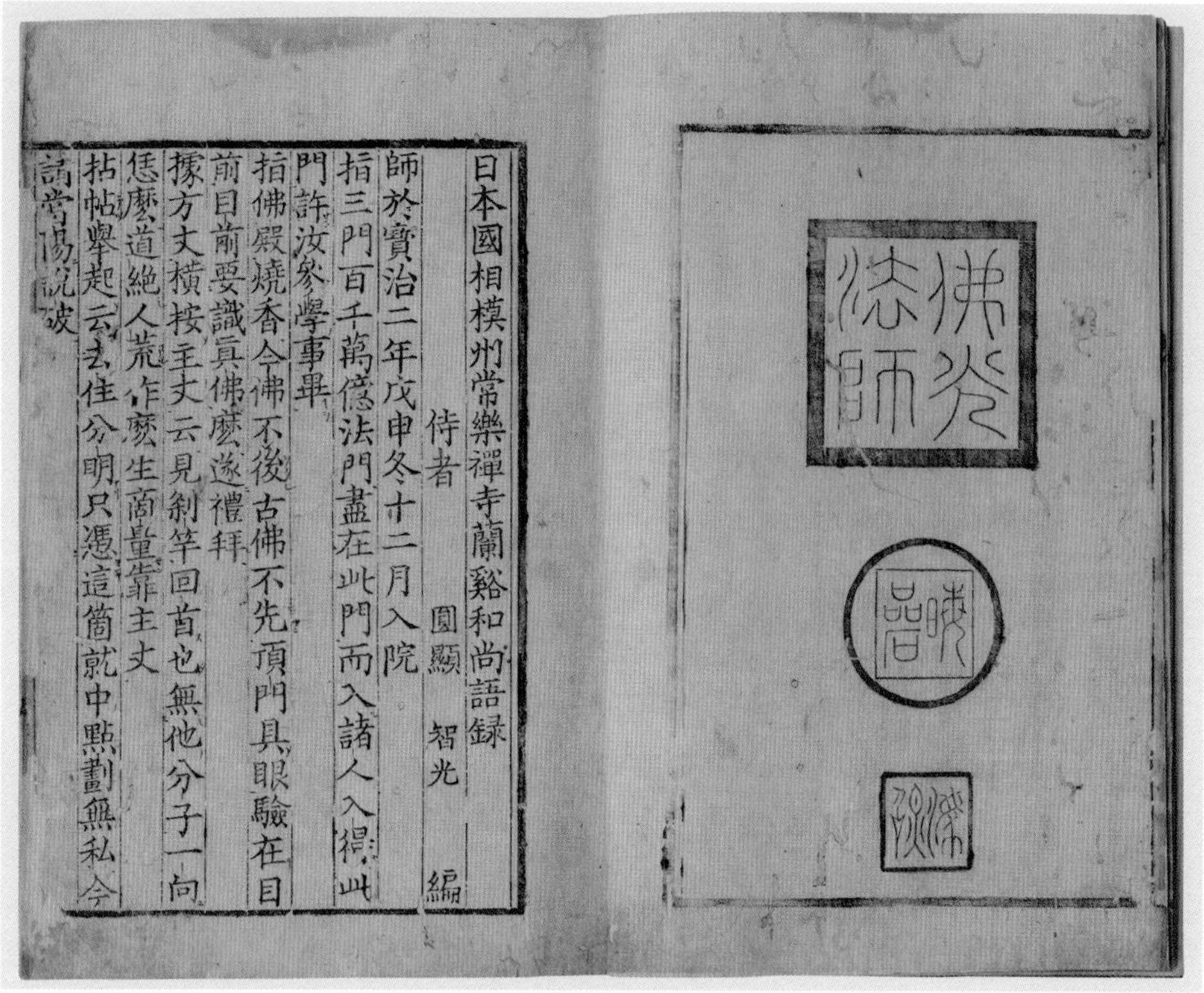

佛光法師

日本國相模州常樂禪寺蘭谿和尚語録
侍者　圓顯　智光　編
師於寶治二年戊申冬十二月入院
指三門百千萬億法門盡在此門而入諸人入得此
門許汝參學事畢
指佛殿燒香今佛不後古佛不先頂門具眼驗在目
前目前要識眞佛麼遂禮拜
據方丈橫按主丈云見刹竿回首也無他分子一向
恁麼道絶人荒作麼生商量靠主丈
拈帖舉起云去住分明只憑這箇就中點劃無私今
請當陽說破

常楽寺語録・冒頭部分

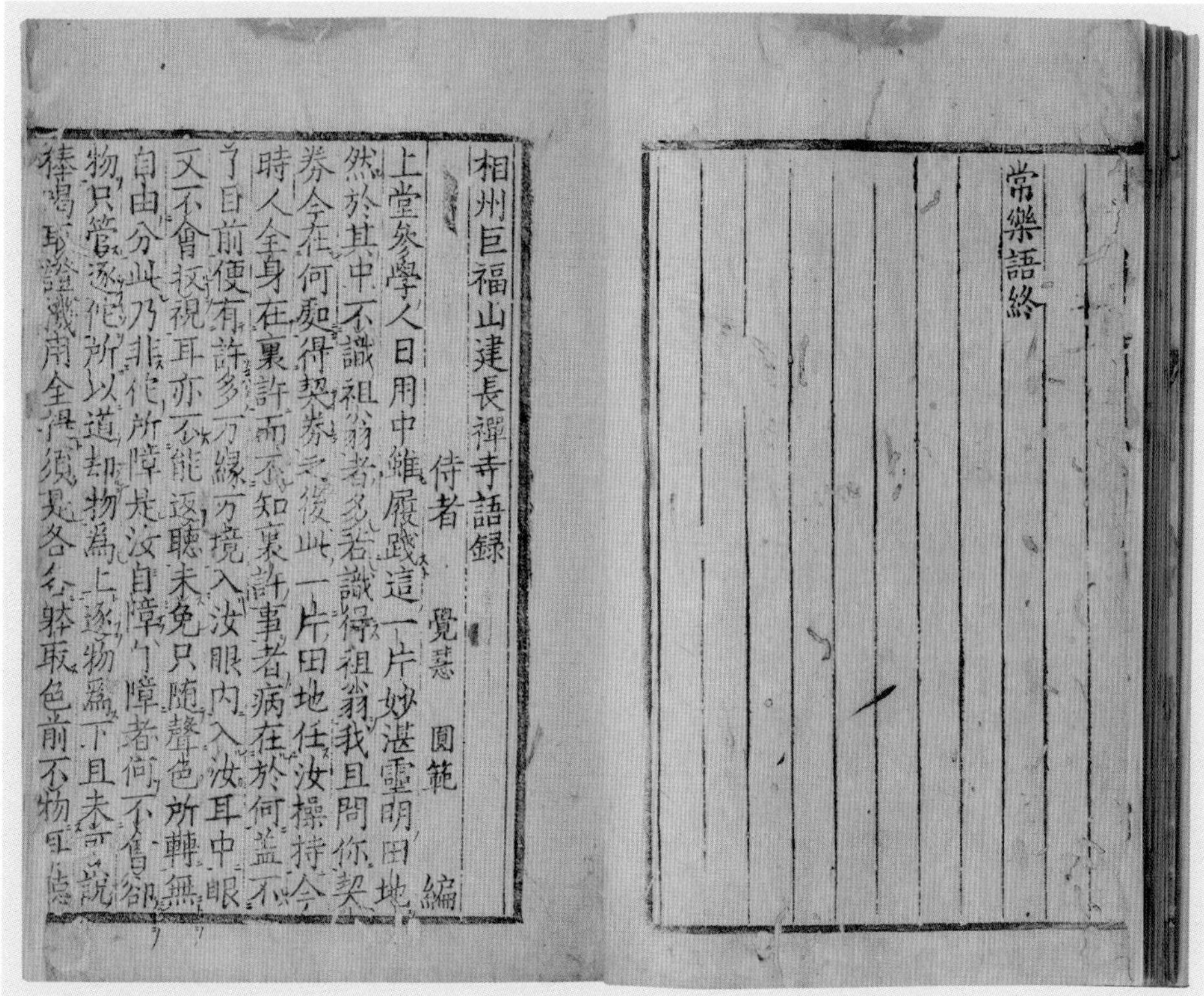

常樂語終

相州巨福山建長禪寺語録
侍者　覺慧　圓範　編
上堂參學人日用中雖履踐這一片妙湛靈明田地
然於其中不識祖翁者多若識得祖翁我且問你契
券今在何處得契券之後此一片田地任汝操持今
時人全身在裏許而不知裏許事者病在於何蓋不
了目前便有許多万緣万境入汝眼內入汝耳中眼
又不會返視耳亦不能返聽未免只隨聲色所轉無
自由分此乃非他所障是汝自障个障者何不曾卻
物只管逐他所以道却物爲上逐物爲下且來旨說
待渴取證識前全體須見各各躰取色前不物宜意

建長寺語録・冒頭部分

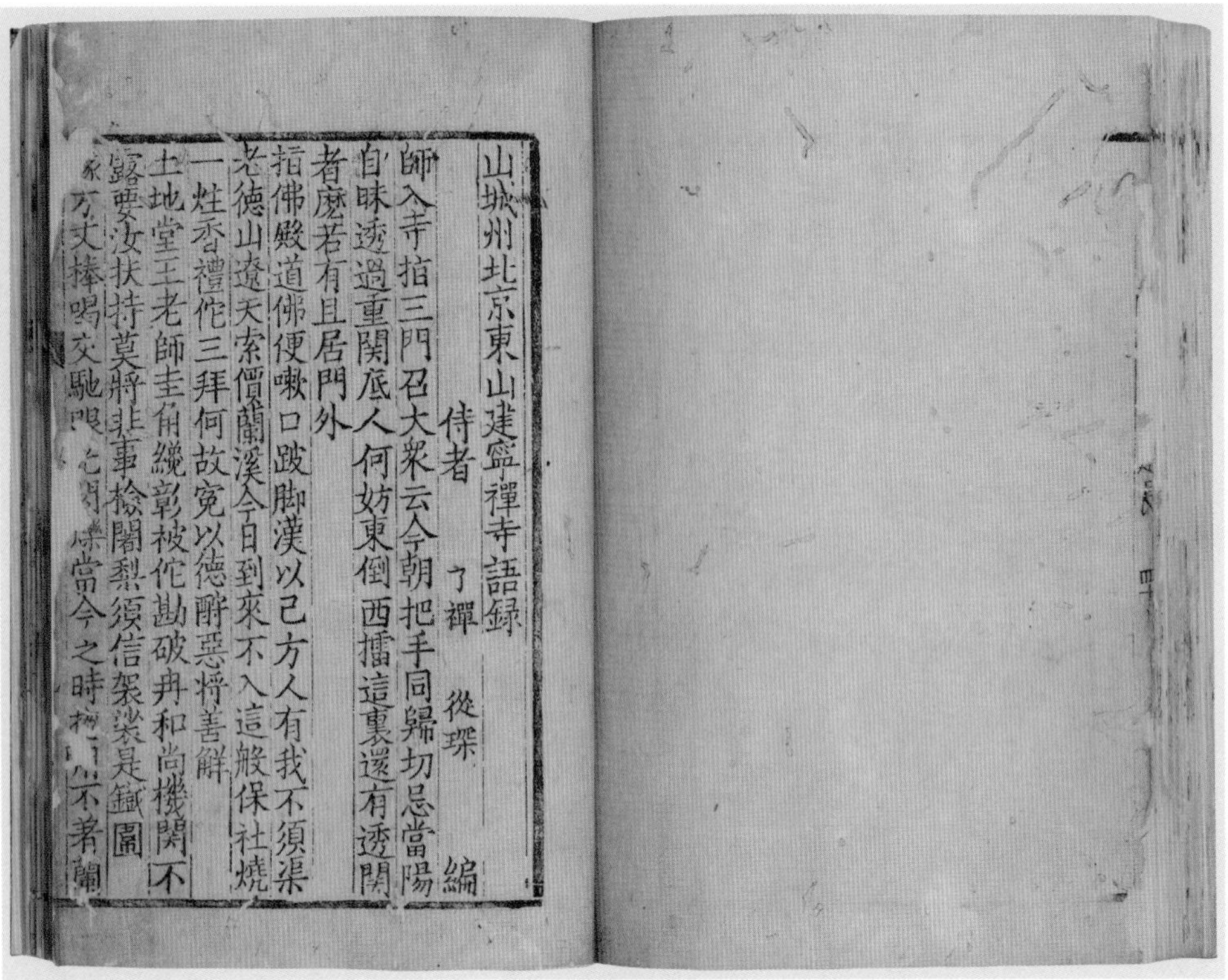

建仁寺語録・冒頭部分

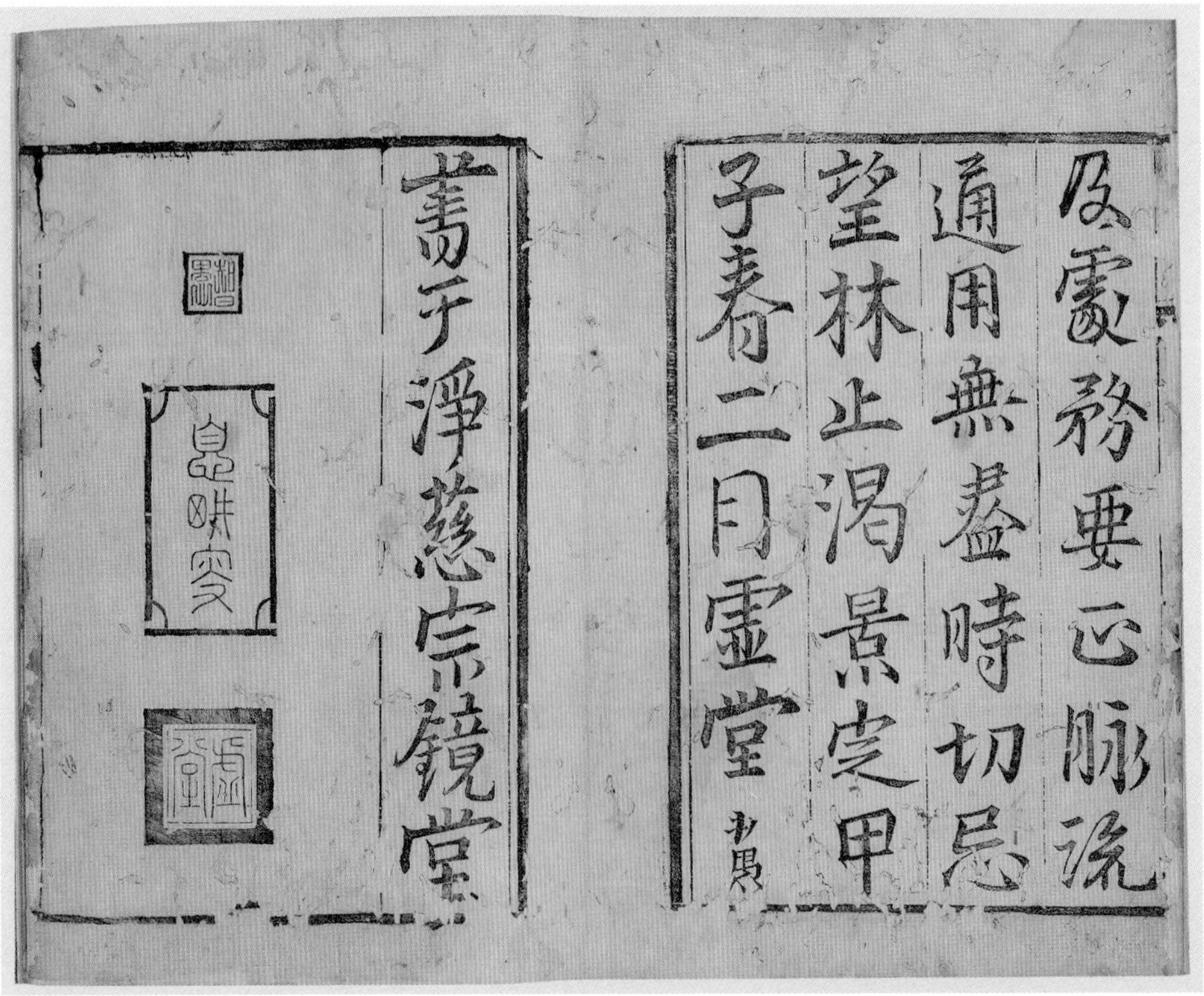

虚堂智愚の跋文

序言

建長寺派管長　栢樹庵　吉田正道

私が御縁をいただいて当時の管長であった中川貫道老師のお手伝いとして同契院に入山したのが昭和五十九年（一九八四）の四月六日、管長に就任したのは昭和六十二年（一九八七）のことですから、すでに三十年の歳月が経過しています。この間、建長寺では平成十五年（二〇〇三）に建長寺創建七五〇年の大行事があり、東京国立博物館で「〈建長寺創建七五〇年記念特別展〉鎌倉―禅の源流」の展示が行われました。これをもとに毎月一回の鎌倉禅研究会が開催され、本年、百回をむかえることになりました。また近年では、平成二十五年（二〇一三）に開基大檀越の北条時頼公の七五〇年遠忌が挙行され、鎌倉国宝館で「〈没後七五〇年記念特別展〉北条時頼とその時代」の展示も行われました。そして、平成二十六年（二〇一四）は御開山の蘭渓道隆禅師（大覚禅師、一二一三～一二七八）の御生誕八〇〇年を御祝いする法要が営まれることになりました。

建長寺に入山して以来、私は蘭渓禅師が示された『蘭渓和尚語録』（江戸期に『大覚禅師語録』として再編）を中心に『蘭渓坐禅儀』『大覚禅師坐禅論』『法語規則』などに親しく接することができました。摂心中の講座提唱に際しては『無門関』『碧巌録』『臨済録』などの宗門七部書は勿論のこと、『蘭渓和尚語録』も提唱させて頂きました。現今も建長寺で行っている一般大衆向けの坐禅会などでは、専ら『大覚禅師坐禅論』を講説して、参加して下さる方に〞坐禅〟を解きほぐし説明しています。

蘭渓禅師は四川省涪州《ふしゅう》（現今の重慶市涪陵区）の出身であり、長江を下って江南各地の禅林で久しく参禅学道を経て、無明慧性禅師の印可を得られました。その後、縁があって寛元四年（一二四六）に鎌倉時代の日本に渡って来られたのです。南宋時代といえば、浙江の五山十刹を中心に禅宗文化が昇華凝縮された時代であって、各祖師方には多くの語録が残されています。また、児孫に対して行った説示はきわめて細やかでありました。蘭渓禅師が日本に渡る機縁となったのは、寧波《にんぽう》（浙江省）の天童山景徳寺などで修行していた折に日本僧と交友を持ち、異境の地、日本に対して関心を持たれたことに端を発しています。

建仁寺開山の栄西禅師は、『興禅護国論』に付される『未来記』の中で「我が滅後五十年にして禅宗大いに世に興らん」と述べておられます。蘭渓禅師より先には、栄西禅師・道元禅師・聖一国師らが日本に禅宗を伝えておられますが、中国禅僧として直接に日本に禅を伝えられたのは蘭渓禅師が最初です。鎌倉時代の中期以降、多くの日本僧と中国僧によって日本の禅宗は盛大となり、日本文化の底流として今日に及んでいます。

坐禅辨道こそは、禅宗の本分であり、とりわけ蘭渓禅師は坐禅を重んじられました。いまも建長寺の僧堂では、雲衲が四六時中坐禅に徹し、三年、五年、あるいは十年なりとただ黙々と坐りつづけており、それが蘭渓禅師の宗風でありました。蘭渓禅師が鎌倉に来られたことにより、鎌倉の地に本格的な禅宗寺院として巨福山建長寺が成立したのであり、それが縁となって日本国中に多くの禅寺が建立されることとなりました。

蘭渓禅師は日々にわたって建長寺で説法されましたが、その説法を記録したのが『蘭渓和尚語録』です。そこには蘭渓禅師の目指された禅の世界が凝縮されています。語録は数百年の歳月を越えて蘭渓禅師を目の当たりに拝することのできる貴重な珠玉集です。

この度、佐藤秀孝・舘隆志両先生を中心に駒澤大学大学院生や有縁の方々の御尽力により、御開山の『蘭渓和尚語録』を収めた『蘭渓道隆禅師全集』第一巻が刊行されますことは大変に悦ばしい限りです。本書は語録原本を影印で掲げ、原文翻刻・脚注付き読み下し・補注・解題・索引を併載し、本文が細部にわたって読み解かれている訳注本です。その労は筆舌に尽くし難く、まさしく蘭渓道隆禅師御生誕八〇〇年にふさわしい紙碑であります。

建長寺は平成四十年に開山蘭渓道隆禅師七五〇年遠諱を迎えます。本書の発刊が、開山様が日本禅の先駆けとしてその足跡を日本に示されたことが解明される基礎文献として、さらに、蘭渓禅師研究あるいは鎌倉禅研究の進展に大いに貢献して頂ければ幸いであり、また広く建長寺と蘭渓禅師に思いを寄せる方々に一読して頂きたく念願する次第です。

平成二十六年七月二十四日、蘭渓禅師の忌日に、建長寺西来庵に於いて

目次

序言……建長寺派管長　栢樹庵　吉田正道

『蘭渓和尚語録』影印と翻刻

序文……1
日本国相模州常楽禅寺蘭渓和尚語録……4
相州巨福山建長禅寺語録……13
山城州北京東山建寧禅寺語録……60
頌古……74
偈頌……78
普説……80
法語……91
常楽寺小参……115
建長寺小参……118
建寧寺小参……142
仏祖讃……149
小仏事……151
跋文……158

『蘭渓和尚語録』訓註

序文……167

日本国相模州常楽禅寺蘭渓和尚語録……168
相州巨福山建長禅寺語録……182
山城州北京東山建寧禅寺語録……265
頌古……289
偈頌……296
普説……300
法語……317
常楽寺小参……355
建長寺小参……361
建寧寺小参……402
仏祖讃……413
小仏事……418
跋文……429

補注……431

『蘭渓和尚語録』解題……駒澤大学・花園大学兼任講師　舘　隆志……545

あとがき――『蘭渓和尚語録』訳註本の発刊に寄せて――……建長寺派宗務総長　高井正俊
あとがき……駒澤大学教授　佐藤秀孝
索引

『蘭渓和尚語録』影印と翻刻

凡例

■これは建長寺所蔵の覆宋五山版『蘭渓和尚語録』（以下、建長寺本）について、上段に影印、下段にその翻刻を載せたものである。

■覆宋五山版の建長寺本の翻刻に際しては、できる限り厳密に翻刻することを目指した。

■建長寺本で虫損している文字や、建長寺本では判読しづらい文字などについては、同じ版木で刊行された内閣文庫所蔵『蘭渓和尚語録』の当該箇所を確認して翻刻の文字を補った。

■また最下段には、文政十年（一八二七）刊『大覚禅師語録』（以下、文政本）と、それに基づいて活字化された『大正新脩大蔵経』第八十巻所収『大覚禅師語録』（以下、大正蔵本）との対校を収録した。

■最下段の対校に際しては、文政本を①とし、大正蔵本を②として記した。文政本を対校に用いる理由は、それが最も流布した版本であることと、それに基づいて翻刻されたものが大正蔵本に収録されていることによる。特に大正蔵本との対校は、研究者への便宜を計るものである。

■対校の文字に対しては、対校が存在する文字の右下に「＊」を付し、下段に対校文字を記した。同一丁内に同じ対校文字が他にも存在する場合は、「＊」のみを付し、下段の対校文字については省略した。

■基本的には建長寺本の翻刻に合わせる形をとり、文政本と大正蔵本の対校は最小限に止めた。

■字形がほとんど同じ漢字は、あえて翻刻や対校ではとらなかったものもある。建長寺本では「者」「辶」「殳」「礻」となっているものが、文政本や大正蔵本ではそれぞれ「者」「辶」「殳」「示」または「ネ」に統一されているが、これらは一つ一つ対校はしていない。

■「著」と「着」に関しては異体字が多く、「著」として統一して翻刻した。

■ほかにも、あえて対校しなかった文字に関する主だった用例を挙げれば、次のごとくである。

徳—徳　隆—隆　明—明　黄—黄　漢—漢　難—難　益—益　麼—麼

異—異　埀—垂　猶—猶　平—平　坐—坐　座—座　尊—尊　蹲—蹲

卽—即　閲—閲　歴—歴　高—高　岐—岐　直—直　禅・禪—禪

禪忍秤*三會*語録*請*
序於*余余觀其略曰
寒巖*幽谷面面廻*春
此土他*邦頭頭合轍故

囘*而序云時大宋景
定三年二月望日特轉
左右街都僧*録*主管教*門
公事住持上天竺廣*大靈

*②稡　*②會　*②錄　*②請
*②於
*②巖　*②迴
*②地
*②因
*②僧　*②敎
*①②廣

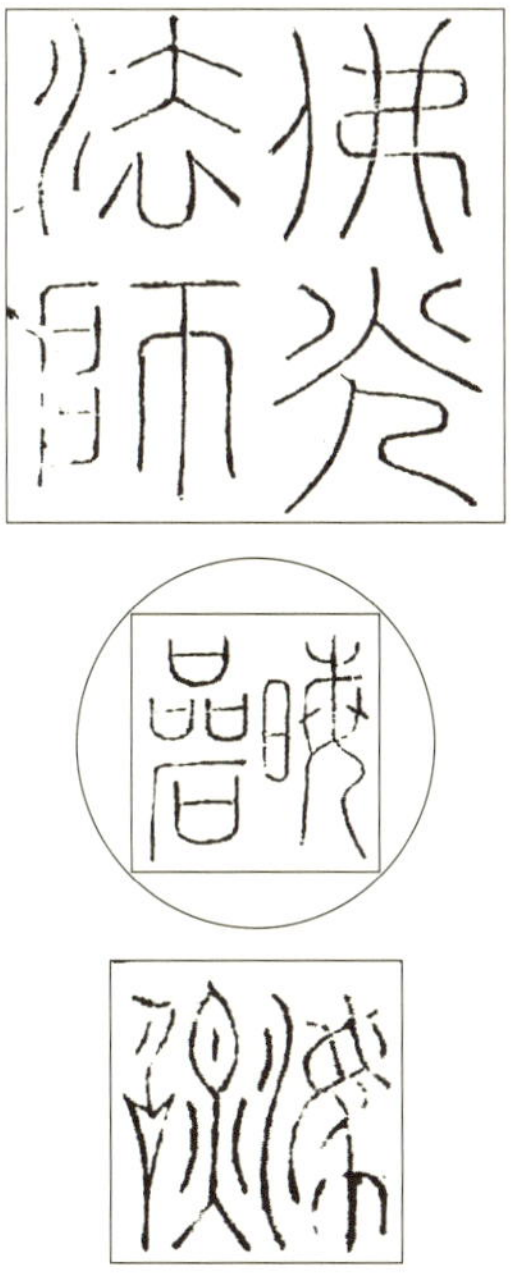

感觀音教*寺蒹*住持顯
慈集慶教*寺傳天台教*
觀特賜紫金襴衣特賜
佛光法師法照*

＊②敎　＊②兼
＊②照

1

日本國*相模州常樂禪寺蘭谿*和尚語録*
侍者　圓顯　智光　編
師於寶*治二年戊申冬十二月入院
指*三門百千萬億法門盡在此門而入諸人入得此
門許汝參學事畢
指*佛殿燒香今佛不後古佛不先頂門具眼驗在目
前目前要識眞佛麼遂禮拜
擧*方丈横按主*丈*云見刹*竿回*首也無他分子一向
恁麼道絶人荒作麼生商*量靠主*丈*
拈帖擧*起云去住分明只憑這箇就*中點*劃無私今
請*當陽説破

指*法座盡大地作一法王座未稱全提拈須弥*山為*
一片舌頭豈充宏辯雖然仁義道中畧*通一線騾歩
登座祝
聖拈香此一瓣香恭為*
两*國*至尊用祝三祇*刼*壽*恭*願懋昭大德宏濟群*生
垂*拱而四海清*平無為*而萬邦入貢
次拈香此香得處*親切久*矣珎*蔵*快便*難逢不妨拈
出奉為*前住大宋國*平江府陽山尊相禪寺臨濟正
派松源嫡嗣無明大和尚爇*向鑪*中疇*恩*報德就*座
索話世上休云無伯樂車前孰為*没驊騮知音自有
知音識爭*把黄金喚*作鍮*問荅*罷

*①②國　*①②溪　*①②録
*①②寶
*①②指
*①②擄　*②拄　*②杖
*①②刹　*①回
*①②商
*②擧　*①②就　*①②點
*①②請

*①②彌　*①②爲
*①②略
*②兩　*②祇　*①②劫
*①②壽　*①②恭　*①羣
*①②垂　*①②淸
*②處　*①②久　*①②珍
*①②藏　*①便
*②爇　*①②鑪　*①②疇
*①②恩
*①②爭　*①②喚　*②鍮
*①荅②答

乃云明施妙畧*寒巌*幽谷面*面*廻*春暗展玄機此土
他邦頭頭合轍既然合轍便*見動與止俱止無動法
動静*二相了然不生咄要入祖庭且居門外須知有
未移寸歩之前已到東國*不動道場之際遍歴河沙
於此明得坐微*塵裏轉*大法輪有生蒙利益向一毫
頭現寶*王刹*何地不含*融*如是則此山作主在我行
持彼處*為*賓暫停戈甲有時恁麼三頭六臂無奈他
何設或不然千手大悲摸索不著然雖如是這裏還
有同心合力濟險扶危*者麼頑*視左*右云幸有東勝
和尚常樂東堂彼若扶頭我便*接尾人人似虎*靠山
箇箇如龍得水卓拄*杖*報盡*皇恩*與佛恩*無限清*風*

2

來未已叙謝不録*
復擧*乳源和尚僧*問如何是祖師西來意源云即今
是甚麼時節出頭來師云乳源一向把定水泄不通
僻見邪徒教*誰化導山僧*即不然今日或*有人問如
何是祖師西來意只向他道袖裏握鏌鎁鋒鋩渾不
露要見分明更*聽一頌掀飜*海嶽覔其人百偽*如何
掩一真*會*得西來端的旨少林花木又重新撃*拂子
下座
謝新舊*兩*班上堂東拄西撐無新無舊*只要諸人各
出隻手扶竪*正宗功不朽功不朽金毛獅子鮮*飜*身
拽轉*南辰安北斗

---

*①②略 *①②巖 *①②面
*①回②回
*①傻
*①②静
*①②國
*①②微 *①②轉
*①②寶 *①②刹 *①②含
*①②融
*①②處 *①②爲
*①②危 *①②顧 *①②左
*①②虎
*①主 *①丈 *①②恩
*①②清 *①②風

*①②録
*②擧 *①僧②僧
*①②教 *①②或
*①耍 *②翻 *①②僞
*①②眞 *①②會 *①②撃
*①②舊 *①②兩
*①豎 *①②解

3

上堂道非遠而行之必至事在易而懼之則難所以
十方叢*林十方人建立山僧*住持此間只要與諸人
同究佛祖無上妙道報答三有四恩*真*實有道念者
四威儀中身心自然安樂不被外物所移如今參禪
不知滋味者凡坐時便*見千辛萬苦昏*散俱生昏則
一向無知随*夢而轉*散則多端雜*想心地不寧散而
復昏*昏*而復散昏*沉*散亂*無有了時如此做工夫做
到一百年也只是箇愚昧漢此病只縁*汝無道念無
佛法身心所以如是汝若將世間雜事一時捨*却*單
單以生死*無常大事挂懷世念既輕*道念自重道念
若重坐禪時昏*散侵汝不得如主將善能行令相似

＊②叢　＊①僧②僧
＊①②恩　＊①②眞
＊①便　＊①②昏
＊①②遀　＊①②轉　＊①②雑
＊①②沈　＊①②亂
＊①②縁
＊①②捨　＊①②卻
＊①夗　＊①②輕

不動干戈六賊不敢故犯一日勝一日入大解*脱法
門汝等*若未得做工夫之法更*為*汝重重説過妄*想
顛*倒起時你*但提箇金剛王寶*劍*與他一截截断*如
何是金剛王寶*劍*但向行住坐臥*時看盡*大地是汝
自己山河大地草*木叢*林在汝心内耶在汝心外耶
披剥*萬像析出精*明昏*散纔*生快提此話窮*之至無
窮*究之至絶究你果信得及念念不忘*直待思量盡*
分別亡打破疑團*佛即是汝若於文字語言上記得
以為*自己家珎*臘*月三十日到來生死*魔與汝闘*戦
時靈*利聰*明俱使不得伏望*諸上人念佛法下衰*之
際逅*相恭敬令法久*住發明本心報佛恩*徳

＊①②解
＊①②等　＊①叓　＊①②爲
＊②忘
＊①②顚　＊①你②儞
＊①寳②寶　＊①劒　＊①斷②斷
＊①②臥　＊①②盡
＊①艸
＊①②剝　＊①②精　＊①②纔
＊①竆
＊①忩
＊①②團
＊①②珍　＊①②臘　＊①②闘
＊①②靈　＊①②聰　①望
＊①②衰
＊①遁②逅　＊①②久

復云無著真*宗虗*玄妙旨掣電轟雷不容擬議才施
技藝畫餅充飢知鮮*見聞炊沙作飯山僧*開箇方便*
門只要諸人自瞥地佛殿中僧堂裏行住坐卧*時体*
取無生意無生意如何体*繫*縄*床*不是一畨*徹骨寒
争*得梅花香撲鼻

4 上堂臘*月三十日來諸人各自猛省入海須達其淵
登山亘*教*到頂拈主*丈*這裏還有達淵到頂底麼出
來與主*丈*子相見良久*靠主*丈*

5 正旦上堂新年初佛法舊*歳*不雷同有水含*明月無
雲翳碧空拈主*丈*山僧*主*丈*子随*後逞神通召大衆
看看擲下主*丈*冨*士山頭飜*雪浪鎌倉境内動清*凬*

6 元宵上堂車馬往來你*看我我看你*燈火照*映明傳
暗暗傳明諸人若向車馬未動已前燈火未發之際
一覷*覷*透便見千法萬法從此一法而生千燈萬燈
自此一燈而起然雖如是且道這一法此一燈從甚
處*得來常樂寺有一百來僧*就*中莫有知得著落底
麼出來吐露看有麼有麼良久*亘*鈎*鈎*鯤*鯨*

7 上堂學道無他術行蔵*在返觀返觀如自得萬法一
毫端所以道從門入者不是家珎*向外馳求轉*生迷
悶譬如明珠繫*於衣裏奔走他土丐食伶俜忽然識
得此珠受用無盡*始知珠不曽*失久*受艱辛諸人要
究佛祖妙道須是返求諸已觀至絶觀至於得珠未

---

*①②眞 *①②虚
*①②解 *①僧②僧 *①便
*①②臥 *①②體
*①②擊 *①②繩 *②牀
*①②番
*①②爭
*①②臘
*①②直 *①②敎 *②拄
*②杖
*①②久
*①②舊 *①②歲 *①②含
*①②随
*①②富 *①飜②翻 *①②淸
*①②風
*①伱②儞 *①②照
*①②覰
*①②處 *①②就
*①②鉤 *①②鯤 *①②鯨
*①②藏
*①②珍 *①②轉
*①②繫
*①②盡 *②曾

8

為*究竟忽覺空同無内外無邉*表森羅萬象一理貫
通便*知吾心如此廣*大不可測量肇法師道天地與
我同根萬物與我一躰*此語灼然不雲*
上堂二竅聆聲斯道便*悟雙眸見色此心頓明衲僧*
門下八千程若是箇呼不回頭截不住漢必然向音
聲未發已前色相未具之際透頂透底直下知歸*一
向恁麼舉*唱龜谷峰*前常樂寺外路長青*苔相逢者
少且於易進門中與諸人商*議只如見今建立僧*堂
郢人運斧斫木丁丁然豈不是聲諸人聞得為*甚麼
斯道不悟色空明暗柳*緑*花紅豈不是色諸人見得
為*甚麼此心不明佛法一切霙*見成一切霙*不昧盖*

謂汝等*聞聲只作聲會*見色便*作色觀不鮮*回光攝
視返聽*我且問汝終日聞聲是聲來耳畔莫是耳往
聲邉*若道聲來耳畔來本無蹤若謂耳往聲邉*去亦
無跡參學道流當於此諦審*默*推驀然返聞聞盡*浄*
覺覺空覿体*承當了無滯礙然後居聲色堆中不随*
聲色之所轉*入昬*散境界不被昬*散之所迷謂之大
自在人亦名了事衲子饒汝到此地位拈主*丈*云山
僧*主*丈*子未付汝在卓一下白雲盡*處*是青*山行人
更*在青*山外
復云格外玄機非外得動中消息静*中看忽然動静*
雙忘*處*渺渺滄溟*一吸乾

*①②爲 *①②邊
*①僾 *①②廣
*①②體 *①②虚
*①僧②僧
*①②歸
*②舉 *①②峯 *①②青
*①②商
*①栁 *①②綠
*①②處 *①蓋②蓋

*①②等 *①②會 *①②解
*①②聽
*①②審 *①②默 *①②盡
*①②淨
*①②體 *①②隨
*①②轉 *①②昬
*②拄 *②杖
*①②處
*②叓
*①②静
*①忩 *①②處 *①②溟

9

浴佛并*開堂謝檀*越上堂從上諸聖無法與人群*靈*
一源假名為*佛又道無法與人只如悉*達棄位雪嶺
六年至於夜覩明星成等正覺是假名耶非假名耶
達磨西來少林九載末後各言其志分髓*分皮是有
傳耶無傳耶真*不掩偽*曲不蔵*直諸人若向佛未出
世祖未西來時倜儻*分明洞然無礙便*知未誕無憂
群生蒙利益未離竺土二祖已傳心如是則便*見今
日大力量人廣*闢僧*堂令學佛者登此門戸箇箇心
地發明非但令學佛者到至極之地普使見者聞者
同契真*宗然後功歸*有自福報無窮撫禪床*天上有
星皆拱北人間無水不朝東

＊②竝　＊①檀②檀　＊①羣
＊①②靈
＊①②爲　＊①②悉
＊①②髓
＊①②眞　＊①②僞　＊①②藏
＊①②儻　＊①便
＊①②廣　＊①僧②僧
＊①②歸　＊①牀

復云物逐人興道在日用且如日用中是甚道人興
者是何物動靜*俯仰之間色聲語黙*之際非道不親
惟人自昧道若不昧物随*人而自興豈不聞趙州和
尚云諸人被十二時使老僧*使得十二時灼然体*察
得明達絶疑慮*之境天地闢闔即我闢闔陰*陽慘舒*
即我慘舒*無一法從他處*得來無一物不是自心黙*
運天地無物也我無物也未嘗無物聖人得這箇妙
理能為*二儀之首萬物之主茲者本寺大檀*郍*盡*己
行仁忠心輔國*本來身登菩薩*地人間世現貴官身
持大權掌大柄濟世之念似海之深養民之心如山
之固欽崇佛法永*保　皇家天地合宜*蠻夷率服以

＊①②靜　＊①②默
＊①②隨
＊①②體
＊①②慮　＊①②陰　＊①②舒
＊①②處
＊①②那　＊①②盡
＊①②國　＊②薩
＊①②永　＊①②宜

至有情無情莫不從凮*而靡不被物之所移自能轉*
物便*見日用之道動靜*無虧*昔日唐朝舒*王問蔣山
元禪師如何是佛法大意元不諾舒*王扣之愈久*元
不得已而為*王曰公受氣剛大世縁*深以剛大之氣
遭*深世縁*必身任天下之重懷經*濟之心然用舍*不
能必則心未平以未平心則安能一念万*年哉若摽*不
山僧*所見元禪師一向無慈悲方便*埋没賢人殊不
知理天下大事非剛大之氣不足以當之要明佛祖
一大事因縁*須是剛大之氣始可承當今尊官興教*
化安社稷息干戈清*海宇莫不以此剛大之氣定千
載之昇平世間之法既能明徹則出世間之法無二

* ①②凮 * ①②轉
* ①便 * ①②靜 * ①②虧
* ①②舒
* ①②久
* ①②為 * ①②縁
* ①②遭 * ①②經 * ①②舍
* ①②萬 * ①②摽
* ①僧②僧
* ①②教
* ①②清

無異分無別無断*故山僧宗門晚進草芥無能既至
仙郷*荷台旆重法之故亦不輕*人廣*開寺宇重建僧*
堂令鄙者領衆行道若非曩*有莫大因縁*何以如此
鄙懷亦不敢生懶*堕*之心種件依唐式行持但随*縁*
去住而已伏願台座壽*山高冨*士之嶽福海等*滄溟*
之深千佛光中常安常樂次巢*休征罷戰偃武修文
寰宇太平清*寧孚祐斯日大覺世尊示生之晨因而
作慶讃佛事汝等*入静*覺堂見殊勝境界莫不各各
生希有之心無退屈想譬如善財入弥*勒樓閣門見
百千万*億佛刹*皆具本身於少頃間如夢覺覺已似
睡眼頓開前所見者不思議解*脱門皆從此一門而

* ①②斷
* ①②鄕 * ①②輕 * ①②廣
* ①②曩
* ①②嬾 * ①②墮 * ①②隨
* ①②壽 * ①②富 * ①②等
* ①②溟
* ①②冀
* ①②彌
* ①②刹
* ①②解

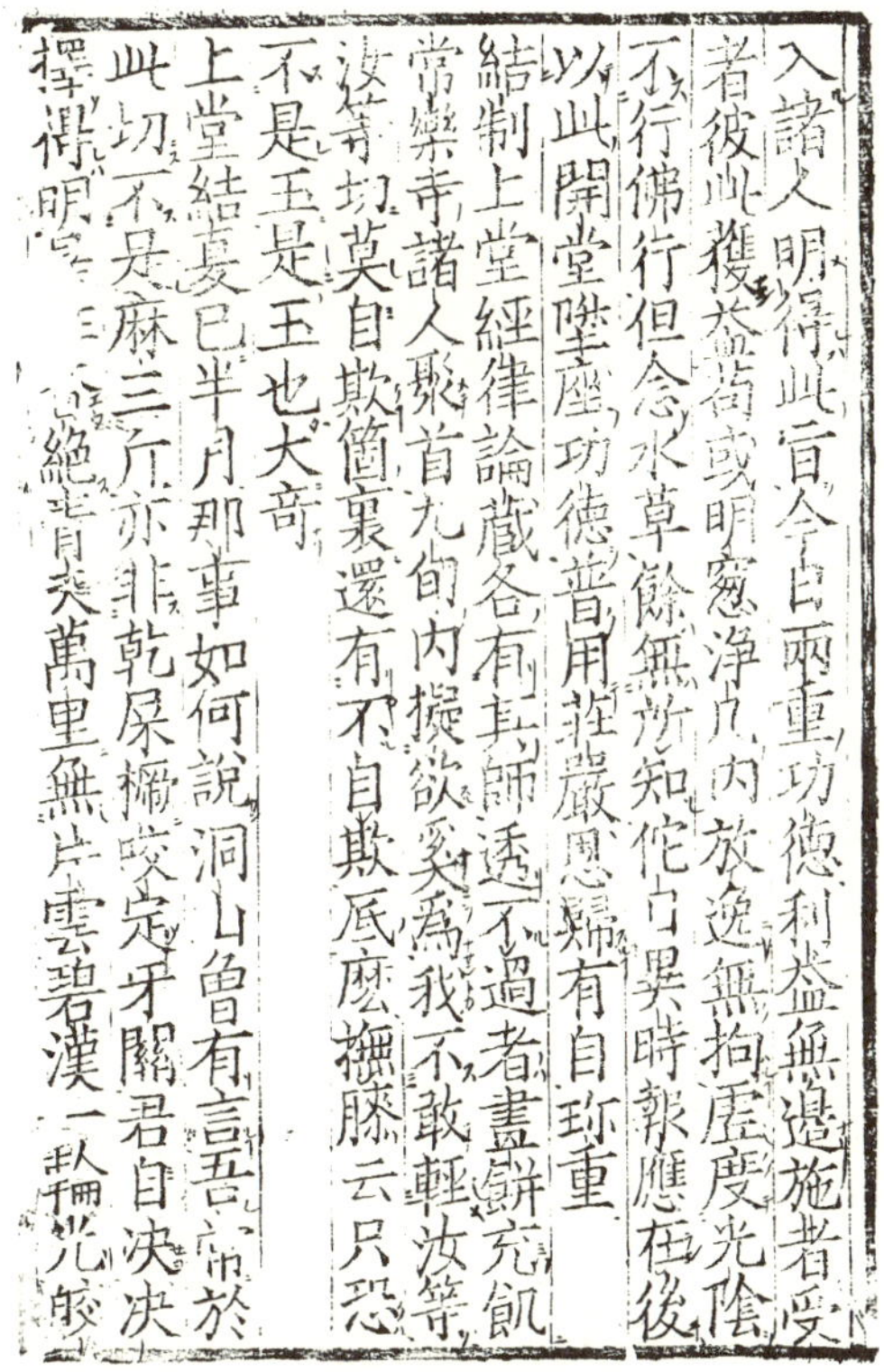

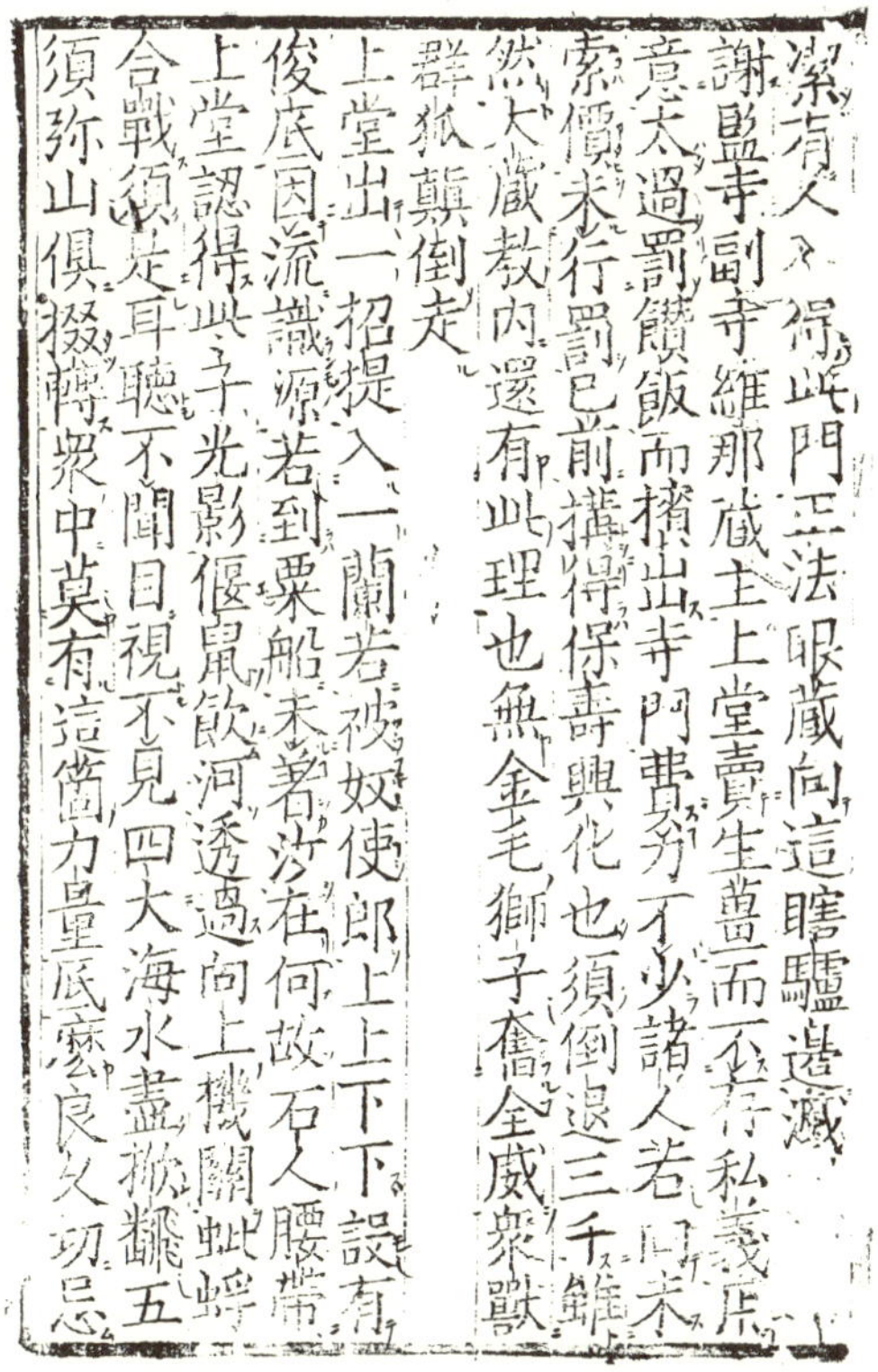

入諸人明得此旨今日兩*重功德利益無*邊*施者受
者彼此獲益苟或明窻*浄*几内放逸無拘虚*度光陰*
不行佛行但念水草餘無所知佗*日異時報應在後
以此開堂陞座功德普用莊*嚴恩歸*有自珎*重
10 結制上堂經*律論藏*各有其師透不過者畫餅充飢
常樂寺諸人聚首九旬内擬欲奚爲我不敢輕*汝等
汝等切莫自欺箇裏還有不自欺底麼撫膝*云只恐
不是玉是玉也大竒*
11 上堂結夏已半月那事如何説洞山魯*有言吾常於
此切不是麻三斤亦非乾屎橛*咬定牙關君自決決
擇得明是非沓絶青*天萬里無*片雲碧漢一輪光皎
潔有人入得此門正法眼蔵*向這瞎驢*邊*滅
12 謝監寺副寺維那蔵*主上堂賣生薑而不存私義用
意太過罰饡*飯而擯出寺門費力不少諸人若向未
索價未行罰已前搆*得保壽*興化也須倒退三千雖
然大蔵*教*内還有此理也無*金毛獅子奮*全威衆獸
群*狐顚*倒走
13 上堂出一招提*入一蘭若被奴使郎上上下下設有
俊底因流識源若到*栗船未著汝在何故石人腰帶
14 上堂認得些子光影偃鼠*飲河透過向上機關蚍蜉
合戰須是耳聽*不聞目視不見四大海水盡掀*飜*五
須弥*山倶掇轉*衆中莫有這箇力量底麼良久*切忌

*①②兩 *①②無 *①②邊
*①窻②窓 *①②浄 *①②虚
*①②陰
*②他
*①②莊 *①②歸 *①②珍
*①②經 *①②藏
*①②輕
*①②膝
*②奇
*①②曾
*②撅
*①②青
*①②驢
*②鑽
*①②構 *①②壽
*①②教 *①②奮
*①羣 *①②顛
*②堤
*②倒
*①②鼠
*①②聽 *①飜②翻
*①②彌 *①②轉 *①②久

16

刻舟覓劍
上堂山前有一古寺基四至界畔歷歷分明無字契
書領之久*矣未得箇入路底今日指汝入路去也拈
主*丈*作指勢*鳴那青*青*黷*黷*處子細認取
大宋國*徑山無準和尚訃*音至上堂來時空索索犀
因翫月紋生角去也赤條條誌公何事誑僧*舔更*要
問端的一條大道如絃直天台有石橋靈*龜拽尾迹
難消佛鑑老子雖則來去分明出没無*碍*争*奈七十
三年造妖捏怪*千古悪*名鎮*長在在不在拍繩*床*云
月落不離天水流元會*海

常樂語終*

---

*①②久
*②拄 *②杖 *①②勢
*①②青 *①②黯
*①②國 *①計
*①僧②僧 *①㝯
*①②靈
*①②無 *①②礙 *①②争
*②怪 *①②悪 *①②鎮
*①②繩 *①牀
*①②會

*①②蘭溪和尚常樂語錄畢

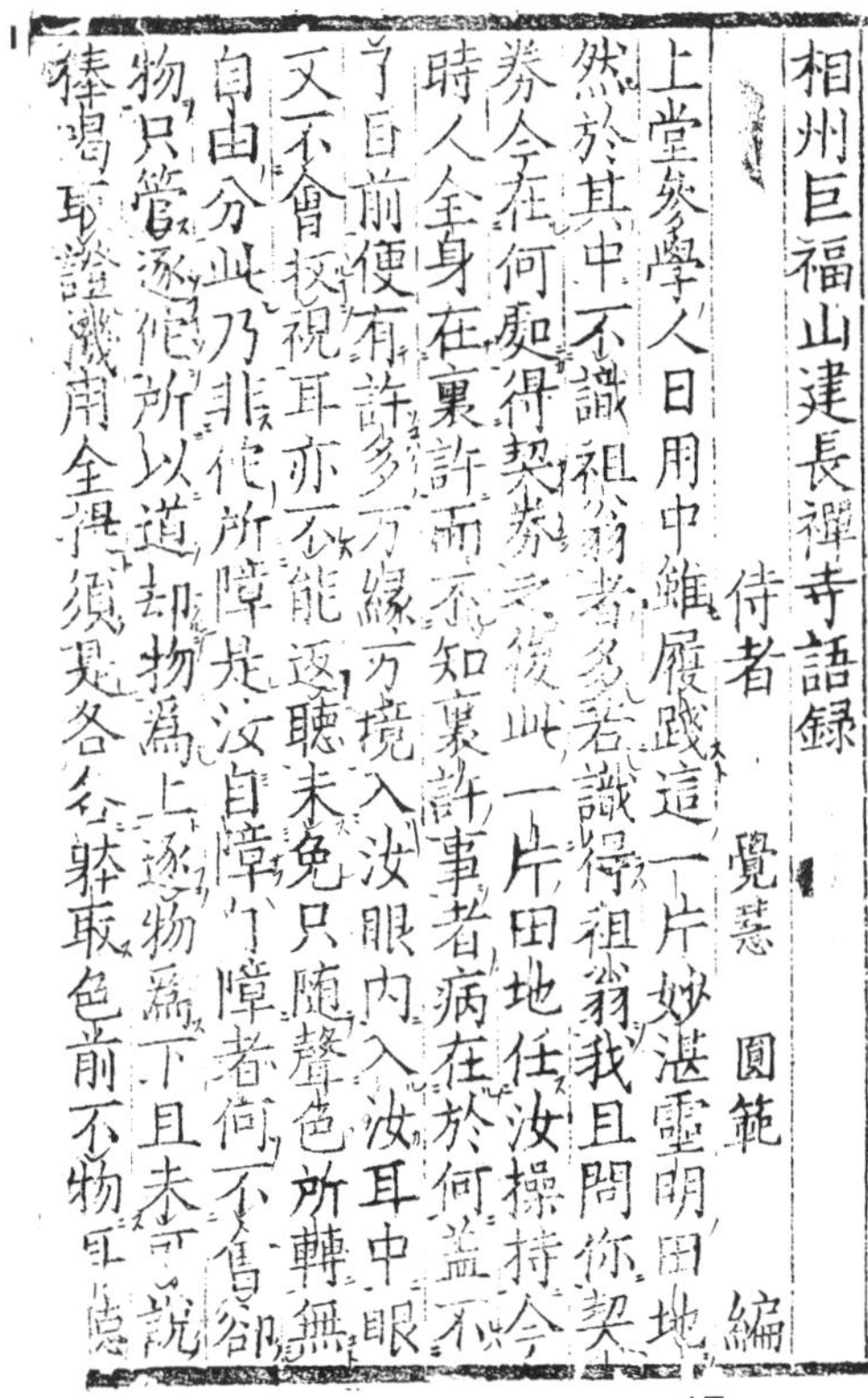

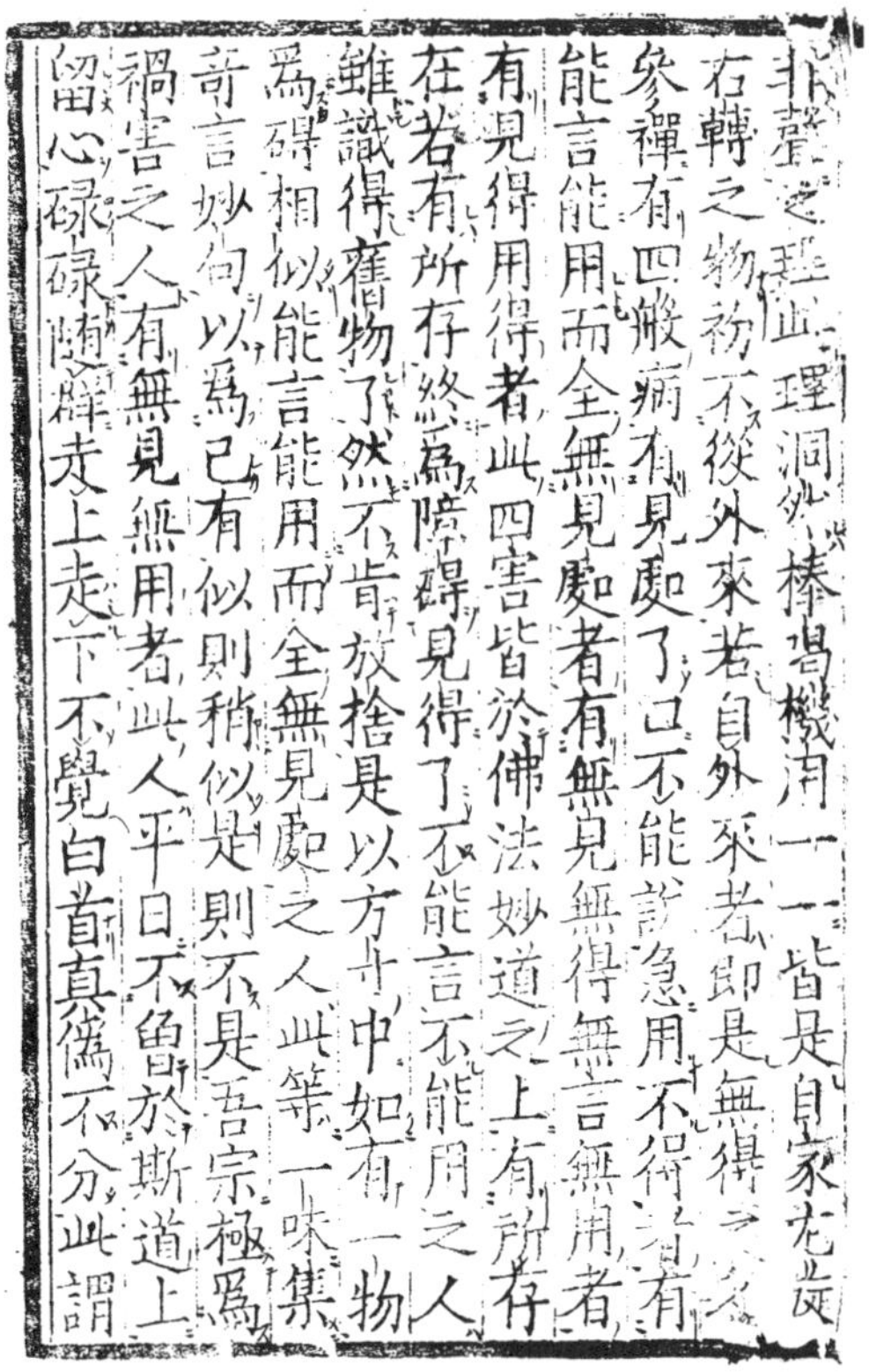

17

相州巨福山建長禪寺語録*

侍者　覺慧　圓範　編

上堂參學人日用中雖履踐這一片妙湛靈*明田地
然於其中不識祖翁者多若識得祖翁我且問你*契
券今在何處*得契券之後此一片田地任汝操持今
時人全身在裏許而不知裏許事者病在於何蓋*不
了目前便*有許多万*緣*万*境入汝眼内入汝耳中眼
又不會*収*視耳亦不能返聽*未免只隨*聲色所轉*無
自由分此乃非佗*所障是汝自障自障者何不會*卻
物只管逐佗*所以道却*物爲上逐物爲下且未可説
棒喝取證機用全提須是各各躰*取色前不物耳聽

*①②録
*①②靈
*①伱②儞
*①②處
*①葢②蓋
*①便 *①②萬 *①②縁
*①②會 *①②收 *①②聽
*①②隨 *①②轉
*①②他
*②卻
*①②體

非聲之理此理洞然棒喝機用一一皆是自家左*旋
右轉*之物初不從外來若自外來者即是無得之人
參禪有四般病有見處*了口不能説急用不得者有
能言能用而全無見處*者有無見無得無言無用者
有見得用得者此四害皆於佛法妙道之上有所存
在若有所存終爲障碍*見得了不能言不能用之人
雖識得舊*物了然不肯*放捨*是以方寸中如有一物
爲碍*相似能言能用而全無見處*之人此等一味集
奇*言妙句以爲已有似則稍似是則不是吾宗極爲
禍害之人有無見無用者此人平日不曾*於斯道上
留心碌*碌*隨*群*走上走下不覺白首真*僞不分此謂

*①②左
*①②礙
*①②舊 *①肎 *①②捨
*①②奇
*①②曾
*①②碌 *②羣 ①②眞

之断*佛種人有見得用得者雖則可以紹隆聖種若
擽*實而言猶有見得用得底在須是影迹不存然後
用而無滞豈不聞亮座主不信西來亘*指*之道聞馬
大師接人甚衆忿而往謁大師知其來意遂問云久*
聞座主善講經*論是否主云不敢大師云講經*時將*
甚講主云將心講大師云心如工技兒意如和技者
争*鮮*講得主云心既講不得莫是雲*空講得耶大師
云雲*空却*是講得主不肯*拂袖便*出大師遂召座主
回*首大師云從生至老只是這箇主便*大悟遂隱*于
西山大師可謂以直釣*而釣蒼龍一釣便*上諸上人
入此門來若要真*實躰*此一事須是放下雲頭從頂

至足子細推看動從何來靜*自何至驀知動靜*非彼
所出耳目亦無所到了便*見此一片妙湛靈*明之地
諸佛諸祖由是而興同此三昧如是則無一法不是
真*如無一物不爲妙用乃至山林草*木時時擧*唱此
事所謂溪*聲便*是廣*長舌山色無非清*浄*身達是理
已根根塵塵圓融*無碍*心心法法自佗*一同諸人但
先了却*目前然後収*拾歸*來做家中活計做得家計
成了方可名爲有本可擽*者
復擧*教中道是法非思量分別之所能解*從上佛祖
天下善知識至今未有一人說得是法建長今日爲
諸人說是法去也良久*野火燒不盡春風吹又生

---

*①斷②斷
*①②據
*①②直 *①②指
*①②久
*①②經 *①②將
*①②爭 *①②解 *①②虛
*②卻 *①冐 *①便
*①囘 *①②隱
*①②鉤
*①②眞 *①②體

*①②靜
*①②靈
*①②艸 *②擧
*①②谿 *①②廣 *①②淸
*①②淨
*①②融 *①②礙 *①②他
*①②卻 *①②收 *①②歸
*①②據

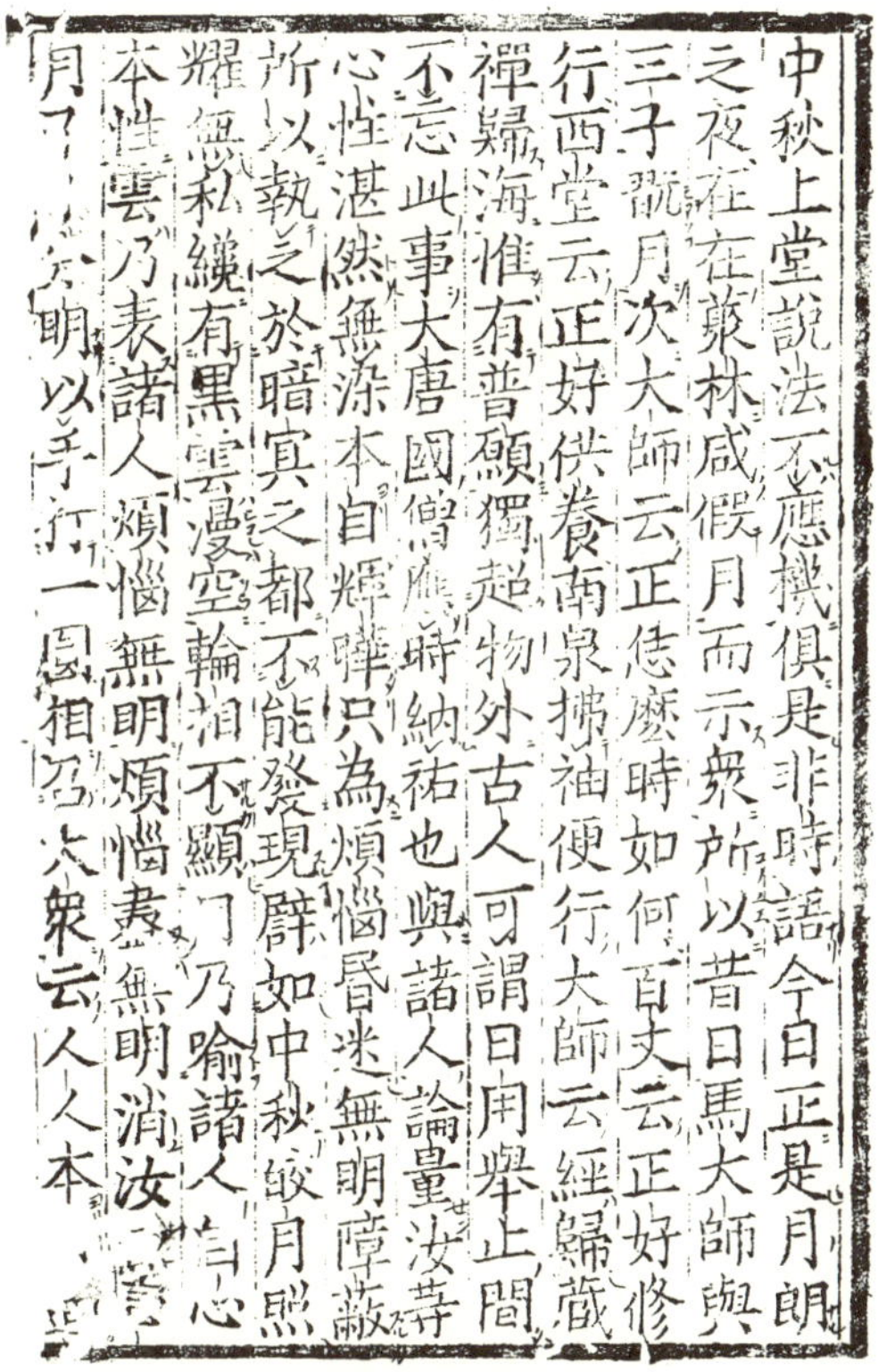

18

中秋上堂説法不應機俱是非時語今日正是月朗
之夜在在蘂*林咸假月而示衆所以昔日馬大師與
三子翫月次大師云正恁麼時如何百丈云正好修
行西堂云正好供養南泉拂袖便*行大師云經*歸*藏*
禪歸*海惟有普願獨超*物外古人可謂日用擧*止間
不忘*此事大唐國*僧*應時納祐也與諸人論量汝等*
心性湛然無*染本自輝曄只為*煩惱昏*迷無明障蔽
所以執之於暗冥*之都不能發現辟*如中秋皎月照*
耀無私纔*有黒*雲漫空輪相不顯月乃喩*諸人自心
本性雲乃表諸人煩惱無明煩惱盡*無明消汝之心
月了了分明以手打一圓相召大衆云人人本有這

*①②叢
*①便 *①②經 ①②歸
*①②藏
*①②超 *②擧
*①忘 *①②國 *①僧②僧
*①②等
*①②無 *①②爲 *①②昏
*①②冥 *①②譬 *①②照
*①②纔 *①②黒 *②喩
*①②盡

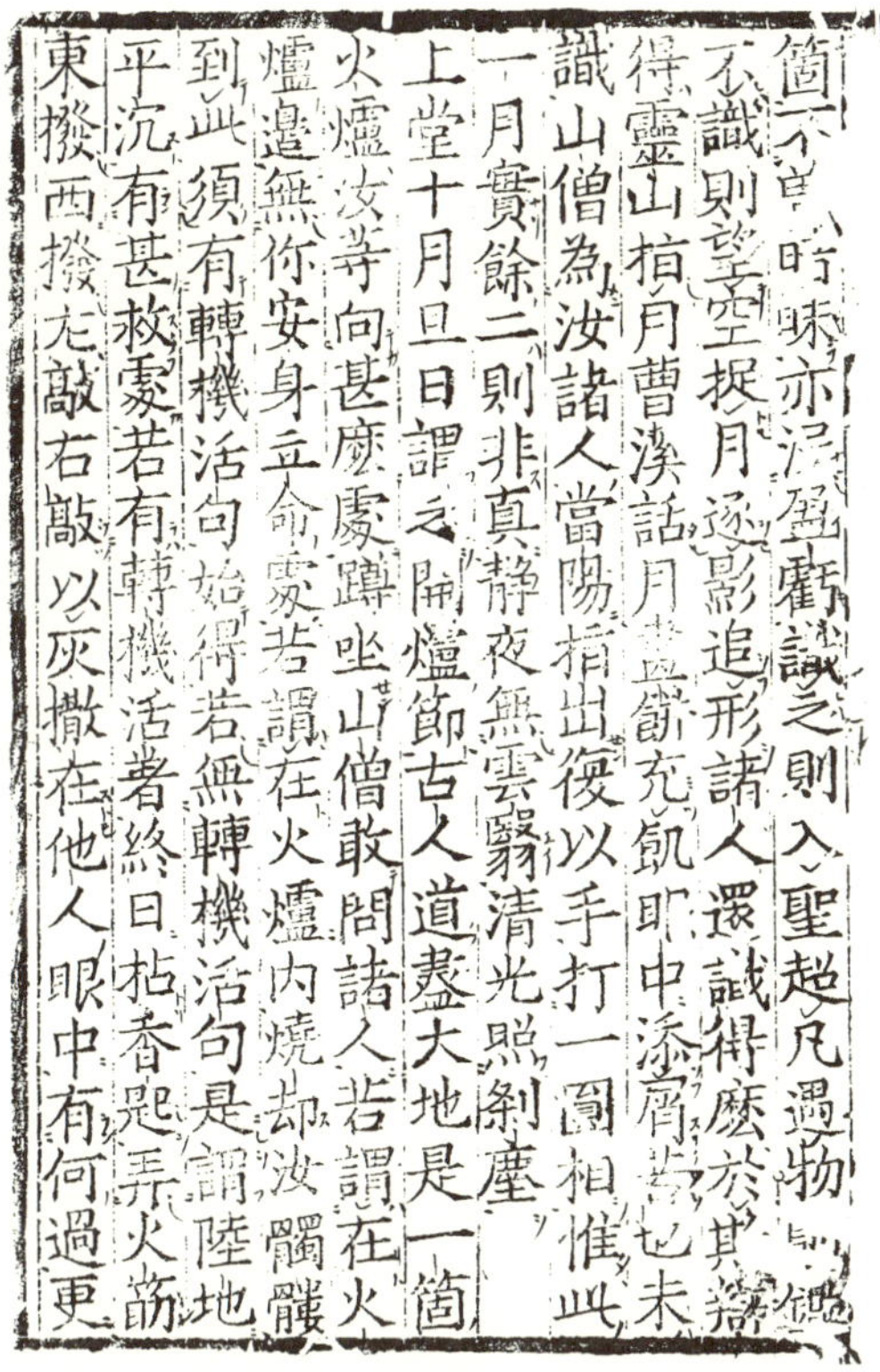

19

箇不曾*暗昧亦没盈虧*識之則入聖超*凡遇物則鑑*
不識則望空捉月逐影追形諸人還識得麼於斯辯*
得靈山指*月曹溪*話月畫餅充飢眼中添屑若也未
識山僧*為*汝諸人當陽指*出復以手打一圓相惟此
一月實餘二則非真*靜*夜無雲翳清*光照*剎*塵
上堂十月旦日謂之開爐節古人道盡*大地是一箇
火*爐*汝等*向甚麼處*蹲坐山僧*敢問諸人若謂在火
爐*邊*無你*安身立命處*若謂在火爐*內燒却*汝髑髏
到此須有轉*機活句始得若無轉*機活句是謂陸地
平沉*有甚救處*若有轉*機活著終日拈香匙*弄火筯*
東撥西撥左*敲右敲以灰撒在他人眼中有何過更*

*①曾②曾 *①②虧 *①②鑒
*①②辨
*①②指 *①②谿
*①②爲
*①②眞 *②靜 *②清
*①②刹
*①②爐 *①②處
*①②邊 *①你②儞 *①②處
*①②卻
*①②轉
*①②沈 *①②匙 *②筋
*①②左 *①叓

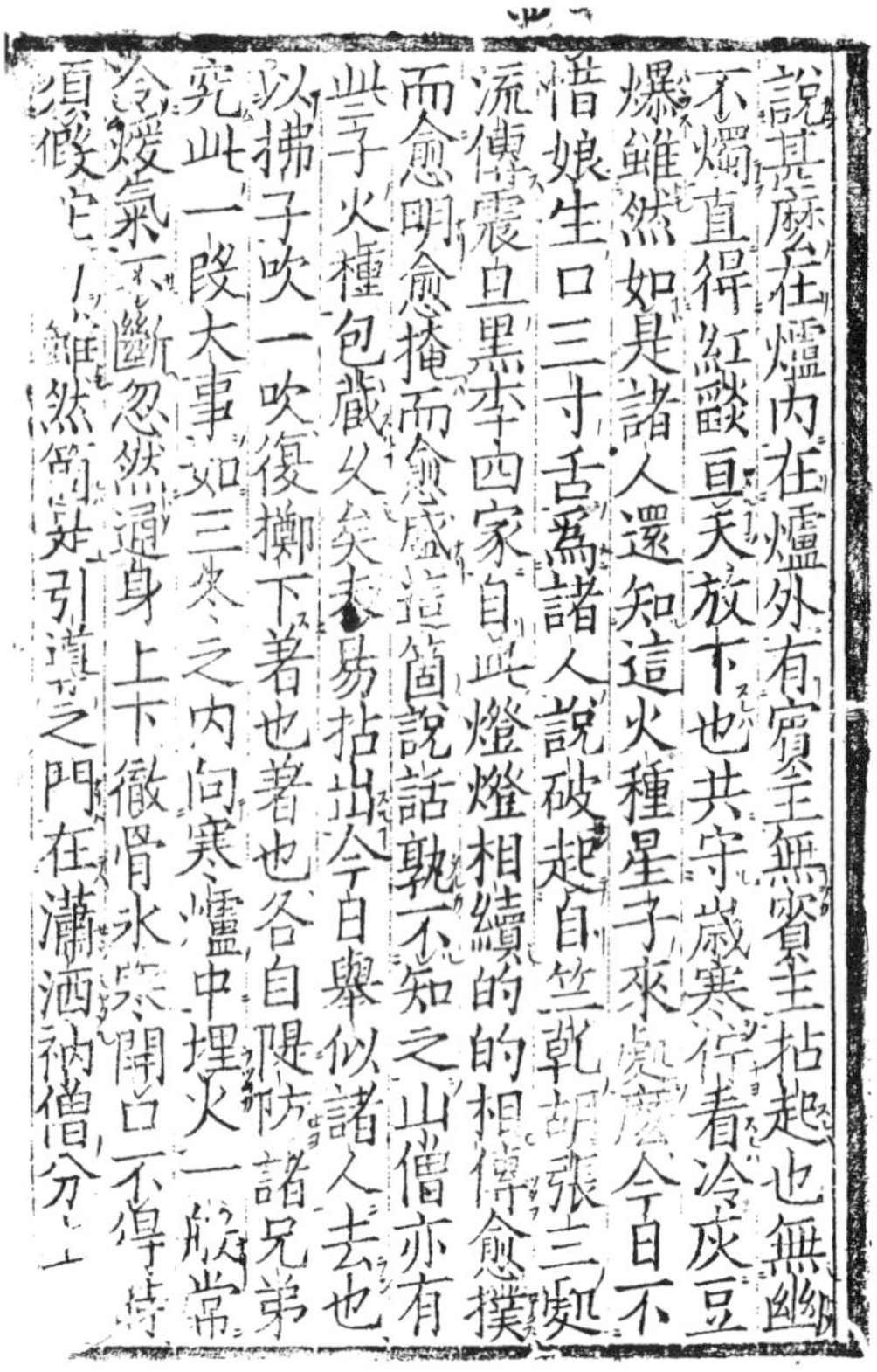

説甚麼在爐*内在爐*外有賔*主無賓主拈起也無幽
不燭直得紅燄*亘*天放下也共守歳*寒佇看冷灰豆
爆*雖然如是諸人還知這火種星子來處*麼今日不
惜娘*生口三寸舌爲諸人説破起自竺乹*胡張三處*
流傳震旦黒*李四家自此燈燈相續的的相傳愈撲
而愈明愈掩而愈盛這箇説話孰不知之山僧*亦有
些子火種包蔵*乆*矣未易拈出今日舉*似諸人去也
以拂子吹一吹復擲下著也著也各自隄防諸兄弟
究此一段*大事如三冬之内向寒爐*中埋火一般常
令煖氣不斷*忽然通身上下徹骨氷寒開口不得時
須假佗*力雖然箇是引導之門在瀟洒衲僧*分上須

*①②爐 *①②賓
*①燄②焰 *②亙 *①②歳
*①②爆 *①②處
*①②孃 *①②乾
*①②黑
*①僧②僧
*①②藏 *①②久 *②擧
*①②段
*①斷
*①②他

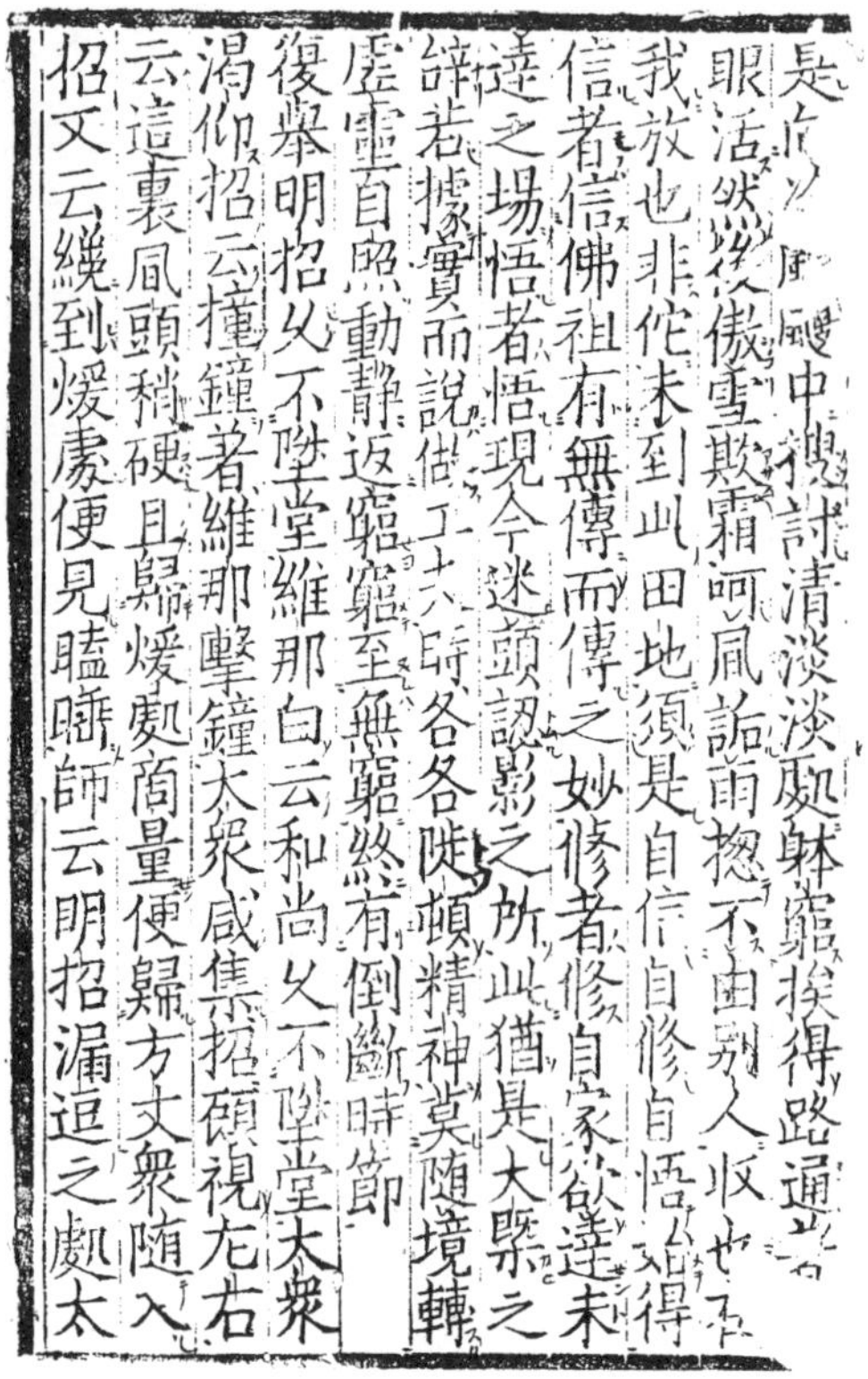

是向冷颼颼中搜討凊*淡淡處*躰*竆*挨得路通著得
眼活然後傲雪欺霜呵凬*詬雨揔*不由別人収*也在
我放也非佗*未到此田地須是自信自修自悟始得
信者信佛祖有無傳而傳之妙修者修自家欲達未
達之場悟者悟現今迷頭認影之所此猶是大槩*之
辝*若據實而説做工夫時各各陡*頓精*神莫随*境轉*
虗*霊*自照動静*返竆*竆*至無*竆*終有倒斷*時節
復舉*明招乆*不陞堂維那白云和尚乆*不陞堂大衆
渇仰招云撞鐘著維那擊*鐘大衆咸集招頋*視左*右
云這裏凬*頭稍硬*且歸*煖處*商*量便歸*方丈衆隨*入
招又云纔*到煖處*便*見瞌睡*師云明招漏逗之處*太

*②清 *①②體 *②窮
*①②風 *①②總 *①②收
*①槩②概
*①②辭 *①②陡 *①②精
*①②隨 *①②轉
*①②虛 *①②靈 *②靜
*①②無
*①②擊 *①②顧 *①②左
*①硬 *①②歸 *①②商
*①便
*①②纔 *①②處 *①②睡

20

危險生可惜當時無人只麼放過若不放過明招*要
歸*方丈未可在何故更*聽*一頌晴*空朗朗自迷昏*把
手牽伊不入門姹女已歸*霄漢去獃郎猶在火邊*蹲
上堂諸佛行不到處*只在衲子脚*頭邊*列祖說不得
時弗離諸人口角畔饒汝口中滔*滔*地道得脚*跟下
步步知歸*忽然遇彼大闡提人出來道不是不是且
如何與伊剖析*參此雲*玄要言*無著真*宗須是有不
可拔*之志具難測量之機運用施為*莫教*失却*待機
忘*志泯空刼*事彰然後卷而懷*之灰頭土面*時節慶
會*撞著渾剛不妨與他一擊*當彼之時是為*快活豈
不聞古靈*辞*受業師往百丈處*居於衆底後得悟門

*①②招
*①②歸 *①叟 *①②聽
*①②晴 *①②昏
*①②邊
*①②處 *①脚
*①②滔
*①②析 *①②虛 *①②旨
*①②眞
*②拔 *②爲 *①②教
*①卻
*①②忩 *①②劫 *①②懷
*①②面
*①②會 *①②擊
*①②靈 *①②辭

天堂未就*地獄先成復返故鄉*欲存省觀寃有頭債
有主一日本師問云汝行脚*參禪有何所得事從叮
嘱*起禍自不防來靈*云並*無所得賊是小人智過君
子本師聞之極不在意遂令在浴司給侍僧*衆遥*觀
白雪指*作楊花一日本師浴次古靈*楷背勾賊破家
靈*撫其師背云好箇*佛堂其佛不聖非但偷*物更*要
害人本師回*頭視之何不與他兩*木杓靈*云佛雖不
聖也鮮*放光殺人可恕無禮難容本師又一日看經*
次有一蜂子投窻*而不能出靈*見之乃云世*界恁麼
廣*闊*却*來這裏鑽他故紙有甚了期咬竹不得却*要
咬木靈*又頌空門不肯*出用出作麼投窻*也大癡何

*①②就 *①②鄕
*①②囑 *①②靈 *①②竝
*①僧②僧 *①②遙
*①②霻 *①②指
*①②個 *①偸 *①叟
*①回 *②兩
*①②解 *①②經
*②窓 *①霧②靈 *①②世
*①②廣 *①②濶
*①肎②背

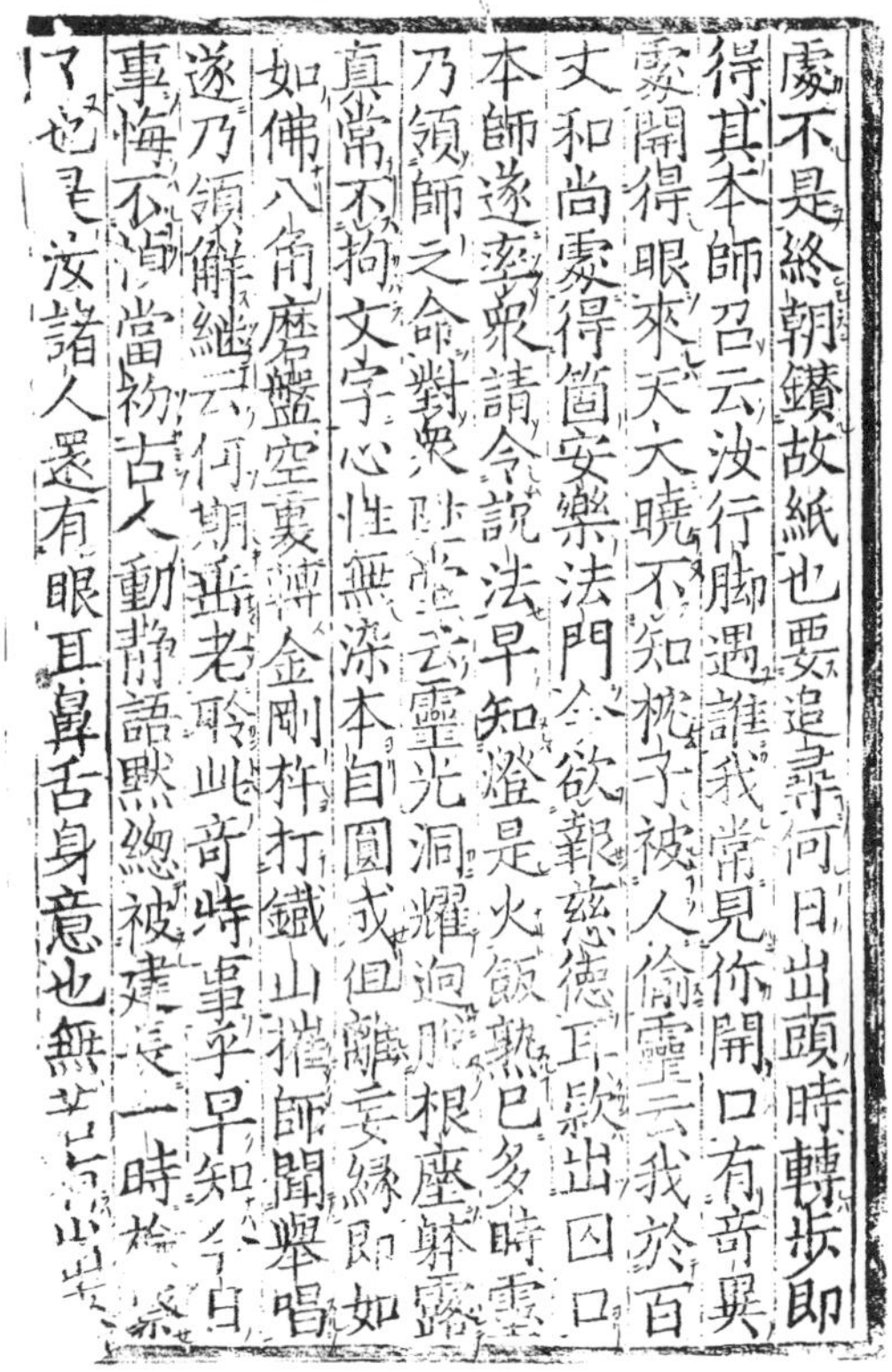

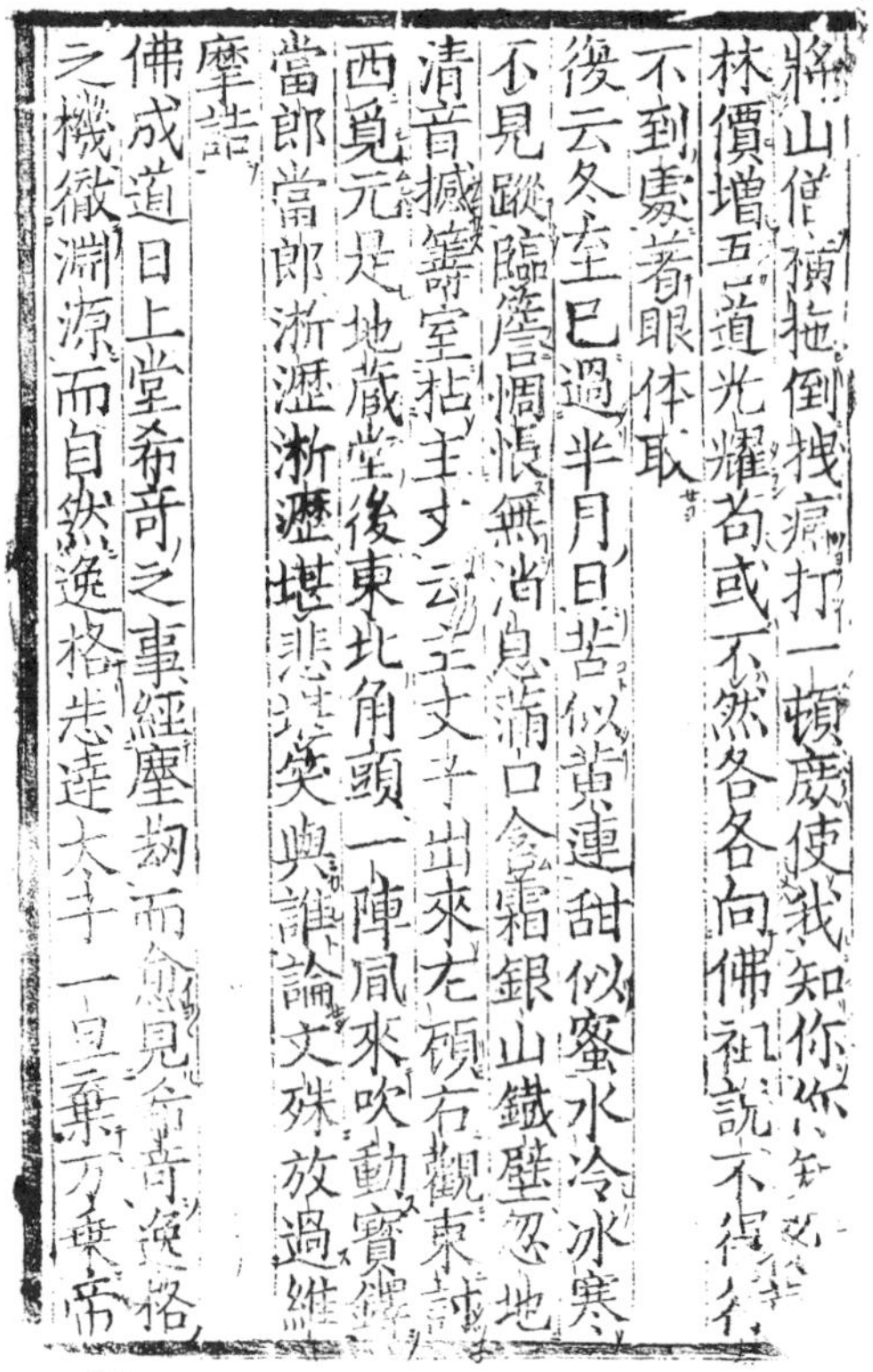

21

處*不是終朝鑚故紙也要追尋何日出頭時轉*歩即
得其本師召云汝行脚*遇誰我常見你*開口有奇*異
處*開得眼來天大曉不知枕子被人偷*靈*云我於百
丈和尚處*得箇*安樂法門今欲報慈徳耳款*出囚口
本師遂率衆請*令説法早知燈是火飯熟已多時霊*
乃領師之命對衆陞堂云靈*光洞耀迥脱根塵躰*露
眞*常不拘文字心性無染本自圓成但離妄縁*即如
如佛八角磨盤空裏轉*金剛杵打鐵*山摧師聞擧*唱
遂乃領解*継*云何期垂*老聆此奇*特事乎早知今日
事悔不慎*當初古人動静*語黙*總*被建長一時檢察
了也是汝諸人還有眼耳鼻舌身意也無若有出來

將山僧*横拖倒拽痛打一頓庶使我知你*你*知我藂*
林價増*吾道光耀苟或不然各各向佛祖説不得行
不到處*著眼体*取
復云冬至已過半月日苦似黄連甜似蜜*水冷冰*寒
不見蹤臨簷惆悵無消息滿*口含*霜銀山鐵*壁忽地
清*音摵籌*室拈主*丈*云主*丈*子出來左*碩*右觀東討
西覓元是地藏*堂後東北角頭一陣凬*來吹動寶*鐸
當郎當郎淅瀝淅瀝堪悲堪笑*與誰論文殊放過維
摩詰
佛成道日上堂希奇*之事經*塵刼*而愈見希奇*逸格
之機徹淵源而自然逸格恙*達太子一旦棄万*乗*帝

*①②處 *①②轉
*①脚 *①你②儞 *①②奇
*①②處 *②偸 *①②靈
*①②個 *①②款
*②請 *①②靈
*①②靈 *①②體
*①②眞 *①②縁
*②鐵 *②擧
*①②解 *①②繼 *①②垂
*①②奇
*①②愼 *①②靜 *①②默
*①②總

*①僧②僧 *①②叢
*①增②增
*①②體
*①②蜜 *②氷
*①②滿 *①②含 *①②鐵
*①②清 *①②籌 *②柱
*②杖 *①②左 *①②顧
*①②藏 *①②凬 *①寄②寶
*①②笑
*①②經 *①②刧
*①②悉 *①②萬 *①②乘

22

王之位苦行六年此豈不是希竒*之事耶末*後爲三
界天人之師利周郡*品誠所謂逸格機尒*至於深*談
廣*演搖乾*撼坤聚滿*龍宮積盈海藏*後世究理悟心
之者其數無窮*聞名離苦之人不知其幾外道傾心
而向仰衆魔拱手以歸*降聊分一分白玉毫光覆蔭*
子孫受用無盡恁麼舉*唱大似順朱著墨依本畫猫*
殊不知各各有天然釋迦人人自然彌勒更*言棄位
入山覩星悟道已是落在第二第三著了也是汝諸
人來此同住還曽*鼎省精*神竪*起兩*眼看麽佗*既如
是我何不是是不是三冬不得一番寒爭*得梅花香
撲鼻

復舉*孝宗皇帝一日問佛照禪師云釋迦雪山六年
所成者何事佛照*奏云將謂陛下忘*却*孝宗龍顏*大
悦師云孝宗皇帝向緊要處*下這一著只要佗*無展
手處*佛照亦不用多少心力輕*輕*與佗*和座盤一時
翻轉*直至如今成未了公案嗯既往之事不必重詢
若是建長遇孝宗作此一問時歛手向前徐徐對云
相識滿*天下知心能幾人
正旦上堂新來無蹤舊*去無迹屈指*從頭數一回*今
朝果是正月一張三眼横李四鼻直恁麽會*去年年
是好年日日是好日吾道大興不勞心力主*丈*忽聞
斯語尚且疑情*未息更*於疑處*卜一課看卓主*丈*爻

*①②奇 *①未
*①②群 *①尒②爾 *①湙
*①②廣 *①②乾 *①②滿
*①②藏 *①②世
*①②窮
*①②歸 *①②蔭
*②擧 *①貓
*①叓
*①曽②曾 *①②精 *①豎
*①②兩 *②他 *①②既
*①②爭

*①②照 *①忩 *①卻
*①②顔
*①②處
*①②處 *①②輕
*①②轉
*①②舊 *①②指 *①囘
*①②會
*②拄 *②杖
*①②情

23

象分明万*事大吉

元宵上堂末世道流盡*向光影裏走進不迭前*退*不到後累他震旦宗師據曲彔*床*自揚家醜*却*把金毛獅子兒喚*作他家逐塊*狗建長今日對衆人前屎腸屎腸一時抖擻那箇*英靈*肯*承受雖然含*血噴人先汚其口

24

上堂舉*教*中道居一切時不起妄*念好聲美*色耳聞眼見於諸妄*心亦不息滅道著火字口不曽*爇*住妄*想境不加了知婬*坊酒肆終日閑戲*於無了知不辨眞實渴則飲泉困則休息建長恁麼下語也是踏*他破草鞋要得去離水泥更*聽*一頌同門出入不相知

25

獨自携笻上翠微*行到翠微*幽隱*處*坐看雲散又忘*歸*

佛涅槃上堂舉*世*尊臨入涅槃示衆云汝等*觀*吾紫磨金色之軀瞻仰取足勿令後悔在生不隠*密*臨死*亦乖張若謂吾滅度非吾弟子此舟過後孰謂無船若謂吾不滅度亦非吾弟子是誰把手同上高山遂拈主*丈*召大衆釋迦老子即今在建長主*丈*頭上現神變相放大光明為*一切人説無上法云万*物歸*無常這箇*何曽*變識得這箇*底不被無常呑説是法已入諸人頂顊中卓主*丈*諸人還覺腦門重麼若也知得我不謾汝苟或遲疑靠主*丈*請*歸*本位不得動著

---

*①②萬

*①②盡　*①㶳　*①退

*①②彔　*①牀　*①②醜

*①卻

*①②喚　*①②塊

*①②個　*①②靈　*①肎

*①②含

*②擧　*②敎　*①妄

*①②美

*①曾②曾　*①②爇

*①②婬　*①②戲

*①②踏

*①叓　*①②聽

*①②微　*①②隱　*①②處

*①怺

*①②歸

*①②世　*①②等　*①②觀

*①②密　*①夗

*②拄　*②杖

*①②爲

*①曾②曾

*①②請

26
上堂群*林万*木一年一度開花底開花結實底結實
無情*之物尚乃如斯汝等*諸人來此同住擬欲轉*凡
成聖固是不難因甚目前大道會*者還稀會*與不會*
拈向一壁且如何是目前大道良久*桃*李樹頭鸎*囀*
切更*無一法可相謾

27
上堂太平時節姦擾雲*傳將軍既定天下安然山僧*
今日助發一箭令群*魔蕩盡*王道平平恁麼用意也
是扶強不扶弱用力不用拳衆中莫有不露鋒鋩*不
施寸刃底出來與建長相敵擬議不來飜*成死*漢

28
上堂前徳山大忘*人世衣草食泥後徳山横按烏藤*
呵佛罵祖且非冐姓佃官田果是有些長處*如何是
他長處*先生一點*不相謾自是時人自遮護

29
浴佛上堂釋*迦苗裔充塞乾坤盡*是孝中不孝五逆
兒孫獨有雲門大師不孝中孝知恩報恩*一棒要打
殺誰子識其源今日建長無此伎倆與現前一衆爇*
香一瓣燒*水一盆信手東潑西潑教*他回*避無門雖
然各各照*頤*打濕鼻孔

30
結制上堂今日聚集凡之與聖情*與無情*總*在此山
安居*結制獨有鎌倉境内藤*原翁子不入衆數自云
佛法禪道是生寃家諸人作何方便*令他入此保社
隱*峰*雖有過人智到石頭山失利回*

31
上堂釋*子淵源祖師巴鼻上不在天下不在地聚之

＊①羣 ＊①②萬
＊②情 ＊①②等 ＊①②轉
＊①②會
＊①②久 ＊①②桃 ＊②鸚
＊①②囀
＊①叓
＊①②虚 ＊①僧②僧
＊①②盡
＊①鉎
＊①飜②翻 ＊①死
＊①怣 ＊①②藤
＊①②處
＊①②點
＊①②釋
＊①②恩
＊①②爇
＊①②澆 ＊①②教 ＊①回
＊①②照 ＊①②顧
＊①②情 ＊①②總
＊①屋
＊①便
＊①②隱 ＊②峯

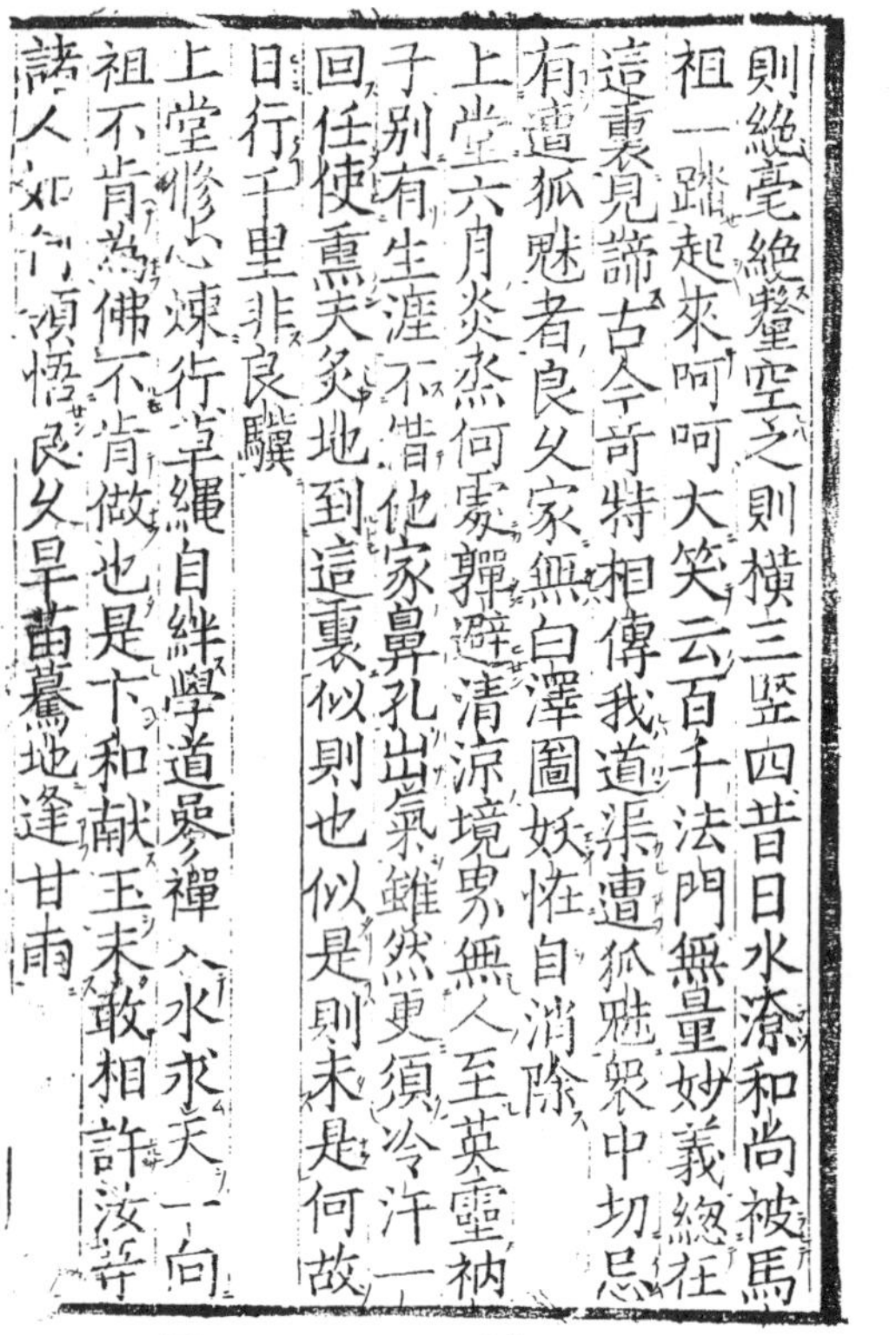

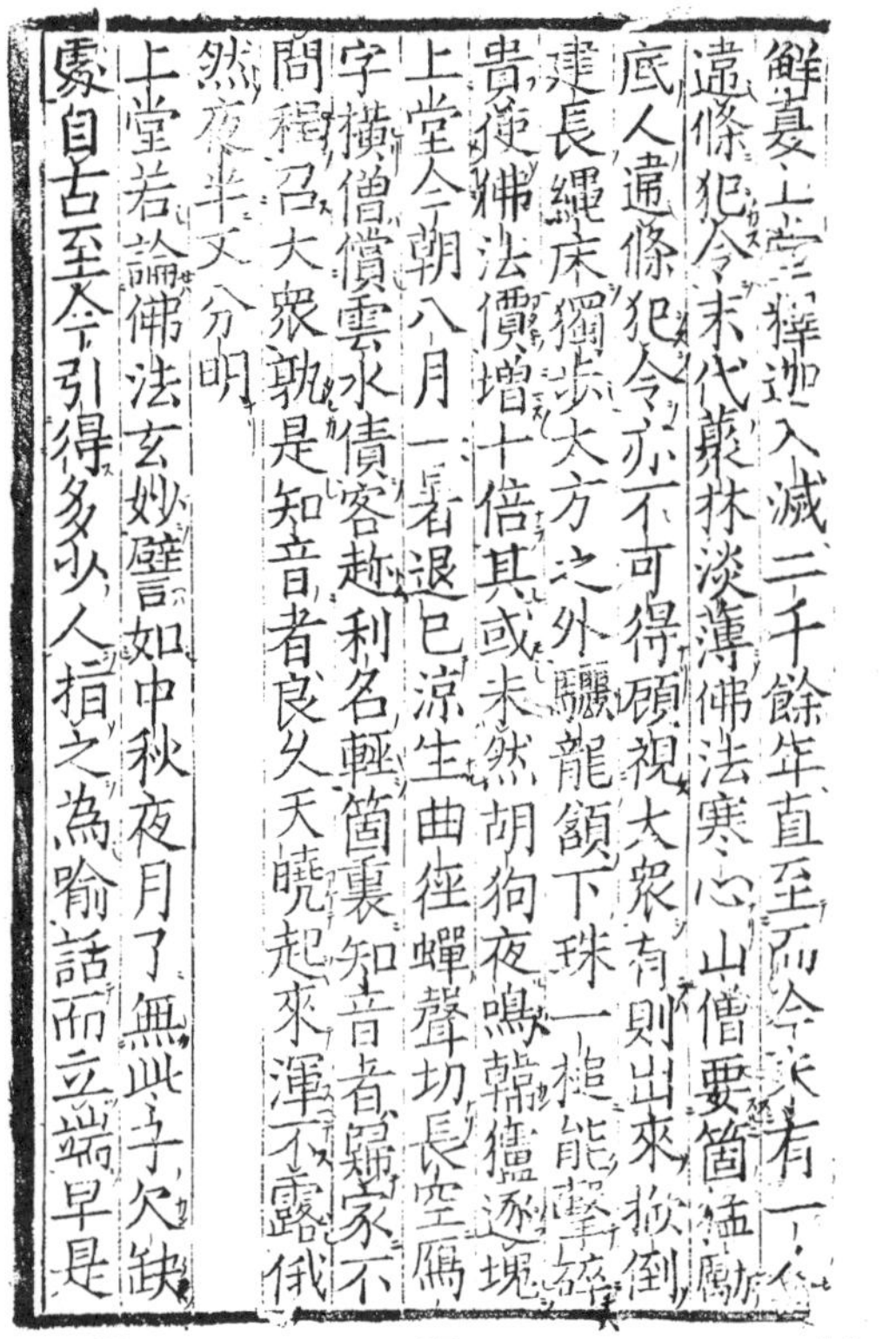

則絶毫絶鼇空之則横三竪*四昔日水潦和尚被馬
祖一踏*起來呵呵大笑*云百千法門無量妙義總*在
這裏見諦古今竒*特相傳我道渠遭*狐魅*衆中切忌
有遭*狐魅*者良夂*家無白澤圖妖恠*自消除
32 上堂六月炎烝何處*鞸避清*凉境界無人至英靈*衲
子別有生涯不借他家鼻孔出氣雖然更*須冷汗一
回*任使熏*天炙地到這裏似則也似是則未是何故
日行千里非良驥
33 上堂修心煉行草繩*自絆學道參*禪入水求天一向
祖不肯*為*佛不肯*做也是卞和献*玉未敢相許汝等*
諸人如何領悟良夂*旱苗蕎地逢甘雨

34 鮮*夏上堂釋*迦入滅二千餘年直至而今未有一人
遺*條犯令末代蕟*林淡薄佛法寒心山僧*要箇*猛勵
底人遣*條犯令亦不可得頑*視大衆有則出來掀倒
建長繩*床*獨歩大方之外驪龍頷*下珠一槌能擊*碎
貴使佛法價*増*十倍其或未然胡狗夜鳴韓*獵*逐塊*
35 上堂今朝八月一暑退已凉生曲徑*蟬聲切長空鴈*
字横僧*儻雲水債客趂*利名軽*箇*裏*知音者歸*家不
問程召大衆孰是知音者良夂*天曉起來渾不露俄
然夜半又分明
36 上堂若論佛法玄妙譬如中秋夜月了無些子欠鈌*
處*自古至今引得多少人指*之為*喩*話而立端早是

*①竪
*①②踏 *①②笑 *①②總
*①②奇 *①②遭 *①②魅
*①②久 *①②怪
*①②處 *①②清 *①②靈
*①㚇
*①囘 *①②熏
*①②繩 *①②參
*①肎 *①②爲 *①②獻
*①②等

*①②解 *①②釋
*①②違 *①②叢 *①僧②僧
*①②個
*①②顧
*①牀 *②領 *②擊
*②（欠字） *①增②増
*①②韓 *①②獵 *①②塊
*①②徑 *①②雁
*①②趁 *①②輕 *①②裡
*①②歸
*①②缺
*①②指 *②喻

欠鈌*了也山僧*到此指*與話圓與鈌*置之勿論且如
何是佛法玄妙卓主*丈*相逢且說三分語未可全拋
一片心
37 上堂纔*舉*雙趺抹過東大洋海道著一句撼動西瞿
耶尼古今未免以為*奇*特相傳若到建長門下謂之
興妖鬼*子是汝諸人如何領會*良久*悟後自知
38 開爐*上堂風頭稍硬*煖処*商*量冷地有人以鼻相笑*
困則打眠寒來向火滿*眼相識孰是丈夫建長這裏
火也無炭也無大家聚首鞝盧*都試問諸人何所圖
直下領去勒叉勒叉薩*婆薩*埵*若也不會*悉*哩悉*哩
蘇*盧*蘇*盧*

39 達磨忌上堂奮*空拳來東土惱害平人知幾許末後
慚惶無著処*又携*隻履西歸*去後代子孫不堪共語
盡*指*桑園罵柳樹是有憑據*無憑據*有無則且止且
道祖師是生耶是滅耶良久*嘘*一聲嚴凬*嶺外凋林
葉寒露庭前泣菊花
40 至節上堂今朝至節晦氣都亡*有一片雲自東方來
蕩漾太雲*中不拘五色數敢問諸人此是祥瑞耶非
祥瑞耶卓主*丈*明年大熟飽卧*長街
41 謝書記藏*主浴主上堂諸人分上名邈不得底一事
九經*群*籍詮註難成三藏*洪文收*覧*弗及饒伊水洒
不著浄*盡*無痕到這裏也討他頭鼻不出良久*討得

---

*①②缺 *①僧②僧 *①②指
*②拄 *②杖
*①②纔 *②擧
*①②爲 *①②奇
*①②鬼 *①②會 *①②久
*①②爐 *①碨 *①②處
*①②商 *①②笑
*①②滿
*①②盧
*①②薩 *①②埵 *①②悉
*①蘓②蘇

*①②奮
*①攜 *①②歸
*①②盡 *①②據
*①②噓 *①②風
*①亾
*①②虛
*①②臥
*①②藏
*①②經 *①羣 *①②收
*①②覽
*①②淨

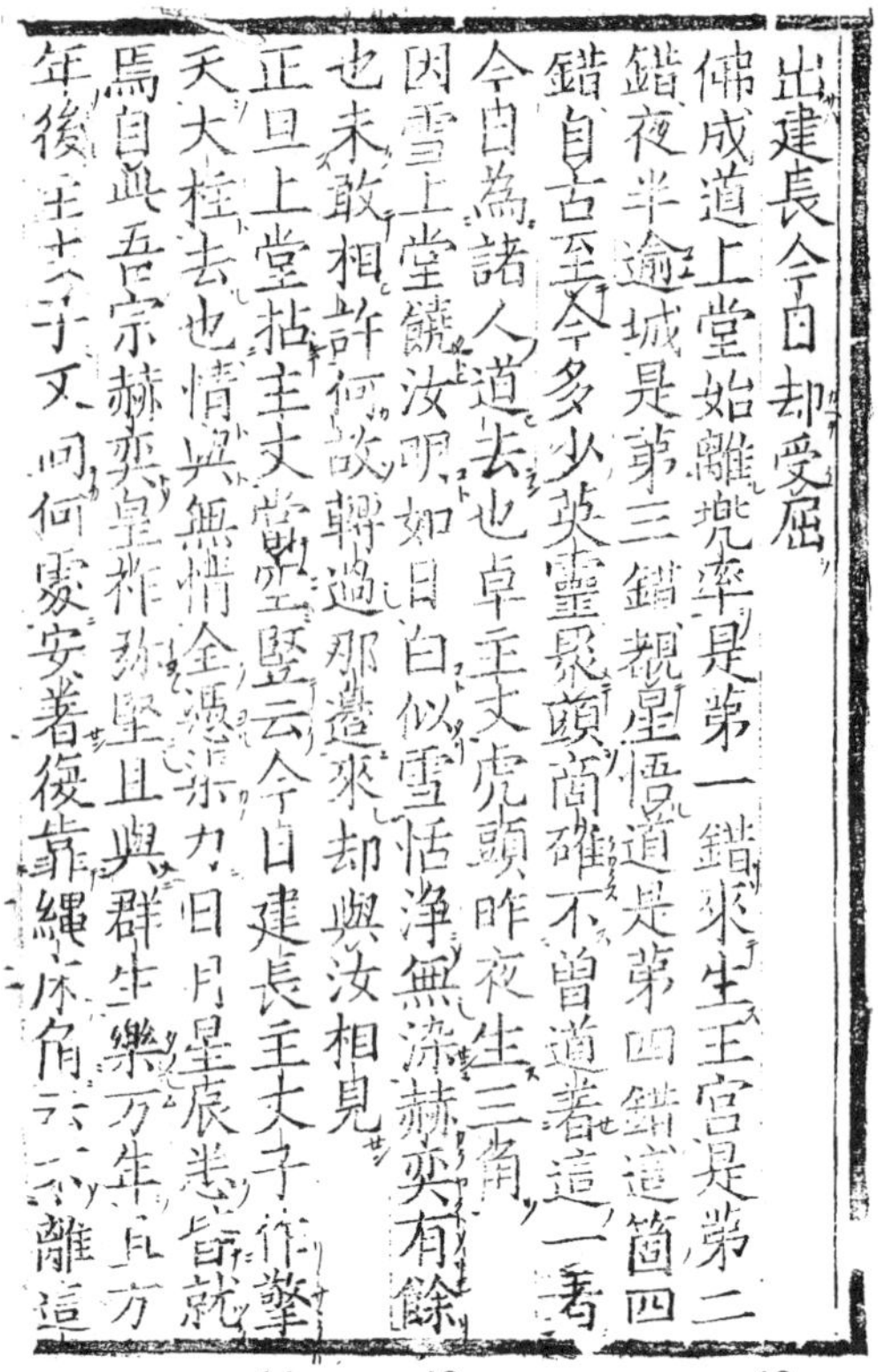

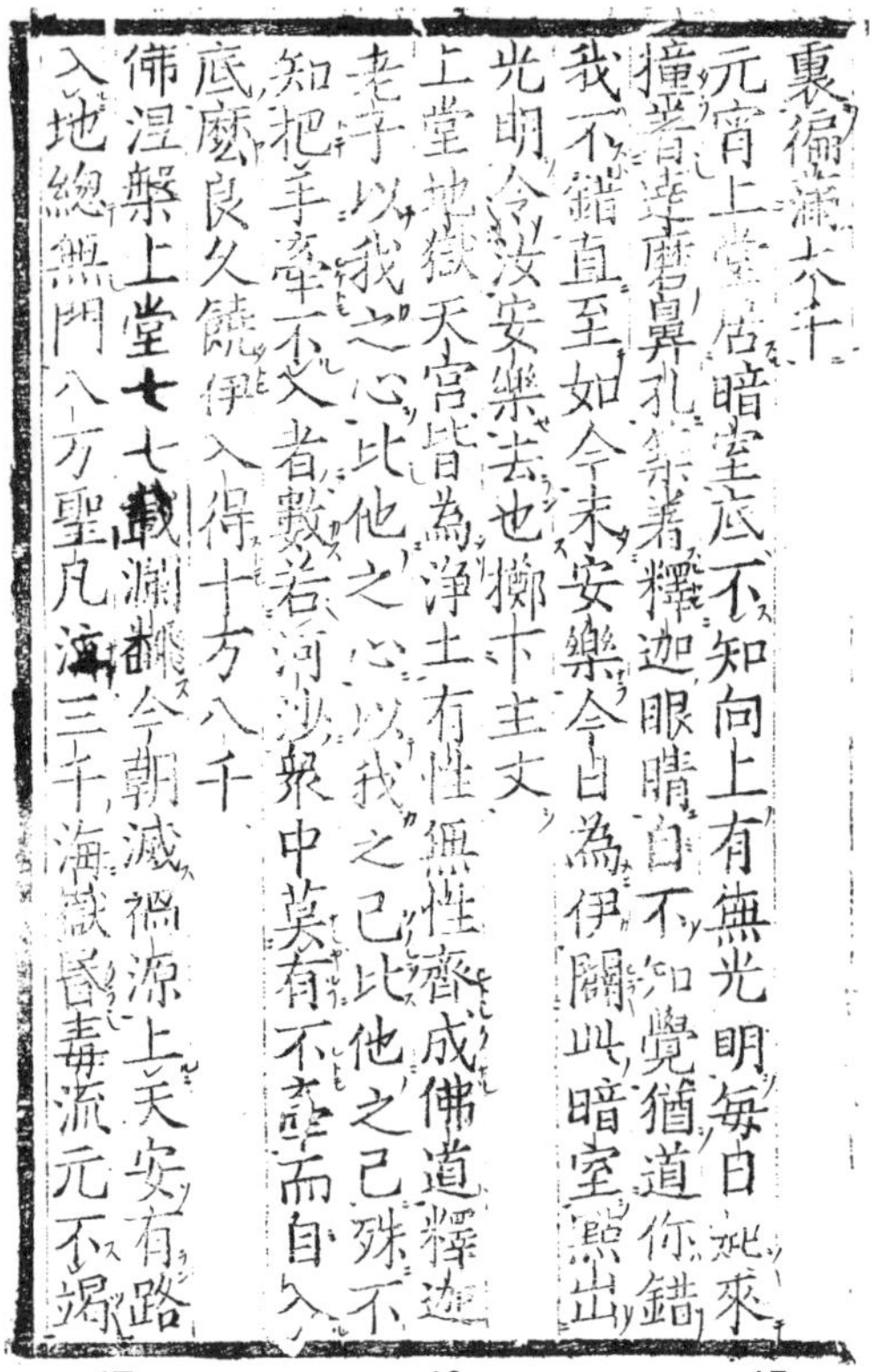

出建長今日却*受屈
42 佛成道上堂始離*兜*率是第*一錯來生王宮是第*二
錯夜半逾*城是第*三錯覩星悟道是第*四錯這箇*四
錯自古至今多少英靈*聚頭商*確不曽*道著這一著
今日為*諸人道去也卓主*丈*虎頭昨夜生三角
43 因雪上堂饒汝明如日白似雪恬浄*無染赫奕有餘
也未敢相許何故轉*過那邉*來却*與汝相見
44 正旦上堂拈主*丈*當空竪*云今日建長主*丈*子作孼
天大柱去也情與無情全憑渠力日月星辰悉*皆就
焉自此吾宗赫奕皇祚弥*堅且與群*生樂万*年且万*
年後主*丈*子又向何處*安著復靠縄*床*角云不離這
裏偏*滿*大千
45 元宵上堂居*暗室底不知向上有無光明毎日起來
撞著達磨鼻孔築著釋*迦眼睛*自不知覺猶道你*錯
我不錯直至如今未安樂今日為*伊闢此暗室點*出
光明令汝安樂去也擲下主*丈*
46 上堂地獄天宮皆為*浄*土有性無性齊成佛道釋*迦
老子以我之心比他之心以我之己比他之己殊不
知把手牽不入者數若河沙衆中莫有不牽而自入
底麼良久*饒伊入得十万*八千
47 佛涅槃上堂七七載瀾飜*今朝滅禍源上天安有路
入地總*無門八万*聖凡泣三千海嶽昏*毒流元不竭

---

*①卻
*①②兜 *①②第
*②逾 *①②個
*①②靈 *①②商 *①曽②曾
*①②爲 *②拄 *②杖
*①②淨
*①②轉 *①②邊
*①②豎
*①②悉
*①②彌 *①羣 *①②萬
*①②處 *①②繩 *①牀
*②遍 *①②滿
*①居
*①②釋 *①②睛 *①伱②儞
*①②點
*①②久 *①②萬
*①飜②翻
*①②總 *①②昏

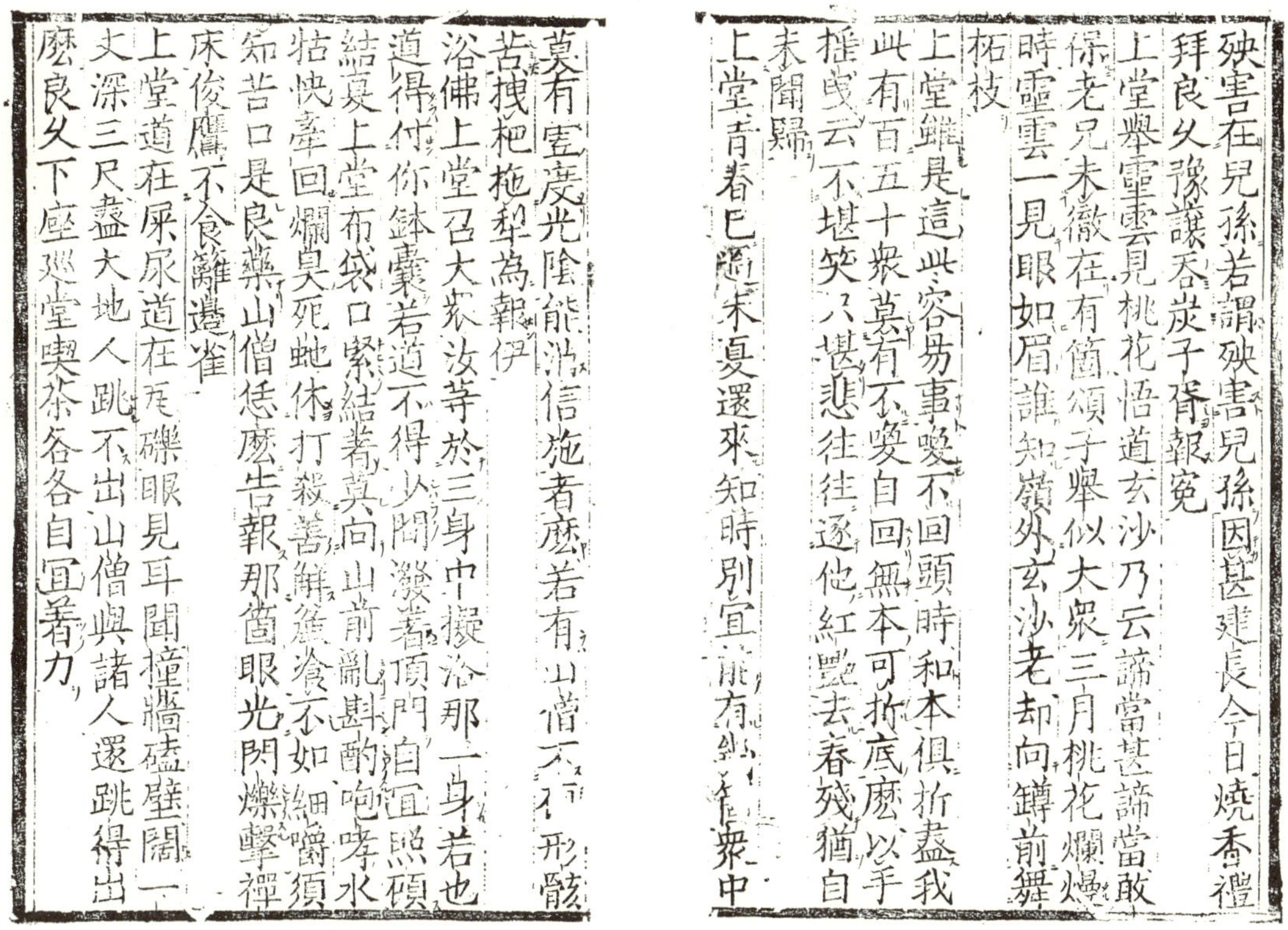

殃害在兒孫若謂殃害兒孫因甚建長今日燒香禮
拜良久*豫讓*呑炭子胥報寃
48 上堂舉*霊*雲見桃花悟道玄沙乃云諦當甚諦當敢
保老兄未徹在有箇*頌子舉*似大衆三月桃花爛熳
時霊*雲一見眼如眉誰知嶺外玄沙老却*向鐏前舞
栢枝
49 上堂雖是這些容易事喚*不回*頭時和本俱折盡*我
此有百五十衆莫有不喚*自回*無本可折底麼以手
揺*曳云不堪笑*只堪悲往往逐他紅艷去春殘猶自
未聞歸*
50 上堂青*春已過朱夏還來知時別宜*能有幾箇*衆中
莫有霊*度光陰*能消信施者麼若有山僧*不頙*形骸
苦拽杷*拖*犁為*報伊
51 浴佛上堂召大衆汝等*於三身中擬浴那一身若也
道得付你*鉢囊若道不得少間潑著頂門自宜*照*頙*
52 結夏上堂布袋口緊結著莫向山前亂*斟酌咆哮水
牯快牽回*爛臭死*虵*休打殺善鮮*麄*飡不如細嚼須
知苦口是良藥山僧*恁麼告報那箇*眼光閃爍擊*禪
床*俊鷹不食籬邊*雀
53 上堂道在屎尿道在瓦礫眼見耳聞撞牆磕壁闊*一
丈深*三尺盡*大地人跳不出山僧*與諸人還跳得出
麼良久*下座巡堂喫茶各各自宜*著力

---

*①②久 *①②讓
*②擧 *①②靈
*①②個
*①卻②欲
*①②喚 *①回 *①②盡
*①②搖 *①②笑
*①②歸
*①②青 *②宜
*①②盧 *①②陰 *①僧②僧
*①②顧
*①②把 *①②拕 *①②爲
*①②等
*①你②儞 *①②照
*①②亂
*①夊 *①②蛇 *①②解
*①麤②麁
*①②擊
*①牀 *①②邊
*①②澗
*①淺

54
上堂若論此事動則回*避無門靜*則突然顯現諸人
因甚終日聽*則不聞看則不見聽*得聞看得見倒騎*
牛兮*入佛殿

55
上堂偏*界炎炎如火相逼生鐵*烏龜額頭汗出是汝
諸人心火交*煎之時此猶未及且如何免得斯過

56
觧*夏上堂巨福山中打開布袋攤向人前物有定價
無也快把將來有也不須擔*載大家覰面*商*量切莫
貴買賤賣畢竟是甚麼物良久*重如五嶽輕*如毛舉*
似諸方添話欛

57
祈禱*上堂教*中道諸佛音聲偏*滿*法界建長七日之
中有勞大衆自朝至夕同誦經*文此豈不是音聲因

58
甚不能偏*滿*法界若不偏滿*法界終日諷*誦功有何
歸*若謂偏*滿*法界一里之地人不能聞衆中靈*利漢
當下領去便*知聲未發時早已偏*滿*法界了也苟或
尚留觀*聽*到此更*聽*一偈*心念莫空過能滅諸有苦
衆寃自消除群*魔咸怕怖恵*日照*昬*衢慈凮*扇寰宇
建長瘦烏藤*依舊*能撐柱
中秋*上堂舉*馬大師與諸子翫月公案師云古人只
知彼月有缺有圓不知此月無增*無減衆中或有不
信此語者出來道月無二月豈分彼此建長不免為*
伊指*出以拂子作圓相諸人還見麼良久*常*時明皎
皎不被黑*雲籠

＊①囘　＊①②靜
＊①②聽　＊①②騎
＊①②兮
＊②遍　＊①銕①鐵
＊①交
＊①②解
＊①②擔　＊①②面　＊①②商
＊①②久　＊①②輕　＊②擧
＊①②禱　＊②教　＊①②滿
＊①②經

＊①②諷
＊①②歸　＊①②靈
＊①便
＊①②觀　＊①叓　＊①②偈
＊①羣　＊①②恵　＊①②照
＊①②昬　＊①②凮
＊①②藤　＊①②舊
＊①穐
＊①增②增
＊①②爲
＊①②指　＊②當
＊①②黑

59 開爐*上堂西天無盡*之光東土有餘之照*撲而愈明
續而未了若向這裏究其根源皆是一星火種上得
且道此一星火種從何處*來守寒爐時切忌撥著

60 達磨忌上堂達磨來東土種瓜生得瓠傳法救迷情*
灼卜聽*雷*聲一花開五葉春光俱漏泄結果自然成
枯中亦有榮這箇*下語如就坑*埋物誰無此能諸人
還知未離天竺已救迷情*了底一著麼良久*低聲低
聲傍觀*者哂

61 上堂擧*古德*道更*闌夜朮*氷侵骨撥盡*寒爐*炭也無
古人可謂貧無一縷冨*敵万*豪碩*視大衆云建長兄
弟還有筋骨也無

62 冬至上堂園林草*木一切無情*冬至極寒盡*皆變色
獨有孤峰*頂上那一株子經*霜冒*雪轉*見敷榮是汝
諸人還曽*見否若也未見無事上山行一轉*

63 謝首座書記藏*主浴主亘*歲*上堂陳蒲鞋為*座元平
白教*人喫痛棒匾頭子充書記無端領衆勘諸方盡*
是睡*虎謀人之機且無羅龍打鳳之手饒伊不露鋒
鋩*不施斤斧能起擎天之柱善横架海之樑若到建
長面*前更*須沐浴三年始來相見何故我此一機過
如閃電

64 上堂未達唯心境起種種分別達境唯心了分別即
不生以拂子指*云面*前是山背後是水此豈不是境

---

*①②爐 *①②盡 *①②照
*①②處
*①②情
*①②聽 *①②虛
*①②個 *①②坑
*①②久
*①②觀
*②擧 *①②德 *①叓
*①②永
*①②富 *①②萬 *①②顧

*①艸
*①②峯 *①②經 *①冒②冒
*①②轉
*①曾②曾
*①②藏 *①②直 *①②歲
*①②爲
*①②敎
*①②睡
*①鋩
*①②面
*①②指

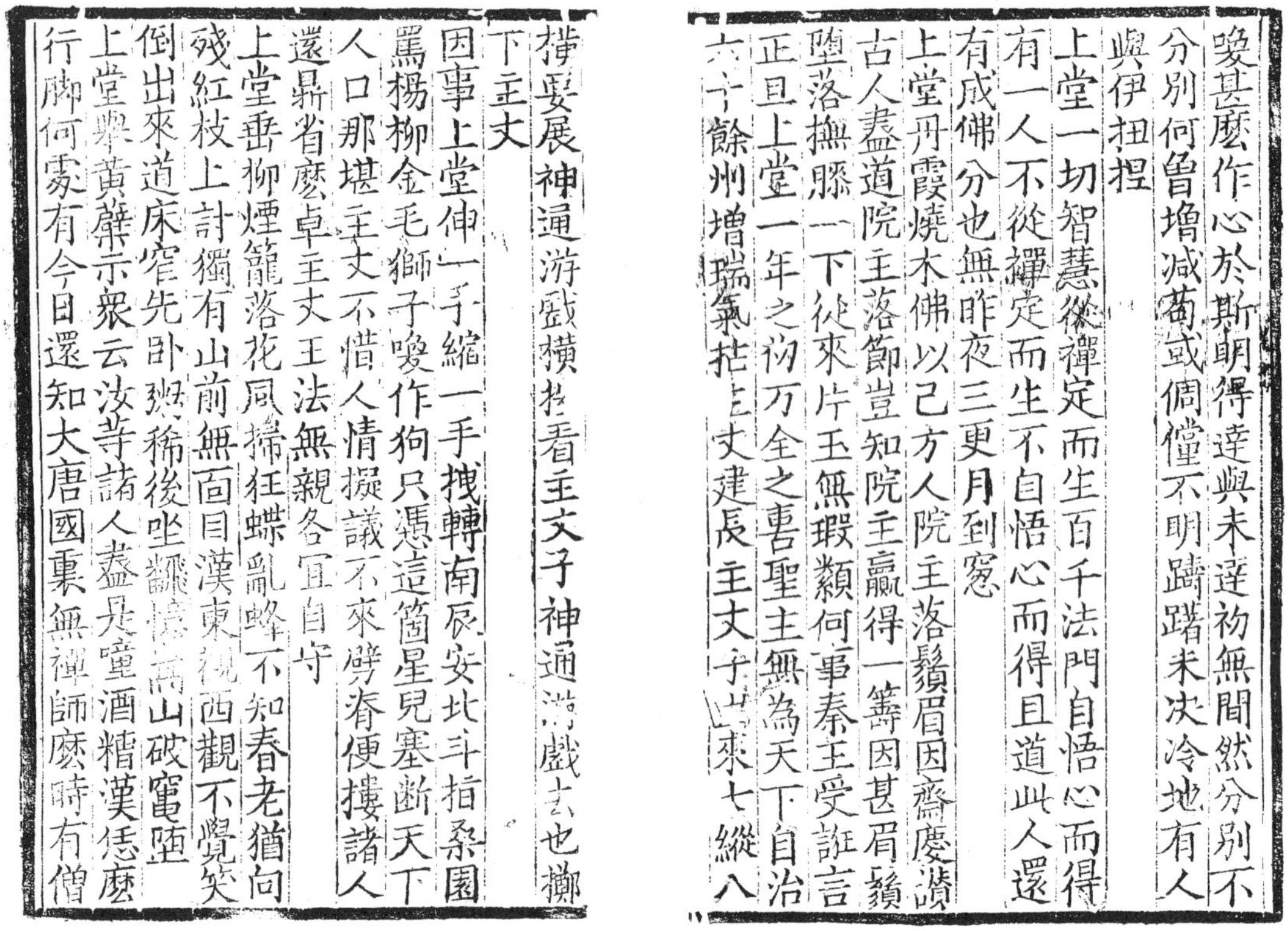

喚*甚麼作心於斯明得達與未達初無間然分別不
分別何曾*增*減苟或倘儻*不明躊*躇未決冷地有人
與伊扭揑
65 上堂一切智慧從禪定而生百千法門自悟心而得
有一人不從禪定而生不自悟心而得且道此人還
有成佛分也無昨夜三更*月到窻*
66 上堂丹霞燒木佛以己方人院主落鬚眉因齋慶讃
古人盡*道院主落節豈知院主贏得一籌*因甚眉鬚
墮*落撫膝*一下從來片玉無瑕纇何事秦王受誑言
67 正旦上堂一年之初万*全之喜聖主無為*天下自治
六十餘州增*瑞氣拄主*丈*建長主*丈*子出來七縱八
横要展神通游戲*横按看主*丈*子神通游戲*去也擲
下主*丈*
68 因事上堂伸一手縮一手拽轉*南*辰安北斗指*桑園
罵楊柳金毛獅子喚作狗只*憑這箇星兒塞断*天下
人口那堪主*丈*不惜人情*擬議不來劈脊便*摟諸人
還鼎省麼卓主*丈*王法無親各宜*自守
69 上堂乖*柳煙籠落花凬*掃狂蝶亂*蜂不知春老猶向
殘紅枝上討獨有山前無靣*目漢東觀*西觀*不覺笑*
倒出來道床*窄先卧*粥稀後坐飜*憶嵩山破竈墮*
70 上堂舉*黄蘗*示衆云汝等*諸人盡*是噇酒糟*漢恁麼
行脚*何處*有今日還知大唐國*裏無禪師麼時有僧*

*①②喚
*①曾②曾 *①增②增
*①②儻 *①②躊
*①叓 *①窻②窓
*①②盡 *①②籌
*①②墮 *①②膝
*①②萬 *①②爲
*②拄 *②杖
*①②戲
*①②轉 *①②南 *①②指
*②只 *①斷②斷
*①②情 *①便
*①②宜
*①②垂 *①②風 *①②亂
*①②面 *①②觀 *①②笑
*①牀 *①②臥 *①飜②翻
*②舉 *②檗 *①②等
*①②糟
*①腳 *①②處 *①②國
*①僧②僧

出云只如諸方匡徒領衆又作麼生蘗*云不道無禪
只是無師師云黄蘗*禪師嚼飯餧嬰孩不碩*傍觀*者
雖然如是諸人還知黄蘗*落處*麼有一頌子碧霄雲
靜*月團*團*何處*琴聲甲夜彈貪*看遊人樓下過推窻*
渾不怯春寒

71 上堂汝等*諸人每日向外馳求了無休歇建長指*示
諸人休歇處*去也召大衆僧*堂後衆寮前東廊下西
屋邊*纔*涉思惟万*八千

72 上堂德山有棒未曽*打著一人臨濟有喝未曽*撞著
箇*漢點*檢將來二俱草*賊逢大則小遇剛則柔建長
也有棒也有喝一棒是一棒一喝是一喝未嘗容易
輕*挨拶今日挨拶去也擲下主*丈*穿汝咽喉破汝心
鈍根蹉*過謾沉*吟

73 上堂語要三思事不厭細古人膽*小心驚怕踏*他家
硬*地争*似我此語没思惟事無巨細只要汝等*諸人
識得衲僧*巴鼻如何是衲僧*巴鼻有智無智較三十
里

74 上堂箇一件事非遠非近纔涉思惟便*成大病到這
裏是則為*汝證據*三十主*丈*棒棒不饒非則為*汝剗
除五百馬騮頭頭縛定建長今日倒*退三千一任諸
人放身捨*命有麼有麼南*北雖殊入門為*正

75 佛生日上堂悉*達初生口嘮舌快將底而來遼天索

---

*②蘗
*①②顧 *①②觀
*①②處
*①②静 *①②團 *①②貪
*①窻②窓
*①②等 *①②指
*①僧②僧
*①②邊 *①②纔 *①②萬
*①曽②曾
*①②個 *①②點 *①艸
*①②輕 *②拄 *②杖
*①②蹉 *①②沈
*①②膽 *①②踏
*①碶 *②爭
*①便
*①②爲 *①②據
*②到
*①②捨 *①②南
*①②悉

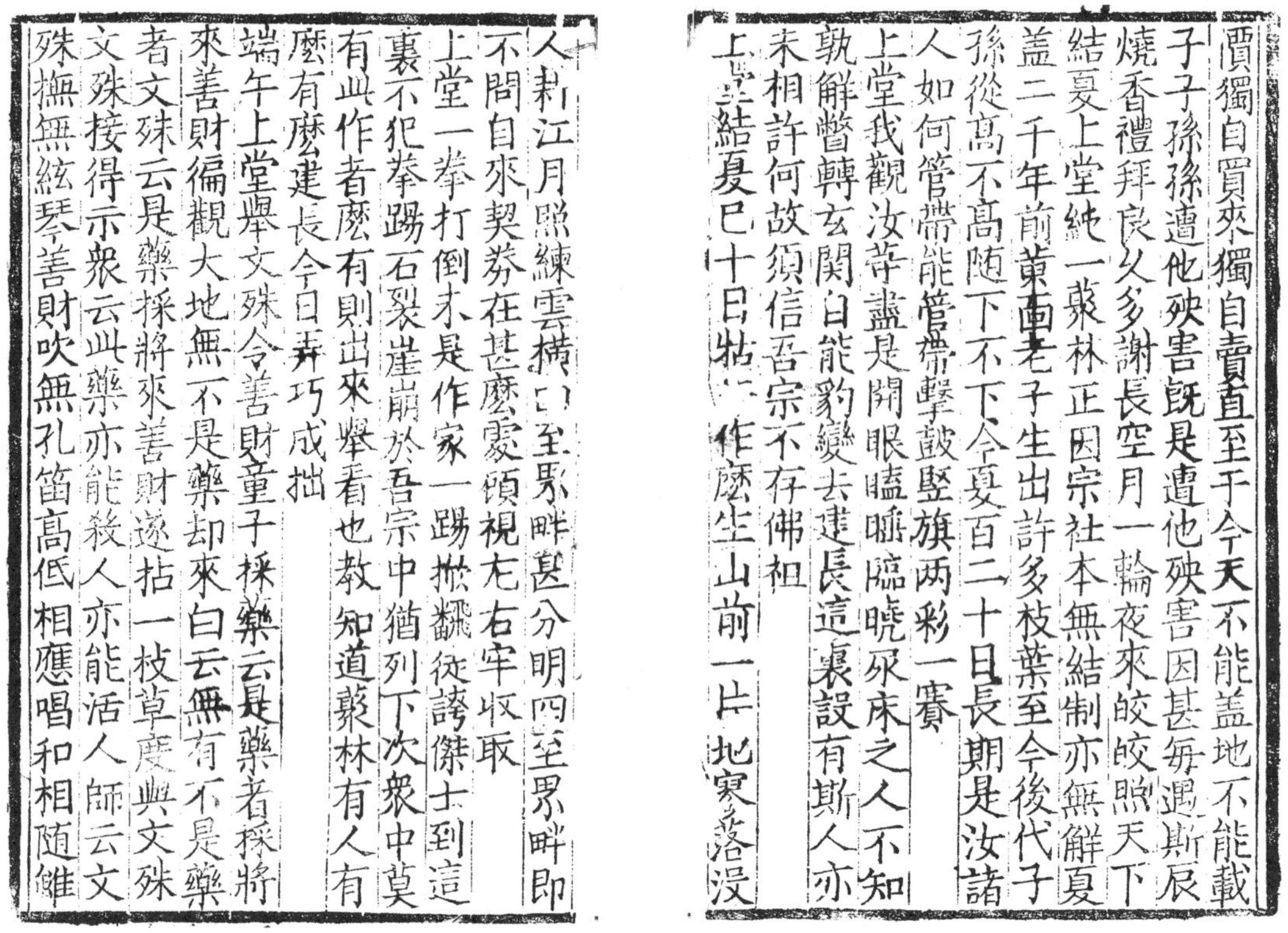

價獨自買來獨自賣直至于今天不能盖*地不能載
子子孫孫遭*他殃害既是遭*他殃害因甚毎遇斯辰
燒香禮拜良夂*多謝長空月一輪夜來皎皎照*天下
76 結夏上堂純一藂*林正因宗社本無結制亦無觧*夏
盖*二千年前黄靣*老子生出許多枝葉至今後代子
孫從高不高随*下不下今夏百二十日長期是汝諸
人如何管帶能管帶擊*皷*竪*旗两*彩一賽
77 上堂我觀*汝荨*盡是開眼瞌睡*臨曉尿床*之人不知
孰觧*瞥轉*玄関*自能豹變去建長這裏設有斯人亦
未相許何故須信吾宗不存佛祖
78 上堂結夏已十日牯牛作麼生山前一片地寥落没

人耕江月照*練雲横四至界畔甚分明四至界畔即
不問自來契券在甚麼䖏*頋*視左*右牢収*取
79 上堂一拳打倒未是作家一踢掀飜*徒誇傑士到這
裏不犯拳踢石裂崖崩於吾宗中猶列下次衆中莫
有此作者麼有則出來舉*看也敎*知道藂*林有人有
麼有麼建長今日弄巧成拙
80 端午上堂舉*文殊令善財童子採藥云是藥者採將
來善財徧*觀*大地無不是藥郤*來白云無有不是藥
者文殊云是藥採將來善財遂拈一枝草*度與文殊
文殊接得示衆云此藥亦能殺人亦能活人師云文
殊撫無絃琴善財吹無孔笛高低相應唱和相随*雖

＊①②蓋　＊①②遭　＊①②久　＊①②照　＊①②叢　＊①②解　＊①②面　＊①②隨　＊①②擊　＊②鼓　＊①豎　＊①②兩　＊①②觀　＊①②等　＊①②睡　＊①②牀　＊①②轉　＊①②關

＊①②處　＊①②顧　＊①②左　＊①②收　＊①飜②翻　＊②擧　＊①②教　＊①②遍　＊①卻　＊①艸

然幸無傍觀*二俱放過彼時若是建長待文殊道是
藥採將來只向他道我無此病何用此藥善財拈一
莖草*度與文殊草*本不勞拈出文殊舉*起示衆亦能
殺人亦能活人自救不了焉救他人文殊善財既往
不咎今日山僧*値端午節合一服藥施與衆人去也
以拂子打圓相只此一粒万*病俱除諸人還覺身心
清*涼麼擲下拂子奉饒一服

81
上堂左*頣*也回*避無門右眄*也遮掩不及所以陳尊
宿道現成公案放汝三十棒也是不奈棟梁何打破
軒前壁諸人還知建長相為*處*麼良久*舌頭早已長
三尺

82
上堂偏*界恁麼熱*諸人向甚處*回避鑊湯中爐*炭裏
也不消得建長今日指*諸人清*涼處*去也前廊東北
角後舍*西南*方舉*步如差*互炎烝不可當

83
上堂建長不願諸人超*釋*迦越弥*勒只要諸人十二
時中収*拾將來切莫輕*放衆中還有収*拾得者麼若
有朝打三千暮打八百供養上座不為*分外苟或不
然飲水防噎喫飯防砂

84
上堂竪起主*丈*殺人刀橫按主*丈*活人劍殺活自由
臨機應變衆中莫有敢當其鋒衛其刃*者麼出來相
交一回也要諸人看見良久*靠主*丈*罕逢穿耳客多
是刻舟人

---

*①②觀
*①艸 *②舉
*①僧②僧
*①②萬
*①②清
*①②左 *①②顧 *①回
*①②盼
*①②為 *①②處 *①②久
*①②遍 *①②熱 *①②爐
*①②指
*①②舍 *①②南 *①②差
*①②超 *①②釋 *①②彌
*①②收 *①②輕
*①②拄 *②杖
*②刀

85 鮮*夏上堂今夏與諸人同此安居結制不施棒喝平地凮*雷*頻合匝今日鮮*制之辰任渠自在不用鉤錐此心能有幾人知離却*這裏活陥*鐵*圍*不離這裏永*堕*阿鼻負累山僧*落盡眉汝等*還知建長為*人処*麼以手揺*曳云希竒*希竒*雪峰*輥出木毬児*霊*照*街頭賣攏籬

86 謝両*班上堂協賛*藂*林助建宗旨譬如孫臏*設計定謀圖*魏*救趙相似卒急使人測度不出雖然在我建長両*班上有一毫不動振起頽剛底手段*汝等*還知麼良久*左*輔右弼衆眼難謾

87 上堂擧*雲門問僧*光明寂照*偏*河沙豈不是張拙秀才語僧*云是門云話堕*了也師云這僧*只作話堕*會*去更*不回*頭殊不知雲門収*得河南*又征塞北有箇*頌子試定當看獨泛扁舟去復還塵勞万*事不相関*長時嘯傲煙波上一箇*閑人天地間

88 中秋上堂吾心似秋月自不知醜*拙拂袖便*行去有甚麼本據*寒山子老南*泉點*檢將來不直半錢建長今日與諸人翫月去也只是不得道著箇圓字不得犯著箇*圓相若道著犯著罰錢三貫胡餅一堂遂打一圓相托起云除此一月實餘二即非真*明明休向指*邊*會*眼裏無筋一世貧

89 因地震上堂若人見徹本源大地悉*皆震動昨夜建

---

*①②解
*①②風 *①雷
*①②卻 *①②陷 *①②鐵
*①②圍 *①②永
*①②墮 *①僧②僧 *①②等
*①②爲 *①②處
*①②搖 *①②奇 *②峯
*①②兒 *①②靈 *①②照
*①②兩 *①②贊 *①②叢
*①②臏
*①②魏
*①②段
*①②久 *①②左
*②擧 *②遍
*①②會
*①叜 *①囘 *①②收
*①②南 *①②個
*①②萬 *①②關
*①②醜 *①便
*①②據 *①②點
*①②眞
*①②指 *①②邊
*①②悉

長主*丈*子成等*正覺直得六十八州山川草*木美*欣
欣閙*閧*閧*引得八幡*菩薩*若宮王子聚頭談論云從
今以後兵器*戈矛不復拈弄四海晏清*万*邦入貢雖
然如是在我衲僧*分上有何竒*特卓主*丈*朩*日寥寥
賀泰*平三條椽*下慵迎送
90 開爐*上堂滿*口含*霜時寒爐*又無炭夜闌輕*撥著撈
出通身汗有般未徹頭人喚*作大事已辦*更*須盡底
掀飜*冷煖了無覊絆良夂*有麼有麼後五日看
91 上堂寒焼木佛聊驗行家汝何咎我舌綴*上牙會*得
則遭*逢院主不會*得蹉*過丹霞遥*望*故郷*千万*里回*
頭早已隔*天涯諸人還肯*山僧此語麼馬蝗叮鷺股

*②拄 *②杖 *①②等
*①艸 *①②美
*①②閙 *①②閧 *①②幡
*①②薩
*①②器 *①②清 *①②萬
*①僧②僧 *①②奇 *①②永
*①②泰 *①②椽
*①②爐 *①②滿 *①②含
*①②輊
*①②喚 *①②辦 *①叓
*①②飜 *①②久
*②掇 *①②會
*①②遭 *①②蹉 *①②遙
*①望 *①鄉②鄕 *①囘
*①②隔 *①肎

射毒有含*沙
92 書雲上堂至節多竒*事群英猶未知冰*河齊發焰*銕*
樹倒抽枝嵩嶺度遺迹滄溟*不宿屍*木人騎*石馬隠*
隠*上須弥*薦召大衆云諸仁者擬則失却*動則難追
但得雪霜消散後莫嫌*春色到來遅
93 上堂世尊三昧迦葉不知青*山巍*巍*緑*水漪*漪*迦葉
三昧阿難不會*南*山起雲北山霧霈建長三昧十塊*
五塊*取之則渇驥*奔枯泉認著則胡孫騎*鼈背畢竟
如何山僧*臭口為*重開切莫瞎驢*趂*大隊
94 上堂色前不物万*像森羅如何擺撥耳聽*非聲鵶鳴
犬吠無不現成到這裏一領領去禿却*我舌瞎却*汝

*②氷 *①②焰 *①②鐵
*①②溟 *①屍 *①②騎
*①②隱
*①②彌 *①卻
*①②嫌
*①②青 *①②巍 *①綠②緣
*①②漪
*①②南 *①②塊
*①②驥
*①②爲 *①②驢 *①②趁
*①②聽

眼苟或不然切忌随*聲逐色

95 遊山歸*上堂出門万*里陰*雲散入寺千峰*瑞氣浮無
去無來一句子明明只在脚*尖頭諸人還透得這一
關*麼如未透得者切忌向脚*尖頭上會*

96 臘*八上堂未登雪嶺古洞幽巖*風凛凛雪嶺既登孤
猿啼在最高層*逗到臘*八夜覩明星哭不成兮*笑*不
成自此清*平世界往往皆是妖精*攙*却*幾多人眼睛*
主*丈*子憤不平出來為*諸人掃蕩妖精*擲主*丈*建長
門下低聲低聲

97 上堂拈得一萬事畢峭巍*巍*明歷歷佛祖仇讎*衲僧*
寃敵放行暗號*處*迴絶名摹動著機關*時無不中的

不是秘魔擎杈亦非魯祖面*壁是汝諸人如何委悉*
拍膝*一下虎威墮*地千里腥龍血染波三月赤

98 上堂臘*月三十日來切忌捨*本從末堪笑*善星比丘
到了非人所惑前面*是牛頭後面*是獄卒左*邊*有劍
樹峥*嶸*右邊*有刀山*突兀是汝諸人到這裏如何擺
撥若擺撥得去良哉觀世音

99 正旦上堂山僧*收*得一枝無孔笛一具氈*拍板更*年
之始慶無不宜*今日拈出對大衆前吹一曲拍一令
使未見者見未聞者聞雖然若作樂音會*去墮*在地
獄不復人身不作樂音會*去亦墮*在地獄永*失人身
畢竟如何拈主*丈*作吹*笛勢*邏囉哩歸*去來直得雲*

---

*①②随
*①②歸 *①②萬 *①②陰
*①②峯
*①②脚
*①②關 *①脚②却 *①②會
*①②臘 *①②巖
*①層②層 *①②兮 *①②笑
*①②清 *①②精 *①②換
*①卻 *①②睛
*②拄 *②杖 *①②爲
*①②巍 *①②讐 *①僧②僧
*①②號 *①②處

*①②面 *①②悉
*①②膝 *①②墮
*①②捨
*①②左 *①②邊
*①②峥 *①②嶸 *②出
*①②收 *②氈 *①更
*①②宜
*①②永
*①②歃 *①②勢 *①②虛

空笑*臉開

100 元宵上堂月氏國*內燃一盞燈東震旦中燈燈如織
引得扶桑國*裏無轉*智人向黒*山下昬*衢邉*東觀西
觀或出或入不覺嗚哪青*青*黯*黯*處*見得一點*兩*點*
指*以*為*奇*便道早知燈是火飯熟已多時咦鏡容鷹
爪堪圖畫何事僧*谿*三度疑

101 上堂道著一二有妨三五背後朗然面*前難覩不是
南*山大虫*亦非長沙猛虎箇裏會*去啞子喫苦瓜離
此別求邯鄲學唐步畢竟如何堪笑*水母以蝦為*目

102 上堂舉*韶國*師云通玄峰*頂不是人間心外無法滿*
目青*山師云古人向一毫端上藏*身於十字街頭敗
露當時但道通玄峰*頂不是人間便*休使天下英靈*
衲子無摸索處*諸人還摸索得著麼建長為*諸人通
箇*消息心外無法滿*目青*山溪頭水激嶺上雲閑*不
犯剪裁成片段*被風吹去又吹還

103 上堂灰頭土面*不枉度時鐵*壁銀山了無縫罅若擽*
衲僧*所知猶是鑽*龜打瓦所以玄上座欲明自己三
遭*六十烏藤*周金剛未喫點*心早已一張口啞拶到
無依倚*處*各各出來棒喝齊施克由尀耐嘌*予何人
也舜何人也大鵬一舉*蓋*十洲九万*里風斯在下

104 上堂紅紅白白不相讓無位真*人赤肉*團*諸人若向
赤肉*團*上見得且非無位真*人只今要見無位真*人

---

*①②笑
*①②國
*①②轉 *①②黒 *①②昬
*①②邊
*①②青 *①②黯 *①②處
*①②點 *①②兩
*①②指 *①②爲 *①②奇
*①便
*①僧②僧 *①②谿
*①②面
*①②南 *①②虫 *①②會
*②擧 *②峯 *①②滿
*①②藏

*①②靈
*①②個 *①②谿 *②氷
*①②間
*①②段
*①②鐵 *①②擽
*①鑽
*①②遭 *①②藤
*①②倚 *①②處 *①②嘌
*①②蓋②蓋 *①②萬
*①②眞 *①②肉 *①②團

麼擲下主*丈*下座巡堂喫茶
105 上堂是著則錯拶出烏龜*生两*角不是猶乖倒騎*鐵*
馬渡流沙拈却*是不是轉*見事如麻自古風流出當
家何須苦苦問生涯
106 上堂舉*僧*問夾山如何是夾山境山云猿抱子歸*青*
嶂後鳥啣*花落碧嵓*前後來法眼云二十年只作境
話會*且道二十年後作麼生會*建長借官路當人情*
只要諸人作*境話會*去若作*境話會*續佛恵*命藂*林
有人不作*境話會*墮*身死*漢有什麼限嵓*下白雲抱
幽石溪*邉*緑*柳舞長絲*踏*青人去未回*首蜀䰢*聲聲
怨子規

107 上堂舉*不顧即差*互跛脚*阿師関*門閉戸山僧*即不
然舉*不頥*寧差*互擘破靣*皮嫌*佛不做昨日有人從
高麗來便*入奥州去且道是頥*不頥*良夂*髣髴西秦
依稀東魯
108 結制上堂建長今日結却*布袋口盡西天東土日本
高麗總*向其中安居禁足莫有遠*越者我此一衆還
跳得出也無䜌*憶少林舊*時事甜瓜生得苦葫蘆*
109 上堂結夏已十日水牯牛胡孫子調伏也未如未調
伏山僧*恵*汝諸人調伏之方撫膝*云提我鋉*鞭休惜
痛貪*他甘草*便牽回*
110 上堂項上鐵*枷卸却*已是為*虵*畫脚*雪峰*未舉*先知

*②拄 *②杖
*①黿 *①②两 *①②騎
*①鋉②鐵
*①卻 *①②轉
*②擧 *①僧②僧 *①②歸
*①②青
*①啣②銜 *①②巖
*①②會 *①②情
*①作 *①②慧 *①②叢
*①②墮 *①夂 *①嵓②巖
*①②谿 *①②邊 *①②綠
*②絲 *①②踏 *①囘
*①②魄

*①②差 *①腳 *①②關
*①②顧 *①②面 *①②嫌
*①便 *①②久
*①②總 *①②違
*①②䜌 *①②舊 *①②蘆
*①②恵 *①②膝 *①②鐵
*①②貪 *①②艸
*①②爲 *②蛇 *①②峯

這僧*誤服毒藥雪峰*落節處*雲門總*知雲門落節處*
諸人不會*嘿*只今要見雲門則易要見建長則難難
難澄*潭不許蒼龍蟠*

111
看經*上堂欲窮過去未來現在諸法真*如法界法性
無生實際當學般若波羅蜜豎*拂子釋迦老子來也
已上所供並*是詣實建長不能據*款*結案放過一著
敢問諸人喚*什麼作般若良久*有伴獨行去無人兩*
兩*回*

112
上堂當陽付授老鼠*咬大虫*包裹*將來胡孫騎*鼈背
知之則晦*中有明不會*則明中有晦*知不知會不會*
無量法門百千三昧卓主*丈*盡向這裏百雜碎

113
上堂四七二三姦謀狹詐揑一微*塵造諸世界令汝
諸人於世界内蕩盡凡情*不存聖解*獨有無位真*人
弗入這箇保社碩*視左*右無位真*人只今何在以拂
子指*空云夏雲多奇*峰*

114
祈晴*上堂為國*為*民祈禱*讀誦一大藏*教*汝等*只解*
看有字經*是故不能感天動地山僧*講一卷無字經*
回*上天之怒散下民之懲*掃除千嶂雲放出一輪日
俾五穀*豊稔万*姓謌謠*看看上無點*劃下絶方圓聽*
著則耳門塞覸*著則眼睛*穿鈌*崕*老胡猶不會*區區
隻影返西天

115
解*夏上堂九夏禁城内憑誰守六門睡*虵*眠未醒狂

---

*①僧②僧　*①②峯　*①②處
*①②總
*①②會　*①②嘿
*①②瀓　*①②蟠
*①②經　*①②眞
*①豎
*②竝　*①②據　*①②款
*①②喚　*①②久　*①②兩
*①囘
*①②鼠　*①虫②蟲　*①②裹
*①②騎
*①②晦
*②拄　*②杖

*①②微
*①②情　*①②解
*①②顧　*①②左
*①②指　*①②奇
*①②晴　*①②爲　*①②國
*①②禱　*①②藏　*①②教
*①②等
*②愆
*①穀②穀　*①②萬　*①②謠
*①②點　*①②聽
*①覸②覸　*①②睛　*①②缺
*①②齒
*①②睡　*②蛇

象醉猶昬*悪*發難調伏深*藏*易屈蟠*携*笻聊一頑*不
覺骨毛寒現前一衆還有惺惺不睡*了了不狂者麼
良久*盡言山水是真*樂柳岸無人把釣竿

116
謝兩*班上堂雖有定亂*之策非三傑而何以保社稷
之安吾宗雖具生殺之機籍兩*班而可以為*股肱之
輔箇*是藂*林人人知有底事且索鏹賣姜罰錢出院
勿輕*此粒問從何來雖是圓通入理門未稱衲僧*那
一著如何是那一著楊岐一頭驢*只有三隻脚*

117
上堂視聽*非眼耳談論非口舌迦葉不聞世尊不説
且道一大藏*經*因甚到處*流通万*里八九月一身西
北凪*

118
中秋上堂光*非照*境境亦非存光境俱亡*復是何物
虵*脱皮龍換*骨則不無古人争*奈坐在寐*寂冥*冥*之
中未有出身之路在山僧*要超*他一頭地去也光能
照*境境亦俱存光*境無妨即非他物既非他物以拂
子打圓相識得這箇*圓陁*陁*盡未來際明歷歷堪笑*
當年老瑞巖*至今尚有惺惺石

119
因事上堂伸一臂不長縮*一手不短終朝万*慮*千思
不若三平二滿*豈不聞古德道炊無米飯接不來人
也是分用家財那知滔*滔*折本建長箇*裏則不然有
則同飡無則同苦飜*思昔日道吾老人每上堂時執
簡披襴唱歌鼓*舞敢問諸人於道何補你*這一隊瞌

---

*①②昏 *①②悪 *①湲
*①②藏 *①②蟠 *①②攜
*①②顧
*①②睡
*①②久 *①②眞
*①②兩 *①②亂
*①②爲
*①②個 *①②叢
*①②輕 *①僧②僧
*①②驢 *①腳
*①②聽
*①②經 *①②處 *①②萬
*①②風

*①尣 *①②照 *①亾
*②蛇 *①②換 *①②爭
*①②寂 *①②冥
*①②超
*①②陀 *①②笑
*①②巖
*①緉 *①②慮
*①②滿
*①②滔
*①②飜
*①②鼓 *①你②儞

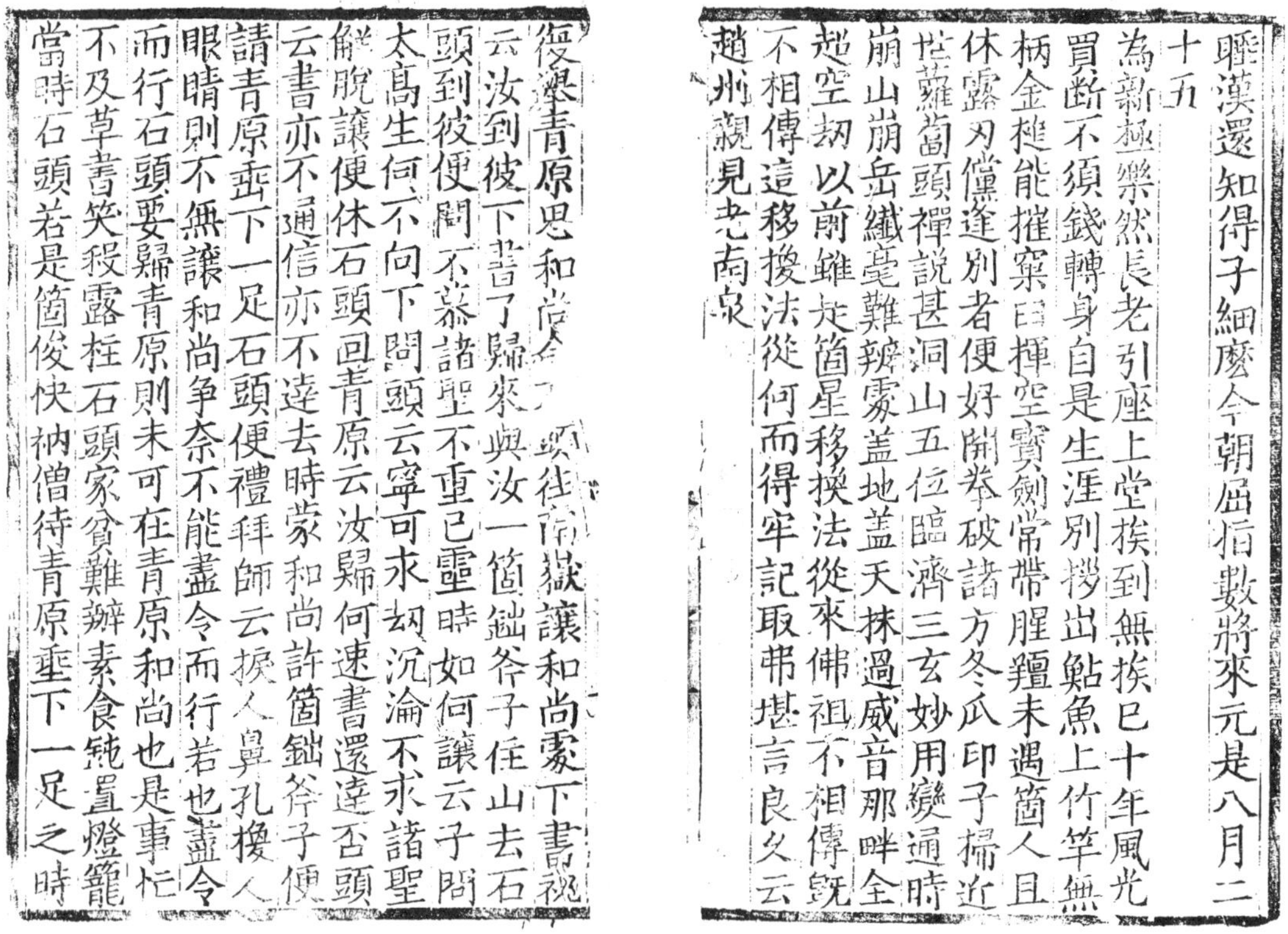

120

睡*漢還知得子細麼今朝屈指*數將來元是八月二
十五
為*新極樂然長老引座上堂挨到無挨已十年風光
買断*不須錢轉*身自是生涯別撈出鮎*魚上竹竿無
柄金槌能摧窠臼揮空寶*劍常帶腥羶未遇箇人且
休露刃儻*逢別者便*好開拳破諸方冬瓜印子掃近
世蘿蔔頭禪説甚洞山五位臨濟三玄妙用變通時
崩山崩岳*纖*毫難辨雾*蓋*地蓋*天抹過威音那畔全
趟*空刼*以前雖是箇星移換法從來佛祖不相傳既
不相傳這移撈*法從何而得牢記取弗堪言良久*云
趙州親見老南*泉

＊①②睡　＊①②指
＊①②爲
＊①斷②斷　＊①②轉　＊①②鮎
＊①②寶
＊①②儻　＊①便
＊①②嶽　＊①②纖　＊①②處
＊①②蓋
＊①②超　＊①②劫
＊①②換　＊①②久
＊①②南

復舉*青*原思和尚令石頭往南*嶽讓*和尚雾*下書祝
云汝到彼下書了歸*來與汝一箇鈯斧子住山去石
頭到彼便*問不慕諸聖不重己靈*時如何讓*云子問
太*高生何不向下問頭云寧可汞*刼*沉*淪不求諸聖
鮮*脱讓*便*休石頭回*青*原云汝歸*何速書還達否頭
云書*亦不通信亦不達去時蒙和尚許箇*鈯斧子便*
請*青*原嵒*下一足石頭便*禮拜師云捩*人鼻孔撈*人
眼睛*則不無讓*和尚争*奈不能盡令而行若也盡令
而行石頭要歸*青*原則未可在青*原和尚也是事忙*
不及草*書*笑*殺*露柱石頭家貧難辦*素食鈍置燈籠
當時石頭若是箇*俊快衲僧*待青*原垂*下一足之時

＊②舉　＊①②青　＊①②讓
＊①②歸
＊①②靈
＊①②大　＊①②永　＊①②沈
＊①②解　＊①回
＊①書　＊①②個
＊①②請　＊①②垂　＊①②捩
＊①②睛　＊①②爭
＊①忙
＊①②艸　＊①②笑　＊①②殺
＊①②辨
＊②垂

只向他道前言不副後語拂袖便*行青*原子孫不至
断*絶建長無書可下亦無鈯斧子與伊只今断*送住
山以何為*擦*擲下拂子柄欄無私當面*分付
121 上堂文殊與維摩两*两*常論議放箭射雲*空専用没
意智西川石像大笑*喧天東海泥牛望*空出氣引得
一隊声*聞至今猶未瞥地前三後三度嚕地利主*丈*
子聞弾*指*声*従三昧安詳而起告諸人云不是不是
何故尓*方刻舟劍去夂*矣卓主*丈*
122 開炉*上堂冷湫湫地有煖烘烘底消息煖烘烘處*有
冷湫湫底道理只這消息道理諸人還曽*体*究也無
若体*究得笑*殺老趙州開口便*見膽*如体*究未得凍
雪嚴霜之時各請*東撥西撥忽然撥著照*頥*眉毛
123 上堂知得箇事便*休去戴角毒蚍*横古路當頭若不
辨来*機偏*界屍*骸無著處*建長要問諸人如何是箇*
事有人於此道得拈取冨*士山安在汝眼内有甚碍*
塞来*苟或*不然莫道無碍*塞好
124 達磨忌上堂其源不清*下流倶濁罪首西来*殃害後
學盡向雲*空強穿鑿*聖德太子昔放過伊建長主人
今為*讐*怍既為*讐*怍因甚引衆向祖堂内礼*拜燒香
良夂*豫讓*吞炭道猷洗腸
125 上堂斫額*門頭望*年深*不見伊相逢如問著依舊*那
斯祁不堪笑*只堪悲髣髴當年陳處*士倒騎*驢*自華

---

*①傻 *①②青
*①斷②斷
*①②爲 *①②據 *①②面
*①②兩 *①②虚
*①②笑 *①望
*①②聲 *②拄 *②杖
*①②彈 *①②指
*①②爾 *①②久
*①②爐 *①②處
*①曾②曾 *①②體
*①②膽
*①②請 *①②照 *①②顧
*①蛇
*①②來 *②遍 *①屄
*①②個
*①②富 *①②礙
*①②或
*①②淸
*①②鑿
*②讎 *①②禮
*①②讓
*②額 *②滚 *①②舊
*①②騎 *①②驢

山歸*
126 上堂昂昂藏*藏*敲磕*不壞高而不危低而不下擬欲
尋蹤不見蹤又隔*浮幢王刹*海飜*憶嵩山破竃*墮*以
杖擊*云本是泥土合成靈*聖何來恁麼捏*恠*雖然諸
人還知建長徹骨徹髓*處*麼攤向面*前識者無價
127 書雲上堂日南*長至晷運推移君子小人道消道長
且道建長主*丈*子是消耶是長耶若謂有消超*過諸
人一頭地若謂有長拈來依舊*黒*皺皺擲下云穿過
諸方鬼*眼睛*
128 謝頭首上堂舉*臨濟會*下兩*堂首座相頓*齊下一喝
有僧*問臨濟*兩*堂齊下一喝此意如何濟云賓主歷
然建長兩*堂亦不相頓*亦不下喝諸人還知麼浄*躶
躶處*水灑不著轉*轆轆時不存元字脚*且主*丈*子還
肯他也無路窮*橋断*處*抹過白雲村
129 佛成道上堂黄面老子拶來拶去拶到万*仞崖頭不
覺放身捨*命死眼頓開起來云奇*哉一切衆生皆具
如來智慧徳相只為*妄想執著不能證入且道妄*想
執著智慧徳相是一耶是二耶自家頻掃*門前*雪*莫
管他人屋上霜
130 上堂和光惹事刮篤成家古人口如滄海膽*若脂麻
山僧*則不然和光不惹事刮篤豈成家耳内能盛水
眼裏可著沙根深不怕風*揺*動樹正從他日影斜

---

*①②歸
*①②藏 *②磕
*①②隔 *①②刹 *①飜②翻
*①②竃 *①②墮
*①②擊 *①②靈 *①揑②捏
*②怪
*①②髓 *①②處 *②面
*①②南
*②拄 *②杖 *①②超
*①②舊 *①②黒
*①②鬼 *①②睛
*②擧 *①②會 *①②兩
*①②顧
*①僧②僧 *①②濟
*①②淨
*①②轉 *①腳
*①窮 *①斷②斷
*①②萬
*①②捨 *①②奇
*①②爲 *①②妄
*①擾 *①歬 *①霻
*①②膽
*①②風 *①②搖

131 上堂千思萬慮*思慮*不到一夜雨声*分明説破諸人還聞麼九年面*壁人便*是胡達磨

132 上堂有一人由寂静*故脱躰*無依有一人依紛擾中疑心頓息二人若到建長門下山僧*一時逐出何故賞不避仇讎*

133 上堂紅緑*相間雾*實相全彰空谷傳聲時妙音遐布山僧*雖則把定西秦意在東魯衲僧*所見又且如何貪遊百濟蹉*過新羅

134 上堂釋迦老子云性覺真*空性空真*覺清*浄*本然周遍法界自古至今堕*此坑*者不知其幾山僧*則不然要汝諸人不落他家陷穽何故性覺非覺眞空非空穴能辨雨巣能知風粉蝶不愁春漸老双*双*猶戀百花藂*

135 上堂靈利漢随*他去本地風光猶不顉*那邉*紅紫已凋零却*恨春歸*無覓處*無覓處*在茲山流泉聲切切幽鳥語関*関*

136 上堂拈一去七多凶*少吉放两*抛三海北江南*蒿召大衆云昨日有人剖一微*塵露出百千万*億世*界一一世*界中過現未來佛為*汝諸人演第*一義驚起東海龍王領五百眷属*直上三十三天至於非非想天告諸天云我南*閻*浮提日本國*内有此奇*特事諸天聞得各各踊躍歡*喜從空雨花以為*供養諸人還信

---

*①②慮 *①②聲 *①②面 *①便 *①②静 *①②體 *①僧②僧 *①②讐 *①②綠 *①②處 *①②蹉 *①②眞 *①②清 *①②淨 *①②墮 *①②坑 *①②雙 *①②叢 *①②隨 *①②顧 *①②邊 *①卻 *①②歸 *①②處 *①②關 *①②凶 *①②兩 *①②南 *①②微 *①②萬 *①②世 *①②爲 *①②第 *①②屬 *①②閻 *①②國 *①②奇 *①②歡

得及麼若也未信問取堂中迦葉尊者

137 結制上堂護生須是殺死*諸孔明走生仲達殺盡始安居堪笑*迦葉欲擯文殊會*得箇中意三平撥肎*石鞏失利鐵*船水上浮禾山打皷*雪峰*輥毬有權有實有放有收*未是衲僧*那一籌*如何是那一籌*良久*輕*輕*躍出脚*尖頭露柱燈籠笑*不休

138 上堂入夏以來屯兵駐劄降得東夷又防北狄建長為*諸將設箇良謀令汝百戰百勝去也良久*召大衆休休休莫莫莫寸刃勿持兩*手緊握打破潼関*奏凱歸*飄*飄*隱*駕楊州鶴

139 上堂百丈云汝等*為*我開田我為*汝說大義開田了上方丈白云請*和尚說大義百丈展兩*手師云百丈鉤頭星子欲釣六鼇*巨浪飜*空回*碩*者少山僧*只要諸人行不動足坐莫觀山心無愧*悚安有慚顏*更*須透此一重関*這一重関*作麼生透卓主*丈*且緩緩

140 上堂幽洞無羈鎖玄関*信不通徹*涼生殿閣獨立問薫風衆中莫有打失鼻孔者麼若有建長與汝結生寃去良久*烏江如未到盖*丗*逞英雄

141 上堂中夏今已到光陰*莫雲*過欲求雲*過人望*斷*無一箇*有時髣*髴相應細觀*又不恰好水流濕火就燥青*山却*被白雲褁*建長年老弗惺惺困則長伸兩*脚*卧*

---

*①夗　*①②笑 *①②會 *②胸　*①②鐵 *①②鼓 *①峯　*①②收 *①僧②僧 *①②籌　*①②久 *①②輕　*①腳　*①②爲　*①②兩 *①②關　*①②歸 *①②飄 *①②穩　*①②等

*①②請 *①②兩　*②鼇 *①飜②翻 *①回　*①②顧　*①②愧 *①②顏 *①叓　*②拄 *②杖　*①②微　*①②蓋 *①②世　*①②陰 *①②虛 *①望　*①斷②斷　*①②個 *②髮 *①②觀　*①②靑 *①卻 *①②裹　*①②臥

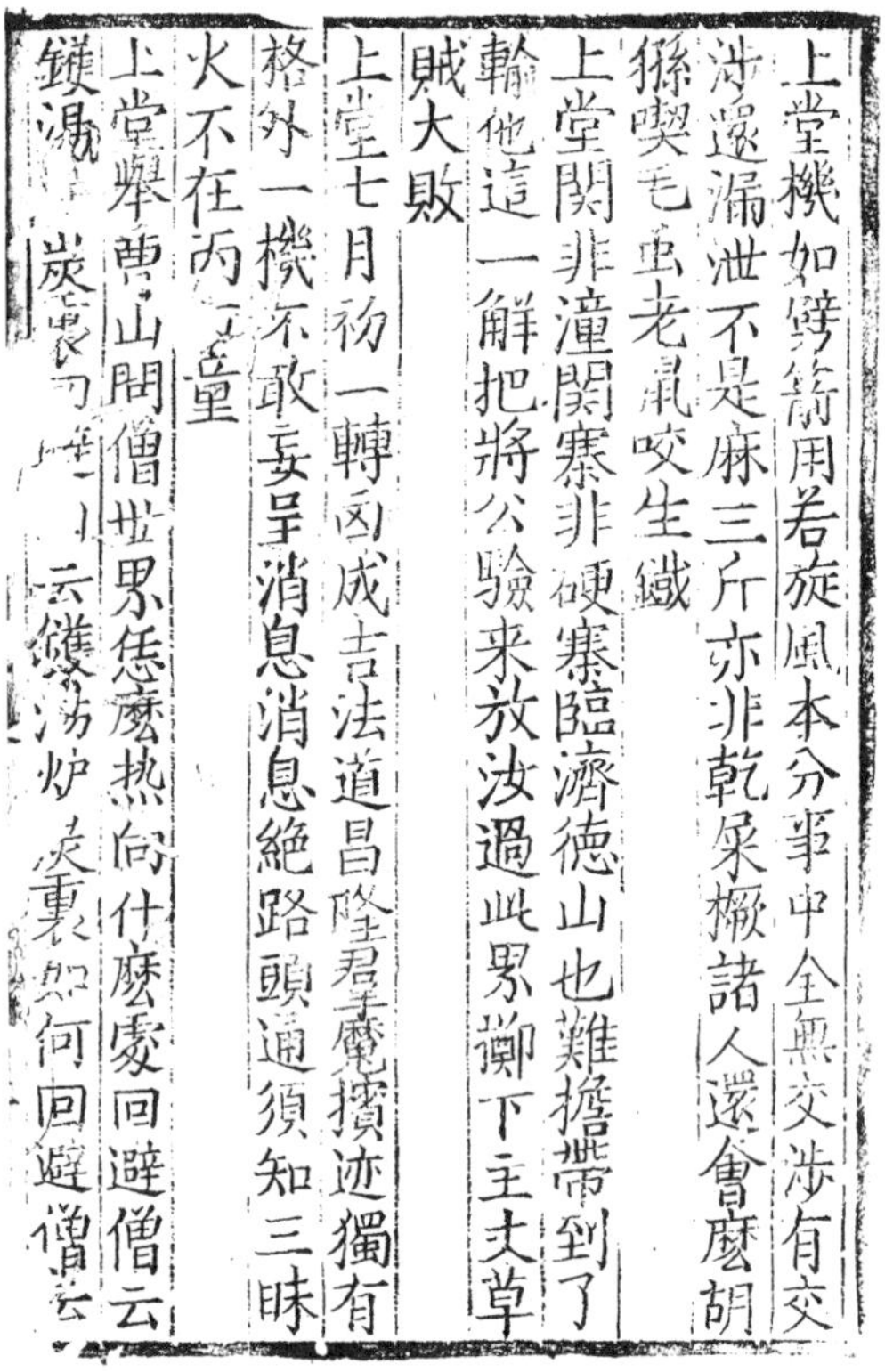

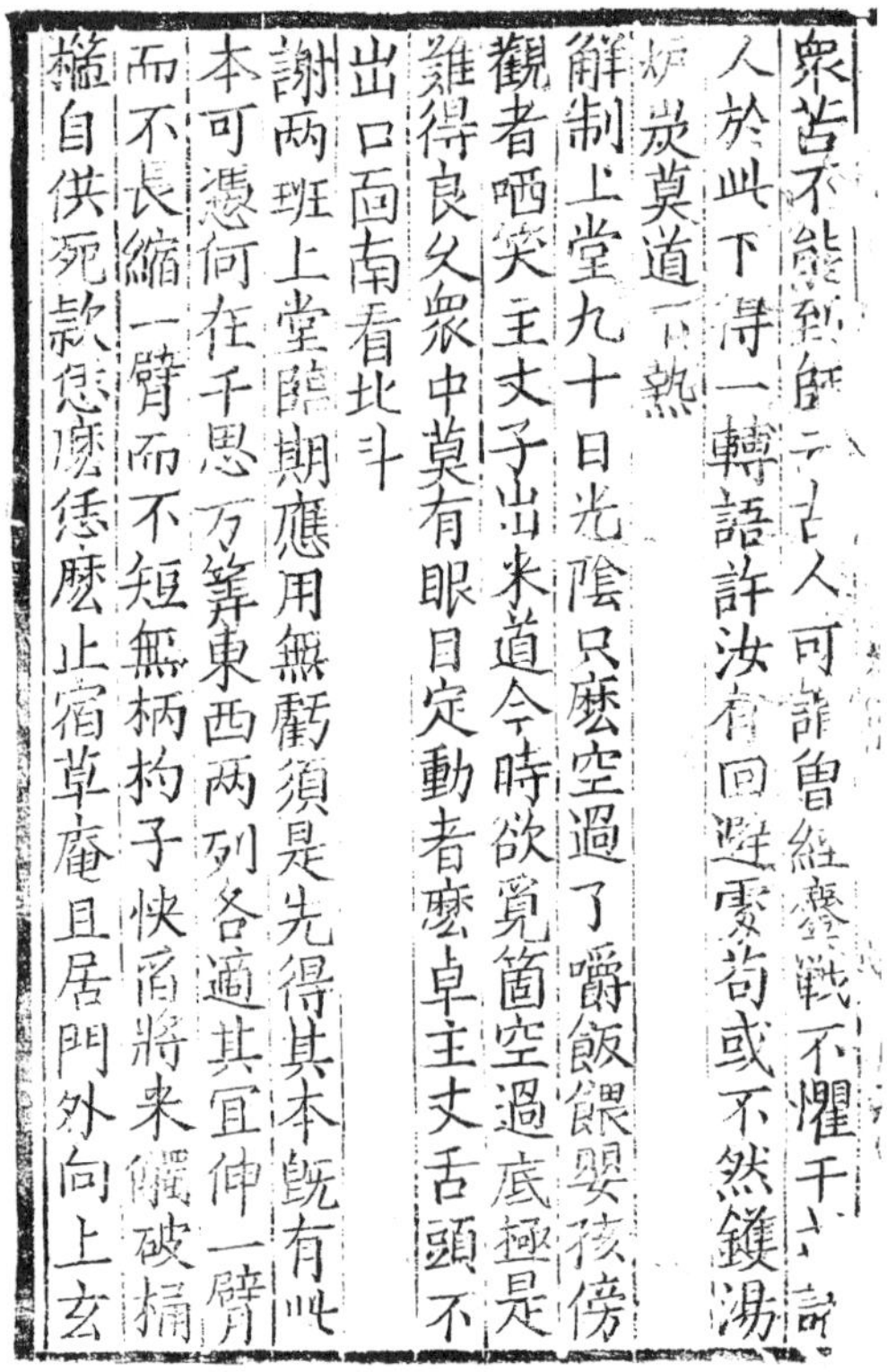

142
上堂機如劈箭用若旋風本分事中全無交涉有交
涉還漏泄*不是麻三斤亦非乾屎橛諸人還會*麼胡
猻喫毛虫*老鼠咬生鐵*

143
上堂関*非潼関*塞非硬塞臨濟徳山也難擔*帶到了
輸他這一觧*把將公驗来*放汝過此界擲下主*丈*草
賊大敗

144
上堂七月初一轉*凶*成吉法道昌隆羣*魔擯迹獨有
格外一機不敢妄*呈消息消息絶路頭通須知三昧
火不在丙丁童

145
上堂擧*曹山問僧*世*界恁麼热*向什麼處*回*避僧*云
鑊湯炉*炭裏回*避山云鑊湯炉炭裏如何回*避僧*云
衆苦不能到師云古人可謂曽*經*鏖戰不懼干戈諸
人於此下得一轉*語許汝有回*避處*苟或不然鑊湯
炉*炭莫道不熱*

146
觧*制上堂九十日光陰*只麼空過了嚼飯餵*嬰孩傍
觀*者哂笑*主*丈*子出来*道今時欲覓箇*空過底極是
難得良久*衆中莫有眼目定動者麼卓主*丈*舌頭不
出口面*南*看北斗

147
謝兩*班*上堂臨期應用無虧*須是先得其本既有此
本可憑何在千思万*筭*東西兩*列各適其冝*伸一臂
而不長縮一臂而不短無柄杓子快舀將来*觸破桶
櫨*自供死*欵*恁麼恁麼止宿草庵*且居門外向上玄

---

*①②泄 *①②會
*①虫②蟲 *①②鐵
*①②關 *①②擔
*①②解 *①②來 *②拄
*②杖
*①②轉 *①②凶 *①②群
*②妄
*②擧 *①僧②僧 *①②世
*①熱②熱 *①②處 *①囘
*①②爐
*①曾②曾 *①②經
*②熱
*①②陰 *①②餵
*①②觀 *①②笑 *①②個
*①②久
*①②面 *①②南
*①②兩 *②斑 *①②虧
*①②萬 *①②算 *①②宜
*①擋②箍 *①夗 *①②款
*①②菴

機渠且緩緩因甚如此離中虚*坎中滿*

148
祈禱*看經*上堂昔尊宿會*下有僧*在藏*殿内坐禅*藏*
主至呵之云汝何不看經*僧*云某甲不識字主云何
不問人僧*便*叉手云這箇*是甚麼字主無語師云藏*
主貪程太速平地喫交這僧*弄假像真*克由叵耐當
時藏*主若肘後有符待這僧*叉手時便*與三掌教*他
別有生涯我此一衆無字不識無理不通弗墮*他家
窠窟中何故雲生幽谷月上孤峰*

149
上堂諸法從本來常示寂滅相佛子行道已來世當
作佛釋*迦老子平地上掘一深*坑*要盡大地人落在
裏許碩*視左*右衆中莫有超釋*迦越弥*勒者麼江南*
多有江北全無

150
上堂擲地金聲成團*作塊*左*之右之非内非外明明
道了也是汝自不會若也會*去永失人身不通懺*悔
山僧*恁麼告報已受無間重罪衆中莫有相救者麼
普化振鈴老盧*踏*碓

151
因病上堂昔日馬大師不安院主問云近日尊位如
何祖云日面*佛月面*佛師云馬大師雖則善應來機
争*奈凬*骨太露若有人問建長近日尊位如何只向
他道海底火燒天恁麼秖對與馬大師相去多少有
箇*頌子日面*佛月面*佛赤脚*走上須弥*巓*引得建長
偷*眼看無端海底火燒天

---

*①②虚 *①②滿
*①②禱 *①②經 *①②會
*①僧②僧 *①②藏 *①②禪
*①傻 *①②個
*①②眞
*①②敎
*①②墮
*①峯
*①②釋 *①湠 *①②坑
*①②顧 *①②左 *①②彌
*①②南
*①②團 *①②塊
*①②會 *①②懺
*①②盧 *①②蹈
*①②面
*①②爭 *①②風
*①腳 *①②巔
*②偸

152
上堂無面*目漢掣凬*掣顛騎*鐵*馬上五峰*之頂驅泥
牛耕万*頃之田移星換斗轉*地作天抹過威音王那
畔蟭螟眼裏打鍬韆參

153
遊山歸*上堂百草頭上薦取老僧*鬧*市藂*中識取
天子古人可謂和根抜*出掲示諸人了也山僧*近日
自建長至鶴見沿途上下往往皆是樵夫漁父争*貴
鬪*賤説短論長子細看來何曽*欠少那裏是他不欠
少処*三錢買兩*錢賣

154
上堂即心即佛鐵*牛不用黄金骨非心非佛秋雲斂
盡天空闊*不是心不是佛不是物長鯨*一吸滄溟*乾
珊瑚枝枝撐著月恁麼舉*揚且非亘*截只如馬祖一

喝百丈耳聾因甚黄蘗*聞之不覺吐舌畢竟是直截
非直截泥人咬生鐵*

155
開爐*上堂挫之無痕焚之不燃總*是衲僧*舊*鞋破韈
山僧*只要箇*近火先集*底自昔至今未曽*逢著碧眼
老臊胡不是黄幡*綽

156
上堂魯祖見僧*面*壁金剛杵打鐵*山摧趙州逢人請*
喫茶八角磨盤空裏走二大老氣呑乾*坤總*被建長
點*檢休點*檢只可聞名不欲見面*

157
上堂古無酧*今無對披雲一嘯千峰*外是亦剪非亦
剪徳山白棒如雨點*蘭溪*伎倆全無總*被諸方點*檢
點*檢則不無且道時時抛向諸人面*前是箇*甚麼此

---

*①②面　*①②凬　*①②騎
*①②鐵　*②峯
*①②萬　*①②轉
*①②歸　*①僧②僧　*①②鬧
*①②叢
*②拔
*①②争
*①②闘　*①曽②曾
*①②處　*①②兩
*①鐵②鐟
*②濶　*①②鯨　*①②溟
*②擧　*①②直

*②蘗
*①銕②鐵
*①②爐　*①②總　*①②舊
*①②個　*①②焦　*①曽②曾
*①②幡
*①②請
*①②乾
*①②點
*①②醻　*①②峯
*①②谿

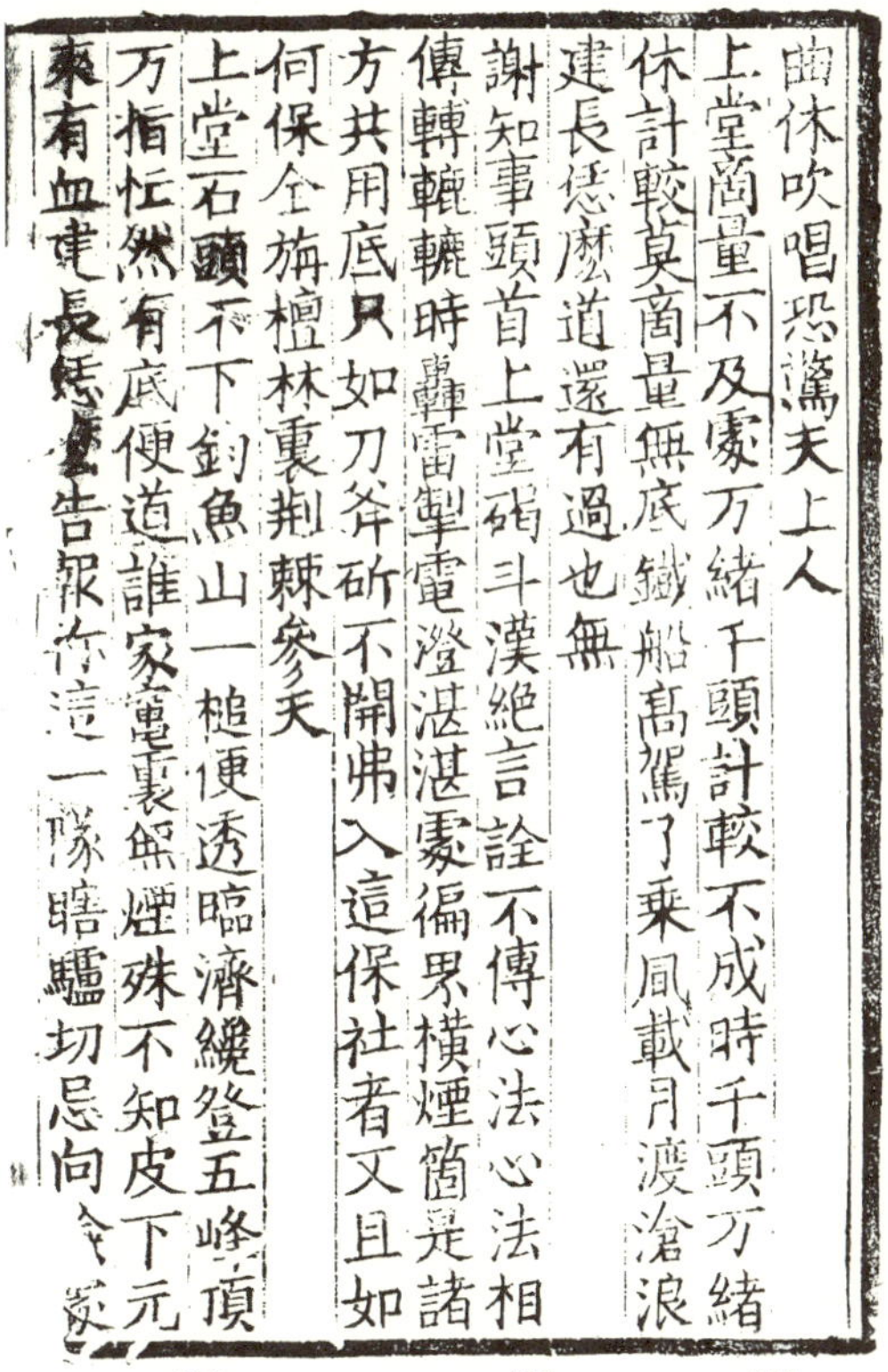

158 159 160

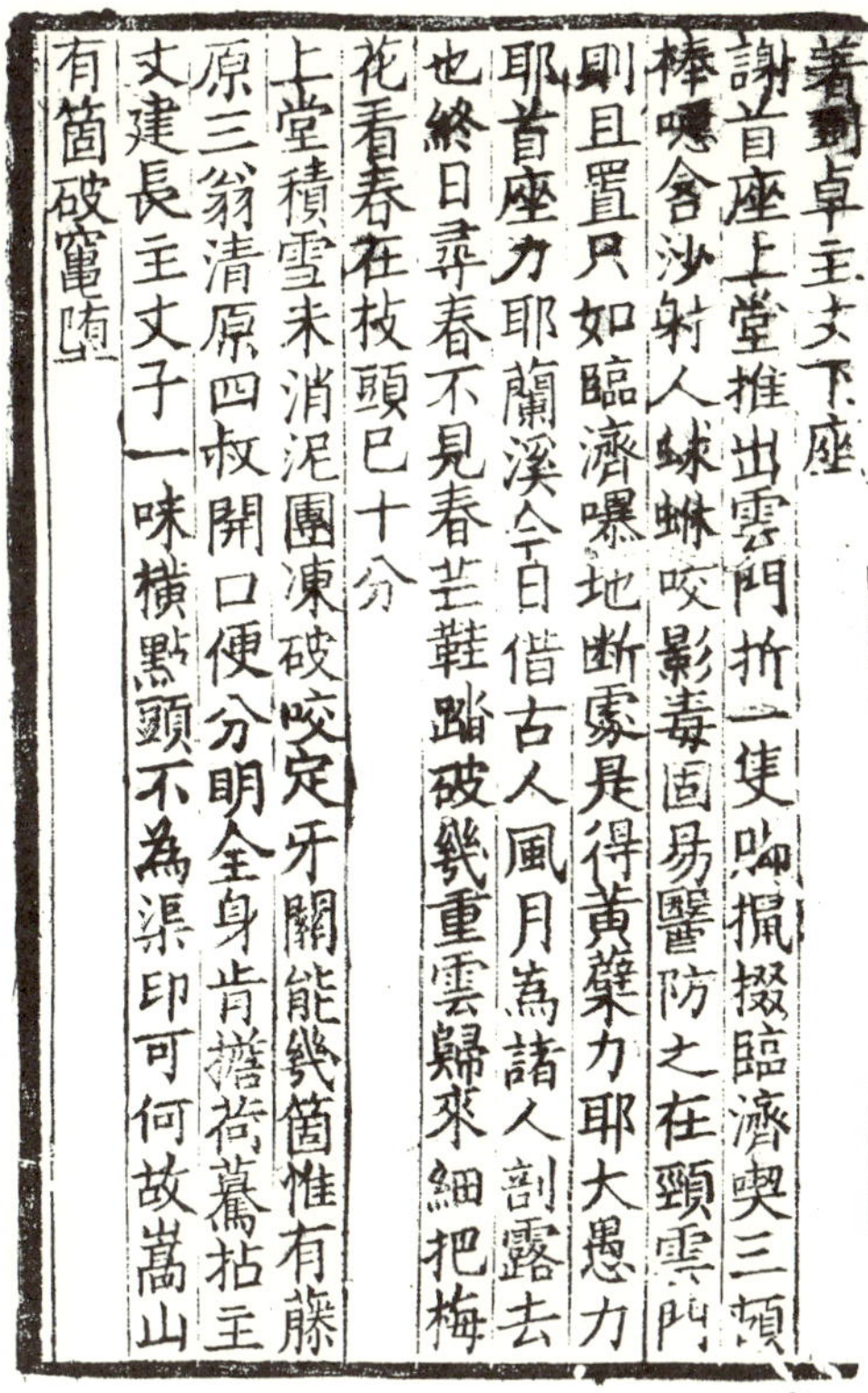

161 162

曲休吹唱恐驚天上人
158
上堂商*量不及䖏*万*緒千頭計較不成時千頭万*緒
休計較莫商*量無底鐵*船高駕了乗*凮*載月渡滄浪
建長恁麼道還有過也無
159
謝知事頭首上堂碣斗漢絶言詮不傳心法心法相
傳轉*轆轆時轟雷*掣電澄*湛湛䖏*徧*界横煙箇*是諸
方共用底只如刀斧斫不開弗入這保社者又且如
何保全旃檀林裏荆棘參天
160
上堂石頭不下釣魚山一槌便*透臨濟纔*登五峰*頂
万指*忙然有底便*道誰家竈*裏無煙殊不知皮下元
來有血建長恁麼告報你*這一隊瞎驢*切忌向險䖏*
著到卓主*丈*下座
161
謝首座上堂推出雲門折一隻脚*攟*掇臨濟喫三頓
棒嗢*含*沙射人蜮蜮咬影毒固易醫防之在頸雲門
則且置只如臨濟曝*地断*䖏*是得黄蘗*力耶大愚力
耶首座力耶蘭溪*今日借古人風月為*諸人剖露去
也終日尋春不見春芒*鞋*踏*破幾重雲歸*來細把梅
花看春在枝頭已十分
162
上堂積雪未消泥團*凍破咬定牙關能幾箇惟有藤*
原三翁清*原四叔開口便*分明全身肯*擔*荷蕎拈主*
丈*建長主*丈*子一味横點*頭不為*渠印可何故嵩山
有箇破竈*堕*

*①②商 *①②處 *①②萬
*①②鐵 *①②乘 *①②風
*①②轉 *①雷 *①②澂
*②遍 *①②個
*①便 *①②纔 *①②峯
*①②指 *①②竈
*①你②儞 *①②驢

*②拄 *②杖
*①腳 *①②攟
*①②嗢 *①②含
*①曝②曝 *①斷②斷 *②檗
*①②谿 *①②爲
*①芒 *②鞵 *①②蹈
*①②歸
*①②團 *①②藤
*①②淸 *①肎 *①②擔
*①②點
*①②墮

163 佛成道上堂深雪堆中已六霜區區凍得面*皮黄不
知今夕成何事日月無端盡掩光日月掩光則且置
畢竟所成者何事有人向這裏下得一轉*語許伊親
見釋*迦苟或不然山僧*為*諸人漏泄去也撫膝*一下
黄金鑄*就玉崑*崙*
164 上堂破得此一關猶有重關在饒伊重關俱破七縱
七擒尚是擒縱邊*事須知有絲*毫不動談笑*成功底
一籌*良久*休休鐵*船高駕起和月下滄洲
165 歳*旦上堂舊*年佛法高不見頂深不見底新年佛法
左*之右之滿*眼滿*耳驀拈主*丈*主*丈*子出來道今朝
正月旦衆患皆消散石女戴花回*木人偷*眼看引得
伊勢*祠山八幡*二所三島*大神等*踊躍讃歎云我賢
刼*未聞亦未見從今以後展五神通護持梵刹*斯道
興隆主*丈*子遂問梵刹*興隆則且置只如佛有六通
神有五通如何是那一通諸神皆罔*措山僧*向他道
汝若問我我為*汝説且如何是那一通
166 元宵上堂箇裏光光無向背百千燈自一燈生一燈
未發已前事多是扶籬摸壁行然雖恁麼一燈既發
之後過現未來總*在光影裏走至今未知有向上一
關在山僧*今日不惜身命引導諸人登向上關去也
遂起身作行勢*云随*我來
167 上堂正月以來未曾*向諸人説新年頭佛法今日打

*①②面
*①②轉
*①②釋 *①僧②僧 *①②爲
*①②膝
*①②鑄 *①崐 *①崘
*①②邊 *①②絲 *①②笑
*①②籌 *①②久 *①②鐵
*①②歳 *①②舊
*①②左 *①②滿 *②拄
*②杖
*①回 *②偸
*①②勢 *①②幡 *①②嶋
*①②等
*①②劫 *①②刹
*①罔
*①②總
*①②隨
*①曾②曾

鼓*陞堂敷演一遍去也堤前楊柳條初展檻外櫻桃*
花未開今日不知誰計會*春風春水一時來忽有人
出來道箇*是多年奮*話和尚何得以為*新年佛法嘌*
平生肝膽*向誰說此意明明只自知
168 上堂此義深*遠吾不能說黃面*瞿曇硬如生鐵*只如
此義有甚難說蘭溪*為*諸人舉*揚此義去也展起則
四角六張放下則七凹八凸不展起不放下時如何
是此義喝一喝巴蓬果閬懷裏有狀
169 上堂舉*靈*雲見桃花悟道玄沙聞得乃云諦當甚諦
當敢保老兄未徹在召大衆且道玄沙意在何處*撫
膝*相識滿*天下知心能幾人

170 上堂本來成現何用波吒直下便*是擬心則差*更*向
其中求鮮*會*回*頭非止隔*天涯
171 上堂召大衆云今日為*諸人舉*揚此事去也良久*會*
得則山遥*水遠不會*則水遠山遥*明明向道無人領
雲外一聲婆餅焦
172 上堂舉*諸法從本來常示寂滅相佛子行道已來世
當作佛山僧*則不然諸法從本來了無寂滅相佛子
行道已更*不願作佛主*丈*子聞得出來道和尚所說
有遺*經*文山僧*遂借古人詩句為*主*丈*子飜*譯去也
春有百花秋有月夏有涼風冬有雪莫將閑*事挂心
頭便*是人間好時節主*丈*聞此語已復歸本位更*不

---

*①②鼓 *①②桃
*①②會
*①②個 *①②舊 *①②爲
*①②嘌
*①②膽
*①淺 *①②面 *①②鐵
*①②谿 *②擧
*①②靈
*①②處
*①②膝 *①②滿

*①便 *①②差 *①叓
*①②解 *①回 *①②隔
*①②久
*①②遙
*①僧②僧
*②拄 *②杖
*①②違 *①②經 *①飜②翻
*①②間

動著召大衆還會*麼切忌作風花雪月會*拍膝*下座
173 上堂鋒鋩*纔*露徧界橫屍*古人折盡*多少氣力了也
建長則不然未露鋒鋩*血淋淋地頋*視左*右云汝等*
諸人還鼎省麼東山下西嶺前分明看取
174 結制上堂二千年前無繩*自縛二千年後把髻投衙
正當今日還有不入這保社者麼良久*罕逢捐臂者
多見泣岐人
175 端午上堂收*得些子良藥且非九轉*還丹今朝信手
拈來善療諸人心病驀拈主*丈*諸人心病作麼生醫
卓主*丈*一服便*安下座巡堂*喫茶
176 上堂妄*是衆生病教*是如來藥*以藥治病時病源俱
失却*或有一人出來道我無是病何用此藥且建長
作麼生秖對卓主*丈*放過一著
177 上堂擧*玉泉皓和尚上堂次仰視屋椽*良久*云一二
三四五便*下座後來圓悟道我初行脚*時蹉*過一員
善知識召大衆云那裏是他蹉*過處*一二三四五不
知樂是苦尉耐老臊胡東土為*初祖
178 上堂汝等*諸人箇箇眼盖*乹*坤氣呑佛祖我且問你*
古人道好雨點*點*不落別處*畢竟落在甚麼處*有人
向這裏下一轉*語山僧*許汝是箇衲*僧*
179 上堂盧*行者賣薪次聞誦金剛經*應無所住而生其
心處*得箇*入頭雖然敢保這老漢前不到村後不迭

---

*①②會 *①②膝
*①鉒 *①②纔 *①戻
*①②盡
*①②顧 *①②左 *①②等
*①②繩
*①②久
*①②收 *①②轉
*①拄 *①杖
*①便 *②巡
*①妄②妄 *①②敎 *②樂
*①②卻
*②擧 *①②椽
*①脚 *①②蹉
*①②處
*①②爲
*①蓋②蓋 *①②乾
*①你②儞
*①②點
*①僧②僧 *①②個
*①②盧 *①②經

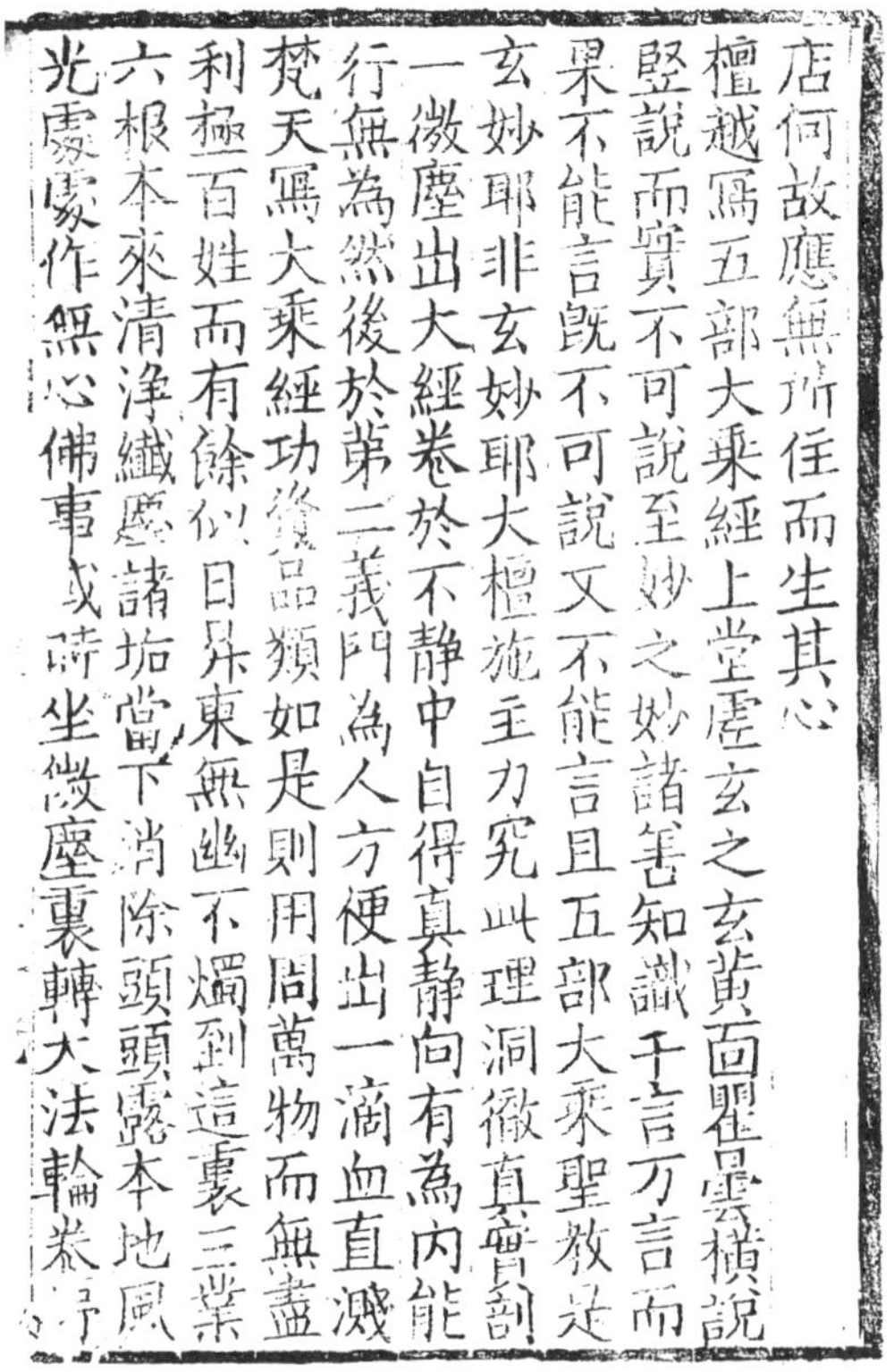

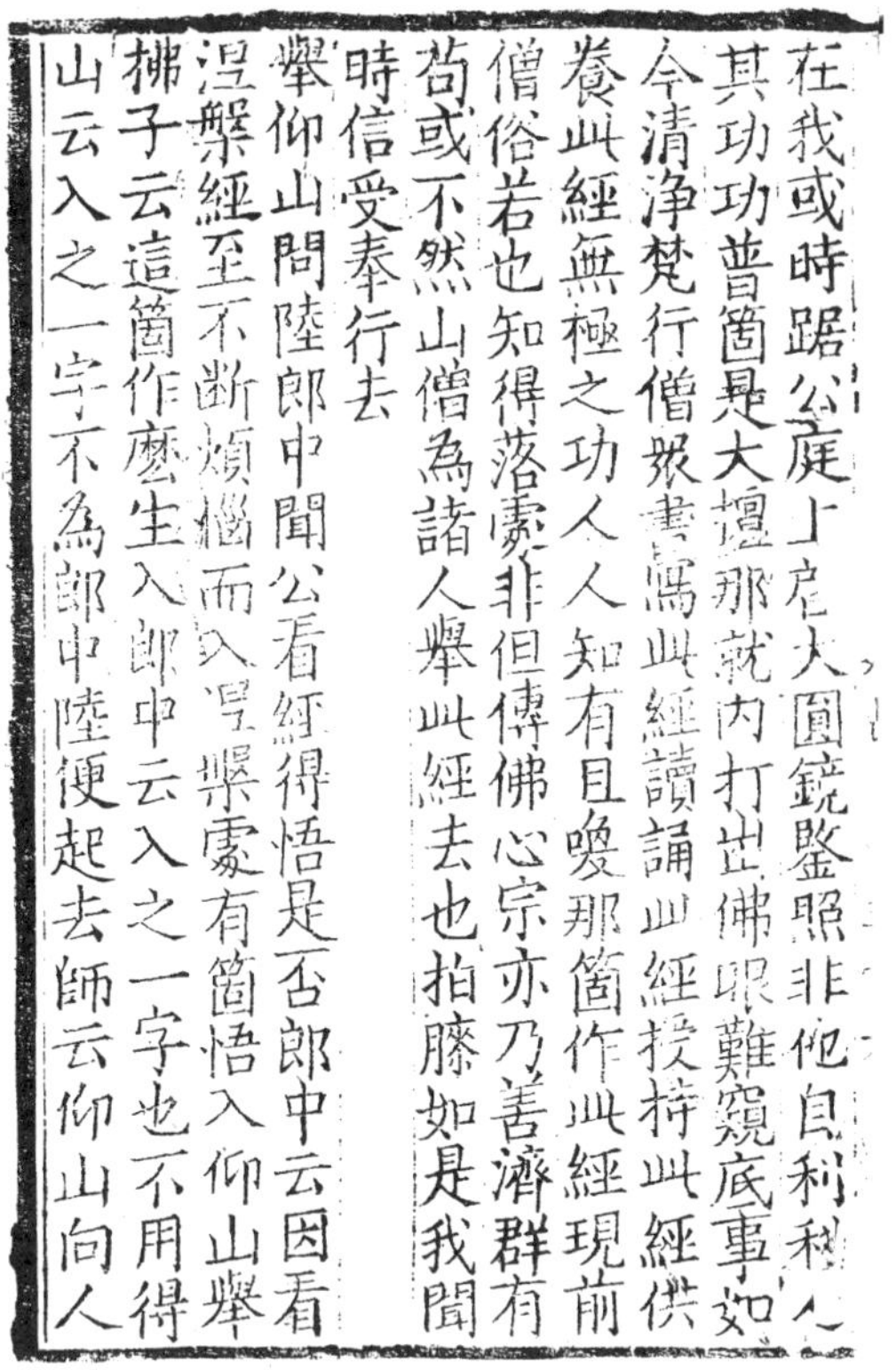

180

店何故應無所住而生其心
檀越寫*五部大乘*經*上堂霊*玄之玄黄面*瞿曇横説
竪*説而實不可説至妙之妙諸善知識千言万*言而
果不能言既不可説又不能言且五部大乘*聖教*是
玄妙耶非玄妙耶大檀施主力究此理洞徹真*實剖
一微*塵出大經*卷於不静*中自得真*静*向有為*内能
行無為*然後於第*二義門為*人方便*出一滴血直濺
梵天寫*大乘*經*功資品類如是則用周萬物而無盡
利極百姓而有餘似日昇東無幽不燭到這裏三業
六根本來清*浄*纖*塵諸垢當下消除頭頭露本地風
光処*処*作無心佛事或時坐微*塵裏轉*大法輪卷舒*

在我或時踞公庭上啓大圓鏡鑒*照非他自利利人
其功功普箇*是大檀那就内打出佛眼難窺底事如
今清*浄*梵行僧*衆書寫此經*讀誦此經*授持此經*供
養此經*無極之功人人知有且喚*那箇*作此經*現前
僧*俗若也知得落処*非但傳佛心宗亦乃善濟群*有
苟或不然山僧*為*諸人舉*此經*去也拍膝*如是我聞
時信受奉行去
舉*仰山問陸郎中聞公看經*得悟是否郎中云因看
涅槃經*至不断*煩惱而入涅槃処*有箇*悟入仰山舉*
拂子云這箇*作麼生入郎中云入之一字也不用得
山云入之一字不為*郎中陸便*起去師云仰山向人

*①②寫 *①②乘 *①②經
*①②虚 *①②面
*①豎 *①②萬
*①棄 *①②敎
*①②眞
*①②微 *①②靜 *①②爲
*①②第 *①便
*①棄
*①②淸 *①②淨 *①②纖
*①②處 *①②轉 *①②舒

*①②鑒
*①②個
*①僧②僧
*①②喚
*①羣
*②擧 *①②膝
*①緜②斷

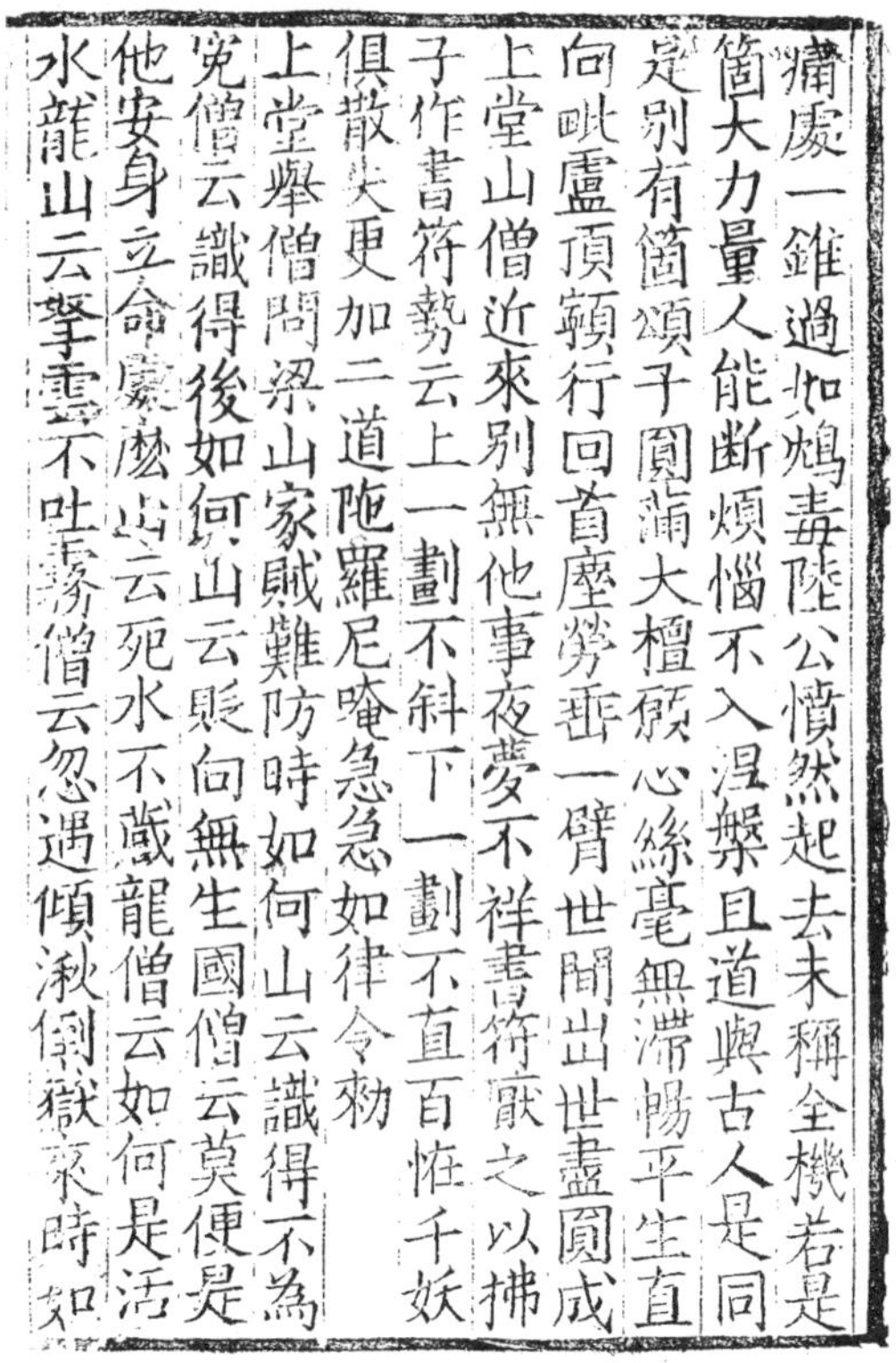

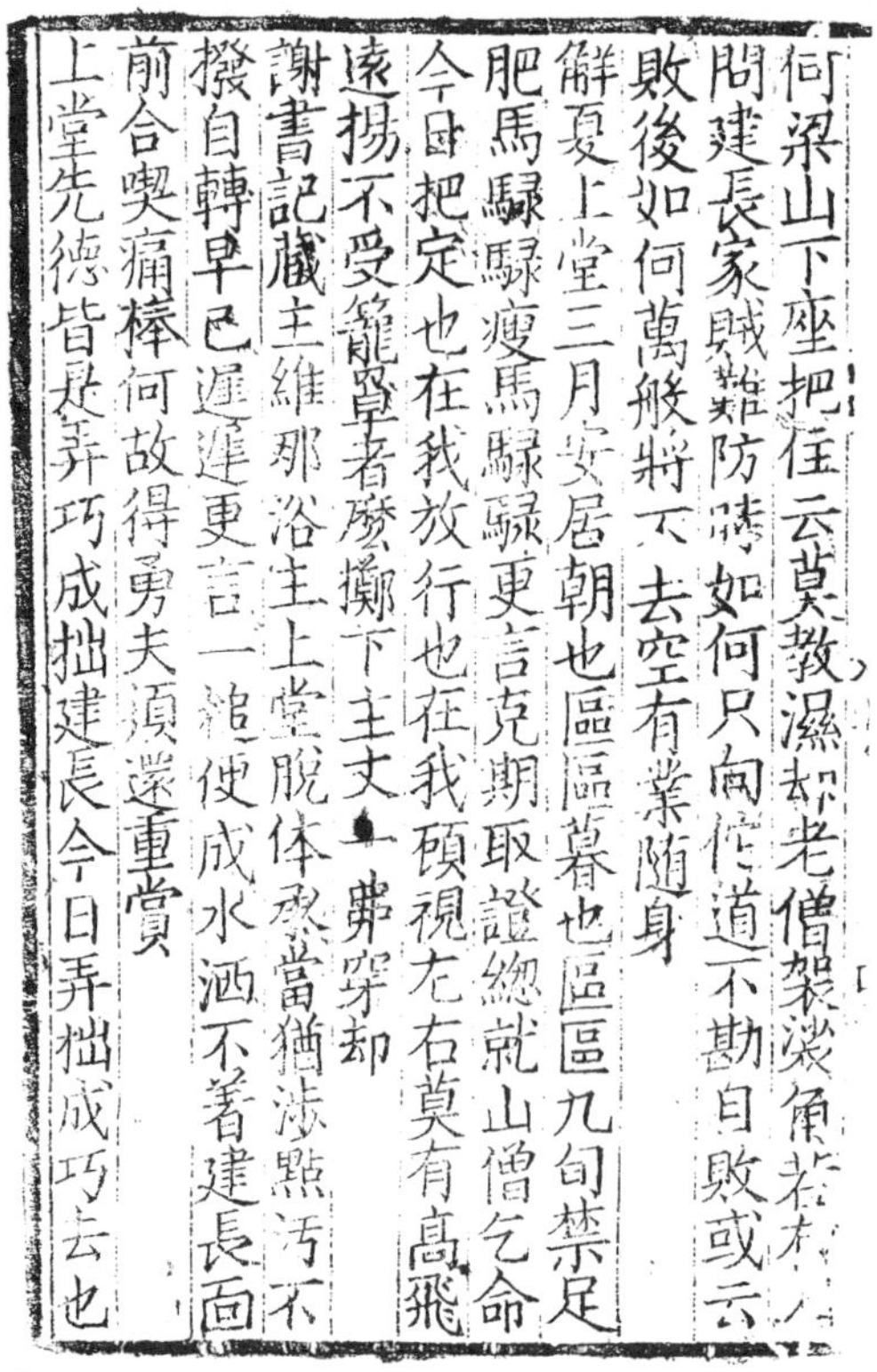

痛處*一錐過如鴆毒陸公憤然起去未稱全機若是
箇*大力量人能断*煩惱不入涅槃且道與古人是同
是別有箇*頌子圓滿*大檀願心絲*毫無滞暢平生直
向毗*盧頂顊行回*首塵勞垂*一臂世間出世盡圓成
181 上堂山僧*近來別無他事夜夢不祥書符厭之以拂
子作書符勢*云上一劃不斜下一劃不直百恠*千妖
俱散失更*加二道陁*羅尼唵急急如律令勅*
182 上堂舉*僧*問梁山家賊難防時如何山云識得不為*
寃僧*云識得後如何山云貶向無生國僧*云莫便*是
他安身立命處*麼山云死*水不藏*龍僧*云如何是活
水龍山云拏雲不吐霧僧*云忽遇傾湫倒嶽來時如

*①②處
*①②個 *①斷②斷
*①②滿 *①②絲
*①②毘 *①回 *①②垂
*①僧②僧
*①②勢 *①②怪
*①叓 *①②陀 *②勅
*②學 *①②爲
*①便
*①処 *①②藏

何梁山下座把住云莫教*濕*却*老僧*袈裟角若有人
問建長家賊難防時如何只向佗*道不勘自敗或云
敗後如何萬般將*不去空有業隨*身
183 解*夏上堂三月安居朝也區區暮也區區九旬禁足
肥馬騄*騄*瘦馬騄*騄*更*言克期取證總*就山僧*乞命
今日把定也在我放行也在我碩*視左*右莫有高飛
遠揚不受籠罩者麼擲下主*丈*一弗*穿却*
184 謝書記藏*主維那浴主上堂脫体*承當猶涉點*汚不
撥自轉*早已遲遲更*言一槌便*成水洒不著建長面*
前合喫痛棒何故得勇夫須還重賞
185 上堂先德皆是弄巧成拙建長今日弄拙成巧去也

*①②敎 *①溼 *①卻
*①②他
*①②將 *①②隨
*①②解
*①②騄 *①叓 *①②總
*①②顧 *①②左
*②拄 *②杖 *②串 *①卻
*①②體 *①②點
*①②轉 *①②面

拈主*丈*云主*丈*子變作一箇*無心道人昨朝懞*懂*今
日惺惺為*汝等*說不思議法門令諸人立地成佛竒*
竒*古今成現事靈*利不如癡
186 達磨忌上堂老胡生鐵*打心肝梁魏*無人正眼看骨
髓*肉*皮分散後情*知死款*寂*難飜*今日建長為*他飜*
却*死*款*去也卓主*丈*將謂少林消息斷*福山夜夜月
光寒
187 因事上堂恠*非外來動自內起南*北東西聚頭側耳
土地神暗裏攢眉蘭谿*叟*大笑*不已且道笑*箇*什麼
良久*蝴鼠*藏*形靈*龜曳尾
188 上堂舉*光侍者謂玄沙云師叔若參得禪某甲打鐵*
船下海去玄沙悟道後衆請住持沙寄*語謂光侍者
云汝還打得鐵*船也未師云光侍者操心不善老玄
沙失脚*踏*飜*直至于今了無蹤迹
189 兀庵*和尚至上堂相見又無事不來還憶君古人只
有温故知新之念且無同舟共濟之謀建長這裏相
見有奇*事來臨不放君扶桑水雲客親見又親聞見
則見了也如何是親聞底事明眼人前切忌錯舉*
190 上堂古德道盡大地明皎皎無絲*毫過犯猶是半提
且如何是全提底時節山僧*口門窄舌頭短不能道
得煩主*丈*子為*諸人說破去也卓主*丈*向下文長付
在來日

*②拄 *②杖 *①②個
*①懞②懞 *②憧
*①②為 *①②等 *①②奇
*①②靈
*①②鐵 *①②魏
*①②髓 *①②肉 *①②情
*①②款 *①②最 *①飜②翻
*①②為
*①卻 *①夘 *①斷②斷
*①②怪 *①②南
*①②溪 *①②交 *①②笑
*①②久 *①②鼠 *①②藏
*①②靈
*②舉
*①②寄
*①腳 *①②蹈
*①②菴
*①②絲
*①僧②僧

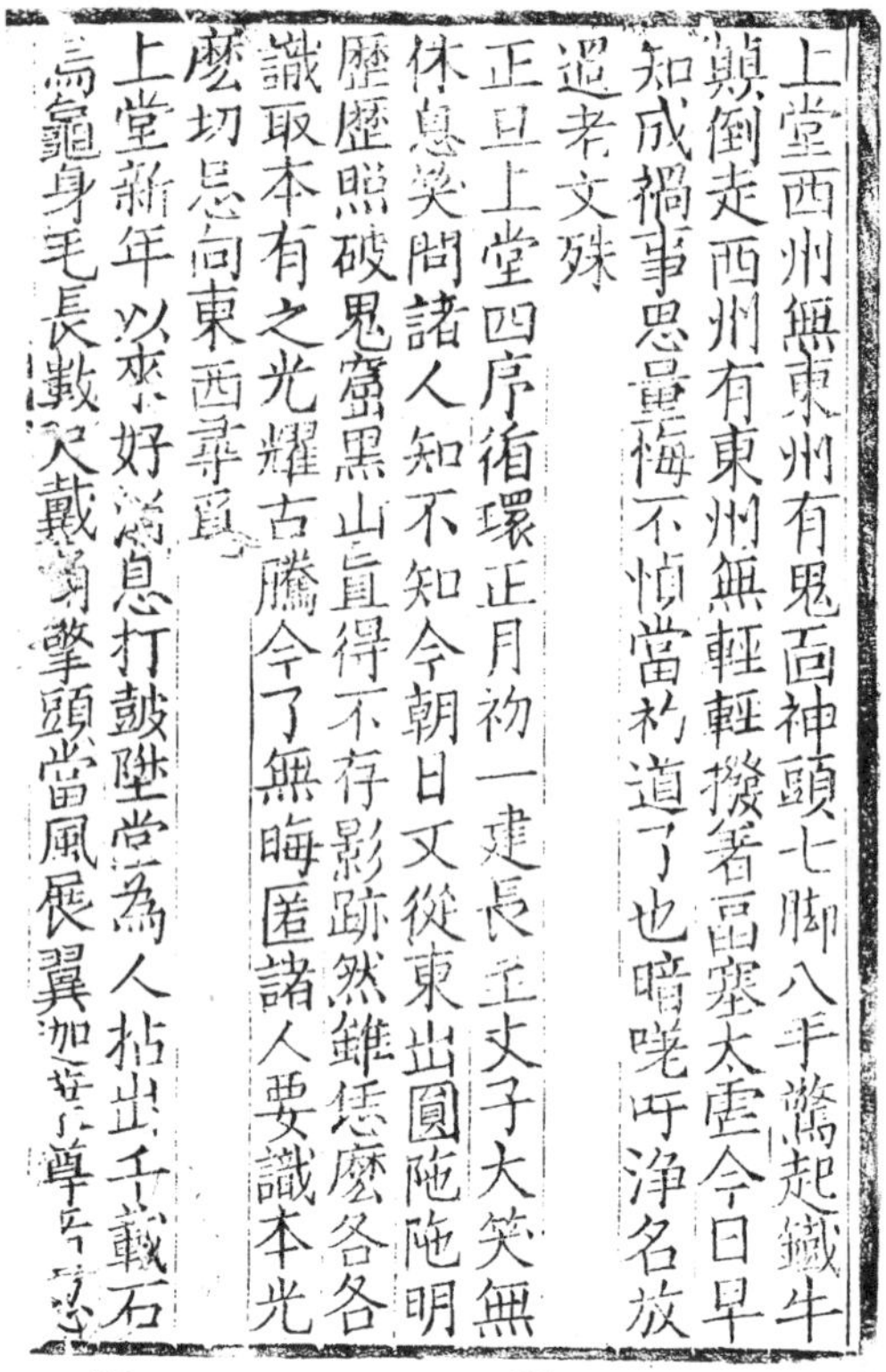

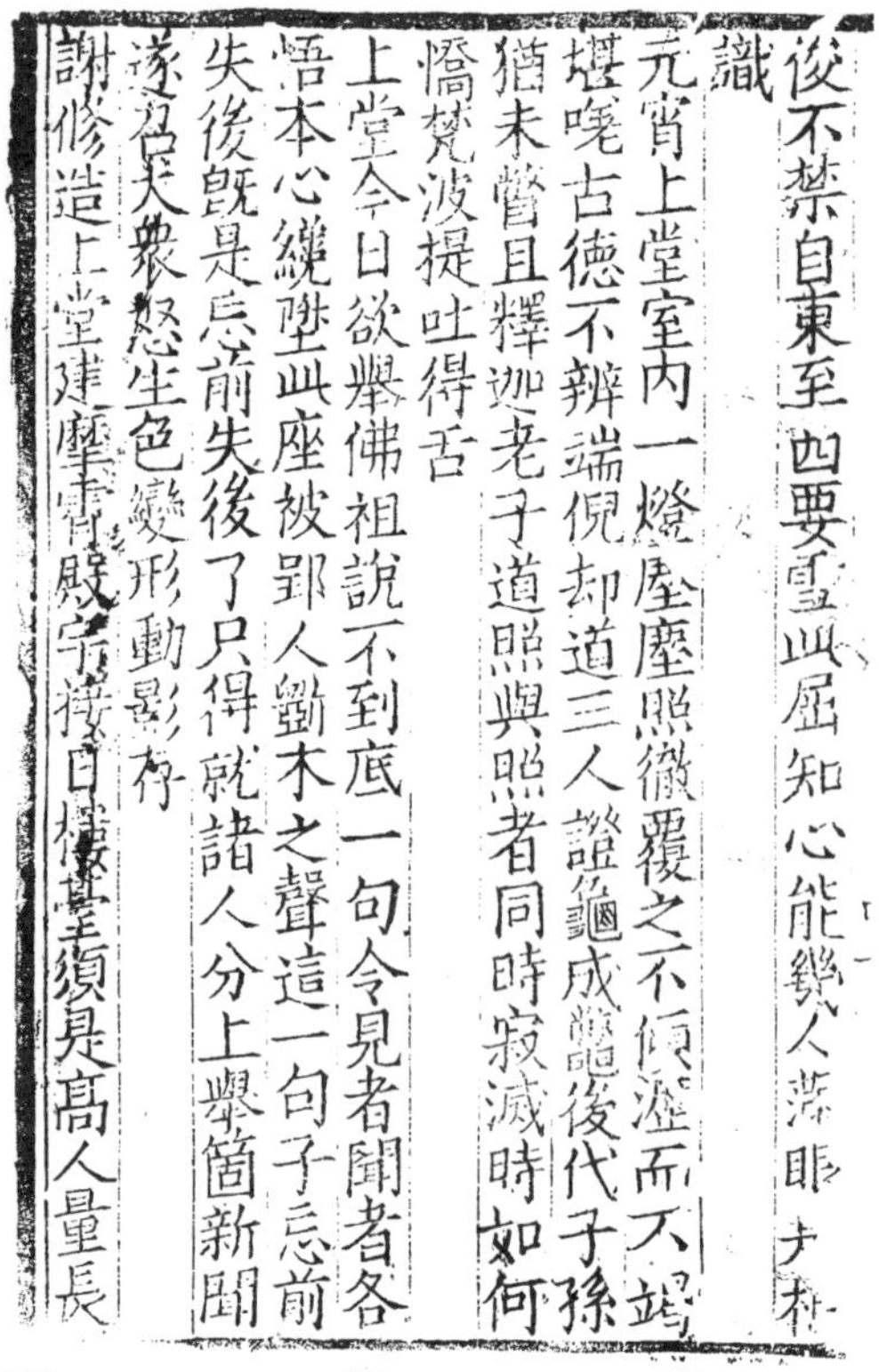

191 上堂西州無東州有鬼*面*神頭七脚*八手驚起鐵*牛
顛*倒走西州有東州無輕*輕*撥著畐*塞太*虛*今日早
知成禍事思量悔不愼*當初道了也暗嗟*吁淨*名放
過老文殊

192 正旦上堂四序循環正月初一建長主*丈*子大笑*無
休息笑*問諸人知不知今朝日又從東出圓陁*陁*明
歷歷照*破鬼*窟黑*山亘*得不存影跡然雖恁麼各各
識取本有之光耀古騰今了無晦匿諸人要識本光
麼切忌向東西尋覓

193 上堂新年以來好消息打皷*陞堂為*人拈出千載石
烏龜身毛長數尺戴角擎頭當風展翼迦葉尊者忍
俊不禁自東至西要雪此屈知心能幾人滿*眼是相
識

194 元宵上堂室內一燈塵塵照*徹覆之不傾瀝而不竭
堪嗟*古德不辨端倪却*道三人證龜成鼈後代子孫
猶未瞥且釋*迦老子道照*與照*者同時寂滅時如何
憍梵波提吐得舌

195 上堂今日欲舉*佛祖說不到底一句令見者聞者各
悟本心纔*陞此座被郢人斵木之聲這一句子忘*前
失後既是忘*前失後了只得就諸人分上舉*箇*新聞
遂召大衆怒生色變形動影存

196 謝修造上堂建摩霄殿宇接日樓臺*須是高人量長

*①②鬼 *①②面 *①腳
*①②鐵
*①②顚 *①②輕 *①畐
*②大 *①②虛
*①②愼 *①②嗟 *①②淨
*②拄 *②杖 *①②笑
*①②陀
*①②照 *①②黑 *①②直
*①②鼓 *①②爲
*①②滿
*①卻
*①②釋
*②擧
*①②纔 *①忘
*①②個
*①②臺

補短然雖恁麼衆中還知有未露鋒鋩*已成梵刹*底
道理麼良久*若也不會*問取海兄
197 上堂睦州指*臨濟去見黄蘗*虎頭生角徳嶠辟*龍潭
而訪大溈*彪眼撐眉建長不望*諸人有此作畧*只圖
三兄五弟知道斧頭元是鐵*飯自米中來衆中莫有
不肯*底麼出來拽下唐僧*痛打一頓也使悪*聲流布
此國*若也不薦你*死*我活
198 上堂紅稀緑*暗春將暮欲問春歸*那一方戯*蝶尚貪*
殘蘂蜜*狂蜂猶戀故園香新池蓮挺玉錢細古岸柳
飛金線長莫謂蘭溪不分付誰家好子肯*承當
199 上堂三界混不得底言不出口笑*不掀眉西竺乾中
入定東震旦内遊戯*昨夜無端撞破冨*士大明神鼻
孔直得若宮八幡*大菩薩*鮮*血淋漓希奇*希奇*天上
人間唯我知
200 結制上堂今夏安居特展一日前後無差*聖凡混迹
妙句玄章當甚瓦礫只要諸人狂念息狂念息鏁*倉
山上老龍吟東海岸頭窮*鬼*泣
201 上堂擧*天衣示衆云諸人還知崇壽*殿上蚩吻昨夜
三更*大笑*一聲三門頭金剛咄云你笑*箇*甚麼我笑*
茫*茫*宇宙人空延歳*月兀兀度時道徳不修衣食斯
費忽然築著閻*羅老子禍事禍事師云我這裏不似
天衣明上高峰*暗渡滄海有過則罰有功則賞更説

*①鋩 *①②刹
*①②久 *①②會
*①②指 *①②檗 *①②辟
*①②溈 *①望 *①②略
*②鐵
*①肎 *①僧②僧 *①②悪
*①②國 *②儞 *①夗
*①②緑 *①②歸 *①②戯
*①②貪
*①②蜜
*①②笑
*①②冨
*①②幡 *①②薩 *②鮮
*①②奇
*①②差
*①②鎌
*①竆 *①②鬼
*②擧 *①②壽
*①叜 *②儞 *①②個
*①茲 *①②歳
*①②閻
*②峯

什麼閻*羅老子雖然衆中還有知慚識愧*者麼如無
門前按山子笑*汝之時莫道無事好噓*一聲
202
上堂結夏已一月日了是汝諸人於此事上還曾*夢
見也無若也夢見試與我委細説看莫寐*語
203
上堂若論這一件事脱監漏界底無地可尋圍*魏*救
趙者有謀難測測不得鶴羽非粉粧烏形本自黒*急
須於此躰*其源莫待當來問弥*勒
204
觧*夏上堂剋期取證無病做病休夏自恣脚*不履地
恁麼也不是不恁麼也不是汝等*諸人如何得是擊*
繩*床*有智無智較三十里
205
謝兩*斑上堂妙筭*毋勞上帳盡道舀*來何曾*少塩*少
醬佛法不怕爛却*桶箍*嘿*霎*虎頭生角到這裏便*觧*
炊無米飯供養無心道人一任東咬西嚼忽然把定
牢關是汝諸人如何著脚*左*之右之宜*善斟酌
206
上堂昨日記得一段*新佛法今朝欲與諸人提唱天
曉起來被凬*聲雜亂*一上這一段*新佛法都失忘*了
也只得又舉*舊*本用當新聞鴈*還南*浦蟬噪西林刼*
初時事不離如今幾多泣路者不用更*沉*吟須信家
家觀*世音
207
中秋上堂舉*兠*率悦和尚云剔起眉毛有甚難分明
不見一毫端凬*吹碧落浮雲散月上青*山玉一團*師
云兠*率三十年自昧之事今日一時敗露了也建長

---

*①②閻 *①②愧
*①②笑 *①②嘘
*①曽②曾
*①②寐
*①②圍 *①②魏
*①②黒
*①②體 *①②彌
*①②解 *①腳
*①②等 *①②擊
*①②繩 *①牀
*①②兩 *②算 *②舀
*①②鹽
*①卻 *①箍 *①嚗②曝
*①②處 *①②虎 *①便
*①②左 *①②宜
*①②段
*①②風 *①②亂 *①忘
*②舉 *①②舊 *①②雁
*①②南 *①②劫
*①更 *①②沈
*①②觀
*①②兜
*①②青 *①②團

隠*而或顯諸人決是不知諸人不知之處*更*為*分明
指*示難中有易易中難須信形端影亦端節届*中秋
観*皓月是誰捏*合得成團*召大衆切忌臨時被眼謾
上堂説得行得明得了得透関*人前只是未在既是
行説明了因甚未在髑髏粉碎時我定遭汝罵
上堂擧*有一魔王來至佛前世尊勸*云汝可發菩提
心魔王云待盡大地人成佛已竟我乃發菩提心世
尊便*休去師云世尊當断*不断*返招其亂*當時好飛
熱*鐵*輪向他頂上旋轉*三匝看*他伎倆如何事已往
矣徒用追思今日忽有大魔王到建長門下我亦勸*
令發菩提心他若以前話荅*我我便*貶向鐵*圍*山中
令他自看苟或不然更*聽*一頌拈起轟雷*掣電機法
王法令實如斯玲瓏八面*自回*合峭峻*一方誰敢窺
上堂從遠及近樵唱漁歌總*是深*談實相善説法要
汝等*諸人只作平常會*去纔*聞人擧*奇*言妙語便*作
佛法商*量殊不知自古三年逢一閏季秋九日是重
陽
上堂云通則達闢則寛一鋤要見井終是保君難或
有一鉏見井底來時如何迎接幾度滄溟*風浪悪*未
曾*聞道釣船䑺*
冬至上堂昨日初一今朝月二[illegible]運推移日南*長至
衲僧*家健則經*行困則打睡*無時節可拘無寒暑可

＊①②隱　＊①②處　＊①叓
＊①②爲
＊①②指　＊①②居
＊①②觀　＊②揑　＊①②團
＊①②關
＊②擧　＊①②勸
＊①便　＊①斷②斷　＊①②亂
＊①②熱　＊①②鐵　＊①②轉
＊①②看
＊①②答　＊①②圍

＊①②聽　＊①雷
＊①②面　＊①回　＊②峻
＊①②總　＊①淺
＊①②等　＊①②會　＊①②纔
＊①②奇
＊①②商
＊①②溟　＊①②惡
＊①曾②曾　＊①②䑺
＊①②南
＊①僧②僧　＊①②經　＊①②睡

避因甚今朝腦門著地良久*禮可興而不可廢
213 謝書記藏*主典座浴主上堂以拂子點*一點*復劃一
劃云自古及今明二十四家之書通一大藏*之教*到
這裏無啓口分衆中有底聞如是擧*揚便*道這一點*
一劃子有甚麼難會*若如此推量你*每日飲一滴水
如飲銕*汁喫一粒米如呑鐵*丸且如何得有趣向待
汝洗滌身心内外浄*盡了却*來為*伊分別解*説
214 上堂擧*睦州凡見僧*來便*云現成公案你*為*甚麼不
會*建長則不然現成公案用會*作麼會*則是錯不會*
也錯錯錯曽*被毒虵*傷怕見断*井索
215 上堂一歳*看看盡諸人作麼生眼前無別法足下有
深坑*歩疾應危險心疑即變更*投明須是到不許夜
中行莫有不遵王化底麼試出來與建長相見
216 歳*旦上堂一年之初万*事和合於和合中更*與諸人
説些新鮮*佛法令未證者證未達者達紅日東昇普
天一照*情*與無情*暗偷笑*且道笑*有何因今年五穀*
豊*登處*處*願聞法要恁麼説話還當得新鮮*佛法也
無
217 辝*衆上堂昔年來主此山初非計會*今日往與彼刹
事豈偶然其中雖有千里之遥*據*實本無一毫之隔*
既無一毫之隔*東州打皷*西國*上堂巨福山中合掌
建寧寺内焼*香諸人還肯*此語也無若也肯*去是我

---

*①②久
*①②藏 *①②點
*①②教
*②擧 *①僾
*①曽②曾 *②爾
*①②鐵 *①②鐵
*①②淨 *①卻 *①②爲
*①②解
*①僧②僧
*①曽②曾 *②蛇
*①斷②斷
*①②歲
*①②坑 *①叓
*①②萬
*②鮮
*①②照 *①②情 *①②笑
*①②穀
*①②豐 *①②處
*①②辭
*①②遙 *①②據 *①②隔
*①②鼓 *①②國
*①②燒 *①肎

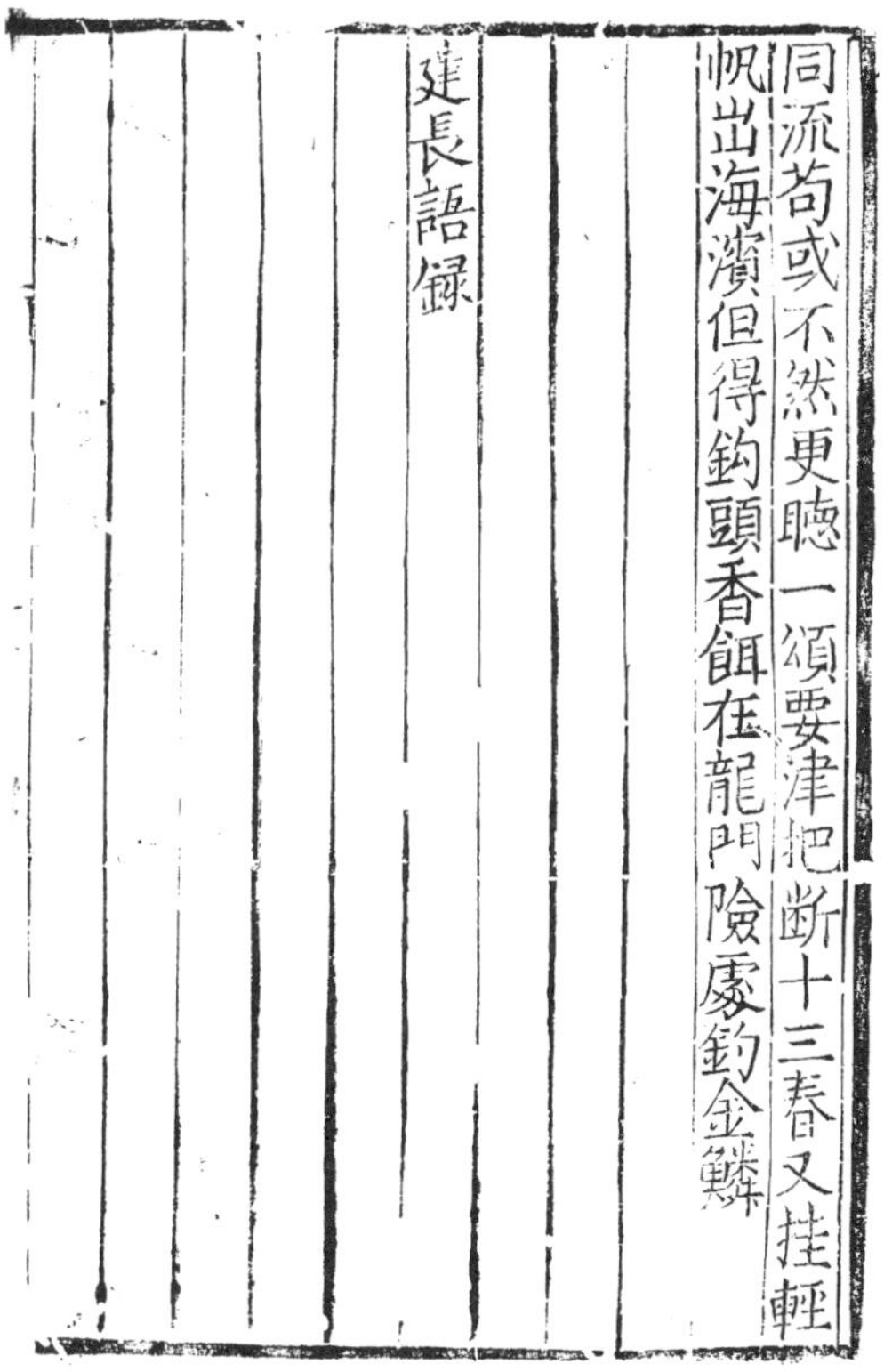
同流苟或不然更聽一頌要津把断十三春又挂輕
帆出海濵但得鈎頭香餌在龍門険處釣金鱗

建長語録

同流苟或不然更*聽*一頌要津把断*十三春又挂輕*
帆出海濵但得鉤頭香餌在龍門險處*釣金鱗*

建長語録*

*①叓 *①②聽 *①斷②斷
*①②輕
*①②處 *①②鱗

*①②建長寺語錄畢
*①敕諡大覺禪師蘭谿大和尚語錄卷上終
*②勅諡大覺禪師蘭溪大和尚語錄卷上終

218

山城州北京東山建寧禪寺語録**

侍者　了禪　從琛　編

師入寺指*三門召大衆云今朝把手同歸*切忌當陽
自昧透過重関*底人何妨東倒西擂這裏還有透関*
者麼若有且居門外
指*佛殿道佛便*嗽口跛脚*漢以己方人有我不須渠
老徳山遼天索價蘭溪今日到來不入這般保社燒
一炷香禮佗*三拜何故寃以徳酧*悪将*善解*
土地堂王老師圭角纔*彰被佗*勘破冉和尚機関*不
露要汝扶持莫將*非事檢閫梨須信袈裟是鐵*圍*
摎*方丈棒喝交馳眼光閃爍當今之時揔*用不著蘭
溪徹底爲人誰解*機先領略看看*垂*下一足我脚*何
似驢*脚*
拈帖箇是東州赤心報國*點*檢天下衲僧*鼻孔底没
量大漢要隆此道爲佐*明君向一毫頭無利不利中
有窓*切之意不敢形言却*請*維那聊呈大槩*
指*法座千聖口門窄舌頭短道不得底一句子今日
向上説破去*也眼裏無*筋者切勿聽*虗*聲
師陞座祝香此一瓣香高敷有頂宏結無垠透過須
彌盧*充徹金剛界爇*向爐*中恭*爲祝延
今上皇帝有道明君恭*願金輪永*固玉葉長芳綿万*
載而擁休合四時而蒙福

---

*①②蘭溪和尚語　*①②錄
*①②指　*①②歸
*①②關
*①便　*①腳
*②他　*①②酬　*①②將
*①②解
*①②纔
*①②將　*①②鐵　*①②圍
*①②據　*①②總
*①②看　*①埀②垂
*①②驢
*①②國　*①②點　*①僧②僧
*①②佐
*①②密　*①卻　*①②請
*②概
*①厺　*①②無　*①②聽
*①②虛
*①②盧　*①②爇　*①②爐
*①②恭
*①②永　*①②萬

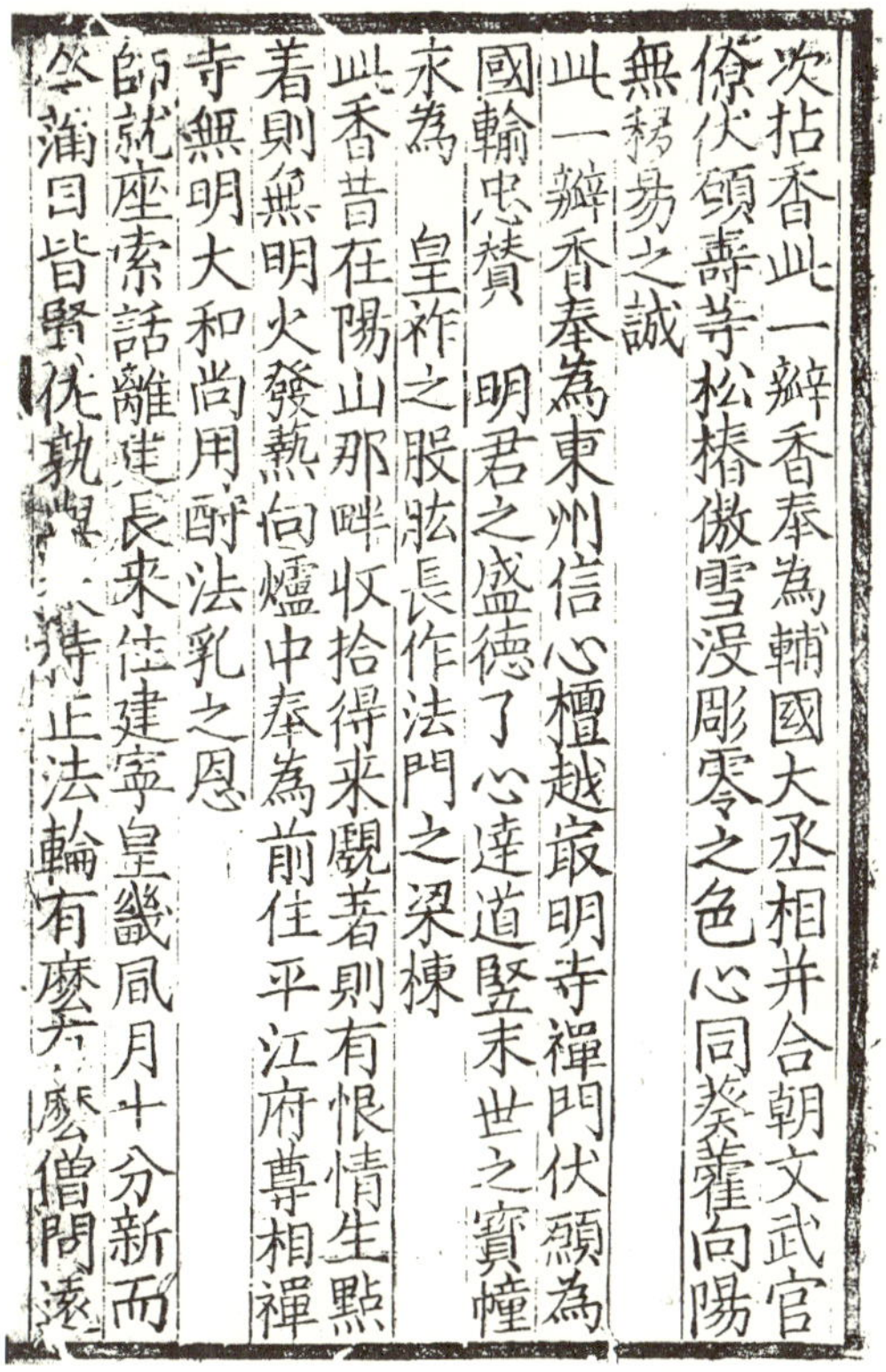

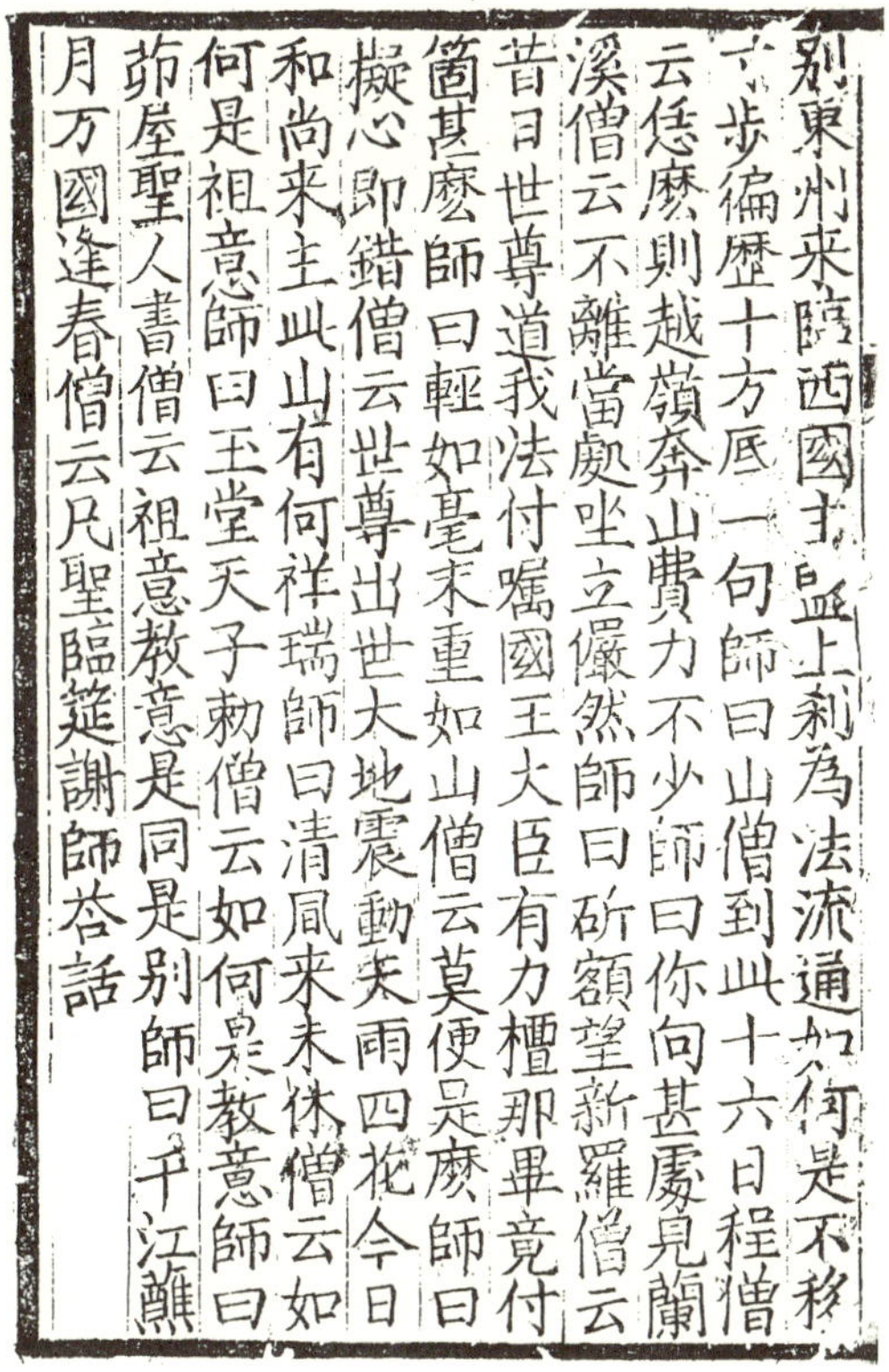

次拈香此一瓣香奉為*輔國*大丞相并合朝文武官
僚伏碩*壽*等*松椿傲雪没彫零之色心同葵藿向陽
無移易之誠
此一瓣香奉為*東州信心檀越寂*明寺禪門伏願為*
國輪忠賛　明君之盛德了心達道竪*末世之寶*幢
朩*為*　皇祚之股肱長作法門之梁棟
此香昔在陽山那畔収*拾得來覰*著則有恨情*生點*
著則無明火發爇*向爐*中奉*為前住平江府尊相禪
寺無明大和尚用酧*法乳之恩
師就座索話離建長来*住建寧皇畿凬*月十分新而
今滿*目皆賢佐*孰與扶持正法輪有麼有麼僧*問遠
別東州来*臨西國*主盟上刹為*法流通如何是不移
寸*步徧*歷十方底一句師曰山僧*到此十六日程僧*
云恁麼則越嶺奔山費力不少師曰你*向甚處*見蘭
溪僧*云不離當處*坐立儼然師曰斫額望新羅僧*云
昔日世尊道我法付囑國*王大臣有力檀*那畢竟付
箇甚麼師曰輕*如毫末重如山僧*云莫便*是麼師曰
擬心即錯僧*云世尊出世大地震動天雨四花今日
和尚来*主此山有何祥瑞師曰清*凬*来*未休僧*云如
何是祖意師曰玉堂天子勅*僧云如何是教*意師曰
茆屋聖人書僧*云祖意教*意是同是別師曰千江蘸
月万*國*逢春僧*云凡聖臨筵謝師荅*話

*①②爲　*①②國
*①②願　*①②壽　*①②等
*①②最
*①②豎　*①②寶
*①②永
*①②收　*①②觀　*①②情
*①②點
*①②爇　*①②爐
*①②酬
*①②來　*①②風
*①②滿　*①②佐　*①僧②僧
*②遍
*①②儞　*①②處
*①②處　*①望
*①②檀
*①②輕　*①僾
*①②淸　*①②風
*①敕　*①②敎
*①②萬　*①②答

乃云巨福山中越十霜了無*玄妙可商*量業風一皷*
難回避不覺全身在帝鄉機輪無*滯動著則左*轉*右
旋鐵*帚隨*身到處*則東搖*西掃法從吾建物逐人與
所以在東土則把定放行罕逢識者来*西州則放行
把定多是知音九重天上聖人道高德備十万*戶前
瑞氣風暖花香到這裏*法法不隱*蔵頭頭俱顯*露諸
人要見顯露底法麼以手指*云滿*目青*山疊亂*青*何
處不是長堤淥*水浮輕*淥*那箇知歸*以拂子擊*繩*床*
於此洞徹心源了無異相便見慈風共堯風廣*扇四
海昇平佛日與舜日齊明万*民樂業文臣武將咸歸*
有道之君樵父漁夫共樂無*為之化如是則盡大地

*①②無 *①②商 *①②鼓
*①②左 *①②轉
*①②鐵 *①②隨 *①②處 *①②搖
*①②來
*①②萬
*①②裡 *①②隱 *①②顯
*①②指 *①②滿 *①②青 *①②亂
*①②淥 *①②輕 *①②歸 *①②擊 *①②繩 *①牀
*①傁 *①廣

219

是箇解*脫門全身在裏許總*十方為一建寧寺捨*我
其誰歟彈指*間梵刹圓成一瞬中魔軍頓息恁麼舉*
唱大似依朱著墨順水行舟未當得宗乘*向上事且
如何是宗乘*向上事良久*夜月流輝含*古渡春風*著
意發新條
復舉*太宗皇帝因僧*朝見乃云陛下還記得臣僧*麼
帝曰何處*相見來僧*云自從靈*山一別直至于今帝
曰以何為驗僧*無*對師曰這僧*誰謂無語其聲如雷
太宗至鑒*難逃*當機不讓彼時若是臣僧*聞太宗道
以何為驗趨前俛首云龍興當聖世*文應即天禧
上堂正令當行不分彼此毫釐有差*參商*便*起新建

*①②解 *①②總 *①②捨
*②舉
*①②乘
*①②久 *①②含 *①②風
*①僧②僧
*①②處 *①②靈
*①②鑒 *①②逃
*①②世
*①②差

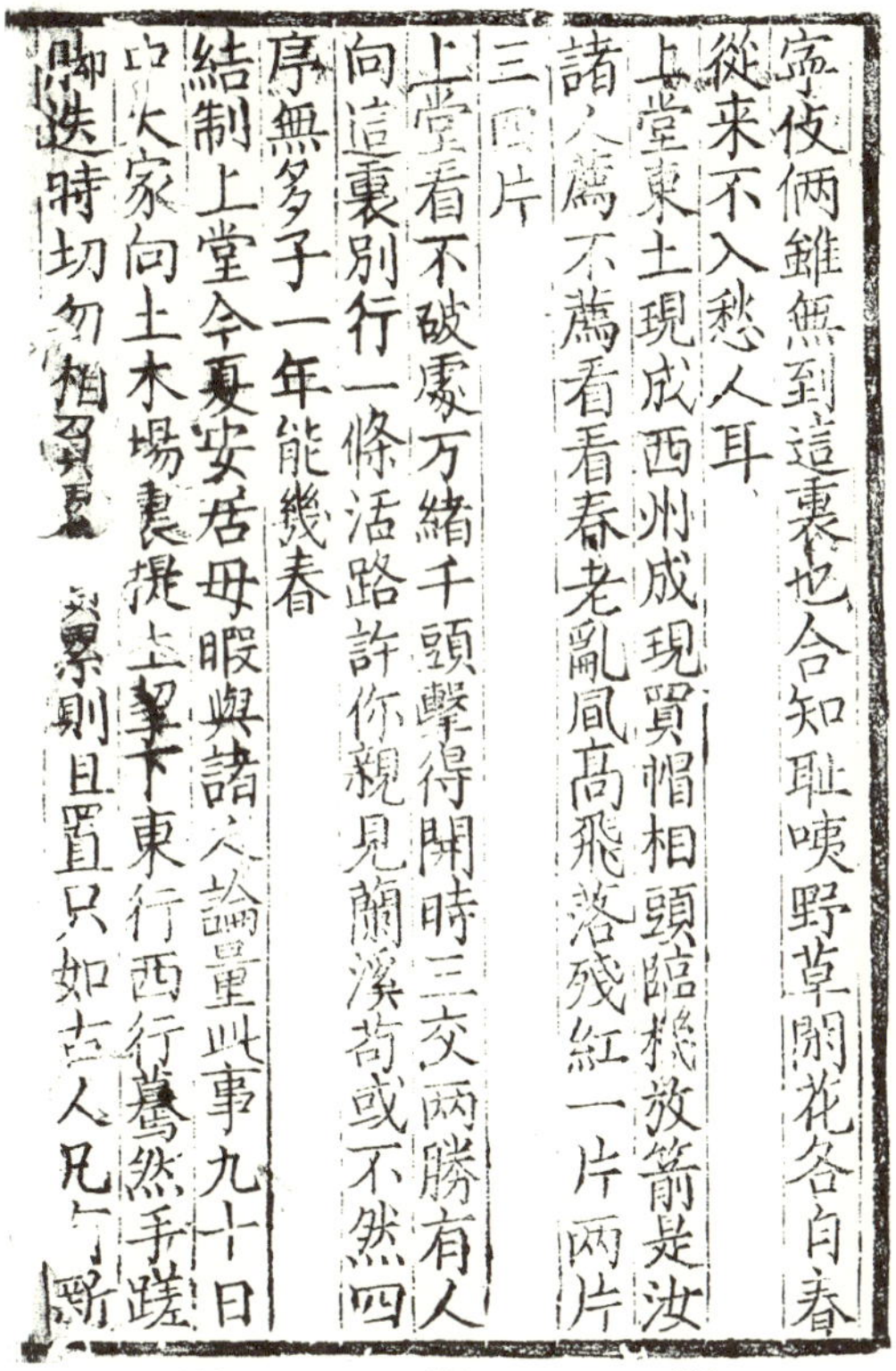

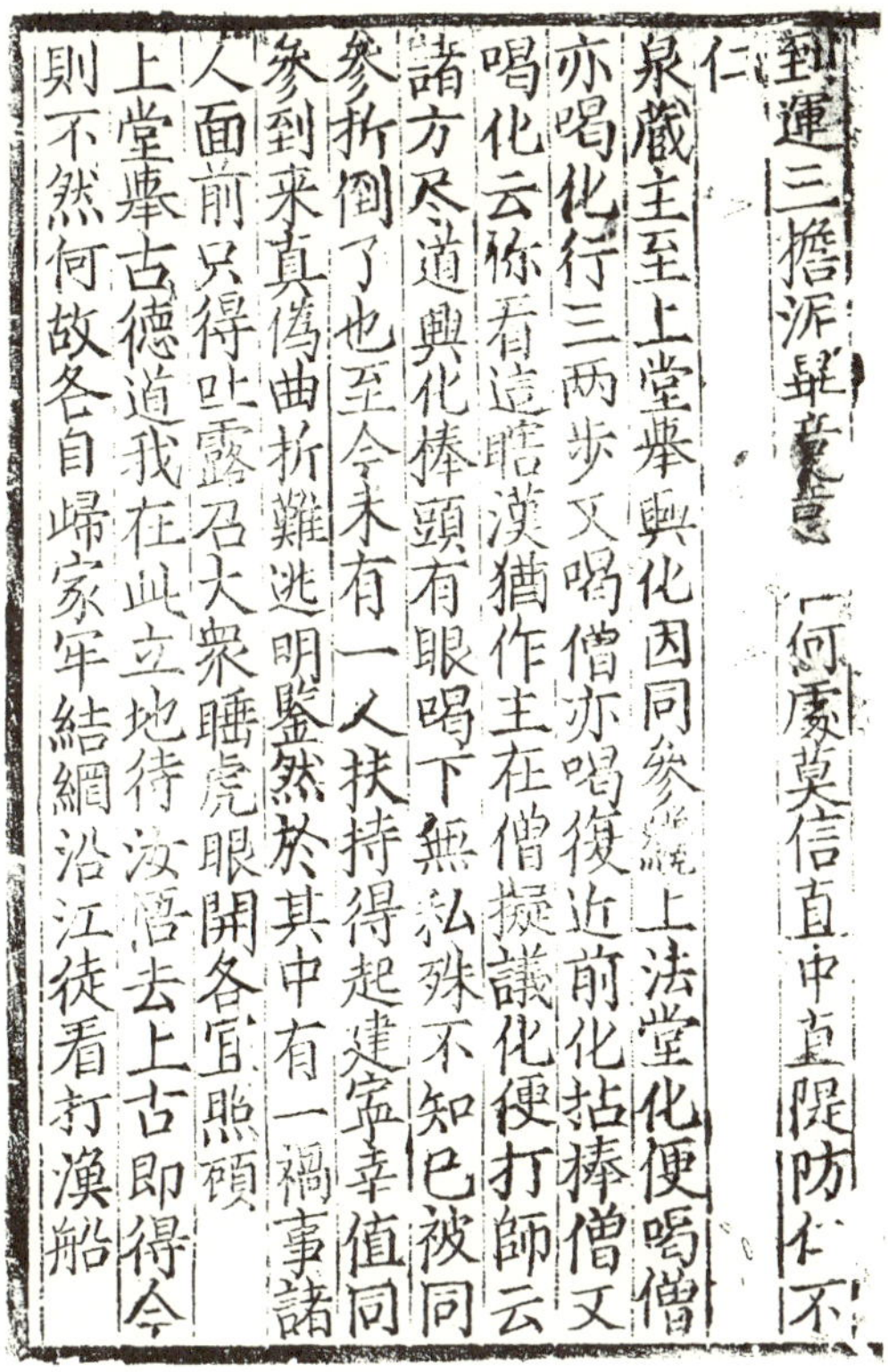

寧伎倆雖無到這裏也合知耻*嘆野草閑花各自春
從来*不入愁人耳
220 上堂東土現成西州成現買帽相頭臨機放箭是汝
諸人薦不薦看看春老亂*凮*高飛落殘紅一片兩*片
三四片
221 上堂看不破處*万*緒千頭擊*得開時三交兩*勝有人
向這裏別行一條*活路許你*親見蘭溪苟或不然四
序無多子一年能幾春
222 結制上堂今夏安居*毋暇與諸人論量此事九十日
中大家向土木場裏提上挈下東行西行驀然手蹉
脚*迭時切勿相負累負累則且置只如古人凡有新
到運三擔*泥畢竟意在何處*莫信直中直隄防仁不
仁
223 泉蔵*主至上堂舉*興化因同參纔*上法堂化便*喝僧*
亦喝化行三兩*步又喝僧亦喝復近前化拈棒僧*又
喝化云你*看這瞎漢猶作主在僧*擬議化便*打師云
諸方尽*道興化棒頭有眼喝下無私殊不知已被同
參折倒了也至今未有一人扶持得起建寧幸值同
參到来*真*偽*曲折難逃明鑒*然於其中有一禍事諸
人面前只得吐露召大衆睡*虎眼開各宜*照*頤*
224 上堂舉*古德道我在此立地待汝悟去*上古即得今
則不然何故各自帰*家牢*結網沿江徒看打漁*船

*①②恥
*①②來
*①②亂 *①②風 *①②兩
*①②處 *①②萬 *②擊
*②條 *①②倆
*①居
*①腳
*①②擔
*②藏 *②舉 *①②纔
*①便 *①僧②僧
*①②盡
*①②眞 *①②僞 *①②鑒
*①睡③睡 *①宜②宜
*①②照 *①②頤
*①去
*①②歸 *①②牢 *①②漁

225
上堂現成底事百匝千重提掇得行七花八裂累他郁山主平地喫交引得老新豐常於此切佛祖互興未曾*漏泄今日建寧爲諸人漏泄*去也召大衆六月不熱*五穀*不結

226
上堂諸佛出身處*薰風*自南*來妙喜老人向這裏手蹉*脚*迭死*眼頓開至今無地著尸骸諸人還委悉*麼夜深*休向庭中立涼風*侵人作禍胎

227
上堂擧*僧*問梁山家賊難防時如何山云識得不爲寃*僧云識得後如何山云貶向無生國*僧*云莫便*是他安身立命處*麼山云死水不藏*龍僧云如何是活水龍山云拏雲不吐霧僧*云忽遇傾湫倒岳來時如

228
何山下座把住云莫教*濕*却*老僧*袈裟角師云古人掃不潔處*反涉簾纖*當時待這僧*道忽遇傾湫倒岳*時如何只消振威一喝自然一塵不動一滴全無然後與他本分草料免見千載之下濕*氣猶存今日忽有人問建寧只向道頭破作七分且道與古人是同是別卓主*丈*

無明和尚忌拈香曩*踞陽山一關*孰敢臨風直視倒握黒*漆*竹篦爲人敲骨出髓*發無*明火煆*聖鎔凡施縱奪機回生起死別德二十春突然在這裏著眼好生觀*不知是不是我昔遭他折挫來亘*至而今恨弗已見其影則攢*眉聞其名則切齒*既然如是因甚今

*①曾②曾 *①②泄
*①②熱 *①②穀
*①②處 *①②風 *①②南
*①②蹉 *①腳 *①夗
*①②悉
*①淒
*②擧 *①僧②僧
*①②國 *①便
*①②藏
*①②教 *①溼 *①卻
*①②纖 *①②嶽
*②拄 *②杖
*①②曩 *①②關
*①②黒 *①②漆 *①②髓
*①②無 *①②鍛
*①②觀 *①②直
*①②攢 *①②齒

朝引領同衣燒香作禮嘿＊親不親鄉＊中人美＊不美＊鄉＊
中水水有源兮＊木有根出乎爾兮＊返乎爾便＊燒＊香
229 開山千光和尚忌上堂蜀地雲高扶桑水快前身後
身一彩兩＊賽昔年今日死＊而不亡＊今日斯晨在而不
在諸人還知落處＊麼良久＊香風吹萎花更＊雨新好者
230 謝兩＊班上堂一鏃破三関＊已勞心力一言說六國＊總＊
涉思惟不勞心力底起臨濟之墜緒整大法之綱維
當機覿面覿面當機玲瓏妙轉＊左＊之右之希奇＊希奇＊
三脚＊驢＊兒鮮＊弄蹄令人長憶老楊岐
231 上堂蟬聲噪幽谷鴈＊字列晴＊空江練夜拖白秋林暗
點＊紅召大衆若作聲色商＊量迷己逐物不作聲色會＊

去＊眼瞎耳聾是汝諸人如何領解＊石鞏架箭三平撥
胷＊
232 中秋上堂指＊月話月未是真＊月非指＊非話眞月現前
修行供養猶墮＊常流拂袖便＊行未敢相許諸人要知
真＊月麼打圓相唯此一月無二無三堪笑＊文殊強指＊
南＊
233 因事上堂潜＊施百計竹裏銅人坐斷＊千差＊呉中石像
無端誌公老師誑謼閙＊閙拈起曲尺剪刀挂＊在主＊丈＊
頭上咦元來不是閑和尚
234 上堂是句亦剗非句亦剗瞞＊瞞＊盰＊盰＊生鐵＊門限古人
把定處＊水泄不通建寧則不然是句不管非句不管

＊①②嘿　＊①鄉　＊①②美
＊①②兮　＊①便　＊①②燒
＊①②兩　＊①死　＊①亾
＊①②處　＊①②久　＊①更
＊①②兩　＊①②關　＊①②國
＊①②總
＊①②轉　＊①②左　＊①②奇
＊①脚　＊①②驢　＊①②解
＊①②雁　＊①②晴
＊①②點　＊①②商　＊①②會

＊①厺
＊①②胸
＊①②指　＊①②眞
＊①②墮
＊①②笑
＊①②南
＊①潜　＊①②斷　＊①②差
＊①②閙　＊②挂　＊②杖
＊①②瞞　＊②肝　＊①②鐵
＊①②處

鞠勘將來渠自供款*拍繩*床*曉來一陳秋風高萬里
滄溟*鼓*怒濤*

235
開爐*上堂竪*拂子召大衆火種星兒撲之不散死柴
頭上收*拾將來寒灰堆中要伊自看月夜霜天撥著
時淋淋撈出通身汗有般無*見識人喚*作大事了辦*
雖然脱得火災不免重遭水難

236
關*東檀那捨*普賢莊*上堂舉*五祖云今年諸莊*旱澇
顆粒不收*吾不以爲憂所憂者堂中許多兄弟無*一
人會*狗子無佛性話老東山朝於斯夕於斯擴*掇平
人陷*鐵*圍*爭*似建寧憂復喜憂中有喜許誰知衆中
莫有知得者麼如未知得對衆道破去也昨夜普賢
菩薩*乘六牙白象來求相見蘭溪出問云菩薩*爲何
事而來普賢以偈*答*云法輪未轉*食輪先轉*法輪食
輪一時顯現說是偈*已忽然不見驀拈主*丈*主*丈*子
聞得歡*喜踊躍普爲大衆亦說偈*言多謝東君著意
深感恩*無語自分明死中得活憑誰委靜*坐蒲團*賀
太平

237
東光和尚至上堂舉*臨濟訪德山山見來佯佯而睡*
濟敲繩*床*一下山云作麼濟云且瞌睡*便*出去師云
德山老子據一條白棒橫打竪*打盡*天下人不奈他
何因甚却放臨濟過召大衆鑒*沱水急銅柱灘高成
人者少敗人者多回*首銀蟾*浸碧波

---

*①②款 *①②繩 *①牀
*①②溟 *①②鼓 *①②濤
*①②爐 *①②竪
*①②收
*①②無 *①②喚 *①②辨
*①②關 *①②捨 *①②莊
*②擧
*①②會 *①擴②擴
*①②陷 *①②鐵 *①②圍
*①②爭
*①②薩
*①②偈 *①②答 *①②轉
*②拄 *②杖
*①②歡
*①②恩 *①②靜 *①②團
*①②睡
*①②繩 *①牀 *①便
*①②盡
*①②鑑
*①回 *①②蟾

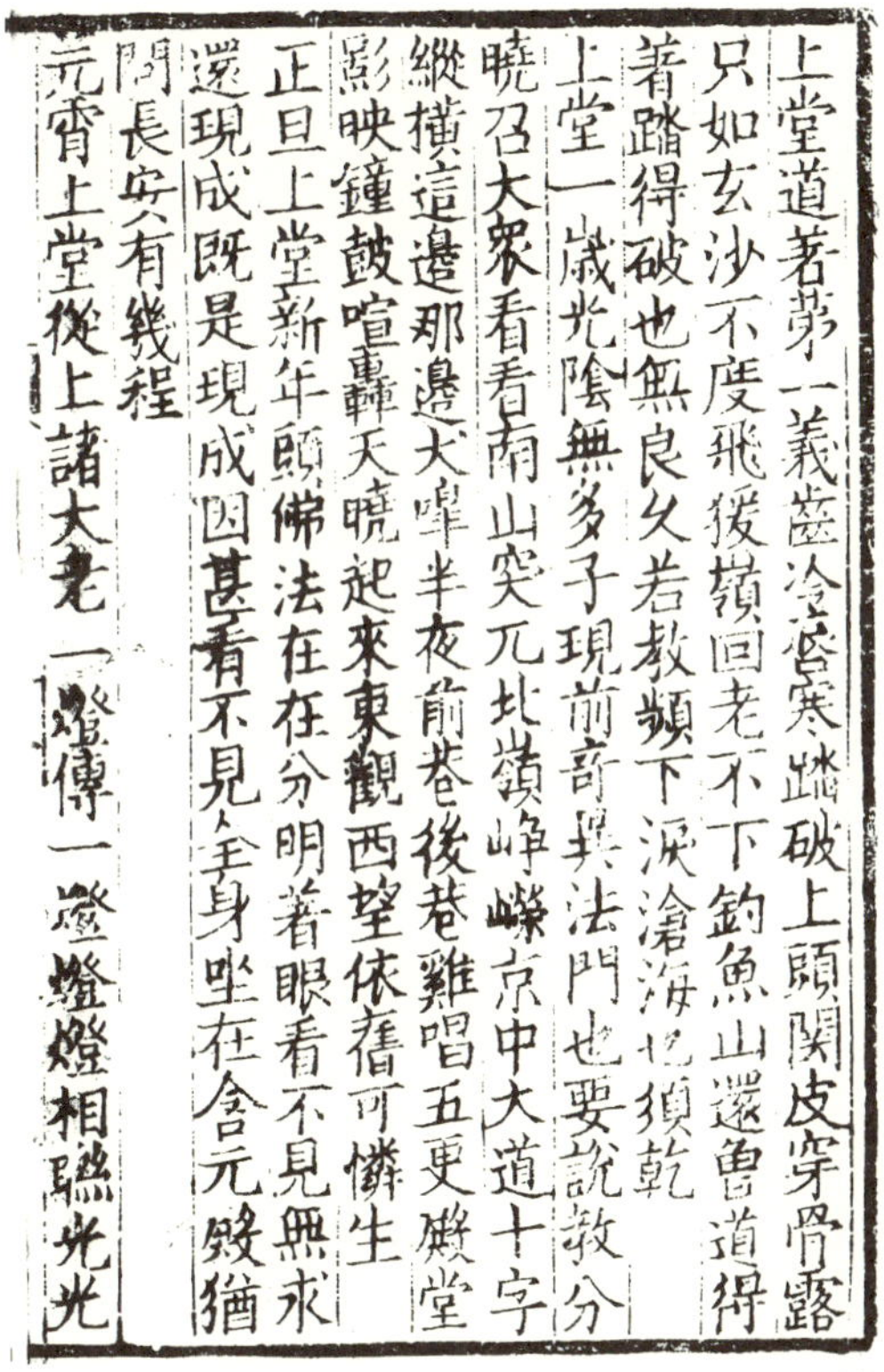

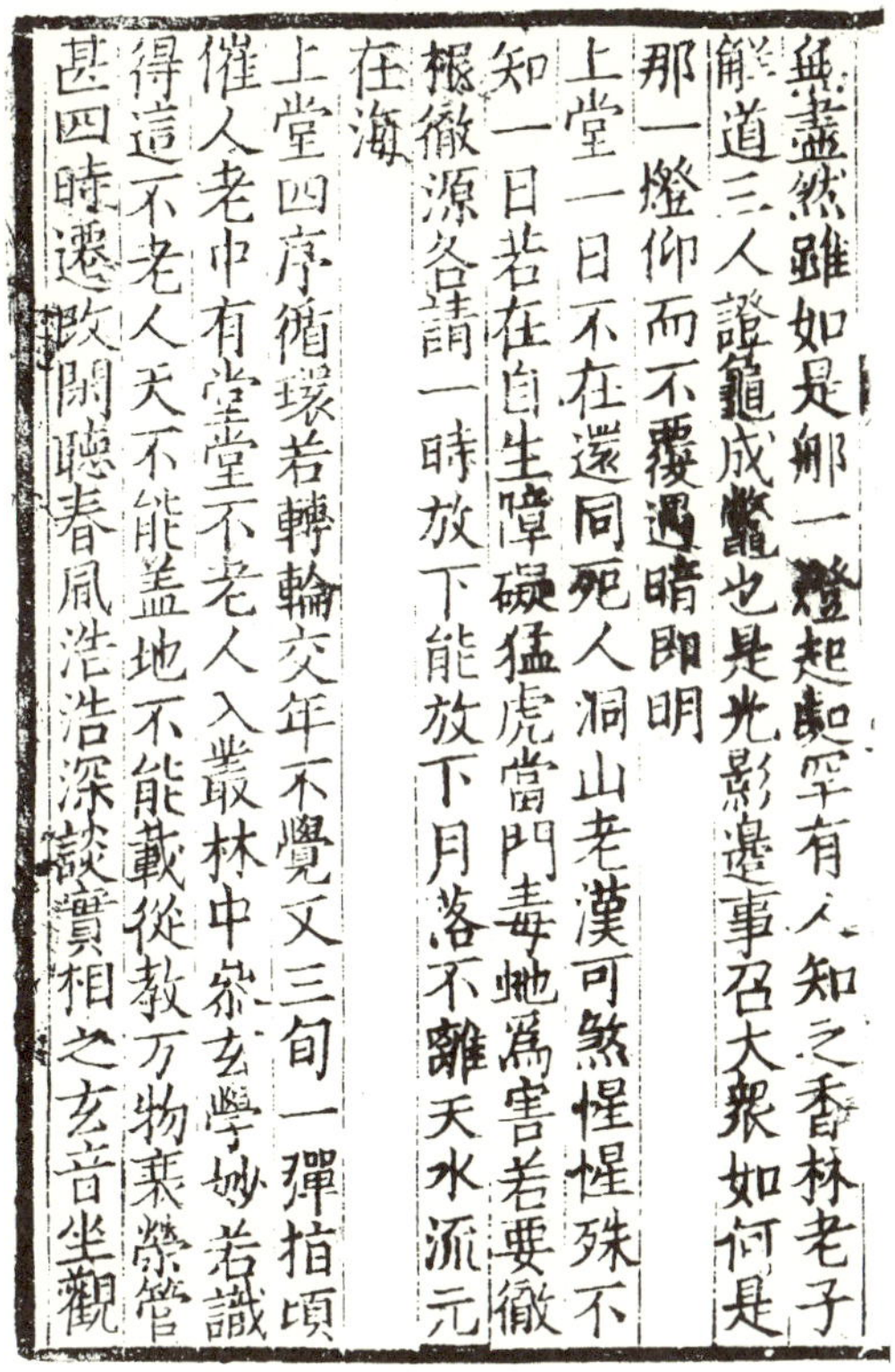

238 上堂道著第*一義嵳*冷唇寒踏*破上頭関*皮穿骨露
只如玄沙不度飛猨嶺回老不下釣魚山還𣈕*道得
239 著踏*得破也無良久*若教頻下涙滄海也須乾
上堂一嵗*光陰*無多子現前奇*異法門也要説教*分
曉召大衆看看南*山突兀北嶺峥*嶸京中大道十字
縱横這邉*那邉*犬嘷半夜前巷後巷雞唱五更*殿堂
影映鐘皷*喧轟天曉起來東觀西望依舊*可憐生
240 正旦上堂新年頭佛法在在分明著眼看不見無求
還現成既*是現成因甚看不見全身坐在含*元殿猶
問長安有幾程
241 元宵上堂從上諸大老一燈傳一燈燈燈相聯*光光
242 無*盡然雖如是郍*一燈起處*罕有人知之香林老子
鮮*道三人證龜成鼈也是光影邉*事召大衆如何是
那一燈仰而不覆遇暗即明
上堂一日不在還同死人洞山老漢可煞*惺惺殊不
知一日若在自生障礙猛虎當門毒虵*爲害若要徹
根徹源各請*一時放下能放下月落不離天水流元
在海
243 上堂四序循環若轉*輪交年不覺又三旬一彈指*頃
催人老中有堂堂不老人入叢*林中參玄學妙若識
得這不老人天不能盖*地不能載從教*万*物衰*榮管
甚四時遷改閑聽*春凪*浩浩深談實相之玄音坐觀

---

*①②第 *①②嵳 *①②蹈
*①②闕
*①曽②曾
*①②久
*①②歳 *①②陰 *①②奇
*②敎
*①②南 *①②崢
*①②邊 *①叓
*①②鼓 *①②舊
*①②旣 *①②含
*①②聯
*①②無 *①②那 *①②處
*①②解
*②殺
*②蛇
*①②請
*①②轉 *①②指
*①②叢
*①蓋②蓋 *①②萬 *①②衰
*①②聽 *①②風

春日遲遲顯示華嚴之境界便*恁麼去生不爲大死
不爲大了無生死之拘安有去來之碍*衆中若有一
知半見者便*道自性本來無變無壊*恁麼度量闍*羅
大王未放汝在蘭溪不惜眉毛爲汝諸人註鮮*擊*繩*
床*神光元不覔安心三祖何曽*遭*白癩
244 上堂春風撼林木耳聽*非聲春水滿*池塘眼觀非色
既非色又非聲能有幾人不被佗*碍*遂召大衆却*物
爲上逐物爲下差*之毫釐在亦不在在在石女産嬰
孩扶桑添話欄
245 上堂擧*靈*雲見桃花悟道玄沙聞得乃云諦當甚諦
當敢保老兄未徹在師云太平時節剛展戈矛談笑*
座中潜施鴆毒諸人要見靈*雲五臓*則易要見玄沙
貌相則難何故雲暗不知天早晩凬*高唯見尌*横斜
246 結制上堂擧*黄面老子道無*始以來認賊爲子失汝
元常召大衆且道賊在何處*喚*甚麼作元常九十日
内有人向這裏捉獲得著勘證分明蘭溪與你作死
寃讎*去何故刻骨傷人大赦不放
247 上堂未達唯心境起種種分別最難防處*是家賊達
境唯心已分別即不生大道無*人獨自行心之與境
達與未達盡向這裏一劃劃断*了也蘭溪為伊別開
活路欲過万*程起於初歩
248 上堂擧*古德道動則誑寂則謗動寂向上有事在山

---

*①便
*①②礙
*①②壊 *①②闍
*①②解 *②擊 *①②繩
*①牀 *①曾②曾 *①②遭
*①②聽 *①②滿
*②他 *①②卻
*①②差
*②擧 *①②靈
*①②笑
*①②臟
*①②風 *①②樹
*①②無
*①②處 *①②喚
*①②讐
*①②處
*①②斷
*①②萬

249

僧*口門窄不能爲汝説師云古德欲隱*弥*露取笑*傍
觀建寧則不然動非誑寂非謗動寂向上有甚麼事
只今要道便*道是汝諸人自信不及信得及百斛驢*
乳掇将*來不消獅子乳一滴
因安土地神上堂舉*南*泉擬取明日遊莊*舍*其夜土
地神先報莊*主乃預爲備泉到問莊*主争*知老僧*來
排辦*如此莊*主云昨夜土地神報道和尚今日來泉
云王老師修行無力被鬼*神覷*見有僧*便*問和尚既
是大善知識為*什麼被鬼*神覷*見泉云土地前更*下
一分飯師云莊*主被神移攙*屈節何多這僧*欲挫雄
鋒竟不免南*泉陷*穽建寧今日爲佗*雪屈去也同中

250

有異異中同大坐當軒振祖風*不似南*泉半遮面*請*
君為*我逞神通
因事上堂覰*捕得著已陷*重圍*未舉*先知總*非正本
昨日有人從西州來接得東國*信却道平三鼻孔長
源四眉毛短椀脱丘賽過諸山須弥*峰*坐得不穏*憍
陳如尊者聞得撫掌大笑*云羝羊觸藩*不能自忖嘿*
直饒十事九成不若三平二滿*休誇鸜鵒學人言須
信雄雞解*生夘*

251

上堂舉*曹山霞和尚問僧*恁麼熱*向甚處*回避僧*云
鑊湯爐*炭裏回避師云雖則忠言逆耳苦口良藥争*
奈土曠人稀相逢者少今日或有人問恁麼熱*向甚

---

*①僧②僧 *①②隱 *①②彌
*①②笑
*①便 *①②驢
*①②將
*②舉 *①②南 *①②莊
*①②舍
*①②争
*①②辨
*①②鬼 *①②覰
*①②爲 *①更
*①②換
*①②陷 *②他

*①②風 *①②面 *①②請
*①②陷 *①②圍 *①②總
*①②國
*②峯 *①②穩
*①②藩 *①②嘿
*①②滿
*①②解 *①②卵
*①②熱 *①②處
*①②爐

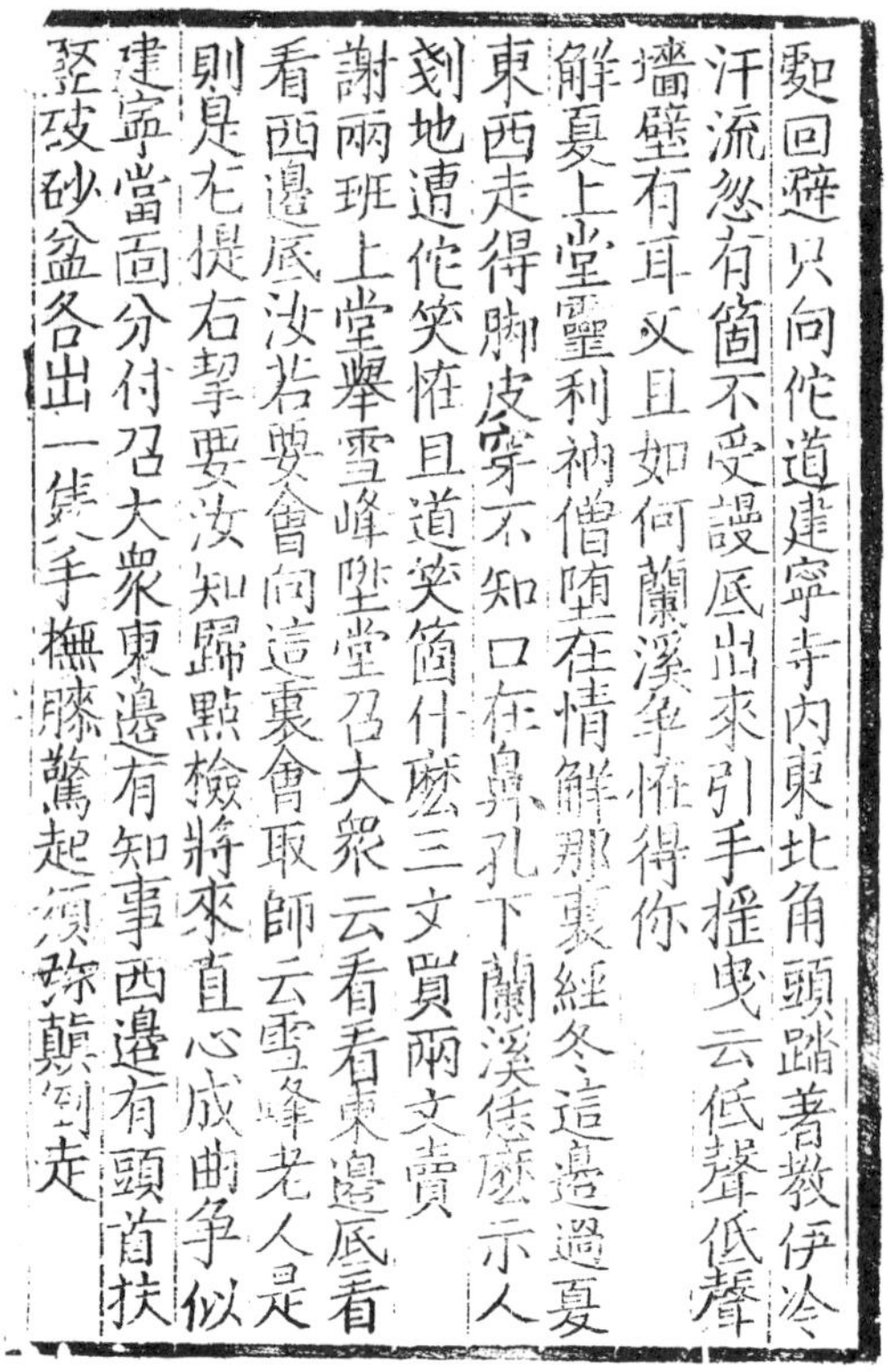

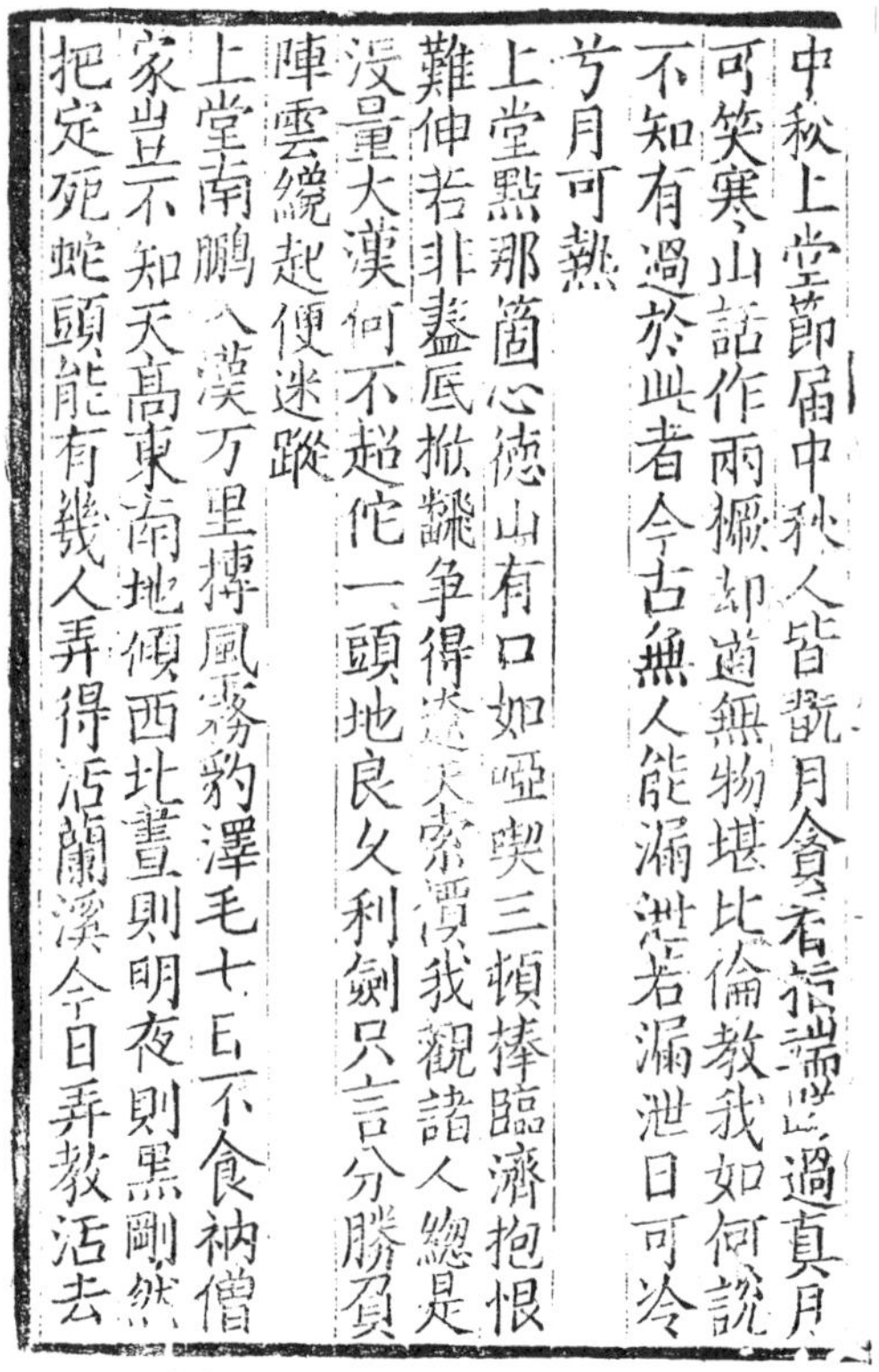

処*回避只向佗*道建寧寺内東北角頭踏*著教*伊冷
汗流忽有箇不受謾底出來引手揺*曳云低聲低聲
墻*壁有耳又且如何蘭溪争*恠得你

252
觧*夏上堂靈*利衲僧*堕*在情觧*那裏經*冬這邉*過夏
東西走得脚*皮穿不知口在鼻孔下蘭溪恁麼示人
刻*地遭*佗*笑*恠*且道笑*箇什麼三文買兩*文賣

253
謝兩*班上堂擧*雪峰*陞堂召大衆云看看東邉*底看
看西邉*底汝若要會*向這裏會*取師云雪峰*老人是
則是左*提右挈要汝知歸點*檢將來直心成曲争*似
建寧當面*分付召大衆東邉*有知事西邉*有頭首扶*
竪*破砂盆各出一隻手撫膝*驚起須弥*顚*倒走

254
中秋上堂節届中秋人皆翫月貪*看指*端蹉*過真*月
可笑*寒山話作兩*橛*却道無物堪比倫教*我如何説
不知有過於此者今古無*人能漏泄若漏泄日可冷
兮*月可熱*

255
上堂點*那箇心徳山有口如啞喫三頓棒臨濟抱恨
難伸若非盡*底掀飜*争*得遼天索價我觀諸人總*是
没量大漢何不超*佗一頭地良久*利劍只言分勝負
陣雲纔*起便*迷蹤

256
上堂南*鵬入漢万*里摶*風霧豹澤毛七日不食衲僧*
家豈不知天高東南*地傾西北晝則明夜則黒*剛然
把定死蛇頭能有幾人弄得活蘭溪今日弄教*活去

---

*①②處 *②他 *①②踏
*①②教
*①②搖
*②牆 *①②爭
*①②解 *①②靈 *①僧②僧
*①②墮 *①②經 *①②邊
*①脚
*①②刻 *①②遭 *①②笑
*①②怪 *①②兩
*②擧 *②峯
*①②會
*①②左 *①②點
*①②面 *①株②抹
*①②豎 *②膝 *①②彌
*①②顚

*①②貪 *①②指 *①②蹉
*①②眞
*①②卻
*①②無
*①②兮 *①②熱
*①②盡 *①飜②翻 *①②總
*①②超 *①②久
*①②纔 *①便
*①②南 *①②萬 *①②摶
*①②黒

也擲下主*丈*各自隄防著則無救

257 上堂今朝欲擧*諸佛諸祖説不到底一句子教*諸人立地成佛去忽然雷聲發作驟雨滂沱不覺一時忘却*了也只得於現成公案上指*示諸人良久*未見老爺時閙*市裏尋看

258 上堂明明只這是認著又還非有口説不得無家何處*歸䴬*思拾得寒山子兩*箇相逢笑*展眉且道笑*箇甚麼笑*你一隊漢只作小兒戲*甘心棄却*甜桃樹剛要沿*山摘醋梨

259 上堂箕風畢雨巢穴先知我觀諸人頂門眼活因甚麼十有五雙到這裏迷己逐物妙處*一星兒只在汝挑撥能挑撥我不敢輕*於汝等汝等皆當作佛咄

260 開爐*上堂寒灰豆爆*近火先焦*上古叢*林不知幾幾建寧立箇新條犯者重斷*從今以後三更*夜半煖氣全無*凍徹骨髓*之時不得向冷灰中東撥西撥忽然撥著貶向鐵*圍*自此人身永*不復皮穿骨露血淋漓

261 上堂諸方老宿鬪諜*是非從上祖師訐人過咎相牽墮*在泥犁中直至如今難赦宥或有箇漢出來道建寧聻只向佗*道自首者原其罪

262 上堂三日前無*端井底看青*天三日後狐狼却*作獅子吼正當今日戴角毒虵*鑽不入曉來頻倚*玉欄看無*限清*風生八極

*②拄　*②杖

*②擧　*②教

*①卻　*①②指　*①②久

*①②閙

*①②處　*①②䴬　*①②兩

*①②笑

*①②戲

*①②沿

*①②處

*①②輕

*①②爐　*①②爆　*①②焦

*①②叢

*①②斷　*①叟

*①②無　*①②髓

*①②鐵　*①②圍　*①②永

*①②諜

*①②墮

*②他

*①②青

*②蛇　*①②倚

*①②清

263 謝兩*班上堂商*山四皓漢國*三臣龍韜*虎略豎*縱橫
擒能保社稷平定乾坤則許汝較些子向虚*空裏建
立世界須還我屋裏人且如何是屋裏人碩*視左*右
象王回顧獅子嚬呻

264 上堂有也莫將來擲地金聲破草鞋無*也莫拈出貴
似塵泥賤*如荆*璧有無*則且置只如古人道路逢達
道人莫將*語默*對畢竟如何秖*對良久*道者我*松老
盧*踏*碓

265 上堂擧*九峰*慧和尚在潙山會*下一日因山上堂云
汝等諸人只得大機不得大用九峯*抽身便*出去*山
召之更*不回首山云此子堪爲法器師云潙山既召
之不回因甚却*道堪爲法器諸人還知麼笑*裏藏*鋒
泥中有刺*

266 上堂臘*月三十日到來面*前有万*丈深坑*背後是千
重鐵*壁左*右皆劍尌*刀林是汝諸人如何出得若也
出得山僧*劄頸謝之苟或不然莫道無*事好

267 正旦上堂新歳*多竒*事虗*空展笑*眉更*談新佛法也
要大家知召大衆還見麼五条*橋度人無*數九重塔
定相弗移街北街南懽*聲不絶寺前寺後車馬奔馳
處*處*顯揚此事頭頭漏泄眞機且道如何是此事良
久*蘭溪無*暇向伊說問取張家三箇兒

268 元宵上堂去年今夕燈火熒煌引得諸人光影裏覓

---

*①②兩 *①②商 *①②國
*①②韜 *①②豎
*①②虚
*①②顧 *①②左
*①②無
*①②賤 *①荊
*①②將 *①②默 *①②秖
*①②久 *①②栽
*①②盧 *①②踏
*②擧 *②峯 *①②會
*①峰 *①便 *①云
*①叟
*①②卻 *①②笑 *①②藏
*①②刺
*①②臘 *①②面 *①②萬
*①②坑
*①②鐵 *①②樹
*①僧②僧
*①②歳 *①②奇
*①②條
*①②南 *②歡
*①②處 *①②處

今年今夕内外悄然各各室中本來赫奕既是本來
赫奕因甚十有五雙開眼堂堂撞墻磕壁畢竟過在
何處手蹉脚迭時只謂分明極

*①②牆
*①②處 *①②蹉 *①腳

頌古

1 世尊八萬衆前拈花獨有迦葉破顔*微笑*
家弥*何止直千金一口相醻*没二心兩*手捧來分付
去潑天冨*貲*到而今
阿難問迦葉世尊傳金襴外復傳何物迦葉召
2 阿難難應諾迦葉云倒刧*門前刹竿著
了無一物可相呈不用重添眼裏筋倒刧*門前刹竿
著倚*筇閑看暮天雲
3 二祖三拜依位而立達磨*云汝得吾髓*
眞*不掩僞曲不藏*直向上別求鐵*壁鐵*壁
4 廊*侍者一日問德山云從上諸聖向什麼處*去
山云作麼作麼侍者云勑*點*飛龍馬跛鼈出頭
來山便*休去
四方八面*蒺蔾*園万*仞懸崖路杳昬*擬欲進前難著
脚*如何入得德山門
5 德山次日澡浴次以木杓於廊*侍者背上打一
下云昨日公案如何侍者云這老漢今日方始
瞥地山又休去
敢把扁舟泛洞庭夕陽影裏宿沙汀夜闌一陣黑*風
起兩*耳如奔万*馬聲
6 僧*問馬大師如何是佛大師云即心是佛
熱*則乘*涼古樹邊*困來一覺放憨眠山僧*懶*散長如

---

*①②顔 *①②笑
*①②珍 *①②酬 *①②兩
*①②富 *①②貴
*①卻
*①②倚
*①②磨 *①②髓
*①②眞 *①②藏 *①②鐵
*①②廓 *①②處
*②勅 *①②點
*①便
*①②面 *①蔾②藜 *①②萬
*①②昏
*①腳
*①②黑
*①僧②僧
*①②懶 *①②熱 *①②乘
*①②邊

此不怕闍＊家筭＊飯錢
7 龐居士問馬大師不與万＊法爲侶
手執鏌鎁入陣來三軍如壁盡衝開先鋒把定咽喉
路直得拖戈卸甲回＊
8 馬大師與西堂百丈南＊泉翫月
戲＊出一棚川雜劇＊神頭鬼＊面＊幾多般夜深＊燈火闌珊
甚應是無人笑＊倚＊欄
9 潙山侍立百丈次丈令看爐＊有火無＊
寂寞江邉＊倚＊釣舟雪蘆＊霜葦＊冷颼颼竿頭誰謂無香
餌也有金鱗＊直上鉤
10 臨濟問黃蘗＊佛法的的大意三度置問遂喫六
十主＊丈＊
幾回＊短艇戲＊滄溟＊未識其中淺與深＊巨浪潑天經＊得
過始知不負一生心
11 臨濟示衆云赤肉＊團＊上有一無位真＊人常從汝
等面＊門出入未證擄＊者看看時有僧＊出問如何
是無位真人＊濟下繩＊床扭住云道道僧＊擬議濟
托開云無＊位真＊人是什麼乾屎橛
面＊面＊相看眼似眉同門出入不相知擡＊眸貪＊看華山
秀不覺將＊驢＊却＊倒騎＊
12 南＊泉示衆云今時人須向異類＊中行始得趙州
出問云異則不問如何是類南＊泉兩＊手托地趙

＊①闍 ＊②算
＊①②萬
＊①回
＊①②南
＊①②戲 ＊①②劇 ＊①②鬼
＊①②面 ＊①淺
＊①②笑 ＊①②倚
＊①②爐 ＊①②無
＊①②邊 ＊①②蘆 ＊①②葦
＊①②鱗
＊②蘗
＊②拄 ＊②杖
＊①②溟 ＊①②經
＊①②肉 ＊①②團 ＊①②眞
＊①②擄 ＊①僧②僧
＊①繩②繩 ＊①牀
＊①②擡 ＊①②貪
＊①②將 ＊①②驢 ＊①卻
＊①②騎
＊①②類
＊①②兩

州一踏踏倒乃下延壽*堂叫云悔悔泉聞得令
侍者去問云悔箇*什麼侍者依教*往問州云悔
不更*與一踏者回*舉*似南*泉泉云我從來疑著
這漢
明投暗合少人知養子方知父太慈一踏便*行猶道
悔得便*宜是落便*宜*

13 南*泉因僧*問如何是道泉云平常心是道
十五年前鬢*未斑抛砂撒土不曾*閑而今老大渾無*
事行看山來坐看山

14 趙州因僧*問狗子還有佛性也無州云無
雪刃倚*天勢*難容正眼看捹*身挨得去徧*界髑髏寒

15 開口不在舌頭上
日暖風*和春晝長杜鵑啼在杏花鄉*明明向道無人
會*乂逐流鸎過短牆

16 趙州東門西門南*門北門
八十翁翁得自由蘆*花影裏泛扁舟龍門無限好頭
角揔*被渠儂一網収*

17 龐公參大梅
大梅元不是常梅咬破還佗*核子來龐老當年輕嗅
著心酸從此口難開

18 劉鐵*磨訪潙山公案拈云潙山與鐵*磨一開一
合却*如把定連雲棧閣相似不容外蠲*雖然潙

---

*①②壽
*①②個　*①②敎
*①叓　*①囘　*②擧
*①②南
*①便
*①宐②宜
*①僧②僧
*①②鬂　*①曽②曾　*①②無
*①②倚　*①②勢　*②棄
*①徧②遍
*①②風　*①鄉
*①②會
*①②蘆
*①②總　*①②收
*①②他
*①②鐵
*①卻　*①②虧

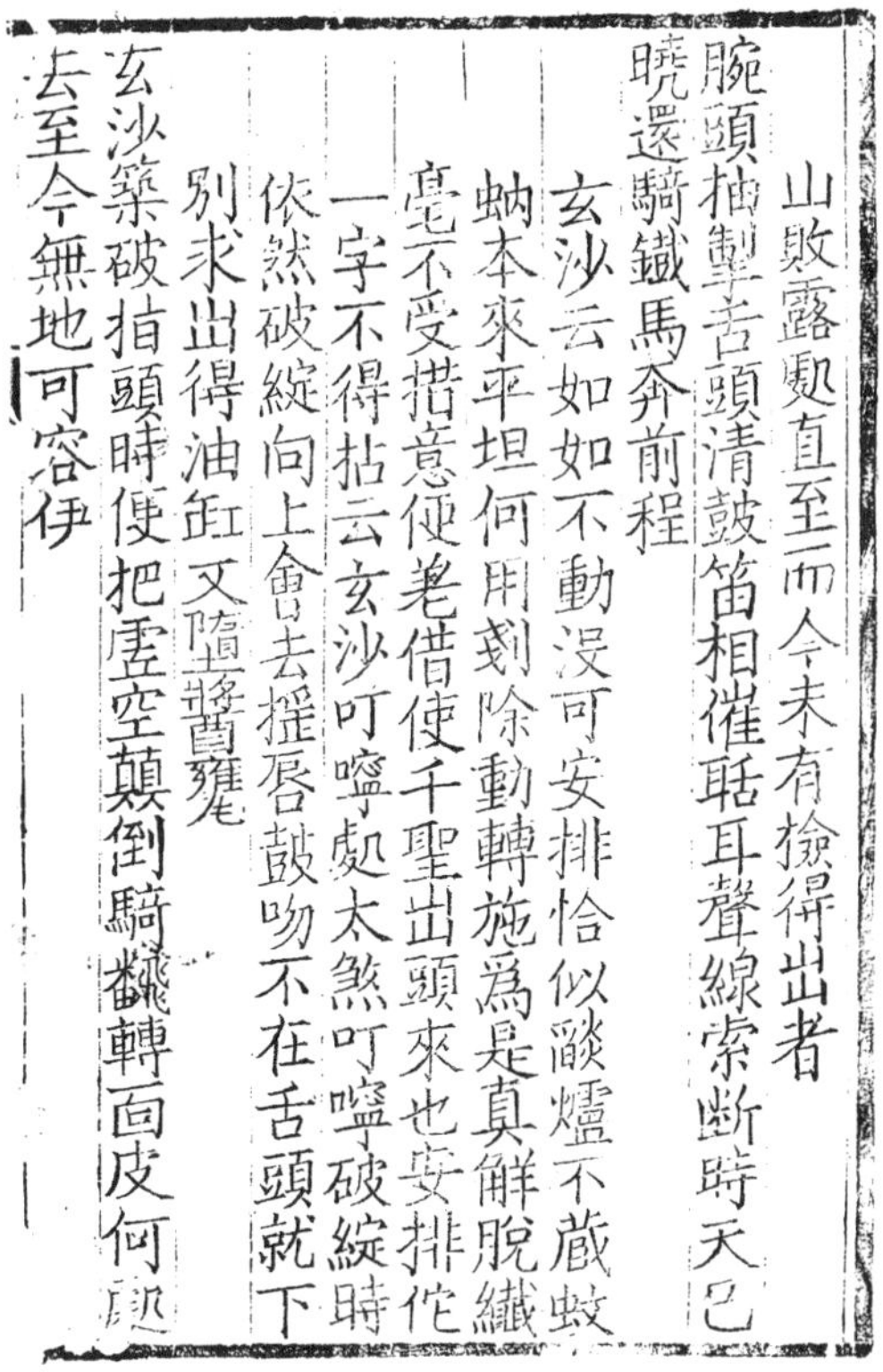

19

山敗露處*直至而今未有檢得出者
腕頭抽掣舌頭清*皷*笛相催聒耳聲線索断*時天已
曉還騎*鐵*馬奔前程
玄沙云如如不動没可安排恰似燄*爐*不蔵*蚊
蚋本來平坦何用剗除動轉*施爲是眞*觧*脱纖*
毫不受措意便*差*借使千聖出頭來也安排佗*
一字不得拈云玄沙叮嚀處*太煞*叮嚀破綻時
依然破綻向上會*去搖*唇*皷*吻不在舌頭就下
別求出得油缸*又墮醬甕*
玄沙築破指*頭時便*把虛*空顛*倒騎*飜*轉*面*皮何處*
去至今無地可容伊

*①②處
*①②淸 *①②鼓 *①斷②斷
*①②騎 *①②鐵
*①燄②焰 *①②爐 *①②藏
*①②轉 *①②眞 *①②解
*①②纖
*①便 *①②差 *②他
*①②處 *②殺
*①②會 *①②搖 *①脣②脣
*①②缸 *①甕②甕
*①②指 *①②虛 *①②顚
*①飜②翻 *①②面

偈*頌

示看蔵経*僧*

1 烏啼鵲噪現成事嶺上山前語太明大蔵*従頭飜*轉*
看不知那巻是真*経*

2 濟川

接得曹溪一脉*通取之無盡*用無窮*看*佗*源遠流長
處*不與尋常溪澗*同

3 送僧*行脚*

有修有證俱成妄無證無修又滞空索性兩*頭都剔
脱草*鞋緊悄趂*秋凬*

4 示僧*

促膝*談空空不空要渠鼎惺主人翁到家闌闠頭邉*
看*万*別千差*有路通

5 送空維那

夢握蒼鷹未足奇*罰銭出院落便*宜*聖人接手一機
子二老何由賽得伊

6 送源侍者

横張銕*網攡*江湖搆*得金鱗*不是魚陸地撞佗*蘿*甕
破歸*來傳送竺乾書

7 日本扇

金銀徒把衒人眸大抵還佗*朴實頭孰謂開遮無秀
氣臨時應用也凬*流

＊①②偈
＊①②経　＊①僧②僧
＊①②藏　＊①飜②翻　＊①②轉
＊①②眞
＊①②脈　＊①②盡　＊①窮
＊①②看　＊①②他
＊①②處　＊②澗
＊①脚
＊①②兩
＊①②艸　＊①②趁　＊①②風
＊①②膝　＊①②邊
＊①萬　＊①②差
＊①②奇　＊①便　＊①宜②宜
＊①②鐵　＊②攡　＊①②構
＊②鱗　＊①蘿②蘿
＊①②歸
＊②他
＊①②風

8

小池

暗通一脉*逼人寒攬不渾亐*吸不乾孰謂盃池能幾

許無凬*也鮮*皷*波瀾

9

因事遊山示衆

倒握烏藤*易化龍天資不喜闘*英雄時來乗*興佗*山

去銕*蒺梨槌被蛀虫*

10

詠*雪

玉樓起粟彤*雲合秀氣飄*空六出花一夜鋪成銀世

界不知明月落誰家

11

化淋汗

妙体*從來不染塵滿*盛悪*水洗何人牯牛随*例知機

12

變向鑊湯中鮮*轉*身

示衆

紛擾來時不暫安動中消息静*中看忽然動静*雙忘

䖏*且請*回*頭守歳*寒

13

闔*山普*請*搬瓦

赤心片片未心灰驅入紅爐*鍛一回*要得掀飜*無滲

漏大家出手接歸*來

蘭溪和尚語録卷上*

---

*①②脈　*①②兮

*①②風　*①②解　*①②鼓

*①②藤　*①鬪　*①②乘

*①②他

*①②鐵　*①虫②蟲

*①②詠

*②彫　*①飄②飄

*①②體　*①②滿　*①②惡

*①②隨

*①②轉

*①②静

*①②處　*①②請　*①回

*①②歲

*①闔　*①普

*①②爐　*①②翻

*①②歸

*①②（なし）

1

普*説

瞿曇宗旨深不可量祖師真*乘*廣*不可測會*得宗言*即了真*乘*既了真*乘*可傳宗旨宗旨者不涉脣*吻安墮*語言若以未明之心而測之則宗旨之妙愈深*而不知其底蘊以淺志之見而學之則真*乘*之微*愈廣*而不知其畔岸誠所謂以蠡酌海持管窺天力竭眼窮*而終不能盡雖不可盡*歴歴現前所以古人云道遠乎哉*觸事皆真*聖遠乎哉*躰*之必神汝等*諸人每日起來見山見水交接往来*此豈不是觸事曰*甚宗旨而不能明七尺單前堆堆地坐且真*乘*作麼生躰*十有九人半聞著便*入思惟分別處*作活計或時到

室中纔*以一則語或一段*公案擧*而試之多是空見執無断*源之語苦㧞*糠粃之物何足入寶*藏*乎諸上人朝参*暮請*但如貧子二十年除糞相似一旦我本無*心有所希求今此寳*藏*自然而至此雖是効苦無*著而有所得之事然據*祖宗門下自然而至者總*不消得況區區斂人殘唾*餘涎而入腹㧞*豈不聞世尊四十九年三百餘會*顕相覆相説縦横無*碍*説説尽*万*万*千千只是不曽*説著那一句子若説得著實謂有凡有聖有迷有悟何曽*有三無*差別乎末後臨入涅槃之時略露些子圭角示衆云吾自鹿苑而至於跋提河未曽*説一字且經*律論蔵*五千餘卷是有耶

*①普
*①②眞 *①槩②乘 *①②廣
*①②會 *①②旨
*①②脣
*①②墮 *①②深
*①②微
*①窮 *①②盡
*①②哉 *①②體 *②等
*①②來 *①②因
*①便 *①②處

*①②纔 *①②段 *②學
*①斷②斷 *①害②寶
*①②藏
*①②參 *①②請
*①②無
*①②據 *①②總
*①②唾
*①②顯 *①②礙 *①②盡
*①②萬 *①曾②曾
*①②經

是無耶柳岸維舟人不到又随*明月下滄洲文殊白
云請*世尊再轉*末後法輪世*尊云汝請*我再轉*法輪
是吾曽*轉*法輪耶千言万*語無人會*又逐流鷺過短
牆世尊恁麼祇*對文殊且意在於何若是金毛獅子
子三千里外定誵訛黄面*老子示徒其意不在茲耳
末後與文殊問荅*便*如達磨九年面*壁涅槃時至令
諸弟子盍各言其志獨有神光一人禮三拜依位而
立達磨云汝得吾髓*可謂大鵬展翅盖*十洲*籬邉*鵾
雀空啾啾末法已越二百餘載行道明道者少執見
邪見者多入此門來十年五載工夫未純熟*便*自點*
頭説長道短更*無別人自謂我已明心見性誰能與

---

*①②隨
*①②請 *①②轉 *①②世
*①曽②曾 *①②萬 *①②會
*①②祇
*①②面
*①②答 *①便
*①②髓 *①②蓋 *②州
*①②邊
*②熱 *②點
*①叓

我齊肩忽遇真*正宗師徵佗*自欺之處*皆是邪知邪
見邪鮮*邪言其間更*不聴*人救濟魔見愈深*執而不
捨*継*聞長老舉*本分事便*謂已印可我了也如是之
徒非但自昧其心亦乃取笑*識者多矣三祖和尚云
執之失度必入邪路放之自然體無去住今時放之
自然者万*中無一長床*上被位頭正好休心息意収*
視返觀放得下時豈不安樂予或時巡*寮密*察多是
安筆硯於蓆上執舊卷於手中機縁*公案裏纔*有風
月之句便*抄入私冊*子中以為自己受用之物恰似
老鼠*偸*川附子在穴内相似肚飢之時欲喫又喫不
得只在傍看*守既無奈何了忽然硬喫一口反失性

---

*①②眞 *②他 *①②處
*①②解 *①②聽 *①湥
*①②捨 *①②繼 *②擧
*①②笑
*①牀 *①②收
*②巡 *①②密
*①②緣 *①②纔
*②册
*①②鼠 *②偸
*①②看

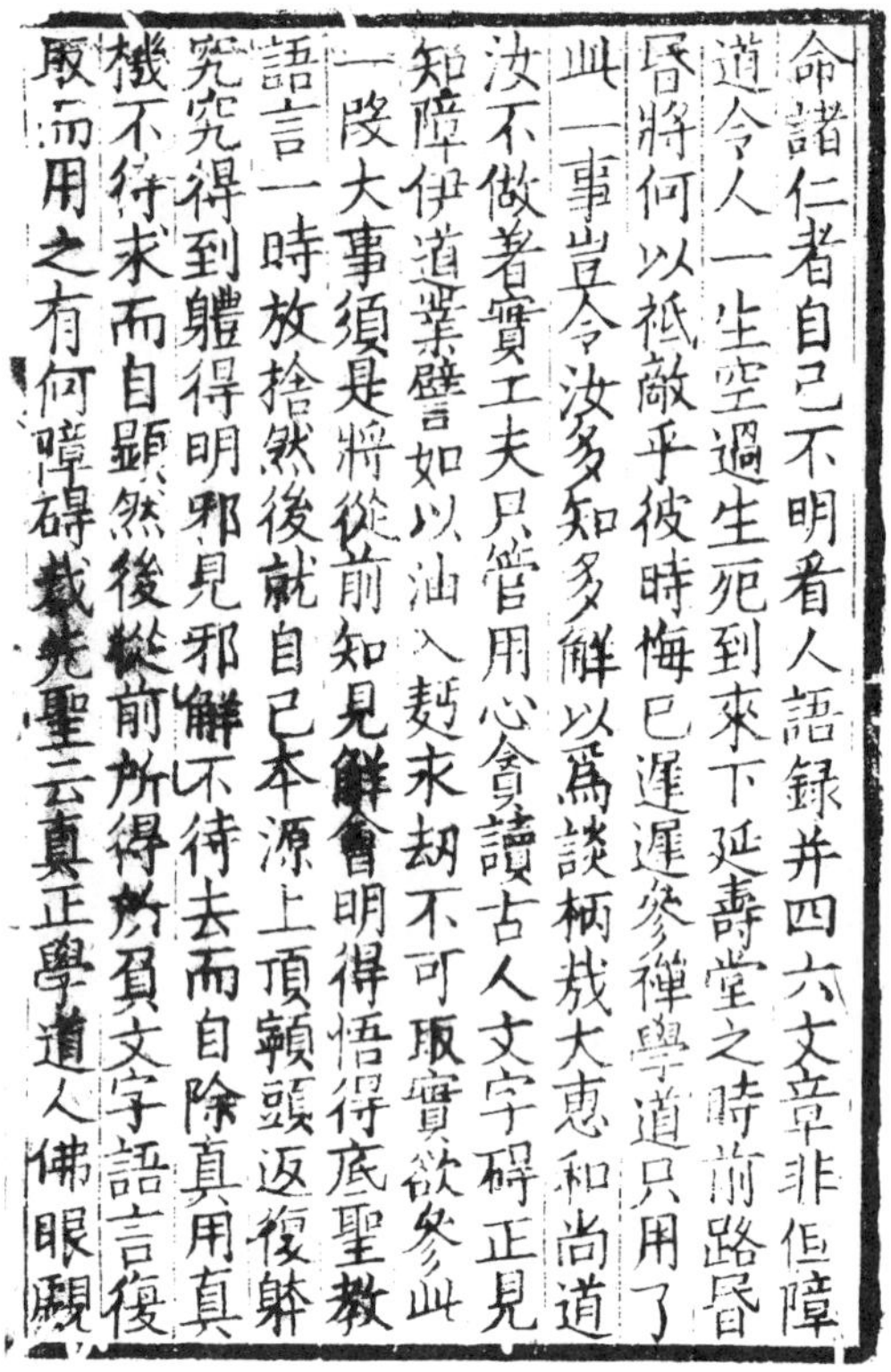

命諸仁者自己不明看*人語録*并*四六文章非但障
道令人一生空過生死到來下延壽*堂之時前路昬*
昬*將何以祇*敵乎彼時悔已遲遲參禅學道只用了
此一事豈令汝多知多觧*以爲談柄戝*大恵*和尚道
汝不做著實工夫只管用心貪*讀古人文字碍*正見
知障伊道業譬如以油入麪*朩*刼*不可取實欲參此
一段*大事須是將*從前知見觧*會*明得悟得底聖教*
語言一時放捨*然後就自己本源上頂顊頭返復躰*
究究得到軆*得明邪見邪觧*不待去而自除真*用真*
機不待求而自顕*然後從前所得所負文字語言復
取而用之有何障碍*戝*先聖云真*正學道人佛眼覰*

*①②看 *①②錄 *①幷②竝
*①②壽 *①②昏
*①②祇
*①②解 *①②哉 *①②惠
*①②貪 *①②礙
*①麪②麵 *①②永 *①②劫
*①②段 *①②將 *①②會 / *②敎
*①②捨 *①②體
*①②體 *①②眞
*①②顯
*②礙 *①②觀

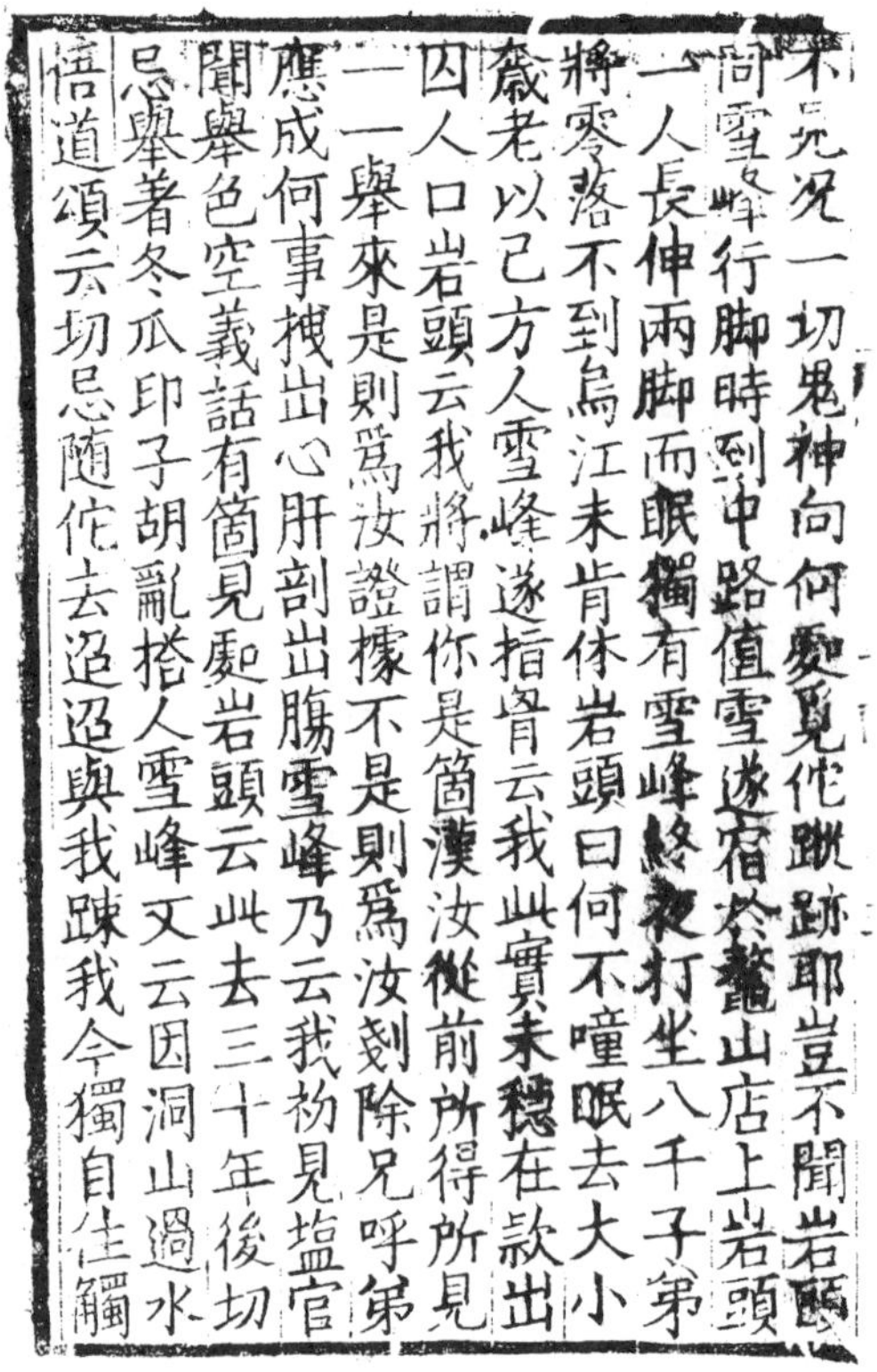

不見況一切鬼*神向何﨤*覓佗*蹤跡耶豈不聞岩*頭
同雪峰*行脚*時到中路値雪遂宿於鼇山店上岩*頭
一人長伸兩*脚*而眠獨有雪峰*終夜打坐八千子弟
將零落不到烏江未肯休岩*頭曰何不噇眠去大小
龕老以己方人雪峰*遂指*膋*云我此實未穏*在欵*出
囚人口岩*頭云我將謂你是箇*漢汝從前所得所見
一一舉*來是則爲汝證擄*不是則爲汝剗*除兄呼弟
應成何事拽*出心肝剖出腸*雪峰*乃云我初見塩*官
聞舉*色空義話有箇*見﨤*岩*頭云此去三十年後切
忌舉*著冬瓜印子胡亂*搭*人雪峰*又云因洞山過水
悟道頌云切忌随*佗*去迢迢與我踈*我今獨自往觸

*①②鬼 *①②處 *②他 / *①②巖
*②峯 *①腳
*①②兩
*①②指 *①②胸 *①②穩 / *①②款
*①②個
*②擧 *①②據 *①②剗
*①②拽 *①②腸 *①②鹽
*①②亂 *①②搭
*①②隨 *①②疎

處*得逢渠渠今正是我我今不是渠若能如是會*方
得契如如我於此有箇*省處*岩*頭云若恁麼自救也
未徹在針人痛處*不是好心雪峰*云我又因問德山
從上宗乘*中事學人還有分也無*德山打一棒云道
甚麼我當下如桶底脱相似脚*力盡時山更*好白雲
散處*路猶長岩*頭云豈不見道從門入者不是家珎*
殺人須見血徹底老婆心只如德山打一棒云道甚
麼是荅*佗*問耶不荅*佗*問耶若道不荅*佗*因甚雪峰*
如桶底脱相似若謂荅*他那裏是荅*佗*宗乘*話處*可
謂閃電光中纔*擬議雨聲一霎過滄浪雪峰*從上見
聞覺知總*被岩*頭一時抛撒了也皮穿骨露無計奈

*①②處 *①②會
*①②個 *①②巖
*①②峯
*①棄②乘 *①②無
*①脚 *①更
*①②珍
*①②答 *②他 *②峯
*①②纔
*①②總

何徐徐低頭問云畢竟如何得是岩*頭云佗*後若欲
播揚大*教須是一一從自己胷*襟流出與我盖*天盖*
地去雪峰*於此大悟遂跳下床*禮一拜*云師兄師兄
今日始是鼇山成道今日始是鼇山成道行盡*迢迢
路今朝始到家雪峰*初聞色空義又見洞山過水頌
次於德山棒下皆有證悟此豈不是見性豈不是明
心豈不是悟道其奈万*里雖無一點*雲猶有青*天障
伊在若不得岩*頭有起死回*生之妙雪峰*安盡*其底
蘊到這裏可謂撒手到家人不識更*無一物献*尊堂
諸兄弟來此叅*學莫以今時半信半疑不前不後者
爲榜様*但以古人岩*頭雪峰*爲標格扣明師近良友

*①②敎 *①胷②胸 *①②蓋
*①牀 *①②拜
*①②盡
*①②萬 *①②點 *①②靑
*①回
*①獻
*①②參
*①②樣

勿執舊時之見或夢寐*中邪魔化爲佛像變爲神質
破汝道心助汝邪見令汝執情*不捨*堅著爲是久*久*
魔見愈增*自謂證果語如狂類更*不回*頭及至生緣*
大謝到來同此群魔陥*無*間地獄此因魔附伊躲*而
損汝大乘*正見之咎參學人若得一分喜處*以爲聖
證未久*之間翻*堕*魔趣到此各宜躲*察可放下從前
知見解*會*文字語言回*首於自己未明之處*子細体*
究忽然躲*究得明便*知岩*頭雪峰*漏綻不少只這漏
綻些子西天四七東土二三天下諸善知識以此而
續佛恵*命以此而傳持無*窮雖然箇*事須是各各自
肯*自證自悟始得

2
塩*田和尚至引座普説
覺空空覺之妙妙在變通明了了明之機機先鑑*徹
空不覺覺不空未爲至妙了不明明不了安足呈機
直須空覺頓亡了明無*所然後於無*所有垂*手接人
拽*將過來自不粘綴誠所謂以我之覺而覺佗*佗*無*
不覺以我之妙而妙彼彼無不妙彼既妙而佗*亦覺
宗旨法幢何患不立也到這裏更*説甚等*覺妙覺以
爲至極裁*塩*田長老夙有靈骨安強爲之自大宋同
歸*所負非淺欲以浩然之氣掃去妖精*令信心人知
有不傳之妙只此不傳之妙非覺奚知若謂有覺有
知又匪不傳之妙所以古人到此不奈其何乃云恁

*①②寐
*①②情　*①②捨　*①②久
*①增②增　*①叓　*①回
*①②緣
*①陥②陥　*①②無　*①②體
*①②乗　*①②處
*①翻②翻　*①②堕
*①②解　*①②會　*①回②回
*①②體
*①便　*①②巖　*②峯
*①②恵　*①②個
*①肎

*①②鹽
*①②鑒
*①②垂
*①②拽　*①②他
*①②等
*①②哉
*①②歸　*①②精

麼也不得不恁麼也不得恁麼不恁麼總*不得建長
與*塩田各據一剎*或百餘衆或五十衆皆是聚頭要
學佛法學禪學道有道念者又被佛法禪道四字障
碍*窒塞不得自由無*道心人又如觸藩*之羊進不知
前退不知後自牽*自絆製斷*不行有者纔*聞人舉*揚*
此事卻*不審其端倪便*來張眉弩目抗論在前此是
此不是彼非彼不非不決一疑千疑競起徒成鬪*諍*
平白風波末代叢*林斯者極盛哀哉*自不達源而話
彼源之淺深矣可怜*愍有來乞示其源又不知其源
之所在過歸誰歟上古達道之士始發信心継*聞知
識舉*一言半句便*向這裏咬而復嚼吐而又呑至於

呑不得吐不出咬不破嚼不爛之時忽然咬破舌頭
便*知此味具足只這具足之味非丗*所知昔日永*嘉
禪師道若以知知寂此非無*縁*知如手執如意非無
如意手若以自知知亦非無縁*知如手自捉拳非是
不拳手亦不知知寂亦不自知知不可爲無*知以性
了然故不同於木石如手不執物亦不自作拳不可
爲無手無*手安然故不同於兎角後來寂音尊者云
永*嘉止説悟後之病若據*建長所見不悟之時固有
多病既悟之後焉有病乎殊不知永*嘉正爲後代人
説做工夫躰*究精*微*之語自是時人不根而蹉過諸
人在此巨福山中居彼塩*田刹内者咸欲究無*上妙

---

*①②總
*①②鹽 *①②刹
*①②礙 *①②無 *①②藩
*①②牽 *①斷②斷 *①②纔
*②舉 *①②揚
*②却 *①便
*①鬪②鬪 *①②諍
*①②叢 *①②哉
*②憐
*①②繼

*①②世 *①②永
*①②緣
*①②據
*①②體 *①②精 *①②微

道且妙道如何究諸兄弟若以永*嘉之語坐卧*經*行
處*返返復復推而再思看*是甚麼語話是與自己相
應耶不相應耶恍然看*得透時永*嘉之語俱爲剩*言
雖爲剩*言欲覓剩*言而了不可得山僧*道德行鮮*孤
陋寡聞若論古時列刹相望稱善知識者予千不及
一雖不及一然無愧*於今時者不可不擧*似諸人十
餘年前熱*火燒心抛脱不下一日得些半合之水澆
之熱*火稍滅火稍滅已便*覺四肢其氣通暢或時要
坐縮足由予或時要行動脚*在我所以伸之縮之不
假佗*力到此仁者見之必謂之仁智者見之必謂之
智臨期應用是以信手寫*將去信口道出來不涉思

惟只憑這箇*塩*田長老向日雖在大唐中同出同入
然未曾*與擧*此伸縮之語恐未相信時伊別有妙處*
苟無妙處*安得信州一境慕其名而稽*顙哉*間有執
笻荷負遠遠來歸者不知是爲持佛戒耶是爲聽*説
經*耶是爲求玄妙耶若爲求玄妙而來喚何物爲玄
妙若爲聽説經*而來吾祖道不立文字直指*人心見
性成佛何説經*之有若爲持佛戒而來戒即是心心
即是戒心無形相寧有戒而可持信州一境内或僧*
或俗之中有具正信決烈之志者聞擧*是事忽然領
在言前撒手還家笑*示眷屬*如龐居士道有男不用
婚*有女不用嫁大家團*聚頭共説無生話到此田地

*①②永　*①②臥　*①②經
*①②處　*①②看
*①②剩
*①僧②僧　*①②解
*①②愧　*②擧
*②熱
*①便
*①脚
*①②他
*①②寫

*①②個　*①②鹽
*①曾②曾
*①稽②稽　*①②哉
*①②聽
*①②經
*①②指
*①②笑　*①②屬
*①②婚　*①②團

了便*知不殺生中有弗露鋒鋩*能断*人命根底一著
子不偸*盗中驅耕夫之牛奪飢人之食不邪婬*中終
日混在婬*坊何妨放恣不妄語中指*槐*罵柳以實爲
虚*不沽酒中糟*粕雖無遼天索價不說四衆過中訐
露佗*非更*不遮掩令傍觀者趣向無門不自讃*毀*佗*
中常自點*胷*果無人及不慳貪*中兩*手把定争*肯付
伊閙*市叢*中奪貧人物不嗔*恚中佛來也打祖來也
打生鐵*面*皮無人近傍不謗三寳*中不著佛求不著
法求不著僧*求聞佛一字嗽口三年明得這箇*道理
便*知法身者是衆生之性報身者是衆生之智應身
者是衆生之行性智行彰無往不利如是擧*唱人人

知是持自己之戒說自己之經*若要法界衆生平等*
利益須是別施手段*始得且手段*如何施只如吾宗
言*有玄中之玄妙中之妙未說持以爲人畢竟如何
吐露莫是提起話頭回*光返照*是玄妙麼錯莫是咬
定牙關*不起一念是玄妙耶錯莫是庭前栢*樹子洞
山麻三斤是玄妙耶錯莫是離心意識叅*絶聖凡路
學是玄妙耶錯只此四錯有口難言鄕談未曉問取
塩*田錯記得蒙庵*岳*禪師初領浄*衆住持道過鼓*山
承竹庵*珪禪師請*為*衆說法竹庵*引座云鼓*山三十
棒要打新浄*衆大衆莫是未入門時合喫此棒麼咄
莫是已入門時合喫此棒麼咄莫是鼓*山盲枷瞎棒

---

*①便 *①鉒 *①斷②斷
*②偸 *①②婬
*①②指 *①②槐
*①②虚 *①糟②槽
*①②他 *①叓 *①賛②賛
*①②毀
*②點 *①②胸 *①②貪
*①②兩 *①②爭
*①②閙 *①②叢 *①②嗔
*①②鐵 *①②面 *①寚②寶
*①僧②僧 *①②個
*②擧

*①②經 *①②等
*①②段
*①②旨
*①回 *①②照
*①②關 *②柏
*①②參
*①②鹽 *①②菴 *①②嶽
*①②淨 *①②鼓
*①②請 *①②爲

胡打亂*打麼咄咄若是我臨濟兒孫便*請*單刀直入
下座蒙庵*便*登座云皷*山三十棒要打新浄*衆大似
話驢*得驢*話馬得馬浄*衆今日到來要騎*便*騎*要下
便*下而今突出人前未免弄真*像假拈主*丈*云今朝
暫借主*丈*與大衆扳*本去也復放云休休將謂胡鬚
赤更*有赤鬚胡便*下座師云皷*山以杖探水幾乎没
身蒙庵*見義便*為*何妨慶快建長不能與塩*田横拖*
倒拽且要正視直行聞知瑩巌*袈裟角上褁*得些子
塩*田塩*來要使具信心人識此厚味沾此味已令伊
到大安樂處*去遂頣*視大衆云衆中沾此味者固不
在言如未知之請*塩*田求此厚味下座請*塩*田和尚

＊①②亂　＊①僾　＊①請
＊①②菴　＊①②鼓　＊①②淨
＊①②驢　＊①②騎
＊①②眞　＊②拄　＊②杖
＊②拔
＊①叓
＊①②爲　＊①②鹽　＊①②拕
＊①②巖　＊①②裹
＊①②處　＊①②顧

3

爲衆舉*揚
世事忙如箭僧*家晝*日閑閑中能著眼虎*體*本來斑
三分光陰*早已過半六門晝夜莫謾追隨*見聞覺知
覿躰*全真*動靜*寒温即我活法何用眼觀*東南*意在
西北直指*桑樹返罵柳條那箇*般漢且列在下風未
得玄旨如何是玄言*便*是諸人朝參暮請*底一大事
因緣*這一大事不從佛得匪就祖求亦非自外而來
總*在各各脚*跟下人人鼻尖頭既*在脚*跟下鼻尖頭
因甚十箇*有九箇*半不曽*踏著又觀*不見先聖道只
爲太近所以蹉*過也非辯辭*聰*俊而可知非頑鈍愚
蒙而難得聰*辯之者若信不及放不下只以利口快

＊②擧
＊①僧②僧　＊①②盡　＊①②虎
＊①②體
＊①②陰　＊①②隨
＊①②體　＊①②靜　＊①②觀
＊①②南
＊①②指　＊①②個
＊①②旨
＊①②緣
＊①②總　＊①脚　＊①②既
＊①曽②曾
＊①②蹉　＊①②辭　＊①②聰

舌爲我之玠*則不免過而必失一生於道不明者多
矣愚鈍之人若行之不倦究之愈深忽然觸物遇緣*
洞然明白則聰*敏霊*利之徒皆拱手低降尔*世無*難
學之事道無*難明之理只要人心行相應始終一致
豈不聞昔日開善謙*在徑山大慧禪師會*下已經*數
載雖道念極深*然未有得處*粥時飯時乃至一動一
静*之際常自嗟*歎云我何時得此一大事明了一日
大慧遣令持書往謁紫岩*居士謙又歎云某住此間
多載朝夕念茲在茲胷*次間如安万*斤之石不能得
釋*去今方丈又令某出去謁人奔程走道今生又空
過也袈裟下事如何得明正愁悶間垂*涙不止時同
行竹原元庵*主見而呵云汝好愚癡佛法徧*在一切
處*汝将*謂路中無*佛法耶遂勉其登程復謂云我伴
汝去既至中路謙云生死大事今世不明千生万*生
復輪轉*耳又垂*涙元庵*主笑*云汝既有道念但辦*肯*
心何患不徹去謙*乃告云如何徹得去元云汝有何
事我做汝代官只有五件事代汝不得謙云是甚五
件事元云著衣喫飯大便*小便*如今拖*箇*死屍在路
上行此五事我代汝不得語未絶謙大悟云今得同
行開發此事洞明遂就路下拜元云汝既明了我先
歸*徑*山去汝見紫岩*居士了却*緩緩歸*來兩*人相別
謙次年回*徑山将至半山中忽與大慧轎子相值未

*①②珍
*①②緣
*①②聰　*①②靈　*①②爾
*①②無
*①②謙　*①②會　*①②經
*①湠　*①②處
*①②靜　*①②嗟
*①②巖
*①②胸　*①②萬
*①②釋
*①②垂
*①②菴　*②遍
*①②處　*①②將
*①②轉　*①②笑　*①②辦
*①肎
*①僂　*②拕　*①②個
*①②歸　*①②徑　*①卻
*①②兩
*①回

問訊未啓口已前大慧笑*云你*這賊漢去時煩惱如
今且喜大事了當謙*遂伏膺且道謙*未露消息已前
因甚大慧便*知佗*徹了須知悟道之士於明眼人前
未開口未動舌各各相知了也諸人來建寧寺内同
結夏誰與開善謙*道念一同我觀*汝等*形質度量亦
與古人無別只是信根念根精*進根不能專志若果
專志而參莫認光影休想悟門但看*著衣喫飯者是
誰大便*小便*者是誰每日将*箇*皮囊走上走下者又
是誰讃*之則喜毀*之則嗔*又是阿誰只這誰字人多
看*不出纔*聞人舉*此有者便*心思意想異鮮*邪量者
極衆或看*公案或専静*觀*静*觀*者又坐在無思之鄉

＊①②笑　＊①你②儞
＊①②謙
＊①便　＊①②他
＊①②觀　＊①②等
＊①②精
＊①②看
＊①②將　＊①②個
＊①讃　＊①②毀　＊①②嗔
＊①②纔　＊②擧　＊①②解
＊①②静

看*公案者又無入頭之處*此輩*皆是重重疑慮*展轉*
迷源汝若返照密*窮*會*万物歸*自己之上万*物本空
以自己歸*万*物之中自己何有自己万*物光影不存
向這裏更進一步這一步如何進得古徳道百尺竿
頭如進歩十方世界現全身喝一喝錯下名言復云
一夏已過半了也山僧*未與諸人説玄中之玄妙中
之妙今日不惜一張口三寸舌對衆説破汝等*諸人
各宜*静*聽*良久*夜短睡*不足日長飢有餘

＊①②處　＊②輩　＊①②慮
＊①②轉
＊①②密　＊①窮　＊①②會
＊②萬　＊①②歸
＊①叓
＊①僧②僧
＊①宐②宜　＊①②聽　＊①②久
＊①②睡

1

法語

示裕上人

信得及時鐵*壁銀山透則容易疑心纔*起好聲美*色總*被佗*瞞*是故往日具大信根之人著眼於形迹未分已前介意於行持不到之處*寛之以歳月緊之以脚*手時節既偶驀劄大笑*一聲起來雲*靈*寂照*如太空相似包裹*一切一切皆在太空中拈将*爲人應機無盡*謂之大鮮*脱門謂之大光明藏*亦謂之華嚴性海縱横妙用收*放臨時到此境致説空亦得説有亦得呵佛罵祖亦得六道輪廻*亦得然後不将*實法繫*絆於人所以道我宗無語句亦無一法與人既無語句三乘*十二分教*是有耶是無耶若謂無法可傳過去七佛逅*相授受西天四七東土二三喚作無法可傳得麼出家人不論禪教*律僧*若深*達此理便*見五千四十八巻覓箇*元字脚*亦無佛祖聯*芳本無傳授這箇*説話上上根人聊聞擧*著唯唯點*頭中下之流反以爲誑聽*教*若究至絶究之地始名教*僧*參禪果体*至無体*之場方稱衲子如未明斯旨住在半途不免流入*名相語言之中葛藤*自縛務起人我相分別相既有人我分別釋*氏子孫何由徽煥間有叅*禪不辨緇素底却*以*教家為*文字之學豈了死*生教門有浮花之學者亦以禪流爲雲*無之宗不足誠信又有

---

*①②鐵 *①②纔 *①②美
*①②總 *①②他 *①②瞞
*①②處
*①腳 *①②笑 *①②虛
*①②靈 *①②照
*①②裏 *①②將
*①②盡 *①②解 *①②藏
*①②收
*①迴②迴 *①②將 *①②繫

*①②乘 *②教
*①②遞
*①②教 *①僧②僧 *①淺
*①便
*①②個 *①②聯
*②學 *①②點
*①②聽
*①②體
*②人 *①②藤
*①②釋 *①②參
*①卻 *①②爲 *①処

一等以禪為*名據*人師位自尊自大倚*恃豪門教*亦
不知禪亦不會*聚徒説楞嚴圓覺經*起信唯識論全
無實解*掠雲*謾人正所謂夾教*説禪禪又不是夾禪
説教*教*亦非真*忽然逢著箇*人向緊要處*與佗*一搜
便*見頭紅面*熱*此名外道最*下種也豈不見昔日有
百法座主訪佛照*杲禪師主云禪家愛説脱空謾人
杲云久*聞座主善講百法是否主云不敢杲云昨日
晴*今日雨甚麼法中收*主默*然無對杲打一掌云莫
道禪家説脱空謾汝座主大怒遂問云畢竟昨日晴*
今日雨甚麼法中收*杲云四十二分不相應法中收*
主禮拜屈服古人是則伏理不敢分爭*今人理曲亦

*①②爲　*①②據　*①②倚
*②教
*①②會　*①②經
*①②解　*①②虚
*①②眞　*①②個　*①②處
*①②他
*①傻　*①②面　*①褻②熱
*①②最
*①②照
*①②久
*①②晴　*①②收　*①②默
*①②争

不伏至詞窮*理盡處*胡説胡言蕪*要強辯禪教*中有
此類者所謂以醍醐為*毒藥破壞法門裕上人數次
相訪告云往日於天台教*中留*心亦未知其底蘊今
已棄卻*堅意衆*禪雖有此心工夫不知所向願請*教*
誘予免之不得遂就謂云達磨西來也只是箇*賣卜
漢與汝斷*卦了禍福吉凶*在汝身上縱汝從他肚皮
裏過三匝出來不曽*自理會*時依舊*只是箇*博*地凡
夫禿頭居士參禪別無如何若何首以誠信為*本莫
受人移易莫求速悟切切痛下工夫以悟為*準兄今
參禪方始初步把從前學得底教*中疏*鈔文字語言
且置之一處*朝夕但返己而求返求者何体*自己未

*①窮　*①②處　*①②兼
*①留
*②却　*①②參　*①②請
*①斷②斷　*①②凶
*①曾②曾　*①②舊　*①②博
*①②疏
*①②體

明之處*未明之處*且如何明昔日有二僧*見幡*動一
僧*云風動一僧*云幡*動二人争*論不已時盧*行者在
黄梅得法了尚未出家見二僧辯論乃趨前告云二
上人還許老夫預高論否二僧*云請*言盧*行者云不
是風動不是幡*動仁者心動二僧*聞此語非常釋*然
有省汝真*實要叅*禪以此爲初歩初歩既正頭頭自
達本鄉但於日用常行處*返返復復看*不是風動不
是幡*動仁者心動於中積聚者為*心又無形狀可視
因甚六祖道仁者心動待汝工夫到手眼親思量分
別盡時噴涕一聲便*見老盧*是真*語實語然雖恁麼
衲僧*面*前猶隔*大洋海在

*①②處 *①僧②僧 *①②幡
*①②争 *①②盧
*①②請
*①②釋
*①②眞 *①②參
*①②處 *①②看
*①②爲
*①便
*①②面 *①②隔

示了禪侍者
潔清*如氷*雪者方入祖庭韜*晦如蓬蒿人爲扶宗社
昔日神光大師乃儒門傑士因碧眼胡僧*冷坐*少林
之下歳*久*年深*遂往*師前虔*誠設拜以求安心之法
至於覔心了不可得處*無可奈何達磨云*為汝安心
竟神光恍如夢覺得箇*入頭然而未到大鮮*脱大安
樂之場後來侍立左*右達磨亦默*識其大根器乃盡
渠力量而試之光徹夜拱立欲傳不傳之妙是宵正
値大雪漫空其志不易及至天曉曙氣將分不覺雪
已齊腰矣古人具大根機發大誓願誠所謂忘*形骸
於寂寞之濱捹*性命於險巻*之際今時學者豊衣足

2

*①②清 *①氷 *①韜②韜
*②座
*①②歳 *①②久 *①淺
*②住 *①虔②虔
*①②個 *①②解
*①②左 *①②默
*①忩
*②棄 *①②危

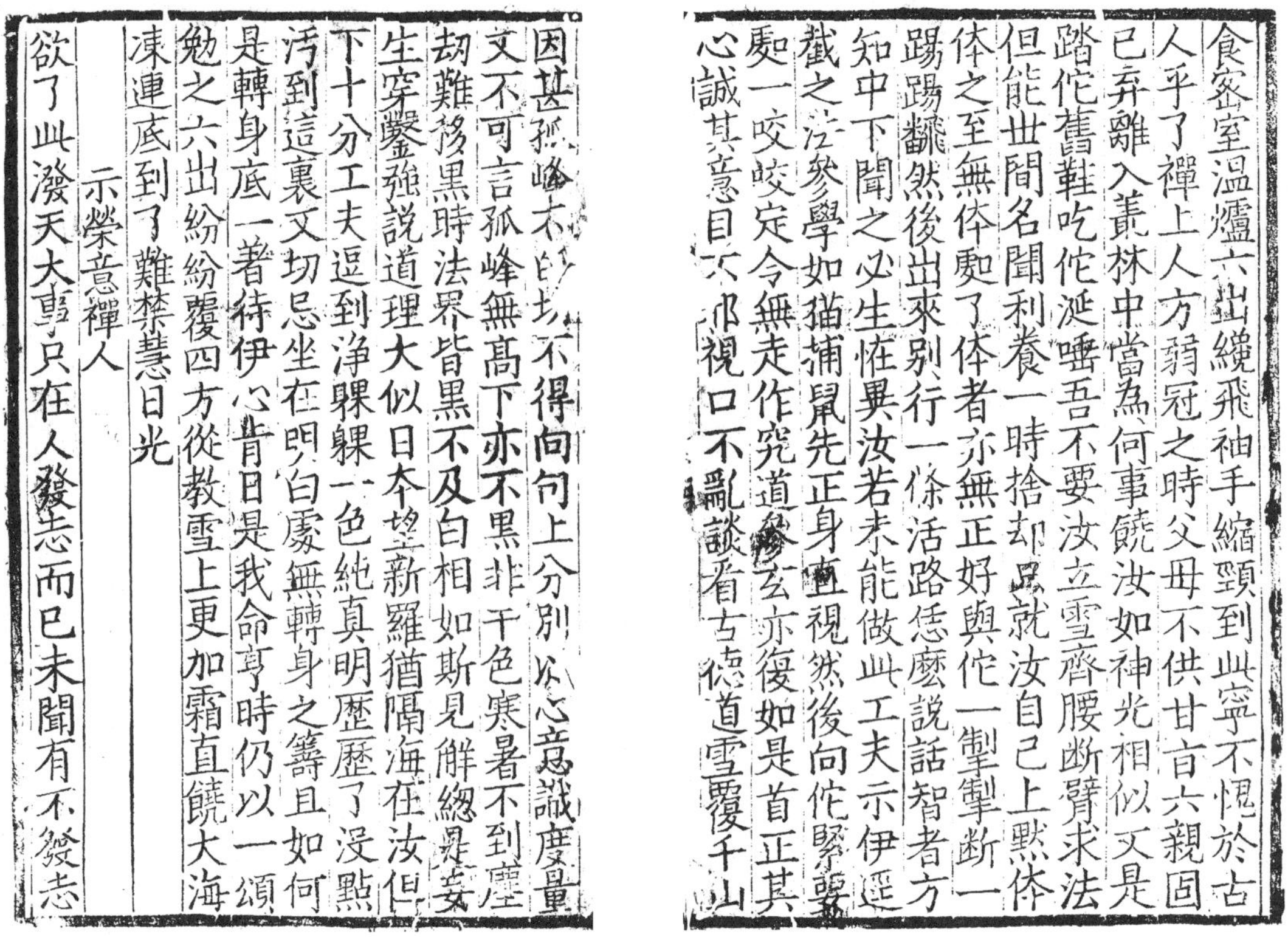

3

食窖*室温爐*六出纔*飛袖手縮頸到此寧不愧*於古
人乎了禪上人方弱冠之時父母不供甘言*六親固
已弃*離入叢*林中當為*何事饒汝如神光相似又是
踏佗*舊鞋吃佗*涎唾*吾不要汝立雪齊腰断*臂求法
但能丗*間名聞利養一時捨*却*只就汝自己上默*体*
体*之至無体*處*了体*者亦無正好與佗*一掣掣断*一
踢踢飜*然後出來別行一條活路恁麼説話智者方
知中下聞之必生恠*異汝若未能做此工夫示伊逕
截之法參學如猫捕鼠*先正身直視然後向佗*緊要
處*一咬咬定令無走作究道參玄亦復如是首正其
心誠其意目不邪視口不亂*談看*古徳道雪覆千山
因甚孤峰*不白切不得向句上分別以心意識度量
又不可言孤峰*無高下亦不黒*非于色寒暑不到塵
刼*難移黒*時法界皆黒*不及白相如斯見鮮*總*是妄*
生穿鑿強説道理大似日本望新羅猶隔*海在汝但
下十分工夫逗到浄*躶*躶*一色純真*明歴歴了没點*
汚到這裏又切忌坐在明白處*無轉*身之籌*且如何
是轉*身底一著待伊心肯*日是我命亨時仍以一頌
勉之六出紛紛覆四方從教*雪上更*加霜直饒大海
凍連底到了難禁慧日光

示榮意禪人

欲了此潑天大事只在人發志而已未聞有不發志

---

*①②密 *①②爐 *①②纔
*①②愧
*①②旨
*②棄 *①②叢 *①②爲
*①②他 *①②唾 *①斷②斷
*①②世 *①②捨 *①卻
*①②默 *①②體
*①②處
*①飜②翻
*①②怪
*①②鼠
*①亂②亂 *①②看
*①②峯
*①②黑
*①②劫 *①②解 *①②總
*①妄
*①②隔
*①②淨 *②裸 *①②眞
*①②點
*①②處 *①②轉 *①②籌
*①肎
*②敎 *①叓

而自透脱者設有皆為*外擾何足以紹隆聖種矣汝
但向山前一片地上深*耕淺種不必假陽和雨露之
力待其發則榮也榮時非世*間之榮盡大地枯槁蠹
摧之株由是而頼*其覆蔭*之功莫不各遂其生成之
道也此之大意孰不知之然問著佗*箇一片地得來
許久*十有五雙多是冒*佃官田偽*造契券更*言榮枯
之事各説異端榮意禪人道聚已久*亦有操進之心
予亦助喜但恐其始終不純末後畨*成骨董此深*為*
利害骨董者何盖*人之不能純一無雜開得眼來只
是向外聚捉石頭土塊*竹釘木屑以為*己之受用多
見堂堂兄弟著意於汗墨*或傳燈或廣*燈并*古人閑
言長語包作一肚皮坐臥*經行時剗地被佗*所障反
無做工夫之分此乃過在不放懷處*走東入西只是
這星負累豈不聞古人道多知多慮*不如息意多慮*
多失不如守一誠哉*之語也昔日慈明禪師久*參汾
陽和尚毎見汾陽舉*流俗鄙事咸是世間麄*惡*之言
全不足聽*一日明詣方丈白曰某甲久*居座下常見
和尚言世*間不正之事未聞以佛法提誨但增*世*俗
塵勞殊失出家之利語未卒汾陽熟視而大罵曰是
惡*知識敢裨販我怒而舉*杖逐之慈明擬伸救汾陽
以手掩其口慈明忽大悟於是始知臨濟之道猶越
電光石火擬則喪*動則乖汾陽果謂真*善知識也彼

*①②爲
*①②淺
*①②世
*①②頼 *①②蔭
*①②他
*①②久 *①②冒 *①②僞
*①叓
*①②畨
*①盇②蓋
*①②塊
*①②墨 *①②廣 *②竝
*①②臥
*①②處
*①②慮
*①②哉
*②舉 *①麤②麄 *①②惡
*①②聽
*①增②增
*①喪 *①②眞

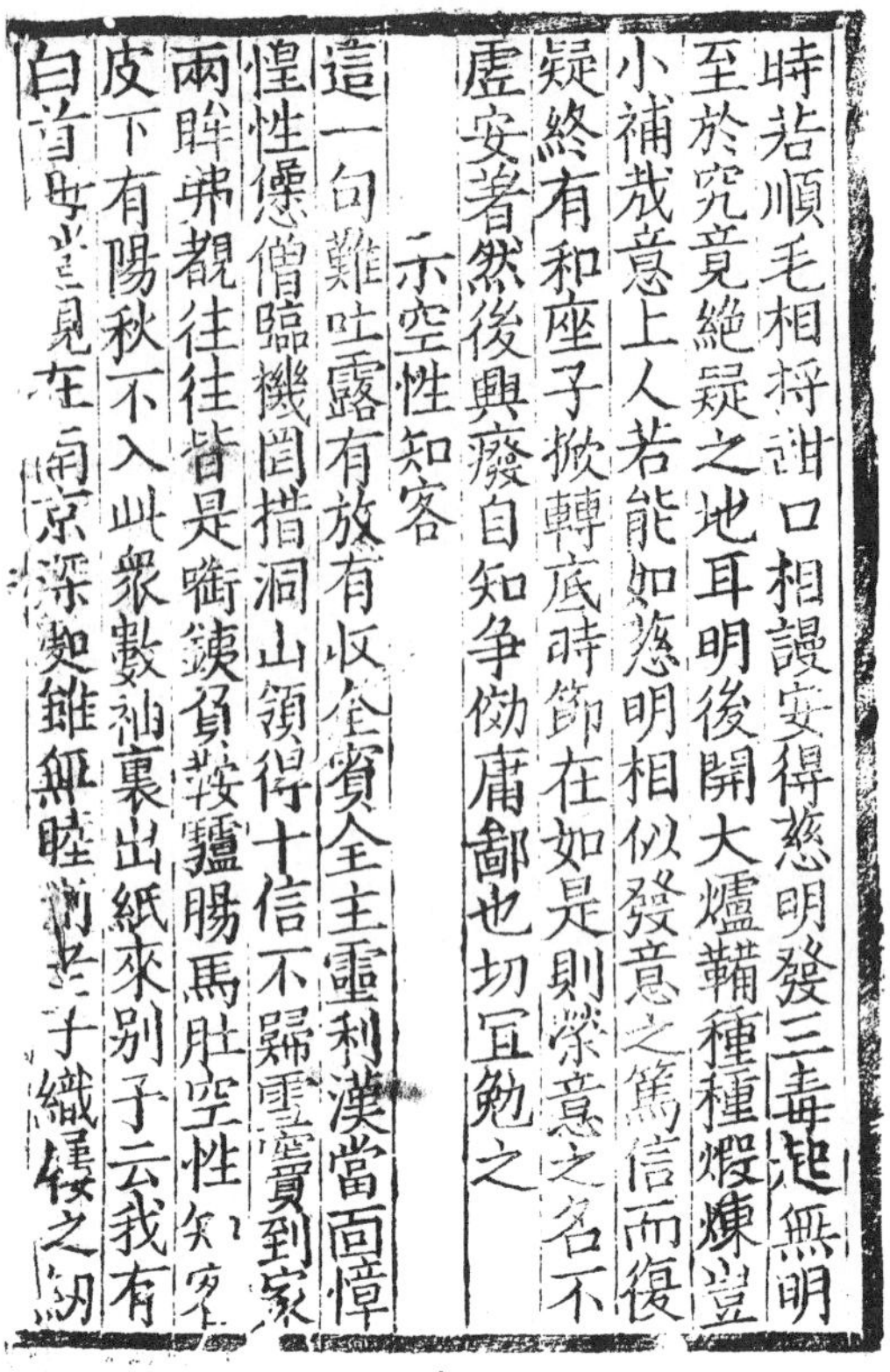

4

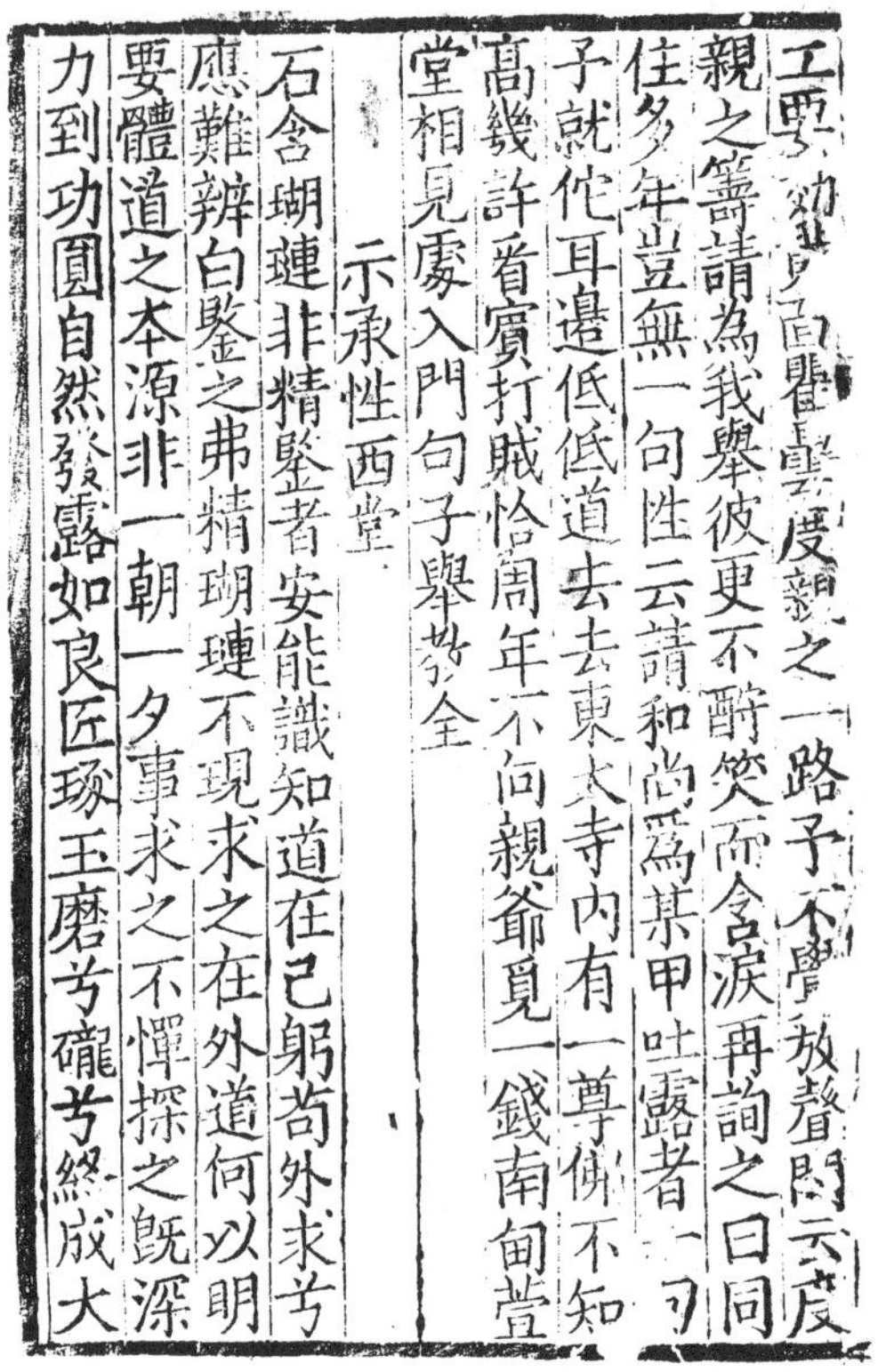

5

時若順毛相捋甜口相謾安得慈明發三毒起無明
至於究竟絶疑之地耳明後開大爐*鞴種種煆*煉*豈
小補哉*意上人若能如慈明相似發意之篤信而復
疑*終有和座子掀轉*底時節在如是則榮意之名不
虚*安著然後興癈*自知争*傚庸鄙也切宜*勉之

示空性知客

這一句難吐露有放有収*全賓全主霊*利漢當面*憧
惶性傯僧*臨機罔*措洞山領得十信不歸*雪竇到家
兩*眸弗覩往往皆是嘶*銕*負鞍驢*腸馬肚空性知客
皮下有陽秋不入此衆數袖裏出紙來別予云我有
白首母堂現在南*京深*䖏*雖無睦州老子織屨之紉

*①②爐 *①②煆 *①②煉
*①②哉
*①②轉
*①②虚 *①②癈 *①②争
*①②宜
*①②收 *①②靈 *①②面
*①僧②僧 *①罔 *①②歸
*①②兩 *①②銜 *①②鐵
*①②驢
*①②南 *①湊 *①②處

工要効黄面*瞿曇度親之一路予不覺放聲問云度
親之籌*請*為*我舉*彼更*不酧*笑*而含*涙再詢之曰同
住多年豈無一句性云請*和尚爲某甲吐露者一句
予就佗*耳邉*低低道去去東大寺内有一尊佛不知
高幾許看*賔*打賊恰周年不向親爺覓一錢南*甸萱
堂相見䖏*入門句子舉*教*全

示承性西堂

石含*瑚璉非精*鑒*者安能識知道在己躬*苟外求兮*
應難辨白鑒*之弗精*瑚璉不現求之在外道何以明
要體道之本源非一朝一夕事求之不憚探之既深*
力到功圓自然發露如良匠琢玉磨兮*礲*兮*終成大

*①②籌 *①②請 *①②為
*②擧 *①叓 *①②酬
*①②笑 *①②含
*①②他 *①②邊
*①②看 *①②賓
*①②處 *②敎
*①②精 *①②鑑 *①船
*①②兮
*②碧

器性兄西堂嚢*入宋朝叅*扣知識蘊藉非淺和氣逼
人既歸國*之後壽*福老子力稟郡守請*主名山彼時
只欲効古以折脚*鐺子於深*山窮*谷養道過時無奈
霜露菓熟出以爲人將*朞六年急流勇退繼*臨巨福
道聚數年千百指*人如無人相似上欣下悦不盡*褒
辭*既從西過東心目相照*屈頰首衆内外恬然誠所
謂會*万*殊於一致消百慮*於片時凡所為*人了無隱*
昧更*在高養蔵*器待時共整末運頽綱庶使愚懷有
望*至祝

示圓範蔵*主

東西兩*刹道聚數年箇*事雖不曾*露一絲*毫那事已

6

為*伊漏泄*了也一日來白曰某有入唐之意時暫請*
遣*継*出紙*而需道號*予謂云古人道既難掩随*所安
名昔周金剛住徳山玄上座住臨濟初不在號*而化
被於人今末世*羨鱗*者多結網*者少往往聚首於招
提中大家以雷*偽*之言遞*相摩捋褒讃稱揚喜不忍
去若一言逆耳無半刻停策之心正吾宗枯寒彫弊
之秋所以若是汝既離此欲往大宋朝不知為*參知
識究玄妙耶不知為*看台山鴈*嶺蘭若精*嚴耶若為*
究玄妙叅*知識古徳有語叅*百人知識不如參一箇*
同行參一箇*同行不若參自己自己若不返視非但
費盡草鞋錢亦乃大唐舟往還受多少辛苦若只欲

＊①②嚢　＊①②參
＊①②國　＊①②壽　＊①②請
＊①脚　＊①淺　＊①窮
＊①②將　＊①②繼
＊①②指　＊①②盡
＊①②辭　＊①②照
＊①②會　＊①②萬　＊①②慮
＊①②為　＊①②隱
＊①叓　＊①②藏
＊①望
＊①②兩　＊①②個　＊①曽②曾
＊①②絲

＊①②泄
＊①②違　＊①②紙　＊①②號
＊①②隨
＊①②世　＊②鱗　＊①網
＊①②虚　＊①②僞　＊①②遞
＊①②看　＊①②雁　＊①②精

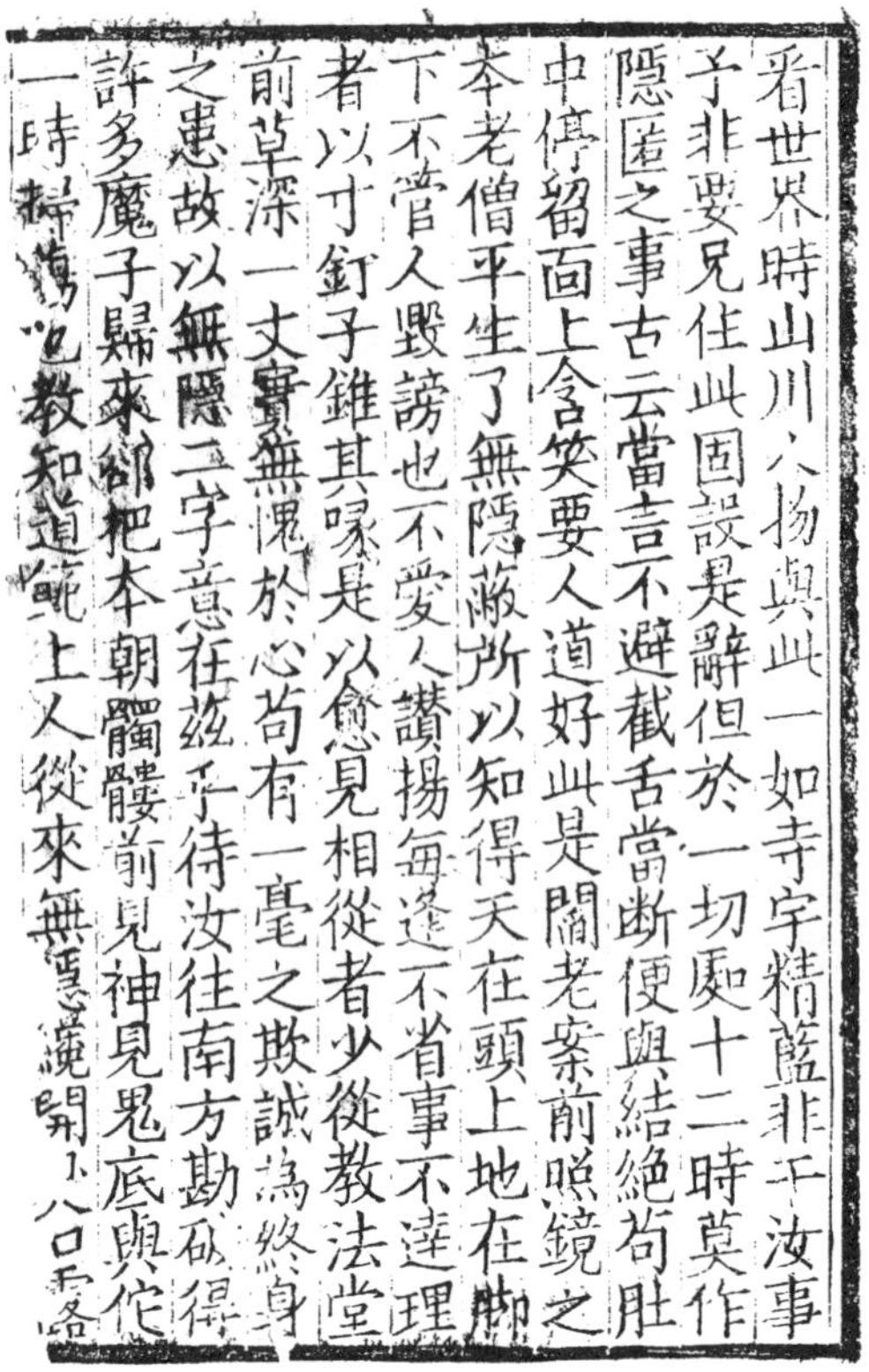

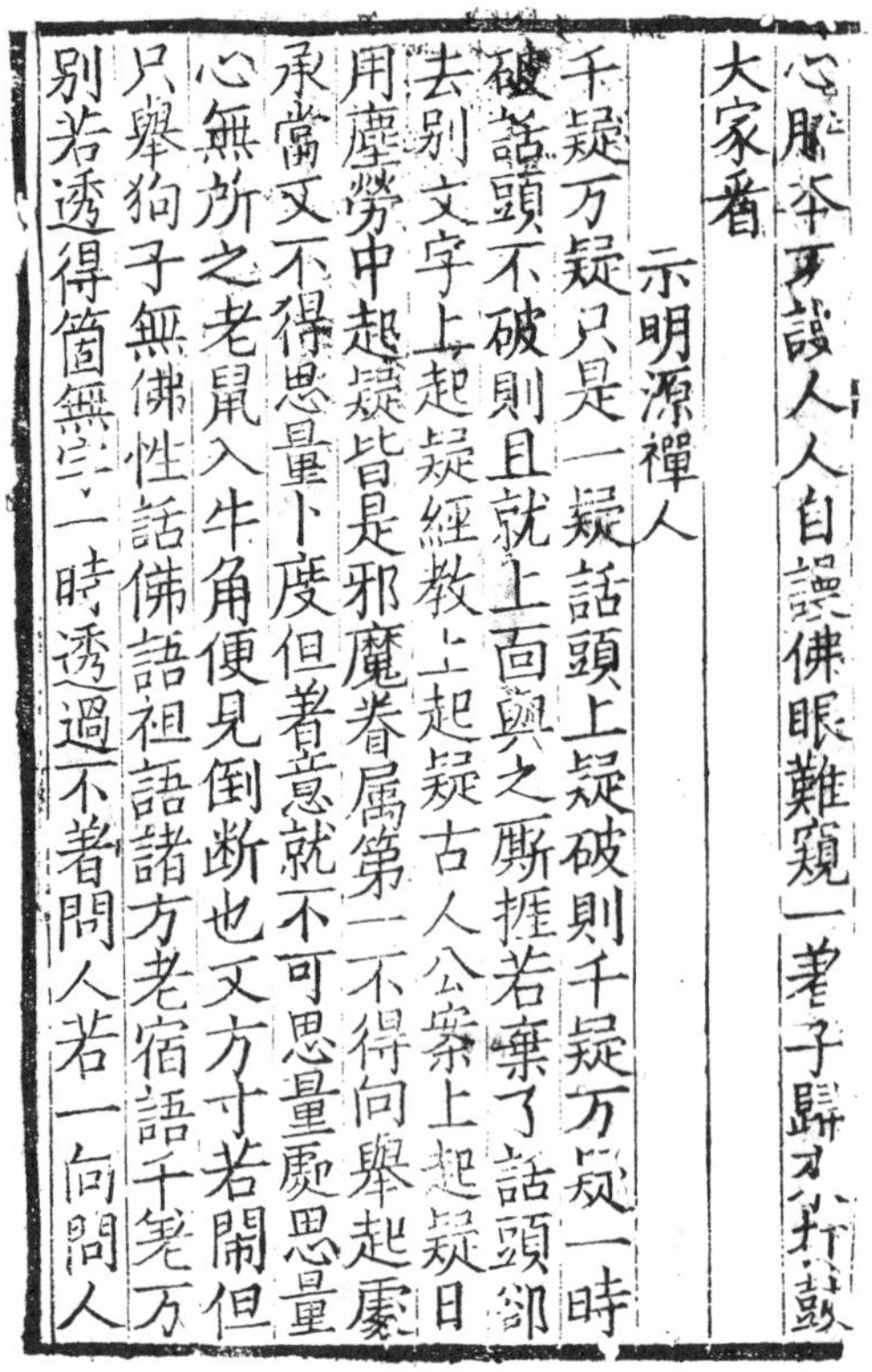

7

看*世界時山川人物與此一如寺宇精*藍非干汝事
予非要兒住此固設是辭*但於一切處*十二時莫作
隱*匿之事古云當言不避截舌當断*便*與結絶苟肚
中停留*面*上含*笑*要人道好此是闇*老案前照*鏡之
本老僧*平生了無隱*蔽所以知得天在頭上地在脚*
下不管人毀*謗也不愛人讃*揚每逢不省事不達理
者以寸釘子錐其喙是以愈見相從者少從教*法堂
前草深一丈實無愧*於心苟有一毫之欺誠為*終身
之患故以無隱*二字意在茲乎待汝往南*方勘破得
許多魔子歸*來卻*把本朝髑髏前見神見鬼*底與佗*
一時掃蕩也教*知道範上人從來無隱*纔*開臭口露

*①②看 *①②精
*①②辭 *①②處
*①②隱 *①斷②斷 *①便
*①畱 *①②面 *①②含
*①②笑 *①②闇 *①②照
*①僧②僧 *①腳
*①②毀 *①贊②賛
*②教
*①②愧 *①②爲
*①②南
*①②歸 *②却 *①②鬼
*①②他
*①②纔

心肝本不謾人人自謾佛眼難窺一著子歸來打皷*
大家看*

示明源禪人

千疑万*疑只是一疑話頭上疑破則千疑万*疑一時
破話頭不破則且就上面*與之廝*捱若棄了話頭卻*
去別文字上起疑經*教*上起疑古人公案上起疑日
用塵勞中起疑皆是邪魔眷屬*第一不得向擧*起處*
承當又不得思量卜度但著意就不可思量處*思量
心無所之老鼠*入牛角便*見倒断*也又方寸若鬧*但
只擧*狗子無佛性話佛語祖語諸方老宿語千差*万*
別若透得箇*無字一時透過不著問人若一向問人

*①②鼓
*①②萬
*②廝
*①②經
*①②屬 *②擧 *①②處
*①②處
*①②鼠 *①②鬧
*①②差
*①②個

8

佛語又如何祖語又如何諸方老宿語又如何朩*刼*
無有悟時也大慧老人所示之語如由基發箭箭箭
不霅*非由基善射而動於人心盖*伊能了未射以前
至妙之端是以凡所射時無不中的後之學者若颺
下從前執情*滯見返照霅*心靜*時閙*時不被靜*閙*所
轉*向直截處*体*究無迃*曲處*行持那裏是直截無迃*
曲處*但遵大慧所示時時提此話頭勿令*間斷*或*從
一条*來至於五条*處*察其來者是誰去者是誰忽然
和誰字而頓亡*便*見大慧所示之言也不消得然後
於不消得中事事消得到此無碍*境界了設使由基
有百千威力直是無下手處*未碁弱冠莫霅*延好子

何曾*使父錢赤手能成家業後也須重喫建寧拳
示淨*業上人
慱*地凡夫豈有一步便*登寶*所惟是從淺至深因漸
入頓但於紛擾之時看*紛擾之念自何而起仍將紛
擾之心究彼紛擾之處*究之至絶究之地紛擾之境
本空所究之心何在此乃謂之返究若妄*想極重當
提一箇*話頭話頭者何四威儀中忽忽之際安靜*之
時看*生從何來但返返復復如是推窮*所以古人道
未知生焉知死*既知生亦知死*然後不被生死*所移
出沒自在參禪如孝子新喪*父母一般念茲在茲不
忘*所生一念若如此自然道念重世*念輕*久*久*明白

---

*①②永 *①②劫
*①②虛 *①葢②蓋
*①②情 *①②靜 *①②鬧
*①②轉 *①②處 *①②體
*②迂
*①②處 *①合 *①㡭②斷
*①②或
*①②條
*①亾 *①㑺
*①②礙

*①曽②曾
*①②淨
*①②博 *①寚②寶
*①②看
*①妄
*①②個
*①竆
*①夗
*①䘮②喪
*①㤀 *①②世 *①②輕
*①②久

9

時入大解*脫門也今生有道念若不悟時謂之種般
若種子在心來生出頭一聞千悟今生若有道念豈
墮*惡*趣參禪人若先有此憂必墮*異見自生障礙但
做工夫莫問悟與不悟時節若至或一年三年或十
年五載終有分曉惟恐人初信後疑名之不了事漢

示快賢上人

人生於天地之間終日波波無一點*道念者枉自出
來南*閻*浮提打一遭所謂生無益於人死*無聞於後
兩*目瞑眩不知所歸*如盲*人夜行前程莽*鹵故聖人
賢士明得此理便*知過現未來猶如夢事冨*貴利名
是幻堆金積玉是幻美*聲好色是幻喜怒哀樂是幻

*①②解
*①②墮 *①②惡
*①②點
*①②南 *①②閻 *①歿
*①②兩 *①②歸 *①旨
*①②莽
*①便 *①②富
*①②美

10

然諸幻中有不幻者世界壞*時渠不壞*刼*火燒時渠
不然*此不幻之物諸人各各本有但能日日入恬靜*
之鄉回*頭返視年深*歲*久*自然不幻之物發露現前
現前後如何咦脚*頭脚*底是弥*勒左*頋*右觀皆釋迦

示明禪上人

參禪學道非思量分別而所能明亦不離思量分別
若無分別無思量此道何由得明白所以圓悟云待
汝思量之心盡*分別之念亡*自然徹根徹源去入宗
門中參學第*一要立堅固志信有此事此事者汝未
離父母腹時此一段*光明何曾*暗昧出母胎後亦自
朗然但能返己而求久*久*自然顯赫*十二時一切處*

*①②壞 *①②刦
*②燃 *①②靜
*①回 *①淺 *①②歲
*①②久
*①腳 *①②彌 *①②左
*①②顧
*①②盡 *①亾
*①②第
*①②段 *①曽②曾
*①②赫 *①②處

11

子細体*窮*不可以一年半載便*要成等正覺直須計
較俱盡念慮*頓亡*了空刼*以前時方得自在而今紛
飛時此是汝無量刼*來業識正好向紛飛處*看*此紛
飛自何來看*者是誰忽然看*得紛飛處*本來非有看*
者亦空這箇*便*是參禪得力到大安樂地只恐汝向
世*間雜事上人我藂*中是非海内思量分別此非學
道之士亦名髡頭百姓此事宜*在審*詳非從外有是
扣

示禪忍上人

了無趣向處*本自圓成纔*涉思惟時愈見遼邈直饒
言前構*得句下知歸震旦望*扶桑猶隔*滄溟*在若是

箇*具徹法慧眼離念明智底説甚言前句下終不墮*
千聖關*捩*子中直要出諸祖一頭地外横拈倒用逆
行順行妙轉*臨機豈假佗*力所以巖*頭久*隨*德山而
不肯*德山是知智過於師方堪傳授老拙自主巨福
以來朞十三載荷兄道聚亦已年深*每愛其朴實無
僞*屢於談話間引喩相擊*兄但微笑*而不能盡領一
日炷香出紙*云某欲渡宋瞻覲名山參拜知識乞一
語而為*往來受用遂告之曰吾語非渠受用之物若
要受用無盡之時此去愽*多解*纜*後纔到四明逕往
天台山國*清*寺内有箇*老豊干現在彼中踞虎*頭收*
虎*尾可趨前作禮剖露其詳必為*汝饒舌然後卻*持

---

*①②體 *①竆 *①便
*①②慮 *①亾 *①②刧
*①②處 *①②看
*①②個
*①②世 *①②叢
*①②宜 *①②審
*①②處 *①②纔
*①②構 *①望 *①②隔
*①②溟

*①②墮
*①②關 *①②捩
*①②轉 *①②他 *①②巖
*①②久 *①②隨
*①肎
*①湙
*①②僞 *①②擊 *①②微
*①②笑
*①②紙
*①②爲
*①②博 *①②解 *②纜
*①②國 *①②淸 *①②虎
*①②收
*②却

12

歸來為*無盡受用彼若問拙者事時低聲向道夜行
徒衣錦年老覺心孤更*問如何若何切不得漏泄*

示道然上人

欲作九仞之*峰*非其力而不可作要行千日之道非
其力而不可行作之既深*終有摩空淩雲之勢*行之
既久*豈無到家安樂之時作之與行皆由力也設或
中道而廢不能勉力盡心九仞之峰*何緣*得成千日
之道疑其難至佛祖玄奧聖賢事業亦復如斯須是
敢捐*其軀能全其志至於親見親蹈*拶到絶疑慮*大
休歇地了猶有事在切冀養之令熟如不知不會*人
相似時至理彰無往不利苟或*燥暴*出來耴*信於人
者鮮*矣今世衰道喪*之際求其力行不怠者百無一
二上古慕道之士堅志不敗至於大法洞明之後韜*
光晦迹土面*灰頭時節若至不得已而出鄽垂*手引
道後昆必令深*造遠到豈比今時泛濫者同日而語
哉*然上人建長建寧道聚甚久*立志慷慨不墮*時流
事以此一大事因縁*挂在鼻尖頭要作箇*洒洒落落
没量大漢儻能一往直前久*久*自然合轍但不可以
今時人爲標準一動一靜*以古爲儔*良友則如岩頭
雪峰*相似切磋*琢磨安能不盡善也就下不欲引古
證今恐增*煩絮老拙三十餘載只是箇*知慚識愧*喫
飯底僧*更*有星没轉*智事極得人憎*多處*要添少處*

---

*①②爲
*①叓 *①②泄
*②（欠落） *②峯
*①湙 *①②勢
*①②久
*①②縁
*②損 *①②踏 *①②慮
*①②會
*①②或 *①②暴 *①②取
*②鮮 *①喪
*①韜②韜
*①②面 *①②垂
*①②哉 *①②墮
*①②個
*①②静 *①②儔
*①②峯 *①②磋
*①增②增 *①愧
*①僧②僧 *①②轉 *①②處
*①憎②憎

13

要減拗*曲作直飜*偽*為*真*指*柳罵桑持南*作北如斯
曲折一一為*兄説破更*有説不到底一句子待汝打
失鼻孔時郤*來棒下聽*取

示宿屋居士

佛法不離於日用日用中全体*現成但於左*轉*右旋
西行東道處*偷眼一看*誰教*我恁麼來誰教*我恁麼
去識得來處*便*知去路來去分明便*識蘭溪自東至
西從朝至暮無一時不為*汝談玄説妙也兄將行矣
予以一劍*相餞即非世間之物已是老婆心為*汝徹
困了既*不肯*受山僧*且留*在壁角頭待兄於無滋味
處*咬出滋味時郤*來建寧依舊*分付策馬歸*故鄉*故

14

鄉*在何處*一物不將*來兩*肩擔夯去去來來當恁
麼舉*

示　　左馬禪門

道固非遠窮*之在人惟患人之不能一往直前所以
對面*有千里之遥*舉*止被萬縁*所隔*苟或信而不疑
行之不倦時來縁*熟道無有不通之理心無有不明
之時道既通達心亦明白了居聲色之場不被聲色
所轉*入是非之域不逐是非所迷到此境界謂之大
自在人謂之出塵羅漢然後隨*世流布亦得不隨*世
流布亦得應物副機更*無別法如上審*用本自信心
中流出若談此事擬思量則差*纔*分別則遠不思量

---

*②拗 *①②翻 *①②僞
*①②爲 *①②眞 *①②指
*①②南
*①叓
*②却 *①②聽
*①②體 *①②左 *①②轉
*①②處 *①②看 *②教
*①便
*②劒
*①②旣 *①肎 *①僧②僧
*①畱
*①②舊 *①②歸 *②鄉

*①②將 *①②兩
*②擧
*①竆
*①②面 *①②遙 *①②緣
*①②隔
*①②隨
*①②密
*①②差 *①②纔

不分別且此道如何得入頭如何得明白須是自肯*
承當直下体*取始得從上諸聖皆自返求*諸己而至
於不疑之地且返己者何於一切處*十二時一一從
自己上返復*推窮*如大覺世*尊楞嚴會*上為*阿難七
處*徵心相似徵之至無可奈何處*待伊思量盡*分別
亡*識得真*心所在了世*尊更*與一喝及至阿難瞿然
避座處*方可與佗*腦後一錐教*佗*盡底掃除蕩然無
碍*箇*是阿難見處*作麼生是公衮*學當下分明之理
今既信心極深此便*是了斯大事底根本又況叩宗
師窮*楞嚴奧旨*每日誦大乘*金剛般若經*此二經*其
中已是為*人親切分明說破處*亦多但能披剥*萬象

*① 肎
*①② 體 *①② 求
*①② 處
*①② 覆 *① 竆 *①② 世
*①② 會 *①② 爲
*①② 盡
*① 亾 *①② 眞 *① 叓
*①② 他 *② 敎
*①② 礙 *①② 個 *①② 參
*① 便
*①② 旨 *①② 乘 *①② 經
*①② 剝

枏*出精*明晝窮*夕思動想静*究忽然動静*二相了然
不生空無所空寂無所寂處*亦未為*究竟金剛經*云
若見諸相非相即見如來目前青*山流水萬象森羅
箇是諸相如何是非相若識非相如來現前要得此
一大事朗然去伏望*於世事上放令輕*減道念上著
意返觀*觀*清*淨*本然云何忽生山河大地此山河大
地本從何來刼*火洞然又從何去但如是体*究如是
而行行之既久*体*之亦深山河大地不自外來日月
星辰弗從佗*出到此田地一人發真*歸源灼然十方
虛*空悉*皆消殞恁麼則過去心不可得現在心不可
得未來心不可得於不可得中事事著得便*如禪宗

*② 析 *①② 精 *①② 靜
*①② 青
*① 望 *①② 輕
*①② 觀 *①② 清 *①② 淨
*①② 劫
*①② 久
*①② 虛 *①② 悉

道若人識得心大地無寸土是也古德云會*得是障
碍*不會*不自在於此會*得千差*万*別總*歸一源楞嚴
金剛與禪無異苟疑心不破体*察未明便*見禪教*有
別吾宗擄*實而論但得其本莫愁其末但知作佛莫
愁佛不觧*語明得自心無所不達且自心如何明得
昔日僧*問雲門不起一念還有過也無門云須弥*山
只這須弥*山三字看*時雖無味看*夂*自分明但以此
力行力究當於接談交笑*之處*動靜*語默*之中或是
非未決或方寸擾攘但舉*此話頭勿令忘*卻*仍舊*一
一收*歸在自身中看*起念者是誰無念者又是誰如
是返觀*夂*夂*般若圓成有洞明時節洞明後如何塵

*①②會
*①②礙 *①②差 *①②萬
*①②總
*①②體 *①傻 *②敎
*①②據
*①②解
*①僧②僧 *①②彌
*①②看 *①②久
*①②笑 *①②處 *①②静
*①②默
*②舉 *①忩 *②却
*①②舊
*①②收
*①②觀

15

塵華藏*海處*處*普賢門

示唯原居士

初祖西來為*傳大乘*根器非小知小見所能造詣*哉*
既游梁歷魏*土壙人稀至於少林冷坐九年頼*有神
光具大信根有大力量直下忘*軀求法至於末後達
磨欲西歸令參學弟子各呈所見獨有神光一人禮
三拜起叉手而立並*不曽*發一語因何達磨道汝得
吾髓*這箇妙理若非親證親悟安能知之継*後子子
孫孫燈燈不絶皆以方便*誘人方便*雖別悟理無殊
是致有五宗之分或行棒或下喝或竪*指*或舉*拳或
無賔*主句或有人問如何是佛對云麻三斤或對乾

*①②藏
*①②爲 *①②乘 *①②詣
*①②哉
*①②魏 *①②頼
*①②竝 *①曽②曾
*①②髓 *①②繼
*①竪 *①②指
*①②賓

屎橛或云庭前栢*樹子此皆是方便*要人向自己上
推理自心上揣摩凡有妄*念起時便*舉*一箇*公案*或
舉*麻三斤或看*乾屎橛但一心專注向此話上大信
人疑信得及疑得深疑情*既破便*見古人方便*勵*灼
然是為*人親切工夫果真*實一法既明万*法無異向
乾屎橛上看*得透麻三斤栢*樹子其理一同

示國*高信士

公要了卻*今世大事自始至終勿生退墮*之意且此
大事是何事也又要了卻*作麼生了人生於塵勞界
中被塵勞世事之所没*不能得一時之安且道病在
何勵*病在汝隨*聲逐色好悪*短長處*一時移換去了

16

所以從早至晚*忙*忙*地討頭鼻不見不能得歸家穩*
坐如此則非但被世事所使佗*日百年報滿*後將何
以敵得死*生既敵死*生不得莾*莾*蕩蕩不知身之所
歸若身無所歸不免又散入諸趣既散入諸趣後何
刼*何生又得復本而今要了卻*塵勞中事本自不難
只恐無鐵*石身心隨*顛*倒妄*想所轉*若如此則非但
要了今生直饒千生万*生亦了不得今時俗家人多
是說得行不得有始無終若果力行如肥前往博*多
相似汝行則到不行則又住在中途如何得有到頭
時節若論此事初不分僧*與俗貧冨*貴賤皆以超*脱
死*生轉*凡成聖只患人無諦實之心久*長之志是以

---

*②柏 *①便
*①妄 *②擧 *①②個
*①②按
*①②看
*①②情 *①②處
*①②爲 *①②眞 *①②萬
*①②國
*②却 *①②墮
*①役
*①②隨 *①②惡 *①②處

*①魁 *①怭 *①②穩
*①②他 *①②滿
*①夗 *①②莽
*①②劫 *①卻
*①②鐵 *①②顚 *①②轉
*①②萬
*①②博
*①僧②僧 *①②富 *①②超
*①②久

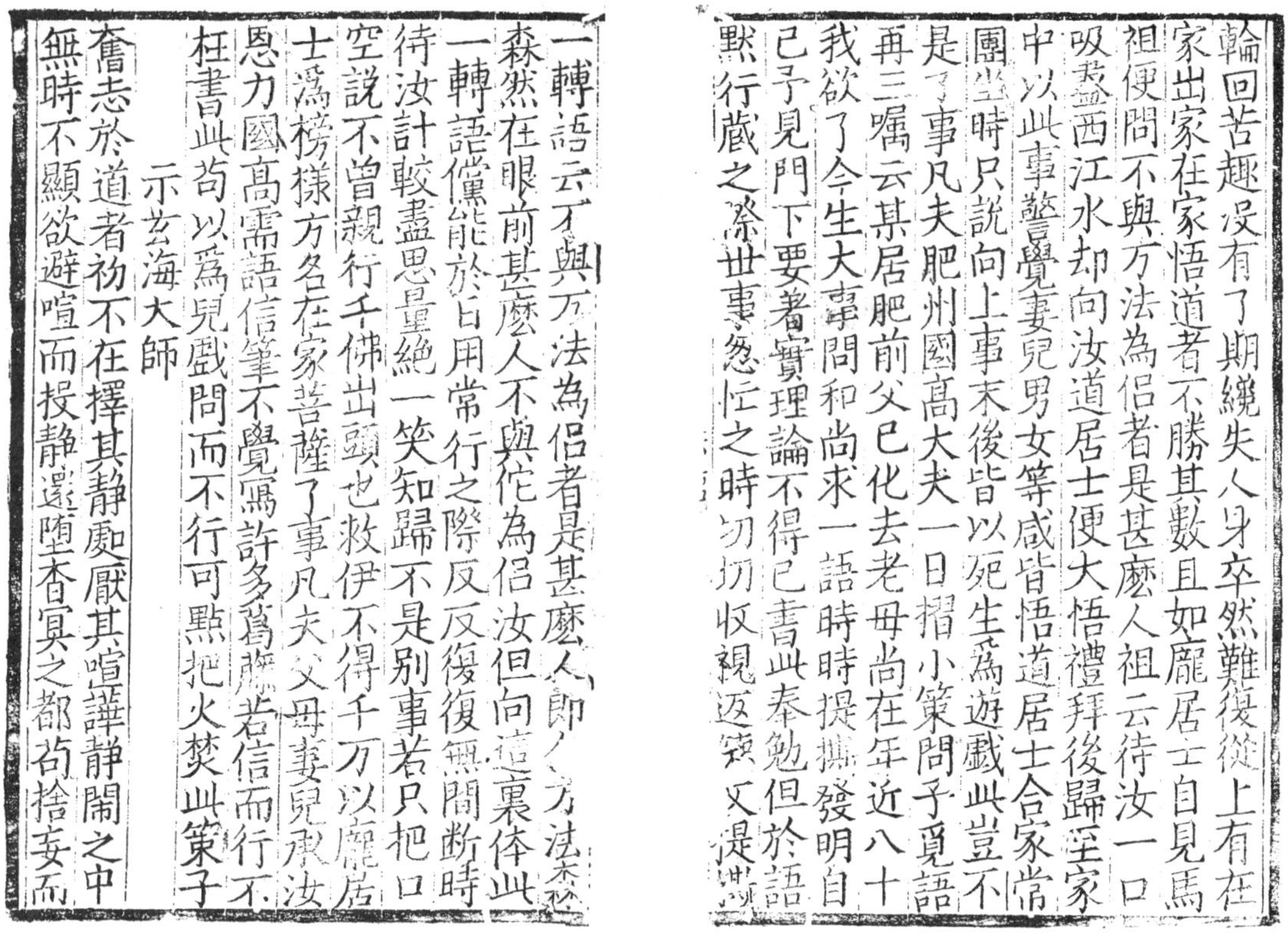

17

輪回※苦趣没有了期纔※失人身卒然難復從上有在
家出家在家悟道者不勝其數且如龐居士自見馬
祖便※問不與万※法為※侶者是甚麼人祖云待汝一口
吸盡※西江水却※向汝道居士便※大悟禮拜後歸至家
中以此事警覺妻兒男女等咸皆悟道居士合家常
團※坐時只説向上事末後皆以死※生爲遊戲※此豈不
是了事凡夫肥州國※高大※夫一日摺小策問予覓語
再三囑※云某居肥前父已化去老母尚在年近八十
我欲了今生大事問和尚求一語時時提撕發明自
己予見門下要著實理論不得已書此奉勉但於語
默※行藏※之際世※事忽忙※之時切切収※視返聽※又提撕

一轉※語云不與万※法為※侶者是甚麼人即今万※法森
森然在眼前甚麼人不與佗※為※侶汝但向這裏体※此
一轉※語儻能於日用常行之際反反復復無間断※時
待汝計較盡思量絶一笑※知歸不是別事若只把口
空説不曽※親行千佛出頭也救伊不得千万※以龐居
士爲榜様※方名在家菩薩※了事凡夫父母妻兒承汝
恩力國※高需語信筆不覺寫※許多葛藤※若信而行不
枉書此苟以爲兒戯※問而不行可點※把火焚此策子

示玄海大師

奮※志於道者初不在擇其静※處※厭其喧譁※静※閙※之中
無時不顯欲避喧而投静※還堕※杳冥※之都苟捨※妄而

※①囘 ※①②纔
※①便 ※①②萬 ※①②爲
※①②盡 ※①卻
※①②團 ※①夗 ※①②戲
※①②國 ※②太
※①②囑
※①②默 ※①②藏 ※①②世
※①怱 ※①②收 ※①②聽

※①②轉
※①②他 ※①②體
※①斷②斷
※①②笑
※①曽②曾
※①②樣 ※①②薩
※①②寫 ※①②藤
※①②戲 ※①②點
※①②奮 ※①②靜 ※①②處
※②嘩 ※①②閙
※①②墮 ※①②冥 ※①②捨
※①妄

求真*總*是奔馳之策須是万*機泯絶一往直前昔年
行處*不復追尋自己珎*藏*常當檢察如是則居貧賤
而不足以移其志處*冨*貴而不足以紊其心塵勞榮
顯視若空花定慧圓明終無退失纔*涉纖*毫染汚當
自瞥脱教*行忽然諸境峥*嶸切忌随*佗*轉*却*要在四
威儀内二六時中牢牢把定喚醒主人動靜*無拘涓
滴不漏自然虗*靈*空妙至鑒*無私見處*朗朗全彰用
時頭頭合轍到此境界猶有朗朗全彰頭頭合轍底
在豈不聞岩*頭和尚向雪峰*云佗*日欲播揚大教*須
是一一從自己胷*襟流出與我盖*天盖*地去也雪峰*
向這裏便*倒戈卸*甲大用現前一生只以赤手空拳

---

*①②眞 *①②總 *①②萬
*①②處 *①②珍 *①②藏
*①②富
*①②纔 *①②纖
*②教 *①②峥 *①②隨
*①②他 *①②轉 *①卻
*①②静
*①②虚 *①②靈 *①②鑒
*①②巖 *①②峯
*①②胸 *①蓋②盖
*①便 *①卸

臨機殺活儻非内出何以濟人所以吾宗信之者易
行之者難行之者易悟之者難若據*實而説悟無難
事只爲時流前思後筭*分別心生障非外來皆由内
擁或乆*守而無入頭之見或入頭而無大徹之由或
説悟以謾心或将*心而等悟此盖*自不能離心識意
參絶聖凡路學是以家中鬼*祟踢脱無由体*至年深*
愈增*迷悶予住持建長以來彈指*已十三載既蒙蓺*
香作禮投為*師資欲結龍華三會*之緣*識破人間百
年之夢誠所謂一朝道聚盖*係宿因況八閲星霜豈
非縁*偶伏自圓顱*之後以精*藍而爲重望*緇侶而為*
尊覺塵世*若浮雲視利名如弊屣孜孜究道意在於

---

*①②據
*②算
*①②久
*①②將
*①②鬼 *①②體 *①湙
*①增②增 *①②指 *①②蓺
*①②爲 *①②會 *①②緣
*①②顱 *①②精 *①望
*①②世

18

何要悟本心不断*佛種此即塵中第一高見也但工
夫用意不在忽忙*若相續不忘*久*久*自然洞達古人
道但辦*肯*心必不相賺晨昏*坐卧*當自返求動静*去
來非假佗*力至於滿*眼滿*耳仍復収*視返観*纔*入荒*
郊便*須拽*轉若道力未充妄*念難釋*但以話頭時時
提擧*忽然前後念断*自然別有生涯當彼之時予在
西國*不離東州光明蔵*中無一毫之隔*便*見昔日劉
鐵*磨與潙*山問荅*也是賓八布衫汝若捉敗鐵*磨大
師山僧*與伊印可

示般若大師

群*情*受苦皆因心上作來万*法本閑無奈人之自鬧*

所以無明即佛性煩惱*即菩提一念纔*差*便*有畜生
異類汝負我命我還汝債累刧*相報無有出期皆自
一點*子上而得是故悉*達太子生浄*飯王宮一日游*
四城門見生老病死*苦乃自嘆云如何得免此苦去
若行一切善掩一切悪*不能明取自心此是人天之
福報非出世間之法難免生老病死*苦遂捨*王位半
夜逾城入山修行亡*軀躰*道經*六年後夜覩明星忽
然大悟乃云大地一切衆生皆具如來智慧德性只
為*妄*想執著不能證入到此一了一切了此是出卋*
間之法也南*閻*浮提人第一便*宜*者是出家離俗体*
掛*佛衣好向這裏休歇身心頓除妄*宰明取袈裟下

*①斷②斷
*①忙 *①忘 *①②久
*①②辦 *①肎 *①②昏
*①②臥 *①②静
*②他 *①②滿 *②收
*①②観 *①②纔 *①荒
*①便 *①②轉 *①妄
*①②釋
*②擧
*①②國 *①②藏 *①②隔
*①銕②鐵 *①②潙 *①②答
*①僧②僧
*①羣 *①②情 *①②萬
*①②鬧

*①②腦 *①②差
*①②劫
*①②點 *①②悉 *①②淨
*①②遊
*①死
*①②惡
*①②捨
*①亾 *①②體 *①②經
*①②爲 *①妄 *①②世
*①②南 *①②閻 *①②宜
*①②體
*①②挂

19

一段*大事且此一段*大事作麼生明古人云狂心未
歇歇即菩提而今要識狂心麼是汝日用憂慮*思量
妄*想顛*倒底是況今大師年過七十世之所稀又且
有二子爲僧*皆了事漢豈不是世間第一等*得便*宜*
者正好泯絕思慮*併掃妄*緣*眼前是是非非俱不用
管直待百年壽*滿*自然不被境移縱未達佛階梯再
出頭來一聞千悟禪門道理最是徑捷只恐人信不
及若信得及佛即是汝心更*不用別處*求佛所以往
日龐居士合家人悟得此理了大家聚頭說無生話
靈*昭*女云也不難也不易飢來喫飯困來睡*此是悟
了底人說話得大自由汝若未達此理但返觀自家

*①②段
*①②慮
*①妄 *①②顛
*①僧②僧 *①等 *①便
*①②宜
*①②緣
*①②壽 *①②滿
*①叓 *①②處
*①②靈 *①②昭 *①②睡

心在何處*若識得此心飢則噇飯困則打眠生死*岸
頭優游*自在
示解*脫大師
道無難學窮*之在人惟患人之不能首尾一如中途
不進既不進了反以道為*難學禪為*難參大似把手
捉空入水求月古時俗士向忙*裏取閑專究此一件
事且道是甚一件事便*是你*從且至夕著衣喫飯歡*
喜煩惱*底一人更*無第二箇*上古俗人塵冗*中尚且
參學今時為*僧*了清*閑無事正好十二時中体*取五
十八年前因何投得母胎佗*日百歲*後又從何去這
箇*道理不論男僧*尼僧*皆可參學惟恐初時勇猛到

*①夗
*①②遊
*①②解
*①竆
*①②爲
*①怭
*①你②儞 *①②歡
*①②惱 *①叓 *①②個
*①宂②穴
*①②清 *①②體
*①②他 *①②歲

20

於一年半載了見工夫無長進卻*又掉在佗*方世界
外不用做事或聞人說參禪妙處*汝又起心動念云
我當初理會*見無入頭我而今再要參禪何時得悟
去未下實工便*要立地求悟這箇*賺*汝皮囊今既棄
俗務了又作尼僧*但於起居動止處*看*生從何來一
句若知得生便*知死向一句下疑情*破後自然慧性
發生慧性既生七通八達如是則一切處*不被聲色
所移佗*年不受死*生輪轉*到此地位參學二字盡是
虗*名謂之了事尼僧*出塵羅漢若不向前根究口言
而不行不如莫學三日精*進兩*日怠墮*縱饒汝參到
盡未來際也只是箇*剃頭女人出家何益老大師今

*②却 *①②他
*①②處
*①②會
*①便 *①②賺
*①僧②僧 *①②看
*①②情
*①②他 *①夗 *①②轉
*①②虛
*①②精 *①②兩 *①②隳
*①②個

已五十八歲*了正是休息塵緣*放下世*事時節一日
以紙*求參禪用心語予不得已老婆心分明說破汝
但於一切處*看生從何來一句對人說話心中不定
時又急急看*此一句看*來看*去和看*者亦不存當彼
之時便*有倒斷*所謂不從人得亦非外來若求近功
非但與道相遠恐後報世中難復今生之本

示妙*阿大師

世間好悪*二字障人道本讃*汝善者點*頭自喜言汝
悪*者心内懷嗔*只此便*是生死之根輪墜之本闇*浮
提第一等得便*宜*者無出於僧*既為*僧*了無一德以
資身將*何以報父母之恩古人云此身不向今生度

*①②歲 *①②緣 *①②世
*①②紙
*①斷②斷
*①妙
*①②惡 *①贊②賛 *①②點
*①②嗔 *①②闇
*①宜②宜 *①②爲
*①②將

21

更*向何生度此身從今已去但看*不起一念還有過
也無須彌山行住坐臥*處*念念莫*忘*看此一句切不
得向句下註解*但只以平常心看力到自然洞明工
夫未分曉時不要聽*人移易纔*聞讚*毀*又生退心此
事終無成就時節

示慧行大師

初發心菩薩*最能勇猛但能堅此最初一念佛祖大
道久*而明白更*不用問人如何若何只今正好莫退
初志以袈裟下一事爲念朝暮勿忘提箇*話頭動靜*
自看*如何是道平常心是道一句反復察量待自己
之道朗明方名為*工夫靈驗古人將*即心是佛一句

*①叜 *①②看
*①②臥 *①②處 *①忩
*①②解
*①②聽 *①②纔 *①贊②賛
*①②毀
*①②薩
*①②久
*①②個 *①②靜
*①②爲 *①②將

22

入深*山中二十年方且契悟後有人探以非心非佛
之語試其虗*實佗*云你*但非心非佛我則即心即佛
似這般人方有叅*學分汝但看平常心是道一句永*
莫放捨*忽然得歡喜時莫相辜*負是祝

示成道大師

道固非遠究之在人惟患人之不能精*專所以對面*
有千里之隔*返以道為*幽深不能始終留*意一日信
而進一步一日疑而退三舍*如此參學直饒汝學到
一百載與道有何干涉而今剃了頭挂褐服且向何
處*用心若不將*自己事注在胷*次之間佗*日後時毘*
飯百鞭*寸絲千命兩*目瞑後又復牽犁拽杷*償他底

*①湙
*①②虛 *①②他 *①②儞
*①②參 *①②永
*①②捨 *①②辜
*①②精 *①②面
*①②隔 *①②畱
*①②舍
*①②胸 *①②毘
*①②鞭 *①②兩 *②把

去所謂著佛衣行佛行既著佛衣了不行佛行畢竟
將*何一德以荅*父母養育之恩當知箇*一段*大事不
同小小要汝自信自肯*著手當胷*子細体*詧*釋*氏門
戶廣*不可量達磨云玄微*深不可測初不分男女等*
相各各本自圓明只因一念妄*緣*所迷是致望道未
知所向殊不知道無不在要人返己而求但能於日
用行藏*之際語默*之間收*視返聽*看*自己生從何方
而來因何得投母胎內而今儼然在人之前且道是
有耶是無耶若道是有佗*日報盡*之時又從何往若
謂是無讃*汝則喜罵汝還嗔*喜時嗔*自何去嗔*時喜
蔵*何方叅*禪學道只要明此一著這箇*是初步儻於

*①②將 *①②答 *①②個
*①②段
*①胷 *①②胸 *①②體
*①②督 *①②釋
*①②廣 *①②微 *①等
*①妄 *①②緣
*①②藏 *①②默 *①②收
*①②聽 *①②看
*②他 *①②盡
*①②贊 *①②嗔
*①②參

此識得破看*得明名之入小歇場做工夫方有得力
䖏*參學二字難亦非難易亦非易發決烈志具長遠
心日夂*月深*終有分曉時節豈不聞末山和尚亦是
女人身自剃頭後徧*參知識真*實窮*佛祖一大事因
緣*後大悟了住九峰*寺安男僧*五百人灌溪和尚臨
濟會*中人負不平之氣一日往見末山要驗佗*實䖏*
值末山上堂次溪出問云如何是末山境山云不露
頂溪云如何是境中人山云非男女等相溪云何不
變卻*山云不是神不是鬼*變箇*甚麼溪向這裏*服膺
便*禮拜汝*看這箇*是女流中來顯有丈夫之作參禪
學道當以末山爲樣*子終有大徹時世上最難捨*者

*①②處
*①②久 *①湥
*②遍 *①②眞 *①竆
*①②峯 *①僧②僧
*①②會
*②却 *①②鬼 *①②裡
*①㑺
*①②様 *①②捨

23

恩愛最難免者死*生若能一刀割断*恩愛体*自己未
明之處*一旦洞達後便*不被生死*轉*既不被生死*轉*
更*向何處*求佛佛即是伊更*無第二箇*汝名成道道
何以成若也名得道在汝邉*初無間隔*求之則遠捨*
之還親且如何得與道相應去但於一動一静*處*快
提起話頭如何是道平常心是道這箇*語話雖則尋
常未見道之人直須体*取忽然体*得明時方不謬為*
成道

示阿上大師

人生如幻塵世非堅幻中有堅實者自是諸人被妍
醜*所惑是非所移不見虗*幻中有堅實底所以無明
煩惱*即是佛性幻化空身即是法身迷頭認影名之
業縁*超*脱情*塵謂之覺悟而今要不受一切擾先立
主宰看*山河大地明暗色空是有是無若道有刼*火
洞然大千俱壊許多境界何處*去若道無眼底青*紅
碧白豈是無耶但如此推看*時至自明

---

*①夗 *①斷②斷 *①②體
*①②處 *①便 *①②轉
*①更 *①②個
*①②邊 *①②隔 *①②捨
*①②靜
*①②爲
*①②醜 *①②虛
*①②惱
*①②緣 *①②超 *①②情
*①②看 *①②刧
*①②青

常樂寺小參*

侍者　德昭　編

1

除夜去*歲*歲*終趨*洛上今年年盡在東州就中不動纖*毫句試問諸人會*也不若也會*得新年既來不居其後舊*歲*既去不在其先了無新舊*之變豈有去*來之遷萬別千差*同此關捩*四時八節無出心田知之者又減一歲*不知者重增*一年纔*言增*減還墮*盖*纏須信無面*目漢一向掣風掣顛*管甚歲*之閏餘月之大小飢來噇飯困則打眠妙用變通時鬬龜*谷為獅子之谷柔和善順處*駕粟船作般若之船首尾有釋*迦彌勒左*右列文殊普賢良久*且誰是中間底咦探

＊①②常樂禪寺小參
＊①厺　＊①歳②歲　＊①②趨
＊②纖　＊②會
＊①②舊
＊①垄②差　＊①②楧
＊①增②增　＊①②纔　＊①②墮
＊①葢②葢
＊①②面　＊①②顛
＊①②龜
＊①②處　＊①②釋
＊①②左　＊①②久

水獼猴空捉月入鄽矮子謾量天

舉*感首座問法昌昔日北禪分歲*烹露地白牛今夜分歲*有何施設昌云臘*雪連天白春風逼戸寒感云大衆喫箇什麼昌云莫嫌*冷淡無*滋味一飽能消万*刼*飢感云不知是何人置辦*昌云無慚愧*漢來處*也不知師云法昌赤骨律窮*潑天誇富*一錢不使大啓家筵感首座放筋*便*忘*恩是箇靈*利漢今夜或有問常樂分歲*以何物供養諸人山僧*對云萬里持來鐵*餕*餡*渾崙無縫似研槌或云大衆如何下口對云未動舌頭呑得去*也勝諸方五味禪佗*又云不知是何人置辦*不免向佗*道知恩者少負恩者多如此問荅*

＊②擧
＊①②臘
＊①②嫌　＊①②無　＊①②萬
＊①②劫　＊①②辨　＊①②愧
＊②窮　＊①②富
＊②筋　＊①便　＊①忩
＊①②靈
＊①僧②僧　＊①②鐵
＊②餕　＊①餡②餡
＊②他
＊①②答

2

與古人是同是別拍滕*一下從來春色無高下自是
花枝有短長
結夏清*平世界何須千里烏騅掃蕩妖魔不用三行
秘呪諸方四月十五日内不放出外不放入總*是把
定死蛇*頭更*言思而得知慮*而得解*大似守古塚鬼*
山僧*這裏別有活機三箇月中九十日内龜峰*頂上
駕起粟船不問聖凡不論佛祖凡有來者令登彼岸
登彼岸已同歌聖化共樂無爲或有箇出來道某甲
不往彼岸不居此岸不住中流師如何接山僧*若逢
此人棒折也未放過在何故重賞之下必有勇夫
擧*德山小參不荅*話問話者三十棒時有僧*出德山

*①②膝
*①②清
*①②總
*②蛇 *①叓 *①②慮
*①②解 *①②鬼
*①僧②僧 *②峯
*②擧 *①②答

3

便*打僧*云某甲話也未問因甚打某甲山云汝是甚
處*人僧*云新羅人山云未跨*船舷好與三十棒師云
德山布長蛇*大陣孰敢嬰其鋒這僧*不頋*危亡*赤身
挨白刃今夜大唐國*僧*小叅*莫有問話底衲僧*麼出
來掀倒禪床*令衆知有良久*擬網大鵬雀亦不遇
因事小叅客途同宿有夤緣*一衆相依豈偶然要學
無爲出生死莫將*雜念汚心田十方同聚九夏窮*玄
放却*身心坦蕩勿令方寸憂煎若論此事豈假言詮
不屬思量分別亦非紙裹*麻纏昔日求*嘉和尚道游
江海涉山川尋師訪道爲叅*禪如是呼爲行脚*事知
君已食野狐涎直得一回*瞥地與佗*盖*地盖*天然後

*①便
*①②處 *①跨②跨
*①②顧 *①亾
*①②國 *①②參
*①牀 *①②久
*①②緣
*①②將 *②窮
*①卻
*①裹②裏 *①②永
*①腳
*①囘 *②他 *①蓋②蓋

達磨大師天台智者眼精*鼻孔穿作一連捏聚則不
離這裏放開則徧*滿*大千説甚死諸葛亮走生仲達
我此活著用在言前啞這星窮*伎倆未易與人傳
擧*圓通秀和尚西川秦州人通諸經論乆*習華嚴一
日嘆曰吾觀善財始見文殊復過百一十城事五十
三知識又聞達磨西來老盧*南*去*教*外別傳無上心
印吾豈止方隅滯性相之宗耶因棄所業束裝南*游
徑*往謁天衣懷禪師懷問曰座主講甚麼經*秀曰粗
習華嚴懷曰華*嚴以何爲宗秀曰以法界爲宗懷曰
法界以何爲宗秀曰以心爲宗懷曰心以何爲宗秀
不能加荅*懷曰毫釐*有差*天地懸隔*汝當自看會*有
省發耳後十七日聞僧*擧*白兆問報慈云情*生智隔*
想變躰*殊情*未生時如何慈云隔*秀於此大悟上方
丈陳所悟懷喜曰前後座主唯汝一人真*大法*器*吾
宗異日在汝行矣師云圓通雖則向天衣點*化處*搜
索本源子細看來已是剌*腦*入膠盆了何如當初未
行脚*時全躰*擔*荷得去慶快一生然雖恁麼山僧*也
要依模畫様*敢問諸人且道心以何爲宗這裏下得
一語方許伊道祖意教*意無異無別苟或不然更*須
透過那邉*更*那邉*

常樂小參*

＊①②精
＊②遍　＊①②滿
＊②窮
＊②擧　＊①②久
＊①②盧　＊①②南　＊①厺
＊①②敎
＊①②徑　＊①②經
＊①華
＊①②答　＊①②釐　＊①②差
＊①②隔　＊①②會
＊①僧②僧　＊①②情
＊①②體
＊①②眞　＊①法　＊②器
＊①②點　＊①②處
＊①②刺　＊①②腦
＊①脚　＊①②擔
＊①②樣
＊①叓
＊①②邊
＊①②蘭溪和尚常樂小參終

4

建長寺小參*
結夏東州有西州有有處*難尋南*地來北地來來需
何事驢*騾相向凡聖相迎喝云天堂未就地獄先成
堪笑*瑞巖*没些轉*智經*行坐臥自喚*惺惺也是弄物
不知名今夏諸人切勿踏*佗*舊*跡各自打破漆*桶放
出光明爍破從前鬼*眼睛*建長引人造惡彌天罪犯
非輕*頣*視大衆云莫有同入地獄者麼良久*隔*障有
耳低聲低聲
擧*趙州甞*問僧*曽*到此間否僧*云曽*到州云喫茶去
又問僧*曽*到此間否僧*云不曽*到州云喫茶去師云
曽*到不曽*到一例喫茶去雖是尋常言語就中毒藥

*①②建長禪寺小參
*①②處 *①②南
*①②驢
*①②笑 *①②巖 *①②轉
*①②經 *①喚②喚
*①②蹈 *②他 *①②舊
*②漆
*①②鬼 *①②睛
*①②輕 *①②顧 *①②久
*①②隔
*②擧 *②嘗 *①僧②僧
*①曽②曾

5

醍醐且甚麼處*與趙州相見聽*取一頌句下千鈞重
胷*中万*丈深*雖無上馬力猶有殺人心
因僧*病大病之源盡*在恣情*而起万*行之本無非修
己而明己不修則行不廉情*若恣則病愈盛所以叅*
學道流寂*初一念既正自然病魔煩惱*魔生死魔且
無入作之處*既無入作之處*行亦禪坐亦禪更*無餘
事可相煎到這裏扭捏在我逆順安然三十年後諸
佛正法眼滅向瞎驢*邉*苟或不能骨立日月虗*延寸
絲*挂躰*千條命匙*飯充腸一百鞭*各自肚皮各自忖
好兒終不使爺錢
擧*潙山問道吾甚處*來吾云看*病僧*來山云有幾人

*①②聽
*①②胸 *①②萬 *①淒
*①②盡 *①②情
*①②參
*①②最 *①②惱
*①要
*①②邊 *①②虛
*①②絲 *①②體 *①②匙
*①鞭
*①②看

6

病吾云有病者有不病者山云不病者莫是智頭陀
麼師云古人可謂蔵*身露影掩耳偸*鈴建長或有人
問這裏有多少人病山僧*住持事繁拈主*丈*云借主*
丈*子疇*其所問主*丈*荅*云我此亦有病者有不病者
佗*又問誰是不病者主*丈云聖僧*佗*又云孰是聖僧*
主*丈*遂以一偈*荅*云頂門闊*一丈鼻孔長三尺常在
諸人前諸人倶不識良久*若也識得禍從此生
解夏畲山種粟事忙*不及草書日食夜眠家貧難辦*
素供潙山仰山是則是以毒相攻措心不善檢舉*將*
來也是其父攘羊其子作證建長不望*諸人畲山種
粟埋没宗風*只要汝等*但從所得詣實供通一夏内

*①②藏 *②偸
*①②僧 *②拄 *②杖
*①②疇 *①②答
*②他
*①②偈 *①②濶
*①②久
*①忙 *①②辦
*②擧 *①②將
*①望
*①②風 *①②等

7

九旬中誰鮮*將蛇化活龍到此毫氂如未脱雲山又
隔*万*重重
舉*法昌示衆云祖師西來特唱此事只要時人知有
如貧子衣珠不從人得三世*諸佛只是弄珠底人十
地菩薩*是求珠底人汝等*正是伶俜乞丐懷寶*迷邦
師云祖師自西至東無事可唱法昌道要人知有又
道貧子衣珠弄珠求珠至於伶俜乞丐之語大似畫
影圖形只管教*人尋覓建長一夏已滿*也與諸人商*
量露出心肝剖出膓*拍膝*一下大事爲汝不得小事
各自祗*當
冬至山林蠹*已剥*群*陰*復本歸*根事寂*深*重整枝條

*①②解
*①②隔 *①②萬
*①②世
*②薩 *②寶
*②敎 *①②滿 *①②商
*①②腸 *①②膝
*①祇
*①②盡 *①②剝 *①羣
*①②陰 *①②歸 *①②最
*①淺

8

還會*得靈*然*密*運在于今諸仁者到這裏俯仰折旋
不知有天真*之造化寒温動静*須信具神妙之陰*陽
於此洞達神妙陰*陽天真*造化在我衲僧*分上當甚
陳年爛草鞋更*言日南*長至晷運推移生殺盈虧*了
無干涉恁麼舉唱也是随*風倒柂*看水開渠大力量
人何止夾鼻雖然梅花香暗度元自大寒來
舉*丹霞燒木佛公案師云一人曲中有直一人直中
有曲箇裏剖断*得出彼此罪過彌天苟或不然重聽*
一頌堪嗟*院主墮*鬚眉華*岳*貪*觀却*倒騎*盡道丹霞
呈俊快那知開眼入阿鼻
除夜今歳*今宵已告周明年明日又從頭新來奮*去*

＊①②會　＊①②靈　＊①②山
＊①②密
＊①②眞　＊①②静　＊①②陰
＊①僧②僧
＊①叓　＊①②南　＊①②虧
＊②舉　＊①②隨　＊①②柁
＊①②斷　＊①②聽
＊①②嗟　＊①②墮　＊①華
＊①②嶽　＊①②貪　＊①卻
＊①②騎
＊①歳②歳　＊①②舊　＊①厺

誰知委獨倚*欄竿笑*不休且道笑*箇什麼笑*你*一隊
漢自西國*至東州不抖擻随*摟搜縱善調持傷筋動
骨喝一喝劔*去久*矣尓*方刻舟更*言禾山打皷*象骨
輥毬歸*宗拽石投子道油盡是臨崖看虎眼愁上更*
添愁不若當堂舉*似有放有收*臘*月三十日已前會*
得付與這箇臈*月三十日後領去穿汝髑髏知是箇
般事便休試問諸人會*也不
舉*洞山示衆云臈*月三十日汝皷*也打破了胡孫子
又走却*了手忙*脚*亂*一無所成悔将*何及你*若是箇
衲僧*乍可凍殺餓殺終不著佗*鶻臭布衫師云大小
洞山平白欺人殊不知打皷*既破失了胡孫底人何

＊①②倚　＊①②笑　＊①你②儞
＊①②國
＊①②劍　＊①②久　＊①爾②尒
＊①②鼓
＊①②歸
＊①②收　＊①②臘
＊①②臘
＊①便
＊②去　＊①忙　＊①脚
＊①②亂　＊①②將
＊②他

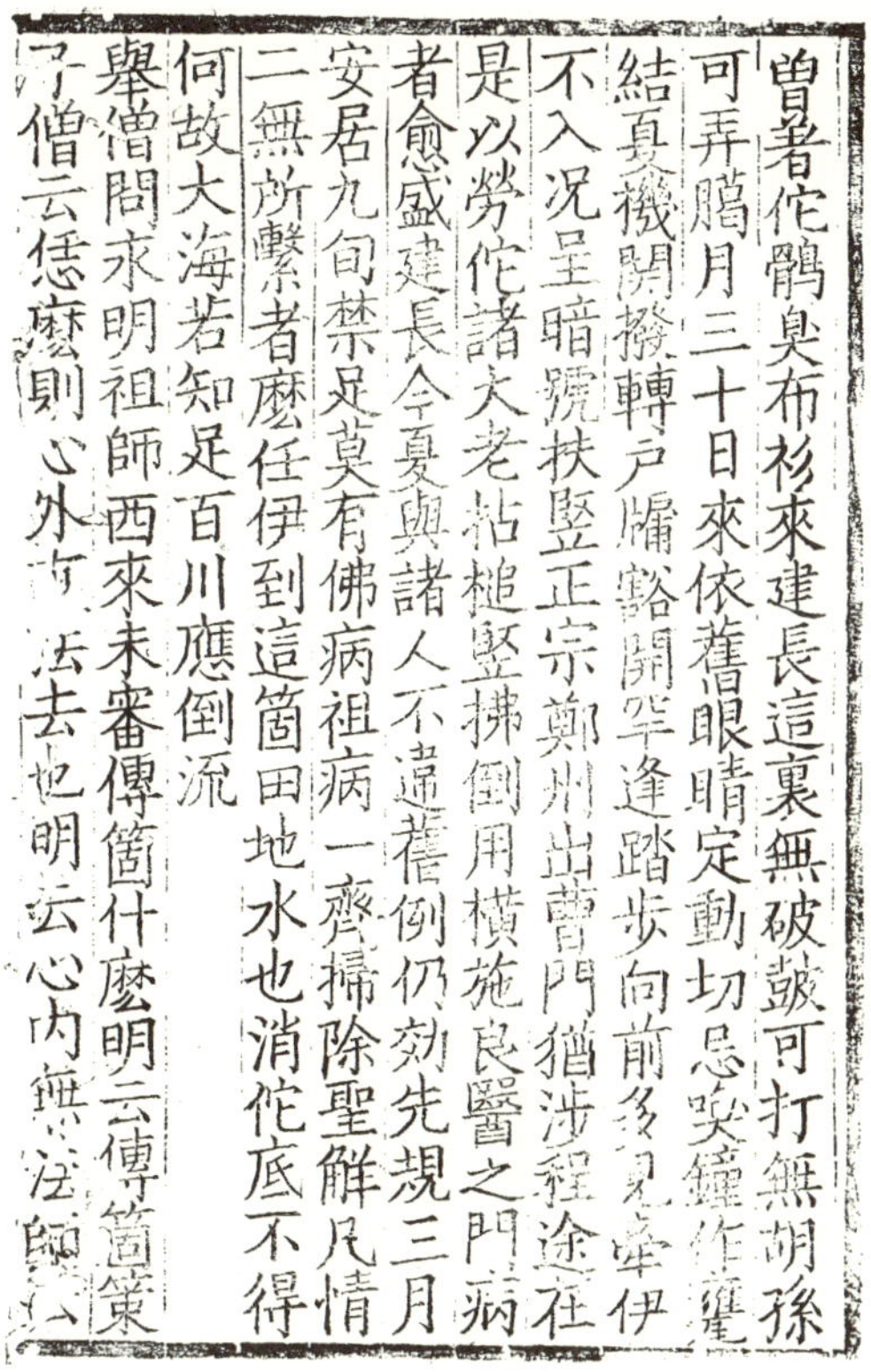

9

曽*著佗*鵲臭布衫來建長這裏無破皷*可打無胡孫
可弄臈*月三十日來依舊*眼睛*定動切忌喚鐘作甕*
結夏機関*撥轉*戸牖豁開罕逢踏歩向前多見牽伊
不入況呈暗號*扶竪正宗鄭州出曹門猶涉程途在
是以勞佗*諸大老拈槌竪拂倒用横施良醫之門病
者愈盛建長今夏與諸人不違*舊*例仍効先規三月
安居九旬禁足莫有佛病祖病一齊掃除聖觧*凡情*
二無所繫*者麼任伊到這箇田地水也消佗*底不得
何故大海若知足百川應倒流
擧*僧*問永*明祖師西來未審*傳箇什麼明云傳箇策
子僧*云恁麼則心外有法去也明云心内無法師云

＊①曽②曾　＊②他　＊①②鼓
＊①②臘　＊①②舊　＊①②睛　＊①②甕
＊①②闕　＊①②轉
＊①②號
＊①②違　＊①②舊
＊①②解　＊①②情
＊①②繫
＊②擧　＊①僧②僧　＊①②永　＊①②審

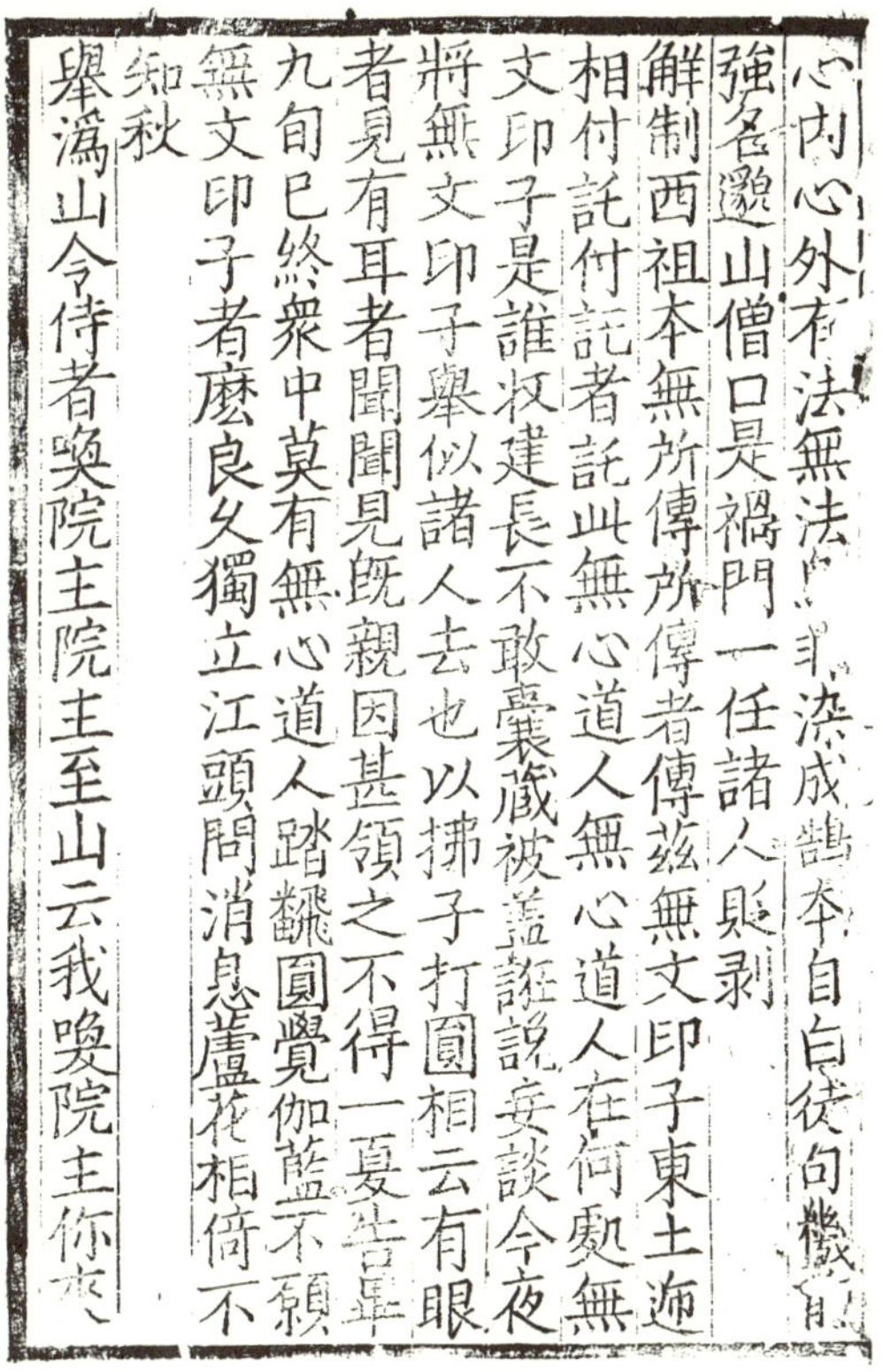

10

心内心外有法無法烏非染成鵠本自白徒向機前
強名邈山僧*口是禍門一任諸人貶剥*
觧*制西祖本無所傳所傳者傳茲無文印子東土逅*
相付託付託者託此無心道人無心道人在何處*無
文印子是誰収*建長不敢嚢*蔵*被盖*誑説妄*談今夜
將*無文印子擧*似諸人去也以拂子打圓相云有眼
者見有耳者聞聞見既親因甚領之不得一夏告畢
九旬已終衆中莫有無心道人踏*飜*圓覺伽藍不願
無文印子者麼良夂*獨立江頭問消息蘆*花相倚*不
知秋
擧*潙山令侍者喚院主院主至山云我喚*院主你*來

＊①②剝
＊①逓②遞
＊①②處
＊①②收　＊①②嚢　＊①②藏　＊①蓋②蓋　＊①妄
＊①②將
＊①②蹈　＊①②飜
＊①②久　＊①②蘆　＊①②倚
＊①②喚　＊①你②儞

11

作甚麼主無對保寧代云將*謂有何處*分師云彼時
建長若是院主待潙山道我喚*院主你*來作甚麼但
向佗*道莫是更*有第*二箇那潙山若道只這一箇也
不消得却*指*潙山云背後底聻佗*若回*頭與佗*嗄一
聲便*出去教*這老漢収*拾不上雖然遂事莫諫既往
莫咎且道潙山令侍者喚*院主意在何處*我此一衆
若定當得出與你*百兩*金
冬至觀*風雲識休咎正因人前早不唧*嚠*須知壼内
別有乹*坤納無限之煙霞難傳圖畫*朗有餘之星月
燭盡*昬*衢似此之者猶是佗*奴所以道道之消也我
不消道之長也我不長既不消又不長獨超*二儀之

*①②將 *①②處
*①②喚 *①你②儞
*①他 *①叓 *①②第
*①卻 *①②指 *①囘
*①便 *②敎 *①②收
*①②處
*①②兩
*①②觀 *①②喞 *①嚠
*①②乾 *①②畫
*①②盡 *①②昏
*①②超

12

先端居万*物之上超先居上即不問且道佗*是阿誰
良久*看時隱*隱*相追逐去後單單又復來
舉*巴陵因僧*問祖意教*意是同是別陵云雞寒上樹
鴨寒下水若有問建長即向佗*道氷河發焔*連天赤
石笋生枝拂地青*如是荅*話還與巴陵相近耶相遠
耶要識元因更*聽*一頌築前一箭越東州趕退毛人
無地頭欲謁胡王問端的草迷熊野路悠悠
除夜今宵送舊*帰*何處*明日迎新到此山舊*去新來
誰造作凭欄不覺動欣顔*現前一衆其中有人識得
建長欣喜處*便*知從上祖師一一漏賺*不少今夜不
能烹露地牛喫鐵*餕*餡*摠*是昔*人踏*破底草鞋欲為*

*①②萬
*①②久 *①②隱
*②擧 *①僧②僧
*①②焰
*①②青 *①②答
*①②聽
*①②舊 *①②歸
*②顏
*①②賺
*①②鐵 *②餕 *①餡②餡
*①②總 *①昝 *①②蹈
*①②爲

寒梅説些佛法玄妙去也大庚*嶺頭移來之種孤標
清*痩林下槎枒也有傍觀*攀戀不及果是十分笑*臉
暗渡清*香露出一點*芳心已傳的信更*説甚南*枝向
暖北枝背陽春色本無高下花條各有短長召大衆
云既無高下争*有短長超*佗*百卉先開發猶向三冬
傲雪霜
舉*龐居士到大梅遂問乆*嚮大梅不知熟也未常持
草棒撥亂*平人梅云你*向甚處*下口勾賊入門士云
百雜*碎未咬著在梅云還我核子來重勘即明居士
便*禮拜伏理人難得雖然居士大梅一得一失諸人
點*檢得出山僧*無處*安跡

13

結夏布漫天網山禽籠雀不在羅籠開選佛場鐵*額
銅頭應難入作今夏禁足安居闢一條大道令諸人
行去*箇裏有人踏步向前不存性命便*請*騎*鐵*馬跨
泥牛抹過北欝*單越東勝身州然後緩緩歸*來巨福
山頂共整無絲*線同乗*没底舟蝦蠏*魚龍*一網収*恁
麼告報總*是就空釘橛壓石出油不若據*實而論弗
用虗*頭無時搜討看有處*莫追求喫飯充腸飽便*休
舉*趙州示衆云纔*有是非紛然失心還有荅*話分也
無時有僧*出将*沙彌一掌便*行州便*歸*方丈至晩州
問侍者適来*問話僧*在否侍者云其時便*去也州云
三十年弄馬騎*今日被驢*撲師云大丈夫漢鬪*則明

---

*①②庚
*①②清 *①②觀 *①②笑
*①②點 *①叓 *①②南
*①②争 *①②超 *②他
*②舉 *①②久
*①②亂 *①你②儞 *①②處
*①②雜
*①便
*①②僧

*①②鐵
*①厺 *①②請 *①②騎
*①鬱②欝 *①②歸
*①②絲 *①②乘 *①②蠏
*①龍②龍 *①②收
*①②總 *①②據
*①②虚
*①②纔 *①②答
*①②將
*①②來
*①②驢 *①鬭②鬪

14

鬪*輪則明輪這僧*雖有奪*賊鎗殺賊底手段*到極則之處*先討一條走路趙州平生有陷*人之計因甚這僧*去後却*道三十年弄馬騎*今日被驢*撲意在於何暗施弓箭不是好心建長也有竿木随*身未免東抛西擲纔*有是非紛然失心還有荅*話分也無今夜忽有僧*出問我要與作頭抵去有麼有麼欲縛菸莵狐狼競走

觧*夏擧*臨濟辭*黄蘗*蘗*問云子向何處*去濟云不是河南*定是河北蘗*便*打濟把住却*與黄蘗*一掌蘗*呵呵大笑*喚侍者將先師禪板*拂子來濟亦喚侍者將*火來蘗*云汝但將*去已後坐却*天下人舌頭師云父

15

不慈子不孝法不正令不行黄蘗*臨濟雖慈孝並*行法令俱正末後付佗*禪板*拂子臨濟因甚喚將*火來諸人還知落處*麼良久*拍膝*一下云鴻門踏*斷見樊噲*細柳營威賞亞夫

因事小參*吾宗三句達士一綱盡*底剗却*就裏開張綱不正則眼眼弗順句得妙則語語非常所以德山拆佛殿丹霞燒木佛黄蘗*打羅漢皓老題布裩引得後代指*松唖*竹賣犬提羊鋪蘆*覆塹*墮*聖坑良至今流禍在扶桑百煉精*金愈見光衆中若有此作者麼若有山僧*拖犁拽杷*槝稷負粮*供給渠儂三十霜如無莫把是非來辨我浮生穿鑿不相傷

---

*①鬪②鬭 *①②僧 *①隻
*①②段
*①②處 *①②陷
*①卻 *①②騎 *①②驢
*①②隨
*①②纔 *①②答
*①②解 *②擧 *①②辭
*①②檗 *①②處
*①②南 *①便
*①②笑 *①②版 *①②將

*①②竝
*②他 *①②將
*①②久 *①膝②膝 *①②蹈
*①②斷
*①②噲
*①②參 *①②盡
*①②指 *①唖②唖 *①②蘆
*②塹 *①②墮
*①②精
*①②把 *②糧

復云盖*載發育無出于天地所以聖人以天地爲本
故曰聖希天行三綱五常輔國*弘化賢者以聖德爲
心故曰賢希聖正身誠意去佞絶姦英士蹈*賢人之
蹤故曰士希賢乾坤之内宇宙之間興教*化濟黎*民
實在於人耳人雖尊貴而未爲尊貴所尊貴者吾佛
之教*也豈不聞昔日靈*山會*上八萬衆時梵釋*前後
侍衛*諸天拱隨*此之尊貴又非人間聖賢之所造詣
哉今我等*忝爲後裔披佛袈裟於百分中寧不効其
一二矣世*雖末世*法無二法所以道道在邇而求之
則遠事在易而捨*之則難難易非佗*人之咎即*我不
全力也力既全則萬仞鐵*山一擊*可透心不實則纖*

*①葢②蓋
*①②國
*①②蹈
*②敎 *①②黎
*①②靈 *①②會 *①②釋
*①②衞 *①②隨
*①②等
*①②丗
*①②捨 *②他 *①②卽
*①②鐡 *①②擊 *①②纎

毫*閔*捩百計弗通自釋*尊擧*花之後迦葉相傳以來
二千餘年其間與吾教爲讎*者欲破碎而復全擬撲
滅而愈朗百千計較損之無由二十八祖達磨大師
自西至東遊梁歷魏*嫉妬謗辱者雖經*數回*比之此
朝紛紜猶甚何故吾祖人之所嫉者盖*智辨*不及法
道難齊是以負愧*於心非深*嫉也至於二祖三祖雖
傳大法斯道未行猶忌無識之徒潜與損害後至五
祖黄梅方始機投緣*就聞者莫不咸趨其風繼*而老
盧*傳衣之後便*見列刹相望*各據*一方得道者何止
千万*其中未聞暗地書紙數人是非穢*語染佗*之徒
而傳此法予從極西之地而至於極東之州緣*既偶

*①關②關 *①②棙 *②擧
*②讐
*①②魏 *①②經 *①囘
*①②辯
*①②愧 *①淺
*①②縁 *①②繼
*①②盧 *①便 *①朢
*①②據
*①②萬 *①②穢

合成大叢*林觀大檀*那立法之意須彌山而未必爲
高大滄溟*水而未必爲至深*以此極大至深*之心與
諸上人同明此事使釋*尊之教*不墜吾祖之宗復興
苟不能回*視本源返照*自己終日檢人之過譬如含*
血噴天天無染而我口先汚彼無害而我已招僁*攝
此雜用心歸*來自己上乆*乆*無閑工夫不見佗*咎如
是則昨日凡質今日聖資豈不見六祖大師不識一
字以純朴心碓米篩糠力傳大法石頭和尚亦無文
墨以打石爲生一日南*堂云汝可專心擊*石乆*擊*必
通後打石次痛下一槌見石火迸散*便悟本來後頌
趙州勘婆話云趙州無柄鐵*箒*帚掃蕩煙塵空索索

此豈不自純一工夫處*來入叢*林中所以宗師家常
勸人放下著又云回*光返照*汝若能持此兩*句常參
力究佛祖即汝汝即佛祖更*不諦信枉造虛*言法無
損時汝自損耳教*中道彼以惡事而加於汝汝若不
受之時此惡復歸*何處*佛言還歸*彼人之己汝雖暗
地虛*辟*自有諸天視聽*予依大檀*之力成此叢*林正
如順風使帆何往不利諸上人若不掩惡揚善合力
同心袈裟下失卻*人身實為*大患所以師者人之模
範也身不正則就師而正焉事不甘則明明剖說此
爲忠人達士兩*朝雖同屬*南*贍*部洲此朝俗猶可尚
僧*實難言堅志向道捨*己從師者万*無一二予漢朝

*①②叢 *①檀
*①②溟 *①滄
*①②釋 *①②教
*①回 *①②照 *①②含
*②愆
*①②歸 *①②久 *②他
*①②南 *①②擊
*①便
*①②鐵 *②箒

*①②處
*①②兩
*①叓 *①②虛
*①②虛 *①辭②辟 *①②聽
*②却 *①②爲
*①②屬 *①②瞻
*①②僧 *①②捨 *①②萬

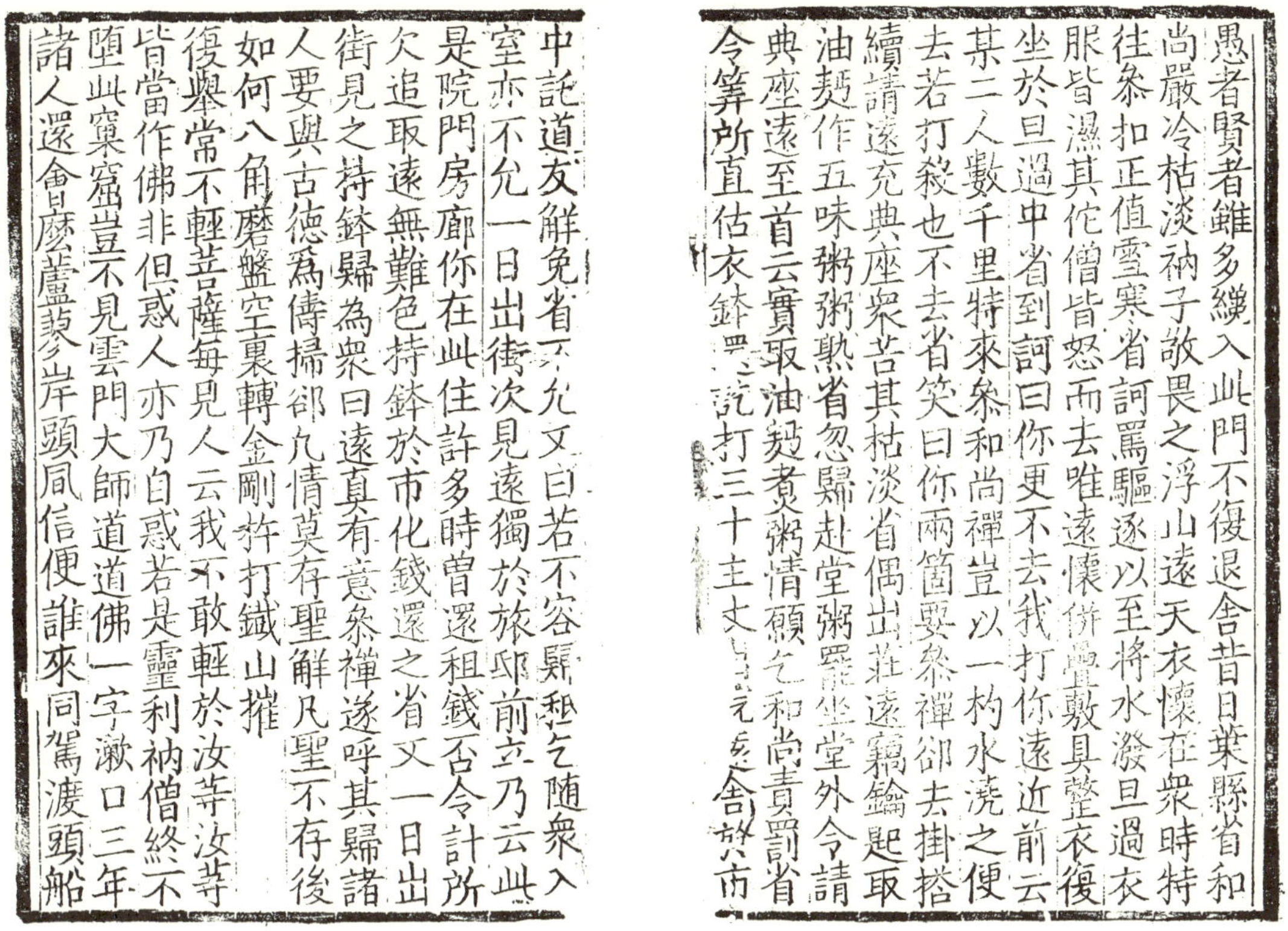

愚者賢者雖多纔*入此門不復退舎*昔日葉縣省和
尚嚴冷枯淡衲子敬畏之浮山遠天衣懷在衆時特
往叅*扣正値雪寒省訶罵驅逐*以至将*水潑且過衣
服皆濕*其佗*僧皆怒而去唯遠懷併疊*敷具整衣復
坐於旦*過中省到訶曰你*更*不去我打你*遠近前云
某二人數千里特來叅和尚禪豈以一杓水澆之便*
去*若打殺也不去省笑*曰你*兩*箇要叅*禪卻*去掛搭*
續請*遠充典座衆苦其枯淡省偶出荘*遠竊*鑰匙*取
油麪*作五味粥粥熟省忽歸*赴堂粥罷坐堂外令請*
典座遠至首云實取油麪*煑*粥情*願乞和尚責罰省
令筭*所直估衣鉢還訖打三十主*丈*出院遠舎*於市

中託道友解*免省不允又曰若不容歸*秖*乞随*衆入
室亦不允一日出街次見遠獨於旅邸前立乃云此
是院門房廊你*在此住許多時曽*還租錢否令計所
欠追取遠無難色持鉢於市化錢還之省又一日出
街見之持鉢歸*為*衆曰遠真*有意叅*禪遂呼其歸*諸
人要與古徳爲儔*掃卻*凡情莫存聖解*凡聖不存後
如何八角磨盤空裏轉*金剛杵打鐵*山摧
復擧*常不輕*菩薩*每見人云我不敢輕*於汝等*汝等*
皆當作佛非但惑人亦乃自惑若是靈*利衲僧*終不
堕*此窠窟豈不見雲門大師道道佛一字漱口三年
諸人還會*麼蘆*蓼岸頭風*信便*誰來同駕渡頭船

*①②纔 *①②舎
*①②叅 *②遂 *①②将
*①溼 *②他 *①僧②僧
*①疊
*①②且 *①你②儞 *①叓
*①便
*①宊 *①②笑 *①②兩
*②却 *①②搭
*①②請 *①②荘 *①②竊
*①②匙
*①②麪 *①②歸
*①②煮 *①②情
*①算 *②拄 *②杖

*①②解 *①秖 *①②随
*①曽②曾
*①②爲 *①②眞
*①②儔 *②却
*②轉 *①②鐵
*②擧 *①②輕 *①②薩
*①②等
*①②靈
*①②堕
*①②會 *①②蘆 *①②風

16

除夜真*流不動觸處*波瀾真*照*無方長時烜*爀*建長
不依本分自毀*其身傍若有人未免掩鼻偷*笑*然雖
如是甚麼處*是真*流喚那箇作真*照*於此踏得著見
得明便*知歳*月更*撥*在我斡旋烏兎往還爲誰奔走
寧有斡旋本無奔走今宵歳*去去不在先明日年來
來不居後擘破娘*生鐵*面*皮驚起法身藏*北斗
復舉*玄沙問長生云我觀*如來前際不去後際不來
今亦不住長老作麼生長生云放某甲過有箇道處*
玄沙云我放汝過汝試道看長生默*然玄沙云教*誰
委長生云和尚不委玄沙云我情*知你*在鬼*窟裏作
活計師云玄沙雖有陥*人之機殊不知落在長生鬼*

*①②眞 *①②處 *①②照
*②恒 *①②赫
*①②毀 *①②偸 *①②笑
*①㑺 *①②歳 *①叟
*①②換
*①②孃 *①②鐵 *①②面
*①②藏
*②擧 *①②觀
*①②默 *②敎
*①②情 *①你②儞 *①②鬼
*①②陷

窟裏至今無人救得若也救得二俱有過若救不得
大難大難明眼衲僧*子細看

17

結夏舉*陸侍御入溈山僧*堂乃問云這一堂僧*爲復
是喫粥飯僧*爲復是參禪僧*溈山云不是粥飯僧*亦
非叅*禪僧*侍御云在此作甚麼溈山云侍御自問佗*
看師云溈山大似孫臏*用兵圍*魏*救趙侍御亦如子
胥遁跡恨楚投呉當時若是建長隨*問便*喝教*佗*別
有生涯然雖如是我此一衆且道是參禪僧*耶是粥
飯僧*耶拍膝*一下天曉須教*到無令犯夜行

18

解*夏盡力掣不断*繫*在枯椿*著眼觀*不明望*空射梁*
諸人起三塗業因山僧*有没量罪過負累從上佛祖

*①僧②僧
*①②參 *②他
*①②臏 *①②圍 *①②魏
*①②隨 *①②敎
*①②膝
*①②解 *①②斷 *①②繫
*①②椿 *①望 *①梁

粉骨碎身殃害後代子孫碓搗磨磨獨有迦葉尊者
爲汝諸人走東走西上下告報九十日夏了無出期
三百斤枷教*誰擔*荷既無擔*荷又且如何翻*憶當年
甕*上座三文買箇黑*撈波
復舉*雲門問僧*秋初夏末兄弟東去西去前頭或有
人問作麼生祇*對僧*云大衆退後雲門云還我九十
日飯錢來師云這僧*當初待佗*索飯錢時只向佗*道
萬兩*黃金也合消非但嚇殺雲門亦乃叢*林價增*十
倍建長今夏不欲索飯錢只要諸人去去來來脚*踏
實地恁麼提唱還與雲門相去多少良久*云隔*山容
易見對面*不相知

19
冬至虗*靈*自燭未明濟世*眞*方湛寂常知猶是佗*家
走使見聞淨*盡知覺俱忘*聖解*凡情*不存毫髮拈主*
丈*云似此者方與主*丈*子有相見分只如高峰*兀兀
万*樹鱗*鱗*爭*得無見溪水潺潺松風浩浩豈得無聞
讚*之則喜毀*之則嗔*即*此是知熱*時鮮*衣寒來向火
寧不名覺但淨*盡*俱忘是何宗旨箇裏洞徹便*知一
陽復至非佗*計較而成萬彙重生即我天然之理靠
主*丈*云堪笑*胡僧*沒轉*機被人打落當門齒*
復舉*僧問古德深山窮*谷中還有佛法也無德云有
僧云如何是深*山窮*谷中佛法德云石頭大底大小
底小古德順水使帆不是好手若有人問建長深山

*①②教 *①②擔 *①②翻
*①②甕 *①②黒
*②擧 *①僧②僧
*②祇
*②他
*①②兩 *①②叢 *①增②増
*②脚
*①②久 *①②隔
*①②面

*①②虛 *①②靈 *①②世
*①②眞
*①②淨 *①忩 *①②解
*①②情 *②拄
*②杖 *②峯
*①②萬 *①②鱗 *①②爭
*①讚 *①②毀 *①②瞋
*①②即 *①熱
*①②盡 *①便
*①②笑 *①②轉 *①②齒
*①窮
*①淺

20

窮*谷中還有佛法也無亦云有若問如何是深*山窮*
谷中佛法只向佗*道月色和煙白松聲帶露寒
歳*夜團*圝無縫覰*著則禍生剛硬*有餘擊*之則熖*發
日用見行時遮掩不得縱横逆順處*形影相随*傳大
士只道得八成老雪峰*未明得一半建長今夜道取
十成圓此一半去也以主*丈*劃一劃云上一劃不長
下一劃不短於此搆*得万*貫之錢三文之本如是則
便*見今歳*今宵盡*老虎呑山明年明日來雄雞生卯*
靠主*丈*云翻*思寒拾笑*何因直至如今難判斷*
復擧*白雲示衆云若端的得一囘*汗出來便*向一莖
草上現瓊樓玉殿若未端的得一回*汗出來縱有瓊

21

樓玉殿卻*被一莖草盖*作麼生得汗出去自有一雙
窮*相手不曽*容易舞三臺*師云白雲也是以己方人
不頥*傍哂蘭溪即不然瓊樓玉殿自是瓊樓玉殿拈
一莖草只是一莖草曉來雲散又重明匝地普天倶
一照*
結夏一夏護生遇物即便*殺九旬禁足何地不閑行
若是龍象骨肋不言可知佛祖根機未明先領今夏
東西南*北長短醜*妍來此結制我觀*汝等*形與佛祖
無異勢*與龍象弗殊因甚不明此護生便*殺禁足閑
行之理三月之内若踏得這一路著拈放殺活任汝
酙*酌臨濟徳山喚來洗脚*苟或不然切忌忘*却*

*①窮 *①湲
*②他
*①②歳 *①②團 *①②覰
*①硬 *①②擊 *①②焰
*①②處 *①②隨
*②峯
*②拄 *②杖
*①②構 *①②萬
*①便 *①②盡 *②卯
*①②飜 *①②笑 *①②斷
*②擧 *①回②回
*①回

*②却 *①②蓋
*①②曾 *①②臺
*①②顧
*①②照
*①②南 *①②醜 *①②觀
*①②等
*①②勢
*①②斟 *①脚 *①忩
*①卻

22

復舉*招提元易禪師有僧*問古德道迥絶無人處*聚頭相共舉*既是無人與誰共舉*易云青山*與白雲僧*云青*山白雲還知有也無易云若知有則有人也僧*云誰與證明易云白雲青*山僧*云莫便*是和尚爲人處*也無易云莫錯認師云易禪師雖則長袖善舞*多財善賈掬*勘將*來風*骨太露建長寺畔大道坦然從朝至暮車馬駢闐*無暇與青山白雲舉揚箇事雖然欠少箇甚麼

鮮*夏一鍬便*見井祖宗門下搀*水提瓶三喚不回*眸烈焔*爐*中重烹再煆我觀汝等*三玄三要固是不知正因二字總*道弗得縱有識些氣息者又復捨*真*認

＊②擧　＊①②僧　＊①②處
＊①②靑
＊①便
＊②舜
＊①②鞠　＊①②將　＊①②風
＊①②闐
＊①②解　＊①②換　＊①回
＊①②焰　＊①②爐　＊①②等
＊①②總　＊①②捨　＊①②眞

23

假似是還非建長恁麼舉*覺不是欺凡罔聖以賤壓良只要諸人向這裏*踏翻*圓覺伽藍説甚平等*性智本來契券自分明釋*迦不授燃燈記

復舉*資福因僧*問某甲乍入叢*林一夏已過未蒙和尚指*教*福云山僧*自住持以來不曽*睹卻*一人眼師云資福恁麼道早是瞎這僧*眼了也我住此刹已過五年有時點*開人眼有時點*瞎人眼且道這一點*落在甚麼處*遇同道人切勿錯舉*

冬至諸佛性義非形容而可知時節因緣*施生殺而在我所以一塵不染之者趣向無門滴水不霑之人瞻*仰有分山僧*今夜舉*此諸佛性義應箇時節因緣*

＊①②裡　＊①②翻
＊①②釋
＊①僧②僧　＊①②叢
＊①②指　＊①②敎　＊①曾②曾
＊②却
＊①②點
＊①②緣
＊①②膽

去也竪*拂子云看看初二日已前謂之群陰*剥*盡*欲
尋其剥*盡*之迹無迹可尋打圓相云不出於此初二
日已後謂之一陽復生擬覔其復生之源無源*可覔
又打圓相云不出於此於此躰*得我且問汝是諸佛
性義耶是時節因縁*耶掛拂子云莫把紛紛天際雪
随*兒呼作落楊花
擧*踈*山訪岩*頭頭見來佯佯而睡*山侍立少時頭全
不頋*山撫禪床*一下頭云作什麼山云且瞌睡*便*拂
袖而出頭云三十年弄馬騎*今日被驢*撲師云拳*來
踢去各不相饒則不無踈*山岩*頭當時若遇明眼高
流不逸隠*身無地

*①豎 *①②陰 *①②剥
*①②盡
*②深
*①②體
*①②縁
*①②隨
*②擧 *①②踈 *①②巖
*①睡②睡
*①②顧 *①牀 *①便
*①②騎 *①②驢 *②擧
*①②隱

24
除夜扶桑國*内巨福山巓*無形之物左*轉*右旋赫赫
兮*七佛未生之際恢恢兮二儀未判之先幾度刼*凮*
吹不散屢經*大火燒不燃歳*去年來也只恁麼冬藏*
春至依舊如然無寒暑循*環之患無陰*陽舒*縮之遷
唐土二三分踈*不下竺乹*四七有口難宣弗是洞山
五位亦非臨濟三玄當甚人間古老錢霊*利漢於此
識得山僧*罪犯彌天苟或不然而今颺在諸人前莫
道頭全尾不全
復擧*古徳有僧*問生死到來如何免得古徳云柴鳴
竹嚗驚人耳僧*云意旨如何徳云家犬聲獰夜不休
建長就身打刼*有箇頌子柴鳴竹嚗*驚人耳家犬聲

*①②國 *①②巓 *①②左
*①②轉
*①②兮 *①②劫 *①②風
*①②經 *①②歳 *①②藏
*①②循 *①②舒
*①②乾
*①②靈
*①僧②僧
*①嚗②曝

25

獰夜不休舊歳*只餘今宿盡*明朝又是一年頭
結制百匝千重之處*擧*目可視引手可攀三尖五露
之人擬心則差*動念則隔*山僧*無端道破了也笑*殺
靈*利衲僧*須知未渡滄溟*以前有一陳年爛物價重
娑婆颺*在扶桑國*中未有提掇之者今日物見主眼
卓竪*仍舊収*拾將來只要諸人一夏九十日中東咬
西嚼忽然塞断*咽喉喪*却*性命切不得辜*負建長辜*
負則且置如何是陳年爛物擊*繩*床*云九首三頭無
背面*夜深*覷*著骨毛寒
復擧*潙山因僧*問如何是道青*霄有路無人到山云
無心是道引人又見入荒*草僧*云某甲不會*南*山北

*①②歳 *①②盡
*①②處 *②擧
*①差②差 *①②隔
*①僧②僧 *①②笑
*①②靈 *①②溟
*①②颺 *①②國
*①豎 *①②收
*①②斷 *①喪 *①卻
*①②辜
*①②擊 *①②繩 *①牀
*①②面 *①淺 *①②覷
*①②青
*①荒 *①②會 *①②南

26

山轉*霶霈山云會*取不會*底從地而倒從地而起僧*
云如何是不會*底有智無智較三十里山云只是你*
不是別人擊*開桃李核方見裏頭仁恁麼提唱也是
順水張帆諸人還知潙山貴買賤賣處*麼良久*云千
金不肯*換一笑*破除休
解*夏琉璃殿内不肯*回頭荊棘林中怎生擧*步若謂
三箇月總*不虛*過大虫*看水磨十二時唯我自知白
鷺傍*煙飛提起多年無價寶*依然撞著瞎波斯泥封
土裹*颺在東籬只擄*現成底事大家笑*展雙眉且現
成底是什麼事希奇*希奇東廊下打鐘打鼓*西廊前
説是説非那知鼻孔都忘*卻*空扇娘*生兩*片皮徳山

*①②轉
*①你②儞
*①②處 *①②久
*①肎
*①②解
*①②總 *①②虛 *①②蟲
*①傍 *①②寶
*①②裏 *①②擄
*①②奇 *①②鼓
*①忘 *②却 *①②孃
*①②兩

棒不欲輕舉*臨濟喝豈將*諱伊有般弗識好惡者便*
道從來畫餅徒用充饑總*是盲*人摸象騎*建長今値
法歳*周圓行德山棒臨濟喝去也拈主*丈*左*邉*卓一
下敲出你*骨髓*右邉*卓一下擊*碎你*死屍横按主*丈*
喝一喝四頋*寥寥渾不見相逢多是那斯祁
復舉*文殊三處*度夏迦葉欲擯出纔*舉*椎遂見百千
方*億文殊迦葉椎不能舉*世*尊云汝欲擯那箇文殊
迦葉休去師云世*尊掩正扶邪迦葉有頭無尾當時
若是建長見無量文殊之時便*打一椎云不論真*假
即時擯出免見二千餘年成未了底公案我此一衆
莫有三處*度夏者麼若有山僧*要與伊討箇分曉去

27

良夂*云休休舊事莫根究饒人不是癡
冬至掣不断*處*内外絶絲*毫擊*得開時混崙無縫罅
建長口是禍門未免遭人笑*恠*不若應時納祐爲衆
舉*揚去也十一月十一日以前仰面*不見天全無消
息十一月十一日以後低頭不見地消息全無正當
今日六陰*剥*蠢*一陽復生畢竟是有耶是無耶良夂*
云柳*未開新眼梅先放舊條
復舉*潙山問仰山天寒人寒仰山云大家在這裏師
云大家在這裏禍害從茲起三搭*不回頭一鉏便*見
底我此一衆還曽*夢見麼撫膝*一下福山渾不掩松
関*無限清*凬*來未已

*②舉 *①②將 *①便
*①②總 *①旨 *①②騎
*①②歳 *②拄 *②杖
*①②左 *①②邊
*①你②儞 *①②髓 *①②擊
*①②顧
*①②處 *①②纔
*①②萬 *①②世
*①②眞
*①僧②僧

*①②久
*①②斷 *①②絲
*①②笑 *①②怪
*①②面
*①②陰 *①②剝 *①②盡
*①栁
*①②搭
*①②曾 *①②膝
*①②關 *①②清 *①②風

28

歳*夜年去年來没了期青*絲*漸改白絲*垂*翻*思昔日
趙州老鮮*道能驅十二時箇是諸人現成底事緣*何
日用昧而不知知之者便*鮮*送舊迎新横吹銕*笛不
知者只麼迎新送舊*銕*笛横吹所以丹鳳騰空了無
繫*礙群狐探水轉*見遲疑若是箇漢揭開腦盖*擘破
面*皮一搆*搆*得不犯鉗鎚便*知三十六旬旬旬無向
背十二箇月月月没盈虧*七顚*八倒非佗*物瞥喜瞥
嗔*更*是誰天上人間唯我知
復舉*雪竇有僧*問如何是教*外別傳底一句竇云看
看臕*月盡*僧*云恁麼則流芳去也竇云啞*子喫苦瓜
師云雪竇荅*這僧*話大似寸釘入木這僧*若向看*看

＊①②歳 ＊①②青 ＊①②絲
＊①垂②垂 ＊①②翻
＊①②解 ＊①②縁
＊①便 ＊①②鐵
＊①②舊
＊①②繫 ＊①②轉 ＊①②蓋
＊①②面 ＊①構
＊①②虧 ＊①②顚 ＊②他
＊①②嗔 ＊①叓
＊②擧 ＊①僧②僧 ＊①②教
＊①②臕 ＊①②盡 ＊①②啞
＊①②答 ＊①②看

29

臕*月盡*句中會*去不妨截斷*盖*纏免見重重話墮*今
夜忽有人問建長如何是教*外別傳底一句只向佗*
道秀支替戻崗僕谷劬秃當
結夏澄湛湛地透路全無妙明明時飛塵不到直得
佛眼窺覰*無由魔外那容措足所以古人道痕垢盡*
時光始現心法雙忘*性即真*做到恁麼境界猶有始
現之光即*真*之性在若是峭措*衲僧*聊聞舉*著便*於
三月内九旬中叅*無所叅*學無所學踞甚菩薩*乗*掀
翻*大圓覺鐵*船没底棹歌歸*木人石人聲應諾
復舉*僧*問潙山如何是道山云無心是道僧*云某甲
不會*山云會*取不會*底僧*云不會*底如何會*山云只

＊①②會 ＊①②斷 ＊①葢②盖
＊①②墮
＊①②覻
＊①忩 ＊①②眞
＊①②郎 ＊①揩
＊①②參 ＊①②薩 ＊①②乘
＊①②鐵 ＊①②歸

30

是你*不是別人師云阿魏*無真*水銀無假約有明文
物有定價堪笑*潙山老人無端貴買賤賣還會*麼只
是你*非別人眼裏無筋一世貧
因事小叅*雪峰*輥三箇木毬轉*轆轆地何曾*撞著魯
祖面*一間土壁峭巍*巍*處*渾不通方渠非釘釘膠黏
汝自耳聾目瞽*更*勞佗*道盡大地是箇解脱門把手
牽不入以己方人壓良爲賤又道佛未出世時會*得
尚未較一半你*恁麼驢*年去助桀爲虐*見斧好斫建
長也不輥毬也不面*壁只要諸人識得三九是二十
七小事不可輕*敵大事各自著力近墨*者黒*近朱者
赤外寶*勿貪*求家珎*須保惜*保惜*則不無汝諸人家
珎*在甚麼處*四威儀内十二時中浄*躶*躶明歷歷回*
頭早早宜*收*拾山僧*恁麼指*示諸人眼上眉毛倶打
失從上諸佛祖師總*是建長寃敵豈不見僧*問文殊
和尚達磨大師還是祖否許多時甚麼處*去來殊云不
是祖收*得西秦又降東魯*僧*云既不是祖何用西來
閃*電光中鴨聽*雷殊云爲汝不薦飜*卻*慈容又呈鬼*
面僧云薦後如何扶桑國*裏望*新羅殊云方知不是
祖口是禍門寃憎*會苦文殊能縱不能奪*有始卻*無
終當時若是臨濟德山不免爛椎一頓教*伊知道諸
佛不曽*出世祖師亦不西來人人八面*玲瓏箇箇一
方峭拔*嗯遂事不諫既往不咎今日若有人問建長

*①你②儞 *①②魏 *①②眞
*①②笑 *①②會
*①②叅 *②峯 *①②轉
*①曽②曾
*①②面 *①②巍 *①②處
*①瞽②瞽 *①叓 *②他
*①②儞 *①②驢 *①②虐
*①②輕 *①②墨 *①②黒
*①②寶 *①②貪 *①②珍
*①惜
*①②處 *①②浄 *②裸
*①回
*①②宜 *①②收 *①僧②僧
*①②指
*①②總
*①②魯
*①②聽 *①飜②飛 *②却
*①②鬼
*①②國 *①望
*①憎②憎 *①奪
*①②教
*①曽②曾
*②拔

31

達磨還是祖否只向佗*道是待佗*擬開口問如何是
祖山僧*劈面*與佗*一摑*走過大食國去也參
復云大機無滯除障除翳萬象難齊入水入泥出頭
天外下視雲霓主山高亐*案山低你*自就空描邈我
則指*東話西奇*奇*韓*獹*吠絶天將曉流水依前遶大
堤
冬節陰*極陽生後寰中朗復昬*自家田地上別是一
乾*坤空索索白漫漫誰鮮*其中子細觀痛下一犂鑱*
轉*後鐵*牛長卧在雲根霊*利漢被佗*謾把手牽回不
入門若也入得群陰*剥*盡*何曽*盡一陽復生本不生
氷*河發亘*天之焔*鐵*樹開萬蘂*之榮石女歡呼木人

32

點*首到這裏三世諸佛不知有金毛獅子顛*倒走拍
膝*一下團*圞*月影上欄竿普請*面*南看*北斗
復擧*潙山問仰山云仲冬嚴寒年年事晷運推移事
若何仰山近前叉手而立潙山云情*知汝不會*次擧*
前話問香嚴嚴亦叉手立潙山云頼*遇寂子不會師
云諸人還知潙仰父子落處*麼聽*取一頌飽帆和月
渡滄洲簫笛迎歸*入畫樓幾度戰争*收*拾得只因歌
舞破除休
望*山庵小参*法界非相空體*無方以大圓覺爲我伽
藍盡*大地具諸人正眼展起則十方充滿*收*來只在
目前明得目前之物便*是十方充滿*底用得十方充

---

*②他
*①僧②僧 *①②面
*①摑②掴
*①②兮 *①②儞
*①②指 *①②奇 *①②韓
*①②獹
*①②陰 *①②昏
*①②乾 *①②解 *①②鑱
*①②轉 *①②鐵 *①②靈
*①②剝 *①②盡 *①②曾
*①冰 *①②亙 *①②焰
*①②蕊

*①②點 *①②顚
*①②膝 *①②團 *①②請
*①②南 *①②看
*②擧
*①②情 *①②會
*①②頼
*①②處 *①②聽
*①②歸 *①②爭 *①②收
*①望 *①②參 *①②體
*①②滿
*①便

滿*底本來不離於目前直饒具茲見解*喚作體*用兼
備*機智無*物猶未是慶快安樂之所那裏是安樂之
所直待體*用機智無*得其名焉了沒一絲毫相爲礙
了然後歸*於本所坐臥經*行安有遮障到這境界有
時望*山也得有時望*水也得望*山之時山依舊只是
本山望*水之時水依舊只是本水高高山頂行深*深*
海底坐眼觀南*北意在東西若以山水爲娛即非山
水之樂也昔*日東坡居士得道之後遊至廬*山以詩
題云橫看*成嶺側成峰*遠近高低總*一同不識廬*山
真*面*目只緣*身在此山中東坡放下從前見解*向知
識言外知歸*自謂盡*大地更*無苐*二人今立望*山之

名必有深*意此之深*意非知音者莫能知之殊不知
望*山庵內有無*盡*之益難形毫楮何故已達*無*心之
境雖則石室茆庵實有潑天富*貴秘菩薩*行現聲聞
形世*出世間平等*超*越有時助國*扶法出自無心無
爲只此無爲無*心能了世間出世所以望*山庵內坐
觀盡*萬千山觀盡無*觀處*一身天地間可謂達*人分
上攝萬物而歸*自己盡十界而絕微*塵如是則安有
山可望*哉*此之妙趣非聖莫知公於方便*門頭欲使
一切人望*自己之山知此山而無*非自己只此山與
自己是同耶是別耶豈不見古人道乾*坤之內宇宙
之間中有一寶*秘在形山四大五蘊是形山畢竟寶*

＊①②滿　＊①②解　＊①②體
＊①②備　＊①②無
＊①②歸　＊①②經
＊①望
＊①湊
＊①②南
＊①昝　＊①盧②盧
＊①②看　＊①②峯　＊①②總
＊①②眞　＊①②面　＊①②緣
＊①②盡　＊①叓　＊①②第

＊①逢
＊①②富　＊②薩
＊①②世　＊①②等　＊①②超
＊①②國
＊①②處
＊①②微
＊①②哉　＊①便
＊①②乾
＊①②寶

33

在何處*參玄究妙之士工夫純熟至於擧*頭望*山俯
目望*水久*久*無山可望*無*水可觀寥寥空闊無*邊*際
一箇閑人天地間到此地已望*山之庵非唯群峰*總*
在此所乃至十方虛*空悉*皆含*攝所以石頭和尚道
庵*雖小含*法界*問此庵壞不壞壞與不壞主元在古
人一言半句皆是啓人之本心明人之本性心性明
了望*山之庵無處*安著既無處*安著儼然在目不喚*
作望山庵*得麼雖然要見草庵*則易欲叅*庵主則難
難難拶出泥牛過海南*
復*擧*昔*有一宿*德隱*於深*山中人不能到後號*爲隱*
山有一僧*遊方次至溪口見菜葉流出自云此山必

有隱*士遂隨*流而進深*山中見一草庵繼*而入庵*主
問云此山無路上座從何而來僧*云既是無路和尚
從何而入隱*山云我不從人天來僧*云和尚先住此
山先住隱*山云但見四山青*又黃僧*便*禮拜師云隱*
山和尚若具德山臨濟機用這僧*雖入得山無出山
分事已往矣不復重言只據*現成有箇頌子望山何
似隱*山翁今古分明道一同要識隱*山容易見望山
山頂路難通
結夏不物於物能超*萬物之先非形之形能出衆形
之外只今羅列在眸豈不是物喚甚麼作不物這裏
儼然坐立寧不是形喚甚麼作非形有底纔*聞擧*著

---

*①②處 *②擧 *①望
*①②久 *①②無 *①②邊
*①②峯 *①②總
*①②虛 *①②悉 *①②含
*①②菴 *①眄
*①②喚
*①②叅
*①②南
*①昝 *①炳 *①②隱
*①湕 *①②號
*①僧②僧

*①②隱 *①②隨 *①湀
*①②繼
*①②靑 *①便
*①②據
*①②超
*①②纔

34

便*道非形不物弗是別人認奴作郎刻舟尋劍建長
今夏二百餘衆驢*迎馬向同度長期躰*甚非形不物
只管噇飯過時果恁麼也希奇*不許藤*原漢子知
復擧*神鼎*譚禪師有僧*問六道輪回*底人畢竟如何
譚云不願成佛僧*云因甚不願成佛譚云佛亦不究
竟僧*云既不究竟請*師一言譚云昨朝猶記得今日
話無門師云神鼎*以無瑕之玉付與這僧*無奈這僧*
只作瓦礫颺卻*若有人問建長輪回*六道底人畢竟
如何只向佗*道有成佛分恁麼祇*對還與神鼎*是同
是別更*聽*一頌倒腹明明說向伊滿*天風月共*同知
夜深*重展推心話卻*爲推心事轉*疑

最明寺開堂小叅*治心明心垃圾上重添垃圾究理
達*理相應中轉*不相應眼不見而爲淨*心不疑而自
安所以釋*迦出世達*磨西來攻乎異端斯害也已雖
然靈*山二千年公案現在少林八百載風月猶新會*
得則打破畫瓶歸去來太平好唱還鄉曲不會*則行
到路窮*橋斷*處坐看*雲散月明時會*與不會*則且置
只如大力量人分上世間出世平等*超*越一句作麼
生道拍膝*一下劍爲不平離寶*匣藥因救病出金瓶
復擧*昔有僧*問古德深*山窮*谷中還有佛法也無德
云有僧*云如何是深*山窮*谷中佛法德云石頭大底
大小底小師云古德真*不掩僞曲不藏*直大*煞*分明

*①便
*①②驢 *①②體
*①②奇 *①②藤
*②擧 *①②鼎 *①僧②僧
*①回
*①②請
*②却
*②他 *②祇
*①②更 *①②聽 *①②滿
*②共
*①淺 *①②轉

*①②參
*①達 *②淨
*①②釋
*①②靈 *①②會
*①窮 *①②斷 *①②處
*①②看
*①②等 *①②超
*①②膝 *①②寶
*②窮
*①②眞 *①②藏 *①②太
*②殺

翻*成迃*曲山僧*則不然或有人問深*山窮*谷中還有佛法也無亦向佗*道有待伊又問如何是深*山窮*谷中佛法以一頌酧*之潺潺磵水流無盡颸*颸*松風韻愈奇*山主好提三尺劍勦除禍事定坤維坤維定後又且如何達*磨本來觀自在浄*名元是老維摩

建長小參*

---

*①②翻 *②迂 *①僧②僧
*①湙 *②窮
*②他
*①②醻 *②颯
*①②奇
*①逵 *①②淨
*①②蘭谿和尚建長小參畢

35

建寧寺*小叅*
入院當晩氣呑佛祖昂昂不肯*下山來目視雲霄了
了頓忘*塵世事便*恁麽去*正法眼破沙盆教*誰擔*荷
山僧*嗟*法將弊遇緣*即*宗在建長爲建長主人也要
和泥合水來此山作此山長老且非紙裹*麻纏在彼
在此初無間然土木場中横拈白棒鬧*市叢*裏颺下
碌*磚忽然打著一箇半箇教*佗*知道眼前無俗物頭
上有青*天這些妙處*無人識三十年來豈易傳
復擧*臨濟住院日謂普化云我欲建立黄蘗*宗言*汝
等*切須成褫普化問訊便*下去*濟便*打次日克符道
者上方丈問訊云和尚昨日打普化作什麽濟又打

36

師云轟雷掣電裂石崩山則不無臨濟要立黄蘗*宗
旨猶隔*滄溟*在新建寧無宗旨可立無閑棒打人只
據現成與諸人商*確且如何是現成底事擧*拂子云
滿*院春凬*花草香莫謂蘭溪不分付
結夏就底撮來未免通身是泥水從頭颺下何妨到
處*即*生涯所以鬧*市叢*裏回*避無門荊棘林中縱横
有路便*恁麽會*去*省了建寧多少壚*醋更*言九旬禁
足甘守空壙一夏修行自投憲網猛烈漢撥轉*上頭
關捩*掀*飜圓覺伽藍呵佛罵祖罔聖欺凡活陥*泥梨
渾不顧彌天罪犯一身擔*
復擧*僊宗玭和尚因僧*問十二時中常在底人還消

---

*①②建寧禅寺 *①②參
*①宵
*①忌 *①便 *①公
*①②教 *①②擔
*①僧②僧 *①②嗟 *①②緣
*①②郎
*①②裹
*①②鬧 *①②叢
*①②碌 *②他
*①②青 *①②處
*②擧 *②檗 *①②旨
*①②等
*①②隔 *①②溟
*①②商
*①②滿 *①②風
*①②處 *①回
*①②會 *①②鹽 *①叓
*①②轉
*①②捩 *①飜②翻 *①②陷

37

得人天供養也無宗云消不得僧*云爲甚消不得宗
云爲汝常在僧*云秖如常不在底人還消得也無宗
云驢*年師云偎宗被這僧*問著譯語太繁殊不知常
不在底人極是消得諸人還揀辨得出麼良久*床*窄
先卧*粥稀後坐
鮮*夏法性圓融*寧拘結鮮*智源浩渺非屬淺深*吽建
寧列義分科何異座主見鮮*須知九十日光陰*虗*擲
妙契環中三箇月底事不存意超*物外時人笑*我半
憨半癡我笑*時人多智多會*到這裏喚作不思議法
門謂之自受用三昧喝一喝片玉從來絕點*痕無端
抛出生瑕纇

*①僧②僧
*①②驢
*①②久 *①②牀
*①②臥
*①②解 *①②融 *①淺
*①②陰 *①②虛
*①②超 *①②笑
*①②會
*①②點

38

復舉*障蔽魔王領諸眷屬隨*金剛齊菩薩*一千年覔
佗*起*處*不得一日忽見乃問云汝當依何住我一千
年覔汝起處*不得齊云我不依有住而住不依無住
而住如是而住師云障蔽魔王被金剛齊菩薩*以翳
睛*法把定一千年莽*莽*鹵鹵瞞*瞞*盱*盱*當時聞佗*舉*
到如是而住處*便*與攔胷*扭定云元來不離這裏教*
佗*進不得退不得休休舊*事不理既往莫咎*且如蘭
溪今夏與諸人同行同住同坐同卧*一點*不敢相謾
只是有些漏綻處*因甚諸人點*檢不出以手摑*口云
口是禍門
冬至一冬復一冬一日復一日五湖叅*玄人佳景休

*②學 *①②隨 *②薩
*②他 *②越 *①②處
*①②睛 *①②莽 *①②瞞
*②肝
*①便 *①②胸 *①②敎
*①②舊 *②咎
*①摑②掴
*①②參

拈出慈明老子不善濟人教*壞後人轉*生荊棘建寧
伎倆雖無終不蹈*佗*遺跡何故一冬復一冬一日復
一日撞著箇中人何妨便*拈出且非紙*褁*麻纏不用
深*藏*秘密*以拂子打圓相云看*看*明如日黒*似漆*非
親莫能辨其的衆中莫有辨得者麼若也辨得去*許
汝一生叅*學事畢苟或不然六陰*俱剥*一陽生回*頭
寒暑相催逼
復擧*丹霞行脚*次到一小院遇寒遂取殿中木佛燒
院主見而呵責曰汝何燒我木佛丹霞撥火云某欲
収*取舎*利院主云木佛安有舎*利乎丹霞云既無舎*
利更*請*兩*尊燒院主後眉鬚堕*落師云叢*林商確盡

39

道院主輪機丹霞落節至今未有一人點*檢得出今
夜蘭溪不惜口業爲諸人説破去*也良久*天作孽*猶
可違自作孽*不可逭以拂子擊*繩*床*下座
除夜名言非道聞見非法就中更*不容毫髮唯説此
性單傳此心多少平人被陸沉*所以説心説性黐*成
大病談道談禪過犯彌天有般不喞嚠*漢赤骨律地
閑坐困眠去則不離當處*住則走似雲煙呵凬*罵雨
罔*聖欺賢臈*月三十夜卻*云不是殘年且道此人有
甚長處*雖是這些窮*伎倆未曾*容易與人傳
復擧*趙州有僧*問如何是不遷義州以手作流水勢*
其僧有省師云趙州老子雖則善應來機卷舒*自若

*①②教 *①②轉
*①②蹈 *②他
*①②便 *①②紙 *①②褁
*①湊 *①②藏 *①②密
*①②看 *①②黒 *①②漆
*①厺
*①②參 *①②陰 *①②剝
*①囘
*②擧 *①脚
*②收 *①②舍
*①叓 *①②請 *①②兩
*①②堕 *①②叢

*①②點
*①②久 *①②孽
*①②違 *①②擊 *①②繩
*①牀
*①②沈 *①黐②翻
*①嚠
*①②處 *①②風
*①罔 *①臘 *②却
*①窮 *①曾②曾
*①僧②僧 *①②勢
*①②舒

40

争*奈累及這僧*堕*在流水中頭出頭没今夜或有問
建寧如何是不遷義只以口作吹凮*勢*佗*若不省更*
爲下箇註脚*一毫頭上定綱宗萬別千差*有路通要
識本來不遷義趙州流水我吹凮
因事小叅*佛子住此地本來契券収*得也未則是佛
受用常住砧基切不可動經*行及坐卧*貧没一分不
防賊盗常在於其中殺人放火走馬彎弓便恁*麼去*
丹霄雖遠有路可通苟或躊*躇雲山疊*疊*煙水重重
滿*目無非荊棘蔾*
復擧*潙山問仰山大地衆生業識忙*忙*無本可據*你*
如何知佗*有之與無仰山云慧*寂有箇驗處*時有僧*

*①②争 *①僧②僧 *①②墮
*①②風 *①②勢 *②他
*①叓
*②脚 *①㕒②差
*①②參 *②收
*①②經 *②臥
*①㑀 *①么
*①躊 *①疊
*①②滿 *①②叢
*②擧 *①怱 *①②據
*①②爾
*②他 *①②惠 *①②處

41

從面*前過仰山召云上座僧*回*首仰山云這箇便*是
業識忙*忙*無本可據*潙山云寂子可謂獅子一滴乳
迸散六斛驢*乳師云喝教*去召教*回此是尋常事仰
山召這僧*僧*回*首有甚不是處*因甚卻*道業識忙*忙*
無本可據*衆中若有揀辨得出者許伊有叅*學分如
無業識忙*忙*無本可據*
結夏皇城那畔左*挈右提土木場中東敲西磕隱*密*
不露處*儼若丘山突尒*現前時絶無毫髮牛頭没馬
頭回*太煞*成現夜叉心菩薩*面*徒自望*崖蘭溪向弟*
二義門爲諸人作箇方便*有條*攀條*無條*攀例四月
十五日後各自知非七月中旬時要伊供款*供款*則

*①②面 *①囘 *①㑀
*①②怱
*①②驢 *①②敎
*①②處 *②却
*①②左 *①②隱 *①②密
*①爾②尒
*②殺 *①②薩 *①望
*①②第
*①條
*①②款

42

不無一夏之中誰是不犯鞭*笞得脱洒去*者良久*無
事設曹司急時還得用
復擧*六祖因僧*問黄梅意旨什麼人得祖云會*佛法
人得僧*云和尚還得麼祖云我不得僧*云爲什麼不
得祖云我不會*佛法*師云曹溪巨浪消滴渾無被陸
沉*人不知幾幾這僧*當時聞六祖道我不會*佛法*攔
胷*扭住云還我黄梅衣鉢來待佗*擬開口一踏便*行
免見老胡正宗不致墜地
鮮*夏活鰀*鰀*亡*第二見尚涉簾纖*露躶躶無第二人
猶存這箇大機圓轉*処*未是向上宗乗*大用縱横時
堕*在時流窠窟更*言燒畬*種粟丐子歡娯日食夜眠

窮*鬼*活計須知從上佛祖即*我生寃家圓覺伽藍當
甚閑家具一向恁麼去*九旬禁足今已告圓畢竟成
得甚麼邉*事良久*開門待知識不見一人來
復擧*洞山到雲門門問近離甚処*山云査渡門云夏
在何処*山云湖南*報慈門云幾時離彼山云八月二
十五門云放汝三頓棒山至次日上方丈白云昨日
蒙和尚放某甲三頓棒不知過在甚麼處*門云飯袋
子江西湖南*便*恁麼去*山大悟師云雲門如武侯臨
流一喝凬*静*波停洞山似項羽逼至烏江英豪始絶
因甚後來卻*道不蓄一粒米不種一莖菜向十字路
頭接待往來還知麼春雷一震蟄*戸倶開

*①鞕 *①厺 *①②久
*②擧 *①僧②僧 *①②會
*①法
*①②沈
*②胸 *②他 *①便
*①②解 *①②鰀 *①亾
*①②纖
*①②轉 *①②處 *①②乘
*①②墮 *①更 *①②畬

*②窮 *①②鬼 *①②即
*①②邊
*①②處
*①②南
*①②處
*①②凬 *①②静
*②却
*①②蟄

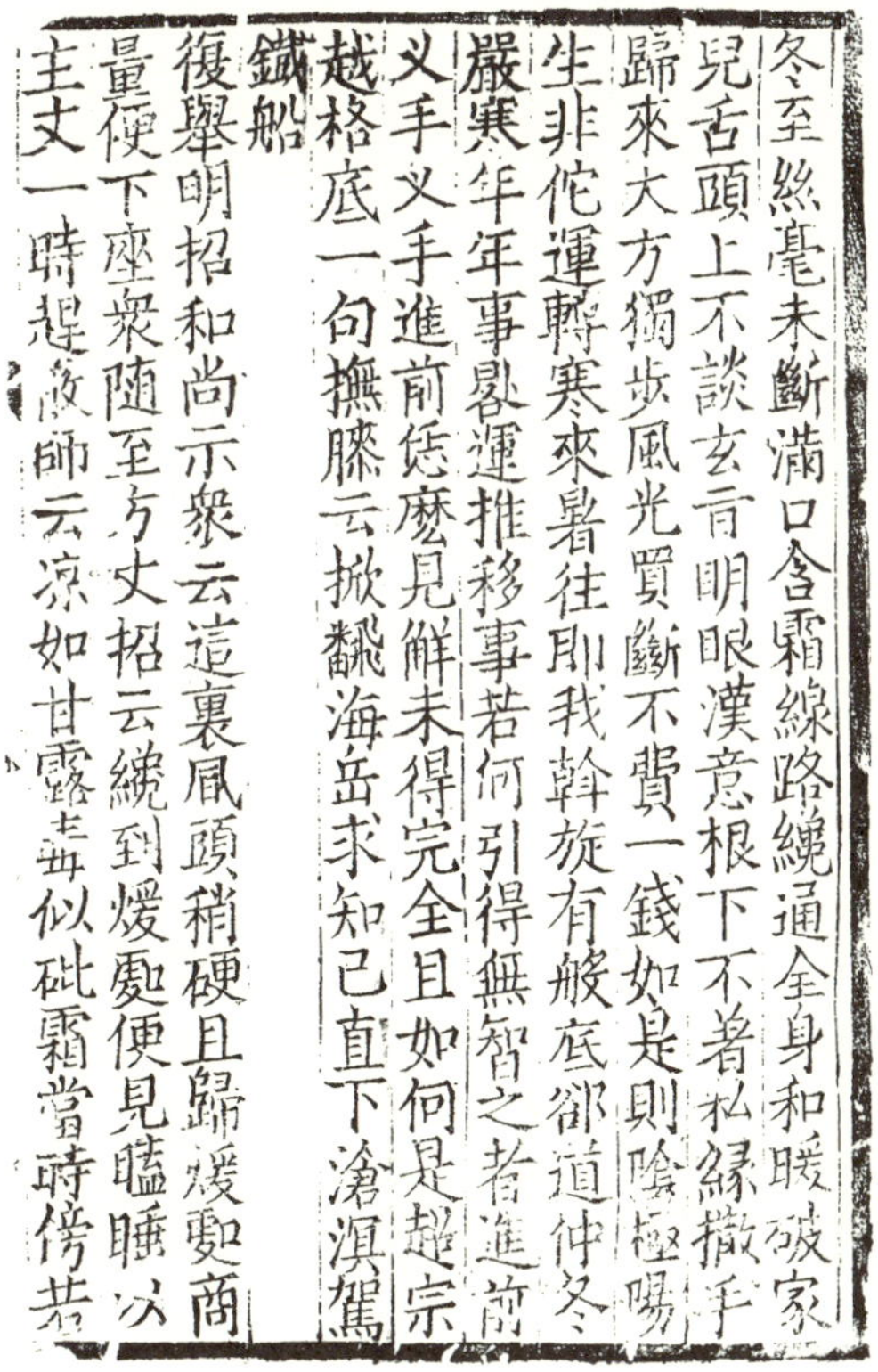

43

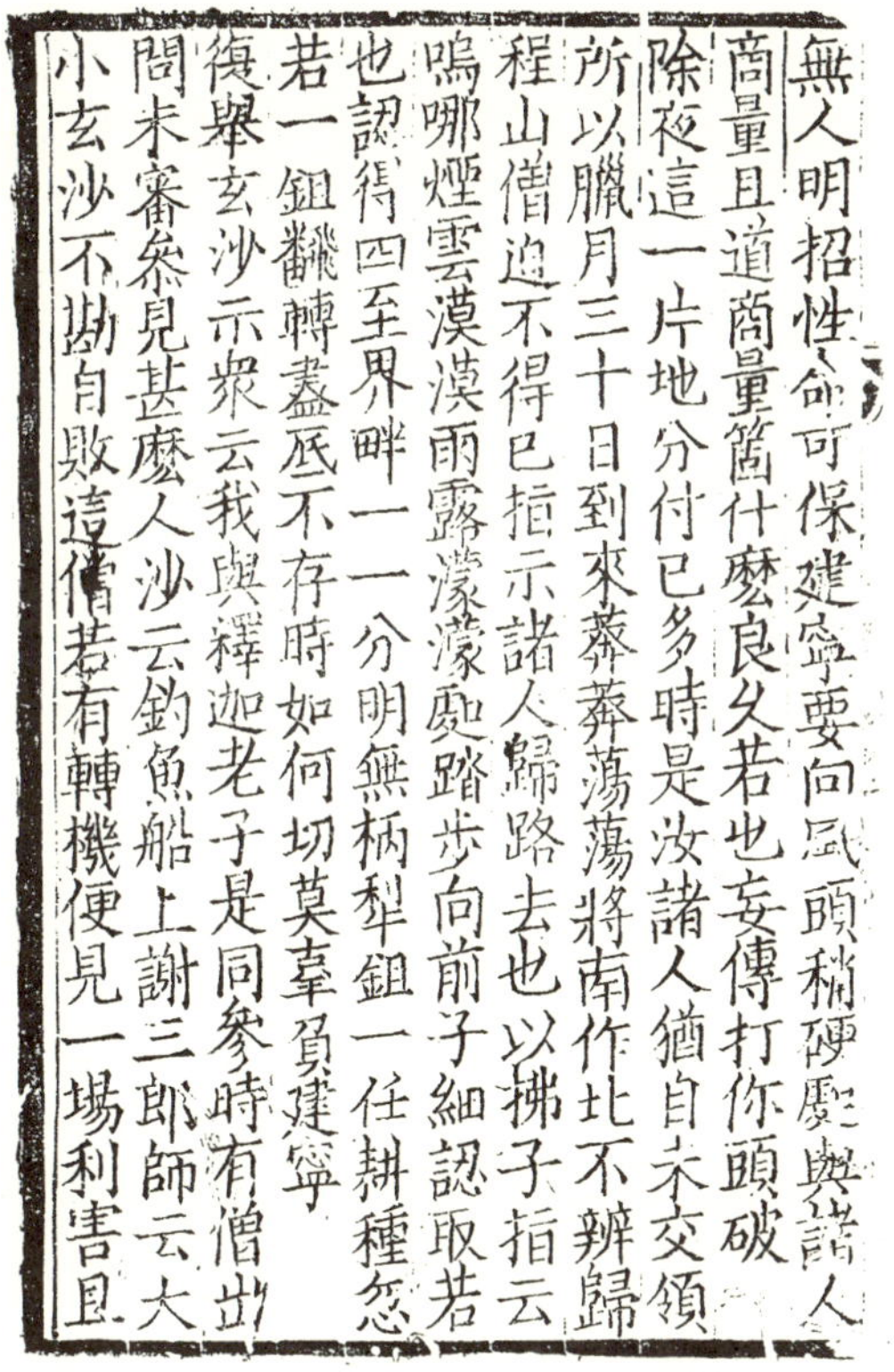

44

冬至絲毫未斷滿*口含*霜線路纔*通全身和暖破家
兒舌頭上不談玄言*明眼漢意根下不著私縁*撒手
歸來大方獨歩風光買斷不費一錢如是則陰*極陽
生非佗*運轉*寒來暑往即我斡旋有般底卻*道仲冬
嚴寒年年事㪍運推移事若何引得無智之者進前
叉手叉手進前恁麼見觧*未得完全且如何是超*宗
越格底一句撫膝*云掀翻*海岳*求知己直下滄溟*駕
鐵*船
復擧*明招和尚示衆云這裏凮*頭稍硬且歸煖處*商
量便*下座衆随*至方丈招云纔*到煖處*便*見瞌睡*以
主*丈*一時趕散師云凉如甘露毒似砒霜當時傍若

無人明招性命可保建寧要向風頭稍硬處*與諸人
商量且道商量箇什麼良久*若也妄*傳打你*頭破
除夜這一片地分付已多時是汝諸人猶自未交領
所以臘*月三十日到來莽*莽*蕩蕩將南*作北不辨歸
程山僧*迫不得已指*示諸人歸路去也以拂子指*云
嗚哪煙雲漠漠雨露濛濛處*踏歩向前子細認取若
也認得四至界*畔一一分明無柄犁鉏一任耕種忽
若一鉏翻*轉*盡*底不存時如何切莫辜*負建寧
復擧*玄沙示衆云我與釋*迦老子是同參時有僧*出
問未審參*見甚麼人沙云釣魚船上謝三郎師云大
小玄沙不勘自敗這僧*若有轉*機便*見一場利害且

---

*①②滿　*①②含　*①②纔
*①②旨　*①②緣
*①②陰
*②他　*①②轉　*②却
*①②解　*①②超
*①②膝　*①飜②翻　*①②嶽
*①②溟
*①②鐵
*②擧　*①②凮　*①②處
*①傻　*①②隨　*①②睡
*②柱　*②杖

*①②久　*①妄　*①②儞
*①②臘　*①②莽　*①②南
*①僧②僧　*①②指
*①畔
*①②盡　*①②辜
*①②釋
*①②參

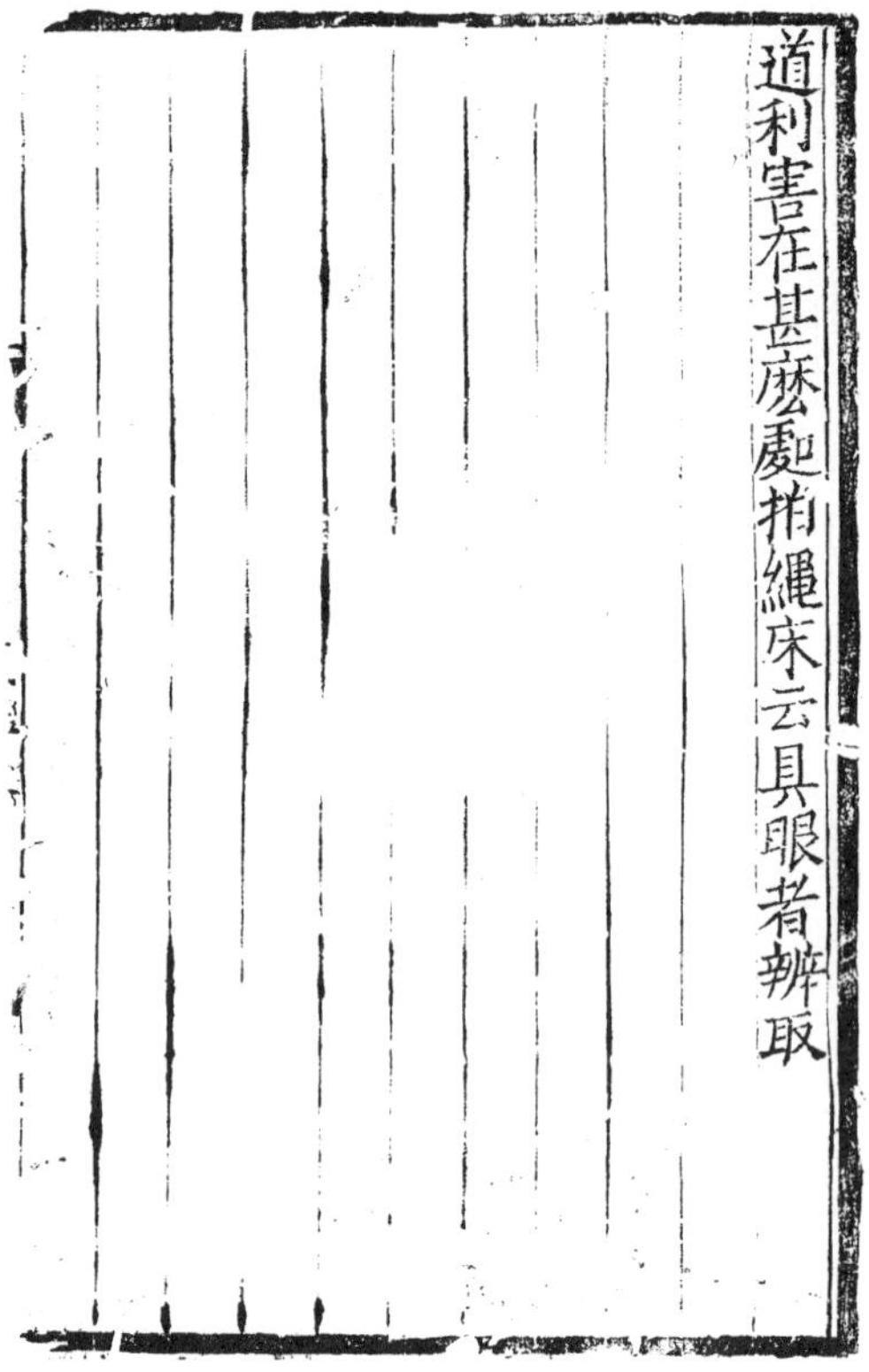
道利害在甚麼處拍繩床云具眼者辨取

道利害在甚麼處*拍繩*床*云具眼者辨取

*①②處　*①②繩　*①牀

*①②蘭溪和尚建寧小參畢

*①敊諡大覺禪師蘭谿大和尚語録巻中終
*②敕諡大覺禪師蘭溪大和尚語録卷中終

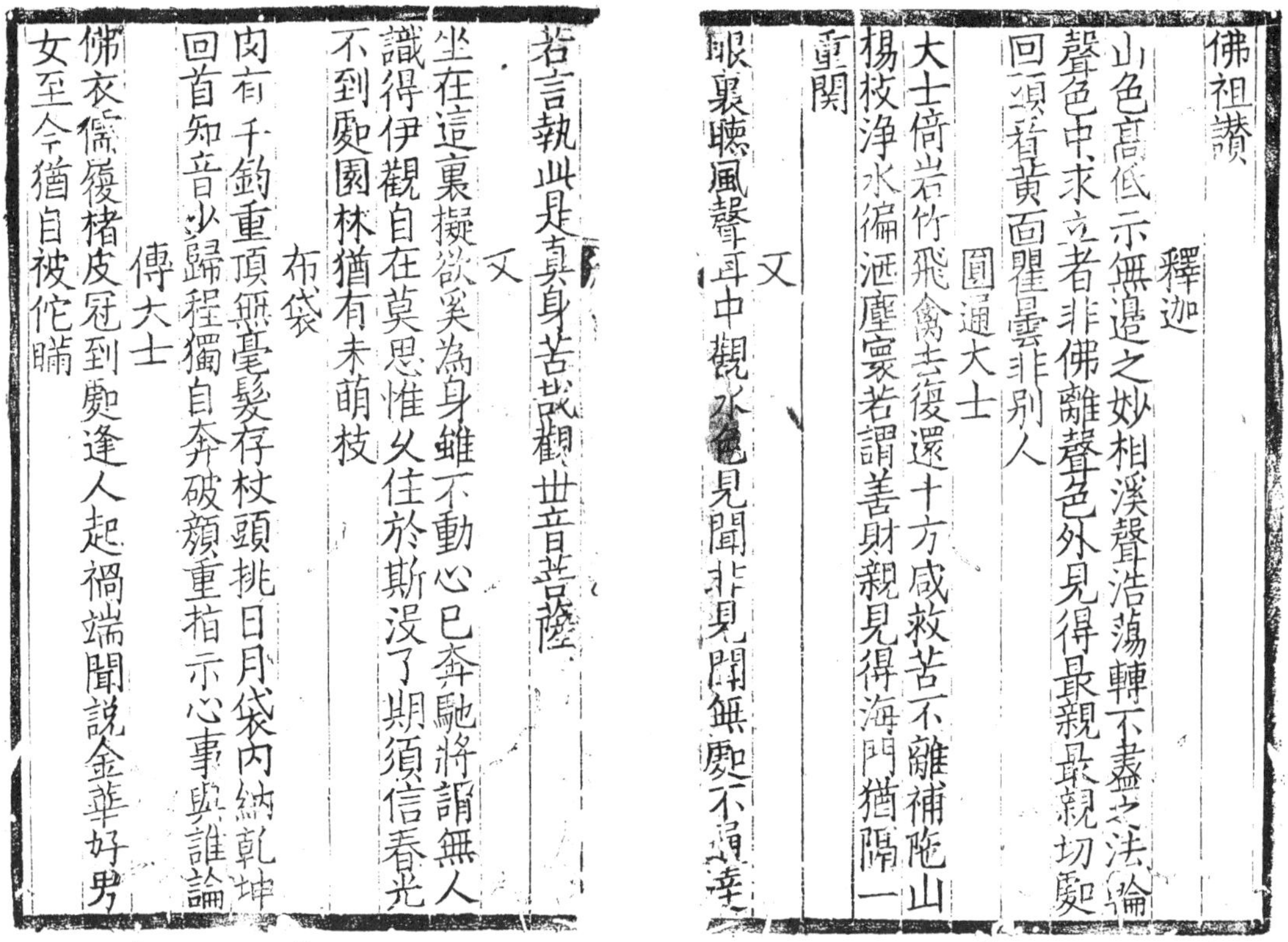

1　2　3　4

佛祖讚*

釋迦

山色高低示無邉*之妙相溪*聲浩蕩轉*不盡*之法輪
聲色中求立者非佛離聲色外見得最親最親切處*
回*頭看*黄面*瞿曇非別人

圓通大士

大士倚*岩*竹飛禽去復還十方咸救苦不離補陁*山
楊枝浄*水徧*洒塵寰若謂善財親見得海門猶隔*一
重関*

又

眼裏聽*風聲耳中觀*水色見聞非見聞無處*不通達
若言執此是真*身苦哉觀*世*音菩薩*

又

坐在這裏擬欲奚為*身雖不動心已奔馳將謂無人
識得伊觀*自在莫思惟久*住於斯没了期須信春光
不到處*園林猶有未萌枝

布袋

肉*有千鈞重頂無毫髮存杖頭挑日月袋内納乾*坤
回*首知音少歸程獨自奔破顔*重指*示心事與誰論

傳*大士

佛衣儒履楮皮冠到處*逢人起禍端聞説金華好男
女至今猶自被佗*瞞*

---

*①讃②賛
*①②邊　*①②谿　*①②轉
*①②盡
*①②處
*①回　*①②看　*①②面
*①②倚　*①②巖　*①②陀
*①②淨　*②遍　*①②隔
*①②關
*①②聽　*①②觀
*①②眞　*①②世　*①②薩
*①②爲
*①②久
*①②肉　*①②乾
*①②顏　*①②指
*②傳
*①②他　*①②瞞

達磨

楊子江頭浪拍天獨乗*一蓽*興如煙早知梁魏*無人

識錯向嵩山坐九年

嬾*瓚*和尚

棄本所居來住這裏無心趨炎惟道是履時煨埜*芋

一飽便*休也勝人間珎*羞百味堆堆下視紫泥封万*

壑千岩*没路通

普化

從何方來掀拳捋肘眼盖*乹*坤氣衝牛斗踢倒飯床*

處*笑*殺傍觀*忽作驢*鳴時自不知醜*掣風掣顛*指*槐*

罵柳木鐸有聲長在手箇*般麄*行沙門世*上果然罕

有

四睡圖

智行之人機謀難數威猛之虎*牙爪不露彼此自何

來聚頭相倚*附倒卧*横眠無怕怖至今夢裏未惺惺

睡*到幾時方覺悟饒伊睡*眼頓然開茫*茫*已是忘*歸

路

開山千光和尚

合浦之珠世稱爲貴荊山之璧人惜爲珎*師之道德

絶類超*倫又非璧珠之比難以口舌之陳爲法忘*軀

領太*白金言之益垂*慈利物建九重寶*塔之新化行

緇素名動縉紳描邈將*來不知這箇*是耶不是離相

---

*①②乘　*①②葦　*①②魏

*①②嬾　*①②瓚

*①②野

*①傻　*①②珍　*①②萬

*①②巖

*①蓋②蓋　*①②乾　*①牀

*①②處　*①②笑　*①②觀

*①②驢　*①②醜　*①②顛

*①②指　*①②槐

*①②個　①麤　*①②世

*①②虎

*①②倚　*①②臥

*①②睡　*①茈　*①忩

*①②超

*①②大　*①②垂　*①②寶

*①②將

而取時時為*汝轉*大法輪

10 懷感禪師

雙眼圓明兩*眉似帚堂堂經*論宗師凛凛象龍元首
踞座處*叉手當胷*振威時外魔奔走盖*緣*定水之澄
清*所以佛身而現右丹青*描畫將*來展則似有非有
有有有各請*面*南*看*北斗

11 道釋*禪師

法器厚重願力充盈想佛念佛窮*精*至精*心念頓忘*
也月圓万*戸佛身示現也蓮香一開要以數珠而授
于信士約趨寶*所而莫住化城

12 曇鸞和尚

受氣既大履踐還深*聞經*達理省行自斟雖無指*人
見性之妙*窓*有勸*善念佛之心世間誰子是知音要
識曇鸞真*法躰*亂*峰*疊*疊*水沉*沉*

小佛事 *

1 挂鐘

跳出洪鑪*大器圓千人同結此良緣*當陽一擊*無回*
互切忌餘音到客船打一下云諸仁者只今是聲來
耳畔是耳往聲邉*若把耳聞被聲所轉*各宜*領在未
扣已前未扣已前悟去透徹三千大千建長暫惜*洪
鐘口重爲檀*那次第宣又打一下云歷歷妙*音周法
界太平無象百千年

---

*①②爲 *①②轉
*①②兩 *①②經
*①②處 *①②胸 *①葢②蓋
*①②緣
*①②清 *①②靑 *①②將
*①②請 *①②面 *①②南
*①②看
*②綽
*①竆 *①②精 *①忈
*①②萬
*①寚②寶
*①湲 *①②指
*①妙 *①②密 *①②勸
*①②眞 *①②體 *①②亂
*①②峯 *①疊 *①②沈
*①②蘭溪和尚仏祖讃畢
*①②鑪 *①②擊 *①囘
*①②邊 *①宐②宜
*①②借
*①②檀

2

巨福山建長禪寺鐘銘
南閻*浮提各以音聲長為*佛事東州勝地特開榛莽*
剏此道場天人攸*向龍象和光雲歛霏開兮*樓觀*百
尺嵐敷翠鎖兮*勢*壓諸方事既前定法亦恢張圍*範
洪鐘結千人之緣*會*宏撞高架鎮*四海之安康脱自
一模重而難舉*圓成大器鳴則非常蒲牢纔*吼星斗
晦藏*群*峰*荅*響心境俱亡*扣之大者其聲遠徹扣之
小者其應難量東迎素月西送夕陽昬*寐*未惺攪*之
則寤宴安猶恣警之而莊*破塵勞之大夢息物類之
顛*狂妙*覺覺空根塵消殞返聞聞盡本性全彰共證
圓通三昧永*臻檀*施千祥回*此善利上祝

＊①②閻　＊①②為　＊①②莽
＊①②歸　＊①②兮　＊①②觀
＊①②勢　＊①②圍
＊①②緣　＊①②會　＊①②鎮
＊②擧　＊①②纔
＊①②藏　＊①②羣　＊①②峯
＊①②答　＊①亾
＊①②昏　＊①②寐　＊①②攪
＊①②莊
＊①②顚　＊①玅
＊①②永　＊①②檀　＊①囘

3

親王民豐歳*稔地久*天長
祖師三位入祖堂
指*出法王至寶*衆恙*駭然破除竺土六宗人皆畏敬
受般若多羅之遺讖*駕海而來要上根大器以親傳
從心而授幾回*中毒毒不能侵屢*抗深*談談未曽*竭
提無柄劍*断*衲僧*妄見之源掃有為*功指*世人真*歸
之地馨香偏*界出自一華次第聯*芳放開五葉讖*金
州子産一馬駒踏殺天下人更*無回*互處*自茲已往
便*有三日耳聾之話無所不周後代迅喝之機難容
佇思到這裏祖禰不了殃及兒孫大家聚首共*結深*
寃以報如來莫大恩*雖然在我信心檀*度分上如何

＊①②歳　＊①②久
＊①②指　＊①害②寶　＊①②悉
＊①②讖
＊①②屢　＊①湙　＊①曽②曾
＊①劔　＊①斷②斷
＊①僧②僧　＊①②眞
＊②遍　＊①②聯
＊①叓　＊①②處
＊①便
＊②供
＊①②恩

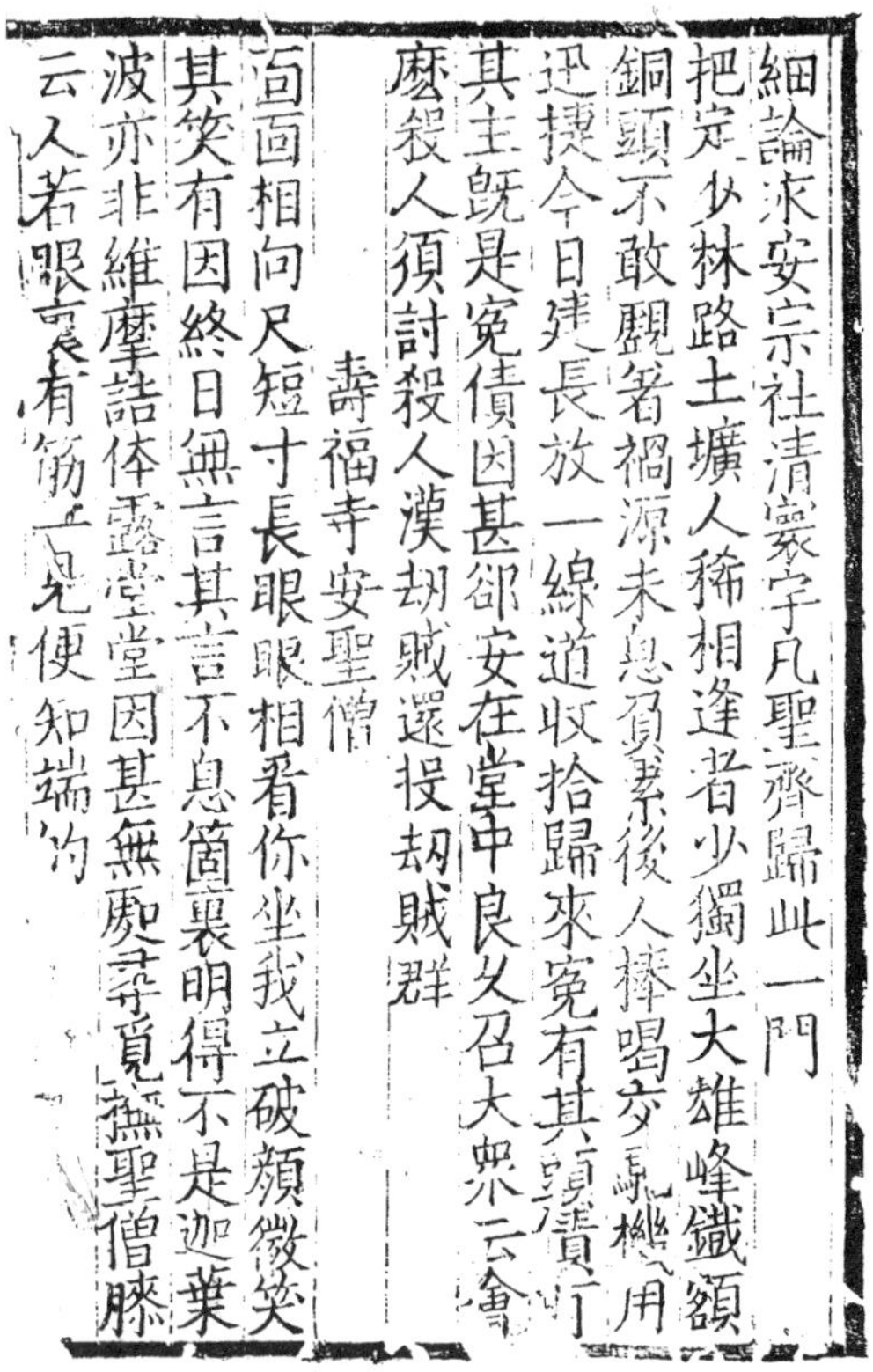

4

細論汞*安宗社清*寰宇凡聖齊歸此一門
把定少林路土壙人稀相逢者少獨坐大雄峰*鐵*額*
銅頭不敢覷*著禍源未息負累後人棒喝交馳機用
迅捷今日建長放一線道収*拾歸來寃有其頭債有
其主既是寃債因甚卻*安在堂中良久*召大衆云會*
麼殺人須討殺人漢刼*賊還投刼*賊群*
壽*福寺安聖僧*
面*面*相向尺短寸長眼眼相看*你*坐我立破顏*微*笑*
其笑有因終日無言其言不息箇*裏明得不是迦葉
波亦非維摩詰体*露堂堂因甚無處*尋覓撫聖僧*膝*
云人若眼裏有筋一見便*知端的

*①②永 *①②清
*①②峯 *①②鐵 *①頟
*①②覰
*②收
*②却 *①②久 *①②會
*①②劫 *①羣
*①②壽 *①僧②僧
*①②面 *①②看 *①伱②儞
*①②顔 *①②微 *①②笑
*①②個
*①②體 *①②處 *①②膝
*①便

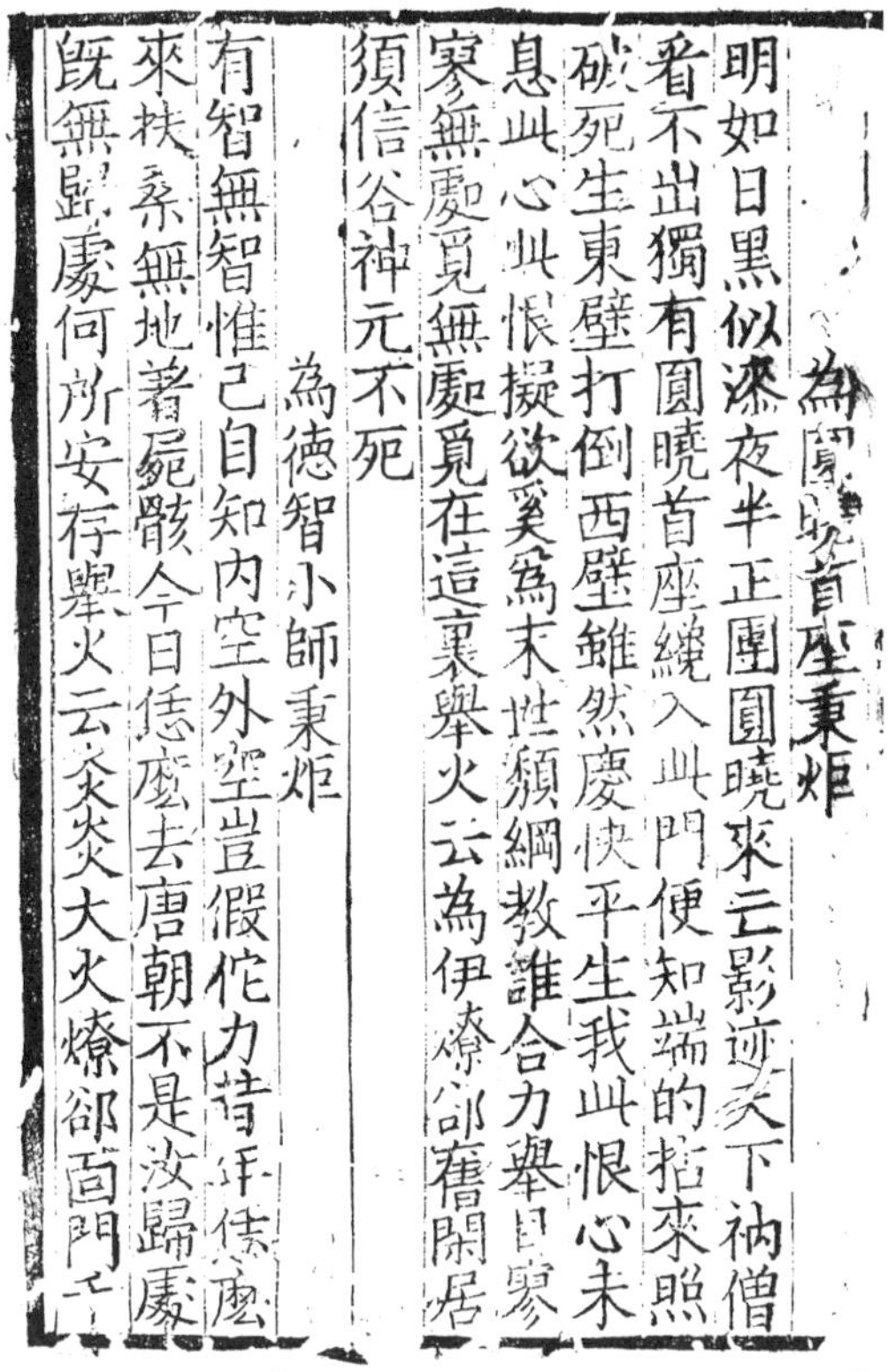

5

為*圓曉首座秉炬
明如日黒*似漆*夜半正團*圓曉來亡*影迹天下衲僧*
看*不出獨有圓曉首座纔*入此門便*知端的拈來照*
破死*生東壁打倒西壁雖然慶快平生我此恨心未
息此心此恨擬欲奚爲末世頹綱教*誰合力舉*目寥
寥無處*覓無處*覓在這裏舉*火云為*伊燎卻*舊*閑居
須信谷神元不死*

6

為*德智小師秉炬
有智無智惟已自知内空外空豈假佗*力昔年恁麼
來扶桑無地著屍*骸今日恁麼去唐朝不是汝歸處*
既無歸處*何所安存舉*火云炎炎大火燎卻*面*門千

*①②爲
*①②黑 *①②漆 *①②團
*①亾
*①②纔 *①②照
*①夗
*①②敎 *②擧
*①②舊
*②他
*①屍 *①②處

里暮雲横紫翠一鉤新月挂黄昏*

7

爲大安鄕*人下火

我主此山經*十霜斯心日夜渡滄浪汝來同住未三
載掣肘便*行歸故鄕*故鄕*不在南*閫住處*亦非此國*
了知四大本空到此安有出没末後慇懃爲伊提掇
召其名擧*火云看*看*炎炎火似茘枝紅回*首三山倚*
天末

8

覺上座秉炬

靜*辨工夫病裏看*看*來看*去覺心安今朝靜*覺頓亡*
了明鏡當臺*珠走盤覺上座死*句會*則易活句明則
難且喚什麼作活句以火打圓相云火輪撥轉*燎盡

瞞*盰*月色和煙白松聲帶露寒

9

遊岩上座下火

了事衲僧*不撥自轉*咬定牙關*死*魔共戰戰來戰去
無地可容一踢踢飜*五眼難見見不見山野為*伊通
一線擲下火云直下來也看*取火箭

10

澄*禪上人秉炬

不澄*心不息念天下衲僧*看*不見不學道不參禪罕
逢作者弗開拳一條脊梁硬*如鐵*二十年來拗*不折
今朝拗*折歸去來万*里無雲一輪月箇*是澄*禪人末
後親饒舌山僧*忍俊不禁擧*火云隨*後把火助熱*擲
下火把

---

*①②昏
*①鄕
*①②經
*①便 *①鄕②鄕 *①②南
*①②處 *①②國
*②擧 *①②看 *①回
*①②倚
*①②靜 *①亾
*①②臺 *①夊 *①②會
*①②轉
*①②瞞 *②肝
*①僧②僧 *①②關
*①②飜 *①②爲
*①②澂
*①磤 *①②鐵 *①拗
*①②萬 *①②個
*①②隨 *①②熱

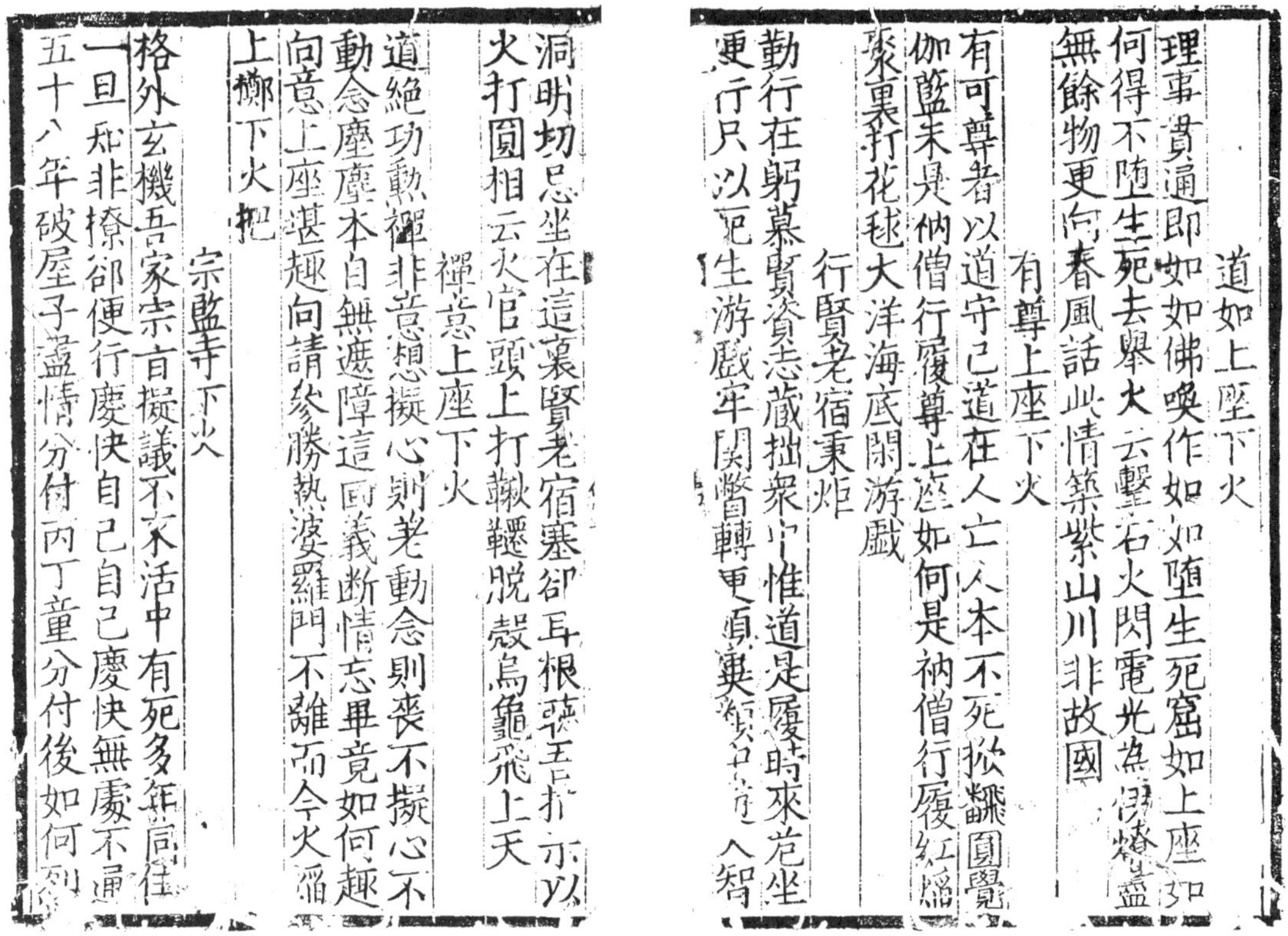

11 道如上座下火

理事貫通即*如如佛喚作如如墮*生死*窟如上座如
何得不墮*生死去舉*火云擊*石火閃電光為*伊燎盡
無餘物更*向春風話此情*築紫山川非故國*

12 有尊上座下火

有可尊者以道守己道在人亡*人本不死*掀飜*圓覺
伽藍未是衲僧*行履尊上座如何是衲僧*行履紅焔*
聚裏打花毬大洋海底閑遊戲*

13 行賢老宿秉炬

勤行在躬*慕賢資志藏*拙衆中惟道是履時來危*坐
便*行只以死*生遊戲*牢関*瞥轉*更*須異類中遊大智
洞明切忌坐在這裏賢老宿塞卻*耳根聽*吾指*示以
火打圓相云火官頭上打鞦韆脱殼*烏龜*飛上天

14 禪意上座下火

道絶功勲*禪非意想擬心則差*動念則喪*不擬心不
動念塵塵本自無遮障這回*義断*情忘*畢竟如何趣
向意上座堪趣向請*參勝熱*婆羅門不離而今火焔*
上擲下火把

15 宗監寺下火

格外玄機吾家宗言*擬議不來活中有死*多年同住
一旦知非撩卻*便*行慶快自己自己慶快無處*不通
五十八年破屋子盡情*分付丙丁童分付後如何烈

---

*①②卽 *①②墮 *①夗
*②擧 *①②擊 *①②爲
*①叓 *①②情 *①②國
*①亾 *①②飜
*①僧②僧 *①②焔
*①②戲
*①躳 *①②藏 *①②危
*①便 *①②戲 *①②關
*①②轉
*①却 *①聽 *①②指
*①穀 *①黿
*①②勳 *①②差 *①②喪
*①囘 *①㫁②斷 *①喪
*①②請 *①埶②熱 *②焔
*①②旨
*①②處

16

焔*亘*天俱燎却*青*山依舊*白雲中

禪海上座下火

叅*透涅槃堂裏禪便*鮮*揪粼*生死*海一間破屋没人修須信其中主元在海上人在不在更*參勝熱*婆*羅門覿面*為*伊重點*化

17

印空老宿秉炬

朩*踞一室清*若氷霜作得主宰捨*短從長弗受佗*家冬瓜印子不離這裏眼空諸方得此三昧入手灼然氣宇如王卧*疾一月餘日視死*若歸故鄉十載同居無可表意舉*火炬云只憑這箇*爲汝敷揚破屋從頭都燎卻*本來面*目露堂堂

18

圓光上座秉炬

以火打一圓相云這箇*圓光本光何別識得此光塵塵照*徹照*徹後作麼生何須點*發這星子火聚刀山信脚*行

19

幸賢監寺下火

荷擔*重任善伏衆情*精*金美*玉不得十成中道而夭如器失鍠寥落宗社孰為*拄撐賢監寺元不死*何似生楊岐驢*子脚*三隻能弄蹄兮*火裏行

20

爲正眞*大師下火

眞*見妄*見了則本空凡心聖心達時如幻若言空幻死*眼未開眞*大師火急要渠知落處*五臺會*散早歸

---

*①②焰　*①②亘　*①卻
*①②青　*①②奮
*①②參　*①便　*①②解
*①②粼　*①灸
*①叜　*①埶②熱　*①②波
*①②面　*①②爲　*①②點
*①②永　*①②清　*①②捨
*②他
*①②臥
*②舉　*①②個
*②却

*①②照
*①脚
*①②擔　*①②情　*①②精
*①②美
*①②驢　*①②兮
*①②眞
*①②妄
*①②處　*①②會

21

來

定智大師下火

千里尋師求一訣便*知有語非干舌一條脊梁何太
剛生死*到來拗*不折深*得禪定真*智現前揿飜*窠臼
不墮*盖*纏撒手便行不思鶴髮七旬之母佗*日再聚
同結龍華三會*之縁*畢竟以何爲驗只今定智朗然
當爐*莫避炎炎火撈出烏龜*飛上天

22

盛道上座下火

道上座生也不道死*也不道大海波停片雲凬*掃四
顉*寥寥無𠁅*討以火指*前山云那邉*噴起臭煙時戴
角毒虵*驚出草*

23

湛朗上座下火

生前湛湛地唯已自知末後朗朗然無疾而去天應
瑞雪撒手出門月夜清*凬*即*汝來路朗上座宜*薦取
更*參勝熱*婆羅燎却*閑家潑具燎盡後如何東山西
嶺燒痕青*本來面*目難回*互*

蘭溪和尚語録卷下*

勑*差*住持臨安府　御前香火浄*慈報恩*光孝禪
寺嗣祖比丘　智愚校勘
*

---

*①僾
*①夙 *①②拗 *①湥
*①②眞 *①②飜
*①②隨 *①蓋②葢 *②他
*①②會 *①②縁
*①②爐 *①龜
*①②風
*①②顧 *①②處 *①②指
*①②邊
*①②蛇 *①艸
*①淸 *①②郎 *①宐②宜
*①叓 *①②熱 *①郤
*①②青 *①②面 *①回
*②互
*①②蘭溪和尚小佛事畢
*①②敕 *①②差 *①②淨
*①②恩
*①敕謚大覺禪師蘭溪大和尚語錄卷下大尾
*②敕謚大覺禪師蘭溪大和尚語録卷下大尾

宋有名衲自彇*蘭
谿一筇高出於岷
冢*萬里南*詢狳*呉
越陽山領肯*到頭
不識無眀*擡脚千
鈞肯踐柖*源家法
乗*桴于海大行日
本國*中淵*默雷聲

*②號
*②峨 *②南 *②於
*②旨
*②明
*②松
*②乘
*②國 *②淵

三董*半千雄席積
之歳*月遂成蕳*編
忍禅*久侍雪逬*遠
訪四朙*鋟梓言不
及處*務要正脉流
通用無盡*時切忌
望林止渴景定甲
子春二月虚*堂扌*愚

*②董
*②歲 *②簡
*②禪 *②庭
*②明
*②處
*②盡
*②虛 *②智

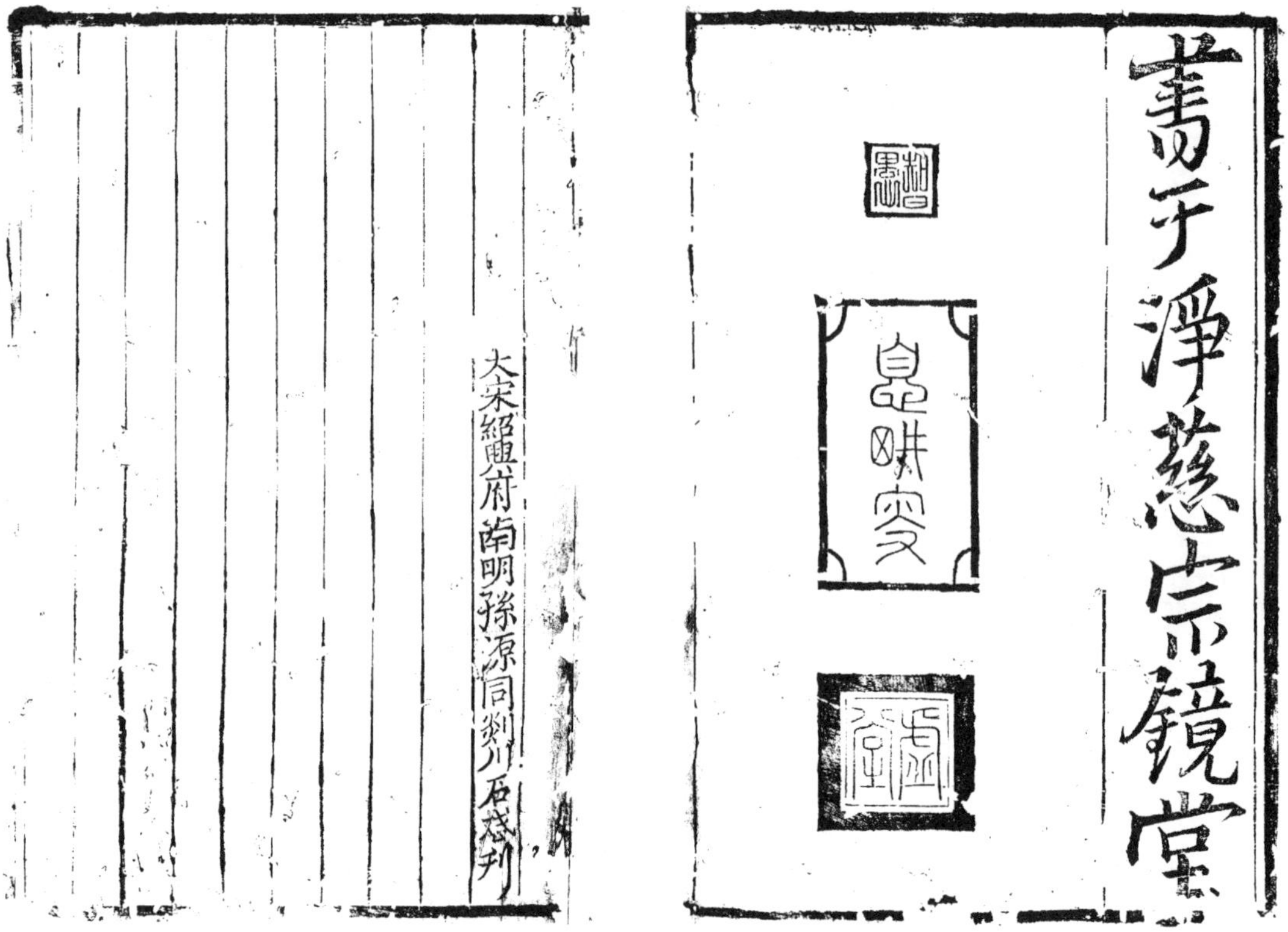

書于淨慈宗鏡堂

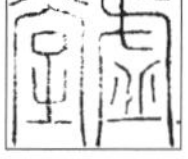

大宋紹興府南明孫源同刻川石瑟＊刊＊＊

＊①瑟　＊①利　＊②（なし）

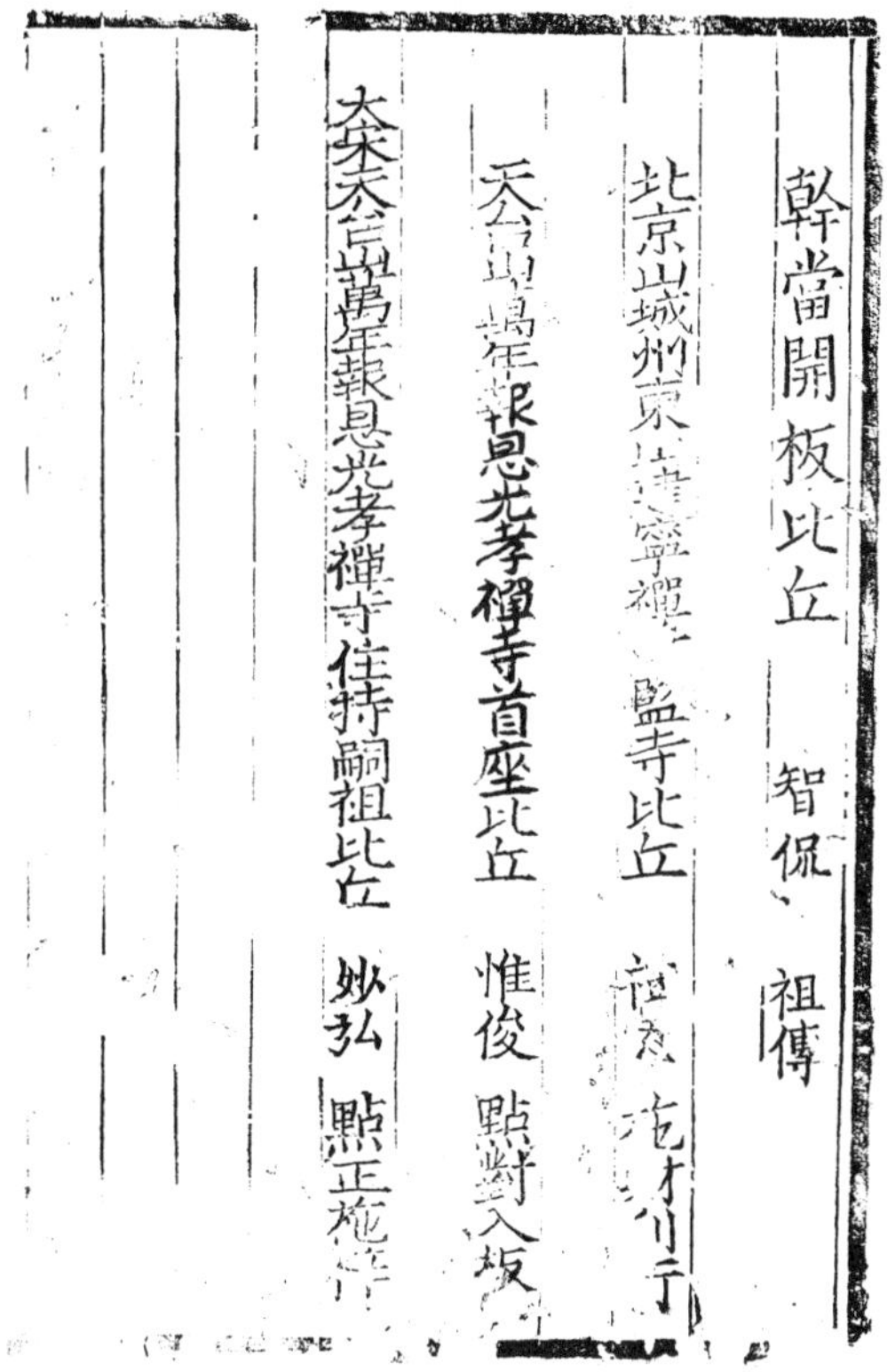

幹當開板比丘　智侃　祖*傳

北京山城州東山建寧禪寺監寺比丘　禪*忍*　施財刊行

天台山萬年報恩*光孝禪寺首座比丘　惟俊　點*對入板

大宋天台山萬年報恩*光孝禪寺住持嗣祖比丘　妙弘　點*正施梓

---

*①祖

*①祖　*①忍

*②恩　*①點②點

『蘭渓和尚語録』訓註

凡　例

■建長寺所蔵の覆宋五山版『蘭渓和尚語録』（以下、建長寺本）を底本とした。

■上段には訓読文を、下段には註記を配した。訓読文には、上堂、頌古、偈頌、普説、法語、小参、仏祖讃、小仏事ごとに、それぞれ順に番号を付した。

■使用漢字に関しては、基本的に建長寺本に基づき該当する常用漢字に適宜改めた。また、二種類以上用いられている文字に関しては、常用漢字に改めた上で統一して表記した。いくつかの具体例を挙げると「峯・峰」は「峰」に、「爐・炉」は「炉」に、「艸・草」は「草」に、「飜・翻」は「翻」に、「他・佗」は「他」に、「鐵・銕・鉄」は「鉄」に、「谿・溪」は「渓」に、「顛・巓」は「顛」に、「庵・菴」は「庵」に、「裏・裡」は「裏」に、「佛・仏」は「仏」に、「拂・払」は「払」として表記した。ただし、「辯・辦・辨・辨」に関しては、それぞれ別の漢字として理解して表記している。

■下段の註記に関しては、紙面の許す限りにおいて、できるだけ細かく入れることに努めた。

■人物・地名などの固有名詞の他、典拠が確認できるものなど、より詳細な註記が必要なものに関しては後段に補注を設けて列記した。なお、出典に関しては、『大正新脩大蔵経』は『大正蔵』、『続蔵経』は『続蔵』と省略し、巻数・頁・段を表記した。『続蔵』については『卍続蔵経』（新文豊出版公司印行）に基づいて記した。

■補注にはすべて番号を付した。下段註にそれぞれを順に番号を付し、補注において、序文を「序」、上堂を「上」、頌古を「頌」、偈頌を「偈」、普説を「普」、法語を「法」、小参を「小」、仏祖讃を「讃」、小仏事を「事」、跋文を「跋」、刊記を「刊」と表記して、それぞれに対応させた。また、補注で既出のものも補注のあることを記し、補注内にて既出であることを示した。

蘭渓隆老、蜀を出でて南遊し、蘇臺《そだい》の双塔《そうとう》に至りて、無明性《むみょうしょう》禅師の室中にて、東山の「牛が窓櫺《そうれい》を過ぐる話」を挙《こ》するに遇《あ》いて、遂に省有り。是に於いて、松源《しょうげん》が破沙盆《はしゃぼん》を提《かか》げて所伝を得たることを知る。後十数年、海を航《わた》りて日本に之《ゆ》き、殆《ほと》んど宿契《しゅくけい》の若《ごと》く、迺《すなわ》ち大いに宗風を振《ふる》う。其の門人禅忍、三会語録を稡《あつ》めて、序を余に請《こ》う。余、其の略《りゃく》を観るに曰く、「寒巌幽谷《かんがんゆうこく》は面面《めんめん》に春を廻《めぐ》らし、此土他邦《しどたほう》は頭頭轍《ずずみち》に合す」と。故《ゆえ》に因《よ》りて序して云う。

時に大宋景定三年二月望日、特に左右街都僧録に転じ、教門公事を主管し、上天竺広大霊感観音教寺《じょうてんじくこうだいれいかんかんのんきょうじ》に住持し、兼ねて顕慈集慶教寺《けんじしゅうけいきょうじ》に住持せる、天台教観を伝えて、特に紫金襴衣《しきんらんえ》を賜い、特に仏光法師を賜う　法照。

［仏光法師］［晦巌］［法照］

○蘭渓隆老…蘭渓道隆（一二一三～一二七八）のこと。○蜀…中国四川省の別名。○南遊…『華厳経』で善財童子が法を求めて南方に遊歴したことから、求法のため旅することをいう。○蘇臺…蘇州（江蘇省）のこと。○双塔…蘇州府城の双塔寺のこと[補1]。○無明性禅師…臨済宗松源派の無明慧性（一一六〇～一二三七）のこと。蘭渓道隆の嗣法の師[補2]。○東山…臨済宗楊岐派の五祖法演（?～一一〇四）のこと[補3]。○牛過窓櫺…「牛過窓櫺」の公案[補4]。○松源…臨済宗虎丘派（松源派祖）の松源崇嶽（一一三二～一二〇二）のこと。無明慧性は松源崇嶽の法嗣[補5]。○破沙盆…ひびが入った素焼きの盆。「密庵破沙盆」の公案[補6]。○宿契…前世からの因縁。宿縁と同じ。○禅忍…蘭渓道隆の門弟。入宋して『蘭渓和尚語録』の刊行に尽力した[補7]。○三会語録…常楽寺・建長寺・建仁寺の三ヶ寺での語録。○稡…稡・枠に通ず。集める。集まる。○寒巌幽谷～頭頭合轍…『蘭渓和尚語録』巻上「常楽禅寺語録」の入院上堂から抜粋。○頭頭合轍…ひとつひとつ、それぞれが道にかなう。いちいち道理にかなっている。

○大宋景定三年二月望日…景定三年（一二六二）二月十五日。望日は旧暦の十五日。○左右街都僧録…僧侶の人事を統括する役職[補8]。○上天竺広大霊感観音教寺…杭州（浙江省）にある天台宗の寺院で、上天竺寺の名で知られる[補9]。○顕慈集慶教寺…法照が開山した天台宗の寺院[補10]。○天台教観…天台大師智顗（五三八～五九七）を実質的な開祖とし、『法華経』を根本経典とする天台宗の教え。○紫金襴衣…紫衣は中国朝廷から下賜された最貴の衣の色で、これに金糸にて刺繍されたものと考えられる。○仏光法師…晦巌法照が南宋の皇帝理宗から下賜された勅号。○法照…天台宗の晦巌法照（一一八五～一二七三）のこと[補11]。

日本国相模州常楽禅寺蘭渓和尚語録

侍者　円顕・智光編

1

師、宝治《ほうじ》二年戊申《つちのえさる》冬十二月に於いて入院す。

三門を指して、「百千万億の法門、尽《ことごと》く此の門に在りて入る。諸人、此《こ》の門に入り得ば、汝に許《ゆる》さん、参学の事《じ》畢《おわ》れり」と。

仏殿を指して焼香し、「今仏《こんぶつ》は後ならず、古仏《こぶつ》は先ならず、頂門《ちょうもん》に眼を具《ぐ》せば、験《けん》は目前に在り。目前に真仏《しんぶつ》を識《し》らんと要す麽《や》」と。遂《つい》に礼拝す。

方丈に拠《よ》り、横に主丈《しゅじょう》を按《あん》じて云く、「刹竿《せっかん》を見て首《こうべ》を回らすも、也《ま》た他《た》の分子《ぶんす》無し。一向に恁麽《いんも》ならば、道絶《た》え人荒《あ》れん。作麽生《そもさん》か商量《しょうりょう》せん」と。主丈《しゅじょう》に靠《よ》る。

帖を拈じて挙起《こき》して云く、「去住《きょじゅう》分明なり、只《た》だ這箇《しゃこ》に憑《よ》るのみ。就中《なかんづく》、点劃《てんかく》に私無し。今請う、当陽《とうよう》に説破《せっぱ》せんことを」と。

法座《ほうざ》を指して、「尽大地《じんだいち》をば一法王座《ほうおうざ》と作《な》すも、未だ全提《ぜんてい》と称《しょう》せず。須弥山《しゅみせん》を拈《ねん》じて一片の舌頭《ぜっとう》と為《な》すも、豈《あ》に宏辯《こうべん》に充《あ》てんや。雖然《しか》れども、仁義道中、略《ほ》ぼ一線を通ず」と。

驟歩《しゅうほ》して登座《とうざ》し、祝聖拈香《しゅくしんねんこう》し、「此の一瓣香《いちべんこう》、恭《うやうや》しく両国の至尊《しそん》の為《た》めに、用《もっ》

○常楽禅寺…鎌倉市大船にある粟船山常楽寺のこと[補1]。○円顕…不詳。道隆は弟子の法名に円の系字を用いることが多い。○智光…道隆の弟子と見られるが詳細は不明[補2]。

○宝治二年戊申冬十二月…道隆は宝治二年（一二四八）に鎌倉に到着。初めは寿福寺に寓居し、その年の十二月に常楽寺に住持として入院。○指三門、百千万億法門、尽在此門而入…[補3]。○三門…山門ともいい、禅宗寺院の正面の門。三解脱門。○百千万億…非常に数が多いこと。

○仏殿…禅宗寺院で、伽藍の中心にあり、本尊を安置し礼拝する建物。○今仏…現在仏である釈迦牟尼仏。○古仏…過去世の仏。○頂門…頭の上。○真仏…報身仏または法身仏をいう。

○方丈…禅宗寺院で住職の居室。○主丈…拄杖。体をささえる杖。上堂して法を説く時に用いる。○刹竿…寺の門前や仏堂の前に立てる、先に炎形の宝珠をつけた長い竿。説法が行なわれる際に立てる。○分子…分出した子孫。○商量…相談協議する。いろいろ考えて推し量ること。禅の教えを問答審議する。

○拈帖…帖を手にとること。○挙起…とり上げること。○去住…去ることと、とどまること。○分明…あきらかなこと。明白なこと。○就中…とりわけ。そのなかでも。○点劃…漢字の点と線。○当陽…面と向かって。まっこうから。まともに。○説破…言い切る。説き尽くす。○法座…仏のすわる座。説法をする僧のすわる座。○尽大地…すべての大地。○法王座…仏のすわる座。○全提…すべてをそのまま示す。すべて提示する。○須弥山…仏教で、世界の中心にそびえるという高山。○舌頭…舌。頭は名詞につく接尾語。○仁義…仁と義。儒教道徳の根本理念。

○驟歩…はしる。早歩きする。○祝聖…天皇の寿命無窮を祝い祈ること。○拈香…香をつまんで焚くこと。○一瓣香…ひとつまみの香。○

て三祇劫寿《さんぎごうじゅ》を祝《しゅく》したてまつる。恭《うやうや》しく願わくは、大徳《だいとく》を懋昭《ぼうしょう》し、群生《ぐんじょう》を宏済《こうさい》し、垂拱《すいきょう》にして四海清平《せいへい》に、無為《むい》にして万邦入貢《ばんぼうにゅうこう》せんことを」と。

次に拈香《ねんこう》し、「此の香、得処親切《とくしょしんせつ》にして、久しく珍蔵《ちんぞう》し、快便《かいべん》にして逢《あ》い難《がた》し。妨《さまた》げず、拈出《ねんしゅつ》して前住大宋国平江府陽山尊相禅寺臨済正派松源嫡嗣《だいそうこくへいこうふようざんそんしょうぜんじりんざいしょうはしょうげんちゃくし》の無明《むみょう》大和尚の為《た》めにし奉り、鑪中《ろちゅう》に爇向《ねっこう》して、恩に酬《むく》い徳に報《むく》いることを」と。

座に就《つ》いて索話《さくわ》す、「世上云《い》うことを休《や》めよ、伯楽《はくらく》無しと。車前、孰為《なん》ぞ驊騮《かりゅう》没《な》からん。知音《ちいん》、自ら知音の識《し》る有り。争《いか》でか黄金を把《と》って喚んで鍮《ちゅう》と作《な》さん」と。問答し罷《お》わる。

乃《すなわ》ち云く、「明に妙略《みょうりゃく》を施せば、寒巌幽谷《かんがんゆうこく》は面面《めんめん》に春を廻《めぐ》らす。暗に玄機《げんき》を展《の》ぶれば、此土他邦《しどたほう》は頭頭轍《ずずみち》に合《がっ》す。既《すで》に轍《みち》に合するも、便《すなわ》ち見る、動と止と倶《とも》にして、止にして動法《どうほう》無く、動静《どうじょう》の二相、了然《りょうぜん》として生ぜざることを。咄《とつ》。祖庭《そてい》に入らんと要《よう》せば、且《しば》らく門外に居《きょ》せよ。須《すべか》らく未だ寸歩《すんぽ》を移さざるの前に已に東国に到り、道場を動かざるの際に河沙《がしゃ》を遍歴《へんれき》すること有るを知るべし。此《ここ》に於いて明らめ得ば、微塵裏《みじんり》に坐して大法輪《だいほうりん》を転《てん》じ、有生《うしょう》は利益《りやく》を蒙《こうむ》り、一毫頭《いちごうとう》に向かって宝王刹《ほうおうせつ》を現《げん》じ、何《いず》れの地か含融《がんゆう》せざらん。是の如《ごと》くならば、則ち此《こ》の山に主と作るは、我が行持《ぎょうじ》に在《あ》り、彼の処に賓《ひん》と為《な》るは、暫《しばら》く戈甲《かこう》を停む。有る時は恁麼《いんも》にして、三頭六臂《さんずろっぴ》も他を奈何《いか》んともする無し。設或《も》し然《しか》ら

至尊…この上なく尊いこと。○三祇劫…三祇劫。三阿僧祇劫。菩薩が仏果を得るまでの段階を三つに分けたもの。○大徳…高徳の僧。または修行僧。○懋昭…喜ばせること。○群生…一切衆生。すべての生き物。○宏済…広く救うこと。○垂拱…何もしないこと。天下のよく治まるたとえ。○四海…須弥山を取り巻く四つの外海。○清平…世の中が清らかに治まっていること。○無為…自然に任せて、人為を加えないこと。○万邦…あらゆる国。すべての国。○入貢…貢物を持って来ること。

○親切…ぴったり適合すること。自分にとってグサリとくること。○珍蔵…大切にしまっておく。○快便難逢…あまりにすばやく受け止め難い。○拈出…取り出す。つまみ上げる。○平江府…蘇州（江蘇省）のこと。○陽山…蘇州長洲県の陽山。○尊相禅寺…陽山に存した禅宗寺院[補4]。○松源…臨済宗虎丘派（松源派祖）の松源崇嶽（一一三二～一二〇二）のこと[補5]。○無明大和尚…臨済宗松源派の無明慧性（一一六〇～一二三七）のこと[補6]。○爇向…爇は焼く意。香を焚くこと。向は助字。

○索話…住持が説法を始めるに先立ち、大衆に向かって疑問があれば質問するようにうながし説くこと。○伯楽…馬の良否を見分ける中国周代の名人、孫陽のこと。人物を見抜き、その能力を引き出し育てるのが上手な人にたとえる[補7]。○孰為…いずれぞ。両者をくらべて疑い問う言葉。○驊騮…中国古代、周の穆王が愛用した赤栗毛の良馬の名[補8]。○知音…互いによく心を知り合った友。親友[補9]。○鍮…真鍮。銅と亜鉛との合金。

○寒巌幽谷…寒々とした冬の岩。奥深い静かな谷。○玄機…奥深い働き。○頭頭合轍…ひとつひとつ、それぞれが道にかなう。いちいち道理にかなっている。○動静…動いたり静かにしたりすること。日常の行住坐臥。○了然…はっきりとよくわかるさま。○咄…舌打ちをする音。○寸歩…わずかの歩み。○河沙…恒河沙。ガンジス川の砂。数量が無数であることのたとえ。○坐微塵裏転大法輪…[補10]。○微塵…きわめて微細なもの。○大法輪…仏の所説をいう。仏法を転輪聖王の輪宝にたとえたもの。○有生…生命のあるもの。○向一毫頭現宝王刹…[補11]。○一毫…一本の毛。極めてわずかなもののたとえ。○宝王刹…七宝で荘厳された寺院。仏国土。○行持…仏道の修行を常に怠ら

ずば、千手大悲《せんじゅだいひ》も摸索《もさく》し著《え》ず。是《かく》の如くなりと然雖《いえど》も、這裏《しゃり》に還《は》た同心合力《どうしんごうりき》し済険扶危《さいけんふき》する者有り麼《や》」と。左右を顧視《こし》して云く、「幸《さいわ》いに東勝和尚・常楽東堂有り。彼《か》れ若《も》し頭《こうべ》を扶《もた》げば、我れ便ち尾《お》を接《せっ》せん。人人は虎の山に靠《よ》るに似《に》、箇箇《ここ》は龍の水を得るが如し」と。拄杖《しゅじょう》を卓《たく》して、「皇恩《こうおん》と仏恩《ぶつおん》とに報い尽くし、無限の清風《せいふう》来たりて未だ已《や》まず」と。叙謝《じょじゃ》は録せず。

「復《ま》た挙《こ》す。乳源《にゅうげん》和尚、僧問う、『如何《いか》なるか是《こ》れ祖師西来意《そしせいらいい》』と。源《げん》云く、『即今《そっこん》、是《こ》れ甚麼《なん》の時節としてか出頭し来たる』」と。師云く、「乳源《にゅうげん》は一向《いっこう》に把定《はじょう》して、水泄《も》れ通ぜず。僻見《へきけん》の邪徒《じゃと》、誰をしてか化導《けどう》せしめん。山僧は即《すなわ》ち然《しか》らず。今日或《も》し人有りて、『如何《いか》なるか是《こ》れ祖師西来意《そしせいらいい》』と問《と》わば、只《た》だ他《かれ》に向かって道《い》わん、『袖裏《しゅうり》に鏌鎁《ばくや》を握《にぎ》りて、鋒鋩《ほうぼう》渾《す》べて露《あら》わさず』と。分明《ぶんみょう》を見んと要《よう》せば、更に一頌《いちじゅ》を聴け。海嶽《かいがく》を掀翻《きんぽん》して其《そ》の人を覓《もと》む。百偽《ひゃくぎ》、如何《いか》んが一真《いっしん》を掩《おお》わん。西来端的《たんてき》の旨《し》を会得《えとく》せば、少林《しょうりん》の花木《かぼく》、又た重ねて新たならん」と。払子《ほっす》を撃《う》ちて下座《あざ》す。

2

新旧の両班を謝する上堂。「東に拄《ささ》え西に撐《ささ》へ、新無く旧無し。只《た》だ諸人が各《おの》おの隻手《せきしゅ》を出だし、正宗《しょうしゅう》を扶堅《ふじゅ》せんことを要す。功《こう》は朽《く》ちず、功《こう》は朽《く》ちず。金毛《きんもう》の獅子《しし》、解《よ》く翻身《ほんしん》す。南辰《なんしん》を拽転《えいてん》して北斗《ほくと》に安んず」と。

ずに続けること。○戈甲…盾と鎧。○三頭六臂…三面六臂とも。仏像などが、一体で三つの顔と六つのひじを備えていること。一人で数人分の働きをすること。○千手大悲…千手観音のこと。○摸索…手さぐりで探し求めること。○同心…目的・志などを同じくすること。○合力…力を合わせて助けあうこと。○済険扶危…危険を扶済する。危うい状態を救う。危険な時であっても助けること。○顧視…振り返って見ること。かえりみること。○東勝和尚…不詳[補12]。○常楽東堂…常楽寺の前住職。東堂は隠居。不詳。○似虎靠山、如龍得水…[補13]。○無限清風来未已…[補14]。○叙謝…感謝の言葉を述べること。

○乳源和尚~時節出頭来…[補15]。○乳源和尚…馬祖下の韶州乳源（不詳）のこと。○祖師西来意…祖師（達磨）がインドから中国にやってきた真意を問うもの。禅の根本精神を示すのに祖師西来意の公案が用いられた。○出頭…顔を出す。進み出る。この世に出る。○把定…しっかりと握る。相手の機を押さえ込むこと。○僻見…公平でない、かたよった見解。辺見。○化導…教化すること。衆生を導き化すること。

○袖裏…袖の中。○鏌鎁…鏌鎁・莫邪ともいう。中国古代の呉の名剣の名。「干将莫邪」の故事に基づく[補16]。○鋒鋩…刃物の切っ先。相手を追究する激しい気質・気性のたとえ。○海嶽…海と山。○掀翻…ひっくり返すこと。高く持ち上げてひるがえすこと。○端的…はっきりとしているさま。そのものずばりのありよう。○会得…物事の意味を十分とらえて自分のものとすること。○少林…洛陽（河南省）登封県の嵩山少林寺。達磨が面壁坐禅した寺[補17]。

○両班…禅宗寺院で、寺院運営における東班と西班のこと[補1]。○扶堅正宗…正しい宗旨を助け立てる。○金毛獅子…文殊の乗る獅子。金色の毛に覆われた獅子のことで、非常に優れた禅僧をたとえていう。○南辰…南方に見える星。○拽転…引っ張って移すこと。

3

上堂。「道は遠きに非ず、之《こ》れを行けば必ず至る。事は易《やす》きに在《あ》り、之《こ》れを懼《おそ》るれば則ち難《かた》し。所以《ゆえ》に十方《じっぽう》の叢林《そうりん》は、十方《じっぽう》の人によりて建立《こんりゅう》す。山僧、此間《すかん》に住持《じゅうじ》し、只《た》だ諸人と同じく仏祖無上《ぶっそむじょう》の妙道《みょうどう》を究《きわ》め、三有《さんぬ》四恩《しおん》に報答《ほうとう》せんことを要す。真実《しんじつ》に道念《どうねん》有る者は、四威儀《しいぎ》の中に身心自然《しんじんじねん》に安楽《あんらく》にして、外物に所移《うつ》されず。如今《にょこん》、参禅して滋味《じみ》を知らざる者、凡《およ》そ坐する時に便ち見る、千辛万苦《せんしんばんく》して昏散倶《こんさんとも》に生ずることを。昏《こん》せば則ち一向無知《むち》にして夢に随《したが》いて転《てん》ず。散《さん》ぜば則ち多端雑想《たたんざっそう》して心地《しんち》は寧《おだや》かならず。散じて復《ま》た昏《こん》し、昏《こん》して復《ま》た散《さん》ず。昏沈《こんちん》し散乱《さんらん》して、了時《りょうじ》有ること無し。此《かく》の如く工夫《くふう》を做《な》さば、做《な》して一百年に到るも、也《ま》た只《た》だ是れ箇《こ》の愚昧《ぐまい》の漢なり。此《こ》の病い、只《た》だ汝が道念無く、仏法の身心《しんじん》無きに縁《よ》る。所以《ゆえ》に是《かく》の如し。汝、若《も》し世間の雑事《ぞうじ》を将《もっ》て一時に捨却《しゃきゃく》し、単単に生死無常《しょうじむじょう》の大事を以て懐に挂《か》けば、世念《せねん》既に軽《かる》く、道念自《どうねんおの》ずから重《おも》からん。道念若《どうねんも》し重《おも》ければ、坐禅の時、昏散《こんさん》も汝を侵《おか》し得ず。主将《しゅしょう》の善能《よ》く令《れい》を行ずるが如《ごと》くに相《あ》い似て、干戈《かんか》を動かさざるも、六賊《ろくぞく》敢《あ》えて故《ことさ》らに犯さず。一日は一日より勝《まさ》りて、大解脱《だいげだつ》の法門に入らん。汝等《なんじら》、若《も》し未だ工夫《くふう》を做《な》すの法を得ずば、更に汝が為めに重重に説過《せっか》せん。妄想顚倒《てんどう》起こる時、你、但《た》だ箇《こ》の金剛王宝剣《こんごうおうほうけん》を提《ひっさ》げて、他の与《ため》に一截《いっせつ》に截断《せつだん》せよ。如何《いか》なるか是れ金剛王宝剣。但《た》だ行住坐臥《ぎょうじゅうざが》の時に向かって看よ。尽大地《じんだいち》は是れ汝が自己《じこ》なり。山河大《せんがだい》

○道非遠而行之必至、事在易而懼之則難…［補1］。○十方…あらゆる方面。すべての所。○叢林…樹木の繁茂する林。禅宗寺院。禅の修行道場。○妙道…真実の道。○三有…欲界・色界・無色界の三界に存在する者。○四恩…人がこの世で受ける四種の恩。父母・衆生・国王・三宝の恩。○道念…仏道を求める心。道心。○四威儀…行・住・坐・臥の四つの作法にかなっているもの。戒律にかなった日常の立ち居ふるまい。○自然…人為の加わらないさま。真如法性の理。○外物…自分以外の事物。外界にあるもの。○参禅…禅に参ずる。禅の道に入って修行する。○滋味…味。味わい。うまい味わい。ここでは豊かで深い精神的な味わい。○千辛万苦…つらいことや苦しいことをいろいろ経験すること。○昏散…昏沈散乱。心が深く沈んだり、散乱したりすること。○一向…ひたすら。○多端…複雑で多方面にわたっていること。○心地…心持。気持。○昏沈…身心を沈みこませ、積極的な活動をさせなくする心のはたらき。意識が朦朧としているさま。○散乱…煩悩のために心が乱れて不安定であること。対象に心を奪われて落ち着かないこと。○了時…了悟のとき。大事了畢の時間。○工夫…仏道修行などに専念すること。坐禅に専心すること。○愚昧…おろかで道理に暗いこと。

○生死無常…人生ははかなく、無常であるということ。○世念…俗世に執着する心。○主将…全軍を指揮する大将。○干戈…盾と矛。武器。武力。○六賊…六根のこと。煩悩を起こし、悪を行なわせるもととなるところから盗賊にたとえたもの。

○大解脱法門…偉大な解脱の境界に入る門。三界の苦界を離れた真の悟りの境地。○説過…過を説く。あやまちについて説く。○妄想顚倒…虚妄の想念。真理に背いた顚倒の念。迷ったものの見方。○金剛王宝剣…一切のものを自由自在に斬破し得る、きわめて堅牢な剣。転じて、よく一切の煩悩を砕破する般若の智慧にたとえる。○行住坐臥…日常の立ち居振る舞いのこと。○尽大地…すべての大地。世界中すべて。

地《ち》草木叢林《そうもくそうりん》は、汝の心内《しんない》に在《あ》る耶《か》、汝の心外に在る耶《か》。万像《まんぞう》を披剝《ひはく》し、精明《せいめい》を析出《せきしゅつ》す。昏散纔《こんさんわず》かに生ぜば、快《はや》く此《こ》の話を提《てい》せよ。之れを窮《きわ》めて無窮《むきゅう》に至り、之れを究《きわ》めて絶究《ぜっきゅう》に至る。你《なんじ》、果《は》たして信得及《しんとくぎゅう》して、念念《ねんねん》忘れず、直《じき》に思量《しりょう》尽き分別亡《ふんべつぼう》ずるを待ちて、疑団《ぎだん》を打破《だは》せば、仏は即ち是れ汝なり。若《も》し文字語言上に於《お》いて記得《きとく》し、以て自己《じこ》の家珍《かちん》と為《な》さば、臘月《ろうげつ》三十日到来して、生死の魔と汝と闘戦《とうせん》せん時、霊利聡明《れいりそうめい》は倶《とも》に使い得《え》ず。伏して望むらくは、諸上人、仏法下衰《かすい》の際を念《おも》うて、逓《たが》いに相い恭敬《くぎょう》し、法をして久住《くじゅう》せしめ、本心《ほんしん》を発明《はつみょう》し、仏の恩徳《おんとく》に報《むく》いんことを」と。

復《ま》た云《いわ》く、「無著《むじゃく》の真宗《しんしゅう》、虚玄《きょげん》の妙旨《みょうし》、電《いなずま》を掣《ひ》き雷《かみなり》を轟《とどろ》かし、擬議《ぎぎ》を容《い》れず。才《わず》かに技芸《ぎげい》を施せば、画餅《がべい》もて飢《う》えに充《あ》つ。知解見聞《ちげけんもん》せば、沙《すな》を炊《た》いて飯と作す。山僧、箇《こ》の方便門《ほうべんもん》を開《ひら》きて、只《た》だ諸人《しょにん》の自《みずか》ら瞥地《べっち》せんことを要す。仏殿中、僧堂裏、行住坐臥の時、無生《むしょう》の意《い》を体取《たいしゅ》せよ。無生《むしょう》の意《い》は如何《いか》んが体《きわ》めん」と。縄床《じょうしょう》を撃《う》ちて、「是れ一番徹骨《てっこつ》の寒きにあらざれば、争《いか》でか梅花《ばいか》の香りの鼻を撲《う》つことを得ん」と。

4

上堂。「臘月《ろうげつ》三十日来たる。諸人、各自に猛省《もうしょう》せよ。海に入《い》らば須《すべか》らく其《そ》の淵《ふち》に達《いた》るべし。山に登らば直《じき》に頂《いただ》きに到《いた》らしめよ」と。主丈《しゅじょう》を拈《ねん》じて、「這裏《しゃり》、還《は》

○万像…あらゆる事物。○披剝…開きあばく。○精明…物事の道理に詳しくて明らかなこと。人々本具の一心。○析出…いくつかの事物の中から、ある特定の要素を取り出すこと。○無窮…果てしないこと。○絶究…究め尽くしたところ。○信得及…信じ切ることができる。自ら信じ切って疑いを残さない。○念念…一瞬間。刹那刹那。○思量…いろいろと思いをめぐらし考えること。○分別…外的なものにとらわれて判断すること。○疑団…心の中にわだかまっている疑いの気持ち。○打破…うち破ること。負かすこと。○記得…記憶すること。覚えていること。○家珍…家の宝。家宝。○闘戦…たたかうこと。○霊利…俊敏なこと。○聡明…道理に通じていること。○諸上人…修行僧に対する呼びかけ。諸君。○恭敬…敬い尊ぶこと。○久住…長くとどまること。○本心…本来あるべき正しい心。○発明…物事の道理や意味などを明らかにする。悟ること。徹見する。悟りを得る。○無著…執着のないこと。○真宗…真実の教え。○虚玄…むなしく奥深いこと。○妙旨…すぐれた趣。○掣電轟雷…轟雷掣電《ごうらいせいでん》とも。掣電は稲妻。速いことにたとえる。轟雷は雷のとどろき。すさまじい響きをたとえる。○擬議…躊躇する。口ごもる。推し量り論ずること。何か言おうとしてまだ口に出さない状態をいう。○技芸…わざ。技術。○画餅充飢…絵に画いた餅で飢えを満たそうとする。空しい気休め。実効を伴わない所為[補2]。○知解…知識の力で悟ること。○見聞…実際に見たり聞いたりすること。○炊沙作飯…沙を炊いてご飯とする。無理な願い。不可能な注文[補3]。○方便門…衆生を方便により仏の教えに導く法門。○瞥地…ちらりと物を見ること。地は副詞語尾。○仏殿…禅宗寺院で、伽藍の中心にあり、本尊を安置し礼拝する建物。○僧堂…禅宗寺院における修行道場。僧侶が坐禅・食事・睡眠する建物。雲堂とも。○無生…生じることがないこと。世間生滅の相を離れた当体。○体取…まるごとつかむ。体得する。○縄床…縄を編んで作った椅子。この上に敷物を敷いて坐禅をする。○不是一番徹骨寒、争得梅花香撲鼻…[補4]。○徹骨…骨まで透ること。とことん。底まで。○臘月三十日…宝治二年（一二四八）十二月三十日に行なわれた上堂。臘月は一年の終わりの月。十二月のこと。○猛省…ただちに悟る。

た淵《ふち》に達《いた》り頂きに到《いた》る底有り麼《や》。出で来たりて主丈子と相見《しょうけん》せよ」と。良久《りょうきゅう》して主丈《しゅじょう》に靠《よ》る。

○相見…お互いに相い見える。拝顔する。

5
正旦《しょうたん》上堂。「新年初めの仏法は、旧歳《きゅうさい》に雷同《らいどう》せず。水の明月《めいげつ》を含むこと有り、雲の碧空《へきくう》を翳《おお》うこと無し」と。主丈《しゅじょう》を拈《ねん》じて、「山僧が主丈子、随後《ずいご》に神通《じんずう》を逞《たくま》しうす」と。大衆を召《め》して、「看《み》て看《み》よ」と。主丈を擲下《てきげ》して、「富士山頭に雪浪《せつろう》を翻《ひるがえ》し、鎌倉境内に清風を動かす」と。

○正旦上堂…一月一日、正旦（元旦）に行なう上堂。宝治三年（建長元年、一二四九）の一月一日。○雷同…自分自身の考えをもたず、むやみに他人の説や行動に同調すること。○碧空…青空。紺碧の空。○随後…間をおかずに、すぐに。○神通…神変不可思議な能力。○召…声をかける。○擲下…投げ下ろす。○雪浪…雪の積もった峰のさま。

6
元宵《げんしょう》上堂。「車馬《しゃば》往来《おうらい》し、你は我れを看《み》、我れは你を看る。灯火照映《とうかしょうえい》し、明は暗を伝え、暗は明を伝う。諸人、若《も》し車馬未だ動かざる已前《いぜん》、灯火《とうか》未だ発せざるの際に向かって、一覷《しょ》に覷透《しょとう》せば、便《すなわ》ち見ん、千法万法は此の一法従《よ》り生じ、千灯万灯は此の一灯自《よ》り起こることを。是《かく》の如しと然雖《いえど》も、且《しば》らく道《い》え、這《こ》の一法、此の一灯、甚処《いずれよ》従り得《え》来たるや。常楽寺に一百来の僧有り。就中《なかんずく》、著落《じゃくらく》を知得《ちとく》する底有ること莫《な》き麼《や》。出《い》で来たりて吐露《とろ》して看よ。有り麼《や》、有り麼《や》」と。良久して、「直釣（鉤）にて鯤鯨《こんげい》を釣る」と。

○元宵上堂…一月十五日、元宵（上元）に行なう上堂。

○覷…宋・元・明の口語。「看」とほぼ同じ意味。一看で一通り見ることや、ちらっと見ることを意味する。○覷透…見透かすこと。

○一百来僧…この時点で常楽寺には百人の僧侶があったことになる。○就中…とりわけ。そのなかでも。○著落…行方。ありか。落ち着きどころ。○吐露…心に思っていることを、隠さずうちあけること。○直釣鯤鯨…直釣は直鉤の誤り。直鉤はまっすぐな釣り針[補1]。○鯤鯨…鯤は中国古代の想像上の大魚、鯨はくじら。

7
上堂。「学道は他《た》の術《じゅつ》無し、行蔵《ぎょうぞう》は返観《へんかん》するに在り。返観《へんかん》して如《も》し自得《じとく》せば、

○行蔵…世に出て道を行なうことと、世から退いて隠れること。○返

万法も一毫端《いちごうたん》ならん。所以《ゆえ》に道《い》う、『門従《よ》り入る者は、是れ家珍《かちん》にあらず、外に向かって馳求《ちぐ》せば、転《うた》た迷悶《めいもん》を生ず』と。譬《たと》えば明珠《みょうじゅ》を衣裏《えり》に繋《つ》けて、他土《たど》に奔走《ほんそう》して、丐食伶俜《かいじきへいれい》するが如し。忽然《こつねん》として此の珠《じゅ》を識得《しきとく》せば、受用《じゅゆう》すること無尽《むじん》なり。始めて知る、珠《じゅ》は曽《かつ》て失《うしな》わざるに、久《ひさ》しく艱辛《かんしん》を受くることを。諸人、仏祖の妙道《みょうどう》を究《きわ》めんと要《よう》せば、須是《すべか》らく返って諸《こ》れを已《おのれ》に求むべし。観は絶観《ぜっかん》に至りて、珠《じゅ》を得《う》るに至るも、未だ究竟《くきょう》と為さず。忽《たちま》ち空同《くうどう》として内外《ないげ》無く、辺表無きを覚せば、森羅万象《しんらばんしょう》、一理貫通《いちりかんつう》し、便《すなわ》ち知る、吾《わ》が心は此《かく》の如く広大《こうだい》にして、測量《そくりょう》す可からざることを。肇法師道《じょうほうしいわ》く、『天地と我れと同根《どうこん》にして、万物《ばんぶつ》と我《わ》れと一体《いったい》なり』と。此の語《ご》、灼然《しゃくねん》として虚《むな》しからず」と。

8

上堂。「二竅《きょう》にて声を聆《き》き、斯《こ》の道を便《すなわ》ち悟り、双眸《そうぼう》にて色を見、此《こ》の心を頓《とん》に明らむ。衲僧門下《のうそうもんか》八千程、若《も》し是《こ》れ箇《こ》の呼べども頭《こうべ》を回《めぐ》らさず、截《たちき》り住《え》ざる漢ならば、必然として音声《おんしょう》未だ発せざる已前《いぜん》、色相《しきそう》未だ具《そな》わらざるの際に向かって、透頂透底《とうちょうとうてい》、直下《じきげ》に帰するを知らん。一向《いっこう》に恁麽《いんも》に挙唱《こしょう》せば、亀谷峰前、常楽寺外、路に青苔《せいたい》長じて、相《あ》い逢《あ》う者少なからん。且《しば》らく易進門《いしんもん》中に於いて、諸人《しょにん》と商議《しょうぎ》せん。只《た》だ見今《げんこん》に僧堂を建立し、郢人《えいひと》の斧《おの》を運《はこ》び木を斫《き》りて丁丁然《ちょうちょうぜん》たるが如きは、豈《あ》に是《こ》れ声にあらざらんや。諸人、聞得するに、甚麽《なん》と為《し》て

観…自分に返って内観する。○自得…自ら悟る。自ら得る。○一毫端…一本の細い毛の先端。○従門入者不是家珍…［補1］。○家珍…家の宝。○向外馳求…外に追い求める。外に向かってむさぼり求める［補2］。○転生迷悶…しばしば迷いを生ずる。迷いの中で悟りが開けず苦しむこと［補3］。○譬如明珠繋於衣裏、奔走他土丐食伶俜…［補4］。○丐食伶俜…食べものを乞い、さまよい落ちぶれる。○忽然…突然に。たちまちに。○識得…本質を見てとる。よく理解すること。○受用…受け入れて用いること。活用すること。○無尽…尽きることのない。○艱辛…困難で辛いこと。○妙道…真実の道。○絶観…真理を観察することすら超える。淡々と仏道を実践すること。○究竟…物事の最後に行きつくところ。究極の悟りの境地。○空同…混然として虚無なこと。○森羅万象…存在する一切のもの。○一理貫通…ひとつの道理によって貫かれていること。○測量…調べ量る。人の心を推量する。○肇法師道、天地与我同根、万物与我一体…［補5］。○肇法師…僧肇（?〜四一四）のこと。『肇論』が存する［補6］。○灼然…あきらかなさま。明白なこと。

○二竅…ふたつの穴。ここでは耳のこと。○双眸…両方のひとみ。○衲僧…衲衣を着た僧。禅僧のこと。○回頭…廻首。振り返る。ふり向いて後ろを見る。○截不住…断ち切れない。不住は動詞の後について不可能なことを表す。○色相…物質的存在がそなえる生滅無常のすがたをいう。肉眼で見ることができる一切の外物。○透頂透底…上から下まですべて。上下に際限なく透徹する様子を示す。○直下…即座。そのまま。○一向…ひたすら。○挙唱…口に出して唱える。古則や公案を提示し、唱える。○亀谷峰前、常楽寺外…寿福寺の前と常楽寺の外。ここでの「路」とは寿福寺から常楽寺までの道のりをいう。おそらく常楽寺のみではなく、寿福寺の寺僧も蘭渓道隆の上堂の聴講に訪れていたと考えられる。○亀谷峰…鎌倉の亀谷山寿福寺のこと［補1］。○青苔…緑色のコケ。○易進門…入り易い門。常楽寺に存した山門の名か。○商議…相談し合うこと。協議。○見今…今、目の前。この瞬

か斯《こ》の道をば悟《さと》らざる。色空《しきくう》・明暗《みょうあん》、柳は緑、花は紅、豈《あ》に是《こ》れ色《しき》にあらざらん。諸人、見得するに、甚麼《なん》と為《し》てか此《こ》の心をば明らめざる。仏法は一切処《いっさいしょ》に見成《げんじょう》し、一切処《いっさいしょ》に味《くら》まさず。蓋《けだ》し謂《おも》うに、汝等、声を聞けば只《た》だ声の会《え》を作《な》し、色を見れば便ち色の観《かん》を作《な》して、光を回《めぐ》らし摂視返聴《せっしへんちょう》することを解《げ》せず。我れ且《しば》らく汝に問わん、『終日《しゅうじつ》声を聞く、是《こ》れ声の耳畔《じはん》に来たるか、是れ耳の声辺に往《い》くこと莫《な》きや』と。若《も》し声の耳畔に来たると道《い》わば、来《き》たるも本《もと》より蹤《あと》無し。若《も》し耳の声辺に往くと謂《い》わば、去《さ》るも亦《ま》た跡無し。参学《さんがく》の道流《どうる》、当に此《ここ》に於《お》いて、諦審黙推《たいしんもくすい》すべし。驀然《まくねん》として返聞聞尽《へんもんもんじん》し、浄覚覚空《じょうかくかくくう》せば、覿体承当《てきたいじょうとう》して、了《つい》に滞礙《たいげ》すること無からん。然して後、声色堆中に居して、声色の所転《しょてん》に随わず、昏散《こんさん》の境界に入りて、昏散《こんさん》の所迷《しょめい》を被《こうむ》らず。之れを大自在の人と謂い、亦た了事《りょうじ》の衲子《のっす》と名づく。饒《たと》い汝、此《こ》の地位《ちい》に到《いた》るも」と。主丈《しゅじょう》を拈《ねん》じて云《いわ》く、「山僧が主丈子、未だ汝に付せず」と。卓《たく》すること一下《いちげ》して、「白雲尽《つ》くる処是《こ》れ青山、行人《ぎょうにん》は更《さら》に青山の外に在《あ》り」と。復《ま》た云《いわ》く、「格外《かくがい》の玄機《げんぎ》は外より得《え》るに非《あら》ず。動中《どうちゅう》の消息《しょうそく》は静中《せいちゅう》に看《み》よ。忽然《こつねん》として動静双《どうじょうなら》べ忘ずる処、渺渺《びょうびょう》たる滄溟《そうめい》、一吸に乾く」と。

9

浴仏《よくぶつ》并びに開堂《かいどう》し、檀越《だんのつ》を謝する上堂。「従上《じゅうじょう》の諸聖《しょしょう》、法の人に与《あた》うる無し。

間。現今。○僧堂…禅宗寺院における修行道場。僧侶が坐禅・食事・睡眠する建物。雲堂とも。○郢人運斧斫木丁丁然…郢は春秋戦国時代の楚の都。郢人とは楚の人。斫木は木を切る。丁丁は斧で木を切る音。郢の人は斧を振り上げて木を切る[補2]。○丁丁然…材木や杭などを連続して打つ音の響きわたるさま。また木を伐る音。○聞得…聞えている。○柳緑花紅…柳は緑、花は紅い。自然のままであること。春の美しい景色を形容する言葉。○見得…見てとる。○一切処…至るところ。あらゆるところ。○見成…現成。眼前に隠れることなく、ありのまま現れていること。○回光…光をめぐらすこと。回顧反省すること。○摂視返聴…視る・聴くという感覚器感の作用。○是声来耳畔、莫是耳往声辺…[補3]。○耳畔…耳のほとり。

○道流…仏道の修行をする人。○諦審…諦はしっかりと見分けること。審は念を入れること。○黙推…もくもくとしっかり判断することを指すか。○驀然…にわかに。突然に。○返聞聞尽…すっかり聞き尽くすこと。○浄覚覚空…すっかり悟って空を究めること。○覿体…身ぐるみ。まるごと。○承当…うけがう。引き受けること。○滞礙…とどこおる。さまたげ。○声色…六境（六塵）のうちの声と色。六根のうち、耳・眼の対象となるもの。色声の二つを挙げて他の香味触法を含む場合が多い。○堆中…堆はうずたかく積み上げること。○昏散…昏沈散乱。心が深く沈んだり、散乱したりすること。○大自在人…仏法の悟りを得て、自由無礙の境界にある人のこと。○了事…物事をし終えること。大事を了畢する。○衲子…衲衣（袈裟）を掛けた僧。禅僧。○白雲尽処是青山、行人更在青山外…[補4]。○青山…青々と樹木の茂った山。山の美称。○行人…道を行く人。旅人。仏道を修行する人。○格外玄機…世間の尺度を超えた神妙なはたらき。大悟底の人の玄妙な作略。○玄機…言葉をもって測ることのできない玄妙なはたらき。○消息…情況、実態。○忽然…突然に。たちまちに。○動静…動いたり静かにしたりすること。日常の行住坐臥。○渺渺…果てしなく広いさま。○滄溟…青く広い海。青海原。

○浴仏…誕生仏の像に甘茶、香水をそそぎかける法会。仏生日（四月八日）。○開堂…本来は、禅宗で新命の住職が初めて寺院に着任し、群霊《ぐんれい》の一源《いちげん》、仮りに名づけて仏と為す。又た法の人に与《あた》うる無しと道《い》わば、只だ悉達《しつだ》の位を棄《す》てて雪嶺《せつれい》六年、夜に明星《みょうじょう》を覩《み》て等正覚《とうしょうがく》を成ずるに至るが如きは、是れ仮名《けみょう》なる耶《か》、仮名に非ざる耶《か》。達磨西来《だるませいらい》して、少林九載《しょうりんくさい》、末後に各《おの》おの其《そ》の志を言いて、髄《ずい》を分かち皮《かわ》を分かつは、是れ伝有りや、伝無きや。真《しん》は偽《ぎ》を掩わず、曲は直を蔵《かく》さず。諸人、若《も》し仏未だ出世せず、祖未だ西来せざるの時に向かって、倜儻分明《てきとうぶんみょう》に、洞然無礙《とうねんむげ》ならば、便ち知らん、未だ無憂《むゆう》に誕《う》まれざるに、群生《ぐんじょう》は利益《りやく》を蒙《こう》むり、未だ竺土《じくど》を離《はな》れざるに、二祖《にそ》は已《すで》に心を伝うることを。是《かく》の如くなれば則便《すなわ》ち見《み》ん、今日大力量《こんにちだいりきりょう》の人、広く僧堂を闢《ひら》き、学仏の者をして此《こ》の門戸《もんこ》に登《のぼ》らせ、箇箇《ここ》に心地《しんち》を発明《はつみょう》せしむることを。但《た》だ学仏の者をして至極《しごく》の地に到らしむるのみに非ず、普《あまね》く見る者・聞く者をして同じく真宗《しんしゅう》に契わしむ。然《しか》して後、功《こう》帰すること自有《よし》り、福報《ふくほう》ずること窮《きわ》まり無からん」と。禅床《ぜんしょう》を撫《う》ちて、「天上に星の皆な北に拱《こまね》く有り。人間《じんかん》に水の東に朝せざる無し」と。

復《ま》た云《いわ》く、「物は人を逐《お》うて興《おこ》り、道は日用《にちゆう》に在り。且《しば》らく日用中の如きは、是《こ》れ甚《なん》の道ぞ。人興《おこ》るとは是れ何物《なにもの》ぞ。動静俯仰《どうじょうふぎょう》の間、色声語黙《しきしょうごもく》の際、道の親しからざるに非ず、惟《た》だ人自《みずか》ら昧《くら》ます。道若《も》し昧《くら》まされずば、物は人に随って自《おの》ずから興《おこ》る。豈《あ》に聞かずや、趙州和尚云く、『諸人は十二時に使《つか》われ、老僧は十

最初に行なう演法の儀式のこと。ここでは、僧堂を開いたことを指す。○檀越…施主のこと。ここでは北条時頼（一二二七～一二六三）のこと[補1]。○従上諸聖…これまでの諸々の聖人たち。歴代の祖師。○群霊一源…霊妙不可思議な心のはたらきの根源。○悉達…釈迦牟尼仏の出家以前の名。悉達多（梵：Siddhattha）のこと。○雪嶺六年…出家した悉達多（シッダッタ）が雪山（ヒマラヤ）で六年間苦行したこと。○明星…明るく輝く星。金星（太白星）。○成等正覚…菩薩が、仏の悟りである等正覚を成就すること。迷いを去って完全な悟りを開くこと。○仮名…仮に付けた名称。実体のないもの。○達磨西来…菩提達磨が南天竺より中国に到って禅を伝えたこと。○達磨…中国禅宗初祖の菩提達磨のこと。嵩山少林寺で面壁した[補2]。○少林九載…中国禅宗の祖、達磨が嵩山少林寺において九年間面壁していたという故事[補3]。○末後…最後。最期。命の終わるとき。○分髄分皮…「礼拝得髄」の公案[補4]。○真不掩偽、曲不蔵直…真実はいつわりを顕にし、曲がったものは真っ直ぐなものを隠せない[補5]。○倜儻…ものに拘束されないさま。衆人とかけ離れてすぐれていること。○分明…明らかになること。○洞然…広々としたさま。はっきりしているさま。○無礙…妨げのないこと。何ものにもとらわれないこと。○無憂…無憂樹。阿輸迦樹のこと。シッダッタがその樹の下で生まれたという。○群生…一切衆生。すべての生き物。○竺土…インド。○二祖…二祖慧可のこと[補6]。○大力量人…すぐれた力量のある人。仏法を悟る器量を具えた人。○僧堂…禅宗寺院における修行道場。僧侶が坐禅・食事・睡眠する建物。雲堂とも。○心地…外界からの刺激に対して起こる心の状態。○発明…物事の道理や意味などを明らかにする。悟ること。徹見する。悟りを得る。○至極…極限・極致に達していること。この上ないこと。○真宗…真実の教え。○福報…善い行ないによって報いを得る。○禅床…坐禅をする場所。僧堂内の坐位。○天上有星皆拱北、人間無水不朝東…[補7]。○日用…日々用いること。毎日の入用。平常のこと。○動静…動いたり静かにしたりすること。日常の行住坐臥。○俯仰…うつむくことと仰ぎ見ること。○色声…見ることと聞くこと。○語黙…語ることと、黙っていること。○趙州和尚云、諸人被十二時使、老僧使得十二時…[補8]。○趙州和尚…南嶽下の趙州従諗（七七八～八九七）のこと

二時を使《つか》い得《え》たり』と。灼然《しゃくねん》として体察得明《たいさつとくみょう》し、疑慮《ぎりょ》を絶するの境に達せば、天地の闢闔《へきこう》は即ち我が闢闔《へきこう》、陰陽《いんよう》の惨舒《さんじょ》は即ち我が惨舒《さんじょ》にして、一法《いっぽう》として他《た》処従《しょよ》り得来《えきた》たる無く、一物《いちもつ》として是れ自心の黙運《もくうん》にあらざる無し。天地に物無く、我れに物無し、未だ嘗《かつ》て物無きにはあらず。聖人は這箇《しゃこ》の妙理《みょうり》を得《え》て、能《よ》く二儀《にぎ》の首、万物《ばんぶつ》の主と為《な》る。茲《ここ》に本寺大檀那、己《おのれ》を尽《つ》くして仁を行ない、忠心にして国を輔《たす》く。本来身《ほんらいしん》は菩薩地《ぼさっち》に登り、人間世《じんかんせ》に貴官身《きかんしん》を現ず。大権を持《じ》し大柄《たいへい》を掌《つかさど》り、済世《さいせい》の念は海の深きに似て、養民《ようみん》の心は山の固《かた》きが如し。仏法を欽崇《きんそう》して、永く皇家を保《たも》ち、天地は宜《よろ》しきに合《かな》いて、蛮夷率服《ばんいそっぷく》す。以至《ないし》、有情《うじょう》無情《むじょう》、風に従《したが》いて靡《なび》かざること莫《な》く、物の所移《しょい》を被《こうむ》らず、自ら能《よ》く物を転ぜば、便ち見る、日用の道、動静《どうじょう》、虧《か》くること無きことを。

昔日、唐朝《とうちょう》の舒王《じょおう》、蔣山の元禅師《げんぜんじ》に問《と》う、『如何《いか》なるか是れ仏法の大意』と。元、諾《だく》せず。舒王《じょおう》、之れを扣《たた》くこと愈《いよ》いよ久し。元、已《や》むを得《え》ずして王の為《た》めに曰《いわ》く、『公、気《き》を受《う》くること剛大《ごうだい》にして世縁《せえん》深し。剛大《ごうだい》の気を以て、深き世縁《せえん》に遭《あ》わば、必ず身は天下の重きに任《ま》かせ、経済の心を懐《いだ》かん。然《しか》して用舎《ようしゃ》して必すること能《あた》わざれば、則ち心未だ平《たい》らかならず。未だ平らかならざる心を以て、則ち安《いず》くんぞ能《よ》く一念万年ならんや』と。若《も》し山僧が所見《しょけん》に拠《よ》らば、元禅師は一向《いっこう》に慈悲方便《じひほうべん》無く、賢人《けんじん》を埋没《まいぼつ》す。殊《こと》に知らず、天下の大事《だいじ》を理《あきら》むるには、

[補9]。○十二時…一昼夜。一日中。二十四時間。○灼然…あきらかなさま。明白なこと。○体察得明…本質まで丸ごとはっきりと明らかにする。○得明…明らかにすること。○疑慮…さまざまに疑い、思いめぐらすこと。○闢闔…開くことと閉じること。○惨舒…寒さのきびしいこととゆるやかなこと。○黙運…無言の中に行なわれること。○聖人…仏または悟りを得た人。智徳の特にすぐれて慈悲深い人。○妙理…すぐれて奥深い道理。○二儀…天と地。陰と陽。○万物…あらゆるもの。

○本来身…本地。本来の姿。○菩薩地…三乗共十地の第九。菩薩が第八の空観から再び仮観に出て、三界に生を受けて衆生を教化利益する意。○貴官…貴い方。貴顕の人。他人の官職に対する敬称。○大権…天子の持つ統治権。○大柄…普通より大きいこと。大きな権力。○済世…世を救う。社会の弊害を取り除き、人民の苦難を救うこと。○養民…人民をやしなうこと。○欽崇…つつしんでうやまうこと。○蛮夷…周囲に住む未開の野蛮人。○率服…多数の者がつれだって服従すること。○有情…感情や意識など心の動きを有するもの。一切衆生。○無情…山川草木など精神や感情などの心の働きのないもの。

○唐朝舒王～一念万年哉…[補10]。○唐朝舒王…北宋代の宰相、王安石（一〇二一～一〇八六）のこと[補11]。○蔣山…鍾山のこと。江蘇省江寧府（南京）上元県東北にある。紫金山・聖遊山等ともいう。○蔣山元禅師…臨済宗の蔣山賛元（?～一〇八六）のこと[補12]。○剛大…盛んで大なるさま。○世縁…俗世間での関わりあい。俗世の関係。○経済…経世済民。国を治め、民の生活を安定させること。○用舎…用いることと捨てること。○一念万年…一念の心に万年の歳月を収める。『信心銘』の言葉。

○方便…人を真実の教えに導くため、仮にとる便宜的な手段。

剛大《ごうだい》の気に非《あら》ざれば、以て之れに当たるに足《た》らず。仏祖の一大事因縁《いちだいじいんねん》を明らめんと要《よう》せば、須是《すべか》らく剛大の気にして、始めて承当《じょうとう》す可し。今、尊官《そんかん》、教化《きょうけ》を興し、社稷《しゃしょく》を安じ、干戈《かんか》を息《や》め、海宇《かいう》を清《きよ》くす。此《こ》の剛大の気を以て千載《せんさい》の昇平《しょうへい》を定めざる莫《な》し。世間の法は既に能《よ》く明徹《めいてつ》せば、則《すなわ》ち出世間の法は二無く異分《いぶん》無く、別無く断故無し。山僧は宗門《しゅうもん》の晩進《ばんしん》、草芥《そうかい》の無能《むのう》なるも、既に仙郷《せんきょう》に至りて台旆《たいはい》を荷《にな》う。法を重んずるの故に、亦た人を軽《かろ》んぜず。広く寺宇《じう》を開き、重ねて僧堂を建て、鄙者《ひしゃ》をして衆を領して道を行ぜしむ。若《も》し曩《むかし》に莫大の因縁《いんねん》有るに非ずば、何を以てか此《かく》の如《ごと》くならん。鄙懐《ひかい》亦《ま》た敢《あ》えて懶堕《らんだ》の心を生ぜず、種件は唐式《とうしき》に依《よ》りて行持《ぎょうじ》し、但《た》だ縁に随いて去住《きょじゅう》する而已《のみ》。伏《ふ》して願《ねが》わくは、台座《だいざ》、寿山《じゅざん》は富士の嶽より高く、福海《ふくかい》は滄溟《そうめい》の深きに等しく、千仏光中、常安常楽《じょうあんじょうらく》ならんことを。次に冀《こいねが》わくは、征《せい》を休《や》め戦を罷《や》め、武を偃《ふ》し文を修し、寰宇太平《かんうたいへい》にして、清寧孚祐《せいねいふゆう》ならんことを。

斯《こ》の日、大覚世尊《だいかくせそん》の示生の晨《しん》、因《よ》りて慶讃《けいさん》の仏事を作《な》す。汝等、静覚堂《じょうかくどう》に入りて、殊勝《しゅしょう》の境界を見、各各希有《けう》の心を生ぜざる莫く、退屈《たいくつ》の想い無し。譬《たと》えば善財の弥勒の楼閣門《ろうかくもん》に入るが如し。百千万億の仏刹《ぶっさつ》を見るに、皆《み》な本身《ほんじん》を具《ぐ》す。少頃《しばらく》の間に於いて夢の覚むるが如く、覚め已わりて、睡眼《すいがん》の頓《とん》に開くに似《に》たり。前の所見《しょけん》の者、不思議解脱《ふしぎげだつ》の門、皆な此の一門従《よ》り入る。諸人、此の旨《し》を明ら

○一大事因縁…仏がこの世に現れた最も大切な目的。一生参学の大事。参禅学道として悟るべき大事。○承当…うけがう。引き受けること。○尊官…尊い官位。高い地位。鎌倉幕府の要人。○社稷…古代中国で、天子や諸侯が祭った土地の神と五穀の神。朝廷または国家の尊崇する神。○干戈…盾と矛。武器。武力。○海宇…天下。国内。○昇平…世の中が平和でよく治まっていること。○明徹…物事にあいまいな点がなく、はっきりしていること。

○草芥…雑草とごみ。つまらないもの。○仙郷…仙人が住むという所。俗界を離れた静かで清浄な土地。日本を指す。具体的には常楽寺をいう。○台旆…台は高楼。旆は旗。仏法を説く須弥壇と刹竿旛のことか。○鄙者…田舎者。ここでは蘭渓道隆の自称。○懶堕…懶惰。怠ること。○行持…仏道の修行を常に怠らずに続けること。○去住…去ることと、とどまること。○台座…三公の位。宰相の位。ここでは北条時頼をいう。○寿山…寿の山、長寿を山にたとえていう。○福海…福の海。福禄を大海にたとえていう。寿山福海と対で用いられる。○滄溟…青く広い海。青海原。○千仏光…千仏は現在賢劫の一千仏のこと。仏光は仏の光明。仏の身心にそなわる光で、智慧を象徴的に示したもの。○常安常楽…いつも安楽であるさま。○偃武修文…武器をしまい文徳で修めること[補13]。○寰宇…天地四方の内のひろびろとした世界。○清寧…静かで安らかなこと。世の中が安らかに治まること。○孚祐…孚佑。まことに助ける。人々を覆い助ける。

○大覚世尊示生晨…釈尊が降誕された日。仏生日。○大覚世尊…偉大なる悟りを開いた仏陀。世尊は世の尊敬を受ける人。釈尊のこと。○慶讃…仏菩薩や祖師の功徳を喜び、ほめたたえること。○静覚堂…『常楽寺略記』によれば、北条時頼が常楽寺に僧堂を建立し、「静覚堂」と扁したとされる。○殊勝…とりわけすぐれているさま。格別。○退屈…くたびれて気力がおとろえる。○譬如善財入弥勒楼閣門…[補14]。○善財…善財童子のこと。『華厳経』「入法界品」に出てくる求道の童子[補15]。○弥勒…弥勒菩薩のこと。釈迦入滅から五十六億七千万年後の未来に仏となってこの世にくだり、衆生を救済する菩薩[補16]。

め得ば、今日、両重の功徳利益《くどくりえき》は無辺《むへん》にして、施者《せしゃ》・受者《じゅしゃ》、彼此《ひし》ともに益を獲《え》ん。苟或《も》し明窓浄几《みょうそうじょうき》の内にて、放逸拘《ほういつとど》まること無く、虚《むな》しく光陰《こういん》を度《わた》り、仏行を行ぜず、但だ水草《すいそう》を念《ねん》じて、余は知る所無くば、他日異時《たじついじ》、報応《ほうおう》は後に在らん。此の開堂陞座《かいどうしんぞ》の功徳《くどく》を以て、普く用《もっ》て荘厳《しょうごん》す。恩の帰すること自《よし》有り。珍重《ちんちょう》」と。

○楼閣…高層のりっぱな建物。○本身…本来の身体。あるべき元の姿。本法身・法身をいう。○不思議解脱門…言葉で言い表したり心で推し量ることができない教え。大乗の悟りの教え。○両重…二重。二つの。○明窓浄几…明るい窓と清らかな机。転じて、学問をするのに適した明るく清潔な書斎[補17]。○放逸…精進を怠り勝手気ままに振る舞うこと。○報応…応報。行為に対するむくい。善悪の行為に応じて生ずる苦楽の果報。○陞座…禅僧が説法のとき、須弥壇などの高座に上ること。○荘厳…智慧・福徳・相好などで浄土や仏の身を飾ること。○珍重…別れの言葉。お大事に。

10
結制上堂。「経律論蔵《きょうりつろんぞう》は、各《おの》おの其《そ》の師有り。透不過《とうふか》の者は、画餅《がべい》もて飢《うえ》に充《あ》つ。常楽寺、諸人、首を聚《あつ》め、九旬《くじゅん》の内、擬《ほ》っ欲して奚《なに》をか為《な》す。我れ敢えて汝等を軽んぜず。汝等、切に自ら欺《あざむ》くこと莫《な》かれ。箇裏《こり》、還《は》た自ら欺《あざむ》かざる底有り麼《や》」と。膝《ひざ》を撫《う》ちて云く、「只だ恐れらくは、是れ玉《ぎょく》にあらず。是れ玉《ぎょく》ならば也大奇《やたいき》」と。

○結制上堂…四月十五日、夏安居が始まる日に行なう上堂。○経律論蔵…経・律・論蔵の三蔵のことで、すべての経典のことを総称。○透不過者…透り抜けることができない者。○画餅充飢…絵に画いた餅で飢えを満たそうとする。空しい気休め。実効を伴わない所為[補1]。○九旬…安居結制が九十日間であること。一旬は十日間。○箇裏…ここ。這裏と同じ。○玉…美しい宝石。○也大奇…すばらしいことだ。驚歎して発する言葉。

11
上堂。「結夏《けつげ》して已《すで》に半月、那事《なじ》、如何《いか》んが説《と》かん。洞山、曽《かつ》て言えること有り、『吾れ常に此に於いて切なり』と。是れ麻三斤《まさんぎん》にあらず。亦《ま》た乾屎橛《かんしけつ》に非ず。牙関《がかん》を咬定《こうじょう》して君自ら決せよ。決択《けつじゃく》し得て明らかならば、是非《ぜひ》は杳《はる》かに絶せん。青天万里《せいてんばんり》、片雲《へんうん》無し。碧漢《へきかん》の一輪《いちりん》、光り皎潔《こうけつ》たり。人有りて此の門に入り得ば、正法眼蔵、這《こ》の瞎驢辺《かつろへん》に向かって滅せん」と。

○結夏已半月…五月一日の上堂。○洞山曽有言、吾常於此切…洞山良价が僧の問いに対して答えた語[補1]。○洞山…曹洞宗の洞山良价（八〇七～八六九）のこと[補2]。○麻三斤…「洞山麻三斤」の公案[補3]。○乾屎橛…「雲門乾屎橛」の公案[補4]。○咬定牙関…歯を食いしばる。牙関は奥歯のこと。咬定は歯を食いしばること。○万里…非常に遠い距離。きわめて遠いこと。○碧漢一輪…青空と天の川。転じて、空をいう。○皎潔…白く清らかで汚れのないさま。○正法眼蔵向這瞎驢辺滅…[補5]。○瞎驢…盲目の驢馬《ろば》。ひどく愚かなことのたとえ。

12
監寺《かんす》・副寺《ふうす》・維那《いの》・蔵主《ぞうす》を謝する上堂。「生薑《しょうが》を売りて、私義《しぎ》を存せず、意を用うること太《はなは》だ過《す》ぎたり。鑽飯《さんぱん》するを罰して、寺門を擯出《ひんしゅつ》す、力を費《ついや》すこと少からず。諸人、若《も》し未だ価《か》を索《もと》めず未だ罰を行ぜざる已前《いぜん》に向かって搆得《こうとく》せば、保寿《ほじゅ》・興化《こうけ》も也《ま》た須らく倒退三千《とうたいさんぜん》すべし。雖然《しかれ》ども、大蔵教の内、還《は》た此《こ》の理有り也《や》無。金毛の獅子、全威《ぜんい》を奮《ふる》えば、衆獣群狐《しゅうじゅうぐんこ》、顛倒《てんどう》して走る」と。

13
上堂。「一つの招提《しょうだい》を出でて、一つの蘭若《らんにゃ》に入る。奴《ぬ》の郎に使われて、上上下下す。設《も》し俊底《しゅんてい》有りて、流れに因《よ》りて源を識《し》るも、若《も》し粟船に到らば、未だ汝を著《つ》けず。何が故《ゆえ》ぞ。石人《せきにん》の腰帯」と。

14
上堂。「些子《さし》の光影《こうえい》を認得《にんとく》するも、偃鼠《えんそ》は河に飲む。向上の機関《きかん》を透過《とうか》するも、蚍蜉《ひふ》は合《まさ》に戦《たたか》う。須是《すべか》らく耳にて聴いて聞かず、目にて視て見ざるべし。四大海水は尽《ことごと》く掀翻《きんぽん》し、五須弥山《ごしゅみせん》は倶《とも》に掇転《てってん》す。衆中《しゅちゅう》、這箇《しゃこ》の力量底有ること莫き麼《や》」と。良久して、「切に忌《い》む、舟《ふね》に刻んで剣を覓《もと》むることを」と。

15
上堂。「山前《さんぜん》に一つの古寺の基い有り。四至界畔《ししかいはん》、歴歴分明《れきれきぶんみょう》たり。無字《むじ》の契書《けいしょ》、之《こ》れを領《りょう》すること久《ひさ》し。未《いま》だ箇《こ》の入路《にゅうろ》を得ざる底は、今日、汝に入路を指《さ》し去《さ》

○監寺…寺の運営面を司る要職。総領の任にあたる役目。六知事の一つ。○副寺…禅宗寺院で寺内の日常生活に用いる金銭・穀物などの一切の収支をつかさどる役。六知事の一つ。○維那…禅宗寺院の僧堂などで修行僧を監督指導し、堂内の衆務を総覧する役。六知事の一つ。○蔵主…蔵殿の主管。禅宗寺院で経蔵を管理する役。六頭首の一つ。○私義…個人の義理。よこしまな義理。○用意…心を使うこと。○鑽飯…しるかけめし。○費力…手間をかける。骨折り損をすること。○搆得…構得・覯得とも。ぴったり出会う。邂逅する。ずばり見て取る。○保寿…臨済下の保寿沼（不詳）のこと[補1]。○興化…臨済下の興化存奨（八三〇～八八八）のこと[補2]。○倒退三千…後ずさりすること三千里、地の果てまで退却すること[補3]。○顛倒…さかさまになる。ひっくりかえる。平静を失ってうろたえる。
○招提…寺院のこと。○蘭若…阿蘭若の略。修行の場所。寺院のこと。
○俊底…優れた人物。敏い人。○粟船…常楽寺のこと。山号を粟船山と言った。粟船は大船の地名の由来[補1]。○腰帯…骨盤。
○些子…すこしばかり。ちょっと。○光影…実体のないもの。チラチラしているもの。そのものではなく、それらしく幻出しているにすぎぬもの。○偃鼠飲河…もぐらが川の水を飲もうとしても満腹以上には飲めない。自らをわきまえ、分相応に満足するのが吉であるとの意[補1]。○向上…上の。その先の。○機関…修行者を導くのに、独自に示唆を与えたり方向を指示したりして、めぐらしてやる手だて。○透過…通り抜けること。○蚍蜉…蚍蜉は大きな蟻のこと。蚍蜉、大樹を動かすで、身のほどをわきまえず大それたことを行なうことのたとえ。○四大海水尽掀翻、五須弥山倶掇転…四大海水は須弥山を取り囲む海。五須弥山は須弥山を五つ重ねた高さ[補2]。○掀翻…ひっくり返すこと。高く持ち上げてひるがえすこと。○掇転…押し転がす。○衆中…大衆の中。修行僧たち。一会の僧衆。○刻舟覓剣…舟に目印を刻み剣を求める[補3]。
○四至界畔…四至は四方の界、四面の境。界畔は境界、範囲の辺り。○分明…あきらかなこと。明白なこと。○契書…手形・証券。○入路…悟入への手がかり。○鳴那、青青黯黯処…[補1]。○鳴那…鳴哪・

らん」と。主丈《しゅじょう》を拈《ねん》じて、指す勢《いきおい》を作《な》して、「嗚《あ》那《あ》、青青黯黯《せいせいあんなん》の処、子細《しさい》に認取《にんしゅ》せよ」と。

16
大宋国径山《きんざん》の無準《ぶじゅん》和尚の訃音《ふおん》至る上堂。「『来たる時は空索索《くうさくさく》たり』とは、犀《さい》は月を翫《もてあそ》ぶに因《よ》りて紋《あや》は角《つの》に生ず。『去るも也《ま》た赤条条《しゃくじょうじょう》たり』とは、誌公《しこう》は何事ぞ僧繇《そうゆう》を誑《たぶら》かす。『更に端的《たんてき》に問《と》わんと要せば』とは、一条《いちじょう》の大道《だいどう》は絃《げん》の直きが如《ごと》し。『天台に石橋《しゃっきょう》有り』とは、霊亀《れいき》、尾《お》を拽《ひ》き、迹《あと》消し難し。仏鑑老子《ぶっかんろうし》、来《きょ》去分明《らいぶんみょう》にして出没無礙《しゅつもつむげ》なりと雖則《いえど》も、争奈《いか》んせん、七十三年、造妖捏怪《ぞうようねっかい》し、千《せん》古《こ》の悪名《あくみょう》、鎮長《とこし》えに在ること。在りや在ざるや」と。縄牀《じょうしょう》を拍《う》ちて云く、「月落ちて天を離れず、水流れて元《もと》より海《かい》に会《え》す」と。

嗚哪・嗚咿とも。感嘆詞。ああ。○青青黯黯処…草木が生い茂り薄暗いところ。○子細…事細かに。詳細に。

○大宋国径山…杭州（浙江省）の径山興聖万寿寺。五山第一位[補1]。○無準和尚訃音至上堂…無準師範（一一七七～一二四九）の入滅は淳祐九年（一二四九）三月十八日。その訃報が常楽寺に届いたことに因む上堂。○無準和尚…臨済宗破庵派の無準師範のこと[補2]。○来時空索索～迹難消…師範の遺偈「来時空索索、去也赤条条、更要問端的、天台有石橋」を一句ごとに著語を加えながら上堂している[補3]。○空索索…ひっそりとして何もないさま。○犀因翫月紋生角…犀因翫月紋生角、象被雷驚花入牙。サイは明月の光に浴して角に細紋が生じ、象は雷の洗礼を受けて牙に家紋が入る。○赤条条…裸で身に何もつけていないこと。○誌公…梁代の高僧、宝誌（四一八～五一四）のこと[補4]。○僧繇…梁代の画家、張僧繇（不詳）のこと[補5]。○端的…はっきりと。そのものずばり。○一条大道…一すじの大いなる道。仏祖の踏み行なった道。○絃…弦楽器に張り音を出すための糸。○天台石橋…台州（浙江省）の天台山中の石橋（石梁瀑布）。羅漢応現の霊地。○霊亀曳尾…霊亀が泥の中を這って尾の跡を残す。○霊亀…古代中国の神話等に登場する神獣の一種とされ、四霊の一つにあげられている。あるいは霊妙不可思議な亀。祥瑞のある亀。○仏鑑老子…無準師範が生前に南宋の理宗から賜った仏鑑禅師にちなむ。○分明…あきらかなこと。明白なこと。○出没無礙…出没自在に同じ。自由に出たり入ったりする。ものにとらわれない自由なさま。○無礙…妨げのないこと。○七十三年…無準師範の世寿[補6]。○造妖捏怪…妖怪を捏造する。怪しげなものを作りあげること。○縄床…縄を編んで作った椅子。この上に敷物を敷いて坐禅する。○月落不離天、水流元入海…月は西に落ちても天を離れることはなく、川の水はどこを流れても結局は海に入る[補7]。

相州巨福山建長禅寺語録

侍者　覚慧・円範編

17 上堂。「参学の人、日用の中、這《こ》の一片の妙湛霊明《みょうたんれいみょう》の田地を履践《りせん》すと雖も、然《しか》も其の中に於いて、祖翁《そおう》を識らざる者多し。若《も》し祖翁を識得《しきとく》せば、我れ且《しば》らく你に問わん、『契券《けいけん》は今、何処にか在る』と。契券を得るの後、此の一片の田地、汝が操持《そうじ》するに任《まか》す。今時の人、全身、裏許《りこ》に在りて、裏許《りこ》の事を知らざる者は、病い何れにか在る。蓋《けだ》し目前を了ぜずして、便ち許多《きょた》の万縁万境有りて、汝が眼内に入り、汝が耳中に入る。眼は又た収視することを会せず、耳も亦た返聴《へんちょう》すること能わず。未だ免《まぬが》れず、只だ声色に随いて転ぜられ、自由の分無きことを。此れ乃ち他の障《さ》うる所に非ず、是れ汝自ら障《さ》う。自ら障うる者は何ぞ。物を却《しりぞ》くることを会せず、只管《しかん》に他を逐《お》う。所以に道う、『物を却《しりぞ》くるを上と為し、物を逐うを下と為す』と。且らく未だ棒喝もて証を取り、機用全提すと説く可からず。須是《すべか》らく各各、色前は物にあらず、耳聴は声に非ざるの理を体取すべし。此の理、洞然《どうねん》として、棒喝機用は一一に皆な是れ自家の左旋右転《させんうてん》の物にして、初めより外従《よ》り来たらず。若し外自《よ》り来たらば、即ち是れ無得の人なり。参禅に四般の病い有り。見処し了わりて口にて説くこと能わず、急に用

○建長禅寺…鎌倉山ノ内の巨福山建長寺。後に鎌倉五山の第一位となる[補1]。○覚慧…不詳。空巌□慧のことか[補2]。○円範…臨済宗大覚派の無隠円範（一二三〇～一三〇七）のこと[補3]。

○日用…日々用いること。毎日の入用。平常のこと。○妙湛…水が深く満ちているさま。○霊明…神妙不可思議で明るくくもりのないこと。○田地…田畑。心境・境地。○履践…実践すること。実際に行なうこと。○識得…本質を見てとる。よく理解すること。○契券…契約の証書。○操持…しっかりと守り続けること。○裏許…うちがわ。その中。

○許多…これほどの。こんなにたくさんの。○万縁万境…万縁と万境はほぼ同義。あらゆる事物・因縁。○収視…見ることを止める。自己のうちに見つめる。○返聴…聴くことを止める。自己のうちに聴きとる。

○只管…もっぱらそれだけを行なうさま。○却物為上、逐物為下…外界の物を却けるのを上根とし、外界の物に振り回されるのを下根とする[補4]。○棒喝…棒と喝。修行者を警醒するために、拄杖で打ったり、喝したりすること。鋭い機鋒による学人指導の方法。○取証…証果を取得する。さとりを得ること。○機用…機は機根。用ははたらき。○全提…すべてをそのまま示す。すべて提示する。○体取…まるごとつかむ。体得する。○洞然…広々としたさま。はっきりしているさま。○左旋右転…左転右旋とも。自由自在にあやつること。

○参禅…禅に参ずる。禅の道に入って修行する。

い得ざる者有り。能く言い能く用うるも全く見処《けんじょ》無き者有り。見無く得無く言無く用無き者有り。見得し用得する者有り。此の四つの害は、皆な仏法妙道の上に於いて存在する所有り。若し存する所有らば、終《つい》に障礙《しょうげ》を為す。見得し了わりて、言うこと能わず用うること能わざるの人は、旧物を識得し了わると雖も、然《しか》も肯《あ》えて放捨せず。是を以て、方寸の中、一物有りて礙げを為すが如くに相い似たり。能く言い能く用うるも全く見処《けんじょ》無きの人は、此れ等、一味に奇言妙句を集めて、以て己が有と為す。似たることは則ち稍《や》や似たるも、是なることは則ち是ならず。吾が宗にて極めて禍害《かがい》の人と為す。見無く用無き者有り。此の人、平日、曽《かつ》て斯《こ》の道の上に於いて心を留めず、碌碌《ろくろく》として群に随いて走上走下す。覚えず、白首《はくしゅ》となりても真偽分かたず。此に之れを断仏種《だんぶっしゅ》の人と謂う。見得し用得する者有り。以て聖種《しょうしゅ》を紹隆す可しと雖則《いえど》も、若し実に抛りて言わば、猶お見得し用得する底有り。須是《すべか》らく影迹《ようしゃく》をば存せず、然して後、用いて滞り無かるべし。豈に聞かずや、亮座主《りょうざす》、西来直指の道を信ぜず、馬大師《ばだいし》が人を接すること甚だ衆《おお》しと聞きて、忿《いか》りて往《ゆ》きて謁す。大師、其の来たる意を知り、遂に問うて云く、『久しく聞く、座主は善《よ》く経論を講ずと。是なり否《や》』と。主云く、『不敢《ふかん》』と。大師云く、『講経の時、甚《なに》を将《もっ》てか講ず』と。主云、『心を将《もっ》て講ず』と。大師云く、『心は工技児《くぎじ》の如く、意は和技者《わぎしゃ》の如し。争《いか》で

○見処…自分でつかんだもの。これだと納得したもの。

○見得…見てとる。○妙道…真実の道。正しい生き方。○障礙…さまたげになること。さまたげ害する。悟りの障害となる。

○放捨…物事を放ち捨てて、近づけないこと。打ち捨てること。○方寸…一寸（約三センチ）四方。心のこと。

○奇言…奇抜な珍しい言葉。とっぴょうしもない言葉。○妙句…すぐれてよい言葉や表現。

○禍害…わざわい。災難。

○碌碌…平凡で役に立たないさま。

○白首…白髪の頭。白頭。○仏種…仏と成るための種子。仏性。

○聖種…聖顕の種子。仏の後を受け継ぐ聖人の種。○紹隆…先人の事業を受け継いで、さらに盛んにすること。○影迹…姿形。痕跡。

○亮座主〜遂隠于西山…[補5]。○亮座主…馬祖下の西山亮座主（不詳）のこと[補6]。○座主…学徳のすぐれた一山の指導者。ここでは教家の学僧。経論家。○馬大師…南嶽下の馬祖道一（七〇九〜七八八）のこと[補7]。

○不敢…どういたしまして。恐縮する意を示す。挨拶・謙遜の言葉。

○工技児…工妓児・工伎児・巧伎児。演技の巧みな俳優。心が主となって種種のはからいをする人のたとえ。○和技者…和伎者・和妓者。

か講じ得ることを解せん』と。主云く、『心既に講じ得ざれば、是れ虚空の講じ得ること莫《な》き耶《や》』と。大師云く、『虚空却是《かえ》って講じ得たり』と。主肯《うけ》がわず、払袖《ほっしゅう》して便ち出づ。大師、遂に召す。座主、首を回らす。大師云く、『生従《よ》り老に至るまで、只だ是れ這箇《しゃこ》なるのみ』と。主、便ち大悟し、遂に西山に隠る。大師、謂つ可し、『直釣（鉤）を以て蒼龍《そうりゅう》を釣るに、一釣に便ち上ぐる』と。諸上人、此の門に入り来たり、若し真実に此の一事を体《きわ》めんと要せば、須是《すべか》らく雲頭を放下して、頂き従《よ》り足に至るまで、子細に推看すべし。動は何れ従《よ》り来たる、静は何れ自《よ》り至る。驀《まく》に動静も彼が出だす所に非ず、耳目も亦た到る所無しと知り了《お》わらば、便ち此の一片の妙湛霊明《みょうたんれいみょう》の地を見ん。諸仏諸祖も是れに由りて興り、此の三昧を同じくす。是の如くならば、則ち一法として是れ真如ならざる無く、一物として妙用為《な》らざる無し。乃至、山林草木は時時《じじ》に此の事を挙唱《こしょう》す。所謂《いわゆ》る、『渓声は便ち是れ広長舌《こうちょうぜつ》、山色は清浄身に非ざる無し』と。是の理に達し已《お》わらば、根根塵塵は円融無礙にして、心心法法は自他一同なり。諸人、但だ先づ目前を了却し、然して後、収拾し帰り来たりて、家中の活計を做《な》せ。家計を做《な》し得て成じ了わらば、方《まさ》に名づけて為めに本の拠《よ》る可き有る者と為す可し」と。

復た挙す、「教中に道く、『是の法は思量分別《しりょうふんべつ》の能く解する所に非ず』と。従上

工伎児の演芸に和して拍子をとり、太鼓など打って、俳優の演技の効果をあげる伴奏者をいう。凡夫の心が外竟に執着して傾倒するさま。
○虚空…天と地の間。広大無辺の空間。

○払袖…そでをうち払う。決然として立ち去る時の気勢。

○西山…江西省洪州（南昌）の西山。翠巌山とも。亮座主の終焉の地とされる。○直釣…直鉤の誤り。直鉤はまっすぐな釣針。○蒼龍…あおい龍。青龍。○諸上人…修行僧に対する呼びかけ。諸君。○雲頭…雲の上面。煩悩の涌き立つことのたとえ。

○子細…事細かに。詳細に。

○驀…まっこうから。忽ちに。○動静…動いたり静かにしたりすること。日常の行住坐臥。○妙湛…水が深く満ちているさま。○霊明…神妙不可思議で明るくくもりのないこと。○三昧…サマーディ（梵：Samādhi）のこと。三摩提・三摩地とも。定・等持・正受と訳す。深く集中し、心が安定した状態。○真如…ありのままの姿。万物の本体としての、永久不変の真理。○妙用…霊妙な作用。巧妙なはたらき。
○乃至…あるいは。または。○此事…このこと。仏祖の大道。仏法の一大事。○挙唱…口に出して唱える。古則や公案を提示し、唱える。
○渓声便是広長舌、山色無非清浄身…谷川のせせらぎの音は仏の説法であり、山々の景観は仏の清浄身にほかならない［補8］。○渓声…谷川の音。渓流の音。○広長舌…仏の舌が広く長いこと。嘘偽りのない相とされる。○山色…山の色。また、山の景色。○清浄身…汚れのない身。仏身のこと。○根塵…六根と六塵。目・耳・鼻・舌・身・意の六根と、それに対する、色・声・香・味・触・法の六塵をいう。○円融無礙…すべての事物が完全にとけ合って、障りのないこと。○心心法法…主観である心と客観である一切法。○了却…けりをつける。かたをつける。○収拾…取り集める。拾い集める。とりかたづける。始末する。○活計…生活を維持すること。暮らしむき。なりわい。
○是法非思量分別之所能解…［補9］。○思量…いろいろと思いをめぐ

の仏祖、天下の善知識、今に至りて、未だ一人として是の法を説き得ること有らず。建長、今日、諸人の為めに是の法を説き去らん」と。良久して、「野火《やか》も焼き尽くせず、春風吹いて又た生ず」と。

らし考えること。○分別…外的なものにとらわれて判断すること。○従上仏祖…歴代仏祖。歴代の祖師。○善知識…善徳の智者。正法を説いて人を正しく導く師。○野火焼不尽、春風吹又生…野火は春先に野原の枯れ草を焼く火。野原の草を焼いても根は枯れないで、春風が吹くようになると、また芽を出してくる[補10]。

18

中秋上堂。「法を説きて機に応ぜざれば、倶に是れ非時の語なり。今日、正に是れ月朗《ほがら》かなるの夜、在在の叢林、咸《み》な月を仮りて衆に示す。所以に、昔日、馬大師、三子と与《とも》に月を翫《め》でる次いで、大師云く、『正恁麼《しょういんも》の時、如何《いか》ん』と。百丈云く、『正に好《よ》し、修行するに』と。西堂云く、『正に好《よ》し、供養するに』と。南泉、払袖《ほっしゅう》して便ち行く。大師云く、『経は蔵に帰し、禅は海に帰す。惟《た》だ普願のみ有りて、独り物外《もつがい》に超ゆ』と。古人謂《いい》つ可し、『日用挙止の間、此の事を忘れず』と。大唐国の僧、時に応じて祐《たす》けを納《い》れ、也た諸人の与《た》めに論量す。汝等、心性は湛然《たんねん》として染まること無く、本自《よ》り輝曄《きか》す。只だ煩悩昏迷《こんめい》し、無明障蔽《しょうへい》するが為めに、所以《ゆえ》に之れを暗冥の都に執して、発現すること能わず。譬《たと》えば中秋皎月《こうげつ》の照耀して私無きに、纔《わず》かに黒雲の空に漫《はびこ》ること有りて輪相顕れざるが如し。月は乃ち諸人の自心本性に喩え、雲は乃ち諸人の煩悩無明を表す。煩悩尽き、無明消ゆれば、汝の心月、了了として分明なり」と。手を以て一円相を打《た》して、大衆を召して云く、「人人本より這箇《しゃこ》有り。曽《かつ》て暗昧《あんまい》ならず、

○中秋上堂……八月十五日、中秋の日に行なう上堂。○叢林…樹木の繁茂する林。禅宗寺院。禅の修行道場。○昔日馬大師与三子翫月次～惟有普願、独超物外…「馬祖翫月」の公案[補1]。○馬大師…南嶽下の馬祖道一（七〇九～七八八）のこと[補2]。○百丈…馬祖下の百丈懐海（七四九～八一四）のこと[補3]。○西堂…馬祖下の西堂智蔵（七三五～八一四）のこと[補4]。○南泉…馬祖下の南泉普願（七四八～八三四）のこと[補5]。○払袖…そでをうち払う。決然として立ち去る時の気勢。○物外…世間のことを超越している。

○日用…日々用いること。毎日の入用。平常のこと。○挙止…立ち居振る舞い。○此事…このこと。仏祖の大道。仏法の一大事。○論量…あれこれと考えをめぐらして論ずること。○心性…不変な心の本性。すべての人間が生まれながらにもっている本性。○湛然…水が十分にたたえられているさま。また、静かで動かないさま。○輝曄…光り輝くこと。○昏迷…道理に暗くて、分別の定まらないこと。○無明…無知で真理に暗いこと。根本的な煩悩。愚痴。○障蔽…覆い隠すこと。さえぎること。○暗冥…暗くて人目の及ばない所。地獄。

○煩悩…心を煩わし、身を悩ます精神作用。

○了了…物事が明らかなさま。○分明…あきらかなこと。明白なこと。

○暗昧…光がささず、暗いこと。

亦た盈虧《えいき》すること没《な》し。之れを識れば、則ち聖に入り凡を超え、物に遇い則ち鑑《かんが》む。識らざれば、則ち空を望んで月を捉え、影を逐い形を追う。諸人、還《は》た識得す麼《や》。斯《ここ》に於いて辯得せば、霊山にて月を指し、曹渓にて月を話《かた》るも、画《が》餅《べい》もて飢えに充《あ》て、眼中に屑を添うるがごとし。若也《も》し未だ識らずば、山僧、汝諸人の為めに、当陽に指し出ださん」と。復た手を以て一円相を打して、「惟だ此の一月のみ実にして、余二は則ち真に非ず。静夜に雲翳《うんえい》無し、清光は刹塵《せつじん》を照らす」と。

19

上堂。「十月旦日《たんじつ》、之れを開炉の節と謂う。古人道く、『尽大地是れ一箇の火炉なり』と。汝等、甚麼《なん》の処に向かって蹲坐《そんざ》せん。山僧、敢えて諸人に問う。若し火炉辺に在りと謂わば、你が安身立命《あんじんりゅうみょう》の処無からん。若し火炉内に在りと謂わば、汝が髑髏《どくろ》を焼却せん。此に到りて、須らく転機の活句《かっく》有りて始めて得《よ》し。若し転機の活句無くば、是れを「陸地に平沈《へいちん》す」と謂う。甚《なん》の救う処か有らん。若し転機の活著《かつじゃく》すること有らば、終日、香匙《こうじ》を拈じ火筯《かじょ》を弄し、東に撥《はら》い西に撥い、左に敲き右に敲き、灰を以て他人の眼中に撒在するも、何の過《とが》か有らん。更に甚麼《なん》の炉内に在り、炉外に在り、賓主《ひんじゅ》有り、賓主無しと説かん。拈起するや、幽として燭《て》らさざる無く、直に得たり、紅焔《こうえん》の天に亘《わた》ることを。放下する

○盈虧…月が満ちたり欠けたりすること。○入聖超凡…聖者の境地に入り、凡夫の迷いを超える。

○識得…本質を見てとる。よく理解すること。○霊山指月、曹渓話月…[補6]。○霊山…霊鷲山。中インド、摩掲陀国の王舎城の東北にあった山。釈尊説法の地の一つ。○曹渓…曹渓山。韶州（広東省）に存し、六祖慧能（六三八～七一三）の住山地[補7]。○画餅充飢…絵に画いた餅で飢えを満たそうとする。空しい気休め。実効を伴わない所為[補8]。○眼中添屑…眼中著屑とも。目の中にゴミが入ること[補9]。○当陽…面と向かって。まっこうから。まともに。○雲翳…雲で空が曇ること。空のかげり。○刹塵…無数の国土。無数の意味。

○開炉…炉を使いはじめること。十月一日を開炉として、その日に上堂を行なった。○古人道、尽大地是一箇火炉…[補1]。○尽大地…すべての大地。○蹲坐…かがんで座す。

○安身立命…安心立命とも。身命を安立する。身心を尽して天命に任せる。

○髑髏…しゃれこうべ。屍骸。○転機…大いなる働き。○活句…活きた言葉。禅宗で、有益に生かして用いられた文句。

○陸地平沈…陸地に身を沈める。埋没する。落ちぶれる。自ら拘束して自由を得ないさま[補2]。

○香匙…香をすくうさじ。○火筯…火ばし。

○賓主…客と主人。○拈起…手にとりあげること。

○紅焔…真赤な炎。猛火。○放下…下ろす。下に置く。投げ捨てる。

や、共に歳寒《さいかん》を守り、佇《たたず》んで冷灰《れいかい》の豆爆するを看ん。是の如しと雖然《いえど》も、諸人、還《は》た這《こ》の火種《かしゅ》星子の来たる処を知る麼《や》。今日、娘生《じょうしょう》の口と三寸の舌を惜しまず、諸人の為めに説破《せっぱ》せん。竺乾《じくげん》の胡張三の処自《よ》り起こりて、震旦《しんたん》の黒李四の家に流伝す。此れ自り灯灯として相続し、的的として相伝す。愈《いよ》いよ撲《ぼく》せば、愈いよ明らかに、愈いよ掩《おお》えば、愈いよ盛んなり。這箇《しゃこ》の説話、孰《たれ》か之れを知らざらん。山僧も亦た些子《さし》の火種有りて、包蔵すること久し。未だ易《たやす》く拈出せず。今日、諸人に挙似し去らん」と。払子を以て吹くこと一吹《いっすい》し、復た擲下《てきげ》して、「著《つ》いたり、著いたり、各自に隄防せよ。諸兄弟、此の一段の大事を究むることは、三冬の内に寒炉中に向かって火を埋めるが如くに一般なり。常に煖気をして断えざらしむ。忽然として通身上下、徹骨氷《こお》り寒くして口を開き得ざる時、須らく佗の力を仮るべし。雖然《しかれ》ども、箇《こ》は是れ引導の門なり。瀟洒《しょうしゃ》たる衲僧分上に在りては、須是《すべか》らく冷颼颼《れいしゅうしゅう》の中に向かって捜討《そうとう》し、清淡淡《せいたんたん》の処に体窮すべし。挨得《あいとく》して路通じ、著得して眼活し、然して後、雪を傲《あなど》り霜を欺《あざむ》き、風を呵《か》し雨を詬《ののし》る、総《すべ》て別人に由らず。収めるも也た我れに在り、放つも也た佗《かれ》に非ず。未だ此の田地に到らざれば、須是《すべか》らく自ら信じ、自ら修し、自ら悟りて始めて得《よ》し。信とは、仏祖に無伝にして伝うるの妙有ることを信ず。修とは、自家の達せんと欲して未だ達せざるの場を修す。悟とは、現今の頭に迷い影を認

○歳寒…寒さの厳しい時節。○冷灰豆爆…寒灰豆爆に同じ。冷え切った灰の中で一つぶの豆が爆発する。心のはたらきを絶し切ったところで突然に大悟することのたとえ[補3]。○冷灰…火の気がなくなり、冷たくなった灰。○火種…ほくち、火口。火打石と火打金を打ち合わせて生じた火を移しとるもの。○星子…火種が星のように跳ね散っているさま。○娘生…嬢生とも。母から生まれた。○説破…言い切る。説き尽くす。○竺乾…インドの別名。天竺西乾の義。○張三李四…その辺にいる人。張のところの三男坊と李のところの四男坊。○震旦…中国の別名。東土。神丹。○灯灯相続…祖師から祖師へ仏法の法灯が連綿として続くこと。○撲…放り投げる。○些子…すこしばかり。ちょっと。○包蔵…内部に持っていること。内に隠し持つこと。○拈出…取り出す。つまみ上げる。○挙似…話題を提示すること。○擲下…投げ下ろす。投げ捨てる。○隄防…堤防。防止すること。

○忽然…突然に。たちまちに。○徹骨…骨までとおること。物事の中核・真底にまで達すること。○引導…人を導いて仏道に入らせる。○瀟洒…すっきりとあか抜けているさま。俗っぽくなくしゃれているさま。○衲僧分上…禅僧本来の持ち前。○衲僧…衲衣を着た僧。禅僧のこと。○冷颼颼…冷ややかで寒々としたさま。○捜討…調べ求める。探し尋ねる。○清淡淡…清らかで淡泊なさま。○体窮…まるごと究める。本質までつかみ取る。○挨得…ぐさりと一つきすること。○眼活…活。眼。物事の道理や本質をよく見分ける眼識。○傲雪欺霜、呵風罵雨…雪霜を見くびり、風雨を叱りののしる。大自然の運行に不平をいう。○田地…田畑。心境・境地。

○迷頭認影…『首楞厳経』巻十の語。演若達多がある日、鏡に映る自

むるの所を悟る。此れは猶お是れ大概の辞なり。若し実に拠りて説かば、工夫を做《な》す時、各各、精神を陡頓《とうとん》して、境に随って転ずること莫かれ。虚霊自照し、動静返窮《どうじょうへんきゅう》せよ。窮めて無窮《むきゅう》に至りて、終に倒断の時節有らん」と。

復た挙す、「明招《みょうしょう》久しく陞堂《しんどう》せず。維那《いのう》白して云く、『和尚久しく陞堂《しんどう》せず、大衆、渇仰《かつごう》す』と。招云く、『鐘を撞著せよ』と。維那、鐘を撃ち、大衆咸《み》な集まる。招、左右を顧視《こし》して云く、『這裏《ここ》は風頭稍《ふうとうや》や硬し、且らく煖処に帰りて商量せん』と。便ち方丈に帰る。衆、随いて入る。招又た云く、『纔《わず》かに煖処に到れば、便ち瞌睡《かっすい》するを見る』」と。師云く、「明招が漏逗《ろうとう》するの処、太《はな》はだ危険生《きけんせい》。惜しむ可し、当時、人無くして只麽《しも》に放過することを。若し放過せずば、明招、方丈に帰らんと要すも、未だ可ならざらん。何が故ぞ。更に一頌を聴け。晴空朗朗として自ら迷昏す。手を把りて伊《かれ》を牽《ひ》けども門に入らず。姹女《たにょ》は已に霄漢《しょうかん》に帰り去るに、獃郎《がいろう》は猶お火辺に在りて蹲《うずくま》る」と。

20

上堂。「諸仏も行じ到らざる処、只だ衲子の脚頭辺に在り。列祖も説き得ざる時、諸人の口角畔を離れず。饒《たと》い汝、口中にて滔滔地《とうとうち》に道い得、脚跟下《きゃっこんか》に歩歩に帰るを知るも、忽然として彼の大闡提《だいせんだい》の人の出で来たりて『不是、不是』と道うに遇わば、且らく如何んが伊が与めに剖析《ほうせき》せん。此の虚玄《きょげん》の要旨・無著の

分の顔が見えなかったと騒ぎ、自分の頭が取られたと思い込み探しまわったという話。妄想にとらわれた状態をいう[補4]。○工夫…仏道修行などに専念すること。坐禅に専心すること。○陡頓…険しくする。○虚霊…心の霊妙なさま。玄妙な心のはたらき。○自照…自分自身をかえりみて深く観察すること。○動静…動いたり静かにしたりすること。日常の行住坐臥。○無窮…果てしないこと。また、そのさま。○倒断…断絶する。

○明招久～便見瞌睡…[補5]。○明招…青原下の明招徳謙（不詳）のこと[補6]。○陞堂…高座に上る。須弥壇に登る。上堂。○維那…禅宗寺院の僧堂などで修行僧を監督指導し、堂内の衆務を総覧する役。六知事の一つ。○渇仰…仰ぎ望む。心から憧れ慕うこと。○顧視…振り返って見ること。かえりみること。○風頭…風の吹くところ。風あたり。○商量…相談協議する。いろいろ考えて推し量ること。禅の教えを問答審議する。○方丈…禅宗寺院で住職の居室。○瞌睡…疲れて居眠りすること。○漏逗…破綻を表す。ボロを出す。○太危険生…太～生は「はなはだ～だ」の意。○放過…そのままうち捨てておくこと。手をつけないでおく。見逃してやる。大目にみる。

○朗朗…明るく晴れるさま。○迷昏…昏迷。道理に暗くて、分別の定まらないこと。○姹女…她女。彼女。第三人称。○霄漢…大空。天空。○獃郎…おろかな男。呆郎とも。

○衲子…衲衣（袈裟）を掛けた僧。禅僧。○脚頭辺…足の先。足の下部。○口角畔…口もと。口辺。畔はほとりの意。○滔滔地…流れるように。水がとどまることなく流れるさま。○脚跟下…かかとの下。足もと。○歩歩…一歩一歩。○忽然…突然に。たちまちに。○闡提…仏法を信じることなく、成仏の素質を欠く者。○剖析…分析する。分解する。○虚玄…むなしく奥深いこと。何もなくもの静かなさま。○無著…執着のないこと。○測量…調べ量る。人の心を推量する。○運用

真宗に参ぜば、須是《すべか》らく抜く可からざるの志有りて、測量し難しの機を具すべし。運用施為《せい》して、失却せしむること莫かれ。機忘じ志泯じて空劫の事彰《あらわ》るるを待ち、然して後、巻きて之れを懐《ふところ》にす。灰頭土面《かいとうどめん》し、時節慶会《けいえ》し、撞著すること渾剛《こんこう》なるも、妨げず、他に一撃を与うることを。彼の時に当たって、是れを快活と為す。豈に聞かずや、古霊《これい》、受業師を辞して百丈の処に往き、衆底に居し、後に悟門を得たりとは、天堂未だ就《な》らざるに、地獄先に成る。復た故郷に返りて、省覲《せいきん》せんと欲存《ほっ》すとは、冤《えん》に頭有り、債に主有り。一日、本師問うて云く、『汝、行脚参禅して何の所得か有る』とは、事は叮嘱《ていしょく》従《よ》り起こり、禍は防がざる自《よ》り来たる。霊云く、『並びに所得無し』とは、賊は是れ小人、智は君子に過ぎたり。本師、之れを聞いて極めて意に在《お》かず、遂に浴司《よくす》に在りて僧衆に給侍せしむとは、遥かに白雪を観て、指して楊花《ようか》と作す。一日、本師、浴する次いで、古霊、背を揩《こ》するとは、勾賊《こうぞく》、家を破《やぶ》る。霊、其の師の背を撫《う》ちて云く、『好箇《こうこ》の仏堂、其の仏は聖ならず』とは、但だ物を偸《ぬす》むのみに非ず、更に人を害せんと要す。本師、頭を回して之れを視るとは、何ぞ他に両《ふた》つの木杓を与えざる。霊云く、『仏は聖ならずと雖も、也た放光するを解す』とは、殺人は恕《ゆる》す可きも、無礼は容《ゆる》し難し。本師、又た一日、看経《かんきん》する次いで、一の蜂子《ほうす》有り、窓に投じて出づること能わず。霊、之れを見て乃ち云く、『世界は恁麼《いんも》に広《こう》

…そのもののもつ機能を生かして用いること。活用。○施為…ほどこし行なうこと。○失却…ものをなくすこと。また、忘れること。○空劫…世界が全く壊滅して、次にまた新たに生成の時が始まるまでの長い空無の期間。○灰頭土面…頭は灰だらけ、顔は泥まみれ。俗世で必死に衆生済度するさま。○慶会…めでたい会合。ここでは時節がぴったり合うこと。○撞著…つき当たる。ぶち当たる。○渾剛…大きく剛いこと。○快活…気持ちや性質が明るく元気のよいさま。○古霊辞受業師～此奇特事…「古霊揩背」の公案[補1]。○古霊…南嶽下の古霊神賛（不詳）のこと[補2]。○受業師…出家得度した時の師。○百丈…馬祖下の百丈懐海（七四九～八一四）のこと[補3]。○天堂未就、地獄先成…天堂（天国）行きが決まらないうちに、地獄行きが先に決まってしまった[補4]。○省覲…帰省してお目にかかる。○冤有頭、債有主…[補5]。○参禅…禅に参ずる。禅の道に入って修行する。○行脚…仏道修行のために、僧侶が諸国を歩き回ること。○事従叮嘱起…あまりにしつこいと面倒なことになる[補6]。○叮嘱…丁寧に頼むこと。お願いすること。○禍自不防来…禍生于懈惰とも。禍は怠って何もしないところから生ずる。○賊是小人、智過君子…[補7]。○在意…意に在《お》く。気をつける。○浴司…禅宗寺院の浴室の主任。知浴。六頭首の一つ。○給侍…雑用をすること。○楊花…ようか。楊の華。○勾賊破家…泥棒を引き込んで、家の財宝をすっかり盗まれること[補8]。

○好箇…すばらしい、立派な。○仏堂…仏殿。大雄宝殿。○回頭…廻首。振り返る。ふり向いて後ろを見る。○木杓…木でつくった柄杓《ひしゃく》。○殺人可恕、無礼難容…人を殺したのは許してやるが、無礼は許すわけにはいかぬ[補9]。○看経…禅宗などで、声を出さないで経文を読むこと。低声で経文を読むこともいう。○一蜂子…一匹の蜂。○世界…世の中。過去・現在・未来の三世を世といい、上下四方四維の十方を界という。○広濶…広々と開けていること。

潤《かつ》たるに、却って這裏《しゃり》に来たりて他の故紙《こし》を鑚《き》る。甚《なん》の了期《りょうご》か有らん』とは、竹を咬み得ず、却って木を咬まんと要す。霊、又た頌す、『空門肯《あ》えて出でず』とは、出づることを用いて作麽《そも》。『窓に投ずるも也た大《はな》はだ癡《おろ》かなり』とは、何の処か不是なる。『終朝《しゅうちょう》、故紙を鑚《き》る』とは、也た追尋《ついじん》せんことを要す。『何れの日か出頭《しゅっとう》の時ならん』とは、歩みを転ずれば即ち得ん。其の本師、召して云く、『汝、行脚《あんぎゃ》して誰かに遇う。我れ常に你が口を開くを見るに、奇異の処有り』とは、眼を開き得て来たり、天大いに暁く。知らず、枕子《ちんす》は人に偸《ぬす》まるることを。霊云く、『我れ百丈和尚の処に於いて、箇の安楽法門を得たり。今、慈徳に報いんと欲するのみ』とは、款《かん》は囚の口より出づ。本師、遂に衆を率いて請して説法せしむとは、早や知る、灯は是れ火なることを。飯熟すること已に多時なり。霊乃ち師の命を領して、衆に対して陞堂《しんどう》して云く、『霊光洞《ほが》らかに耀いて、逈《はる》かに根塵《こんじん》を脱す。真常《しんじょう》を体露《たいろ》することは、文字に拘らず。心性は染まること無く、本自《よ》り円成す。但だ妄縁《もうえん》を離れば、即ち如如仏《にょにょぶつ》なり』とは、八角の磨盤《まばん》は空裏に転じ、金剛杵《こんごうしょ》は鉄山を打ち摧《くだ》く。師、挙唱《こしょう》を聞きて、遂に乃ち領解《りょうげ》す。継いで云く、『何ぞ期せん、老いに垂《なんな》んとして此の奇特の事を聆《き》かんとは』とは、早や知る、今日の事、悔ゆらくは、当初を慎《つつし》まざりしこと。古人の動静語黙《どうじょうごもく》、総て建長に一時に検察し了わらる。是れ汝諸人、還《は》た眼耳鼻舌

○故紙…書きそこなって不用になった紙。○了期…けりのつく時。結着。悟る時。○空門…一切を空と考える大乗仏教の教え。転じて、仏教の総称。

○終朝…朝のあいだ中。一日中。○追尋…追求。昔のことを思い尋ねる。○出頭…顔を出す。進み出る。この世に出る。

○行脚…仏道修行のために、僧侶が諸国を歩き回ること。○奇異…普通とようすが違っていること。不思議なこと。
○枕子…枕のこと。

○安楽法門…真に身心の安楽を生ずる教え。真の悟りの境地。
○款出囚口…白状の言葉。白状の言葉が囚人から出る。語るに落ちる[補10]。

○陞堂…高座に上る。須弥壇に登る。上堂。
○根塵…六根と六塵。目・耳・鼻・舌・身・意の六根と、それに対する、色・声・香・味・触・法の六塵をいう。○体露真常…永遠不変の真実相を丸ごとさらけだす。○心性…不変な心の本性。すべての人間が生まれながらに持っている本性。○円成…円満に成就すること。○妄縁…人間の妄想による縁起。誤った考えを引き起こす機縁。○如如仏…法身仏のこと[補11]。○八角磨盤空裏転…八角磨盤空裏走に同じ。すさまじい破壊力のたとえ。八角磨盤は、古代インドの神話に見える武器の一つ。八つの角をもつ武器（研磨盤）が空中を旋転して一切のものを破壊する[補12]。○金剛杵打鉄山摧…金剛杵は金剛力士の武器。鉄山を打って真っ二つにする[補13]。○挙唱…口に出して唱える。古則や公案を提示し、唱える。○検察…調べ探す。取り調べる。吟味する。○領解…つかみ取る。会得する。○奇特…非常に珍しく、不思議なさま。また、すぐれているさま。○動静…動いたり静かにしたりす

身意有り也無《や》。若し有らば、出で来たりて山僧を将《もっ》て横《ほしいまま》に拕《ひ》き倒《さかしま》に拽き、痛く打つこと一頓せよ。庶わくは我れをして你を知り、你をして我れを知らしめ、叢林の価いをば増し、吾が道をして光り耀かしめんことを。苟或《も》し然らずば、各各、仏祖も説き得ず行じ到らざる処に向かって、眼を著けて体取せよ」と。

復た云く、「冬至巳に過ぎて半月の日。苦《にが》きことは黄連《おうれん》に似、甜《あま》きことは蜜に似たり。水は冷ややかに氷は寒くして蹤を見ず。簷《えん》に臨んで惆悵《ちゅうちょう》して消息無し。満口に霜を含む銀山鉄壁、忽地《こっち》に清音は籌室《ちゅうしつ》を撼かす」と。主丈を拈じて云く、「主丈子出で来たりて、左に顧《かえり》み右に観、東に討《たず》ね西に覓《もと》む。元と是れ地蔵堂の後、東北の角頭なり。一陣の風来たりて、宝鐸《ほうたく》を吹動す。当郎《たらん》当郎《たらん》、淅瀝《しり》淅瀝《しり》。悲しむに堪えたり、笑うに堪えたり、誰と与にか論ぜん。文殊は維摩詰《ゆいまきつ》を放過す」と。

21

仏成道日の上堂。「希奇《きき》の事は、塵劫《じんごう》を経て愈《いよ》いよ希奇を見る。逸格《いっかく》の機は、淵源《えんげん》に徹して自然に逸格なり。悉達《しっだ》太子は一旦に万乗帝王の位を棄て、苦行六年す。此れ豈に是れ希奇の事にあらざらんや。末後に、三界天人の師と為りて、群品《ぐんぼん》を利周す。誠に所謂《いわゆ》る逸格の機なるのみ。深談広演に至りて、乾《けん》を揺《ゆる》がし坤《こん》を撼《うご》かし、龍宮に聚満《じゅうまん》し、海蔵に積盈《せきえい》す。後世、理を究め心を悟るの者、其

ること。日常の行住坐臥。○語黙…語ることと、黙っていること。○眼耳鼻舌身意…六根。○叢林…樹木の繁茂する林。禅宗寺院。禅の修行道場。

○体取…まるごとつかむ。体得する。

○冬至…冬至は二十四節気の一つ。陰暦では十一月の中に当たる。○黄連…薬草の名。山地の樹林下に生え、根茎は太く黄色で、多数のひげ根を出す。○簷…のき。○惆悵…恨み嘆くこと。○満口含霜…口いっぱいに霜を詰める。言葉を発することができないさま。○銀山鉄壁…非常に堅固な物事のたとえ。○忽地…にわかに。ふいに。○籌室…住職の居室。方丈のこと。○地蔵堂…地蔵を安置する堂[補14]。○宝鐸…堂塔の軒の四隅などに、飾りとして吊す大形の風鈴。○当郎当郎…金属製の物が硬いものに打ち当たる音。がらん、がらん。タラン、タラン。○淅瀝淅瀝…軽い風や雨の音。ぱらぱら。しとしと。哀れで寂しいさま。シリ、シリ。○文殊放過維摩詰…[補15]。○堪笑…おわらいぐさ。笑止千万。○文殊…文殊師利菩薩のこと。般若の智慧を表す菩薩[補16]。○維摩詰…『維摩経』に登場する在俗居士[補17]。○放過…そのまま打ち捨てておくこと。手をつけないでおく。見逃してやる。大目にみる。

○仏成道日上堂…十二月八日、仏陀が成道した日（成道会）に行なう上堂。○希奇…稀で珍しい。○塵劫…非常に長い時間。永劫。○逸格…抜きん出てすぐれていること。○淵源…物事の起こり基づくところ。根源。○自然…人為の加わらないさま。真如法性の理。○悉達太子…釈迦牟尼仏の出家以前の名。悉達多（梵：Siddhattha）のこと。○万乗帝王位…転輪聖王のこと。万乗は一万台の兵車。『長阿含経』によれば、釈迦はもし在家のままで王位を継げば、転輪聖王となり、天下を治めると占われたことをいう。○苦行六年…釈迦が出家し、苦行した六年間。○末後…最後。最期。命の終わるとき。○三界天人師…三

の数は窮まり無く、名を聞き苦を離るるの人、其の幾ばくかを知らず。外道は心を傾むけて向仰《こうぎょう》し、衆魔《しゅま》は手を拱《こまね》いて以て帰降《きこう》す。聊《いささ》か一分の白玉毫光《びゃくぎょくごうこう》を分ちて、子孫を覆蔭《ふくいん》し、受用《じゅゆう》無尽なり。恁麼《いんも》の挙唱、大いに朱に順いて墨を著け、本に依りて猫を画くに似たり。殊に知らず、各各に天然の釈迦有り、人人に自然の弥勒あることを。更に『位を棄てて山に入り、星を覩て道を悟る』と言わば、已に是れ第二・第三に落在著し了われり。是れ汝諸人、此に来たりて同じく住す。還《は》た曽《かつ》て精神を鼎省《ていせい》し、両眼を竪起《じゅき》して看る麼《や》。他《かれ》は既に是の如し。我れ何ぞ不是ならん。是不是。三冬に一番の寒きを得ざれば、争《いか》でか梅花の香りの鼻を撲《う》つことを得ん」と。

復《ま》た挙す、「孝宗《こうそう》皇帝、一日、仏照《ぶっしょう》禅師に問うて云く、『釈迦は雪山にあること六年、成ずる所の者は何事ぞ』と。仏照、奏して云く、『将に謂《おも》えり、陛下忘却すと』と。孝宗、龍顔《りゅうがん》大いに悦ぶ」と。師云く、「孝宗皇帝、緊要《きんよう》の処に向かって這《こ》の一著を下す。只《た》要だ他の手を展《の》ぶる処無し。仏照、亦た多少の心力を用いず、軽軽に他の与《た》めに座盤に和して一時に翻転《ほんてん》す。直《じき》に如今《にょこん》に至るまで、未了《みりょう》の公案と成る。噁《ああ》、既往《きおう》の事は必ずしも重ねて詢《と》わず。若し是れ建長ならば、孝宗が此の一問を作すに遇わん時、手を斂《おさ》めて向前し、徐徐として対《こた》えて云わん、『相識《そうしき》は天下に満つるも、知心《ちしん》は能く幾人ぞ』」と。

界とは衆生が輪廻する三つの世界。欲界・色界・無色界のこと。仏は三界の人・天のために法を説く師である意。○群品…多くの生物。生きとし生けるもの。○利周…利をあまねく布き及ぼす。○乾坤…天と地。○揺撼…ゆり動かすこと。ゆさぶること。○龍宮…龍王の宮殿。○海蔵…海中の蔵、または海に蔵するもの。○積盈…積みあつまる。○向仰…向かい仰ぐ。○拱手…手をこまねく。両手の指を胸の前で組んで敬礼する。○帰降…降伏すること。○白玉毫光…仏の眉間の白毫から四方に出る細い光。○受用…ここでは、仏が法を説いて法楽を味わせること。○無尽…尽きることのない。○挙唱…口に出して唱える。古則や公案を提示し、唱える。○釈迦…釈迦族出身の聖者。釈迦牟尼仏のこと。釈尊とも。○弥勒…弥勒菩薩のこと。釈迦入滅から五十六億七千万年後の未来に仏となってこの世にくだり、衆生を救済する菩薩[補1]。○落在～著…～に落ちつく。著は動作の完了を示す助字。○鼎省…つよく反省する。顧みること。○竪起…まっすぐに立てること。○三冬不得一番寒、争得梅花香撲鼻…[補2]。

○孝宗皇帝一日～大悦…[補3]。○孝宗皇帝…南宋の二代皇帝趙昚（一一二七～一一九四）のこと。在位は一一六二～一一八九。○仏照禅師…臨済宗大慧派の拙庵徳光（一一二一～一二〇三）のこと[補4]。○釈迦雪山六年…出家した悉達多（シッダッタ）が雪山（ヒマラヤ）で六年間苦行したこと。○将謂…将に謂えり～と。～とばかり思っていた。思い違いをしていた意を表す。○龍顔…天子の顔。○緊要…非常に重要なこと。差し迫って必要なこと。○一著…一手。碁の用語。○心力…心の働き。精神力。○和座盤一時翻転…台座ごと一気にひっくり返すこと。○未了公案…いまだ究め切れていない古則公案。○公案…公府の案牘。官庁の裁決案件。歴代祖師が示した仏法の課題。○噁…感嘆詞。ああ。怒鳴る言葉。○既往之事不必重詢…既往不咎に同じ。すでに過ぎ去ったことは咎め立てしない[補5]。○斂手《さっしゅ》…斂手。手をおさめる。手をこまねく。尊敬を表す。○相識満天下、知心能幾人…知り合いは世間に多いが、本当に自分の心を解ってくれる真の友は少ないことをいう[補6]。

22 正旦上堂。「新たに来たりて蹤無く、旧《ふる》く去りて迹無し。指を屈して頭《はじ》め従《よ》り数うること一回す。今朝果たして是れ正月一なり。張三《ちょうさん》は眼横に、李四《りし》は鼻直なり。恁麼《いんも》に会し去らば、年年是れ好年、日日是れ好日なり。吾が道は大いに興りて、心力を労せず。主丈忽ち斯の語を聞いて、尚お且つ疑情未だ息《や》まず。更に疑処に於いて卜《ぼく》すること一課して看よ」と。主丈を卓して、「爻象《こうしょう》分明にして、万事大吉なり」と。

23 元宵《げんしょう》上堂。「末世の道流《どうる》、尽く光影裏に向かって走る。進んで前に迯《はな》れず、退いて後に到らず。他の震旦の宗師を累《わずら》わして、曲彔《きょくろく》床に拠りて、自ら家醜《かしゅう》を揚げ、却って金毛の獅子児を把《とら》えて、喚んで他家の塊《つちくれ》を逐う狗と作す。建長、今日、衆人の前に対して、屎《し》腸尿《にょう》腸をば一時に抖擻《とうそう》す。那箇《なこ》の英霊か肯《あ》えて承受せん。血を含みて人に噴くと雖然《いえど》も、先に其の口を汚す」と。

24 上堂。「挙す、教中に道《いわ》く、『一切時に居して、妄念を起こさざれ』とは、好声美色、耳にて聞き眼にて見る。『諸の妄心に於いて、亦た息滅せざれ』とは、火の字を道著するも、口曽《かつ》て爇《や》けず。『妄想《もうぞう》の境に住して、了知を加えざれ』とは、婬坊酒肆《いんぼうしゅし》にて、終日閑戯《かんぎ》す。『了知無きに於いて、真実を辨ぜざれ』とは、渇せ

○正旦上堂…一月一日、正旦（元旦）に行なう上堂。○張三李四…その辺にいる人。張のところの三男坊と李のところの四男坊。○眼横鼻直…目は横について、鼻はまっすぐにある。当たり前な、まともな顔立ち。○年年是好年、日日是好日…毎年毎年様々なことがあるが、すべて好い年であり、日々様々なこともあるが、毎日がめでたいという意味［補1］。○心力…心の力。精神の力。○疑情…疑う気持ち。仏道修行の過程で起こる疑念。○卜…吉凶を占なう。○卓主丈…拄杖を真っ直ぐに立てる。○爻象…『周易』の卦で、事物の変動や形状をあらわす形［補2］。○分明…あきらかなこと。明白なこと。

○元宵上堂…一月十五日、元宵（上元）に行なう上堂。○道流…共に道を学ぶ者たち。○光影…実体のないもの。チラチラしているもの。そのものではなく、それらしく幻出しているにすぎぬもの。○震旦宗師…中国の祖師。禅宗の僧侶。○曲彔…背もたれが曲線状に曲がった木製の椅子。○家醜…家のはじ。家庭内のもめごと。家風・宗風を謙遜していう。○金毛獅子児…金色の毛を持つ獅子。力量あるすぐれた人物。○逐塊狗…土くれを逐う狗。他にふりまわされる輩。○屎腸尿腸…糞や尿のつまった腸。○抖擻…頭陀（梵：Dhūta）の古訳。頭陀行のこと。振るい立たせる。払い捨てる。振り捨てる。煩悩を振り払う修行。○英霊…資質が優れた者。優れた霊気を備えた人。○含血噴天、先汚其口…口に血を含んで吐きかけようとすると、先に自分の口が汚れてしまう［補1］。

○居一切時不起妄念～不辨真実…［補1］

○道著…言い当てる。言い切る。○妄想…真実でないものを真実であると誤って考えること。○了知…はっきりと知る。明らかに悟る。○婬坊酒肆…遊郭と飲み屋。○閑戯…むなしくたわむれる。

ば則ち泉を飲み、困せば則ち休息す。建長、恁麼《いんも》に下語《あぎょ》するも、也た是れ他の破草鞋《はそうあい》を踏む。水泥を去離せんことを得んと要せば、更に一頌を聴け。同門出入して相い知らず、独り自ら笻《きょう》を携《たずさ》えて翠微《すいび》に上る。行《ゆ》いては翠微幽隠《すいびゆういん》の処に到り、坐しては雲の散ずるを看て又た帰ることを忘る」と。

25
仏涅槃の上堂。「挙す、世尊、入涅槃《にゅうねはん》に臨んで衆に示して云く、『汝等、吾が紫《し》磨金色《まこんじき》の軀《み》を観て、瞻仰《せんごう》して足ることを取れ、後悔せしむること勿《な》かれ』とは、生に在りて隠密《いんみつ》ならず、死に臨んで亦た乖張《かいちょう》す。『若し吾れ滅度すと謂わば、吾が弟子に非ず』とは、此の舟過ぎて後、孰《たれ》か謂う、船無しと。『若し吾れ滅度せずと謂わば、亦た吾が弟子に非ず』とは、是れ誰か手を把って同じく高山に上らん」と。遂に主丈を拈じて大衆《だいしゅ》を召し、「釈迦老子、即今、建長が主丈頭上に在りて神変《じんぺん》の相を現じ、大光明を放ち、一切の人の為めに、無上の法を説いて云く、『万物は無常に帰するも、這箇《しゃこ》何ぞ曽《かつ》て変ぜん。這箇を識得する底は、無常に呑まれず』と。是の法を説き已わりて、諸人の頂顙《ちょうねい》中に入る」と。主丈を卓し、「諸人、還《は》た脳門《のうもん》の重きことを覚ゆる麽《や》。若《も》し知得せば、我れ汝を謾ぜず。苟《も》或し遅疑《ちぎ》せば」と。主丈に靠《よ》りて、「請う、本位に帰り、動著することを得ざれ」と。

○休息…休む。憩う。身心を休めること。○下語…コメントをつける。
○破草鞋…ボロボロのわらじ。
○笻…竹の杖[補2]。○翠微…薄いあい色の山気に包まれた、ひっそりした山腹。もやの立ちこめた青々とした山。○幽隠…奥深くかくれて、暗く静かなさま。

○仏涅槃上堂…二月十五日、仏陀が入滅した日（涅槃会）に行なう上堂。○世尊臨入涅槃～非吾弟子…[補1]。○世尊…世の尊敬を受ける人。釈迦牟尼仏のこと。仏十号の一つ。○紫磨金色軀…紫がかった純粋の黄金色を帯びた身の意。仏身のこと。○瞻仰…仰ぎ見る。
○乖張…ひねくれる。食い違う。互いに相反する。

○釈迦老子…釈迦牟尼仏のこと。釈尊とも。
○神変…仏・菩薩が衆生済度のため種々の姿を現ずること。○大光明…大いなる光。
○識得…本質を見てとる。よく理解すること。○不被無常呑…無常に呑み込まれない[補2]。
○頂顙…頭の上。頭のてっぺん。○脳門…頭のてっぺん。○遅疑…とっさに反応できず躊躇する。疑い迷ってすぐに決断しないこと。○靠主丈…拄杖に寄り掛かる。○本位…本来のところ。
○動著…動かす。心が動揺すること。

26
上堂。「群林の万木、一年に一度、花を開く底は花を開き、実を結ぶ底は実を結ぶ。無情の物すら、尚乃《な》お斯《かく》の如し。汝等諸人、此に来たりて同じく住し、凡を転じて聖と成らんと擬欲《ほっ》す。固《もと》より是れ難しからず。甚《なん》に因《よ》ってか目前の大道、会する者還《かえ》って稀《まれ》なる。会すると会せざるとは、一壁に拈向《お》く。且《しば》らく如何《いか》なるか是れ目前の大道」と。良久して、「桃李樹頭《とうりじゅとう》、鸎《うぐいす》の囀《さえ》ずること切なり。更に一法の相い謾ずべき無し」と。

○無情物…心の働きのない存在。草木・瓦礫など。
○拈向一壁…取って一壁に置く。
○桃李…もも・すもも。

27
上堂。「太平の時節、姦擾虚《かんじょういつわ》りて伝う。将軍既に定まりて、天下安然たり。山僧、今日、一箭《せん》を助発して、群魔をして蕩尽《とうじん》し、王道をして平平たらしめん。恁麼《いんも》に意を用うれば、也《ま》た是《こ》れ強きを扶《たす》けて弱きを扶けず、力を用いて拳を用いず。衆中、鋒鋩《ほうぼう》を露わさず寸刃を施さざる底有ること莫きや。出で来たりて建長と相い敵せよ。擬議《ぎぎ》し来たらざれば、翻って死漢《しかん》と成らん」と。

○太平…世の中が平和に治まっていること。○姦擾…悪く乱れる。○虚伝…いつわりのうわさ。うその言い伝え。○一箭…一矢。○蕩尽…残らず使い果たす。すっかりなくす。
○衆中…大衆の中。修行僧たち。一会の僧衆。○鋒鋩…刃物の切っ先。相手を追及する激しい気質・気性のたとえ。○擬議不来…答えようとすることができない。不来は動詞について動作が実現できないことを表す。〜することができない。不可能を表す。○死漢…死体。死骸。空寂に住して自由を得ない人。

28
上堂。「前徳山は大いに人世を忘れて、草を衣《き》て泥を食う。後徳山は横《ほしいまま》に烏藤《うとう》を按じて、仏を呵《か》し祖を罵《ののし》る。且つ姓を冒して官田を佃《たがや》すに非ず。果是《はた》して些《いさ》さかの長処有り。如何《いか》なるか是れ他の長処。先生は一点も相い謾ぜず、自是《もと》より時人《じじん》自ら遮護《しゃご》す」と。

○前徳山…不明。○後徳山…青原下の徳山宣鑑（七八〇〜八六五）のこと[補1]。○烏藤…藤で作った、黒塗りの杖。○阿仏罵祖…仏を大声で叱り、祖師に悪口を言う。仏祖をしのぐ勢いを示すこと。○冒姓…姓を冒すとは他家の姓を継いで名乗ること。○官田…宋代、朝廷所有の田地のこと。○果是…はたして。案の定。○長処…よいところ。すぐれたところ。○先生…先に生まれる。またその人。○時人…その時代の人々。○遮護…覆い隠し守る。

29
浴仏上堂。「釈迦の苗裔《びょうえい》、乾坤《けんこん》に充塞《じゅうそく》す。尽く是れ孝中の不孝、五逆の児孫なり。独り雲門大師のみ有りて、不孝中の孝にして、恩を知り恩に報い、一棒に打殺せんと要す。誰が子か其の源を識る。今日、建長、此の伎倆無し。現前の一衆と与《とも》に香を爇《た》くこと一瓣《べん》し、水を澆《そそ》ぐこと一盆し、手に信《まか》せて東に潑《そそ》ぎ西に潑ぎ、他をして回避するに門無からしめん。雖然《しかれ》ども、各各、鼻孔《びくう》を打湿《だしつ》することを照顧せよ」と。

30
結制上堂。「今日聚集《じゅしゅう》す、凡と聖と、情と無情と、総て此の山に在りて安居結制す。独り鎌倉境内の藤原の翁子のみ有りて衆数《しゅすう》に入らず、自ら云く、『仏法禅道は是れ生冤家《しょうおんけ》なり』と。諸人、何の方便を作《な》してか、他をして此の保社《ほしゃ》に入らしめん。隠峰《いんぽう》は人に過ぎたる智有りと雖も、石頭山に到りて失利《しつり》して回《かえ》る」と。

31
上堂。「釈子の淵源《えんげん》、祖師の巴鼻《はび》、上は天に在らず、下は地に在らず。之れを聚《あつ》むれば、則ち毫《ごう》を絶し釐《り》を絶す。之れを空ぜば則ち横三竪四《おうさんじゅし》なり。昔日、水潦和尚、馬祖に一踏せられ、起き来たりて、呵呵《かか》大笑して云く、『百千の法門、無量の妙義、総て這裏《しゃり》に在り』と。古今を見諦《けんたい》して、奇特相い伝う。我れは道《い》わ

○浴仏上堂…四月八日、仏陀が誕生した日（降誕会・仏生日）に行なう上堂。○釈迦…釈迦族出身の聖者。釈迦牟尼仏のこと。釈尊とも。○乾坤…天と地。○充塞…満ちふさがる。満ち溢れる。○五逆…五種の最も重い罪。父を殺すこと、母を殺すこと、阿羅漢を殺すこと、僧の和合を破ること、仏身を傷つけることをいう。○独有雲門大師～要打殺…「雲門打殺」の公案[補1]。○雲門大師…雲門宗祖の雲門文偃（八六四～九四九）のこと[補2]。○一棒打殺…一棒をもって打ち殺すこと。○爇香…焼香。香を焚くこと。爇は焼。

○照顧…かえりみる。考慮する。照らし合わせてよく調べる。

○結制上堂…四月十五日、夏安居が始まる日に行なう上堂。○安居結制…雨安居・夏安居のこと。四月十五日から七月十五日の雨季の間、外出せずに寺院で修行すること。○藤原翁子…当時、かなり鎌倉で重要な地位にあった人であろう。○生冤家…大いなるかたき。大変なかたき。○保社…共同生活を営む僧団。寺院のこと。○隠峰…馬祖下の鄧隠峰（不詳）のこと。石頭希遷に参じた[補1]。○石頭山…石頭希遷のいた南嶽（衡山）のこと。○失利…商売などに失敗する。相手に打ち負かされる。敗北する。

○淵源…物事の起こり基づくところ。物事が成り立っているそのもの。根源。○巴鼻…牛の鼻に縄を通してつかまえる意。物事のとらえどころ。要点。○毫釐…ごくわずかなこと。ほんの少し。○横三竪四…物が縦横に乱れ倒れたさま。あれやこれや。横七竪八とも。○水潦和尚～総在這裏…[補1]。○水潦和尚…馬祖下の水潦和尚（不詳）のこと[補2]。○馬祖…南嶽下の馬祖道一（七〇九～七八八）のこと[補3]。○見諦…真理を悟ること。○奇特…言行や心がけなどがすぐれていて、褒めるに値するさま。

ん、『渠《か》れは狐魅《こみ》に遭う』と。衆中、切に忌む、狐魅《こみ》に遭う者有ることを」と。良久して、「家に白沢《はくたく》の図無くば、妖怪自ずから消除す」と。

32
上堂。「六月の炎烝《えんじょう》、何の処にか軃避《たひ》せん。清涼の境界、人の至る無し。英霊の衲子、別に生涯有り。他家の鼻孔《びくう》を借りて気を出ださず。雖然《しかれ》ども、更に須らく冷汗《れいかん》一回すべし。任使《たと》い天を熏《いぶ》し地を炙《あぶ》るも、這裏《しゃり》に到って、似たることは則ち也た似たるも、是なることは則ち未だ是ならず。何が故ぞ。日に千里を行くも良驥《りょうき》に非ず」と。

33
上堂。「修心煉行《れんぎょう》は、草縄《そうじょう》にて自ら絆《つな》ぐ。学道参禅は、水に入りて天を求む。一向に祖も肯《あ》えて為さず、仏も肯《あ》えて做さず。也た是れ卞和《べんか》、玉を献じ、未だ敢えて相い許されず。汝等諸人、如何《いか》んが領悟《りょうご》せん」と。良久して、「旱苗《かんびょう》、驀地《まくち》に甘雨《かんう》に逢う」と。

34
解夏上堂。「釈迦入滅して、二千余年、直に而今《にこん》に至るまで、未だ一人の条に違《たが》い令を犯すこと有らず。末代、叢林は淡薄《たんぱく》にして、仏法は寒心《かんじん》たり。山僧、箇《こ》の猛励《もうれい》たる底の人の、条に違い令を犯さんことを要するも、亦た不可得《ふかとく》なり」

○狐魅…きつねが化けること。○衆中…大衆の中。修行僧たち。一会の僧衆。○白沢…中国に伝わる想像上の神獣[補4]。○妖怪…化け物。

○炎烝…蒸し暑い。○軃避…人目をさける。○英霊衲子…すぐれた禅僧のこと。
○生涯…一生のなりわい。活計。

○良驥…日に千里を走る名馬。

○草縄自絆…草縄自縛、無縄自縛に同じ。自ら身を束縛すること。○参禅…禅に参ずる。禅の道に入って修行する。○卞和…春秋時代の楚の人。「和氏《かし》の璧《たま》」の故事で知られる[補1]。

○驀地…まっしぐらに。ただちに。○甘雨…ほどよいときに降って草木を潤し育てる雨。

○解夏上堂…七月十五日、夏安居が終わる日に行なう上堂。○釈迦…釈迦族出身の聖者。釈迦牟尼仏のこと。釈尊とも。○叢林…樹木の繁茂する林。禅宗寺院。禅の修行道場。○淡薄…味が薄い。あっさりして欲気がない。○寒心…恐れや不安の念でぞっとする。愛想を尽かしてがっかりする。○猛励…猛厲。たけく勇ましく激しい。○不可得…

と。大衆を顧視《こし》して、「有らば則ち出で来たりて、建長が縄床《じょうしょう》を掀倒《きんとう》し、大方の外に独歩し、驪龍頷下《りりょうがんか》の珠をば一槌に能《よ》く撃砕《げきさい》し、貴ぶらくは、仏法をして価《あた》い増すこと十倍ならしめよ。其れ或いは未だ然らざれば、胡狗《こく》は夜に鳴き、韓《かん》獹《ろ》は塊《つちくれ》を逐う」と。

35 上堂。「今朝八月一、暑さ退きて已に涼生ず。曲径《きょっけい》には蟬声《せんせい》切《しき》りなるも、長空には雁字《がんじ》横たう。僧は雲水の債を償《つぐな》い、客は利名《りみょう》の軽きを趁《お》う。箇裏《こり》、知音《ちいん》の者、家に帰るに程を問わず」と。大衆を召して、「孰《たれ》か是れ知音の者ぞ」と。良久して、「天暁《てんぎょう》に起き来たりて渾《すべ》て露われず、俄然《がぜん》として夜半に又た分明なり」と。

36 上堂。「若《も》し仏法の玄妙を論ぜば、譬《たと》えば中秋の夜月の如く、了《つい》に些子《さし》の欠缺《けんけつ》の処無し。古自《よ》り今に至るまで、多少の人を引き得て、之れを指して喩《たと》えと為し、話して端《たん》を立つ。早是《すで》に欠缺し了われり。山僧、此に到りて、指すと話すと、円《まど》かなると缺《か》くると、之れを置いて論ずること勿し。且《か》つ如何《いか》なるか是れ仏法の玄妙」と。主丈を卓して、「相い逢うては且らく三分の語を説け、未だ全く一片の心を抛《なげう》つ可からず」と。

求めても得られないこと。○顧視…振り返って見ること。かえりみること。○縄床…縄を編んで作った椅子。この上に敷物を敷いて坐禅をする。○掀倒…高くあげて、なげ出すこと。○大方…天地。大道。天地の道理。○驪龍頷下珠…黒色の龍のあごの下にあるとされる千金の珠。危険を冒さなくては手に入れることのできない貴重なもののたとえ［補1］。○撃砕…物をうち砕くこと。敵を徹底的に負かすこと。○胡狗…胡（西域）の犬。○韓獹逐塊…［補2］。○韓獹…戦国時代、韓の国にいた黒毛の駿犬の名。

○曲径…曲がりくねった小路。○長空…はてしなく広がっている空。○雁字…雁が一列に並んで飛ぶさまを文字に見立てていう語。○雲水…行雲流水の略。雲水僧。諸方歴遊する修行僧。○利名…名利に同じ。名誉と利益。名聞と利養。利養は財を貪り己を肥やすこと。名聞は世間的な評判名声。○趁…追う。後を追いかける。○箇裏…個裏。ここ。○知音…互いによく心を知り合った友。親友［補1］。○天暁起来〜夜半又分明…『宝鏡三昧』の言葉にちなむ［補2］。○俄然…急に情況が変わるさま。○夜半…半夜。真夜中。○分明…あきらかなこと。明白なこと。

○玄妙…奥深く微妙な道理。○中秋夜月…八月十五日の夜の満月。○些子…すこしばかり。ちょっと。○欠缺処…欠けているところ。ある要件が欠けていること。○多少…どれほどの。多くの。○話而立端…話しの糸口を立てる。話しのきっかけを作る。

○相逢且説三分語、未可全抛一片心…［補1］。

37 上堂。「纔かに双趺《そうふ》を挙せば、東大洋海を抹過《まっか》す。一句を道著せば、西瞿耶尼《さいくやに》を撼動《かんどう》す。古今未だ免れず、以て奇特と為して相い伝うることを。若し建長門下に到らば、之れを興妖《こうよう》の鬼子《きし》と謂わん。是れ汝諸人、如何《いか》んが領会《りょうえ》せん」と。良久して、「悟りて後、自知せよ」と。

38 開炉上堂。「風頭稍《や》や硬し、煖処にて商量《しょうりょう》せん。冷地に人有りて、鼻を以て相い笑う。困せば則ち打眠《だみん》し、寒《こご》え来たれば火に向かう。満眼の相識《そうしき》、孰《たれ》か是れ丈夫《じょうぶ》なる。建長が這裏《しゃり》、火も也た無く、炭も也た無し。大家《たいけ》、首を聚めて觜盧都《しろと》。試みに諸人に問う、何の図る所ぞ。直下に領じ去らば、勒叉勒叉《れいしゃれいしゃ》、薩婆薩埵《さぼさと》。若し也た会せずば、悉哩悉哩《しりしり》、蘇盧蘇盧《すりょすりょ》」と。

39 達磨忌上堂。「空拳を奮《ふる》いて東土に来たり、平人を悩害《のうがい》すること知りぬ幾許《いくばく》ぞ。末後、慚惶《ざんこう》して著する処無し、又た隻履《せきり》を携《たずさ》えて西へと帰り去る。後代の子孫、共に語るに堪えず。尽く桑園《そうえん》を指して柳樹《りゅうじゅ》を罵《ののし》る。是れ憑拠《ひょうきょ》有るか、憑拠無きか。有無は則ち且らく止《お》く。且らく道《い》え、祖師は是れ生ける耶《や》、是れ滅せる耶《や》」と。良久して嘘《うそぶ》くこと一声して、「厳風《げんぷう》嶺外に林葉凋《しぼ》み、寒露《かんろ》庭前に菊花泣く」と。

○双趺…両足。○抹過…一瞬に過ぎ去ること。○道著…言い当てる。言い切る。○西瞿耶尼…西瞿陀尼。インド古代の世界観で、須弥山の西にある大洲の名。○撼動…ゆり動くこと。また、ゆり動かすこと。○奇特…珍しくすぐれていること。奇妙特別なこと。○興妖鬼子…怪しげなものを作り出す鬼。○領会…了解する。理解する。会得する。

○開炉上堂…十月一日、僧堂に火炉を入れる日に行なう上堂。○風頭稍硬、煖処商量…[補1]。○風頭…風の吹くところ。風あたり。○商量…相談協議する。いろいろ考えて推し量ること。禅の教えを問答審議する。○満眼…目に満ちること。見渡す限りの。○相識…知り合い。○丈夫…一人前の男子。○大家…みんな。みなさん。

○觜盧都…口をとがらせて黙々と一言も発しないこと。○勒叉勒叉、薩婆薩埵…[補2]。○悉哩悉哩、蘇盧蘇盧…[補3]。

○達磨忌上堂…十月五日、達磨が示寂した日に行なう上堂。○達磨…中国禅宗初祖の菩提達磨のこと。嵩山少林寺で面壁した[補1]。○平人…平民・良民。○悩害…脅迫する。悩まし妨げる。○幾許…どれほど。いかほど。数量・程度の不明・不定なことをいう語。○末後…最後。最期。命の終わるとき。○慚惶…過ちや罪などを恥じ恐れること。○隻履…片方のくつ。「隻履達磨」の故事に因む[補2]。○指桑園罵柳樹…桑園は桑を植えた畑で、柳樹は柳の木。桑の木を指して柳の木をののしる。あてこすりをいう[補3]。○憑拠…依りどころとすること。証拠。証書。○嘘一声…口を大きく開いてゆっくり一度息を吐く。一声ため息をつく。○厳風…激しい風。烈風。○寒露…晩秋から初冬にかけての、霜になりそうな冷たい露。二十四節気の一。十月八日ごろ。

40
至節上堂。「今朝の至節、晦気《かいき》は都《すべ》て亡《な》し。一片の雲有りて、東方自《よ》り来たる。太虚の中に蕩漾《とうよう》し、五色の数に拘らず。敢えて諸人に問わん、此れは是れ祥瑞《しょうずい》なる耶《か》、祥瑞に非ざる耶《か》」と。主丈を卓して、「明年大いに熟せば、飽きて長街に臥せん」と。

41
書記《しょき》・蔵主《ぞうす》・浴主《よくす》を謝する上堂。「諸人の分上にて、名邈《めいばく》し得ざる底の一事、九経の群籍にても詮註し成し難く、三蔵の洪文にても収覧《しゅうらん》し及ばず。饒《たと》い伊《かれ》、水を洒げども著かず、浄尽《じょうじん》して痕無きも、這裏《しゃり》に到って、也《ま》た他の頭鼻を討《たず》ね出だせず」と。良久して、「討ね出だし得ば、建長、今日却って屈を受く」と。

42
仏成道上堂。「始め兜率《とそつ》を離る、是れ第一の錯。王宮に来生《らいしょう》す、是れ第二の錯。夜半に城を逾《こ》ゆる、是れ第三の錯。星を覩て悟道す、是れ第四の錯。這箇《しゃこ》の四錯、古自《よ》り今に至るまで、多少の英霊、頭を聚めて商確《しょうかく》すれども、曽《かつ》て這《こ》の一著を道著せず。今日、諸人の為めに道い去らん」と。主丈を卓して、「虎頭に昨夜、三角を生ず」と。

43
雪に因む上堂。「饒《たと》い汝、明らかなること日の如く、白きこと雪に似て、恬浄《てんじょう》に

○至節…至節は冬至と夏至。ここでは冬至のことを指す。○晦気…暗い気。不運の気。縁起が悪い。○太虚…虚空。大空。○蕩漾…漂い動くこと。静かにゆれ動くこと。○五色…青・黄・赤・白・黒。美しい色取り。○祥瑞…縁起のよい前兆。○長街…長い町中。町の長い大通り。

○書記…禅宗寺院で書疏の製作など公私の文書を司る役。六頭首の一つ。○蔵主…蔵殿の主管。禅宗寺院で経蔵を管理する役。六頭首の一つ。○浴主…禅宗寺院の浴室の主任。知浴。六頭首の一つ。○分上…自分の本来の持ち前。○名邈…物や人に名称をつけ形象化する。○九経…中国の九種の経書。『詩経』『書経』『易経』『儀礼』『礼記』『周礼』『春秋左氏伝』『春秋公羊伝』『春秋穀梁伝』の九つ。○詮註…言葉で説明すること。物事の道理をつき詰め要件を記し、その意味を説明すること。○三蔵…経律論の三蔵。仏教の典籍すべてを指す。一切経。○洪文…多くの文字。○収攬…収め取る。手中にしっかり手に入れる。○浄尽…きれいさっぱりなくしてしまう。○頭鼻…正体。本来の姿。○受屈…屈辱を受ける。無実の罪を受ける。いやな思いをさせられる。

○仏成道上堂…十二月八日、仏陀が成道した日（成道会）に行なう上堂。○兜率…兜率天。欲界六天の中の第四天。最後身の菩薩の住処とされ、釈尊もここから降生したとされる。○王宮…釈尊が生まれた迦毘羅衛城のこと。○夜半…半夜。真夜中。○英霊…資質が優れた者。優れた霊気を備えた人。○聚頭…多くの修行僧が一カ所に集まること。○商確…検討する。評価する。量り定める。他の物と比較して決める。○一著…一手。碁の用語。○道著…言い当てる。言い切る。○虎頭昨夜生三角…夜中に虎頭に三角を生ずる。獰猛な虎にさらに三本の角が生ずること。鬼に金棒。虎頭生角に同じ。

○恬浄…恬静とも。静かで清らか。性質が落ち着いていて静かなさま。

して染まること無く、赫奕《かくえき》として余り有るも、也た未だ敢えて相い許さず。何が故ぞ。那辺《なへん》に転過《てんか》し来たりて、却って汝と相見せん」と。

44
正旦上堂。主丈を拈じて、空に当て竪《た》てて云く、「今日、建長が主丈子、天を擎《ささ》ぐ大柱と作《な》り去れり。情と無情と、全く渠《かれ》が力に憑り、日月星辰、悉く皆な焉《こ》れに就く。此れ自《よ》り吾が宗は赫奕《かくえき》として、皇祚《こうそ》は弥《いよ》いよ堅し。且《か》つ群生《ぐんじょう》と万年を楽しむ。且らく万年の後、主丈子、又た何れの処に向かってか安著せん」と。復た縄床《じょうしょう》の角に靠《よ》せて云く、「這裏《しゃり》を離れず、大千に偏満す」と。

45
元宵上堂。「暗室に居する底、向上有無の光明を知らず。毎日起き来たりて、達磨の鼻孔《びくう》に撞著《とうじゃく》し、釈迦の眼睛《がんぜい》に築著《ちくじゃく》するも、自ら知覚せず、猶お道う、『你は錯《あやま》り、我れは錯らず』と。直に如今《にょこん》に至るまで、未だ安楽ならず。今日、伊《かれ》が為めに此の暗室を闢《ひら》き、光明を点出し、汝をして安楽にし去らしめん」と。主丈を擲下《てきげ》す。

46
上堂。「『地獄・天宮は皆な浄土為《た》り。有性・無性は斉しく仏道を成ず』と。釈迦老子、我が心を以て他の心に比し、我が己を以て他の己に比す。殊に知らず、

○赫奕…光り輝くさま。物事が盛んなさま。○転過那辺来…あちらがわに転じたならば。那辺はあちら、あちら側。ここでは悟りの境地、平等一色の境地をいう。○相見…互いに相い見える。拝顔する。

○正旦上堂…一月一日、正旦（元旦）に行なう上堂。建長八年（康元元年、一二五六）一月一日。○日月星辰…太陽と月と星々。

○赫奕…光り輝くさま。物事が盛んなさま。○皇祚…天皇の位。皇位。○群生…一切衆生。すべての生き物。○安著…著は助字。安んずる。置く。○縄床…縄を編んで作った椅子。この上に敷物を敷いて坐禅をする。○大千…三千大千世界。古代インドの世界観による全宇宙。○偏満…広くいっぱいに行きわたる。すみずみまで充満する。

○元宵上堂…一月十五日、元宵（上元）に行なう上堂。○向上…上の。その先の。○撞著達磨鼻孔…達磨の鼻に突き当たる。○達磨…中国禅宗初祖の菩提達磨のこと。嵩山少林寺で面壁をした[補1]。○築著釈迦眼睛…釈迦の眼の玉にぶつかる。○釈迦…釈迦族出身の聖者。釈迦牟尼仏のこと。釈尊とも。

○擲下…投げ下ろす。投げ捨てる。

○地獄天宮～斉成仏道…[補1]。○天宮…天堂。天人の宮殿のこと。○浄土…煩悩を離れて、悟りの境地に入った仏や菩薩の住む清浄な国土。西方極楽国土など。○有性…有ること。仏性を持っていること。

手を把《と》りて牽《ひ》けども入らざる者、数は河沙《がしゃ》の若くなることを。衆中、牽かずして自ら入る底有ること莫き麼《や》」と。良久して、「饒《たと》い伊《かれ》入り得るも、十万八千」と。

47 仏涅槃上堂。「七七載《さい》、瀾《らん》は翻《ひるがえ》り、今朝、禍源《かげん》を滅す。天に上るも安《いず》くんぞ路有らん、地に入るも総て門無し。八万の聖凡は泣き、三千の海嶽は昏《くら》し。毒流れて元《もと》より竭《つ》きず、殃害《おうがい》は児孫に在り。若し児孫を殃害《おうがい》すと謂わば、甚《なん》に因《よ》ってか建長、今日、焼香礼拝す」と。良久して、「豫譲《よじょう》は炭を呑み、子胥《ししょ》は冤《あだ》を報ず」と。

48 上堂。挙す、「霊雲《れいうん》は桃花を見て悟道す。玄沙《げんしゃ》乃ち云く、『諦当《たいとう》なることは甚《はなは》だ諦当《たいとう》なるも、敢えて保《ほ》す、老兄《ろうひん》未だ徹《てつ》せざることを』と。箇の頌子有り、大衆に挙似《こじ》せん。三月、桃花の爛熳《らんまん》たる時、霊雲一見して眼は眉の如し。誰か知る、嶺外の玄沙老、却って罇前《そんぜん》に向かって柘枝《しゃし》を舞うことを」と。

49 上堂。「是れ這些《しゃさ》容易の事なりと雖も、喚《よ》べども頭を回らさざる時、本に和して倶《とも》に折尽《せつじん》す。我が此に百五十衆有り、喚《よ》ばずして自ら回らし、本より折る可

○無性…自性のないこと。存在しないこと。仏性のない者の意。○釈迦老子…釈迦牟尼仏のこと。釈尊とも。○河沙…恒河沙。ガンジス川の砂。数量が無数であることのたとえ。○衆中…大衆の中。修行僧たち。一会の僧衆。○十万八千…西方極楽浄土までの距離。十万八千億土。

○仏涅槃上堂…二月十五日、仏陀が入滅した日（涅槃会）に行なう上堂。○七七載…四十九年の説法。○瀾…大波。○禍源…災いの生ずる根源。○八万…仏教で多数の意を表す常用語で、すなわち仏陀の説いた教え全体の総称でもある。○三千…三千大世界。仏教の世界観による広大無辺の世界。○海嶽…海と山。大恩のたとえに用いられる。○殃害…災いする。害を与える。○豫譲呑炭…豫譲は中国春秋時代の晋に仕えていた人。主君の敵を討つために身に漆を塗り、炭を呑んで声を枯らして変装したという[補1]。○子胥報冤…伍子胥は春秋時代、楚の重臣の家柄であり、父と兄が楚の平王に殺されたことを恨み、呉に仕えて楚に対して復讐を遂げた[補2]。

○霊雲見桃花～老兄未徹在…[補1]。○霊雲…潙山下の霊雲志勤（不詳）のこと[補2]。○玄沙…雪峰下の玄沙師備（八三五～九〇八）のこと[補3]。○諦当…ぴたりと当てる。つぼを押さえる。○敢保…あえて保証する。○老兄…同じ世代の修行者で自分より上の年輩者に対する呼びかけの語。○未徹在…いまだ徹底していない。究極に到っていない。○挙似…話題を提示すること。○罇前…酒器を前にして。酒席で。○柘枝…ザクロの枝。舞の名。柘枝詞。柘枝舞。

○這些…遮些。これらの。○回頭…廻首。振り返る。ふり向いて後ろを見る。○百五十衆…当時、建長寺には百五十人の修行僧があったとみられる[補1]。

き無き底有ること莫き麼《や》」と。手を以て揺曳《ようえい》して云く、「笑ふに堪えず、只だ悲しむに堪えたり、往往に他の紅艶《こうえん》を逐い去ることを。春残りて猶《な》自お未だ帰ることを聞かず」と。

50 上堂。「青春は已に過ぎ、朱夏《しゅか》は還《ま》た来たる。時を知り宜を別つ、能く幾箇《いっこ》か有る。衆中、虚しく光陰を度《わた》り、能《よ》く信施《しんせ》を消《つい》やす者有ること莫き麼《や》。若し有らば、山僧、形骸《けいがい》の苦しきことを顧みず、杷《は》を拽《ひ》き犁《れい》を拕《ひ》いて為《た》めに伊《かれ》に報ぜん」と。

51 浴仏上堂。大衆を召して、「汝等、三身の中に於いて、那一身を浴せんと擬《ほっ》するや。若《も》也し道《い》い得ば、你に鉢嚢《はつのう》を付せん。若し道い得ずば、少間《しば》らく頂門《ちょうもん》を潑著《はつじゃく》して、自ら宜しく照顧すべし」と。

52 結夏上堂。「布袋口《ふたいこう》は緊《かた》く結著《けっちゃく》す。山前に向かって乱りに斟酌《しんしゃく》すること莫かれ。咆哮《ほうこう》せる水牯《すいこ》は快《すみや》かに牽き回し、爛臭《らんしゅう》たる死蛇《しじゃ》は打殺することを休めよ。善《よ》く麁飡《そそん》の細嚼《さいしゃく》するに如《し》かざるを解《げ》し、須らく苦口《くこう》は是れ良薬なることを知るべし。山僧、恁麽《いんも》に告報《こうほう》す、那箇《なこ》か眼光閃爍《せんしゃく》す」と。禅床を撃ちて、「俊鷹《しゅんよう》は籬辺《りへん》の雀

○揺曳…ゆらゆらと漂うこと。ぶらぶら揺らすこと。○往往…しばしば。いつも。○紅艶…あかく色つやのよいこと。

○朱夏…夏。青春に対していう。○宜…正当な道理。適切なあり方。○衆中…大衆の中。修行僧たち。一会の僧衆。○虚度光陰…『参同契』の句を踏まえる。○信施…信者が仏法僧の三宝にささげる布施。○形骸…身体。骸は骨組。○杷…木または竹製の農具。○犁…すき。牛耕の道具。

○浴仏上堂…四月八日、仏陀が誕生した日（降誕会・仏生日）に行なう上堂。○三身中、擬浴那一身…[補1]。○三身…仏の三つの身。法身・応身・報身。○鉢嚢…応量器を包むふくろ。○頂門…頭の上。○潑著…水をまく。水をぶっかける。著は動作の完成をあらわす助字。○照顧…かえりみる。考慮する。照らし合わせてよく調べる。

○結夏上堂…四月十五日、夏安居が始まる日に行なう上堂。○布袋…布製の袋。頭陀袋。○結著…結びつく。○斟酌…見はからう。考慮する。相手の事情や心情を汲み取ってほどよく処理すること。○咆哮…吠え叫ぶこと。○水牯…水牯牛。去勢した牛。○爛臭…くさった臭い。腐臭。○死蛇…死んだ蛇。死んだように見える蛇。○麁飡不如細嚼…[補1]。○麁飡…麁飡に食べる。がつがつ食らう。○細嚼…細かに咬む。良く咬んで食べる。○苦口是良薬…よく効く薬は苦くて飲みにくい[補2]。○告報…告げること。○閃爍…ひらめき輝くこと。○禅床…禅牀。坐禅をする場所。僧堂内の坐位。住持ならば禅椅、修行僧な

を食わず」と。

53 上堂。「道は屎尿《しにょう》に在り、道は瓦礫《がりゃく》に在り。眼に見、耳に聞き、牆《しょう》に撞《あ》たり、壁に磕《あ》たる。濶《ひろ》きこと一丈、深きこと三尺、尽大地の人、跳び出だせず。山僧、諸人の与《た》めに還《は》た跳得出《ちょうとくしゅつ》す麼《や》」と。良久して、「下座《あざ》し、巡堂《じゅんどう》し、喫茶せよ。各各自ら宜しく力を著《つ》くべし」と。

54 上堂。「若《も》し此の事を論ぜば、動ずるも則ち回避するに門無く、静まるも則ち突然として顕現す。諸人、甚《なん》に因《よ》ってか終日聴けども則ち聞かず、看れども則ち見ざる。聴得聞し、看得見せば、倒《さかしま》に牛に騎りて仏殿に入らん」と。

55 上堂。「偏界は炎炎として火の相い逼《せま》るが如く、生鉄《さんてつ》の烏亀《うき》も額頭より汗出づ。是れ汝諸人、心火交《こも》ごも煎《い》るの時、此れ猶お未だ及ばず。且らく如何《いか》んが斯の過《とが》を免れ得ん」と。

56 解夏上堂。「巨福山《こふくさん》中にて、布袋《ふたい》を打開し、人前に攤向《たんこう》して、物に定価有り。無ければ也た快《すみや》かに把《と》り将《も》ち来たれ、有れば也た担載《たんさい》することを須《もち》いず。大家《たいけ》、

らば単位。○俊鷹不食籬辺雀…[補3]。○俊鷹…すぐれた強い鷹。猛《たけ》だけしい鷹。○籬辺…生け垣のほとり。

○屎尿…大便と小便。○瓦礫…かわらと小石。○撞牆磕壁…垣根に突き当たり、壁にぶち当たる[補1]。○尽大地…すべての大地。

○下座巡堂喫茶…[補2]。○下座…僧堂の単を下りること。○巡堂…僧堂内を一巡すること。○著力…力を入れる。全力を尽くす。

○此事…このこと。仏祖の大道。仏法の一大事。○顕現…現れること。○聴得聞…はっきりと聞くことができる。○看得見…はっきりと見ることができる。○倒騎牛入仏殿…牛の背に逆さまに乗って仏殿に入る。達人の自由自在なさま。○仏殿…禅宗寺院で、伽藍の中心にあり、本尊を安置し礼拝する建物。

○偏界…全宇宙。法界あまねく。○炎炎…熱気の強いさま。○生鉄…未精錬の鉄。○烏亀…かめ。

○心火…火のように激しい心の勢い。

○解夏上堂…七月十五日、夏安居が終わる日に行なう上堂。○巨福山中…巨福山は建長寺の山号。○布袋…頭陀袋。○攤向…商品などを並べること。○担載…荷物を担う。○大家…みんな。みなさん。

覿面《てきめん》に商量す。切に貴《たか》く買い賤《やす》く売ること莫かれ。畢竟して是れ甚麽物《なに》ぞ」と。良久して、「重きこと五嶽の如く、軽きこと毛の如し。諸方に挙似《こじ》して話欛《わは》に添えん」と。

57 祈禱上堂。「教中に道く、『諸仏の音声《おんじょう》は法界に偏満す』と。建長、七日の中、大衆《だいしゅ》を労すること有り、朝自《よ》り夕に至るまで、同じく経文を誦《じゅ》せしむ。此れ豈に是れ音声にあらずや。甚《なん》に因ってか法界に偏満すること能わざる。若し法界に偏満せずば、終日諷誦《ふじゅ》すれども、功は何の帰すること有らん。若し法界に偏満すと謂わば、一里の地、人聞くこと能わず。衆中の霊利《れいり》の漢、当下に領し去らば、便ち知らん、声未だ発せざる時に早や已に法界に偏満し了わることを。苟《も》或し尚お観聴《かんちょう》を留めば、此に到って更に一偈を聴け。心念空しく過ごすこと莫かれ、能《よ》く諸有《しょう》の苦を滅せよ。衆冤《しゅえん》自ずから消除し、群魔咸《み》な怕怖《はくふ》す。恵日は昏衢《こんく》を照らし、慈風は寰宇《かんう》に扇《あお》ぐ。建長が痩烏藤《そううとう》、旧きに依りて能《よ》く撐拄《ささ》う」と。

58 中秋上堂。馬大師と諸子と月を翫《もてあそ》ぶ公案を挙す。師云く、「古人は只だ彼の月に缺《けつ》有り円有ることを知るも、此の月に増無く減無きことを知らず。衆中、或

○覿面…面と向かう。目の当たりに見る。○商量…相談協議する。いろいろ考えて推し量ること。禅の教えを問答審議する。○貴買賤売…高く仕入れて安く売る。我が身を顧みない慈悲行をいう[補1]。○五嶽…中国で古来崇拝された五つの霊山。泰山・華山・衡山・恒山・嵩山のこと。○挙似…話題を提示すること。○話欛…話題。話のねた。談話の材料。

○祈禱上堂…祈禱は、心願を込めて神仏に祈り求める儀式。祈禱上堂は、祈禱に合わせて行なわれる上堂。○諸仏音声偏満法界…[補1]。○法界…全世界。全宇宙。○偏満…広くいっぱいに行きわたる。すみずみまで充満する。○七日の中…祈禱が七日間行なわれたこと。

○一里之地…ここでは南宋代の一里。三六〇歩。約五五三メートル。○衆中…大衆の中。修行僧たち。一会の僧衆。○霊利漢…頭脳明瞭で仏道に徹した人。○当下…ただいま。目下。○観聴…見たり聞いたりすること。○心念…心の中の考え。○冤…怨み。あだ。○群魔…多くの魔物。摩羅。善事をさまたげる者。○怕怖…おそれる。○恵日…慧日。太陽の如き智慧。仏の智慧の無限広大なこと。○昏衢…暗闇の中の町。救いのない世の中。○寰宇…天子が治める土地全体。天下。○烏藤…藤で作った、黒塗りの杖。○撐拄…ささえる。ささえ止める。

○中秋上堂…八月十五日、中秋の日に行なう上堂。○馬大師与諸子翫月公案…「馬祖翫月」の公案[補1]。○馬大師…南嶽下の馬祖道一(七〇九～七八八)のこと[補2]。○公案…公府の案牘。官庁の裁決

いは此の語を信ぜざる者有りて、出で来たりて、『月に二月《にげつ》無し、豈に彼此《ひし》を分かたんや』と道わば、建長免れず、伊《かれ》が為めに指し出だすことを」と。払子を以て円相を作して、「諸人、還《は》た見る麼《や》」と。良久して、「常時、明皎皎《めいこうこう》として、黒雲に籠《つつ》まれず」と。

59 開炉上堂。「西天無尽《さいてんむじん》の光、東土有余《とうどうよ》の照、撲《ぼく》せば愈《いよ》いよ明らかに、続いて未だ了ぜず。若し這裏《しゃり》に向かって其の根源を究めば、皆な是れ一星《いっせい》の火種《かしゅ》上より得たり。且らく道え、此の一星の火種、何れの処従《よ》り来たる。寒炉を守る時、切に忌む、撥著《はつじゃく》することを」と。

60 達磨忌上堂。「『達磨、東土に来たる』とは、瓜《うり》を種えて瓠《こ》を生じ得たり。『法を伝えて迷情《めいじょう》を救う』とは、灼卜《しゃくぼく》して虚声《きょせい》を聴く。『一花、五葉を開く』とは、春光倶《とも》に漏泄《ろうせつ》す。『結果、自然に成る』とは、枯中に亦た栄有り。這箇《しゃこ》の下語《あぎょ》、坑に就《つ》いて物を埋《う》めるが如し。誰か此の能無からん。諸人、還《は》た未だ天竺を離れざるに、已に迷情を救い了わる底の一著《いちじゃく》を知る麼《や》」と。良久して、「低声、低声、傍観の者、哂《わら》わん」と。

案件。歴代祖師が示した仏法の課題。○衆中…大衆の中。修行僧たち。一会の僧衆。

○明皎皎…明るく輝くさま。

○開炉上堂…十月一日、僧堂に火炉を入れる日に行なう上堂。○西天…中国からみて西方にある天竺国（インド）の意。○無尽…尽きることのない。○有余…余りがあること。余分。○撲…放り投げる。○一星…微少なものについていう。○火種…ほくち、火口。火打石と火打金を打ち合わせて生じた火を移しとるもの。○寒炉…冬の炉。火気のない炉。○撥著…除く。払い除ける。かきたてる。著は動作の完成をあらわす助字。

○達磨忌上堂…十月五日、達磨が示寂した日に行なう上堂。○達磨来東土～枯中亦有栄…達磨の伝法偈「達磨来東土、伝法救迷情、一花開五葉、結果成自然」を引用した説示が行なわれている[補1]。○達磨…中国禅宗初祖の菩提達磨のこと。嵩山少林寺で面壁した[補2]。○種瓜生得瓠…瓜の種を蒔いたのに瓢箪《ひょうたん》になってしまった。○迷情…迷いの心。迷える有情。○灼卜聴虚声…灼卜は亀の甲を焼いて、そのひびで吉凶を判断すること。虚声を聴くとは亀の甲が焼かれるときの音を聞くこと。○五葉…花が五つの花弁に開くこと。○漏泄…漏れること。大事なことを漏らし知らせる。○下語…コメントをつける。○一著…一手。碁の用語。○低声…声を低めよ。小声で。○傍観者…そばで見ている者。傍らで眺めている人。

61

上堂。「挙す、古徳道く、『更《こう》は闌《たけなわ》にして夜永く、氷《こおり》は骨を侵す。寒炉を撥尽して炭も也た無し』と。古人謂《いい》つ可し、貧にしては一縷《いちる》無く、富みては万豪に敵す」と。大衆《だいしゅ》を顧視《こし》して云く、「建長が兄弟《ひんでい》、還《は》た筋骨《きんこつ》有り也無《や》」と。

○古徳道、更闌夜永氷侵骨、撥尽寒炉炭也無…[補1]。○古徳…臨済宗楊岐派の破庵祖先（一一三六～一二一一）のことか[補2]。○更闌…夜が盛んなさま。夜が更けること。○貧無一縷、富敵万豪…[補3]。○一縷…一本の糸すじ。細くわずかなもの。○万豪…大富豪。○顧視…振り返って見ること。かえりみること。○筋骨…筋肉と骨格。体力。

62

冬至上堂。「園林《おんりん》の草木、一切の無情、冬至は極寒にして、尽く皆な色を変ず。独り孤峰《こほう》頂上の那《そ》の一株子《しゅし》有りて、霜を経、雪を冒《しの》ぎ、転《うた》た敷栄《ふえい》を見る。是れ汝諸人、還《は》た曽《かつ》て見る否《や》。若《も》也し未だ見ずば、無事なり。山に上りて行くこと一転せよ」と。

○冬至上堂…冬至の日に行なう上堂。

○孤峰頂上…ただ一つ聳える峰の頂上。絶対の境地。○冒雪…雪をしのぐ。○敷栄…草木が茂り栄える。茂って花が咲く。○無事…なすべきことが何もない。普段と変わらない平穏無事なこと。

63

首座《しゅそ》・書記《しょき》・蔵主《ぞうす》・浴主《よくす》・直歳《しっすい》を謝する上堂。「陳蒲鞋《ちんほあい》は座元《ざげん》と為りて、平白に人をして痛棒を喫せしむ。匾頭子《へんとうす》は書記に充《あ》たりて、端無く衆を領して諸方を勘《かん》す。尽く是れ虎を睡らせ人を謀るの機なるも、且つ龍を羅《とら》え鳳《おおとり》を打するの手無し。饒《たと》い伊《かれ》が鋒鋩《ほうぼう》を露さず、斤斧《きんふ》を施さず、能《よ》く天を撃《ささ》うるの柱を起こし、善《よ》く海に架けるの樑《はし》を横たうも、若し建長が面前に到らば、更に須らく沐浴すること三年にして、始めて来たりて相見せん。何が故ぞ。我が此の一機、過ぎること閃電《せんでん》の如し」と。

○首座…第一座。禅宗寺院で修行僧の首位に坐る者。六頭首の一つ。○書記…禅宗寺院で書疏の製作など公私の文書を司る役。六頭首の一つ。○蔵主…蔵殿の主管。禅宗寺院で経蔵を管理する役。六頭首の一つ。○浴主…禅宗寺院の浴室の主任。知浴。六頭首の一つ。○直歳…禅宗寺院で伽藍の修理や什物の整備、人夫・工事の監督などを司る。六知事の一つ。○陳蒲鞋…南嶽下の睦州道蹤（不詳）のこと[補1]。○座元…首座、第一座。僧堂内の座位が元首であるからいう。○平白…わけもなく。○痛棒…坐禅のときに、師が心の定まらない者を打ちこらすのに用いる棒。○匾頭子…平たい頭形。ここでは匾頭と称された臨済宗黄龍派祖の黄龍慧南（一〇〇二～一〇六九）のこと[補2]。○無端…ふいに。いわれもなく。わけもなく。○睡虎謀人之機…[補3]。○羅龍打鳳之手…[補4]。○鋒鋩…刃物の切っ先。相手を追究する激しい気質・気性のたとえ。○斤斧…手おのとまさかり。○相見…互いに相い見える。拝顔する。○一機…師家によるはたらきかけのこと。○閃電…ひらめく電光。

64 上堂。「未だ唯心の境に達せざれば、種種の分別《ふんべつ》起こる。境の唯心に達し了われば、分別は即ち生ぜず」と。払子を以て指して云く、「面前は是れ山、背後は是れ水、此れ豈に是れ境にあらざらんや。甚麽《なに》を喚んでか心と作す。斯に於いて明らめ得ば、達すると未だ達せざると、初めより間然《かんぜん》たること無し。分別すると分別せざると、何ぞ曽《かつ》て増減せん。苟《も》或し倜儻《てきとう》して明《あき》らめず、躊躇《ちゅうちょ》して未だ決せずば、冷地に人有りて、伊《かれ》が与《た》めに扭捏《ちゅうねつ》せん」と。

○唯心…すべての存在は心の現れであって、ただ心だけが存在するということ。○分別…外的なものにとらわれて判断すること。

○間然…間隙。すきま。隔たり。○倜儻…ものに拘束されないさま。衆人とかけ離れてすぐれていること。○躊躇…あれこれ考えて迷う。○冷地…ひっそりしたところ。表立たないところ。○扭捏…理屈をこね回す。ひねくり回す。

65 上堂。「一切の智慧は禅定従《よ》り生じ、百千の法門は悟心自《よ》り得る。一人有り、禅定従《よ》り生ぜず、悟心自《よ》り得ず。且らく道え、此の人、還《は》た成仏の分有り也無《や》。昨夜三更、月は窓に到る」と。

○禅定…思いを静め、心を明らかにして真正の理を悟るための修行法。坐禅。○悟心…心に悟ること。また、悟りを得た心。○成仏…仏に成ること。さとりを開くこと。○昨夜三更月到窓…[補1]。○三更…真夜中。深夜十二時に前後する時間。

66 上堂。「丹霞は木仏を焼くとは、己を以て人に方《くら》ぶ。院主は鬚眉《しゅび》落つとは、斎に因って慶讃《きょうさん》す。古人、尽く道う、『院主、落節《らくせつ》す』と。豈に知らんや、院主は一籌《ちゅう》を贏《か》ち得たることを。甚《なん》に因ってか眉鬚《びしゅ》堕落《だらく》す」と。膝《ひざ》を撫《う》つこと一下して、「従来、片玉《へんぎょく》に瑕纇《からい》無し。何事ぞ秦王《しんおう》の誑言《きょうげん》を受くるとは」と。

○丹霞焼木仏…「丹霞木仏」の公案[補1]。○丹霞…青原下の丹霞天然（七三九～八二四）のこと[補2]。○以己方人…自分の尺度で人のことを推し量ること。○院主…寺院の事務一切を主宰する者のこと。律院・教院の主たる者や、禅宗寺院の監寺・監院のことをいう。○鬚眉…ひげと眉毛。誤って法を説くと鬚眉が抜け落ちるとされる。○慶讃…仏菩薩や祖師の功徳を喜び、ほめたたえること。○落節…損をする。利を失する。○贏得一籌…得たものはせいぜいこの程度のものであった[補3]。○籌…数をかぞえるのに用いた木や竹の串。○贏得…贏ち得る。儲けたのは～だけである。せいぜい～に終わる。○片玉無瑕纇、何事秦王受誑言…[補4]。○片玉…一片の玉。○瑕纇…きず。玉のきず。欠点。○秦王…秦の昭襄王（？～前二五一）のこと[補5]。○誑言…うまく言いくるめる言葉。

67 正旦上堂。「一年の初め、万全の喜び。聖主は無為《むい》にして、天下自ずから治ま

○正旦上堂…一月一日、正旦（元旦）に行なう上堂。康元二年（正嘉

り、六十余州、瑞気《ずいき》を増す」と。主丈を拈じて、「建長が主丈子、出で来たりて七縦八横《しちじゅうはちおう》に神通游戯《じんずうゆげ》を展《の》べんと要す」と。横に按じて、「看よ。主丈子、神通游戯し去ることを」と。主丈を擲下《てきげ》す。

68 事に因む上堂。「一手を伸べ、一手を縮め、南辰《なんしん》を拽転《えいてん》して北斗に安ず。桑園《そうえん》を指して楊柳《ようりゅう》を罵《ののし》り、金毛の獅子、喚《よ》んで狗と作す。只だ這箇《しゃこ》の星児《せいじ》に憑《よ》りて、天下人の口を塞断《そくだん》す。那《なん》ぞ堪《た》えん、主丈、人情を惜しまざるに、擬議《ぎぎ》し来らざれば、劈脊《へきせき》に便ち摟《う》つことを。諸人、還《は》た鼎省《ていせい》す麼《や》」と。主丈を卓して、「王法は親しみ無し、各おの宜しく自ら守るべし」と。

69 上堂。「垂柳《すいりゅう》は煙り籠《こ》め、落花《らっか》は風掃《はら》う。狂蝶《きょうちょう》・乱蜂《らんほう》、春の老ゆるを知らず、猶お残紅枝上に向かって討ぬ。独り山前の無面目の漢のみ有りて、東に観《み》、西に観《み》て、覚えず笑倒し、出で来たりて道う、『床窄《せま》くして先に臥《ふ》し、粥稀《うす》うして後に坐す』と。翻《ひるがえ》って憶う、嵩山《すうざん》の破竈堕《はそうだ》」と。

70 上堂。「挙す、黄蘗、衆に示して云く、『汝等諸人、尽く是れ噇酒糟《とうしゅそう》の漢なり。恁麽《いんも》に行脚《あんぎゃ》せば、何れの処にか今日有らん。還《は》た大唐国裏に禅師無きことを知

元年、一二五七）に当たる。○聖主…徳の高い、すぐれた君主。○無為…自然にまかせて、人為を加えないこと。○六十余州…六十余りの国。畿内・七道の六十六か国に壱岐・対馬を合わせたものをいう。日本全国の意。○瑞気…めでたい雲気。瑞祥の気。○七縦八横…あらゆる方角に通じていること。○神通游戯…仏・菩薩や悟道した人の自由無礙なはたらき。○擲下…投げ下ろす。投げ捨てる。

○因事上堂…特別のことに因んでする上堂。この時、為政者が何らかの強行な人事でも行なったものか。○南辰…南方に見える星。○拽転…ひっぱりころがす。○指桑園罵楊柳…桑園は桑を植えた畑で、楊柳は柳の木。桑の木を指して柳の木をののしる。あてこすりをいう[補1]。○金毛獅子…文殊の乗る獅子。金色の毛に覆われた獅子のことで、非常に優れた禅僧をたとえていう。○星児…火花。ちょっとした出来事。○塞断…塞いでしまう。完全に塞ぐ。○擬議不来…答えようとすることができない。不来は動詞について動作が実現できないことを表す。～することができない。不可能を表す。○劈脊…背中のことを指す。○鼎省…つよく反省する。顧みること。

○垂柳…シダレヤナギ。○落花…花が散り落ちること。また、散って落ちた花。○無面目漢…常識をわきまえない人。何とも名づけようもない真実人。

○笑倒…笑い転げること。倒は状態の甚だしいさまを指す。○床窄先臥、粥稀後坐…[補1]。○嵩山…洛陽（河南省）登封県の嵩山（中嶽）のこと。○破竈堕…破竈堕和尚（不詳）のこと[補2]。

○黄蘗示衆云～只是無師…[補1]。○黄蘗…南嶽下の黄檗希運（不詳）のこと[補2]。○噇酒糟漢…酒粕を食ってほろ酔いかげんの人。ちょっとした理解で満足している人。人を罵る言葉。○行脚…仏道

る麼《や》』と。時に僧有り、出でて云く、『只だ諸方の徒を匡《ただ》し衆を領するが如きは、又た作麼生《そもさん》』と。蘗云く、『禅無しと道《い》わず、只是《た》だ師無きのみ』と。師云く、「黄蘗禅師、飯を嚼《か》んで嬰孩《えいがい》を餧《やしな》い、傍観の者を顧みず。是《かく》の如しと雖然《いえど》も、諸人、還《は》た黄蘗の落処を知る麼《や》。一頌子《いちじゅす》有り。碧霄《へきしょう》、雲は静かにして月は団団《だんだん》たり。何れの処の琴声《きんせい》ぞ、甲夜《こうや》に弾《ひ》く。遊人の楼下《ろうか》に過ぐるを貪《むさぼ》り看て、窓を推して渾《す》べて春の寒きを怯《おそ》れず」と。

71 上堂。「汝等諸人、毎日、外に向かって馳求《ちぐ》し、了《つい》に休歇《きゅうかつ》する無し。建長、諸人に休歇の処を指示し去らん」と。大衆を召して、「僧堂の後、衆寮の前、東廊の下、西屋の辺、纔かに思惟《しゆい》に渉《わた》れば、万八千ならん」と。

72 上堂。「徳山に棒《ぼう》有り、未だ曽《かつ》て一人を打著《たじゃく》せず。臨済に喝《かつ》有り、未だ曽《かつ》て箇《こ》の漢に撞著《とうじゃく》せず。点検し将《も》ち来たれば、二《ふた》り倶《とも》に草賊《そうぞく》にして、大に逢わば則ち小に、剛に遇わば則ち柔なり。建長も也た棒有り、也た喝有り。一棒は是れ一棒、一喝は是れ一喝。未だ嘗《かつ》て容易に軽しく挨拶《あいさつ》せず。今日、挨拶し去らん」と。主丈を擲下《てきげ》して、「汝が咽喉《いんこう》を穿《うが》ち、汝が心を破る。鈍根は蹉過《さか》して謾《みだ》りに沈吟《ちんぎん》す」と。

修行のために、僧侶が諸国を歩き回ること。○今日…開悟のとき。○大唐国裏無禅師…大唐国の中に禅の師匠が一人もいない。

○嚼飯餧嬰孩…御飯を噛んでやわらかくして乳飲み子に食べさせる。きわめて老婆心切な指導をいう[補3]。○嬰孩…赤ん坊。○落処…つぼ。究極のポイント。かんどころ。落ちつき場所。○碧霄…青空。○団団…形の丸いさま。

○甲夜…五夜の一。初更。およそ今の午後七時から二時間をいう。戌の刻。○楼下…二階屋の下。やぐらの下。

○向外馳求…外に追い求める。外に向かってむさぼり求める[補1]。○馳求…争って求めること。○休歇…休息する。追い求めることを止める。○僧堂…禅宗寺院における修行道場。僧侶が坐禅・食事・睡眠する建物。雲堂とも。○衆寮…禅宗寺院の建物の一つ。僧伽（和合衆）のいる寮舎。○東廊…東方のわたどの。寺院の東側にある回廊。○西屋…伽藍の西側にある建物か。○思惟…思考すること。対象を心に浮かべてよく考えること。○万八千…西方極楽浄土までの距離。十万八千億土。

○徳山有棒…徳山棒・徳山行棒とも[補1]。○徳山…青原下の徳山宣鑑（七八〇～八六五）のこと[補2]。○臨済有喝…臨済喝・臨済四喝とも[補3]。○臨済…臨済宗祖の臨済義玄（？～八六六）のこと[補4]。○箇漢…個漢。ちゃんとした人。できた人。○撞著…つき当たる。ぶち当たる。○草賊…山野にひそむ盗賊。こそどろ。

○挨拶…切り込む。鋭く追求する。挨は、積極的に追っていくこと。拶は、深く切り込んでいくこと。○擲下…投げ下ろす。投げ捨てる。○咽喉…のど。のどぶえ。○鈍根…愚鈍な機根。愚かな人。○蹉過…すれ違う。うっかり見過ごすこと。○沈吟…思いにふけること。

73 上堂。「語は三思《さんし》を要し、事は細を厭わず。古人は胆小さく心驚きて、他家の硬地を踏むことを怕《おそ》る。争《いか》でか似《し》かん、我が此の語に思惟《しゆい》没《な》く事に巨細《こさい》無きに。只だ汝等諸人が衲僧の巴鼻《はび》を識得《しきとく》せんことを要す。如何なるか是れ衲僧の巴鼻《はび》。有智・無智、三十里を較《こう》す」と。

○三思…三度考えること。何度も繰り返し考えること。熟慮。○思惟…思考すること。対象を心に浮かべてよく考えること。○巨細…大きなことと小さなこと。○衲僧…衲衣を着た者。禅僧のこと。○巴鼻…牛の鼻に縄を通してつかまえる意。物事のとらえどころ。要点。○識得…本質を見てとる。よく理解すること。○有智無智、較三十里…有智は智慧があること、無智は智慧のないこと。較三十里はまだもう三十里だ。較は少し足りないの意。宋代の一里は約五六〇メートル［補1］。

74 上堂。「箇《こ》の一件の事、遠きに非ず、近きに非ず。纔かに思惟《しゆい》に渉《わた》れば、便ち大病と成る。這裏《しゃり》に到って、是なれば則ち汝が為めに証拠し、三十主丈、棒棒して饒《ゆる》さず。非なれば則ち汝が為めに剗除《せんじょ》し、五百馬騮《ばりゅう》、頭頭《ずず》に縛定《ばくじょう》せん。建長、今日、倒退《とうたい》三千し、諸人の放身捨命《ほうしんしゃみょう》するに一任す。有り麼《や》、有り麼《や》。南北は殊なると雖も、門に入るを正と為す」と。

○一件事…一段事と同じ。一大事因縁のこと。○思惟…思考すること。対象を心に浮かべてよく考えること。○証拠…確認する。事実によって証明する。○剗除…刈り除く。○騮…駵に同じ。たてがみの黒い赤馬。くりげ。○頭頭…一つ一つ。どれもこれも。○縛定…縛り付ける。捕縛する。○倒退三千…後ずさりすること三千里、地の果てまで退却すること［補1］。

75 仏生日上堂。「悉達《しった》、初生して口にて嘮《ろう》し、舌快《はや》し。底《なに》を将《も》ち来たりてか、遼天《りょうてん》に価を索《もと》む。独り自ら買い来たり、独り自ら売り、直に今に至るまで、天も蓋う能《あた》わず、地も載《の》する能《あた》わず、子子孫孫、他の殃害《おうがい》するに遭う。既《すで》是に他の殃害するに遭うに、甚《なん》に因ってか斯《こ》の辰に遇う毎《ごと》に焼香礼拝す」と。良久して、「多謝《たしゃ》す、長空《ちょうくう》の月一輪、夜来、皎皎《こうこう》として天下を照らすことを」と。

○仏生日上堂…四月八日、仏陀が誕生した日（仏誕会）に行なう上堂。○悉達…釈迦牟尼仏の出家以前の名。悉達多（梵：Siddhattha）のこと。○嘮…口うるさい。やかましい。しゃべる。○遼天索価…法外な値段を付ける。遼天は空一面。○天不能蓋、地不能載…天も覆い尽くすことができず、地も載せることができない。天地の外にある、如何なる範疇をも超えた独立自尊のありよう［補1］。○殃害…災いする。害を与える。○多謝…感謝する。厚く礼を述べる。○長空…はてしなく広がっている空。○皎皎…白く光り輝くさま。

76
結夏上堂。「純一の叢林、正因の宗社《そうしゃ》、本《も》と結制無く、亦た解夏無し。蓋し、二千年前の黄面老子、許多《きょた》の枝葉を生出す。今に至るまで後代の子孫、高きに従いて高からず、下《ひく》きに随いて下からず。今夏は百二十日の長期なり。是れ汝諸人、如何《いか》んが管帯《かんたい》せん。能《よ》く管帯せば、鼓を撃ち旗を竪《た》つ、両彩一賽《りょうさいいっさい》」と。

77
上堂。「我れ汝等を観るに、尽く是れ眼を開いて瞌睡《かっすい》し、暁に臨んで床に尿するの人なり。知らず、孰《たれ》か玄関を瞥転《べってん》して自ら能《よ》く豹変し去ることを解せん。建長が這裏《しゃり》、設《たと》い斯《こ》の人有るも、亦た未だ相い許さず。何が故ぞ。須らく信ずべし、吾が宗に仏祖を存せざりしことを」と。

78
上堂。「結夏して已に十日、牯牛《こぎゅう》は作麽生《そもさん》。山前一片の地は、寥落《りょうらく》して人の耕す没《な》し。江月照らし、練雲《れんうん》横たわり、四至界畔《ししかいはん》、甚《はなは》だ分明なり。四至界畔は即ち問わず、自来《じらい》の契券《けいけん》、甚麽《いずれ》の処にか在る」と。左右を顧視《こし》して、「牢《かた》く収取《しゅうしゅ》せよ」と。

79
上堂。「一拳にて打倒するも、未だ是れ作家《さっけ》にあらず。一踢《いってき》にて掀翻《きんぽん》するも、徒《いたず》らに傑士《けっし》に誇る。這裏《しゃり》に到って拳踢《けんてき》を犯さず、石裂け崖崩るるも、吾が宗中

○結夏上堂…四月十五日、夏安居が始まる日に行なう上堂。○叢林…樹木の繁茂する林。禅宗寺院。禅の修行道場。○宗社…宗廟と社稷。○結制…九旬安居の制を結ぶこと。○黄面老子…金色に輝く仏陀。○許多…これほどの。こんなにたくさんの。○今夏百二十日長期…[補1]。○管帯…指揮する。統御する。常に心に保って忘れない。○竪旗…法幡を立てる。説法を行なうことを識らせる。○両彩一賽…両采一賽。賽は賽子、骰子ともいう。双六の用具。彩は勝ち目。サイコロ一振りで二つの勝ち目[補2]。

○瞌睡…嗑睡。疲れて居眠りすること。○尿床之人…寝小便たれ。禅床で小便する子。床は禅床。禅牀。○玄関…仏道に入る幽妙なる関門。禅宗寺院の門。○瞥転…視線を移すこと。突然に転ずる。○豹変…それまでの過ちを急に善に改める。

○上堂…結夏して已に十日とあるので、四月二十五日に行なわれた上堂。○牯牛…水牯牛。ここでは動き回って止まない心の乱れたさまにたとえる。○寥落…荒れ果ててすさまじいこと。荒廃すること。○江月…江上の月。江のほとりで見る月。○練雲…練り絹のように折り重なった雲。○四至界畔…四至は四方の界、四面の境。界畔は境界、範囲の辺り。○分明…あきらかなこと。明白なこと。○自来…依って来たる。由来する。○契券…契約の証書。○顧視…振り返って見ること。かえりみること。○収取…受け取る。引き取る。召し上げる。

○作家…作者に同じ。練達した禅匠。○一踢…一蹴り。踢は物を足で打つこと、蹴ること。○掀翻…ひっくり返すこと。高く持ち上げてひるがえすこと。○傑士…人並みすぐれた人物。○拳踢…こぶしを振る

に於いて、猶お下次に列す。衆中、此の作者《さくしゃ》有ること莫き麼《や》。有らば則ち出で来たりて挙《こ》して看よ。也た叢林に人有りと知《し》らしめん。有り麼《や》、有り麼《や》。建長、今日、巧《こう》を弄して拙《せつ》を成す」と。

80
端午上堂。「挙す、文殊、善財童子をして薬を採《と》らしめて云く、『是れ薬なる者、採り将《も》ち来たれ』と。善財、偏く大地を観るに、是れ薬ならざるは無し。却《かえ》り来たりて白《もう》して云く、『是れ薬ならざる者有ること無し』と。文殊云く、『是れ薬、採り将ち来たれ』と。善財、遂に一枝草を拈じて文殊に度与《どよ》す。文殊、接得《せっとく》して衆に示して云く、『此の薬、亦た能《よ》く人を殺し、亦た能く人を活かす』」と。師云く、「文殊は無絃琴《むげんきん》を撫《かな》で、善財は無孔笛《むくてき》を吹く。高低相い応じ、唱和相い随う。雖然《しかれ》ども、幸いに傍観《ぼうかん》する無く、二《ふた》り倶《とも》に放過《ほうか》す。彼の時、若し是れ建長ならば、文殊が『是れ薬、採り将ち来たれ』と道うを待ちて、只だ他に向かって道わん、『我れに此の病無し、何ぞ此の薬を用いん』と。善財、一茎草《いっきょうそう》を拈じて、文殊に度与《どよ》す。草は本より拈出《ねんしゅつ》するを労せず。文殊、挙起《こき》して衆に示す、『亦た能く人を殺し、亦た能く人を活かす』と。自救不了《じぐふりょう》、焉《いず》くんぞ他人を救わん。文殊・善財、既往《きおう》は咎《とが》めず。今日、山僧、端午の節に値い、一服の薬を合して、衆人に施与《せよ》し去らん」と。払子を以て円相を打《た》して、「只だ此の一

い、脚で蹴ること。○衆中…大衆の中。修行僧たち。一会の僧衆。○作者…作家に同じ。練達した禅僧。
○叢林…樹木の繁茂する林。禅宗寺院。禅の修行道場。
○弄巧成拙…上手にやろうとして、かえって失敗すること。弄巧は小細工する。技巧を用いすぎる。拙は失敗。

○端午上堂…五月五日、端午に行なわれる上堂。○文珠令善財童子～亦能活人…「善財採薬」の公案［補1］。○文殊…文殊師利菩薩のこと。般若の智慧を表す菩薩［補2］。○善財童子…『華厳経』「入法界品」に出てくる求道の童子［補3］。
○接得…受けいれる。受け取る。人を接待する。学人を指導する。
○文殊撫無絃琴、善財吹無孔笛…［補4］。○無絃琴…没絃琴とも。絃も柱もない琴。無声の妙音。撫琴は琴をかなでること。○無孔笛…穴のない笛。無限の音色を秘めた笛。
○放過…そのままうち捨てておくこと。手をつけないでおく。見逃してやる。大目にみる。
○一茎草…一本の草。小さな微々たるもの。
○拈出…取り出す。つまみ上げる。○挙起…とり上げること。
○自救不了…自分すら救うことができない。自分の始末もできない［補5］。
○既往不咎…すでに過ぎ去ったことは咎め立てしない［補6］。

粒、万病倶《とも》に除く。諸人、還《は》た身心の清涼なるを覚ゆる麽《や》」と。払子を擲下《てきげ》して、「一服を奉饒《ほうにょう》す」と。

81 上堂。「左顧《さこ》するも也た回避するに門無く、右盼《うはん》するも也た遮掩《しゃえん》し及《え》ず。所以に陳尊宿道《ちんそんしゅくいわ》く、『現成公案、汝に三十棒を放《ゆる》す』と。也た是れ棟梁《とうりょう》を奈何《いか》んともせず、軒前の壁を打破せよ。諸人、還《は》た建長が相い為めにする処を知る麽《や》」と。良久して、「舌頭早や已に長きこと三尺」と。

82 上堂。「偏界は恁麽《いんも》に熱《あつ》し。諸人、甚処《いずこ》に向かって回避せん。鑊湯《かくとう》の中、炉炭《ろたん》の裏、也た消得《しょうとく》せず。建長、今日、諸人に清涼の処を指し去らん。前廊の東北の角、後舎の西南の方。歩を挙して、如《も》し差互《さご》せば、炎烝《えんじょう》当たる可からず」と。

83 上堂。「建長、諸人が釈迦を超え弥勒を越ゆることを願わず、只だ諸人が十二時中に収拾し将《も》ち来たらんことを要す。切に軽しく放つこと莫かれ。衆中、還《は》た収拾し得る者有り麽《や》。若し有らば、朝打《ちょうだ》三千、暮打《ぼだ》八百、上座に供養するも分外《ぶんがい》と為さず。苟或《も》し然らずば、水を飲みては噎《むせ》ぶことを防ぎ、飯を喫しては

○擲下…投げ下ろす。投げ捨てる。○奉饒…手厚く与える。奉って恵む。

○左顧…左に向く。左を見る。○右盼…右眄とも。右に向く。右を見る。○遮掩…遮り覆うこと。○陳尊宿道、現成公案、放汝三十棒…[補1]。○陳尊宿…陳蒲鞋とも。南嶽下の睦州道蹤（不詳）のこと[補2]。○現成公案…眼の前に現れているものが、絶対の真理であること。○公案…公府の案牘。官庁の裁決案件。歴代祖師が示した仏法の課題。○放汝三十棒…三十棒を与えるのを許してやる。打ち据える資格すらない。○棟梁…家のむな木とはり。○打破…うち破ること。負かすこと。○舌頭早已長三尺…[補3]。○舌頭…舌。頭は名詞につく接尾語。

○偏界恁麽熱～不消得…「曹山甚麽処回避」の公案[補1]。○偏界…全宇宙。法界あまねく。○鑊湯・炉炭…地獄で罪人を殺すための釜の煮えたぎる湯と、焼き殺すための溶鉱炉の燃えさかる炭火。○消得…用いる。享受してのける。使いこなす。○差互…すれちがう。ずれる。○炎烝…蒸し暑さ。

○釈迦…釈迦族出身の聖者。釈迦牟尼仏のこと。釈尊とも。○弥勒…弥勒菩薩のこと。釈迦入滅から五十六億七千万年後の未来に仏となってこの世にくだり、衆生を救済する菩薩[補1]。○十二時中…一昼夜。一日中。いつも。つねに。○収拾…取り集める。拾い集める。とりかたづける。始末する。○衆中…大衆の中。修行僧たち。一会の僧衆。○朝打三千、暮打八百…朝晩に散々に棒などで打ち叩くこと[補2]。○上座…有徳の僧。僧衆の第一座をいう。○分外…並み外れて。格別

砂を防げ」と。

84
上堂。「主丈を竪起《じゅき》せば殺人刀、横に主丈を按ぜば活人剣なり。殺活自由にして、機に臨み変に応ず。衆中、敢えて其の鋒《ほう》に当たり其の刃を衝《つ》く者有ること莫き麼《や》。出で来たりて相い交《まじ》ゆること一回せよ。也た諸人の看見《かんけん》せんことを要す」と。良久し、主丈に靠《よ》りて、「穿耳《せんに》の客に逢《あ》うこと罕《ま》れにして、多くは是れ舟に刻むの人なり」と。

85
解夏上堂。「今夏、諸人と此の安居結制を同じくす。棒喝を施さず、平地の風雷、頻《しき》りに合匝《がっそう》す。今日解制の辰、渠《かれ》が自在なるに任せて、鉤錐《こうすい》を用いず。此の心、能《よ》く幾人有りてか知らん。這裏《しゃり》を離れざるも、永く阿鼻《あび》に堕す。這裏を離却《りきゃく》するも、活《い》きながら鉄囲《てっち》に陥《おちい》る。山僧を負累《ふるい》して眉を落尽《らくじん》す。汝等、還《は》た建長が為人《いにん》の処を知る麼《や》」と。手を以て揺曳《ようえい》して云く、「希奇《きき》たり、希奇たり。雪峰は木毬児《もっきゅうじ》を輥出《こんしゅつ》し、霊照《れいしょう》は街頭にて摝籬《ろくり》を売る」と。

86
両班《りょうばん》を謝する上堂。「叢林を協賛《きょうさん》して、宗旨を助建す。譬《たと》えば孫臏《そんびん》が計《けい》を設け謀《はか》りごとを定め、魏を囲《かこ》みて趙を救うが如くに相い似て、卒急に人をして測度

に。過分。行き過ぎ。○噎…むせぶ。食物がのどにつかえる。息がつまり呼吸ができない。

○竪起…まっすぐに立てること。○殺人刀…人の分別心を切り捨てるはたらきを刀にたとえていう。○活人剣…人を活かすはたらきを剣にたとえていう。○殺活自由…学人を指導する手段の自在な様。殺は一切を奪って何ものも許さないこと。活は一切を与えてすべてを許すこと。○臨機応変…その場に臨んで情勢の変化に応じてものごとを巧みに処理すること。○衆中…大衆の中。修行僧たち。一会の僧衆。○看見…見ること。○罕逢穿耳客、多是刻舟人…[補1]。○穿耳…耳たぶに穴を開ける。

○解夏上堂…七月十五日、夏安居が終わる日に行なう上堂。○安居結制…雨安居・夏安居のこと。四月十五日から七月十五日の雨季の間、外出せずに寺院で修行すること。○棒喝…棒と喝。修行者を警醒するために、拄杖で打ったり、喝したりすること。鋭い機鋒による学人指導の方法。○合匝…集まりめぐる。○渠…第三人称の代名詞。また真実人、本来の自己を指すこともある。○鉤錐…カギとキリ。○鉄囲…鉄囲山。世界の中心にある須弥山をめぐる九山八海の最も外側にある鉄でできた山。○阿鼻…阿鼻地獄。五逆と謗法の大悪を犯した者が落ちる所。○負累…罪を被って永く悪名を受ける。人をまきぞえにする。○為人…人のためにする。人を教え諭す。教化。○揺曳…手をゆらゆら動かすこと。○希奇…稀で珍しい。○雪峰輥出木毬児…「雪峰輥毬」の公案[補1]。○雪峰…青原下の雪峰義存（八二二～九〇八）のこと[補2]。○木毬児…木製のまり。児は助字。○輥出…ころがす。○霊照街頭売摝籬…「霊照菜籃」の公案[補3]。○霊照…龐居士の娘、霊照（霊昭）のこと[補4]。○摝籬…ざる。竹製のざる。

○謝両班上堂…夏安居が終了し両班を勤めた僧侶に感謝する上堂。○両班…禅宗寺院で、寺院運営における東班と西班のこと[補1]。○叢林…樹木の繁茂する林。禅宗寺院。禅の修行道場。○協讃…力を合わせて助けること。○宗旨…宗義の要旨。根本の教え。○孫臏…中国戦

し出《え》ざらしむ。雖然《しかれ》ども、我が建長の両班上に在りては、一毫も動かさず頽剛《たいごう》を振起《しんき》する底の手段有り。汝等、還《は》た知る麼《や》」と。良久して、「左輔右弼《ひつ》、衆眼謾じ難し」と。

87

上堂。「挙す、雲門、僧に問う、『光明は寂照《じゃくしょう》たり偏河沙《へんがしゃ》と。豈に是れ張拙秀才《ちょうせつしゅうさい》の語にあらずや』と。僧云く、『是なり』と。門云く、『話堕《わだ》し了われり』」と。師云く、「這《こ》の僧、只だ話堕《わだ》の会《え》を作し去りて、更に頭を回らさず。殊に知らず、雲門が河南を収め得て、又た塞北《さいほく》を征することを。箇の頌子《じゅす》有り、試みに定当《じょうとう》して看よ。独り扁舟《へんしゅう》を泛《う》かべ、去りて復た還《かえ》る。塵労《じんろう》万事、相い関わらず。長時嘯傲《しょうごう》す煙波《えんぱ》の上、一箇の閑人《かんじん》、天地の間」と。

88

中秋上堂。「吾が心は秋月に似たりとは、自ら醜拙《しゅうせつ》を知らず。払袖《ほっしゅう》して便ち行き去るとは、甚麼《なん》の本拠か有らん。寒山子《かんざんし》、老南泉、点検し将《も》ち来たれば、半銭にも直《あた》いせず。建長、今日、諸人と月を翫《もてあそ》び去らん。只是《た》だ箇の円字を道著することを得ず、箇の円相を犯著することを得ず。若し道著し犯著せば、罰銭《ばっせん》三貫、胡餅《こびょう》一堂せん」と。遂に一円相を打し、托起《たっき》して云く、「此の一月の実を除いて、余の二は即ち真に非ず。明明に指辺に向かって会するを休《や》めよ。眼裏《がんり》

国時代の斉の兵法家[補2]。○囲魏救趙…孫臏が魏国を包囲して趙国を救った故事。手薄になった急所を攻めて、難を逃れる作戦をいう[補3]。○卒急…急に。俄に。○測度…はかること。心でものごとを推し量る。○一毫…一本の毛。極めてわずかなもののたとえ。○頽剛…頽綱。頽廃した綱紀。○振起…奮い立つ。奮い起こす。○左輔右弼…輔弼は天子の国政を輔佐する意。両班が左右で住持を補佐すること。

○雲門問僧〜門云話堕了也…「雲門話堕」の公案[補1]。○雲門…雲門宗祖の雲門文偃（八六四〜九四九）のこと[補2]。○偏河沙…恒河沙。ガンジス河の砂。数量が無数であることのたとえ。○張拙秀才…石霜慶諸に参じた在俗居士[補3]。○話堕…言葉にしばられる。語るに落ちる。○回頭…廻首。振り返る。ふり向いて後ろを見る。○河南…黄河の南。中原。○塞北…北方の辺境の地。○定当…必ず。きっと。勘どころをつかむ。是認する。○扁舟…小さい舟。小舟。○塵労…心を疲れさせるもの。煩悩。○嘯傲…自由で拘束されないこと。うそぶいておごる。○煙波…もやの立ちこめた水面。水面が煙るように波立っているさま。○閑人…すべての束縛を離れた自由人。

○中秋上堂…八月十五日、中秋の日に行なう上堂。○吾心似秋月…一点の曇りもない自身の心境を、澄んだ秋の明月になぞらえたもの[補1]。○醜拙…かたちが醜く拙いこと。○払袖便行去…[補2]。○払袖…そでをうち払う。決然として立ち去る時の気勢。○本拠…基づき依るところ。依りどころ。○寒山子…天台山の国清三隠の一人、寒山（不詳）のこと[補3]。○老南泉…馬祖下の南泉普願（七四七〜七八八）のこと[補4]。○点検将来…点検は調べ上げる。将来は動作が現実化してくるさまを表す。○不直半銭…半文銭の値打ちもない。○道著…言い当てる。言い切る。○犯著…犯してしまう。害してしまう。○罰銭…罰金。罰油とも。○三貫…三千銭。一貫の銅銭三つ。○胡餅一堂…罰として僧堂内の修行僧に餅をふるまわせることか[補5]。○胡餅…餬餅。小麦粉を練って発酵させ、ゴマをまぶして焼き上げる。○托起…手のひらで受け取る。○眼裏無筋一世貧…ものの本質を見抜

に筋無く一世貧し」と。

89 地震に因む上堂。「若し人、本源に見徹《けんてつ》せば、大地悉《ことごと》く皆な震動す。昨夜、建長が主丈子、等正覚《とうしょうがく》を成ず。直《じき》に得たり、六十八州の山川草木、美欣欣《びきんきん》として、閙閧閧《どうこうこう》たることを。八幡菩薩・若宮王子を引き得て、頭を聚めて談論《だんろん》して云わしむ、『今従《よ》り以後、兵器戈矛《かぼう》、復た拈弄《ねんろう》せず、四海晏清《あんせい》にして、万邦入貢《ばんぽうにゅうこう》せん』と。是の如しと雖然《いえど》も、我が衲僧分上に在りて、何の奇特か有らん」と。主丈を卓して、「永日《えいじつ》、寥寥《りょうりょう》として泰平《たいへい》を賀す。三条椽下《さんじょうえんか》、迎送《げいそう》するに慵《ものう》し」と。

90 開炉上堂。「満口に霜を含む時、寒炉に又た炭無し。夜闌《やらん》軽《かるがる》しく撥著せば、通身《つうしん》の汗を拶出《さっしゅつ》す。有般《うはん》の未だ徹頭《てっとう》せざる人、喚《よ》んで大事已《すで》に辦ずと作す。更に須らく底を尽くして掀翻《きんぽん》すべし、冷煖了《つい》に羈絆《きはん》無し」と。良久して、「有り麽《や》、有り麽《や》、後五日して看よ」と。

91 上堂。「寒うして木仏を焼き、聊《いささ》か行家《こうか》を験す。汝、何ぞ我れを咎《とが》めん。舌を䑛《つ》ば上の牙に綴《つ》けよ。会得せば、則ち院主に遭逢《そうほん》せん。会得せずば、丹霞を蹉過《さか》

く力がなく、一生涯むだに送る[補6]。○一世…一生。一生涯。

○因地震上堂…正嘉元年（一二五七）八月二十三日の大地震に因んだ上堂[補1]。○本源…物事のおおもと。○見徹…見通す。見究める。○等正覚…生死の迷いを去って、いっさいの真理を正しく平等に悟ること。○六十八州…畿内・七道の六十六国と壱岐・対馬の二国を合わせた、日本全国の称。○美欣欣…うるわしく盛んに。生き生きしたさま。○閙閧閧…さわがしくやかましい。○八幡菩薩…八幡神のこと。ここでは鶴岡八幡神[補2]。○若宮王子…若宮は本宮の祭神を分霊勧請した新宮。○聚頭…多くの修行僧が一カ所に集まること。○戈矛…ほこ。戈は柄のあるほこ、矛は柄のないほこ。○拈弄…手でつまんで用いること。○四海…四方の海、天下。また須弥山をとりまく四つの海のこと。○晏清…安らかに清く治まる。○万邦…あらゆる国。○入貢…外国から使節が貢物を持って来ること。○衲僧…衲衣を着た僧。禅僧のこと。○衲僧分上…禅僧本来の持ち前。○奇特…特にすばらしいこと。○永日…日なが。○寥寥…もの寂しく静かなさま。空虚なさま。○泰平…世の中が平和に治まり穏やかなこと。○椽下…ゆかした。

○開炉上堂…十月一日、僧堂に火炉を入れる日に行なう上堂。○満口含霜…口いっぱいに霜を詰める。○夜闌…明け方間近の深夜のことで、夜が更けきって正に明けようとする直前をいう。○撥著…除く。払い除ける。かきたてる。著は動作の完成をあらわす助字。○通身…からだ中。全身。○拶出…押し出す。圧力をかけて、じわりと押し出す。○有般…〜という輩がいる。〜のような人たちがいる。○徹頭…徹頭徹尾で、完全に、徹底しての意。○掀翻…ひっくり返すこと。高く持ち上げてひるがえすこと。○羈絆…つなぎとめること。束縛する。

○寒焼木仏…「丹霞木仏」の公案[補1]。○行家…専門家、玄人。その道の人。○院主…寺院の事務一切を主宰する者のこと。律院・教院の主たる者や、禅宗寺院の監寺・監院のことをいう。○遭逢…出会うこと。遭遇。○会得…物事の意味を十分とらえて自分のものとするこ

せん。遥かに望む、故郷の千万里。頭を回らせば、早や已に天涯を隔つ。諸人、還《は》た山僧が此の語を肯《うべな》う麼《や》。馬蝗《ばこう》は鷺股《ろこ》に叮《さ》す。射毒には含沙《がんしゃ》有り」と。

92

書雲《しょうん》上堂。「至節に奇事《きじ》多し、群英《ぐんえい》猶お未だ知らず。氷河は斉しく焔を発し、鉄樹は倒《さかしま》に枝を抽《ぬき》んず。嵩嶺にて遺迹《いせき》を度《わた》り、滄溟《そうめい》には屍を宿《とど》めず。木人は石馬に騎《の》り、隠隠《いんいん》として須弥《しゅみ》に上る」と。驀《まく》に大衆を召して云く、「諸仁者《しょにんしゃ》、擬《ぎ》せば則ち失却し、動ぜば則ち追い難し。但だ雪霜の消散するを得て後、春色の到来することの遅きを嫌うこと莫《な》かれ」と。

93

上堂。「『世尊の三昧、迦葉は知らず』とは、青山は巍巍《ぎぎ》たり、緑水は漪漪《いい》たり。『迦葉の三昧、阿難は会せず』とは、南山は雲起り、北山は雱霈《ほうはい》たり。建長の三昧、十塊五塊。之れを取れば則ち渇驥《かっき》は枯泉に奔《はし》り、認著せば則ち胡孫《こそん》は鼈背《べっぱい》に騎《の》る。畢竟して如何《いか》ん。山僧が臭口、為めに重ねて開く。切に瞎驢《かつろ》の大隊を趁《お》うこと莫かれ」と。

94

上堂。「色前は物にあらず、万像森羅、如何《いか》んが擺撥《はいはつ》せん。耳聴は声に非ず、鴉《あ》鳴犬吠《めいけんばい》、現成にあらざるは無し。這裏《しゃり》に到って、一領に領し去らば、我が舌を

と。○丹霞…青原下の丹霞天然（七三九～八二四）のこと[補2]。○蹉過…すれ違う。うっかり見過ごすこと。○千万里…非常に遠い距離。きわめて遠いこと。○回頭…廻首。振り返る。ふり向いて後ろを見る。○天涯…空の果て。○馬蝗…馬蟥のこと。うまびる。水蛭。○鷺股…サギの股。○射毒…毒を飛ばす。○含沙…中国南方にいるとされる伝説上の猛毒を持った怪虫[補3]。

○書雲上堂…書雲は春分・秋分・夏至・冬至に雲気を望んで吉凶を占い、これを策に書すること。ここでは冬至の上堂を指す。○奇事…珍しいこと。不思議なこと。○群英…数多くの英才。○氷河…凍った河。氷のはりつめている河。○鉄樹…鉄で作った樹木。「鉄樹開花」で鉄の木に花が咲く。実現不可能なことのたとえ。○嵩嶺…嵩は山が大きく高い意。嵩嶺は嵩山を指すか。○遺迹…遺跡。昔の人にゆかりのある場所。○滄溟不宿屍…滄溟は、青く広い海、青海原のこと。曹山本寂の「大海不宿死屍」の公案を踏まえる[補1]。○木人・石馬…木の人形と石の馬。情識分別を絶したものにたとえる。○隠隠…かすかではっきりしないさま。○須弥…須弥山。仏教で、世界の中心にそびえるという高山。○驀…まっこうから。忽ちに。○諸仁者…大衆に対する呼び掛け。

○世尊三昧、迦葉不知～迦葉三昧、阿難不会…[補1]。○世尊…世の尊敬を受ける人。釈迦牟尼仏のこと。仏十号の一つ。○三昧…サマーディ（梵：Samādhi）のこと。三摩提・三摩地とも。定・等持・正受と訳す。深く集中し、心が安定した状態。○迦葉…仏十大弟子の一人、摩訶迦葉のこと。禅宗における西天第一祖[補2]。○青山…青々と樹木の茂った山。山の美称。○巍巍…山などの高く大きいさま。○漪漪…波立つさま。小波が動くさま。○阿難…仏十大弟子の一人、阿難陀のこと。禅宗における西天第二祖[補3]。○南山起雲、北山雱霈…[補4]。○十塊五塊…塊はつちくれ、かたまりの意。○渇驥…のどが乾いた駿馬。○胡孫騎鼈背…猿がすっぽんの背中に乗ること[補5]。○胡孫…猿の別名。○鼈…すっぽん。○瞎驢趁大隊…目の見えない驢馬が仲間の群に従う[補6]。

○色前…現前の客体を指すか。○万像森羅…宇宙に存在する一切のもの。あらゆる事物・現象。○擺撥…払い除ける。○鴉鳴…カラスが鳴く。○犬吠…犬がほえる。○現成…すでにできあがっている、既成の。

禿却《とくきゃく》し、汝が眼を瞎却《かっきゃく》せん。苟或《も》し然らずば、切に忌む、声に随い色を逐うことを」と。

95 遊山して帰る上堂。「門を出づれば、万里に陰雲《いんうん》散ず。寺に入れば、千峰に瑞気浮かぶ。無去無来の一句子、明明として只だ脚尖頭《きゃくせんとう》に在り。諸人、還《は》た這《こ》の一関《いっかん》を透得《とうとく》す麽《や》。如《も》し未だ透得せざる者ならば、切に忌む、脚尖頭上に向かって会することを」と。

96 臘八上堂。「未だ雪嶺《せつれい》に登らざるに、古洞幽巌《ゆうがん》に風は凛凛《りんりん》たり。雪嶺既に登れば、孤猿《こえん》は啼《な》いて最高層に在り。逗《とど》まりて臘八の夜に到りて、明星を覩《み》、哭《こく》することも成《で》きず、笑うことも成《で》きず。此れ自《よ》り清平《せいへい》世界、往往に皆な是れ妖精にして、幾多《いくた》の人の眼睛《がんぜい》を換却《かんきゃく》す。主丈子、不平を憤《いきどお》り、出で来たりて諸人の為めに妖精を掃蕩《そうとう》せん」と。主丈を擲《なげう》ちて、「建長門下、低声、低声」と。

97 上堂。「一を拈得せば、万事畢《おわ》る。峭巍巍《しょうぎぎ》たり、明歴歴《みょうれきれき》たり、仏祖の仇讐《きゅうしゅう》、衲僧の冤敵《おんてき》。暗号を放行する処、迥《はる》かに名摹《めいぼ》を絶す。機関を動著する時、的に中《あた》らざる無し。是れ秘魔《ひま》の擎杈《けいさ》にあらず、亦た魯祖《ろそ》の面壁に非ず。是れ汝諸人、

ありのまま現れていること。○一領領去…一度に見極めてしまう。○禿却…禿げ落ちること。○瞎却…目を見えなくさせる。○切忌随声逐色…外界の音声や色相に振り回されてはならない［補1］。

○遊山…景勝の地に遊歴すること。○万里…非常に遠い距離。きわめて遠いこと。○陰雲…空を覆う暗い雲。○瑞気…めでたくおごそかな雲気。○無去無来…去ることも来ることもないこと。○脚尖頭…足の指先。○透得…通過する。通り抜ける。

○臘八上堂…十二月八日、仏陀が成道した日（成道会）に行なう上堂。○雪嶺…雪に覆われた山の峰。特に仏陀ゆかりの雪山（ヒマラヤ）のこと。○古洞幽巌…古い奥深い洞窟の巌。○凛凛…寒気がきびしく身にしみるさま。○孤猿…群れを離れて、ただ一匹でいる猿。○明星…明るく輝く星。金星（太白星）。○哭不成、笑不成…～不成は「～することができない」の意。動作が成就しない意。○清平…世が清らかに治まっていること。○世界…世の中。過去・現在・未来の三世を世といい、上下四方四維の十方を界という。○往往…しばしば、たびたび。○妖精…人を惑わす怪しいばけもの。妖怪。○幾多…あまた。数量の多いこと。○換却眼睛…目玉を取り替えてしまう。○不平…公平でない。心が穏やかでない。○掃蕩…払い除くこと。平定する。○低声…声を低めよ。小声で。

○拈得…つまみ取る。手でつまみ上げる。○峭巍巍…山などが高く険しいありよう。○明歴歴…はっきりとしていること。○仇讐…敵。かたき。怨敵。○衲僧…衲衣を着た僧。禅僧のこと。○冤敵…あだ。かたき。○暗号…あらかじめ打ち合わせておく、合図のための言葉。○放行…束縛することなく、自由に放しておくこと。○迥…遥かに。遠く。○名摹…名摸。名をつけ形を与える。ものに名称を付ける。○機関…師家が学人を接化する手段。あるいは古則公案のことをいう。○

如何《いか》んが委悉《いしつ》せん」と。膝《ひざ》を拍つこと一下して、「虎威《こい》は地に堕ちて千里腥《なまぐさ》し、龍血は波を染めて三月赤し」と。

98
上堂。「臘月三十日来たる。切に忌む、本を捨てて末に従うことを。笑うに堪えたり、善星比丘《ぜんしょうびく》、到了、人に惑わさるるに非ざることを。前面は是れ牛頭《ごず》、後面は是れ獄卒《ごくそつ》にして、左辺には剣樹《けんじゅ》の崢嶸《そうこう》たる有り、右辺には刀山の突兀《とつこつ》たる有り。是れ汝諸人、這裏《しゃり》に到って、如何《いか》んが擺撥《はいはつ》せん。若《も》し擺撥《はいはつ》し得去らば、良き哉《かな》、観世音」と。

99
正旦上堂。「山僧、一枝の無孔笛《むくてき》と一具の氈拍板《せんぱくばん》を収め得たり。更年の始め、慶《よろ》び宜しからざる無し。今日、拈出《ねんしゅつ》して大衆の前に対して、一曲を吹き、一令を拍し、未だ見ざる者をして見せしめ、未だ聞かざる者をして聞かしめん。雖然《しかれ》ども、若し楽音《がくおん》の会《え》を作し去らば、地獄に堕在《だざい》して、人身に復《かえ》らず。楽音の会を作し去らずば、亦た地獄に堕在して、永く人身を失わん。畢竟して如何ん」と。主丈を拈じて、笛を吹《ふ》く勢いを作して、「邏囉哩《ららり》、帰去来《ききょらい》。直《じき》に得たり、虚空に笑臉《しょうけん》の開くことを」と。

動著…動かす。心が動揺すること。○秘魔擎杈…「秘魔擎杈」の公案[補1]。○秘魔…南嶽下の秘魔巌常遇（八一七～八八八）のこと[補2]。○擎杈…擎はかかげる、ささげ持つ。杈はふたまたのフォーク状の木棒。○魯祖面壁…「魯祖面壁」の公案[補3]。○魯祖…馬祖下の魯祖宝雲（不詳）のこと[補4]。○委悉…物事を事細かに詳しくすること。○虎威…虎が他の獣類を恐れさせる威力。強大な武力・権力などをいう。○腥…なまぐさい。

○臘月三十日…十二月三十日に行なわれた上堂。○堪笑…おわらいぐさ。笑止千万。○善星比丘…釈迦族出身の比丘。須那呵多のこと。悪行をなし、還俗して阿鼻地獄に落ちた[補1]。○到了…結局、つまるところ。○前面是牛頭～右辺有刀山突兀…[補2]。○牛頭…牛の首をした地獄の獄卒。○獄卒…囚人を取り扱う牢獄の下級の役人。○剣樹刀山…剣樹は枝・葉・花・実などがすべて剣でできているという樹木。刀山は刀でできている林。ともに地獄のありよう。○崢嶸…高くそびえるさま。○突兀…高く突き出ているさま。高く聳えるさま。○擺撥…払い除ける。振り捨てる。○良哉観世音…[補3]。○観世音…観世音菩薩のこと。観音菩薩、観自在菩薩とも[補4]。

○正旦上堂…一月一日、正旦（元旦）に行なう上堂。正嘉二年（一二五八）一月一日。○無孔笛…鳴らすことのできない穴なしの笛[補1]。○氈拍板…毛氈を張ったカスタネット。音が出ない[補2]。○拈出…取り出す。つまみ上げる。

○楽音…音楽。優雅な音。楽しい音。○堕在…～に陥る。～に落ち込む。はまり込む。落在。○邏囉哩…歌の合いの手の言葉。ラララ。○帰去来…故郷に帰ろう。官職を退いて故郷に帰ろうとすること[補3]。○直得…～という結果になった。○虚空…天と地の間。広大無辺の空間。○笑臉…えがお。臉はまぶた、顔面、顔。

100
元宵上堂。「月氏国《げっしこく》内に一盞《いっさん》の灯を燃し、東震旦《とうしんたん》中に灯灯として織《お》るが如し。扶桑国裏の無転智の人を引得《いんとく》し、黒山下昏衢《こんく》辺に向かって、東観西観し、或いは出で或いは入らしむ。覚えず、嗚哪《おな》、青青黯黯《せいせいあんあん》たる処、一点両点を見得し、指して以て奇と為し、便ち道う、『早く灯は是れ火なることを知らば、飯は熟して已に多時なり』と。咦《いい》。鏡容鷹爪《ようそう》、図画するに堪えたり。何事ぞ僧繇《そうよう》が三度疑うとは」と。

101
上堂。「一二を道著《どうじゃく》せば、三五に妨げ有り。背後は朗然《ろうねん》たるも、面前は覩《み》難し。是れ南山の大虫にあらず、亦た長沙《ちょうさ》の猛虎に非ず。箇裏《こり》に会し去らば、啞子《あし》、苦瓜《くか》を喫す。此《ここ》を離れて別に求めば、邯鄲《かんたん》、唐歩を学ぶ。畢竟して如何《いかん》。笑うに堪えたり、水母《くらげ》の蝦《えび》を以て目と為すことを」と。

102
上堂。「挙す、韶国師《しょうこくし》云く、『通玄峰頂《つうげんほうちょう》は是れ人間《じんかん》にあらず、心外に法無し、満目青山なり』」と。師云く、「古人は一毫端《いちごうたん》上に向かって身を蔵し、十字街頭《じゅうじがいとう》に於いて敗露《はいろ》す。当時、但だ『通玄峰頂は是れ人間《じんかん》にあらず』と道《い》いて、便ち休せば、天下の英霊の衲子《のっす》をして摸索《もさく》の処無からしめん。諸人、還《は》た摸索し得著《う》る麼《や》。建長、諸人の為めに、箇の消息を通ぜん。『心外に法無し、満目青山な

○元宵上堂…一月十五日、元宵（上元）に行なう上堂。○月氏国…中国の戦国時代から漢代にかけて、中央アジアで活躍した遊牧民族が建てた国。大月氏国。○一盞…一つのさかずき。○東震旦…中国の別名。東土。神丹。○灯灯…蠟燭の火が連綿と続き灯されていくさま。○扶桑国…中国の東方海上の島にあるという神木の名。日本を指す。○無転智…機に応じ変に通ずる智慧がないこと。○黒山…幽鬼のすみか。木が黒々と茂っている山。○昏衢…暗闇の中の町。転じて、救いのない世の中。○嗚哪…嗚那・嗚哪・嗚咿とも。感嘆詞。ああ。○青青黯黯処…[補1]。○見得…見てとる。○咦…注意を促すときに発する大声。○鏡容鷹爪…四角形の鏡のような顔と、手足の爪が鷹の爪のようであること。ここでは、僧繇が描こうとした宝誌の姿をいう。○僧繇…梁代の画家、張僧繇（不詳）のこと[補2]。

○道著…言い当てる。言い切る。○朗然…明るくはっきりとしているさま。○南山大虫…南山は福州の雪峰山。大虫は虎の異名であるが、ここでは大きな虫。南山の鼈鼻蛇のこと[補1]。○長沙猛虎…[補2]。○長沙…南嶽下の長沙景岑（不詳）のこと。岑大虫と称せられた[補3]。○箇裏…ここ。這裏と同じ。○啞子喫苦瓜…口のきけない人が苦い瓜を食べる。口に言えない苦しみ。わかっていても表現できない。○啞子…口のきけない人。○苦瓜…にがうり。○邯鄲学唐歩…むやみに他人のまねをすれば、自分本来のものも忘れて、両方とも失うことのたとえ[補4]。○堪笑…おわらいぐさ。笑止千万。○水母以蝦為目…水母はくらげ[補5]。

○韶国師云、通玄峰頂～満目青山…通玄峰頂は、台州天台山の通玄峰の頂のこと[補1]。○韶国師…法眼宗の天台徳韶（八九一～九七二）のこと[補2]。○人間…人の住んでいる世界。世間。○心外無法、満目青山…心外無法とは一心の外に別に独立した実体は存しないこと。満目青山とは見わたすかぎり青々と樹木の茂った山脈のこと[補3]。○一毫端…一本の細い毛の先端。○十字街頭…十字形に交差する街路。十字路。○敗露…現れる。露顕する。○英霊衲子…すぐれた禅僧のこと。○摸索…手さぐりで探し求めること。○消息…情況、実態。

り』とは、渓頭《けいとう》にては水激しきも、嶺上《れいじょう》にては雲閑《しず》かなり。剪裁《せんさい》を犯さずして片段を成す、風に吹き去られ、又た吹き還《かえ》さる」と。

103
上堂。「灰頭土面《かいとうどめん》、枉《いたずら》に時を度《わた》らず。鉄壁銀山、了《つい》に縫罅《ほうか》無し。若し衲僧の所知に拠《よ》らば、猶お是れ亀を鑽《き》り瓦を打す。所以に、玄上座は自己を明らめんと欲して、三たび六十烏藤《うとう》に遭い、周金剛《しゅうこんごう》は未だ点心《てんじん》を喫せざるに、早や已に一張の口唖《あ》す。依倚《いい》無き処に拶到《さっとう》して、各各出で来たり、棒喝斉《ひと》しく施すも、克《こく》由叵耐《ゆはたい》なり。噁《ああ》。予は何人ぞや。舜は何人ぞや。大鵬《たいほう》一たび挙がりて十洲《じゅっしゅう》を蓋《おお》う。九万里の風、斯《こ》れ下に在り」と。

104
上堂。「紅紅白白、相い謾《まん》ぜず。無位《むい》の真人《しんにん》、赤肉団《しゃくにくだん》。諸人、若し赤肉団上に向かって見得せば、且つ無位の真人に非ず。只今《いま》、無位の真人を見んと要す麼《や》」と。主丈を擲下《てきげ》して、「下座《あざ》し、巡堂《じゅんどう》し、喫茶せよ」と。

105
上堂。「是著《ぜじゃく》せば則ち錯り、烏亀《うき》を拶出《さっしゅつ》して両角を生ず。不是なるも猶お乖《そむ》き、倒《さかしま》に鉄馬《てつば》に騎りて流沙《りゅうさ》を渡る。是不是《ぜふぜ》を拈却《ねんきゃく》せば、転《うたた》た見る、事の麻の如くなることを。古自《よ》り風流は当家に出づ。何ぞ須《もち》いん、苦苦として生涯を問うこと

○渓頭…谷川のほとり。渓流のちかく。○剪裁…布・紙などを裁ち切ること。○片段…切れ端。断片。

○灰頭土面…頭は灰だらけ、顔は泥まみれ。俗世で必死に衆生済度するさま。○枉…むなしく。いたずらに。むだに。むざむざ。○鉄壁銀山…鉄の壁と銀の山。転じて、非常に堅固な物事のたとえ。○縫罅…ぬい目。ひび。割れ目。○衲僧…衲衣を着た僧。禅僧のこと。○所知…知っていること。○鑽亀打瓦…亀の甲や瓦を火で灼き、そのひび割れの形で吉凶を占う。○玄上座…臨済宗祖の臨済義玄（?～八六六）のこと[補1]。○三遭六十烏藤…「黄檗六十棒」の古則[補2]。○烏藤…藤で作った、黒塗りの杖。○周金剛未喫点心…「徳山三心不可得」の公案[補3]。○周金剛…青原下の徳山宣鑑（七八〇～八六五）のこと[補4]。○点心…一時の空腹をいやすための少量の食事。軽食、おやつ。○一張口…一つの張った口。○唖…言葉を発せられない状態。○依倚…頼ること。頼みとして依り掛かること。○拶到…追いつめる。○棒喝…棒と喝。修行者を警醒するために、拄杖で打ったり、喝したりすること。鋭い機鋒による学人指導の方法。○克由叵耐…剋由叵耐。よくよく我慢ならぬ。いまいましい。○噁…感嘆詞。怒鳴る言葉。ああ。○舜…中国太古の伝説上の聖天子。○大鵬…古代中国の想像上の大鳥。○十洲…中国をとりまく海にあるといわれる十の島。○万里…非常に遠い距離。きわめて遠いこと。

○無位真人赤肉団…[補1]。○無位真人…いかなる枠にもはまらず、一切の枠を超えた自由人。○赤肉団…人間の体。生身の人間。○見得…見てとる。○擲下…投げ下ろす。投げ捨てる。○下座巡堂喫茶…[補2]。○下座…僧堂の単を下りること。○巡堂…僧堂内を一巡すること。

○是著…肯定してしまう。認めてしまう。○烏亀…かめ。○拶出…押し出す。圧力をかけて、じわりと押し出す。○鉄馬…鉄でできた馬。鉄甲をつけた軍馬。○流沙…砂漠。特に、中国西北方の砂漠をさしていう。○拈却…つまみ、除き去ること。○如麻…到るところに存していること。どこにでもあること。○風流…風雅なさま。俗事を離れて深遠なおもむきのあること。○苦苦…懇ろに、切に。○生涯…一生の

を」と。

106 上堂。「挙す、僧、夾山《かっさん》に問う、『如何《いか》なるか是れ夾山の境』と。山云く、『猿は子を抱いて青嶂《せいしょう》の後に帰り、鳥は花を銜《ふく》みて碧巌《へきがん》の前に落つ』と。後来、法眼云く、『二十年、只だ境の話会《わえ》を作す。且《しば》らく道《い》え、二十年後、作麼生《そもさん》か会す』と。建長、官路を借りて人情に当《あ》つ。只だ諸人の、境の話会《わえ》を作し去らんことを要す。若し境の話会《わえ》を作さば、仏の慧命《えみょう》を続《つ》ぎて、叢林に人有らん。境の話会《わえ》を作さずば、身を死漢《しかん》に堕《だ》して、什麼《なん》の限りか有らん。巌下《がんか》の白雲は幽石《ゆうせき》を抱き、渓辺《けいへん》の緑柳《りょくりゅう》は長糸を舞わす。青を踏む人、去りて未だ首を回さず。蜀魄《しょくはく》の声声、子規《しき》を怨む」と。

107 上堂。「挙するに顧みざれば、即ち差互《さご》す。跛脚《はきゃく》の阿師《あし》、門を関《と》じ戸を閉づ。山僧は即ち然らず。挙するに顧みざれば、寧《なん》ぞ差互《さご》せんや。面皮を擘破《へきは》し、仏を嫌いて做《な》さず。昨日、人有りて高麗従《よ》り来たり、便ち奥州に入り去る。且らく道え、是れ顧みるか、顧みざるか」と。良久して、「西秦《せいしん》に髣髴《ほうふつ》たり、東魯《とうろ》に依稀《いき》たり」と。

なりわい。一生立身のところ。

○僧問夾山〜作麼生会…[補1]。○夾山…青原下の夾山善会（八〇五〜八八一）のこと[補2]。○青嶂…樹木が生い茂って青々とした高くけわしい峰。澧州（湖南省）夾山の一峰。○碧巌…夾山に存した方丈の名前。『碧巌録』の名の由来となる。○後来…後世。後の世の人。○法眼…法眼宗祖の法眼文益（八八五〜九五八）のこと[補3]。○話会…話の筋を追って理解する。言葉で理解する。○官路…官署へ通じる大道。官道。○人情…世の中のしきたり。人間のありのままの情感。○慧命…悟りの智慧を生命にたとえた語。○叢林…樹木の繁茂する林。禅宗寺院。禅の修行道場。○死漢…死人。うつけ者。○巌下白雲抱幽石…山から湧き起こる白雲がひっそりと幽石を抱く。境を離れた幽玄な中で湧き上がる白雲が山奥の石を包み込んでいる[補4]。○渓辺…谷のほとり。○踏青…青草を踏む、春に郊外に出向くこと。○蜀魄…ホトトギスの別名。○子規…ホトトギスの別名。

○差互…すれちがう。ずれる。○跛脚阿師…足が不自由な師匠のこと。雲門宗祖の雲門文偃（八六四〜九四九）のことを指す[補1]。○擘破面皮…生身の厚い面の皮をはぎ取る[補2]。○面皮…つらの皮。顔。体面。○擘破…裂く。真二つに切り裂く。○従高麗来、便入奥州去…高麗僧が建長寺に到り、奥州（東北地方）に赴かんとしている[補3]。○高麗…朝鮮の王朝名。五代ごろ王建が新羅を滅ぼして建てた[補4]。○髣髴西秦、依稀東魯…西秦に似ていると思ったら、東魯にもそっくりだ[補5]。○西秦…西の秦の国。春秋戦国時代の列国の一つ。始皇帝のときに天下を統一する。○髣髴…彷彿とも。あたかも〜のようだ。よく似ているものを見て、そのものを思いうかべること。○東魯…東の魯の国。春秋時代の列国の一つ。○依稀…よく似ている。ぼんやりとしているさま。

108 結制上堂。「建長、今日、布袋《ふたい》の口を結却《けっきゃく》し尽し、西天・東十、日本・高麗、総て其の中に向かって安居禁足《あんごきんそく》し、違越《いおつ》する者有ること莫《な》し。我が此の一衆、還《は》た跳得出する麼《や》。翻《ひるがえ》って憶う、少林旧時の事。甜瓜《てんか》、苦葫蘆《くころ》を生じ得たり」と。

109 上堂。「結夏して已に十日、水牯牛《すいこぎゅう》・胡孫子《こそんす》、調伏《じょうぶく》す也未《や》。如《も》し未だ調伏せずば、山僧、汝諸人に調伏の方を恵まん」と。膝《ひざ》を撫《う》ちて云く、「我が鉄鞭《てつべん》を提《ひっさ》げ、痛みを惜しむことを休《や》めよ。他の甘草《かんぞう》を貪《むさぼ》らば、便ち牽《ひ》き回せ」と。

110 上堂。「項上の鉄枷《てっか》、卸却《しゃきゃく》するも、已に是れ蛇の為めに脚を画く。雪峰、未だ挙せざるに先に知る、這《こ》の僧の誤って毒薬を服することを。雪峰が落節《らくせつ》の処、雲門は総て知る。雲門が落節の処、諸人は会せず。噁《ああ》。只今《いま》、雲門に見えんと要するは則ち易く、建長に見えんと要するは則ち難し。難し、難し。澄潭《ちょうたん》には蒼龍《そうりゅう》の蟠《わだか》まることを許さず」と。

111 看経《かんぎん》上堂。「過去・未来・現在の諸法、真如《しんにょ》法界、法性無生《ほっしょうむしょう》の実際を窮《きわ》めんと欲せば、当に般若波羅蜜《はんにゃはらみつ》を学すべし」と。払子を竪《た》てて、「釈迦老子来たれり。已上の所供《しょく》、並びに是れ詣実《けいじつ》なり、建長、款《かん》に扨りて案を結ぶこと能わず。

○結制上堂…四月十五日、夏安居が始まる日に行なう上堂。○布袋…布の袋。布製の袋。行脚・托鉢に使う頭陀袋。○西天…中国からみて西方にある天竺国（インド）の意。○安居禁足…仏教教団で、修行僧たちが一定期間一カ所に集団生活し、外出を避けて修行に専念すること。○違越…違反すること。○跳得出…跳ねて飛び出せる。○少林…洛陽（河南省）にある嵩山少林寺のこと[補1]。とくに達磨を指す。○甜瓜生得苦葫蘆…甘い瓜から苦い葫蘆が取れた。甜瓜は真桑瓜（まくわうり）のことで甘く食用。苦葫蘆は瓢箪《ひょうたん》のこと[補2]。

○結夏已十日…四月二十五日に当たる。○水牯牛・胡孫子…水牯牛は去勢した牛、胡孫子は猿。ともに心の乱れたさまにたとえられる。『蘭渓坐禅儀』にも記載[補1]。○調伏…ととのえ静める。身心を制し伏する。○鉄鞭…鉄のむち。○甘草…マメ科の多年草。根に甘みがあり、乾燥させて薬用とし、また甘味料とする。中国に野生し、日本では稀に栽培される。

○項上鉄枷卸却…[補1]。○項…うなじ。○鉄枷…鉄の首かせ。鉄かせ。○卸却…降ろす。荷物を下に置く。○為蛇画足…蛇の絵に足を書き足す。○雪峰…青原下の雪峰義存（八二二〜九〇八）のこと[補2]。○落節…損をする。利を失する。○雲門…雲門宗祖の雲門文偃（八六四〜九四九）のこと[補3]。○噁…感嘆詞。怒鳴る言葉。ああ。○澄潭不許蒼龍蟠…澄み切った水深き淵には、蒼龍がどくろをまいて住み着くことすら許さない[補4]。○潭…水を深くたたえた所。○蒼龍…青い龍。

○看経…声を出さないで経文を読むこと。○真如法界…万有の本体である真如。○法性…すべての存在や現象の真の本性。○無生…生じることがないこと。生滅変化しないこと。○実際…物事のあるがままの状態。○般若波羅蜜…智慧の完成。完全な智慧。般若はさとりの智慧。○釈迦老子…釈迦牟尼仏のこと。釈尊とも。○已上所供…すでに献じ一著《いちじゃく》を放過《ほうか》して、敢えて諸人に問わん、『什麼《なに》を喚《よ》んで般若と作さん』」と。良久して、「伴有りて独り行き去る。人無くして両両回る《りょうりょうかえ》」と。

112 上堂。「当陽《とうよう》に付授《ふじゅ》するも、老鼠《ろうそ》、大虫《だいちゅう》を咬む。包裹《ほうか》し将ち来たるも、胡孫《こそん》、鼈背《べっぱい》に騎る。之れを知れば則ち晦中に明有り。会せざれば則ち明中に晦有り。知ると知らざると、会すると会せざると、無量の法門、百千の三昧なり」と。主丈を卓して、「尽く這裏《しゃり》に向かって百雑砕《ひゃくざいさい》す」と。

113 上堂。「四七二三、姦謀狭詐《かんぼうきょうさ》もて、一微塵《いちみじん》を捏《こ》ねて、諸の世界を造り、汝諸人をして、世界の内に於いて、凡情《ぼんじょう》を蕩尽《とうじん》して、聖解《しょうげ》を存せざらしむ。独り無位の真人のみ有りて、這箇《しゃこ》の保社《ほしゃ》に入らず」と。左右を顧視《こし》して、「無位の真人、只今《いま》何《いず》くにか在る」と。払子を以て空を指して云く、「夏雲、奇峰《きほう》多し」と。

114 晴れを祈る上堂。「国の為め民の為めに祈禱し、一大蔵教を読誦《どくじゅ》す。汝等、只だ有字経《うじきょう》を看《よ》むことを解するのみ。是の故に、天を感じ地を動かすこと能わず。山僧、一巻の無字経を講じ、上天の怒りを回らし、下民《かみん》の僁《あやま》りを散らし、千嶂の雲を掃除《そうじょ》し、一輪の日を放出し、五穀《ごこく》をして豊稔《ほうじん》にし、万姓《ばんせい》をして謌謡《かよう》せし

たところの供物。○詣実…実際に符号する。真理に到達すること。○拠款結案…罪状にしたがって判決を下す。款は実情を白状すること。○放過一著…一手お負けしてやる、もう一手打ちなさい。○両両…あれとこれと両方。

○当陽…まっこうから。明々白々に。○付授…授けること。伝授すること。○老鼠咬大虫…ねずみが大虫（虎）を咬む。○包裹…つつむこと。○胡孫騎鼈背…胡孫（猿）がすっぽんの背に乗る。○無量法門…衆生の素質や好みに応じて無数の方便門を立てた釈迦の教え。○百千三昧…数え切れないほど多くの三昧の境地。○百雑砕…こっぱみじん。すべてが粉々になる。

○四七二三…西天二十八祖と東土六祖。歴代祖師のこと。○姦謀…はかりごと。悪だくみ。○狭詐…ずるがしこいうそ。○一微塵…一つのちりのことで、きわめてわずかな物事のことをいう。○世界…世の中。過去・現在・未来の三世を世といい、上下四方四維の十方を界という。○凡情・聖解…凡夫の心情と悟りに対するとらわれ。○蕩尽…すっかりなくす。からにする。○無位真人…いかなる枠にもはまらず、一切の枠を超えた自由人[補1]。○保社…共同生活を営む僧団。寺院のこと。○顧視…振り返って見ること。かえりみること。○夏雲多奇峰…夏の入道雲には珍しい峰の形のようなものが多い[補2]。

○祈晴…雨が降り続いて困る時に、空が晴れるように祈ること。○一大蔵教…膨大な経典に説かれた教え。仏教経典に解かれた仏の教えの集大成。○上天…空。天帝。天の神。万物を主宰するもの。○下民…世の人。下土の民。人民。○僁…愆。あやまち。○嶂…高く険しい山。○掃除…塵芥その他の汚物を払い除くこと。○放出…解放されてでる。○五穀…五種類の穀物。麻・黍・稷・麦・豆。麻の代わりに稲を入れることもある。後世、中国日本でも種々の説が存する。○豊稔…豊か

めん。看て看よ、上には点劃《てんかく》無く、下には方円を絶す。聴著せば則ち耳門塞《ふさ》がり、覰著《しょじゃく》せば則ち眼睛《がんぜい》穿《うが》つ。缺歯《けっし》の老胡《ろうこ》も猶お会せず、区区《くく》として隻影《せきえい》は西天に返る」と。

115 解夏上堂。「九夏禁城の内、誰に憑《よ》りてか六門を守る。睡蛇《すいだ》眠りて未だ醒めず、狂象《きょうぞう》酔いて猶お昏《くら》し。悪発せば調伏《じょうぶく》し難く、深く蔵《かく》れて屈蟠《くつばん》し易し。筇《きょう》を携《たずさ》えて聊か一顧せば、覚えず、骨毛寒し。現前の一衆、還《は》た惺惺《せいせい》として睡らず、了了として狂せざる者有り麼《や》」と。良久して、「尽く言う、山水は是れ真楽《しんらく》なりと。柳岸《りゅうがん》に人の釣竿《ちょうかん》を把る無し」と。

116 両班《りょうばん》を謝する上堂。「定乱《ていらん》の策有りと雖も、三傑に非ざれば、何を以てか社稷《しゃしょく》の安きを保たん。吾が宗、生殺《しょうさつ》の機を具《とも》なうと雖も、両班を籍《か》りて、以て股肱《ここう》の輔《たす》けと為すべし。箇は是れ叢林の人人が有ることを知る底の事なり。且《か》つ鏹《きょう》を索《もと》めて姜《きょう》を売れば、罰銭して院を出だす。此の粒を軽んずること勿かれ。何れより来たるかと問え。円通入理の門なりと雖是《いえど》も、未だ衲僧の那一著《ないちじゃく》と称せず。如何《いか》なるか是れ那一著。楊岐《ようぎ》一頭の驢《ろ》、只だ三隻《さんせき》の脚有り」と。

にみのること。○万姓…多くの民。天下の人々。○謌謡…歌謡。歌う。○点劃…漢字の点と線。○方円…四角と丸。○聴著…聴いてしまう。著は動作の完成を示す助字。○耳門…耳の穴。○覰著…見てしまう。覰は看と同じ。○眼睛…眼球。目の玉。○缺歯老胡…歯の欠けた胡人。ここではインドから来た達磨を指す[補1]。○区区…苦労。努力するさま。あくせくする。こせこせと。○隻影返西天…「隻履達磨」の故事[補2]。○隻影…ただ一つの物の影。○西天…中国からみて西方にある天竺国（インド）の意。

○解夏上堂…七月十五日、夏安居が終わる日に行なう上堂。○九夏…夏安居の九十日間のこと。○禁城…天子の居城。ここでは禁足中の寺院のこと。○六門…六根。六つの感覚器官。○睡蛇…睡れるヘビ。○狂象…あばれる象。○調伏…ととのえ静める。身を制し伏する。○屈蟠…屈んで蟠る。体をちぢめて踞る。○筇…竹の杖[補1]。○骨毛…骨と毛。骨身に染みること。○惺惺…目覚めているさま。○了了…物事が明らかなさま。心が澄み切ってさとくあきらかなさま。○真楽…真実の幸福。真の幸せ。○柳岸…柳の植えてある川などの岸。○釣竿…つりざお。

○謝両班上堂…夏安居が終了し両班を勤めた僧侶に感謝する上堂。○両班…禅宗寺院で、寺院運営における東班と西班のこと[補1]。○定乱…動乱を静める。国の乱れを平定する。○三傑…三人のすぐれた人物。とくに漢の高祖の臣であった張良・蕭何・韓信をいう。○社稷…土地の神と五穀の神。国の守り神。転じて国家のこと。○生殺…生かすことと殺すこと。活殺。○股肱…ももとひじ。最も頼りになる家臣。腹心。○叢林…樹木の繁茂する林。禅宗寺院。禅の修行道場。○知有…有ることを知る。それ（悟り）があることを知る。○索鏹売姜…銭を求めて姜を売る。ここでは寺で金もうけをする。○鏹…銭。銭さしに貫かれた銭。○姜…薑。ショウガ。○罰銭…罰金。○円通…智慧によって悟られた絶対の真理は、あまねくゆきわたり、その作用は自在であること。○入理…甚深微妙の真理に悟入すること。○衲僧…衲衣を着た僧。禅僧のこと。○那一著…その一手。著は手段・方法のこと。○楊岐一頭驢、只有三隻脚…「楊岐三脚驢」の公案[補2]。○楊岐…臨済宗楊岐派祖の楊岐方会（九九二～一〇四九）のこと[補3]。

117 上堂。「視聴は眼耳に非ず、談論は口舌に非ず。迦葉は聞かず、世尊は説かず。且《しば》らく道《い》え、一大蔵経は、甚《なん》に因ってか到る処に流通《るずう》す。万里八九月、一身西北の風」と。

○迦葉…仏十大弟子の一人、摩訶迦葉のこと。禅宗における西天第一祖[補1]。○世尊…世の尊敬を受ける人。釈迦牟尼仏のこと。仏十号の一つ。○一大蔵経…大蔵経・一切経のこと。また、一大蔵教で、膨大な経典に説かれた教えのこと。○流通…空気や水などが、滞らずに流れかようこと。仏法が伝わり広まること。○万里…非常に遠い距離。きわめて遠いこと。

118 中秋上堂。「『光りは境を照らすに非ず、境は亦た存するに非ず。光境倶に亡ず、復た是れ何物ぞ』と。蛇が皮を脱し、龍が骨を換うることは、則ち無きにあらず。古人、争奈《いかん》せん、寂寂冥冥の中に坐在し、未だ出身の路有らざることを。山僧、他に一頭地《いっとうち》を超え去らんと要す。『光りは能《よ》く境を照らし、境も亦た倶に存す。光境は妨げ無く、即ち他物に非ず』と。既に他物に非ざれば」と。払子を以て円相を打して、「這箇《しゃこ》の円陀陀《えんだだ》なるを識得《しきとく》せば、尽未来際《じんみらいさい》に明歴歴《みょうれきれき》たり。笑うに堪えたり、当年の老瑞巌《ろうずいがん》、今に至るまで尚お惺惺石《せいせいじゃく》有ることを」と。

○中秋上堂…八月十五日、中秋の日に行なう上堂。○光非照境～復是何物…[補1]。○古人…ここでは馬祖下の盤山宝積（不詳）のこと[補2]。○寂寂…ひっそりとして寂しいさま。○冥冥…光がなくて暗いさま。○坐在…坐る。ある境地に留まる。在は動詞について場所を表す。○超一頭地…他の人よりひときわすぐれている。

○円陀陀…満丸なさま。円満なさま。○識得…本質を見てとる。よく理解すること。○尽未来際…未来の果てに至るまで。未来永劫。○明歴歴…明らかでありありと見えるさま。○堪笑…おわらいぐさ。笑止千万。○当年…当時。あの頃。往事。○老瑞巌…青原下の瑞巌師彦（不詳）のこと。老は親愛の意を込めた接頭語[補3]。○惺惺石…「瑞巌主人公」の公案にちなむ「惺惺著」の言葉を受ける[補4]。

119 事に因む上堂。「一臂《いっぴ》を伸《の》べて長からず、一手を縮めて短からず。終朝《しゅうちょう》に万慮《ばんりょ》千思《せんし》するも、三平二満《さんぺいじまん》に若《し》かず。豈に聞かずや、古徳道く、『米無き飯を炊き、来たらざる人を接す』と。也た是れ家財を分かち用《もち》ゆ。那《なん》ぞ知らん、滔滔《とうとう》として折本することを。建長が箇裏《こり》は則ち然らず。有れば則ち同じく飡《た》べ、無ければ則ち同じく苦しむ。翻《ひるがえ》って思う、昔日、道吾老人、上堂の時毎に、簡を執り

○因事上堂…特定の出来事に因んでなす上堂[補1]。○終朝…一日中。終日。○万慮千思…あれこれと思いを凝らすこと。万慮は多くの考え。さまざまな思い。千思もいろいろ思うこと。○三平二満…十分に満たされてはいなくても、心が安らかで満足していること[補2]。○古徳道、炊無米飯、接不来人…[補3]。○古徳…臨済宗虎丘派（松源派祖）の松源崇嶽（一一三二～一二〇二）のこと[補4]。○滔滔…水がとどまることなく流れるさま。物事が一つの方向へよどみなく流れ向かうさま。○折本…原価をわって売る。投げ売りすること。○道吾老人…南嶽下の関南道吾（不詳）のこと[補5]。○執簡…簡を執る。簡は字

欄《らん》を披《はお》り、唱歌鼓舞《しょうかこぶ》することを。敢えて諸人に問う、道に於いて何の補《たす》けぞ。你ら這の一隊の瞌睡《かっすい》の漢、還《は》た子細を知得す麽《や》。今朝、指を屈して数え将《も》ち来たれば、元と是れ八月二十五」と。

120

新極楽の然長老の為めにする引座《いんぞ》上堂。「挨《あい》して無挨《むあい》に到りて已に十年、風光は買断して銭を須《もち》いず。転身して是れ自《よ》り生涯別なり。鮎魚《でんぎょ》を拶出《さっしゅつ》して竹竿《ちっかん》に上《のぼ》らす。無柄《むへい》の金槌は能《よ》く窠臼《かきゅう》を摧《くだ》き、空に揮《ふる》う宝剣は常に腥羶《せいせん》を帯《お》ぶ。未だ箇《こ》の人に遇わざれば、且《しば》らく刃を露《あら》わすことを休《や》めよ。儻《も》し別者に逢わば、便ち好し、拳を開くに。諸方の冬瓜《とうがん》の印子《いんす》を破し、近世蘿蔔頭《らふとう》の禅を掃《はら》う。甚《なん》の洞山の五位・臨済の三玄をか説かん。妙用変通《みょうゆうへんずう》する時、山を崩し岳を崩し、繊《せん》毫《ごう》も辨じ難き処、蓋地蓋天なり。威音那畔《いおんなはん》に抹過《まっか》し、全く空劫《くうごう》以前に超ゆ。箇の星移換《いかん》の法なりと雖是《いえど》も、従来、仏祖も相い伝えず。既に相い伝えざれば、這《こ》の移換の法、何れよりか得たる。牢《かた》く記取《きしゅ》せよ、言うに堪えず」と。良久して云く、「趙州《じょうしゅう》は親しく老南泉に見《まみ》ゆ」と。

復た挙す、「青原の思和尚、石頭をして南嶽の譲和尚の処に往いて書を下さしめんとし、祝して云く、『汝、彼《かしこ》に到りて書を下し了わりて帰り来たらば、汝に一箇の鈯斧子《とっぷす》を与えて住山し去らしめん』と。石頭、彼に到りて便ち問う、

を記すのに用いた竹簡のこと。○欄…欄衫。ひとえもの。上の衣と下の衣の衣裳が接合した衣服。○唱歌…歌をうたうこと。○鼓舞…鼓を打ち、舞をまう。大いに励まし気持ちを奮いたたせること。○瞌睡…疲れて居眠りすること。○子細…事細かなところ。○元是八月二十五…八月二十五日に行なわれた上堂か。

○為新極楽然長老引座上堂…[補1]。○新極楽然長老…新たに極楽禅寺の住持となった臨済宗大覚派の月峰了然（不詳）のこと[補2]。○極楽…極楽禅寺。後の稲荷山浄妙寺のこと[補3]。○引座…導師を案内して説法の高座につかせること。○挨到無挨已十年…月峰了然が蘭渓道隆に参学した期間を示す[補4]。○挨…積極的に追っていくこと。○風光…人品・ひとがら。○買断…買い占める。一人占め。○転身…別の立場になること。迷いの境地から悟りの境地に転入し、安住すること。○鮎魚…なまず。なまずに竹竿を上がらせるとは、身のほど知らずのことをさせる意。○拶出…押し出す。○無柄金槌…柄のない鉄製の槌。とりつくしまもない頑強な槌。○窠臼…鳥の巣。型どおりの方式。○宝剣…宝物として秘蔵する剣。○腥羶…なまぐさいこと。汚らわしいこと。○破諸方冬瓜印子、掃近世蘿蔔頭禅…[補5]。○冬瓜印子…トウガンで作った印子。安易に印可を与える希薄な禅。○蘿蔔頭禅…だいこん禅。安易に印可を与える希薄な禅。○洞山五位…洞山良价が法の実態を五つに分類したもの[補6]。○洞山…曹洞宗の洞山良价（八〇七～八六九）のこと[補7]。○臨済三玄…臨済義玄が用いた三玄三要という学人指導の方法[補8]。○臨済…臨済宗祖の臨済義玄（?～八六六）のこと[補9]。○妙用…霊妙な作用。巧妙なはたらき。○変通…その場の情況に応じて、どのようにでも変わること。○繊毫…細かい毛。きわめてわずかなこと。○蓋地蓋天…天地を覆い尽くす。全天下を制圧する。○威音那畔…威音王仏の出現する以前。一切の分別相対が起こる以前のありよう。○抹過…一瞬に過ぎ去ること。○空劫以前…相対分別の起こる以前のありよう。父母未生已前。○移換…取りかえること。入れかえること。○記取…書きとること。記すこと。また、記憶すること。○趙州…南嶽下の趙州従諗（七七八～八

『諸聖《しょしょう》をも慕わず、己霊《これい》をも重んぜざる時、如何《いか》ん』と。譲云く、『子《なんじ》が問《と》いは太高生《たいこうせい》なり、何ぞ向下《こうげ》に問わざる』と。頭云く、『寧ろ永劫《えいごう》に沈淪《ちんりん》すべくとも、諸聖の解脱を求めず』と。譲、便ち休す。石頭回《かえ》るに、青原云く、『汝、帰ること何ぞ速かなる。書は還《は》た達す否《や》』と。頭云く、『書も亦た通ぜず、信も亦た達せず。去る時、和尚の箇の鈯斧子《とっぷす》を許すことを蒙る』と。便ち請《こ》うに、青原、一足を垂下す。石頭、便ち礼拝す」と。師云く、「人の鼻孔《びくう》を捩《ひね》り、人の眼睛《がんぜい》を換うることは、則ち無きにあらず。譲和尚、争奈《いか》んせん、令を尽して行ずることを能《あた》わざるを。若《も》也し令を尽して行ぜば、石頭、青原に帰らんと要すも、則ち未だ可ならざらん。青原和尚、也た是れ事忙しうして草書するに及ばず、露柱《ろちゅう》を笑殺《しょうさつ》す。石頭は家貧にして素食を辦じ難く、灯籠を鈍置す。当時、石頭、若し是れ箇の俊快の衲僧《のうそう》ならば、青原が一足を垂下するの時を待ちて、只だ他に向かって道わん、『前言は後語に副《かな》わず』と。払袖《ほっしゅう》して便ち行かば、青原の子孫、断絶に至らず。建長、書の下す可き無く、亦た鈯斧子《とっぷす》の伊《かれ》に与うる無し。只今《いま》、断送して住山せしむ。何を以てか拠と為さん」と。払子を擲下して、「柄欛《へいは》に私無し、当面に分付す」と。

121 上堂。「文殊と維摩と、両両常に論議す。箭《や》を放ちて虚空《こくう》を射、専ら没意智《もっちい》を

九七）のこと[補10]。○老南泉…馬祖下の南泉普願（七四八～八三四）のこと[補11]。○青原思和尚～石頭便礼拝…「青原鈯斧子」の公案[補12]。○青原思和尚…六祖下の青原行思（?～七四〇）のこと[補13]。○石頭…青原下の石頭希遷（七〇〇～七九〇）のこと[補14]。○南嶽譲和尚…六祖下の南嶽懐譲（六七七～七四四）のこと[補15]。○鈯斧子…小さい斧のこと。自在に用いる切れ物のこと。○不慕諸聖不重己霊…[補16]。○諸聖…聖者たち。諸仏をいう。○太高生…大高生に同じ。高すぎる。「大～生」は、「甚だ～である」の意。○永劫…限りなく長い年月。○沈淪…深く沈むこと。○解脱…煩悩の束縛から解き放たれて、悟りの境地に到達すること。○垂下…垂れ下がること。垂らすこと。○尽令而行…情状酌量なしに法令の通りに執行すること。

○事忙不及草書…仕事が忙しすぎて走り書きする暇すらもない[補17]。○露柱…建物の外に立ててあるむきだしの柱。転じて、生命のないもの、人間的な感情や感覚または知覚を持たないものをいう。○笑殺…笑い飛ばす。「～殺」は意味を強める助字。○家貧難辦素食…家が貧しいために粗末な食事すら用意できない。貧乏の極地[補18]。○灯籠…灯明を安置するための用具。○鈍置…頭が上がらなくさせる。馬鹿にする。コケにする。○俊快衲僧…聡く鋭い禅僧。すぐれた禅僧。○前言不副後語…前に述べた言葉は、後で述べた言葉には及ばない[補19]。○払袖便行…[補20]。○青原子孫、不至断絶…[補21]。○断絶…受け継がれてきたものが、途絶えること。○断送…片を付ける、始末する。○擲下…投げ下ろす。投げ捨てる。○柄欛…つかまえどころ。刀のつか。○当面…直に向き合うこと。目の当たりにすること。○分付…分け与える。手渡す。

○文殊与維摩、両両常論議…[補1]。○文殊…文殊師利菩薩のこと。般若の智慧を表す菩薩[補2]。○維摩…『維摩経』に登場する在俗居士

用う。西川の石像は大笑して天に喧《かまびす》しく、東海の泥牛は空を望みて気を出だす。一隊の声聞《しょうもん》を引き得て、今に至るまで、猶お未だ瞥地《べっち》ならず。前三後三、度《ど》嚕地利《ろちり》。主丈子、弾指の声を聞き、三昧従《よ》り安詳《あんしょう》として起《た》ち、諸人に告げて云く、『不是、不是』と。何が故ぞ、爾、方に舟に刻む、剣去りて久し」と。主丈を卓す。

[補3]。○箭…矢の古称。○虚空…天と地の間。広大無辺の空間。○没意智…没意の智。無内容な智慧。思慮分別する智慧のないこと。○西川石像…嘉州（四川省）にある楽山大仏のこと[補4]。○泥牛…泥で作った牛。慮知分別の固まり[補5]。○一隊声聞…一かたまりの小乗の修行者。○瞥地…ちらりと物を見ること。地は副詞語尾。○前三後三…前に三つ、後ろに三つ。数量で計り知れぬ智慧。前三三後三三とも。○度嚕地利…陀羅尼の一種か。意味不詳[補6]。○弾指…指を弾いて音を鳴らすこと。○三昧…サマーディ（梵：Samādhi）のこと。三摩提・三摩地とも。定・等持・正受と訳す。深く集中し、心が安定した状態。○安詳…心静かに落ち着いた状態。安静な状態。○刻舟剣去久…舟に目印を刻み剣を求める[補7]。

122
開炉上堂。「冷湫湫地《れいしゅうしゅうち》に煖洪洪底《だんこうこうてい》の消息有り。煖洪洪処に冷湫湫底の道理有り。只だ這《こ》の消息・道理、諸人、還《は》た曽《かつ》て体究《たいきゅう》す也《や》無。若し体究得せば、老趙州の『口を開けば便ち胆《たん》を見る』というを笑殺せん。如《も》し体究未得ならば、凍雪厳《とうせつげん》霜《そう》の時、各おの請《こ》う、東撥西撥せんことを。忽然として撥著せば、眉毛を照顧《しょうこ》せよ」と。

○開炉上堂…十月一日、僧堂に火炉を入れる日に行なう上堂。○冷湫湫…熱気が消えて寒々としたさま。○煖洪洪…甚だしく暖かいこと。○消息…情況、実態。○道理…物事の正しい道筋。○体究…道理を体で会得する。まるごと究める。○老趙州開口便見胆…[補1]。○老趙州…南嶽下の趙州従諗（七七八～八九七）のこと[補2]。○笑殺…大いに笑わせる。あざわらう。笑いとばす。○凍雪厳霜…凍えるように寒い。草木を枯らすほど厳しい雪や霜。○東撥西撥…あちこちあばき掘る。○忽然…突然に。たちまちに。○撥著…除く。払い除ける。かきたてる。著は動作の完成をあらわす助字。○照顧…かえりみる。考慮する。照らし合わせてよく調べる。

123
上堂。「箇《こ》の事《じ》を知得して便ち休し去る。角を戴《いただ》く毒蛇、古路《ころ》に横たう。当頭《とうとう》に若《も》し来機《らいき》を辨ぜずば、偏界《へんかい》の屍骸、著する処無けん。建長、要《かなら》ず諸人に問《と》う、『如何《いか》なるか是れ箇《こ》の事』と。人有りて此に於いて道《い》い得《え》ば、富士山を拈取《ねんしゅ》して、汝が眼内に安在するも、甚《なん》の礙塞《げそく》し来たることか有らん。苟或《も》し然らずば、道うこと莫《な》かれ、『礙塞無きが好し』」と。

○箇事…個事。一つのこと。一大事。一生参学の大事。仏法の真理そのもの。○戴角毒蛇横古路…毒蛇は煩悩にたとえる。古路は古くからの道。仏祖の実践してきた道。○当頭…その場で、即座に。忽ちに。○来機…相手の機根。相手のでかた。○偏界…全世界。全宇宙のこと。○拈取…ひねり取る。つまみ取る。○礙塞…妨げ塞ぐこと。

124
達磨忌上堂。「其の源の清からざれば、下流は倶《とも》に濁る。罪首《ざいしゅ》、西来して、後学を殃害《おうがい》し、尽《ことごと》く虚空に向かって強《し》いて穿鑿《せんさく》す。聖徳太子は昔、伊《かれ》を放過するも、建長主人、今、雛作《しゅうさく》を為す。既に雛作を為すに、甚《なん》に因りてか衆を引いて祖堂の内に向かって礼拝焼香す」と。良久して、「豫譲《よじょう》は炭を呑み、道猷は腸を洗う」と。

125
上堂。「斫額《しゃくがく》して門頭にて望むも、年深けて伊《かれ》を見ず。相い逢うて如《も》し問著せば、旧に依りて那斯祁《なしき》。笑うに堪えず、只だ悲しむに堪えたり。髣髴《ほうふつ》たり、当年の陳処士、倒《さかしま》に驢《ろ》に騎《の》りて華山より帰る」と。

126
上堂。「昂昂蔵蔵《こうこうぞうぞう》として、敲磕《こうかい》すれど壊れず。高くして危《たか》からず、低《ひく》くして下《ひく》からず。蹤を尋ねんと擬欲《ほっ》せば蹤を見ず、又た浮幢王刹海《ふとうおうせっかい》を隔つ。翻《ひるがえ》って憶う、嵩山の破竈堕《はそうだ》」と。杖を以て撃ちて云く、「本是《もと》より泥土合成す、霊聖《れいしょう》、何《いずく》より来たり、恁麽《いんも》に捏怪《ねっかい》す。雖然《しかれ》ども、諸人、還《は》た建長が徹骨徹髄《てっこつてつずい》の処を知る麽《や》。面前に攤向《たんこう》するも、識者、価《あた》いする無し」と。

127
書雲《しょうん》上堂。「日南長至、晷運《きうん》は推移《すいい》す。君子・小人、道消《おとろ》え、道長《ちょう》ず。且らく道《い》

○達磨忌上堂…十月五日、達磨が示寂した日に行なう上堂。○達磨…中国禅宗初祖の菩提達磨のこと。嵩山少林寺に住する[補1]。○罪首…犯罪を起こした張本人。悪事の首謀者。○殃害…災いする。害を与える。○虚空…天と地の間。広大無辺の空間。○穿鑿…穴をうがち掘ること。細かなところまで根掘り葉掘りたずねること。○聖徳太子昔放過伊…片岡山伝説を踏まえる[補2]。○放過…そのままうち捨てておくこと。手をつけないでおく。見逃してやる。大目にみる。○雛作…あだ、かたきの意。雛作であれば、対応すること。○祖堂…達磨を奉る祖師堂のこと。○豫譲呑炭…豫譲は中国春秋時代の晋に仕えていた人。主君の敵を討つために身に漆を塗り、炭を呑んで声を枯らして変装したという[補3]。○道猷洗腸…[補4]。

○斫額…手を額にかざすこと。遠くを望むかっこう。○那斯祁…あれやこれなど簡単な言葉。明らかでないこと、言語で表現することのできないありようか[補1]。○堪笑…おわらいぐさ。笑止千万。○髣髴…彷彿とも。あたかも～のようだ。よく似ているものを見て、そのものを思いうかべること。○陳処士…北宋初期の道士、陳摶《ちんたん》（図南、希夷先生、八六七～九八四、あるいは？～九八九）のこと[補2]。○倒騎驢自華山帰…驢馬の背に逆さ乗りして華山から帰ってくる。達人の自由自在なありよう。張果老の故事[補3]。○驢…ロバ。○華山…中国五嶽の一つ。西嶽。陝西省華県にある。

○昂昂…高くなるさま。高々としたさま。○蔵蔵…隠れているさま。○敲磕不壊…叩き割れない。○浮幢王刹海…[補1]。○嵩山…洛陽（河南省）登封県の嵩山（中嶽）のこと。○破竈堕…破竈堕和尚（不詳）のこと[補2]。○泥土合成、霊聖何来…[補3]。○霊聖…神霊。霊性。○捏怪…もののけに憑かれて奇怪な言動をすること。○徹骨徹髄…骨髄に徹すること。とことん徹する。○攤向…商品を並べること。仏法を示すこと。○識者…見識のある人。

○書雲上堂…書雲は春分・秋分・夏至・冬至に雲気を望んで吉凶を占

え、建長が主丈子、是れ消える耶《か》、是れ長ずる耶。若し消えること有りと謂わば、諸人の一頭地《いっとうち》を超過《ちょうか》す。若し長ずること有りと謂わば、拈じ来たれば旧きに依りて黒皺皴《こくりんしゅん》たり」と。擲下《てきげ》して云く、「諸方の鬼眼睛《きがんぜい》を穿過《せんか》す」と。

128
頭首《ちょうしゅ》を謝する上堂。「挙す、臨済会下、両堂の首座、相い顧みて斉《ひと》しく一喝を下す。僧有りて臨済に問う、『両堂斉しく一喝を下す、此の意は如何ん』と。済云く、『賓主歴然《ひんじゅれきねん》たり』と。建長が両堂、亦た相い顧《かえり》みず、亦た喝を下さず。諸人、還《は》た知る麼《や》、浄躶躶《じょうらら》の処、水灑《そそ》げども著かず、転轆轆《てんろくろく》の時、元字脚《げんじきゃく》を存せざることを。且つ主丈子、還《は》た他を肯《うべな》う也無《や》。路窮まり橋断《た》つる処、白雲の村を抹《まっ》過《か》す」と。

129
仏成道上堂。「黄面の老子、拶《さつ》し来たり拶し去り、万仞崖頭《ばんじんがいとう》に拶到《さっとう》し、覚えず放身捨命し、死眼《しがん》頓に開く。起き来たりて云く、『奇なる哉《かな》。一切衆生は皆な如来の智慧徳相《ちえとくそう》を具《そな》う。只だ妄想執著《もうぞうしゅうじゃく》の為めに証入すること能《あた》わず』と。且らく道え、妄想執著と智慧徳相と、是れ一なる耶《か》是れ二なる耶。自家頻《しき》りに門前の雪を掃う。他人の屋上の霜を管すること莫《な》かれ」と。

い、これを策に書すること。ここでは冬至の上堂を指す。○日南長至…冬至の時に、太陽が一年で最も南の方向にあること。○晷運…日の光の運行。晷は日の光、日光の影。○君子…学識・人格ともにすぐれた、りっぱな人。○小人…教養・道徳に欠け、君子ではない人。○超過一頭地…頭一つ抜け出す。○黒皺皴…真っ黒け。くらやみ。○擲下…投げ下ろす。投げ捨てる。○鬼眼睛…死人のようなすごい目つき。怪しい目。誤った眼力。○穿過…穴をあけて貫き通す。

○頭首…禅宗寺院の役職のうち、西班（西序）のこと。首座・書記・蔵主・知殿・知客・知浴の六頭首。○臨済会下～賓主歴然…[補1]。○臨済…臨済宗祖の臨済義玄（?～八六六）のこと[補2]。○両堂首座…前堂と後堂の首座。○賓主…賓客（客人）と主人。○歴然…まぎれもなくはっきりとしている。○浄躶躶…丸はだかで一点のけがれもないところ。真理が丸出しのありよう。○転轆轆…車輪や轆轤などが自由にまわる。自由にころがる。○元字脚…文字・言語のこと。元という字の脚の意。文字の総称。文字の葛藤の意にも用いる[補3]。○抹過…一瞬に過ぎ去ること。

○仏成道上堂…十二月八日、仏陀が成道した日（成道会）に行なう上堂。○黄面老子…金色に輝く仏陀。○拶来拶去…どんどん迫ってくる。ぎりぎりに近づく。～来～去は動作の反復。○万仞…仞の一万倍。一仞は七尺。転じて、非常に高いこと。○崖頭…がけのはなさき。がけの上。○拶到…近づく。迫る。○死眼…真実を見るはたらきの無い死んだ眼。○奇哉～不能証入…[補1]。○如来…タターガタ（梵：Tathāgata）のこと。真如から来た人。真理に到達した人。仏陀のこと。仏の十号の一。○徳相…高い徳を備えたすがた。○妄想…真実でないものを真実であると、誤って意識すること。○執著…物に心をとらわれること。○証入…正しい智慧によって悟ること。悟入とも。○自家頻掃門前雪、莫管他人屋上霜…[補2]。

130
上堂。「光を和《やわ》らげて事を惹《ひ》き、篤《とく》を刮《けず》りて家を成す。古人、口は滄海の如く、胆《たん》は脂麻《しま》の若し。山僧は則ち然らず。光を和らげて事を惹《ひ》かず、篤を刮《けず》りて豈に家を成さんや。耳内に能く水を盛り、眼裏に沙を著く可し。根深ければ風の揺動《ようどう》するを怕《おそ》れず、樹正しければ従他《たと》い日影《にちえい》の斜《しゃ》なるとも」と。

131
上堂。「千思万慮《せんしばんりょ》、思慮し到《え》ず。一夜の雨声《うせい》、分明に説破《せっぱ》す。諸人、還《は》た聞く麽《や》。九年面壁の人は、便ち是れ胡達磨《こだるま》なり」と。

132
上堂。「一人有り、寂静《じゃくじょう》に由るが故に、脱体無依《むえ》なり。一人有り、紛擾《ふんじょう》の中に依りて、疑心《ぎしん》頓に息《や》む。二人若し建長門下に到らば、山僧、一時に逐《お》い出ださん。何が故ぞ。賞は仇讎《きゅうしゅう》を避けず」と。

133
上堂。「紅緑《こうりょく》相い間《まじ》わる処、実相全《すべ》て彰《あら》わる。空谷《くうこく》に声を伝うる時、妙音遐《みょうおんはる》かに布《し》く。山僧、西秦《せいしん》を把定《はじょう》すと雖則《いえど》も、意は東魯《とうろ》に在り。衲僧の所見、又た且つ如何《いか》ん。百済《くだら》を貪遊《どんゆう》して、新羅《しらぎ》を蹉過《さか》す」と。

134
上堂。「釈迦老子云く、『性覚真空《しょうかくしんくう》、性空真覚《しょうくうしんかく》。清浄本然《しょうじょうほんねん》として、法界に周遍《しゅうへん》す』

○和光惹事、刮篤成家…自分の才能をひけらかさずに物事をなし、自分の気持を抑えて家門を立てる[補1]。○和光…光を和らげる。才智を外に顕わさない。世俗に交わる。○篤…誠実がいきとどき手厚いこと。○滄海…青々とした広い海。○脂麻…ゴマの異称。

○揺動…ゆれ動くこと。○日影…日の光。日の影。

○千思万慮…あれこれと思いを凝らすこと。千思はいろいろ思うこと。万慮は多くの考え。さまざまな思い。○思慮…注意深く心を働かせて考えること。○分明…あきらかなこと。明白なこと。○説破…言い切ること。説き尽くす。○九年面壁…中国禅宗の祖、達磨が嵩山少林寺において九年間面壁していたという故事[補1]。○胡達磨…胡（西天）僧の達磨のこと。中国禅宗初祖で、嵩山少林寺に住する[補2]。

○寂静…ひっそりとしてもの静かなこと。○脱体…身ごと、そっくりそのまま。○無依…物事に執着したり、頼ったりしないこと。○紛擾…もめること。○賞不避仇讎…仇敵であっても手柄があれば賞を与える[補1]。○賞…ほめたたえること。褒美をつかわす。○仇讎…あだ。かたき。

○紅緑…花の紅と葉の緑。○実相…すべてのものが真実の現れであること。○空谷…人気のない静寂な谷間。○妙音…いうにいわれぬ美しい音声、また音楽。○西秦…西の秦の国。春秋戦国時代の列国の一つ。始皇帝のときに天下を統一する。○把定…しっかりと握る。相手の機を押さえ込むこと。○東魯…東の魯の国。春秋時代の列国の一つ。○衲僧…衲衣を着た僧。禅僧のこと。○貪遊百済、蹉過新羅…[補1]。○百済…古代の朝鮮半島の南にあった国[補2]。○貪遊…遊び尽くす。○新羅…古代の朝鮮半島南東部にあった国[補3]。○蹉過…すれ違う。うっかり見過ごすこと。

○釈迦老子云、性覚真空〜周遍法界…[補1]。○釈迦老子…釈迦牟尼仏のこと。釈尊とも。○性覚…真実の実体は他のものに依存せず、自と。古自《よ》り今に至るまで、此の坑に堕《だ》する者、其の幾なるかを知らず。山僧は則ち然らず。汝諸人に他家の陥穽《かんせい》に落ちざらんことを要す。何が故ぞ。性覚は覚に非ず、真空は空に非ず。穴は能く雨を辨じ、巣は能く風を知る。粉蝶《ふんちょう》は愁《うれ》えず、春の漸《ようや》く老ゆることを。双双《そうそう》は猶お百花の叢を恋ゆ」と。

135 上堂。「霊利《れいり》の漢は、他に随いて去り、本地の風光、猶お顧みず、那辺《なへん》の紅紫《こうし》、已に凋零《ちょうれい》す。却って恨むらくは、春帰りて覓《もと》むる処無きことを。覓むる処無く、茲の山に在り。流泉《りゅうせん》の声は切切として、幽鳥《ゆうちょう》の語は関関《かんかん》たり」と。

136 上堂。「一を拈《と》りて七を去《す》て、凶多くして吉少なし。両を放ちて三を抛《なげう》つ、海北江南」と。驀《まく》に大衆を召して云く、「昨日、人有り、一微塵《いちみじん》を剖《さ》いて、百千万億の世界を露出す。一一の世界の中、過現未来の仏、汝ら諸人の為めに第一義を演ぶ。東海の龍王を驚起《きょうき》して、五百の眷属を領し、直《じき》に三十三天に上りて、非非想天《ひひそうてん》に至り、諸天に告げて云く、『我が南閻浮提《なんえんぶだい》の日本国内に、此の奇特の事有り』と。諸天、聞き得て、各各踊躍歓喜《ゆやくかんぎ》し、空従《よ》り花を雨《ふ》らし、以て供養と為す。諸人、還《はた》た信得及《しんとくぎゅう》す麼《や》。若《も》し未だ信ぜずば、堂中の迦葉尊者に問取せよ」と。

ら目覚め、自ら明らかであること。○真空…真実の空。○性空…一切の諸法は因縁和合して生じたものであって、その本性はつくられたものでなく、空であるという意味。○真覚…真実の悟り。○清浄…清らかでけがれのないこと。○本然…人手を加えないで、自然のままであること。○法界…全世界。全宇宙。○周遍…広くすみずみまでゆきわたること。○陥穽…落とし穴。○覚…真実の悟り。○空…固定的実体の無いこと。○粉蝶…白い蝶。また、美しい蝶。○双双…対になっている蝶のこと。○百花…いろいろの花。多くの花々。

○霊利漢…頭脳明瞭で仏道に徹した人。○本地風光…本来の姿。本来の落ち着きどころのありよう。○那辺…その辺。あの辺。そちら。あちら。○紅紫…赤や紫。種々の美しい色。○凋零…花などがしぼんで落ちること。○流泉…水があふれ流れ出ている泉。○幽鳥…奥深く隠れひそむ鳥。○関関…鳥がのどかに鳴くさま。○切切…音声がひしひしと悲しく迫るさま。

○拈一去七…一を取り出し、七を取り除く[補1]。○放両抛三…二を放って三をなげ捨てる[補2]。○海北江南…東海の北と長江の南。各地、全世界。○驀…まっこうから。忽ちに。○一微塵…一つのちりのことで、きわめてわずかな物事のことをいう。○百千万億…非常に数が多いこと。○世界…世の中。過去・現在・未来の三世を世といい、上下四方四維の十方を界という。○過現未来…過去・現在・未来の三世のこと。○第一義…最高の道理。究極の真理。○東海龍王…四海龍王の一つで、東方に潜み棲む龍王[補3]。○驚起…おどろいて起きること。○眷属…仏・菩薩に従うもの。主要な神に従属する神々。○三十三天…欲界六天の一つ。須彌山の頂上の帝釈天の城をめぐって四角にそれぞれ峰があり、その各おのに、八つの天があるという。中央の帝釈天と四方の各八天を合計したものの称。○非非想天…非想非非想処の略。三界（無色界・色界・欲界）のうち、無色界の最高の処を指す。○南閻浮提…南閻浮洲。須弥山の南方に位置する、人間が生存している世界。○奇特事…すばらしいこと。希有なること。○踊躍歓喜…心の中で非常に喜び体でこおどりする。○信得及…信じ切ることができる。自ら信じ切って疑いを残さない。○迦葉尊者…仏十大弟子の一人、摩訶迦葉のこと。禅宗における西天第一祖[補4]。○問取…問い掛ける。

137

結制上堂。「『護生《ごしょう》は須是《すべか》らく殺すべし』とは、死せる諸孔明《しょこうめい》、生ける仲達《ちゅうたつ》を走らしむ。『殺し尽して始めて安居《あんご》す』とは、笑うに堪えたり、迦葉の文殊を擯《ひん》せんと欲《す》ることを。『箇中の意を会得せば』とは、三平《さんぺい》は胸を撥し、石鞏《せききょう》は利を失す。『鉄船、水上に浮かぶ』とは、禾山《かさん》は打鼓《たく》し、雪峰は輥毬《こんきゅう》す。権有り実有り、放有り収有り。未だ是れ衲僧の那一籌《ないっちゅう》にあらず。如何《いか》なるか是れ那一籌」と。良久して、「軽軽に躍出《やくしゅつ》す、脚尖頭《きゃくせんとう》。露柱灯籠、笑いて休《や》まず」と。

138

上堂。「夏に入りて以来、兵を屯《とん》し、箚《さつ》を駐《とど》む。東夷《とうい》を降《くだ》し得て、又た北狄《ほくてき》を防ぐ。建長、諸将の為めに箇《こ》の良謀《りょうぼう》を設け、汝をして百戦百勝し去らしめん」と。良久して大衆を召し、「休休休《きゅうきゅうきゅう》、莫莫莫《ばくばくばく》。寸刃は持つこと勿《な》く、両手は緊《かた》く握ぎる。潼関《とうかん》を打破《だは》し、凱《がい》を奏《かな》でて帰る。飄飄《ひょうひょう》として穏やかに駕《が》す、楊州の鶴」と。

139

上堂。「百丈云く、『汝等、我が為めに田を開け。我れ汝が為めに大義を説かん』と。田を開き了わるに、方丈に上りて白《もう》して云く、『請う、和尚、大義を説きたまえ』と。百丈、両手を展《の》ぶ」と。師云く、「百丈、鉤頭《こうとう》の星子もて、六鼇《ろくごう》を釣らんと欲す。巨浪《きょろう》は空に翻《ひるがえ》りて回顧する者少《まれ》なり。山僧、只だ諸人に行く

○結制上堂…四月十五日、夏安居が始まる日に行なう上堂。正元元年（一二五九）四月十五日。○護生須是殺～雪峰輥毬…[補1]。○護生…生き物を殺さないように一箇所に留まり安居すること。○死諸孔明、走生仲達…亡くなった諸葛亮は生きている司馬懿を走らせた[補2]。○諸孔明…中国三国時代、蜀の宰相であった諸葛亮（孔明、一八一～二三四）のこと[補3]。○仲達…中国三国時代、魏の武将であった司馬懿（仲達、一七九～二五一）のこと[補4]。○堪笑…おわらいぐさ。笑止千万。○迦葉欲擯文殊…「文殊過夏」の公案[補5]。○迦葉…仏十大弟子の一人、摩訶迦葉のこと。禅宗における西天第一祖[補6]。○文殊…文殊師利菩薩のこと。般若の智恵を表す菩薩[補7]。○会得…物事の意味を十分とらえて自分のものとすること。○三平撥胸、石鞏失利…「三平開胸」の公案[補8]。○三平…青原下の三平義忠（七八一～八七二）のこと[補9]。○石鞏…馬祖下の石鞏慧蔵（不詳）のこと[補10]。○鉄船水上浮…鉄船が水上に浮かぶ。水に沈むはずの鉄製の舟が水に浮く[補11]。○禾山打鼓…「禾山解打鼓」の公案[補12]。○禾山…青原下の禾山無殷（八八四～九六〇）のこと[補13]。○雪峰輥毬…「雪峰輥毬」の公案[補14]。○雪峰…青原下の雪峰義存（八二二～九〇八）のこと[補15]。○権実…方便の教えと真実の教え。○放収…手放すことと手に取ること。○衲僧…衲衣を着た僧。禅僧のこと。○那一籌…その一手。籌は竹木・銅鉄などで作った細長い小棒。投壷の矢のこと。○躍出…勢いよく外へ現れる。○脚尖頭…脚の先端。○露柱…建物の外に立ててあるむきだしの柱。転じて、生命のないもの、人間的な感情や感覚または知覚を持たないものをいう。○灯籠…灯明を安置するための用具。

○屯兵駐箚…[補1]。○箚…鎧。甲。○東夷…中国で東方の異民族を称した語。○北狄…中国で匈奴《きょうど》・鮮卑《せんぴ》・韃靼《だったん》など北方の異民族を称した語。○諸将…鎌倉幕府の諸将。○良謀…よいはかりごと。良計。○休休休…やめよ、やめよ。○莫莫莫…だめだ、だめだ。○寸刃…短い刃物。○潼関…黄河流域に置かれた関の名[補2]。○打破…うち破ること。負かすこと。○凱…かちどきをあげる。○飄飄…風の吹くさまや、その音を表す語。風にふかれてひるがえるさま。○駕…のりこえる。○楊州…揚州のこと。中国江南にある地。現在、江蘇省に属する。○百丈云、汝等為～展両手…[補1]。○百丈…南嶽下の百丈惟政（不

も足を動かさず、坐するも山を観ること莫からんことを要す。心に愧悚《きしょう》無くば、安《いず》くんぞ慚顔《ざんがん》有らん。更に須らく此の一重の関を透るべし。這《こ》の一重の関、作《そ》麼生《もさん》か透らん」と。主丈を卓して、「且緩緩《しゃかんかん》」と。

140 上堂。「幽洞《ゆうとう》には羈鎖《きさ》無く、玄関には信も通ぜず。微涼《びりょう》は殿閣《でんかく》に生じ、独り立ちて薫風《くんぷう》を問う。衆中、鼻孔《びくう》を打失する者有ること莫き麼《や》。若し有らば、建長、汝が与めに、生冤《しょうおん》を結び去らん」と。良久して、「烏江《うこう》に如《も》し未だ到らずば、蓋《がい》世《せ》、英雄を逞《たくま》しうせん」と。

141 上堂。「中夏は今已に到る。光陰虚《むな》しく過ごすこと莫かれ。虚しく過ごす人を求めんと欲するに、望み断ちて一箇も無し。有る時、髣髴《ほうふつ》として相い応ず、細かに観れば又た恰好《かっこう》せず。水は湿《しめ》るに流れ、火は燥《かわ》くに就く。青山は却って白雲に裹《つつ》まる。建長は年老いて惺惺《せいせい》ならず、困せば則ち長く両脚を伸べて臥《ふ》す」と。

142 上堂。「機は劈箭《へきせん》の如く、用は旋風《せんぷう》の若《ごと》きも、本分事《ほんぶんじ》中、全く交渉無し。交渉有らば、還《かえ》って漏泄《ろうせつ》す。是れ麻三斤《まさんぎん》にあらず、亦た乾屎橛《かんしけつ》に非ず。諸人還《は》た会す

詳）のこと[補2]。○大義…重要な意義。要義。○鉤頭…釣り針。○星子…星。点のように小さいもの。ここでは、つりばりのことか。○六鼇…六匹の大亀。渤海中にある居所の五山をささえる十五匹の大亀のうちの六匹[補3]。○巨浪…大きな波。○回顧…後ろを振り返ること。○愧悚…心に愧じ恐れる。○慚顔…慚じた顔。○且緩緩…まあゆっくりやりなさい。且は、ともかく。とりあえず。緩緩はゆるやかで急がないさま。

○幽洞…ひっそりとした静かな洞窟。○羈鎖…おもがいとくさり。つなぎとめるもの、束縛するもの。○玄関…仏道に入る幽妙なる関門。禅宗寺院の門。○微涼生殿閣、独立問薫風…わずかな涼しさが宮殿に生じ、独り立って心地よい風に当たる[補1]。○微涼…わずかにすずしいこと。○殿閣…宮殿と楼閣。宮殿。○薫風…初夏、新緑の間を吹いてくる快い風。○衆中…大衆の中。修行僧たち。一会の僧衆。○生冤…深いうらみ。ぬれぎぬ。○烏江如未到、蓋世逞英雄…項羽が和州（安徽省）の烏江の地で死を迎えたときの描写[補2]。○烏江…和州（安徽省）烏江の地。○蓋世…一世を蓋うこと、一代を圧倒すること。○英雄…ここでは、項羽（項籍、紀元前二三二～二〇二）のこと[補3]。

○中夏…六月一日、夏安居の半ばである中夏に行なわれる上堂。○光陰莫虚過…光陰は月日の移り変わりや、時間のことで、石頭希遷の『参同契』に「光陰莫虚度」とあるのを踏まえたもの。○髣髴…彷彿とも。あたかも～のようだ。よく似ているものを見て、そのものを思いうかべること。○恰好…適当である。似つかわしい。○青山…青々と樹木の茂った山。山の美称。○惺惺…目覚めているさま。心が澄み切ってさとくあきらかなさま。○長伸両脚臥…長々と両足をまっすぐ伸ばして寝る[補1]。

○機…機根。仏道を修行する能力。○劈箭…突き破る矢。つんざく矢。○用…はたらき。○旋風…つむじかぜ。○本分事…本来のありよう。仏法の一大事。人が本来尽くすべきつとめ。○交渉…かかわり。関係。○漏泄…漏れること。大事なことを漏らし知らせる。○麻三斤…「洞山麻三斤」の公案[補1]。○乾屎橛…「雲門乾屎橛」の公案[補2]。

麼《や》。胡孫《こそん》は毛虫を喫し、老鼠《ろうそ》は生鉄《さんてつ》を咬む」と。

143 上堂。「関は潼関《とうかん》に非ず、寨《さい》は硬寨《こうさい》に非ず、臨済・徳山も也た担帯《たんたい》し難し。到了、他這《こ》の一解を輸《まけ》る。公験《くげん》を把《と》り将《も》ち来たらば、汝に放《ゆる》す、此の界を過ぐることを」と。主丈を擲下《てきげ》して、「草賊大敗す」と。

144 上堂。「七月初一、凶を転じて吉と成す。法道は昌隆し、群魔は迹を擯《しりぞ》く。独り格外《かくがい》の一機有りて、敢えて妄《みだ》りに消息を呈《てい》せず。消息絶し、路頭通ず。須らく知るべし、三昧の火は丙丁童《へいていどう》に在らざることを」と。

145 上堂。「挙す、曹山、僧に問う、『世界は恁麼《いんも》に熱《あつ》し、什麼の処に向かって回避せん』と。僧云く、『鑊湯炉炭《かくとうろたん》裏に回避せん』と。山云く、『鑊湯炉炭裏、如何《いか》んが回避せん』と。僧云く、『衆苦も到ること能わず』」と。師云く、「古人謂つ可し、『曽《かつ》て鏖戦《おうせん》を経て、干戈《かんか》を懼《おそ》れず』と。諸人、此に於いて、一転語を下し得ば、汝に許す、回避の処有ることを。苟或《も》し然らずば、鑊湯炉炭、熱からずと道《い》うこと莫かれ」と。

○胡孫喫毛虫、老鼠咬生鉄…猿が毛虫を口に入れたように、ねずみが鉄を咬んだように呑み込み切れないこと。扱いかねる状態をいう。○胡孫…胡孫。猿の別名。○生鉄…未精錬の鉄。

○潼関…黄河流域に置かれた関の名[補1]。○寨…軍営。とりで。○硬寨…かたい砦。堅固な要塞。○臨済…臨済宗祖の臨済義玄（?～八六六）のこと[補2]。○徳山…青原下の徳山宣鑑（七八〇～八六五）のこと。両者の禅風は「臨済の喝、徳山の棒」と並び称された[補3]。○担帯…かつぐ。身につける。○到了…畢竟。結局。つまるところ。○他這…二文字で「この」の意。○公験…官から出し与える証拠の書きもの[補4]。○擲下…投げ下ろす。投げ捨てる。○草賊大敗…叛旗をひるがえした賊軍がぼろ負けすること。

○七月初一…七月一日に行なわれた上堂。○法道…仏法の道。聖なる真理。○昌隆…盛んなさま。○群魔…多くの魔物。○迹…あしあと。あとかた。○格外…標準や規格に外れていること。けたはずれ。○一機…一人のすぐれた機根の人。○消息…情況、実態。○路頭…道。道すじ。○三昧…サマーディ（梵：Samādhi）のこと。三摩提・三摩地とも。定・等持・正受と訳す。深く集中し、心が安定した状態。○丙丁童…丙丁童子。火をつかさどる神。

○曹山問僧～苦不能到…「曹山甚麼処回避」の公案[補1]。○曹山…曹洞宗の曹山慧霞（不詳）のこと[補2]。○世界…世の中。過去・現在・未来の三世を世といい、上下四方四維の十方を界という。○鑊湯炉炭…地獄で罪人を殺すための釜の煮えたぎる湯と、焼き殺すための溶鉱炉の燃えさかる炭火。

○鏖戦…敵を皆殺しにするほどに激しく戦うこと。○干戈…盾と矛。武器。武力。○一転語…一語を下すことで相手を翻然と悟らせる強い意味のある語。

146 解制上堂。「九十日の光陰、只麽《しも》に空しく過ぎ了わる。飯を嚼《か》みて嬰孩《えいがい》に餵《くわ》す。傍観の者は哂笑《しんしょう》せん。主丈子、出で来たりて道く、『今時、箇の空しく過ごす底を覓《もと》めんと欲するに、極是《きわ》めて得難《えがた》し』」と。良久して、「衆中、眼目の定動《ていどう》する者有ること莫き麽《や》」と。主丈を卓して、「舌頭は口を出でず、南に面して北斗を看る」と。

○解制上堂…七月十五日、夏安居が終わる日に行なう上堂。○嬰孩…赤ん坊。ちのみご。○傍観者…そばで見ている者。傍らで眺めている人。○哂笑…あざ笑う。

○衆中…大衆の中。修行僧たち。一会の僧衆。○定動…瞳がちらりと動くこと。○舌頭不出口…舌は口を離れて存在しない［補1］。○面南看北斗…とんでもない見当違いをすること。また、自在に方位を転換する達道者のあり方をいう［補2］。

147 両班を謝する上堂。「期に臨んで応用して虧《か》くること無し。須是《すべか》らく先ず其の本を得べし。既に此の本の憑る可き有れば、何ぞ千思万算するに在らん。東西の両列、各おの其の宜しきに適《かな》う。一臂を伸べて長からず、一臂を縮めて短からず。無柄《むへい》の杓子《しゃくし》、快《はや》く舀《く》み将ち来たり、桶箍《とうこ》を触破して、自ら死款《しかん》を供う。恁麽、恁麽。草庵に止宿《ししゅく》し、且つ門外に居す。向上の玄機、渠《かれ》は且緩緩《しゃかんかん》。甚《なん》に因ってか此の如くなる。離中《りちゅう》の虚と坎中《かんちゅう》の満」と。

○謝両班上堂…夏安居が終了し両班を勤めた僧侶に感謝する上堂。○両班…禅宗寺院で、寺院運営における東班と西班のこと［補1］。○応用…仏が衆生を救うために、それぞれに応じた働きをあらわすこと。○千思万算…あれこれと思いを凝らすこと。千算はいろいろ思うこと。万慮は多くの考え。さまざまな思い。○無柄杓子…柄のないひしゃく。○桶箍…おけのたが。○供死款…みずから罪状を供述する。○死款…罪状。死罪。○止宿…宿屋などに泊まること。○向上玄機…その先の奥深いはたらき。○且緩緩…まあゆっくりやりなさい。且は、ともかく。とりあえず。緩緩はゆるやかで急がないさま。○離中虚、坎中満…『周易』の八卦の「離」卦、「坎」卦のこと［補2］。

148 祈禱看経上堂。「昔、尊宿の会下に僧有り、蔵殿《ぞうでん》の内に在りて坐禅す。蔵主《ぞうす》至りて之れを呵して云く、『汝、何ぞ看経せざる』と。僧云く、『某甲、字を識《し》らず』と。主云く、『何ぞ人に問わざる』と。僧便ち叉手《しゃしゅ》して云く、『這箇《しゃこ》は是れ甚麽《なん》の字ぞ』と。主、語無し」と。師云く、「蔵主は程《のり》を貪ること太《はなは》だ速《すみや》かにし

○祈禱看経上堂…祈禱の看経に際し行なう上堂。○看経…経文を看読（黙読）することや、仏前で経文を読誦（諷経）すること。○昔尊宿～主無語…［補1］。○尊宿…耆宿とも。宗門における有道有徳の人の称。ここでは臨済宗楊岐派の白雲守端（一〇二五～一〇七二）のこと［補2］。○蔵殿…古くは経蔵と看経堂を兼ねた建物［補3］。○蔵主…蔵殿の主管。禅宗寺院で経蔵を管理する役。六頭首の一つ。○叉手…右手で作ったこぶしを軽く胸に当て置き、それを左手の手のひらで覆う

て、平地に喫交《きっこう》す。這の僧は仮を弄《もてあそ》びて真に像《かたど》る、克由叵耐《こくゆはたい》なり。当時、蔵主、若し肘後《ちゅうご》に符有らば、這の僧の叉手する時を待ちて、便ち三掌を与えば、他をして別に生涯有らしめん。我が此の一衆、字の識らざる無く、理の通ぜざる無く、他家の窠窟《かくつ》の中に堕せず。何が故ぞ。雲は幽谷《ゆうこく》に生じ、月は孤峰《こほう》に上る」と。

149 上堂。「『諸法は本来従《よ》り、常に寂滅の相を示す。仏子は道を行じ已《お》わりて、来世に当に作仏《さぶつ》すべし』と。釈迦老子、平地上に一の深坑を掘りて、尽大地《じんだいち》の人の裏許《りこ》に落在せんことを要す」と。左右を顧視《こし》して、「衆中、釈迦を超え弥勒を越ゆる者有ること莫き麼《や》。江南には多く有り、江北には全く無し」と。

150 上堂。「地に擲《なげう》つ金声、団を成し塊を作す。左之右之《さしうし》し、内に非ず外に非ず。明明に道い了《お》われるも、是れ汝、自ら会せず。若《も》也し会し去らば、永く人身を失いて、懺悔《ざんげ》を通ぜず。山僧、恁麼に告報するも、已に無間の重罪を受く。衆中、相い救う者有ること莫き麼《や》。普化《ふけ》は鈴を振り、老盧《ろうろ》は碓《うす》を踏む」と。

151 病いに因む上堂。「昔日、馬大師不安なり。院主問うて云く、『近日、尊位は

所作。○平地喫交…平地でけつまづいてバッタリ倒れる。喫交はつまづき倒れる。○弄仮像真…うそをまことにみせかける。○克由叵耐…剋由叵耐。よくよく我慢ならぬ。いまいましい。○肘後有符…魔除けの護符を身につけていれば。脇の下にお守りを持っていれば。○与三掌…三回手のひらで打つこと。○窠窟…落とし穴。○幽谷…奥深い静かな谷。○孤峰…まわりに高い山がなく、ただ一つそびえる峰。

○諸法従本来～来世当作仏…[補1]。○寂滅…煩悩の境地を離れ、悟りの境地に入ること。涅槃。○行道…仏道の修行をすること。○作仏…仏となること。成仏すること。○尽大地…すべての大地。○裏許…うちがわ。その中。○落在…～に落ちる。～に落ち着く。○顧視…振り返って見ること。かえりみること。○衆中…大衆の中。修行僧たち。一会の僧衆。○釈迦…釈迦牟尼仏のこと。釈尊とも。○弥勒…弥勒菩薩のこと。釈迦入滅から五十六億七千万年後の未来に仏となってこの世にくだり、衆生を救済する菩薩[補2]。○江南多有、江北全無…[補3]。○江南…長江以南の地域。○江北…長江以北の地域。

○擲地金声…『晋書』「孫綽伝」に「卿試擲レ地、当レ作二金石声一也」とあるのを受ける。詩文の辞句や語調が立派なたとえ。○金声…鐘や鉦《しょう》などの音色。美しい声。○左之右之…右往左往すること。ここでは、自由自在に立ちまわる意。○懺悔…あやまちを自ら追悔して相手の宥恕を請うこと。○告報…告げること。○無間重罪…無間地獄に堕する極悪罪[補1]。○衆中…大衆の中。修行僧たち。一会の僧衆。○普化振鈴…「普化振鈴」の公案[補2]。○普化…南嶽下の鎮州普化（不詳）のこと[補3]。○老盧踏碓…六祖慧能が五祖弘忍のもとで、碓を踏んでいた故事[補4]。○老盧…六祖慧能（六三八～七一三）のこと。盧行者[補5]。

○因病上堂…病となったのに因んでなした上堂。このとき道隆は何ら

如何《いか》ん』と。祖云く、『日面仏《にちめんぶつ》、月面仏《がちめんぶつ》』」と。師云く、「馬大師、善《よ》く来機《らいき》に応ずと雖則《いえど》も、争奈《いか》んせん、風骨の太《はなは》だ露《あら》わるることを。若し人有りて建長に『近日、尊位は如何《いか》ん』と問わば、只だ他に向かって道わん、『海底の火、天を焼く』と。恁麽《いんも》の祇対《したい》、馬大師と相い去ること多少ぞ。箇の頌子有り。日面仏、月面仏、赤脚《しゃっきゃく》にて走りて須弥の巓《いただき》に上る。建長を引き得て偸眼《とうがん》にして看せしむ。端無くも海底の火、天を焼く」と。

152

上堂。「無面目の漢、掣風掣顛《せっぷうせってん》、鉄馬に騎りて、五峰の頂に上り、泥牛を駆《かりた》てて、万頃の田を耕す。星を移し斗を換え、地を転じて天と作す。威音王那畔《いおんおうなはん》を抹過《まっか》して、蟭螟《しょうめい》眼裏に鞦韆《しゅうせん》を打す。参」と。

153

遊山して帰る上堂。「百草頭上に老僧を薦取《せんしゅ》し、閙市叢中《どうしそうちゅう》に天子を識取《しきしゅ》す。古人謂《いい》つ可し、『根と和《もろ》ともに抜出し、諸人に掲示し了われり』と。山僧、近日、建長自《よ》り鶴見に至る。沿途の上下、往往に皆な是れ樵夫漁父《しょうふぎょふ》にして、貴《たか》きを争い賤《やす》きを闘《たたか》い、短を説き長を論ず。子細に看来《みき》たれば、何ぞ曽《かつ》て欠少《かんしょう》せん。那裏《なり》か是れ他の欠少せざる処。三銭にて買い、両銭にて売る」と。

かの病を発したか。〇昔日馬大師不安～日面仏月面仏…「馬祖日面仏月面仏」の公案[補1]。〇馬大師…南嶽下の馬祖道一（七〇九～七八八）のこと[補2]。〇院主…寺院の事務一切を主宰する者のこと。律院・教院の主たる者や、禅宗寺院の監寺・監院のことをいう。〇尊位…相手の御機嫌や病中の容体を問う言葉。御容体・御気色というほどの意。〇日面仏、月面仏…[補3]。〇来機…相手の機根。相手のでかた。〇争奈…～していることをどうすることもできない。〇風骨…すがた。風体。〇海底火焼天…海底の火が天を焼く[補4]。〇祇対…答える。応接対話する。〇赤脚走上須弥巓…裸足で走りきって須弥山の頂に上る[補5]。〇赤脚…肌をむき出しにした足。素足。〇須弥…須弥山。仏教で、世界の中心にそびえるという高山。〇偸眼…人目を盗む。盗み見をする。〇無端…ふいに。いわれもなく。わけもなく。

〇無面目漢…常識をわきまえない人。何とも名づけようもない真実人。〇掣風掣顛…風顛のようである。奇想天外なことをやらかす[補1]。〇鉄馬…鉄でできた馬。鉄甲をつけた軍馬。〇五峰…五臺山の五つの峰[補2]。〇泥牛…泥で作った牛。慮知分別の固まり[補3]。〇万頃之田…広大な田。頃は面積の単位。〇威音王那畔…威音王仏が出世する以前のありよう。自己本来の面目[補4]。〇抹過…一瞬に過ぎ去ること。〇蟭螟眼裏打鞦韆…蟭螟は小虫の名[補5]。〇参…垂語の締めくくりに用いて、参究を促す気合いの語。

〇遊山…諸地を歴遊すること。〇百草頭上～識取天子…[補1]。〇百草頭上…多くの草木の一つ一つに。多くのことがら。〇薦取…自ら押し出す。選び出す。〇閙市叢中…閙市叢裏とも。さわがしい市。町中。〇天子…日本では天皇。〇識取…その本質をみてとる。〇鶴見…相模国の鶴見。現在の横浜市鶴見区。〇沿途…通過してきた道筋。沿道。〇樵夫…きこり。林業に従事する人。〇漁父…漁師。漁業に従事する人。〇子細…事細かに。詳細に。〇欠少…欠く、持つべきものを持たない。〇那裏…どこ。いずこ。〇三銭買、両銭売…安値で売る。損を承知で安売りをする。

154
上堂。「『即心即仏』とは、鉄牛は黄金の骨を用いず。『非心非仏』とは、秋雲《しゅううん》歛《おさ》まり尽くして天空濶《ひろ》し。『不是心、不是仏、不是物』とは、長鯨一たび吸いて滄溟《そうめい》乾き、珊瑚《さんご》枝枝、月を撐著《とうじゃく》す。恁麼《いんも》に挙揚《こよう》するも、且つ直截《じきせつ》に非ず。只だ馬祖一喝して百丈耳聾《じろう》するが如きは、甚《なん》に因ってか、黄蘗、之れを聞いて覚えず舌を吐くや。畢竟して是れ直截か、直截に非ざるか。泥人《でいじん》、生鉄《さんてつ》を咬む」と。

○即心即仏～不是物…[補1]。○即心即仏…今現在の心がそのまま仏であるということ。○鉄牛…鉄でできた牛。○非心非仏…即心即仏の語に執着する者に対し、その執着を排遣せんがために馬祖が拈起した語。○秋雲…秋の晴れた空に漂う雲。○長鯨…巨大なくじら[補2]。○滄溟…青く広い海。青海原。○珊瑚枝枝撐著月…珊瑚のあらゆる枝が月の光を受けて美しく輝いている[補3]。○挙揚…取りあげること。○直截…きっぱりと言いきること。○馬祖一喝、百丈耳聾…百丈懐海が馬祖の一喝で三日間も耳が聞こえなかったこと[補4]。○馬祖…南嶽下の馬祖道一（七〇九～七八八）のこと[補5]。○百丈…馬祖下の百丈懐海（七四九～八一四）のこと[補6]。○黄蘗…南嶽下の黄檗希運（不詳）のこと[補7]。○吐舌…舌をまく。舌を出す。驚いて歎息する。○泥人…土偶。泥人形。○生鉄…未精錬の鉄。

155
開炉上堂。「之れを挫《くじ》くに痕無く、之れを焚《た》くに燃えず。総て是れ衲僧《のうそう》の旧鞋《きゅうあい》・破韈《はべつ》なり。山僧は只だ箇の火に近づきて先に焦《こげ》る底を要す。昔自《よ》り今に至るまで、未だ曽《かつ》て逢著《ほうちゃく》せず。碧眼《へきがん》の老臊胡《ろうそうこ》、是れ黄幡綽《こうばんしゃく》にあらず」と。

○開炉上堂…十月一日、僧堂に火炉を入れる日に行なう上堂。○衲僧…衲衣を着た僧。禅僧のこと。○旧鞋破韈…古いわらじと破れた靴下。○逢著…出逢う。出くわす。○碧眼老臊胡…青い眼をした達磨のこと。臊胡は体臭の強い胡人。○黄幡綽…唐代に玄宗に仕えた宮廷の楽官[補1]。

156
上堂。「魯祖《ろそ》が僧を見て面壁するは、金剛杵《こんごうちょ》もて鉄山を打ち摧く。趙州《じょうしゅう》が人に逢うて茶を喫せんことを請うは、八角の磨盤《まばん》、空裏《くうり》に走る。二大老、気は乾坤《けんこん》を呑むも、総て建長に点検せらる。点検することを休《や》めよ。只だ名を聞く可し、面を見んと欲《ほっ》せざれ」と。

○魯祖見僧面壁…「魯祖面壁」の公案[補1]。○魯祖…馬祖下の魯祖宝雲（不詳）のこと[補2]。○金剛杵打鉄山摧…金剛杵は金剛力士の武器。鉄山を打って真っ二つにする[補3]。○趙州逢人請喫茶…「趙州喫茶去」の公案[補4]。○趙州…南嶽下の趙州従諗（七七八～八九七）のこと[補5]。○八角磨盤空裏走…すさまじい破壊力のたとえ。八角磨盤は、古代インドの神話に見える武器の一つ。八つの角をもつ武器（研磨盤）が空中を旋転して一切のものを破壊する[補6]。○乾坤…天と地。○点検…調べあげる。○只可聞名、不欲見面…[補7]。

157
上堂。「古に酬《こた》うる無く、今に対《こた》うる無し。雲を披《ひら》きて一嘯《いっしょう》す、千峰の外。是《ぜ》も亦た剪《き》り、非も亦た剪《き》る。徳山の白棒、雨点《うてん》の如し。蘭渓、伎倆全く無し、

○披雲一嘯…雲を披きて一嘯す。薬山惟儼の故事[補1]。○千峰…多くの峰。○徳山白棒…徳山棒・徳山行棒とも[補2]。○徳山…青原下の徳山宣鑑（七八〇～八六五）のこと[補3]。○雨点…雨滴。あまだ

総て諸方に点検せらる。点検することは則ち無きにあらず、且らく道え、時時に諸人の面前に抛向《ほうこう》す、是れ箇《こ》の甚麽《なん》ぞ。此の曲、吹唱《すいしょう》することを休《や》めよ。恐れらくは、天上の人を驚かさん」と。

158 上堂。「商量《しょうりょう》し及ばざる処は万緒千頭《ばんしょせんとう》なり、計較《けいきょう》し成さざる時は千頭万緒なり。計較することを休めよ、商量すること莫《な》かれ。無底の鉄船、高く駕し了わり、風に乗じ月を載《いただ》いて滄浪《そうろう》を渡る。建長、恁麽《いんも》に道う、還《は》た過有り也無《や》」と。

159 知事・頭首《ちょうしゅ》を謝する上堂。「碣斗《けっと》の漢、言詮《ごんせん》を絶す。不伝の心法、心法相い伝う。転轆轆《てんろくろく》の時、雷《かみなり》を轟《とどろ》かせ電《いかづち》を掣《ひ》き、澄湛湛《ちょうたんたん》の処、徧界《へんかい》に煙りを横《よこ》たう。箇は是れ諸方共《とも》に用うる底なり。只だ刀斧《とうふ》にて斫《き》り開けず、這《こ》の保社に入らざる者の如きは、又た且つ如何《いか》んが保全せん。旃檀林裏、荊棘《けいきょく》は天に参《いた》る」と。

160 上堂。「石頭《せきとう》は釣魚山《ちょうぎょさん》を下らずして、一槌に便ち透る。臨済は纔《わず》かに五峰の頂《いただき》に登り、万指忙然《ぼうぜん》たり。有る底は便ち道う、『誰《た》が家の竈裏《そうり》にか、煙り無からん』と。殊に知らず、皮下に元来血有ることを。建長、恁麽に告報す。你ら這《こ》の一隊の瞎驢《かつろ》、切に忌む、険処に向かって著到《ちゃくとう》することを」と。主丈を卓して下座

れ。○時時…その時その時。○面前…目の前。○抛向…めがけて投げる。○吹唱…笛を吹き歌を歌う。

○商量…相談協議する。いろいろ考えて推し量ること。禅の教えを問答審議する。○万緒千頭…千頭万緒。様々なことが複雑に入り交じっていること。○計較…計校とも。はかりくらべること。あれこれひねくりまわすこと。○無底鉄船…底のない鉄船[補1]。○滄浪…青々とした波。

○知事…禅宗寺院の役職のうち、東班（東序）のこと。都寺・監寺・副寺・維那・典座・直歳の六知事[補1]。○頭首…禅宗寺院の役職のうち、西班（西序）のこと。首座・書記・蔵主・知殿・知客・知浴の六頭首[補2]。○碣斗…傑斗とも。わる賢くてしたたかなこと。○言詮…言葉。言葉で説明すること。○転轆轆…車輪や轆轤などが自由にまわる。自由にころがる。○轟雷掣電…轟雷は雷のとどろき。すさまじい響きをたとえる。掣電は稲妻。速いことにたとえる。○澄湛湛…水などが深く満ちたたえられているさま。清く澄み切ったさま。○徧界…全宇宙。世界中。○横煙…かすみやもやが立ちこめていること。○刀斧…刀や斧。○保社…集団生活を営む集団。寺院のこと。○旃檀林…獅子のみが住する旃檀の林。すぐれた修行僧が居住する清浄なる叢林。○荊棘…いばら。障害になるもの。○参天…空にとどく。天高く伸びるさま。

○石頭不下釣魚山…[補1]。○石頭…臨済宗楊岐派の石頭自回（不詳）のこと[補2]。○釣魚山…石頭自回の住した合州（現在の重慶市合川区）の釣魚山のこと[補3]。○一槌便透…一槌のもとに完成すること[補4]。○臨済…臨済宗祖の臨済義玄（?～八六六）のこと[補5]。○五峰…五臺山の五つの峰[補6]。○万指…千人もの人。多くの人々。○忙然…あっけにとられているさま。○誰家竈裏無煙…いったい誰の家の竈《かまど》の中に、煙がないことがあろう[補7]。○皮下元来有血…皮下有血。体内に血が流れている。血のかよった。生きている。○

す。

161 首座を謝する上堂。「雲門を推《お》し出だして、一隻の脚を折り、臨済を攛掇《さんてつ》して、三頓の棒を喫せしむ。噁《ああ》。含沙《がんしゃ》は人を射、蛷《きゅう》蜲は影を咬む。毒は固《もと》より医《いや》し易し、之れを防ぐは頸《くび》に在り。雲門は則ち且《しば》らく置く。只だ臨済の曝地に断ずる処の如きは、是れ黄蘗の力を得るか、大愚の力か、首座の力か。蘭渓、今日、古人の風月を借りて、諸人の為めに剖露《ぼうろ》し去らん。終日、春を尋ねて春を見ず。芒鞋《ぼうけい》にて踏破《とうは》す、幾重の雲。帰り来たりて細かに梅花を把《と》りて看れば、春は枝頭に在りて已に十分なり」と。

162 上堂。「積雪未だ消えず、泥団《でいだん》は凍破す。牙関《がかん》を咬定《こうてい》す、能《よ》く幾箇ぞ。惟《た》だ藤原の三翁、清原の四叔《ししゅく》のみ有りて、口を開けば便ち分明にして、全身肯《あ》えて担《たん》荷《か》す」と。驀《まく》に主丈を拈じて、「建長が主杖子、一味に横点頭《おうてんとう》して、渠《かれ》が為《た》めに印可せず。何が故ぞ。嵩山《すうざん》に箇の破竈堕《はそうだ》有り」と。

163 仏成道上堂。「深雪堆中《しんせつたいちゅう》にて已に六霜、区区《くく》として面皮を凍得して黄なり。知らず、今夕、何事をか成ずるを。日月は端無く尽く光を掩《おお》う。日月が光を掩う

告報…告げること。○瞎驢…盲目のロバ。○険処…危険な所。○著到…目的の場所に着くこと。

○首座…第一座。禅宗寺院で修行僧の首位に坐る者。六頭首の一つ。○推出雲門、折一隻脚…[補1]。○雲門…雲門宗祖の雲門文偃（八六四～九四九）のこと[補2]。○一隻…片方。○攛掇臨済、喫三頓棒…[補3]。○臨済…臨済宗祖の臨済義玄（?～八六六）のこと[補4]。○攛掇…励ます。そそのかす。勧める。おだてる。○噁…感嘆詞。怒鳴る言葉。ああ。○含沙…中国南方にいるとされる伝説上の猛毒を持った怪虫[補5]。○蛷蜲…蛷はさみむし。蜲は不明。○曝地…あきらかにする。さらけだす。○黄蘗…南嶽下の黄檗希運（不詳）のこと[補6]。○大愚…南嶽下の高安大愚（不詳）のこと[補7]。○首座…ここでは黄檗希運のもとで首座を勧めた睦州道蹤（不詳）のこと[補8]。○剖露…心の中を切り分けて明かす。見定めあばく。○終日尋春不見春～春在枝頭已十分…[補9]。○芒鞋…わらじ。草鞋。芒鞵とも。○踏破…踏みつけて破すこと。困難な道や遠い行程などを歩きぬくこと。

○泥団…どろのかたまり。○凍破…ひどくこおりつく。○咬定牙関…歯を食いしばる。牙関は奥歯のこと。咬定は歯を食いしばること。○藤原三翁、清原四叔…藤原氏出身の三人の老人と、清原氏出身の四人の叔父。ともに名家であり、京都から到った公家であろうか[補1]。○分明…あきらかなこと。明白なこと。○担荷…荷物を担うこと。○驀…まっこうから。たちまちに。○一味…ひたすらに。○横点頭…首を横にふる。相手を肯わないさま。○嵩山…洛陽（河南省）登封県の嵩山（中嶽）のこと。○破竈堕…破竈堕和尚（不詳）のこと[補2]。

○仏成道上堂…十二月八日、仏陀が成道した日（成道会）に行なう上堂。○区区…苦労。苦労するさま。努力するさま。あくせくする。こせこせと。○面皮…つらの皮。○黄…きばむ。年をとって髪がきばむ。

ことは、則ち且らく置く。畢竟して成ずる所の者は何事ぞ。人有りて這裏《しゃり》に向かって一転語を下し得ば、伊《かれ》に許さん、親しく釈迦に見《まみ》えることを。苟或《も》し然らずば、山僧、諸人の為めに漏泄《ろうせつ》し去らん」と。膝を撫《う》つこと一下して、「黄金にて鋳《い》り就《な》す、玉崑崙《ぎょくこんろん》」と。

164 上堂。「此の一関《いっかん》を破り得て、猶お重関《じゅうかん》有り。饒《た》伊《と》い重関倶《とも》に破り、七縦七擒《しちしょうしちきん》なるも、尚お是れ擒縦《きんしょう》辺の事なり。須らく知るべし、糸毫《しごう》も動かずして談笑して功を成す底の一籌《いっちゅう》有ることを」と。良久して、「休みね、休みね。鉄船高く駕《が》起《き》し、月に和して滄洲《そうしゅう》に下らん」と。

165 歳旦上堂。「旧年の仏法は、高くして頂を見ず、深くして底を見ず。新年の仏法、左之右之《さしうし》し、眼に満ち耳に満つ」と。驀《まく》に主丈を拈じて、「主丈子、出で来たりて道く、『今朝正月旦、衆患《しゅげん》は皆な消散す。石女は花を戴いて回り、木人は偸眼《とうがん》して看る』と。伊勢《いせ》・祠山《しざん》・八幡《はちまん》・二所《にしょ》・三嶋《みしま》の大神等を引き得て、踊躍《ゆやく》讃歎《さんたん》して云わしむ、『我れ賢劫《けんごう》にも未だ聞かず、亦た未だ見ず。今より以後、五《ご》神通《じんずう》を展《の》べ、梵刹《ぼんさつ》を護持し、斯の道を興隆せん』と。主丈子、遂に問う、『梵刹《ぼんさつ》の興隆は則ち且らく置く。只だ仏に六通有り、神に五通有るが如きは、如何《いか》な

○無端…ふいに。いわれもなく。わけもなく。○一転語…一語を下すことで相手を翻然と悟らせる強い意味のある語。○釈迦…釈迦族出身の聖者。釈迦牟尼仏のこと。釈尊とも。○漏泄…漏れること。大事なことを漏らし知らせる。○鋳就…金属を鎔して型に流し込んで器を作ること。○玉崑崙…崑崙山から出た宝玉[補1]。

○猶有～在…まだ～がある。在は語気を強める意。まだ～が残っている。原文には在の一字がある。○重関…幾重にも連なる関門。○七縦七擒…敵を七たび釈放し、七たび捕らえること[補1]。○擒縦…解き放つこと。とりこにすること。意のままにあやつること。○糸毫…ごくわずかなこと。○談笑…打ち解けて楽しく語り合うこと。○一籌…一つのはかりごと。一計。○休休…やめよう、やめよう。○鉄船…鉄船水上浮。鉄船が水上に浮かぶ。水に沈むはずの鉄製の舟が水に浮く[補2]。○駕起…船を上手に操る。○和月下滄洲…[補3]。○滄洲…青々とした水に囲まれた洲浜。人里を離れた水辺。隠者の住むところ。

○歳旦上堂…一月一日、歳旦（元旦）に行なう上堂。正元二年（文応元年、一二六〇）一月一日。○左之右之…右往左往すること。ここでは自由自在に立ちまわる意。○満眼満耳…全身が目となってすべてのものを見、全身が耳となってすべての声を聞くこと。○驀…まっこうから。忽ちに。○消散…消えてなくなること。○石女・木人…石像の女性と木像の男性。分別を絶したありようにたとえる。○偸眼…人目を盗む。盗み見をする。○伊勢…伊勢神宮のこと[補1]。○祠山…祠山大帝のこと[補2]。○八幡…八幡神のこと。鎌倉では鶴岡八幡宮のことを指す[補3]。○二所…伊豆山権現（伊豆山神社）と箱根権現（箱根神社）の称[補4]。○三嶋大神…三島大神のこと[補5]。○踊躍…体でこおどりして、心の中で非常に喜ぶこと。○讃歎…深く感心してほめること。○賢劫…多くの仏などの賢人が出たことから、現在の一大劫のこと。過去荘厳劫・未来星宿劫に対し、現在の住劫をいう。

るか是れ那一通《ないっつう》』と。諸神皆な措《お》くこと罔《な》し。山僧、他に向かって道わん、『汝若《も》し我れに問わば、我れ汝が為めに説かん』と。且らく如何《いか》なるか是れ那一通」と。

166
元宵《げんしょう》上堂。「箇裏《こり》、光光として向背《こうはい》無し。百千灯は一灯自《よ》り生ず。一灯未だ発せざる已前の事、多くは是れ籬《まがき》に扶し壁を摸して行く。恁麼《いんも》なりと然雖《いえど》も、一灯既に発するの後、過現未来、総て光影《こうえい》裏に在りて走る。今に至るまで、未だ向上の一関有ることを知らず。山僧、今日、身命を惜しまず、諸人を引導して、向上の関に登り去らしめん」と。遂に身を起こし、行く勢いを作して云く、「我れに随い来たれ」と。

167
上堂。「正月以来、未だ曽《かつ》て諸人に向かって新年頭の仏法を説かず。今日、鼓を打ちて陞堂《しんどう》し、敷演《ふえん》すること一遍し去らん。堤前の楊柳《ようりゅう》、条《えだ》初めて展《の》ぶ。檻外《かんがい》の桜桃《おうとう》、花未だ開かず。今日、知らず誰か計会《けいえ》せん。春風春水、一時に来たる。忽《たちま》ち人有り、出で来たりて道《い》わん、『箇《こ》は是《こ》れ多年の旧話、和尚、何ぞ以て新年の仏法と為《す》ることを得ん』と。噁《ああ》。平生の肝胆《かんたん》、誰に向かって説かん。此の意は明明として只《た》だ自知《じち》するのみ」と。

○五神通…六神通の中で漏尽通を欠いた五つの神通力。天眼通・天耳通・他人通・宿命通・神足通の五つ。○梵刹…宝刹・浄刹とも。清浄な国土。仏寺・僧院のこと。○興隆…勢いが盛んになること。○六通…仏・菩薩に備わる六種の超人的な能力。○那一通…その一神通。○罔措…身の置き場がないこと。何がなんだかわからず、どう自身を据えてよいか困ること。

○元宵上堂…一月十五日、元宵（上元）に行なう上堂。○箇裏…ここ。這裏に同じ。○光光…ひかりかがやくさま。○百千灯自一灯生…一つの灯火から百千の灯火が点ぜられる［補1］。○多是…たぶん〜だ。おそらく〜だ。○扶籬摸壁行…籬や壁をたよりに歩いて行く。主体性のないこと。○過現未来…過去・現在・未来の三世のこと。○光影…実体のないもの。チラチラしているもの。そのものではなく、それらしく幻出しているにすぎぬもの。○向上一関…一段上の関門。その先の段階。○引導…人を導いて仏道に入らせる。

○新年頭仏法…［補1］。○陞堂…高座に上る。須弥壇に登る。上堂。○敷演…のべひろげる。宗旨を説き広める。○堤前…土手の前。○楊柳…やなぎ。○檻外…手すりの外。欄干のむこう。○計会…計算する。思い量る。思慮する。

○多年旧話…長年にわたって言い古してきた話。○噁…感嘆詞。怒鳴る言葉。ああ。○平生…いつも。つね日ごろ。○肝胆…肝と胆。肝臓と胆嚢。誠意のたとえ。○明明…あきらかに物事を見通すさま。つとめはげむ。はっきりしたさま。○自知…自分のことを自分で知ること。

168
上堂。「『此《こ》の義は深遠にして、吾《わ》れ説くこと能わず』と。黄面瞿曇《おうめんくどん》、硬きこと生鉄《さんてつ》の如し。只《た》だ此《こ》の義の如きは、甚《なん》の説き難きことか有らん。蘭渓、諸人の為めに此の義を挙揚《こよう》し去らん。展起《てんき》せば則ち四角六張なり、放下《ほうげ》せば則ち七凹八凸なり。展起せず放下せざる時、如何《いか》なるか是れ此《こ》の義」と。喝一喝《かついっかつ》して、「巴蓬果閬《はほうかろう》、懐裏《かいり》に状有り」と。

○此義深遠、吾不能説…この義はあまりにも奥深いため、私には説くことができない[補1]。○黄面瞿曇…金色に輝く仏陀のこと。瞿曇は釈迦が出家する前の本姓。ゴータマ（梵：Gautama）のこと。○生鉄…未精錬の鉄。○挙揚…取りあげること。取りあげて人に示すこと。○展起…のべおこす。広げる。○四角六張…あちこち出張っている。○七凹八凸…あちこちでこぼこだらけで、平らでないこと。○放下…下ろす。下に置く。投げ捨てる。○巴・蓬・果・閬…巴州・蓬州・果州・閬州はいずれも四川省内の地名[補2]。○懐裏…ふところのうち。心の中。○状…おもむき。ありさま。様子。手紙。書状。

169
上堂。「挙す、霊雲《れいうん》は桃花を見て悟道す。玄沙《げんしゃ》、聞き得て乃ち云く、『諦当《たいとう》なることは甚《はなは》だ諦当なるも、敢保《かんぽ》すらくは、老兄の未だ徹せざることを』」と。大衆を召して、「且らく道え、玄沙の意は何れの処にか在る」と。膝《ひざ》を撫《う》ちて、「相《そう》識《しき》は天下に満《み》つるも、知心《ちしん》は能《よ》く幾人《いくにん》ぞ」と。

○霊雲見桃花悟道～老兄未徹在…[補1]。○霊雲…潙山下の霊雲志勤（不詳）のこと[補2]。○玄沙…雪峰下の玄沙師備（八三五～九〇八）のこと[補3]。○諦当…ぴたりと当たる。つぼを押さえる。○敢保…あえて保証する。○未徹在…いまだ徹底していない。究極に到っていない。○相識満天下、知心能幾人…知り合いは世間に多いが、本当に自分の心を解ってくれる真の友は少ないことをいう[補4]。

170
上堂。「本来成現《じょうげん》す、何《なん》ぞ波吒《はた》するを用《もち》いん。直下《じきげ》便ち是《ぜ》なり。心を擬《ぎ》せば則ち差《たが》う。更に其の中に向かって解会《げえ》を求む。頭を回せば止《た》だ天涯を隔《へだ》つるのみに非ず」と。

○本来成現…もともと現成している。眼前に隠れることなく、ありのまま現れていること。○波吒…あくせくと苦労する。苦難する。○直下…そのまま。ずばりと。即座。○擬心…心を差し向ける。分別をさしはさむ。○解会…頭だけで理解すること。○回頭…廻首。振り返る。ふり向いて後ろを見る。○天涯…空のはて。

171
上堂。大衆を召して云く、「今日、諸人の為《た》めに此《こ》の事《じ》を挙揚《こよう》し去らん」と。良久して、「会得《えとく》せば則ち山遥かに水遠し。会せざれば則ち水遠く山遥かなり。

○此事…このこと。仏祖の大道。仏法の一大事。○挙揚…取りあげること。取りあげて人に示すこと。○会得…物事の意味を十分とらえて自分のものとすること。○領…よく理解する。

明明に向かって道《い》うも、人の領ずる無しと。雲外の一声、婆餅焦《ばへいせい》」と。

172
上堂。「挙す、『諸法は本来従《よ》り、常に寂滅《じゃくめつ》の相を示す。仏子は道を行じ已《お》わりて、来世に当に作仏《さぶつ》すべし』と。山僧は則ち然《しか》らず。諸法は本来従《よ》り、了《つい》に寂滅の相無し。仏子は道を行じ已《お》わりて、更に作仏を願わず。主丈子、聞き得て出《い》で来《き》たりて道《い》う、『和尚の所説《しょせつ》は、経文に違うこと有り』と。山僧、遂《つい》に古人の詩句《しく》を借りて、主丈子の為《た》めに翻訳《ほんやく》し去らん。『春に百花有り、秋に月有り、夏に涼風有り、冬に雪有り。閑事《かんじ》を将《もっ》て心頭に挂《か》くること莫ければ、便ち是れ人間の好時節なり』と。主丈、此《こ》の語を聞き已わりて、復《ま》た本位に帰り、更に動著《どうじゃく》せず」と。大衆を召して、「還《は》た会す麼《や》。切に忌む、風花雪月《ふうかせつげつ》の会を作すことを」と。膝《ひざ》を拍《う》ちて下座《あざ》す。

173
上堂。「鋒鋩纔《ほうぼうわず》かに露《あら》われて、偏界《へんかい》に屍《しかばね》を横《よこ》たう。古人は多少の気力を折尽《せつじん》し了われり。建長は則《すなわ》ち然《しか》らず。未だ鋒鋩を露わさず、血淋淋地《けつりんりんち》なり」と。左右を顧視《こし》して云く、「汝等諸人、還《は》た鼎省《ていせい》す麼《や》。東山《とうざん》の下、西嶺《せいれい》の前、分明に看取《かんしゅ》せよ」と。

○婆餅焦…鳥の名［補1］。
○諸法従本来〜来世当作仏…［補1］。○寂滅…煩悩の境地を離れ、悟りの境地に入ること。涅槃。○行道…仏道の修行をすること。○作仏…仏となること。成仏すること。
○所説…意見・主張として述べている事柄。
○古人…ここでは、臨済宗楊岐派の訥堂梵思（不詳）のことか［補2］。
○春有百花秋有月〜人間好時節…［補3］。○閑事…間事。ひまなこと。
○心頭…心。心の中。
○好時節…物事をなすのによい時期。
○動著…動かす。心が動揺すること。○風花雪月…見慣れた四季の景色。春の花、夏の風、秋の月、冬の雪をいう［補4］。
○鋒鋩…刃物の切っ先。相手を追究する激しい気質・気性のたとえ。○偏界…遍界。全宇宙。○血淋淋地…血が滴るさま。血まみれ。血だらけ。○顧視…振り返って見ること。かえりみること。○鼎省…よくわかること。○西嶺…西方の山のいただき。○分明…あきらかなこと。明白なこと。○看取…じっくり見る。

174
結制上堂。「二千年前、縄無くして自ら縛《ばく》す。二千年後、髻《きつ》を把《と》って衙《が》に投《とう》ず。正当今日、還《は》た這《こ》の保社《ほしゃ》に入らざる者有り麼《や》」と。良久して、「捐臂《えんぴ》の者に逢《あ》うこと罕《まれ》なり。多く泣岐《きゅうき》の人を見る」と。

○結制上堂…四月十五日、夏安居が始まる日に行なう上堂。○無縄自縛…既成概念にとらわれて自ら身を束縛していること。○把髻投衙…自分で頭のまげをつかんで役所に自首する。自ら罪人として名乗って出る。髻はまげ、もとどり。衙は役所。○保社…共同生活を営む僧団。寺院のこと。○捐臂者…臂を断ち切った者。二祖慧可のこと[補1]。○泣岐…岐路に泣く。岐路に立って泣くこと[補2]。

175
端午《たんご》上堂。「些子《さし》の良薬を収得《しゅうとく》するも、且つ九転《くてん》の還丹《かんたん》に非ず。今朝、手に信《まか》せて拈《ねん》じ来たり、善《よ》く諸人の心病を療《りょう》ず」と。驀《まく》に主丈を拈じて、「諸人の心病、作麼生《そもさん》か医《い》せん」と。主丈を卓して、「一服にて便ち安《やす》んず。下座《あざ》し、巡堂《じゅんどう》し、喫茶せよ」と。

○端午上堂…五月五日、端午の日に行なう上堂。○些子…すこしばかり。ちょっと。○良薬…よく効く薬。良剤。『説苑』に「良薬苦㆓於口㆒、利㆓於病㆒」とある。○九転還丹…道教で、長生不死の丹薬を九度練ることをいう。九還丹、九転丹で仙薬。還丹は水銀を練って仙丹(妙薬)にすること。○驀…まっこうから。忽ちに。○心病…心の病。心の中に妄見を生じて苦しむこと。○下座巡堂喫茶…[補1]。○下座…僧堂の単を下りること。○巡堂…僧堂内を一巡すること。

176
上堂。「妄《もう》は是れ衆生の病、教《きょう》は是れ如来《にょらい》の薬なり。薬を以て病を治す時、病源俱《とも》に失却《しっきゃく》す。或《も》し一人有りて出で来たりて『我れに是《こ》の病無し、何ぞ此の薬を用いん』と道わば、且つ建長、作麼生《そもさん》か祇対《したい》せん」と。主丈を卓して、「一《いち》著《じゃく》を放過《ほうか》す」と。

○如来…タターガタ(梵:Tathāgata)のこと。真如から来た人。真理に到達した人。仏陀のこと。仏の十号の一。○失却…失う。なくなる。
○祇対…答える。応対する。
○放過一著…一手お負けしてやる、もう一手打ちなさい。

177
上堂。「挙す、玉泉の皓和尚、上堂する次いで、屋椽《おくえん》を仰ぎ視《み》て、良久して云く、『一二三四五』と。便ち下座す。後来《こうらい》、円悟道《いわ》く、『我れ初めて行脚《あんぎゃ》する時、一員の善知識を蹉過《さか》す』」と。大衆を召《め》して云《いわ》く、「那裏《なりこ》か是れ他の蹉過《さか》する処ぞ。

○玉泉皓和尚、上堂次~蹉過一員善知識…[補1]。○玉泉皓和尚…雲門宗の玉泉承皓(一〇一一~一〇九一)のこと[補2]。○屋椽…屋根の先。○円悟…臨済宗楊岐派の圜悟克勤(一〇六三~一一三五)のこと[補3]。○行脚…仏道修行のために、僧侶が諸国を歩き回ること。○善知識…善徳の智者。正法を説いて人を正しく導く師。○蹉過…す一二三四五。知らず、楽は是れ苦《こく》なることを。叵耐《はたい》なり、老臊胡《ろうそうこ》の、東土に初祖と為《な》ることを」と。

178
上堂。「汝等諸人、箇箇《ここ》、眼は乾坤《けんこん》を蓋《おお》い、気は仏祖を呑《の》む。我れ且《しば》らく你に問《と》わん、古人道《いわ》く、『好雨《こうう》点点として、別処に落ちず』と。畢竟《ひっきょう》して甚麽《なん》の処にか落在《らくざい》す。人有り、這裏《しゃり》に向かって一転語《いってんご》を下さば、山僧、汝に許さん、是れ箇《こ》箇《こ》の衲僧《のうそう》なることを」と。

179
上堂。「盧行者《ろあんじゃ》、薪《まき》を売る次いで、金剛経を誦《じゅ》するを聞き、『応無所住《おうむしょじゅう》、而生其《にしょうご》心《しん》』の処に、箇《こ》の入頭《にゅうとう》を得たり。雖然《しかれ》ども敢保《かんぽ》す、這《こ》の老漢《ろうかん》、前には村に到らず、後には店を迭《す》ぎざることを。何が故《ゆえ》ぞ。応無所住、而生其心」と。

180
檀越、五部の大乗経を写す上堂。「虚玄の玄、黄面瞿曇《おうめんくどん》は横説竪説《おうせつじゅせつ》するも、実に説く可からず。至妙《しみょう》の妙、諸善知識は千言万言《せんげんばんげん》するも、果たして言うこと能わず。既に説く可からず、又た言うこと能わざれば、且つ五部の大乗聖教、是れ玄妙なる耶《か》、玄妙に非ざる耶《か》。大檀施主、力《つと》めて此の理を究《きわ》め、真実に洞徹《どうてつ》し、一微塵《いちみじん》を剖《さ》いて、大経巻を出だす。不静の中に於いて、真静を自得し、有為《うい》の

れ違う。うっかり見過ごすこと。○那裏…どこ。いずこ。○叵耐…耐えがたい。堪忍のならぬ。腹立たしい。○老臊胡…体臭が生臭い胡人。達磨のこと。

○箇箇…ひとりひとり。どこもこれも。○乾坤…天と地。○古人道、好雨点点、不落別処…[補1]。○古人…ここでは、臨済宗黄龍派の雲庵克文（一〇二五～一一〇二）のこと[補2]。○好雨…ちょうど待ち望んでいる時に降る雨。恵みの雨。○点点…あちこちに散在すること。○落在…～に落ちる。～に落ちつく。○一転語…一語を下すことで相手を翻然と悟らせる強い意味のある語。○衲僧…衲衣を着た僧。禅僧のこと。

○盧行者売薪次～得箇入頭…[補1]。○盧行者…六祖慧能（六三八～七一三）のこと[補2]。○金剛経…『金剛般若波羅蜜経』のこと[補3]。○応無所住、而生其心…『金剛般若経』の「応に住する所無くして、而も其の心を生ず」という一節[補4]。○入頭…悟入への手がかり。○敢保…あえて保証する。○前不到村、後不迭店…前に進んでも村がなく、後ろに退いても店がないこと。行き場のないたとえ。

○檀越写五部大乗経上堂…北条時頼（一二二七～一二六三）が五部大乗経を書写したことに因んで行なった上堂。○檀越…寺や僧に物を施す信者。ここでは北条時頼のこと[補1]。○五部大乗経…大乗の教えを説いた経のうち、華厳経・大集経・大品般若経・法華経・涅槃経の五つ。○虚玄之玄…むなしく奥深いこと。何もなくもの静かなさま。深遠なありよう。○黄面瞿曇…金色に輝く仏陀のこと。瞿曇は釈迦が出家する前の本姓。ゴータマ（梵：Gautama）のこと。○横説竪説…自由自在に述べたてること。縦横に説き述べること。○至妙之妙…この上もなくすぐれて、巧みなこと。最も玄妙なありよう。○善知識…

内に向かって、能《よ》く無為《むい》を行ず。然《しか》して後、第二義門《だいにぎもん》に於いて、為人方便《いにんほうべん》し、一滴の血を出だして、直《じき》に梵天《ぼんてん》に濺《そそ》ぎ、大乗経を写して、功もて品類《ぼんるい》を資《たす》く。是《かく》の如くなれば則ち用《ゆう》は万物《ばんもつ》に周《あまね》くして尽くること無く、利は百姓を極めて余《あま》り有り。日の東に昇るに似て、幽として燭《て》らさざる無し。這裏《しゃり》に到って、三業《さんごう》六根《ろっこん》は本来清浄にして、繊塵諸垢《せんじんしょく》は当下《とうげ》に消除《しょうじょ》す。頭頭《ずず》に本地の風光を露《あら》わし、処処《しょしょ》に無心の仏事を作す。或る時は微塵裏《みじんり》に坐して、大法輪《だいほうりん》を転じ、巻舒《けんじょ》は我れに在り。或る時は公庭《こうてい》の上に踞して、大円鏡を啓《ひら》き、鑑照《かんしょう》は他に非ず。自利《じり》利人《りにん》、其《そ》の功《こう》、功普《こうあま》ねし。箇《こ》は是《こ》れ大檀那が内に就《つ》いて打出《たしゅつ》せる、仏眼にても窺《うかが》い難き底の事なり。如今《にょこん》、清浄梵行《しょうじょうぼんぎょう》の僧衆、此の経を書写し、此の経を読誦《どくじゅ》し、此の経を授持《じゅじ》し、此の経を供養す。無極《むきょく》の功、人人有ることを知る。且《か》つ那箇《なこ》を喚《よ》んで此の経と作さん。現前の僧俗、若《も》也し落処《らくしょ》を知得《ちとく》せば、但だ仏心宗を伝うるのみに非ず、亦た乃ち善《よ》く群有《ぐんう》を済《すく》わん。苟或《も》し然《しか》らずば、山僧、諸人の為めに此の経を挙《こ》し去《さ》らん」と。膝《ひざ》を拍《う》ちて、「如是我聞《にょぜがもん》の時、信受奉行《しんじゅぶぎょう》し去る」と。

挙す、「仰山《ぎょうさん》、陸郎中《りくろうちゅう》に問う、『聞くに、公《こう》は経を看《よ》みて悟りを得ると。是《ぜ》なり否《や》』と。郎中云く、『涅槃経を看《よ》むに因《よ》り、『煩悩を断《だん》ぜずして、涅槃に入る』の処に至りて、箇《こ》の悟入《ごにゅう》有り』と。仰山、払子を挙《こ》して云く、『這箇《しゃこ》、作麼生《そもさん》か

善徳の智者。正法を説いて人を正しく導く師。○千言万言…多くの言葉。あれこれと多くの言葉を口にすること。○玄妙…奥深く微妙な道理。○洞徹…ぬけとおること。つらぬきとおすこと。○一微塵…きわめて微細なもの。○自得…自ら悟る。自ら得る。○有為…因縁によってつくられたもの。○無為…常住絶対の真理真如そのもの。○第二義門…向上門を第一義門とするのに対し、種々の方便をもって衆生を済度する向下門をいう。○為人…人のためにする。人を教え諭す。教化。○方便…人を真実の教えに導くため、仮にとる便宜的な手段。○梵天…仏教の守護神[補2]。○品類…種々のたぐい。さまざまな物。○百姓…一般の人民。ここでは多くの官吏。百官。○三業…身口意の働き。○六根…眼耳鼻舌身意。○清浄…清らかでけがれのないこと。○繊塵…細かいちり。小さなほこり。○諸垢…もろもろのけがれのこと。煩悩。○当下…ただいま。目下。○消除…消えてなくなること。○頭頭…一つ一つ。どれもこれも。○本地風光…本来の姿。本来の落ち着きどころのありよう。○処処…あちらこちら。○無心…とらわれなく仏法を挙揚すること。○坐微塵裏転大法輪…[補3]。○大法輪…仏の所説をいう。仏法を転輪聖王の輪宝にたとえたもの。○巻舒…巻くことと伸ばすこと。把住と放行。学人の指導で押さえ込むことと解き放つこと。○公庭…おおやけの場所。儀式などの行なわれる場所。○大円鏡…大円鏡智。仏の四智の一。○鑑照…心を照らしうつすこと。○自利利人…自利利他。自らの悟りのために修行し努力することと、他の人の救済のために尽くすこと。○梵行…仏道の修行。○無極…果てがないこと。限りのないこと。○知有…有ることを知る。それ（悟り）があることを知る。○落処…つぼ。究極のポイント。かんどころ。落ちつき場所。○仏心宗…禅宗のこと。○群有…一切衆生。多くの人々。○如是我聞…「是の如く我れ聞けり」という経典の冒頭にある定型句。○信受奉行…仏の教えを信じて受け入れ、奉じて行なうこと。経典の末尾にある定型句。○仰山問陸郎中～陸便起去…[補4]。○仰山…潙仰宗祖の仰山慧寂（八〇七～八八三）のこと[補5]。○陸郎中…唐代の宰相、陸希声（八三七～？）のこと[補6]。○涅槃経…大乗の『大般涅槃経』のこと[補7]。○不断煩悩而入涅槃…[補8]。○煩悩…心を煩わし、身を悩ます精神作用。○悟入…悟りの境地に入ること。

入らん』と。郎中云く、『入の一字も也《ま》た用い得ず』と。山云く、『入の一字、郎中の為めにせず』と。陸便《すなわ》ち起《た》ち去る」と。師云く、「仰山、人の痛処《つうしょ》に向かって一錐《いっすい》すること、鴆毒《ちんどく》如《よ》りも過ぎたり。陸公、憤然《ふんぜん》として起《た》ち去《さ》る、未だ全機《ぜんき》と称せず。若し是れ箇《こ》の大力量の人ならば、能《よ》く煩悩を断《だん》じて涅槃に入らず。且《しば》らく道《い》え、古人と是《こ》れ同じなるか、是《こ》れ別なるか。箇《こ》の頌子有り、大檀の願心《がんしん》を円満《えんまん》せん。糸毫《しごう》も滞り無く平生《へいぜい》を暢《の》ばし、直に毘盧《びる》頂顊《ちょうねい》に向かって行く。首を塵労《じんろう》に回《めぐ》らして一臂《いっぴ》を垂《た》る。世間・出世尽く円成す」と。

181
上堂。「山僧、近来《きんらい》、別に他事《たじ》無し。夜夢《やむ》は不祥《ふしょう》にして、符《ふ》を書して之れを厭《しず》めん」と。払子を以て符を書する勢いを作《な》して云く、「上一劃は斜めならず、下一劃は直《ちょく》ならず。百怪千妖《ひゃくかいせんよう》倶に散失《さんしつ》す。更に二道の陀羅尼《だらに》を加えん。唵急急如《おんきゅうきゅうにょ》律令勅《りつりょうちょく》」と。

182
上堂。「挙す、僧、梁山《りょうざん》に問う、『家賊《かぞく》防ぎ難き時、如何《いか》ん』と。山云く、『識得《しきとく》せば冤《あだ》を為さず』と。僧云く、『識得《しきとく》して後、如何《いか》ん』と。山云く、『無生国に貶向《へんこう》す』と。僧云く、『便ち是れ他の安身立命《あんじんりゅうみょう》の処なること莫《な》き麼《や》』と。山云く、『死水《しすい》には龍を蔵《かく》せず』と。僧云く、『如何《いか》なるか是《こ》れ活水《かっすい》の龍』と。山云く、

○痛処…肉体的あるいは精神的な弱点や急所をいう。○鴆毒…鴆という鳥の羽にある猛毒。鴆は伝説上の毒鳥。雄を運日、雌を陰諧という。
○憤然…激しく怒るさま。

○全機…もののはたらきや機能のいっさいで、生活全体ということ。
○大力量人…すぐれた力量のある人。仏法を悟る器量を具えた人。○願心…願う心。誓願の心。仏道を願い求める心。○円満…功徳などが、十分に満ち足りている。願いなどが十分に満たされること。○糸毫…ごくわずかなこと。○平生…ふだん。いつも。つね日ごろ。○毘盧頂顊…毘盧遮那仏の頭のこと[補9]。○塵労…世の中・俗世間における煩わしい苦労。○垂一臂…垂手に同じ。人のために差し延べる。○円成…円満に成就すること。

○近来…近ごろ。○不祥…不吉であること。○符…護符。お守りの札。
○百怪千妖…百千もの妖怪。○散失…ちりうせること。ちりぢりになってなくなること。○唵…唵は梵語で、オーム（梵：om）のこと。
○急急如律令勅…急々如律令は、「勅令急々如律令」とも書く。中国漢代の文書に、急々に律令のごとく行なうように、との意を込めて末尾に記した語である。道教や陰陽道などで退魔の呪文とした。

○僧問梁山～老僧袈裟角…[補1]。○梁山…曹洞宗の梁山縁観（不詳）のこと[補2]。○家賊難防…家人の内にいる盗人は防ぎようがない[補3]。○識得…本質を見てとる。よく理解すること。○無生国…生じることがない世界。生死・相対を超えた世界。○貶向…落とす。落としめる。○安身立命…安心立命とも。身命を安立する。身心を尽して天命に任せる。○死水不蔵龍…流れを止めた水には龍は住まない。
○活水…よどむことなく流れ動いている水。

『雲を拏《つか》みて霧を吐かず』と。僧云く、『忽ち傾湫倒嶽《けいしゅうとうがく》し来たるに遇う時、如何《いか》ん』と。梁山、座を下りて把住《はじゅう》して云《いわ》く、『老僧が袈裟角《けさかく》を湿却せしむること莫《な》かれ』と。若《も》し人有りて建長に『家賊防ぎ難き時、如何《いか》ん』と問わば、只《た》だ他《かれ》に向かって道わん、『勘《かん》せざるに自ずから敗《やぶ》る』と。或いは云わん、『敗れて後、如何《いか》ん』と。万般《ばんぱん》は将《も》ち去れず、空しく業の身に随うこと有り」と。

183
解夏上堂。「三月の安居《あんご》、朝も也《ま》た区区《くく》たり、暮も也た区区たり。九旬《くじゅん》の禁足《きんそく》、肥馬《ひば》も騄騄《ろくろく》たり、瘦馬《そうば》も騄騄たり。更に言う、『期を克《さだ》めて証を取る』と。総て山僧に就《つ》いて命を乞《こ》う。今日、把定《はじょう》も也《ま》た我れに在り、放行も也た我れに在り」と。左右を顧視《こし》して、「高く飛び遠く揚げて籠罩《ろうとう》を受けざる者有《あ》ること莫《な》き麽《や》」と。主丈を擲下《てきげ》して、「一串《いっかん》に穿却《せんきゃく》す」と。

184
書記・蔵主・維那・浴主を謝する上堂。「脱体承当《だったいじょうとう》するも、猶お点汚《てんお》に渉《わた》る。撥《はじ》かずして自ら転ずるも、早や已に遅遅たり。更に言う、『一槌《いっつい》にて便ち成じ、水洒《そそ》げども著《つ》かず』と。建長が面前にて合《まさ》に痛棒を喫すべし。何が故ぞ。勇夫《ゆうふ》を得んには、須らく重賞《じゅうしょう》を還《かえ》すべし」と。

○拏雲不吐霧…龍が自在に天に昇るさま。世俗を超越したさまにたとえる。○傾湫倒嶽…湫を傾け嶽を倒す。池の水をくつがえし、高い山をさかさまにする。桁外れの力量を発揮する意。○把住…胸ぐらを曳っ摑まえる。○袈裟角…袈裟のすみ。
○不勘自敗…罪を問い質さないのに自分で失敗する。○万般…あらゆる方面。すべての事柄。

○解夏上堂…七月十五日、夏安居が終わる日に行なう上堂。○安居…雨安居・夏安居のこと。四月十五日から七月十五日の雨季の間、外出せずに寺院で修行すること。○区区…苦労。苦労するさま。努力するさま。あくせくする。こせこせと。○九旬禁足…安居結制の九十日の間、寺から一歩も外出しないで、もっぱら坐禅修行に努めること。○騄騄…みな駿馬である意か。騄は騄耳、緑耳ともいう。周の穆王が愛用した良馬の名[補1]。○克期取証…期間を定めて悟りを得る[補2]。○把定…しっかりと握る。相手の機を押さえ込むこと。○放行…束縛することなく、自由に放しておくこと。○顧視…振り返って見ること。かえりみること。○籠罩…魚を捕る竹かご。一まとめにつかまえること。○擲下…投げ下ろす。投げ捨てる。○一串穿却…一本の串で穴をあける。一串で貫き通す[補3]。

○書記…禅宗寺院で書疏の製作など公私の文書を司る役。六頭首の一つ。○蔵主…蔵殿の主管。禅宗寺院で経蔵を管理する役。六頭首の一つ。○維那…禅宗寺院の僧堂などで修行僧を監督指導し、堂内の衆務を総覧する役。六知事の一つ。○浴主…禅宗寺院の浴室の主任。知浴。六頭首の一つ。○脱体…丸ごと、そっくりそのまま。○承当…うけがう。引き受けること。○点汚…けがすこと。よごれ。○一槌便成…一槌のもとに完成すること[補1]。○水洒不著…水がかかっても濡れない[補2]。○得勇夫、須還重賞…重賞之下、必有勇夫に同じ。莫大な賞金をかけると、必ず優れた成績をあげる者が出てくる[補3]。

185
上堂。「先徳は皆な是《み》れ巧《こ》を弄《こうろう》して拙《せつ》を成《な》す。建長は今日、拙を弄して巧を成し去らん」と。主丈を拈《ねん》じて云く、「主丈子、変《へん》じて一箇の無心の道人と作《な》る。昨朝は懞憧《もうどう》たるも、今日は惺惺《せいせい》たり。汝等が為《た》めに不思議の法門を説《と》いて、諸人をして立地《りっち》に成仏せしめん。奇奇《きき》たり。古今成現《じょうげん》の事、霊利《れいり》は癡に如《し》かず」と。

186
達磨忌上堂。「老胡《ろうこ》は生鉄《さんてつ》もて心肝《しんかん》を打《た》す。梁魏《りょうぎ》には人の正眼《しょうがん》にて看《み》る無し。骨髄肉皮《こつずいにくひ》の分散して後、情《まこと》に知る、死款《しかん》の最も翻《ひるがえ》し難きことを。今日、建長、他《た》の為《た》めに死款を翻却《ほんきゃく》し去らん」と。主丈を卓して、「将に謂《おも》えり、少林の消息は断《た》つと、福山は夜夜、月光寒し」と。

187
事に因む上堂。「怪は外より来たるに非ず、動《やや》もすれば内より起こる。南北東西、頭を聚《あつ》め耳を側《そばだ》つ。土地神《どじじん》は暗裏《あんり》に眉《まゆ》を攢《あつ》め、蘭渓叟《そう》は大笑して已《や》まず。且《しば》らく道《い》え、箇の什麼《なに》をか笑う」と。良久して、「蝟鼠《きそ》は形を蔵《かく》し、霊亀《れいき》は尾を曳《ひ》く」と。

188
上堂。「挙す、光侍者、玄沙に謂《い》いて云く、『師叔《ししゅく》、若し禅に参得せば、某甲《それがし》、

○弄巧成拙…上手にやろうとして、かえって失敗すること。弄巧は小細工する。技巧を用いすぎる。拙は失敗。○無心道人…一切において何も求めることのない仏道の行人。○懞憧…明らかでないさま。○惺惺…目覚めているさま。心が澄み切ってさとくあきらかなさま。○不思議法門…不思議解脱法門のこと。言葉で言い表したり心で推し量ることができない教え。大乗の悟りの教え。○立地成仏…立ちどころに仏に成る。即座にさとりを開く。○奇奇…非常に珍しいさま。○成現…現成。眼前に隠れることなく、ありのまま現れていること。○霊利…俊敏なこと。

○達磨忌上堂…十月五日、達磨が示寂した日に行なう上堂。○老胡…年老いた胡人。達磨のこと。○生鉄…未精錬の鉄。○心肝…心と肝。真心。赤心。○梁魏…南北朝時代の梁と北魏。ともに達磨の到った地。○正眼…正視する。まのあたりにする。正しい仏法の眼。○骨髄肉皮分散後…四大和合の肉体が分散した後[補1]。○死款…死罪。○翻却…ひっくりかえす。○将謂…将に謂えり〜と。〜とばかり思っていた。思い違いをしていた意を表す。○少林…洛陽（河南省）にある嵩山少林寺のこと。とくに達磨を指す[補2]。○夜夜…夜ごと。毎晩。

○因事上堂…特定の出来事に因んでなす上堂[補1]。○聚頭側耳…多くの者が一ヶ所に集まって耳をそばだてて聞き入る。○土地神…寺院の境内を守護する神。土地護伽藍神。○暗裏…ひそかに。○攢眉…眉をひそめる。心の不愉快なさま。○蝟鼠…ハリネズミ。○霊亀曳尾…霊亀が泥の中を這って尾の跡を残す。○霊亀…古代中国の神話等に登場する神獣の一種とされ、四霊の一つにあげられている。あるいは霊妙不可思議な亀。祥瑞のある亀。

○光侍者謂玄沙云〜鉄船也未…[補1]。○光侍者…未詳。雲門文偃の

鉄船を打《た》して海に下り去らん』と。玄沙、悟道《ごどう》して後、衆請《こ》うて住持せしむ。沙、語を寄せて光侍者に謂いて云く、『汝、還《は》た鉄船を打得《だとく》する也未《や》』」と。師云く、「光侍者は心を操《あやつ》ること善《よ》からず、老玄沙は失脚《しっきゃく》して踏翻《とうほん》す。直《じき》に今に至るまで、了《つい》に蹤迹《しょうせき》無し」と。

189
兀庵《ごったん》和尚至る上堂。「相見《しょうけん》して又《ま》た無事なり、来たらざれば還《かえ》って君を憶《おも》う。古人に只《た》だ故《ふる》きを温《たず》ねて新しきを知るの念有るも、且《か》つ舟を同じくして共に済《わた》るの謀《はかりごと》無し。建長が這裏《しゃり》、相見するに奇事有り、来臨して君を放さず。扶桑水《ふそうすい》雲《うん》の客、親しく見、又た親しく聞く。見ることは則ち見了われり。如何《いか》なるか是れ親しく聞く底の事。明眼《みょうがん》の人の前にては、切に忌む、錯って挙すること を」と。

190
上堂。「古徳道《いわ》く、『尽大地は明皎皎《めいこうこう》として、糸毫《しごう》の過犯《かぼん》無きも、猶《な》お是れ半提《はんてい》なり。且《か》つ如何《いか》なるか是れ全提《ぜんてい》底の時節』と。山僧、口門窄《せま》く舌頭《ぜっとう》短くして、道《い》い得ること能《あた》わず。主丈子を煩《わずら》わして、諸人の為《た》めに説破《せっぱ》し去らん」と。主丈を卓して、「向下《こうげ》文長し、来日《らいじつ》に付在《ふざい》せん」と。

弟子の福化□光のことか。○玄沙…雪峰下の玄沙師備（八三五～九〇八）のこと[補2]。○師叔…嗣法の上の叔父。○参得…参禅して真理を体得すること。○鉄船…鉄船水上浮。鉄船が水上に浮かぶ。水に沈むはずの鉄製の舟が水に浮く。打鉄船は鉄船に乗る[補3]。○操心不善…いじ悪いこと。心の用い方がよくないこと。○失脚踏翻…足を踏みはずしてひっくり返る。○蹤迹…事が行なわれたあと。事跡。蹤跡。

○兀庵和尚至上堂…宋僧の兀庵普寧が建長寺に到着したことに因む上堂[補1]。○兀庵和尚…臨済宗破庵派の兀庵普寧（一一九八～一二七六）のこと[補2]。○相見…互いに相い見える。拝顔する。○無事…なすべきことが何もない。普段と変わらない平穏無事なこと。○温故知新…過去を学んだ上で、現状に適した判断をして今後に活かすこと[補3]。○同舟共済…同舟相救とも。同じ舟に乗って川や海を渡る。利害を同じくする者は誰でも互いに助け合うたとえ。○奇事…珍しいこと。不思議なこと。奇特事。○来臨…他人を敬って、その人がある場所へ来てくれることをいう語。○扶桑…中国の東方海上の島にあるという神木の名。日本を指す。○水雲…流れる水や行く雲のように漂泊し、行脚すること。行脚の僧。雲水。○明眼人…物事の真実を明らかに見通せる心の眼を具えた人。すぐれた力量をもった人。

○古徳云～全提底時節…[補1]。○古徳…ここでは、雲門宗祖の雲門文偃（八六四～九四九）のこと[補2]。○尽大地…すべての大地。○明皎皎…明るく白く光り輝くさま。○糸毫…ごくわずかなこと。○過犯…罪を犯す。○半提…全部の提起ではないこと。半分だけ提示すること。○全提…すべてをそのまま示す。すべて提示する。○口門窄舌頭短…口も狭く舌も短い。言葉が不十分であることのたとえ。○口門…口。○舌頭…舌。頭は名詞につく接尾語。○説破…言い切る。説き尽くす。○向下文長付在来日…話すと長くなるので、残りは明日話す。

191 上堂。「西州には無く東州には有り、鬼面神頭《きめんじんとう》、七脚八手《しちきゃくはっしゅ》、鉄牛を驚起《きょうき》して顚《てん》倒《どう》して走らしむ。西州には有り東州には無し、軽軽に撥著《はつじゃく》せば、太虚に富塞《ふくそく》す。今日早《は》や知る、禍事《かじ》を成すことを。思量せば、悔《く》ゆらくは当初を慎《つつし》まざることを。道《い》い了わりて也《ま》た暗に嗟吁《さう》す。浄名《じょうみょう》は老文殊を放過《ほうか》す」と。

192 正旦上堂。「四序《しじょ》循環す、正月初一。建長が主丈子、大笑して休息する無し。笑いて諸人に問う、知るや知らずや。今朝、日は又《ま》た東従《よ》り出で、円陀陀《だだ》、明歷歷《れきれき》として、鬼窟黒山《きくつこくさん》を照破《しょうは》し、直《じき》に得《え》たり、影跡《えいせき》を存せざることを。恁麽《いんも》なりと然雖《いえど》も、各各、本有《ほんう》の光を識取《しきしゅ》せよ。古に耀《かがや》き今に騰《あが》りて、了《つい》に晦匿《かいとく》する無し。諸人、本光を識《し》らんと要す麽《や》。切に忌む、東西に向かって尋《たず》ね覓《もと》むることを」と。

193 上堂。「新年以来の好消息、鼓《く》を打ちて陞堂《しんどう》し、人の為《た》めに拈出《ねんしゅつ》す。千載《せんさい》の石《せき》烏亀《うき》、身毛《しんもう》長きこと数尺、角《つの》を戴《いただ》き頭を擎《ひっさ》げ、風に当たって翼を展《の》ぶ。迦葉《かしょう》尊者《そんじゃ》、忍俊《にんしゅん》し禁《え》ず、東自《よ》り西に至りて、此の屈を雪《すす》がんと要す。知心《ちしん》は能《よ》く幾人《いくにん》ぞ、満眼《まんがん》是れ相識なるも」と。

○鬼面神頭…鬼神のような顔［補1］。○七脚八手…多くの手と多くの足。あれこれと手足を出すこと。○鉄牛…鉄でできた牛。○驚起…おどろいて起きること。○顚倒…さかさまになる。ひっくりかえる。平静を失ってうろたえる。○撥著…払いのける。著は動作の完成を示す助字。○太虚…おおぞら。虚空。○富塞…満ちふさぐ。富は満ちる意。○禍事…凶事。災難。また、不吉な言葉。○思量…いろいろと思いをめぐらし考えること。○嗟吁…なげく。○浄名放過老文殊…［補2］。○浄名…『維摩経』に登場する在俗居士の維摩詰のこと［補3］。○老文殊…文殊師利菩薩のこと。般若の智慧を表す菩薩［補4］。○放過…そのままうち捨てておくこと。手をつけないでおく。見逃してやる。大目にみる。

○正旦上堂…一月一日、正旦（元旦）に行なう上堂。文応二年（弘長元年、一二六一）一月一日。○四序…春夏秋冬の順序。四季の移りかわり。○循環…ひとめぐりして、もとへ戻ることを繰り返すこと。○休息…休む。憩う。身心を休めること。○円陀陀…まんまるいさま。○明歷歷…明るくはっきりとしたさま。○鬼窟黒山…黒山鬼窟のこと。鬼窟は鬼の住む洞穴。黒山は木が黒々と茂っている山。闇黒で悪鬼の棲む処。迷妄の心境をいう。○照破…仏が広大な智慧の光で無明の闇を明らかに照らすこと。○影迹…姿形。痕跡。○本有…本来的な存在。初めから有ること。本来的に具有していること。○識取…認識すること。○晦匿…才能を隠して、世間から隠れること。○本光…本より人がもっている尊貴なもの。仏性。本有の光。

○消息…情況、実態。○陞堂…高座に上る。須弥壇に登る。上堂。○拈出…取り出す。つまみ上げる。○石烏亀…石でできた亀。○迦葉尊者…仏十大弟子の一人、摩訶迦葉のこと。禅宗における西天第一祖［補1］。○忍俊不禁…忍び笑いをこらえきれない。忍俊は笑みを洩らすのを我慢すること［補2］。○知心能幾人、満眼是相識…本当の友は果たして何人いるだろう、見わたすかぎり知り合いではあるのに［補3］。

194 元宵《げんしょう》上堂。「室内の一灯、塵塵照徹《じんじんしょうてつ》す。之れを覆《くつがえ》せども傾かず、瀝《そそ》げども竭《つ》きず。嗟《なげ》くに堪《た》えたり、古徳、端倪《たんげい》を辨ぜずして却《かえ》って、『三人、亀を証して鼈《すっぽん》と成す』と道うことを。後代の子孫、猶お未だ瞥《べつ》ならず。且《か》つ釈迦老子道《いわ》く、『照と照者と同時に寂滅《じゃくめつ》する時、如何《いか》ん』と。憍梵波提《きょうぼんはだい》、舌を吐き得たり」と。

195 上堂。「今日、仏祖も説《い》い到《え》ざる底の一句を挙して、見者・聞者をして各おの本心を悟らしめんと欲す。纔《わず》かに此の座に陞《のぼ》れば、郢人《えいひと》が木を斲《き》るの声に、這《こ》の一句子は忘前失後せらる。既《すで》に忘前失後し了わるも、只だ諸人の分上に就いて、箇《こ》の新聞《しんもん》を挙するを得たり」と。遂に大衆を召して、「怒り生じて色変じ、形動いて影存す」と。

196 修造を謝する上堂。「摩霄《ましょう》の殿宇《でんう》と接日の楼台《ろうだい》を建つることは、須是《すべか》らく高人の長を量り短を補うべし。恁麼《いんも》なりと然雖《いえど》も、衆中、還《は》た未だ鋒鋩《ほうぼう》を露《あらわ》さざるに已に梵刹《ぼんせつ》を成ずる底の道理有ることを知る麼《や》」と。良久して、「若也《も》し会せずば、海兄に問取《もんしゅ》せよ」と。

197 上堂。「睦州《ぼくしゅう》が臨済を指して去《ゆ》いて黄蘗に見《まみ》えしむるは、虎頭《ことう》に角《つの》生ず。徳嶠

○元宵上堂…一月十五日、元宵（上元）に行なう上堂。○塵塵…塵のように数限り無いさま。○照徹…照りとおること。すみずみまで照りわたること。○古徳不辨端倪却道、三人証亀成鼈…[補1]。○三人証亀成鼈…三人が口をそろえて亀をすっぽんと言うと、まかり通ってしまう。○古徳…ここでは、雲門宗の香林澄遠（九〇八～九八七）のこと[補2]。○端倪…物事の始めと終わり。事の始終[補3]。○釈迦老子道～寂滅時如何…[補4]。○瞥…ちらりと見る。○釈迦老子…釈迦牟尼仏のこと。釈尊とも。○照与照者…照らすものと照らされるもの。○寂滅…煩悩がすべて消えて無くなること。死のこともいう。○憍梵波提…ガヴァンパティー（梵：Gavampati）のこと[補5]。○吐舌…舌をまく。舌を出す。驚いて歎息する。

○説不到…説き尽くせない。○纔…～したとたん。○郢人…郢の人。流行歌を巧みに歌う者。郢曲ではやり歌。○忘前失後…おのれを見失う。取り乱した振舞いをする。○分上…それとして本来与えられたもの。身のほど。○新聞…新しく聞いた話。新しい風聞。新しい話題。

○謝修造上堂…伽藍の修造に感謝する上堂。○摩霄…摩天。空に聳えること。天に届くほど高いこと。○殿宇…御殿。殿堂。伽藍のこと。○接日…太陽に届くように高いこと。○楼台…高い建物。たかどの。○高人…世俗に超然としている人、人格の高潔な人。ここでは技術の高い職人。○衆中…大衆の中。修行僧たち。一会の僧衆。○鋒鋩…刃物の切っ先。相手を追究する激しい気質・気性のたとえ。○梵刹…宝刹・浄刹とも。清浄な国土。仏寺・僧院のこと。○道理…物事の正しい道筋。○問取海兄…「馬祖四句百非」の公案を踏まえる[補1]。○海兄…百丈懐海（七四九～八一四）のことを海兄と称する[補2]。○問取…問うこと。尋ねること。

○睦州指臨済去見黄蘗…「黄檗酒噇糟漢」の公案を踏まえる[補1]。

が龍潭《りゅうたん》を辞して大潙《だいい》を訪うは、彪眼に眉を撐《ささ》う。建長は諸人に此《こ》の作略《さりゃく》有ることを望まず。只《た》だ三兄五弟《さんぴんごてい》に、『斧頭《ふとう》は元《も》と是《こ》れ鉄、飯は米中より来たる』と道うを知らんことを図るのみ。衆中、肯《うけが》わざる底有ること莫き麼《や》。出で来たりて唐僧を摭《ひ》き下《おろ》して、痛く打つこと一頓し、也《ま》た悪声をして此の国に流布せしめよ。若《も》也し薦せずば、你は死し、我れは活きん」と。

198 上堂。「紅は稀《まばら》に緑は暗《くら》うして春将《まさ》に暮《く》れんとす。春の那一方《ないっぽう》に帰るかを問わんと欲《す》るも、戯蝶《ぎちょう》は尚お残蘂《ざんずい》の蜜を貪《むさぼ》り、狂蜂は猶《な》お故園《こえん》の香りを恋《こ》ゆ。新池の蓮は挺《ぬき》んでて玉銭《ぎょくせん》細やかに、古岸《こがん》の柳は飛んで金線《きんせん》長し。謂うこと莫《な》かれ、蘭渓は分付《ぶんぷ》せずと。誰が家の好子か肯《あ》えて承当《じょうとう》せん」と。

199 上堂。「三界にて混《こん》じ得《え》ざる底、言《い》いても口を出でず、笑いても眉《まゆ》を掀《あ》げず。西竺乾《さいじくけん》中にて入定《にゅうじょう》し、東震旦《とうしんたん》内にて遊戯《ゆげ》す。昨夜、端無くも富士大明神の鼻孔《びくう》を撞破《とうは》し、直《じき》に得たり、若宮八幡大菩薩の鮮血淋漓《りんり》たることを。希奇《きき》たり、希奇たり。天上・人間《にんげん》、唯だ我れのみ知る」と。

200 結制上堂。「今夏《こんげ》の安居、特に一日を展《の》ぶ。前後に差《たが》うこと無く、聖凡は迹《あと》を

○睦州…南嶽下の睦州道蹤（不詳）のこと[補2]。○臨済…臨済宗祖の臨済義玄（?～八六六）のこと[補3]。○黄檗…南嶽下の黄檗希運（不詳）のこと[補4]。○虎頭生角…獰猛な虎にさらに角が生ずること。きわめて獰猛なさま。鬼に金棒。○徳嶠辞龍潭而訪大潙…[補5]。○徳嶠…青原下の徳山宣鑑（七八〇～八六五）のこと[補6]。○龍潭…青原下の龍潭崇信（不詳）のこと[補7]。○大潙…潙仰宗祖の潙山霊祐（七七一～八五三）のこと[補8]。○彪眼撐眉…彪が目を見開いて眉を張る。○作略…すぐれたはたらき。○三兄五弟…三人の先輩と五人の後輩。多くの門下の法兄弟たち。○衆中…大衆の中。修行僧たち。一会の僧衆。○唐僧…唐（実際は南宋）からの僧。蘭渓道隆自身のこと。

○那一方…どの方向。どこ。○戯蝶…たわむれ飛ぶ蝶。○残蘂…残りの、しべ。○狂蜂…狂った蜂。○故園…生まれ故郷。○玉銭…蓮の葉っぱ。玉のような緑色で銅銭のような形。○金線…柳条。春の柳条。金の線。金色の線。○分付…分け与える。手渡す。仏法を附嘱すること。○好子…好児。よい子。りっぱな人。○承当…うけがう。引き受けること。

○三界混不得底…迷いの世界に同化しない人。○三界…一切衆生が生まれ、また死んで往来する世界。欲界・色界・無色界の三つの世界。○西竺乾…インドの別名。天竺西乾の意。西天。○入定…禅定に入る。坐禅三昧の境地に入ること。○東震旦…中国の別名。東土。神丹。○遊戯…心に滞りなく自由に遊ぶ。道そのものを自在に楽しむ。○無端…ふいに。いわれもなく。わけもなく。○富士大明神…富士浅間大神のこと[補1]。○撞破…打ち破る。つきやぶる。○若宮八幡大菩薩…八幡神のこと。若宮は本宮の祭神を分霊勧請した新宮。ここでは鶴岡八幡神のこと[補2]。○淋漓…水・汗・血などが、したたり流れるさま。○希奇…稀で珍しい。○天上人間…天上界と人間界。ここでは広く六道すべてを指す。
○結制上堂…四月十五日、夏安居が始まる日に行なう上堂。○安居…雨安居・夏安居のこと。四月十五日から七月十五日の雨季の間、外出

混《こん》ず。妙句玄章《みょうくげんしょう》、甚《なん》の瓦礫《がりゃく》にか当《あ》たらん。只だ諸人の狂念の息《や》まんことを要す。狂念息《や》まば、鎌倉山上に老龍《ろうりゅう》吟じ、東海岸頭に窮鬼《きゅうき》泣かん」と。

201 上堂。「挙《こ》す、天衣《てんえ》、衆に示して云く、『諸人、還《は》た知る麽《や》。崇寿《すうじゅ》殿上の蚩吻《しふん》、昨夜三更に大笑一声す。三門頭の金剛、咄《とつ》して云く、『你、箇《こ》の甚麽《なに》をかを笑う』と。我れは笑う、茫茫《ぼうぼう》たる宇宙の人、空《むな》しく歳月を延《の》べ、兀兀《ごつごつ》として時を度《わた》り、道徳も修せず、衣食斯《ここ》に費すことを。忽然《こつねん》として閻羅《えんら》老子に築著《ちくじゃく》せば、禍事《かじ》、禍事』」と。師云く、「我が這裏《しゃり》は天衣に似ず、明に高峰《こうほう》に上り、暗に滄海《そうかい》を度る。過《とが》有れば則ち罰し、功有れば則ち賞す。更に什麽《なん》の閻羅老子《えんらろうし》とか説かん。雖然《しかれ》ども、衆中に還《は》た慚《はじ》を知り愧《はじ》を識る者有り麽《や》。如《も》し無くば、門前の按山子《かかし》、汝を笑ふの時、道《い》うこと莫《な》かれ、無事好《よ》しと」と。嘘《うそぶ》くこと一声す。

202 上堂。「結夏して已に一月日にし了《お》わる。是《こ》れ汝諸人、此《こ》の事《じ》の上に於いて、還《は》た曽《かつ》て夢にだも見る也無《や》。若《も》也し夢にも見ば、試みに我が与《た》めに委細《いさい》に説いて看よ。寐語《びご》すること莫《な》かれ」と。

203 上堂。「若し這《こ》の一件の事《じ》を論ぜば、監を脱し界を漏《も》るる底、地の尋ぬ可き無

せずに寺院で修行すること。○聖凡…聖は悟りを得た人。凡は迷いの中にある人。○混迹…混りあって跡を晦ます。○妙句…すぐれてあじわいのある句。○玄章…すばらしくあじわいのある文章。○瓦礫…かわらと小石。つまらないもののたとえ。○老龍…年老いた龍。老は接頭語、年期を積んだという意。○窮鬼…貧乏神。きわめて貧しい者。人を罵る言葉。

○天衣示衆～禍事禍事…[補1]。○天衣…雲門宗の天衣義懐（九九三～一〇六四）のこと[補2]。○蚩吻…鴟尾《しび》。古代の宮殿や寺院の大棟の両端に据える飾り[補3]。○三更…五更の一つ。一夜を五等分した第三の時刻。子の刻。○三門頭…山門の前、山門のほとり。○金剛…山門頭の金剛力士像。仁王。○咄…叱咤する叫び。○茫茫…広々としてはるかなさま。○宇宙…宇は空間、宙は時間。また宇は家屋の屋根。宙は家屋のときはり。宇宙人とは大きなこの建物の中の人。広義には世の中の人。○兀兀…地道に働くさま。たゆまず努め励むさま。○道徳…道を学んで身につけた徳。仏法が身につくこと。○衣食…衣服と食物。着ることと食うこと。○忽然…突然に。たちまちに。○閻羅老子…閻魔大王。冥界の王、地獄の王として、人間の死後に善悪を裁く者とされる。○築著…ぶつかる。ぶち当る。○禍事…凶事。災難。一大事だ、大変だ。○滄海…青々とした広い海。○衆中…大衆の中。修行僧たち。一会の僧衆。○慚愧《ざんき》…心に深く恥じること。○按山子…田畑に立てて、鳥獣をおどし、その害を防ぐ人形。○無事…なすべきことが何もない。普段と変わらない平穏無事なこと。○嘘一声…口をすぼめて一息や一声を出す。一しきりに口笛を吹く。あるいは溜め息をつく。

○上堂。結夏已一月日了…五月十五日、夏安居に入って一月が経過した日に行なわれた上堂。○結夏…夏安居の制を結ぶこと。○此事…仏法の一大事。○委細…細かく詳しいこと。○寐語…寝言を言う。たわごとを言う。

○一件事…仏法の一大事。○脱監漏界底…檻から脱出し、境界から抜け出た人。あらゆる枠組みから超出した人。○囲魏救趙…魏国を包囲

く、魏を囲《かこ》み趙を救う者、謀《はかりごと》の測り難き有り。測り得ざるも、鶴羽《かくう》は粉粧《ふんしょう》に非ず、烏形《うぎょう》は本より黒し。急に須らく此に於いて其《そ》の源を体《きわ》むべし。当来《とうらい》を待って弥勒《みろく》に問うこと莫《な》かれ」と。

204 解夏上堂。「期《き》を剋《き》めて証を取るは、病い無きに病いを做《な》す。夏を休《や》めて自恣《じし》するは、脚、地を履《ふ》まず。恁麼《いんも》も也《ま》た不是、不恁麼《ふいんも》も也《ま》た不是。汝等諸人、如何《いか》んが是《ぜ》なることを得ん」と。縄床《じょうしょう》を撃《う》ちて、「有智無智、三十里を較《こう》す」と。

205 両班を謝する上堂。「妙算《みょうさん》は帳に上《の》するに労《ろう》すること毋《な》し。尽く道《い》う、『舀《く》み来たる』と。何ぞ曽《かつ》て塩を少《か》き醤を少《か》かん。仏法は爛却《らんきゃく》することを怕《おそ》れず。桶箍《とうこ》の嚗《はく》する処、虎頭に角《つの》を生ず。這裏《しゃり》に到って、便ち無米の飯を炊くことを解《げ》せば、無心の道人に供養して、東咬西嚼《とうこうさいしゃく》するに一任す。忽然《こつねん》として牢関《ろうかん》を把定《はじょう》せば、是《こ》れ汝諸人、如何《いか》んが脚を著けん。左之右之《さしうし》し、宜《よろ》しく善《よ》く斟酌《しんしゃく》すべし」と。

206 上堂。「昨日、一段の新仏法を記得《きとく》し、今朝、諸人の与《た》めに提唱せんと欲す。

して趙国を助ける。斉の孫臏が減竈の奇策をもって魏の軍を破り趙を救った故事。手薄になった急所を攻めて、難を逃れる作戦をいう[補1]。○鶴羽…鶴の羽。○粉粧…白く化粧すること。○烏形…烏《からす》の姿。烏は黒いものを意味する。○当来…来世。必ず来るはずの世。○弥勒…釈迦入滅から五十六億七千万年後の未来に仏となってこの世にくだり、衆生を救済する菩薩[補2]。

○解夏上堂…七月十五日、夏安居が終わる日に行なう上堂。○剋期取証…期日を限って修行して証悟を得ようとすること。○休夏…夏安居を終了すること。○自恣…夏安居の最後の日に、僧たちが安居中の罪過の有無を問い、反省懺悔しあう作法。○脚不履地…脚が地に着いていない。ものごとの本質をつかんでいない。○縄床…縄を編んで作った椅子。この上に敷物を敷いて坐禅をする。○有智無智、較三十里…有智は智慧があること、無智は智慧のないこと。較三十里はまだもう三十里だ。較は少し足りないの意。宋代の一里は約五六〇メートル[補1]。

○謝両班上堂…夏安居を終えた両班に対して感謝の意を述べる上堂。○両班…禅宗寺院で、寺院運営における東班と西班のこと[補1]。○妙算…うまく計算すること。○上帳…帳簿に付けること。○舀来…ちゃんと取り出す。酌み取ってくる。○少塩少醤…塩醤は食事の必需品。「馬祖塩醤」の公案を踏まえている[補2]。○爛却…ただれてしまう。却は動詞について意味を強める。○桶箍…桶の箍《たが》。桶を締める竹製の輪。○嚗…爆に通ず。弾けること。○虎頭生角…獰猛な虎にさらに角が生ずること。鬼に金棒。○炊無米飯…[補3]。○供養無心道人…[補4]。○無心道人…一切において何も求めることのない仏道の行人。○東咬西嚼…あちこち咬みこなす。あれこれ食べる。○忽然…突然に。たちまちに。○牢関…堅牢な関所。厳しい関門。○把定…しっかりと握る。相手の機を押さえ込むこと。○著脚…足をつける。方策を立てる。手だてを設ける。○左之右之…右往左往すること。ここでは自由自在に立ちまわる意。○斟酌…考慮する。見はからう。相手の事情や心情を酌み取ってほどよく処理すること。

○記得…記憶すること。覚えていること。○提唱…提示して説法する天暁《てんぎょう》に起き来たるに、風声に雑乱一上せられ、這《こ》の一段の新仏法、都《すべ》て失忘《しつぼう》し了《お》われり。只《た》だ又た旧本を挙《こ》して用《もっ》て新聞に当《あ》てることを得たり。雁《がん》は南浦に還《かえ》り、蝉《せみ》は西林に噪《さわ》ぐ。劫初《ごっしょ》の時の事、如今《にょこん》を離れず。幾多《いくたび》か路に泣く者、更に沈吟《ちんぎん》することを用いず。須らく信ずべし、家家の観世音」と。

こと。○天暁…あかつき。明け方のこと。○雑乱一上…ごたごたと入り乱されること。混乱・乱雑。一上は一回・一度。○失忘…忘れる。○旧本…古い本。○新聞…新しく聞いた話。○南浦…南方の水涯。南方の水に沿った地、浜辺。○西林…西方の林。○劫初時事…この世の初めのこと。空劫以前の事。○幾多…あまた。数量の多いこと。○沈吟…思いにふけること。考え込むこと。○家家観世音…家ごとの観世音菩薩、いたるところそれぞれに観音がいること[補1]。○観世音…観世音菩薩のこと。観音菩薩、観自在菩薩とも[補2]。

207

中秋上堂。「挙《こ》す、兜率《とそつ》の悦和尚云く、『眉毛《びもう》を剔起《てっき》すること、甚《なん》の難きことか有らん。分明に一毫《いちごう》端を見ず。風は碧落《へきらく》を吹いて浮雲《ふうん》散じ、月は青山に上る玉一団』と。師云く、「兜率が三十年も自ら味《くら》ますの事、今日、一時に敗露《はいろ》し了《お》わる。建長、隠《かく》せば顕るること或《あ》り。諸人、決《けっ》是して知らず。諸人が知らざるの処、更に為《た》めに分明に指示せん。難中に易有り、易中に難あり。須らく信ずべし、形端《ただ》しければ、影も亦《ま》た端《ただ》しきことを。節は中秋に届《いた》り皓月《こうげつ》を観る。是れ誰か捏合《ねつごう》して団と成すことを得たる」と。大衆を召して、「切に忌《い》む、時に臨《のぞ》んで眼に謾《まん》ぜらるることを」と。

○中秋上堂…八月十五日、中秋の日に行なう上堂。○兜率悦和尚云、剔起眉毛〜玉一団…[補1]。○兜率悦和尚…臨済宗黄龍派の兜率従悦（一〇四四〜一〇九一）のこと[補2]。○剔起眉毛…眉毛を跳ね上げて目を見開くこと。剔起は跳ね上げる。○分明…あきらかなこと。明白なこと。○一毫端…一本の細い毛の先端。○碧落…東方の天。青い空。○青山…青々と樹木の茂った山。山の美称。○玉一団…一つの玉のような真丸のかたまり。○敗露…現れる。露顕する。

○皓月…明るく照り輝く月。明月。○捏合…こねあわす。握り合わす。

208

上堂。「説得し、行得し、明得し、了得するも、透関《とうかん》人前、只《た》だ是だ未在《みざい》なり。既《すで》に是に行説明了なるに、甚《なん》に因《よ》ってか未在なる。髑髏《どくろ》粉砕《ふんさい》する時、我《わ》れ定めて汝に罵《のの》し遭《ら》れん」と。

○透関人…関門を透過した人。悟りの関門を突き抜けた人[補1]。○只是未在…しかし、まだ不十分である。○髑髏…しゃれこうべ。屍骸。○粉砕…砕かれてこなごなになること。うちくだかれること。

209

上堂。「挙《こ》す、一魔王有り、来たりて仏前に至る。世尊勧めて云く、『汝、菩提心を発す可し』と。魔王云《いわ》く、『尽大地の人の成仏し已竟《お》わるを待ちて、我れ乃ち菩提心を発せん』と。世尊、便ち休し去る」と。師云く、「世尊、当《まさ》に断ずべくして断ぜず、返って其の乱を招く。当時、好《よ》し、熱鉄輪《ねってんりん》を飛ばして、他《かれ》の頂上に向かって旋転《せんてん》三匝《そう》して、他の伎倆《ぎりょう》は如何《いか》んと看るに。事は已《すで》に往りぬ、徒《いたず》らに用《もっ》て追思《ついし》す。今日、忽《たちま》ち大魔王有りて、建長門下に到らば、我れも亦た勧めて菩提心を発せしめん。他若《かれも》し前話を以て我れに答えば、我れ便ち鉄囲山《てっちせん》中に貶向《へんこう》し、他をして自ら看せしめん。苟或《も》し然らずば、更に一頌を聴け。轟《ごう》雷掣電《らいせいでん》の機を拈起《ねんき》す。法王の法令、実に斯《かく》の如し。玲瓏八面《れいろうはちめん》、自ずから回合《かいごう》す。峭峻《しょうしゅん》の一方、誰か敢《あ》えて窺《うかが》わん」と。

○有一魔王～世尊便休去…[補1]。○魔王…魔の王。仏道修行や善事をさまたげる悪魔。欲界の第六天である他化自在天の主。○世尊…釈迦牟尼仏のこと。仏十号の一つ。○菩提心…阿耨多羅三藐三菩提心の略。悟りを求めて仏道を行なおうとする心。○尽大地…すべての大地。○成仏…仏に成ること。さとりを開くこと。○当断不断、返招其乱…[補2]。○熱鉄輪…熱した鉄製の車輪。○旋転…くるくる回転すること。○技倆…腕まえ。お手なみ。

○追思…思い起こす。すぎ去ったことをあとから思うこと。○貶向鉄囲山中…[補3]。○鉄囲山…世界の中心にある須弥山をめぐる九山八海の最も外側にある鉄でできた山。○貶向…落とし入れる。○轟雷掣電機…轟く雷や光る稲妻のようなはたらき。雷がぴかりと光るように、速くて目にも止まらない禅者の活機用のこと。○拈起…つまみ上げる。○法王…法門の王の意で仏のこと。「法王法令実如斯」は「諦観法王法、法王法如是」を踏まえる。○法令…仏法の教え。仏教の要旨。○玲瓏八面…八面玲瓏とも。いずれの方向にも透き通って明らかなこと。心にわだかまりのないさま。○回合…めぐりあう。邂逅する。○峭峻…山などの高くけわしいこと。

210

上堂。「遠き従《よ》り近きに及ぶ、樵唱漁歌《しょうしょうぎょか》、総て是れ深く実相《じっそう》を談じ、善《よ》く法要を説く。汝等諸人、只《た》だ平常の会《え》を作《な》し去り、纔《わず》かに人の奇言妙語《きげんみょうご》を挙《こ》するを聞きて、便ち仏法の商量《しょうりょう》を作《な》す。殊《こと》に知らず、古《いにしえ》より三年して一閏に逢い、季《き》秋《しゅう》九日は是《こ》れ重陽《ちょうよう》なることを」と。

○樵唱漁歌…樵唱はきこりの歌。漁歌は漁夫のうたう歌。ふな歌。○実相…すべてのものの真実のありのままの姿。真実の本性。○法要…真理の本質。仏法の大要。○平常会…平生の理解。ありきたりのとらえ方。○奇言妙語…奇抜な珍しい言葉。妙語はすぐれてよい言葉。巧みな言葉。並はずれてすぐれた言葉。○商量…相談協議する。いろいろ考えて推し量ること。禅の教えを問答審議する。○三年逢一閏…[補1]。○季秋…三秋の最後。九月のこと。○重陽…五節句の一つ。陰暦九月九日のこと。九は陽数であり、九が重なることで重陽という。

211

上堂に云く、「通《つう》ぜば則ち達《たっ》し、闢《ひら》けば則ち寛《ひろ》し。一鋤《しょ》にて井《い》を見んと要せば、

○鋤…くわ。一鋤は鋤を一ふりすること。○保…うけあう。保証する。

終是《つい》に君が難きことを保《ほ》す。或いは一鉏《しょ》にて井を見る底有りて来たる時、如何《いか》んが迎接《げいせつ》せん。幾度か滄溟《そうめい》の風浪《ふうろう》悪しくも、未だ曽《かつ》て釣船《ちょうせん》の翻《ひるがえ》るを聞《き》道かず」と。

212 冬至上堂。「昨日初一、今朝月二、晷運《きうん》は推移《すいい》し、日南長至《にちなんちょうし》なり。衲僧家《のうそうけ》、健《すこや》かなれば則ち経行し、困《こん》せば則ち打睡《だすい》す。時節の拘《かか》わるべき無く、寒暑の避《さ》くべき無し。甚《なん》に因って今朝、脳門《のうもん》をば地に著《つ》く」と。良久して、「礼は興す可くして、廃す可からず」と。

213 書記・蔵主・典座・浴主を謝する上堂。払子を以て点ずること一点し、復た劃《かく》すること一劃して云く、「古より今に及ぶまで、二十四家の書を明らめ、一大蔵の教えに通ずるも、這裏《しゃり》に到って、口を啓《ひら》く分無し。衆中、有る底は是《かく》の如く挙揚《こよう》するを聞いて、便《すなわ》ち道《い》う、『這《こ》の一点一劃子《いってんいっかくす》、甚麽《なん》の会《え》し難きことか有らん』と。若《も》し此《かく》の如く推量《すいりょう》せば、你、毎日一滴の水を飲むこと鉄汁《てつじゅう》を飲むが如く、一粒の米を喫すること鉄丸《てつがん》を呑むが如くならん。且《しば》らく如何《いか》んが趣向《しゅこう》有ることを得ん。汝が身心を洗滌《せんでき》して、内外とも浄尽《じょうじん》し了わらんを待って、却り来たりて伊《かれ》が為めに分別解説《ふんべつげせつ》せん」と。

○鉏…くわ。鋤の本字。○迎接…出迎えて応対すること。○滄溟…青く広い海。青海原。○風浪…風と波。○聞道…聞く。道は意味のない接尾語。

○冬至上堂…冬至の日に行なう上堂。○昨日初一、今朝月二…[補1]。○晷運…日の光の運行。晷は日の光、日光の影。○日南長至…冬至の時に、太陽が一年で最も南の方向にあること。○衲僧家…衲衣を着た僧。禅僧のこと。○健則経行、困則打睡…[補2]。○経行…経行は動作。静かに歩むこと。あちこち巡り歩くこと。ここでは禅宗でいう経行《きんひん》とは別の意味であろう。○打睡…眠りこける。居眠りする。○脳門著地…頭の先まで地に打ち付ける。自分の寄って立つ足場を払い去る意。○礼可興而不可廃…礼は従い守らねばならない。廃し去ってはならない[補3]。

○書記…禅宗寺院で書疏の製作など公私の文書を司る役。六頭首の一つ。○蔵主…蔵殿の主管。禅宗寺院で経蔵を管理する役。六頭首の一つ。○典座…禅宗寺院で衆僧の食事を司る役。六知事の一つ。○浴主…禅宗寺院の浴室の主任。知浴。六頭首の一つ。○点一点復劃一劃…一点を打ったり一線を引いたりする。○二十四家書…様々な流派の学問をさすか[補1]。○一大蔵教…厖大な経典に説かれた教え。○無啓口分…口を開いてものを言う資格もない。○衆中…大衆の中。修行僧たち。一会の僧衆。○有底…ある人。○挙揚…取りあげること。取りあげて人に示すこと。○推量…物事の状態・程度や他人の心中などを推し量ること。○鉄汁…高温で鉄を溶かした汁。○鉄丸…熱鉄丸の略。灼熱した鉄のたま。○趣向…赴く。目的を定めてそれに向かうこと。○洗滌…身心を洗い清めること。○浄尽…すっかり無くしてしまう。きれいさっぱり根絶する。○分別…ここでは人々にわかるように分けて説くこと。○解説…法を説いて聞かせること。

214
上堂。「挙す、睦州《ぼくしゅう》、凡《およ》そ僧の来たるを見ば、便ち云く、『現成公案、你、甚麼《なん》と為《し》てか会《え》せざる』と。建長は則ち然らず、現成公案、会するを用《もっ》て作麼《なに》かせん。会せば則ち是《こ》れ錯《あやま》り、会せざるも也《ま》た錯る。錯錯、曽《かつ》て毒蛇に傷《きず》つけられ、断井索《だんせいさく》を見るに怕《おそ》る」と。

○睦州凡見僧来～為甚麼不会…[補1]。○睦州…黄檗下の睦州道蹤（不詳）のこと[補2]。○現成公案…眼の前に現れているものが、絶対の真理であること。○公案…公府の案牘。官庁の裁決案件。歴代祖師が示した仏法の課題。○曽被毒蛇傷、怕見断井索…[補3]。○断井索…切れたつるべ縄。蛇と見誤る。

215
上堂。「一歳は看《み》る看《み》る尽《つ》く。諸人、作麼生《そもさん》。眼前に別法無く、足下《そっか》に深坑《じんこう》有り。歩み疾《はや》ければ危険に応《あた》り、心疑えば即ち変更す。明に投じて須《すべか》らく到るべし、夜中に行くことを許さず。王化《おうけ》に遵《したが》わざる底有ること莫き麼《や》。試みに出で来たりて建長と相見《しょうけん》せよ」と。

○看看…みるみるうちに。○別法…別の教え。特別な手だて。○深坑…深いあな。○変更…変える。変え改める。○投明須是到、不許夜中行…明け方には到っていなければならないが、法令で夜中に行くことは許さない[補1]。○王化…君主の政治。君主の徳によって世の中をよくすること。○相見…互いに相い見える。拝顔する。

216
歳旦上堂。「一年の初め、万事和合《ばんじわごう》す。和合の中に於いて、更に諸人の与《た》めに、些《いささ》かの新鮮の仏法を説き、未証の者をして証し、未達の者をして達せしめん。紅日《こうじつ》は東より昇りて、普天一照《ふてんいっしょう》す。情と無情と暗に偸笑《とうしょう》す。且《しば》らく道《い》え、笑うこと何の因ることか有る。今年、五穀は豊登にして、処処に法要を聞かんことを願う。恁麼の説話、還《は》た新鮮の仏法に当たり得ん也無《や》」と。

○歳旦上堂…一月一日、歳旦（元旦）に行なう上堂。弘長二年（一二六二）一月一日。○万事和合…すべてのものが結合し、溶け合っていること。○紅日…太陽のこと。○普天…普く覆う空。天下。○情与無情…有情と無情。一切の生類と山川草木。○偸笑…こっそり笑う。○五穀豊登…五穀豊穣に同じ。穀物が豊かに実ること。○五穀…五種類の穀物。麻・黍・稷・麦・豆。麻の代わりに稲を入れることもある。後世、中世日本でも種々の説が存する。○法要…真理の本質。仏法の大要。

217
衆を辞する上堂。「昔年、来たりて此の山を主《つかさど》るは、初めより計会《けいえ》するに非ず。

○辞衆上堂…大衆（修行僧）を辞して建長寺を離れるに際して行なわ

今日、往いて彼の刹《さつ》を興《おこ》すは、事豈《あ》に偶然ならんや。其の中、千里の遥《はる》かなる有りと雖も、実に抝らば、本より一毫《いちごう》の隔《へだ》たり無し。既に一毫の隔たり無ければ、東州にて鼓を打ち、西国にて上堂す。巨福山中に合掌し、建寧寺《けんにんじ》内に焼香す。諸人、還《は》た此の語を肯《うけが》う也《や》無。若《も》し肯《うけが》い去《さ》らば、是れ我が同流《どうる》なり。苟《も》或し然らずば、更に一頌を聴け。要津把断《ようしんはだん》す十三春、又た軽帆《けいはん》を挂《か》けて海浜を出づ。但《た》だ鉤頭《こうとう》の香餌《こうじ》得ば、龍門険《りゅうもんけわ》しき処に金鱗《きんりん》を釣《つ》らん」と。

れた上堂。○計会…計算する。思い量る。思慮する。

○一毫…一本の毛。極めてわずかなもののたとえ。○巨福山…建長寺の山号。○建寧寺…京都東山の建仁寺のこと[補1]。

○同流…同じたぐい。同類。

○要津把断…把断要津。急所を抑える。要津は重要な渡し場。肝要な場所。○十三春…十三回目の春。蘭渓道隆が建長寺に住持していた期間[補2]。○軽帆…船足の速い帆掛け船。○鉤頭香餌…釣り針につけた味や匂いのよい餌。○龍門…山西の河津にある山峡。黄河が滝となって落ちるところ。鯉が龍となるところ。○金鱗…金色のうろこ。美しい魚。

山城州北京東山建寧禅寺語録

侍者　了禅・従琛編

218

師、入寺して三門を指し、大衆を召して云く、「今朝、手を把《と》りて帰するを同じくす。切に忌む、当陽《とうよう》に自ら味《くら》ますことを。重関《じゅうかん》を透過《とうか》する底の人、何ぞ妨げん、東に倒れ西に擂《す》ることを。這裏《しゃり》、還《は》た透関《とうかん》の者有り麼《や》。若《も》し有らば、且《しば》らく門外に居せよ」と。

仏殿を指して、「仏と道《い》いて便ち口を嗽《すす》ぐ跛脚《はきゃく》の漢は、己を以て人に方《くら》ぶ。我れ有りて渠《かれ》を須《もち》いざる老徳山は、遼天《りょうてん》に価を索《もと》む。蘭渓、今日到来して這般《しゃはん》の保社《ほしゃ》に入らず、一炷《いっちゅう》の香を焼《た》いて、佗《かれ》を礼すること三拝せん。何が故ぞ。冤《うら》みには徳を以て酬《むく》い、悪には善を将《もっ》て解《と》かす」と。

土地堂《どじどう》にて、「王老師、圭角纔《けいかくわず》かに彰《あら》われて、他に勘破《かんぱ》せらる。冉和尚《ぜんおしょう》は、機関《きかん》露わさずして、汝が扶持《ふじ》するを要す。非事を将《もっ》て闍梨《じゃり》を検すること莫《な》かれ。須らく信ずべし、袈裟《けさ》は是《こ》れ鉄囲《てっち》なることを」と。

方丈に拠《よ》りて、「棒喝交《ぼうかつこも》ごも馳《は》せ、眼光閃爍《せんしゃく》す。今時に当たって、総《すべ》て用不著《ようふじゃく》なり。蘭渓、徹底《てってい》して為人《いにん》す、誰か機先《きせん》に領略することを解《げ》せん。看て看よ」と。

一足を垂下《すいげ》して、「我が脚は何ぞ驢脚《ろきゃく》に似たる」と。

○山城州…現在の京都府の中南部。畿内五ヶ国の一つ。○北京…京都の別称。北都。奈良を南都というのに対する。○東山…京都市の東縁に連なる山。主峰は如意ヶ岳。○建寧禅寺…建仁寺のこと。後に京都五山の第三位になる[補1]。○了禅…不詳。二十歳で出家し蘭渓道隆に参じた。法語に「示了禅侍者」が存する。○従琛…蘭渓道隆の弟子とみられるが、詳しい行実は不明。
○入寺…弘長二年（一二六二）の春。○三門…山門ともいい、禅宗寺院の正面の門。三解脱門。○当陽…面と向かって。まっこうから。まともに。○重関…幾重にも連なる関門。ここでは禅の公案課題のこと。○透過…通り抜けること。○東倒西擂…東に倒れ西に擂《す》る。あちこちでよろめき倒れる[補2]。○透関…関門を透過する。悟りの関門を突き抜ける。○仏殿…禅宗寺院で、伽藍の中心にあり、本尊を安置し礼拝する建物。○道仏便漱口…[補3]。○跛脚漢…足の不自由な人。雲門文偃（八六四～九四九）のこと[補4]。○以己方人…自分の尺度で人のことを推し量ること。○老徳山…青原下の徳山宣鑑（七八〇～八六五）のことか[補5]。○遼天索価…法外な値段を付ける。遼天は空一面。○保社…共同生活を営む僧団。寺院のこと。○一炷香…炷は焼香の意。一本または一片の香。○土地堂…土地護伽藍神を祀る堂。○王老師…王氏出身の南泉普願（七四八～八三四）の自称[補6]。○圭角…玉のとがったところ。玉のかど。○他・汝…ここでは土地神のこと。○勘破…見破る。本質を見抜く。○冉和尚…冉氏出身である蘭渓道隆の自称[補7]。○機関…師家が学人を指導する作略のこと。○扶持…助けること。扶助すること。○非事…悪いこと。なすべからざること。○闍梨…禅僧の代名詞。「あなた」の代名詞。天台宗の阿闍梨のことではない。○袈裟是鉄囲…[補8]。○鉄囲…鉄囲山。世界の中心にある須弥山をめぐる九山八海の最も外側にある鉄でできた山。○方丈…禅宗寺院で住持の居室。○棒喝…棒と喝。修行者を警醒するために、拄杖で打ったり、喝したりすること。鋭い機鋒による学人指導の方法。○閃爍…ひらめき輝くこと。○用不著…うまく用いきれない。○徹底…中途半端でなく一貫していること。○為人…人のためにする。人を教え諭す。教化。○機先…物事が起ころうとする直前。ものの起こらざる直前。○領略…物事の意味を理解すること。ものの意義を悟ること。○垂下…垂れ下がること。垂らすこと。○我脚何似驢脚…

帖《ちょう》を拈《ねん》じて、「箇《こ》は是《こ》れ東州、赤心《せきしん》にて国に報ゆ。天下の衲僧《のうそう》の鼻孔《びくう》を点検する底の没量《もつりょう》の大漢、此《こ》の道を隆《さか》んにして為《た》めに明君《めいくん》を佐《たす》けんことを要す。一毫《いちごう》頭《とう》に向かって、刹として利せざる無く、中に密切《みっせつ》の意有り、敢《あ》えて言に形《あらわ》さず。却《かえ》って請《こ》う、維那《いの》、聊《いささ》か大概を呈《てい》せよ」と。

法座を指して、「千聖《せんしょう》も口門窄《くもんせま》く舌頭《ぜっとう》短くして道い得ざる底の一句子、今日、向上に説破《せっぱ》し去らん。眼裏《がんり》に筋無き者、切に虚声《きょせい》を聴《き》くこと勿《な》かれ」と。

師、陞座《しんぞ》して祝香《しゅくこう》して、「此《こ》の一瓣香《いちべんこう》、高く有頂《うちょう》に敷き、宏《ひろ》く無垠《むぎん》に結ぶ。須弥《しゅみ》盧《ろ》を透過《とうか》して、金剛界に充徹《じゅうてつ》す。炉中に爇向《ぜっこう》して、恭《うやうや》しく為めに、今上《きんじょう》皇帝・有道《うどう》の明君を祝延《しゅくえん》したてまつる。恭《うやうや》しく願わくは、金輪永《こんりんなが》く固《かた》く、玉葉《ぎょくよう》長しえに芳しく、万載《ばんざい》に綿《つらな》りて休を擁し、四時を合せて福を蒙《こうむ》らんことを」と。

次に拈香《ねんこう》して、「此の一瓣香《いちべんこう》、輔国《ほこく》の大丞相《だいじょうしょう》并びに合朝《ごうちょう》の文武官僚《ぶんぶかんりょう》の為《た》めにし奉る。伏《ふ》して願わくは、寿は松椿《しょうちん》に等しく、雪に傲《ごう》して彫零《ちょうれい》の色没《な》く、心は葵《き》藿《かく》に同じく、陽に向かって移易《いえき》の誠無からんことを」と。

「此《こ》の一瓣香《いちべんこう》、東州の信心の檀越、最明寺禅門の為《た》めにし奉る。伏して願わくは、国の為めに忠を輸《いた》し、明君の盛徳《せいとく》を賛《たす》け、心を了《りょう》じて道に達し、末世《まっせ》の宝幢《ほうどう》を竪《た》て、永く皇祚《こうそ》の股肱《ここう》と為《な》り、長えに法門《ほうもん》の梁棟《とうりょう》と作《な》らんことを」と。

「此の香、昔、陽山那畔《ようざんなはん》に在《あ》りて、収拾し得来たる。覷著せば則ち恨有りて情生

［補9］。○驢脚…ロバの足。
○拈帖…住持任命状を手にする。○赤心…嘘いつわりのない、ありのままの心。○天下衲僧…あらゆる禅僧。すべての修行僧。○衲僧…衲衣を着た僧。禅僧のこと。○点検…あらため調べる。○没量大漢…けたはずれの大人物。大力量の人。○明君…賢明な君主。この時の君主は亀山天皇。○一毫頭…一本の細い毛すじ。○刹…国土の意。刹土。○密切…真理と一枚であるさま［補10］。○維那…禅宗寺院の僧堂などで修行僧を監督指導し、堂内の衆務を総覧する役。六知事の一つ。○大概…全部ではないが、その大部分。
○法座…教法を説く場所。演法の座の意で、法堂における須弥壇のこと。○千聖…多くの聖者たち。三世歴代の諸仏諸祖のこと。○口門窄舌頭短…口も狭く舌も短い。言葉が不十分であることのたとえ。○口門…口。○舌頭…舌。頭は名詞につく接尾語。○道不得…言葉で言い切れない。表現し得ない。○向上…上の。その先の。○説破…言い切る。説き尽くす。○眼裏無筋…眼光に鋭さがないこと。無気力なさま。
○虚声…偽りの評判。根拠のないうわさ。ここでは自分の説法を謙遜していう。○陞座…禅僧が説法のとき、須弥壇などの高座に上ること。
○祝香…祝聖上堂や降誕会などの慶事の際に、上堂して法を説くに先立ち、祝いの意を表して焚く香のこと。○一瓣香…ひとつまみの香。
○有頂…有頂天。天界の頂上。仏教の世界観の一つで、天上界における最高の天。○無垠…果てしないこと。限りがないこと。○須弥盧…須弥山のこと。仏教で、世界の中心にそびえるという高山。○透過…通り抜けること。○金剛界…宇宙を大日如来の智徳の方面から開示した部門。○充徹…満たし尽くす。充満させること。○爇向…爇は焼く意。香を焚くこと。向は助字。○今上皇帝…亀山天皇（一二四九～一三〇五）のこと［補11］。○有道…正しい道にかなっていること。道徳を身に備えている。仏道に心掛けている。○祝延…長命を祝い祈ること。○金輪…ここでは世界を支配する金輪聖王の略。帝王（天皇）のこと。○玉葉…美しい葉。皇族。天子の一族を敬っていう語。○万載…万歳。長い年月。万年。○擁休…めでたいことを保ち続ける。休は幸い、よろこび。○四時…四季のこと。春夏秋冬。○蒙福…幸いを受ける。○拈香…香をつまんで焚くこと。○輔国…国をたすける。○大丞相…天子を助けて国務を執った大臣。宰相［補12］。○合朝…朝廷に

じ、点著《てんじゃく》せば則ち無明の火発す。炉中《ろちゅう》に爇向《ぜっこう》して、前住平江府尊相禅寺無明《むみょう》大和尚の為《た》めにし奉り、用《もっ》て法乳《ほうにゅう》の恩に酬《むく》いん」と。

師、座に就いて索話《さくわ》して、「建長を離れ来たりて建寧《けんにん》に住す。皇畿《こうき》の風月、十分新たなり。而今《じこん》、満目《まんもく》は皆な賢佐《けんさ》、孰《たれ》か与《と》もに正法輪《しょうぼうりん》を扶持《ふじ》せん。有り麽《や》、有り麽《や》」と。僧問う、「遠く東州に別れ、来たりて西国に臨む。上刹に主盟して法の流通《るずう》を為《な》す。如何《いか》なるか是れ寸歩《すんぽ》を移さず十方に徧歴する底の一句」と。師曰く、「山僧、此《ここ》に到るまで十六日程なり」と。僧云く、「恁麽《いんも》なれば則ち嶺を越え山を奔《はし》りて力を費《ついや》すこと少からず」と。師曰く、「你、甚の処に向かって蘭渓を見る」と。僧云く、「当処を離れず、坐立儼然《ざりつげんぜん》たり」と。師曰く、「斫額《しゃくがく》して新羅《しんら》を望む」と。僧云く、「昔日、世尊道《いわ》く、『我が法は国王・大臣・有力檀那に付嘱《ふしょく》す』と。畢竟して箇《こ》の甚麽《なに》をか付す」と。師曰く、「軽きこと毫末《ごうまつ》の如く、重きこと山の如し」と。僧云く、「便ち是《ぜ》なること莫《な》き麽《や》」と。師曰く、「心を擬《ぎ》せば即ち錯《あやま》る」と。僧云く、「世尊出世して、大地は震動し、天は四花《しけ》を雨《ふ》らす。今日、和尚来たりて此の山を主る。何の祥瑞《しょうずい》か有る」と。師曰く、「清風来たりて未だ休《や》まず」と。僧云く、「如何なるか是れ祖意」と。師曰く、「玉堂天子の勅」と。僧云く、「如何なるか是れ教意」と。師曰く、「茆屋聖人《ぼうおくせいじん》の書」と。僧云く「祖意と教意、是れ同じきか是れ別なるか」と。師曰く、「千江

仕えているすべての者。○傲雪…雪にも屈しない。○松椿…松とつばき。ともに長寿の樹とされる。○彫零…衰え落ちぶれる。○移易…移しかえる。移り変わる。○葵藿…葵はあおい科の多年草、藿は豆の葉のこと[補13]。○東州…関東。とくに鎌倉を指す。○最明寺禅門…執権北条時頼のこと[補14]。○最明寺…鎌倉山ノ内にあった寺院で北条時頼によって建立された[補15]。○盛徳…盛大な徳。りっぱな徳。○末世…末法の世をいう。○宝幢…宝珠で装飾した幢。法幢（仏法）の美称。○皇祚…天皇の位。皇位。○股肱…ももとひじ。主君の手足となって働く、最も頼りになる家来や部下。○梁棟…家のはりとむなぎ。仏門中の重要な地位にある人物。○陽山…蘇州長洲県の陽山。無明慧性の住持した尊相寺が存する。○那畔…あの辺り。あのかたわら。○収拾…取り集める。拾い集める。とりかたづける。始末する。○点著…かすかでも触れてしまう。○覰著…うかがい尽くす。のぞき見てしまう。○無明…無明火は煩悩の炎。ここでは蘭渓道隆の本師である無明慧性にかけている。○平江府…蘇州（江蘇省）の宋代の呼び名。○尊相禅寺…蘇州長洲県の陽山に存した禅宗寺院[補16]。○無明大和尚…臨済宗松源派の無明慧性（一一六〇～一二三七）のこと[補17]。○法乳之恩…師に育てられた恩をいう。師恩を母乳にたとえた表現。○索話…住持が説法を始めるに先立ち、大衆に向かって疑問があれば質問するようにうながし説くこと。○皇畿…天子の治める地。畿内。京都の別称。○満目…見わたす限り。○賢佐…賢明なる補佐の臣。○正法輪…如来の説かれた正しい教え。○扶持…助ける。手を添えて助ける。○上刹…寺格が上に属する寺院。○主盟…盟を主る。主要な位置に置かれる。寺院の住持になること。○流通…仏法が伝わり広まること。○寸歩…ごく少しの歩み。わずかな距離。○十方…東西南北と四維（東南・東北・西南・西北）に上下を加える。全ての方角。○徧歴…広く各地を巡り歩くこと。偏参。○到此十六日程…鎌倉から京都に到るのに十六日ほどかかった意。○坐立…坐ることと立つこと。○儼然…厳然。いかめしくおごそかなさま。動かしがたい威厳のあるさま。○斫額…手を額に添えて遠くを望むさま。○新羅…古代朝鮮の国名[補18]。○世尊道、我法付嘱国王大臣有力檀那…[補19]。○毫末…毛先ほどの細かいもの。ごくわずかなこと。○擬心…心を差し向け

は月を蘸《ひた》し、万国《ばんこく》は春に逢う」と。僧云く、「凡聖、筵《えん》に臨みて、師の答話《とうわ》を謝す」と。

乃ち云く、「巨福山中に十霜《じゅっそう》を越え、了《つい》に玄妙《げんみょう》の商量《しょうりょう》す可き無し。業風《ごうふう》一たび鼓して回避し難し、覚えず、全身は帝郷《ていきょう》に在り。機輪滞り無し、動著《どうじゃく》せば則ち左転右旋《さてんうせん》す。鉄帚《てっそう》は身に随い、到る処にて則ち東揺西掃《とうようせいそう》す。法は吾れに従いて建ち、物は人を逐うて興る。所以《ゆえ》に東土に在りては則ち把定放行《はじょうほうぎょう》し、識者《しきしゃ》に逢《あ》うこと罕《まれ》なり。西州に来たりては則ち放行把定《ほうぎょうはじょう》し、多くは是れ知音《ちいん》なり。九重《きゅうちょう》天上の聖人《せいじん》、道高く徳備わる。十万戸前の瑞気、風暖かに花香《かんば》し。這裏《しゃり》に到って、法法は隠蔵せず、頭頭《ずず》倶《とも》に顕露《けんろ》す。諸人、顕露する底の法を見んと要す麽《や》」と。手を以て指して云く、「満目の青山は乱青を畳む、何れの処か不是なる。長堤《ちょうてい》の渌水《りょくすい》は軽渌を浮かぶ、那箇《なこ》か帰するを知らん」と。

払子を以て縄床《じょうしょう》を撃《う》ちて、「此《ここ》に於《お》いて心源に洞徹せば、了《つい》に異相《いそう》無し。便ち見ん、慈風《じふう》は堯風《ぎょうふう》と共に広く扇《あお》いで四海《しかい》は昇平《しょうへい》なり、仏日は舜日《しゅんじつ》と斉《ひと》しく明らかにして万民《ばんみん》は業《ぎょう》を楽しみ、文臣武将は咸《み》な有道《うどう》の君に帰し、樵父漁夫《しょうふぎょふ》は共に無為《むい》の化を楽しむことを。是《かく》の如くならば、則ち尽大地は是《こ》れ箇《こ》の解脱門なり。全身、裏許《こり》に在りて、十方を総《す》べて一建寧寺《けんにんじ》と為すも、我れを捨てて其《そ》れ誰ぞ歟《や》。弾指の間に梵刹円成《ぼんさつえんじょう》し、一瞬の中に魔軍《まぐん》頓に息《や》む。恁麼《いんも》の挙唱《こしょう》、大いに朱

る。分別をさしはさむ。○四花…仏の説法などの際、瑞兆として天から降るという四種の蓮の花[補20]。○祥瑞…縁起のよい前兆。めでたい兆。○清風…清らかな風。○祖意…祖師西来意の略。祖師（達磨）がインドから中国にやってきた真意を問うもの。○玉堂…玉で飾った殿堂。宮殿のこと。○天子勅…天子は皇帝。皇帝（天皇）が発した命令。○教意…仏が衆生のために説いた教えの本意。○茆屋…茅葺きの家。粗末な家。○聖人書…聖人は天子の尊称。天子の書いたもの。○千江蘸月、万国逢春…[補21]。○筵…むしろ。敷物。会合などの席。○越十霜…十年の歳月。蘭渓道隆が建長寺で十年以上住持を勤めたこと。○玄妙…奥深く微妙な道理。○商量…相談協議する。いろいろ考えて推し量ること。禅の教えを問答審議する。○業風…地獄で吹くという大暴風。業のはたらきを風にたとえたもの。業の報いとして感じる猛風。○帝郷…天子の居る所。京都を指す。○機輪…俊敏な禅機。○動著…動かす。心が動揺すること。○左転右旋…自由自在に操る意もあるが、ここでは右往左往するさま。○鉄帚…鉄のほうき。○東揺西掃…あちこちを揺れ動かし掃き清める。○東土…東州に同じ。ここでは関東・鎌倉の意。○把定…しっかりと握る。相手の機を押さえ込むこと。○放行…束縛することなく、自由に放しておくこと。○識者…見識のある人。具眼者。ものごとをよく心得ている賢い人。○知音…互いによく心を知り合った友。親友[補22]。○九重天上聖人…宮中におられる天子。九重は天の最も高いところ。宮中。○瑞気…めでたい雲気。めでたい兆し。瑞祥の気。○隠蔵…かくれること。○頭頭…一つ一つ。どれもこれも。○顕露…はっきりあらわれること。○満目青山…見わたすかぎり青々と樹木の茂った山。○乱青…青々とした樹木が生い茂っているさま。○長堤…長く続いているつつみ。○渌水…澄みきった水。清らかな水。○軽渌…軽漾の誤りか。軽く漂う。○縄床…縄を編んで作った椅子。この上に敷物を敷いて坐禅をする。○心源…あらゆる意識活動の発生する根源の意で、心の当体をいう。○洞徹…ぬけとおること。つらぬきとおすこと。○異相…普通の人とは異なった人相または姿。○慈風・仏日…仏の慈悲の心が衆生に周く行き渡る様子を風や日にたとえている。○堯風・舜日…古代中国の聖天子、堯と舜の二帝の仁徳があまねく行きわたったことを、風雨の恵みや太陽の輝きにたとえている。○四海…須弥山を取り巻く四つの外海。○

に依りて墨を著け、順水に舟を行《すす》むるに似たるも、未だ宗乗向上《しゅうじょうこうじょう》の事《じ》に当得《とうとく》せず。且《か》つ如何《いか》なるか是《こ》れ宗乗向上の事」と。良久して、「夜月《やげつ》は輝きを流して古渡《こと》を含み、春風は意《い》を著《つ》けて新条《しんじょう》を発す」と。

復た挙《こ》す、「太宗皇帝、因みに僧、朝見《ちょうけん》して乃ち云く、『陛下、還《は》た臣僧を記得《きとく》す麼《や》』と。帝曰く、『何《いず》れの処にて相見し来たる』と。僧云く、『霊山にて一別して自従《よ》り、直に今に至る』と。帝曰く、『何を以て験と為さん』と。僧、対《こた》うる無し」と。師曰く、「這《こ》の僧、誰か謂《い》う、語無しと。其《そ》の声は雷の如し。太宗、至鑑逃れ難く、当機《とうき》譲《ゆず》らず。彼《か》の時、若し是れ臣僧ならば、太宗の『何を以て験と為さん』と道《い》うを聞きて、趨前《すうぜん》して俛首《ふしゅ》して云わん、『龍の興ることは聖世《せいせい》に当たり、文の応ずることは即ち天禧《てんき》なり』」と。

219 上堂。「正令当行《しょうれいとうぎょう》、彼此《ひし》を分《わか》かたず、毫釐《ごうり》も差《さ》有れば、参商《しんしょう》便《すなわ》ち起こる。新建寧《しんけんにん》、伎倆は無しと雖も、這裏《しゃり》に到って也《ま》た合《まさ》に恥を知るべし。咦《いい》。野草閑花《やそうかんか》、各自の春。従来、愁人《しゅうじん》の耳に入らず」と。

220 上堂。「東土に現成《げんじょう》し、西州に成現《じょうげん》す。帽《ぼう》を買うに頭を相《はか》り、機《き》に臨《のぞ》んで箭《や》を放つ。是《こ》れ汝諸人、薦《せん》するか薦せざるか。看て看よ、春の老いることを。乱風

昇平…世の中が平和でよく治まっていること。○有道…正しい道にかなった行ない。道徳を身に備えている。○樵父漁夫…きこりと漁師。○無為…自然にまかせて。自然のままで作為を加えない。○尽大地是箇解脱門…解脱門は、解脱の境界に入る門。三界の苦界を離れた真の悟りを得る門のこと[補23]。○尽大地…すべての大地。○裏許…うちがわ。その中。○弾指間…指を弾いて音を出すほどの一瞬の間。○梵刹…宝刹・浄刹とも。清浄な国土。仏寺・僧院のこと。○円成…円満に成就すること。○魔軍…悪魔の軍勢。仏道を妨げる一切の悪事のたとえ。○挙唱…唱え挙げること。○依朱著墨…手本の朱字にそって墨をなぞること。○順水行舟…順水推船に同じ。水の流れに乗って舟を進める。情勢に順応してものごとをすすめるさま。○向上事…禅の教えの究極のところ。一段つきぬけたありよう。○夜月流輝含古渡…真夜中の月が古い渡し場の水面に輝いているさま[補24]。○春風著意発新条…春の風が必死に新しい枝を芽吹かせるさま。新条は新芽の出た枝[補25]。○著意…心を止める。気をつける。念を入れる。○太宗皇帝〜無対…[補26]。○太宗皇帝…北宋の太宗のこと[補27]。○朝見…臣下が朝廷に参上して天子にお目通りする。○記得…記憶すること。覚えていること。○相見…互いに相い見える。拝顔する。○霊山…霊鷲山の略。王舎城の東北にそびえる山。釈尊が説法を行なった場所。○至鑑…きわめてよく見極めること。すぐれた洞察。○当機…その機会に当たって、その場に応じて。○趨前…前方におもむくこと。○俛首…首をたれる。頭を下げる。○龍興…龍が奮い起こって雲を得て天に昇る。龍は天子のたとえ。○聖世…すぐれた天子の治める世。○文応…武力を収めて文徳で治める意。亀山天皇即位による代始改元年号[補28]。○天禧…天祺。吉兆。天のめでたいしるし。○正令当行…皇帝（天皇）が定めた法令が着実に施行されること。○毫釐有差、参商便起…[補1]。○新建寧…新たに建寧寺に入った蘭渓道隆自身のこと。○知恥…恥辱を知る。○咦…注意を促すときに発する大声。○野草閑花各自春…野草や閑花にもそれぞれ春がやってくる[補2]。○愁人…悲しい心を抱いている人。○東土…東州に同じ。ここでは関東・鎌倉の意。○現成…すでにできあがっている、既成の。ありのまま現れていること。○西州…西国に同じ。ここでは京都。○成現…現成。眼前に隠れることなく、ありの

高く飛びて、残紅《ざんこう》を落とす。一片、両片、三四片」と。

221
上堂。「看不破《かんふは》なる処、万緒千頭《ばんしょせんとう》、撃得開《げきとくかい》する時、三交両勝《さんこうりょうしょう》。人有りて這裏《しゃり》に向かって別に一条《いちじょう》の活路を行ぜば、你に許さん、親しく蘭渓に見《まみ》えることを。苟《も》或し然《しか》らずば、四序《しじょ》に多子《たす》無し、一年能《よ》く幾春ぞ」と。

222
結制上堂。「今夏《こんげ》の安居《あんご》、諸人と此《こ》の事を論量《ろんりょう》するに暇毋《な》し。九十日中、大家《たいけ》、土木場裏に向かって、提上挈下《ていじょうけいげ》し、東行西行す。驀然《まくねん》として手蹉《たが》い脚迭《たが》う時、切に相い負累《ふるい》すること勿《な》かれ。負累することは則ち且《しば》らく置く。只だ古人の凡《およ》そ新到有れば三担の泥を運ばしむるが如きは、畢竟して意は何《いず》れの処にか在る。直中の直を信ずること莫《な》かれ。仁不仁を隄防《ていぼう》せよ」と。

223
泉蔵主至る上堂。「挙す、興化、因みに同参纔《わず》かに法堂に上る。化、便ち喝す。僧亦た喝す。化、行くこと三両歩して又た喝す。僧亦た喝し、復《ま》た近前《きんぜん》す。化、棒を拈ず。僧又た喝す。化云く、『你看よ。這《こ》の瞎漢《かつかん》、猶お主と作《な》れり』と。僧、擬議《ぎぎ》す。化、便《すなわ》ち打つ」と。師云く、「諸方尽く道う、『興化は棒頭に眼有り、喝下に私無し』と。殊に知らず、已に同参《どうさん》に折倒《せっとう》し了わらることを。今に至る

まま現れていること。○買帽相頭…帽子を買うのに頭の大きさを計る。その場に相応しい対応をすること。○臨機放箭…情況を的確にとらえて矢を放つ。○鷹不鷹…進んで受け止めるか、受け止めないか。○乱風…強く吹きすさぶ風。悪風の意。○残紅…散り残っている赤い花。散り残りの花。

○看不破…見破れない。看破できない。ものの真相を見抜けない。○万緒…よろずのいとぐち。あらゆることがら。○千頭…様々なことがら。○撃得開時…打ち破ることができた時。○三交両勝…三回交戦して二度勝つ。○一条活路…一条は細長いものや項目を数える量詞。活路は生きのびることのできるみち。窮地からのがれ出る一すじの方法。○四序…春夏秋冬の順序。四季の移りかわり。○無多子…とくに変わったことがない。あれこれ。多子は造作ない。

○結制上堂…四月十五日、夏安居が始まる日に行なう上堂。○安居…雨安居・夏安居のこと。四月十五日から七月十五日の雨季の間、外出せずに寺院で修行すること。○此事…仏法の一大事。○論量…あれこれと考えをめぐらして論ずること。○大家…みんな。みなさん。○土木場…普請場。土木は家づくり。建築工事のこと。○提上挈下…上下に携える。手にひっ下げる。○東行西行…東奔西走の意。あちこち駆け巡って忙しく働くこと。○驀然…にわかに。突然に。○手蹉脚迭…手足がばたつきつまづくこと。蹉迭はつまづき倒れること。○負累…罪を被って永く悪名を受ける。人をまきぞえにする。○新到…新参者。新たに入門した者。○担…重量の単位。一担ぎの。○畢竟…要するに。結局のところ。○莫信直中直、隄防仁不仁…素直そうな表面を信じてはいけない。人でなしを防がねばならない。仁不仁は恩義や人情をわきまえない人[補1]。○不仁…仁の道に背くこと。慈愛の心のないこと。○隄防…堤防。防止すること。

○泉蔵主…臨済宗大慧派の渡来僧、古澗世泉（不詳）のことか[補1]。○蔵主…蔵殿の主管。禅宗寺院で経蔵を管理する役。六頭首の一つ。○興化因同参〜化便打…[補2]。○興化…臨済下の興化存奨（八三〇〜八八八）のこと[補3]。○同参…かつて同じ門下で修行した者。同学。○法堂…住持が修行僧に説法する建物。禅宗の七堂伽藍のうちの一つ。○瞎漢…目の見えぬ者。ものの道理のわからない人。○擬議…躊躇する。口ごもる。推し量り論ずること。何か言おうとしてまだ口

まで、未だ一人の扶持《ふじ》し得て起こすこと有らず。建寧、幸いに同参の到来するに値《あ》う。真偽曲折《しんぎきょくせつ》、明鑑《みょうかん》を逃れ難し。然も其《そ》の中に於《お》いて、一禍事《いちかじ》有り。諸人の面前に、只だ吐露《とろ》することを得ん」と。大衆を召して、「睡虎《すいこ》、眼開く、各おの宜《よろ》しく照顧《しょうこ》すべし」と。

224 上堂。「挙す、古徳道《いわ》く、『我れ此《ここ》に在《あ》りて立地《りっち》に汝が悟り去るを待つ』と。上古《じょうこ》には即ち得たるも、今は則ち然《しか》らず。何が故ぞ。各自に家に帰りて牢《かた》く網《あみ》を結《ゆ》え。江に沿《そ》って徒《いたず》らに看る、打漁の船」と。

225 上堂。「現成底《げんじょうてい》の事は、百匝千重《ひゃくそうせんちょう》なり。提掇《ていてつ》し得《え》て行ず、七花八裂《しちかはちれつ》。他の郁山《いくさん》主《しゅ》を累《わずら》わして、平地に喫交《きっこう》せしめ、老新豊《ろうしんぽう》を引き得て、常に此に於いて切ならしむ。仏祖互いに興りて、未だ曽《かつ》て漏泄《ろうせつ》せず。今日、建寧《けんにん》、諸人の為《た》めに漏泄し去らん」と。大衆を召して、「六月熱からざれば、五穀《ごこく》は結ばず」と。

226 上堂。「諸仏出身《しょぶつしゅっしん》の処、薫風《くんぷう》南自《よ》り来たる。妙喜老人、這裏《しゃり》に向かって、手蹉《たが》い脚迭《たが》い、死眼《しがん》頓に開く。今に至りて、尸骸《しがい》を著《つ》くる地無し。諸人、還《は》た委悉《いしつ》す麼《や》。夜深けて、庭中に向かって立つことを休《や》めよ。涼風《りょうふう》は人を侵《おか》して禍胎《かたい》を作《な》

に出さない状態をいう。○棒頭有眼、喝下無私…棒の先に打ちすえる相手の度量を見てとる眼がついており、喝を下すところに私心がない[補4]。○折倒…くじき倒すこと。○扶持…手を添えて助けること。○真偽…真実といつわり。まことかうそ。○曲折…曲がりくねること。折れ曲がること。○明鑑…あきらかな鏡。曇りのない鏡。ものの姿を明らかに写し出すもの。○禍事…よくない不吉な事柄。凶事。一大事。○吐露…心に思っていることを隠さず打ち明けること。○睡虎…眠っている虎。ここでは居眠りしている修行僧。○照顧…かえりみる。考慮する。照らし合わせてよく調べる。

○古徳道、我在此立地待汝悟去…[補1]。○立地…立ちどころに。すぐに。○上古…大昔。○打漁…魚を取ること。漁業をする。打は動詞の上につく接頭語。

○現成底事…すでにできあがっていること、既成の事実。ありのまま現れていること。○百匝千重…幾重にも重なっていること。○提掇…すくい上げる。提示する。手の上にものを載せて重さを量る。○七花八裂…ばらばらに裂け砕けること。○郁山主…楊岐方会のもとにいた茶陵郁山主[補1]。○平地喫交…平地でけつまづいてバッタリ倒れる。喫交はつまづき倒れる。○老新豊…曹洞宗の洞山良价（八〇七～八六九）のこと。新豊は瑞州（江西省）新昌県にある新豊洞（洞山）のこと[補2]。○常於此切…我常於此切に同じ[補3]。○漏泄…漏れること。大事なことを漏らし知らせる。○六月不熱、五穀不結…[補4]。○五穀…五種類の穀物。麻・黍・稷・麦・豆。麻の代わりに稲を入れることもある。後世、中世日本でも種々の説が存する。

○諸仏出身処、薫風自南来…[補1]。○諸仏出身処…諸仏が自ら依って立つ基盤。○薫風自南来…薫風は初夏に新緑の間を吹いてくる快い風[補2]。○妙喜老人…臨済宗楊岐派の大慧宗杲（一〇八九～一一六三）のこと[補3]。○手蹉脚迭…手足がばたつきつまづくこと。蹉迭はつまづき倒れること。○死眼…真実を見るはたらきの無い死んだ眼。○尸骸…死体。なきがら。○委悉…物事を事細かに詳しくすること。

す」と。

227
上堂。「挙す、僧、梁山《りょうざん》に問う、『家賊《かぞく》の防ぎ難き時、如何《いか》ん』と。山云く、『識得《しきとく》せば冤《あだ》を為さず』と。僧云く、『識得《しきとく》して後、如何《いか》ん』と。山云く、『無生国《むしょうこく》に貶向《へんこう》す』と。僧云く、『便ち是れ他の安身立命《あんじんりゅうみょう》の処なること莫《な》き麼《や》』と。山云く、『死水《しすい》に龍を蔵せず』と。僧云く、『如何《いか》なるか是《こ》れ活水《かっすい》の龍』と。山云く、『雲を拏《つか》むも霧《きり》を吐《は》かず』と。僧云く、『忽《たちま》ち傾湫倒岳《けいしゅうとうがく》に遇《あ》い来たらん時、如何《いか》ん』と。山、座を下りて把住《はじゅう》して云《いわ》く、『老僧が袈裟角《けさかく》を湿却《しっきゃく》せしむること莫《な》かれ』と。師云く、「古人が掃《はら》い潔《きよ》めえざる処、反って簾繊《れんせん》に渉《わた》る。当時、這《こ》の僧の『忽ち傾湫倒岳に遇《あ》う時、如何《いか》ん』と道《い》うを待ちて、只だ威《い》を振《ふる》いて一喝を消《つい》やさば、自然《じねん》に一塵《いちじん》も動ぜず、一滴も全く無からん。然して後、他に本分の草料を与えば、千載《せんざい》の下に湿気の猶《な》お存することを見るを免《まぬが》れん。今日、忽《たちま》ち人有りて建寧《けんにん》に問わば、只《た》だ向かって道《い》わん、『頭破れて七分と作《な》る』と。且《しば》らく道《い》え、古人と是れ同じきか是れ別なるか」と。主丈を卓す。

228
無明和尚忌の拈香《ねんこう》。「曩《むか》し陽山《ようざん》の一関に踞《こ》す。孰《たれ》か敢えて風に臨んで直視せん。倒《さかしま》に黒漆《こくしつ》の竹篦《しっぺい》を握り、人の為めに骨を敲《たた》いて髄《ずい》を出だす。無明の火を発して、

○涼風…すずしい風。夏の終わりに吹くさわやかな風。○禍胎…わざわいの生ずるところ。わざわいのもと。

○僧問梁山～老僧袈裟角…[補1]。○梁山…曹洞宗の梁山縁観（不詳）のこと[補2]。○家賊難防…家人の内にいる盗人は防ぎようがない。○識得…本質を見てとる。よく理解すること。○無生国…無生とは生滅を離れた真理。無生国とは一念不起の仏の世界、他方世界。○貶向…貶は落とす、落としめるの意。向は方向を表す接尾語。○安身立命…安心立命とも。身命を安立する。身心を尽して天命に任せる。○死水不蔵龍…流れを止めた水には龍は住まない。○傾湫倒岳…池の水をくつがえし、高山をひっくりかえす。桁外れの力量を発揮すること。

○把住…把定。ひっつかまえる。押さえ込む。○袈裟角…袈裟のすみ。○簾繊…微細なこと。微細にわたって造作すること。

○自然…おのずから。ひとりでに。○本分草料…本来与えられるべき食料。本文は人本来の持ちまえ。本来具えているありよう。草料は家畜にやるまぐさ。○千載…千年。長い年月。○湿気…空気中の水分、湿り気。○頭破作七分…[補3]。

○無明和尚忌…本師無明慧性の忌日は嘉熙元年（一二三七）七月二十日[補1]。○無明和尚…臨済宗松源派の無明慧性（一一六〇～一二三七）のこと[補2]。○拈香…香をつまんで焚くこと。○陽山…蘇州（江蘇省）長洲県の陽山のこと。山中に尊相寺がある[補3]。○一関…関所。○直視…目をそらさないで、まっすぐに見つめること。○黒漆竹篦…漆で黒く塗った竹篦。師家が参禅者の指導に用いる法具。竹

聖を煆え凡を鎔《と》かし、縦奪《じゅうだつ》の機を施して、生に回《かえ》し死より起こす。徳に別かれて二十春、突然として這裏《しゃり》に在り。眼を著《つ》けて好生《こうせい》に観よ。知らず、是か不是か。我れ昔、他の折挫《せつざ》するに遭《あ》い来たる。直に而今《じこん》に至るまで恨み已《や》まず。其《そ》の影を見れば則ち眉を攢《あつ》め、其の名を聞けば則ち歯を切る。既然《すで》に是《かく》の如くなるに、甚《なん》に因《よ》ってか、今朝、同衣を引領《いんりょう》して焼香作礼《さらい》す。噁《ああ》。親しきか親しからざるか、郷中の人。美しきか美しからざるか、郷中の水。水に源有り、木に根有り。爾《なんじ》より出でて、爾に返る」と。便ち焼香す。

229

開山千光和尚忌の上堂。「蜀地《しょくち》は雲高く、扶桑《ふそう》は水快《はや》し。前身と後身、一彩《いっさい》両賽《りょうさい》なり。昔年の今日、死して亡《ぼう》ぜず。今日の斯《こ》の晨《しん》、在りて在らず。諸人、還《は》た落処《らくしょ》を知る麼《や》」と。良久して、「香風《こうふう》、萎花《いか》を吹いて、更《さら》に新しき好《うるわ》しき者を雨《ふ》らす」と。

230

両班を謝する上堂。「一鏃《いちぞく》にて三関《さんかん》を破るも、已に心力《しんりき》を労す。一言にて六国《りっこく》に説くも、総《すべ》て思惟《しゆい》に渉《わた》る。心力《しんりき》を労せざる底、臨済の墜緒《ついしょ》を起こし、大法の綱維《こうい》を整う。当機覿面《とうきてきめん》、覿面当機す。玲瓏《れいろう》として妙に転じ、左之右之《さしうし》す。希奇《きき》たり、希奇たり。三脚の驢児《ろじ》、蹄《ひずめ》を弄《ろう》することを解《げ》し、人をして長《とこし》えに老楊岐

篦は割り竹で作った弓状の棒。○無明火…無明火は煩悩の炎。ここでは蘭渓道隆の本師である無明慧性にかけている。○縦奪…好きにさせておくのと、身動きもさせぬこと。○回生起死…起死回生に同じ。死にかかったものを生き返らせる。死人をよみがえらせて生命を与える。○好生…ちゃんと。しっかりと。○折挫…くじけること。挫折。○而今…目下、ただ今。○攢眉…眉をひそめる。心の不愉快なさま。○切歯…歯をくいしばる。激しくいきどおる。○同衣…かつて無明慧性のもとで修行していた折に着ていた袈裟・法衣のことか。○引領…衣の襟元をつかんで引き寄せること。領は襟、うなじ、襟元のこと。○作礼…礼拝すること。○噁…感嘆詞。怒鳴る言葉。ああ。○水有源、木有根…どの川にもみな水源があり、どの木にもみな根がある[補4]。○出乎爾兮返乎爾…爾より出でては爾に返る[補5]。

○開山千光和尚忌…栄西が入滅したのは建保三年（一二一五）七月五日。弘長二年（一二六二）七月五日になされている[補1]。○千光和尚…臨済宗黄龍派の明庵栄西（一一四一～一二一五）のこと[補2]。○蜀地…中国四川省。○扶桑…中国の東方海上の島にあるという神木の名。日本を指す。○前身後身…栄西を前身として、蘭渓道隆は栄西の後身であることを述べたもの[補3]。○一彩両賽…賽は賽子、骰子ともいう。双六や博打の用具。彩は勝ち目。二度の勝負で出た勝ち目は一つだけ[補4]。○落処…つぼ。究極のポイント。かんどころ。落ちつき場所。○香風吹萎花、更雨新好者…『妙法蓮華経』巻三「化城喩品第七」に載る言葉[補5]。○香風…かおりのある風。花などに吹いて香気を含んだ風。○萎花…しぼんだ花。○新好者…新しくうるわしい天の華。

○謝両班上堂…夏安居が終了し両班を勤めた僧侶に感謝する上堂。○両班…禅宗寺院で、寺院運営における東班と西班のこと[補1]。○一鏃破三関…一つの矢尻を射込んで三重の関所を突き破る[補2]。○心力…心念気力。○一言説六国…戦国時代の張儀・蘇秦の故事を指す[補3]。○思惟…思考すること。対象を心に浮かべてよく考えること。○臨済…ここでは臨済宗のこと。○墜緒…おとろえて、それっきりだめになりそうな事柄。○大法…仏法のこと。○綱維…大づなでつなぐこと。物事のおおすじ。○当機覿面…相手を見るやいやな、間髪を入

を憶《おも》わしむ」と。

231 上堂。「蟬声《せんせい》は幽谷《ゆうこく》に噪《さわ》ぎ、雁字《がんじ》は晴空《せいくう》に列《つらな》る。江練《こうれん》、夜に白を拕《ひ》き、秋林《しゅうりん》、暗に紅を点ず」と。大衆を召して、「若《も》し声色《しょうしき》の商量《しょうりょう》を作《な》さば、己《おのれ》に迷うて物を逐《お》わん。声色の会を作《な》し去らずば、眼は瞎《かつ》し耳は聾《ろう》せん。是れ汝諸人、如何《いか》んが領解《りょうげ》せん。石鞏《せっきょう》は箭《せん》を架《か》し、三平《さんぺい》は胸を撥す」と。

232 中秋上堂。「月を指して月を話《かた》るは、未だ是《こ》れ真月《しんげつ》にあらず。指すに非ず話るに非ざれば、真月現前《しんげつげんぜん》す。修行も供養も猶お常流《じょうる》に堕《だ》す。払袖《ほっしゅう》して便《すなわ》ち行くは、未だ敢《あ》えて相《あ》い許《ゆる》さず。諸人、真月《しんげつ》を知らんと要す麽《や》」と。円相を打《た》して、「唯《た》だ此《こ》の一月、二無く三無し。笑うに堪《た》えたり、文殊の強いて南を指せしことを」と。

233 事に因む上堂。「潜《ひそ》かに百計《ひゃっけい》を施す、竹裏《ちくり》の銅人。千差《せんさ》を坐断《ざだん》す、呉中《ごちゅう》の石像。端無く誌公老師は閭閻《りょえん》を詎謼《きょうこ》す」と。曲尺剪刀《きょくしゃくせんとう》を拈起《ねんき》し、主丈頭上に挂在《けいざい》して、「咦《いい》、元来是《こ》れ閑和尚にあらず」と。

れず。○玲瓏…玉などが透き通るように美しいさま。○左之右之…右往左往すること。ここでは自由自在に立ちまわる意。○希奇…稀で珍しい。○三脚驢児…「楊岐三脚驢」の公案[補4]。○蹄…馬や牛などのひづめ。○老楊岐…臨済宗楊岐派祖の楊岐方会（九九二〜一〇四九）のこと[補5]。

○蟬声…夏のセミの声。声色の声をいう。○幽谷…奥深い静かな谷。○雁字…秋の雁が一列に並んで飛ぶさまを文字に見立てていう。○江練夜拕白、秋林暗點紅…[補1]。○江練…川の水が練絹のように連なって流れるさま。○点紅…紅葉に染まる。○声色商量…声色は六境のこと。言葉によって推し量ること。○迷己逐物…自己を見失って外の物に追随する[補2]。○声色会…会は理解。声色の商量に同じ。○眼瞎耳聾…眼が見えなくなり、耳が聞こえなくなる。○領解…つかみ取る。会得する。○石鞏箭架、三平撥胸…「三平開胸」の公案[補3]。○石鞏…馬祖下の石鞏慧蔵（不詳）のこと[補4]。○三平…青原下の三平義忠（七八一〜八七二）のこと[補5]。

○中秋上堂…八月十五日、中秋の日に行なう上堂。○指月話月…「馬祖玩月」の公案を踏まえる[補1]。○指月…月を指し示す。文字に書かれた教えは、真理を指し示すものであること。○真月…真理そのものにたとえる。○常流…凡庸の人。尋常の人々。○堪笑…おわらいぐさ。笑止千万。○文殊強指南…文殊が善財童子に南遊を指示したこと[補2]。○文殊…文殊師利菩薩のこと。般若の智慧を表す菩薩[補3]。

○因事上堂…何らかの事柄に因んで行なう上堂。○百計…いろいろなはかりごと。あらゆる方法。○竹裏銅人…竹裏は竹やぶの中、銅人は銅を鋳して作った人。○千差…種々様々のちがいがあること。○坐断…一切の差別の相を断ち切ること。坐断千差で葛藤を断つこと。○呉中石像…蘇州（江蘇省）開元寺に存した毘婆尸仏と迦葉仏の二石像のこと[補1]。○無端…ふいに。いわれもなく。わけもなく。○誌公老師…梁代の高僧、宝誌（四一八〜五一四）のこと[補2]。○閭閻…むらざと。邑里。邑里に住む人。○詎謼…あざむきさけぶ。たぶらかす。こけにする。○曲尺…金属製の物差し。差し金。○剪刀…はさみ。○拈起…つまみ上げる。とり上げる。○挂在…挂は掛けること。○咦…注意を促すときに発する大声。○閑和尚…閑な和尚。何もせず無事ですます和尚。

234
上堂。「是句《ぜく》も亦た剗《けず》り、非句《ひく》も亦た剗《けず》る。瞞瞞肝肝《まんまんかんかん》たり、生鉄《さんてつ》の門限《もんげん》。古人把定《はじょう》の処、水泄《も》れ通ぜず。建寧《けんにん》は則ち然《しか》らず。是句《ぜく》も管《かん》せず、非句《ひく》も管《かん》せず。鞠勘《きくかん》し将《も》ち来たれば、渠《かれ》自ら款《かん》を供す」と。縄床《じょうしょう》を拍《う》ちて、「暁《あ》け来たりて一陣の秋風《しゅうふう》高く、万里の滄溟《そうめい》、怒濤《どとう》を鼓《こ》す」と。

235
開炉上堂。払子を竪《た》てて大衆を召して、「火種星児《かしゅせいじ》、之れを撲《う》てども散ぜず。死柴頭上《しさいとうじょう》、収拾《しゅうしゅう》し将《も》ち来たる。寒灰堆中《かんかいたいちゅう》、伊《かれ》が自ら看《み》んことを要《よう》す。月夜《げつや》霜天《そうてん》、撥著《はつじゃく》する時、淋淋《りんりん》として通身《つうしん》の汗を拶出《さっしゅつ》す。有般《うはん》の見識《けんしき》無き人は、喚《よ》んで大事了辦と作《な》す。火災を脱得《だっとく》すと雖然《いえど》も、重《かさ》ねて水難《すいなん》に遭《あ》うことを免れず」と。

236
関東檀那、普賢荘を捨する上堂。「挙す、五祖云く、『今年、諸荘は旱澇《かんろう》し、顆粒《かりゅう》収めず、吾れ以て憂いと為さず。憂《うれ》うる所は、堂中の許多《きょた》の兄弟《ひんでい》、一人として狗子《くす》無仏性の話を会する無きことを』と。老東山、朝も斯《ここ》に於いてし、夕も斯に於いてし、平人を攛掇《さんてつ》して、鉄囲《てっち》に陥《おとしい》る。争《いか》でか似《し》かん、建寧《けんにん》が憂いて復《ま》た喜ばんには。憂いの中に喜び有り、誰が知ることを許さん。衆中、知り得る者有ること莫《な》き麽《や》。如《も》し未《いま》だ知り得ずば、衆に対して道破《どうは》し去らん。昨夜、

○瞞瞞肝肝…はっきりものが見えないさま。ぼんやりしているさま。○生鉄…未精錬の鉄。○門限…敷居。門のしきみ。門の下の横木。○把定…しっかりと握る。相手の機を押さえ込むこと。○鞠勘…罪人を取り調べて訊問すること。○渠…かれ。その人。○供款…白状する。罪を認め供述する。○縄床…縄を編んで作った椅子。この上に敷物を敷いて坐禅をする。○一陣…ひとしきりの。○万里…非常に遠い距離。きわめて遠いこと。○滄溟…青く広い海。青海原。○怒濤…荒れ狂う大波。

○開炉上堂…十月一日、僧堂に火炉を入れる日に行なう上堂。○火種…火をおこす種とする火。○星児…火のパチパチ飛ぶ火の子。○死柴頭…枯れ尽くした柴。たき木[補1]。○収拾…取り集める。拾い集める。とりかたづける。始末する。○寒灰堆中…火が燃え尽きたあとの灰。まったく生気のないさま。堆中は塵や砂などのうず高く積まれた中に。○霜天…霜の降りた冬の明け方の空。○撥著…かきまわす意。ここでは寒灰をかき回すこと。○淋淋…水などがあふれ出るさま。○拶出…押し出す。圧力をかけて、じわりと押し出す。○通身…からだ中。全身。○有般…～という輩がいる。～のような人たちがいる。○見識…もののとらえ方。○大事了辦…大事了畢に同じ。己事究明に同じ。了辦はすっかりわきまえること。○火災…火による災難。○脱得…抜け出し得る。○水難…水による災難。

○関東檀那、捨普賢荘上堂…関東檀那である北条時頼から、普賢菩薩に因む名称の寺領（荘園）を喜捨されたことに因む上堂[補1]。○関東檀那…北条時頼のこと[補2]。○五祖云～狗子無仏性話…[補3]。○五祖…臨済宗楊岐派の五祖法演（?～一一〇四）のこと[補4]。○諸荘…蘄州（湖北省）黄梅県の五祖山真慧寺が所有していた荘園のことであろう。○旱澇…日照りと長雨。○顆粒…小さなつぶになっているもの。ここでは米のこと。○許多…これほどの。こんなにたくさんの。○狗子無仏性…「趙州無字」の公案[補5]。○老東山…五祖法演のこと。○平人…普通の人。ただの人。健康な人。○攛掇…そそのかす。すすめる。○鉄囲…鉄囲山。世界の中心にある須弥山をめぐる九山八海の最も外側にある鉄でできた山。○衆中…大衆の中。修行僧たち。一会の僧衆。○道破…ずばりと言ってのけること。○普賢菩薩…仏の理・定・行の徳を代表し象徴する菩薩。文殊の智慧に対して、普

普賢菩薩、六牙《ろくが》の白象に乗り、来たりて相見せんことを求む。蘭渓出《い》でて問うて云く、『菩薩、何事の為《た》めにか来たる』と。普賢、偈を以て答えて云く、『法輪《ほうりん》未だ転ぜざるに、食輪《しょくりん》先に転ず。法輪・食輪、一時に顕現《けんげん》す』と。是の偈を説き已わりて、忽然《こつねん》として見えず」と。驀《まく》に主丈を拈じて、「主丈子、聞き得て歓喜踊躍《かんぎゆやく》す。普《あまね》く大衆の為《た》めに、亦《ま》た偈を説いて言《いわ》く、多謝《たしゃ》す、東君の意《い》を著《つ》くること深きを。恩を感じて語無く、自《おの》ずから分明《ぶんみょう》なり。死中に活を得、誰に憑《よ》りてか委《し》らん。蒲団に静坐《じょうざ》して太平を賀《が》す」と。

237

東光和尚至る上堂。「挙《こ》す、臨済、徳山を訪《とぶら》う。山、来たるを見て、佯佯《ようよう》として睡《ねむ》る。済、縄床《じょうしょう》を敲《たた》くこと一下す。山云く、『作麼《そも》』と。済云く、『且《か》つ瞌睡《かっすい》す』と。便《すなわ》ち出で去る」と。師云く、「徳山老子、一条の白棒に拠《よ》りて、横打竪打し、尽天下人、他《かれ》を奈何《いかん》ともせず。甚《なん》に因《よ》ってか、却《かえ》って臨済を放過《ほうか》す」と。大衆を召《め》して、「鑑沱水《かんたすい》は急にして、銅柱灘《どうちゅうだん》は高し。人を成ずる者は少なく、人を敗する者は多し。首を回《めぐ》らせば、銀蟾《ぎんせん》は碧波《へきは》に浸《ひた》る」と。

238

上堂。「第一義を道著《どうじゃく》せば、歯は冷やかに、唇は寒し。上頭《じょうとう》の関を踏破《とうは》せば、皮穿《うが》ち骨露《あら》わる。只だ玄沙が飛猨嶺《ひえんれい》を度《わた》らず、回老《かいろう》が釣魚山《ちょうぎょさん》を下らざるが如きは、

賢は行願の菩薩とされる[補6]。○六牙白象…普賢菩薩の乗る六本の牙を持った白象のこと[補7]。○相見…互いに相い見える。拝顔する。○法輪未転、食輪先転…[補8]。○法輪…仏の教法のこと。法を転輪聖王の輪宝にたとえたもの。○食輪…寺院の経済的な面。寺院の経営。○顕現…はっきりと姿を現すこと。○忽然…突然に。たちまちに。○驀…まっこうから。忽ちに。○歓喜踊躍…心の中で非常に喜び体でこおどりする。○多謝…感謝する。厚く礼を述べる。○東君…東方の神。春を司る神。ただし、ここでは関東執権の北条時頼のことか。○著意…心を止める。気をつける。念を入れる。○分明…あきらかなこと。明白なこと。○死中求活…ほとんど助からないような状態のなかで、なおも生きのびる道を探し求める。死中に活路を開く[補9]。○蒲団…坐蒲のこと。○太平…世の中が平和に治まり穏やかなこと。

○東光和尚至上堂…鎌倉東光寺の住持が建仁寺にやって来たことに因んだ上堂。○東光…鎌倉二階堂に存した医王山東光寺のこと。後に関東十刹の一[補1]。○東光和尚…上堂の内容が涪州に因むことから、蘭渓道隆と共に渡来した同郷の義翁紹仁（一二一七～一二八一）ではないかと推測される[補2]。○臨済訪徳山…[補3]。○臨済…臨済宗祖の臨済義玄（?～八六六）のこと[補4]。○徳山…青原下の徳山宣鑑（七八〇～八六五）のこと[補5]。○佯佯…わざとふりをする。○禅床…禅牀。坐禅をする場所。僧堂内の坐位。住持ならば禅椅、修行僧ならば単位。○瞌睡…疲れて居眠りすること。○白棒…徳山棒・徳山行棒とも[補6]。○放過…そのままうち捨てておくこと。手をつけないでおく。見逃してやる。大目にみる。○鑑沱水…西蜀涪州（現在の重慶市涪陵区）にある長江の入江。鑑沱、龍王沱、鑑湖とも呼ばれる[補7]。○銅柱灘…西蜀涪州（現在の重慶市涪陵区）の江中にある灘[補8]。○成人…人を助けて善いことを成し遂げさせる。○銀蟾…月の異称。○碧波…青い色の波。青々とした波。

○第一義…最高の道理。究極の真理。○道著…言い当てる。言い切る。○上頭関…その上の関。向上の一関。○踏破…踏みつけて破すこと。○皮穿骨露…刮皮見骨。皮をそぎ落として骨が現われる。すべて打ち砕かれたさま。○玄沙…雪

還《は》た曽《かつ》て道得著《どうとくじゃく》し、踏得破《とうとくは》す也無《や》」と。良久して、「若《も》し頻《しき》りに涙を下さしめば、滄海《そうかい》も也《ま》た須《すべか》らく乾《かわ》くべし」と。

239
上堂。「一歳の光陰、多子《たす》無し。現前奇異《げんぜんきい》の法門、也《ま》た説《と》いて分暁ならしめんと要す」と。大衆を召して、「看《み》て看《み》よ、南山は突兀《ごつとつ》として、北嶺は崢嶸《そうこう》たり。京中の大道、十字に縦横《じゅうおう》たり。這辺《しゃへん》・那辺《なへん》、犬は半夜に嘷《ほ》え、前巷《ぜんこう》・後巷《こうこう》、雞は五更《ごこう》に唱う。殿堂は影映じ、鐘鼓《しょうく》は喧《かまびす》しく轟《とどろ》く。天暁に起き来たりて東観西望するに、旧きに依《よ》りて可憐生《かれんせい》」と。

240
正旦上堂。「新年頭の仏法、在在分明《ざいざいぶんみょう》たり。眼を著《つ》けて看れども見えず、求むること無ければ還って現成《げんじょう》す。既《すで》に現成するに、甚《なん》に因《よ》ってか看《み》れども見《み》えざる。全身、含元殿《がんげんでん》に坐在《ざざい》するに、猶《な》お長安は幾程《いくほど》か有《あ》るかと問《と》う」と。

241
元宵上堂。「従上《じゅうじょう》の諸大老、一灯より一灯を伝えて、灯灯相い聯なり、光光尽きること無し。是《かく》の如くなりと然雖《いえど》も、那一灯《ないっとう》の起こる処、人の之れを知ることと有ること罕《まれ》なり。香林老子、道《い》うことを解す、『三人、亀《かめ》を証して鼈《すっぽん》と成す』と。也《ま》た是《こ》れ光影《こうえい》辺の事なり」と。大衆を召して、「如何《いか》なるか是れ那一灯。仰い

峰下の玄沙師備（八三五～九〇八）のこと[補1]。○飛猨嶺…飛猿嶺。建昌府（江西省）新城県の東に存する山[補2]。○回老…臨済宗楊岐派の石頭自回（不詳）のこと[補3]。○釣魚山…石頭自回の住した釣魚山のこと。釣魚山も前上堂の銅柱灘と同じく重慶市にある合州の山[補4]。○滄海…青々とした広い海。

○光陰…日の光と月の光。月日。歳月。○無多子…とくに変わったことがない。余計なことがない。○分暁…あきらかにする。○奇異…普通と様子が違っていること。不思議なこと。○突兀…高く突き出ているさま。高くそびえるさま。○南山…南の山。京都の南の山。○北嶺…京都の北の山々。比叡山を指すか。○崢嶸…高く険しいさま。○這辺…この辺。こちら。○那辺…その辺。あの辺。そちら。あちら。○犬嘷半夜…[補1]。○半夜…まよなか。夜半。○前巷後巷…あちこちのちまた、小道。○雞唱五更…[補2]。○五更…後夜。明け方頃。○殿堂…大きくてりっぱな建物。○天暁…あかつき。明け方のこと。○東観西望…あちこちを眺め見ること。○可憐生…いとおしい、かわいい。

○正旦上堂…一月一日、正旦（元旦）に行なう上堂。弘長三年（一二六三）一月一日。○新年頭仏法…[補1]。○在在…いたるところ。○分明…あきらかなこと。明白なこと。○現成…すでにできあがっている、既成の。ありのまま現れていること。○全身坐在含元殿、猶問長安有幾程…すでに宮殿の含元殿にいるのに、都の長安まではどれ程かと尋ねる[補2]。○含元殿…唐の長安に存した宮殿の名。○坐在…坐る。ある境地に留まる。在は動詞について場所を表す。○長安…前漢・隋・唐などの首都。今の陝西省西安市。

○元宵上堂…一月十五日、元宵（上元）に行なう上堂。○従上諸大老…従上祖師に同じ。歴代の祖師。仏祖。西天東土の歴代祖師。○灯灯相聯…灯灯相続とも。祖師から祖師へ仏法の法灯が連綿として続くこと。○香林老子解道、三人証亀成鼈…[補1]。○三人証亀成鼈…三人が口をそろえて亀をすっぽんと言うと、まかり通る。○香林老子…雲門宗の香林澄遠（九〇八～九八七）のこと[補2]。○光影辺事…それそのものではなく、それらしく幻出しているもののこと。

で覆せず、暗に遇《あ》えば即ち明なり」と。

242 上堂。「一日も在らざれば、還《かえ》って死人に同ぜん。洞山老漢、可煞《はなは》だ惺惺《せいせい》たり。殊に知らず、一日も若《も》し在《あ》らば、自ら障礙《しょうげ》を生ずることを。猛虎は門に当たり、毒蛇は害を為《な》す。若《も》し根《ね》に徹し源に徹《てっ》せんと要せば、各おの請《こ》う、一時に放下《ほうげ》せんことを。能《よ》く放下せば、月落ちて天を離《はな》れず、水流れて元と海に在り」と。

243 上堂。「四序《しじょ》の循環《じゅんかん》すること、輪《わ》を転ずるが若《ごと》し。交年《こうねん》、覚えず又た三旬《さんじゅん》。一弾指頃、人の老いを催《もよお》す。中に堂堂たる不老の人有り。叢林の中に入り、玄に参じ妙を学するに、若《も》し這《こ》の不老の人を識得《しきとく》せば、天も蓋《おお》うこと能《あた》わず、地も載《の》すること能わず。従教《たと》い万物の衰栄《すいえい》するも、甚《なん》の四時の遷改《せんかい》をか管《かん》せん。閑《しず》かに春風の浩浩《こうこう》たるを聴けば、深く実相《じっそう》の玄音《げんおん》を談ず。坐して春日の遅遅《ちち》たるを観《み》れば、華厳の境界《きょうがい》を顕示《けんじ》す。便《すなわ》ち恁麽《いんも》にし去《さ》らば、生も大と為《な》さず、死も大と為《な》さず、了《つい》に生死の拘《かかわ》り無し、安《いず》くんぞ去来《きょらい》の礙げ有らん。衆中、若《も》し一知半見の者有りて、便《すなわ》ち、『自性《じしょう》は本来、変わること無く壊るること無し』と道《い》わば、恁麽《いんも》の度量《どりょう》にては、閻羅大王《えんらだいおう》も未だ汝を放《ゆる》さざらん。蘭渓、眉毛《びもう》を惜しまず、汝諸人の為《た》めに註解《ちゅうかい》せん」と。縄床《じょうしょう》を撃《う》ちて、「神光《じんこう》は元《も》とより安心《あんじん》を覓《もと》

○洞山老漢…曹洞宗の洞山良价（八〇七～八六九）のことか、雲門宗の洞山守初（九一〇～九九〇）のことかは不明。○惺惺…目覚めているさま。心が澄み切ってさとくあきらかなさま。○障礙…さまたげること。さまたげ害する。悟りの障害となる。○猛虎…強く勢いのある虎。荒々しい虎。○徹根徹源…根源に徹する。○放下…下ろす。下に置く。投げ捨てる。○月落不離天、水流元在海…月は落ちても天を離れることはなく、水はどこを流れても結局は海に帰る[補1]。

○四序循環…四序は春夏秋冬の順序、四季。循環は繰り返すこと。○交年…年が移り変わること。○三旬…一旬は十日。三十日のこと。○一弾指頃…弾指は、指を弾いて音を鳴らすこと。ほんの一瞬の間。○堂堂…いかめしく立派なさま。雄大なさま。○不老人…「一老一不老」とも[補1]。○叢林…樹木の繁茂する林。禅宗寺院。禅の修行道場。○参玄学妙…玄妙なる仏法に参学する。○識得…本質を見てとる。よく理解すること。○天不能蓋、地不能載…天も覆い尽くすことができず、地も載せることができない。天地の外にある、如何なる範疇をも超えた独立自尊のありよう[補2]。○衰栄…栄え衰えること。盛衰。○四時遷改…春・夏・秋・冬の四季が移り変わること。○春風浩浩…春風がさかんに流れ吹くさま[補3]。○実相…本来のありさま。諸法実相。真理の姿。○玄音…仏の奥深い声。仏教の教義。○春日遅遅…春の日がゆっくり暮れること[補4]。○華厳…いろとりどりの華によって飾られたものの意。『華厳経』の経題の原意。○顕示…はっきり顕れていること。○去来…去ることと来ること。過去と未来。○衆中…大衆の中。修行僧たち。一会の僧衆。○一知半見…一知半解。物事の理解のしかたが中途半端なこと。○自性本来無変無壊…そのものが本来備えている真の性質は変化することなく、壊れることもないという本覚思想。○度量…心の広さ。腹の大きさ。○閻羅大王…閻魔大王。地獄の王として、人間の死後に善悪を裁く者とされる。○註解…本文に注を加えて、その意味を説明すること。○縄床…縄を編んで

めず、三祖は何《なん》ぞ曽《かつ》て白癩に遭わんや」と。

244 上堂。「春風《しゅんぷう》は林木《りんぼく》を撼《うご》かす、耳にて聴くも声に非ず。春水《しゅんすい》は池塘《ちとう》に満《み》つ、眼にて観るも色に非ず。既に色に非ず、又た声に非ず。能《よ》く幾人有りてか、他に礙《さ》えられざる」と。遂《つい》に大衆を召《め》して、「物を却《しりぞ》くるを上と為《な》し、物を逐《お》うを下と為《な》す。之れを毫釐《ごうり》に差《たが》えば、在れども亦た在らず。在り、在り。石女《せきにょ》は嬰孩《えいがい》を産み、扶桑に話欛《わは》を添《そ》う」と。

245 上堂。「挙す。霊雲《れいうん》は桃花《とうか》を見て悟道《ごどう》す。玄沙《げんしゃ》、聞き得て乃ち云く、『諦当《たいとう》なることは甚《はなは》だ諦当なるも、敢保《かんぽ》すらくは、老兄《ろうひん》の未だ徹せざることを』」と。師云く、「太平《たいへい》の時節《じせつ》に剛《し》いて戈矛《かぼう》を展《の》べ、談笑座中《だんしょうざちゅう》に潜《ひそ》かに鴆毒《ちんどく》を施す。諸人、霊雲の五臓《ごぞう》を見んと要《よう》するは則ち易く、玄沙の貌相《ぼうそう》を見んと要するは則ち難し。何が故《ゆえ》ぞ。雲暗くして天の早晩《そうばん》なるを知らず。風高くして唯《た》だ樹の横斜《おうしゃ》するを見る」と。

246 結制上堂。「挙す、黄面老子道《いわ》く、『無始以来《むしいらい》、賊を認めて子と為《な》して、汝が元常を失す』」と。大衆を召して、「且《しば》らく道《い》え、賊は何れの処にか在る、甚麼《なに》を

作った椅子。この上に敷物を敷いて坐禅する。○神光元不覓安心…「達磨安心」の公案[補5]。○神光…二祖慧可のこと[補6]。○三祖何曽遭白癩…[補7]。○三祖…三祖僧璨のこと[補8]。

○撼…動揺させる。揺れ動かす。○池塘…高山の湿原や泥炭地にある池沼。

○却物為上、逐物為下…ものにとらわれないのが上根であり、ものを追いかけるのが下根である[補1]。○差之毫釐…[補2]。○石女…石像の女。石でできた女性。○嬰孩…嬰児。赤ん坊。○扶桑…中国の東方海上の島にあるという神木の名。日本を指す。○話欛…話題。話のねた。談話の材料。

○霊雲見桃花～老兄未徹在…[補1]。○霊雲…潙山下の霊雲志勤（不詳）のこと[補2]。○玄沙…雪峰下の玄沙師備（八三五～九〇八）のこと[補3]。○諦当…ぴたりと当てる。つぼを押さえる。○敢保…あえて保証する。○未徹在…いまだ徹底していない。究極に到っていない。○太平時節…世の中が平和に治まり穏やかな時。○戈矛…ほこ。戈は柄のあるほこ、矛は柄のないほこ。○談笑座中…打ち解けて楽しく語り合っている一座中。○鴆毒…鴆という鳥の羽にある猛毒。鴆は伝説上の毒鳥。雄を運日、雌を陰諧という。○五臓…人体の五つの内臓。心臓・腎臓・肺臓・肝臓・脾臓の五つのこと。○貌相…相貌。顔かたち。容貌。○雲暗不知天早晩…雲が暗く覆っているため夜が明けたのか否かがわからない[補4]。○早晩…早いことと遅いこと。○横斜…横に傾いていること。

○結制上堂…四月十五日、夏安居が始まる日に行なう上堂。○黄面老子云、無始以来、認賊為子、失汝元常…[補1]。○黄面老子…金色に輝く仏陀。○無始以来…限りない遠い昔から。○認賊為子…盗賊を自分の子と見誤る。とんでもない勘違いをする。○元常…本来性。根本

喚《よ》んでか元常と作す。九十日の内、人有り、這裏《しゃり》に向かって捉獲得著《そくかくとくじゃく》し、勘証《かんしょう》分明《ぶんみょう》ならば、蘭渓、你が与《た》めに死冤讐《しえんしゅう》と作《な》り去らん。何が故ぞ。骨に刻み人を傷《そこな》わば、大赦《たいしゃ》にても放されず」と。

247

上堂。「未だ唯心《ゆいしん》の境《きょう》に達せざれば、種種の分別《ふんべつ》起こる。最も防ぎ難き処は是れ家賊《かぞく》なり。境の唯心に達し已《お》われば、分別即ち生ぜず。大道に人無くして独り自ら行く。心と境と、達すると未だ達せざると、尽く這裏《しゃり》に向かって一劃に劃断《かくだん》し了わる。蘭渓、伊《かれ》が為めに、別に活路を開かん。万程《まんてい》を過《す》ぎんと欲《ほっ》するも、初歩より起こる」と。

248

上堂。「挙す、古徳道《い》わく、『動《どう》なるときは則ち誑《おう》、寂《じゃく》なるときは則ち謗《ほう》。動寂《どうじゃく》向上《こうじょう》に事有り。山僧、口門窄《くもんせま》くして、汝が為《た》めに説《と》くこと能《あた》わず』」と。師云く、「古徳は隠さんと欲《ほっ》して弥《いよ》いよ露われ、笑いを傍観《ぼうかん》に取る。建寧《けんにん》は則ち然《しか》らず。動なるも誑《おう》に非ず、寂なるも謗《ほう》に非ず、動寂向上に甚麼《なん》の事か有らん。只今《いま》、道《い》わんと要すれば便《すなわ》ち道《い》う、『是《こ》れ汝諸人、自信不及《じしんふぎゅう》なり』と。信得及《しんとくぎゅう》せば、百斛《ひゃっこく》の驢乳《ろにゅう》、掇《と》り将《も》ち来たるも、獅子の乳一滴を消《ついや》せず」と。

の本性。○捉獲得著…しっかりと捕らえてしまうこと。○勘証分明…ものごとを判断し、しっかりと明らかにすること。○死冤讐…徹底したあだのこと。死はとことん、徹底したの意。○刻骨傷人、大赦不放…恨みを骨に刻みつけて忘れずに、人を傷つけたなら、その罪は大赦でも許されない[補2]。○刻骨…怨みを骨に刻みつけて忘れない。○大赦…国の祝事などに罪人の刑を一斉に許すこと。

○未達唯心境～分別即不生…唯心の境地に達していなければ、さまざまな分別の心が起こる[補1]○唯心…すべての存在は心の現れであって、心が離れて一切のものは存在しないということ。○分別…外的なものにとらわれて判断すること。○最難防処是家賊…家人の内にいる盗人は防ぎようがない[補2]。○達境唯心已、分別即不生…境地が唯心に達し終われば、分別の心がすぐに生じなくなる。○一劃劃断…ひと振りで二つに断ち割ること。一刀両断。○活路…追い詰められた状態から逃れ出て生きのびる方法。○欲過万程、起於初歩…万里の行程も、最初の一歩からはじまる[補3]。

○古徳道、動則誑～不能為汝説…[補1]。○古徳…ここでは南嶽下の下堂義端（不詳）のこと[補2]。○誑…他人を欺くこと。他人を惑わす詐偽の心作用。煩悩の一つ。○謗…そしる。あるものをないと執着すること。軽視・軽蔑すること。○動寂…動くことと静かなこと。動静。○向上事…禅の教えの究極のところ。一段つきぬけたありよう。○口門窄…口が狭い。言葉が不十分であること。○傍観…かたわらで見ている者。○自信不及…自ら信じ切ることができない。○信得及…信じ切ることができる。自ら信じ切って疑いを残さない。○百斛驢乳掇将来、不消獅子乳一滴…[補3]。○斛…容量の単位。十斗に当たる。○驢乳…ロバの乳。

249

土地神《どじじん》を安《あん》ずるに因《ちな》む上堂。「挙す、南泉、明日を取って荘舎《しょうしゃ》に遊ばんと擬《ほっ》す。其《そ》の夜、土地神、先に報じ、荘主《しょうしゅ》乃ち預《あらかじ》め備えを為《な》す。泉到りて荘主に問《と》う、『争《いか》でか老僧が来たるを知り、排弁《はいべん》すること此《かく》の如《ごと》くなる』と。荘主云く、『昨夜、土地神報《ほう》じて道《い》う、和尚、今日来たると』と。泉云く、『王老師、修行するに力無く、鬼神に覷見《しょけん》せらる』と。僧有りて便ち問《と》う、『和尚、既に是《こ》れ大善知識なり、什麼《なん》と為《し》てか鬼神に覷見《しょけん》せらる』と。泉云く、『土地の前、更に一分の飯を下せ』」と。師云く、「荘主は神に移換《いかん》せられ、屈節《くっせつ》すること何ぞ多き。這《こ》の僧、雄鋒《ゆうほう》を挫《くじ》かんと欲《ほっ》するも、竟《つい》に南泉の陥穽《かんせい》を免《まぬが》れず。建寧《けんにん》、今日、他《かれ》の為《た》めに屈《くつ》を雪《すす》ぎ去《さ》らん。同中に異有り、異中に同あり。大坐当軒《だいざとうけん》、祖風《そふう》を振《ふる》う。南泉の半ば面を遮《さえぎ》るに似ず。君に請う、我が為《た》めに神通を逞《たくま》しうせよ」と。

250

事に因む上堂。「覷捕得著《しょほとくじゃく》するも、已に重囲《ちょうい》に陥《おちい》る。未だ挙《こ》せずして先に知るも、総《すべ》て正本《しょうほん》に非《あら》ず。昨日、人有りて、西州従《よ》り来たり、東国の信を接得《せっとく》す。却《かえ》って道《い》う、『平三は鼻孔《びくう》長く、源四は眉毛《びもう》短し』と。椀脱丘《わんだっく》、諸山を賽過《さいか》す。須弥峰、坐し得て穏やかならず。憍陳如《きょうじんにょ》尊者、聞き得て掌を撫《う》ちて大笑して云く、『羝羊《ていよう》、藩《はん》に触《ふ》れ、自ら付《はか》ること能《あた》わず』と。噁《ああ》。直饒《たと》い十事九成なるも、三平二満《さんぺいじまん》に若《し》かず。鸚鵡《おうむ》の人言を学ぶに誇ることを休めよ。須らく信ずべし、

○因安土地神上堂…土地堂に新たに土地神を安置したことに因む上堂[補1]。○土地神…寺院の境内を守護する神。護伽藍神。ここでは祠山大帝のことであろう[補2]。○南泉擬取明日遊荘舎…[補3]。○南泉…馬祖下の南泉普願（七四八〜八三四）のこと[補4]。○荘舎…寺の荘園（寺領）の中に設けてある建物。○荘主…荘舎の主人。寺領の管理僧。○排弁…並べ調えること。準備すること。○王老師…南泉の自称。南泉の俗姓が王氏であるため、王老師と称した。○鬼神…超人的な力を持つ霊的存在。ここでは土地神をいう。○覷見…うかがい見る。見抜く。○大善知識…偉大な善徳の智者。正法を説いて人を正しく導く師。

○移換…取り変えること。入れ変えること。○屈節…節操を曲げる。正しい心を曲げる。○雄鋒…立派な鋒。鋭い鋒先。○陥穽…落とし穴。人をだまして落とし入れる穴。○雪屈…雪辱・雪恥と同じか。恥をすすぐ。○大坐当軒…僧堂でどっかりと坐る。徹底して坐禅するさま[補5]。○祖風…祖師の遺した訓をもとにする宗風。家風。○遮面…顔を覆うこと。○神通…神変不可思議な能力。

○因事上堂…何らかの事柄に因んで行なう上堂[補1]。○覷捕得著…賊を追跡してとらえるように、ことを把握して使うこと。得も著も動詞の後につく助字。完了の意を表す。○重囲…幾重にも取り囲むこと。幾重もの囲み。○正本…本来の正しいあり方。○接得…受け取る。受け入れる。人を接待する。学人を指導する。○平三鼻孔長、源四眉毛短…平三源四は張三李四に同じく、ありふれた人。平氏の三男と源氏の四男。あいつは鼻が長く、こいつは眉毛が短い。○椀脱丘…椀躂丘。でくのぼう。底のない椀。使い物にならないもの。○賽過…競べ勝る。劣らない。○須弥峰…須弥山の頂。ここでは建寧寺を指す。○憍陳如尊者…阿若憍陳如（梵：Añña-Kondañña）のこと。釈尊から最初の説法（初転法輪）を聴いた五比丘の一人[補2]。○羝羊触藩…雄の羊がまがきに角をひっかけて、身動きがとれない[補3]。○噁…感嘆詞。怒鳴る言葉。ああ。○十事九成…十の事がらのうち九割完成する。○三平二満…十分に満たされてはいなくても、心が安らかで満足してい

雄雞《ゆうけい》、解《よ》く卵を生むことを」と。

ること[補4]。○鸚鵡…インコ科に属する鳥のうち、比較的大形の鳥の総称。人語を巧みに真似ることから、口先だけで実行の伴わないことにたとえる。○雄雞解生卵…雄の鶏が卵を生む[補5]。

251

上堂。「挙す、曹山の霞《か》和尚、僧に問《と》う、『恁麼《いんも》に熱《あつ》し、甚処《いずこ》に向《む》かって回避《かいひ》せん』と。僧云く、『鑊湯炉炭《かくとうろたん》裏に回避せん』」と。師云く、「忠言《ちゅうげん》は耳に逆《さか》らい、口に苦きは良薬なりと雖則《いえど》も、争奈《いか》んせん、土曠く人稀にして、相い逢《あ》う者少なきことを。今日、或《も》し人有りて、『恁麼に熱し、甚処《いずこ》に向かって回避せん』と問《と》わば、只《た》だ他に向かって道《い》わん、『建寧寺《けんにんじ》内、東北角頭にて踏著《とうじゃく》せば、伊《かれ》をして冷汗《れいかん》を流さしめん』と。忽《たちま》ち箇《こ》の謾《まん》を受けざる底有り、出《い》で来《き》たりて、手を引《の》べて揺曳《ようえい》して、『低声低声《ていせいていせい》、牆壁《しょうへき》に耳有り』と云わば、又《ま》た且《か》つ如何《いか》ん。蘭渓、争《いか》でか你を怪《あや》しみ得ん」と。

○曹山霞和尚〜鑊湯炉炭裏回避…「曹山甚麼処回避」の公案[補1]。○曹山霞和尚…曹洞宗の曹山慧霞（不詳）のこと[補2]。○鑊湯炉炭…地獄で罪人を殺すための釜の煮えたぎる湯と、焼き殺すための溶鉱炉の燃えさかる炭火。○忠言逆耳、良薬苦口…真心を込めた忠告の言葉はなかなか相手に聞き入れられにくく、よく効く薬は苦くて飲みにくい[補3]。○土曠人稀、相逢者少…曠野には人影もなく、出会う者も稀である。孤独の中で一人歩むさま[補4]。

○踏著…踏みつけること。

○揺曳…ゆらゆらと棚引き揺れる。○低声低声、牆壁有耳…壁に耳あり、人に聞かれるから低い声で述べよ[補5]。○怪得…怪しむ。とがめる、怒る。

252

解夏上堂。「霊利《れいり》の衲僧《のうそう》、情解《じょうげ》に堕在《だざい》し、那裏《なり》にて冬を経《へ》、這辺《しゃへん》にて夏を過ごす。東西に走り得て脚皮《きゃくひ》穿《うが》ち、口の鼻孔《びくう》下に在《あ》ることを知らず。蘭渓、恁麼《いんも》に人に示すに、剗地《さんち》に他の笑怪するに遭《あ》う。且《しば》らく道《い》え、箇《こ》の什麼《なに》をか笑う。三文に買い、両文に売る」と。

○解夏上堂…七月十五日、夏安居が終わる日に行なう上堂。○霊利衲僧…俊敏な禅僧のこと。○情解…知的な理解。○堕在…〜に陥る。〜に落ち込む。はまり込む。落在。○這辺…この辺。こちら。

○剗地…土地をけずりならす。突然に。出し抜けに。○笑怪…あざけ笑うこと。

253

両班を謝する上堂。「挙す、雪峰、陞堂《しんどう》して大衆を召《め》して云《いわ》く、『看《み》て看《み》よ、東

○謝両班上堂…夏安居が終了し両班を勧めた僧侶に感謝する上堂。○両班…禅宗寺院で、寺院運営における東班と西班のこと[補1]。○雪峰陞堂〜向這裏会取…[補2]。○雪峰…青原下の雪峰義存（八二二〜

辺底。看て看よ、西辺底。汝若《も》し会《え》せんと要《よう》せば、這裏《しゃり》に向かって会取《えしゅ》せよ』」と。師云《いわ》く、「雪峰老人、是なることは則ち是《ぜ》なるも、左提右挈《さていうけつ》し、汝が帰るを知らんことを要《よう》す。点検《てんけん》し将《も》ち来《き》たれば、直心は曲と成《な》る。争《いか》でか似《し》かん、建寧《けんにん》が当面《とうめん》に分付《ぶんぷ》するに」と。大衆を召して、「東辺に知事《ちじ》有り、西辺に頭首《ちょうしゅ》有り。破砂盆《はしゃぼん》を扶竪して各おの一隻手《いちせきしゅ》を出《い》だす」と。膝《ひざ》を撫《う》ちて、「須弥《しゅみ》を驚起《きょうき》して顚倒《てんどう》して走らしむ」と。

254 中秋上堂。「節は中秋に届《いた》りて、人皆な月を翫《もてあそ》ぶ。指端《したん》を貪《むさぼ》り看て、真月を蹉過《さか》す。笑う可し、寒山の話の両橛《りょうけつ》と作《な》ることを。却《かえ》って道《い》う、『物として比《ひ》倫《りん》するに堪《た》うる無し。我れをして如何《いか》んが説《と》かしめん』と。知らず、此れに過《す》ぎたる者有り。今古、人の能《よ》く漏泄《ろうせつ》する無し。若し漏泄せば、日は冷《ひやや》かなる可《べ》く、月は熱《あつ》かる可《べ》し」と。

255 上堂。「那箇《なこ》の心をか点《てん》ず、徳山は口有りて啞《あ》の如し。三頓棒を喫し、臨済は恨みを抱いて伸《の》べ難し。若《も》し底を尽《つく》して掀翻《きんぽん》するに非ずば、争《いか》でか遼天《りょうてん》に価《か》を索《もと》むることを得ん。我《わ》れ諸人を観《み》るに、総《すべ》て是《こ》れ没量《もつりょう》の大漢《たいかん》なり、何ぞ他《た》の一《いっ》頭地《とうち》を超えざる」と。良久して、「利剣《りけん》、只だ言《い》う勝負を分つと。陣雲纔《じんうんわず》かに起

九〇八）のこと［補3］。〇陞堂…高座に上る。須弥壇に登る。上堂。〇会取…理解すること。取は動作を意図的かつ積極的に行なう気分を表す接尾語。〇左提右挈…左右の手でたずさえること。互いに助けあうこと。〇点検…調べ上げる。〇分付…分け与える。手渡す。〇知事…禅宗寺院の役職のうち、東班（東序）のこと。都寺・監寺・副寺・維那・典座・直歳の六知事。〇頭首…禅宗寺院の役職のうち、西班（西序）のこと。首座・書記・蔵主・知殿・知客・知浴の六頭首。〇破砂盆…ひびが入った素焼きのもろい盆。「密庵破沙盆」の公案［補4］。〇扶竪…立てる。起こすこと。〇一隻手…一本の手。片手。すぐれた学人接化にたとえる。〇須弥…須弥山。仏教で、世界の中心にそびえるという高山。〇驚起…おどろいて起きること。〇顚倒…さかさまになる。ひっくりかえる。平静を失ってうろたえる。

〇中秋上堂…八月十五日、中秋の日に行なう上堂。〇蹉過…すれ違う。うっかり見過ごすこと。〇寒山…天台山の国清三隠の一人、寒山（不詳）のこと［補1］。〇両橛…二つに折った棒きれ。〇無物堪比倫、教我如何説…我が心に比較し得るものなど何もない。私の心のありようをどのように説明させることができよう［補2］。〇比倫…くらべる。比較する。〇漏泄…漏れること。大事なことを漏らし知らせる。〇日可冷兮月可熱…太陽の光が冷たくなり、月の光りが暑くなる。絶対に起こり得ないことのたとえ［補3］。

〇点那箇心…「徳山三心不可得」の公案［補1］。〇徳山…青原下の徳山宣鑑（七八〇～八六五）のこと［補2］。〇啞…言葉を発せられない状態。〇喫三頓棒…臨済義玄が黄檗希運に参じて三度の棒をくらったこと［補3］。〇臨済…臨済宗祖の臨済義玄（?～八六六）のこと［補4］。〇掀翻…ひっくり返すこと。高く持ち上げてひるがえすこと。〇遼天索価…法外な値段を付ける。遼天は空一面。〇没量大漢…けたはずれた大人物。

これば、便ち蹤《あと》に迷う」と。

256

上堂。「南鵬《なんぽう》は漢に入りて万里に風を搏《う》ち、霧豹《むひょう》は毛を沢して七日食せず。衲《のう》僧家《そうけ》、豈に知らざらんや、天は東南に高く、地は西北に傾き、昼は則ち明らかに、夜は則ち黒きことを。剛然として死蛇頭《しじゃとう》を把定《はじょう》す、能《よ》く幾人有りてか弄し得て活《かっ》せん。蘭渓、今日、弄して活《かっ》し去らしめん」と。也《ま》た主丈を擲下《てきげ》して、「各自に隄防せよ、著せば則ち救うこと無し」と。

257

上堂。「今朝、諸仏諸祖も説き到《え》ざる底の一句子を挙して、諸人をして立地に成仏し去らしめんと欲《ほっ》す。忽然《こつねん》として雷声発作《らいせいほっさ》して、驟雨滂沱《しゅうぼうだ》たり。覚えず、一時に忘却し了われり。只だ現成公案上に於いて諸人に指示《しじ》することを得たり」と。良久して、「未だ老爺《ろうや》に見《まみ》えざる時、鬧市裏《どうしり》に尋ねて看よ」と。

258

上堂。「明明として只だ這《こ》れ是《ぜ》なり。認著《にんじゃく》せば、又《ま》た還《かえ》って非《ひ》なり。口有りて説き得ず、家無くして何《いず》れの処にか帰らん。翻《ひるがえ》って思う、拾得《じっとく》と寒山子《かんざんし》、両箇《りょうこ》の相い逢《お》うに笑いて眉を展《の》ぶることを。且《しば》らく道《い》え、箇《こ》の甚麽《なに》をか笑う。笑う、你一隊の漢、只《た》だ小児《しょうに》の戯《たわむ》れを作《な》すことを。甘心《かんじん》して甜桃樹《てんとうじゅ》を棄却《ききゃく》し、剛《し》いて

○超一頭地…頭の高さだけ抜け出すこと。○利剣…鋭利なつるぎ。煩悩や邪悪なものを打ち破る仏法や智慧のこと。○陣雲…戦場の空に広がる雲。

○南鵬入漢、万里搏風…南鵬は伝説上の巨大な鳥。南鵬が漢に入り風に羽ばたいて万里を飛ぶこと。○南鵬…鵬は伝説上の巨大な鳥。その翼を広げれば九万里の上空に飛び立つ。○万里…非常に遠い距離。きわめて遠いこと。○搏風…まき風。つむじ風。『大覚禅師語録』では搏風に作る。搏風は風にはばたいて飛ぶ。○霧豹沢毛、七日不食…南山の豹は霧雨で毛を濡らし、七日間も食べずにいることで毛並に光沢を増す[補1]。○霧豹…南山の豹が霧で毛がぬれるのを恐れ、洞中に隠れること。隠居して危害を避けるたとえ。○衲僧家…衲衣を着た僧。禅僧のこと。○剛然…堅いさま、また、盛んなさま。○把定死蛇頭…死んだ蛇を手に握る[補2]。○把定…しっかりと握る。相手の機を押さえ込むこと。○擲下…投げ下ろす。投げ捨てる。○隄防…堤防。防止すること。

○説不到底…説き尽くせないところの。○立地成仏…立ちどころに仏に成る。即座にさとりを開く。○忽然…突然に。たちまちに。○発作…起こる。発動する。○驟雨…にわか雨。夕立。○滂沱…大雨の降りしきるさま。○忘却…すっかり忘れてしまうこと。○現成公案…眼の前に現れているものが、絶対の真理であること。○公案…公府の案牘。官庁の裁決案件。歴代祖師が示した仏法の課題。○老爺…旦那。お偉方。母方の祖父。おじいさん。○鬧市裏…さわがしい市。町中。

○只這是…これこそがそうである[補1]。○認著…容認する。著は動作の完成を示す。○説不得…言い得ない。説けれない。○拾得…天台山の国清三隠の一人、拾得（不詳）のこと[補2]。○寒山子…天台山の国清三隠の一人、寒山（不詳）のこと[補3]。○展眉…眉を伸ばす。心配事がないさま。○甘心…甘いものを好むように、心に思いつづける。○甜桃樹…甘い桃の木。○棄却…捨て去ること。

山に沿うて酷梨《さくり》を摘まんと要す」と。

○醋梨…すっぱい梨。

259 上堂。「箕風畢雨《きふうひつう》なれば、巣穴《そうけつ》先ず知る。我れ諸人を観《み》るに、頂門《ちょうもん》眼活す。甚麼《なん》に因《よ》ってか十に五双《ごそう》有る。這裏《しゃり》に到って、己《おのれ》に迷うて物を逐《お》う。妙処《みょうしょ》の一《いっ》星児《せいじ》、只《た》だ汝が挑撥《ちょうはつ》するに在り。能《よ》く挑撥せば、我れ敢《あ》えて汝等を軽《かろ》んぜず。汝等、皆《み》な当に作仏《さぶつ》すべし。咄」と。

○箕風畢雨…箕と畢はいずれも中国の星座の名。箕星は風を司り、畢星は雨を司るという。○畢雨…畢はあめふり。○巣穴…動物がすみかとする穴。○頂門眼…第三の眼、心眼のこと。○十有五双…十は五が二つ。ありふれたさま。ほとんどすべて[補1]。○迷己逐物…自己を見失って外の物に追随する[補2]。○妙処…きわめてすぐれた場所。すばらしい悟りの境地。細かく微少なもののたとえ。○一星児…毛先ほどのもの。○挑撥…そそのかし動かす。挑んで人の心を興奮させる。○作仏…仏となること。成仏に同じ。

260 開炉上堂。「寒灰豆爆《かんかいとうばく》し、火に近づけば先ず焦《こ》げる。上古《じょうこ》の叢林《そうりん》は、幾幾《いくいく》たるを知らず。建寧《けんにん》、箇《こ》の新条を立つ、犯す者は重断せん。今従《よ》り以後、三更夜半、煖気《だんき》全く無し。凍《こお》り骨髄に徹《てっ》するの時、冷灰《れいかい》の中に向かって東撥西撥するを得ざれ。忽然《こつねん》として撥著《はつじゃく》せば、鉄囲《てっち》に貶向《へんこう》せん。此《こ》れ自《よ》り人身《じんしん》永く復せず、皮穿《うが》ち骨露《あらわ》れて血淋漓《りんり》たり」と。

○開炉上堂…十月一日、僧堂に火炉を入れる日に行なう上堂。○寒灰豆爆…冷灰豆爆に同じ。冷え切った灰の中で一つぶの豆が爆発する。心のはたらきを絶し切ったところで突然に大悟することのたとえ[補1]。○上古…大昔のこと。○叢林…樹木の繁茂する林。禅宗寺院。禅の修行道場。○幾幾…どれほど。○新条…条は木の細長い枝のこと。新しい枝を炉にくべる。○夜半…半夜。真夜中。○東撥西撥…あちこちかき立てる、払いのける等の意。○忽然…突然に。たちまちに。○撥著…払うこと。○貶向鉄囲…[補2]。○鉄囲…鉄囲山。世界の中心にある須弥山をめぐる九山八海の最も外側にある鉄でできた山。○貶向…落とし入れる。○皮穿骨露…刮皮見骨。皮をそぎ落として骨が現われる。すべて打ち砕かれたさま。○淋漓…したたり流れるさま。

261 上堂。「諸方の老宿は是非を闘諜《とうちょう》し、従上の祖師は人の過咎《かきゅう》を訐《あば》き、相《あ》い牽《ひ》きて泥犁《ないり》中に堕在《だざい》し、直《じき》に如今《にょこん》に至るまで赦宥《しゃゆう》し難し。或《も》し箇《こ》の漢《かん》有りて出で来たりて『建寧《けんにん》、聻《にい》』と道わば、只《た》だ他《かれ》に向かって道《い》わん、『自首する者は、其《そ》の罪を原《ゆる》さん』」と。

○老宿…年をとり、徳を積んだ人の意。○闘諜…思い巡らし、様々に思案すること。○従上祖師…歴代の祖師。仏祖。西天東土の歴代祖師。○泥犁…地獄。奈落。○堕在…~に陥る。はまり込む。落在。○赦宥…許す。赦免する。刑罪罪過を許す。○箇漢…個漢。ちゃんとした人。できた人。○聻…詰問や念を押す意の言葉。

262
上堂。「三日前、端無くも井底《せいてい》にて青天《せいてん》を看る。三日後、狐狼《ころう》却って獅子吼《ししく》を作す。正当今日、角《つの》を戴《いただ》く毒蛇も鑽《き》り入《こ》めず。暁け来《き》たりて頻《しき》りに玉欄《ぎょくらん》に倚《よ》りて看《み》れば、無限の清風、八極《はっきょく》に生《しょう》ず」と。

263
両班を謝する上堂。「商山《しょうざん》の四皓《しこう》、漢国の三臣、龍韜虎略《りゅうとうこりゃく》、竪縦横擒《じゅじゅうおうきん》、能《よ》く社稷《しゃしょく》を保ち、乾坤《けんこん》を平定《へいてい》することは、則《すなわ》ち汝に許す、些子《さし》を較《かく》せりと。虚空裏《こくうり》に向かって世界を建立することは、須らく我《わ》が屋裏《おくり》の人に還《かえ》すべし。且《か》つ如何《いか》なるか是《こ》れ屋裏《おくり》の人」と。左右を顧視《こし》して、「象王回顧せば、獅子嚬呻《ししひんしん》す」と。

264
上堂。「有《あ》れば也《ま》た将《も》ち来たること莫《な》かれ。地《ち》に擲《なげう》つ金声《きんせい》の破草鞋《はそうあい》。無ければ也《ま》た拈出《ねんしゅつ》すること莫《な》かれ。貴《たか》きこと塵泥《じんでい》に似、賤《いや》しきこと荊璧《けいへき》の如し。有無《うむ》は則《すなわ》ち且《しば》らく置く。只だ古人の『路《みち》に達道《たつどう》の人に逢《あ》わば、語黙《ごもく》を将《もっ》て対《こた》うること莫《な》かれ』と道うが如きは、畢竟して如何《いか》んが祇対《したい》せん」と。良久して、「道者は松を栽《う》え、老盧《ろうろ》は碓《うす》を踏《ふ》む」と。

265
上堂。「挙す、九峰慧和尚、潙山《いさん》の会下《えか》に在り。一日、因みに山、上堂して云く、『汝等諸人、只だ大機を得るのみにして、大用《だいゆう》を得ず』と。九峰、身を抽《ぬき》んでて

○無端…ふいに。いわれもなく。わけもなく。○青天…晴れ渡った青空。○狐狼…キツネとオオカミ。ずるくて、害心を抱く者のたとえ。○獅子吼…仏の説法。獅子がほえて百獣を恐れさせるように、悪魔・外道を恐れ従わせるところからいう。○毒蛇…毒をもった蛇。時に煩悩にたとえられる。○暁来…夜が明けて朝を迎えること。○玉欄…美しいてすりのこと。また玉で飾った欄干。○無限清風生八極…[補1]。○清風…清廉としてすがすがしい風のこと。○八極…四方と四隅。東・西・南・北、乾・坤・艮・巽の八方。全世界。○謝両班上堂…両班を勤めた僧侶に感謝する上堂。○両班…禅宗寺院で、寺院運営における東班と西班のこと[補1]。○商山四皓…中国秦末に商山に隠閑した四人の隠士のこと[補2]。○漢国三臣…前漢の建国に当たって功薫のあった張良・蕭何・韓信の三人のことか[補3]。○龍韜虎略…すぐれた兵法書の『六韜』と『三略』のこと[補4]。○竪縦横擒…竪に放ち、横にとらえてとりこにする。○社稷…古代中国で、天子や諸侯が祭った土地の神と五穀の神。朝廷または国家。朝廷または国家の尊崇する神。○乾坤…天と地。○平定…世の中が平和になること。○較些子…少ししか当たっていない。足りない。いま一つだ。○虚空…天と地の間。広大無辺の空間。○世界…世の中。過去・現在・未来の三世を世といい、上下四方四維の十方を界という。○屋裏人…部屋の人。室内の人。自分の家の主人公。自己本具の仏性。○顧視…振り返って見ること。かえりみること。○象王回顧、獅子嚬呻…[補5]。○象王…象中の王。仏・菩薩をたとえていう。○回顧…後ろを振り返ること。○嚬呻…顔をしかめてうめく。困苦する。○金声…鐘や鉦《しょう》などの音色。美しい声。○破草鞋…ぼろぼろのわらじ。○拈出…取り出す。つまみ上げる。○塵泥…ちりと泥。また、俗世間のけがれ。○荊璧…荊山から出る、玉に似て玉でない石。まがいもの。○古人道、路逢達道人、莫将語黙対…[補1]。○古人…古人については不詳。○達道人…道に達した人。仏道の奥義に達した人。○語黙…語ることと、黙っていること。○祇対…答える。応対する。○道者栽松…[補2]。○道者…前世に栽松道者と称された五祖弘忍（六〇一～六七四）のこと[補3]。○老盧踏碓…六祖慧能が五祖弘忍のもとで、碓を踏んでいた故事[補4]。○老盧…六祖慧能（六三八～七一三）のこと。盧行者[補5]。

便ち出で去る。山、之れを召せども、更に首を回らさず。山云く、『此の子、法器と為《な》すに堪《た》えたり』」と。師云く、「潙山既に之れを召せども回らさず。甚《なん》に因《よ》ってか却って道う、『法器と為《な》すに堪《た》えたり』」と。諸人、還《は》た知る麼《や》。笑裏《しょうり》に鋒を蔵し、泥中に刺有り」と。

266

上堂。「臘月三十日、到来す。面前に万丈《ばんじょう》の深坑《じんこう》有り、背後は是れ千重《せんじゅう》の鉄壁《てっぺき》、左右は皆な剣樹刀林《けんじゅとうりん》たり。是《こ》れ汝諸人、如何《いか》んが出得せん。若《も》也し出得せば、山僧、頸《くび》を刎《は》ねて之れに謝せん。苟《も》或し然《しか》らずば、道《い》うこと莫《な》かれ、無事好《ぶじょ》しと」と。

267

正旦上堂。「新歳に奇事《きじ》多く、虚空《こくう》は笑眉《しょうび》を展《の》ぶ。更に新仏法を談《だん》じ、也《ま》た大《たい》家《け》の知らんことを要す」と。大衆を召して、「還《は》た見る麼《や》。五条の橋は度る人無数にして、九重の塔は定相《じょうそう》移らず。街北街南、懽声絶えず、寺前寺後、車馬奔馳《ほんち》す。処処に此の事を顕揚《けんよう》し、頭頭《ずず》に真機を漏泄《ろうせつ》す。且《しば》らく道《い》え、如何《いか》なるか是《こ》れ此《こ》の事」と。良久して、「蘭渓、伊《かれ》に向かって説くに暇無し、張家《ちょうけ》の三箇児に問取せよ」と。

○九峰慧和尚〜堪為法器…[補1]。○九峰慧和尚…潙山下の九峰慈慧（不詳）のこと[補2]。○潙山…潙仰宗祖の潙山霊祐（七七一〜八五三）のこと[補3]。○大機…大いなる機根。仏道修行に堪え得るすぐれた能力。○大用…すぐれたはたらき。大いなる作用。自由自在な無礙なはたらき。○抽身…身を引いて去る。抜け出す。○法器…仏法の器。すぐれた力量を有する人。○笑裏蔵鋒、泥中有刺…[補4]。○笑裏…笑い顔の裏。笑顔のうらに隠されている心。

○臘月三十日…十二月三十日に行なわれた上堂。○万丈…一丈は十尺。丈のあること。○深坑…深い穴。○千重…幾重にも重なっていること。○鉄壁…鉄を張った壁。また、非常に堅固な城壁。○剣樹刀林…剣樹刀山に同じ。剣樹は枝・葉・花・実などがすべて剣でできているという樹木。刀林は刀でできている林。ともに地獄のありよう。○刎頸…首をはねること。○莫道無事好…これでものごとがうまく済んだと思ってはならない[補1]。○無事…なすべきことが何もない。普段と変わらない平穏無事なこと。

○正旦上堂…一月一日、正旦（元旦）に行なう上堂。弘長四年（文永元年、一二六四）一月一日。○奇事…珍しいこと。不思議なこと。○虚空…天と地の間。広大無辺の空間。○笑眉…顔を綻ばせて笑顔となる。○新仏法…新年頭仏法に同じ[補1]。○大家…みんな。みなさん。○五条橋…京都の五条大橋のこと[補2]。○九重塔…法勝寺の九重塔のこと[補3]。○定相…一定のかたち。常住不変の相。○懽声…歓声。喜びを抑えきれずに叫ぶ声。○奔馳…走り回る。奔走すること。駆け回る。○此事…仏法の一大事。○顕揚…世間に威光や評判などを広め高めること。○頭頭…一つ一つ。どれもこれも。○真機…自らに備わる本来のはたらき。○漏泄…漏れること。大事なことを漏らし知らせる。○張家三箇児…張家の三人の兄弟[補4]。○問取…問いかける。

268

元宵上堂。「去年の今夕、灯火は熒煌《えいこう》たり、諸人を引得《いんとく》して光影裏《こうえいり》に覓《もと》めしむ。今年の今夕、内外は悄然《しょうぜん》たり。各各の室中、本来赫奕《かくえき》たり。既に是れ本来赫奕《かくえき》たるに、甚《なん》に因《よ》ってか十に五双有りて、眼を開いて堂堂として、牆《しょう》に撞《あ》たり壁に磕《あ》たる。畢竟して過《とが》は何処《いずく》にか在る。手蹉《たが》い脚迭《たが》う時、只だ謂《い》う、分明に極むと」と。

○元宵上堂…一月十五日、元宵（上元）に行なう上堂。○熒煌…ひかり輝く。○光影…実体のないもの。チラチラしているもの。そのものではなく、それらしく幻出しているにすぎぬもの。○悄然…元気がなく、うちしおれているさま。○赫奕…光り輝くさま。物事が盛んなさま。○十有五双…十は五が二つ。ありふれたさま。ほとんどすべて［補1］。○撞牆磕壁…垣根に突き当たり、壁にぶち当たる［補2］。○手蹉脚迭…手足がばたつきつまづくこと。蹉迭はつまづき倒れること。○分明…あきらかなこと。明白なこと。

頌古

1 世尊《せそん》、八万衆の前にて花を拈ず。独り迦葉《かしょう》のみ有りて破顔微笑《はがんみしょう》す。

家珍は何ぞ止《た》だ直《あた》い千金のみならん。一口《いっこう》に相い酬《むく》いて二心没《な》し。両手にて捧げ来たりて分付し去る。潑天《はってん》の富貴《ふうき》、而今《にこん》に到る。

2 阿難《あなん》、迦葉《かしょう》に問う、「世尊《せそん》は金襴《きんらん》を伝うる外、復た何物をか伝う」と。迦葉、「阿難」と召す。難、応諾す。迦葉云く、「門前の刹竿《せっかん》を倒却著《とうきゃくじゃく》せよ」と。

了《つい》に一物の相い呈す可き無し。重ねて眼裏の筋を添うることを用いず。門前の刹竿を倒却せよ。筇に倚りて閑《しず》かに看る、暮天《ぼてん》の雲。

3 二祖《にそ》、三拝して、位に依りて立つ。達磨《だるま》云く、「汝、吾が髄を得たり」と。

真は偽を掩《おお》わず、曲は直を蔵さず。向上に別に求めば、鉄壁《てっぺき》、鉄壁。

4 廓侍者《かくじしゃ》、一日、徳山《とくさん》に問うて云く、「従上の諸聖《しょしょう》、什麼《なん》の処に向かってか去る」と。山云く、「作麼《そも》、作麼」と。侍者云く、「勅して飛龍馬《ひりょうば》を点ぜしに、跛鼈《はべつ》出頭し来たる」と。山便ち休し去る。

○世尊八万衆前～破顔微笑…「拈華微笑」の公案[補1]。○世尊…世の尊敬を受ける人。釈迦牟尼仏のこと。仏十号の一つ。○八万衆前…霊山会上の大衆の数[補2]。○迦葉…仏十大弟子の一人、摩訶迦葉のこと。禅宗における西天第一祖[補3]。○破顔微笑…世尊が説法していたとき、捧げられた華を手にして拈じたところ、摩訶迦葉だけがその意を了解して微笑んだ故事。○家珍…家の宝。家宝。○直千金…千金の価値がある。非常な値うちがある。○一口…一つの口。一語。○二心…ふたごころ。二意。○分付…分け与える。手渡す。仏法を附嘱すること。○潑天…とても大きい。とてつもない。○富貴…富んで尊いこと。財産が豊かで位の高いこと。

○阿難問迦葉～門前刹竿者…[補1]。○阿難…仏十大弟子の一人、阿難陀のこと。禅宗における西天第二祖[補2]。○迦葉…仏十大弟子の一人、摩訶迦葉のこと。禅宗における西天第一祖[補3]。○世尊…世の尊敬を受ける人。釈迦牟尼仏のこと。仏十号の一つ。○金襴…金糸にて刺繡した袈裟。○応諾…声を出して応答する。○刹竿…幡竿。説法のときなどに人を集めるために寺の門前に旗を掲げる竿のこと。○倒却～著…倒してしまえ。著は命令を表す。○眼裏筋…眼の中にすじが張る。眼光が鋭く、気力に満ちていること。眼筋。○筇…筇竹。布袋竹、仏面竹ともいう。杖を作るのに適する[補4]。○暮天…夕暮れ時の空。暮れ方の空。

○二祖三拝～汝得吾髄…「礼拝得髄」の公案[補1]。○二祖…二祖慧可のこと[補2]。○三拝…三度礼拝すること。慧可が達磨の前に出て礼拝したこと。○達磨…中国禅宗初祖の菩提達磨のこと。嵩山少林寺で面壁した[補3]。○真不掩偽、曲不蔵直…真実はいつわりを顕にし、曲ったものは真っ直ぐなものを隠せない[補4]。○向上…上の。その先の。○鉄壁…鉄の壁。不動、堅固なさま。

○廓侍者一日～山便休去…[補1]。○廓侍者…興化存奨法嗣の守廓(不詳)のこと[補2]。○徳山…青原下の徳山宣鑑(七八〇～八六五)のこと[補3]。○従上諸聖…これまでの諸々の聖人たち。歴代の祖師。○勅点飛龍馬、跛鼈出頭来…帝王が乗る良馬を用意するように命令したのに、足の不自由なすっぽんがまかり出てきた。○出頭…顔を出す。進み出る。この世に出る。

四方八面は蒺藜《しつれい》の園。万仭懸崖《ばんじんけんがい》、路は杳昏《ようこん》たり。進前せんと擬欲《ほっ》せば脚を著け難し。如何んが徳山の門に入り得ん。

5

徳山、次の日、澡浴《そうよく》する次いで、木杓《もくしゃく》を以て廓侍者《かくじしゃ》の背上に於いて打つこと一下して云く、「昨日の公案《こうあん》、如何《いか》ん」と。侍者云く、「這《こ》の老漢、今日、方《まさ》に始めて瞥地《べっち》たり」と。山又た休し去る。

敢えて扁舟を把りて洞庭に泛《うか》ぶ。夕陽影裏、沙汀《さてい》に宿す。夜闌《たけなわ》にして一陣の黒風《こくふう》起こる。両耳は万馬を奔《はし》らしむる声の如し。

6

僧、馬大師《ばだいし》に問う、「如何《いか》なるか是れ仏」と。大師云く、「即心是仏」と。

熱《あつ》ければ則ち涼に乗ず、古樹の辺。困じ来たれば一たび覚めて憨眠《かんみん》を放《ほしいまま》にす。山僧は懶散《らんさん》にして長えに此の如し。怕《おそ》れず、閻家《えんけ》の飯銭を算うることを。

7

龐居士《ほうこじ》、馬大師《ばだいし》に問う、「万法と侶為《ともた》らず」と。

手に鏌鎁《ばくや》を執りて陣に入り来たる。三軍は壁の如く尽く衡開す。先鋒は咽喉《いんこう》の路を把定して、直に得たり、戈《ほこ》を拕《ひ》き甲《よろい》を卸ろして回ることを。

○四方八面…四方八方に同じ。東西南北に四維を加えた八つの方向。○蒺藜…はまびし。とげのある実をつける。不毛なもののたとえ。○万仭懸崖…非常に高く切り立った絶壁。○杳昏《ようこん》…遥かに遠く暗い。○著脚…脚をつける。

○徳山次日～山又休去…[補1]。○徳山…青原下の徳山宣鑑（七八〇～八六五）のこと[補2]。○澡浴…ゆあみ。湯を浴びること。入浴。○木杓…木製の杓子。ひしゃく。○廓侍者…臨済宗の守廓（不詳）のこと[補3]。○公案…公府の案牘。官庁の裁決案件。歴代祖師が示した仏法の課題。○瞥地…ちらりと物を見ること。ここでは、瞥地智通の意。わずかに仏法を会得する事。○扁舟…小さな舟。小舟。○洞庭…洞庭湖。湖南省北部にある湖。岳陽楼や瀟湘八景などの景勝地のほか、沿岸には古来禅宗が盛んで、徳山や梁山など禅刹も多い。○夕陽影裏…夕日の光の中で。○沙汀…砂浜。中洲の砂原。○夜闌…夜がふける。夜が深くなること。○黒風…暴風。土ぼこりを吹き上げる風。○万馬…多くの馬。多くの軍馬。千軍万馬。

○僧問馬大師～即心是仏…[補1]。○馬大師…南嶽下の馬祖道一（七〇九～七八八）のこと[補2]。○即心是仏…現在の心がそのまま仏であるということ。○乗涼…納涼する。涼む。○憨眠…敢寝に同じ。熟睡すること。○山僧…僧の自称。○懶散…しまりがなく取り散らす。だらだらいいかげん。無性なこと。○閻家…閻魔大王が支配する地獄。○飯銭…食費。飯代。ここでは生前の食事代。

○龐居士～不与万法為侶…[補1]。○龐居士…馬祖下の龐蘊（?～八〇八）のこと[補2]。○不与万法為侶…すべての事象と関わらないこと。一切の存在と同じ次元にいないこと。○鏌鎁…鏌鎁・莫邪ともいう。中国古代の呉の名剣の名。「干将莫邪」の故事に基づく[補3]。○三軍…周の兵制で大国の有する軍隊。三七五〇〇人の軍。大軍のこと。○衝開…聳え立つ。高く突き立つ。○先鋒…戦争の先駆け。軍隊の先頭。先陣。○咽喉路…喉笛のような場所。きわめて緊要な地。○把定…しっかりと握る。相手の機を押さえ込むこと。○拕戈卸甲…戈を放ち甲を脱ぐ。武具を収める。

8

馬大師《ばだいし》、西堂《せいどう》・百丈《ひゃくじょう》・南泉《なんせん》と月を翫《もてあそ》ぶ。戯れに出だす、一棚の川雑劇《せんざつげき》。神頭鬼面《じんとうきめん》、幾多般《いくたはん》ぞ。夜深くして灯火の闌珊《らんさん》たること甚《はなは》だし。応是《まさ》に人の笑いて欄《てすり》に倚ること無かるべし。

9

潙山《いさん》、百丈に侍立《じりゅう》する次いで、丈、「炉に火有り無《や》」と看せしむ。

寂寞《じゃくまく》たる江辺にて、釣舟《ちょうしゅう》に倚る。雪蘆霜葦《せつろそうい》、冷颼颼《れいしゅうしゅう》たり。竿頭《かんとう》、誰か謂う、香《こう》餌《じ》無しと。也《ま》た金鱗の直に鉤《はり》に上ること有り。

10

臨済《りんざい》、黄蘗《おうばく》に「仏法的的《てきてき》の大意」を問う。三度問いを置きて、遂に六十主丈を喫す。

幾回か短艇《たんてい》にて滄溟《そうめい》に戯る《たわむれ》に、未だ其の中の浅と深とを識らず。巨浪潑天《はってん》して経得過《けいとくか》し、始めて知る、一生の心に負《そむ》かざるを。

11

臨済、衆に示して云く、「赤肉団上《しゃくにくだんじょう》に一無位の真人《しんにん》有り、常に汝等が面門《めんもん》従《よ》り出入す。未だ証拠《しょうこ》せざる者は看よ看よ」と。時に僧有りて出でて問う、「如何《いか》なるか是れ無位の真人」と。済、縄床《じょうしょう》を下りて扭住《ちゅうじゅう》して云く、「道《い》え道え」と。僧、擬議《ぎぎ》す。済、托開《たっかい》して云く、「無位の真人、是れ什麼《なん》の

○馬大師、与西堂百丈南泉翫月…「馬祖翫月」の公案[補1]。○西堂…馬祖下の西堂智蔵（七三五～八一四）のこと[補2]。○百丈…馬祖下の百丈懐海（七四九～八一四）のこと[補3]。○南泉…馬祖下の南泉普願（七四八～八三四）のこと[補4]。○川雑劇…四川の雑劇。馬祖道一が四川の出身であるので、一段のやりとりを川雑劇と表現した。○神頭鬼面…鬼面神頭とも。鬼神の顔[補5]。○幾多般…どれほどの種類の。いかほどの。多般は種々の。いろいろの。○闌珊…衰え果てるさま。○応是…きっと～であろう。

○潙山侍立百丈～令看炉有火無…[補1]。○潙山…潙仰宗祖の潙山霊祐（七七一～八五三）のこと[補2]。○侍立…側に立って侍ること。○寂寞…ひっそりとしてもの寂しいさま。寂しくて静かなさま。○江辺…川のほとり。川辺。○釣舟…つりぶね。魚を釣る舟。○雪蘆霜葦…雪や霜に覆われた蘆。葦は蘆の生長したもの。○冷颼颼…寒々としたさま。寒冷なさま。○竿頭…さおの先。釣り竿の先。○香餌…味や匂いのよい餌。○金鱗…金色の鱗をした美しい魚。

○臨済問黄蘗～喫六十拄杖…[補1]。○臨済…臨済宗祖の臨済義玄（?～八六六）のこと[補2]。○黄蘗…南嶽下の黄檗希運（不詳）のこと[補3]。○仏法的的大意…仏法そのものずばりの根本義。禅の極則。○置問…問いを致す。○六十主丈…六十拄杖。六十回拄杖で棒打すること。○短艇…小舟。艇は幅が狭く細長い舟。○滄溟…青く広い海。青海原。○巨浪…大波。黄檗の六十棒にたとえる。○潑天…天に飛び散る。○経得過…通り過ぎてしまう。○負一生…一生涯の心にそむく。負心は心にそむく。恩誼にそむく。

○臨済示衆云～是什麼乾屎橛…[補1]。○赤肉団…人間の体。生身の人間。○無位真人…いかなる枠にもはまらず、一切の枠を超えた自由人。○面門…顔。顔面。○証拠…確認する。会得する。○縄床…縄を編んで作った椅子。この上に敷物を敷いて坐禅をする。○扭住…ねじ伏せてとらえること。住は動作の固定を表す助字。○擬議…躊躇する。口ごもる。推し量り論ずること。何か言おうとしてまだ口に出さない状態をいう。○托開…つき放つ。つきとばす。

乾屎橛《かんしけつ》ぞ」と。
面面相い看て眼は眉に似たり。同門出入して相い知らず。眸《ひとみ》を擡《もた》げて華山《かざん》の秀でたるを看るを貪りて、覚えず、驢《ろ》を将《もっ》て却って倒に騎る。

12

南泉、衆に示して云く、「今時の人、須らく異類《いるい》の中に向かって行くべくして、始めて得《よ》し」と。趙州《じょうしゅう》出でて問うて云く、「異は則ち問わず、如何なるか是れ類」と。南泉、両手にて地を托《お》す。趙州、一踏に踏倒し、乃ち延寿堂に下りて叫びて云く、「悔ゆ、悔ゆ」と。泉、聞き得て侍者をして去きて問わしめて云く、「箇の什麼《なに》をか悔ゆ」と。侍者、教えに依りて往きて問う。州云く、「更に一踏を与えざるを悔ゆ」と。者、回りて南泉に挙似《こじ》す。泉云く、「我れ従来、這の漢を疑著《ぎじゃく》す」と。
明に投じ暗に合す、人の知ること少《まれ》なり。子を養いて方に知る、父の太はだ慈しみあることを。一踏して便ち行きて猶お悔ゆと道う。便宜を得るは是れ便宜に落つ。

13

南泉、因みに僧問う、「如何《いか》なるか是れ道」と。泉云く、「平常心《びょうじょうしん》是れ道なり」と。

○乾屎橛…乾燥した棒状の糞。枯れくそ。○擡眸…瞳をもち上げる。○華山…中国五嶽の一つ。西嶽。陝西省華県にある。○将驢却倒騎…驢馬の背に逆さ乗りして華山から帰ってくる。達人の自由自在なありよう。張果老の故事［補2］。

○南泉示衆云～疑著這漢…［補1］。○南泉…馬祖下の南泉普願（七四八～八三四）のこと［補2］。○向異類中行…異類中行。異類の中を行く。六道に輪廻する一切の有情の中に自己を投げ入れて利他行を実践する。○趙州…南嶽下の趙州従諗（七七八～八九七）のこと［補3］。○踏倒…踏み倒すこと。足げにして倒すこと。○延寿堂…寺内の病僧が療養のために休養する病室。省行堂。涅槃堂とも。○侍者…住持の補佐をする役職。

○挙似…話題を提示すること。○疑著…どうなのかと疑うこと。相手をただものでないと思うこと。著は動作の完成を表す。

○明投暗合…明と暗が回互している。差別の事象と平等の理体が互いに相い即している。○得便宜是落便宜…うまくいったというのは、してやられたということである。好機を得ることと、好機を逸すること。

○南泉因僧問～平常心是道…［補1］。○平常心是道…日常の心が道である。○鬢…耳ぎわの髪の毛。○斑…まだら。しらが混じりになること。○抛砂撒土…砂や土をまきちらす。○老大…年をとる。年をとっ十五年前、鬢《びん》は未だ斑《まだら》ならず。砂を抛《なげう》ち土を撒《ま》きて曽《かつ》て閑ならず。而今《にこん》、老大にして、渾《すべ》て無事なり。行きて山を看来たり、坐して山を看る。

14

趙州、因みに僧問う、「狗子、還《は》た仏性有り也無《や》」と。州云く、「無」と。雪刃の天に倚る勢いは、正眼にて看ることを容《ゆる》し難し。身を拚《す》てて挨得《あいとく》し去りて、偏界《へんかい》、髑髏《どくろ》寒し。

15

口を開くことは舌頭《ぜっとう》上に在らず。日暖かに風和して春昼長し。杜鵑《とけん》啼きて杏花《きょうか》の郷に在り。明明に向道《い》うも、人の会する無しと。又た流鸎《りゅうぼう》を逐いて短牆《たんしょう》を過ぐ。

16

趙州の東門・西門・南門・北門。八十の翁翁、自由を得たり。蘆花影裏《ろかえいり》、扁舟《へんしゅう》を泛《う》かぶ。龍門限り無き好頭角《こうずかく》。総《す》べて渠儂《きょのう》に一網に収めらる。

17

龐公《ほうこう》、大梅に参ず。大梅は元と是れ常の梅にあらず。咬破《こうは》して他に核子《かくす》を還し来たる。龐老、当年

た人。○無事…なすべきことが何もない。普段と変わらない平穏無事なこと。○行看山来坐看山…ぶらぶら歩いて山を見たり、腰を下ろしてゆったりと山を見たりする。平常心の境地をいう。

○趙州因僧問～州云無…「趙州無字」の公案[補1]。○趙州…南嶽下の趙州従諗（七七八～八九七）のこと[補2]。○雪刃…雪のように白く鋭い刀刃。鋭い剣。○倚天勢…天にも届くほどの勢い。倚天長剣で天にも届く抜き身の剣の凄味をいう。○正眼看…まともに見る。正視する。○拚身…棄身。捨身。身を捨てる。我が身を投げ捨てる。○挨得…押し詰める。突き詰める。○偏界…全世界。○髑髏…しゃれこうべ。屍骸。

○開口不在舌頭上…口を開いてものを言うことは舌先の上にかかっているのではない。言葉ですべてを言い尽くすことはできない。松源崇嶽の三転語の一つ[補1]。○舌頭…舌。頭は名詞につく接尾語。○春昼…春の昼間。春の日が長くのんびりとしていること。○杜鵑…ほととぎす。子規。蜀魂。不如帰。○杏花…杏子の花。杏子唐桃。○明明向道…はっきりと言ってやる。向道で言う。○流鸎…流鶯。枝枝をめぐるウグイス。木々を飛び移って鳴くウグイス。○短牆…丈の低い生け垣。

○趙州東門西門南門北門…「趙州四門」の公案[補1]。○趙州…南嶽下の趙州従諗（七七八～八九七）のこと[補2]。○東門西門南門北門…趙州（河北省）の四方の城門。釈尊の四門出遊にたとえるか。発心・修行・菩提・涅槃にたとえるか。○八十翁翁…八十歳の老人。趙州従諗は一説に八十歳で出家したともされる。○蘆花影裏…水面に映る白い蘆の花の姿。○扁舟…小さな舟。小舟。○龍門…黄河中流の急流。魚が登り切れば龍に化するとされる。すぐれた師家のいる叢林にたとえる。○好頭角…すばらしい角。龍と化した魚の角。すぐれた修行僧のこと。○渠儂…彼。あの人。三人称代名詞。ここでは趙州従諗のこと。○一網収…一網打尽。一回の網で魚をすべて取る。

○龐公参大梅…[補1]。○龐公…馬祖下の龐蘊（?～八〇八）のこと[補2]。○大梅…馬祖下の大梅法常（七五二～八三九）のこと[補3]。○咬破…咬みくだく。○核子…種。さね。果実の中心にあるもの。○

軽しく嗅著《きゅうじゃく》せば、心酸《いた》みて此れ従《よ》り口開き難し。

18

劉鉄磨《りゅうてつま》が潙山《いさん》を訪う公案。拈じて云く、「潙山と鉄磨と、一は開け一は合《と》づ。却って連雲の棧閣《さんかく》を把定《はじょう》するが如くに相い似て、外に虧《か》くるを容《ゆる》さず。雖然《しかれ》ども、潙山が敗露《はいろ》せし処、直に而今《にこん》に至るまで、未だ検得出《りんとくしゅつ》する者有らず」と。

腕頭抽掣《わんとうちゅうせい》して舌頭《ぜっとう》清し。鼓笛《こてき》相い催す、耳に聒《かまびす》しき声。線索断つる時、天已《すで》に暁く。還って鉄馬に騎りて前程《ぜんてい》に奔る。

19

玄沙云く、「如如《にょにょ》不動にして、安排《あんばい》す可き没《な》し。恰かも焔炉《えんろ》の蚊蚋《ぶんぜい》を蔵さざるに似たり。本来平坦なれば、何ぞ剗除《さんじょ》するを用いん。動転施為《どうてんせい》は是れ真の解脱《げだつ》。繊毫《せんごう》も受けず、意を措《お》けば便ち差《たが》う。借使《たと》い千聖出頭《しゅっとう》し来たるも、也た他の一字を安排し得ず」と。拈じて云く、「玄沙が叮嚀《ていねい》の処、太殺《はなは》だ叮嚀《ていねい》なり。破綻《はたん》せる時は、依然として破綻す。向上に会し去らば、脣を揺らし吻を鼓することは舌頭に在らず。下に就きて別に求めば、油缸《ゆこう》を出得して又た醬甕《しょうおう》に堕す。

玄沙、指頭《しとう》を築破する時、便ち虚空を把りて顛倒《てんどう》して騎る。面皮を翻転して何

○龐老…老齢の龐居士。○当年…往年。その昔。○嗅著…匂いをかぐ。○酸…つらい。苦しい。

○劉鉄磨訪潙山公案…「鉄磨老牸牛」の公案[補1]。○劉鉄磨…潙山下の尼僧、劉鉄磨（不詳）のこと[補2]。○潙山…潙仰宗祖の潙山霊祐（七七一～八五三）のこと[補3]。○公案…公府の案牘。官庁の裁決案件。歴代祖師が示した仏法の課題。○連雲…連雲棧。棧道の名。四川・陝西両省の要路。閣道ともいう。○棧閣…かけはし。材木を組んで作った道。○把定…しっかりと握る。占拠して守る。相手の機を押さえ込むこと。○敗露…現れる。露顕する。○検得出…調べ出してしまう。検査して見つけ出す。○腕頭…手。腕。○抽掣…引き抜く。打ち叩く。○舌頭…舌。頭は名詞につく接尾語。○鼓笛…太鼓と笛。簫鼓。○聒耳…耳にやかましい。○線索…手掛かりを得る。探索する。○鉄馬…鉄でできた馬。鉄甲をつけた軍馬。○前程…行く先。将来のこと。前途。

○玄沙云、如如不動～安排佗一字不得…[補1]。○玄沙…雪峰下の玄沙師備（八三五～九〇八）のこと[補2]。○如如不動…真如が不動なるさま。常住不変の意。○安排…ほどよく配置する。処置する。○焔炉…燃えさかる炉。○蚊蚋…蚊。蚋はぬかが。ぶよ。○平坦…土地などが平らなこと。○剗除…刈り除く。削り取る。○動転施為…日常における一切の行動。日常の動作、振る舞い。施為は動作。○解脱…煩悩の束縛から解き放たれて、悟りの境地に到達すること。○繊毫…細かい毛。きわめてわずかなこと。○措意…意を措く。心をとめる。気にとめる。○千聖…多くの聖者たち。三世歴代の諸仏諸祖のこと。○出頭…顔を出す。進み出る。この世に出る。○叮嚀…咬んで含めるように言う。何度も言い聞かせること。○破綻…破れほころびる。失敗してうまく行かないこと。○依然…依前。以前通りに。相い変わらず。○向上…上の。その先の。○揺脣鼓吻…口びるを動かす。大いにしゃべる。○舌頭…舌。○油缸…油瓶。あぶらがめ。油を入れるかめ。○醬甕…醬を入れる大瓶。○指頭…指。○築破…突き破る。○虚空…天

処にか去る。今に至りて地の伊《かれ》を容《い》るる可き無し。

と地の間。広大無辺の空間。〇顚倒…さかさまになる。ひっくりかえる。平静を失ってうろたえる。〇面皮…つらの皮。〇翻転…ひるがえりまわること。ひっくり返す。

偈頌

1 蔵経を看する僧に示す

鳥啼き鵲《かささぎ》噪《さわ》ぐ、現成《げんじょう》の事。嶺上山前、語太《はなは》だ明らかなり。大蔵《だいぞう》頭《はじ》め従《よ》り翻転して看よ。知らず、那《なん》の巻か是れ真経なるを。

2 済川

曹渓《そうけい》を接得して一脈通ず。之れを取れども尽くること無く、用うれども窮まり無し。看よ、他の源遠く流れ長き処。尋常の渓澗《けいかん》と同じからず。

3 僧の行脚《あんぎゃ》するを送る

修有り証有りとせば倶《とも》に妄と成る。証無く修無しとせば又た空に滞《とどこお》る。索性《さくせい》に両頭都《すべ》て剔脱《てきだつ》し、草鞋緊悄《そうあいきんしょう》して秋風を趁《お》う。

4 僧に示す

膝を促《せま》りて空を談ずるに、空にして空ならず。渠《かれ》が主人翁を鼎惺《ていせい》せんことを要す。家に到りて闤闠頭辺《かんかいとうへん》に看よ。万別千差、路の通ずる有り。

○蔵経…経律論の三蔵の経典。大蔵経。一切経。○鳥啼鵲噪…鳥や鵲がさわぎ鳴く。鵲はかささぎ、その鳴き声は吉兆とされる。○現成事…ありのまま現れている事実。すでにあるもの。現に存在するもの。○嶺上山前…嶺の上や山の前。山のいたるところ。○大蔵…大蔵経のこと。○翻転…ひっくり返す。ここでは転読する意。○真経…真実の教えが説かれた経。

○済川…川を済る。昔、黄梅（湖北省）の五祖弘忍が盧行者（慧能）に衣を伝え、自ら舟を棹いで長江対岸の江州（江西省）に渡した故事にちなむ。○曹渓…六祖慧能（六三八～七一三）のこと[補1]。○接得…受けいれる。受け取る。人を接待する。学人を指導する。○一脈…一すじ。仏法の一すじの流れ。○源遠流長…水源が遠く川の流れが長い。○尋常…日常のこと。ありふれたこと。○渓澗…谷川。渓流。

○行脚…仏道修行のために、僧侶が諸国を歩き回ること。○有修有証…修行することによって証悟するとする立場。○妄…妄見。まちがったものの見方。○無証無修…本来、証悟もなく修行もないとする立場。修証を撥無した見方。○索性…思い切って。思いっきりよく。○両頭…両面。両辺。二つの面。○剔脱…除き取る。○草鞋…わらじ。草履。行脚するときのはきもの。○緊悄…堅くしばる。引き締める。

○促膝…相手に膝を近づけて坐る。○談空…空を語る。仏法を談ずる。○主人翁…主人公。ここでは瑞巌師彦の「瑞巌主人公」の公案を踏まえる[補1]。○鼎惺…正しく悟る。○闤闠…街の垣と門。街。市街。街路。○万別千差…千差万別。種々さまざまな違いがあること。

5 空維那《いの》を送る

夢に蒼鷹《そうよう》を握るも、未だ奇とするに足らず。罰銭して院を出だすも、便宜に落つ。聖人は手を接す一機子。二老、何に由りてか伊《かれ》に賽得《さいとく》せん。

6 源侍者《じしゃ》を送る

横《ほしいまま》に鉄網《てつもう》を張りて江湖《ごうこ》を攡《すく》う。金鱗《きんりん》に搆得《こうとく》して是れ魚にあらず。陸地に他の齏甕《せいおう》を撞《つ》き破り、帰り来たりて竺乾《じくけん》の書を伝送せよ。

7 日本扇

金銀徒《いたず》らに把《と》りて人の眸《ひとみ》を衒《くらま》す。大抵は他の朴実頭《ぼくじつとう》に還す。孰《たれ》か謂う、開遮《かいしゃ》するに秀気無しと。時に臨みて応用せば、也《ま》た風流なり。

8 小池

暗に一脈を通じ、人に逼《せま》りて寒し。攪《みだ》せども渾《にご》らず、吸えども乾かず。孰《たれ》か謂う、盃池《はいち》能く幾許《いくばく》ぞと。風無きに也《ま》た解《よ》く波瀾《はらん》を鼓す。

9 事に因みて遊山《ゆさん》し、衆に示す。

○空維那…臨済宗聖一派の蔵山順空（一二三三～一三〇八）のことか［補1］。○維那…禅宗寺院の僧堂などで修行僧を監督指導し、堂内の衆務を総覧する役。六知事の一つ。○蒼鷹…羽毛が蒼みを帯びている白鷹。青華厳すなわち北宋代の投子義青（一〇三二～一〇八三）に順空をなぞらえている［補2］。○罰銭出院…［補3］。○罰銭…叢林の修行生活で違反を犯した者が払う銭。清規や掟を破った罰として差出す金銭。罰金。○落便宜…好機を逸する。損な目に会う。してやられる。○聖人…聖なる人。仏祖。○接手…手をつらねる。引き渡す。○一機子…一つの機縁。一人の法器。○二老…東福寺の円爾（一二〇二～一二八〇）と［補4］、建長寺の蘭渓道隆の二人。○賽得…比べる。優劣を競う。匹敵する。

○源侍者…かなりの禅者で入宋を志していたらしい。臨済宗松源派の巨山志源（不詳）のことか［補1］。○鉄網…鉄の網。堅固な網。○江湖…大きな川や湖。禅の修行道場にたとえる。○攡…水中に沈んだものを取る。○金鱗…立派な金の鱗の魚。すぐれた学人をたとえる。○搆得…構得・覯得とも。ぴったり出会う。邂逅する。ずばり見て取る。○齏甕…漬け物の甕。○竺乾書…印度の書。仏書・仏典のこと。○伝送…送り届ける。次々に伝え送る。

○日本扇…日本製の扇。○衒…眩に同じ。くらます。まばゆい。○大抵…おおよそ。おおむね。大概。○朴実頭…飾り気がなく素朴なこと。まじめなこと。○開遮…開いたり閉じたりすること。○秀気…秀でたすばらしい気。すぐれた気性。○臨時応用…その時々に応じて適宜に働かせ用いる。○風流…みやびやかなこと。優雅で高尚なこと。

○一脈…一すじ。○攪不渾…かき乱しても濁らない。○吸不乾…吸い取っても乾かない。○盃池…杯池。酒を飲むのに使う盃にたとえられるような小さな池。○幾許…どれほど。いかほど。○波瀾…大小の波。大波・小波。

○因事…特別のことに因む。○遊山…景勝の地に遊歴すること。

倒《さかさま》に烏藤《うとう》を握りて龍と化し易し。天資《てんし》は喜ばず、英雄を闘わしむることを。時来《じらい》、興《きょう》に乗じて他山に去る。鉄蒺藜槌《てつしつりつい》、虫に蛀《しゅ》せらる。

10

雪を詠ず

玉楼《ぎょくろう》、粟《あわ》を起こして彤雲《とううん》合す。秀気は空に飄る、六出花《りくしゅつか》。一夜にして鋪《し》き成す銀世界。知らず、明月の誰《た》が家にか落つるを。

11

淋汗《りんかん》を化す

妙体は従来、塵に染まらず。満盛の悪水《おすい》、何人《なにびと》をか洗う。牯牛、例に随いて機変を知り、鑊湯《かくとう》中に向かって解《よ》く転身す。

12

衆に示す

紛擾《ふんじょう》し来たる時、暫くも安らかならず。動中の消息、静中に看よ。忽然《こつねん》として動静《どうじょう》双つながら忘ずる処。且らく請う、頭《こうべ》を回らして歳寒を守らんことを。

13

闔山普請《こうざんふしん》し、瓦を搬ぶ。

赤心片片《せきしんへんぺん》、未だ心灰《はい》ならず。駆《お》いて紅炉に入れて、鍛うること一回す。掀翻《きんぽん》し

○烏藤…藤で作った、黒塗りの杖。○天資…生まれつきの資質。天が人に授けた性質。○英雄…才知・武勇にすぐれ、常人にできないことを成し遂げた人。○時来…たまたま来る。○乗興…興味にまかせて。○鉄蒺藜槌…鉄でできた蒺藜の槌。鉄蒺藜は、はまびし形の鉄製の武器。蒺藜（蒺蔾）は、はまびしのことで、棘のある葉が特徴の薬草。○蛀虫…木食い虫にやられる。虫ばまれる。

○玉楼起粟彤雲合、秀気飄空六出花…[補1]。○玉楼…立派な御殿。美しい高殿。○粟…あわ。粟粒に似た小さなもの。ここでは雪のこと。○彤雲…赤色の雲。雪を降らせる雲。○飄空…空中にひるがえり舞う。○六出花…雪の異名。六角形の結晶が六弁の花に似ることからいう。六花。○不知明落誰家…[補2]。

○淋汗…夏の入浴のこと。正式な開浴日以外の日に、禅宗寺院で設けられる臨時の入浴。○妙体…ものの真実の本体。ここでは清浄なる身体をいう。○悪水…きたない水。飲料に適していない水。○牯牛…水牯牛。牝牛。または去勢した牝牛。○機変…時機に応じて変化すること。○鑊湯中…煮えたぎる湯の中。地獄の苦しみの中。○転身…新しく身や心境などを変えて転ずること。迷いから悟りの境地に転ずる[補1]。

○紛擾…乱れもめる。ごたつく。混乱する。○忽然…突然に。たちまちに。○動静…動いたり静かにしたりすること。日常の行住坐臥。○回頭…廻首。振り返る。ふり向いて後ろを見る。○歳寒…冬の寒い時期。逆境のたとえ。

○闔山…全山。寺中。○普請…あまねく請うて建設・修繕などをすること。総出で労役作務を行なうこと。○赤心片片…まごころがこまごまと行き届いているさま。慈悲の甚だしいこと。○紅炉…火炉。火の

て滲漏《じんろ》無きことを得んと要せば、大家《たいけ》、手を出だして接し帰り来たれ。

蘭渓和尚語録巻上

赤く燃えている囲炉裏。○掀翻…ひっくり返すこと。高く持ち上げてひるがえすこと。○滲漏…滲み漏れること。煩悩のこと。○大家…みんな。みなさん。

普説

1

瞿曇《くどん》の宗旨《しゅうし》、深くして量るべからず。祖師《そし》の真乗《しんじょう》、広くして測るべからず。宗旨《しゅうし》を会得《えとく》せば、即《すなわ》ち真乗を了ず。既に真乗を了ぜば、宗旨を伝う可し。宗旨とは脣吻《しんぷん》に渉《わた》らず、安《いず》くんぞ語言に堕《だ》せん。若《も》し未だ明らめざるの心を以《もっ》て之れを測《はか》らば、則ち宗旨の妙は愈《いよ》いよ深くして、其《そ》の底蘊《ていうん》を知らず。浅き志の見を以《もっ》て之れを学せば、則ち真乗《しんじょう》の微は愈《いよ》いよ広くして其の畔岸《はんがん》を知らず。誠に所謂《いわ》ゆる、「蠡《れい》を以《もっ》て海を酌《く》み、管を持ちて天を窺《うかが》う」と。力竭《つ》き眼窮《きわ》まるも、終《つい》に尽《つ》くすこと能《あた》わず。尽くすべからずと雖も、歴歴《れきれき》として現前《げんぜん》す。所以に古人云く、「道は遠からん乎《や》哉、事に触れて皆な真なり。聖は遠からん乎《や》哉、之れを体むれば必ず神なり」と。汝等諸人、毎日起き来たりて、山を見、水を見、交接《こうせつ》し往来す。此れ豈に是れ事に触るるにあらざらんや。甚《なん》に因《よ》ってか宗旨《しゅうし》として明らむること能わざる。七尺《しちしゃく》の単前《たんぜん》にて、堆堆地《たいたいち》に坐す。且《か》つ真乗は作麼《そも》生《さん》か体めん。十に九人半有りて、聞著《き》けば便ち思惟分別《しゆいふんべつ》の処に入りて活計《かっけい》を作《な》す。或《あ》る時、室中に到りて、纔《わず》かに一則の語或いは一段の公案を以《もっ》て、挙《こ》して之れを試《しら》ぶれば、多くは是れ空見《くうけん》・執無《しつむ》・断源《だんげん》の語なり。苦なる哉《かな》、糠粃《こうひ》の物、何ぞ宝蔵《ほうぞう》に入るに足らん乎《や》。諸上人、朝参暮請《ちょうさんぼしょう》するも、但だ貧子《びんす》の二十年にわ

○普説…普く人々に法を説く意。多数の僧衆を一堂に集め、略式で行なう説法。北宋代の黄龍派の真浄克文に始まり、楊岐派の大慧宗杲の『大慧普覚禅師普説』が名高い。○瞿曇…釈迦が出家する前の本姓。ゴータマ（梵：Gautama）のこと。○宗旨…宗義の要旨。根本の教え。○真乗…真実の教え。正しい教え。○会得…物事の意味を十分とらえて自分のものとすること。○脣吻…口さき。くちばし。○底蘊…奥底。奥深くつつみかくされたところのもの。○畔岸…果て。限り。際限。○以蠡酌海…小さな瓢箪《ひょうたん》で大きな海の水を酌み取ろうとする。狭い見識で大事を量ろうとするたとえ[補1]。○持管窺天…管を通して天を見るような狭い見識のこと。浅薄な知識で大理を知ろうと企てる[補2]。○歴歴現前…はっきりと目の前にあること。目の前に現れること。○体乃即神…聖なるものを究めてみれば、そのまますべてが聖なる玄妙なはたらきであること。○古人云、道遠乎哉、触事皆真。聖遠乎哉、体之必神…[補3]。○古人…ここでは僧肇（?～四一四）のこと[補4]。○触事皆真…触事而真・即而事真とも。現象のどこに触れてもすべてが真理である。事物がことごとく真理である。触事は、ことごとに。なにごとにつけても。○交接…交際する。人々と関わり合う。○七尺単前…坐禅をするために定められた各自の坐所。僧堂内の単。宋代には一尺が三〇・七二センチ。○堆堆地…突兀として不動なさま。じっと坐って動かないさま。○十有九人半…十中八九。ほとんどが。○思惟分別…対象を思量し判別すること。あれこれと識別すること。○活計…生活を維持すること。暮らしむき。なりわい。○公案…公府の案牘。官庁の裁決案件。歴代祖師が示した仏法の課題。○空見…空に執着した考え。一切が空であるという教えにとらわれた考え。○執無…無であると執すること。無にとらわれること。○断源…断見の立場をいうものか。本源を認めないことか。○苦哉…困ったものだ。やり切れぬ。○糠粃…糠秕とも。米のヌカとしいな。粃は実の熟していない穀物。粗末な食事、つまらないもの、とるに足りないもののたとえ。○宝蔵…宝庫。珍蔵を貯えている蔵。仏法の教えの宝の蔵。○諸上人…修行僧に対する呼びかけ。諸君。○朝参暮請…師匠の室に参じて指導教示を願うこと。晨参暮請とも。○貧子…貧しい人。財産の少ない人。

たり糞を除くが如くに相い似たり。一旦、我れ本と心に希求《けぐ》する所有ること無ければ、今、此《こ》の宝蔵《ほうぞう》、自然にして至らん。此《こ》れは苦に効《なら》うと雖是《いえど》も、無著《むじゃく》にして所得《しょとく》の事有り。然《しか》も祖宗門下に拠《よ》らば、自然にして至る者も、総《すべ》て消得《しょうとく》せず。況《いわ》んや区区《くく》として人の残唾余涎《ざんだよせん》を斂《あつ》めて腹に入れん哉《や》。豈に聞かずや、世尊は四十九年、三百余会、顕相覆相の説、縦横無礙《じゅうおうむげ》の説、万万千千を説き尽くすに、只《た》是だ曽て那一句子《ないっくす》を説著《せつじゃく》せず。若《も》し説得著せば、実に「凡有り聖有り、迷有り悟有り、何ぞ曽て三無差別《さんむしゃべつ》有らん」と謂わん乎。末後に入涅槃《にゅうねはん》の時に臨みて、略《すこ》しく些子《さし》の圭角《けいかく》を露《あらわ》し、衆に示して云く、「吾れ鹿苑《ろくおん》より跋提河《ばつだいが》に至るまで、未だ曽て一字を説かず」と。且つ経律論蔵《きょうりつろんぞう》五千余巻は是れ有る耶《か》、是れ無き耶《か》。柳岸《りゅうがん》にて舟を維《つな》いで人到らず、又た明月に随いて滄洲《そうしゅう》に下る。文殊《もんじゅ》白して云く、「請《こ》う、世尊よ、再び末後の法輪を転じたまえ」と。世尊云く、「汝、我れに再び法輪を転ぜんことを請う。是れ吾れ曽《かつ》て法輪を転ずや」と。千言万語、人の会する無し。又た流鶯《りゅうおう》を逐《お》いて短牆《たんしょう》を過ぐ。世尊、恁麼《いんも》に文殊に祇対《したい》す。且《か》つ意は何《いず》くにか在る。若《も》し是れ金毛の獅子子《ししじ》ならば、三千里外に誵訛《ごうか》を定めん。黄面老子《おうめんろうし》が徒《と》に示す、其《そ》の意は茲《ここ》に在《あ》らざる耳《のみ》。末後に文殊と問答すること、便ち達磨《だるま》の九年面壁《くねんめんぺき》の如し。涅槃の時至りて諸の弟子をして、盍《なん》ぞ各《おの》おの其の志を言わざる。独り神光《じんこう》一人のみ有りて、礼三拝して位に依《よ》りて立

○除糞…きたないものを取り除く。けがれを除き去る。○希求…強く願い求めること。○無著…何ものにもとらわれることがなく、何ものをも求めない心の境地。○所得…得るところ。悟ったところ。○祖宗門下…達磨を祖とする禅宗の門徒。○消得…享受してのける。使いこなす。○区区…苦労するさま。努力するさま。あくせくする。こせこせと。○残唾余涎…残ったつばきと余ったよだれ。古人の残した言葉をいう。○世尊…世の尊敬を受ける人。釈迦牟尼仏のこと。仏十号の一つ。○三百余会…三百六十会とも。仏陀が一生涯になした説法の集まりの多いことのたとえ。○顕相覆相説…実相を顕し示した教えと、実相を陰覆した教え。○縦横無礙説…どの方面にも妨げになるものなく、自由自在な教え。○那一句子…その一句。究極の仏法端的の一言。○説得著…言い当てる。ぴったりと言い切る。○有凡有聖、有迷有悟、何曽有三無差別乎…[補5]。○三無差別…『華厳経』で、心・仏・衆生の三者には差別がないとする説、心無差別・仏無差別・衆生無差別の三つをいう。○入涅槃…涅槃に入ること。仏の入滅をいう。○些子…すこしばかり。ちょっと。○圭角…玉のとがったところ。玉のかど。○吾自鹿苑、而至於跋提河、未曽説一字…[補6]。○鹿苑…鹿野苑の略。鹿のいる庭園の意。鹿を飼っているところ。中インド、ベナレスの郊外のサールナートにある。釈尊が始めて説法した地。○跋提河…跋提。跋提恒河。古代インドのマラ国の首都拘尸那掲羅（クシナガラ）を流れる川。アジタヴァッティ河。釈尊がこの川の西岸で涅槃したことにより知られる。『大般涅槃経』巻一に記される。○経律論蔵…経蔵・律蔵・論蔵。三蔵のこと。○五千余巻…入蔵した経論章疏の数。一切経。智章の『開元釈経目録』では、五〇四八巻とする。○柳岸…柳の植えてある川などの岸。○随明月下滄洲…和月下滄洲に同じ[補7]。○滄洲…水々とした水に囲まれた洲浜。人里を離れた水辺。隠者の住むところ。○文殊白云～是吾曽転法輪耶…[補8]。○文殊…文殊師利菩薩のこと。般若の智慧を表す菩薩[補9]。○末後…最後。最期。命の終わるとき。○法輪…仏の教法のこと。法を転輪聖王の輪宝にたとえたもの。○千言万語…多くの言葉。あれこれと多くの言葉を口にすること。○流鶯…流鶯。枝枝をめぐるウグイス。木々を飛び移って鳴くウグイス。○短牆…丈の低い生け垣。○祇対…答える。応対する。○金毛獅子子…文殊の乗る獅子。金色の毛に覆われた獅子の

つ。達磨云く、「汝は吾が髄を得たり」と。謂《い》つ可し、「大鵬《たいほう》、翅《つばさ》を展《の》べて十洲を蓋《おお》う。籬辺《りへん》の鴟雀《しじゃく》、空《むな》しく啾啾《しゅうしゅう》たり」と。末法已に二百余載を越《こ》えて、行道《ぎょうどう》明道《みょうどう》の者少なく、執見邪見《しっけんじゃけん》の者多し。此の門に入り来たりて十年五載、工夫未だ純熟せざるに、便ち自ら点頭《てんとう》して、長を説き短を道う。更に別人無し、自ら謂《おもえ》らく、「我れ已に明心見性《みょうしんけんしょう》す、誰《たれ》か能《よ》く我れと肩を斉《ひと》しくせん」と。忽《たちま》ち真正《しんせい》の宗師に遇《あ》いて、他の自欺《じぎ》の処を徴《ちょう》せしむれば、皆《み》な是れ邪知《じゃち》・邪見《じゃけん》・邪解《じゃげ》・邪言《じゃごん》なり。其の間、更に人の救済《くさい》を聴《き》かず、魔見《まけん》は愈《いよ》いよ深く、執して捨てず。継《つ》いで長老の本分事《ほんぶんじ》を挙《こ》するを聞きては、便ち謂《い》う、「已《すで》に我れを印可《いんか》し了《お》わる」と。是《かく》の如きの徒、但《た》だ自ら其の心を味《くら》ますのみに非ず、亦《ま》た乃ち笑いを識者《しきしゃ》に取ること多し。三祖和尚《さんそおしょう》云く、「之れを執《しゅう》せば度を失《しっ》し、必ず邪路《じゃろ》に入る。之れを放《はな》てば自然《じねん》にして、体に去住《こじゅう》無し」と。今時、之《こ》れを放《はな》ちて自然なる者、万中に一も無し。長床上《ちょうしょうじょう》の被位頭《ひいとう》、正《まさ》に好《よ》し、心を休《きゅう》し意《い》を息《や》め、視を収め観を返すに。放得下《ほうとくげ》する時、豈に安楽ならざらんや。予、或《あ》る時、巡寮《じゅんりょう》して密察《みっさつ》するに、多是《おお》くは筆硯《ひっけん》を蓆上《せきじょう》に安《あん》じ、旧巻《きゅうかん》を手中《しゅちゅう》に執《と》りて、機縁公案《きえんこうあん》の裏に、纔《わず》かに風月《ふうげつ》の句有れば、便ち私冊子《しさっし》の中に抄《か》き入れて、以《もっ》て自己受用《じこじゅゆう》の物と為《な》す。恰似《あたか》も老鼠《ろうそ》が川附子《せんぶす》を偸《ぬす》みて穴内に在《お》くに相《あ》い似《に》たり。肚《はら》飢うるの時、喫《きっ》せんと欲《ほっ》すれども、又た喫し得《え》ず。只《た》だ傍《かたわ》らに在《あ》りて看守《かんしゅ》するのみにし

子。非常に優れた禅僧をたとえていう。○三千里外定誵訛…[補10]。○誵訛…殽訛・聱訛とも。糸が入り乱れて容易にほどけないさま。ことさらに難しげなひねりを加えた言い回し。難解なところ。肝要なところ。○黄面老子…黄色に輝く仏陀。○達磨…中国禅宗初祖の菩提達磨のこと。嵩山少林寺で面壁した[補11]。○九年面壁…中国禅宗の祖、達磨が嵩山少林寺において九年間面壁していたという故事[補12]。○神光…二祖慧可のこと[補13]。○礼三拝…三度礼拝すること。慧可が達磨の前に出て礼拝したこと。○汝得吾髄…達磨が慧可に法を付した故事。「礼拝得髄」の公案[補14]。○大鵬展翅蓋十洲、籬辺鴟雀空啾啾…[補15]。○大鵬…オオトリ。想像上の大鳥。○籬辺…生け垣のほとり。○鴟雀…鳶と雀。鴟は鳶《とび》または梟《ふくろう》。○啾啾…鳥獣や虫などが悲しく鳴く声。○末法已越二百余載…十三世紀中葉から二百余年以前は十一世紀初頭に当たる[補16]。○行道…仏道の修行をすること。○明道…道を明らむること。仏道を明らかに悟ること。○執見…片寄った見解。偏見。○邪見…よこしまな見方・考え方。因果の道理を無視する誤った考え方。○工夫…仏道修行などに専念すること。坐禅に専心すること。○純熟…煮つめて不純物をなくすこと。心をよく練り上げること。○点頭…うなずくこと。○明心…心を明らかにすること。悟りを開くこと。○見性…自己に本来備わっている本性を見究めること。悟りを開くこと。○真正宗師…真実で正しい師匠。本物の師匠。正師のこと。○自欺…自分の良心に反する行ないをする。自ら心に恥じる言行をなす。○邪知…誤った知識。○邪解…誤った理解。○邪言…誤った表現。○救済…救い助ける。済度する。○魔見…仏道修行をさまたげる悪鬼の見解。○本分事…本来のありよう。仏法の一大事。人が本来尽くすべきつとめ。○印可…禅者が弟子に仏道成就の証明を与えること。○識者…物事の正しい判断力を持っている人。見識のある人。○三祖和尚…三祖僧璨のこと[補17]。○執之失度、必入邪路、放之自然、体無去住…[補18]。○失度…平常の態度を失う。あわてふためく。○邪路…よこしまな道。邪道。○去住…去ることと止まること。○長床…僧堂内の坐禅をする横に長い床。禅床。禅牀。長連牀。長連単。○被位頭…被位は禅宗の僧堂内で、修行僧が坐禅し起臥する各自の座席。単位。頭は名詞につく接尾語。○休心息意…心意を休息する。○収視返観…見ることをやめ、自己に心を安んずる。

て、既《すで》に奈何《いかん》ともする無し。了《つい》に忽然《こつねん》として硬《かた》く喫《きっ》すること一口せば、反《かえ》って性命《せいめい》を失《うしな》う。諸仁者《しょにんしゃ》、自己明らめずして、人の語録并びに四六文章を看るは、但だ道を障《さまた》ぐるのみに非ず、人をして一生空しく過ごさしむ。生死到来して延《えん》寿堂《じゅどう》に下るの時、前路《ぜんろ》は昏昏《こんこん》として、将《は》た何を以てか祇敵《してき》せん乎《や》。彼の時、悔やむとも已に遅遅《ちち》たらん。参禅学道《さんぜんがくどう》は只だ用《もっ》て此の一事を了《りょう》ず。豈に汝が多知《たち》多解《たげ》をして以《もっ》て談柄《だんぺい》と為《な》さしめん哉《や》。大恵《だいえ》和尚道く、「汝、著実《ちゃくじつ》の工夫を做《な》さず、只管《しかん》に心を用いて、古人の文字を貪り読む。正見知《しょうけんち》を礙《さ》え、伊《かれ》の道業《どうごう》を障《ふさ》ぐること、譬えば油を以て麺に入るるが如し、永劫にも取るべからず」と。実に此の一段の大事に参ぜんと欲せば、須是《すべか》らく従前《じゅうぜん》の知見解会《ちけんげえ》にて明得悟得《みょうとくごとく》する底の聖教《しょうきょう》の語言を将《もっ》て一時に放捨し、然して後、自己の本源上《ほんげんじょう》・頂𩕳頭《ちょうねいとう》に就いて返復体究《へんぷくたいきゅう》すべし。究得到《きゅうとくとう》し体得明《たいとくみょう》せば、邪見邪解《じゃけんじゃげ》は去ることを待たずして自ずから除き、真用真機《しんようしんき》は求むることを待たずして自ずから顕れん。然して後、従前の得る所、負う所の文字語言、復た取りて之れを用うるに、何の障礙《しょうげ》有らん哉《や》。

先聖《せんしょう》云く、「真正《しんしょう》の学道人、仏眼《ぶつげん》にても覰《うかが》い見れず。況んや一切の鬼神、何の処に向かってか他の蹤跡《しょうせき》を覓《もと》めんや」と。豈に聞かずや、岩頭、雪峰と同じく行脚する時、中路《ちゅうろ》に到りて雪に値い、遂に鼇山《ごうざん》店上に宿す。岩頭一人、長く両脚

返って内観する。○放得下…下に置く。手放す。得は動詞の後について完成を表す。○巡寮…住持が禅宗寺院内の各寮舎または衆寮を巡回して、その状態を調べること。○密察…細部まで見究める。詳細に調べる。○筆硯…筆研。筆とすずり。○蓆…敷きもの。むしろ。○旧巻…古い書物。古書。○機縁…修行者が師匠の導きに接し得た因縁。機に臨んで縁に応ずる師匠の手さばき。○風月之句…心地よい風と美しい月など、自然の風物を題材とした詩歌や文章の一句。○私冊子…自分の本。糸で綴じた本。○抄入…書き込みを入れる。○受用…受け入れて用いること。活用すること。○老鼠…ねずみのこと。老は動物名の前につく接頭語。○川附子…川苻子とも。四川省のトリカブト。毒性の強い薬草。漢方薬にも用いる。○看守…みまもる。番をする。○忽然…突然に。たちまちに。○性命…生命。万物が天から授かったそれぞれの性質。天性。天命。○諸仁者…大衆に対する呼び掛け。○四六文章…四六駢儷文とも。四字句と六字句を交互にくりかえす美文調の文章。○延寿堂…禅宗寺院に安居する病僧を収容する堂宇。無常院・無常堂・涅槃堂・省行堂とも。病者の情に従って延寿の名をもって呼ぶ。病僧のための療養所・病室。○前路…これから歩いて行こうとする路。前面のみち。○昏昏…暗いさま。愚かなさま。朦朧としているさま。○祇敵…大いに敵する。敢然と立ち向かう。○遅遅…遅れること。滞ること。○参禅学道…坐禅を修して仏道を究めること。○此一事…仏法の一大事。○多知多解…多く知り多く理解する。いろいろな物事を知り、理解が深いこと。○談柄…話柄。話材。話のたね。柄はつかまえどころ。○大恵和尚道~永劫不可取…[補19]。○大恵和尚…臨済宗楊枝派の大慧宗杲（一〇八九~一一六三）のこと[補20]。○著実…堅実な。着実な。実地を踏みしめる。○只管…ひたすら。一途に。○用心…心力を費やす。心を働かせる。○正見知…正知見・正見に同じ。因果の道理に対する正しいものの見方。○道業…仏道修行のこと。悟りを成就するための修行の行為。○以油入麵…麦粉（麵）に一たび油が入ると、もはや抜き出すことができない。俗情のしみついた者には解脱の期がやってくることがないたとえ。○永劫…永久。限りなく長い年月。尽未来際。○従前…今より前。これまで。○知見解会…思考して判断理解すること。頭の中だけで観念的に理解すること。○明得悟得…道理を明らかにし、悟りを開くこと。明らかにし得

を伸ばして眠る。独り雪峰のみ有りて終夜に打坐す。八千の子弟、将に零落《れいらく》せんとす。烏江《うこう》に到らざれば、未だ肯《あ》えて休せず。岩頭曰く、「何ぞ瞳眠《とうみん》し去らざる」と。大小の齤老《かつろう》、己を以て人に方《くら》ぶ。雪峰、遂に胸を指して云く、「我れ此れ実に未だ穏《おだや》かならず」と。款は囚人の口より出づ。岩頭云く、「我れ将に謂《おも》えり、你《なんじ》は是れ箇《こ》の漢なりと。汝が従前の所得所見、一一に挙し来たれ。是《ぜ》ならば則ち汝が為めに証拠《しょうこ》し、不是《ふぜ》ならば則ち汝が為《た》めに剗除《せんじょ》せん」と。兄呼び弟応じて何事をか成す。心肝《しんかん》を挽《ひ》き出だし腸を剖《さ》き出だす。雪峰乃ち云く、「我れ初めて塩官《えんかん》に見えて、色空《しきくう》の義の話を挙するを聞きて、箇の見処《けんじょ》有り」と。岩頭云く、「此を去りて三十年後、切《せつ》に忌《い》む、挙著《こじゃく》することを」と。冬瓜《とうがん》の印子《いんす》、胡乱《うろん》に人に搭《か》く。雪峰又た云く、「洞山《とうざん》の過水悟道《かすいごどう》の頌に『切に忌む、他に随い去ることを。迢迢《ちょうちょう》として我れと疎《そ》なり。我れ今独り自ら往くに、触処《そくしょ》に渠《かれ》に逢うことを得たり。渠《かれ》は今正《まさ》に是《こ》れ我れなり、我れ今是《こ》れ渠《かれ》にあらず。若《も》し能《よ》く是の如《ごと》く会《え》せば、方に如如《にょにょ》に契《かな》うを得ん』と云うに因りて、我れ此に於いて箇の省処《しょうしょ》有り」と。岩頭云く、「若し恁麽《いんも》ならば、自救《じぐ》することも也《ま》た未《いま》だ徹《てっ》せざらん」と。人の痛処《つうしょ》に針《さ》すは、是れ好心《こうしん》にあらず。雪峰云く、「我れ又た因みに徳山に問う、『従上《じゅうじょう》の宗乗中の事、学人、還《は》た分有り也無《や》』と。徳山、打つこと一棒して云く、『甚麼《なん》と道《い》う』と。我れ当下《とうげ》に桶底の脱するが如くに相《あ》い似た

る。悟りを得る。○聖教…聖人の教え。ここでは、釈迦の説いた教え。仏教の経典。○放捨…放ち捨てる。絶ち切り退けること。○本源上…我々の存在のおおもとで。自性清浄心の上で。○頂顊頭…頭の天辺。最高のところ。真骨頂のところ。○体究…道理を体で会得する。まるごと究める。○究得到体得明…究め尽くす。体で明らかにする。得は完成をあらわす助字。○真用真機…真のはたらきと真の機根。大機大用に同じ。○文字語言…文字で書かれた言語。詩文の言葉など。○障礙…さまたげになること。さまたげ害する。悟りの障害となる。○先聖云～覓他蹤跡耶…[補21]。○真正学道人…本当の正しい修行者[補22]。○仏眼覷不見…仏の眼力でも見てとれない。仏の世界をも超え出たありよう[補23]。○仏眼…仏の眼、悟りを得た者の識見。○鬼神…天地万物の霊魂。夜叉・羅刹。○蹤跡…あとかた。ことが行なわれたことを示す、しるしとなるようなもの。○岩頭同雪峰行脚時～今日始是鼇山成道…[補24]。○岩頭…青原下の巌頭全奯（八二八～八八七）のこと[補25]。○雪峰…青原下の雪峰義存（八二二～九〇八）のこと[補26]。○行脚…仏道修行のために、僧侶が諸国を歩き回ること。○中路…途中。○鼇山…鰲山とも。朗州（湖南省常徳府）武陵県城の北七十里にある山。本名は獣歯山。○店上…宿屋。旅店。旅籠。○打坐…坐禅をする。○八千子弟…八千人の門人。八千は多くの、あまたの。雪峰義存が福州（福建省）の雪峰山で多くの門人を育成したことをいう。○零落…枯れ落ちる。落ちぶれる。寂れる。○烏江…和州（安徽省）烏江の地。楚の項羽が漢の劉邦に攻められて最後を迎えた。○瞳眠…眠りこける。瞳は大食する、貪る。○大小齤老…巌頭全奯ともあろうものが。○以己方人…自分の尺度で人のことを推し量ること。○款出囚人口…白状の言葉。白状の言葉が囚人から出る。語るに落ちる[補27]。○将謂…将に謂えり～と。～とばかり思っていた。思い違いをしていた意を表す。○箇漢…個漢。ちゃんとした人。できた人。○所得所見…その身に得たところ、見究めたところ。○証拠…確認する。証明する。○剗除…除きとる。けずり去る。○心肝…心と肝。真心。赤心。○塩官…馬祖下の塩官斉安（?～八四二）のこと[補28]。○色空…色と空。色はあらゆる存在。空は無自性であること。○見処…修行してとらえられたところ。自ら納得したもの。○切忌挙著…取り上げて問題にすることは禁物である。○冬瓜印子…トウガンで作っ

り」と。脚力《きゃくりょく》尽きる時、山は更に好《よ》し。白雲散ずる処、路は猶お長し。岩頭云く、「豈《あ》に道《い》うことを見ずや、『門従《よ》り入る者は、是《こ》れ家珍《かちん》にあらず』」と。人を殺さば須《すべか》らく血を見るべし。徹底老婆心《てっていろうばしん》なり。只《た》だ徳山の打つこと一棒して「甚麼《なん》と道《い》う」と云うが如きは、是《こ》れ他《た》の問いに答うる耶《か》、他の問いに答えざる耶《か》。若《も》し他に答《こた》えずと道《い》わば、甚《なん》に因《よ》ってか雪峰は桶底《つうてい》の脱するが如くに相《あ》い似たる。若《も》し他に答《こた》うと謂《い》わば、那裏《なり》か是れ他の宗乗《しゅうじょう》の話に答うる処なる。謂《いい》つ可し、「閃電光中《せんでんこうちゅう》、纔《わず》かに擬議《ぎぎ》せば、雨声一霎《うせいいっしょう》、滄浪《そうろう》を過《す》ぐ」と。雪峰が従《じゅう》上《じょう》の見聞覚知《けんもんかくち》、総《すべ》て岩頭に一時に抛撒《ほうさん》し了わらる。皮穿ち骨露われて奈何《いか》んとも計《はか》ること無し。徐徐《じょじょ》として低頭《ていず》して問《と》うて云く、「畢竟《ひっきょう》して如何《いか》んが是《ぜ》なることを得ん」と。岩頭云く、「他後《たご》、若し大教《だいきょう》を播揚《はよう》せんと欲せば、須是《すべか》らく一一に自己《じこ》の胸襟《きょうきん》従《よ》り流出《りゅうしゅつ》して我が与《た》めに蓋天蓋地《がいてんがいち》し去るべし」と。雪峰、此に於いて大悟す。遂《つい》に床《しょう》を跳下《ちょうげ》し、礼一拝《らいいっぱい》して云く、「師兄《すひん》、師兄。今日始めて是《こ》れ鼇山《ごうざん》にて成道《じょうどう》す、今日始めて是れ鼇山にて成道す」と。迢迢《ちょうちょう》たる路を行じ尽して、今朝始めて家に到る。雪峰、初め色空《しきくう》の義を聞き、又た「洞山過水」の頌を見、次に徳山の棒下に於いて皆な証悟《しょうご》有り。此れ豈に是れ見性《けんしょう》にあらざらんや、豈に是れ明心《みょうしん》にあらざらんや、豈《あ》に是れ悟道《ごどう》にあらざらんや。其《そ》れ奈《いかん》せん、万里に一点の雲無しと雖も、猶お青天《せいてん》の伊《かれ》を障《さう》ること有るを。若し岩頭に

た印子。安易に印可を与える希薄な禅。○胡乱…みだりに、でたらめに。○洞山過水悟道頌…洞山良价の「過水偈」のこと[補29]。○洞山…曹洞宗の洞山良价（八〇七～八六九）のこと[補30]。○迢迢…遙かなさま。遠いさま。○触処…いたるところで。どこでも。○如如…真如ありのまま。真実の姿。○省処…悟るところ。省悟のところ。○自救也未徹在…自救不了に同じ。自分すら救うことができない。自分の始末もできない[補31]。○痛処…肉体的あるいは精神的な弱点や急所をいう。○好心…好意。良い心。○従上…従来の。いままでの。○従門入者不是家珍…[補32]。○老婆心…親切で世話をやきすぎること。老婆親切。婆心。○閃電光中纔擬議、雨声一霎過滄浪…[補33]。○閃電光中…ひらめく電光。瞬時のこと。○擬議…躊躇する。口ごもる。推し量り論ずること。何か言おうとしてまだ口に出さない状態をいう。○雨声一霎…しばしの雨滴の降る音。しきりの雨音。霎は雨がパラパラと降る音。○滄浪…青々とした波。○見聞覚知…見たり、聞いたり、考えたり、知ったり。感覚知覚のはたらき。○抛撒…まき散らす。なげ捨てる。○皮穿骨露…刮皮見骨。皮をそぎ落として骨が現われる。すべて打ち砕かれたさま。○徐徐…ゆったりと。ゆるやかに。落ち着いて。○低頭…頭を低く垂れること。頭を下げて敬礼する。○畢竟…要するに。結局のところ。○他後…いずれのち、いつか。他時後日。○大教…偉大な教え。仏の教え。仏教。大乗の教え。○播揚…自分の方から事を起こす。広く知れ渡るようにする。伝え広める。○胸襟…むね。胸のうち。こころ。胸懐。○蓋天蓋地…天地を覆い尽くす。全天下を制圧する。○跳下…飛び降りる。○師兄…兄弟子に対する呼びかけ。○成道…悟ること。悟りを開くこと。○証悟…悟りを開くこと。○見性…自己に本来備わっている本性を見究めること。○明心…心を明らかにすること。悟りを開くこと。○万里…非常に遠い距離。○青天…青く澄みわたった空。○起死回生…死より起ちて生に回す。滅びかけている者や絶望的な状態の者を再び生き返らせること。○底蘊…奥深いところ。内に深く蔵しているところ。○撒手…手を即座に放すこと。○尊堂…尊母。他人の母に対する敬称。北堂・母堂。○半信半疑不前不後者…仏法を信じ切れずに立ち往生してしまう人。真偽に迷って何れにも決し難い者。○榜様…標榜模様の略。標榜。標識。立て看板。模範。目じるし。○標格…標準の格式。規範・手本。○明師

起死回生《きしかいせい》の妙有ることを得ずば、雪峰安《いず》くんぞ其の底蘊《ていうん》を尽くさん。這裏に到りて、謂つ可し、「手を撒《さっ》して家に到るに人識《し》らず、更に一物の尊堂《そんどう》に献《けん》ずる無し」と。諸兄弟《しょひんでい》、此に来たりて参学《さんがく》す。今時《こんじ》の半ば信じ半ば疑いて前《すす》まず後《しりぞ》かざる者を以《もっ》て榜様《ぼうよう》と為すこと莫《な》かれ。但《た》だ古人の岩頭・雪峰を以て標格《ひょうかく》と為《な》し、明師《みょうし》を扣《たた》き良友《りょうゆう》に近づきて、旧時の見を執《しゅう》すること勿かれ。或いは夢寐《むび》の中、邪魔《じゃま》は化《け》して仏像《ぶつぞう》と為《な》り、変《へん》じて神質《しんしつ》と為《な》りて、汝が道心を破《やぶ》り、汝が邪見《じゃけん》を助けて、汝が執情《しゅうじょう》をして捨てざらしむ。堅《かた》く著して是《ぜ》と為せば、久久《きゅうきゅう》にして魔《ま》見愈《けんいよ》いよ増さん。自ら証果《しょうか》すと謂《い》いて、語は狂類《きょうるい》の如し。更に頭《こうべ》を回らさざれば、生縁《しょうえん》の大謝《たいしゃ》の到来《とうらい》するに至《いた》るに及《およ》んで、此《こ》の群魔《ぐんま》と同じく無間地獄《むげんじごく》に陥《おちい》らん。此れは魔が伊《かれ》の体に附きて汝が大乗正見を損《そん》するの咎《とが》に因《よ》る。参学の人、若《も》し一分の喜処《きしょ》を得《え》て、以《もっ》て聖証《しょうしょう》と為《な》せば、未だ久しからざるの間に、翻《ひるがえ》って魔趣《ましゅ》に堕《だ》さん。此に到りて各おの宜《よろ》しく体察《たいさつ》すべし。従前《じゅうぜん》の知見解会《ちけんげえ》・文字語言を放下して、自己未明《じこみみょう》の処に回首《かいしゅ》し、子細《しさい》に体究《たいきゅう》すべし。忽然《こつねん》として体究得明《とくみょう》せば、便ち知らん、岩頭・雪峰の漏綻《ろうたん》少なからざることを。只《た》だ這《こ》の漏綻の些子《さし》、西天の四七、東土の二三、天下の諸善知識《しょぜんちしき》、此を以て仏の恵命《えみょう》を続《つ》ぎ、此を以て無窮《むきゅう》に伝持《でんじ》す。雖然《しかれ》ども、箇《こ》の事《じ》は須是《すべか》らく各各自ら肯《うべな》い自ら証し自ら悟りて始めて得《よ》し。

…道理に明らかなすぐれた師。仏法を明らめた正しい師匠。○良友…良き友。善友・勝友とも。修行の上で助力してくれる友人。○旧時之見…古くから持っていたものの見方。旧見。○夢寐…眠って夢を見る。眠っている間。○邪魔…邪見の悪魔。正理に背く偽りの見解をもって、悟りの正道を妨たげる悪魔。天魔のこと。○仏像…仏の姿。仏の形像。○神質…神の姿。神の形質。○執情…頑なに思いこんだ気持。執着する考え。○久久…非常に長い年月にわたるさま。○魔見…邪見の見解。○証果…悟りを得ること。修行の因により悟りの果を得ること。○狂類…常規を逸した人。○生縁…生存の因縁。因縁によってこの世に生存し得る期間。○大謝…大いに去る。死ぬこと。世を去ること。○到来…時機や機運の来ること。○群魔…多くの悪魔。多くの邪見のやから。○無間地獄…八熱地獄の第八。苦しみを受けることが絶え間なく、また楽の混じることのない地獄。厳しい苦しみの絶えない世界。○大乗正見…大乗仏教の正しいものの見方。正見は正しく真実を見ること。○一分喜処…わずかな心に喜ぶところ。○聖証…すぐれた悟りのありよう。聖なる悟り。○魔趣…悪魔の類。悪魔の世界。○体察…自分ではっきりさせる。体験によりしっかり明らかにする。○従前…今より前。これまで。○知見解会…知解。思慮分別によって概念的にのみ仏法を理解し会得しようとすること。○放下…下ろす。下に置く。投げ捨てる。○自己未明之処…自己の未明事。未明は現象の現れる以前。空却已前の自己。父母未生已前の自己。○回首…廻首。振り返る。ふり返って後ろを見る。○子細…事細かに。詳細に。○体究得明…体で究めてはっきりさせる。得は完成を表す助字。○漏綻…ほどけて漏れ出る。手抜かりがある。ぼろを出す。○些子…すこしばかり。ちょっと。○西天四七…西天二十八祖のこと[補34]。○東土二三…達磨から六祖慧能に至る中国の六代の祖師[補35]。○天下諸善知識…世間にいる多くのすぐれた禅僧たち。○恵命…慧命。法身の智慧を命にたとえたもの。○伝持無窮…仏法を永劫に相伝護持する。○箇事…個事。一つのこと。一大事。一生参学の大事。仏法の真理そのもの。○自証自悟…自らで証悟する。他の力を借りずに自ら悟ること。

2　塩田和尚至る、引座《いんぞ》の普説《ふせつ》

覚空《かくくう》空覚の妙《みょう》、妙は変通《へんづう》に在《あ》り、明了《みょうりょう》了明の機、機先《きせん》に鑑徹《かんてつ》す。空にして覚ならず、覚にして空ならざれば、未だ至妙《しみょう》と為《な》さず。了にして明ならず、明にして了ならざれば、安《いず》くんぞ機を呈するに足らん。直須《すべか》らく空覚《くうかく》は頓《とん》に亡じ、了明は所無かるべし。然して後、所有《しょう》無きに於いて、手を垂《た》れて人を接し、拽《ひ》き将《も》ち過《す》ぎ来《き》たりて、自ら粘綴《ねんてつ》せず。誠に所謂《いわゆ》る、「我が覚を以て他を覚せば、他は覚せざる無く、我が妙を以て彼を妙にせば、彼は妙ならざる無し」と。彼既に妙にして、他も亦た覚せば、宗旨《しゅうし》の法幢《ほうとう》、何ぞ立せざることを患《うれ》えんや。這《しゃ》裏《り》に到りて、更に甚《なん》の等覚妙覚《とうがくみょうがく》を説いて、以て至極《しごく》と為さん哉《や》。塩田長老《えんでんちょうろう》、夙《つと》に霊骨《れいこつ》有り、安《いず》くんぞ強《し》いて之《こ》れを為《な》さん。大宋自《よ》り帰《き》するを同じくして、負《お》ふ所は浅きに非ず。浩然《こうねん》の気を以て妖精《ようせい》を掃《はら》い去《さ》り、信心《しんじん》の人をして不伝《ふでん》の妙有るを知らしめんと欲す。只《た》だ此の不伝の妙は、覚《さと》るに非ざれば奚《なん》ぞ知らん。若《も》し覚有り知有りと謂《い》わば、又た不伝の妙に匪《あら》ず。所以《ゆえ》に古人は此に到りて其《そ》れを奈何《いかん》ともせず。乃《すなわ》ち云く、「恁麼《いんも》も也《ま》た得《え》ず、不恁麼《ふいんも》も也《ま》た得ず、恁麼不恁麼、総《す》べて得《え》ず」と。建長と塩田と各《おの》おの一刹《いっさつ》に拠《お》り、或いは百余衆、或いは五十衆、皆《み》な是れ頭を聚《あつ》めて、仏法を学し禅を学し道を学せんと要す。道念《どうねん》有る者は、又た仏法禅道の四字に障礙窒塞《しょうげちっそく》せられて自由を得ず。道心《どうしん》無き人は、

○塩田和尚至引座普説…[補1]。○塩田和尚…信濃（長野県）塩田の僧[補2]。○塩田…信濃の地名[補3]。○引座…他寺の尊宿などが寺に来た際に高座に案内して説法を請うこと。○普説…普く人々に法を説く意。多数の僧衆を一堂に集め、略式で行なう説法。○覚空空覚…空を悟り、空にして悟る。空の道理を徹底して究める。○変通…情況に応じて自由自在に変化・適応してゆくこと。臨機応変なさま。○明了了明…明らかに悟ること。悟りの明らかなこと。本来の自己を徹底して明らかにする。○機先…機前とも。物事の起こらない時。物事が起ころうとする直前。○鑑徹…しっかりと見貫いてしまうこと。○至妙…究極の妙処。この上ない悟りの境地。○呈機…はたらきを示す。○空覚頓亡、了明無所…空も覚も自己の全力をはたらき出すこと。○空覚頓亡、了明無所…空も覚もすっかりなくし、了も明も所在がなくなる。悟ったという意識すら捨て切ったこと。○所有…すべて。あらゆるもの。○垂手接人…手を垂れて人のためにする。衆生済度すること。○粘綴…ねばりとどまる。滞ること。○宗旨法幢…仏法の旗印。仏法の根本の教えを建立すること。法幢は説法があることを知らせるために立てる幟《のぼり》。○等覚…仏の悟り。平等一如の悟り。大乗菩薩の五十二位の中の第五十一位の位。三賢・十聖の上。等正覚。○妙覚…真の悟り。仏の無上の悟り。菩薩の修行最後の位、菩薩の第五十二位。等覚の上。○至極…極限・極致に達していること。この上ないこと。○霊骨…霊妙な骨相。非凡な姿。すぐれた精神的な修行力の意。○自大宋同帰…蘭渓道隆が寛元四年（南宋淳祐六年、一二四六）に渡来する際に塩田長老が南宋から同船で帰国したことをいう。○浩然之気…天地の間に充満している大きく強い気。これが人間に宿ると何物にも屈しない道徳的勇気となるとされる[補4]。○妖精…怪しい精霊。人を惑わす怪しい化けもの。○信心人…仏の説いた三宝や因果の理法を信じて疑わぬ人。○不伝之妙…仏祖不伝之妙。仏祖でさえ伝えることができない妙なる境地。○恁麼也不得、不恁麼也不得、恁麼不恁麼総不得…[補5]。○建長与塩田各拠一刹、或百余衆或五十衆…[補6]。○各拠一刹…蘭渓道隆が鎌倉建長寺に住し、塩田和尚が信濃塩田に存した寺院に住していたことを指す。○百余衆…この時、建長寺の修行者が百余人いたことを指す。○五十衆…この時、塩田に存した禅宗寺院に五十余人いたことを指す。○聚頭…多くの修行僧が一カ所に集まること。○道念…道を思う心。

又た藩《まがき》に触るるの羊の、進みて前を知らず、退きて後を知らず、自ら牽《ひ》き自ら絆《つな》ぎて、掣断《せいだん》し行かざるが如し。有《あ》る者は纔《わず》かに人の此の事《じ》を挙揚《こよう》するを聞き、却《かえ》って其《そ》の端倪《たんげい》を審《つまびら》かにせず、便ち来たりて眉を張《は》り目を努《は》りて、抗論《こうろん》して前に在り、此《こ》れは是《ぜ》なり、此《こ》れは是ならず、彼は非《ひ》なり、彼は非ならずと。一疑《いちぎ》を決せずして、千疑《せんぎ》競《きそ》い起こり、徒《いたづ》らに闘諍《とうじょう》を成して、平白《へいはく》に風波おこる。末《まつ》代《だい》の叢林《そうりん》、斯《かく》のごとき者極めて盛んなり。哀《かな》しい哉《かな》、自ら源《みなもと》に達《たっ》せずして、彼の源の浅深《せんしん》を話《かた》ることを。怜愍《れいみん》すべし、有るいは来たりて其《そ》の源を示さんことを乞《こ》うも、又《ま》た其《そ》の源の所在《しょざい》を知らざることを。過《とが》は誰にか帰せん歟《や》。上古達《じょうこたつ》道《どう》の士、始め信心《しんじん》を発し、継《つ》いで知識《ちしき》の一言半句《いちごんはんく》を挙《こ》するを聞き、便《すなわ》ち這裏《しゃり》に向かって、咬《か》みて復《ま》た嚼《か》み、吐《は》きて又《ま》た呑《の》む。呑《の》み得《え》ず、吐き出《い》だせず、咬《か》み破《き》れず、嚼《か》み爛《くだ》けざるの時に至りて、忽然《こつねん》として舌頭《ぜっとう》を咬破《こうは》し、便《すなわ》ち知る、此の味の具足《ぐそく》せることを。只《た》だ這《こ》の具足するの味は、世の知る所に非ず。昔日、永嘉《ようか》禅師道《いわ》く、「若《も》し知を以て寂《じゃく》を知るも、此《こ》れ無縁《むえん》の知に非ず。手に如意《にょい》を執《と》るが如し、如意無き手に非ず。若《も》し自知《じち》を以て知るも、亦《ま》た無縁の知に非ず。手の自ら拳を捉《な》すが如し、是れ不拳の手に非ず。亦た知は寂なるを知らず、亦た自ら知を知らざるも、無知《むち》と為すべからず、性の了然《りょうねん》たるを以ての故に、木《ぼく》石《せき》に同じからず。手に物を執《と》らず、亦《ま》た自ら拳を作《な》さざるが如きも、無手《むしゅ》と為《な》

仏道を求めようとする気持。○障礙…さまたげ害する。さまたげる。悟りの障害となる。○窒塞…塞がる。詰まる。○道心…悟りを求める心。菩提心。○掣断不行…引きちぎって行けない。動詞の後の不は不可能を表す。○此事…このこと。仏祖の大道。仏法の一大事。○挙揚…取りあげること。取りあげて人に示すこと。○端倪…物事の始めと終わり。事の始終[補7]。○抗論…対抗して屈することなく議論する。

○闘諍…戦い争うこと。言い争うこと。○平白…理由なく。わけもなく。○末代…末世。末法の世。○叢林…樹木の繁茂する林。禅宗寺院。禅の修行道場。○怜愍…憐れむ。不憫に思う。

○上古達道之士…往古に仏道に達した人。○知識…善知識のこと。正しい師匠。○一言半句…わずかな言葉。一言半辞。片言。隻句。

○咬而復嚼…じっくり咬みこなす。文字を詳しく味わって読む。○吐而又呑…吐き出してまた呑み込む。じっくりと消化させる。○忽然…突然に。たちまちに。○咬破舌頭…舌を咬み切る。言葉で表現するのを断ち切る。○具足之味…本来具わっていた味。本具の仏性にたとえる。○永嘉禅師道～故不同於兎角…[補8]。○永嘉禅師…六祖下の永嘉玄覚（六七五～七一三）のこと[補9]。○無縁…誰のためというような対象の区別がなく、すべて平等と観すること。絶対の慈悲の境地。○如意…僧の持つ道具の一つ。もともと孫の手として用いた。○自知…自分で知ること。真理を自ら知ること。○捉拳…作拳に同じ。握りこぶしをする。

○了然…はっきりとよくわかるさま。○木石…木と石。心のないもの。

○無手…手に何も持っていないこと。

すべからず、無手にして安然《あんねん》なるが故《ゆえ》に、兎角《とかく》に同じからず」と。後来《こうらい》、寂音《じゃくおん》尊者云く、「永嘉は止《た》だ悟後の病いを説く」と。若し建長が所見《しょけん》に拠《よ》らば、悟らざるの時、固《もと》より多病《たびょう》有り。既に悟るの後、焉《いず》くんぞ病い有らん乎《や》。殊に知らず、永嘉は正に後代《こうだい》の人の為めに做工夫《さくふう》の体究精微《たいきゅうしょうみ》の語を説くことを。自是《もと》より時人《じじん》、不根《ふこん》にして蹉過《さか》す。諸人、此の巨福山中《こふくさんちゅう》に在り、彼の塩田刹内《えんでんさつない》に居《お》る者、咸《み》な無上《むじょう》の妙道《みょうどう》を究《きわ》めんと欲す。且《か》つ妙道《みょうどう》は如何《いか》んが究《きわ》めん。諸兄弟《ひんでい》、若《も》し永嘉の語を以て、坐臥経行《ざがきんひん》の処に、返返復復《へんぺんふくふく》し、推して再び思《おも》うて看《み》よ、「是《こ》れ甚麼《なん》の語話《ごわ》ぞ」と。是れ自己《じこ》と相《あ》い応《おう》ずる耶《か》、相《あ》い応《おう》ぜざる耶《か》。恍然《こうぜん》として看得透する時、永嘉《ようか》の語は倶《とも》に剰言《じょうげん》と為《な》らん。剰言と為《な》ると雖も、剰言を覓《もと》めんと欲《ほっ》するに、了《つい》に不可得《ふかとく》なり。山僧、道徳行解《どうとくぎょうげ》は孤陋《ころう》にして寡聞《かもん》なり。若《も》し古時《こじ》の列刹《れっさつ》にて相《あ》い望んで善知識《ぜんちしき》と称する者を論ぜば、予は千が一にも及ばず。一に及ばずと雖も、然《しか》も今時《こんじ》に愧《は》づること無き者、諸人に挙似《こじ》せざる可からず。

十余年前、熱火は心を焼いて、抛脱《ほうだつ》し下《え》ず。一日、些《いささ》かの半合《はんごう》の水を得て之れを澆《そそ》ぐに、熱火稍《や》や滅す。火稍《や》や滅し已《お》わりて、便《すなわ》ち四肢《しし》に其《そ》の気《き》の通暢《つうちょう》なることを覚ゆ。或《あ》る時は坐《ざ》せんと要して、足を縮むることも予に由り、或る時は行かんと要して脚を動かすことも我れに在り。所以《ゆえ》に之れを伸べ之れを縮むること、他の力を仮らず。此に到りて、仁者《にんしゃ》は之れを見て、必ず之れを仁と謂い、

○安然…安らかで落ち着いているさま。○兎角…兎の角。現実に存在しないもののたとえ。○寂音尊者云、永嘉止説悟後之病…[補10]。○寂音尊者…臨済宗黄龍派の覚範慧洪（一〇七一～一一二八）のこと[補11]。○悟後之病…悟道した後に起こる禅病。○多病…多くの病。ここでは修行中における禅病の類。○殊不知…全く知らぬ。実は～であった。○做工夫…工夫をなす。修行努力する。○体究…道理を体で会得する。まるごと究める。○精微…詳しく細かい。緻密なさま。○時人…その時代の人々。○不根…仏法僧を信ずる信根のないこと。○蹉過…すれ違う。うっかり見過ごすこと。○無上妙道…この上もない最もすぐれた道。仏道のこと。○坐臥経行…行住坐臥と同じ。坐臥は静止。経行は動作。日常の起居進退。○返返復復…何度も繰り返す。○恍然…うっとりするさま。ここでは精神が統一されて散乱せぬさまか。○看得透…奥底まで見透す。見抜く。

○剰言…無用の語。余分な言葉。剰語。○不可得…求めても得られないこと。○道徳…仏道を修めて身についた徳。○行解…修行と理解。実践と理論。○孤陋寡聞…孤陋はひとりよがりで頑なこと。寡聞は見聞が狭く浅いこと。卑下謙遜した表現[補12]。○列刹…諸寺院。連なる禅刹。○善知識…人々を仏の道へ誘い導く人。○挙似…話題を提示すること。

○十余年前…蘭渓道隆が本師の無明慧性のもとで悟道したときのことか。あるいは、塩田和尚と共に明州（浙江省）の天童山に在ったときのことか。○熱火…熱い火。かっかと燃える火。○抛脱不下…投げ捨てられない。抛脱は放棄。抛捨。○半合之水…宋元代の一合は約〇・九五デシリットル。○四肢…両手と両足。また体のこと。○通暢…よく通ること。とどこおることなく行きわたること。○仁者見之必謂之仁、智者見之必謂之智…仁者はそれを見て必ずそれを仁だといい、智者はそれを見て必ずそれを智だという[補13]。○仁者…憐れみ深い人。儒教の説く仁徳を備えた人。○智者…知恵のすぐれた人。道理に精通

智者《ちしゃ》は之れを見て、必ず之れを智と謂い、期に臨んで応用《おうよう》す。是を以て、手に信《まか》せて写し将《も》ち去り、口に信《まか》せて道い出《い》だし来たり、思惟《しゆい》に渉《わた》らず、只だ這箇《しゃこ》に憑《よ》る。塩田長老、向日《むかし》、大唐の中に在りて同出同入すと雖も、然《しか》も未だ曽《かつ》て与《た》めに此《こ》の伸縮《しんしゅく》の語を挙《こ》せず。恐れらくは未だ相《あ》い信《しん》ぜざる時、伊《かれ》、別に妙処《みょうしょ》有らん。苟《も》し妙処無《な》くば、安《いず》くんぞ信州《しんしゅう》一境にて、其《そ》の名を慕《した》いて稽《けい》顙するを得《え》ん哉《や》。間《まま》に筇《きょう》を執《と》り荷負《かふ》して遠遠《えんえん》として来帰《らいき》する者有り、知らず、是《こ》れ仏戒《ぶっかい》を持《じ》せんが為《た》め耶《か》、是《こ》れ説経《せっきょう》を聴《き》かんが為《た》め耶《か》、是《こ》れ玄妙《げんみょう》を求めんが為《た》め耶《か》。若《も》し玄妙《げんみょう》を求《もと》めんが為《た》めに来たらば、何物《なにもの》を喚《よ》んでか玄妙《げんみょう》と為《な》さん。若《も》し説経《せっきょう》を聴《き》かんが為《た》めに来たらば、吾が祖道《いわ》く、「不立文字《ふりゅうもんじ》、直指人心《じきしにんしん》、見性成仏《けんしょうじょうぶつ》」と。何の説経《せっきょう》か之《こ》れ有らん。若《も》し仏戒《ぶっかい》を持《じ》せんが為《た》めに来たらば、戒は即ち是れ心、心は即ち是れ戒なり。心に形相《ぎょうそう》無くば、寧《いず》くんぞ戒として持つべき有らんや。信州一境の内、或いは僧、或いは俗の中、正信決烈《しょうしんけつれつ》の志を具する者有りて、是《こ》の事《じ》を挙《こ》するを聞きて、忽然《こつねん》として言前《ごんぜん》に領在《りょうざい》せば、手を撒して家に還り、笑いて眷属《けんぞく》に示せ。龐居士《ほうこじ》が「男有りて婚するを用いず。女有りて嫁《とつ》ぐを用《もち》いず。大家《たいけ》、団《まど》かに頭を聚め、共に無生《むしょう》の話を説く」と道《い》うが如し。此《こ》の田地《でんち》に到り了わらば、便ち知らん、不殺生《ふせっしょう》の中、鋒鋩《ほうぼう》を露《あら》わさずして能《よ》く人の命根《みょうこん》を断ずる底の一著子《いちじゃくす》有ることを。不偸盗《ふちゅうとう》の中、耕夫《こうふ》の牛を駆り、飢人の食を竊《ぬす》む。不《ふ》

した立派な人。〇臨機応用…時に応じて適宜に働かせ用いる。〇信手…手にまかせて。手当たり次第に。〇信口…口にまかせて。言い放題に。〇思惟…考える。思量分別する。〇向日…先の日。過日。〇大唐中…中国の中で。実際には大宋国であるが、あえて美称として表現する。〇同出同入…一緒に出入りする。修行を共にしたことをいう。〇伸縮…足を伸ばしたり縮めたりすること。〇未相信時…互いに知り合いになる前。〇妙処…きわめてすぐれた場所。すばらしい悟りの境地。細かく微少なもののたとえ。〇信州…信濃（長野県）の異称。〇稽顙…頭を地につけて敬礼する。稽首。〇筇…竹の杖[補14]。〇荷負…荷物を背負うこと。〇遠遠来帰…遥かに遠くからやってくる。〇仏戒…仏が制定した戒。『梵網経』に説く大乗菩薩戒。〇説経…経典の意味や内容を説いて聞かせること。説教とも。〇玄妙…奥深く微妙な道理。〇吾祖道、不立文字、直指人心、見性成仏…[補15]。〇吾祖…初祖達磨のこと。〇不立文字…文字に依らない。真理は文字や言葉によってではなく、体験を通して心で悟るものであるとする禅の立場。〇直指人心見性成仏…人に直接に指し示し、自己の心性を徹見して仏と成らせる。

〇形相…姿・かたち。〇正信…仏法を信じる心。正しい信仰。〇決烈…堅固で毅然としたさま。〇是事…一切事。いろいろなこと。〇領在言前…言葉以前のところでとらえる。〇撒手…手を即座に放す。〇眷属…血筋のつながっている者。身内。〇如龐居士道～共説無生話…[補16]。〇龐居士…馬祖下の龐蘊（?～八〇八）のこと[補17]。〇男…龐居士の息子。〇女…龐居士の娘、霊照（霊昭）のこと[補18]。〇大家…みんな。みなさん。〇無生話…生滅変化を離れた絶対の真理についての話。仏法の話。〇田地…田畑。心境。境地。〇不殺生…生きものを殺さない。〇鋒鋩…刃物の切っ先。相手を追究する激しい気質・気性のたとえ。〇命根…いのち。生命。〇一著子…囲碁などの一手。向上の一句。〇不偸盗…盗みをしない。人のものを盗まない。〇駆耕夫之牛、竊飢人之食…農民の牛を追い払い、飢えた人から食べ物を奪い取る。人情に左右されな

邪婬《じゃいん》の中、終日《しゅうじつ》、婬坊《いんぼう》に混在《こんざい》す、何ぞ放恣《ほうし》なるを妨げん。不妄語《ふもうご》の中、槐《かい》を指して柳《やなぎ》を罵《ののし》り、実《じつ》を以て虚《きょ》と為《な》す。不沽酒《ふこしゅ》の中、糟粕《そうはく》は無しと雖も、遼天《りょうてん》に価《か》を索《もと》む。不説四衆過《ふせつししゅか》の中、他の非を訐露《けつろ》して更に遮掩《しゃえん》せず、傍観の者をして趣向《しゅこう》するに門無からしむ。不自賛毀他《ふじさんきた》の中、常に自ら点胸《てんきょう》して果たして人の及ぶこと無し。不慳貪《ふけんとん》の中、両手にて把定《はじょう》して、争《いか》でか肯えて伊《かれ》に付せん。鬧市《どうし》叢中《そうちゅう》、貧人の物を奪う。不嗔恚《ふしんに》の中、仏来たるも也《ま》た打ち、祖来たるも也た打つ。生鉄《さんてつ》の面皮《めんぴ》、人の近傍《きんぼう》する無し。不謗三宝《ふぼうさんぼう》の中、仏に著《お》いて求めず、法に著《お》いて求めず、僧に著《お》いて求めず。仏の一字を聞きては、口を嗽《すす》ぐこと三年す。這箇《しゃこ》の道理《どうり》を明らめ得《え》ば、便ち知らん、法身《ほっしん》とは是《こ》れ衆生《しゅじょう》の性、報身《ほうじん》とは是れ衆生の智、応身《おうじん》とは是れ衆生の行なることを。性・智・行彰《あらわ》れて往《ゆ》いて利せざること無し。是の如く挙唱《こしょう》せば、人々、是れを知りて、自己の戒を持し、自己の経を説《と》かん。若《も》し法界《ほっかい》の衆生をば平等に利益《りやく》せんと要《よう》せば、須是《すべか》らく別に手段を施して始めて得《よ》し。且《か》つ手段は、如何《いか》んが施さん。只《た》だ吾《わ》が宗旨《しゅうし》に玄中《げんちゅう》の玄・妙中《みょうちゅう》の妙有るが如きは、未だ持《たも》ちて以て人の為めにすることを説かず。畢竟《ひっきょう》して如何《いか》んが吐露《とろ》せん。是れ話頭《わとう》を提起《ていき》して回光返照《えこうへんしょう》するは是《こ》れ玄妙《げんみょう》なること莫《な》き麼《や》。錯《しゃく》。是《こ》れ牙関《がかん》を咬定《こうじょう》して一念起こらざるは是れ玄妙なること莫《な》き耶《や》。錯。是れ庭前《ていぜん》の栢樹子《はくじゅし》、洞山《とうざん》の麻三斤《まさんぎん》は是れ玄妙《げんみょう》なること莫《な》き耶《や》。錯。是

い厳格な接化をあらわす[補19]。○不邪婬…男女の間の品行を正しく守る。不倫な性的行為をしない。○婬坊…遊郭。遊女屋。○混在…入り交じる。交じりあって存在する。○放恣…ほしいまま。気ままでしまりがない。○不妄語…うそを言わない。偽りの言葉を口にしない。○指槐罵柳…槐の木を指して柳の木をののしる。あてこすりを言うこと[補20]。○不沽酒…不酤酒。酒を売って人々に飲ませない。○糟粕…かす。酒のしぼりかす。○遼天索価…法外な値段を付ける。遼天は空一面。○不説四衆過…不説過に同じ。比丘・比丘尼・優婆塞・優婆夷の四衆の過失を言いふらさない。他人の過ちを説かない。○訐露…あばき出す。人の秘密を採り挙げてあばく。○遮掩…さえぎり覆う。○傍観…かたわらで見ること。そばで何もせずに眺めること。○趣向…目的を定めてそれに向かう。○不自賛毀他…自分を誉め他人をけなし謗ることをしない。○点胸…胸を指で突く。自信があるときのしぐさ。○不慳貪…不慳法財に同じ。法施と財施を惜しまない。教えを垂れたり金銭物品を施すことを惜しまない。○両手把定…両手で握り締めて離さない。○鬧市叢中…鬧市叢裏とも。さわがしい市。町中。○仏来也打、祖来也打…仏が来ても打ち、祖師が来ても打つ[補21]。○不嗔恚…不瞋恚に同じ。怒りの心を起こさない。怒り憎しむことをしない。○生鉄面皮…非常に強固な面の皮のたとえ[補22]。○近傍…傍らに近づく。近づき寄り沿う。○不謗三宝…仏法僧の三宝を謗らない。○不著仏求、不著法求、不著僧求…[補23]。○聞仏一字、嗽口三年…[補24]。○法身…仏の三身の一。永遠不滅の真理そのもの。理法としての仏。ここでは人々本具の仏性を指す。○報身…仏の三身の一。因位における無量の願行に酬いて成れる万徳円満の仏。阿弥陀仏や薬師如来などがこれに当たる。○応身…仏の三身の一。化身。世の人を救うため、それぞれの素質に応じてこの世に姿を現した仏。世に出現した仏。○性智行…仏性と智慧と修行。○挙唱…口に出して唱える。古則や公案を提示し、唱える。○平等利益…一切衆生を平等に益する。○玄中之玄…臨済三玄の一。あらゆる相待分別を離れた玄妙なるありよう。真理そのもの。○妙中之妙…徹底した妙有の世界。悟りを経た上ですべてが肯定されるありよう。○吐露…心に思っていることを、隠さずうちあけること。○話頭…話のいとぐち。話題。古則公案。○回光返照…自己の智慧の光をめぐらし、自らを省みること[補25]。○咬

れ心意識《しんいしき》を離れて参じ、聖凡《しょうぼん》の路《みち》を絶《ぜっ》して学ぶは是れ玄妙《げんみょう》なること莫き耶《や》。錯。只だ此《こ》の四錯《ししゃく》は口有れど言い難く、郷談《きょうだん》未だ暁《あき》らめざれば、塩田に問取《もんしゅ》せよ。錯。記得《きとく》す、蒙庵岳《もうあんがく》禅師、初め浄衆《じょうしゅう》を領《りょう》して住持《じゅうじ》す。道のかた鼓山《くざん》を過《す》ぐるに、竹庵珪《ちくあんけい》禅師の請《しょう》を承《う》けて衆の為《た》めに説法《せっぽう》す。竹庵、引座《いんぞ》して云く、「鼓山が三十棒、新浄衆《しんじょうしゅう》を打《う》たんと要す。大衆《だいしゅ》、是れ未だ門に入らざる時、合《まさ》に此の棒を喫すべきこと莫《な》き麼《や》。咄《とつ》。是れ已《すで》に門に入りし時、合に此の棒を喫すべきこと莫き麼《や》。咄。是れ鼓山の盲枷瞎棒《もうかかつぼう》、胡打乱打《こだらんだ》なること莫《な》き麼《や》。咄、咄。若し是れ我が臨済の児孫《じそん》ならば、便ち請う、単刀直入ならんことを」と。下座《あざ》す。蒙庵、便ち座に登りて云く、「鼓山の三十棒、新浄衆を打たんと要す。大いに驢《ろ》を話《かた》りて驢《ろ》を得、馬を話りて馬を得るに似たり。浄衆、今日、到来して、騎《の》らんと要せば便ち騎り、下《お》りんと要せば便ち下る。而今《にこん》、人前《にんぜん》に突出《とっしゅつ》し、未だ免れず、真を弄《ろう》し仮《け》を像《かたど》ることを」と。主丈を拈じて云く、「今朝、暫く主丈を借りて、大衆の与《た》めに抜本《ばっぽん》し去らん」と。復た放ちて云く、「休《や》みね、休《や》みね。将に謂《おも》えり、胡鬚赤《こしゅしゃく》と、更に赤鬚胡《しゃくしゅこ》有り」と。便ち下座す。

師云く、「鼓山は杖を以て水を探り、幾乎《ほと》んど身を没す。蒙庵は義を見て便ち為す、何ぞ妨げん、慶快なることを。建長、塩田の与《た》めに横に拕《ひ》き倒《さかしま》に拽《ひ》くこと能《あた》わず、且《か》つ正しく視て直《なお》く行かんことを要す。聞知《もんち》す、瑩巌《えいがん》は袈裟《けさ》角上《かくじょう》に

定牙関…歯をくいしばる。牙関は奥歯のこと。咬定は歯を食いしばること。○不起一念…妄想分別の一念が起こらないこと。○庭前栢樹子…「庭前栢樹子」の公案[補26]。○洞山麻三斤…「洞山麻三斤」の公案[補27]。○洞山…雲門宗の洞山守初（九一〇～九九〇）のこと[補28]。○心意識…心と思慮と認識。思慮分別。道元の『普勧坐禅儀』に、「停心意識之運転、止念想観之測量」とある。○聖凡…悟った人と迷っている人。智慧ある者と道理に暗い者。聖者と凡者。○郷談…それぞれの地方で用いられる言葉。ここでは、日本語のことを指す[補29]。○問取…問い掛ける。○記得…記憶すること。覚えていること。○蒙庵岳禅師～更有赤鬚胡…[補30]。○蒙庵岳禅師…臨済宗大慧派の蒙庵思嶽（不詳）のこと[補31]。○浄衆…漳州（福建省）龍渓県の浄衆寺のこと[補32]。○鼓山…福州（福建省）閩県の鼓山湧泉寺のこと[補33]。○竹庵珪禅師…臨済宗楊岐派の竹庵士珪（一〇八三～一一四六）のこと[補34]。○三十棒…師家が学人に対して与える棒打。徳山の棒。○新浄衆…新たに浄衆寺に開堂出世した蒙庵思嶽。○咄…叱咤する叫び。舌打ちをする音。○盲枷瞎棒…でたらめに首かせをはめる。めちゃくちゃに棒で打つ。○胡打乱打…でたらめに打つ。胡乱はいい加減。むやみやたら。○臨済児孫…臨済義玄の法を受け継ぐ遠孫。○単刀直入…一人で敵陣に切り込む。直接に要点を突く。すばりとけりを付ける。○話驢得驢、話馬得馬…驢馬の話をしたら驢馬が現われ、馬の話をしたら馬が現われた。○突出…突然に姿を現す。○弄真像仮…まことをうそに見せかける。逆は弄仮像真。

○抜本…元手をすってしまう。ものごとの原因となるものを抜き除く。○将謂胡鬚赤、更有赤鬚胡…[補35]。○将謂…将に謂えり～と。～とばかり思っていた。思い違いをしていた意を表す。

○慶快…快ぶ。満足する。○横拕倒拽…横に引っぱったり、さかさまに引っぱる。好きかってに使いこなす。○正視直行…正しくまともに見て正しく行なう。
○聞知…聞き知る。○瑩巌…塩田長老の道号か[補36]。○袈裟角…袈

些子《さし》の塩田《えんでん》の塩を裹《つつ》み得《え》て、来たりて信心《しんじん》を具する人をして此《こ》の厚味《こうみ》を識《し》らしめんと要す。此《こ》の味に沾《うるお》いて已に伊《かれ》をして大安楽の処に到り去らしむ」と。遂に大衆を顧視《こし》して云く、「衆中、此の味に沾《うるお》う者は固《もと》より言に在らず。如《も》し未だ之れを知らずば、塩田《えんでん》を請《しょう》して此《こ》の厚味《こうみ》を求めよ」と。下座《あざ》し、塩田和尚を請して衆の為めに挙揚《こよう》せしむ。

3

世事《せじ》は忙しくして箭《や》の如し。僧家《そうけ》は尽日閑《じんじつしず》かなり。閑中に能く眼を著けよ、虎体は本来斑《まだら》なり。三分の光陰、早《は》や已《すで》に半《なか》ばを過ぐ。六門《ろくもん》、昼夜に謏《みだ》りに追随することと莫かれ。見聞覚知《けんもんかくち》は覿体《てきたい》全て真にして、動静寒温《どうじょうかんおん》は即ち我が活法《かっぽう》なり。何ぞ用いん、眼は東南を観て、意は西北に在り、直に桑樹《そうじゅ》を指して返って柳条《りゅうじょう》を罵《ののし》ることを。那箇般《なこはん》の漢《かん》、且《しば》らく下風に列在《れつざい》して未だ玄旨《げんし》を得ず。如何《いか》なるか是れ玄旨《げんし》。便《すなわ》ち是れ諸人《しょにん》が朝参暮請《ちょうさんぼしょう》する底《てい》の一大事因縁《いちだいじいんねん》なり。這《こ》の一大事は仏に従いて得るにあらず、祖《そ》に就《つ》きて求《もと》むるに匪《あら》ず、亦《ま》た外自《よ》り来たるに非ず。総《すべ》て各各《おのおの》の脚跟下《きゃっこんか》と人人《にんにん》の鼻尖頭《びせんとう》に在り。既に脚跟下・鼻尖頭に在れば、甚《なん》に因《よ》ってか十箇に九箇半有りて曽て踏著せざる、又《ま》た観れども見えざる。先《せん》聖道《しょういわ》く、「只《た》だ太《はなは》だ近きが為めに、所以《ゆえ》に蹉過《さか》す」と。也《ま》た辯辞聡俊《べんじそうしゅん》にして知るべきに非ず、頑鈍愚蒙《がんどんぐもう》にして得難きに非ず。聡辯の者、若《も》し信不及《しんふぎゅう》・放不下《ほうふげ》に

裟のすみ［補37］。○些子…すこしばかりの。ちょっとの。○具信心人…仏法僧の三宝を信じて疑わない心を持った人。○厚味…濃厚な味。○大安楽処…大いなる安楽の境地。心に憂いがなく身も安穏である悟りの境地。○顧視…振り返って見ること。かえりみること。○挙揚…取りあげること。取りあげて人に示すこと。

○世事…世の中の俗事。世間の仕事。○僧家…僧が住む所。寺院。また僧侶をいう。○尽日…一日じゅう。終日。○閑中…用事のない間。ひまな時。○虎体本来…虎の体にもともと斑があるように、人にもそれぞれ他に換えがたい価値がある。○三分光陰、早已過半…三分光陰二早過に同じ。人生の半ばを過ぎたこと［補1］。○六門…眼耳鼻舌身意の六根と六境の十二処。六根と六境が触れ合う六入処。○追随…後につき従う。後からついて行く。○見聞覚知…見たり、聞いたり、考えたり、知ったり。感覚知覚のはたらき。○覿体全真…そっくりそのままますべて真実であること。覿体は、身ぐるみ、まるごと［補2］。○動静…動いたり静かにしたりすること。日常の行住坐臥。○寒温…寒さと暖かさ。寒暄。○活法…活用する方法。活きたはたらき。有効に働かす手段。○眼観東南、意在西北…［補3］。○直指桑樹、返罵柳条…指槐罵柳に同じ。桑の木を指して柳の木をののしる。あてこすりをいう［補4］。○那箇般…そのような。あのような。○下風…かざしも。不利な位置。劣勢。○列在…～に連なる。～に居並ぶ。○玄旨…奥深い宗旨。深遠な真理。○朝参暮請…朝夕に師匠の室に参じて指導教示を願うこと。晨参暮請とも。○一大事因縁…仏がこの世に現れた最も大切な目的。一生参学の大事。参禅学道として悟るべき大事。○脚跟下…脚根下とも。足もと。○鼻尖頭…鼻の先。鼻の頭。○十箇有九箇半…十中八九に同じ。九五パーセント。○踏著…踏みつける。○観不見…はっきりと見極められない。観見し得ない。○只為太近、所以蹉

して、只だ利口快舌《りこうかいぜつ》を以て我が珍と為さば、則ち過《あやま》りて必ず失することを免れず。一生、道に於いて明らめざる者多し。愚鈍《ぐどん》の人、若し之れを行じて倦《う》まず、之れを究めて愈《いよ》いよ深く、忽然《こつねん》として物に触れ縁に遇うて洞然明白《とうねんめいはく》ならば、則ち聡敏霊利《そうびんれいり》の徒も皆な手を拱《こまね》いて低降せん爾《のみ》。世に学び難きの事無く、道に明らめ難きの理無し。只だ人の心行相応《しんぎょうそうおう》して始終一致《しじゅういっち》ならんことを要す。豈に聞かずや、昔日、開善の謙、径山《きんざん》の大慧《だいえ》禅師の会下に在りて已《すで》に数載《すうさい》を経て、道念極めて深しと雖も、然《しか》も未だ得処《とくしょ》有らず。粥時《しゅくじ》・飯時《はんじ》、乃至一動一静《ないしいちどういちじょう》の際、常に自ら嗟歎《さたん》して云く、「我れ何《いず》れの時にか此の一大事明了なることを得ん」と。一日、大慧、遣わして書を持ち往《ゆ》きて紫岩居士《しがんこじ》に謁せしむ。謙、又た歎じて云く、「某《それがし》、此間《すかん》に住すること多載《たさい》、朝夕に茲を念《おも》いて茲に在り。胸次《きょうじ》の間に万斤《まんきん》の石を安ずるが如く、釈《と》き去ることを得る能わず。今方丈《ほうじょう》、又た某をして出で去りて人に謁せしむ。程《みち》に奔り道に走らば、今生《こんじょう》又た空しく過ごし、袈《け》裟《さ》下の事、如何《いか》んが明らむるを得ん」と。正に愁悶《しゅうもん》の間、涙を垂れて止まず。時に同行《どうぎょう》の竹原元《ちくげんげん》庵主、見て呵して云く、「汝は愚痴《ぐち》なり。仏法は一切処に徧在せり、汝は将に路中に仏法無しと謂える耶《や》」と。遂《つい》に其《そ》れを勉めて登程《とうてい》せしめ、復た謂いて云く、「我れ汝に伴い去らん」と。既に中路に至りて、謙云く、「生死の大事、今世《こんぜ》にて明らめざれば、千生万生に復《ま》た輪転《りんでん》せん耳《のみ》」と。又た涙

過…[補5]。○蹉過…うっかり見過ごすこと。むだにすること。○辯辞…巧みな言葉。言葉使いの巧みなさま。○聡俊…聡明ですばやい。聡敏。○頑鈍…才知が鈍くて頑なこと。頑固で愚鈍。○愚蒙…愚かでものの道理に暗い。○信不及…信じ切ることができない。○放不下…放ち捨てきれない。放てられない。○利口…口が達者なさま。弁舌が巧みなこと。○快舌…快くさわやかな話しぶり。○我之珍…自分の宝。珍は珠玉・宝。○過而必失…度を越して必ず見失う。○愚鈍之人…愚かで鈍い人。○忽然…突然に。たちまちに。○触物遇縁…ものに触れ縁に遇うことすべて。どんなことに行き当たっても。○洞然明白…からりと明らかなさま。『信心銘』の言葉。○聡敏霊利之徒…聡明で頭のはたらきのよい人。すぐれていて心のはたらきが鋭い人。○拱手…手をこまねく。両手の指を胸の前で組んで敬礼する。○低降…頭を下げてうなだれる。○心行相応…心と行ないが一体になる。○始終一致…始めから終わりまで絶えず一致している。○昔日、開善謙～謙遂伏膺…[補6]。○開善謙…臨済宗大慧派の密庵道謙（不詳）のこと[補7]。○開善…建寧府（福建省）の開善寺のこと[補8]。○径山…杭州（浙江省）の径山興聖万寿寺のこと。五山第一位[補9]。○大慧禅師…臨済宗楊岐派の大慧宗杲（一〇八九～一一六三）のこと[補10]。○道念…道心。道を求めようとする気持ち。○得処…得るところ。悟ったところ。○一動一静…動きまわることと、静かにしていること。振る舞い。一挙手一投足。○嗟歎…感嘆する。舌打ちして嘆く。○一大事…一大事因縁のこと。仏がこの世に現れた最も大切な目的。あらゆる人々を導き、生あるものすべてを救うという目的。悟りを開くきっかけ。○明了…明らかに悟る。○紫岩居士…南宋の政治家、張浚（一〇九七～一一六四）のこと[補11]。○此間…こちら。当地。此中。○念茲在茲…常にそのことを心に思うこと[補12]。○万斤之石…重い石。万斤は多量の目方。宋代の一斤は約六百グラム。○釈去…捨て去る。○奔程走道…道を急がせる。道のりを急しく走らせる。○今生…この世。現世。今世。○袈裟下事…衲衣下事とも。袈裟を掛けて修行すること禅僧が明らめるべき生死の一大事。○愁悶…嘆き苦しむ。愁いもだえる。悲しみ思い悩む。○同行…共に行脚する人。同門の。○竹原元庵主…臨済宗大慧派の竹原宗元（一一〇〇～一一七六）のこと[補13]。○汝愚痴…なんと愚かなやつだ。○一切処…至るところ。あ

を垂る。元庵主笑いて云く、「汝は既に道念有り、但だ肯心を辧ぜよ。何ぞ徹し去らざるを患えん」と。謙乃ち告げて云く、「如何《いか》んが徹得《てっとく》し去らん」と。元云く、「汝、何事か有る。我れ汝が代官《だいかん》と做《な》らん。只《た》だ五件の事有りて、汝に代わり得ず」と。謙云く、「是れ甚《なん》の五件の事ぞ」と。元云く、「著衣《じゃくえ》、喫飯《きっぱん》、大便、小便、如今《にょこん》、箇の死屍《しし》を拕《ひ》きて路上に在りて行く。此の五事は我れ汝に代わり得ず」と。語未だ絶えざるに、謙、大悟して云く、「今、同行の開発《かいほつ》して此の事洞明《とうめい》なることを得たり」と。遂に路に就《つ》いて下拝《あはい》す。元云く、「汝既に明了たり。我れ先に径山に帰り去らん。汝、紫岩居士に見《まみ》え了わりて、却って緩《かん》緩《かん》に帰り来たれ」と。両人、相い別る。謙、次の年、径山に回《かえ》る。将に半ば山中に至らんとするに、忽ち大慧の轎子《きょうし》と相い値う。未だ問訊せず、未だ口を啓かざる已前に、大慧笑いて云く、「你、這の賊漢《ぞっかん》、去りし時には煩悩《ぼんのう》す。如今《にょこん》、且喜《しゃき》すらくは大事了当《りょうとう》することを」と。謙、遂に伏膺《ふくよう》す。且《しば》らく道《い》え、謙未だ消息を露さざる已前、甚《なん》に因ってか大慧便ち他《かれ》の徹し了わるを知るや。須らく知るべし、悟道の士は明眼《みょうげん》の人の前に於いて未だ口を開かず、未だ舌を動かさざるに、各各相い知り了わることを。諸人、建寧寺《けんにんじ》内に来たり、同じく結夏す。誰か開善謙と道念一同《どうねんいちどう》なる。我れ汝等《なんじら》を観るに、形質《ぎょうしつ》・度量《どりょう》も亦た古人《こじん》と別なること無し。只是《た》だ信根《しんこん》・念根《ねんこん》・精進根《しょうじんこん》もて志を専らにすること能わず。若《も》し

○登程…旅立つ。啓程。○路中…道を行く途中。道中のついで。○輪転…車の輪がめぐるように生死を繰り返して止まないこと。輪廻に同じ。○弁肯心…自ら肯い信ずる心を定める。肯心は心にうけがう、自ら合点する。○生死大事…生死の一大事。仏法の一大事。○今世…今生に同じ。○千生万生…千回も万回も生まれ変わる。○徹得去…徹する。悟る。悟りに徹し切る。○代官…官を代わる。役目を代わる。身代わり。○五件事…著衣・喫飯・大便・小便の四つに、肉体を引きずって路上を歩いて行くことを加えた五つの事。日常生活で他人に代わってもらえない五つをいう。○死屍…しかばね。死体。ただし、ここではいずれ屍となる生身の肉体の意。○開発…他人を悟らせること。○此事…このこと。仏祖の大道。仏法の一大事。○洞明…明らかに知る。よくわかる。明らかに見通す。○下拝…下座して拝する。○緩緩…ゆるやかで急がないさま。

○轎子…人を乗せて担ぐかご。木製の方形の輿。肩輿。○問訊…問い尋ねる。挨拶をする。○啓口…口を開く。言い出す。○賊漢…盗人。盗賊。迷いから脱却し得ない修行僧をいう。○煩悩…心を煩わし、身を悩ます精神作用。○且喜…お見事な~だ。喜ばしいことに。相手を抑下する意を含む。○大事了当…大事了畢に同じ。仏法の一大事をきっぱり決着し終える。○伏膺…服膺。帰依心服する。○消息…情況、実態。

○悟道之士…仏道の真理を悟った人。○明眼人…物事の真実を明らかに見通せる心の眼を具えた人。すぐれた力量をもった人。

○形質…姿かたち。身体。形状性質。○度量…心の広さ。腹の大きさ。

○信根…五根の一。仏道を信じて悟りに向かわせる能力。○念根…五

果《は》たして志を専らにして参ぜば、光影《こうえい》を認むること莫《な》かれ、悟門を想うこと休《なか》れ。但《た》だ看よ、著衣喫飯《じゃくえきっぱん》する者は是れ誰ぞ。大便小便する者は是れ誰ぞ。毎日、箇《こ》の皮嚢《ひのう》を将《もち》いて走上走下《そうじょうそうげ》する者は又た是れ誰ぞ。之れを讃《たた》うれば則ち喜び、之れを毀《そし》れば則ち嗔《いか》る、又た是れ阿誰《たれ》ぞ。只だ這《こ》の「誰」の字、人多く看出ださず。纔かに人の此れを挙《こ》するを聞きて、有る者は便ち心思意想《しんしいそう》し異解邪量《いげじゃりょう》する者極めて衆《おお》し。或いは公案を看《み》、或いは静観《じょうかん》を専らにす。静観する者は又た無思《むし》の郷に坐在し、公案を看る者は又た入頭《にゅうとう》の処無し。此の輩は皆な是れ重《じゅう》重《じゅう》として疑慮《ぎりょ》し、展転《てんでん》して源に迷う。汝若《も》し返照《へんしょう》して密《みつ》に窮めば、万物を会《え》して自己の上に帰するに、万物は本より空なり。自己を以て万物の中に帰するに、自己、何ぞ有らん。自己・万物、光影存せず、這裏に向かって更に一歩を進めよ。這の一歩、如何《いか》んが進め得ん。古徳道《いわ》く、「百尺竿頭《ひゃくしゃくかんとう》に如《も》し歩を進めば、十方世界に全身を現ぜん」と。喝一喝して、「錯《あやま》って名言を下す」と。復た云く、「一夏《いちげ》已に半を過ぎ了われり。山僧、未だ諸人の与《た》めに玄中の玄・妙中の妙を説かず。今日、一張の口と三寸の舌を惜しまず、衆に対して説破せん。汝等諸人、各《おの》おの宜しく静聴すべし」と。良久して、「夜短くして睡り足らず。日長くして飢えに余り有り」と。

根の一。常に仏道を記憶して忘れない能力。善根を増上させるすぐれた念のはたらき。○精進根…五根の一。勤根とも。間断なく精進することによって仏果を得るにいたる根力。○専志…専一にする。一心にする。○光影…実体のないもの。チラチラしているもの。そのものではなく、それらしく幻出しているにすぎぬもの。○悟門…悟りを開く入口。悟入の門。○皮嚢…皮のふくろ。人体。皮袋。○走上走下…あちこちに行き来する。○心思意想…心意で思想する。心であれこれ考えをめぐらす。○異解邪量…誤って理解する。まちがって推量する。○看公案…公案を参究する。看話のこと。○公案…公府の案牘。官庁の裁決案件。歴代祖師が示した仏法の課題。○静観…心静かに細かくものを観察する。静慮に同じ。坐禅すること。○無思之郷…何も考えない境地。無念無想の境地。○坐在…坐る。ある境地に留まる。在は動詞について場所を表す。○入頭之処…悟りのてがかり。入処。○重重…同じことを何度も繰り返すさま。○疑慮…さまざまに疑い、思いめぐらすこと。かんぐること。○展転…あちらこちらに流れ移る。つぎからつぎへと移行する。○返照…光が照り返す。夕日が照り返る。日常の外に向かって求める心を内にむけ、反省して自己の真実を求めること。○密窮…密に窮める。深くまで窮める。○会万物帰自己之上…自己と万物が不離一体である道理を述べる[補14]。○古徳道、百尺竿頭如進歩、十方世界現全身…[補15]。○古徳…ここでは、南嶽下の長沙景岑（不詳）のこと[補16]。○百尺竿頭…百尺もの長い竿の先端。到達すべき悟りの境地。○十方世界現全身…十方に存在するすべての世界が自己の全身である。○十方世界…全世界。宇宙のあらゆるところ。○玄中之玄…臨済三玄の一。あらゆる相待分別を離れた玄妙なるありよう。真理そのもの。○妙中之妙…徹底した妙有の世界。悟りを経た上ですべてが肯定されるありよう。○一張口…一つの口。一張りの口。○三寸舌…口先。舌先三寸。○説破…言い切る。説き尽くす。○静聴…静かに聞く。黙って聞く。○夜短睡不足、日長飢有余…夏の夜は短いので睡りが足りない。夏の日中は長いので腹がすく[補17]。

法語

1

裕上人《ゆうしょうにん》に示す

信得及《しんとくぎゅう》する時、鉄壁銀山《てっぺきぎんざん》は透ること則ち容易なり。疑心纔《わず》かに起これば、好声《こうせい》美色《びしょく》は総《す》べて他に瞞《まん》ぜらる。是の故に、往日《おうじつ》、大信根《だいしんこん》を具するの人、眼を形迹《ぎょうしゃく》未分已前《みぶんいぜん》に著《つ》け、意を行持不到《ぎょうじふとう》の処に介して、之れを寛《ひろ》くするに歳月を以てし、之れを緊《ちぢ》むるに脚手《きゃくしゅ》を以てす。時節《じせつ》既に偶《あ》えば、驀箚《まくさつ》に大笑一声して起き来たり、虚霊寂照《これいじゃくしょう》なること、太空《たいくう》の如くに相い似て、一切を包裹《ほうか》し、一切皆な太空の中に在り。拈じ将ちて人の為めにし、機に応じて尽くる無し、之れを大解脱《だいげだつ》門《もん》と謂い、之れを大光明蔵《だいこうみょうぞう》と謂い、亦た之れを華厳性海《けごんしょうかい》と謂う。縦横《じゅうおう》に妙用《みょうゆう》し、収放《しゅうほう》すること時に臨む。此の境致《きょうち》に到らば、空と説くも亦た得たり、有と説くも亦た得たり、仏を呵《か》し祖を罵《ののし》るも亦た得たり、六道輪廻《ろくどうりんね》するも亦た得たり。然して後、実法《じっぽう》を将《もっ》て人に繫絆《けいはん》せず。所以《ゆえ》に道《い》う、「我《わ》が宗に語句無し、亦た一法の人に与うる無し」と。既に語句無ければ、三乗十二分教《さんじょうじゅうにぶんきょう》、是れ有る耶《や》、是れ無き耶《や》。若《も》し「法の伝う可き無し」と謂わば、過去七仏《かこしちぶつ》より逓《たが》いに相い授受し、西天《さいてん》四七《ししち》、東土《とうど》二三《にさん》あり、喚んで「法の伝う可き無し」と作し得ん麼《や》。出家人《しゅっけにん》は禅・教・律僧を論ぜず、若し深く此の理に達せば、便ち見ん、五千四

○裕上人…不詳。法語の内容から天台僧であったことが確認される[補1]。○上人…有徳の僧に対する敬称。ここでは参学人に対する敬称。○信得及…信じ込むことができる。信じ切れる。○鉄壁銀山…銀山鉄壁。非常に堅固な物事のたとえ。○疑心…疑いの念を持って前に進むことができない心。仏教の真理に対して疑いの心を持つこと。○好声美色…うるわしい音。よい声。美しい色彩。美しい顔かたち。○往日…過ぎ去った日。昔日。○大信根…堅い信心。大いなる信心の基になる心。○形迹未分已前…ものの形がまだ生じる以前。天地未分已前・父母未生已前に同じ。○介意…介心。気にかける。気にする。○行持不到之処…仏道修行しても究め切れないありよう。修行以前の本来のありよう。○歳月…年月。人の一生。○脚手…手脚。足と手。人のはたらき。動作。○驀箚…突然に。ずばりと。○虚霊寂照…虚霊は心のはたらきが霊妙なさま。寂照は真理の体と用をいう。○太空…大空。天空。○包裹…包み入れる。すっぽりと包む。○為人…人のためにする。人を教え諭す。教化。○応機無尽…相手の機根に応じて種々の手段を自在に用いること。○大解脱門…偉大な解脱の境界に入る門。三界の苦楽を離れた真の悟りの境地。○大光明蔵…光明蔵とも。諸仏の正しい悟りの世界を光明の蔵にたとえる。正法眼蔵と同じ[補2]。○華厳性海…華厳なる世界。縁起の諸法一切が如来の働きとして、世界に満ち溢れていること[補3]。○縦横妙用…自由自在にすぐれた働きをなす。○収放…手に取ったり、手放したり。○呵仏罵祖…仏を大声で叱り、祖師に悪口をいう。仏祖をしのぐ勢いを示すこと[補4]。○六道輪廻…地獄・餓鬼・修羅・畜生・人間・天上の六道を生まれ変わり輪廻する世界。○実法…常住不変なる真理・存在。○繫絆…つなぎとめる。○我宗無語句、亦無一法与人…徳山宣鑑と雪峰義存との問答に見える語[補5]。○三乗十二分教…すべての教え。一切の経論。三乗は三つの乗り物。十二分教は仏典を形式から十二種に分けたもの。○過去七仏…釈迦以前の過去にこの世に出現したとされる七人の仏。毘婆尸仏・尸棄仏・毘舎浮仏・拘楼孫仏・拘那含牟尼仏・迦葉仏・釈

十八巻に箇の元字脚《がんじきゃく》を覓《もと》むるに亦た無きことを。仏祖の聯芳《れんぽう》、本《もと》より伝授無し。這箇《しゃこ》の説話、上上根《じょうじょうこん》の人は、聊《いささ》か挙著《こじゃく》するを聞きて、唯唯《いい》として点頭《てんとう》す。中下《ちゅうげ》の流は反って以て誑《おう》と為す。聴教《ちょうきょう》は若《かくのごと》く究めて絶究の地に至りて、始めて教僧と名づけ、参禅は果たして体《きわ》めて無体の場に至りて、方《まさ》に衲子《のっす》と称す。如《も》し未だ斯《こ》の旨を明らめずして、半途に住在せば、名相《みょうそう》語言の中に流入して、葛藤自《かっとうじ》縛《ばく》し、務めて人我《にんが》の相と分別《ふんべつ》の相を起こすことを免れず。既に人我・分別有らば、釈氏の子孫、何に由ってか徽煥《きかん》ならん。間《まま》に参禅して緇素《しそ》を辨ぜざる底有り、却って教家《きょうけ》を以て文字の学と為す、豈《あ》に死生《ししょう》を了ぜんや。教門に浮花《ふか》の学者有り、亦た禅流《ぜんる》を以て虚無《こむ》の宗と為す、誠信《じょうしん》するに足らず。又た一等《いっとう》有り、禅を以て名と為し、人の師位《しい》に拠りて自ら尊とし自ら大とし、豪門を倚侍《いじ》して、教も亦た知らず、禅も亦た会せず、徒を聚《あつ》めて楞厳《りょうごん》・円覚《えんがく》経・起信《きしん》・唯識《ゆいしき》論を説きて、全く実解《じつげ》無し、掠虚《りゃくきょ》にして人を謾ず。正に所謂《いわゆ》る、「教を夾《はさ》んで禅を説けば、禅も又た是ならず。禅を夾んで教を説けば、教も亦た真に非ず」と。忽然《こつねん》として箇《こ》の人に逢著《ほうちゃく》して、緊要《きんよう》の処に向かって、他の与《た》めに一捜せられれば、便ち見ん、頭《こうべ》は紅《くれない》に面は熱することを。此れを外道最下《げどうさいげ》の種と名づく。豈に見ずや、昔日、百法《ひゃっぽう》の座主《ざす》有り、仏照杲《ぶっしょうこう》禅師を訪う。主《す》云く、「禅家は、脱空《だっくう》を説きて人を謾ずることを愛す」と。杲云く、「久しく聞く、座主善く百法を講ずと、

迦牟尼仏。○西天四七…西天二十八祖のこと[補6]。○東土二三…達磨から六祖慧能に至る中国の六代の祖師[補7]。○出家人…俗家から出て修行人となった人。○禅教律僧…禅宗・教宗・律宗の三宗の僧。○五千四十八巻…五千余巻。入蔵した経論章疏の数。一切経。智章の『開元釈経目録』では、五〇四八巻とする。○元字脚…文字・言語のこと。元という字の脚の意。文字の総称。文字の葛藤の意にも用いる[補8]。○聯芳…綿々として仏法が伝わること。○伝授…師から弟子に伝えること。○説話…ものを言うこと。言説。言葉。○上上根人…最上の機根の人。上根をも超えたすぐれた資質の人。○挙著…人に挙げ示す。問題を提起する。○唯唯…はい、はい。他の意見に従って少しも逆らわないさま。○点頭…うなずくこと。○中下之流…中根・下類の類。劣った資質の人々。○誑…自分をよく見せて他人を欺くこと。他人を惑わす詐偽の心作用。○聴教…仏教の教えを聴聞する。○絶究之地…徹底的に究め尽くした境地。○教僧…教宗の僧。教家の僧。○参禅…禅に参ずる。禅の道に入って修行する。○無体之場…究めるところがなくなったありよう。○衲子…衲衣（袈裟）を掛けた僧。禅僧。○半途…道の途中。中途半端なさま。○住在…とどまっていること。○名相語言…名相は仮に名付けた姿形。名称と姿形。語言は言葉。言語。○葛藤自縛…文字言句に縛られて自ら自由を得ないこと。○人我相…他人に対して自分を主と見なして執着する心のありさま。○分別相…外的な事物にとらわれた判断。誤った認識。○釈氏子孫…仏陀釈尊の遠孫。仏教の僧。○徽煥…光り輝く。美しい光が外に現れ出る。○緇素…黒と白。別に僧俗の意もある。○教家…教宗。所依の経論に基づく宗派。○文字之学…経論の文字言句を研究する学問。○死生…死んだり生まれたりすること。生死の一大事。生死をくりかえす。○教門…教宗の門。教家の門。○浮花…浮華。うわべばかり華やかで実質が乏しいこと。○禅流…禅宗の修行者たち。禅家の人たち。○虚無…何事もなく虚しい。何もしない。○誠信…誠のこもった信仰。○一等…ある人。ある種のやから。○豪門…立派な門。有力な家がら。○倚侍…倚り恃《たよ》る。寄りたのむ。○楞厳…『大仏頂如来密因修証了義諸菩薩万行首楞厳経』の略。禅法の要を説いた経典。『大正蔵』第十九巻収録。○円覚経…『大方広円覚修多羅了義経』の略。円覚なる教理と観法の要地を説いた経典。『大正蔵』第九巻収録。○起信…『大乗

是《ぜ》なり否《や》」と。主云く「不敢《ふかん》」と。杲云く、「昨日は晴れ、今日は雨《あめふ》る。甚麼《なん》の法中にか収む」と。主、黙然《もくねん》として対《こた》うる無し。杲、打つこと一掌して云く、「道《い》うこと莫《な》かれ、禅家は脱空《だっくう》を説きて汝を謾《まん》ず」と。座主大いに怒り、遂に問うて云く、「畢竟《ひっきょう》して、昨日は晴れ、今日は雨る。甚麼《なん》の法中にか収む」と。杲云く、「四十二分不相応法《ぶんふそうおうほう》の中に収む」と。主、礼拝して屈服す。古人は是なれば則ち理に伏して、敢えて分争《ふんそう》せず。今人《こんじん》は理曲《ま》げて亦た伏せず、詞窮《きわ》まり理尽くる処に至りて、胡説胡言《うせつうごん》し、兼《か》ねて強辯を要す。禅教中に此の類《たぐ》いの者有り、所謂《いわゆ》る、「醍醐《だいご》を以て毒薬と為し、法門を破壊す」と。裕上人、数次相い訪ねて告げて云く、「往日《おうじつ》、天台教中に於いて心を留むるも、亦た未だ其の底蘊《ていうん》を知らず。今已《すで》に棄却《ききゃく》して意を堅くして禅に参ず。此の心有りと雖も、工夫して向かう所を知らず。願わくは請う、教誘せんことを」と。予、之れを免《まぬが》れ得ず。遂に就いて謂いて云く、「達磨西来するも、也た只だ是れ箇の売卜《ばいぼく》の漢なり、汝が与めに断卦し了わる。禍福吉凶《かふくきっきょう》は、汝が身上に在り」と。縦《たと》え汝、他の肚皮《とひ》裏《りょ》従り過ぎること三匝《さんそう》し出で来たるも、曽《かつ》て自ら理会《りえ》せざる時は、旧きに依って、只だ是れ箇の博地《はくじ》の凡夫《ぼんぷ》、禿頭《とくとう》の居士《こじ》なり。参禅は、別に「如何ん、若何ん」ということ無し。首《はじ》め誠信《じょうしん》を以て本と為し、人の移易《いえき》を受くること莫かれ、速悟《そくご》を求むること莫《な》かれ。切切に痛く工夫を下し、悟りを以て準《じゅん》と為せ。兄は

起信論』のこと。大乗によって信を起こす重要性を説いた論書。『大正蔵』第三十二巻収録。○唯識論…『成唯識論』のこと。世親著『唯識三十頌』を護法が注釈した論書。『大正蔵』第三十一巻収録。○実解…実際の理解。○掠虚…うわべのみを見せかける。うわっつらのみの。虚にして中身の無い。○夾教説禅、禅又不是、夾禅説教、教亦非真…[補9]。○忽然…突然に。たちまちに。○箇人…出来た人。ちゃんとした人。本当に仏道を極めた人。○逢著…出逢う。出くわす。○緊要処…非常に重要なところ。最も大切なところ。瀬戸際。○一捜…一度探し求める。○頭紅面熱…顔が真っ赤になってほてる。○昔日有百法座主~主礼拝屈服…[補10]。○百法座主…百法に通じた学徳の高い僧侶。百法は五位百法のこと。唯識説において一切諸法を百に分類したもの。『大乗明法百法論』などに示される。○仏照杲禅師…臨済宗黄龍派の仏照□杲（不詳）のこと[補11]。○脱空…空虚で実がないこと。うそ。ほら。○座主…学徳のすぐれた一山の指導者。ここでは教家の学僧。経論家。○不敢…どういたしまして。恐縮する意を示す。挨拶・謙遜の言葉。○黙然…口をつぐんでいるさま。○四十二分不相応法…二十四不相応法のこと。四十二は二十四の誤写か[補12]。○分争…紛争。ごたごた争う。分かれて相い争う。○胡説胡言…口まかせにでたらめなことを言う。○強辯…勢いの強い弁論。○以醍醐為毒薬…正しい教えを誤って理解してしまうこと[補13]。○醍醐…五味の第五。乳を発酵させて得る乳製品。仏教の最高真理にたとえられる。○天台教…天台大師智顗（五三八~五九七）を実質的な開祖とし、『法華経』を根本経典とする天台宗の教え。○留心…心を止める。心をある物事に留める。○底蘊…奥底。奥深く包み隠された教え。○棄却…棄て去る。捨てて使わない。○工夫…仏道修行などに専念すること。坐禅に専心すること。○教誘…教えいざなう。教え導く。○達磨西来…菩提達磨が南天竺より中国に到って禅を伝えたこと。○売卜漢…占い師。売卜は占いをして生計を立てること。○断卦…卦を断定する。特に、断易といった場合、六つの爻に十二支を割り振り、十二支の陰陽五行による生剋関係などによって判断する。周易に対して、吉・凶が明確に分かれ、今後の対処策を考える占術。○禍福吉凶…禍凶と吉福。災いと幸い。不幸と幸い。○肚皮裏…腹の皮の中。胸中。心の中。○三匝…三度めぐる。右回りに三度めぐるのを常々とした。○理会…物

今、参禅して方に初歩《しょほ》を始む。従前《じゅうぜん》に学得《がくとく》する底の教中の疏鈔《しょしょう》と文字語言を把《と》りて、且《しば》らく之れを一処に置き、朝夕に但《た》だ己《おのれ》に返りて求めよ。返り求むるとは何ぞ。自己未明《じこみめい》の処を体《きわ》む。未明の処、且《か》つ如何《いか》んが明らめん。昔日《せきじつ》、二僧有り。幡《はた》の動くを見て、一僧云く、「風動く」と。一僧云く、「幡動く」と。二人、争論して已《や》まず。時に盧行者《ろあんじゃ》、黄梅《おうばい》に在りて得法し了わり、尚お未だ出家せず。二僧の辯論するを見て、乃ち趨《はし》り前《すす》みて告げて云く、「二上人よ、還《は》た老夫の高論に預かるを許す否《や》」と。二僧云く、「請う言え」と。盧行者云く、「是れ風の動くにあらず、是れ幡の動くにあらず。仁者《にんしゃ》の心動く」と。二僧、此の語の常に非ざるを聞きて、釈然として省有り。汝、真実に参禅せんと要せば、此を以て初歩と為せ。初歩既に正しければ、頭頭《ずず》自ら本郷に達す。但だ日用に常に行なう処に於いて、返返復復して看よ。「是れ風の動くにあらず、是れ幡の動くにあらず。仁者の心動く」と。中に於いて積聚せる者を心と為す。又た形状の視る可き無し。甚《なん》に因ってか六祖は「仁者の心動く」と道《い》う。汝が工夫到り、手眼親しく、思量分別《しりょうふんべつ》尽くる時を待ちて、噴涕一声せば、便ち見ん、老《ろう》盧《ろ》は是れ真語実語なることを。恁麼《いんも》なりと然雖《いえど》も、衲僧《のうそう》が面前、猶お大洋海を隔てり。

事の道理を会得すること。○博地…薄地とも。下劣の意。凡夫を内凡・外凡・薄地に分けた一つ。○禿頭居士…外形は剃髪した出家の姿をしているが、実際は戒を破り教えを守らない者をいう。○移易…移しかえること。移り変わること。○速悟…すみやかに悟りを得ること。○従前…今より前。これまで。○学得…学んで理解する。○疏鈔…注釈書。疏は経論の注釈書。末疏。鈔は経論の要略。抜き書き。○自己未明之処…自己のまだ明らめていないところ。自分がまだ悟っていないありよう。○昔日有二僧～釈然有省…「風幡問答」のこと[補14]。○争論…あらそい論ずる。議論を戦わせる。○盧行者…六祖慧能（六三八～七一三）のこと[補15]。○黄梅…蘄州（湖北省）黄梅県のこと。

○仁者…あなた。丁寧な二人称。○釈然…さっぱりと。心にわだかまりなく。

○頭頭…一つ一つ。どれもこれも。○本郷…本家郷。故郷。郷里。

○積聚…積り集まる。積み蓄える。

○手眼親…手や目がしっかりして、眼光が確かである。○思量…いろいろと思いをめぐらし考えること。○分別…外的なものにとらわれて判断すること。○噴涕…噴嚏・嚏噴とも。くしゃみをする。○老盧…盧行者のこと。○大洋海…大海原。

2

了禅侍者《りょうぜんじしゃ》に示す

潔清《けっせい》にして氷雪《ひょうせつ》の如くなる者は、方《まさ》に祖庭に入る。韜晦《とうかい》して蓬蒿《ほうこう》の如くなる人は、為めに宗社《そうしゃ》を扶《たす》く。昔日《せきじつ》、神光《じんこう》大師は乃ち儒門《じゅもん》の傑士《けっし》なり。碧眼《へきがん》の胡僧《こそう》に因《よ》りて、少林の下に冷坐《れいざ》すること、歳久《ひさ》しく年深し。遂《つい》に師の前に往《ゆ》きて、虔誠《けんせい》に拝を設け、以て安心《あんじん》の法を求む。「心を覓《もと》むるに了《つい》に不可得《ふかとく》」という処に至りて、奈何《いかん》ともす可き無し。達磨云く、「汝が為めに安心し竟《おわ》りぬ」と。神光、恍《こう》として夢の覚むるが如く、箇の入頭《にゅうとう》を得たり。然して未だ大解脱《だいげだつ》・大安楽《だいあんらく》の場に到らず。後来《こうらい》、左右に侍立《じりゅう》す。達磨、亦た其の大根器《だいこんき》を黙識《もくしき》し、乃ち渠《かれ》の力量を尽くして之れを試《こころ》む。光、夜を徹して拱《きょう》して立ち、不伝の妙を伝えんと欲す。是の宵、正に大雪の空を漫《おお》うに値うも、其の志は易えず。天暁《あ》け曙気将《しょきまさ》に分かたんとするに至るに及んで、覚えず、雪は已に腰に斉《ひと》し。古人は大根機《だいこんき》を具え、大誓願《だいせいがん》を発す。誠に所謂《いわゆ》る、「形骸を寂寞《せきばく》の浜に忘じ、性命《しょうみょう》を険危《けんき》の際に捹《す》つ」と。今時の学者、豊衣足食《ほうえそくじき》にて、密室温炉《みっしつおんろ》なり。六出纔《わず》かに飛べば、手を袖にし頸を縮む。此に到りて寧《いず》くんぞ古人に愧《は》じざらん乎《や》。了禅上人、弱冠《じゃっかん》の時に方《あた》りて、父母に甘旨《かんし》を供えず。六親《ろくしん》は固《もと》より已に弃《す》て離れ、叢林の中に入り、当《は》た何事をか為す。饒《たと》い汝、神光の如くに相い似たるも、又た是れ他《かれ》の旧鞋《きゅうあい》を踏み、他《かれ》の涎唾《せんだ》を吃《きっ》す。吾れ汝が雪に立ちて腰に斉《ひと》しく、臂《ひじ》

○了禅侍者…不詳。二十歳で出家して蘭渓道隆に参じた。常楽寺語録の編者の一人。○潔清…清くきれいなさま。さっぱりして清浄なさま。○氷雪…氷と雪。清廉潔白なたとえ[補1]。○祖庭…祖師が居する庭。禅宗のことをいう。○韜晦…自分の才能や行方などを人に知らさず包み隠す。○蓬蒿…蓬のしげみ。蓬も蒿も菊科の多年生草本。よもぎ。蒿草深い田舎。○宗社…宗廟と社稷《しゃしょく》。ただし、ここでは禅宗寺院のことか。○昔日神光大師〜雪已斉腰矣…「慧可断臂」の故事[補2]。○神光大師…二祖慧可のこと。神光は慧可の幼名[補3]。○儒門…儒者の家柄。需家・需林。○傑士…人並みすぐれた人物。傑物。○碧眼胡僧…青い眼をした西域の異僧。達磨のことをいう。○少林…洛陽(河南省)登封県の嵩山少林寺。達磨が面壁坐禅した寺[補4]。○冷坐…ひっそりと坐る。黙々と坐禅する。○虔誠…恭しく誠のあるさま。○安心之法…心を静め安ずる仕方。仏法によって心の安らぎを得る方法。○覓心了不可得…心を求めても遂に得られない。心を理解したり認知したりしようとしてもできない。達磨の問いかけに慧可が答えた言葉。○恍…うっとりするさま。おぼろげなさま。○入頭…悟入への手がかり。○大解脱…偉大な解脱。真の悟りの境地。○大安楽…大いなる安楽。迷悟を離れた真の安らぎの境界。○侍立…師匠や長老の僧のそばなどにつき従って立つ。○大根器…大いなる機根のもの。非常にすぐれた素質を具えた人物。○黙識…無言のままに心に深くきざむ。黙って心の中で会得する。○拱立…両手を胸の前でかさね合わせて敬礼して立つ[補5]。○不伝之妙…仏祖でさえ伝えることができない妙なる境地。○漫空…漫天。空いっぱいに覆う。○曙気…夜が明けるときの気。○大誓願…大いなる誓い。重大な誓いを立てて神仏に願うこと。○忘形骸於寂寞之浜、棄性命於険危之際…[補6]。○形骸…身体・肉体。○寂寞之浜…人影稀でひっそりして寂しい浜辺。広々としたさま[補7]。○性命…生命あるものの性と命。寿命。○険危…困難で危険なさま。危険。○豊衣足食…衣服と食料が満ち足りる[補8]。○密室…四方を閉じ籠めた室。○温炉…暖炉。暖房。○六出…雪の異名。雪の形が六瓣であるため。六花・六出花。○上人…有徳の僧に対する敬称。ここでは参学人に対する敬称。○弱冠…二十歳前後の年齢。男子が二十歳で元服して冠をつける。○甘旨…甘くうまい味。孝行息子が親に進める食物の意に用いる。○六親…父母兄弟妻子。○叢林…樹木

を断ちて法を求むるを要せず。但《た》だ能《よ》く世間の名聞利養《みょうもんりよう》をば一時に捨却《しゃきゃく》し、只だ汝が自己上に就《つ》きて、黙体《もくたい》して之れを体《きわ》めよ。体《きわ》むる無き処に至り了わりて、体むる者も亦た無し。正に好《よ》し、他《か》れが与めに一掣《いっせい》に掣断《せいだん》し、一踢《いってき》に踢翻《てきほん》するに。然して後、出で来たりて別に一条の活路に行く。恁麼《いんも》の説話、智者《ちしゃ》は方《まさ》に知るも、中下《ちゅうげ》は之れを聞きて、必ず怪異《かいい》を生ず。汝、若《も》し未だ此の工夫を做《な》すこと能《あた》わずば、伊《か》の逕截《けいせつ》の法を示さん。参学は猫の鼠を捕うるが如し。先ず正身にして直視し、然して後に他の緊要《きんよう》の処に向かって一咬に咬定し、走作《そうさ》無からしむ。道を究め玄に参ずること亦復《ま》た是の如し。首《はじ》めに其の心を正し其の意を誠にし、目は邪視《じゃし》せず、口は乱りに談ぜざれ。看よ、古徳道《いわ》く、「雪は千山を覆うに、甚《なん》に因ってか孤峰は白からざる」と。切に句上に向かって分別《ふんべつ》し、心意識を以て度量《どりょう》することを得ざれ。又た「孤峰《こほう》に高下無く、亦た黒からず、色に干《かか》わるに非ず、寒暑《かんじょ》到らず、塵劫《じんごう》にも移し難し、黒き時は法界皆な黒く、白相《びゃくそう》に及ばず」と言う可からず。斯《かく》の如き見解《けんげ》は、総《す》べて是れ妄《みだ》りに穿鑿《せんさく》を生じ、強《し》いて道理を説く。大いに日本より新羅を望むに似て、猶お海を隔てり。汝、但だ十分の工夫を下して、浄躶躶《じょうらら》一色の純真《じゅんしん》に逗到《とうとう》せば、明歴歴《みょうれきれき》として了《つい》に点汚没《てんおな》し。這裏《ここ》に到りて、又た切に忌む、明白の処に坐在《ざざい》し、転身の籌《はかりごと》無きことを。且《か》つ如何《いか》なるか是れ転身底の一著《いちじゃく》。伊《かれ》が心より肯《うけが》う日を待てば、是れ

の繁茂する林。禅宗寺院。禅の修行道場。○旧鞋…旧草鞋。古いわらじ。使い古した履きもの。○涎唾…よだれとつば。○立雪…慧可が嵩山少林寺で大雪の中に立っていたこと。○断臂…少林寺で慧可が雪中に左臂を切断して達磨に仏法を求めたこと。○名聞利養…名声と利得。名誉欲と財裕。○捨却…取り除く。○黙体…黙って究める。黙々と会得する。○一掣掣断…一度に引きちぎる。○一踢踢翻…一蹴りに蹴飛ばす。○一条活路…一条は細長いものや項目を数える量詞。活路は生きのびることのできるみち。窮地からのがれ出る一すじの方法。○智者…智慧ある者。仏道の道理を知っている人。○中下…中根・下根の者。仏道を修する力の弱い者。○怪異…不思議に思うこと。怪しむこと。○工夫…仏道修行などに専念すること。坐禅に専心すること。○逕截…径截。近道。便利。手軽。○正身…身を正す。姿勢を調える。○直視…目をそらさないで、まっすぐに見つめる。○緊要処…最も重要なところ。きわめて大切なところ。○一咬咬定…一言で断言する。咬定は言い定める。○走作…造作。無用な作為をする。○究道参玄…幽玄なる仏道を参究する。○邪視…物事を正面からとらえないで、ねじけて見ること。○乱談…でたらめに言う。でまかせを言う。○古徳道、雪覆千山~孤峰不白…[補9]。○古徳…ここでは曹洞宗の曹山本寂（八四〇~九〇一）のこと[補10]。○千山…多くの山々。○孤峰…まわりに高い山がなく、ただ一つそびえる峰。○分別…外的なものにとらわれて判断すること。○心意識…心と思慮と認識。思慮分別。道元の『普勧坐禅儀』に「停㆓心意識之運転㆒、止㆓念想観之測量㆒」とある。○度量…推し量る。量り考える。○寒暑不到…寒暑が到らないこと[補11]。○塵劫難移…永劫に変わらないこと[補12]。○塵劫…非常に長い時間。永劫。○法界…全世界。全宇宙。○白相…白一色のありよう。○見解…ものの見方、考え方。解釈。○穿鑿…穴を開けること。こじつけて解釈すること。根ほり葉ほり調べること。○道理…道すじ。次第。理由。○日本望新羅…扶桑国裏望新羅とも[補13]。○新羅…古代の朝鮮半島南東部にあった国[補14]。○浄躶躶…丸はだかで一点のけがれもないところ。真理が丸出しのありよう。○一色純真…少しも汚れのない平等一色のありよう。○逗到…留まる。一カ所に永く宿る。○明歴歴…はっきりとしていること。○点汚…汚れ。○明白処…心に一点の汚れもない境地。平等一色の悟り。○坐在…坐る。ある境地に

我が命の亨《とお》る時なり。仍って一頌を以て之れを勉《つと》めしめん。六出紛紛《ふんぷん》として四方を覆う、従《た》教《と》い雪上に更に霜を加うるとも。直《た》饒《と》い大海凍りて底に連なるも、到り了わらば禁じ難し慧日の光。

3

栄意禅人《えいいぜんにん》に示す

此の潑天《はってん》の大事を了ぜんと欲せば、只《た》だ人の志を発するに在る而已《のみ》。未《いま》だ聞かず、志を発せずして自ら透脱《とうだつ》する者有ることを。設《も》し有らば皆な外擾《げじょう》と為す。何ぞ以て聖種《しょうしゅ》を紹隆《しょうりゅう》するに足らん。汝、但《た》だ山前の一片地上《いっぺんちじょう》に向かって深く耕し浅く種《う》ゆれば、必ずしも陽和雨露《ようわうろ》の力を仮《か》らずして、其の発するを待ちて則ち栄えん。栄うる時は世間の栄えに非ず。尽大地《じんだいち》の枯槁蠹摧《ここうとさい》の株、是に由りて其の覆蔭《ふういん》の功を頼り、各おの其の生成《せいせい》の道を遂げざる莫し。此の大意、孰《た》れか之れを知らざらん。然れども、他に箇の一片地を問著し得来たらば、許久《しば》らく十に五双有りて、多くは是れ官田《かんでん》を冒《おか》し佃《たが》やして、契券《けいけん》を偽造《ぎぞう》す。更に栄枯《えいこ》の事を言いて、各おの異端《いたん》を説く。栄意禅人、道聚《どうしゅ》すること已に久しく、亦た操進の心有り。予も亦た助喜す。但だ恐れらくは、其の始終純ならずして、末後に番《ひるがえ》って骨董《こっとう》と成らんことを。此れ深く利害を為す。骨董とは何ぞ。蓋《けだ》し、人の純一無雑《じゅんいつむぞう》にして眼を開得《かいとく》し来たること能わずして、只だ是れ外に向かって

留まる。在は動詞について場所を表す。○転身…身を翻すこと。もう一段上の次元に脱皮すること。○籌…数を数える竹の棒。はかりごと。○一著…一手。碁の用語。○心肯…心より許す。心からうなづく。○紛紛…入り乱れてまとまりのないさま。○雪上加霜…雪の上に霜を足す。余計なことをする。厳しさの上にさらに厳しさを加える。○慧日光…太陽の光。日光。仏の智慧を光明にたとえる。

○栄意禅人…不詳。建長寺の蘭渓道隆に久しく随侍する。○潑天…とても大きい。とてつもない。○透脱…透り抜ける。解脱する。○外擾…外攘。外の敵。○聖種…聖賢の種子。仏教の血筋。仏のあとを弟子が次第に継ぐことを、植物の種にたとえた語。○紹隆…先人の事業を受け継いで、さらに盛んにすること。○一片地…一つの境地。○陽和…暖かな日和。温和な気候。○雨露…雨と露。○尽大地…すべての大地。○枯槁…草木が凋み枯れる。やせ衰えること。○蠹摧…虫食う。虫に食われてだめになる。蠹は木食い虫のこと。○覆蔭…覆も蔭も覆いかばう。徳が広く人々に及ぶこと。○生成…生じ、成立せしめること。○問著…問い詰める。○許久…永らく。久しい間。○十有五双…十は五が二つ。ありふれたさま。ほとんどすべて[補1]。○官田…官に属する田。公田。役人の受ける田地。○契券…契約の証書。○偽造…偽物を作ること。○栄枯…草木の茂ること枯れること。栄えることと衰えること。○異端…正統から外れている教え。○道聚…一緒に修行すること。○操進之心…堅く守って向上精進する心。○助喜…喜びを増す。○末後…最後。最期。命の終わるとき。○骨董…古いだけで実際の役に立たなくなったもの。雑多なもの。がらくた。○利害…利益と損害。○純一無雑…純粋でまじりけがないこと。一点の汚れもないこと。○石頭…石。石ころ。○土塊…土のかたまり。土くれ。○竹釘…竹くぎ。竹を削って作った釘。○木屑…おがくず。木くず。のこぎりくず。○受用…受け入れて用いること。活用すること。○堂堂兄弟…立派な体格の修行者。

石頭《せきとう》・土塊《どかい》・竹釘《ちくてい》・木屑《ぼくせつ》を聚《あつ》め捉《とら》えて、以て己の受用《じゅゆう》と為すなり。多く堂堂たる兄弟《ひんでい》を見るに、意を汗墨《かんぼく》に著《つ》け、或いは伝灯《でんとう》、或いは広灯《こうとう》、并《なら》びに古人《こじん》の閑言長語《かんげんちょうご》をば、包みて一肚皮《いっとひ》と作す。坐臥経行《ざがきんひん》の時、剗地《さんち》に他の所障《しょしょう》を被《こうむ》る。反《かえ》って工夫を做《な》す分無し。此れ乃ち過《とが》は懐《おも》いを放たざる処に在りて、東に走り西に入る。只だ是れ這《こ》星の負累《ふるい》なり。豈に聞かずや、古人道《いわ》く、「多知多慮《たちたりょ》なるは意を息《や》むには如《し》かず。多慮多失は一を守るには如かず」と。誠なる哉《かな》、之《こ》の語や。昔日《せきじつ》、慈明《じみょう》禅師、久しく汾陽《ふんよう》和尚に参ず。汾陽の流俗《るぞく》の鄙事《ひじ》を挙《こ》するを見《き》く毎《ごと》に、咸《み》な是れ世間麁悪《そあく》の言にして、全く聴くに足らず。一日、明、方丈《ほうじょう》に詣《いた》りて白《もう》して曰く、「某甲《それがし》、久しく座下に居りて、常に和尚の世間不正の事を言うを見《き》くも、未だ仏法を以て提誨《ていかい》するを聞かず。但《た》だ世俗の塵労《じんろう》を増して、殊《こと》に出家の利を失す」と。語未だ卒《お》わらざるに、汾陽、熟視《じゅくし》して大いに罵《ののし》りて曰く、「是の悪知識《あくちしき》、敢えて我れを裨販《ひはん》せり」と。怒りて杖を挙して之れを逐《お》う。慈明、救いを伸《の》べんと擬《ほっ》するに、汾陽、手を以て其の口を掩《おお》う。慈明、忽ち大悟す。是に於いて始めて知る、臨済の道は猶お電光石火を越ゆることを。擬せば則ち喪《うしな》い、動ぜば則ち乖《そむ》く。汾陽、果たして真の善知識《ぜんちしき》と謂えり。彼の時、若《も》し順毛に相い将《な》で、甜口《てんく》に相い謾《あざむ》かば、安《いず》くんぞ慈明が三毒《さんどく》を発し無明《むみょう》を起こして、究竟絶疑《くきょうぜつぎ》の地に至ることを得ん耳《や》。明、後に大炉鞴《だいろはい》を開きて種種《しゅじゅ》

○汗墨…墨で書かれたもの。書物。○伝灯…禅宗灯史書、五灯の一つ『景徳伝灯録』のこと[補2]。○広灯…禅宗灯史書、五灯の一つ『天聖広灯録』のこと[補3]。○閑言…むだ話。○長語…長い言葉。長く話すこと。○肚皮…腹。腹の皮。○坐臥経行…行住坐臥と同じ。坐臥は静止。経行は動作。日常の起居進退。○剗地…突然に。理由もなく。○所障…さまたげられること。○工夫…仏道修行などに専念すること。坐禅に専心すること。○放懐…思いを放つ。思いのままにする。とらわれの心を捨てる。○走東入西…あちこちに行ってあたふたする。○這星…この小さな。星はきわめて小さなものを数える詞量。○負累…罪を受けて永く悪名を受ける。人をまきぞえにする。○古人道、多知多慮～不如守一…[補4]。○古人…北周代、渭浜沙門の亡名法師（不詳）のこと[補5]。○多知…多く知る。知識が多い。○多慮…多くの思い。いろいろ考えをめぐらすこと。○多失…多くを失ってしまう。過失が多い。○守一…一を守る。一心の真如を守る。○昔日慈明禅師～慈明忽大悟…[補6]。○慈明禅師…臨済宗の石霜楚円（九八六～一〇三九）のこと[補7]。○汾陽和尚…臨済宗の汾陽善昭（九四七～一〇二四）のこと[補8]。○流俗…俗世間の風俗・習慣。世の中。俗人。○鄙事…いやしい事柄。つまらないこと。○麁悪…粗末で質が悪いこと。○提誨…教えを提示する。○塵労…心を疲れさせるもの。煩悩。○熟視…十分に決意して見る。じっと見つめる。○悪知識…悪法・邪法を説いて悪に誘い込む人。○裨販…小あきんど。小商人。○電光石火…稲妻や火打ち石が発する閃光。きわめて短い時間のたとえ。○擬則喪、動則乖…心を向けるとすれ違い、念を動かすとずれてしまう[補9]。○善知識…善徳の智者。正法を説いて人を正しく導く師。○順毛相将…やわらかな毛なみをやさしくなでる。○甜口相謾…甘い言葉で巧みにあざむく。○三毒…人の善心を害する三種の煩悩。貪欲・瞋恚・愚癡。貪瞋癡の三毒。○無明…無知で真理に暗いこと。根本的な煩悩。愚癡。○究竟絶疑之地…仏道修行において、疑を絶した最高の境地。○大炉鞴…大きなふいご。弟子を育てる大きな修行道場。偉大な学人接化の場。○煅煉…鍛煉。金属を鍛え練ること。○小補…少しだけ補い助けること。○上人…有徳の僧に対する敬称。ここでは参学人に対する敬称。○発意…「ほっち」とも。仏法を求める心を起こすこと。発菩提心。発心。○和座子掀転底時節…座席ごとひっくりか

に煅煉《たんれん》す、豈《あ》に小補《しょうほ》ならん哉《や》。意上人《いしょうにん》、若《も》し能《よ》く慈明の如くに相い似て、発意《ほっい》の篤《あつ》きもて信じて復《ま》た疑わば、終《つい》に座子《ざす》に和して掀転《きんてん》する底の時節有らん。是《かく》の如くならば、則ち栄意の名は虚しく安著《あんじゃく》せざるなり。然して後、興廃《こうはい》自ずから知りて、争《いか》でか庸鄙《ようひ》に傚《なら》わん。切に宜しく之れを勉《つと》むべし。

4

空性知客《くうしょうしか》に示す

這《こ》の一句、吐露《とろ》し難し。放有り、収有り、全く賓なり、全く主なり。霊利の漢も当面に慞惶《しょうこう》し、性懆《しょうそう》の僧も機に臨みて措《お》くこと罔《な》し。洞山は十信《じっしん》を領得《りょうとく》して帰らず。雪竇《せっちょう》は家に到りて両眸《りょうぼう》にても覩《み》ず。往往に皆な是れ鉄を銜《ふく》み鞍を負う驢腸《ろちょう》・馬肚《ばと》なり。空性知客、皮下に陽秋《ようしゅう》有り、此の衆数《しゅすう》に入らず。袖裏《しゅうり》より紙を出だし来たり、予に別れて云く、「我れに白首《はくしゅ》の母堂《ぼどう》有りて、現に南京《なんきょう》の深処《しんしょ》に在り。睦州老子《ぼくしゅうろうし》が屨《くつ》を織《お》るの紉工《じんこう》無しと雖も、黄面瞿曇《おうめんくどん》が親を度するの一路に効《なら》わんことを要す」と。予、覚《おぼ》えず、声を放ちて問うて云く、「親を度《ど》するの籌《はかりごと》、請う、我が為めに挙せよ」と。彼《かれ》更に酬《こた》えず、笑いて涙を含む。再び之《こ》れを詢《たず》ねて曰く、「同住すること多年、豈に一句無けんや」と。性云く、「請う、和尚、某甲《それがし》が為めに者《こ》の一句を吐露せよ」と。予、他の耳辺《にへん》に就《つ》いて低低に道《い》う、「去れ去れ。東大寺内に一尊仏有り。知らず、高きこと幾許《いくばく》ぞ。賓を看て

えるとき。悟りを得る時節にたとえる。座子は坐禅の椅子。禅床。「和～」は「～もろとも」の意。○安著…名前を付ける。安名する。○興廃…興ることと廃れること。盛んになることと、衰えること。○庸鄙…凡庸。俗っぽい。

○空性知客…臨済宗大覚派の癡鈍空性（?～一三〇一）のこと[補1]。○知客…禅宗寺院で賓客接待を司る役職。六頭首の一つ。○這一句…仏法の端的を表現した言葉。○吐露…心に思っていることを隠さず打ち明けること。○有放有収…放行と把住。与と奪。活と殺。○全賓全主…客のときはすべて客。主のときはすべて主。○霊利漢…頭脳明瞭で仏道に徹した人。○当面…じかに向き合って。面と向かって。○慞惶…恐れかしこまる。恐れおののく。○性懆僧…性質の鋭敏な僧。気短かな僧。せっかちな僧。○臨機罔措…その場に臨んで手足の置き所がない。○罔措…身の置き場がないこと。何がなんだかわからず、どう自身を据えてよいか困ること。○洞山領得十信不帰…[補2]。○洞山…不詳。曹洞宗の洞山良价（八〇七～八六九）のことか[補3]。○十信…初心の菩薩が修する十種の心。○領得…得すること。合点すること。○雪竇到家両眸弗覩…[補4]。○雪竇…雲門宗の雪竇重顕（九八〇～一〇五二）のこと[補5]。○両眸…二つの瞳。両眼。○往往…物事がしばしばあるさま。○銜鉄負鞍驢腸馬肚…[補6]。○驢腸馬肚…ロバの腹と馬の腹。○皮下有陽秋…皮下有春秋とも。口で言わないで、心の中で人を褒めたり謗ったりすること[補7]。○衆数…人の中。人の部類。○袖裏…袖の中。○白首…しらが頭。白頭老人。○母堂…母を敬っていう語。母君。北堂。○南京…南都。奈良のこと。京都に対していう。○深処…奥深いところ。○睦州老子織屨…[補8]。○睦州老子…南嶽下の睦州道蹤（不詳）のこと[補9]。○屨…くつ。麻製のはき物。○紉工…縄をなう技術。○黄面瞿曇…金色に輝く仏陀のこと。瞿曇は釈迦が出家する前の本姓。ゴータマ（梵：Gautama）のこと。○放声…声を発する。○籌…数を数える竹の棒。はかりごと。○含涙…涙を浮かべる。暗涙。○東大寺…奈良県にある華厳宗の寺院。奈良時代に聖武天皇が建立[補10]。○一尊仏…東大寺大仏殿の毘盧遮

賊を打す。恰《あた》かも周年、親爺《しんや》に向かって一銭を覓《もと》めず。南甸《なんでん》の萱堂《けんどう》にて相見《しょうけん》する処、入門の句子、挙《こ》して全《まった》からしめよ」と。

5

承性西堂《じょうしょうせいどう》に示す

石は瑚璉《これん》を含む、精鑑《せいかん》の者に非ざれば、安《いず》くんぞ能《よ》く識知《しきち》せん。道は己躬《こきゅう》に在り、苟《も》し外に求めば、応に辨白《べんぱく》し難《がた》かるべし。之れを鑑《みわ》けること精《くわ》しからざれば、瑚璉《これん》は現れず。之れを求めて外に在らば、道は何を以《もっ》てか明らめん。道の本源《ほんげん》を体《きわ》めんと要せば、一朝一夕《いっちょういっせき》の事に非ず。之れを求めて憚《はば》からず、之れを探りて既に深く、力到り功円《まどか》ならば、自然に発露《はつろ》し、良匠《りょうしょう》の玉を琢《みが》くが如く、磨《みが》きて礱《みが》きて、終《つい》に大器《たいき》と成《な》らん。性兄西堂、曩《さき》に宋朝に入り、知識に参扣《さんこう》し、蘊藉《うんしゃ》なること浅きに非ず、和気にて人に逼《せま》る。既に帰国の後、寿福老子、力《つと》めて郡守に稟《もう》して請うて名山を主《つかさど》らしむ。彼の時、只だ古に効《なら》いて折脚の鐺子《とうす》を以て深山窮谷《しんざんきゅうこく》に於いて道を養い時を過ごさんと欲す。霜露《そうろ》の菓熟するを奈《いか》んともする無く、出でて以て人の為めにす。将《まさ》に期すること六年ならんとするに、急流勇退《きゅうりゅうゆうたい》す。継《つ》いで巨福に臨《のぞ》んで道聚《どうしゅ》すること数年、千百指の人、人無きが如くに相い似たり。上も欣《よろこ》び下も悦《よろこ》びて、褒辞《ほうじ》を尽《つ》くさず。既に西従《よ》り東に過ぎ、心目《しんもく》相い照らし、屈煩《くつはん》して衆に首たり。内外恬然《ないげてんねん》として、誠に所謂《いわ》ゆる

那仏の大坐像[補11]。○幾許…どれほど。いかほど。○看賓打賊…相手をしっかり見定めて賊を打つ。知客（知賓）の役目をいう。○周年…まる一年。ここでは空性が知客になってからの歳月か。○親爺…父親。ここでは師匠道隆のことか。○南甸…南方の郊野。南の地方。ここでは南都の南郊外か。○萱堂…北堂。母の部屋。母親をいう。母親が北堂で、憂いを忘れるために、庭に萱草を植えた故事にちなむ。○相見…互いに相い見える。拝顔する。

○承性西堂…筑前（福岡県）博多聖福寺に住した承性のことか[補1]。○西堂…他山の前住。一ヶ寺の住持を退いて他寺に隠居した人。○瑚璉…祭器の名前。○精鑑者…詳しく目利きする者。すぐれた見識を具えた者。○識知…知ること。見分けること。○己躬…己が身。自己。○辨白…区別してはっきりさせる。○要体道之本源、非一朝一夕事…[補2]。○本源…物事のおおもと。○一朝一夕事…短い時間でできること。○発露…表面に現れ出る。現し出す。○良匠…すぐれた大工。うでのよい職人。○磨兮礱兮…磨も礱も玉・石などをすりみがく。○大器…大人物。才能や度量のきわめて大きい人。○曩入宋朝…かつて南宋の地に入宋したこと。○知識…善知識。ここでは南宋禅者のこと。○参扣…師に参じてその門を叩く。○蘊藉…心が広くおだやか。味わい深く余裕がある。○和気…和いだ心持ち。のどかな陽気。○寿福老子…臨済宗黄龍派の大歇了心（不詳）のこと[補3]。○寿福…亀谷山寿福寺のこと[補4]。○郡守…郡の長。郡の領主。鎌倉郡主のことか[補5]。○名山…名刹。名だたる寺院。筑前（福岡県）博多の聖福寺のことか[補6]。○折脚鐺子…脚が折れて使いものにならない三脚のなべ。無用のもの。○深山窮谷…山里を離れた奥深く静かな山と谷。○霜露菓熟…霜や露を受けて果実が熟すること。○為人…人のためにする。人を教え諭す。教化。○六年…承性が名山に住持していた期間。○急流勇退…きっぱりと自分から官職などを辞し退くたとえ。○巨福…建長寺の山号。○道聚…一緒に修行すること。○千百指人…百十人。十指で一人。○如無人相似…あたかもほかに適任の人がいないかのようである。○上欣下悦…上の者も下の者もみなよろこぶ。○褒辞…ほめたたえる言。褒詞。○心目相照…心と目が互いに照らしあう。○屈煩…まげてめんどうを掛ける。○衆首…首座として修行僧を統括する。○恬然…静かで安らかなさま。物事にこだわらず平然としているさま。

「万殊《まんじゅ》を一致《いっち》に会《え》し、百慮《ひゃくりょ》を片時《へんじ》に消《とか》す」と。凡《およ》そ人の為《た》めにする所、了《つい》に隠昧無し。更に高く養い器を蔵して時を待つに在り。共に末運《まつうん》の頽綱《たいこう》を整え、庶《こいねが》わくは愚懐《ぐかい》をして望み有らしめんことを。至祝。

6

円範蔵主《えんばんぞうす》に示す

東西両刹にて、道聚《どうしゅ》すること数年。箇《こ》の事、曽《かつ》て一糸毫《いっしごう》を露《あら》わさずと雖も、那事《なじ》已に伊《かれ》が為めに漏泄《ろうせつ》し了われり。一日来たりて白《もう》して曰く、「某《それがし》、入唐《にっとう》の意有り。時に暫《しばら》く違《はな》れんことを請《こ》う」と。継《つ》いで紙を出だして道号を需《もと》む。予謂《い》いて云く、「古人道《いわ》く、『既に掩《おお》い難し、所に随いて名を安んず』と。昔、周金剛《しゅうこんごう》は徳山《とくざん》に住し、玄上座《げんじょうざ》は臨済《りんざい》に住す。初めより号に在らず、而して化《け》して人に被《こうむ》る。今末世《こんまっせ》、鱗《りん》を羨《うらや》む者は多く、網《あみ》を結ぶ者は少なし。往往《おうおう》に首を招提《しょうだい》の中に聚《あつ》め、大家《たいけ》、虚偽《こぎ》の言を以て逓《たが》いに相い摩捋《まらつ》す。褒讃称揚《ほうさんしょうよう》せば喜びて去るに忍びず、若《も》し一言の耳に逆えば半刻停策《はんこくていさく》の心無し。正に吾が宗が枯寒《こかん》彫弊《ちょうへい》するの秋《とき》なり。所以《ゆえ》に若し是れ汝既に此を離れて大宋朝に往かんと欲《ほっ》す、知らず、知識に参じて玄妙を究めんが為《た》めなる耶《か》。知らず、台山・雁嶺の蘭若《らんにゃ》の精厳《せいげん》なるを看んが為《た》めなる耶《か》。若《も》し玄妙を究め知識に参ぜんが為《た》めならば、古徳に語有り、「百人の知識に参ぜんよりは、一箇の同行に参ぜんには如《し》かず。

○会万殊於一致…万物を一まとめにする[補7]。○万殊…さまざまに異なっていること。変化が多くてきわまりないこと。○百慮…もろもろの思い。多くの考え。○片時…わずかの間。寸時。かたとき。○隠昧…隠しごと。心暗いこと。○末運…末の運命。末法。末世。○頽綱…衰えた綱紀。規律や秩序がゆるんでいること。○愚懐…おろかな感懐。自分の思い。自分の考えを謙遜していう。○至祝…書簡文などの文末に添える言葉。切にお祈り致しますの意。至禱とも。

○円範蔵主…臨済宗大覚派の無隠円範（一二三〇〜一三〇七）のこと[補1]。○蔵主…蔵殿の主管。禅宗寺院で経蔵を管理する役。六頭首の一つ。○東西両刹…鎌倉建長寺と京都建仁寺。○道聚…一緒に修行すること。○箇事…個事。一つのこと。一大事。一生参学の大事。仏法の真理そのもの。○一糸毫…ごくわずかなもの。きわめて微細なもの。○那事…そのこと。あのこと。○漏泄…漏れること。大事なことを漏らし知らせる。○入唐意…入宋して法を求める志。○道号…禅僧が法諱（僧名）のほかに用いる字（号）のこと。○古人道、既難掩随所安名…[補2]。○古人…臨済宗黄龍派の兜率従悦（一〇四四〜一〇九一）のことか[補3]。○周金剛…青原下の徳山宣鑑（七八〇〜八六五）のこと[補4]。○徳山…朗州（湖南省）の徳山乾明寺のこと[補5]。○玄上座…臨済宗祖の臨済義玄（?〜八六六）のこと[補6]。○臨済…鎮州（河北省）の臨済院のこと[補7]。○今末世…今のこの末世の世。○羨鱗者多、結網者少…魚の鱗にあこがれる人は多いが、魚を取る網を作る人は少ない[補8]。○鱗…魚類。○往往…しばしば。常々。○招提…四方の人。とくに修行僧をいう。寺院の異名として用いる。○虚偽之言…いつわりの言葉。うそ。○摩捋…手でなでる。○褒讃称揚…ほめたたえる。ほめあげる。○逆耳…忠言などが快く聞かれないこと。○半刻停策之心…わずかな時でも足を留める気持ち。半刻は一刻の半分。約五分。停策は停鞭。鞭打つのをやめる。○枯寒…枯れてこごえる。○彫弊…弱り衰える。損なわれる。○大宋朝…大宋国。南宋の王朝を敬った表現。○知識…善知識。ここでは南宋禅者のこと。○玄妙…奥深く微妙な道理。○台山…台州（浙江省）天台県の天台山のこと[補9]。○雁嶺…温州（浙江省）楽清県の北雁蕩山のこと[補10]。○蘭若…寺院。精舎。○精厳…清しく厳格なこと。濃やか一箇の同行に参ぜんよりは、自己に参ぜんには若《し》かず」と。自己《じこ》若《も》し返視《へんし》せずば、但《た》だ草鞋銭《そうあいせん》を費《つい》やし尽くすのみに非ず、亦た乃ち大唐をば舟にて往還《おうかん》して多少の辛苦《しんく》を受けん。若《も》し只《た》だ世界を看んと欲する時、山川・人物は此れと一如《いちにょ》にして、寺宇《じう》・精藍《しょうらん》は汝が事に干《かか》わるに非ず。予、兄を要して此に住《とど》めんとして固《もと》より是の辞を設《もう》くるに非ず。但だ一切処・十二時に於いて、隠匿《いんとく》の事を作《な》すこと莫《な》かれ。古に云く、「言うに当たりては舌を截《き》るを避けず、断《ことわ》るに当たりては便ち与に結絶《けつぜつ》す」と。苟《も》し肚中《とちゅう》に停留《ていりゅう》し、面上《めんじょう》に笑いを含みて、人の好《よ》きことを道《い》わんとを要せば、此れは是れ閻老《えんろう》が案前《あんぜん》にて照鏡《しょうきょう》するの本なり。老僧、平生《へいぜい》、了《つい》に隠蔽《いんぺい》すること無し。所以《ゆえ》に、天は頭上に在り、地は脚下《きゃっか》に在ることを知得《ちとく》して、人の毀謗《きぼう》するを管せず、也《ま》た人の賛揚《さんよう》するを愛せず。事を省せず理に達せざる者に逢う毎《ごと》に、寸釘子《すんていす》を以て其の喙《くち》に錐《さ》す。是を以て、愈《いよ》いよ相《あ》い従う者の少なきを見る。従教《たと》い法堂前の草深きこと一丈なるも、実に心に愧《は》ずること無し。苟《も》し一毫《いちごう》の欺《あざむ》き有らば、誠に終身《しゅうしん》の患《わずら》いと為《な》らん。故に無隠の二字を以てす、意は茲《ここ》に在り。汝が南方に往きて許多《きょた》の魔子《ます》を勘破《かんぱ》し得て帰り来たり、却って本朝の髑髏前《どくろぜん》に神を見て鬼を見る底を把《もっ》て、他《た》の与めに一時に掃蕩《そうとう》し、也《ま》た範上人の従来《じゅうらい》より隠すこと無きを知《し》道らしむるを待たん。纔《わず》かに臭口を開かば心肝を露《あら》わす。本《もと》より人を謾《あざむ》かず、人自ら謾く。仏眼も窺《うかが》い

で厳かなこと。○古徳有語～不若参自己…[補11]。○古徳…不詳。○返視…ふり返り見る。○草鞋銭…わらじ代。行脚僧の旅費。○往還…道を行き来すること。往復。○多少…どれほどの。多くの。○辛苦…辛さと苦しさ。つらく苦しい思いをすること。○世界…世の中。過去・現在・未来の三世を世といい、上下四方四羅の十方を界という。○山川…山と川。山河。山水の景色。○一如…心理と一体であること。主体と客観が一枚であること。○寺宇…寺院。寺の建物。○精藍…寺院。精舎伽藍の略。○非干汝事…あなたの知ったことではない。○一切処…至るところ。あらゆるところ。○十二時…一昼夜。一日中。二十四時間。○隠匿之事…隠れた悪事。内緒の悪事。○古云、当言不避截舌、当断便与結絶…[補12]。○当言…直言。はばからずに正言を吐くこと。○結絶…むすぼれたつこと。関係を断ち切る。つながりを断つ。○肚中…腹中。心の中。肚裏。○停留…その場所に留まること。○面上含笑…顔面に微笑を浮かべる。○閻老…閻魔老子の略。閻魔大王を尊称して老子という。冥界の王。○案前…机の前。案は机・台。○照鏡…鏡に照らして見る。自己のかおかたちを鏡に映して見る。○平生…いつも。つね日ごろ。○隠蔽…覆い隠す。○毀謗…そしる。貶す。悪い点を取り上げて非難する。○賛揚…褒め称える。○省事…事を省悟する。○達理…理に通達する。○寸釘子…一寸の釘。宋代の一寸は約三センチ。○喙…口。口ばし。○法堂前草深一丈…法堂の前には草が茫々と生い茂っている。法堂の門を閉ざして説法しないことをたとえたもの[補13]。○法堂…住持が修行僧に説法する建物。禅宗の七堂伽藍のうちの一つ。○一毫之欺…一本の細い毛ほどの嘘偽。○終身之患…命を終えるまでの患い。○無隠…隠すことがない。事実を隠さない。○南方…善財童子の南遊を意識していう。中国宋朝のこと。○許多…これほどの。こんなにたくさんの。○魔子…悪魔。煩悩をたとえる。○勘破…見破る。本質を見抜く。○髑髏前見神見鬼底…枯れて屍骸と化した髑髏の周りに多くの幽鬼が立ち現れているのを見るやから。妄想分別をなしている人。神は善人の霊。鬼は悪人の霊。○掃蕩…払い除くこと。平定する。○知道…知る。知っている。○臭口…臭い口。口臭の強い口。○心肝…心と胆。真心。赤心。○仏眼…仏の眼。仏の眼力。○一著子…囲碁などの一手。向上の一句。○大家…みんな。みなさん。

難き一著子《いちじゃくす》、帰り来たりて鼓を打ちて大家《たいけ》看よ」と。

7

明源禅人《みょうげんぜんにん》に示す

千疑万疑《せんぎまんぎ》は只だ是れ一疑なり。話頭《わとう》上に疑い破《やぶ》れば、則ち千疑万疑は一時に破《やぶ》れん。話頭破れざれば、則ち且らく上面に就いて之れが与《た》めに廝《あ》ひ捱《ゆる》めよ。若し話頭を棄て了わりて、却って去りて別に文字上に疑いを起こし、経教《きょうぎょう》上に疑いを起こし、古人の公案上に疑いを起こし、日用塵労《にちゆうじんろう》中に疑いを起こさば、皆な是れ邪魔の眷属《けんぞく》なり。第一に挙起《こき》の処に向かって承当《じょうとう》することを得ざれ、又た思量卜度《しりょうぼくたく》することを得ざれ。但だ意を著けて思量す可からざる処に就いて思量せば、心は之《ゆ》く所無く、老鼠《ろうそ》の牛角に入るがごとく、便ち倒断《とうだん》するを見ん。又た方寸《ほうすん》若し閙《さわが》しければ、但只《た》だ「狗子無仏性」の話を挙《こ》せよ。仏語・祖語・諸方老宿《ろうしゅく》の語、千差万別なり。若《も》し箇の無字《むじ》を透得《とうとく》せば、一時に透過《とうか》せん。人に問うことを著《な》さざれ。若し一向に人に「仏語又た如何《いか》ん、祖語又た如何ん、諸方老宿の語又た如何ん」と問わば、永劫にも悟る時有ること無からん。大慧《だいえ》老人が示す所の語、由基《ゆき》が箭《や》を発するが如く、箭箭虚しからず。由基が射《い》るを善《よ》くして人心を動かすに非ず。蓋し伊《かれ》は能《よ》く未だ射ざる以前の至妙《しみょう》の端を了ず。是を以て凡そ射る所の時、的《まと》に中《あた》らざる無し。後の学者、若し従前の執情《しゅうじょう》

○明源禅人…不詳。建仁寺時代の蘭渓道隆に参じた。○千疑万疑只是一疑～永劫無有悟時也…[補1]。○千疑万疑…千万の疑い。多くの疑念。○話頭…話のいとぐち。話題。古則公案。

○上面…ものの表面。うわつら。うわべ。○経教…経典の教え。○古人…昔の禅僧。○公案…公府の案牘。官庁の裁決案件。歴代祖師が示した仏法の課題。○日用塵労中…日常生活におけることがら。煩悩。○邪魔…邪見の悪魔。正理に背く偽りの見解をもって、悟りの正道を妨たげる悪魔。天魔のこと。○眷属…仏・菩薩に従うもの。主要な神に従属する神々。○挙起…とり上げること。○承当…うけがう。引き受けること。○思量…いろいろと思いをめぐらし考えること。○卜度…占い量る。分別する。当て推量する。○著意…心を止める。気をつける。念を入れる。○老鼠入牛角…ねずみが牛の角の中に潜り込む。土壇場まで押し詰められて、抜き差しならない状態をいう[補2]。○倒断…断絶する。断ち切る。関係を断つ。○方寸…一寸（約三センチ）四方。心のこと。○狗子無仏性…「趙州無字」の公案[補3]。○諸方老宿語…各地の禅寺の尊宿たちの言葉。○千差万別…種々さまざまな違いがあること。○透得…通過する。通り抜ける。○透過…通り過ぎる。通り抜ける。

○永劫…限りなく長い年月。○大慧老人…臨済宗楊岐派の大慧宗杲（一〇八九～一一六三）のこと[補4]。○由基…春秋時代、楚の大夫の養由基（不詳）のこと[補5]。○至妙之端…この上ない真理のきざし。○従前…今より前。これまで。○執情…頑なに思いこんだ気持。

滞見《たいけん》を颺下《ようげ》して返照虚心《へんしょうこしん》せば、静時《じょうじ》も鬧時《どうじ》も静鬧の所転を被らず、直截《じきせつ》の処に向かって体究し、迂曲《うきょく》無き処に行持せん。那裏《なり》か是れ直截《じきせつ》にして迂曲無き処ぞ。但だ大慧の示す所に遵《したが》いて、時時《じじ》に此の話頭《わとう》を提げて間断《かんだん》せしむること勿かれ。或いは一条より来たりて、五条に至る処、其の来たる者は是れ誰ぞ、去る者は是れ誰ぞと察せよ。忽然《こつねん》として「誰」の字に和して頓に亡ぜば、便ち大慧の示す所の言を見るも、也《ま》た消得《しょうとく》せず。然して後、消得せざる中に於いて事事《じじ》に消得す。此の無礙《むげ》の境界に到り了わらば、設使《たと》い由基に百千の威力有るも、直是《まさ》に手を下す処無からん。未だ弱冠《じゃっかん》を期せず、虚しく延ばすこと莫かれ。好子、何ぞ曽《かつ》て父の銭を使わん。赤手《せきしゅ》にして能く家業を成して後、也《ま》た須らく重ねて建寧《けんにん》が拳を喫すべし。

○滞見…とらわれたものの見方。○颺下…放り投げる。なげ捨てる。○返照…夕日が照り返る。日常の外に向かって求める心を内にむけ、反省して自己の真実を求める。○虚心…心を虚しくする。心に何のこだわりも持たず、素直であること。○直截…きっぱりと言いきる。端的である。単刀直入である。○体究…道理を体で会得する。まるごと究める。○迂曲…紆曲。迂折。曲がりくねっている。遠回りすること。○行持…仏道の修行を常に怠らずに続けること。○那裏…あそこ。あちら。どこ。どちら。○時時…いつも。つねに。○間断…間がとぎれること。絶え間。○一条…京都の一条のこと[補6]。○五条…京都の五条のこと[補7]。○忽然…突然に。たちまちに。○和誰字而頓亡…「誰」の字もろとも忽ちに断ち切る。○消得…享受してのける。使いこなす。○無礙境界…何ものにも妨げられない悟りの境地。○威力…他を押えつけ服従させる強い力や勢い。○下手処…手をつけるところ。自分で著手するところ。○弱冠…二十歳前後の年齢。男子が二十歳で元服して冠をつける。○好子何曽使父銭…好児終不使爺銭に同じ。孝行息子は父親の財産など使わない。すぐれた子は親のすねを嚙らない[補8]。○好子…好児。よい子。りっぱな人。○赤手…素手で。手に何も持たないこと。○家業…家の財産。一家の財産。

8

浄業《じょうごう》上人に示す

博地《はくち》の凡夫、豈に一歩にして便ち宝所《ほうしょ》に登ること有らんや。惟うに是れ浅き従《よ》り深きに至り、漸因《よ》り頓に入る。但だ紛擾《ふんじょう》の時に於いて、紛擾の念は何れ自《よ》り起こるかと看よ。仍ち紛擾の心を将《もっ》て彼の紛擾の処を究めよ。之れを究めて絶究《ぜっきゅう》の地に至らば、紛擾の境は本《もと》より空なり。究むる所の心、何《いず》くにか在らん。此れ乃ち之れを返究《へんきゅう》と謂う。若し妄想極めて重ければ、当に一箇の話頭を提《かか》ぐ

○浄業上人…不詳[補1]。○上人…有徳の僧に対する敬称。ここでは参学人に対する敬称。○博地…広い大地。○宝所…宝の国。仏国土。涅槃の境地。
○因漸入頓…漸修から頓悟へと至る。
○紛擾…乱れもつれる。ごたつく。○絶究之地…甚だ遠いところ。究め尽くしたところ。
○返究…究極のところから再び現実に戻る意か。○妄想…真実でないものを真実であると、誤って意識すること。○話頭…話のいとぐち。話題。古則公案。

べし。話頭とは何ぞ。四威儀《しいぎ》の中、匆匆《そうそう》の際にも、安静の時にも、「生は何《いず》れ従《よ》り来たる」と看よ。但だ返返復復して、是の如く推窮《すいきゅう》せよ。所以《ゆえ》に古人道《いわ》く、「未だ生を知らず、焉《いず》くんぞ死を知らん」と。既に生を知り、亦た死を知らば、然して後、生死《しょうじ》の所移《しょい》を被らずして、出没自在《しゅつもつじざい》ならん。参禅は孝子の新たに父母を喪うが如くに一般なり。茲を念いて茲に在り、所生《しょしょう》を忘れず。一念若し此の如くならば、自然と道念は重く世念は軽くして、久久に明白ならん時、大解《だいげ》脱門《だつもん》に入らん。今生《こんじょう》に道念有りて、若し悟らざる時、之れを「般若《はんにゃ》の種子を種えて心に在《お》く」と謂う。来生《らいしょう》に出頭せば一聞千悟《いちもんせんご》せん。今生若《も》し道念有らば、豈に悪趣《あくしゅ》に堕せんや。参禅の人、若し先づ此の憂い有らば、必ず異見《いけん》に堕して自ら障礙《しょうげ》を生ぜん。但だ工夫を做して、悟と不悟とを問うこと莫かれ。時節若し至らば、或いは一年三年、或いは十年五載、終に分暁なること有らん。惟だ恐れらくは、人初め信じて後に疑うことを。之れを不了事《ふりょうじ》の漢と名づく。

9

快賢《かいけん》上人に示す

人として天地の間に生まれて、終日、波波《はは》として一点の道念無き者は、枉自《むなし》く南閻浮提《なんえんぶだい》に出で来たりて打一遭《だいっそう》す。所謂《いわゆ》る、「生まれても人に益無く、死しても後に聞こゆること無し」と。両目瞑眩《めいげん》するも帰する所を知らず。盲人の夜に

○四威儀…行・住・坐・臥の四つの作法にかなっているもの。戒律にかなった日常の立ち居ふるまい。○匆匆之際…忙しい時。慌ただしい時。○安静之時…安らかで落ち着いている時。○返返復複…くり返しくり返し。○推窮…深く調べ考えること。道理を推し量って考えきわめること。○古人道、未知生、焉知死…[補2]。○古人…ここでは孔子(前五五三〜前四七九)のこと[補3]。○出没自在…自由自在に現れたり隠れたりすること。ものにとらわれない自由なさま。○孝子…親によく仕える孝行な子。○念茲在茲…常に心に思うこと[補4]。○所生…生みの親。父母。○道念…仏道を求める心。道心。○世念…俗世に執着する心。○久久…非常に長い年月にわたるさま。○明白…はっきりさせる。心の中に一点のけがれもなくす。○大解脱門…偉大な解脱の境界に入る門。三界の苦楽を離れた真の悟りの境地。○今生…この世。現世。今世。○種般若種子在心…[補5]。○般若種子…一切の真実を見極める智慧が、悟りに到達する正しい種であること。○出頭…顔を出す。進み出る。この世に出る。○一聞千悟…一たび法を聞いて千も悟りを得る[補6]。○悪趣…現世で悪事をした結果、死後におもむく苦悩の世界。地獄・餓鬼・畜生を三悪趣という。○異見…煩悩によって起こる悪い見解。○障礙…さまたげになること。さまたげ害する。悟りの障害となる。○工夫…仏道修行などに専念すること。坐禅に専心すること。○分暁…あきらかにする。○不了事漢…了事せざる漢。カタを付けない人。参学の大事を了畢していない人。

○快賢上人…不詳。○上人…有徳の僧に対する敬称。ここでは参学人に対する敬称。○終日…朝から晩まで。一日中。○波波…あたふたと。そわそわするさま。奔走するさま。○道念…仏道を求める心。道心。○枉自…むなしく。いたずらに。むざむざ。自は助字。○南閻浮提…南閻浮洲。須弥山の南方に位置する、人間が生存している世界。○打一遭…一めぐりする。一まわりする。ここでは一回の生涯を送ること。○生無益於人、死無聞於後…[補1]。○両目瞑眩…両目が暗く見えなくなる。死ぬこと。○前程莽鹵…これから先の行程が不毛の荒れ地であること。前程は行く先、前途。莽鹵には、大まか、がさつ、でたらめの意もあるが、ここでは荒れ地の草深いさま。○聖人賢士…聖者と賢人。聖者は智徳のすぐれた最高の人格者。賢者は聖人に次いで徳の

行きて前程の莽鹵《もうろ》なるが如し。故に聖人賢士《せいじんけんし》は此の理を明らめ得て便ち知る、「過現未来《かげんみらい》は猶お夢事の如し。富貴利名《ふきりみょう》は是れ幻、堆金積玉《たいきんせきぎょく》は是れ幻、美声《びせい》好色《こうしょく》は是れ幻、喜怒哀楽《きどあいらく》は是れ幻なり」と。然れども諸幻の中に幻ならざる者有り。世界の壊する時、渠《かれ》は壊せず。劫火《ごうか》の焼く時、渠《かれ》は然《も》えず。此の幻ならざるの物は、諸人が各各の本有《ほんぬ》なり。但だ能く日日に恬静《てんせい》の郷に入り、頭《こうべ》を回らし返視《へんし》せば、年深く歳久しくして、自然に幻ならざるの物、発露《はつろ》現前せん。現前して後は如何《いか》ん。咦《いい》。脚頭脚底は是れ弥勒《みろく》にして、左に顧み右に観れば皆な釈迦なり。

10

明禅上人に示す

参禅学道は、思量分別《しりょうふんべつ》して能《よ》く明らむる所に非ず、亦た思量分別を離れず。若し分別無く思量無くば、此の道、何に由ってか明白《めいばく》なることを得ん。所以《ゆえ》に円悟《えんご》云く、「汝が思量の心尽き分別の念亡ずるを待ちて、自然に根に徹し源に徹し去らん」と。宗門中に入りて参学せんには、第一に堅固の志を立てて此の事有るを信ぜんことを要す。此の事とは、汝未だ父母の腹を離れざる時、此の一段の光明、何ぞ曽《かつ》て暗昧《あんまい》ならん。母胎《もたい》を出でて後、亦た自ずから朗然《ろうねん》たり。但だ能く己に返りて求めば、久久にして自然《じねん》に顕赫《けんかく》ならん。十二時、一切処、

ある人。○過現未来～喜怒哀楽是幻…[補2]。○過現未来…過去・現在・未来のこと。ここでは人生の諸相。○富貴…金持ちで地位や身分が高いこと。○利名…名利に同じ。利養と名聞。利養は財を貪り己を肥やすこと。名聞は世間的な評判名声。○堆金積玉…うず高く積んだ金銀宝石。○美声好色…美しい声と麗しい顔。○喜怒哀楽…喜びと怒り、悲しみと楽しみ。○世界壊時渠不壊、劫火焼時渠不然…[補3]。○世界壊時…世界が破壊に向かう時。四劫の中の壊劫。○世界…世の中。過去・現在・未来の三世を世といい、上下四方四維の十方を界という。○渠…不幻者。幻ならざる者。仏性。空劫已前の自己。○劫火…壊劫の末に起こる火災。世界を焼き尽くし、破壊へと導く大火とされる。○本有…本来的な存在。初めから有ること。本来的に具有していること。○恬静之郷…安らかで静かな境地。落ち着いて騒がないありよう。心念が紛起せずに安静な境地。○回頭返視…頭を回して振り返り見る。ものの見方を変える。○発露…表面に現れ出ること。○現前…目の前に現れること。顕現すること。○咦…注意を促すときに発する大声。○脚頭脚底是弥勒、左顧右観皆釈迦…[補4]。○脚頭脚底…足先と足の裏。足の先も足もとも。○弥勒…弥勒菩薩のこと。釈迦入滅から五十六億七千万年後の未来に仏となってこの世にくだり、衆生を救済する菩薩[補5]。○左顧右観…左を見ても右を見ても。あたりをきょろきょろと見回す。○釈迦…釈迦族出身の聖者。釈迦牟尼仏のこと。釈尊とも。

○明禅上人…不詳。○上人…有徳の僧に対する敬称。ここでは参学人に対する敬称。○参禅学道…禅に参じて仏道を学ぶ。禅の道に入って仏道修行する。○思量…いろいろと思いをめぐらし考えること。○分別…外的なものにとらわれて判断すること。○円悟云、待汝思量之心尽分別之念亡、自然徹根徹源去…[補1]。○円悟…臨済宗楊岐派の圜悟克勤（一〇六三～一一三五）のこと[補2]。○徹根徹源…根源に到達する。○宗門…達磨を祖とする禅宗のこと。○堅固志…堅い志。金剛心。ゆるぎなき心。○此事…仏法の一大事。このこと。仏祖の大道。○未離父母腹時…父母未生已前。自分が生まれる以前。○一段光明…一すじの光。仏法の光。○暗昧…光がささず、暗いこと。明らかでないさま。○母胎…母の胎内。○朗然…明らかなさま。ほがらかなさま。○顕赫…明らかになる。はっきりと現れ光り輝く。○十二時…一昼夜。

子細《しさい》に体窮《たいきゅう》せよ。一年半載を以て便ち等正覚《とうしょうがく》を成ぜんと要す可からず。直須《すべか》らく計較《けきょう》倶に尽き念慮《ねんりょ》頓に亡じて、空劫《くうごう》以前《いぜん》を了ずる時、方《はじ》めて自在を得ん。而今《じこん》紛飛《ふんぴ》の時、此れは是れ汝が無量劫来《むりょうごうらい》の業識《ごっしき》なり。正に好し、「紛飛の処に向かって看よ、此の紛飛は何れより来たり、看る者は是れ誰ぞ」と。忽然《こつねん》として紛飛の処を看得せば、本来、有に非ず、看る者も亦た空なり。這箇《しゃこ》は便ち是れ参禅の得力にして、大安楽の地に到らん。只だ恐れらくは、汝が世間雑事《せけんぞうじ》の上、人我叢中《にんがそうちゅう》、是非海内《ぜひかいない》に向かって思量分別することを。此れ学道の士に非ず、亦た髠頭《こんとう》の百姓《ひゃくせい》と名づく。此の事、宜《よろ》しく審詳《しんしょう》するに在るべし。外従《よ》り有るに非ず、是れ扣《たた》け。

11

禅忍《ぜんにん》上人に示す

了《つい》に趣向《しゅこう》の処無し、本自《もとよ》り円成《えんじょう》す。纔《わず》かに思惟《しゆい》に渉《わた》る時、愈《いよ》いよ遼邈《りょうばく》なるを見る。直饒《たと》い言前《ごんぜん》に搆得《こうとく》し、句下《くげ》に帰るを知るも、震旦《しんたん》より扶桑《ふそう》を望めば、猶《な》お滄溟《そうめい》を隔てり。若し是れ箇《こ》の法に徹する慧眼《えげん》と念を離るる明智《みょうち》を具する底ならば、甚《なん》の言前《ごんぜん》・句下《くげ》とか説かん。終《つい》に千聖《せんしょう》の関棙子《かんれいす》の中に堕せず、直《じき》に諸祖の一頭地《いっとうち》の外に出でんことを要す。横に拈じ倒に用い、逆に行ない順に行ない、妙に転じ機に臨む、豈に他《た》の力を仮らんや。所以《ゆえ》に巌頭《がんとう》は、久しく徳山《とくさん》に随い

一日中。二十四時間。○一切処…至るところ。あらゆるところ。○子細…事細かに。詳細に。○体窮…まるごと究める。本覚までつかみ取る。○一年半載…一年か半年ばかり。ここではわずかの修行期間。○等正覚…生死の迷いを去って、いっさいの真理を正しく平等に悟ること。○計較…計校とも。はかりくらべること。あれこれひねくりまわすこと。○念慮…心のはからい。思い量ること。○空劫以前…空劫已前とも。相対分別の起こる以前のありよう。父母未生已前。○而今…目下、ただ今。○紛飛…乱れ飛ぶこと。散り乱れること。○無量劫来…始めもわからない遠い昔から。永劫来。○業識…業を縁として生じた識。迷いの世界を流転して来たことによって起こる意識作用。凡夫の心。○忽然…突然に。たちまちに。○看得…見ること。見分ける。見ることができること。○得力…力を得る。おかげを蒙る。道力を身に付ける。○大安楽地…大安楽の境地。偉大な悟りの地。○世間雑事…世俗の種々のことがら。○人我叢中…人と我。他人と自分。群がっているものの中。群衆の中。○是非海内…世の中のよしあしのことがら。○学道之士…出家して仏道を学ぶ者。出家修行者。○髠頭…坊主頭。頭の髪毛を剃り落とした人。○百姓…多くの官吏。庶民。○審詳…つまびらかにする。詳しく知る。

○禅忍上人…蘭渓道隆の門弟。入宋して『蘭渓和尚語録』の刊行に尽力した[補1]。○上人…有徳の僧に対する敬称。ここでは参学人に対する敬称。○趣向…赴く。目的を定めてそれに向かうこと。○円成…円満に成就すること。○思惟…思考すること。対象を心に浮かべてよく考えること。○遼邈…遥かに遠い。果てしない。○言前搆得…言葉を発する以前にずばり見て取る。○搆得…構得・覯得とも。ぴったり出会う。邂逅する。ずばり見て取る。○句下知帰…一句のもとに実帰の処を知る。○震旦…中国の別名。東土。神丹。○扶桑…中国の東方海上の島にあるという神木の名。日本を指す。○滄溟…あおく広い海。青海原。○慧眼…五眼・十眼の一。智慧の眼。智はよく事物を見るから眼という。真空無相の理を照見する智慧。○明智…明らかな智慧。○千聖…多くの聖者たち。三世歴代の諸仏諸祖のこと。○関棙子…関棙子。戸の開閉のためのからくり。基軸。○一頭地…頭一つ分の高さ。一段高いところ。○横拈倒用…横にしたり、さかさに用いる。あれこ

て徳山を肯《うけが》わず。是に知る、智、師に過ぎて方《まさ》に伝授《でんじゅ》するに堪えたることを。老拙《ろうせつ》、巨福《こふく》を主《つかさど》りて自《よ》り以来、期すること十三載、兄《ひん》の道聚《どうしゅ》せるを荷《ひき》けて、亦た已《すで》に年深し。毎《こと》に其の朴実《ぼくじつ》にして偽り無きを愛す。屢《しば》しば談話の間に於いて、喩《たと》えを引きて相い撃つ。兄、但だ微笑して尽く領ずること能わず。一日、香を炷《た》きて紙を出《い》だして云く、「某、宋に渡りて名山を瞻覩《せんと》して知識《ちしき》を参拝せんと欲す。一語を乞うて、往来《おうらい》の受用《じゅゆう》と為さん」と。遂《つい》に之《こ》れに告げて曰く、「吾が語は渠《かれ》が受用の物に非ず。若し受用無尽《じゅゆうむじん》の時を要せば、此《ここ》より去りて博多にて纜《ともづな》を解きて後、纔かに四明《しめい》に到りて、径《ただ》ちに天台山に往《ゆ》かば、国清寺《こくせいじ》の内、箇の老豊干《ろうぶかん》有りて彼《か》の中《うち》に現在《げんざい》し、虎頭《ことう》に踞《うずくま》りて虎尾《こび》を収む。趨前《すうぜん》作礼《さらい》して剖露《ぼうろ》すべし。其れ詳《つまび》らかに必ず汝が為めに饒舌《じょうぜつ》せん。然して後、却《かえ》って持して帰り来たり、無尽の受用と為せ。彼若《も》し拙者《せっしゃ》の事を問わん時は、低声に向かって道え、「夜行、徒《いたづら》に錦を衣《き》る。年老いて心の孤なることを覚《おぼ》ゆ」と。更に「如何《いか》ん、若何《いか》ん」と問わば、切に漏泄《ろうせつ》することを得ざれ。

12

道然《どうねん》上人に示す

九仞《きゅうじん》の峰を作《な》さんと欲せば、其の力に非ずして作《な》す可からず。千日の道を行かんと要せば、其の力に非ずして行く可からず。之れを作《な》すこと既に深ければ、

れと自在に使いこなす[補2]。○妙転臨機…場に臨んで自在に転ずる。臨機応変。○巌頭…青原下の巌頭全奯（八二八～八八七）のこと[補3]。○徳山…青原下の徳山宣鑑（七八〇～八六五）のこと[補4]。○智過於師、方堪伝授…智が師匠の見識を超えてこそ、まさに法を伝授することができる。超師の器のたとえ[補5]。○巨福…建長寺の山号。巨福山建長寺。○十三載…蘭渓道隆が建長寺に住持してからの期間[補6]。○兄…門下の僧に対する敬称。禅忍兄。○道聚…一緒に修行すること。○朴実…飾り気がなく真面目なこと。○談話…話をすること。会話。○引喩…たとえを引用する。○領…理解する。悟る。○瞻覩…仰ぎ見る。○知識…善知識。ここでは南宋禅者のこと。○参拝…参学拝問する。○受用…受け入れて用いること。活用すること。○渠…彼。法語を受ける人。学道人。○受用無尽…用いて尽きることがない。○解纜…解帆。船のともづなを解く。出帆する。出航する。○四明…四明山の存する明州（浙江省）の地[補7]。○天台山…台州（浙江省）天台県の天台山のこと[補8]。○国清寺…開皇十八年（五九八）に隋の煬帝が智顗のために創建した天台山の根本道場[補9]。○老豊干…老は尊称。天台山の国清三隠の一人、豊干（不詳）のこと[補10]。○現在…目の当たりに存する。○踞虎頭収虎尾…虎の頭に跨って虎の尾を手にする。大力量を身につける意[補11]。○趨前作礼…前に進み出て礼拝する。○剖露…心の中を切り分けて明かす。見定めあばく。○饒舌…やたらにしゃべること。多弁。○低声…声を低めよ。小声で。○夜行徒衣錦…夜中の真暗な中で、きらびやかな衣装を着ること[補12]。○夜行…夜間に出歩くこと。夜禁の法令を犯して通行すること。○年老覚心孤…年をとって老齢となり、心もとなさを感じる[補13]。○漏泄…漏れること。大事なことを漏らし知らせる。

○道然上人…臨済宗大覚派の葦航道然（一二一九～一三〇一）のこと[補1]。○上人…有徳の僧に対する敬称。ここでは参学人に対する敬称。○九仞之峰…高さが非常に高いこと。一仞は七尺。○千日之道…非常に遠い道のり。○摩空凌雲之勢…天に達し、雲を凌ぐほどに高いこと。俗世を超越していることをいう。○到家安楽之時…家に帰ってゆったりとする時。帰家穏坐の時をいう。○中道…ここでは道の途中。

終《つい》に摩空凌雲《まくうりょううん》の勢い有り。之れを行くこと既に久しければ、豈に到家安楽《とうかあんらく》の時無からんや。之れを作すと行くとは、皆な力に由るなり。設或《も》し中道にして廃し、勉《つと》めて心を尽くすこと能《あた》わずば、九仭《きゅうじん》の峰は何に縁《よ》りてか成ずることを得ん、千日の道は其の至り難きことを疑わんや。仏祖の玄奥《げんおう》、聖賢《しょうけん》の事業、亦復《ま》た斯《かく》の如し。須是《すべか》らく敢えて其の軀《み》を捐《す》て、能《よ》く其の志を全うし、親しく見、親しく踏むに至るべし。疑慮《ぎりょ》を絶せる大休歇《だいきゅうかつ》の地に拶到《さっとう》し了わるも、猶お事有るなり。切に冀《こいねが》わくは、之れを養いて熟せしめ、不知不会《ふちふえ》の人の如くに相い似たらんことを。時至りて理彰《あら》われれば、往《ゆ》きて利せざる無し。苟或《も》し燥暴《そうばく》に出で来たらば、信を人に取る者鮮《すく》なし。今、世衰え道喪《ほろ》びるの際、其の力行《りきぎょう》不怠《ふたい》の者を求むるに、百に一二も無し。上古慕道《じょうこぼどう》の士は堅志《けんし》敗せず、大法洞明の後に至りて、光を韜《つつ》み迹を晦《くら》まし、土面灰頭《どめんかいとう》す。時節若《も》し至らば、已《や》むを得ずして鄽《まち》に出でて手を垂れ、後昆《こうこん》を引道し、必ず深く造《いた》り遠く到らしむ。豈に今時《こんじ》の泛濫《はんらん》の者に比して日を同じくして語らん哉《かな》。然上人は、建長・建寧にて道聚すること甚だ久しく、志を立てて慷慨《こうがい》す。時流に堕せず、専ら此の一大事因縁を以て鼻尖頭《びせんとう》に挂在《けいざい》し、箇の洒洒落落《しゃしゃらくらく》たる没量《もつりょう》の大漢《たいかん》と作《な》らんことを要す。儻《も》し能《よ》く一往《いちおう》直前すること久久《きゅうきゅう》ならば、自然《じねん》に轍《わだち》に合せん。但《た》だ今時の人を以て標準と為すべからず。一動一静《いちどういちじょう》、古えを以て良友《りょうゆう》に儔《ともがら》たらんことを為して、

中途の意。○仏祖玄奥…諸仏諸祖の奥深いすぐれた教え。○聖賢事業…聖人や賢人ら。徳智慧のすぐれた人物が営む事柄と成果。○捐軀…捐身・捐命。身を捨てる。仏法のために身命を顧りみない。○親見親踏…自分で実際に見て自分の足で踏む。○絶疑慮…妄想分別を超える。思慮分別を絶する。○大休歇地…一切の妄想分別を払い尽くした境地。○拶到…深く切り込むこと。○猶有事在…まだ残っているものがある。徹底し切れていないことをいう。○不知不会人…何も知らず何もわからない人。始めから仏法のことを何もわきまえていない人。○燥暴…乾曝に同じ。無味乾燥に。かさかさに乾いて。○取信於人者…信頼を人から得る者。○世衰道喪之際…末法の世になって仏道が衰退する時期。○力行不怠者…努め励んで怠ることのない人。○上古慕道之士…昔の仏道を真に求める人。○堅志…意志が強く、気持がしっかりしていること。○大法洞明之後…仏法を明らかに悟った後。○韜光晦迹…徳の光を包み隠し、蹤跡を晦ます。悟道した人が世間から隠れて人里離れて住すること。○土面灰頭…灰頭土面。頭は灰だらけ、顔は泥まみれ。俗世で必死に衆生済度するさま。○時節若至…適当な時期になったなら。機会が当来したなら。○出鄽垂手…入鄽垂手。雑踏の町中に出て行って人々に救いの手をさしのべる。○後昆…後世の兄弟。後々の子孫。○引道…仏道に引き入れる。○泛濫者…波の間にただ浮かんでいる人。○同日而語…同時に論ずる。反語として用いて非常に相違のあることを表す。○建長…鎌倉山ノ内の巨福山建長寺のこと。○建寧…京都東山の東山建仁寺のこと[補2]。○道聚…仏道のために一緒に修行すること。○慷慨…意気盛んなさま。心を奮い起こすさま。○時流…その時代の一般的な風潮。○一大事因縁…仏がこの世に現れた最も大切な目的。一生参学の大事。参禅学道として悟るべき大事。○鼻尖頭…鼻の頭。鼻っさき。○挂在…掛在。掛ける。○洒洒落落…物事にこだわらず、さっぱりしているさま。心に迷いや汚れのないさま。○没量大漢…量りようのない大器の持ち主。世間の情量を超えた大人物。○一往直前…困難を恐れずに勇敢に前進する。勇往邁進する。一往は一度行く、一度行なう。直前はためらわないで前へ進む。○久久…非常に長い年月にわたるさま。○合轍…常道に合する。○一動一静…人の動静。行動したり静かに留まったりすること。○良友…善友。勝友。仏道修行に精進する道心のある友人。○如岩頭雪峰相似…「鰲

則ち岩頭《がんとう》・雪峰《せっぽう》の如くに相い似て、切磋琢磨《せっさたくま》せば、安《いず》くんぞ能く善《よ》を尽くさざらん。就下に古えを引きて今を証することを欲せず、恐れらくは煩絮《はんじょ》を増さん。老拙は三十余載、只だ是れ箇の慚《はじ》を知り愧《はじ》を識《し》る喫飯底《きっぱんてい》の僧にして、更に星《すこ》しばかり没転智《もってんち》の事有り。極めて人の憎しみを得たり。多き処には添えんことを要し、少なき処には減ぜんことを要す。曲を拗《ねじ》りて直と作し、偽を翻して真と為し、柳《やなぎ》を指して桑《くわ》を罵り、南を持って北と作す。斯《かく》の如きの曲折《きょくせつ》、一一に兄の為めに説破《せっぱ》す。更に説不到底の一句子《いっくす》有り。汝が鼻孔《びくう》を打失《たしつ》する時を待ちて、却って棒下に来たりて聴取せよ。

13

宿屋《やどや》居士に示す

仏法は日用《にちゆう》を離れず、日用の中に全体現成《ぜんたいげんじょう》す。但《た》だ左転右旋《さてんうせん》し西行東道する処に於いて、偸眼《とうがん》に一看せよ。誰か我れをして恁麼《いんも》に来たらしめ、誰か我れをして恁麼に去らしむ。来処《らいしょ》を識得《しきとく》せば、便ち去路《きょろ》を知らん。来去分明《らいきょぶんみょう》なれば、便ち識《し》らん、蘭渓が東自《よ》り西に至り、朝従《よ》り暮に至るまで、一時として汝が為めに玄を談じ妙を説かざること無きを。兄《ひん》、将《まさ》に行かんとす。予、一剣を以て相い餞《はなむけ》せん。即ち世間の物に非ず。已に是れ老婆心《ろうばしん》もて汝が為めに徹困《てっこん》し了わる。既に肯《あえ》えて受けざれば、山僧、且らく壁角頭《へきかくとう》に留在《るざい》し、兄が滋味《じみ》無き処に於い

山成道」の公案を踏まえる[補3]。○岩頭…青原下の巌頭全奯（八二八～八八七）のこと[補4]。○雪峰…青原下の雪峰義存（八二二～九〇八）のこと[補5]。○切磋琢磨…玉石などを細工してみがく。友人同士で人格の向上に努力精進すること。○就下…この場で。ここで。○引古証今…昔古の事例を証拠として引用して今のことに当たる。○煩絮…くどくどしいこと。わずらわしいこと。○老拙…老僧。拙僧に同じ。僧の自称。○三十余載…ここでは蘭渓道隆が仏道修行を志して僧となってからの年数。○知慚認愧…慚愧の思いをわきまえている。恥を知る。罪過を恥る気持ちを持っている。○喫飯底僧…ただ飯を食べるだけの僧。○没転智…無転智。機に応じ変に通ずる智慧がないこと。機転がきかない。○多処要添、少処要減…[補6]。○拗曲作直…曲がったものをむりやり真っ直ぐにする[補7]。○翻偽為真…まちがいを強引に真実とする。○指柳罵桑…柳の木を指して桑の木をののしる。あてこすりをいう[補8]。○持南作北…南を北とする。通常の判断を逆転させる[補9]。○説破…言い切る。説き尽くす。○説不到底一句子…言い得ない一句。言葉で表現し得ない一句。○打失鼻孔時…面目を失った時。大悟徹底した時。○聴取…聞き取る。耳を傾けて聞く。

○宿屋居士…鎌倉在住の武士で、在俗の居士として蘭渓道隆に帰依した[補1]。○日用…日々用いること。毎日の入用。平常のこと。○全体現成…すべてが眼前に隠れることなく現れていること。○左転右旋…左に転じ右にめぐる。自由自在に動きまわる。○西行東道…西へ行き東へと道する。あちこち自由に行く。○偸眼…人目をぬすむこと。ぬすみ見をすること。○来処…やって来たところ。来た目的。○識得…本質を見てとる。よく理解すること。○去路…行く路。帰るべきところ。○分明…あきらかなこと。明白なこと。○自東至西…蘭渓道隆が東の鎌倉から西の京都に至ったこと。○説玄説妙…幽玄で微妙な仏法の真理を言葉で説く。○一剣…一つの剣。宿屋居士が武士であるため、剣になぞらえて仏法を示す。○相餞…送別する。見送る。○老婆心…親切で世話をやきすぎること。老婆親切。婆心。○徹困…くたくたになる。とことん疲れる。○壁角頭…壁のすみ。○留在…留めておく。後に残しておく。○滋味…味。味わい。うまい味わい。ここでは豊かで深い精神的な味わい。○咬出…咬んで味わう。○建寧…蘭渓道

て滋味《じみ》を咬出《こうしゅつ》する時を待って却来せば、建寧、旧に依りて分付せん。馬に策《むちう》ちて故郷に帰るに、故郷は何処にか在る。一物も将来せず、両肩に担夯《たんこう》し去る。去去来来、当に恁麽《いんも》に挙《こ》すべし。

14

左馬禅門《さまぜんもん》に示す

道は固《もと》より遠きに非ず、之《こ》れを窮《きわ》むることは人に在り。惟《た》だ人の一往直前《いちおうちょくぜん》すること能わざることを患《うれ》う。所以《ゆえ》に、対面するも千里の遥かなること有りて、挙止《こし》、万縁に隔てらる。苟或《も》し信じて疑わず、之れを行ないて倦《う》まずば、時来たり縁熟して、道に通ぜざるの理有ること無く、心に明らかならざるの時有ること無けん。道既に通達《つうだつ》し、心亦た明白にし了われば、声色《しょうしき》の場に居して、声色に転ぜられず、是非の域に入りて、是非に迷わさるを逐《お》わず。此の境界《きょうがい》に到れば、之れを大自在《だいじざい》の人と謂い、之れを出塵《しゅつじん》の羅漢《らかん》と謂う。然して後、世の流布《るふ》に随うも亦た得《よ》し、世の流布に随わざるも亦た得《よ》し。物に応じ機に副《そ》えて、更に別法《べっぽう》無し。如上の密用《みつゆう》は本と信心の中より流出す。若《も》し此の事を談ぜば、思量せんと擬《ほっ》すれば則ち差《たが》い、纔《わず》かに分別《ふんべつ》せば則ち遠し。思量せず、分別せずして、且《しば》らく此の道、如何《いか》んが入頭《にゅうとう》することを得ん、如何んが明白なることを得ん。須是《すべか》らく自ら肯《うけが》いて承当《じょうとう》し、直下《じきげ》に体取《たいしゅ》して始めて得《よ》し。従上《じゅうじょう》の諸聖《しょしょう》は

隆の自称。この時、京都東山の建仁寺に住していた。○分付…分け与える。手渡す。仏法を付嘱すること。○策馬…馬に鞭打つ。○一物不将来…一切何ものも持参しない。赤裸々な本来の姿[補2]。○担夯…担う。かつぐ。○去去来来…行ったり来たり。

○左馬禅門…不詳[補1]。○左馬…左馬頭《さまのかみ》。令制の左馬寮《さまりょう》の長官。従五位上相当。○禅門…禅定門の略。在家で剃髪し仏門に入った男性のこと。○道固非遠…道はもともと遠くにあるのではない[補2]。○一往…一度行く。一度行なう。○直前…ためらわないで前へ進む。ただちに進み出る。○対面有千里之遥…対面千里に同じ。面と顔を向かい合っていながら、それと見て取ることができず、千里も隔たった状態であること[補3]。○挙止…立ち居振る舞い。○被～所～…受け身を表す句法。～に～される。○万縁…すべての縁。あらゆる社会的なつながり。○通達…滞ることなく通ずる。隅々にまでゆきわたる。遍満する。○明白…はっきりさせる。心の中に一点のけがれもなくす。○声色…六境（六塵）のうちの声と色。六根のうち、耳・眼の対象となるもの。色声の二つを挙げて他の香味触法を含む場合が多い。○大自在人…仏法の悟りを得て自由無礙の境地にある人。○出塵羅漢…俗世間の汚れを抜け出た聖者。○流布…世に広まる。広く世間に行き渡る。ここでは、世間で一般に認められることがら。○応物副機…応機接物に同じ。相手の機根に応じて種々の方便を設けて人々のために尽くす。○別法…別々の法。特別の教え。○密用…綿密なはたらき。仏道の綿密なる実践。○信心…仏の教えを信じて疑わない心。○此事…このこと。仏祖の大道。仏法の一大事。○思量…いろいろと思いをめぐらし考えること。○分別…外的なものにとらわれて判断すること。○入頭…悟りの門に一歩入る。○承当…うけがう。引き受けること。○直下…そのまま。ずばりと。○体取…まるごとつかむ。体得する。○従上諸聖…これまでの諸々の聖人たち。歴代の祖師。○不疑之地…疑いのない境地。大悟徹底した境地。○一切処…至るところ。あらゆるところ。○十二時…一昼夜。一日中。二十四時間。○返復推窮…くりかえ

皆な自ら返りて諸《こ》れを己《おのれ》に求めて、不疑《ふぎ》の地に至る。且《か》つ己に返るとは何ぞ。一切処・十二時に於いて、一一に自己上従《よ》り返復《へんぷく》し推窮《すいきゅう》すること、大覚世尊《だいかくせそん》の楞厳会上《りょうごんえじょう》にて阿難《あなん》の為めに七処《しちしょ》に徴心《ちょうしん》するが如くに相《あ》い似たらば、之れを徴して奈何《いか》んともす可き無き処に至りて、伊《かれ》が思量《しりょう》尽き分別亡じて真心の所在を識得《しきとく》し了わるを待ちて、世尊、更に一喝《いっかつ》を与う。阿難の瞿然《くぜん》として座処を避くるに至るに及び、方《まさ》に他《かれ》に脳後の一錐《いっすい》を与えて他をして底を尽くして掃除して蕩然《とうぜん》として無礙《むげ》ならしむ可し。箇《こ》は是《こ》れ阿難の見処《けんじょ》なり。作麼生《そもさん》か是れ公《こう》が参学の当下分明《とうげぶんみょう》の理。今既に信心《しんじん》極めて深し。此れ便ち是れ斯《こ》の大事を了ずる底の根本なり。又た況んや宗師《しゅうし》を叩《たた》き、楞厳《りょうごん》の奥旨《おうし》を窮《きわ》めて、毎日、『大乗金剛《だいじょうこんごう》般若経《はんにゃきょう》』を誦す。此の二経、其の中、已に是れ為人《いにん》親切にして分明に説破《せっぱ》する処亦た多し。但《た》だ能《よ》く万象《ばんしょう》を披剝《ひはく》し、精明《しょうみょう》を析出《せきしゅつ》して、昼に窮《きわ》め夕に思い、動《どう》に想い静《じょう》に究めて、忽然《こつねん》として動静《どうじょう》の二相、了然《りょうねん》として生ぜず、空も空とする所無く、寂も寂とする所無き処、亦た未だ究竟《くきょう》と為せず。『金剛経《こんごうきょう》』に云く、「若《も》し諸相《しょそう》は非相《ひそう》なりと見ば、即ち如来《にょらい》を見ん」と。目前の青山流水《せいざんりゅうすい》、万象森羅《ばんしょうしんら》、箇《こ》は是れ諸相、如何なるか是れ非相。若《も》し非相を識《し》れば如来《にょらい》現前す。此の一大事の朗然《ろうねん》にし去ることを得んと要《よう》せば、伏して望むらくは、世事《せじ》上に於いて放ちて軽く滅ぜしめ、道念《どうねん》の上に意を著《つ》けて返観《へんかん》し、「清浄本然《しょうじょうほんねん》、云何《いか》んが忽ち

して推し量り究める。推窮は深く考える。○大覚世尊～七処徴心…『首楞厳経』巻一から巻三に出てくる世尊と阿難の問答に基づく[補4]。○大覚世尊…偉大なる悟りを開いた仏陀。世尊は世の尊敬を受ける人。釈尊のこと。○楞厳会上…『首楞厳経』が説かれた会座[補5]。○阿難…仏十大弟子の一人、阿難陀のこと。禅宗における西天第二祖[補6]。○徴心…心を明らかにする。○真心…迷いや疑いのない真実の心。○所在…物事が存在する所。存在すること。○識得…本質を見てとる。よく理解すること。○瞿然…驚き恐れるさま。喜ぶさま。○脳後一錐…頭の後ろの急所の一撃。急所に錐で一突きすること。○尽底…まるごと。徹底して。○掃除…塵芥その他の汚物を払い除くこと。○蕩然…あとかたもなくなくなったさま。○無礙…妨げのないこと。何ものにもとらわれないこと。○見処…自分でつかんだもの。これだと納得したもの。○当下…ただいま。目下。○分明…あきらかなこと。明白なこと。○大事…仏法の一大事。○宗師…仏法の真義をきわめ人々にあがめられる師。尊敬すべき師。○楞厳奥旨…『首楞厳経』の奥深い意味。奥義。深遠な宗旨。○大乗金剛般若経…『金剛般若波羅蜜多経』のこと[補7]。○為人…人のためにする。人を教え諭す。教化。○親切…ぴったり適合すること。自分にとってグサリとくること。○説破…言い切る。説き尽くす。○万象…あらゆる事物。○披剝…開きあばく。○精明…物事の道理に詳しくて明らかなこと。人々本具の一心。○析出…いくつかの事物の中から、ある特定の要素を取り出すこと。○忽然…突然に。たちまちに。○動静…動いたり静かにしたりすること。日常の行住坐臥。○了然…はっきりとしたさま。明らかになるさま。○究竟…物事の最後に行きつくところ。究極の悟りの境地。○金剛経云、若見諸相非相、即見如来…[補8]。○非相…真実でないという思い。真実の観念でないこと。○如来…タターガタ（梵：Tathāgata）のこと。真如から来た人。真理に到達した人。仏陀のこと。仏の十号の一。○青山流水…青い山と流れる水。大自然の姿。諸法実相を表現する。○万象森羅…森羅万象。存在する一切のもの。○朗然…明らかなさま。ほがらかなさま。○世事…世の中の俗事。世間の仕事。○道念…仏道を求める心。道心。○著意…心を止める。気をつける。念を入れる。○返観…自分に返って内観する。○清浄本然、云何忽生山河大地…[補9]。

山河大地《せんがだいち》を生ぜん」「此の山河大地は本と何《いず》れ従《よ》り来たり、劫火洞然《ごうかとうねん》として又た何れ従《よ》り去る」と観ぜよ。但だ是《かく》の如く体究《たいきゅう》し、是の如くにして行じ、之れを行ずること既に久しく、之れを体《きわ》むること亦た深ければ、山河大地は外自《よ》り来たらず、日月星辰《にちげつせいしん》は他従《よ》り出づるに弗《あら》ず。此の田地《でんち》に到りて、一人、真を発して源に帰せば、灼然《しゃくねん》として十方虚空《じっぽうこくう》悉く皆な消殞《しょういん》す。恁麼《いんも》なれば則ち過去心《かこしん》も不可得、現在心《げんざいしん》も不可得、未来心《みらいしん》も不可得なり。不可得の中に於いて事事《じじ》に著得《じゃくとく》せば、便ち禅宗にて「若し人、心を識得せば、大地に寸土《すんど》無し」と道《い》うが如き、是れなり。古徳《ことく》云く、「会得《えとく》せば是れ障礙《しょうげ》、会せざれば自在ならず」と。此に於いて会得せば、千差万別《せんさばんべつ》は総《す》べて一源に帰し、楞厳・金剛は禅と異なること無けん。苟《も》し疑心《ぎしん》破れず、体察《たいさつ》未だ明らかならずば、便ち禅教に別有りと見ん。吾《わ》が宗、実に拠りて論ぜば、但だ其の本を得んのみ、其の末《まつ》を愁《うれ》うること莫《な》かれ。但だ作仏《さぶつ》を知るのみ、仏が語を解せざるを愁うること莫かれ。自心《じしん》を明らめ得ば、達せざる所無し。且つ自心は如何んが明らめ得ん。昔日《せきじつ》、僧、雲門《うんもん》に問う、「一念起こらず、還《は》た過有り也《や》無」と。門云く、「須弥山《しゅみせん》」と。只だ這《こ》の須弥山の三字、看る時は味無しと雖《いえど》も、看ること久しくして自ずから分明《ぶんみょう》なり。但だ此の力《つと》めて行じ力めて究むるを以て、当に接談交笑《せつだんこうしょう》の処、動静語黙《どうじょうごもく》の中、或いは是非未だ決せず、或いは方寸擾攘《ほうすんじょうじょう》なるに於いて、但だ此

○此山河大地本従何来、劫火洞然又従何去…[補10]。○劫火…壊劫の末に起こる火災。世界を焼き尽くし、破壊へと導く大火とされる。○洞然…洞燃に同じ。すっかり焼き尽くすこと。○体究…道理を体で会得する。まるごと究める。○日月星辰…太陽と月と星座。星々。○田地…田畑。心境・境地。○一人発真帰源、十方虚空悉皆消殞…[補11]。○灼然…あきらかなさま。明白なこと。○十方虚空…十方に広がる大空・空間。○消殞…消えてなくなること。消滅。○過去心不可得、現在心不可得、未来心不可得…「徳山三心不可得」の公案[補12]。○不可得…求めても得られないこと。○著得…得る。しっかりとらえる。○若人識得心、大地無寸土…[補13]。○識得…本質を見てとる。よく理解すること。○大地無寸土…大地に足を置く一寸の土地もない。どこにも依るべきところがない無一物のあり方。○古徳云、会得是障礙、不会不自在…[補14]。○古徳…青原下の龍済紹修（不詳）のこと[補15]。○会得…物事の意味を十分とらえて自分のものとすること。○障礙…さまたげになること。○自在…思いのままであること。○千差万別…種々さまざまな違いがあること。○一源…源。一つの根源。仏の究竟。○疑心…疑う心。疑いの念。仏教の真理に対して、迷い疑う心。○体察…自分で深く詳しく考察する。体験により推察する。○禅教…禅宗と教宗。教外別伝の趣旨である禅と、経律論に表された法門である教え。○作仏…仏となること。成仏に同じ。○自心…自分の心。自己の本心。○僧問雲門～須弥山…「雲門須弥山」の公案[補16]。○雲門…雲門宗祖の雲門文偃（八六四～九四九）のこと[補17]。○不起一念…妄想分別の一念が起こらないこと。○須弥山…仏教で、世界の中心にそびえるという高山。○力行力究…努力して実行して自ら究める。○接談交笑…談議に近づき笑いを交わす。○動静語黙…動いたり、静かにしたり、語ったり、黙ったりする。日常の行住坐臥。○方寸…一寸（約三センチ）四方。心のこと。○擾攘…慌ただしい。騒ぎ乱れる。○話頭…話のいとぐち。話題。古則公案。○忘却…すっかり忘れてしまう。○仍旧…もと通り。今まで通り。依旧。○収帰…～に収める。回収して～にする。○久久…非常に長い年月にわたるさま。○般若…さとりの智慧。○円成…円満に成就すること。○洞明…明らかに知る。よくわかる。明らかに見通す。○塵塵…あらゆる事象。○華蔵海…蓮華蔵世界。蓮華によって象徴される世界。『華厳経』の説で、

の話頭《わとう》を挙《こ》して忘却せしむること勿《な》かるべし。旧《ふる》きに仍《よ》りて一一に収帰《しゅうき》して自身の中に在りて看よ。念を起こす者は是れ誰ぞ。無念の者は又た是れ誰ぞ。是の如く返観して久久ならば、般若円成《えんじょう》して洞明《とうめい》なる時節有らん。洞明なる後は如何《いか》ん。塵塵《じんじん》華《け》蔵海《ぞうかい》、処処《しょしょ》普賢門《ふげんもん》。

15

唯原《ゆいげん》居士に示す

初祖の西来は、大乗の根器《こんき》に伝えんが為めなり。小知小見《しょうちしょうけん》の能《よ》く造詣《ぞうけい》する所に非ざるなり。既に梁《りょう》に游《あそ》び魏《ぎ》を歴《へ》て、土壙《ひろ》く人稀《まれ》なり。少林《しょうりん》に至りて、冷坐《れいざ》すること九年、頼《さいわ》いに神光《じんこう》有り。大信根《だいしんこん》を具し、大力量《だいりきりょう》有り、直下《じきげ》に軀《み》を忘れて法を求む。末後に至りて、達磨、西に帰らんと欲して、参学の弟子をして各おの所見を呈《てい》せしむ。独り神光一人のみ礼三拝《らいさんぱい》して起き、叉手《しゃしゅ》して立つ。並びに曽《かつ》て一語を発せず。何に因ってか達磨、「汝、吾が髄を得たり」と道《い》う。這箇《しゃこ》の妙理《みょうり》、若《も》し親しく証し親しく悟るに非ずば、安《いず》くんぞ能《よ》く之れを知らん。継《つ》いで後に子子孫孫、灯灯絶えず、皆な方便を以て人を誘《みちび》く。方便は別なりと雖も、悟理は殊なること無し。是れ五宗の分有ることを致す。或いは棒を行じ、或いは喝を下し、或いは指を竪《た》て、或いは拳を挙げ、或いは無賓主《むひんじゅ》の句、或いは人の「如何《いか》なるか是れ仏」と問うこと有れば、対《こた》えて「麻三斤《まさんぎん》」と云い、或いは

毘盧舎那仏の願行によって飾られた浄土。○処処…あちらこちら。○普賢門…仏の大慈悲の法門。縁起因分に同じ。仏が悟りの境地を言語に出し、機縁に応じて説いたもの。

○唯原居士…不詳。唯原居士は在俗の身で蘭渓道隆のもとでかなり公案を参究していたことが知られる。○初祖西来…禅宗初祖の達磨がインドより中国に渡来したこと。○大乗根器…大乗の教えに従って悟りを得るべき資質を具えた人。○小知小見…凡夫の浅はかな知恵と見解。○造詣…到達する。たどり着く。○梁…南北朝時代、南朝の梁（五〇二～五五七）の王朝[補1]。○魏…南北朝時代、北朝の北魏（三八六～五三四）の王朝[補2]。○少林…洛陽（河南省）登封県の嵩山少林寺。達磨が面壁坐禅した寺[補3]。○冷坐九年…中国禅僧の祖、達磨が嵩山少林寺において九年間面壁していたという故事[補4]。○冷坐…ひっそりと坐る。黙々と坐禅する。○神光…二祖慧可のこと[補5]。○大信根…仏の教えを深く信ずること。煩悩を押えて、正しい悟りの道に向かわせるすぐれたはたらき。○大力量…仏法を明らめるすぐれた力。偉大なる修行力。○直下…即座。そのまま。○末後…最後。最期。命の終わるとき。○参学弟子…参禅学道の門人。ここでは達磨門下の道育・僧副・尼総持・慧可の四人。○所見…見究めたところ。悟ったところ。○礼三拝…三度礼拝する。○叉手…拱手。右手で作ったこぶしを軽く胸に当て置き、それを左手の手のひらで覆う所作。○汝得吾髄…「礼拝得髄」の公案[補6]。○妙理…すぐれて奥深い道理。○親証親悟…自らに実地に証悟する。自分で悟る。○灯灯不絶…仏法の灯が祖師によって受け継がれていくこと。○悟理…悟りの道理。悟りの内容。○五宗…禅宗五家のこと。唐末五代に形成された潙仰宗・臨済宗・曹洞宗・雲門宗・法眼宗という禅宗の五派のこと。○行棒…棒で打つ。拄杖で打つ。徳山棒・徳山行棒とも[補7]。○下喝…喝を下す。大声で怒鳴る。臨済喝・臨済四喝のこと[補8]。○竪指…一本の指を立てる。南嶽下の倶胝（不詳）の「倶胝竪一指」の公案[補9]。

「乾屎橛《かんしけつ》」と対《こた》え、或いは「庭前の栢樹子《はくじゅし》」と云う。此れ皆な是れ方便にして、人が自己上に向かって推理し、自心上に揣摩《しま》せんことを要す。凡そ妄念有りて起こる時、便ち一箇の公按を挙し、或いは「麻三斤」を挙し、或いは「乾屎橛」を看る。但だ一心に専注して此の話上に向かって大信大疑せよ。信得及《しんとくぎゅう》し、疑《ぎ》得深《とくしん》して、疑情《ぎじょう》既に破せば、便ち古人の方便の処、灼然《しゃくねん》として是れ為人親切《いにんしんせつ》なるを見ん。工夫果《は》たして真実《しんじつ》にして、一法既に明らかなれば、万法異なること無し。乾屎橛上に向かって看得透《かんとくとう》せば、麻三斤・栢樹子も其の理は一同なり。

16

国高信士に示す

公、今世《こんぜ》の大事を了却《りょうきゃく》せんと要せば、始め自《よ》り終わりに至るまで退堕《たいだ》の意を生ずること勿《な》かれ。且つ此の大事とは是れ何事ぞ。又た了却《りょうきゃく》せんと要すとは、作《そ》麼生《もさん》か了ぜん。人、塵労界中《じんろうかいちゅう》に生まれて、塵労世事《じんろうせじ》に没せられて、一時の安きを得ること能《あた》わず。且《しば》らく道《い》え、病いは何れの処にか在る。病いは汝が声に随い色を逐《お》う好悪短長《こうおたんちょう》の処に在りて、一時に移換《いかん》し去り了わる。所以《ゆえ》に早《よあけ》従《よ》り晩に至るまで、忙忙地《ぼうぼうち》にして頭鼻《ずび》を討《もと》め見ず、帰家穏坐《きかおんざ》を得ること能わず。此《かく》の如くなれば則ち但だ世事に使わるるのみに非ず、他日、百年して報い満つる後、将《は》た何を以てか死生《ししょう》に敵し得ん。既に死生に敵し得ざれば、莽莽蕩蕩《もうもうとうとう》として身

○挙拳…拳を上げる。げんこつを見せる。曹洞宗の欽山文邃（不詳）の「欽山拳頭」の公案[補10]。○無賓主句…「趙州無賓主」の公案[補11]。○麻三斤…「洞山麻三斤」の公案[補12]。○庭前栢樹子…「庭前栢樹子」の公案[補13]。○乾屎橛…「雲門乾屎橛」の公案[補14]。○推理…ものの道理などを推し量ること。○揣摩…推し量って当てようとする。推量する。○妄念…迷いの心。誤った思いからくる執念。○公按…公案。公府の案牘。官庁の裁決案件。歴代祖師が示した仏法の課題。○専注…心を専らに一つの対象に向ける。精神を集中する。○信得及…信じ切ることができる。自ら信じ切って疑いを残さない。○大信大疑…仏法を信じ切ることと、大いに疑団を持つこと。○疑得深…徹底して深く疑い切る。○疑情…疑う気持ち。仏道修行の過程で起こる疑念。○灼然…あきらかなさま。明白なこと。○為人…人のためにする。人を教え諭す。教化。○親切…ぴったり適合すること。自分にとってグサリとくること。○工夫…仏道修行などに専念すること。坐禅に専心すること。○看得透…奥底まで見透す。見抜く。

○国高信士…肥前の人。五十歳を越えて蘭渓道隆に参学した。信士は優婆塞、男性の信者。道隆が博多に在った頃に参じたものか。○今世大事…この世で究めるべき仏法の大事。一生参学の大事。○了却…けりをつける。かたをつける。なし遂げる。○退堕…ある境地から退き戻ること。

○塵労界中…世の中。煩わしい苦労が多い俗世間。○世事…世間の俗事。世間の仕事。○随声逐色…声に随い色を逐う。目前の声色にふりまわされる。

○好悪…好き嫌い。○短長…短い長い。是非善悪。○移換…取りかえること。入れかえること。○忙忙地…慌てふためくさま。大忙しで。○頭鼻…正体。本来の姿。○帰家穏坐…我が家に帰って安穏に坐する。本来居るべき場所に戻って、ゆるぎなく静かに坐る。○百年…一生の意に用いる。○死生…死んだり生まれたりすること。生死の一大事。生死をくりかえす。○莽莽蕩蕩…広々と広がっているさま。限りなく多いさま。

の帰する所を知らず。若し身の帰する所無くば、又た散じて諸趣《しょしゅ》に入ることを免れず。既に散じて諸趣に入りて後、何れの劫《ごう》、何れの生《しょう》にか又た本《もと》に復することを得ん。而今《にこん》、塵労《じんろう》中の事を了却《りょうきゃく》せんと要すること、本《も》と自《よ》り難《かた》からず。只《た》だ恐れらくは、鉄石の身心無くして、顚倒《てんどう》の妄想《もうぞう》に随いて転ぜられんことを。若《も》し此《かく》の如くならば、則ち但だ今生《こんじょう》を了ぜんと要するのみに非ず、直饒《たと》い千生・万生すとも、亦た了じ得ず。今時、俗家の人、多是《おお》くは説き得て行じ得ず、始め有りて終わり無し。若《も》し果《は》たして力《つと》めて行ぜば、肥前《ひぜん》より博多《はかた》に往《い》くが如くに相い似たり。汝、行けば則ち到り、行かざれば則ち又た中途に住在《じゅうざい》す。如何《いか》んが到頭《とうとう》の時節有ることを得ん。若し此の事を論ぜば、初めより僧と俗、貧と富、貴と賤とを分かたず、皆な以て死生を超脱し、凡を転じて聖と成す。只だ人に諦実の心と久長の志無きことを患《うれ》う。是を以て苦趣《くしゅ》に輪回《りんね》して了期《りょうご》有ること没《な》し。纔《わず》かに人身を失せば、卒然《つい》に復《ふく》し難し。従上《じゅうじょう》より在家・出家有り。在家悟道の者は、勝《あ》げて其れ数えられず。且如《たと》えば龐居士《ほうこじ》は自ら馬祖《ばそ》に見《まみ》えて便ち問う、「万法と侶《た》為らざる者、是れ甚麽人《なにびと》ぞ」と。祖云く、「汝が一口に西江《せいこう》の水を吸み尽くすを待ちて、却って汝に向かって道わん」と。居士、便ち大悟す。礼拝して後、帰りて家中に至り、此の事を以て警覚《きょうかく》し、妻児男女等、咸く皆な悟道す。居士、合家《ごうか》常に団坐《だんざ》する時、只《た》だ向上の事を説く。末後、皆

○諸趣…輪廻の中の諸々の行き先。六趣。六道。

○而今…目下、ただ今。○塵労中事…煩悩の中の事。俗世間の事。○鉄石…鉄と石。非常に堅固なもののたとえ。○顚倒妄想…妄想顚倒に同じ。虚妄の想念。真理に背いた顚倒の念。迷ったものの見方。○今生…この世。現世。今世。○千生万生…千万も生まれ変わっても。永劫に輪廻しても。千〜万〜は、数え切れないほど〜してもの意。○俗家…在俗。在家。○多是…多くは。たいていは。みな〜である。○説得…説き得る。十分に説く。○行不得…行じ得ない。実行できない。○有始無終…有頭無尾。やりかけて終わりをちゃんとしない。後が続かない。○肥前…現在の佐賀県から長崎県。○博多…現在の福岡市博多区。○中途…道なかば。行程の途中。○住在…とどまっていること。○到頭…けりがつく。決着する。終わりに達する。○此事…このこと。仏祖の大道。仏法の一大事。○超脱…ぬけ出る。飛び出す。○転凡成聖…迷いの凡夫を転じて悟りの聖者となる。○諦実之心…真実の心。真実を明らかにしようとする心。○久長之志…久しく変わらぬ志。○苦趣…苦の世界。悪趣・悪道。○輪回…輪廻のこと。流転。流れること。インド古来の考え方で、生ある者が生死を繰り返すこと。衆生が迷いの世界に生まれ変わり死に変わりして、車輪のめぐるようにとどまることのないこと。○了期…けりのつく時。結着。悟る時。○従上…従来の。いままでの。

○不勝其数…悉く数えあげ切れない。多くて数えられない。○且如…〜のごときは。〜などは。○龐居士自見馬祖〜咸皆悟道…[補1]。○龐居士…馬祖下の龐蘊（?〜八〇八）のこと[補2]。○馬祖…南嶽下の馬祖道一（七〇九〜七八八）のこと[補3]。○不与万法為侶者…すべての事象と関わらないこと。一切の存在と同じ次元にいないこと。○西江…西から東へ流れる大江。長江のことを指すか。○警覚…戒しめ目覚めさせる。覚醒させる。○妻児男女等…妻児は妻子、または妻のこと。男女は息子と娘。○合家…家内全体。一家残らず。家中。○団坐…車座になる。大勢が丸く輪を作ってすわること。

な死生《ししょう》を以て遊戯《ゆげ》と為す。此れ豈に了事《りょうじ》の凡夫にあらずや。肥州の国高大夫、一日、小策《しょうさく》を摺《たた》みて、予に問うて語を覓《もと》む。再三嘱《しょく》して云く、「某《それがし》、肥前《ひぜん》に居し、父は已《すで》に化し去る。老母尚《な》お在り、年は八十に近し。我れ今生の大事を了ぜんと欲し、和尚に問うて一語を求め、時時《じじ》に提撕《ていぜい》して自己を発明《はつみょう》せん」と。予、門下にて著実に理論せんと要するを見て、已《や》むを得ず、此れを書して奉勉《ほうべん》す。但だ語黙行蔵《ごもくこうぞう》の際、世事怱忙《せじそうぼう》の時に於いて、切切として視を収め聴を返して、又た一転語を提撕《ていぜい》せよ。云く、「万法と侶為《た》らざる者、是れ甚麼人《なにびと》ぞ」と。即今《そっこん》、万法は森森然《しんしんねん》として眼前《がんぜん》に在り。甚麼人《なにびと》か他と侶為《た》らざる。汝、但だ這裏《しゃり》に向かって此の一転語を体《きわ》めよ。儻《も》し能《よ》く日用常行《にちゆうじょうぎょう》の際に於いて反反復復して間断《かんだん》無き時、汝が計較《けきょう》尽《つ》き思量絶《しりょうぜつ》するを待ちて、一笑して帰るを知らん。是れ別事にあらず。若し只だ口を把《も》って空しく説くのみにして、曽《かつ》て親しく行ぜずば、千仏出頭するも也《ま》た伊《かれ》を救い得ず。千万も龐居士を以て榜様と為せば、方《まさ》に在家の菩薩、了事《りょうじ》の凡夫と名づけん。父母妻児、汝が恩力《おんりき》を承《う》けん。国高、語を需《もと》む。筆に信《まか》せて覚えず許多《きょた》の葛藤《かっとう》を写す。若《も》し信じて行ぜば、枉《むな》しく此れを書せず。苟《も》し以て児戯《じぎ》と為し、問うて行ぜずば、把火《はか》を点じて此の策子《さくす》を焚く可し。

○向上事…禅の教えの究極のところ。一段つきぬけたありよう。○末後…最後。最期。命の終わるとき。○遊戯…心に滞りなく自由に遊ぶ。道そのものを自在に楽しむ。○了事凡夫…大事を了畢した凡夫。悟りを開いた俗人。○小策…小さな紙。策は書策、書きつけ。策はもともと竹のふだ。○嘱…望みを託す。依頼する。○今生大事…今世大事に同じ。現世における生死の一大事。○時時…常に。いつも。○提撕…引っ張って教え導く。専心に工夫する。師が弟子を奮起させ導く。○発明…物事の道理や意味などを明らかにする。悟ること。徹見する。悟りを得る。○著実…堅実な。着実な。実地を踏みしめる。○理論…理をもって論じる。仏法の道理について論ずる。○奉勉…たてまつり励ます。○語黙行蔵…語ったり、黙ったり、行ったり、隠れたり。語黙動静。○世事怱忙…世間の俗事に忙しい。怱忙は忙しい、慌ただしい。○切切…ねんごろに。必死に。○収視…見ることを止める。○返聴…聴くことを止める。○一転語…一語を下すことで相手を翻然と悟らせる強い意味のある語。○森森然…多く並び立つさま。びっしりと並ぶさま。荘厳なさま。○日用常行之際…日々になし常に行なっているありよう。日常に用い行なっているありよう。○反反復復…繰り返し、繰り返す。○間断…途切れること。絶え間。○計較…計校とも。はかりくらべること。あれこれひねくりまわすこと。○思量…いろいろと思いをめぐらし考えること。○空説…空言。ただ口だけで説く。○親行…自ら実行する。○千仏…過去・現在・未来の三劫にそれぞれ現れるとされる千人の仏。とくに現在賢劫一千仏をいう。○出頭…頭を出す。顔を出す。この世に出る。○千万…何度も。必ず。きっと。○榜様…牓様。標識。手本。○在家菩薩…出家の形をとらずに仏道を修行する菩薩。○恩力…恩や恵みの力。○許多…これほどの。こんなにたくさんの。○葛藤…文字言説。文字をもてあそぶこと。○枉…むなしく。いたずらに。むだに。むざむざ。○児戯…子供の遊び。幼稚なこと。○把火…一把の火。たいまつ。○策子…とじた本。冊子。ここでは書付け、蘭渓道隆の書いた法語。

17 玄海大師に示す

志を道に奮《ふる》う者は、初めより其の静処《じょうしょ》を択《えら》び其の喧譁《けんか》を厭《いと》うに在らず。静閙《じょうどう》の中、時として顕れざる無し。喧《かまびす》しきを避けて静に投ぜんと欲せば、還って杳冥《ようめい》の都に堕す。苟《いやし》くも妄を捨てて真を求めば、総《す》べて是れ奔馳《ほんち》の策なり。須是《すべか》らく万機泯絶《ばんきみんぜつ》して、一往直前すべし。昔年《せきねん》の行処、復た追尋《ついじん》せざれ。自己の珍蔵《ちんぞう》、常に当に検察《けんさつ》すべし。是の如くなれば、則ち貧賤《ひんせん》に居するも、以て其の志を移すに足らず、富貴に処するも、以て其の心を紊《みだ》すに足らず、塵労栄顕《じんろうえいけん》するも、視ること空花《くうげ》の若く、定慧円明《じょうええんみょう》にして、終に退失《たいしつ》無けん。纔《わず》かに繊毫《せんごう》の染汚《ぜんな》に渉《わた》らば、当に自ら瞥脱《べつだつ》して行かしむべし。忽然《こつねん》として諸境崢嶸《しょきょうそうこう》ならば、切に忌《い》む、他に随って転却《てんきゃく》することを。四威儀《しいぎ》の内、二六時中に在って牢牢《ろうろう》に把定《はじょう》し、主人を喚醒《かんせい》して、動静拘《かか》わること無く、涓滴《けんてき》も漏《も》らさざらんと要せば、自然《じねん》に虚霊《これい》は空妙《くうみょう》にして、至鑑《しかん》に私無く、見る処は朗朗として全く彰《あら》われ、用いる時は頭頭《ずず》ともに轍に合せん。此の境界に到るも、猶お朗朗として全く彰われ、頭頭ともに轍に合する底有れり。豈に聞かずや、岩頭《がんとう》和尚、雪峰《せっぽう》に向かって云く、「他日、大教を播揚《はよう》せんと欲せば、須是《すべか》らく一一に自己の胸襟《きょうきんよ》従り流出し、我が与めに蓋天蓋地《がいてんがいち》にし去るべし」と。雪峰、這裏に向かって便ち戈《ほこ》を倒し甲《かぶと》を卸《おろ》して、大用《だいゆう》現前し、一生只《た》だ赤手空拳《せきしゅくうけん》を以て、機に臨みて殺活《せっかつ》す。儻《も》

○玄海大師…藤原氏出身の尼僧で、蘭渓道隆や兀庵普寧に参じた[補1]。○大師…大師は大姉。この時代では、禅宗の尼僧のことを指す場合が多い。○奮志…志を振るい起こす。発奮して志を立てる。○喧譁…喧嘩。やかましく言い騒ぐ。○静閙…静かなるさまと騒がしいさま。○杳冥之都…暗く怪しげな境地。杳冥は奥深く暗い。遥かに遠い。暗くはかない。○奔馳…走り回る。奔走すること。駆け回る。○万機泯絶…すべての心のはたらき思慮分別がなくなる。泯絶は亡ぼす、なくす。○一往直前…困難を恐れずに勇敢に前進する。勇往邁進する。一往は一度行く、一度行なう。直前はためらわないで前へ進む。○昔年行処…昔に行なったところ。○追尋…跡を探し尋ねる。昔のことなどを思い尋ねる。○珍蔵…大切にしまっておく蔵。○検察…調べ探す。取り調べる。吟味する。○貧賤…貧しくて身分が低いこと。○富貴…金持ちで身分が高いこと。○塵労…心を疲れさせるもの。煩悩。○栄顕…栄え顕れる。盛んに起こってくる。○空花…空中の花。実体のないもののたとえ。○定慧円明…禅定と智慧が円かに兼ね具わっていること。○退失…禅定から退く。果報が消え失せる。○繊毫…細かい毛。きわめてわずかなこと。○染汚…染め汚す。煩悩に汚されること。○瞥脱…たちどころに捨て去る。ちらっと悟る。○忽然…突然に。たちまちに。○諸境…もろもろの対象。諸々の境地。○崢嶸…高く険しいさま。○転却…動く。転ずる。却は強める助字。○四威儀…行・住・坐・臥の四つの作法にかなっているもの。戒律にかなった日常の立ち居ふるまい。○二六時中…十二時。終日。一日中。○牢牢…堅固に。しっかりと。確固として。○把定…しっかりと握る。相手の機を押さえ込むこと。○主人…主人公。本来人。人間の根源的・絶対的な主体性。○喚醒…呼び覚ます。○動静…動いたり静かにしたりすること。日常の行住坐臥。○涓滴…水のしずく。したたり。小さなもののたとえ。○虚霊…心の霊妙のさま。玄妙な心のはたらき。○空妙…空寂にして精微なさま。真空妙有。○至鑑…きわめてよく見極めること。すぐれた洞察。○朗朗…明るく晴れるさま。○頭頭合轍…ひとつひとつ、それぞれが道にかなう。いちいち道理にかなっている。○岩頭和尚向雪峰云～蓋天蓋地去也…[補2]。○岩頭和尚…青原下の巌頭全奯（八二八～八八七）のこと[補3]。○雪峰…青原下の雪峰義存（八二二～九〇八）のこと[補4]。○大教…偉大な教え。仏の教え。○播揚…敷

し内より出づるに非ずば、何を以てか人を済《すく》わん。所以《ゆえ》に吾が宗、之れを信ずるは易く、之れを行ずるは難し。之れを行ずるは易く、之れを悟るは難し。若し実に拠りて説かば、悟りは難き事無し。只だ時流の前に思い後をば算《かぞ》えて分別《ふんべつ》心の生ずるが為めなり。障いは外より来たるに非ず、皆な内にて擁するに由る。或いは久しく守るも入頭《にゅうとう》の見無く、或いは入頭するも大徹《だいてつ》の由無く、或いは悟りを説きて以て心を謾《あざむ》き、或いは心を将《もっ》て悟りを等《ま》つ。此れ蓋し自ら心《しん》識意《しきい》を離れて参じ、聖凡《しょうぼん》の路を絶して学ぶこと能わず。是を以て、家中の鬼は祟《たた》りて、踢脱《てきだつ》するに由無し。体《きわ》めて年深きに至るも、愈《いよ》いよ迷悶《めいもん》を増す。予、建長に住持して以来、弾指《だんし》するに已に十三載なり。既に香を爇《た》いて作礼《さらい》し、投じて師資《しし》と為《な》ることを蒙《こうむ》る。龍華三会《りゅうげさんえ》の縁を結びて、人間《じんかん》百年の夢を識破《しきは》せんと欲す。誠に所謂《いわゆ》る、「一朝の道聚《どうしゅ》も、蓋《けだ》し宿因《しゅくいん》に係る」と。況《いわ》んや八たび星霜《せいそう》を閲す、豈に縁偶《えんぐう》に非ざらんや。伏して円顱《えんろ》の後自《よ》り、精藍《しょうらん》を以て重しと為し、緇侶《しりょ》を望みて尊と為す。塵世《じんせ》を覚《あきら》むること浮雲《ふうん》の若く、利名《りみょう》を視ること弊屣《へいし》の如し。孜孜《しし》として道を究む、意は何にか在る。本心を悟りて仏種を断ぜざらんことを要す、此れ即ち塵中第一の高見なり。但だ工夫用意、怱忙《そうぼう》に在らず。若《も》し相続《そうぞく》して忘れずば、久久にして自然《じねん》に洞達《とうだつ》せん。古人道《いわ》く、「但だ肯心を辦ぜよ、必ず相い賺《いつわ》らず」と。晨昏《しんこん》に坐臥《ざが》し、当に自ら返りて求むべし。動静去

き広める。広め挙げる。広く知れ渡るようにする。○胸襟…むね。胸のうち。こころ。胸懐。○蓋天蓋地…天地を覆い尽くす。全天下を制圧する。○倒戈卸甲…倒戈は戈をさかさまにし、寝返る。卸甲は兜を脱ぐ。ともに相手に降参するさま。○大用現前…偉大なはたらきを発揮する。活殺自在のはたらきが現れ出る。○赤手…素手。空手。手に何も持たないこと。○空拳…素手。空手。こぶしだけで何も手に持たないこと。○臨機殺活…生かすも殺すも、相手に応じて適切に処理する。○時流…その時々の流れ。そのときそのとき。○前思後算…前後を考慮する。いろいろと考える。前思後想。○分別心…種々に差別する心。ものごとにとらわれて判断する心。○入頭…悟入への手がかり。○大徹…大悟徹底すること。○心識意…心意識。心と認識と思慮。○聖凡…凡聖。凡夫と聖者。○家中鬼…自家の中の鬼。自分の中の悪い心のはたらき。○踢脱…蹴り出す。蹴って追い出す。○迷悶…迷って煩悶する。○弾指…指を弾いて音を出す。○十三載…建長寺での住持期間[補5]。○爇香…焼香。香を焚くこと。爇は焼。○作礼…礼拝すること。○師資…師匠と弟子。教え導く者と教えを施す資料となる者。○龍華三会…弥勒三会とも[補6]。○識破…しっかりと見極める。見やぶる。○一朝道聚…ひととき一緒に修行する。○宿因…宿縁。前世からの因縁。○八閲星霜…八年の歳月を経たこと[補7]。○縁偶…深い縁があること。○円顱…まるい頭。剃髪した僧形。○精藍…精舎伽藍。寺院。修行道場。○緇侶…黒衣を着た僧侶。○塵世…汚れた世の中。俗世間。○浮雲…うきぐも。雲のようにあてにならないもの。○利名…名利に同じ。名誉と利益。名聞と利養。利養は財を貪り己を肥やすこと。名聞は世間的な評判名声。○弊屣…やぶれた履。○孜孜…怠らず努めるさま。○本心…本来の心。自己の本性。仏性。○仏種…仏となるための種子。仏性の種子。仏法の後継者。○塵中…世俗の中。六塵の世界。○高見…すぐれた見識。すばらしい考え。○工夫…仏道修行などに専念すること。坐禅に専心すること。○用意…心を用いる。心がまえをする。○怱忙…忙しい、慌ただしい。○相続…つづく。相い継ぐ。○久久…非常に長い年月にわたるさま。○洞達…抜け通る。貫き通る。知り尽くす。○古人道、但辦肯心、必不相賺…[補8]。○古人…ここでは潙仰宗祖の潙山霊祐（七七一～八五三）のこと[補9]。○肯心…うけがう心。自ら肯定する心。○坐臥…行住坐臥の略。日常

来、他力を仮るに非ず。満眼満耳《まんがんまんに》に至りて、仍ち復《ま》た視るを収め観るを返して、纔かに荒郊に入らば、便ち須らく拽転《えいてん》すべし。若し道力未だ充たず、妄念釈《と》き難くば、但だ話頭を以て時時《じじ》に提挙せよ。忽然として前後の念断つれば、自然に別に生涯有らん。彼の時に当たりて、予、西国に在りても東州を離れず。光明蔵の中に一毫の隔て無し。便ち見ん、昔日、劉鉄磨《りゅうてつま》、潙山《いさん》と問答するも、也た是れ竇八《とうはち》の布衫《ふさん》なり。汝、若し鉄磨大師を捉敗《そくはい》せば、山僧、伊が与めに印可せん。

18

般若大師に示す

群情《ぐんじょう》、苦を受くること、皆な心上《しんじょう》より作《な》し来たるに因《よ》る。万法《ばんぽう》は本《もと》より閑《しず》かなるに、人の自ら鬧《さわが》しきを奈《いか》んともする無し。所以《ゆえ》に、無明《むみょう》即ち仏性、煩悩即ち菩提なり。一念纔《わず》かに差《たが》えば、便ち畜生異類《ちくしょういるい》有らん。汝、我が命を負い、我れ汝が債《さい》を還す。累劫《るいごう》に相い報いて、出期《しゅつご》有ること無し。皆な一点子《いってんす》上自《よ》りして得たり。是の故に、悉達太子《しっだたいし》は浄飯王宮《じょうぼんおうぐう》に生まれ、一日、四城門に游び、生老病死の苦を見て、乃ち自ら嘆いて云く、「如何《いか》んが此の苦を免《まぬが》れ去るを得ん。若し一切の善を行じ、一切の悪を掩《おお》わば、自心《じしん》を明取《みょうしゅ》すること能《あた》わず。此れは是れ人天《じんてん》の福報《ふくほう》にして、出世間の法に非ず。生老病死の苦を免《まぬが》れ難し」と。遂《つい》

生活のこと。○動静…動いたり静かにしたりすること。日常の行住坐臥。○去来…去ることと来ること。過去と未来。○他力…他の力。他人あるいは他のものの作用。○満眼満耳…目いっぱい耳いっぱい。すべてを目にし耳にする。○収視返観…見ることをやめ、自己に返って内観する。○荒郊…荒れた郊外。さびしい野原。○拽転…引っ張って移すこと。○道力…修行によって身に備わる力。○妄念…迷いの心。誤った思いからくる執念。○話頭…話のいとぐち。話題。古則公案。○提挙…ある問題を言い出す。○前後念…前念と後念。前の瞬間と後の瞬間。過ぎ去った一念とつぎの一念。○生涯…一生立身のところ。一生のなりわい。○西国…鎌倉からみて西の京都建仁寺。○東州…鎌倉建長寺のこと。○光明蔵…自己の本心。自己の本具の妙心。○一毫…一本の毛。極めてわずかなもののたとえ。○劉鉄磨与潙山問答…「鉄磨老牸牛」の公案[補10]。○劉鉄磨…潙山下の尼僧、劉鉄磨（不詳）のこと[補11]。○潙山…潙仰宗祖の潙山霊祐のこと。○竇八布衫…穴だらけの上衣。布衫は麻布でできたひとえの上衣[補12]。○捉敗…とらえる。捕まえる。

○般若大師…不詳。法語を得た時には七十歳を超えており、二人の子供が共に出家している。○大師…大師は大姉。この時代では、禅宗の尼僧のことを指す場合が多い。○群情…もろもろの有情。○心上…心のうち。こころ。○無明即仏性、煩悩即菩提…[補1]。○無明…無知で真理に暗いこと。根本的な煩悩。愚痴。○仏性…仏の性質。仏としての本性。○煩悩…心を煩わし、身を悩ます精神作用。○菩提…悟りの智慧。悟り。仏の正覚。○畜生…禽獣・虫魚などの総称。○異類…人間以外の生類。○還債…負債を還す。○累劫…多数の劫を重ねる。長い年月を重ねる。○出期…生死の苦しみからぬけ出る時期。○悉達太子…釈迦牟尼仏の出家以前の名。悉達多（梵：Siddhattha）のこと。○浄飯王宮…釈迦族の居城である迦毘羅衛（カピラバストゥ）のこと[補2]。○四城門…迦毘羅衛の東西南北の城門。四門出遊とも[補3]。○生老病死苦…三界の衆生が等しく受ける苦しみ。四苦。人生における四つの苦。○如何得免此苦去～難免生老病死苦…[補4]。○自心…自分の心。自己の本心。○明取…自ら積極的に明らかにする。○人天之福報…前世の善業によって人間界や天上界に生まれる報い。福報は善い行ないによって得る報い。○出世間之法…悟りの世界のものごと。

に王位を捨て、半夜《はんや》に城を逾《こ》え、山に入りて修行し、軀を亡じて道を体《きわ》め、六年を経た後、夜に明星を観《み》て、忽然《こつねん》として大悟《たいご》す。乃ち云く、「大地の一切衆生、皆な如来の智慧徳性《とくしょう》を具す。只だ妄想執著《もうぞうしゅうじゃく》の為めに、証入《しょうにゅう》すること能わず」と。此に到りて、一を了じて一切を了ず。此れは是れ出世間の法なり。南閻浮提《なんえんぶだい》の人にして、第一便宜の者は是れ出家なり。俗体を離れて仏衣を挂《か》く。好《よ》し、這裏《しゃり》に向かって身心を休歇し、頓に妄宰《もうさい》を除いて袈裟《けさ》下一段の大事を明取するに。且《しば》らく此の一段の大事、作麽生《そもさん》か明らめん。古人云く、「狂心《きょうしん》未だ歇《や》まず、歇めば即ち菩提なり」と。而今《にこん》、狂心を識《し》らんと要す麽《や》。是れ汝が日用《にちゆう》に憂慮《ゆうりょ》思量《しりょう》し妄想顛倒《もうぞうてんどう》する底是れなり。況《いわ》んや今、大師、年は七十を過ぐ、世の稀《まれ》なる所なり。又た且つ二子有りて僧と為り、皆な了事《りょうじ》の漢なり。豈に是れ世間第一等に便宜《べんぎ》を得る者にあらざらんや。正《まさ》に好《よ》し、思慮《しりょ》を泯絶《みんぜつ》し、妄縁《もうえん》を併掃《へいそう》し、眼前の是是非非《ぜぜひひ》、倶に管することを用いざれ。直に百年の寿満《み》つるを待ちて、自然《じねん》に境に移されず。縦《たと》い未だ仏の階梯《かいてい》に達せざるも、再び出頭し来たらば、一聞千悟《いちもんせんご》せん。禅門の道理、最も是れ径捷《けいしょう》なり。只だ恐れらくは、人の信不及《しんふぎゅう》なることを。若《も》し信得及《しんとくぎゅう》せば、仏は即ち是れ汝が心なり。更に別処に仏を求むることを用いざれ。所以《ゆえ》に往日《おうじつ》、龐居士《ほうこじ》が合家《ごうけ》の人、此の理を悟り得《え》了《お》わりて、大家《たいけ》、頭を聚めて無生《むしょう》の話を説く。霊昭女《れいしょうにょ》云く、「也《ま》た難《かた》からず、也《ま》た易《やす》からず。

生死の苦から解脱するために修する真の教え。○半夜…まよなか。夜半。○明星…明るく輝く星。明け方の東の空に輝く金星。「一見明星」の故事[補5]。○忽然大悟…忽ちに悟ること。ここでは、仏陀が菩提樹の下で成道した故事を指す[補6]。○大地一切衆生～不能証入…[補7]。○如来…タターガタ（梵：Tathāgata）のこと。真如から来た人。真理に到達した人。仏陀のこと。仏の十号の一。○智慧…物事をありのままに把握し、真理を見極める認識力。○徳性…徳相。仏のすぐれたすがた。高い徳を備えたすがた。○妄想…真実でないものを真実であると、誤って意識すること。○執著…物に固執して心をとらわれること。○証入…正しい智慧によって悟ること。悟入とも。○一了一切了…一了百了とも。一がわかればすべてがわかる[補8]。○南閻浮提…南閻浮洲。須弥山の南方に位置する、人間が生存している世界。○便宜…一時の好機。都合がよいこと。○俗体…俗人の姿。僧でない一般の人の姿。○仏衣…仏教僧の法衣。袈裟のこと。○休歇…休息する。追い求めることを止める。○妄宰…妄念に振り回された自己の意か。宰は宰主、己我の念をいう。○袈裟下一段大事…袈裟を掛けてなすべき最も大事なこと。禅僧が衲衣を着て究めるべき参学の大事。○古人云、狂心未歇、歇即菩提…[補9]。○狂心…常軌を逸した心。○日用…日々用いること。毎日の入用。平常のこと。○憂慮…心配すること。○思量…いろいろと思いをめぐらし考えること。思いわずらうこと。○妄想顛倒…虚妄の想念。真理に背いた顛倒の念。迷ったものの見方。○了事漢…なすべきことにちゃんとカタをつけた人。一大事因縁を了悟した人。○世間第一等…世俗の中で最もすぐれている。○得便宜…好都合を得る。好機を得る。○思慮…注意深く心を働かせて考えること。○泯絶…亡び絶える。尽きてなくなる。○妄縁…人間の妄想による縁起。誤った考えを引き起こす機縁。○併掃…すっかり除く。捨てる。○是是非非…よいことはよい、悪いことは悪いと判断すること。相対的判断。○階梯…はしご。階段。物事の発展の過程。○出頭…頭を出す。顔を出す。この世に出る。○一聞千悟…一たび法を聞いて千も悟りを得る[補10]。○径捷…捷径。近道。手近な方法。○信不及…信じ切ることができない。○信得及…信じ切ることができる。自ら信じ切って疑いを残さない。○龐居士…馬祖下の龐蘊（?～八〇八）のこと[補11]。○合家…家内全体。一家残らず。家中。○大家…

飢え来たれば飯を喫し、困《こん》じ来たれば睡《ねむ》る」と。此れは是れ悟了底《ごりょうてい》の人の説話にして、大自由を得たり。汝、若《も》し未だ此の理に達せずば、但《た》だ自家《じけ》に返観《へんかん》せよ、心は何処《いずく》にか在る。若《も》し此の心を識得《しきとく》せば、飢えては則ち飯を噇《くら》い、困《こん》じては則ち打眠《たみん》す。生死岸頭《しょうじがんとう》、優游自在《ゆうゆうじざい》ならん。

19

解脱大師に示す

道は学び難きこと無し、之れを窮《きわ》むるは人に在り。惟《た》だ人の首尾一如《しゅびいちにょ》なることを能わずして、中途にて進まざるを患《うれ》う。既に進み了わらざれば、反って以て道は学び難しと為し、禅は参じ難しと為す。大いに手を把《も》って空を捉え、水に入りて月を求めるに似たり。古時の俗士《ぞくし》は忙裏《ぼうり》に向かって閑を取り、専ら此の一件の事を究む。且《しば》らく道《い》え、是れ甚《なん》の一件の事ぞ。便ち是れ你、旦従《よ》り夕に至るまで、著衣喫飯《じゃくえきっぱん》、歓喜煩悩《かんぎぼんのう》する底の一人にして、更に第二箇《だいにこ》無し。上古の俗人は塵穴《じんけつ》の中にて尚《な》お且《か》つ参学す。今時、僧と為《な》り了わりて清閑無事《せいかんぶじ》なり。正に好《よ》し、十二時中に体取《たいしゅ》するに。五十八年前、何に因ってか母胎《もたい》に投じ得て、他日百歳の後、又た何れ従《よ》り去る。這箇《しゃこ》の道理は男僧《なんそう》・尼僧《にそう》を論ぜず、皆な参学す可し。惟だ恐れらくは、初時は勇猛《ゆうみょう》なるも、一年半載に到りて、了《つい》に工夫《くふう》に長進《ちょうしん》無きことを見、却って又た他方世界《たほうせかい》の外に掉在《とうざい》して、事を做《な》すことを用

みんな。みなさん。○聚頭…多くの修行僧が一カ所に集まること。○無生話…不生不滅の空の道理。仏教の教え。○霊昭女云～飢来喫飯困来睡…[補12]。○霊昭女…龐居士の娘、霊昭（霊照）のこと[補13]。○飢来喫飯困来睡…腹が減ったら飯を食らい、体が疲れたら睡る。ここでは悟道した人の自由無礙な活動をいう。○悟了底人…真に悟りきった人。○説話…ものを言うこと。言説。説法。○大自由…心が束縛を脱して何ものにもとらわれぬ境地。悟りの境地。○自家…自分。自分自身。○返観…自分に返って内観する。○識得…本質をみてとる。よく理解すること。○飢則噇飯、困則打眠…[補14]。○打眠…打睡。眠る。眠りこける。○生死岸頭…生死ぎりぎりの決着の瀬戸際。○優游自在…ゆったりとして心のままに自由に楽しむこと。

○解脱大師…不詳。蘭渓道隆に参じた尼僧。○大師…大師は大姉。この時代では、禅宗の尼僧のことを指す場合が多い。○首尾一如…始めから終わりまで等しく変わらない。終始一貫。○中途…道なかば。行程の途中。○俗士…俗人。世俗にある人。○向忙裏取閑…忙裏偸閑・忙中有閑とも。忙しい間にも暇を求めて過ごす。ここでは世俗の仕事の合間に仏道を求めることをいう。○一件事…一つの事柄。根本の問題。○著衣喫飯…衣服を身に著け、飯を食べる。日常の動作。○歓喜…非常に喜ぶこと。○煩悩…心を煩わし、身を悩ます精神作用。○第二箇…第二のもの。第二義門。○上古俗人…古時俗士に同じ。往古の在家人。○塵穴…ごみための穴。世俗のたとえ。○清閑…清くもの静か。俗事にわずらわされず静かなこと。○無事…なすべきことが何もない。普段と変わらない平穏無事なこと。

○十二時中…一昼夜。一日中。いつも。つねに。○体取…まるごとつかむ。体得する。○五十八年前…解脱大師が生まれたとき。○母胎…母の胎内。○他日百歳後…後日、亡くなった時。百歳は一生の意。○勇猛…勇気があって何物をも恐れない。熱心に努力する。○一年半載…一年か半年。半載は半歳。○工夫…仏道修行などに専念すること。坐禅に専心すること。○長進…大いに進歩する。仏道修行が深まること。○他方世界…他の地域。別世界。仏国土。○掉在…～に迫って立てる。～に落ち入る。

いず。或いは人が参禅の妙処《みょうしょ》を説くを聞きて、汝又《ま》た起心動念《きしんどうねん》して云く、「我れ当初、理会《りえ》して入頭《にゅうとう》無きことを見る。我れ而今《にこん》再び参禅せんと要す。何れの時か悟り去ることを得ん」と。未だ実工《じっく》を下さず、便ち立地《りっち》に悟りを求めんと要す。這箇、汝の皮囊《ひのう》を賺《すか》す。今既に俗務を棄て了わりて、又た尼僧と作る。但だ起居動止《ききょどうし》の処に於いて、「生は何れ従《よ》り来たる」の一句を看よ。若《も》し生を知得《ちとく》せば、便ち死を知らん。一句下に向かって疑情破《ぎじょうやぶ》れて後、自然に慧性《えしょう》発生せん。慧性既に生じて七通八達す、是の如くなれば則ち一切処にて声色《しょうしき》に移されず、他年、死生《ししょう》の輪転を受けず。此の地位《じい》に到らば、参学の二字は尽く是れ虚名《こみょう》なり、之れを「了事《りょうじ》の尼僧、出塵《しゅつじん》の羅漢」と謂う。若し向前に根究《こんきゅう》せず、口に言いて行なわずば、学ぶこと莫《な》からんに如《し》かず。三日精進して両日怠堕《たいだ》せば、縦饒《たと》い汝、参じて尽未来際《じんみらいさい》に到るも、也《ま》た只だ是れ箇《こ》の剃頭《ていとう》の女人なり、出家して何の益かあらん。老大師、今已に五十八歳にし了わる。正に是れ塵縁《じんえん》を休息《きゅうそく》し、世事《せじ》を放下《ほうげ》する時節なり。一日、紙を以て参禅用心の語を求む。予、已《や》むを得《え》ず、老婆心《ろうばしん》にて分明《ぶんみょう》に説破《せっぱ》す。汝、但《た》だ一切処に於いて、「生は何れ従り来たる」の一句を看よ。人に対して説話して心中《しんちゅう》定まらざる時、又た急急に此の一句を看よ。看来たり看去りて、看る者に和して亦た存せず。彼の時に当たって、便ち倒断《とうだん》すること有らん。所謂《いわゆ》る、「人従《よ》り得ず、亦た外より来たるに

○妙処…きわめてすぐれた場所。すばらしい悟りの境地。細かく微少なもののたとえ。○起心動念…心念を起動する。心の思いを発動する。○理会…物事の道理を会得すること。○入頭…悟入への手がかり。○下実工…地道に努力する。実際に努力する。○立地…立ちどころにすぐに。○賺汝皮囊…あなたの肉体をだましている。皮囊は皮のふくろ、身体を指す。○俗務…世間の煩わしい務め。○起居動止…立ったり座ったり、動いたり止まったり。日常の動作。○生従何来…自分はどこから生まれて来たのか。生の意義を自己に問うこと[補1]。○疑情…疑う気持ち。仏道修行の過程で起こる疑念。○慧性…仏の智慧。智慧たるもの。○七通八達…すべてに通じているさま。○声色…六境（六塵）のうちの声と色。六根のうち、耳・眼の対象となるもの。色声の二つを挙げて他の香味触法を含む場合が多い。○死生…死んだり生まれたりすること。生死の一大事。生死をくりかえす。○輪転…輪のようにめぐること。○地位…階級。境地。

○虚名…仮の名。仮に立てて名づけられたもの。○了事尼僧…参学の大事を了畢した尼僧。○出塵羅漢…俗世間の汚れを抜け出た阿羅漢。塵埃を出離した聖者。○向前根究…前に向かって根本まで究める。○精進…努め励むこと。悟りの道を歩むこと。○怠堕…なまけ怠ること。○尽未来際…未来の果てに至るまで。未来永劫。○剃頭女人…頭髪を剃った女性。○老大師…年長の大姉。○塵縁…俗世間のわずらわしい関係。世俗とのつながり。○休息…休む。憩う。身心を休めること。○世事…世の中の俗事。世間の仕事。○放下…下ろす。下に置く。投げ捨てる。○参禅用心…坐禅修行における心がまえ。○老婆心…親切で世話をやきすぎること。老婆親切。婆心。○分明…あきらかなこと。明白なこと。○説破…言い切る。説き尽くす。○一切処…至るところ。あらゆるところ。○急急…ただちに。すぐさま。

○看来看去…何度もくりかえし看る。～来～去は動作の反復を表す。○和看者…看られるものと看るものがともに。一句と自分。○倒断…しがらみを断ち切る。○不従人得、亦非外来…[補2]。

非ず」と。若《も》し近功《きんこう》を求めば、但《た》だ道と相《あ》い遠ざかるのみに非ず、恐れらくは後報世《ごほうせ》の中、今生《こんじょう》の本に復《ふく》し難《かた》からん。

20

妙阿大師に示す

世間好悪《こうお》の二字は、人の道本を障《おお》う。汝の善を讃する者をば、点頭《てんとう》して自ら喜び、汝の悪を言う者をば、心内に嗔《いか》りを懐く。只だ此れ便ち是れ生死《しょうじ》の根、輪墜《りんつい》の本なり。閻浮提《えんぶだい》にて第一等に便宜《べんぎ》を得る者は、僧に出づる無し。既に僧と為り了わりて、一徳として以て身を資《たす》くること無くば、将《は》た何を以てか父母の恩に報いん。古人云く、「此の身、今生《こんじょう》に向かって度せざれば、更に何《いず》れの生に向かってか此の身を度せん」と。今従《よ》り已に去りて、但だ看よ、「一念起こらず、還《は》た過有り也《や》無。須弥山《しゅみせん》」と。行住坐臥の処、念念《ねんねん》忘るること莫かれ。此の一句を看て、切に句下に向かって註解《ちゅうかい》することを得ざれ。但只《た》だ平常心《びょうじょうしん》を以て看よ。力《つと》めて自然《じねん》に洞明なるに到らん。工夫未だ分暁ならざる時、人の移易《いえき》するを聴《ゆる》すことを要せざれ。纔《わず》かに讃毀《さんき》するを聞きて、又た退心《たいしん》を生ぜば、此の事、終に成就する時節無からん。

21

慧行《えぎょう》大師に示す

○近功…即効。速やかな成果。○後報世…報いを受けて生まれる後世。来世。○今生之本…現世に生きていた時の姿。

○妙阿大師…不詳。蘭渓道隆に参じた尼僧。○大師…大師は大姉。この時代では、禅宗の尼僧のことを指す場合が多い。
○好悪…好き嫌い。善し悪し。○道本…道の根本。○点頭…うなずくこと。○嗔…三毒の一。瞋恚。怒ること。
○輪墜…輪廻して落ちる。○閻浮提…南閻浮提。南閻浮洲。須弥山の南方に位置する、人間が生存している世界。○便宜…都合のよいこと。たよりのよいこと。好都合。○一徳…純一なる徳。○父母之恩…父や母の恩恵。四恩の一つ。○古人云、此身不向今生度、更向何生度此身…[補1]。○古人…臨済宗黄龍派の死心悟新（一〇四三～一一一四）のこと[補2]。○不起一念、還有過也無、須弥山…「雲門須弥山」の公案[補3]。○不起一念…妄想分別の一念が起こらないこと。○須弥山…仏教で、世界の中心にそびえるという高山。○行住坐臥…日常の立ち居振る舞いのこと。○念念…一念一念ごとに。時々刻々に。○註解…言葉に注を加えて意味を説明すること。○平常心…普段の心。日常の心。○洞明…明らかに知る。よくわかる。明らかに見通す。○工夫…仏道修行などに専念すること。坐禅に専心すること。○分暁…明らかにする。はっきりしている。○移易…移し変える。移り変わる。○讃毀…称えたり謗ったり。誉めたり貶したり。○退心…退く心。退堕の心。○此事…仏法の一大事。○成就時節…完成する時。悟りを得る時。

○慧行大師…不詳。蘭渓道隆に参じた尼僧。○大師…大師は大姉。こ初発心《しょほっしん》の菩薩は最も能く勇猛《ゆうみょう》なり。但《た》だ能《よ》く此の最初の一念を堅《かた》くせよ。仏祖の大道は久しくして明白ならん。更に人に「如何《いか》ん、若何《いか》ん」と問うことを用いず。只今《いま》、正に好《よ》し、初志を退くこと莫《な》く、袈裟《けさ》下の一事を以て念と為すに。朝暮に忘るること勿《な》かれ。箇の話頭《わとう》を提げて動静において自ら看よ。「如何《いか》なるか是れ道、「平常心是れ道《びょうじょうしん》なり」の一句、反復察量《はんぷくさつりょう》して、自己の道の朗明《ろうめい》なるを待ちて、方《まさ》に名づけて工夫の霊験《れいげん》と為す。古人は「即心是仏」の一句を将《もっ》て、深山中に入ること二十年にして、方《まさ》に且つ契悟《かいご》す。後に人有り、探るに「非心非仏」の語を以てし、其《そ》の虚実《きょじつ》を試む。他《かれ》云く、「你は但だ非心非仏なるも、我れは則ち即心即仏なり」と。這般《しゃはん》の人に似たらば、方《まさ》に参学の分有らん。汝、但だ「平常心是れ道なり」の一句を看て、永く放捨《ほうしゃ》すること莫《な》かれ。忽然《こつねん》として歓喜《かんぎ》を得ん時、相い辜負《こふ》すること莫かれ。是に祝す。

の時代では、禅宗の尼僧のことを指す場合が多い。○初発心…初めて悟りを求める心を起こす。○勇猛…勇気があって何物をも恐れない。○明白…はっきりさせる。心の中に一点のけがれもなくす。○袈裟下一事…袈裟をまとってなすべき一大事。参学の大事。○朝暮…朝夕。いつも。○話頭…話のいとぐち。話題。古則公案。○動静…動いたり静かにしたりすること。日常の行住坐臥。○如何是道、平常心是道…[補1]。○平常心是道…日常の心が道である。○自己之道…自己の歩むべき道。自己の一大事。○察量…推し量る。○朗明…明るいさま。明るく朗らかなさま。○霊験…利益。不可思議な感応。不思議な霊力。○古人、将即心是仏～即心即仏…[補2]。○古人…ここでは馬祖下の大梅法常（七五二～八三九）のこと[補3]。○即心是仏…今現在の心がそのまま仏であるということ。○深山…奥深い山。具体的には明州（浙江省寧波市）鄞県の大梅山。○契悟…悟りに契う。開悟する。○非心非仏…即心即仏の語に執着する者に対し、その執着をも取り除かんがために馬祖が拈起した語。○虚実…実質・実体のあることとないこと。○即心即仏…今現在の心こそがそのまま仏であるということ。即心是仏よりも語気が強い。○這般人…このような人。この類の人。○放捨…物事を放ち捨てて、近づけないこと。打ち捨てること。○忽然…突然に。たちまちに。○歓喜…非常に喜ぶこと。ここでは悟りの境地に到達した喜び。○辜負…期待を裏切る。志を無駄にする。

22

成道大師《じょうどう》に示す

道は固《もと》より遠きに非ず、之れを究むるは人に在り。惟《た》だ人の精専《せいせん》なること能《あた》わざるを患《うれ》う。所以《ゆえ》に対面して千里の隔て有り、返《かえ》って道を以《もっ》て幽深《ゆうしん》と為《な》して、始終《しじゅう》とも意を留《とど》むること能《あた》わず。一日は信じて一歩を進み、一日は疑いて三舎《さんじゃ》を退く。此《かく》の如く参学せば、直饒《たと》い汝学びて一百載に到るも、道と何の干渉か

○成道大師…肥後（熊本県）報恩寺の住持を勤め、寒巌義尹・蘭渓道隆・兀庵普寧などに参じた尼僧[補1]。○大師…大師は大姉。この時代では、禅宗の尼僧のことを指す場合が多い。○道固非遠…道はもともと手に届かないほど遠くにあるのではない[補2]。○精専…純粋で専一。○対面有千里之隔…対面千里に同じ。面と顔を向かい合っていながら、それと見て取ることができず、千里も隔たった状態であること[補3]。○幽深…幽遠。静かで奥深い。○始終…始めから終わりまでの全部。○留意…心をある物事に留める。気をつける。○一日信而進一歩、一日疑而退三舎…[補4]。○干渉…関係。関わり。○剃頭…

有らん。而今《にこん》、頭を剃《そ》り了わりて褐服《かっぷく》を挂《か》く。且《か》つ何の処に向かってか用心す。若し自己の事を将て胸次《きょうじ》の間に注在《ちゅうざい》せずば、他日後時《たじつごじ》、匙飯百鞭《しはんひゃくべん》、寸糸千命《すんしせんみょう》、両目瞑《くら》き後、又復《まま》た犁《すき》を牽《ひ》き杷《つか》を拽《ひ》き他底《たてい》を償《つぐな》い去らん。所謂《いわ》ゆる「仏衣を著け、仏行を行ず」と。既に仏衣を著《つ》け了わりて、仏行を行ぜざれば、畢竟《ひっきょう》して将《は》た何の一徳か以て父母《ぶも》養育の恩に答えん。当に知るべし、箇の一段の大事は小小に同じからざることを。汝が自ら信じ自ら肯《うけが》わんと要せば、著手当胸して子細に体督《たいさつ》せよ。釈氏の門戸は広くして量る可からず。達磨云く、「玄微《げんみ》は深くして測る可からず」と。初めより男女《なんにょ》等の相を分かたず、各各、本自《よ》り円明《えんみょう》たり。只だ一念の妄縁にて迷わさるるに因りて、是れ道を望みて未だ向かう所を知らざるを致す。殊に知らず、道は在らざる無きことを。人の己《おのれ》に返りて求めんことを要す。但だ能《よ》く日用行蔵《にちゆうぎょうぞう》の際、語黙の間に於いて、視るを収め聴くを返して看よ。自己生じて何れの方従《よ》り来たり、何に因ってか母胎《もたい》の内に投ずることを得たる。而今《にこん》、儼然《げんぜん》として人の前に在り。且《しば》らく道《い》え、是れ有り耶《や》、是れ無し耶《や》。若《も》し是れ有りと道《い》わば、他日《たじつ》、報い尽くるの時、又た何《いず》れ従《よ》り往《ゆ》くや。若し是れ無しと謂わば、汝を讃せば則ち喜び、汝を罵れば還って嗔《いか》る。喜ぶ時に嗔りは何れ自《よ》り去る、嗔る時に喜びは何の方に蔵《かく》る。参禅学道は、只だ此の一著《いちじゃく》を明らめんことを要す。這箇《しゃこ》は是れ初歩たり。儻《も》し此に於いて

頭髪を剃除する。○褐服…褐衣。あらい粗末な衣服。麻ごろも。ここでは僧衣のこと。○用心…心力を費やす。心を働かせる。○胸次…むねの中。胸中。○注在…そそぐ。集中する。○他日後時…他時後日に同じ。のちのち。いつか。○匙飯百鞭、寸糸千命…一さじの御飯と、わずかな衣類[補5]。○両目瞑後…両目を閉じた後。死去した後。○牽犁拽杷…牛馬などに生まれ変わって犁を牽いたり、杷を引っぱる。犁は牛耕の道具すきのこと。杷はさらい、穀類をかき集める道具。○他底…それ。そのこと。ここでは生前に道に精進しなかったことを指す。○仏衣…仏教僧の法衣。袈裟のこと。○畢竟…要するに。結局のところ。○父母養育之恩…四恩の一。父母から蒙った養育の恩恵。○一段大事…仏法の大事。参禅学道の一大事。○小小…きわめて小さい。わずかばかり。些少。○著手当胸…手を胸に当てる。○子細…事細かに。詳細に。○体督…体察。究め明らかにする。○釈氏…釈尊の一族。仏子。仏教の沙門。○門戸…門。門と戸。入口。○達磨云、玄微深不可測…[補6]。○達磨…中国禅宗初祖の菩提達磨のこと。嵩山少林寺で面壁した[補7]。○玄微…奥深い道理。深遠な意味を持つ教え。○円明…みごとで完全なさま。○妄縁…人間の妄想による縁起。誤った考えを引き起こす機縁。○殊不知道無不在…道がどこにでも存在している事実を全くわかっていない[補8]。○日用…日々用いること。毎日の入用。平常のこと。○行蔵…世に出て道を行なうことと、世から退いて隠れること。出処進退。○語黙…語ることと、黙っていること。○収視返聴…見ない、聞かない。見ること聴くことを止める。○母胎…母の胎内。

○儼然…厳然。いかめしくおごそかなさま。動かしがたく威厳のあるさま。

○他日…将来における不定の日。いつか。後日。

○参禅学道…禅に参じて仏道を学ぶ。禅の道に入って仏道修行する。

○一著…一手。碁の用語。○初歩…最初の一歩。手始め。修行の第一歩。

識得破《しきとくは》し、看得明《かんとくみょう》せば、之れを「小歇場《しょうけつじょう》に入る」と名づく。工夫を做《な》して方《まさ》に得力《とくりき》の処有り。「参学」の二字、難きも亦た難きに非ず、易きも亦た易きに非ず。決烈の志を発し、長遠《ちょうおん》の心を具《そな》えて、日久しく月深ければ、終《つい》に分暁《ぶんぎょう》の時節有らん。豈に聞かずや、末山和尚《まっさんおしょう》は亦た是れ女人身《にょにんしん》にして、剃頭《ていとう》して自《よ》り後、知識に偏参《へんざん》し、真実に仏祖の一大事因縁を窮む。後に大悟し了わりて九峰寺《きゅうほうじ》に住して、男僧《なんそう》五百人を安んず。灌渓和尚《かんけいおしょう》は臨済会中《りんざいえちゅう》の人にして、不平の気を負う。一日、往《ゆ》きて末山に見《まみ》え、他《かれ》の実処を験《ため》さんと要す。末山の上堂に値《あ》う次いで、渓出でて問うて云く、「如何なるか是れ末山の境」と。山云く、「頂を露《あら》わさず」と。渓云く、「如何《いか》なるか是れ境中の人」と。山云く、「男女《なんにょ》等の相に非ず」と。渓云く、「何ぞ変却《へんきゃく》ぜざる」と。山云く、「是れ神にあらず、是れ鬼にあらず、箇の甚麼《なに》をか変ぜん」と。渓、這裏《しゃり》に向かって服膺《ふくよう》し、便ち礼拝《らいはい》す。汝看よ、這箇《しゃこ》は是れ女流《にょりゅう》の中より来たり、顕《あきら》かに丈夫《じょうふ》の作《さ》有り。参禅学道は当に末山を以て様子と為すべくば、終《つい》に大徹《だいてつ》する時有らん。世上にて最も捨て難《かた》き者は恩愛なり、最も免《まぬ》がれ難き者は死生《ししょう》なり。若《も》し能《よ》く一刀に恩愛を割断《かつだん》して、自己の未だ明らめざるの処を体《きわ》めば、一旦洞達《どうたつ》して後、便ち生死に転ぜられず。既に生死に転ぜられざれば、更に何の処に向かって仏を求めん。仏は即ち是れ伊《かれ》にして、更に第二箇無し。汝は成道と名づく、道は何を以てか成ぜん。若《も》也し

○識得破…本質をしっかり見て取る。十分に切り尽くす。○看得明…はっきりと見通す。○小歇場…小休するところ。小休憩する場所。○工夫…仏道修行などに専念すること。坐禅に専心すること。○得力…力を得る。おかげを蒙る。道力を身に付ける。○決烈…堅固で毅然としたさま。○長遠…長く遠い。長く持つ。久しきに堪える。○日久月深…日月が久しく経過する。歳月が過ぎ去る。○分暁…明らかにする。はっきりしている。○末山和尚亦是女人身~便礼拝…[補9]。○末山和尚…唐代、南嶽下の末山了然尼（不詳）のこと[補10]。○女人身…女人の身体。女性の身。○剃頭…頭髪を剃除する。○知識…善知識。善徳の智者。正法を説いて人を正しく導く師。○偏参…遍歴。広く各地を巡り歩くこと。諸方の善知識に参学すること。○一大事因縁…仏がこの世に現れた最も大切な目的。一生参学の大事。参禅学道として悟るべき大事。○九峰寺…筠州（江西省瑞州）上高県西の末山の東北にある寺[補11]。○灌渓和尚…臨済下の灌渓志閑（?~八九五）のこと[補12]。○臨済…臨済宗祖の臨済義玄（?~八六六）のこと[補13]。○会中…会下。門下。○不平之気…不平の心。不平の事を見て怒る気持ち。不平は平らかでない。公平でない。心が穏やかでないさま。○実処…著実・真実のところ。○末山境…末山という山のありよう。転じて末山の住持である了然尼の到達した境涯。○不露頂…頭を丸出しにしない。頂上を現さない。○男女等相…男や女などの差別相。○変却…変わる。変化する。却は意味を強める助字。○服膺…心にとどめて片時も忘れず守り従う。信服して帰投する。○女流…女の類。女性。女子。○丈夫之作…大丈夫の作略。男の行ない。すばらしい能力を備えた人のはたらき。仏道を直進して退かないすぐれた者の作略。○様子…ひながた。手本。○大徹…大悟徹底する。○世上…世の中。世間。○恩愛…愛執。妄執。ものに執着する心。十二因縁の愛に当たる。○死生…死んだり生まれたりすること。生死の一大事。生死をくりかえす。○一刀割断…一刀両断に同じ。一刀のもとに切って捨てる。割断は切り断つ。断ち切る[補14]。○洞達…抜け通る。貫き通る。知り尽くす。

○第二箇…二つのもの。第二のもの。

名づけ得ば、道は汝が辺に在りて、初めより間隔無からん。之れを求むれば則ち遠く、之れを捨つれば還って親し。且らく如何《いか》んが道と相応し去るを得ん。但だ一動一静《いちどういちじょう》の処に於いて、快《よ》く話頭《わとう》を提起《ていき》せよ。「如何《いか》なるか是れ道。平常心是れ道なり」と。這箇《しゃこ》の語話《ごわ》、尋常なりと雖則《いえど》も、未だ見道せざるの人は、直須《すべか》らく体取すべし。忽然《こつねん》として体得明《たいとくみょう》する時、方《まさ》に成道と為すことを謬《あやま》らず。

23

阿上《あじょう》大師に示す

人生は幻の如く、塵世《じんせ》は堅きに非ず。幻の中に堅実なる者有り。白是《もと》より諸人、妍醜《けんしゅう》に惑わされ、是非に移されて、虚幻《きょげん》の中に堅実なる底有ることを見ず。所以《ゆえ》に「無明の煩悩は即ち是れ仏性、幻化《げんけ》の空身《くうしん》は即ち是れ法身《ほっしん》なり」と。頭に迷うて影を認むるは、之れを業縁《ごうえん》と名づく。情塵《じょうじん》を超脱《ちょうだつ》するは、之れを覚悟《かくご》と謂う。而今《にこん》、一切の擾《わずら》いを受けざらんと要せば、先《ま》ず主宰《しゅさい》を立てて、「山河《せんが》大地《だいち》、明暗色空《みょうあんしきくう》は是れ有《あ》るか是れ無《な》きか」と看よ。若《も》し有《あ》りと道《い》わば、劫火《ごうか》洞然《どうねん》として大千倶に壊して、許多《きょた》の境界《きょうがい》、何の処にか去る。若《も》し無《な》しと道《い》わば、眼る底の青紅碧白《しょうこうへきびゃく》、豈に是れ無かならん耶《や》。但だ此《かく》の如く推して看よ。時至りて自ずから明らかならん。

○一動一静…動きまわることと、静かにしていること。振る舞い。一挙手一投足。○話頭…話のいとぐち。話題。古則公案。○提起…持ち上げる。取り上げる。○尋常…あたりまえのこと。特別でないこと。○見道…仏道を徹見する。悟道する。○体取…まるごとつかむ。体得する。○忽然…突然に。たちまちに。○体得明…丸ごとつかみ取ってしまう。はっきりと会得してしまう。

○阿上大師…不詳。蘭渓道隆に参じた尼僧。○大師…大師は大姉。この時代では、禅宗の尼僧のことを指す場合が多い。○塵世…汚れた世の中。煩わしいことの多いこの世。人間世界。○堅実…堅固で確実なこと。確かでまちがいない。しっかりしている。○妍醜…美しいと醜い。美悪。○虚幻…まぼろし。仮の存在。○無明煩悩即是仏性、幻化空身即是法身…[補1]。○無明…無知で真理に暗いこと。根本的な煩悩。愚痴。○煩悩…心を煩わし、身を悩ます精神作用。○幻化空身…幻のように変化する因縁化和合の身。○法身…仏の三身の一。永遠不滅の真理そのもの。理法としての仏。ここでは人々本具の仏性を指す。○迷頭認影…自分の本当の頭を見失って鏡に映った影を己の頭だと思うこと[補2]。○業縁…行為の間接の条件。業が縁になってはたらくこと。○情塵…心の塵垢。心のけがれ。○超脱…抜け出る。遥かに飛び出す。○覚悟…目覚める。真理を悟る。悟り。○一切擾…すべてのわずらわしいこと。一切の心の動揺。○主宰…上に立って全体をまとめるもの。ここでは心のこと。○山河大地…山や川や大地。眼前に在る動かし難いもの。○明暗色空…明暗は明るさと暗さ。光と影。色空は形あるものと形を超えた縁起の理。○劫火洞然、大千倶壊…[補3]。○劫火…壊劫の末に起こる火災。世界を焼き尽くし、破壊へと導く大火とされる。○洞然…洞燃に同じ。すっかり焼き尽くすこと。○大千…大千世界。三千大千世界の一。中千世界を千集めたもので、仏の教化の及ぶ範囲の意に用いる。○許多…これほどの。こんなにたくさんの。○境界…対境。心識の対象となるもの。外界のいろんなもの。○眼底…見ているところの。○青紅碧白…青や赤や緑や白。一切の色の代表。一切の差別相をいう。○推…推し量る。尋ね求める。

常楽寺小参

侍者　徳昭

1

除夜。「去歳《きょさい》は歳《さい》終わりて洛上に趨《はし》り、今年は年尽《つ》きて東州に在り。就中《なかんづく》、繊毫《せんごう》を動ぜざる句、試《こころ》みに諸人に問う、会す也《や》不。若《も》也し会得せば、新年は既に来たりて、其の後に居《お》らず。旧歳《きゅうさい》は既に去りて、其の先に在らず。了《つい》に新旧の変無し、豈に去来の遷《うつ》り有らんや。万別千差、此の関棙《かんれい》を同じくし、四時八節、心田を出づること無し。之れを知る者は又た一歳を減じ、知らざる者は重ねて一年を増す。纔《わず》かに増減を言わば、還《かえ》って蓋纏《がいてん》に堕せん。須らく信ずべし、無面目《むめんもく》の漢、一向に掣風掣顛《せっぷうせってん》して、甚《なん》の歳の閏余月《うるうよげつ》の大小をか管《かん》せん。飢え来たれば飯を喫《くら》い、困せば則ち打眠《だみん》す。妙用変通《みょうゆうへんづう》する時、亀谷《きこく》を闢《ひら》きて獅子の谷と為《な》し、柔和《にゅうわ》にして善順《ぜんじゅん》なる処、粟船《ぞくせん》に駕して般若《はんにゃ》の船と作《な》す。首尾《しゅび》に釈迦・弥勒《みろく》有り、左右《さゆう》に文殊《もんじゅ》・普賢《ふげん》を列《つら》ぬ」と。良久して、「且《か》つ誰《たれ》か是《こ》れ中間底なる。咦《い》。水を探《さぐ》る獼猴《びこう》、空しく月を捉《とら》え、鄽《てん》に入る矮子《わいす》、謾《みだ》りに天を量《はか》る」と。

挙す、感首座《かんしゅそ》、法昌に問う、「昔日、北禅《ほくぜん》は分歳《ぶんさい》に露地《ろじ》の白牛《びゃくぎゅう》を烹《に》る。今夜、

○常楽寺…粟船山常楽寺のこと[補1]。○小参…方丈で住持が修行僧に親しく法を説くことをいう。上堂を大参と称するのに対し、晩に定期的に行なわれたことから晩参とも呼ばれる。○徳昭…蘭渓道隆法嗣の無弦徳韶（無絃徳紹）のことか[補2]。○除夜…除夜の小参。十二月三十日の大晦日の晩に行なう小参。○去歳…宝治元年（一二四七）のこと。○洛上…京都のこと。蘭渓道隆はこのとき泉涌寺来迎院に寓居している。○今年…道隆は宝治二年（一二四八）十二月に常楽寺に入院開堂している。○東州…関東。ここでは相模（神奈川県）のこと。○就中…とりわけ。そのなかでも。○繊毫…細かい毛。きわめてわずかなこと。○会得…物事の意味を十分とらえて自分のものとすること。○去来…去ることと来ること。過去と未来。○万別千差…千差万別。種々さまざまな違いがあること。○関棙…関棙。戸の開閉のためのからくり。基軸。○四時八節…春夏秋冬の四季と立春・春分・立夏・夏至・立秋・秋分・立冬・冬至の八つの季節の変わり目。○心田…心なる田。心地。心のこと。○蓋纏…心を覆うもの。煩悩。○無面目漢…何とも名付けようのない真実人。○掣風掣顛…風顚のようである。奇想天外なことをやらかす[補3]。○閏余月…宝治二年には閏十二月が存する。○飢来喫飯、困則打眠…[補4]。○妙用…霊妙な作用。巧妙なはたらき。○変通…その場の情況に応じて、どのようにでも変わること。○亀谷…亀谷山寿福寺のこと[補5]。○柔和…性質や態度が、ものやわらかであること。○善順…善良でおだやかなこと。美しく素直なこと。○粟船…粟船山常楽寺のこと[補6]。○釈迦…釈迦族出身の聖者。釈迦牟尼仏のこと。釈尊とも。○弥勒…弥勒菩薩のこと。釈迦入滅から五十六億七千万年後の未来に仏となってこの世にくだり、衆生を救済する菩薩[補7]。○文殊…文殊師利菩薩のこと。般若の智慧を表す菩薩[補8]。○普賢…普賢菩薩のこと。理知と慈悲を司る菩薩[補9]。文殊と普賢は釈迦牟尼仏の脇士として知られる。○中間底…前後に釈迦と弥勒、左右に文殊と普賢がいる。その中間にいる者。暗に道隆自身を指す。○咦…注意を促すときに発する大声。○探水獼猴空捉月…[補10]。○獼猴…猿の一種。おおざる。○鄽…店。すまい。○矮子…背たけの低い人。○謾…いたずらに。煩わしく。
○感首座問法昌～来処也不知…[補11]。○首座…第一座。修行僧の首

分歳《ぶんさい》に何の施設《せせつ》か有る」と。昌云く、「臘雪《ろうせつ》は天に連《つら》なりて白く、春風は戸に逼《せま》りて寒し」と。感云く、「大衆《だいしゅ》、箇《こ》の什麼《なに》をか喫せん」と。昌云く、「嫌うこと莫《な》かれ、冷淡《れいたん》にして滋味《じみ》無きことを。一たび飽《あ》いて能《よ》く万劫《ばんこう》の飢《う》えを消す」と。感云く、「知らず、是れ何人《たれ》か置辦《ちべん》す」と。昌云く、「無慚愧《むざんき》の漢、来処《らいしょ》も也《ま》た知らず」と。

師云く、「法昌は赤骨律窮《しゃくこつりつきゅう》にして、潑天《はってん》に富に誇り、一銭も使わずして、大いに家筵《かえん》を啓《ひら》く。感首座は筯《ちょ》を放ちて便ち恩を忘る、是《こ》れ箇《こ》の霊利《れいり》の漢なり。今夜、或いは常楽に『分歳に何物を以て諸人に供養す』と問うこと有らば、山僧対《こた》えて云わん、『万里に持ち来たる鉄餕餡《てつさんとう》、渾崙無縫《こんろんむほう》にして研槌《けんつい》に似たり』と。或いは、『大衆、如何《いか》んが口を下さん』と云わば、対《こた》えて云《い》わん、『未だ舌頭を動ぜざるに呑得《どんとく》し去る。也《ま》た諸方の五味禅に勝《まさ》れり』と。他《かれ》又《ま》た、『知らず、是れ何人か置辦《ちべん》す』と云わば、免《まぬが》れず、他《かれ》に向かって『恩を知る者は少なく、恩に負《そむ》く者は多し』と道《い》うことを。此《かく》の如《ごと》き問答、古人と是《こ》れ同じきか是れ別なるか」と。膝《ひざ》を拍《はく》すること一下して、「従来《じゅうらい》、春色に高下無し。自《おの》ずから是れ花枝《かし》に短長有り」と。

2 結夏。「世界《せかい》を清平《せいへい》するに、何《なん》ぞ千里の烏騅《うすい》を須《もち》いん。妖魔《ようま》を掃蕩《そうとう》するに、三

位に坐る者。六頭首の一つ。○法昌…雲門宗の法昌倚遇（一〇〇五～一〇八一）のこと[補12]。○北禅…雲門宗の北禅智賢（不詳）のこと[補13]。○分歳…除夜をいう。○露地白牛…露地牛。屋外にある大白牛車のこと。『法華経』「譬喩品」にある説。一乗の教え。○施設…手段。方法。手だて。○臘雪…臘月（十二月）に降る雪。○冷淡…濃厚でなくあっさりしていること。○滋味…味。味わい。うまい味わい。ここでは豊かで深い精神的な味わい。○一飽…一回満腹になること。一回の食事。○万劫…一万劫のこと。永劫に。○置辦…こしらえ置く。処置する。取り計らう。○慚愧…心に深く恥じること。○来処…出現したあるものが、もと存在していたところ。あるところから来た、そのもとの場所。

○赤骨律窮…赤骨律地・赤骨歴地とも。赤裸々に。何も持たないさま[補14]。○潑天…とても大きい。とてつもない。○家筵…家の宴をもよおすこと。○筯…はし。箸のこと。○霊利漢…頭脳明瞭で仏道に徹した人。

○万里持来鉄餕餡、渾崙無縫似研槌…[補15]。○万里…非常に遠い距離。きわめて遠いこと。○鉄餕餡…鉄で作ったマントウ。歯が立たない、取りつくしまもないもののたとえ。餕餡は僧侶が食べる精進のマントウ[補16]。○渾崙…崑崙。中国古代の伝説上の山。一枚岩。○無縫…衣服などの縫い目がないこと。つくろった跡が見えないこと。○研槌…すりこぎ。連木。○舌頭…舌。頭は名詞につく接尾語。○呑得去…呑み込んでしまう。○諸方五味禅…各地で行なわれている雑然とした邪禅。一味禅に対していう[補17]。○五味禅…外道禅、凡夫禅、小乗禅、大乗禅、最上乗禅の五つ。また一味禅に対して、純粋でない邪禅をいう。○知恩者少、負恩者多…恩恵を受けた本当の意味を知っている者がほとんどいないことをいう[補18]。○従来春色無高下、自是花枝有短長…[補19]。○花枝…花の咲いた枝。

○結夏…結夏の小参。四月十四日、夏安居が始まる日の前夜に行なう

行の秘呪《ひじゅ》を用《もち》いず。諸方、四月十五日、内より放出《ほうしゅつ》せず、外より放入《ほうにゅう》せず。総《すべ》て是《こ》れ死蛇頭を把定《はじょう》す。更に言う、『思いて知ることを得、慮《おもんぱか》りて解するを得る』と。大いに古塚《こちょう》を守る鬼に似たり。山僧が這裏《しゃり》、別に活機《かっき》有り。三箇月の中、九十日の内、亀峰《きほう》頂上に粟船《ぞくせん》を駕起し、聖凡を問わず、仏祖を論ぜず、凡そ来たる者有れば彼岸に登らしむ。彼岸に登り已《お》わりて、同じく聖化《しょうけ》を歌い、共に無為を楽しむ。或いは箇《こ》の出で来たりて道《い》うこと有らん、『某甲は彼岸《ひがん》に往《い》かず、此岸《しがん》に居《お》らず、中流に住せず。師、如何《いか》んが接せん』と。山僧、若《も》し此の人に逢《あ》わば、棒折るるとも、也《ま》た未だ放過せざらん。何が故ぞ。重賞《じゅうしょう》の下に必ず勇夫《ゆうふ》有り」と。

挙す、徳山、小参に答話《とうわ》せず、問話《もんわ》の者は三十棒す。時に僧有りて出づ。徳山便《すなわ》ち打つ。僧云く、「某甲、話《わ》も也《ま》た未だ問わざるに、甚《なん》に因ってか某甲を打つ」と。山云く、「汝は是《こ》れ甚処《いずこ》の人ぞ」と。僧云く、「新羅《しらぎ》の人なり」と。山云く、「未だ船舷《せんげん》を跨《また》がずして、三十棒を与うるに好し」と。

師云く、「徳山は長蛇《ちょうだ》の大陣を布《し》く。孰《たれ》か敢《あ》えて其《そ》の鋒《ほう》に嬰《ふ》れん。這《こ》の僧、危亡《きぼう》を顧みず、赤身《せきしん》にて白刃《はくじん》を挨《ちかづ》く。今夜、大唐国の僧、小参す。問話する底の衲僧《のうそう》有ること莫き麼《や》。出で来たりて禅床を掀倒《きんとう》して、衆をして有ることを知

小参。○世界…世の中。過去・現在・未来の三世を世といい、上下四方四維の十方を界という。○清平…世の中が清らかに治めること。○烏騅…項羽が乗っていた馬の名。のち名馬をさす。○妖魔…人を害するあやしい魔物。○掃蕩…残らず払い除くこと。○内不放出、外不放入…[補1]。○放出…解放されてでる。○放入…許されて入る。○死蛇頭…死んだ蛇。油断すると活きかえる心の許せないもの。○把定…しっかりと握る。相手の機を押さえ込むこと。○思而得知、慮而得解…[補2]。○守古塚鬼…古い習わしを守ること。○活機…悟りに通ずる資質。活作略。活きたはたらき。○亀峰…亀谷山寿福寺のこと[補3]。○粟船…粟船山常楽寺のこと[補4]。○駕起…あやつる。乗せる。ここでは船をうまく扱う。○聖化…聖人が徳によって教化すること。ここでは仏陀の教化の意。○無為…何ものにもとらわれない。ここでは涅槃の境地。○中流…迷いの此岸と悟りの彼岸の間を流れる煩悩の川。○放過…そのままうち捨てておくこと。手をつけないでおく。見逃してやる。大目にみる。○重賞之下、必有勇夫…得勇夫、須還重賞に同じ。莫大な賞金を掛けると必ず優れた成績をあげる者が出る[補5]。○重賞…大変な褒美。○勇夫…勇ましい男。勇気のある男子。

○徳山小参、不答話～好与三十棒…[補6]。○徳山…青原下の徳山宣鑑（七八〇～八六五）のこと[補7]。○答話…問いに答えること。○問話者…質問する者。○三十棒…師家が学人に対して、与える棒打。徳山の棒。○新羅…古代の朝鮮半島南東部にあった国[補8]。○船舷…船の側面。ふなばた。ふなべり。○好与三十棒…三十棒を与えるにもってこいだ。よし、一つ三十棒を与えてやろう。○長蛇大陣…大蛇のごとき長い陣。○鋒…ほこさき。刃物の先のとがった部分。○危亡…危機。危うくなったり、亡びたりすること。○赤身…丸はだか。体一つ。むき出しのからだ。○白刃…光る刃。鞘から抜いた刀。○衲僧…衲衣を着た僧。禅僧のこと。○禅床…禅牀。坐禅をする場所。僧堂内の坐位。住持ならば禅椅、修行僧ならば単位。○掀倒…ひっくり倒すこと。○知有…有ることを知る。それ（悟り）があることを知る。

らしめよ」と。良久して、「大鵬を網《とら》えんと擬《ほっ》して、雀も亦た遇わず」と。

3 事に因む小参。「客途《かくと》にて同宿《どうしゅく》するも夤縁《いんえん》有り。一衆相い依る、豈に偶然ならんや。無為を学んで生死を出でんと要せば、雑念《ぞうねん》を将《もっ》て心田を汚《けが》すこと莫《な》かれ。十方の同聚、九夏《きゅうげ》に玄《げん》を窮《きわ》む。身心を放却《ほうきゃく》し、坦蕩《たんとう》として方寸をして憂煎《ゆうぜん》せしむること勿《な》かれ。若《も》し此の事を論ぜば、豈に言詮《ごんせん》を仮《か》らんや。思量分別《しりょうふんべつ》に属《ぞく》せず、亦《ま》た紙裹麻纏《しかまてん》に非ず。昔日、永嘉《ようか》和尚道く、『江海《こうかい》に游《あそ》んで山川を渉り、師を尋ね道を訪ねて参禅を為《な》す』と。是《かく》の如きを呼んで行脚《あんぎゃ》の事と為す。知りぬ、君が已に野狐涎《やこえん》を食すること。直に一回瞥地《べっち》なることを得て、他《た》の与めに蓋天蓋地ならしめ、然る後、達磨大師、天台智者、眼精鼻孔《がんぜいびくう》、穿《うが》ちて一連と作《な》せば、捏聚《ねつじゅ》するも則ち這裏《しゃり》を離れず、放開《ほうかい》するも則ち大千に徧満《へんまん》す。甚《なん》の『死せる諸葛亮《しょかつりょう》、生ける仲達《ちゅうだつ》を走らしむ』とか説かん。我が此の活著用《かつじゃくゆう》、言前に在り。噁《ああ》。這《こ》星の窮伎倆《きゅうぎりょう》、未だ人の与めに伝え易からず」と。

挙す、円通秀和尚は、西川秦州《せいせんしんしゅう》の人なり。諸経論に通《つう》じ、久しく華厳《けごん》を習《なら》う。一日嘆じて曰く、「吾《わ》れ善財が始めに文殊に見《まみ》え、復《ま》た百一十城を過《す》ぎ、五十三の知識に事《つか》うるを観る。又た達磨が西来し、老盧《ろうろ》が南に去り、教外に別に無上

○擬網大鵬、雀亦不遇…[補9]。○大鵬…古代中国の想像上の大鳥。

○因事小参…特別のことに因んでする小参。○客途…旅のみち。旅行の途次。○同宿…同じ旅宿や家に泊まり合わせること。○夤縁…からみつく。まとわりつく。ここでは因縁の意で用いている。○無為…なにものにもとらわれない。自然にまかせて。○雑念…気を散らせるいろいろな思い。○心田…心地。心のこと。心を百穀を生育する田にたとえる。○十方同聚…十方同聚会。十方からやって来て同じ道場で修行する一会の僧衆。○窮玄…深奥、深遠なる理を参究すること。○放却…うち捨てておくこと。放り捨てる。○坦蕩…平らで広々としている、心にこだわりがなく伸々している。○方寸…一寸（約三センチ）四方。ごくわずかな広さ。心のこと。○憂煎…憂いの甚だしいこと。○此事…このこと。仏祖の大道。仏法の一大事。○言詮…言葉で説明すること。言語による表現。○思量…いろいろと思いをめぐらし考えること。○分別…外的なものにとらわれて判断すること。○紙裹麻纏…紙で覆い麻でまとう。○永嘉和尚…六祖下の永嘉玄覚（六六五～七一三）のこと[補1]。○游江海渉山川、尋師訪道為参禅…[補2]。○参禅…禅に参ずる。禅の道に入って修行する。○行脚…仏道修行のために、僧侶が諸国を歩き回ること。○知君…知徳の高い君主。○野狐涎…野にすむ狐のよだれ。○瞥地…ちらりと物を見ること。○蓋天蓋地…天地を蓋い尽くす。○達磨大師…中国禅宗初祖の菩提達磨のこと。○天台智者…天台山の智者大師智顗（五三八～五九七）のこと[補3]。○天台智者…天台山の智者大師智顗（五三八～五九七）のこと[補4]。○眼精…眼睛。瞳。黒目。○鼻孔…鼻。鼻のあな。○捏聚…手で握り集める。把住。○不離這裏…即今当処を離れないこと。○放開…手を解き放つ。手綱をゆるめて好きなようにさせる。放行。○徧満大千…大千世界（三千大千世界）に満ち溢れる。○徧満…広くいっぱいに行きわたる。すみずみまで充満する。○死諸葛亮、走生仲達…亡くなった諸葛亮は生きている司馬懿を走らせた[補5]。○諸葛亮…中国三国時代、蜀の諸葛亮（孔明、一八一～二三四）のこと[補6]。○仲達…中国三国時代、魏の武将であった司

の心印を伝うることを聞く。吾れ豈に方隅《ほうぐう》に止《とど》まりて性相《しょうそう》の宗に滞《とどこお》らん耶《や》」と。因《よ》りて所業《しょごう》を棄て、束装して南游《なんゆう》す。径《ただ》ちに往《ゆ》いて天衣《てんえ》の懐《かい》禅師に謁す。懐、問うて曰く、「座主《ざす》、甚麽《なん》の経をか講ず」と。秀曰く、「粗《ほ》ぼ華厳を習う」と。懐曰く、「華厳は何を以てか宗と為す」と。秀曰く、「法界を以て宗と為す」と。懐曰く、「法界は何を以てか宗と為す」と。秀曰く、「心を以て宗と為す」と。懐曰く、「心は何を以てか宗と為す」と。秀、加答《かとう》すること能わず。懐曰く、「毫氂《ごうり》も差有《あ》れば、天地懸《はる》かに隔たる。汝、当《まさ》に自ら看るべし、会《かなら》ず省発《しょうはつ》すること有らん耳《のみ》」と。後十七日して、僧の、「白兆《はくちょう》、報慈《ほうじ》に問うて云く、『情《じょう》生ぜば智隔《へだ》たり、想《そう》変ぜば体《たい》殊なる。情《じょう》未だ生ぜざる時は如何《いか》ん』と。慈云く、『隔たれり』」と挙するを聞く。秀、此《ここ》に於いて大悟し、方丈に上りて所悟を陳《の》ぶ。懐、喜びて曰く、「前後の座主、唯だ汝一人のみ真の大法器なり。吾が宗、異日、汝に在《あ》りて行なわれん」と。

師云く、「円通、天衣の点化《てんか》の処に向かって本源《ほんげん》を捜索《そうさく》すと雖則《いえど》も、子細《しさい》に看来《みきた》れば、已に是《こ》れ脳《のう》を刺《さ》して膠盆《こうぼん》に入り了われり。何《なん》ぞ当初に未だ行脚《あんぎゃ》せざる時、全体担荷《たんか》し得去《えさ》りて、一生を慶快するに如《し》かん。恁麽《いんも》なりと然雖《いえど》も、山僧也《ま》た模《も》に依《よ》りて様を画かんと要《よう》す。敢《あ》えて諸人に問《と》う、且《しば》らく道《い》え、『心は何を以てか宗と為す』と。這裏《しゃり》にて一語を下し得ば、方《まさ》に伊《かれ》に許して道わん、『祖意と

馬懿（仲達、一七九～二五一）のこと[補7]。○活著用…十分に活かして用いること。著は動作の完成を記す助字。○言前…言語。言語以前。○噁…感嘆詞。怒鳴る言葉。ああ。○這星…この一つの。星のように小さなものを数える単位。○窮伎倆…わずかな腕前。これぐらいの芸当[補8]。○円通秀和尚～吾宗異日在汝行矣…[補9]。○円通秀和尚…雲門宗の円通法秀（一〇二七～一〇九〇）のこと[補10]。○西川秦州…甘粛省に存する州。法秀は秦州隴城の出身。○華厳…『華厳経』の教え。または華厳宗の教学。○善財…善財童子のこと。『華厳経』「入法界品」に出てくる求道の童子[補11]。○文殊…文殊師利菩薩のこと。般若の智慧を表す菩薩[補12]。○百一十城…「入法界品」に載る善財が五十三人の善知識に参ずるために経た百一十城。○五十三知識…「入法界品」に載る善財が参じた五十三人の善知識。○達磨西来…菩提達磨が南天竺より中国に到って禅を伝えたこと。○達磨…中国禅宗初祖の菩提達磨のこと。嵩山少林寺で面壁した[補13]。○老盧南去…六祖慧能が法を伝えられて南方に逃れたこと[補14]。○老盧…六祖慧能（六三八～七一三）のこと[補15]。○無上心印…最上の仏心印。仏の心。○方隅…片すみ。○性相之宗…法性と法相の二宗。中観と唯識の教学。○所業…行ない。しわざ。為しているところ。○束装…身じたく。旅じたくする。○南游…南方へ旅すること。○天衣懐禅師…雲門宗の天衣義懐（九九三～一〇六四）のこと[補16]。○座主…学徳のすぐれた一山の指導者。ここでは教家の学僧。経論家。○毫氂有差、天地懸隔…[補17]。○白兆問報慈云～慈云隔…[補18]。○白兆…青原下の白兆志円（不詳）のこと[補19]。○報慈…曹洞宗の報慈蔵嶼（不詳）のこと[補20]。○情生智隔、想変体殊…[補21]。○省発…省悟。悟ること。○前後座主…天衣義懐のもとに参じた多くの座主。前後は前と後、前時と後時。○法器…仏法の器。すぐれた力量を有する人。○点化…指摘して教え導くこと。教え感化すること。○本源…根本の依り処。本来の自己。○捜索…捜し訪ねること。捜し求めること。○子細…事細かに。詳細に。○刺脳入膠盆…頭を突っ込んでにかわを溶いた容器（盆）に入れる。にかわに頭を突っ込んで身動きが取れなくなる[補22]。○何如…何似。～に比べてどうか。前のものと後のものを比べて後の方がましなこと。○担荷…荷担。肩に担うこと。○慶快

教意は異なる無く別なる無し』と。苟《も》或し然《しか》らずば、更に須らく那辺《なへん》に透過《とうか》して更に那辺《なへん》なるべし」と。

常楽小参

…快ぶ。満足する。○依模画様…手本に従ってその通りに書く。○祖意教意無異無別…[補23]。○更須透過那辺更那辺…[補24]。○那辺…あちら。あちら側。ここでは、悟りの境地、平等一色の境地をいう。○透過…通り抜けること。

4

結夏。「東州に有り、西州に有るも、有る処は尋ね難し。南地より来たり、北地より来たるも、来たりて何事をか需《もと》む。驢騾《ろら》相い向かい、凡聖《ぼんしょう》相い迎う」と。喝して云く、「天堂《てんどう》未だ就《つ》かざるに、地獄《じごく》先に成る。笑うに堪えたり、瑞巌《ずいがん》が些《いささ》かの転智没《な》くして、経行坐臥《きんひんざが》し、自ら惺惺《せいせい》と喚《よ》ぶことを。也《ま》た是れ物を弄《もてあそ》びて名を知らず。今夏《こんげ》、諸人、切に他《た》の旧跡を踏むこと勿《な》かれ。各自に漆桶《しっつう》を打破《だは》し、光明を放出して、従前《じゅうぜん》の鬼眼睛《きがんぜい》を爍破《しゃくは》せよ。建長、人を引いて悪を造らしむ。弥天《みてん》の罪犯《ざいぼん》、軽《かる》きに非ず」と。大衆を顧視《こし》して云く、「同じく地獄に入る者有ること莫《な》き麼《や》」と。良久して、「障《しょう》を隔てて耳有り。低声、低声」と。

挙す、趙州《じょうしゅう》嘗て僧に問う、「曽《かつ》て此間《すかん》に到る否《や》」と。僧云く、「曽て到る」と。州云く、「喫茶し去れ」と。又た僧に問う、「曽て此間に到る否《や》」と。僧云く、「曽て到らず」と。州云く、「喫茶し去れ」と。師云く、「曽て到ると曽て到らざると、一例に喫茶し去れと。是れ尋常の言語なりと雖も、就中《なかんずく》、毒薬・醍醐《だいご》あり。且《しば》らく甚麼《いずれ》の処にか趙州と相見《しょうけん》せん。一頌を聴取せよ。句下千鈞《せんきん》重く、胸中万丈《ばんじょう》深し。馬に上るの力無しと雖も、猶お

○結夏…結夏の小参。四月十四日、夏安居が始まる日の前夜に行なう小参。○驢騾…驢馬と騾馬。騾馬は牡驢馬と牝馬との混合種。○天堂未就、地獄先成…天国行きが決まらないうちに、地獄行きが先に決まってしまった［補1］。○堪笑…おわらいぐさ。笑止千万。○瑞巌没些転智～自喚惺惺也…［補2］。○瑞巌…青原下の瑞巌師彦（不詳）のこと［補3］。○転智…機に応じ変に通ずる智慧。○経行坐臥…行住坐臥と同じ。経行は動作。坐臥は静止。日常の起居進退。○惺惺…「瑞巌主人公」の言葉。惺惺寂。心の冴えるさま。眼を醒ましているさま。○他旧跡…瑞巌師彦のあとかた。○打破漆桶…迷いを打ち破る。打破はぶちこわす。漆桶は黒漆桶、真っ黒な漆桶。くらやみ。○従前…今より前。これまで。○鬼眼睛…死人のようなすごい目つき。怪しい目。誤った眼力。○爍破…溶かす。○弥天罪犯…罪犯弥天。罪やあやまちが、空いっぱいに広がること。○顧視…振り返って見ること。かえりみること。○隔障有耳、低声低声…［補4］。

○趙州嘗問僧～州云喫茶去…［補5］。○趙州…南嶽下の趙州従諗（七七八～八九七）のこと［補6］。百二十歳の趙州にはすでに馬に騎る力はないが、修行僧の煩悩を打ち破る心がある。○喫茶去…お茶を飲みに行け。お茶を飲んで行け。お茶を飲んでから出直して来い。○一例…おしなべて。一様に。○就中…とりわけ。そのなかでも。○毒薬醍醐…人を殺す毒薬と、最上の味いの醍醐。醍醐は精製された乳製品。○相見…互いに相い見える。拝顔する。○聴取…しっかりと聞き取る。○句下千鈞重、胸中万丈深…趙州喫茶去の言葉はきわめて重みがあり、趙州の心の中は非常に広い。○句下…言葉。○千鈞…非常に重いこと。鈞は重量の単位。一鈞は三十斤。七六八〇グラム。○胸中…心の中。思い。○万丈…非常に深いこと。○雖無上馬力、猶有殺人心…［補7］。

人を殺すの心有り」と。

5 僧の病むに因む。「大病の源は、尽く情を恣《ほしいまま》にするに在りて起こる。万行の本《もと》は、己《おのれ》を修むるに非ずして明らむること無し。己修めざれば、則ち行は廉《いさぎよ》からず。情若《も》し恣《ほしいまま》にせば、則ち病い愈《いよ》いよ盛んなり。所以《ゆえ》に参学の道流《どうる》、最初の一念既に正しければ、自然に病魔・煩悩魔・生死魔、且《か》つ入作《にゅうさ》するの処無し。既に入作するの処無ければ、行も亦た禅、坐も亦た禅にして、更に余事《よじ》の相《あ》い煎《せま》る可き無からん。這裏に到って、扭捏《ちゅうでつ》すること我れに在りて、逆順安然《ぎゃくじゅんあんねん》たり。三十年後、諸仏の正法眼、瞎驢辺《かつろへん》に滅向《めっこう》す。苟或《も》し骨立《こつりゅう》すること能《あた》わずば、日月虚《むな》しく延《の》べん。寸糸《すんし》を体に挂《か》く千条の命、匙飯《しはん》もて腸に充《あ》つ一百の鞭、各自の肚皮《とひ》、各自に付《はか》る。好児《こうじ》、終に爺銭《やせん》を使わず」と。

挙す、潙山《いさん》、道吾《どうご》に問う、「甚処《いずこ》より来たる」と。吾云く、「病僧を看し来たる」と。山云く、「幾人有りてか病《や》む」と。吾云く、「病《や》む者有り、病《や》まざる者有り」と。山云く、「病《や》まざる者は是れ智頭陀《ちずだ》なること莫き麼《や》」と。

師云く、「古人謂《い》つ可し、『身を蔵《かく》して影を露《あら》わし、耳を掩《おお》いて鈴を偸《ぬす》む』と。建長、或《も》し人有りて『這裏、多少の人有りてか病《や》む』と問わば、山僧、住持事

○因僧病…因僧病小参。修行僧の一人が禅病に陥ったことに因んで行なった小参。○恣情…感情をほしいままにする。気ままにする。○万行…すべての善い行ない。あらゆる修行。○修己…我が身を修める。自己を修養する。○不廉…清廉潔白でない。人格や行ないが高潔でないさま。○参学道流…仏道に参学する人々。道流は高流とも。修行僧に対する尊称。○病魔…人にとりついて病気をひき起こさせるという魔物。病気を魔物にたとえていう。○煩悩魔…四魔の一つ。貪欲・瞋恚・愚痴などの煩悩が人の心身を悩まして善事をさせないことを魔にたとえていう。悩魔。○生死魔…死魔。衆生の死を定める魔。○入作…入り込む。取り込んで活力にする。○行亦禅坐亦禅…[補1]。○扭捏…理屈をこね回す。ひねくり回す。○逆順…逆うと従う。○安然…安らかなさま。安心したさま。○三十年…三十年は修行の年数[補2]。○諸仏正法眼、滅向瞎驢辺…諸仏の伝えた正しい教えがものの道理のわからぬところで滅びてしまう。仏法が伝わることの逆説的表現[補3]。○寸糸挂体千条命、匙飯充腸一百鞭…[補4]。○寸糸…少しの糸。衣の一糸。わずかな衣類。○匙飯充腸一百鞭…一匙のごはんで飢えをしのぎ、自己に鞭打つ。充腸は腹を満たす。食い飽きる。○肚皮…腹。腹の皮。○好児終不使爺銭…孝行息子は父親の財産など使わない。すぐれた子は親のすねを齧らない[補5]。

○潙山問道吾〜莫是智頭陀麼…[補6]。○潙山…潙仰宗祖の潙山霊祐（七七一〜八五三）のこと[補7]。○道吾…青原下の道吾円智（七六九〜八三五）のこと[補8]。

○智頭陀…円智頭陀の意で、道吾円智のこと。頭陀は、修行のために托鉢して歩くこと。

○蔵身露影…身を隠して正体がちらつく。言葉の中に他の意を含んでいること[補9]。○掩耳偸鈴…耳を掩いて鈴を偸む[補10]。○多少…どれほどの。多くの。○住持事繁…住職としての仕事が忙しい。解答

繁《しげ》し」と。主丈を拈じて云く、「主丈子を借りて、其の所問に酬《むく》いん。主丈答えて云く、『我が此にも亦た病む者有り、病まざる者有り』と。他《かれ》又た『誰か是れ病まざる者』と問わば、主丈云わん、『聖僧《しょうそう》』と。他《かれ》又た『孰《たれ》か是れ聖僧』と云わば、主丈、遂《つい》に一偈を以て答えて云わん、『頂門濶《ちょうもんひろ》きこと一丈、鼻孔《びくう》長きこと三尺。常に諸人の前に在りて、諸人倶《とも》に識《し》らず』」と。良久して、「若《も》し也《ま》た識得《しきとく》せば、禍《か》は此《こ》れ従《よ》り生ぜん」と。

を保留する意[補11]。

○聖僧…僧堂の中央に奉安する仏像[補12]。

○頂門濶一丈…頭の広さが一丈、約三メートル。○鼻孔長三尺…鼻の長さが三尺、九十センチメートル[補13]。○識得…本質をみてとる。よく理解すること。

6

解夏。「山に畬《あらた》して粟《あわ》を種《う》え、事忙しくして草書《そうしょ》するに及ばず。日に食《しょく》し夜に眠り、家貧しくして素供《そく》を辦じ難し。潙山《いさん》・仰山《ぎょうさん》、是《ぜ》なることは則ち是《ぜ》なるも、毒を以て相《あ》い攻《せ》め、心を措《お》くこと善ならず。検挙《けんこ》し将《も》ち来たれば、也《ま》た是《こ》れ其《そ》の父、羊を攘《ぬす》めば、其《そ》の子、証《しょう》を作す。建長、諸人が山に畬して粟《あわ》を種《う》えて宗風を埋没《まいぼつ》することを望まず。只《た》だ汝等、但《た》だ所得《しょとく》に従《よ》りて詣実《けいじつ》に供通することを要す。一夏の内、九旬の中、誰か蛇を将《もっ》て活龍《かつりゅう》と化《け》することを解《げ》す。此《ここ》に到りて、毫釐《ごうり》も如《も》し未だ脱せずば、雲山又た隔《へだ》つこと万重重《まんじゅうじゅう》たり」と。

挙す、法昌、衆に示して云く、「祖師西来して特に此の事《じ》を唱《とな》う。只《た》だ時人《じじん》の有ることを知らんことを要す。貧子《びんす》の衣珠《えじゅ》の如く、人従《よ》り得ず。三世の諸仏は只

○解夏…解夏の小参。夏安居が終わるのに因んで行なう小参。○畬山種粟～潙山仰山…[補1]。○畬山…畬は新たに開墾した田、焼き畑。新たな田を開墾する。○事忙不及草書…仕事が忙しすぎて走り書きする暇すらない[補2]。○家貧難辦素供…家貧難辦素食に同じ。家が貧しいために粗末な食事すら用意できない。貧乏の極地[補3]。○潙山…潙仰宗祖の潙山霊祐（七七一～八五三）のこと[補4]。○仰山…潙仰宗祖の仰山慧寂（八〇七～八八三）のこと[補5]。○検挙…見きわめ、調べあげること。○其父攘羊、其子作証…[補6]。○埋没…うずもれて見えなくなること。没頭して他を顧みないこと。○所得…自分の身に得ること。会得すること。○詣実…実際に符号する。真理に到達すること。○供通…指示に従って自分のものを供出すること。○活龍…活きている龍。本物の龍。○毫釐…ごくわずかなこと。ほんの少し。○雲山又隔万重重…[補7]。○雲山…雲の掛かっている遠く高い山。○万重…幾重にも重なりあうこと。

○法昌示衆云～懐宝迷邦…[補8]。○法昌…雲門宗の法昌倚遇（一〇〇五～一〇八一）のこと[補9]。○此事…このこと。仏祖の大道。仏法の一大事。○時人…その時代の人々。○知有…有ることを知る。そ

だ是れ珠を弄《ろう》する底の人なり、十地《じゅうじ》の菩薩は是れ珠を求むる底の人なり。汝等は正に是れ伶俜乞丐《れいへいこつかい》し、宝を懐《いだ》きて邦《くに》に迷う」と。

師云く、「祖師西自《よ》り東に至りて、事の唱う可き無し。法昌道《いわ》く、『人の有ることを知らんことを要す』と。又た道《いわ》く、『貧子《びんす》の衣珠《えじゅ》、珠を弄して珠を求む』より、『伶俜乞丐《へいれいこつかい》なり』の語に至りて、大《おお》いに影を画《か》き形を図して只管《しかん》に人をして尋覓《じんみゃく》せしむるに似たり。建長、一夏已《すで》に満《み》つ。也《ま》た諸人と商量《しょうりょう》して、心肝《しんかん》を露出《ろしゅつ》し腸を剖出《ぼうしゅつ》せん」と。膝《ひざ》を拍《う》つこと一下して、「大事は汝が為《た》めにし得《え》ず、小事は各自に祇当《しとう》せよ」と。

7

冬至。「山林は尽《ことごと》く已に群陰《ぐんいん》を剝《は》がし、本に復し根《ね》に帰して事最も深し。重ねて枝条《しじょう》を整《ととの》えて還《ま》た会得《えとく》せば、霊然《りょうぜん》の密運、今に在り。諸仁者《しょにんしゃ》、這裏《しゃり》に到って、俯仰折旋《ふぎょうせっせん》して、天真《てんしん》の造化《ぞうか》有ることを知らず。寒温動静《かんおんどうじょう》、須らく神妙《しんみょう》の陰陽《いんよう》を具《ぐ》することを信ずべし。此に於《お》いて洞達《どうたつ》せば、神妙《しんみょう》の陰陽《いんよう》、天真《てんしん》の造化《ぞうか》も我れに在り。衲僧分上、甚《なん》の陳年《ちんねん》の爛草鞋《らんそうあい》にか当たらん。更に『日南の長至《ちょうじ》、晷運《きうん》推移《すいい》す』と言わば、生殺盈虧《しょうさつえいき》、了《つい》に干渉《かんしょう》無し。恁麽《いんも》に挙唱《こしょう》するも、也《ま》た是《こ》れ風に随いて柁《かじ》を倒し、水を看《み》て渠《みぞ》を開く。大力量の人、何ぞ止《た》だ鼻を夾《はさ》むのみならん。雖然《しかれ》ども、梅花、香り暗に度《わた》るは、元《も》と大寒自《だいかんよ》り来たる」と。

れ（悟り）があることを知る。○貧子衣珠…『法華経』「五百弟子受記品」に載る衣裏繋珠の故事を踏まえる。[補10] ○十地菩薩…菩薩の五十二位の中の四十一位から五十位までの十地。○伶俜乞丐…丐食伶俜に同じ。さまよい落ちぶれ、食べものを乞うこと。○画影図形…似顔絵を図くこと。尋ね人の絵を書くこと。○只管…一途に。ひたすらに。○尋覓…捜索する。要求する。○商量…相談協議する。いろいろ考えて推し量ること。禅の教えを問答審議する。○露出心肝…心の中をさらけ出すこと。心肝は心と胆。真心。赤心。○剖出腸…はらわたを切り開く。○大事為汝不得、小事各自祇当…大きなことは何もしてやれないし、小さなことは各自で対応せよ[補11]。

○冬至…冬至の小参。冬至の日に因んで行なう小参。前日の夜に行なう。○群陰…群蔭。群がった翠蔭。ここでは草木の緑。○枝条…えだ。樹枝。○会得…物事の意味を十分とらえて自分のものとすること。○霊然密運…江戸期の『大覚禅師語録』では「霊然」を「霊山」に作る。霊鷲山で釈尊が摩訶迦葉との間でなした「拈華微笑」の公案[補1]。○諸仁者…大衆に対する呼び掛け。○俯仰折旋…折旋俯仰に同じ。まがりめぐり、うつむき、あおむくこと。日常の立ち居振る舞いを指す。○天真…作為を借りず、本来そのまま。自然のままで飾りけのないこと。○造化…天地自然の理。天地間の万物が生滅変転して、無窮に存在していくこと。○寒温動静…寒さ暖かさなど季節の移り変わり。○神妙…人知を超えた不思議なこと。○陰陽…中国古代の思想で、天地間にあり、互いに対立し依存し合いながら万物を形成している陰・陽二種の気。○洞達…抜け通る。貫き通る。知り尽くす。○衲僧分上…禅僧本来の持ち前。○陳年…ふるい年。年を経たさま。○爛草鞋…朽ちたわらじ。朽ちただれたわらじ。○日南長至…冬至の時に、太陽が一年で最も南の方向にあること。○晷運…日の光の運行。晷は日の光、日光の影。○推移…時が経つにつれて状態が変化すること。○生殺…生かすことと殺すこと。○盈虧…月が満ちたり欠けたりすること。物事が栄えたり衰えたりすること。○干渉…かかわりあうこと。関係。他人のことに立ち入って自分の意思に従わせようとすること。○挙唱丹霞《たんか》、木仏を焼くの公案を挙す。師云く、「一人は曲中に直有り、一人は直中に曲有り。箇裏《こり》、剖断《ぼうだん》得出せば、彼此、罪過弥天《ざいかみてん》なり。苟或《も》し然《しか》らずば、重ねて一頌を聴け。嗟《なげ》くに堪《たえ》えたり、院主《いんじゅ》の鬚眉《しゅうび》堕《お》つることを。華岳《かがく》を貪り観て、却って倒《さかしま》に騎る。尽く道《い》う、丹霞は俊快を呈すと。那《なん》ぞ知らん、眼を開きて阿鼻《あび》に入ることを」と。

8

除夜。「今歳今宵《こんさいこよい》、已《すで》に周《おわ》りを告ぐ。明年明日《みょうねんみょうにち》、又た頭《はじ》め従《よ》りす。新たに来たると旧く去ると誰か知委《ちい》す。独り欄竿《らんかん》に倚《よ》りて笑い休《や》まず。且らく道《い》え、箇《こ》の什麼《なに》をか笑う。你ら一隊の漢を笑う。西国自《よ》り東州に至りて、抖擻《とそう》せず摟捜《ろうそう》に随う。縦《たと》い善《よ》く調持するも、筋《きん》を傷《いた》ましめ骨《ほね》を動かす」と。喝一喝《かついっかつ》して、「剣去《さ》りて久し。爾《なんじ》、方《まさ》に舟に刻む。更に言う、禾山《かさん》の打鼓《だく》、象骨《ぞうこつ》の輥毬《こんきゅう》、帰宗《きす》の拽石《えいせき》、投子《とうす》の道油《どうゆ》と。尽《ことごと》く是《こ》れ崖に臨《のぞ》みて虎眼《こがん》を看《み》る。愁上《しゅうじょう》、更に愁いを添《そ》う。若《し》かず、当堂《とうどう》に挙似《こじ》して放つこと有り収《おさ》むること有らんには。臘月《ろうげつ》三十日已前に会得《えとく》せば、這箇《しゃこ》を付与《ふよ》せん。臘月三十日後に領《りょう》じ去《さ》らば、汝が髑髏《どくろ》を穿《うが》たん。是《こ》れ箇般《こはん》の事を知らば、便《すなわ》ち休《や》めよ。試《こころ》みに諸人に問《と》う、会す也不《や》」と。

挙す、洞山《とうざん》、衆に示して云く、「臘月三十日、汝、鼓《く》も也《ま》た打破《たは》し了《お》わり、

…口に出して唱える。古則や公案を提示し、唱える。○随風倒柁…風を見て適切に舵を取る。○看水開渠…水の流れを見て、的確に溝を掘る。○大力量人…すぐれた力量のある人。仏法を悟る器量を具えた人。○梅花香暗度、元自大寒来…[補2]。○大寒…二十四節気の一。寒さが一年のうちで最も厳しい。○丹霞焼木仏公案…「丹霞木仏」の公案[補3]。○丹霞…青原下の丹霞天然（七三九～八二四）のこと[補4]。○公案…公府の案牘。官庁の裁決案件。歴代祖師が示した仏法の課題。○剖断得出…しっかりと判断を下す。剖断は是非曲折を分かち定める。判決する。○罪過弥天…罪やあやまちが、空いっぱいに広がること。○院主…寺院の事務一切を主宰する者のこと。律院・教院の主たる者や、禅宗寺院の監寺・監院のことをいう。○堕鬚眉…ひげや眉毛が抜け落ちる。誤って法を説くと鬚眉が抜け落ちるとされる。○華岳貪観却倒騎…驢馬の背に逆さ乗りして華山から帰ってくる。達人の自由自在なありよう。張果老の故事[補5]。○華岳…華山のこと。中国五嶽の一つ。西嶽。陝西省華県にある。○俊快…すぐれてこころよい。○阿鼻…阿鼻地獄。五逆と謗法の大悪を犯した者が落ちる所。諸地獄を一としてその一千倍の責め苦を受けるという。○除夜…除夜の小参。十二月三十日の大晦日の晩に行なう小参。○知委…知る。○欄竿…てすり。○一隊…ひとまとまり。○抖擻…頭陀（梵：Dhūta）の古訳。頭陀行のこと。振るい立たせる。払い捨てる。振り捨てる。煩悩を振り払う修行。○摟捜…さがす。引き出してさがす。○調持…調え保つ。○剣去久矣、爾方刻舟…刻舟求剣に同じ。舟に目印を刻み剣を求める[補1]。○禾山打鼓…「禾山解打鼓」の公案[補2]。○禾山…青原下の禾山無殷（八八四～九六〇）のこと[補3]。○象骨輥毬…「雪峰輥毬」の公案[補4]。○象骨…象骨は雪峰山のこと。ここでは青原下の雪峰義存（八二二～九〇八）を指す[補5]。○帰宗拽石…「帰宗拽石」の公案[補6]。○帰宗…馬祖下の帰宗智常（不詳）のこと[補7]。○投子道油…「投子沽油」の公案[補8]。○投子…青原下の投子大同（八一九～九一四）のこと[補9]。○臨崖看虎眼…崖を前にして虎のするどい目に出くわした。進退窮まった情況。「臨崖看虎児」とも。○愁上更添愁…愁いの上にさらに愁いを増す。○当堂…まともに正面切って。○挙似…話題を提示

胡孫子《こそんす》も又《ま》た走却《そうきゃく》し了《お》わる。手は忙しく脚は乱れて、一も成ずる所無し。悔《く》ゆれども将《ま》た何ぞ及ばん。你、若《も》し是れ箇《こ》の衲僧《のうそう》ならば、乍《たちま》ち凍殺《とうさつ》餓殺《がさつ》するも、終《つい》に他の鶻臭《こつしゅう》の布衫《ふさん》を著《つ》けざる可し」と。

師云く、「大小の洞山、平白《へいはく》に人を欺く。殊に知らず、打鼓《たこ》既に破《は》し、胡孫《こそん》を失了《しつりょう》する底の人、何ぞ曽《かつ》て他《た》の鶻臭の布衫《ふさん》を著《つ》け来たらん。建長が這裏《しゃり》、破鼓《はこ》の打つ可き無く、胡孫《こそん》の弄《ろう》す可き無し。臘月三十日来たり、旧《ふる》きに依《よ》りて眼睛《がんぜい》定動《ていどう》す。切に忌む、鐘《かね》を喚《よ》びて甕《かめ》と作すことを」と。

9

結夏。「機関撥転《きかんはってん》し、戸牖豁開《こようかっかい》し、踏歩向前《とうほこうぜん》するに逢《あ》うこと罕《まれ》なり。多くは伊《かれ》を牽《ひ》けども入らざるを見る。況《いわ》んや暗号《あんごう》を呈し、正宗《しょうしゅう》を扶竪《ふじゅ》するをや。鄭州《ていしゅう》にて曹門を出づるも、猶《な》お程途《ていと》に渉《わた》れり。是《ここ》を以て、他の諸大老を労《ろう》して、拈槌《ねんつい》竪払《じゅほつ》し、倒用横施《とうゆうおうせ》せん。良医の門には病者愈《いよ》いよ盛《さか》んなり。建長、今夏、諸人と旧例に違《たが》わず、仍《よ》りて先規《せんき》に效《なら》いて、三月安居し、九旬禁足す。仏病祖病の一斉《いっせい》に掃除《そうじょ》し、聖解凡情《しょうげぼんじょう》の二つながら繋《つな》がる所無き者有ること莫《な》き麼《や》。任《た》伊《と》い這箇《しゃこ》の田地《でんち》に到るも、水も也《ま》た他底《たてい》を消《ついや》し得ず。何が故《ゆえ》ぞ、大海《たいかい》若《も》し足《た》ることを知らば、百川《ひゃくせん》、応《まさ》に倒《さかしま》に流るべし」と。

することと。○臘月三十日…十二月三十日。大晦日。○会得…物事の意味を十分理解して自分のものとすること。○付与這箇…そいつを授け与えること。○穿汝髑髏…お前のどくろをグサリと突き刺すぞ。○箇般事…このこと。このようなこと。○洞山示衆云～終不著他鶻臭布衫…[補10]。○洞山…雲門宗の洞山守初（九一〇～九九〇）のこと[補11]。○胡孫子…猿の別称。心の乱れにたとえられる[補12]。○走却…逃げていってしまう。○手忙脚乱…手足をバタバタする。○箇衲僧…一人の立派な禅僧。○凍殺餓殺…凍えると飢える。殺は強めの助字。○鶻臭布衫…うす汚れて悪臭を放つ布製の衣。鶻はハトのこと。布衫は麻などで作った単衣。○大小洞山…立派な洞山ともあろうものが。大小は「大小大～」とも。「～ともあろうものが」の意。○平白…なんの理由もなく。○眼睛定動…目の玉がちらりと動く。○喚鐘作甕…鐘のことを甕だという[補13]。

○結夏…結夏の小参。四月十四日、夏安居が始まる日の前夜に行なう小参。○撥転…手玉にとってあやつる。○戸牖豁開…戸と窓。からりと開けること。疑いや迷いが解けること。○踏歩向前…前に向かって歩みを進める。歩みを踏みしめて、前に向かって進む。○暗号…あらかじめ打ち合わせておく、合図のための言葉。○扶竪正宗…正しい宗旨を助け立てる。○鄭州出曹門…開封（河南省）から西のかた鄭州（河南省）へ行くのに、東の曹門（建陽門）から出発する[補1]。○程途…道程。ある地点に着くまでの距離。○拈槌竪払…槌を手に取ったり払子を立てたり。最もありふれた手段。○倒用横施…横拈倒用《おうねんとうよう》。縦のものを横にしたり、さかさまにしたりして、自在に使いこなす。○良医之門病者愈盛…医術にすぐれた医者のもとには多くの患者が集まるの意か。○安居…雨安居・夏安居のこと。四月十五日から七月十五日の雨季の間、外出せずに寺院で修行すること。○九旬禁足…安居結制の九十日の間、寺から一歩も外出しないで、もっぱら坐禅修行に努めること。○仏病祖病…仏という病、祖という病。仏祖にとらわれて自由を得ない禅病[補2]。○一斉…同時にそろって何かをすること。○掃除…払い除くこと。○聖解凡情…悟りに対するとらわれと凡夫の心情。○田地…田畑。心境・境地。○消他底不得…それを使いこなせない。○大海若知足、百川応倒流…[補3]。

挙す、僧、永明《ようめい》に問う、「祖師西来す、未審《いぶかし》、箇《こ》の什麼《なに》をか伝う」と。明云く、「箇《こ》の策子《さくし》を伝う」と。僧云く、「恁麽《いんも》ならば則ち心外に法有り去る也《や》」と。明云く、「心内に法無し」と。

師云く、「心内と心外、法有ると法無きと。烏《からす》は染め成すに非ず、鵠《おおとり》は本と自《よ》り白し。徒《いたずら》に機前《きぜん》に向かって強《し》いて名邈《みょうばく》す。山僧が口は是れ禍門《かもん》なり、諸人の貶剝《へんぱく》するに一任す」と。

10

解制《かいせい》。「西祖、本より伝うる所無し。伝うる所の者は、茲の無文《むもん》の印子《いんす》を伝う。東土、遞《たが》いに相い付託《ふたく》す。付託する者は、此の無心の道人に託す。無心の道人、何処《いづく》にか在る。無文《むもん》の印子、是れ誰か収む。建長、敢《あ》えて嚢蔵《のうぞう》被蓋《ひがい》し誑説妄談《きょうせつもうだん》せず。今夜、無文《むもん》の印子を将《もっ》て諸人に挙似《こじ》し去らん」と。払子を以《もっ》て円相を打して云く、「眼有る者は見、耳有る者は聞く。聞見《もんけん》既に親しきに、甚《なん》に因《よ》ってか之れを領じ得ざる。一夏《いちげ》、畢《お》わりを告げ、九旬《くじゅん》已に終わる。衆中、無心の道人として、円覚伽藍《えんがくがらん》を踏翻《とうほん》し、無文《むもん》の印子を願わざる者有ること莫き麽《や》」と。良久して、「独り江頭《こうとう》に立ちて消息《しょうそく》を問えば、蘆花《ろか》相い倚《よ》りて秋を知らず」と。

挙す、潙山《いさん》、侍者をして院主を喚《よ》ばしむ。院主至る。山云く、「我れ院主を喚ぶ。

○僧問永明〜心内無法…[補4]。○永明…法眼宗の永明道潜（?〜九六一）のこと[補5]。○未審…いぶかし。まだ詳しくはわからない。いったい。そもそも。はてさて。○策子…綴じた本。冊子。○心外有法…心の外に別にものがある。

○烏非染成、鵠本自白…[補6]。○鵠…くぐい。白鳥。○機前…機先。ものごとの起こらぬ前。○名邈…物や人に名称をつけ形象化する。○口是禍門…口は禍いのもと。災いの入り口。禍門は災いのあるところ。○貶剝…非難する。こきおろす。

○解制…解制の小参。夏安居が終わるのに因んで行なう小参。○西祖本無所伝、所伝者伝茲無文印子…[補1]。○西祖…西来祖師の意で、達磨のこと[補2]。○無文印子…文字のない印。不立文字。以心伝心の印。○付託…物事の処置などを頼み任せること。○無心道人…一切において何も求めることのない仏道の行人。○嚢蔵被蓋…袋に収めたり布団で覆いつくす。○誑説妄談…うそやでたらめなことをいう。○挙似…話題を提示すること。

○九旬…安居結制が九十日間であること。一旬は十日間。○円覚伽藍…円満なる仏の悟りを修する堂宇。仏法が満ちた寺院。○踏翻…蹴っ飛ばす。打ち払う。○江頭…川のほとり。入り江のそば。○消息…情況、実態。○蘆花…アシの白い花。

○潙山令侍者〜将謂有何処分…[補3]。○潙山…潙仰宗祖の潙山霊祐

你来たりて甚麽《なに》をか作《な》す」と。主、対《こた》うる無し。保寧《ほねい》、代わりて云く、「将《まさ》に謂《おも》えり、何の処分《しょぶん》か有る」と。

師云く、「彼の時、建長、若《も》し是れ院主ならば、潙山の『我れ院主を喚ぶ、你来たりて甚麽《なに》をか作す』と道《い》うを待ちて、但だ他《かれ》に向かって道わん、『是れ更に第二箇有ること莫《な》き那《や》』と。潙山若《も》し『只《た》だ這《こ》の一箇も也《ま》た消得《しょうとく》せず』と道《い》わば、却って潙山を指して云わん、『背後底《はいごてい》、聻《にい》』と。他若《かれも》し頭を回らさば、他《かれ》が与《た》めに嗄《さ》一声して便ち出で去り、這《こ》の老漢《ろうかん》をして収拾不上《しゅうしゅうふじょう》ならしめん。雖然《しかれ》ども、遂事《すいじ》は諫《いさ》めること莫く、既往《きおう》は咎《とが》むること莫し。且らく道《い》え、潙山が侍者をして院主を喚ばしむる意は何処《いづく》にか在る。我が此の一衆、若《も》し定当得出《じょうとうとくしゅつ》せば、你に百両の金を与えん」と。

11

冬至。「風雲を観て休咎《きゅうきゅう》を識《し》る。正因《しょういん》は人前にては早や啣嚠《しつりゅう》ならず。須らく知るべし、壷内《こない》に別に乾坤《けんこん》有ることを。無限の煙霞《えんか》を納めて、図画に伝え難し。有余《うよ》の星月《せいげつ》を朗《あき》らかにして、昏衢《こんく》を燭《とも》し尽くす。此れに似たるの者も、猶お是れ他《かれ》の奴なり。所以《ゆえ》に道《い》う、『道の消《おとろ》えるや我れ消《おとろ》えず、道の長《さか》えるや我れ長《さか》えず』と。既に消《おとろ》えず、又た長《さか》えず、独り二儀の先に超え、万物の上に端居《たんきょ》す。先に超え上に居することは即ち問わず。且《しば》らく道《い》え、他《かれ》は是れ阿誰《たれ》ぞ」と。

（七七一～八五三）のこと[補4]。○院主…寺院の事務一切を主宰する者のこと。律院・教院の主たる者や、禅宗寺院の監寺・監院のことをいう。○保寧…臨済宗楊岐派の保寧仁勇（不詳）のこと[補5]。○将謂…将に謂えり～と。～とばかり思っていた。思い違いをしていた意を表す。○処分…物事の扱い方について取り決めること。また、それに従って取り扱い、きまりをつけること。

○第二箇…第二人。もう一人。○消得…享受してのける、使いこなす。

○背後底…背後にあるもの。○聻…詰問や念を押す意の言葉。○回頭…廻首。振り返る。ふり向いて後ろを見る。○嗄…シャッ！という声。またその声を発すること。驚き訝る声。多く判断停止を迫る場合に用いる。○収拾不上…取り集められない。取り片付けられない。○遂事莫諫、既往莫咎…遂事不諫、既往不咎に同じ。すでに過ぎ去ったことは咎め立てしない[補6]。○遂事…既になし遂げたこと。行なってしまったこと。○定当得出…勘どころをしっかりとつかむ。定当は的当と同じ。ぴったりとすること。

○冬至…冬至の小参。冬至の日に因んで行なう小参。前日の夜に行なう。○風雲…風と雲。自然の動き。○休咎…善悪。吉凶。喜びと禍い。○正因…物事の直接的な原因。○啣嚠…即嚠・啣溜。できあがっている、さとい。きりきりしゃんとしている。不啣嚠で、ぱっとしない。冴えないの意。○壷内有別乾坤…後漢の費長房の故事[補1]。○煙霞…煙と霞。また、煙のように立ちこめた霞やもや。○図画…図と画。図面と絵画。○有余…あり余る。非常にたくさんある。○昏衢…暗闇の中の町。救いのない世の中。○道之消也我不消、道之長也我不長…[補2]。○消長…衰えることと栄えること。○二儀…天と地。陰と陽。二儀の先で、天地・陰陽などの二つに分かれる以前。○万物上…万物上で、万物が生ずるもと。万物はあらゆるもの。宇宙に存在するすべてのもの。○端居…端然としていること。あちこちせずにいること。

良久《りょうきゅう》して、「看る時は隠隠《いんいん》として相い追逐《ついちく》す。去りて後は単単として又た復《かえ》り来たる」と。

挙す、巴陵《はりょう》、因《ちな》みに僧問う、「祖意と教意は是れ同じきか是れ別なるか」と。陵云く、「鶏《にわとり》は寒うして樹に上り、鴨は寒うして水に下る」と。

若《も》し建長に問うこと有らば、即ち他《かれ》に向かって道《い》わん、「氷河《ひょうが》は焔《ほのお》を発して天に連なりて赤く、石笋《せきじゅん》は枝を生じて地を払って青し」と。是の如き答話《とうわ》、還《は》た巴陵と相い近き那《や》、相い遠き那《や》。元因《げんいん》を識《し》らんと要《ほっ》せば、更《さら》に一頌《いちじゅ》を聴け。築(筑カ)前の一箭《いっせん》、東州《とうしゅう》を越え、毛人《もうじん》を趕退《かんたい》す無地の頭《ほとり》。胡王《こおう》に謁《えつ》して端的《たんてき》を問わんと欲するも、草にて熊野に迷いて、路《みち》は悠悠《ゆうゆう》たり」と。

12

除夜。「今宵《こよい》、旧を送るに何処《いづく》にか帰す。明日、新を迎えて此の山に到らしむ。旧去《さ》りて新来《きた》たるは、誰か造作《ぞうさ》す。欄《てすり》に凭《もた》れて、覚えず欣顔《きんがん》を動かす。現前《げんぜん》の一衆《いっしゅ》、其の中に人有りて建長が欣喜《きんき》せる処を識得《しきとく》せば、便ち従上《じゅうじょう》の祖師の一一に漏賺《ろうけん》すること少なからざるを知らん。今夜、露地の牛を烹《に》て鉄餕餡《てっさんとう》を喫すること能わず。総《す》べて是れ昔人の踏破《とうは》する底の草鞋《そうあい》なり。寒梅の為めに些《いささ》かの仏法の玄妙を説き去らんと欲するも、大庾嶺《だいゆれい》頭より移し来たるの種は、孤標清痩《こひょうせいそう》

端坐する。○看時隠隠相追逐、去後単単又復来…本来の自己はとらえようとすれば隠れてしまい、放ち捨てるとただ独りその姿を現してくる。○隠隠…かすかではっきりしないさま。○追逐…逃げる者を追う。あとを追い回す。追い求める。○単単…独に同じ。ただ独りだけ。

○巴陵因僧問～鴨寒下水…［補3］。○巴陵…雲門宗の巴陵顥鑑（不詳）のこと［補4］。○氷河発焔連天赤、石笋生枝払地青…［補5］。○石笋…鍾乳洞の床にみられる、たけのこ状の岩石。○元因…原因。もと。起こり。○築前…大宰府に存する九州筑前（福岡県）の地。○東州…東国。関東。○毛人…毛深い人。蝦夷。えびす。○趕退…赶退。追い払う。○無地…土地がないこと。土地を持たないこと。○胡王…北方・西方の民族の王。ここでは毛人の王。○端的…はっきりとしているさま。そのものずばりのありよう。○熊野…紀伊半島、熊野地方のこと。熊野古道として世界遺産になっている。○悠悠…はるかに遠いさま。限りなく続くさま。

○除夜…除夜の小参。十二月三十日の大晦日の晩に行なう小参。○造作…意識してつくりだすこと。○欣顔…笑い顔。えみ。○欣喜…喜んで小躍りすること。非常に喜ぶこと。○識得…本質を見てとる。よく理解すること。○従上祖師…歴代の祖師。仏祖。西天東土の歴代祖師。○漏賺…騙す。誑す。ごまかして人をあざむく。○露地牛…露地の白牛。屋外にある大白牛車のこと。『法華経』「譬喩品」にある説。一乗の教え。○鉄餕餡…鉄で作ったマントウ。歯が立たない、取りつくしまもないもののたとえ。餕餡は僧侶が食べる精進のマントウ［補1］。○昔人踏破底草鞋…往古の祖師が履きつづけてボロボロになったわらじ。ここでは祖師が使い古した言葉の意。○玄妙…奥深く微妙な道理。○寒梅…寒中に咲く梅。寒さの中で修行する僧にたとえる。○大庾嶺…南安府（江西省）大庾県南江西省と広東省の境にある山。唐代に張九齢が梅を植えて梅嶺と名づけ、六祖慧能ゆかりの地としても知られる。○孤標…ひとり抜きん出ていること。群を抜いて高いこと。○

にして林下に槎枒《さが》たり。也《ま》た傍観《ぼうかん》有るも、攀恋《はんれん》し及ばず、果たして是れ十分の笑瞼《しょうれん》なり。暗に渡る清香《せいこう》、一点の芳心《ほうしん》を露出して、已に的信《てきしん》を伝う。更に甚《なん》の『南枝《なんし》は暖に向かい、北枝《ほくし》は陽に背《そむ》く』とか説かん。春色は本より高下無く、花条は各おの短長有り」と。大衆を召して云く、「既に高下無し、争《いか》でか短長有らん。他《か》の百卉《ひゃっき》に超えて先に開発するも、猶お三冬に向かって雪霜《せっそう》に傲《おご》る」と。

挙す、龐居士《ほうこじ》、大梅《だいばい》に到りて、遂に問う、「久しく大梅と嚮《ひび》く。知らず、熟す未《や》」とは、常に草棒《そうぼう》を持ちて平人を撥乱《はつらん》す。梅云く、「你《なんじ》、甚処《いずこ》に向かってか口を下さん」とは、賊を勾《ひ》いて門に入る。士云く、「百雑砕《ひゃくざっさい》」とは、未だ咬著《こうじゃく》せざれり。梅云く、「我れに核子を還《かえ》し来たれ」とは、重ねて勘《かんが》えれば即ち明らかなり。居士、便ち礼拝すとは、理に伏する人は得難《えがた》し。雖然《しかれ》ども、居士・大梅は一得一失なり。諸人、点検得出《てんけんとくしゅつ》せば、山僧、跡を安ずるに処無し」と。

13

結夏。「漫天《まんてん》の網《あみ》を布《し》くも、山禽《さんきん》・籬雀《りじゃく》は羅籠《らろう》するに在らず。選仏場《せんぶつじょう》を開くも、鉄額《てつがく》・銅頭《どうとう》は応に入作《にゅうさ》するに難かるべし。今夏の禁足安居《きんそくあんご》、一条の大道を闢《ひら》き、諸人をして行じ去らしむ。箇裏《こり》に人有り、踏歩《とうほ》向前して性命《しょうみょう》を存せざれば、便ち請う、鉄馬に騎《の》り泥牛《でいぎゅう》に跨《またが》りて、北鬱単越《ほくうつたんえつ》・東勝身州《とうしょうしんしゅう》を抹過し、然《しか》る後に緩

清瘦…やせてすらりとしているさま。○槎枒…木の枝がそいだように角ばって入り組むさま。ふぞろいに突き出るさま。○傍観…傍らで見ること。事に関与せずそばでただ見ていること。○攀恋…すがりつき慕う。なごり惜しむ。○笑瞼…えがお。瞼はまぶた、顔面、顔。○芳心…芳魂。花の精。美しい魂。香る花の蕊。○的信…本当の春の知らせ。春のおとずれ。○南枝向暖、北枝背陽…南の枝では日の光に向かってぬくもり始めているのに、北の枝では日が当たらず寒々している。同じ春の日を受けていても別々である[補2]。○春色本無高下、花条各有短長…春の日に高下の差などないが、花の咲く枝はそれぞれ短い長いの別がある[補3]。○百卉…草草。すべの草木。○開発…つぼみを発する。花が咲く。○向三冬傲雪霜…[補4]。○三冬…初冬・仲冬・晩冬の三か月。陰暦の十月から十二月までの冬三ヶ月。○龐居士〜伏理人難得…[補5]。○龐居士…馬祖下の龐蘊（?〜八〇八）のこと[補6]。○大梅…馬祖下の大梅法常（七五二〜八三九）のこと[補7]。○草棒…荒い拄杖。粗雑な接化をいう。○平人…普通の人。ただの人。健康な人。○撥乱…乱れた世の中を治める、乱を治める。禅語では乱を起こす、かき乱すの意。○下口…咬む。嚙みつく。○勾賊入門…泥棒を引き込んで家の中に入れる。○百雑砕…こっぱみじん。粉々に叩きこわす。○咬著…咬みくだく。著は動作の完成を示す助字。○核子…種。さね。果実の中心にあるもの。○重勘…よくよく取り調べてみる。○伏理…道理に屈服する。○一得一失…得るところもあり、失うところもある。一利一害。一方を肯い、一方を否定する。○点検得出…しっかりと調べ上げることができれば。○安跡…身を置く。足を立てる。

○結夏…結夏の小参。四月十四日、夏安居が始まる日の前夜に行なう小参。○漫天…天一面に広がること。天のすみずみまでゆきわたること。○山禽…山中に潜む鳥。やまどり。○籬雀…垣根にたわむれる雀。○羅籠…網やカゴに入れる。思い通りに統御する。○選仏場…仏祖を選び出す場所。禅宗寺院の僧堂のこと。○鉄額銅頭…鉄の額と銅の頭。共に堅固さのたとえ[補1]。○入作…取り込んで活力にする。取り入れて活用する。○禁足安居…安居結制の間、寺から一歩も外出しないで、もっぱら坐禅修行に努めること。○一条大道…一すじの大いなる

緩に巨福山頂に帰り来たりて、共に無糸の線を整え、同じく没底の舟に乗り、蝦蠏《かかい》・魚龍《ぎょりゅう》をば、一網に収めんことを。恁麽《いんも》の告報、総べて是れ空に就いて橛を釘ち、石を圧して油を出だす。若《し》かず、実に拠りて論じ、虚頭を用い弗《ざ》らんには。無なる時は捜討《そうとう》して看よ。有なる処は追求すること莫かれ。飯を喫して腸に充て、飽《あ》けば便ち休す」と。

挙す、趙州《じょうしゅう》、衆に示して云く、「纔《わず》かに是非有れば、紛然《ふんぜん》として心を失す。還《は》た答話《とうわ》の分有り也無《や》」と。時に僧有り、出でて沙弥《しゃみ》を一掌して便ち行く。州便《すなわ》ち方丈に帰る。晩に至りて、州、侍者に問う、「適来《せきらい》、問話の僧、在り否《や》」と。侍者云く、「其《そ》の時、便ち去れり」と。州云く、「三十年、馬騎《ばき》を弄《もてあそ》ぶも、今日、驢《ろ》に撲《ぼく》せらる」と。

師云く、「大丈夫の漢、闘えば則ち明らかに闘い、輸《まけ》れば則ち明らかに輸《まけ》る。這《こ》の僧、賊鎗《ぞくそう》を奪いて賊を殺す底の手段有りと雖《いえど》も、極則の処に到りては、先ず一条の走路を討《たず》ぬ。趙州《じょうしゅう》は平生《へいぜい》、人を陥《おとしい》るるの計有るに、甚《なん》に因《よ》ってか這《こ》の僧去りて後、却《かえ》って道《い》う、『三十年、馬騎《ばき》を弄ぶも、今日、驢《ろ》に撲《ぼく》せらる』と。意は何《いづく》にか在る。暗に弓箭《きゅうせん》を施すは、是れ好心にあらず。建長《けんちょう》も也た竿木の身に随う有り、未だ東に抛ち西に擲つことを免れず、『纔かに是非有れば、紛然とし

道。仏祖の踏み行なった道。○箇裏…ここ。這裏と同じ。○踏歩向前…前に向かって歩みを進める。歩みを踏みしめて、前に向かって進む。○性命…寿命。生まれながら天から授かった命。○騎鉄馬跨泥牛…[補2]。○鉄馬…鉄でできた馬。鉄甲をつけた軍馬。○泥牛…泥で作った牛。慮知分別の固まり[補3]。○北鬱単越…四大洲の一つで、北倶盧洲（梵：Uttara-kuruḥ）のこと。須弥山の北方にある大陸。○東勝身州…四大洲の一つで、東勝身州（梵：Pūrva-videhaḥ）のこと。須弥山の東方にある大陸。○抹過…一瞬に過ぎ去ること。○緩緩…ゆるやかで急がないさま。○無糸線…糸のない線。○没底舟…底のない舟。○蝦蠏…エビとカニ。○魚龍…魚や竜。ウロコのある動物。○一網…一つの網。また、網でひとすくいすること。○告報…告げ知らせること。○就空釘橛…空に杭を打つ。○圧石出油…石を押して油を出そうとする。○虚頭…うそ。みせかせ。無内容。○捜討…調べ求める。探し尋ねる。○追求…追いかけて探す。○趙州示衆云～今日被驢撲…[補4]。○趙州…南嶽下の趙州従諗（七七八～八九七）のこと[補5]。○纔有是非、紛然失心…わずかでも是非分別の心が起こると、たちまちに本心を見失う[補6]。○将沙弥…沙弥を。沙弥は沙弥戒を受けたのみの僧。将は「を」の意。○一掌…平手で一打ちする。平手打ちを一度くらわすこと。○方丈…禅宗寺院で住職の居室。○適来…いましがた。さきほど。○馬騎…馬伎。馬を乗りこなす手なみ。○撲…放り投げる。

○大丈夫…立派な男子。○奪賊鎗殺賊…賊の槍を奪い取って賊を殺す。さか手を取ること[補7]。○極則…究極の真理。第一義。これ以上にない方法。○走路…逃走する道。逃げ道。○平生…いつも。つね日ごろ。

○弓箭…弓と矢。○好心…好意。良い心。○竿木随身…芸人が竿木を自在にあやつること。その時々の場面や状況に応じて自由自在に行動することにたとえる。臨機応変な振る舞い[補8]。○東抛西擲…あちこちに放り捨てる。

て心を失す。還《は》た答話の分有り也無《や》』と。今夜忽ち僧有りて出でて問わば、我れ与《た》めに頭抵《とうてい》を作し去らんと要《ほっ》す。有り麼《や》、有り麼《や》。菸菟《えんと》を縛《とら》えんと欲するに、狐狼《ころう》競い走る」と。

○頭抵…ぶつかりあい。角つき合わす。体当たり。○菸菟…於菟。虎のこと。○狐狼…キツネとオオカミ。

14 解夏。挙す、臨済、黄蘗《おうばく》を辞す。蘗、問うて云く、「子《なんじ》、何処《いずれ》に向かってか去る」と。済云く、「是れ河南《かなん》にあらざれば、定んで是れ河北《かほく》ならん」と。蘗、便《すなわ》ち打つ。済、把住《はじゅう》して却って黄蘗に一掌《いっしょう》を与《あた》う。蘗、呵呵大笑《かかたいしょう》して「侍者よ、先師の禅板・払子を将《も》ち来たれ」と喚ぶ。済も亦た「侍者よ、火を将《も》ち来たれ」と喚ぶ。蘗云く、「汝、但《た》だ将《も》ち去れ、已後《いご》、天下人《てんかにん》の舌頭を坐却《ざきゃく》せん」と。師云く、「父、慈ならざれば、子は孝ならず。法、正しからざれば、令は行なわれず。黄蘗・臨済、慈孝《じこう》並び行ない法令倶《とも》に正しと雖も、末後に他《かれ》に禅板《ぜんぱん》・払子《ほっす》を付す。臨済は甚《なん》に因ってか『火を将ち来たれ』と喚ぶ。諸人、還《は》た落処《らくしょ》を知る麼《や》」と。良久して膝を拍《う》つこと一下《いちげ》して云く、「鴻門《こうもん》にて踏断《とうだん》して樊噲《はんかい》を見る。細柳営威《さいりゅうえいい》にて亜夫《あふ》を賞《ほ》む」と。

○解夏…解夏の小参。夏安居が終わるのに因んで行なう小参。○臨済辞黄蘗〜坐却天下人舌頭…[補1]。○臨済…臨済宗祖の臨済義玄（?〜八六六）のこと[補2]。○黄蘗…南嶽下の黄檗希運（不詳）のこと[補3]。○河南…黄河の南。○河北…黄河の北。○把住…胸ぐらを曳っ摑まえる。○一掌…平手で一打ちする。平手打ちを一度くらわすこと。○呵呵大笑…大笑いすること。呵呵は笑いの擬音。○先師…亡き師。ここでは馬祖下の百丈懐海のこと。○坐却天下人舌頭…天下の人々の舌の根を押さえ込んでものが言えなくする。坐却は挫く、へし折る。○慈孝…慈愛と孝心。親をいつくしみ、よく尽くすこと。○末後…最後。最期。命の終わるとき。○禅板…禅版とも。倚版。坐禅の時に身を寄せるための道具。○払子…蚊やハエを払う道具。○落処…つぼ。究極のポイント。かんどころ。落ちつき場所。○鴻門…長安（陝西省西安市）の東北、臨潼県の東部にある地名。漢の劉邦（高祖）と楚の項羽が会見した所[補4]。○踏断…しっかりと踏みしめる。○樊噲…前漢の武将、樊噲（?〜前一八九）のこと。鴻門の会で劉邦の命を救い、漢の建国後、その功により舞陽侯に封じられた[補5]。○細柳営…漢の将軍周亜夫が細柳（陝西省咸陽県）に営んだ軍営[補6]。○亜夫…漢の将軍、周亜夫（?〜前一四三）のこと[補7]。

15 事に因む小参《しょうさん》。「吾《わ》が宗の三句《さんく》、達士《たっし》の一綱《いちごう》、底を尽して剗却《さんきゃく》し、裏に就きて開張《かいちょう》す。綱の正しからざれば、則ち眼眼順《したが》わず。句の妙を得ば、則ち語語は常

○因事小参…特別な事に因んで行なう小参。○吾宗三句…臨済三句のこと[補1]。○達士…すぐれた人。達人。ここでは仏道に通達した人。○一綱…一つの規律。綱紀。○剗却…削り除く。平らかにならす。○

に非ず。所以《ゆえ》に徳山《とくさん》は仏殿を拆き、丹霞《たんか》は木仏を焼き、黄蘗《おうばく》は羅漢《らかん》を打ち、皓老《こうろう》は布裩《ふこん》に題す。後代を引き得て、松を指して竹に唾《つば》し、犬を売りて羊を提《さ》げ、蘆《あし》を鋪《し》きて塹《ほり》を覆い、聖を堕《お》とし良を坑《お》とす。今に至りて、禍《わざわい》を流して扶桑《ふそう》に在り。百煉《ひゃくれん》の精金、愈《いよ》いよ光を見る。衆中、若《も》し此の作者《さくしゃ》有り麼《や》。若《も》し有らば、山僧《さんぞう》、犂《すき》を拕《ひ》き把《つか》を拽《ひ》き、稷《あわ》を搗《つ》き糧《かて》を負《お》って、渠儂《かれ》に供給《きょうきゅう》すること三十霜せん。如《も》し無くば、是非を把《と》り来たりて我れを辨ずること莫《な》かれ。浮生《ふしょう》の穿鑿《せんさく》、相い傷《いた》まず」と。

復《ま》た云《いわ》く、「蓋載発育《がいさいはついく》することは、天地に出でたるは無し。所以《ゆえ》に聖人《せいじん》は天地を以て本《もと》と為《な》す。故に曰《い》う、『聖《せい》は天を希《こいねが》う』と。三綱五常を行じて、国を輔《たす》け化《け》を弘《ひろ》む。賢者《けんじゃ》は聖徳《せいとく》を以て心と為《な》す。故《ゆえ》に曰《い》う『賢は聖を希《こいねが》う』と。身を正し意を誠にし、佞《ねい》を去り姦《かん》を絶つ。英士《えいし》は賢人の蹤を踏む。故《ゆえ》に曰《い》う『士は賢を希《こいねが》う』と。乾坤《けんこん》の内、宇宙の間、教化を興し黎民《れいみん》を済《すく》うは、実に人に在《あ》る耳《のみ》。人、尊貴《そんき》なりと雖《いえど》も、未だ尊貴と為《な》さず。尊貴とする所の者は、吾が仏の教えなり。豈に聞かずや、昔日、霊山会上、八万衆の時、梵釈《ぼんしゃく》は前後に侍衛《じえい》し、諸天は拱随す。此の尊貴、又た人間聖賢《せいけん》の造詣《ぞうけい》する所に非ず哉《や》。今、我等、忝《かたじけ》なくも後裔《こうえい》と為《な》り、仏袈裟を披《き》て、百分中に於いて、寧《いず》くんぞ其の一二に効《なら》わざらん矣《や》。世は末世なりと雖も、法に二法無し。所以《ゆえ》に道《い》う、『道は邇《ちか》きに在《あ》り、

開張…いっぱいに開く。大きく開いて広げる。すべて見せる。○徳山拆仏殿…[補2]。○徳山…青原下の徳山宣鑑（七八〇～八六五）のこと[補3]。○丹霞焼木仏…「丹霞木仏」の公案[補4]。○丹霞…青原下の丹霞天然（七三九～八二四）のこと[補5]。○黄蘗打羅漢…[補6]。○黄蘗…南嶽下の黄檗希運（不詳）のこと[補7]。○皓老題布裩…「荊門犢鼻」の公案[補8]。○皓老…雲門宗の玉泉承皓（一〇一一～一〇九一）のこと[補9]。○布裩…褌と同じ。ももひき、したばかま。○引得後代…後の世の法孫を導き入れる。○指松唾竹…松を指して竹をののしること。あてこすりをいう。○売犬提羊…羊頭狗肉のこと。犬の肉を売りながら、羊肉の看板を掲げている。見せかけと実物が一致しない。○鋪蘆覆塹…蘆の葉を敷いて城の堀を覆う。敵をだますこと。修行僧をたぶらかすこと。○堕聖坑良…聖を凡に落とし、良民を卑しめる。わざわざ相手を貶める。○流禍在扶桑…この禅宗のやりかたを日本に持ち込んだこと。○百煉精金…練りに練り鍛えた黄金。○作者…作家に同じ。練達した禅僧。○稷…穀物の名。あわ。○渠儂…彼。彼ら。○供給…必要に応じて、物を与えること。○三十霜…三十年の星霜。○辨…弁別する。貶める。○浮生…はかない人生。○穿鑿…穴をうがち掘ること。細かなところまで根ほり葉ほりたずねること。○蓋載…覆うことと載せること。○発育…育って大きくなること。ものを育成すること。○聖人…知識や徳望がすぐれ、世の模範と仰がれるような人。○聖希天…聖人が天を希う。天の徳に及ばんことを願う[補10]。○三綱…儒教で、君臣・父子・夫婦の踏み行なうべき道。○五常…儒教で人が常に守るべきものとする五つの道。仁・義・礼・智・信の五つの道徳。○賢者…道理に通じたかしこい人。○聖徳…天子の徳。最もすぐれた知恵。○賢希聖…賢者が聖者の徳に及ばんことを願う[補11]。○佞…口先巧みなこと。おもねへつらうこと。○姦…悪がしこくねじけていること。よこしまなこと。○英士…ぬきんでてすぐれた人物。英傑。○賢人…聖人に次いで徳のある人。また、賢い人。賢者。○士希賢…士人が賢者の徳に及ばんことを願う[補12]。○乾坤…天と地。○宇宙…宇は空間、宙は時間。十方と古今。空間と時間。○黎民…一般の人民。○尊貴…きわめて尊いこと。○昔日霊山会上八万衆時、梵釈前後侍衛、諸天拱随…[補13]。○霊山会上…王舎城

之れを求むれば則ち遠し。事は易《やす》きに在り、之れを捨つれば則ち難し』と。難易は他人《たにん》の咎に非ず。即ち我れ力を全うせざるなり。力既に全うせば、則ち万仞《ばんじん》の鉄山も一撃に透る可し。心《こころ》実ならざれば、則ち繊毫《せんごう》の関捩《かんれい》、百計《ひゃっけい》しても通ぜず。釈尊の花を挙ぐるの後、迦葉相伝して自《よ》り以来、二千余年、其の間、吾が教と讐《あだ》と為《な》す者、破砕《はさい》せんと欲《ほっ》せば復《ま》た全《まった》し、撲滅《ぼくめつ》せんと擬《ほっ》せば愈《いよ》いよ朗《あき》らかなり。百千の計較《けきょう》、之れを損するに由し無し。二十八祖達磨大師、西自《よ》り東に至り、梁に遊び魏を歴《へ》て、嫉妬謗辱《しっとぼうじょく》せらる者、数回を経《へ》ると雖《こと》も、之れを此の朝に比するに、紛紜《ふんうん》として猶お甚《はなは》だし。何が故ぞ。吾が祖、人の嫉《ねた》む所の者は、蓋《けだ》し智辨《ちべん》及ばず、法道斉《ひと》しくし難し。是を以て、愧《き》を心に負うれば、深き嫉《しっ》に非ざるなり。二祖・三祖に至りて、大法を伝うと雖も、斯《こ》の道未だ行なわれず。猶お無識《むしき》の徒の潜《ひそ》かに損害《そんがい》を興すことを忌《い》む。後に五祖《ごそ》の黄梅に至りて、方《まさ》に始めて機投じ縁就《つ》きて、聞く者、咸《み》な其の風に趨《おもむ》かざる莫《な》し。継《つ》いで老盧《ろうろ》が伝衣の後、便ち見る、列刹相《あ》い望みて、各おの一方に拠《よ》り、得道《とくどう》の者、何ぞ止《た》だ千万のみならん。其《そ》の中、未だ暗地《あんち》に紙に書して人の是非《ぜひ》を数え、穢語《えご》もて他を染《け》がす徒にして此の法を伝うることを聞かず。予、極西《きょくせい》の地従《よ》り、極東《きょくとう》の州に至り、縁《えん》既に偶合《ぐうごう》して大叢林を成《な》す。大檀那の立法の意を観るに、須弥山《しゅみせん》も未だ必ずしも高大《こうだい》と為《な》さず、滄溟《そうめい》の水も未だ必ずしも至深《ししん》と為さず。

の東北に聳える霊鷲山の会下。○八万衆…霊山会上の大衆の数[補14]。○梵釈…梵天と帝釈天[補15]。○侍衛…貴人のそばに仕えて護衛すること。○拱随…拱手して就き従う。○聖賢…聖人と賢人。知徳の最もすぐれた人。○造詣…到達する。たどり着く。○後裔…子孫。末裔。後胤。○道在邇而求之則遠、事在易而捨之則難…[補16]。○他人…人。彼ら。○万仞鉄山…非常に高い鉄の山。鉄山は切り崩せないほど堅固な障害にたとえる。○繊毫…きわめてわずかなこと。非常に小さなこと。○関捩…関棙。戸の開閉のためのからくり。基軸。○百計…いろいろなはかりごと。あらゆる方法。○釈尊挙花…「拈華微笑」の公案[補17]。○迦葉…仏十大弟子の一人、摩訶迦葉のこと。禅宗における西天第一祖[補18]。○破砕…粉々に砕く。バラバラにする。○撲滅…完全に打ち滅ぼすこと。○計較…計校とも。計り比べる。詮議立てする。あれこれ是非を争ってひねくり回す。○二十八祖…西天二十八祖のこと[補19]。○達磨大師…中国禅宗初祖の菩提達磨のこと。嵩山少林寺で面壁した[補20]。○梁…南朝の梁。○魏…北朝の魏。○嫉妬謗辱者、雖経数回…[補21]。○嫉妬…ねたむこと。他人を羨みねたむこと。○謗辱…他人をそしり辱めること。○此朝…本朝。日本のこと。○紛紜…ごたごたしたさま。多いさま。乱れているさま。○智辨…才能と弁舌。○法道…仏法の大道、聖なる真理。○二祖…二祖慧可のこと[補22]。○三祖…三祖僧璨のこと[補23]。○無識之徒…見識や智慧のない輩。○損害…そこない、傷つけること。○五祖…五祖弘忍のこと[補24]。○黄梅…蘄州（湖北省）黄梅県の双峰山。

○老盧…六祖慧能（六三八～七一三）のこと。盧行者[補25]。○列刹…多くの寺院。連なる寺院。○得道者…すでに悟りを得た者。開悟した人。○暗地…ひそかに。人知れず。○穢語…けがらわしい言葉。○極西之地…蘭渓道隆の生地である西蜀涪州（現在の重慶市涪陵区）のこと。○極東之州…日本のこと、また相模州（神奈川県）のこと。○偶合…偶然に一致する。たまたま適合する。○大叢林…大きな修行道場。建長寺のこと。○大檀那…偉大な施主。北条時頼を指す[補26]。○立法…法律を定める。法令を施行する。○須弥山…仏教で、世界の中心にそびえるという高山。○滄溟…青く広い海。青海原。

此《こ》の極大《きょくだい》至深の心を以て、諸上人と同じく此《こ》の事を明らめ、釈尊の教えをして墜《おと》さず、吾が祖の宗をして復《ま》た興《おこ》さしむ。苟《も》し本源《ほんげん》を回視《かいし》し自己を返照《へんしょう》することと能《あた》わずして、終日に人の過《とが》を検せば、譬《たと》えば血を含みて天に噴《ふ》くに、天の染まること無くして我が口の先《ま》ず汚れるが如《ごと》し。彼は害すること無くして我れ已に僣《けん》を招く。此の雑用心《ざうようじん》を摂して、自己の上に帰《かえ》し来たりて、久久《きゅうきゅう》に閑工夫《かんくふう》無くして、他の咎《とが》を見ざれ。是《かく》の如くならば、則ち昨日の凡質《ぼんしつ》は今日の聖資《せいし》ならん。豈《あ》に見ずや、六祖大師は一字を識《し》らざるも、純朴《じゅんぼく》の心を以て、米を碓《つ》き糠《もみがら》を篩《ふる》い、力《つと》めて大法を伝う。石頭和尚は亦《ま》た文墨《ぶんぼく》無きも、石を打するを以て生《なりわい》と為す。一日、南堂云く、『汝、専心《せんしん》に石を撃つ可し。久しく撃たば必ず通ぜん』と。後に石を打する次いで、痛《いた》く一槌を下して、石火《せっか》の迸散《ほうさん》するを見て、便《すなわ》ち本来《ほんらい》を悟る。後に趙州勘婆《じょうしゅうかんば》の話を頌して云く、『趙州が無柄《むへい》の鉄笤帚、煙塵《えんじん》を掃蕩《そうとう》して空索索《くうさくさく》たり』と。此《こ》れ豈《あ》に純一工夫の処自《よ》り来《き》たりて叢林中に入るにあらざらんや。所以《ゆえ》に、宗師家は常に人に放下著《ほうげじゃく》を勧め、又た、『回光《えこう》返照《へんしょう》せよ』と云う。汝、若《も》し能《よ》く此の両句を持ちて常に参じ力《つと》め究めば、仏祖は即ち汝、汝は即ち仏祖ならん。更に諦信せず、枉《ま》げて虚言《きょげん》を造《つく》らば、法は損する時無くして、汝自ら損するのみならん。教中に道く、『彼、悪事を以て汝に加う。汝、若《も》し之れを受けざる時、此の悪、復《ま》た何れの処にか帰す』と。仏の

○極大至深…きわめて大きく深いこと。○此事…禅の一大事。ここでは、北条時頼が修行僧と共に仏法を明らめようと参じたことをいう。○本源…根本の拠りどころ。我々の存在の根底をなす心。○回視…ふり返って見ること。○返照…光が照り返すこと。照り返し。真実の自己に照らして内省すること。○含血噴天、天無染而我口先汚…含血噴天、先汚其口に同じ。口に血を含んで吐きかけようとすると、先に自分の口が汚れてしまう[補27]。○招僣…招愆。僣は愆の俗字。あやまち・罪。愆を招くとは罪を身に引き受ける。○雑用心…雑務に心を用いること。○久久…久しく。非常に長い年月にわたるさま。○閑工夫…閑功夫。くだらないひま。つまらぬ思慮分別。○凡質…凡庸な性質・能力。凡夫たる性質。○聖資…悟り得た聖なる資質。○六祖大師…六祖慧能のこと[補28]。○純朴…かざりけがなく素直なこと。○碓米篩糠…六祖慧能が碓房において八ヶ月にわたり碓をついた故事[補29]。○石頭和尚亦無文墨、以打石為生…[補30]。○石頭和尚…臨済宗楊岐派の石頭自回（不詳）のこと[補31]。○文墨…文章・文字。書かれたもの。

○一日南堂云～掃蕩煙塵空索索…[補32]。○南堂…臨済宗楊岐派の南堂元静（一〇六五～一一三五）のこと[補33]。○専心…心を一つのことにだけ集中すること。○石火…火打ち石を打って出す火。火花。○迸散…ほとばしり散る。飛び出る。○本来…もともと。本来のありよう。○趙州勘婆…「臺山婆子」の公案[補34]。○趙州…南嶽下の趙州従諗（七七八～八九七）のこと[補35]。○趙州無柄鉄笤帚、掃蕩煙塵空索索…[補36]。○無柄鉄苕帚…柄のない鉄のほうき。○煙塵…すな煙り。○掃蕩…残らず払い除くこと。払い清める。○空索索…ひっそりとして何もないさま。○純一工夫…工夫純一とも。専一に工夫努力する。専心に修行すること。○宗師家…禅宗の指導者・師家。○放下著…下ろしなさい。置きなさい。著は命令の助字[補37]。○回光返照…自己の智慧の光をめぐらし、自らを省みること[補38]。○諦信…はっきりと信じる。○枉造虚言…いたずらにうそをつく。むなしくうそを言う。虚言はうそ、そらごと。

○彼以悪事而加於汝～仏言還帰彼人之己…[補39]。

言《のたま》わく、『還って彼の人の己《おのれ》に帰す』と。汝、暗地《あんち》に虚辞《きょじ》すと雖も、自《おの》ずから諸天の視聴《しちょう》する有り。予、大檀の力に依りて、此の叢林を成す。正《まさ》に順風に帆《ほ》を使うが如し。何《いず》く に往《い》くとしてか利せざらん。諸上人、若《も》し悪を掩《おお》い善を揚《あ》げ力を合わせ心を同じくせずば、袈裟下に人身を失却《しっきゃく》せん。実に大患《たいかん》と為《な》す。所以《ゆえ》に、師たる者は人の模範なり。身《み》正しからざれば、則ち師に就《つ》きて正す。事《じ》甘からざれば、則ち明明に剖説《ぼうせつ》す。此れを忠人《ちゅうじん》達士《たっと》と為す。両朝、同じく南瞻部洲《なんえんぶしゅう》に属すと雖も、此の朝、俗は猶お尚《たっと》ぶ可きも、僧は実に言い難し。志を堅くして道に向かい、己を捨てて師に従《したが》う者、万に一二も無し。予が漢朝には愚者・賢者多しと雖も、纔《わず》かに此《こ》の門に入《い》りて、復《ま》た退舎《たいしゃ》せず。昔日、葉県《せっけん》省《せい》和尚、厳冷枯淡《げんれいこたん》にして、衲子《のっす》、之《こ》れを敬畏《けいい》す。浮山遠《ふざんおん》、天衣懐《てんえかい》、衆に在りし時、特に往《ゆ》きて参扣《さんこう》す。正に雪の寒きに値い、省《せい》、訶罵駆逐《かばくちく》し、以至《ないし》、水を将《もっ》て旦過《たんが》に潑《そそ》いで、衣服皆《み》な湿《しめ》る。其《そ》の他の僧、皆な怒《いか》りて去る。唯《た》だ遠《おん》・懐《かい》のみ敷具《ふぐ》を併《あわ》せ畳《たた》みて衣を整え、復《ま》た旦過《たんが》の中に坐す。省《せい》到りて訶《か》して曰く、『你《なんじ》更に去《さ》らずば、我れ你を打せん』と。遠、近前して云く、『某《それがし》ら二人、数千里を特に来たりて、和尚の禅に参ず。豈に一杓の水の之れを澆《そそ》ぐを以て便ち去らんや。若《も》し打殺《たさつ》するとも也《ま》た去《さ》らじ』と。省《せい》、笑いて曰く、『你ら両箇、参禅せんと要せば、却《しりぞ》き去《ゆ》きて掛搭《かた》せよ』と。続《つ》いで遠《おん》を請して典座《てんぞ》に充《あ》つ。衆、

○虚辞…うそ。うわべだけで実のない言葉。虚言に同じ。○諸天…神々。天界にいる善神。○視聴…見ることと聴くこと。○順風使帆…風の動きに乗って舟の帆を巧みに操作する。情況に対応してものごとを進める[補40]。

○失却人身…人としての身を失う。○大患…重い病気。大きな災い。

○剖説…分けて説く。○忠人…信心の厚い人。○達士…通達した人。ある物事に熟達した人。

○南瞻部洲…南閻浮提。須弥山の南方に位置する、人間が生存している世界。

○退舎…退捨に同じ。堕落すること。○昔日、葉県省和尚～遂呼其帰…[補41]。○葉県省…臨済宗の葉県帰省（不詳）のこと[補42]。○厳冷…態度がきびしく、冷やかなこと。○枯淡…人柄・性質などがあっさりしていて、しつこくないこと。○衲子…衲衣（袈裟）を掛けた僧。禅僧。○敬畏…敬い畏れる。心から敬うこと。○浮山遠…臨済宗の浮山法遠（九九一～一〇六七）のこと[補43]。○天衣懐…雲門宗の天衣義懐（九九三～一〇六四）のこと[補44]。○在衆時…衆僧と共に修行しているとき。○参扣…師に参じてその門を叩く。○訶罵…叩り罵る。○駆逐…追い払う。追い立てる。○旦過…行脚僧が一夜の宿泊をする寮舎。旦過寮。○敷具…毛氈。厚い毛布。臥具。また座具のこと。

○打殺…打ちのめす。殺は意味を強める助字。
○掛搭…行脚の修行僧が僧堂に滞在し修行すること。僧堂に安居すること。○典座…禅宗寺院で食事を司る役。六知事の一つ。

其の枯淡《こたん》に苦しむ。省《せい》、偶《たま》たま荘《しょう》に出づ。遠、鑰匙《やくし》を竊《ぬす》み油麪《ゆめん》を取りて、五味《ごみ》粥《しゅく》を作る。粥の熟するに、省忽《たちま》ち帰りて堂に赴く。粥罷《しゅくは》に堂外に坐して、典座を請せしむ。遠、至りて首《はじ》めに云く、『実に油麪を取りて粥《しゅく》を煮《に》る。情《まこと》に願《ねが》わくは乞《こ》う、和尚、責罰《せきばつ》せよ』と。省、直《あた》る所を算して衣鉢《えはつ》を估《あきな》いて還《かえ》さしめ訖《お》わり、打つこと三十主丈して院を出だす。遠、市中に舎《やど》り、道友《どうゆう》に託《たく》して解免《かいめん》す。省、允《ゆる》さずして又た曰く、『若《も》し帰ることを容《ゆる》さずば、祇《た》だ乞《こ》う、衆に随って入室《にっしつ》せんことを』と。亦た允《ゆる》さず。一日、街に出づる次いで、遠の独り旅邸《りょてい》の前に於いて立つるを見る。乃ち云く、『此《こ》れは是れ院門の房廊《ぼうろう》なり。你、此に在りて住すること許多《きょた》の時なり、曽《かつ》て租銭《そせん》を還《かえ》す否《や》』と。欠《か》くる所を計《かぞ》えて追い取らしむ。遠、難《こば》む色無く、市に持鉢《じはつ》して、銭を化して之れを還《かえ》す。省、又た一日、街に出でて、之れが持鉢《じはつ》するを見て、帰りて衆の為めに曰く、『遠、真に参禅に意有り』と。遂に其れを呼びて帰らしむ。諸人、古徳《ことく》と儔《ちゅう》を為さんと要《よう》せば、凡情《ぼんじょう》を掃却《そうきゃく》して、聖解《しょうげ》を存すること莫《な》かれ。凡聖《ぼんしょう》存せざる後は如何《いか》ん。八角《はっかく》の磨盤《まばん》は空裏《くうり》に転じ、金剛杵《こんごうちょ》もて鉄山を打ちて摧く」と。

復た挙す、「常不軽菩薩《じょうふぎょうぼさつ》、人を見る毎《ごと》に云く、『我れ敢えて汝等を軽《かろ》んぜず。汝等、皆《み》な当《まさ》に仏と作《な》るべし』と。但だ人を惑わすのみに非ず、亦た乃ち自ら惑《まど》

○荘…寺の荘園。あるいは管理する荘舎。○鑰匙…かぎ。鑰も匙も鍵・錠のこと。○油麪…油麺。麺は小麦粉のこと。小麦粉を油で炒めたものか。○五味粥…五穀に味噌などを入れて作った粥。十二月八日の仏成道会に作ることから臘八粥と称する。紅糟粥とも。○粥罷…粥が終わった後。

○責罰…罪を責めて罰すること。○所直…相当するところ。○衣鉢…僧侶が身にまとう三衣と一つの鉢。

○三十主丈…拄杖で三十回打つこと。○道友…仏道などの修行上の友人。○解免…許しを乞う。○入室…師の部屋（方丈）に入り、親しく教えを受けること。

○旅邸…旅館。宿屋。

○院門…寺院経営の方面。○房廊…寺の長廊。

○許多…これほどの。こんなにたくさんの。○租銭…借り賃。宿泊代。

○持鉢…托鉢に同じ。○参禅…禅に参ずる。禅の道に入って修行する。○古徳…往古のすぐれた祖師。ここでは浮山法遠を指す。○儔…ともがら。仲間。○凡情・聖解…凡夫の心情と悟りに対するとらわれ。○掃却…払い去る。払い清める。○八角磨盤空裏転…八角磨盤空裏走に同じ。すさまじい破壊力のたとえ。八角磨盤は、古代インドの神話に見える武器の一つ。八つの角をもつ武器（研磨盤）が空中を旋転して一切のものを破壊する[補45]。○金剛杵打鉄山摧…金剛杵は金剛力士の武器。鉄山を打って真っ二つにする[補46]。

○常不軽菩薩毎見人云～汝等皆当作仏…[補47]。○常不軽菩薩…『法華経』「常不軽菩薩品」に出てくる菩薩の名[補48]。

う。若《も》し是れ霊利《れいり》の衲僧《のうそう》ならば、終《つい》に此の窠窟《かくつ》に堕せず。豈《あ》に見ずや、雲門大師道《いわ》く、『仏の一字を道うも、口を漱《すす》ぐこと三年』と。諸人還《は》た会《え》す麽《や》。蘆蓼《ろりく》岸頭《がんとう》、風信《ふうしん》便なり。誰か来たりて同じく渡頭《ととう》の船に駕《が》せん」と。

16

除夜。「真流《しんる》は不動にして、触処《そくしょ》に波瀾《はらん》あり、真照《しんしょう》は無方《むほう》にして、長時に恒赫《こうかく》たり。建長、本分《ほんぶん》に依《よ》らず、自ら其《そ》の身を毀《やぶ》る。傍《かたわ》らに若《も》し人有らば、未だ免れず、鼻を掩《おお》いて偸笑《とうしょう》することを。是《かく》の如《ごと》くなりと然雖《いえど》も、甚麽《なん》の処か是れ真流なる、那箇《なこ》を喚《よ》びてか真照と作さん。此《ここ》に於《お》いて踏得著《とうとくじゃく》し見得明《けんとくみょう》せば、便ち知らん、歳月の更換《こうかん》は我れに在りて斡旋《あっせん》し、烏兎《うと》の往還《おうかん》は誰が為めに奔走《ほんそう》するかを。寧《いず》くんぞ斡旋《あっせん》有らんや。本《も》とより奔走無し。今宵、歳去るも、去りて先に在らず。明日、年来たるも、来たりて後に居せず。娘生《じょうしょう》の鉄面皮《てつめんぴ》を擘破《へきは》し、法身《ほっしん》を驚起《きょうき》して北斗に蔵《かく》さしむ」と。

復た挙す、玄沙《げんしゃ》、長生《ちょうしょう》に問うて云く、「我れ如来を観ずるに、前際は去らず、後際は来たらず、今も亦た住せず。長老は作麽生《そもさん》」と。長生云く、「某甲を放《はな》ち過ごせば、箇《こ》の道処有り」と。玄沙云く、「我れ汝を放ち過ごす。汝、試みに道《い》いて看《み》よ」と。長生、黙然たり。玄沙云く、「誰をして委《つまび》かにせしめん」と。長生

○霊利衲僧…俊敏な禅僧のこと。○窠窟…落とし穴。○雲門大師道～漱口三年…[補49] ○雲門大師…雲門宗祖の雲門文偃（八六四～九四九）のこと[補50]。○蘆蓼…芦とたで。ともに水辺に生える草。○岸頭…岸のほとり。○風信…風が季節に応じて吹くこと。○渡頭…渡し場。渡し場のあたり。

○除夜…除夜の小参。十二月三十日の大晦日の晩に行なう小参。○真流…真の流れ。仏法の流れ。○不動…他の力によって動かされないこと。ゆるぎないこと。○触処…触れるところ。到るところ。随処。○波瀾…大小の波。激しい変化や曲折のあること。○真照無方、長時恒赫…[補1]。○真照…真の輝き。仏法の輝き。○無方…方位の制限がなく、際限がないこと。自由自在なこと。○恒赫…常に輝いている。○本分…人が本来つくさなければならないつとめ。○偸笑…こっそり笑う。○踏得著…しっかりと踏みつける。○見得明…はっきりと見抜く。○更換…改める。入れ替えること。○斡旋…間に入って双方をうまく取り持つこと。めぐること。めぐらすこと。○烏兎…金烏玉兎《きんうぎょくと》の略。中国では太陽の中に烏、月の中に兎がいるとする。太陽と月。○往還…道を行き来すること。○奔走…忙しく走り回ること。○擘破娘生鉄面皮…[補2]。○擘破…手で引き裂く。つんざく。○娘生…孃生とも。母から生まれた。○鉄面皮…非常に強固な面の皮のたとえ[補3]。○驚起法身蔵北斗…[補4]。○法身…仏の三身の一。永遠不滅の真理そのもの。理法としての仏。ここでは人々本具の仏性を指す。○驚起…おどろいて起きること。

○玄沙問長生云～鬼窟裏作活計…[補5]。○玄沙…雪峰下の玄沙師備（八三五～九〇八）のこと[補6]。○長生…雪峰下の長生皎然（不詳）のこと[補7]。○如来…タターガタ（梵：Tathāgata）のこと。真如から来た人。真理に到達した人。仏陀のこと。仏の十号の一。○前際・後際…前際・中際・後際で三世（過去世・現在世・未来世）のこと。○放過…そのままうち捨てておくこと。手をつけないでおく。見逃してやる。大目にみる。○黙然…口をつぐんでいるさま。

云く、「和尚は委かにせず」と。玄沙云く、「我れ情《まこと》に知る、你が鬼窟裏《きくつり》に在りて活計《かっけい》を作すことを」と。

師云く、「玄沙、人を陥《おとしい》れるの機有りと雖も、殊に知らず、長生が鬼窟裏に落在《らくざい》することを。今に至りて人の救い得る無し。若《も》也し救い得ば、二《ふた》り倶に過有り。若《も》し救い得ずば、大難《だいなん》、大難《だいなん》。明眼《めょうげん》の衲僧《のうそう》、子細に看よ」と。

17

結夏。挙す、陸侍御《りくじぎょ》、潙山《いさん》の僧堂に入り、乃ち問うて云く、「這《こ》の一堂の僧、為《は》復た是れ粥飯《しゅくはん》を喫する僧か、為《は》復た是れ参禅の僧か」と。潙山云く、「是れ粥飯の僧ならず、亦た参禅の僧に非ず」と。侍御云く、「此に在りて甚麼《なに》をか作《な》す」と。潙山云く、「侍御自ら他に問うて看よ」と。

師云く、「潙山は大いに孫臏《そんぴん》が兵を用いて魏を囲みて趙を救うに似たり。侍御は亦た子胥《ししょ》が跡を遁れて楚を恨み呉に投ずるが如し。当時、若《も》し是れ建長ならば、問うに随うて便ち喝し、他をして別に生涯有らしめん。是の如しと然雖《いえど》も、我が此の一衆、且らく道え、是れ参禅の僧か、是れ粥飯の僧か」と。膝を拍すること一下して、「天暁《あ》けて須らく到らしむべし、夜行を犯さしむること無かれ」と。

○在鬼窟裏作活計…[補8]。○鬼窟…鬼の住む洞穴。

○活計…生活を維持すること。暮らしむき。なりわい。

○落在…〜に落ちる。〜に落ち着く。

○大難…大きな災難。○明眼衲僧…物事の真実を明らかに見通せる心の眼を具えた禅僧。すぐれた力量をもった禅僧。○子細…事細かに。詳細に。

○結夏…結夏の小参。四月十四日、夏安居が始まる日の前夜に行なう小参。○陸侍御〜侍御自問他看…[補1]。○陸侍御…不詳。侍御は天子のそばに仕える官職名。○潙山…潙仰宗祖の潙山霊祐（七七一〜八五三）のこと[補2]。○僧堂…禅宗寺院における修行道場。僧侶が坐禅・食事・睡眠する建物。雲堂とも。○為復〜為復〜…〜であるか〜であるか、と問う選択疑問の句。○喫粥飯僧…粥や飯を食らうだけで己事究明しない僧。○参禅僧…参禅学道して己事を究明する僧。

○孫臏…中国戦国時代の斉の兵法家[補3]。○囲魏救趙…孫臏が魏国を包囲して趙国を救った故事。手薄になった急所を攻めて、難を逃れる作戦をいう[補4]。○子胥遁跡恨楚投呉…子胥報冤に同じ。伍子胥は春秋時代、楚の重臣の家柄であり、父と兄が楚の平王に殺されたことを恨み、呉に仕えて楚に対して復讐を遂げた[補5]。

○天暁須教到、無令犯夜行…明け方には到っていなければならないが、法令で夜中に行くことは許さない[補6]。

18
解夏。「力を尽くすも掣《ひ》き断れず、繋《つな》がりて枯椿《ことう》に在り。眼を著《つ》くるも観ることを明らかならず、空を望みて垜を射る。諸人は三塗《さんず》の業因《ごういん》を起こし、山僧に没量《もつりょう》の罪過《ざいか》有り。従上《じゅうじょう》の仏祖を負累《ふるい》して、粉骨砕身《ふんこつさいしん》し、後代の子孫を殃害《おうがい》して、碓擣《たいとう》磨磨す。独り迦葉尊者のみ有りて、汝諸人の為《た》めに、東に走り西に走りて、上下に告報すれども、九十日の夏《げ》、了《つい》に出期《しゅつご》無し、三百斤の枷《かせ》、誰をして担荷《たんか》せしめん。既に担荷無ければ、又た且つ如何《いか》ん。翻《ひるがえ》って憶う、当年の龕上座《かつじょうざ》、三文にて箇の黒撈波《こくろうは》を買いしことを」と。

復た挙す、雲門、僧に問う、「秋初夏末《しゅうしょげまつ》、兄弟《ひんでい》、東に去り西に去る。前頭《ぜんとう》或いは人有りて問《と》わば、作麼生《そもさん》か祗対《したい》せん」と。僧云く、「大衆《だいしゅ》、退後す」と。雲門云く、「我れに九十日の飯銭《はんせん》を還《かえ》し来たれ」と。

師云く、「這《こ》の僧、当初、他の飯銭《はんせん》を索《もと》むる時を待ちて、只だ他《かれ》に向かって『万両の黄金も也《ま》た消《ついや》す合《べ》し』と道《い》わば、但《た》だ雲門を嚇殺《かくさつ》するのみに非ず、亦た乃ち叢林の価《あたい》増すこと十倍ならん。建長、今夏、飯銭《はんせん》を索《もと》むることを欲せず。只《た》だ諸人が去去来来して脚の実地《じっち》を踏まんことを要すのみ。恁麼《いんも》の提唱《ていしょう》、還《は》た雲門と相《あ》い去ること多少《たしょう》ぞ」と。良久して云く、「山を隔てては見易《やす》かる容《べ》きも、対面しては相《あ》い知らず」と。

○解夏…解夏の小参。夏安居が終わるのに因んで行なう小参。○枯椿…古びた杭。○望空射垜…垜は弓の的を立てかけておく築地。○三塗…地獄・餓鬼・畜生の三悪道。○業因…未来に苦楽の果報を招く原因となる善悪の行為。○没量罪過…計り知れない罪とあやまち。○従上仏祖…代々の祖師。歴代仏祖。○負累…罪を被って永く悪名を受ける。人をまきぞえにする。○粉骨砕身…骨を粉にして身を砕く。体がバラバラになって死ぬ。○殃害…災いする。害を与える。殃過。災禍。○碓擣…石臼でつく。○磨磨…ひき臼でひく。○迦葉尊者…仏十大弟子の一人、摩訶迦葉のこと。禅宗における西天第一祖[補1]。○出期…生死の苦しみからぬけ出る時期。○三百斤枷…一斤は十六両の重さ。枷は首かせ、枷鎖。○担荷…荷物を担うこと。○当年龕上座、三文買箇黒撈波…[補2]。○龕上座…青原下の巌頭全奯（八二八～八八七）のこと[補3]。○黒撈波…黒い漁具。撈波は水中の漁具などをすくい上げる竹製の道具。

○雲門問僧～還我九十日飯銭来…[補4]。○雲門…雲門宗祖の雲門文偃（八六四～九四九）のこと[補5]。○秋初夏末…秋の初め、夏の終わり。夏安居が終了した時期。○兄弟…仏法の兄弟。修行僧への呼びかけ。○東去西去…東へ西へあちこちに行く。○前頭…前。先頭。○祗対…答える。応対する。○退後…引き下がる。○九十日飯銭…九旬の夏安居中の食費。

○嚇殺…ひどく脅かす。おどしつける。

○脚踏実地…足がしっかりと大地を踏みしめる。実際にそのことを行なうこと。○提唱…宗旨の要綱を大衆に提示して説法すること。○隔山容易見、対面不相知…山を隔てて遠くいつも見ていたのに、面と向かい合うと互いにそれと見て取れない[補6]。

19
冬至。「虚霊《これい》にして自ら燭すも、未だ済世《さいせい》の真方《しんぽう》を明らめず。湛寂《たんじゃく》として常に知るも、猶お是れ他家の走使《そうし》なり。見聞浄尽《けんもんじょうじん》し、知覚《ちかく》倶に忘じ、聖解凡情《しょうげぼんじょう》、毫髪《ごうはつ》を存せず」と。主丈を拈じて云く、「此の者に似たらば、方《まさ》に主丈子と相見《しょうけん》の分有らん。只《た》だ高峰兀兀《こうほうごつごつ》たり、万樹鱗鱗《まんじゅりんりん》たるが如きは、争《いか》でか見ること無きを得ん。渓水潺潺《けいすいせんせん》たり、松風浩浩《しょうふうこうこう》たるは、豈に聞くこと無きを得んや。之れを讃せば則ち喜び、之れを毀《そし》れば則ち瞋《いか》る。即ち此れ是に知りぬ、熱き時は衣を解き、寒さ来たれば火に向かうことを。寧《いず》くんぞ覚と名づけざらんや。但だ浄尽《じょうじん》して倶に忘ずるとは是れ何の宗旨ぞ。箇裏《こり》に洞徹《どうてつ》せば、便ち知らん、一陽《いちよう》復《ま》た至ること、他の計較《けきょう》して成るに非ず、万彙《ばんい》重ねて生ずること、即ち我が天然の理なることを」と。主丈に靠《もた》れて云く、「笑うに堪《た》えたり、胡僧《こそう》の転機《てんき》没《な》くして、人に当門歯《とうもんし》を打落《だらく》せらることを」と。

復た挙す、僧、古徳に問う、「深山窮谷の中、還《は》た仏法有り也無《や》」と。徳云く、「有り」と。僧云く、「如何《いか》なるか是れ深山窮谷の中の仏法」と。徳云く、「石頭、大底は大なり、小底は小なり」と。

「古徳は順水に帆を使う、是れ好手にあらず。若《も》し人有りて建長に『深山窮谷の中、還《は》た仏法有り也無《や》』と問わば、亦た云わん、『有り』と。若《も》し『如何《いか》なる

○冬至…冬至の小参。冬至の日に因んで行なう小参。前日の夜に行なう。○虚霊…天から享けた徳の霊妙なこと。明徳の霊妙。もともとは朱子学の語。天から授かった心の本体は空で、欲に曇ることなく、鏡のようにすべての物事を明らかに映すことができること。○済世…世を救う。社会の弊害を取り除き、人民の苦難を救うこと。○真方…真の方法。本当のやり方。○湛寂…深くひっそりとして静かなこと。静かに落ち着いた悟りの境地。○走使…使い走り。走りまわって、こまごまとした用事の使いをすること。○見聞…実際に見たり聞いたりすること。○浄尽…きれいさっぱりなくしてしまう。○知覚…覚知。思慮分別をもって知ること。○聖解凡情…悟りに対するとらわれと凡夫の心情。○毫髪…細い毛。毫毛。ごくわずかなこと。○相見分…お互いに相い会うだけの資格。○只如～…たとえば～は。ところで～は。○高峰…高くそびえている峰。○兀兀…じっと動かないさま。○万樹…多くの樹々。すべての樹々。○鱗鱗…波や雲などが魚のうろこのように相連なるさま。また、鱗のように鮮やかで美しいさま。○渓水…谷川の水。谷川。○潺潺…浅い川などの水がさらさらと流れるさま。○松風…松に吹く風。○浩浩…空間的にひろびろとしたさま。風が松に吹くさま。○宗旨…宗義の要旨。根本の教え。○箇裏…ここ。這裏と同じ。○洞徹…ぬけとおること。つらぬきとおすこと。○一陽復至…一陽来復。十一月の冬至に陽気が再び生じ始めること。○計較…計校とも。計り比べる。詮議立てする。あれこれ是非を争ってひねくり回す。○万彙…万像。あらゆることがら。○天然…人為が加わっていないこと。○堪笑…おわらいぐさ。笑止千万。○胡僧…胡国（西天）の僧。ここでは、禅宗初祖の達磨のこと[補1]。○転機…他の状態に転ずる機会。大いなるはたらき・作用。○当門歯…門歯。まえ歯。○僧問古徳～大底大小底小…[補2]。○古徳…法眼宗の帰宗道詮（九三〇～九八五）のこと[補3]。○深山窮谷…山里を離れた奥深く静かな山と谷。○石頭…石。石ころ。○大底大小底小…大きいのは大きく、小さいのは小さい。

○順水使帆…順水張帆とも。水の流れに乗って舟の帆を上げる。情勢に対応してものごとを進める[補4]。○好手…やり手。腕きき。熟達した名人。

か是れ深山窮谷の中の仏法』と問わば、只だ他に向かって道わん、『月色《げっしょく》は煙に和して白く、松声は露を帯《お》びて寒し』」と。

○月色和煙白、松声帯露寒…[補5]。○月色…月の色。月の光。○松声…松が風に鳴る音。

20 歳夜。「団圝《だんらん》として無縫《むほう》、覰著《しょじゃく》せば則ち禍《わざわい》生ず。剛硬《ごうこう》にして余り有り、之れを撃てば則ち焔《ほのお》発す。日用見行《にちゆうけんぎょう》の時、遮掩《しゃえん》し得ず。縦横逆順《じゅうおうぎゃくじゅん》の処、形影《ぎょうよう》相い随う。傅大士《ふだいし》は只だ八成を道い得たり。老雪峰は未だ一半を明らめ得ず。建長、今夜、十成《じゅうじょう》を道取《どうしゅ》して、此の一半を円にし去らん」と。主丈を以て劃一劃して云く、「上の一劃は長からず、下の一劃は短からず。此に於いて搆得せば、万貫の銭、三文の本、是の如くなれば則便《すなわ》ち見ん、今歳今宵尽くるは、老虎《ろうこ》、山を呑むなり、明年明日来たるは、雄雞《ゆうけい》、卵を生むことを」と。主杖に靠《よ》りて云く、「翻《ひるがえ》って思う、寒拾《かんじゅう》の笑い何にか因《よ》る。直に如今《にょこん》に至りて判断し難し」と。

○歳夜…歳夜の小参。○団圝…まるいさま。まんまる。円満なさま。○無縫…衣服などの縫い目がないこと。つくろった跡が見えないこと。○覰著…見つめる。窺い見ようとする。○剛硬…強く堅い。手ごわい。○日用…日々用いること。毎日の入用。平常のこと。○見行…現に行なう。実際に行なう。○遮掩…遮り覆うこと。遮断すること。○形影…形とその影。相伴って離れないさま。○傅大士…在俗居士の傅翕（四九七～五六九）のこと[補1]。○道得八成…八割を言い当てている。いまだ完全ではない[補2]。○老雪峰…青原下の雪峰義存（八二二～九〇八）のこと[補3]。○一半…二分の一。半分。○十成…十割。充分に完成すること。完全無欠。○道取…言ってのける。適切に言い表すこと。○劃一劃…さっと線を引いたり円を描いたりすること。○搆得…構得・覯得とも。ぴったり出会う。邂逅する。ずばり見て取る。○老虎呑山…山中に居する虎が山を丸呑みしてしまう。○雄雞生卵…雄の鶏が卵を生む[補4]。○寒拾…天台山の国清三隠の寒山（不詳）と拾得（不詳）のこと[補5]。

復《ま》た挙す、白雲《はくうん》、衆に示して云く、「若《も》し端的《たんてき》に一回汗出《い》で来たるを得ば、便《すなわ》ち一茎草《いっきょうそう》上に向かって瓊楼玉殿《けいろうぎょくでん》を現ぜん。若し未だ端的に一回汗出で来たるを得ずば、縦《たと》い瓊楼玉殿有るも、却って一茎草に蓋《おお》われん。作麼生《そもさん》か汗出で去るを得ん。自ら一双窮相の手有り、曽《かつ》て容易に三臺を舞わず」と

○白雲示衆云～不曽容易舞三臺…[補6]。○白雲…臨済宗楊岐派の白雲守端（一〇二五～一〇七二）のこと[補7]。○端的…はっきりとしているさま。そのものずばりのありよう。○一回汗出…一度悟ること。○一茎草…一本の草。小さな微々たるもの。○瓊楼玉殿…美しく立派な殿楼。仙人の宮殿。○一双…二つで一組をなすもの。○窮相…貧乏な骨相。貧相。○三臺…詞曲の名[補8]。

師云く、「白雲は也た是れ己を以て人に方《くら》べ、傍らに哂《わら》うを顧みず。蘭渓は即

○以己方人…自分の尺度で人のことを推し量ること。○不顧傍哂…そ

ち然らず。瓊楼玉殿は自《おの》ずから是れ瓊楼玉殿なり。一茎草を拈ぜば只だ是れ一茎草なり。暁《あかつき》来たりて雲散じ、又た重ねて明らかなり。匝地普天《そうちふてん》、倶に一照す」と。

21

結夏。「一夏護生《いちげごしょう》、物に遇うては即《すなわ》便ち殺す。九旬禁足《くじゅんきんそく》、何《いず》れの地にか閑行《かんぎょう》せざる。若《も》し是れ龍象の骨肋《こつろく》ならば、言わずして知りぬ可し。仏祖の根機《こんき》ならば、未だ明《あか》さざるに先に領ぜよ。今夏、東西南北、長短醜妍《しゅうけん》、此に来たりて結制す。我れ汝等を観るに、形は仏祖と異なること無く、勢いは龍象《りゅうぞう》と殊ならず。甚《なん》に因《よ》ってか、此の護生は便ち殺し禁足閑行するの理を明らめざる。三月の内、若《も》し這《こ》の一路《いちろ》を踏得著《とうとくじゃく》せば、拈放殺活《ねんぽうせっかつ》、汝が斟酌《しんしゃく》するに任せ、臨済・徳山、喚び来たりて洗脚《せんきゃく》せしめん。苟《も》或し然らずば、切に忌む、忘却《ぼうきゃく》することを」と。

復《ま》た挙す、招提元易《しょうだいげんえき》禅師、僧有りて問う、「古徳道《いわ》く、『迥《はる》かに絶して人無き処にて、頭《こうべ》を聚《あつ》めて相い共に挙せん』と。既に是れ人無ければ、誰と共にか挙せん」と。易云く、「青山と白雲と」と。僧云く「青山、白雲、還《は》た有ることを知る也無《や》」と。易云く、「若し有ることを知らば、則ち人有り」と。僧云く、「誰《た》が与《た》めに証明す」と。易云く、「白雲、青山」と。僧云く、「便ち是れ和尚が

ばで見ているものに笑われるのは顧みない。○匝地普天…普天匝地とも。天地一ぱい。天地あまねくゆきわたる。

○結夏…結夏の小参。四月十四日、夏安居が始まる日の前夜に行なう小参。○一夏護生…夏安居の間、生き物を殺さないように一箇所に留まり安居すること。○九旬禁足…安居結制の九十日の間、寺から一歩も外出しないで、もっぱら坐禅修行に努めること。○閑行…のんびり歩く。そぞろ歩きする。○龍象…すぐれた象。高徳のすぐれた人物。○骨肋…あばらぼね。骨とあばら。○根機…すべての人に備わる、教えを受けて発動する能力・資質。根機。機。○長短…長いと短い。○醜妍…醜いと美しい。○結制…九旬安居の制を結ぶこと。○三月…夏安居の三ヶ月。○一路…一すじの道。夏安居の護生禁足のありよう。○踏得著…しっかりと踏みつける。○拈放殺活…手につかんだり、手放したり、奪い取ったり、与えたり。○斟酌…見はからう。考慮する。相手の事情や心情を酌み取ってほどよく処理すること。○臨済…臨済宗祖の臨済義玄（?～八六六）のこと[補1]。○徳山…青原下の徳山宣鑑（七八〇～八六五）のこと[補2]。○洗脚…足を洗う。行脚僧が一寺に掛搭する際に、よごれた足を洗うこと。○切忌忘却…すっかり忘れてしまうことは禁物だぞ。

○招提元易禅師～莫錯認…[補3]。○招提元易…曹洞宗の招提元易（一〇五三～一一三七）のこと[補4]。○古徳道、迥絶無人処、聚頭相共挙…[補5]。○古徳…不詳[補6]。○迥無人処絶…遠く塵埃を絶して人影もないところ。○聚頭…多くの修行僧が一カ所に集まること。○青山白雲…不動の青山は白雲の体を言い、白雲は随縁を意味し、青山の用を示す。○知有…有ることを知る。仏法やそれ（悟り）があることを知る。○為人…人のためにする。学人を接化すること。または接化の方法。○莫錯認…うっかり見誤ってはならない。○長袖善舞、多財善賈…長いふり袖を着た人は上手に舞うことができ、金持ちは上

為人《いにん》の処なること莫き也無《や》」と。易云く、「錯《あやま》りて認むること莫《な》かれ」と。師云く、「易禅師、長袖にて善く舞い、多財にて善く賈《あきな》うと雖則《いえど》も、鞠勘《きくかん》し将《も》ち来たれば、風骨太《はな》はだ露わる。建長寺畔、大道坦然《だいどうたんねん》たり、朝従《よ》り暮に至るまで、車馬駢闐《へんてん》して、青山白雲と箇の事を挙揚《こよう》するに暇無し。雖然《しか》れども箇の甚麼《なに》をか欠少す」と。

22

解夏。「一たび鍬《すき》して便ち井を見る、祖宗門下、水を換え瓶《つるべ》を提《ひっさ》ぐ。三たび喚べども眸《ひとみ》を回らさず、烈焔炉中《れつえんろちゅう》、重ねて烹《に》て再び煆《きた》う。我れ汝等を観るに、三玄三要は固《もと》是より知らず、正因の二字は総《すべ》て道《い》い得ず。縦《たと》い些《いささ》か気息《きそく》を識《し》る者有るも、又復《ま》た真を捨てて仮を認め、是《ぜ》に似て還《かえ》って非なり。建長、恁麼《いんも》の挙覚《こかく》、是れ凡を欺《あざむ》き聖を罔《あざむ》き、賤を以て良を圧《おさ》うるにあらず。只だ諸人の這裏《しゃり》に向かって円覚伽藍《えんがくがらん》を踏翻《とうほん》せんことを要するのみ。甚《なん》の平等性智《びょうどうしょうち》とか説かん。本来の契券《けいけん》、自《おの》ずから分明なり、釈迦は燃灯《ねんとう》の記を授からず」と。

復た挙す、資福因《しふくちなみ》に僧問う、「某甲《それがし》、乍《はじ》めて叢林に入り一夏《いちげ》已に過ぐるも、未だ和尚の指教《しきょう》を蒙《こうむ》らず」と。福云く、「山僧、住持して自《よ》り以来、曽《かつ》て一人の眼を瞎却《かっきゃく》せず」と。

手に商売することができる。条件のそろった者は何事をするにも都合がよい［補7］。○鞠勘…鞠も勘も、正すという意味がある。○風骨…すがた。風体。○畔…そば。あたり。○大道坦然…仏法の大道は平らかである。○車馬駢闐…車と馬、人々の往来が盛んである。駢闐はずらりと並ぶさま。○箇事…箇中の事。仏法。一大事因縁。○挙揚…取りあげること。取りあげて人に示すこと。○欠少…欠く、持つべきものを持たない。

○解夏…解夏の小参。夏安居が終わるのに因んで行なう小参。○一鍬…鍬《すき》を一振りすること。鍬は農具の一つ、すきのこと。○祖宗門下…宗祖の門下。○瓶…つるべ。水を酌む器。○三喚…三たび喚ぶこと。「国師三喚」の公案を踏まえる［補1］。○烈焔炉中…激しく燃える炉の中。○三玄三要…臨済義玄が用いた三玄三要という学人指導の方法［補2］。○正因…正しい因縁。正しい因果の道理。○気息…呼吸。いき。○挙覚…挙示して戒めること。自覚して目覚めること。○欺凡罔聖…罔聖欺凡とも。聖凡を欺罔する。欺罔であざむきだます。ありもしないことをあるように言う。○以賤圧良…圧良為賤とも。良民を無理やり賤民にする。強いて人を賤しめて悪者扱いをする［補3］。○円覚伽藍…円満なる仏の悟りを修する堂宇。仏法が満ちた寺院。○踏翻…蹴飛ばす。打ち払う。○平等性智…四智・五智の一。自己と他者が平等であることを体現する智。○契券…契符。わりふ。○分明…はっきりしている。明らかである。○燃灯記…燃灯仏の記莂。燃灯仏は過去の世に出て、釈迦に未来成仏の予言を授けたという仏。

○資福因僧問～瞎却一人眼…［補4］。○資福…潙仰宗の資福如宝（不詳）のこと［補5］。○乍入叢林…初めて修行道場に入門したこと。新参者となったこと。○指教…指し示して教えること。指導。○瞎却…目を見えなくさせる。暗くさせる。

師云く、「資福、恁麽《いんも》に道《い》うは、早是《すで》に這《こ》の僧の眼を瞎《かっ》し了われり。我れ此の刹に住して已に五年を過ぐ。有る時は人の眼を点開《てんかい》し、有る時は人の眼を点瞎《てんかつ》す。且《しば》らく道《い》え、這《こ》の一点、甚麽《いずれ》の処にか落在《らくざい》す。同道の人に遇わば、切に錯《あやま》って挙すること勿《な》かれ」と。

23

冬至。「諸仏の性義《しょうぎ》、形容《けいよう》して知る可きに非ず。時節因縁《じせついんねん》、生殺《しょうさつ》を施すも我れに在り。所以《ゆえ》に一塵《いちじん》も染《よご》れざるの者、趣向《しゅこう》するに門無く、滴水《てきすい》も霑《うるお》さざるの人、瞻仰《せんごう》するに分有り。山僧、今夜、此の諸仏の性義を挙し、箇《こ》の時節因縁に応じ去らん」と。払子《ほっす》を竪《た》てて云く、「看て看よ、初二日已前、之れを群陰剥尽《ぐんいんはくじん》と謂う。其の剥尽の迹《あと》を尋ねんと欲するに、迹の尋ぬ可き無し」と。円相を打して云く、「此を出でず、初二日已後、之れを一陽復生《いちようふくしょう》と謂う。其の復生するの源を覓《もと》めんと擬《ほっ》するに、源の覓む可き無し」と。又た円相を打して云く、「此を出でず。此に於いて体得せば、我れ且《しば》らく汝に問わん、『是れ諸仏の性義か、是れ時節因縁か』と。払子を掛けて云く、「紛紛《ふんぷん》たる天際《てんさい》の雪を把《と》りて、児に随いて呼びて落楊花《らくようか》と作《な》すこと莫《な》かれ」と。

挙す、疎山《そざん》、岩頭《がんとう》を訪《と》う。頭、来たるを見て佯佯《ようよう》として睡《ねむ》る。山、侍立《じりゅう》するこ

○已過五年…建長寺に住持して五年目の解夏となる。○点開…目を開く。○点瞎…目をくらます。目を見えなくする。○落在…〜に落ちる。〜に落ち着く。○同道人…同じ道を行く人。同行、同参。

○冬至…冬至の小参。冬至の日に因んで行なう小参。前日の夜に行なう。○性義…自性の意義。○形容…状態を言い表すこと。○時節因縁…最適な機会が到来、因と縁が和合すること。○生殺…生かすことと殺すこと。○一塵…ひとつの塵。塵ひとつ。転じて、きわめてこまかいこと、わずかなことにいう。○趣向…おもむき。意向。○滴水…したたる水。○瞻仰…あおぎみる。○群陰剥尽…群がった陰の気がはぎ落ちる。

○一陽復生…一陽来復。十一月の冬至に陽気が再び生じ始めること。

○体得…十分に会得して自分のものにすること。○紛紛…物事が入り交じって乱れるさま。○天際…天のはて。空のかなた。○落楊花…舞い散る柳の花。

○疎山訪岩頭〜今日被驢撲…[補1]。○疎山…洞山下の疎山匡仁（不

と少時《しょうじ》なるも、頭、全く顧みず。山、禅床《ぜんしょう》を撫《う》つこと一下す。頭云く、「什麼《なに》をか作す」と。山云く、「且《か》つ瞌睡《かっすい》す」と、便ち払袖《ほっしゅう》して出づ。頭云く、「三十年、馬騎《ばき》を弄《ろう》し、今日、驢《ろ》に撲《ぼく》せらる」と。

師云く、「拳《なぐ》り来たり踢《け》り去りて、各おの相い饒《ゆず》らざることは、則ち無きにあらず。疎山・岩頭、当時、若《も》し明眼《みょうがん》の高流《こうる》に遇わば、身を隠すに地無きことを逸れず」と。

24

除夜。「扶桑《ふそう》国内、巨福山巓《こふくさんてん》、無形《むぎょう》の物、左転右旋《さてんうせん》す。七仏《しちぶつ》未生の際に赫赫《かくかく》たり、二儀未判《にぎみはん》の先きに恢恢《かいかい》たり。幾度か劫風《ごうふう》吹けども散らず、屢《しば》しば大火《だいか》を経て焼けども燃えず。歳去り年来たるも、也《ま》た只だ恁麼《いんも》なり、冬蔵れ春至るも、旧きに依りて如然《にょねん》たり。寒暑循環の患《わずら》い無く、陰陽舒縮《じょしゅく》の遷り無し。唐土の二三も分疎《ふんそ》し下《え》ず、竺乾《じくけん》の四七も口有りて宣べ難し。是れ洞山《とうざん》の五位にあらず、亦た臨済《りんざい》の三玄《さんげん》に非ず、甚《なん》の人間《じんかん》の古老銭《ころうせん》にか当たらん。霊利《れいり》の漢、此に於いて識得せば、山僧、罪犯弥天《ざいぼんみてん》ならん。苟或《も》し然《しか》らずば、而今《にこん》、諸人の前に颺在《ようざい》せん。道《い》うこと莫《な》かれ、『頭は全きも尾は全からず』」と。

復た挙す、古徳に僧有りて問う、「生死《しょうじ》到来す、如何《いか》んが免れ得ん」と。古徳云

詳）のこと[補2]。○岩頭…青原下の巖頭全豁（不詳）のこと[補3]。○佯佯…偽ること。振りをする。○侍立…側などにつき従って立つこと。○少時…ほんのわずかな時間。○禅床…禅牀。坐禅をする場所。僧堂内の坐位。住持ならば禅椅、修行僧ならば単位。○瞌睡…疲れて居眠りすること。○払袖…そでをうち払う。決然として立ち去る時の気勢。○三十年弄馬騎、今日被驢撲…三十年もの間、馬も自在にのりこなしてきたのに、今日は驢馬に放り出された。三十年は人生をかけて一芸に熟達するまでの期間。○撲…放り投げる。○明眼高流…見識を具えたすぐれた人物。明眼は物事の真実を明らかに見通せる心の眼。○隠身無地…身を隠す場所すらない[補4]。

○除夜…除夜の小参。十二月三十日の大晦日の晩に行なう小参。○扶桑…中国の東方海上の島にあるという神木の名。日本を指す。○巨福山…建長寺の山号。○無形之物…目に見えない物。○左転右旋…自由自在に操る。○七仏未生之際…過去七仏が出世する以前[補1]。○赫赫…赤赤と照り輝くさま。○二儀未判之先…天地が分かれる以前[補2]。○恢恢…大きく広く包み入れるさま。○劫風…この世の末の壊劫のときに吹くとされる。大風災。○如然…法にかなっているさま。○寒暑循環…寒さ暑さぐるぐるめぐって窮まりない。○陰陽舒縮…陰と陽とが伸びたり縮んだりする。○唐土二三…東土の六祖。中国禅宗の六代の祖師。○竺乾四七…西天の二十八祖。インドの歴代祖師。○分疎不下…言い分できない。分疎は釈明する。決着をつける。○洞山五位…曹洞五位のこと[補3]。○洞山…曹洞宗の洞山良价（八〇七〜八六九）のこと[補4]。○臨済三玄…臨済義玄が用いた三玄三要という学人指導の方法[補5]。○臨済…臨済宗祖の臨済義玄（？〜八六六）のこと[補6]。○古老銭…漢の武帝が鋳た五銖銭のこと。○霊利漢…頭脳明晰で仏道に徹した人。○識得…本質をみてとる。よく理解すること。○罪犯弥天…罪やあやまちが、空いっぱいに広がること。○颺在…〜に放り投げる。○頭全尾不全…始めは完璧なのに、おわりが全くだめである。

く、「柴鳴竹爆《さいめいちくばく》して人耳《じんじ》を驚かす」と。僧云く、「意旨《いし》は如何ん」と。徳云く、「家犬は声獰《わる》くして夜も休《や》まず」と。

「建長、身に就いて劫《こう》を打《た》し、箇の頌子《じゅす》有り。柴鳴竹爆して人耳を驚かす。家犬は声獰《わる》くして夜も休《や》まず。旧歳は只だ今宿《こんしゅく》を余して尽き、明朝は又た是れ一年の頭《はじ》め」と。

25

結制。「百匝千重《ひゃくそうせんちょう》の処、目を挙げて視る可く、手を引きて攀《のぼ》る可し。三尖五露《さんせんごろ》の人、心を擬《ぎ》せば則ち差《たが》い、念を動ぜば則ち隔《へだ》つ。山僧、端無くも道破《どうは》し了われり、霊利《れいり》の衲僧《のうそう》を笑殺《しょうさつ》す。須らく知るべし、未だ滄溟《そうめい》を渡らざる以前、一つの陳年《ちんねん》の爛物《らんぶつ》有り、価い、娑婆《しゃば》より重くして、扶桑国中に颺在《ようざい》す。未だ之れを提掇《ていてつ》する者有らず。今日、物見えて主眼をば卓竪《たくじゅ》す。旧きに仍りて収拾し将《も》ち来たり、只だ諸人の一夏九十日の中に東咬西嚼《とうこうせいしゃく》し、忽然《こつねん》として咽喉《いんこう》を塞断《そくだん》し、性命《せいめい》を喪却せんことを要す。切に建長を辜負《こふ》することを得ざれ。辜負《こふ》することは則ち且らく置く。如何なるか是れ陳年《ちんねん》の爛物」と。縄床を撃ちて云く、「九首三頭、背面無し。夜深くして覰著《しょじゃく》せば骨毛寒し」と。

復た挙す、潙山《いさん》、因みに僧問う、「如何なるか是れ道」とは、青霄《せいしょう》に路有り、人

○古徳有僧問～家犬声獰夜不休…[補7]。○古徳…雲門下の廬山化城鑑（不詳）のこと[補8]。○生死到来…生死の一大事、すなわち死が目前にやって来ること。○柴鳴竹爆…たき木が音を鳴らし、竹が破裂する。○意旨…こころもち。心で考えている趣旨。○就身打劫…おのれの身を強奪して裸にする。打劫は略奪すること。かすめ取ること。○今宿…今夜。今晩。

○結制…結制の小参。○百匝千重之処…幾重にも重なり合っているところ。○三尖五露之人…あれこれと詮索し思い廻らす人か。○擬心…心を差し向ける。分別をさしはさむ。○動念…念を動かす。妄念が起こる。○無端…ふいに。いわれもなく。わけもなく。○道破…ずばりと言ってのけること。言い切ること。○霊利…俊敏な禅僧のこと。○笑殺…大いに笑わせること。○滄溟…あおく広い海。青海原。○陳年…ふるい年。年を経たさま。○爛物…腐乱した物。こわされた物。○娑婆…釈迦が衆生を救い教化するこの世界。○扶桑…中国の東方海上の島にあるという神木の名。日本を指す。○颺在…～に放り投げる。○提掇…手で持ち上げる。手の上にものを載せて重さを計ること。○主眼卓竪…己れの目をしっかりと見開いての意か。○収拾…取り集める。拾い集める。とりかたづける。始末する。○東咬西嚼…しっかり嚙み砕く。○忽然…突然に。たちまちに。○咽喉…のど。のどぶえ。○塞断…塞いでしまう。完全に塞ぐ。○性命…生まれながらの素質と天から授かった運命。生命。○喪却…失う。なくす。○辜負…期待を裏切る。志を無駄にする。○縄床…坐禅をする場所。僧堂内の坐位。住持ならば禅椅、修行僧ならば単位。○九首三頭…『山海経』に載る九つの首を持つ怪物と三つの頭を持つ怪物。○覰著…うかがい尽くす。のぞき見てしまう。

○潙山《いさん》因僧問～方見裏頭仁…[補1]。○潙山…潙仰宗祖の潙山霊祐

の到る無し。山云く、「無心是れ道」とは、人を引いて又た荒草《こうそう》に入ることを見る。僧云く、「某甲《それがし》会せず」とは、南山北山、転《うた》た滂霈《ほうはい》たり。山云く、「不会底《ふえてい》を会取《えしゅ》せよ」とは、地に従《よ》りて倒れ、地に従《よ》りて起つ。僧云く、「如何《いか》なるか是れ不会底」とは、有智無智、三十里を較《こう》す。山云く、「只是《た》だ你のみ是れ別人にあらず」とは、桃李《とうり》の核を撃開して、方《まさ》に裏頭《りとう》の仁《さね》を見る。「恁麼《いんも》の提唱《ていしょう》、也《ま》た是《こ》れ順水《じゅんすい》に帆を張る。諸人、還《は》た潙山が貴《たか》く買い賤《やす》く売る処を知る麼《や》」と。良久して云く、「千金、肯《あ》えて換《か》えず、一笑破除《いっしょうはじょ》して休す」と。

26

解夏。「琉璃殿内《るりでんない》、肯《あ》えて頭《こうべ》を回らさず。荊棘林中《けいきょくりんちゅう》、怎生《そもさん》か歩みを挙せん。若《も》し三箇月、総《す》べて虚しく過ごさずと謂わば、大虫《だいちゅう》、水磨《すいま》を看る。十二時、唯だ我れのみ自知《じち》すといわば、白鷺《はくろ》、煙に傍《そ》いて飛ぶ。多年無価《むか》の宝を提起《ていき》し、依然として撞著《とうじゃく》す瞎波斯《かつはし》。泥にて封じ土にて裹《つつ》み、東籬《とうり》に颺在《ようざい》す。只だ現成底の事に抛りて、大家《たいけ》笑いて双眉《そうび》を展《の》ぶ。且つ現成底とは是れ什麼《なん》の事ぞ。希奇《けき》たり希奇《けき》たり。東廊下にて鐘を打ち鼓を打ち、西廊前にて是《ぜ》と説き非《ひ》と説く。那《なん》ぞ知らん、鼻孔都《すべ》て忘却《ぼうきゃく》し、空しく娘生《じょうしょう》の両片皮を扇ぐことを。徳山の棒は軽しく挙することを欲せず。臨済の喝は豈に将《もっ》て伊《かれ》を諱《よ》ばんや。有般《うはん》の好悪《こうお》を識《し》

（七七一～八五三）のこと[補2]。○青霄…あおぞら。澄んだ空。○無心是道…思慮分別にわたらないのが道である。○入荒草…荒れて乱れた草の中に入る。生い茂った雑草に入る。煩悩の中に自らを据える。○南山北山転滂霈…北の山も南の山も盛んに雨が降りしきる[補3]。○会取…理解すること。取は動作を意図的かつ積極的に行なう気分を表す接尾語。○有智無智、較三十里…有智は智慧があること、無智は智慧のないこと。較三十里はまだもう三十里だ。較は少し足りないの意。宋代の一里は約五六〇メートル[補4]。○桃李…桃やすももの種。○撃開…打ち開く。叩きわる。○裏頭…中・肉。○仁…さね。果実の核の内部。○提唱…提示して説法すること。○順水張帆…順水使帆とも。水の流れに乗って舟の帆を上げる。情勢に対応してものごとを運ぶこと[補5]。○貴買賤売…高く仕入れて安く売る。我が身を顧みない慈悲行をいう[補6]。○破除…除くこと。取り除くこと。

○解夏…解夏の小参。夏安居が終わるのに因んで行なう小参。○琉璃殿…青色の美しい宝石で飾られた殿宇。僧堂を指す。○不肯回頭…あえて振り向かずに面壁する。○荊棘林…イバラやバラなどとげのある低木が生い茂る林。叢林のこと。○大虫…とら（虎）の異名。○水磨…水の力を利用して米麦を搗く碓。からうす。○十二時…一昼夜。一日中。二十四時間。○自知…自分で知る。心理を自ら知る。○白鷺…しらさぎ。○多年無価宝…値のつけられないほど高い価値がある宝。仏法のこと。○提起…持ち上げる。取り上げる。○依然…もとのままであるさま。あい変わらず。○撞著…ぶち当たる。つき当たる。○瞎波斯…ものの道理がわからない波斯国出身の達磨。○泥封土裹…泥で閉じ、土で包む。○東籬…屋敷の東側のかきね。○颺在…～に放り投げる。○現成底事…すでにできあがっていること、既成の事実。ありのまま現れていること。○大家…みんな。みなさん。○展双眉…左右の眉を伸ばす。○希奇…稀で珍らしい。○鼻孔…鼻。本来の面目。○忘却…すっかり忘れてしまうこと。○娘生…嬢生とも。母から生まれ

らざる者は便ち道《い》う、『従来の画餅《がべい》、徒に用いて饑《う》えを充たし、総べて是れ盲人、象を摸して騎る』と。建長、今、法歳《ほうさい》の周円するに値いて、徳山の棒、臨済の喝を行じ去らん」と。主丈を拈じて左辺に卓一下して、「你が骨髄を敲出《こうしゅつ》す」と。右辺に卓一下して、「你が死屍《しし》を撃砕《げきさい》す」と。横に主丈を按じて喝一喝して、「四《よ》もに顧みれば寥寥《りょうりょう》として渾《す》べて見ず。相い逢うて多くは是れ那斯祁《なしき》」と。

復た挙す、文殊、三処《さんしょ》に夏《げ》を度《わた》る。迦葉、擯出《ひんしゅつ》せんと欲《ほっ》し、纔《わず》かに椎《つい》を挙ぐれば、遂に百千万億の文殊を見る。迦葉、椎をば挙ぐること能わず。世尊云く、「汝、那箇《なこ》の文殊をか擯せんと欲す」と。迦葉、休し去る。

師云く、「世尊は正を掩《おお》いて邪を扶く。迦葉は頭有りて尾無し。当時、若し是れ建長ならば、無量の文殊を見るの時、便ち一椎を打して云わん、『真仮《しんけ》を論ぜず、即時に擯出《ひんしゅつ》す』と。二千余年も未了底《みりょうてい》の公案と成れるを免れん。我が此の一衆、三処に夏を度る者有ること莫《な》き麼《や》。若し有らば、山僧、伊《かれ》が与めに箇《こ》の分暁《ぶんぎょう》を討《もと》め去らんと要す」と。良久して云く、「休みね、休みね。旧事は根究すること莫かれ。人を饒《ゆる》すは是れ痴ならず」と。

27

冬至。「掣《ひ》き断《ち》ぎれざる処、内外に糸毫《しごう》を絶す。撃ち開き得る時、混崙《こんろん》に縫罅《ほうか》

た。○両片皮…両皮。上くちびると下くちびる。○徳山棒…徳山行棒とも[補1]。○徳山…青原下の徳山宣鑑（七八〇～八六五）のこと[補2]。○臨済喝…臨済四喝とも[補3]。○臨済…臨済宗祖の臨済義玄（？～八六六）のこと[補4]。○有般…～という輩がいる。～のような人たちがいる。○画餅徒用充饑…画餅充饑のこと。絵に画いた餅で飢えを満たそうとする。空しい気休め。実効を伴わない所為[補5]。○盲人摸象…目の見えない人が象を思い描く。かってな想像。○法歳…夏次・法臘に同じ。○周円…一まわりする。○敲出骨髄…骨や髄を砕きつぶす。○撃砕死屍…しかばねをうち砕くこと。○四顧…四方を振り返る。あたりを眺める。○寥寥…もの寂しくひっそりとしているさま。空虚なさま。○那斯祁…あれやこれなど簡単な言葉。明らかでないこと、言語で表現することのできないありようか[補6]。○文殊三処度夏…「文殊過夏」の公案[補7]。○文殊…文殊師利菩薩のこと。般若の智慧を表す菩薩[補8]。○三処…文殊が一夏の間に一ヶ月づつ魔宮・長者居宅・婬房の三所で過ごした故事。○迦葉…仏十大弟子の一人、摩訶迦葉のこと。禅宗における西天第一祖[補9]。○擯出…重罪を犯した者を追い出すこと。追放する。○椎…槌。槌砧。○那箇…どの。どちらの。○世尊…世の尊敬を受ける人。釈迦牟尼仏のこと。仏十号の一つ。○掩正扶邪…正しいものを覆い尽くし、まちがったものに力を添える。○有頭無尾…頭があって尾がない。尻切れトンボ[補10]。○打一椎…木でできた槌で一打ちする。○真仮…真実と方便。ここではものごとの正否。○未了底公案…未了の公案。いまだ了得することができない公案。○公案…公府の案牘。官庁の裁決案件。歴代祖師が示した仏法の課題。○免見～成…～になってしまうのを免れる。「見」は「らる」の意。○分暁…あきらかにする。○旧事…昔のこと。古い事柄。○根究…根本的に究める。根ほり葉ほり究める。○饒人不是痴…人に対して寛大なのは愚かなやり方ではない。愚かな人は許そうとしない。饒は許す、見逃す。

○冬至…冬至の小参。冬至の日に因んで行なう小参。前日の夜に行な

無し。建長が口は是れ禍門なり。未だ人に笑怪せ遭《ら》るることを免れず。若《し》かず、応時に祐《たす》けを納《い》れ、衆の為めに挙揚《こよう》し去らんには。十一月十一日以前は面を仰ぐも天を見ず、全く消息無し。十一月十一日以後は頭を低げても地を見ず、消息全く無し。正当今日、六陰剝ぎ尽きて、一陽復生《いちようふくしょう》す。畢竟して是れ有り耶《や》、是れ無し耶《や》」と。良久して云く、「柳は未だ新眼を開かず、梅は先ず旧条に放《はな》つ」と。

復た挙す、潙山《いさん》、仰山《ぎょうさん》に問う、「天寒く人寒し」と。仰山云く、「大家《たいけ》、這裏《しゃり》に在り」と。

師云く、「大家、這裏《しゃり》に在り。禍害《かがい》は茲《こ》れ従《よ》り起こる。三たび搭《う》てども頭を回らさず。一たび鉏《す》くうに便ち底を見る。我が此の一衆、還《は》た曽《かつ》て夢にだも見る麼《や》」と。膝を撫《う》つこと一下して、「福山は渾《すべ》て松関を掩《おお》わず。無限の清風、来たりて未だ已《や》まず」と。

28

歳夜。「年去り年来たりて了期《りょうご》する没《な》し。青糸《せいし》漸《ようや》く改まりて白糸《はくし》垂る。翻《ひるがえ》って思う、昔日の趙州《じょうしゅう》老、道《い》うことを解す、能《よ》く十二時を駆《か》ると。箇《こ》は是れ諸人現成底の事なり。何に縁《よ》ってか、日に用いるに昧《くら》くして知らざる。之れを知る者

う。○掣不断処…掣断できないところ。断ち切れないところ。引きちぎれないところ。○糸毫…ごくわずかなこと。○撃得開時…打ち開けるとき。叩いて開け得たとき。○混崙…兀然たる一枚岩。○縫罅…縫い目。ひび。裂け目。○口是禍門…口は禍いのもと。災いの入り口。禍門は災いのあるところ。○笑怪…あざけ笑うこと。○応時…すぐに。○挙揚…取りあげること。取りあげて人に示すこと。○十一月十一日…文応元年（一二六〇）十一月十一日か[補1]。○消息…情況、実態。○低頭…頭を低くたれること。○六陰…陰の気が極まった状態。乾の卦のみの状態。○一陽復生…一陽来復。十一月の冬至に陽気が再び生じ始めること。○柳未開新眼、梅先放旧条…[補2]。○新眼…新しい芽。○旧条…旧枝。古い枝。条は分かれ出た枝。

○潙山問仰山〜大家在這裏…[補3]。○潙山…潙仰宗祖の潙山霊祐（七七一〜八五三）のこと[補4]。○仰山…潙仰宗祖の仰山慧寂（八〇七〜八八三）のこと[補5]。○天寒人寒…天も人も寒い。徹底して寒いこと。○大家…みんな。みなさん。○禍害…わざわい。災難。○三搭不回頭…三度も肩を叩かれても振り向きもしない。鈍根なさまをいう[補6]。○一鉏…鉏《すき》を一振りすること。

○福山…巨福山建長寺のこと。蘭渓道隆自身のことを指す。○松関…松門。松を植えて門の代わりとする。万松関。○無限清風来未已…[補7]。○清風…清らかな風。

○歳夜…歳夜の小参。除夜の小参とも。十二月三十日の除夜に行なう小参。○了期…けりのつく時。決着。悟る時。○青糸…青い糸。黒髪のたとえ。○白糸…白い糸。白髪のたとえ。○昔日趙州老、解道能駆十二時…[補1]。○趙州老…南嶽下の趙州従諗（七七八〜八九七）のこと[補2]。○十二時…一日中。二十四時間。○現成底事…すでに

は、便ち旧を送り新を迎え、横《ほしいまま》に鉄笛《てってき》を吹くことを解す。知らざる者は、只麼《しも》に新を迎え旧を送り、鉄笛をば横に吹くのみ。所以《ゆえ》に丹鳳《たんほう》は空に騰《のぼ》りて了《つい》に繋礙《げげ》無く、群狐《ぐんこ》は水を探りて転《うた》た遅疑《ちぎ》なるを見る。若《も》し是れ箇《こ》の漢ならば、脳蓋《のうがい》を掲開し、面皮を擘破《へきは》し、一搆に搆得し、鉗鎚《かんつい》を犯せず、便ち知らん、三十六旬、旬旬に向背《こうはい》無く、十二箇月、月月に盈虧《えいき》没《な》きことを。七顚八倒《しちてんばっとう》、他物に非ず。瞥《べっ》して喜び、瞥して嗔《いか》るは、更に是れ誰ぞ。天上人間、唯だ我れのみ知る」と。

復た挙す、雪竇《せっちょう》、僧有りて問う、「如何なるか是れ教外別伝底《きょうげべつでんてい》の一句」と。竇云く、「看看《かんかん》、臘月尽《つ》く」と。僧云く、「恁麼なれば則ち流芳《りゅうほう》し去るや」と。竇云く、「唖子、苦瓜を喫す」と。

師云く、「雪竇が這の僧に答うる話、大いに寸釘の木に入るに似たり。這《こ》の僧、若し『看看、臘月尽く』の句中に向かって会し去らば、蓋纏《がいてん》を截断《せつだん》するを妨げず、重重に話堕《わだ》せ見《ら》るを免れん。今夜、忽ち人有りて建長に『如何《いか》なるか是れ教外別伝底の一句』と問わば、只だ他に向かって道わん、『秀支替戻岡、僕谷劬禿当』」と。

きあがっていること、既成の事実。ありのまま現れていること。○日用…日々用いること。毎日の入用。平常のこと。○横吹鉄笛…ほしいままに鉄の笛を吹く。○丹鳳…鳳凰の一種で、首と翼の赤いもの。すぐれた禅僧。○騰空…大空にのぼっていく。空に飛び立つ。○繋礙…さまたげ。拘束することのたとえ。○群狐…群がる狐。多くの修行僧。○探水…水の深さを探る。○遅疑…とっさに反応できず躊躇する。疑い迷ってすぐに決断しないこと。○脳蓋…頭の天辺。頭蓋骨。○掲開…開ける。あばく。○擘破面皮…生身の厚い面の皮をはぎ取る[補3]。○擘破…裂く。真二つに切り裂く。○面皮…つらの皮。○搆得…構得・覯得とも。ぴったり出会う。邂逅する。ずばり見て取る。○鉗鎚…鉗は金ばさみ。鎚は金づち。師が弟子を厳格に鍛練し、教導することをいう。○三十六旬…一年間。三百六十日。旬は十日間。○向背…従うことと背くこと。前と後。○盈虧…満ちることと欠けること。○七顚八倒…転げまわってもがき苦しむこと。○瞥喜瞥嗔…ちょっと見ては喜んだり怒ったり。瞥はちらりと見る。○天上人間、唯我知…天上・人間界でそのことを知っているのはただ私だけである。○雪竇有僧問~唖子喫苦瓜…[補4]。○雪竇…雲門宗の雪竇重顕（九八〇~一〇五二）のこと[補5]。○教外別伝底…禅の究極の一句。禅の教え。○看看臘月尽…見る見る内に十二月が終わる。ぐずぐずしてはいけないの意。○流芳…後世に名を残すこと。○唖子喫苦瓜…口のきけない人が苦い瓜を食べる。口に言えない苦しみ。わかっていても表現できない。○唖子…口のきけない人。○苦瓜…にがうり。○寸釘入木…一寸の釘が木に打ち込まれる。容易に脱ぎ難い堅固なさま。○蓋纏…心を覆い纏うもの。煩悩のこと。○截断…断ち切る。切り落とす。

○重重…重なるさま。○話堕…言葉にしばられる。語るに落ちる。

○秀支替戻岡、僕谷劬禿当…[補6]。

29
結夏。「澄湛湛《ちょうたんたん》の地、透路全く無し。妙明明《みょうめいめい》の時、飛塵《ひじん》到らず。直に得たり、仏眼も窺覰《きしょ》するに由《よ》し無く、魔外《まげ》も那《なん》ぞ足を措《お》かん。所以《ゆえ》に古人道く、『痕垢《こんく》尽くる時、光始めて現じ、心法双《ふた》つながら忘じて性《しょう》即ち真なり』と。恁麽《いんも》の境界に做到《さとう》するも、猶お始現の光と即真の性有り。若し是れ峭措《しょうそ》の衲僧ならば、聊《いささ》か挙著《こじゃく》するを聞きて、便ち三月の内、九旬の中に於いて、参じて参ずる所無く、学びて学ぶ所無からん。甚《なん》の菩薩乗《ぼさつじょう》にか踞《きょ》せん、大円覚を掀翻《きんぽん》す。鉄船《てっせん》に底没《な》く、棹歌《とうか》して帰る。木人・石人、声もて応諾《おうだく》す」と。

復た挙す、僧、潙山《いさん》に問う、「如何なるか是れ道」と。山云く、「無心是《こ》れ道なり」と。僧云く、「某甲会《え》せず」と。山云く、「不会底《ふえてい》を会取《えしゅ》せよ」と。僧云く、「不会底、如何んが会せん」と。山云く、「只だ是の你、是れ別人ならず」と。師云く、「阿魏《あぎ》に真無く、水銀に仮《け》無し。約《やく》に明文《めいぶん》有り、物に定価有り。笑うに堪えたり、潙山老人、端無くも貴《たか》く買いて賤《やす》く売ることを。還《は》た会す麽《や》、只だ是の你、別人に非ず。眼裏に筋無くして、一世貧し」と。

30
事に因む小参。「雪峰《せっぽう》は三箇の木毬《もっきゅう》を輥《ころが》す。転轆轆地《てんろくろくち》、何ぞ曽《かつ》て撞著《どうちゃく》せん。魯祖《ろそ》は一間の土壁《どへき》に面す。峭巍巍《しょうぎぎ》の処、渾《すべ》て通方ならず。渠《かれ》は釘釘《ちょうちょう》し膠黏《こうでん》する

○結夏…結夏の小参。四月十四日、夏安居が始まる日の前夜に行なう小参。○澄湛湛…水などが深く満ちたたえられているさま。清く澄み切ったさま。○透路…通る道。○妙明明時…くもりなく明らかなありよう。○飛塵…飛び交う塵。○窺覰…うかがい見る。○魔外…天魔と外道。○古人道、痕垢尽時光始現、心法双忘性即真…[補1]。○古人…六祖下の永嘉玄覚（六七五～七一三）のこと[補2]。○痕垢…傷跡やよごれ。けがれた跡。けがれ。○心法双忘…主客がともに忘じた境地。心法は主観である心と客観である法。○做到…到る。やり遂げる。○峭措…美しい。立派な。○衲僧…衲衣を着た僧。禅僧のこと。○三月内九旬中…九旬三ヶ月の安居の期間。○菩薩乗…菩薩の乗り物。声聞乗や縁覚乗に比して、自分だけではなく、すべての人々を悟りに導こうとする立場の教法。大乗・仏乗とも。○大円覚…広大円満な悟りの境地。○掀翻…ひっくり返すこと。高く持ち上げてひるがえすこと。○鉄船…鉄船水上浮。鉄船が水上に浮かぶ。水に沈むはずの鉄製の舟が水に浮く[補3]。○棹歌…舟歌。船頭が舟をこぎながらうたう歌。○木人・石人…木で作った人形と、石で刻んだ人の像。思慮分別を超えた境涯。○応諾…声を出して応答する。

○僧問潙山～只是你不是別人…[補4]。○潙山…潙仰宗祖の潙山霊祐（七七一～八五三）のこと[補5]。○無心是道…思慮分別にわたらない心が道である。○会取不会底…不会というものを会得せよ。分別心では会得できない事実をしっかりととらえよ。○阿魏無真、水銀無仮…[補6]。○阿魏…アギ（梵：hiṅgu）。阿虞とも。北インドやペルシャで虫除けや毒気払いに使った臭気の強い草。人間には無害なことから、真の薬性やききめがない意に用いる。○約有明文…約束・契約には明文がある。○物有定価…品物には定まった価がある。○堪笑…おわらいぐさ。笑止千万。○無端…ふいに。いわれもなく。わけもなく。○貴買賤売…高く仕入れて安く売る。我が身を顧みない慈悲行をいう[補7]。○是你…ほかならぬお前。君こそ。○別人…他人。他の人。○眼裏無筋一世貧…ものの本質を見抜く力がなく、一生涯むだに送る[補8]。○一世…一生。一生涯。

○因事小参…特別のことに因んでする小参。○雪峰輥三箇木毬…「雪峰輥毬」の公案[補1]。○雪峰…青原下の雪峰義存（八二二～九〇八）のこと[補2]。○転轆轆地…車輪や轆轤など丸いものがごろごろ

に非ず、汝自ら耳聾《ろう》し目瞽《こ》す。更に他《かれ》の「尽大地《じんだいち》は是れ箇の解脱門なり、手を把《と》って牽《ひ》けども入らず」と道うことを労す。己を以て人に方《くら》べ、良を圧《おさ》えて賤と為す。又た道う、「仏未だ出世せざる時に会得するも、尚お未だ一半を較《こう》せず。你、恁麼《いんも》に驢年《ろねん》に去る」と。桀《けつ》を助けて虐《ぎゃく》を為し、斧を見て斫《き》ることを好む。建長、也《ま》た輥毬《こんきゅう》せず、也た面壁せず。只だ諸人が三九は是れ二十七なるを識得せんことを要するのみ。小事は軽《かるがる》しく敵す可からず、大事は各自に力を著《つ》けよ。墨に近づく者は黒く、朱に近づく者は赤し。外宝は貪ぼり求むること勿かれ、家珍は須らく保惜《ほせき》すべし。保惜することは則ち無きにあらず。汝諸人の家珍《かちん》は甚麼《なん》の処にか在る。四威儀の内、十二時中、浄裸裸明歴歴《じょうららみょうれきれき》たり。頭を回《めぐら》して、早早に宜しく収拾すべし。山僧、恁麼《いんも》に諸人に指示す。眼上の眉毛《びもう》、倶に打失す。従上の諸仏祖師は総べて是れ建長が冤敵《おんてき》なり。豈に見ずや、僧、文殊和尚に問う、『達磨大師、還《は》た是れ祖なり否《や》』とは、許多《きょた》の時、甚処《いずれ》にか去来《きょらい》す。殊云く、『是れ祖にあらず』とは、西秦《せいしん》を収得《しゅうとく》し、又た東魯《とうろ》を降《くだ》す。僧云く、『既に是れ祖なざれば、何ぞ西来するを用いん』とは、閃電光中《せんでんこうちゅう》、鴨は雷を聴く。殊云く、『汝が薦《すす》まざるが為めなり』とは、慈容《じよう》を翻却《ほんきゃく》して又た鬼面を呈す。僧云く、『薦めて後、如何ん』とは、扶桑国裏《ふそうこくり》にて新羅《しんら》を望む。殊云く、『方に知る、是れ祖ならざることを』とは、口は是れ禍門《かもん》なり、冤憎会苦《おんぞうえく》。文殊は能《よ》く

と回るさま。○撞著…つきあたること。ぶつかること。○魯祖面一間土壁…「魯祖面壁」の公案[補3]。○魯祖…馬祖下の魯祖宝雲（不詳）のこと[補4]。○土壁…土塗りの壁。○峭巍巍…山などが高く険しいありよう。○通方…四方に通ずる。十方に通達する。○釘釘…釘付けにする。○膠黏…にかわづけにする。○耳聾目瞽…耳が聞こえなくなり、目が見えなくなる。○尽大地是箇解脱門…解脱門は、解脱の境界に入る門。三界の苦界を離れた真の悟りを得る門のこと[補5]。○尽大地…すべての大地。○以己方人…自分の尺度で人のことを推し量ること。○圧良為賤…以賤圧良とも。良民を無理やり賤民にする。強いて人を賤しめて悪者扱いする[補6]。○較一半…二分の一だけ足りない。半分でしかない。○驢年…無意味な年。いつまでもやってこない年。驢馬のように無駄に重ねた年齢。○助桀為虐…助紂為虐とも。桀王を補佐して虐政を行なう[補7]。○見斧好斫…斧を手に取ると木を切りたくなる。○輥毬…木毬を転がす。○面壁…壁に面して坐る。○識得…本質をみてとる。よく理解すること。○著力…力を著く。全力を尽くす。○家珍…家の宝。家宝。○保惜…保つ。大切にする。○四威儀…平常の起居動作である、行住坐臥の四つ。○十二時中…一昼夜。一日中。いつも。つねに。○浄裸裸…浄躶躶。丸はだかで一点のけがれもないところ。真理が丸出しのありよう。○明歴歴…あきらかなさま。はっきりとしているさま。○回頭…廻首。振り返る。ふり向いて後ろを見る。○早早…忙しく、そそくさと。○収拾…取り集める。拾い集める。とりかたづける。始末する。○指示…物事をさししめすこと。○眼上眉毛倶打失…目の上の眉毛がみな落ちる。誤って法を説くと鬚眉が抜け落ちるとされ、それを覚悟して敢えて法を説くこと。○従上諸仏祖師…代々の諸仏や歴代の祖師。○冤敵…あだ。かたき。○僧問文殊和尚～方知不是祖…[補8]。○文殊和尚…青原下の湖南文殊（不詳）のこと[補9]。○達磨大師…中国禅宗初祖の菩提達磨のこと。嵩山少林寺で面壁した[補10]。○許多…これほどの。こんなにたくさんの。○去来…行くことと来ること。往来すること。○西秦…西の秦の国。春秋戦国時代の列国の一つ。始皇帝のときに天下を統一する。○収得…物をとり入れること。自分のものとすること。○東魯…東の魯の国。春秋時代の列国の一つ。○閃電光中鴨聴雷…如鴨聞雷とも。ひらめく稲妻の中でも、鴨は平然と雷鳴を聞いている。何ごとも身に

縦《はな》つも能く奪わず、始め有るも却って終わり無し。当時、若し是れ臨済・徳山ならば、爛椎一頓《らんついいっとん》して伊《かれ》をして『諸仏は曽《かつ》て出世せず、祖師も亦た西来せず、人人八面玲瓏《はちめんれいろう》にして箇箇一方峭抜《いっぽうしょうばつ》なり』と知《し》らしめん。噁《ああ》。遂事《すいじ》は諫《いさ》めず、既往《きおう》は咎《とが》めず。今日、若し人有りて建長に『達磨、還《は》た是れ祖なり否《や》』と問わば、只だ他《かれ》に向かって道《い》わん、是れ他《かれ》の口を開きて『如何なるか是れ祖』と問わんと擬《ほっ》するを待ちて、山僧、劈面《へきめん》に他《かれ》に一摑《いっこく》を与えて、大食国《たいしょくこく》に走過《そうか》し去らしめん。参」と。

復た云く、「大機は滞ること無く、障《さわ》りを除き翳《かげ》りを除く。万象は斉《そろ》え難く、水に入り泥に入る。天外《てんがい》に出頭《しゅっとう》し、雲霓《うんげい》を下視《かし》す。主山《しゅざん》は高くして案山《あんざん》は低し。你自ら空に就《つ》いて描邈《びょうばく》す。我れ則ち東を指して西を話《かた》る。奇奇《きき》たり。韓獹《かんろ》吠え絶えて天将《まさ》に暁《あ》けんとす。流水は依前《いぜん》として大堤を遶《めぐ》る」と。

31 冬節。「陰極まり陽生じて後、寰中朗《かんちゅうあき》らかにして復た昏《くら》し。自家《じけ》の田地上《でんちじょう》、別に是れ一乾坤《けんこん》、空索索《くうさくさく》たり、白漫漫《はくまんまん》たり。誰か其の中をば子細に観ることを解せん。痛く一犂《いちれい》を下して翻転《ほんてん》して後、鉄牛は長《とこし》えに臥して雲根《うんこん》に在り。霊利《れいり》の漢、他に謾ぜられ、手を把《と》りて牽《ひ》き回せども門に入らず。若《も》し入得せば、

こたえないさま[補11]。○翻却慈容又呈鬼面…慈愛の顔を鬼のつらに変えた。○扶桑国裏望新羅…[補12]。○新羅…古代の朝鮮半島南東部にあった国[補13]。○口是禍門…口は禍いのもと。災いの入り口。禍門は災いのあるところ。○寃憎会苦…怨憎会苦。怨み憎む人に会う苦しみ。八苦の一つ。○能縦不能奪…自由にさせることはできても、押え込むことができない。放行のみで把住がない。○有始却無終…有頭無尾に同じ。尻切れトンボ。○臨済…臨済宗祖の臨済義玄（?～八六六）のこと[補14]。○徳山…青原下の徳山宣鑑（七八〇～八六五）のこと[補15]。○爛椎一頓…槌で猛烈にひとしきり叩くこと。○八面玲瓏…玲瓏八面とも。いずれの方向にも透き通って明らかなこと。心にわだかまりのないさま。○一方…一つの方面。○峭抜…群を抜いて高く険しいこと。○噁…感嘆詞。怒鳴る言葉。ああ。○遂事不諫、既往不咎…すでに過ぎ去ったことは咎め立てしない[補16]。○劈面…まっこうから。まともに。○一摑…一発げんこつをくらわすこと。一振りのげんこつ。○大食国…唐・宋代にサラセン帝国を指していう。また広くアラブ国家やイスラム教徒の国を指す。○参…垂語の締めくくりに用いて、参究を促す気合いの語。

○大機…大いなる機根。仏道修行に堪え得るすぐれた能力。○翳…かげ。かげり。○万象難斉…あらゆるものはそれぞれ別々で一つにまとめがたい。○出頭天外…顔を天の外に突き出す。○雲霓…雲と虹。色の薄い虹。○下視…下に見る。見おろすこと。○主山高兮案山低…寺の後方の山は高く、前方の山は低い。案山は南面した寺の前面（正面）にある山をいう[補17]。○描邈…肖像を描く。○指東話西…その場をごまかす。お茶を濁す。○奇奇…非常に珍しいさま。○韓獹吠絶…[補18]。○韓獹…戦国時代、韓の国にいた黒毛の駿犬の名。○大堤…大きなどて。堤は川の水があふれ出ないように盛った土。

○冬節…冬節の小参。冬節は四節の一つで、冬至のこと。冬至の日に因んで行なう小参。前日の夜に行なう。○寰中…天下。世界中。○自家…自己。自分。○田地…田畑。心境・境地。○別是一乾坤…別にその人独自の天地世界がある。○空索索…ひっそりとして何もないさま。○白漫漫…限りなく清いさま。漫漫は広々と果てしないこと。○子細…事細かに。詳細に。○一犂…一たび耕すこと。犂は土をすき返す農具。○翻転…ひるがえりまわること。ひっくり返す。○鉄牛…鉄でで

群陰《ぐんいん》剝《は》げ尽くすも何ぞ曽て尽《つ》きん、一陽復生《いちようふくしょう》するも本《も》とより生ぜず。氷河は天に亘るの焰を発し、鉄樹《てつじゅ》は万蕊《まんずい》の栄えを開く。石女《せきにょ》は歓呼《かんこ》し、木人《ぼくじん》は点首《てんしゅ》す。這裏《しゃり》に到りて、三世の諸仏、有ることを知らず。金毛の獅子、顚倒《てんどう》して走る」と。膝を拍《う》つこと一下して、「団団たる月影、欄竿《らんかん》に上る。普《あまね》く請《こ》う、南に面して北斗を看んことを」と。

復た挙す、潙山《いさん》、仰山《ぎょうさん》に問うて云く、「仲冬厳寒《ちゅうとうげんかん》なるは年年の事。晷運推移《きうんすいい》する事、若何《いか》ん」と。仰山、近前し叉手《しゃしゅ》して立つ。潙山云く、「情《まこと》に知る、汝が会せざることを」と。次に前話を挙して香厳《きょうげん》に問う。厳亦た叉手して立つ。潙山云く、「頼《さいわ》いに寂子《じゃくす》が会せざるに遇う」と。

師云く、「諸人、還《は》た潙仰《いぎょう》父子の落処を知る麼《や》。一頌を聴取《ちょうしゅ》せよ。帆を飽《ひろ》げ月に和して滄洲《そうしゅう》を渡る。簫笛《しょうてき》にて帰るを迎えて画楼《がろう》に入る。幾度《いくたび》の戦争か収拾し得て、只だ歌舞《かぶ》に因りて破除《はじょ》して休す」と。

32

望山庵小参。「法界は非相にして、空体《くうたい》は無方なり。大円覚《だいえんがく》を以て我が伽藍《がらん》と為し、尽大地《じんだいち》は諸人の正眼《しょうげん》を具す。展起《てんき》せば則ち十方《じっぽう》に充満《じゅうまん》し、収来《しゅうらい》せば只だ目前に在り。目前の物を明らめ得ば、便ち是れ十方に充満する底ならん。十方

きた牛。○雲根…高山、または岩石。○霊利漢…頭脳明晰で仏道に徹した人。○群陰剝尽…群がった陰の気がはぎ落ちる。○一陽復生…一陽復至。一陽来復。十一月の冬至に陽気が再び生じ始めること。○鉄樹…鉄で作った樹木。「鉄樹開花」で鉄の木に花が咲く。実現不可能なことのたとえ。○蕊…花のしべ。○石女・木人…石像の女性と木像の男性。分別を絶したありようにたとえる。○歓呼…喜んで、大きな声を上げること。○点首…点一頭。頷く。首肯する。○三世諸仏不知有…三世の諸仏は悟りのあることを知らない[補1]。○金毛獅子…百獣の王、獅子のこと。○顚倒…さかさまになる。ひっくりかえる。平静を失ってうろたえる。○団団…形の丸いさま。○欄竿…てすり。○面南看北斗…とんでもない見当違いをすること。また、自在に方位を転換する達道者のあり方をいう[補2]。○潙山問仰山云～頼遇寂子不会…[補3]。○潙山…潙仰宗祖の潙山霊祐（七七一～八五三）のこと[補4]。○仰山…潙仰宗祖の仰山慧寂（八〇七～八八三）のこと[補5]。○仲冬厳寒…陰暦十一月がきびしく寒いこと。○晷運…日の光の運行。○叉手…右手で作ったこぶしを軽く胸に当て置き、それを左手の手のひらで覆う所作。○香厳…潙山下の香厳智閑（?～八九八）のこと[補6]。○頼遇寂子不会…うまい具合に慧寂が解らなくてよかった。寂子は慧寂に対する愛称。○落処…つぼ。究極のポイント。かんどころ。○聴取…聞き取ること。○和月渡滄洲…[補7]。○滄洲…青々とした水に囲まれた洲浜。人里を離れた水辺。隠者の住むところ。○簫笛…ふえ。簫は竹管を横にならべてハーモニカのように吹く笛。笛は普通の横笛や縦笛。○画楼…美しく装飾した楼閣。絵のように美しい楼閣。○収拾…取り集める。拾い集める。とりかたづける。始末する。○歌舞…歌と舞。歌い舞う。徳を称えるたとえ。○破除…除くこと。取り除くこと。

○望山庵…不詳。内容からすると、大檀那の北条時頼が鎌倉地内の一角に建てた居所とも考えられる。○法界非相…真理の世界は姿・形を超えている。法界は全世界、真理の世界。○空体無方…空そのものには際限がない。無方は方位区別の制限がないこと。○以大円覚、為我伽藍…仏の境地をそのまま自らの住居となすこと。大円覚は広大円満

に充満する底を用得《ようとく》せば、本来、目前を離れず。直饒《たと》い茲《こ》の見解《けんげ》を具《ぐ》して、喚《よ》びて体用《たいゆう》兼《か》ね備《そな》わり機智《きち》に物無しと作すも、猶お未だ是れ慶快安楽の所ならず。那裏《なり》か是れ安楽の所ぞ。直《じき》に体用機智の、其の名を得ること無きを待ちて、了《つい》に一糸毫《いっしごう》として礙《さまた》げを相い為すこと没《な》くし了わる。然《しか》して後、本所《ほんじょ》に帰りて坐臥経行《ざがきんひん》せば、安《いず》くんぞ遮障《しゃしょう》有らん。這《こ》の境界《きょうがい》に到らば、時有りて山を望むも也《ま》た得たり、時有りて水を望むも也た得たり。山を望むの時、山は旧きに依りて只だ是れ本より山なり。水を望むの時、水は旧きに依りて只だ是れ本より水なり。高高たる山頂に行き、深深たる海底に坐す。眼は南北を観て、意は東西に在り。若し山水を以て娯《たの》しみと為せば、即ち山水の楽に非ず。昔日、東坡《とうば》居士《こじ》、得道《とくどう》の後、遊びて廬山《ろざん》に至り、詩を以て題して云く、『横に看れば嶺と成り、側《そばだ》てては峰と成る。遠近高低、総《す》べて一同なり。廬山《ろざん》の真面目《しんめんもく》を識《し》らざるは、只だ身の此の山中に在るに縁《よ》る』と。東坡、従前の見解《けんげ》を放下して、知識《ちしき》の言外《ごんがい》に向かって帰るを知り、自ら謂《おも》えらく、『尽大地に更に第二人無し』と。今、望山の名を立つるは、必ず深意有らん。此の深意は知音の者に非ざれば、能く之れを知ること莫し。殊に知らず、望山庵内に無尽の益有りて、毫楮《ごうちょ》に形《あらわ》し難きことを。何が故ぞ。已に無心の境に達せば、石室・茆庵《ぼうあん》なりと雖則《いえど》も実に潑天《はってん》の富貴有り。菩薩の行を秘し、声聞《しょうもん》の形を現じて、世出世間、平等に

な仏の悟りの境地［補1］。○尽大地…すべての大地。○正眼…正視する。まのあたりにする。正しい仏法の眼。○展起…のべおこす。○十方充満…尽十方世界に満ち足りる。宇宙いっぱいになる。○収来…収める。収縮する。○用得…用い得る。はたらかせ切る。○見解…ものの見方、考え方。解釈。○体用…本体とそのはたらき。○機智…こまやかなすぐれた智慧。○慶快…快ぶ。満足する。○安楽…心安らかに身が快適なこと。○那裏…どこ。いずこ。○一糸毫…ごくわずかなもの。きわめて微細なもの。○本所…本来の居場所。本家郷。○坐臥経行…行住坐臥と同じ。坐臥は静止。経行は動作。日常の起居進退。○遮障…塞いで間を隔てること。進んで行くじゃまをすること。修行の障害。○望山之時～水依旧只是本水…［補2］。

○高高山頂行、深深海底坐…［補3］。○眼観南北、意在東西…［補4］。

○東坡居士…北宋代の詩人、蘇軾（一〇三六～一一〇一）のこと［補5］。

○廬山…江西の名山。古来より多くの文人墨客や画家が訪れて詩を詠じ山水を画いた［補6］。○横看成嶺側成峰～只縁身在此山中…［補7］。

○遠近高低…遠い峰も近い峰も、高い峰も低い峰も。○真面目…人や物事の本来のありさまや姿。

○放下…下ろす。下に置く。投げ捨てる。○知識…善知識。正師。具体的には臨済宗黄龍派の東林常総（一〇二六～一〇九一）のこと［補8］。○言外…言葉に表された内容以外。言葉に表し得ないところ。

○深意…深い意味。容易に人に知れない理由。○知音…互いによく心を知り合った友。親友。○無尽…尽きるところがないこと。限りがないこと。○毫楮…筆と紙。毫は筆の穂。楮はこうぞ。紙のこと。○石室茆庵…石造りの室。洞窟の室。茅葺きの庵。粗末な居所。○潑天…とても大きい。とてつもない。○富貴…金持ちで、かつ地位や身分が高いこと。○菩薩行…菩薩の修行。六波羅蜜など菩薩が実践する行為。

○声聞形…声聞の修行者。仏弟子のこと。○世出世間…世間と出世間。世俗の迷いの世界と、これを離れた仏陀の悟りの世界。○平等超越…

超越《ちょうおつ》す。有る時は国を助け法を扶《たす》くることも、無心・無為自《よ》り出《い》づ。只だ此の無為・無心は、能く世間出世を了ず。所以《ゆえ》に、望山庵内にて坐し、万千の山を観尽《みつ》くす。観尽くして観ること無き処、一身天地の間。謂つ可し、『達人分上、万物を摂して自己に帰し、十界を尽くして微塵《みじん》を絶す』と。是の如くなれば則ち安《いず》くんぞ山の望む可き有らん哉《や》。此の妙趣《みょうしゅ》、聖に非ざれば知ること莫《な》し。公、方便門頭《ほうべんもんとう》に於いて、一切の人をして自己の山を望ましめんと欲す。此の山を知れば、自己に非ざる無し。只だ此の山と自己とは、是れ同じき耶《か》、是れ別なる耶《か》。豈《あ》に見ずや、古人道《いわ》く、『乾坤《けんこん》の内、宇宙の間、中に一宝有りて形山《ぎょうざん》に秘在《ひざい》す』と。四大五蘊《しだいごうん》は是れ形山なり。畢竟《ひっきょう》して、宝は何処《いずこ》にか在る。参玄究妙《さんげんくみょう》の士、工夫純熟《くふうじゅんじゅく》し、頭を挙げて山を望み、目を俯《ふ》せて水を望み、久久《きゅうきゅう》として山の望む可き無く、水の観る可き無きに至りて、寥寥空闊《りょうりょうくうかつ》として辺際《へんざい》無し。一箇の閑人《かんにん》、天地の間。此の地に到り已わりて、望山の庵、唯《た》だ群峰《ぐんぽう》の総《す》べて此の所に在るのみに非ず、乃至《ないし》、十方虚空《こくう》、悉《ことごと》く皆な含摂《がんせつ》す。所以《ゆえ》に石頭《せきとう》和尚道《いわ》く、『庵は小なりと雖も法界を含む。此の庵は壊するか壊せざるかと問わば、壊すると壊せざると、主は元とより在り』と。古人の一言半句は皆な是れ人の本心を啓《ひら》き、人の本性を明かす。心性明了なれば、望山の庵、安著《あんじゃく》するに処無し。既に安著するに処無けれども、儼然《げんぜん》として目に在り、喚《よ》びて望山庵と作し得ざ

等しく飛び越える。世間と出世間の二つを等しく超越する。○無心…心のはたらきのないこと。一切の邪念をなくした心の状態。○無為…自然のままにして作為しないこと。あるがままにして少しも干渉しないこと。○世間出世…世出世間に同じ。○一身天地間…天地の間に自分一人だけいるさま。○達人分上…仏道に通達した人の持ちまえ、在り方。○十界…迷いと悟りの世界を十種の境界に分けたもの。悟界は仏界・菩薩界・縁覚界・声聞界、迷界は天上界・人間界・修羅界・畜生界・餓鬼界・地獄界。○微塵…きわめて微細なもの。○妙趣…すぐれたおもむき。非常にすばらしい味わい。○公…相手に対する呼びかけ。望山庵の檀那をいう。北条時頼を指すか。○方便門…人を導く方便の入口。

○古人道～秘在形山…[補9]。○古人…雲門宗祖の雲門文偃（八六四～九四九）のこと[補10]。○乾坤…天と地。○形山…人間の体。肉身。
○四大五蘊…四大は地・水・火・風。五蘊は色受想行識。我々の身心を成り立たしめているもの。○参玄究妙士…玄妙なる仏法を修行する人。○工夫純熟…仏道修行の効果が十分に熟する。
○久久…非常に長い年月にわたるさま。○寥寥…もの寂しくひっそりとしているさま。空虚なさま。○空闊…広々としている。がらんとしている。○辺際…果て。極まるところ。限界。
○閑人…閑道人。すべてのとらわれを離れて自在の境地を得た人。○群峰…連なる山々。ここでは鎌倉の山々を指す。○十方虚空…十方に広がる大空・空間。○含摂…含み収める。○石頭和尚…青原下の石頭希遷（七〇〇～七九〇）のこと[補11]。
○庵雖小含法界～壊与不壊主元在…石頭希遷の「石頭和尚草庵歌」の一節[補12]。
○本心…本来の心。自己本来の心。○本性…人に本来具わっている真実性。○心性…本心と本性。○明了…はっきりしているさま。明らかにする。○安著…しっかりと落ち着く。○儼然…厳かで重々しく犯しがたいさま。確固として動かしがたいさま。

らん麼《や》。雖然《しかれ》ども、草庵を見んと要するは則ち易《やす》く、庵主に参ぜんと欲するは則ち難《かた》し。難し難し。泥牛《でいぎゅう》を撈出《さっしゅつ》して海南《かいなん》を過ぐ」と。

復た挙す、昔、一《ひと》りの宿徳《しゅくとく》有り、深山の中に隠れて、人も到ること能《あた》わず、後に号して隠山《いんざん》と為す。一僧有り、遊方《ゆうほう》する次いで、渓口《けいこう》に至りて菜葉《さいよう》の流出するを見、自《みずか》ら云く、「此の山、必ず隠士《いんし》有らん」と。遂《つい》に流れに随いて進む。深山の中に一の草庵を見て、継《つ》いで入る。庵主問うて云く、「此の山に路無し。上座、何《いず》れ従《よ》り来たる」と。僧云く、「既是《すで》に路無ければ、和尚、何《いず》れ従《よ》り入る」と。隠山云く、「我れ人天《にんでん》従《よ》り来たらず」と。僧云く、「和尚、先に住するか、此の山、先に住するか」と。隠山云く、「但だ四山の青くして又た黄なるを見るのみ」と。僧便ち礼拝す。

師云く、「隠山和尚、若し徳山・臨済の機用《きゆう》を具せば、這《こ》の僧、山に入得《にっとく》すと雖も、山を出づる分無からん。事は已に往《ゆ》けり、復た重ねて言わず。只だ現成に拠りて箇の頌子有り。望山は隠山翁に何似《いずれ》ぞ。今古《こんこ》、分明にして道は一同《いちどう》たり。隠山を識らんと要して容易に見れば、望山山頂、路は通じ難し」と。

33

結夏。「不物《ふもつ》の物に於けるは、能く万物の先に超ゆ。非形《ひぎょう》の之《こ》れ形なるは、能

○撈出泥牛過海南…[補13]。○泥牛…泥で作った牛。慮知分別の固まり[補14]。○撈出…押し出す。圧力をかけて、じわりと押し出す。○海南…海の南。南の海に沿った地。

○昔有一宿徳～僧便礼拝…[補15]。○宿徳…人徳のある僧。尊宿。○深山…奥深い山。○隠山…馬祖下の隠山和尚（不詳）のこと[補16]。○遊方…四方に遊行すること。あちこちに遊歴すること。○渓口…渓流の入口。○菜葉…野菜の葉。○隠士…俗世を離れて静かな生活をしている人。隠者。

○上座…年長の僧や首座のこと。ここでは僧に対する呼び掛け。

○四山青又黄…四方の山々が青くなったり黄色くなったり。季節の運行をいう。

○徳山…青原下の徳山宣鑑（七八〇～八六五）のこと[補17]。○臨済…臨済宗祖の臨済義玄（?～八六六）のこと[補18]。○機用…機は機根。用ははたらき。○入得…入ることができた。○現成…ここでは現にはっきりしている事実。○何似…何如とも。～比べてどうか。○今古分明…今も昔も明らかである。

○結夏…結夏の小参。四月十四日、夏安居が始まる日の前夜に行なう

く衆形の外に出づ。只今《いま》、羅列して眸《ひとみ》に在り、豈に是れ物ならずや。甚麼《なに》を喚んでか不物と作さん。這裏《しゃり》、儼然《げんぜん》として坐立《ざりゅう》す、寧《いず》くんぞ是れ形ならずや。甚麼《なに》を喚んでか非形と作さん。有る底は纔《わず》かに挙著《こじゃく》するを聞きて便ち道《い》う、『非形・不物は是れ別人ならず』と。奴《ぬ》を認めて郎と作し、舟に刻して剣を尋ぬ。建長、今夏、二百余衆、驢迎《ろむか》え馬向《むか》え、同じく長期《ちょうご》を度る。甚《なん》の非形・不物をか体《きわ》めん。只管《しかん》に飯を喫《くら》い時を過ごすのみ。果《は》たして恁麼《いんも》も也《ま》た希奇《きき》たり。藤原漢子の知ることを許さず」と。

復た挙す、神鼎諲禅師《しんていいんぜんじ》、僧有りて問う、「六道に輪回《りんね》する底の人、畢竟して如何《いか》ん」と。諲《いん》云く、「成仏を願わず」と。僧云く、「甚《なん》に因ってか成仏を願わざる」と。諲《いん》云く、「仏亦た究竟ならず」と。僧云く、「既に究竟ならざれば、師に請う一言せよ」と。諲云く、「昨朝《さくちょう》は猶お記得するも、今日、話《かた》るに門無し」と。師云く、「神鼎は無瑕《むか》の玉を以て這の僧に付与す。奈《い》んともする無し、這の僧、只だ瓦礫《がりゃく》と作して颺却《ようきゃく》することを。若し人有りて建長に『六道に輪回する底の人、畢竟して如何ん』と問わば、只だ他に向かって道わん、『成仏の分有り』と。恁麼の祗対《したい》、還《は》た神鼎と是れ同じきか是れ別なるか。更に一頌を聴け。腹を倒して明明に伊《かれ》に説向《と》くに、満天の風月、共に同じく知る。夜深《ふ》けて重ねて推心《すいしん》

小参。○不物於物、能超万物之先。非形之形、能出衆形之外…［補1］。○不物…無物。存在しないもの。○非形…すがたなきもの。○衆形…もろもろの形。○羅列…連なり並ぶ、ずらりと並べる。○儼然…厳かで重々しく犯しがたいさま。確固として動かしがたいさま。○坐立…すわったり立ったりする。○有底…ある人。「有一般底」～といったやからの略。○挙著…問題を提起する。人に挙げ示す。○別人…他人。ほかの人。よそびと。余人。○認奴作郎…奴隷と主人を取り違える。大きな見当違いをする。○刻舟尋剣…刻舟求剣ともいう。舟に目印を刻み剣を求める［補2］。○二百余衆…この時点で建長寺の修行僧が二百人以上であったことを示す［補3］。○驢迎馬向…ロバも馬もすべて迎え入れる。叢林はすべてを受け入れる。○長期…長い期間。夏安居の期間のこと。○希奇…稀で珍しい。○喫飯過時…大飯を食べて時間を無駄に過ごす。○藤原…藤原氏のこと。ここでは張李に近い意味で用いられている。○漢子…男子の称。男を罵っていう。

○神鼎諲禅師有僧問～今日話無門…［補4］。○神鼎諲禅師…臨済宗の神鼎洪諲（不詳）のこと［補5］。○六道…衆生が業によって生死を繰り返す六つの世界。迷いの世界。○輪回…輪廻のこと。流転。流れること。インド古来の考え方で、生ある者が生死を繰り返すこと。衆生が迷いの世界に生まれ変わり死に変わりして、車輪のめぐるようにとどまることのないこと。○究竟…物事の最後に行きつくところ。究極の悟りの境地。○記得…記憶すること。覚えていること。

○瓦礫…かわらと小石。つまらないもののたとえ。○颺却…放り投げる。捨て去る。○成仏分…成仏する資格。

○祗対…答える。応接対話する。○倒腹…腹をわって。○明明…はっきりしているさま。○説向…～に言う。～言いつける。○満天風月…空一面の清らかな風と月。大自然の美しい景色。

○推心…心を推す。心を推し量る。誠意を持ってする。

の話を展《の》ぶ。却《かえ》って推心の為めに事転《うた》た疑う」と。

34

最明寺開堂の小参。「心を治《おさ》め心を明《あき》らむるは、垃圾《らっしょく》上に重ねて垃圾を添《そ》う。理を究め理に達するは、相応《そうおう》中に転《うた》た相応《そうおう》せず。眼《まなこ》は見ずして浄心為《た》り、心は疑わずして自《おの》ずから安し。所以《ゆえ》に釈迦は出世し、達磨は西来す。異端《いたん》を攻《せ》むるは斯《こ》れ害ならんのみ。雖然《しかれ》ども、霊山《りょうぜん》二千年の公案は現在し、少林八百載の風月は猶お新たなり。会得《えとく》せば、則ち画瓶《がびょう》を打破《だは》して帰去来《ききょらい》し、太平《たいへい》には唱うるに好し還郷《げんきょう》の曲。会せざれば、則ち行きては到る路窮《きわ》まり橋断《た》つる処、坐しては看る雲散じ月明らかなる時。会すると会せざるとは則ち且《しば》らく置く。只だ大力量人《だいりきりょうにん》の分上にて、世間出世をば平等に超越《ちょうおつ》する一句の如きは、作麼生《そもさん》か道《い》わん」と。膝を拍すること一下して、「剣は不平《ふへい》の為めに宝匣《ほうこう》を離れ、薬は病いを救うに因りて金餅《きんべい》を出づ」と。

復た挙す、昔、僧有りて古徳に問う、「深山窮谷の中に、還《は》た仏法有り也無《や》」と。徳云く、「有り」と。僧云く、「如何《いか》なるか是れ深山窮谷中の仏法」と。徳云く、「石頭、大底は大なり、小底は小なり」と。

師云く、「古徳、真は偽を掩《おお》わず、曲は直を蔵《かく》さず、大煞《はなは》だ分明にして、翻《ひるがえ》っ

○最明寺…鎌倉山ノ内に存した寺院で、北条時頼によって建立された[補1]。○垃圾上重添垃圾…[補2]。○垃圾…塵土の積もること。汚れたものが集まったもの。○相応…ふさわしい。合致する。○浄心…きよい心。きよらかな心。○釈迦…釈迦族出身の聖者。釈迦牟尼仏のこと。釈尊とも。○達磨西来…菩提達磨が南天竺より中国に到って禅を伝えたこと。○達磨…中国禅宗初祖の菩提達磨のこと。嵩山少林寺で面壁した[補3]。○異端…正統から外れていること。○霊山二千年公案…「拈華微笑」の公案[補4]。○公案…公府の案牘。官庁の裁決案件。歴代祖師が示した仏法の課題。○現在…現に存在すること。目の前にあること。○少林八百載風月…達磨が嵩山少林寺で八百年前に仰ぎみた風月。○会得…物事の意味を十分とらえて自分のものとすること。○打破画瓶帰去来…[補5]。○画瓶…色彩を施した美しい瓶。○打破…うち破ること。負かすこと。○帰去来…故郷に帰ろう。官職を退いて故郷に帰ろうとすること[補6]。○太平好唱還郷曲…[補7]。○太平…世の中が平和に治まり穏やかなこと。○還郷曲…本家郷に帰る境地。青原下の同安常察の「十玄談」の一つ。○行到路窮橋断処、坐看雲散月明時…[補8]。○大力量人…すぐれた力量のある人。仏法を悟る器量を具えた人。○分上…それとして本来与えられたもの。その人本来の持ち前。○世間出世…世間と出世間。世俗の迷いの世界と、これを離れた仏陀の悟りの世界。○平等超越…等しく飛び越える。世間と出世間の二つを等しく超越する。○不平…納得できず不満であること。○宝匣…宝を入れた箱。ここでは剣を納めた箱。○金餅…金の瓶。金の壷。

○昔有僧問古徳～大底大小底小…[補9]。○古徳…法眼宗の帰宗道詮（九三〇～九八五）のこと[補10]。○深山窮谷…山里を離れた奥深く静かな山と谷。○石頭…石。石ころ。○大底大、小底小…大きいのは大きく、小さいのは小さい。

○真不掩偽、曲不蔵直…真実はいつわりを顕にし、曲がったものは

て迂曲《うきょく》を成す。山僧は則ち然らず。或《も》し人有りて『深山窮谷の中に、還《は》た仏法有り也無《や》』と問わば、亦た他に向かって道わん、『有り』と。伊れが又た『如何《いか》なるか是れ深山窮谷の中の仏法』と問うのを待ちて、一頌を以て之れに酧《む》いん。『潺潺《せんせん》たる澗水《かんすい》は流れて尽きること無く、颯颯《さつさつ》たる松風は韻《ひび》き愈《いよ》いよ奇なり。山主《さんしゅ》、好《よ》し、三尺《さんじゃく》の剣を提《さ》げ、禍事《かじ》を勦除《そうじょ》して坤維《こんい》を定むるに』と。坤維定まりて後、又た且《か》つ如何《いか》ん。達磨は本来、観自在《かんじざい》なり、浄名《じょうみょう》は元と是れ老維摩《ろうゆいま》なり」と。

建長小参

真っ直ぐなものを隠せない［補11］。○大煞…太煞・太殺。はなはだ。○分明…あきらかなこと。明白なこと。○迂曲…あちこちとめぐりまわる。曲がりくねる。

○潺潺…浅い渓流がさらさら流れるさま。水がさらさら流れる音。○澗水…谷の水。谷川の流れ。○颯颯…さっと風が吹くさま。さっと吹く風の音。○松風…松に吹く風。○山主…一山の主人。一ヶ寺の住持。○三尺剣…剣。剣の長さが三尺であるため。○禍事…凶事。災難。また、不吉な言葉。○勦除…取り除く。討ち滅ぼす。○坤維…地維。地を支え保つ大綱。大地。西南。○達磨本来観自在…達磨を観音菩薩の化身とする［補12］。○浄名…『維摩経』に登場する在俗居士の維摩詰のこと［補13］。

建寧寺小参

35

入院当晩。「気は仏祖を呑み、昂昂《こうこう》として肯《あ》えて山を下り来たらず。目は雲霄《うんしょう》を視《み》て、了了《りょうりょう》として頓に塵世《じんせ》の事を忘ず。便《すなわ》ち恁麼《いんも》にし去らば、正法眼《しょうぼうげん》・破沙《はしゃ》盆《ぼん》、誰をしてか担荷《たんか》せしめん。山僧《さんぞう》、法の将《まさ》に弊《おとろ》えんとするを嗟《なげ》き、縁に遇《お》うて即ち宗《しゅう》とす。建長に在りては建長の主人と為り、也《ま》た和泥合水《わでいがっすい》するを要す。此の山に来たりては此の山の長老と作《な》り、且《か》つ紙裏麻纏《しかまてん》に非ず。彼に在ると此に在ると、初めより間然《かんぜん》無し。土木場中にて、横に白棒《びゃくぼう》を拈じ、閙市叢裏《どうしそうり》にて、碌磚《ろくせん》を颺下《ようげ》す。忽然《こつねん》として一箇半箇《いっこはんこ》を打著《だじゃく》せば、他をして『眼前に俗物《ぞくもつ》無く、頭上に青天有り』と知《し》らしめん。這些《しゃさ》の妙処《みょうしょ》、人の識《し》る無し。三十年来、豈に伝え易《やす》からんや」と。

復《ま》た挙す、臨済《りんざい》、住院《じゅいん》の日、普化《ふけ》に謂いて云く、「我れ黄蘗《おうばく》の宗旨を建立《こんりゅう》せんと欲す。汝等、切に須らく成褫《じょうち》すべし」と。普化、問訊《もんじん》して便《すなわ》ち下り去る。済便《すなわ》ち打つ。次の日、克符《こくふ》道者、方丈《ほうじょう》に上りて問訊《もんじん》して云く、「和尚、昨日、普化を打ちて什麼《なに》をか作《な》す」と。済又た打つ。

師云く、「雷《かみなり》を轟《とどろ》かし電を掣《ひ》き、石を裂《さ》き山を崩すことは、則ち無きにあらず。

○入院当晩…弘長二年（一二六二）春に建仁寺に入院した日の晩の小参。○昂昂…志や行ないがすぐれて高いさま。高く群を抜くさま。○雲霄…雲のある空。○了了…物事のはっきりとわかるさま。明瞭なさま。○塵世…汚れた世の中。俗世間。○正法眼…正法を悟った智慧の眼。正法眼蔵。○破沙盆…ひびが入った素焼きの盆。「密庵破沙盆」の公案[補1]。○担荷…荷物を担うこと。○和泥合水…泥に和し、水に合す。泥だらけになること。慈悲の心から世俗の中に入って人を救済する意。○紙裏麻纏…紙で覆い麻でまとう。○間然…間隙。すきま。隔たり。○土木場…普請場。土木は家づくり。建築工事のこと。○白棒…塗りも飾りもない白木の棒。○閙市叢裏…さわがしい市。町中。○碌磚…小石や瓦。○颺下…放り投げる。なげ捨てる。○忽然…突然に。たちまちに。○一箇半箇…一人でも半人でも。きわめて少ない人のこと。○打著…かたを付ける。始末する。○俗物…世俗の事柄。○這些…遮些。これらの。○妙処…すぐれたところ。すばらしい悟りの境地。○三十年来…これまでの三十年。修行年時の概算。

○臨済住院日〜済又打…[補2]。○臨済…臨済宗祖の臨済義玄（?〜八六六）のこと[補3]。○普化…南嶽下の鎮州普化（不詳）のこと[補4]。○黄蘗…南嶽下の黄檗希運（不詳）のこと[補5]。○宗旨…宗義の要旨。根本の教え。○成褫…成持に同じ。育成する。取り計らう。盛り立てる。○問訊…一礼して頭を下げる。○克符道者…臨済下の涿州克符（不詳）のこと[補6]。○方丈…禅宗寺院で住職の居室。○轟雷掣電…掣電轟雷とも。轟雷は雷のとどろき。すさまじい響きをたとえる。掣電は稲妻。速いことにたとえる。

臨済、黄蘗の宗旨を立てんと要すも、猶お滄溟《そうめい》を隔てり。新建寧、宗旨《しゅうし》の立つ可き無く、閑棒の人を打つ無し。只だ現成《げんじょう》に拠《よ》りて諸人と与《とも》に商確《しょうかく》せん。且《か》つ如何《いか》なるか是れ現成底《げんじょうてい》の事」と。払子《ほっす》を挙して云く、「満院《まんいん》の春風、花草香し。謂《い》うこと莫《な》かれ、蘭渓は分付せずと」と。

○滄溟…青く広い海。青海原。○閑棒…くだらない棒。接化の役に立たない棒。○商確…検討する。評価する。量り定める。他の物と比較して決める。○現成底事…すでにできあがっていること、既成の事実。ありのまま現れていること。○満院…庭いっぱい。寺院いっぱい。○分付…分け与える。手渡す。ゆずる。仏法を附嘱すること。

36

結夏。「底に就いて撮り来たるも、未だ通身《つうしん》是れ泥水なるを免《まぬ》がれず。頭従《はじめよ》り颺下《ようげ》するも、何ぞ到る処即ち生涯なるを妨げん。所以《ゆえ》に鬧市叢裏《どうしそうり》にて回避するに門無く、荊棘林中《けいきょくりん》にて縦横に路有り。便《すなわ》ち恁麽《いんも》に会《え》し去らば、建寧《けんにん》が多少の塩醋《えんさく》を省《はぶ》き了わらん。更に九旬禁足《くじゅんきんそく》すと言わば、甘んじて空壙を守る。一夏《いちげ》修行するは、自ら憲網《けんもう》に投ず。猛烈の漢は、上頭《じょうとう》の関棙《かんれい》を撥転《はってん》し、円覚伽藍《えんがくがらん》を掀《きん》翻《ぽん》し、仏を呵《か》し祖を罵《ののし》り、聖を罔《あざむ》き凡を欺《あざむ》き、活《い》きながら泥犁《ないり》に陥《おちい》りて渾《すべ》て顧みず、弥天《みてん》の罪犯《ざいはん》、一身に担《にな》う」と。

復《ま》た挙す、僊宗玭《せんそうひん》和尚、因みに僧問う、「十二時中、常に在る底の人、還《は》た人天の供養を消し得る也無《ついや》」と。宗《そう》云く、「消し得ず」と。僧云く、「甚《なん》と為《し》てか消し得ざる」と。宗云く、「汝が常に在るが為めなり」と。僧云く、「祇《た》だ常に在らざる底の人の如きは、還《は》た消し得る也無《や》」と。宗云く、「驢年《ろねん》」と。

○結夏…結夏の小参。四月十四日、夏安居が始まる日の前夜に行なう小参。○通身…からだ中。全身。○泥水…泥のまじった濁り水。どろみず。○颺下…放り投げる。なげ捨てる。○到処即生涯…到るところ、どこでもそのまま活計の場である。一生涯は一生立身のところ。一生のなりわい。○鬧市叢裏…さわがしい市。町中。○荊棘林…イバラの生い茂った林。荊棘はバラなど、とげのある低木の総称。○多少…どれほどの。多くの。○塩醋…塩と酢。日常の食べ物。日々の生活。○九旬禁足…安居結制の九十日の間、寺から一歩も外出しないで、もっぱら坐禅修行に努めること。○空壙…何も入っていない壙墓。○憲網…刑法。罪人を逃さぬ法律を網にたとえていう。○猛烈漢…勢いが強くはげしい人。勇猛精進の人。○上頭…うえ。上の方。○関棙…関棙。戸の開閉のためのからくり。基軸。○撥転…手玉にとってあやつる。○円覚伽藍…円満なる仏の悟りを修する堂宇。仏法が満ちた寺院。○掀翻…ひっくり返すこと。高く持ち上げてひるがえすこと。○呵仏罵祖…仏を大声で叱り、祖師に悪口を言う。仏祖をしのぐ勢いを示すこと[補1]。○罔聖欺凡…欺凡罔聖とも。聖凡を欺罔する。欺罔であざむきだます。ありもしないことをあるように言う。○泥犁…地獄。奈落。○弥天罪犯…罪犯弥天。罪やあやまちが、空いっぱいに広がること。○僊宗玭和尚因僧問~宗云驢年…[補2]。○僊宗玭和尚…雪峰下の僊宗守玭（不詳）のこと[補3]。○十二時中…一昼夜。一日中。いつも。つねに。○常在底人…常にいる人。常に仏法の中にある人。○人天供養…人々や天の神々からの供養。○消得…供養を享受してのける。使いこなす。消は使う、費やす。○驢年…無意味な年。いつまでもやってこない年。驢馬のように無駄に重ねた年齢。

師云く、「僊宗《せんそう》、這《こ》の僧に問著《もんじゃく》せられて、訳語は太《はなは》だ繁《わずら》わし。殊《こと》に知らず、常に在らざる底の人、極めて是れ消し得ることを。諸人、還《は》た揀辨《けんべん》し出し得る麼《や》」と。良久《りょうきゅう》して、「床窄《せま》くして先《さ》きに臥《ふ》し、粥稀《うす》うして後に坐す」と。

37

解夏。「法性《ほっしょう》は円融《えんゆう》たり、寧《いず》くんぞ結解に拘《かか》わらんや。智源《ちげん》は浩渺《こうびょう》として、浅深に属するに非ず。吽《うん》。建寧、義を列ち科を分《わか》かつ。何ぞ座主《ざす》の見解《けんげ》に異ならん。須《すべか》らく知るべし、九十日、光陰虚《むな》しく擲《なげう》ちて、妙に環中《かんちゅう》に契い、三箇月、底事《ていじ》存せず、意は物外《もつがい》に超ゆ。時人《じじん》は我が半憨半痴《はんかんはんち》なるを笑うも、我は時人の多智多会《たちたえ》なるを笑う。這裏《しゃり》に到りて、喚《よ》んで不思議法門《ふしぎほうもん》と作《な》し、之れを自受用《じじゅゆう》三昧《ざんまい》と謂う」と。喝一喝して、「片玉《へんぎょく》は従来《じゅうらい》より点痕《てんこん》を絶す。端無くも抛出《ほうしゅつ》して、瑕類《からい》を生ず」と。

復た挙す、障蔽魔王《しょうへいまおう》、諸の眷属《けんぞく》を領して、金剛斉菩薩《こんごうさいぼさつ》に随うに、一千年、他の起処《きしょ》を覓《もと》め得ず。一日、忽《たちま》ち見て乃ち問うて云く、「汝、当に何に依りてか住す。我れ一千年、汝が起処を覓《もと》め得ず」と。斉云く、「我れ有住《うじゅう》に依りて住せず、無住《むじゅう》に依りて住せず。是の如くにして住す」と。

師云く、「障蔽魔王、金剛斉菩薩に翳睛《えいぜい》の法を以て把定《はじょう》せらるること一千年、

○問著…問い詰める。○訳語…言葉を訳する。ここでは言葉を説き明かすことか。○揀辨…選んで判断する。揀は選択すること、辨はものごとを判別すること。○床窄先臥、粥稀後坐…[補4]。

○解夏…解夏の小参。夏安居が終わるのに因んで行なう小参。○法性…すべての存在や現象の真の本性。○円融…あまねくゆきわたる。滞りのないこと。互いに解け合っていて障りのないこと。○結解…結ぶと解く。結夏と解夏。○智源…悟りの根源。仏の智慧の源。○浩渺…広々と遥かなさま。○吽…ウン（梵：hūṃ）の音写。口を閉じて発する音声。○列義分科…ものごとの意味を分析し、細かな細目を分ける。○座主…学徳のすぐれた一山の指導者。ここでは教家の学僧。経論家。○見解…ものの見方、考え方。解釈。○光陰虚擲…光陰虚度。月日・年月をむなしく過ごす。○環中…是非を超越した絶対の境地。○底事…この事。本来事。究極の処。○物外…世間のことを超越している。○時人…その時代の人々。○半憨半痴…半ば愚かであること。○多智多会…智慧が多く理解が多いこと。○不思議法門…不思議解脱法門のこと。言葉で言い表したり心で推し量ることができない教え。大乗の悟りの教え。○自受用三昧…仏法の功徳や利益を自ら受け、その楽しみを味わう悟りの境地。○片玉従来絶点痕、無端抛出生瑕類…[補1]。○片玉…一片の玉。○点痕…一点の傷。少しの傷。○無端…ふいに。いわれもなく。わけもなく。○抛出…なげ出すこと。ほうり出すこと。○瑕類…きず。玉のきず。欠点。

○障蔽魔王領諸眷属～如是而住…[補2]。○障蔽魔王…障蔽は遮り覆うこと。障りとなること。○眷属…血筋のつながっている者。配下の者。○金剛斉菩薩…『奮迅王問経』（『大正蔵』第十三巻）などに登場する菩薩。○起処…立っているところ。居場所。○有住…依り所のあること。基づくもののあること。○無住…依り所のないこと。基づくもののないこと。

○翳睛法…翳睛術に同じ。核心を覆い隠して見えなくさせる方法[補

莽莽《もうもう》鹵鹵《ろろ》、瞞瞞盱盱《まんまんかんかん》たり。当時、他の挙するを聞きて、『是の如くにして住す』という処に到らば、便ち与めに攔胸《らんきょう》に扭定《ちゅうじょう》して云わん、『元来《がんらい》、這裏《しゃり》を離れず』と。他をして進み得ず、退き得ざらしめん。休みね、休みね。旧事は理《おさ》めず、既往《きおう》は咎《とが》むること莫《な》し。且《か》つ蘭渓が如きは、今夏、諸人と同じく行き同じく住し、同じく坐し同じく臥して、一点も敢えて相《あ》い謾《まん》ぜず。只是《た》だ些《いささ》かの漏綻《ろうたん》せる処有り。甚《なん》に因《よ》りてか諸人、点検《てんけん》し出だせざる」と。手を以て口を摑《つか》みて云く、「口は是《こ》れ禍門《かもん》なり」と。

38

冬至。「一冬復《ま》た一冬、一日復《ま》た一日。五湖《ごこ》にて参玄《さんげん》する人、佳景《かけい》は拈出《ねんしゅつ》することを休《や》めよ。慈明《じみょう》老子、善《よ》く人を済《すく》わず、後人を教壊《きょうえ》して転《うた》た荊棘《けいきょく》を生ず。建寧《けんにん》、伎倆《ぎりょう》無しと雖も、終《つい》に他《かれ》の遺跡《いせき》を踏《ふ》まず。何が故《ゆえ》ぞ。一冬復《ま》た一冬、一日復《ま》た一日。箇中《こちゅう》の人に撞著《とうじゃく》せば、何ぞ便ち拈出《ねんしゅつ》することを妨げん。且《か》つ紙裹《しか》麻纏《まてん》に非ず、深蔵秘密《じんぞうひみつ》するを用いず」と。払子《ほっす》を以て円相を打して云く、「看《み》て看《み》よ。明らかなることは日の如く、黒きことは漆《うるし》に似たり。親しきに非ざれば、能《よ》く其の的《まと》を辨ずること莫《な》し。衆中に辨得《べんとく》する者有ること莫き麼《や》。若《も》也し辨得《べんとく》し去らば、汝に一生参学の事畢《お》われることを許さん。苟或《も》し然らずば、六陰倶《とも》に剝《は》がれて一陽を生じ、頭《こうべ》を回《めぐ》らせば寒暑《かんじょ》相《あ》い催逼《さいひつ》す」と。

3]。○把定…しっかりと握る。相手の機を押さえ込むこと。○莽莽鹵鹵…がさつで大まかなさま。荒っぽいさま。○瞞瞞盱盱…はっきりものが見えないさま。ぼんやりしているさま。○攔胸…まっこうから胸ぐらをひっつかむ。○扭…ねじる。○休休…休めよ休めよ。○旧事不理、既往莫咎…遂事不諫、既往不咎に同じ。すでに過ぎ去ったことは咎め立てしない［補4］。○同行同住同坐同臥…一緒に行住坐臥する。日常の起居を共にする。○漏綻…ほどけて漏れ出る。手抜かりがある。ぼろを出す。○点検不出…点検し切れない。改め調べ切れない。見やぶれない。

○口是禍門…口は禍いのもと。災いの入り口。禍門は災いのあるところ。

○冬至…冬至の小参。冬至の日に因んで行なう小参。前日の夜に行なう。○五湖…中国、古代の五つの湖。太湖または洞庭湖を五つに区切った呼び名。ここでは四海五湖の意。○参玄人…奥深い仏道に参学する人。仏道修行者。『参同契』の言葉。○佳景…佳境。よい景色。よい眺め。○拈出…取り出す。つまみ上げる。○慈明老子…臨済宗の石霜楚円（慈明禅師、九八六～一〇三九）のこと［補1］。○後人…後世の人。子孫。○教壊…誤って導いて人を駄目にする。○荊棘…イバラやバラなどとげのある低木。荊棘林で叢林のこと。○遺跡…昔の人が行なったあとかた。○箇中人…この人。しっかり仏法を踏みしめた人。○撞著…つき当たる。ぶち当たる。○紙裹麻纏…紙で覆い麻でまとう。○深蔵秘密…奥深く隠して人に知らせない。○明如日…太陽のようにはっきりしている。○黒似漆…漆のように黒い。判断の入り込みようのないたとえ。○辨得…真実を見て取る。弁別する。○一生参学事畢…一生涯を賭けて修行参究すべき仏法の一大事を畢すること。○六陰…陰の気が極まった状態。乾の卦のみの状態。○一陽…陽が生じ始めること。○回頭…廻首。振り返る。ふり向いて後ろを見る。○催逼…追しつまる。せきたてる。

復た挙す、丹霞《たんか》、行脚《あんぎゃ》する次いで、一小院に到りて寒に遇《あ》い、遂《つい》に殿中の木仏を取りて焼く。院主《いんじゅ》、見て呵責《かしゃく》して曰く、「汝、何《なん》ぞ我が木仏を焼く」と。丹霞、火を撥《はら》いて云く、「某《それがし》、舎利《しゃり》を収取《しゅうしゅ》せんと欲す」と。院主云く、「木仏、安《いず》くんぞ舎利有らんや」と。丹霞、「既に舎利無し」と云いて、更に両尊を請《こ》うて焼く。院主、後に眉鬚堕落《びしゅだらく》す。

師云く、「叢林《そうりん》、商確《しょうかく》して尽く道《い》う、『院主は輪機《ゆき》し、丹霞は落節《らくせつ》す』と。今に至りて未だ一人の点検得出する有らず。今夜、蘭渓、口業《くごう》を惜《お》しまず。諸人の為《た》めに説破《せっぱ》し去らん」と。良久して、「天の作《な》せる孽《わざわ》いは猶《な》お違《たが》える可く、自ら作《な》せる孽《わざわ》いは逭《のが》る可からず」と。払子《ほっす》を以て縄床《じょうしょう》を撃ちて下座《あざ》す。

39

除夜。「名言《みょうごん》は道に非ず、聞見《もんけん》は法に非ず。就中《なかんずく》、更に毫髪《ごうはつ》を容《い》れず、唯だ此の性《しょう》を説き此の心を単伝《たんでん》す。多少の平人《へいじん》、陸沈《りくちん》せらる。所以に心を説き性を説きて、翻《ひるがえ》って大病と成《な》る。道を談じ禅を談じて、過犯弥天《かぼんみてん》なり。有般《うはん》の不唧嚁《ふしつりゅう》の漢、赤骨律地《しゃっこつりっち》にして閑坐困眠《かんざこんみん》す。去るも則ち当処《とうしょ》を離れず、住するも則ち走ること雲煙《うんえん》に似たり。風を呵《か》し雨を罵《ののし》り、聖を罔《あざむ》き賢を欺《あざむ》く。臘月《ろうげつ》三十夜、却って云く、『是れ残年にあらず』と。且《しば》らく道《い》え、此の人、甚《なん》の長処《ちょうしょ》か有る。是れ這些《しゃさ》の窮伎倆《きゅうぎりょう》なりと雖も、未だ曽《かつ》て容易に人の与《た》めに伝えず」と。

○丹霞行脚次～院主後眉鬚堕落…「丹霞木仏」の公案[補2]。○丹霞…青原下の丹霞天然（七三九～八二四）のこと[補3]。○行脚…仏道修行のために、僧侶が諸国を歩き回ること。○院主…寺院の事務一切を主宰する者のこと。律院・教院の主たる者や、禅院の監寺・監院のことをいう。○呵責…厳しくとがめて叱ること。○撥火…火をかきたてる。○舎利…仏舎利。○両尊…三尊仏であったものの一つを焼いたので、他の二体の仏像も請うて焼いた。○眉鬚堕落…ひげや眉毛が抜け落ちる。誤って法を説くと鬚眉が抜け落ちるとされる。○叢林…樹木の繁茂する林。禅宗寺院。禅の修行道場。○商確…検討する。評価する。量り定める。他の物と比較して決める。○輪機…自らの心機を相手に呈出する。へり下った働きをなす。○落節…損をする。理を失する。○点検得出…調べ切ってしまう。調べ上げてしまう。○不惜口業…言葉による接化を敢えて行なうこと。口業は三業の一。言葉がもとで、善悪の結果を招く行為。○説破…言い切る。説き尽くす。○天作孽猶可違、自作孽不可逭…[補4]。○縄床…坐禅をする場所。僧堂内の坐位。住持ならば禅椅、修行僧ならば単位。

○除夜…除夜の小参。十二月三十日の大晦日の晩に行なう小参。○名言…言葉による表現。仮に名付けた名称。○聞見…聞くことと見ること。見聞、見聞覚知。○就中…とりわけ。そのなかでも。○毫髪…きわめてわずかなこと。ほんの少し。○此性…仏性。○此心…仏心。○多少…どれほどの。多くの。○平人…普通の人。ただの人。健康な人。○陸沈…滅亡すること。陸に居ながら水に沈む。賢人が解脱という概念にはまりこんで自由を得ないこと。自分自身を拘束して自由を得ないさま。○説心説性…心を説き性を説く。心性を説き尽くす[補1]。○談道談禅…説道説禅に同じ。禅の旨を説示し、仏道のありようを説き明かす。○過犯弥天…罪犯弥天に同じ。罪やあやまちが、空いっぱいに広がること。○有般…～という輩がいる。～のような人たちがいる。○不唧嚁漢…冴えない人。だらしない人。愚鈍なやつ[補2]。○赤骨律地…赤骨律窮・赤骨歴地とも。赤裸々に。何も持たないさま[補3]。○閑坐困眠…ただ坐っているだけの無意味な坐禅と、疲れ果てて眠ること。○走似雲煙…雲やもやのように忽ち過ぎ去ること。○呵風罵雨…風雨を叱りののしる。大自然の運行に不平をいう。○罔聖復た挙す、趙州《じょうしゅう》、僧有りて問う、「如何《いか》なるか是れ不遷《ふせん》の義」と。州、手を以て流水の勢いを作す。其《そ》の僧、省有り。

師云く、「趙州老子、善《よ》く来機《らいき》に応じ、巻舒自若《けんじょじじゃく》なりと雖則《いえど》も、争奈《いかん》せん、累《わずら》いの這《こ》の僧に及んで、流水の中に堕在《だざい》し、頭出頭没《ずしゅつずぼつ》することを。今夜、或《ある》いは建寧に『如何《いか》なるか是れ不遷の義』と問うこと有らば、只だ口を以て風を吹く勢いを作《な》さん。他《かれ》若《も》し省せずば、更に為《た》めに箇《こ》の註脚を下さん。一毫頭上《いちごうとうじょう》、綱宗《こうしゅう》を定《さだ》む。万別千差、路の通ずる有り。本来不遷の義を識《し》らんと要せば、趙州は流水、我れは吹風なり」と。

40

事に因《ちな》む小参。「仏子《ぶっし》、此の地に住す。本来の契券《けいけん》、収得《しゅうとく》す也《や》未。則ち是れ仏の受用《じゅゆう》せる常住《じょうじゅう》の砧基《ちんき》にして、切に動かす可からず。経行《きょうぎょう》及び坐臥《ざが》、貧《ひん》にして一分没《な》く、賊盗を防がず。常に其の中に在りて、人を殺して火を放ち、馬を走らしめて弓を彎《ひ》く。便ち恁麼《いんも》にし去らば、丹霄《たんしょう》は遠しと雖も、路の通ず可き有り。苟或《も》し躊躇《ちゅうちょ》せば、雲山畳畳《うんざんじょうじょう》、煙水《えんすい》重重として、満目《まんもく》は荊棘叢《けいきょくそう》に非ざる無し」と。

復た挙す、潙山《いさん》、仰山《ぎょうさん》に問う、「大地の衆生、業識忙忙《ごっしきぼうぼう》として、本の拠る可き無

欺賢…欺罔聖賢とも。聖賢を欺罔する。欺罔で欺きだます。ありもしないことをあるように言う[補4]。○臘月三十夜…十二月三十日の夜。○残年…死ぬまでの残りの年齢。余命。人生最後のとき。○長処…質や性能などで、特に長じている所。とりわけすぐれている所。○這些…遮些。これらの。○窮伎倆…わずかな腕前。これぐらいの芸当[補5]。

○趙州有僧問～其僧有省…[補6]。○趙州…南嶽下の趙州従諗（七七八～八九七）のこと[補7]。○不遷…不動不変。常住のありよう。○流水勢…水が流れる様子。流れる水の様子。○省…省悟。さとること。○来機…相手の出かた、問い掛け。相手の力量。○巻舒自若…巻舒は巻くことと伸ばすこと。把住と放行。学人の指導で押さえ込むことと解き放つこと。自若は自如。落ち着いていて動かないさま。心の乱れないさま[補8]。○堕在…～に陥る。～に落ち込む。はまり込む。落在。○頭出頭沈…頭が出たり没したり。水に溺れているさま。○註脚…古則・公案や古人の言句に評釈を下すこと。○一毫頭…一本の細い毛すじ。○綱宗…核心。仏法のおきて。宗意の大綱。○万別千差…千差万別。種々さまざまな違い。あれこれ。著しい違い。○本来不遷義…本から常住不変である道理。

○因事小参…特別な事に因んで行なう小参。○仏子…仏の弟子。仏弟子。○此地…この地。ここでは京都のこと。○契券…契約の証書。○収得…自分のものとして収める。○受用…受け入れて用いること。活用すること。○常住…常住物のこと。寺の公用物。○砧基…家屋の礎石。家の什物のこと。○経行…経行は動作。静かに歩むこと。あちこち巡り歩くこと。ここでは禅宗でいう経行《きんひん》とは別の意味であろう。○坐臥…行住坐臥の略。日常生活のこと。○一分…一分の財のこと。わずかな財産。○賊盗…盗賊。ぬすびと。○其中…そこ。ここ。このところ。仏法の中。○丹霄…天空。夕焼け空。○躊躇…ぐずぐずためらう。あれこれと迷って心を決めかねる。○雲山…雲と山。雲のかかっている山。遠く雲のように見える山。○畳畳…幾重にも重なり合うさま。○煙水…もやがたちこめた水面。○重重…幾重にも重なり合うさま。○満目…目にいっぱいになること。見渡すかぎり。○荊棘叢…荊棘林と同じ。イバラやバラなどとげのある低木が生い茂る林。叢林のこと。

し。你《なんじ》、如何《いか》んが他の有と無とを知らん」と。仰山云く、「慧寂《えじゃく》に箇《こ》の験処《けんしょ》有り」と。時に僧有りて面前従《よ》り過ぐ。仰山、召して云く、「上座」と。僧、首を回らす。仰山云く、「這箇《しゃこ》は便ち是れ業識忙忙として本より拠る可き無し」と。潙山云く、「寂子《じゃくす》、謂つ可し、獅子の一滴乳、六斛《ろっこく》の驢乳《ろにゅう》を迸散《ほうさん》す」と。師云く、「喝して去らしめ、召して回らしむ。此れは是れ尋常の事なり。仰山、這《こ》の僧を召す。僧、首を回らす。甚《なん》の不是の処か有る。甚《なん》に因ってか却って道《い》う、『業識忙忙として本より拠る可き無し』と。衆中、若《も》し揀辨得出《けんべんえしゅつ》する者有らば、伊《かれ》に許さん、参学の分有ることを。如し無くば、業識忙忙として本より拠る可き無し」と。

41

結夏。「皇城那畔《こうじょうなはん》にて、左に挈《ひっさ》げ右に提《さ》げ、土木場中《どぼくじょうちゅう》にて、東に敲《たた》き西に磕《う》つ。隠密不露《おんみつふろ》の処、儼《げん》として丘山《きゅうざん》の若《ごと》し。突爾《とつじ》として現前《げんぜん》する時、絶《た》えて毫髪《ごうはつ》無し。牛頭《ごず》没し、馬頭《めず》回り、太煞《はなは》だ成現《じょうげん》す。夜叉《やしゃ》の心、菩薩の面、徒《いたず》らに自ら崖を望む。蘭渓、第二義門に向かって、諸人の為《た》めに箇《こ》の方便を作《な》さん。条有れば条を攀《よ》じ、条無ければ例を攀《よ》ず。四月十五日後、各自に非を知る。七月中旬の時、伊《かれ》が款《かん》を供せんことを要す。款を供することは、則ち無きにあらず。一夏《いちげ》の中、誰か是れ鞭笞《べんち》を犯さず脱洒《だっしゃ》なることを得去らん者ぞ」と。良久して、「無事に

○潙山問仰山～迸散六斛驢乳…［補1］。○潙山…潙仰宗祖の潙山霊祐（七七一～八五三）のこと［補2］。○仰山…潙仰宗祖の仰山慧寂（八〇七～八八三）のこと［補3］。○大地衆生…尽大地の一切衆生。地上の有情。○業識忙忙…業識茫茫に同じ。業識は宿業としての妄心。忙忙は、茫茫とも。はるかに遠いさま。無限の広がり。○慧寂…仰山の自称。法諱の慧寂のこと。○験処…取り調べること。○上座…年長の僧や首座のこと。ここでは僧に対する呼び掛け。○獅子一滴乳…獅子が出す一滴の母乳。○六斛驢乳…六百斗の分量のロバの乳。六百斗は約一一六・四リットル。○迸散…ほとばしり散る。勢いよく飛び散る。○尋常事…日常のこと。ありふれたこと。

○揀辨得出…選んで判断し得る。

○参学分…仏法に参ずる資格。

○結夏…結夏の小参。四月十四日、夏安居が始まる日の前夜に行なう小参。○皇城那畔…天皇（天子）の住む御所の辺。皇居の周辺。○左挈右提…左にひっさげ右にひっさげる。自由に振る舞う。○土木場…普請場。土木は家づくり。建築工事のこと。○東敲西磕…東に叩き西に叩く。○隠密不露処…穏密不露処とも。隠し秘めて外に現れないありよう。親密にしてその痕跡をとどめないありよう。○丘山…丘と山。静かに止まっているさま。多くのもの。○突爾現前時…目の前に現れるとき。○毫髪…きわめてわずかなこと。ほんの少し。○牛頭没馬頭回…牛頭が消えたとたんに馬頭が現れる。神出鬼没のさま。牛頭・馬頭は地獄の番人［補1］。○太煞…太殺。はなはだ。○成現…現成。眼前に隠れることなく、ありのまま現れていること。○夜叉…ヤシャ（梵：yakṣa）の音写。薬叉、夜乞叉とも。顔かたちが恐ろしく、猛悪なインドの鬼神。仏教に取り入れられて仏法を守護する鬼神となり、毘沙門天の眷族とされる。○第二義門…方便門、向下門。種々の方便をもって人々を導く立場。○有条攀条、無条攀例…法律の明文に条項があれば、それに照らして判決し、その条項がなければ、凡例によって処

曹司《そうし》を設け、急時に還《かえ》って用いることを得《う》」と。

復た挙す、六祖、因《ちな》みに僧問う、「黄梅《おうばい》の意旨《いし》、什麽人《なにびと》か得たる」と。祖云く、「仏法を会《え》する人得たり」と。僧云く、「和尚、還《は》た得る麽《や》」と。祖云く、「我れ得ず」と。僧云く、「什麽《なん》と為《し》てか得ざる」と。祖云く、「我れ仏法を会せず」と。

師云く、「曹渓《そうけい》の巨浪《きょろう》、涓滴《けんてき》渾《すべ》て無し。陸沈《りくちん》せらるる人、幾幾《いくいく》なるかを知らず。這《こ》の僧、当時、六祖の『我れ仏法を会せず』と道《い》うを聞きて、攔胸《らんきょう》に扭住《ちゅうじゅう》して『我れに黄梅の衣鉢《えはつ》を還《かえ》し来たれ』と云い、他が口を開かんと擬《ほっ》するを待ちて、一踏して便ち行かば、老胡《ろうこ》の正宗《しょうしゅう》の地に墜つるを致さざることを免見《まぬが》れん」と。

42

解夏。「活鱍鱍《かっぱっぱっ》として第二見亡《な》きも、尚お簾繊《れんせん》に渉る。露裸裸《ろらら》として第二人無《な》きも、猶お這箇《しゃこ》を存す。大機円転《だいきえんてん》する処、未だ是れ向上《こうじょう》の宗乗《しゅうじょう》にあらず。大用《だいゆう》縦横《じゅうおう》なる時、時流《じりゅう》の窠窟《かくつ》に堕在《だざい》す。更に言う、畬《あらた》を焼き粟を種《う》ゆるは、丐子《かいし》の歓娯《かんご》なり。日に食し夜に眠るは、窮鬼《きゅうき》の活計なり。須らく知るべし、従上の仏祖は即ち我が生冤家《しょうおんけ》にして、円覚伽藍《えんがくがらん》は甚《なん》の閑家具《かんかぐ》にか当たらん。一向《いっこう》に恁麽《いんも》にし去りて、九旬禁足、今已《すで》に円を告ぐるに、畢竟《ひっきょう》して甚麽辺《なにへん》の事をか成じ得

理する[補2]。○四月十五日後…夏安居を結んだ日から。○七月中旬…夏安居を終える解夏のとき。○款…白状の言葉。罪を告白する。○鞭笞…皮のむちと竹のむち。むちで打つ。刑罰の一つ。○脱洒…煩悩のけがれを脱してものにとらわれないさま。○無事…なすべきことが何もない。普段と変わらない平穏無事なこと。○曹司…役所の部局。詰所。○六祖因僧問～我不会仏法…[補3]。○六祖…六祖慧能（六三八～七一三）のこと[補4]。○黄梅…五祖弘忍（六〇一～六七四）のこと[補5]。○意旨…意味。根本義。○会仏法人…仏法を会得した人。悟りに到った人。○不会仏法…仏法を会得しない。会と不会を超えたところでとらえている。

○曹渓…韶州（広東省）曲江県東南の曹渓山宝林寺のこと。慧能の住山地[補6]。○巨浪…大きな波。○涓滴…水のしたたり。しずく。わずかな水。○陸沈…滅亡すること。陸に居ながら水に沈む。賢人が解脱という概念にはまりこんで自由を得ないこと。自分自身を拘束して自由を得ないさま。ここでは慧能の仏法にはまり込んでしまった人。○幾幾…どれほど。どれくらい。○攔胸…まっこうから胸ぐらをひっつかむ。○扭住…ねじふせて捕らえる。○衣鉢…三衣一鉢。僧の常什物。ここでは伝法の証として伝えられた品。○老胡正宗…胡僧達磨の伝えた正伝の宗旨。○墜地…地に落ちる。衰え滅びる。

○解夏…解夏の小参。夏安居が終わるのに因んで行なう小参。○活鱍鱍…ピチピチ跳ねるさま。生機に溢れているさま。○第二見…相対的なものの見方。対待の見。○簾繊…廉繊とも。微細なこと。微細にわたって造作すること。○露裸裸…丸出しのさま。全体を露出するさま。赤裸裸。露堂堂。○第二人…当人以外の人。余人。第二義門。○這箇…これ。ここでは仏法に対するとらわれ。○大機…大いなる機根。仏道修行に堪え得るすぐれた能力。○円転…まるく転がること。滑らかに動くこと。○向上宗乗…一段上の宗旨。よりすぐれた教え。○大用…すぐれたはたらき。大いなる作用。自由自在な無礙なはたらき。○縦横…おもうまま。自由自在。○時流…その時代の風潮。○窠窟…落とし穴。○堕在…～に陥る。～に落ち込む。はまり込む。落在。○畬…新たに開墾して三年たった耕作地。あらた。○丐子…もの乞をする人。○歓娯…よろこび楽しむこと。娯楽。○窮鬼…窮鬼子。きわめて貧しい者。貧乏神。人を罵る言葉。○活計…生活を維持すること。暮

たる」と。良久して、「門を開いて知識を待つに、一人の来たるを見ず」と。復た挙す、洞山、雲門に到る。門問う、「近ごろ甚《いず》れの処を離れしや」と。山云く、「査渡《さと》」と。門云く、「夏《げ》は何の処にか在りし」と。山云く、「湖南の報慈《ほうじ》」と。門云く、「幾時《いくとき》か彼《かしこ》を離《はな》る」と。山云く、「八月二十五」と。門云く、「汝に三頓の棒を放《ゆる》す」と。山、次の日に至りて、方丈に上りて白《もう》して云く、「昨日、和尚の某甲に三頓の棒を放《ゆる》すことを蒙《こうむ》る。知らず、過《とが》は甚麼《なん》の処にか在る」と。門云く、「飯袋子《はんたいす》、江西湖南、便ち恁麼《いんも》にし去る」と。山、大悟す。師云く、「雲門は武侯《ぶこう》が流れに臨みて一喝して風静まり波停まるが如し。洞山は項羽《こうう》が逼《せま》りて烏江《うこう》に至りて英豪始めて絶するに似たり。甚《なん》に因《よ》りてか、後来《こうらい》却《かえ》って道《い》う、『一粒米《いちりゅうべい》を蓄えず、一茎菜《いっきょうさい》を種えず。十字路頭に向かって、往来《おうらい》を接待《せったい》せん』と。還《は》た知る麼《や》。春雷《しゅんらい》一震し、蟄戸《ちっこ》倶に開く」と。

43

冬至。「糸毫《しごう》も未だ断ぜざれば、満口《まんく》、霜を含む。線路《せんろ》纔かに通ぜば、全身、暖に和す。破家児《はかじ》は舌頭上《ぜっとうじょう》に玄旨《げんし》を談ぜず、明眼《みょうげん》の漢は意根下《いこんか》に私縁《しえん》を著けず。手を撒《はな》して帰り来たりて、大方に独歩《どっぽ》す。風光《ふうこう》をば買断して、一銭を費やさず。是の如くならば、則ち陰極まり陽生ずるは他の運転《うんてん》するに非ず、寒来たり暑往

らしむき。なりわい。○従上仏祖…歴代の祖師。歴代仏祖。○生冤家…かたきになったばかりの人。○円覚伽藍…円満なる仏の悟りを修する堂宇。仏法が満ちた寺院。○閑家具…無用の家具。古くなって使い道のなくなった家具。○一向…ひたすら。ひたむきに。○九旬禁足…安居結制の九十日の間、寺から一歩も外出しないで、もっぱら坐禅修行に努めること。○開門待知識、不見一人来…[補1]。○洞山到雲門~山大悟…[補2]。○洞山…雲門宗の洞山守初（九一〇~九九〇）のこと[補3]。○雲門…雲門宗祖の雲門文偃（八六四~九四九）のこと[補4]。○査渡…楂渡とも。具体的な地が定かではない。○湖南…湖南省。とくに潭州（長沙）の地を指す。○報慈…おそらく潭州（長沙）の報慈寺であろう。○三頓棒…修行者を教化するため、三回、棒で打つこと。「放汝三頓棒」で、汝に三頓の棒を打つのを許そう。おまえは打たれる資格すらない。○飯袋子…飯を入れる袋。むだ飯食い。怠け者。むだに日を送っている人をあざける言葉。○江西湖南…江西省と湖南省。江湖。天下の叢林。○武侯臨流一喝、風静波停…[補5]。○武侯…諸葛亮（孔明）の諡[補6]。○項羽逼至烏江、英豪始絶…[補7]。○項羽…秦代末期の楚の武将、項羽（紀元前二三二~二〇二）のこと。漢の劉邦（漢の高祖）と争った[補8]。○烏江…和州（安徽省）東端の烏江の地。長江の西岸にある。項羽が漢の劉邦と戦って敗れ、自ら首をはねて没した所。○英豪…すぐれた人物。英傑。○不蓄一粒米、不種一茎菜、向十字路頭、接待往来…[補9]。○十字路頭…十字に交わっている道路。繁華街の交差点。十字街頭。○往来…行き来。行ったり来たり。ここでは往来する人々。○接待…客をもてなす。食べ物を施す。○春雷一震、蟄戸倶開…[補10]。○春雷…春に鳴る雷。○蟄戸…閉じこもっている戸。蟄虫がこもっている処の入口。蟄は地中にこもって越冬する虫。

○冬至…冬至の小参。冬至の日に因んで行なう小参。前日の夜に行なう。○糸毫…ごくわずかなこと。○満口含霜…口いっぱいに霜を詰める。言葉を発することができないさま。○線路…細い道。小みち。○破家児…破家子。敗家子。家を成り立たないようにする子。家財を使い切る子。ここでは破格の子、親まさりの子の意か。○舌頭上…舌の先で。舌端で。言葉で。○玄旨…奥深い宗旨。深遠な真理。○明眼漢…物事の真実を明らかに見通せる眼を具えた人。すぐれた力量をもっ

くも、即ち我が斡旋《あっせん》なり。有般底《うはんてい》、却《かえ》って道《い》う、『仲冬《ちゅうとう》の厳寒は年年の事、晷運《きうん》推移《すいい》する事、若何《いか》ん』と。無智の者を引き得て、進前叉手《しんぜんしゃしゅ》し、叉手進前せしむ。恁麽《いんも》の見解《けんげ》、未だ完全を得ず。且《か》つ如何《いか》なるか是れ超宗越格底《ちょうしゅうおつかくてい》の一句」と。膝を撫《う》ちて云く、「海岳を掀翻《きんぽん》して知己《ちき》を求む。直に滄溟《そうめい》に下りて鉄船を駕す」と。

復た挙す、明招和尚《みょうしょう》、衆に示して云く、「這裏、風頭稍《ふうとうや》や硬し、且らく煖処に帰りて商量せん」と。便ち下座す。衆、随いて方丈に至る。招云く、「纔《わず》かに煖処に到れば、便ち瞌睡《かっすい》するを見る」と。主丈を以て一時に趕散《かんさん》す。師云く、「涼《すず》しきことは甘露の如く、毒なることは砒霜《ひそう》に似たり。当時、傍らに人無きが若く、明招が性命《しょうみょう》、保《たも》つ可し。建寧《けんにん》は風頭稍《ふうとうや》や硬き処に向かって諸人と商量せんことを要す。且らく道え、箇《こ》の什麽《なに》をか商量せん」と。良久して、「若《も》也し妄《みだ》りに伝えば、你が頭を打ち破らん」と。

44

除夜。「這《こ》の一片の地、分付《ぶんぷ》すること已《すで》に多時《たじ》なるに、是《こ》れ汝諸人、猶《な》自お未だ交領《こうりょう》せず。所以《ゆえ》に臘月三十日到来するも、莽莽蕩蕩《もうもうとうとう》として、南を将《もっ》て北と作《な》し、帰程を辨ぜず。山僧、已《や》むを得ざるに迫《よ》りて、諸人に帰路《きろ》を指示し去《さ》らん」と。

た人。○意根下…分別で。分別心によって。意根は六根の一つ。認識作用のよりどころとなる器官。○私縁…私事。個人的用事。○撒手…手を即座に放すこと。○大方独歩…大いなる世界に独りで歩みを進める。○風光買断…美しい自然の眺めを独り占めする。買断は買い占めること。○運転…物事が巡り回ること。巡らし回すこと。○寒来暑往…冬の寒さがやって来て、秋の暑さが去ってゆく[補1]。○斡旋…間に入って双方をうまく取り持つこと。○有般…～という輩がいる。～のような人たちがいる。○仲冬厳寒年年事、晷運推移事若何…[補2]。○仲冬…冬の真中の月。陰暦十一月の異称。○厳寒…厳しい寒さ。極寒。○晷運…日の光の運行。晷は日の光、日光の影。○推移…時が経つにつれて状態が変化すること。○無智之者…智慧のない愚か者。凡夫。○進前叉手…自位を離れて前進するとき叉手すること。叉手は両手を胸の前において恭敬を表す作法。○見解…ものの見方、考え方。解釈。○超宗越格底一句…仏法の宗旨や格式を超越した高い見識の一句[補3]。○掀翻海岳求知己…[補4]。○海岳…海と山。○掀翻…ひっくり返すこと。高く持ち上げてひるがえすこと。○知己…自分のことをよく理解してくれている人。親友。○直下滄溟駕鉄船…[補5]。○滄溟…青く広い海。青海原。○鉄船…鉄船水上浮。鉄船が水上に浮かぶ。水に沈むはずの鉄製の舟が水に浮く[補6]。○明招和尚示衆云～以主丈一時趕散…[補7]。○明招和尚…青原下の明招徳謙（不詳）のこと[補8]。○風頭…風の吹くところ。風あたり。○商量…相談協議する。いろいろ考えて推し量ること。禅の教えを問答審議する。○瞌睡…疲れて居眠りすること。○趕散…赶散。追い散らす。撒く。○甘露…天から与えられる甘い不老不死の霊薬。○砒霜…ヒソ。砒素。有毒な鉱物。○傍若無人…人のことなどまるで気にかけず、自分勝手に振る舞うこと。○性命…生まれながら天から授かった性質と運命。生命。○打破…うち破ること。負かすこと。

○除夜…除夜の小参。十二月三十日の大晦日の晩に行なう小参。○分付…分け与える。手渡す。付与する。○多時…久しい間。○猶自…なお。○交領…受け納める。受け取る。○臘月三十日…十二月三十日。大晦日。○莽莽蕩蕩…莽莽は草深いさま。野原が広々とつづくさま。蕩蕩は広大なさま。心の定まらないさま。○将南作北…全く誤った判払子を以て指して云く、「嗚哪《おな》、煙雲漠漠《えんうんばくばく》として雨露濛濛《うろもうもう》たる処、踏歩向前《こうぜん》して子細《しさい》に認取《にんしゅ》せよ。若也《も》し認得せば、四至《しし》の界畔《かいはん》、一一に分明にして、無柄の犁《り》鉏《じょ》、耕種《こうしゅ》するに一任せん。忽《たちま》ち一鉏《いちじょ》に翻転《ほんてん》して底を尽《つ》くして存せざる時の若《ごと》きは如何《いか》ん。切に建寧を辜負《こふ》すること莫《な》かれ」と。

復た挙す、玄沙、衆に示して云く、「我れと釈迦老子と是れ同参《どうさん》なり」と。時に僧有りて出でて問う、「未審《いぶかし》、甚麼人《なにびと》にか参見《さんけん》す」と。沙云く、「釣魚船上《ちょうぎょせんじょう》の謝三郎《しゃさんろう》」と。

師云く、「大小の玄沙、勘《しら》べざるに自ら敗《やぶ》る。這《こ》の僧、若《も》し転機《てんき》有らば、便ち一場の利害《りがい》を見ん。且《しば》らく道《い》え、利害は甚麼《なん》の処にか在る」と。縄床を拍して云く、「具眼《ぐがん》の者、辨取《べんしゅ》せよ」と。

断を下していること[補1]。○帰程…帰りの道のり。帰途。○帰路…帰程に同じ。帰途。○嗚哪…驚嘆または軽い疑問を表す声。ああ。○煙雲…煙のように空中にたなびくもの。雲のように高くたちのぼる煙。○漠漠…遥かに広がっているさま。薄暗く立ちこめたさま。○雨露…雨と露。雨水。○濛濛…霧や雨や雲などがたちこめて暗く、あたりがはっきりしないさま。○踏歩向前…前に向かって歩みを進める。歩みを踏みしめて、前に向かって進む。○子細…事細かに。詳細に。○認取…しっかりと見極める。見定める。○認得…認取に同じ。見知る。認知する。○四至界畔…四至界畔。四至は四方の界、四面の境。界畔は境界、範囲の辺り。○分明…明らかになること。○無柄犁鉏…犁鉏は犁鋤、からすきとくわ。柄のない犁鉏は、取り扱いかねるようなしろもの。○耕種…耕すことと種えること。○一任…すべて任せる。○一鉏翻転…一かきでひっくり返す。○辜負…期待を裏切る。志を無駄にする。

○玄沙示衆云〜釣魚船上謝三郎…[補2]。○玄沙…雪峰下の玄沙師備（八三五〜九〇八）のこと[補3]。○釈迦老子…釈迦牟尼仏のこと。釈尊とも。○同参…同一の師匠について参学すること。同学の仲間。○未審…いぶかし。まだ詳しくはわからない。いったい。そもそも。はてさて。○参見…出向いて会うこと。参じて面会すること。○釣魚船上謝三郎…謝三郎は謝氏の三男の意。玄沙師備のこと。師備が出家以前に福州（福建省）の南台江で父と共に舟で魚を釣る業をなしていたことをいう。○大小玄沙…玄沙ともあろう者が。○不勘自敗…取り調べもしないのに自ら白状する。勘は罪を問いただす。○転機…大いなるはたらき。すぐれた作用。○一場…ひとしきりの、一幕の。○利害…利益と損害。得失。ここでは甚だしいこと。大変なこと。○縄床…坐禅をする場所。僧堂内の坐位。住持ならば禅椅、修行僧ならば単位。○具眼者…正しい見識を持った人。物事を識別できる眼力を備えている人。○辨取…はっきりと見て取る。聞き分ける。

仏祖讃

1 釈迦

山色《さんしょく》の高低は、無辺《むへん》の妙相《みょうそう》を示し、渓声《けいせい》の浩蕩《こうとう》は、不尽の法輪を転ず。声色《しょうしき》中に求めば、立者は仏に非ず。声色を離れて外、見得《けんとく》して最も親し。最も親切なる処、頭を回らして看れば、黄面《おうめん》の瞿曇《くどん》は別人に非ず。

2 円通大士《えんずうだいし》

大士、岩竹に倚《よ》り、飛禽《ひきん》去りて復《ま》た還る。十方に咸《ことごと》く苦を救いて、補陀山《ほださん》を離れず。楊枝浄水《ようしじょうすい》、徧《あまね》く塵寰《じんかん》に洒《そそ》ぐ。若《も》し善財《ぜんざい》親しく見得すと謂わば、海門猶お一重の関を隔てん。

又た

眼裏に風声を聴き、耳中に水色を観る。見聞《けんもん》は見聞に非ず、処として通達《つうだつ》せざる無し。若し此を執して是れ真身なりと言わば、苦なる哉《かな》、観世音菩薩。

又た

○山色…山の色。山の景色。蘇軾（東坡）の「渓声山色」の詩を踏まえる[補1]。○無辺…限りない。広々として果てしない。○妙相…霊妙な様相。仏などの真に美しい容姿。○渓声…谷川のせせらぎの音。渓流の音。○浩蕩…広く大きなさま。水のゆったりとして豊かなさま。○不尽…尽きることのない。尽くせない。○法輪…仏の教法のこと。法を転輪聖王の輪宝にたとえたもの。○声色…六境（六塵）のうちの声と色。六根のうち、耳・眼の対象となるもの。色声の二つを挙げて他の香味触法を含む場合が多い。○立者…立論者。主張者。○見得…見てとる。○親切…ぴったり適合すること。自分にとってグサリとくること。○回頭…廻首。ふり返って後ろを見る。○黄面瞿曇…金色に輝く仏陀のこと。瞿曇は釈迦が出家する前の本姓。ゴータマ（梵：Gautama）のこと。○別人…他人。他人ごと。

○円通大士…耳根円通な大士（菩薩）の意。観世音菩薩の異称[補1]。○大士…菩薩のこと。開士とも。○岩竹…岩上に生える竹。○飛禽…飛びまわる鳥。飛鳥。○補陀山…ポータラカ、補陀洛山のこと。経典に載る観音菩薩の霊地[補2]。○楊枝…柳の枝。洒水に使用する。○浄水…清浄な水。○塵寰…塵界。俗世間。人間世界。○善財…善財童子のこと。『華厳経』「入法界品」に出てくる求道の童子[補3]。○見得…見てとる。○海門…海峡。陸が迫って海の狭くなったところ。○一重関…重なる門。一つの奥深い門。

○眼裏聴風声、耳中観水色…[補4]。○風声…風の音。○水色…水のいろ。水の景色。○通達…滞りなく通ずる。隅々にまでゆきわたる。○真身…真の姿。仏菩薩の報身または法身。化身に対する。○苦哉観世音菩薩…[補5]。○苦哉…困った、やり切れない。○観世音菩薩…観音菩薩、観自在菩薩とも[補6]。

這裏に坐在し、奚《なに》を為《な》さんと擬欲《ほっ》するや。身は動かずと雖も、心は已に奔馳《ほんち》す。将《まさ》に謂《おも》えり、人の伊《かれ》を識得《しきとく》する無しと。観自在、思惟《しゆい》すること莫《な》かれ。久しく斯《ここ》に住して了期没《りょうごな》し、須らく信ずべし、春光不到の処、園林に猶お未萌《みぼう》の枝有ることを。

3

布袋《ほてい》

肉に千鈞《せんきん》の重き有り、頂に毫髪《ごうはつ》の存する無し。杖頭《じょうとう》に日月を挑《かか》げ、袋内《たいない》に乾坤《けんこん》を納《い》る。首を回らせば知音《ちいん》少なし、帰程《きてい》独り自ら奔る。破顔《はがん》して重ねて指示す。心事、誰と与《とも》にか論ぜん。

4

傅大士《ふだいし》

仏衣《ぶつえ》と儒履《じゅり》と楮皮《ちょひ》の冠、到る処に人に逢うて禍端《かたん》を起こす。聞説《きく》ならく、金華《きんか》の好男女《こうなんにょ》、今に至るまで猶自《な》お他に瞞ぜらると。

5

達磨

楊子江頭《ようすこう》、浪は天を拍ち、独り一葦に乗りて興《おこ》ること煙の如し。早く梁魏に人の識ること無きを知らば、錯って嵩山に向かって坐すること九年せんや。

○坐在…坐る。ある境地に留まる。在は動詞について場所を表す。○擬欲…〜しようとする。欲擬。意欲。○奔馳…走り回る。奔走すること。駆け回る。○将謂…将に謂えり〜と。〜とばかり思っていた。思い違いをしていた意を表す。○識得…本質を見てとる。よく理解すること。○観自在…観自在菩薩のこと。観音菩薩、観世音菩薩とも[補7]。○思惟…思考すること。対象を心に浮かべてよく考えること。○了期…けりのつく時。決着。悟る時。○春光不到処…春の景色が到っていないところ。○園林…田園内の林。樹木のある遊園。○未萌枝…まだ芽を出さない枝。未萌はまだ兆しが現れていないこと。

○布袋…布袋和尚契此（?〜九一七）のこと[補1]。○千鈞…非常に重いこと。鈞は重量の単位。一鈞は三十斤。七六八〇グラム。○毫髪…細い毛。毫毛。○杖頭…拄杖。杖の先。○袋内…布袋和尚が背に持つ布製の衣の中。布嚢の中。○乾坤…天と地。○知音…互いによく心を知り合った友。親友[補2]。○帰程…帰りの道。○破顔…顔を綻ばせて笑うこと。○心事…心に思う事がら。心のはたらき。

○傅大士…在俗居士の傅翕《ふきゅう》（四九七〜五六九）のこと[補1]。○仏衣…仏教僧の法衣。袈裟のこと。○儒履…儒者がはく靴。○楮皮冠…コウゾの木の皮で作った冠。道士が用いる。○禍端…災いのきざし。○金華…婺州（浙江省）金華府。銭塘江の支流である金華江の流域。金華の義烏県に傅大士ゆかりの雲黄山宝林寺（双林寺）が存する。○好男女…立派な方々。すばらしい人々。○猶自…なお。

○達磨…中国禅宗初祖の菩提達磨のこと。嵩山少林寺で面壁した[補1]。○楊子江頭浪拍天、独乗一葦興如煙…「蘆葉達磨」の故事を指す[補2]。○楊子江頭…揚子江のほとり。長江のこと。とくに揚州（江蘇省）から鎮江（江蘇省）の間を揚子江と称する。○梁魏…南朝の梁と北朝の北魏[補3]。○嵩山…洛陽（河南省）登封県の嵩山（中嶽）のこと。太室峰と少室峰に分かれ、少室峰に達磨ゆかりの少林寺が存する。○坐九年…達磨が嵩山少林寺で面壁九年していた故事[補4]。

6

嬾瓚《らんさん》和尚

本の所居を棄て、来たりて這裏《しゃり》に住す。趨炎《すうえん》するに心無く、惟だ道のみ是れ履《ふ》む。時に埜芋《やう》を煨き、一たび飽《あ》いて便ち休す。也《ま》た人間《じんかん》の珍羞《ちんしゅう》に勝《まさ》れり、百味堆堆たり。紫泥《しでい》の封を下視し、万壑千岩《ばんがくせんがん》、路の通ずる没《な》し。

7

普化《ふけ》

何れの方従《よ》りか来たりて、拳を掀《かか》げて肘を拶《な》づ。眼は乾坤《けんこん》を蓋《おお》い、気は牛斗《ぎゅうと》を衝《つ》く。飯床《はんしょう》を踢倒《てきとう》する処、傍観《ぼうかん》を笑殺す。忽《たちま》ち驢鳴《ろめい》を作す時、自ら醜《は》づるを知らず。掣風掣顛《せっぷうせってん》、槐を指して柳を罵る。木鐸《ぼくたく》に声有りて、長えに手に在り。箇《こ》般《はん》の麁行《そぎょう》の沙門、世上に果然《かぜん》として有ること罕《ま》れなり。

8

四睡《しすい》の図

智行の人は機謀《きぼう》数え難し。威猛《いもう》の虎は牙爪露さず。彼此《ひし》何れ自《よ》り来たる。頭を聚めて相い倚附《いふ》す。倒臥横眠《とうがおうみん》して怕怖《はふ》無し。今に至るまで夢裏にて未だ惺惺《せいせい》ならず、睡りて幾時《いくとき》に到りてか方《まさ》に覚悟せん。饒伊《たと》い睡眼《すいがん》頓然として開くも、茫茫《ぼうぼう》として已《すで》に是に帰路を忘れん。

○嬾瓚和尚…怠け者の明瓚和尚の意。北宗の南嶽明瓚（不詳）のこと[補1]。○趨炎…趨炎附熱の意。活気のある勢力の盛んな人に頼る。権力者におもねること。○埜芋…野芋。里いも。ここでは「嬾瓚煨芋」の公案[補2]。○珍羞…めずらしくて美味しい料理。立派なご馳走。○百味…百の味。種々の味わい。○堆堆…積み重なっているさま。うず高く重なるさま。○紫泥…紫色の印泥。天子の手紙に紫の肉印を用いた。ここでは唐の粛宗（徳宗とも）が明瓚に下した詔状をいう。○下視…下に見る。見おろすこと。○万壑千岩…万の谷と千の岩。多くの岩山や渓谷が連なっている景観の形容。

○普化…南嶽下の鎮州普化（不詳）のこと[補1]。○掀拳…拳を高く差し上げる。○拶肘…臂を撫でて擦する。臂を引っぱる。○乾坤…天と地。○牛斗…牽牛星《けんぎゅうせい》と北斗七星。○飯床…食卓。食事の飯台。○踢倒…蹴倒す。「普化倒飯床」の公案[補2]。○傍観…傍視。ここでは、そばでただ見ている者。○笑殺…笑い飛ばす。○驢鳴…驢馬が鳴くこと。「普化驢鳴」の公案[補3]。○掣風掣顛…風顛のようである。奇想天外なことをやらかす[補4]。○指槐罵柳…槐の木を指して柳の木をののしる。あてこすりを言う[補5]。○木鐸…風鈴のこと。「普化振鈴」の公案[補6]。○箇般…この類いの。こんな。這般。○麁行沙門…てあらな和尚。粗雑で荒々しい僧。○世上…世の中。世間。○果然…結果が予期どおりであるさま。果たして。案の上。

○四睡図…道釈画の画題の一つ。豊干・寒山・拾得の国清三隠が虎とともに眠る図[補1]。○智行…智慧と修行。智慧と福徳の行。六波羅蜜では布施・持戒・忍辱・精進・禅定が行であり、最期の智慧が智に当たる。○機謀…はかりごと。機略。○威猛…威勢の強いこと。猛々しい。○聚頭…多くの修行僧が一カ所に集まること。○倚附…依り従う。○倒臥横眠…倒れ伏すことと横たわって眠ること。横臥すること。○怕怖…恐れること。怕懼。○夢裏…夢の中で。夢中。○惺惺…心の冴えるさま。心の聡く明らかなさま。○覚悟…眠りから覚める。迷いを去り、真実の道理を悟る。○茫茫…ぼうっとしているさま。ぼんやりかすんではっきりしないさま。

9 開山千光和尚

合浦《ごうほ》の珠は世に称して貴と為し、荊山《けいざん》の璧は人惜みて珍と為す。師の道徳は、類を絶し倫を超え、又た璧珠の比に非ず、口舌を以てして陳べ難し。法の為めに軀を忘れ、太白金言の益を領ず。慈を垂れ物を利し、九重の宝塔の新しきを建つ。化は緇素《しそ》に行なわれ、名は縉紳《しんしん》を動かす。描邈《びょうばく》し将《も》ち来たる、知らず、這個は是なる耶《か》、不是なるか。相《すがた》を離れて取らば、時時、汝が為めに大法輪を転ぜん。

10 懐感《えかん》禅師

双眼は円明にして、両眉は帚に似たり。堂堂たり経論の宗師、凛凛《りんりん》たり象龍《ぞうりゅう》の元首。座に踞する処、叉手《しゃしゅ》して胸に当つ。威を振るう時、外魔《げま》も奔走す。蓋し定水《じょうすい》の澄清なるに縁る、所以《ゆえ》に仏身は右に現ず。丹青《たんせい》にて描画し将《も》ち来たる。展ぶれば則ち有るに似て有るに非ず。有有有、各おの請う、南に面して北斗を看んことを。

11 道釈《どうしゃく》禅師

法器は厚重にして、願力は充盈《じゅうえい》す。仏を想いて仏を念じ、精を窮めて精に至る。

○開山…寺院を開創した僧。初代の住持。ここでは京都東山の建仁寺の開山を指す[補1]。○千光和尚…臨済宗黄龍派の明庵栄西（一一四一～一二一五）のこと[補2]。○合浦之珠…廉州（広西省）合浦より産出する珍珠。無上の宝のたとえ[補3]。○荊山之璧…荊璧。荊玉。和氏の璧。戦国時代に卞和が楚の山中で得た宝石。無上の宝のたとえ[補4]。○絶類超倫…類なくすぐれ、人並み外れている。○為法忘軀…為法捨身に同じ。仏法のために身を捨てる覚悟で臨むこと。○太白…明州（浙江省）鄞県の太白峰天童山景徳禅寺のこと[補5]。○金言…仏の口から出た、不滅の真理を表す言葉。ここでは、天童山の住持であった黄龍派の虚庵懐敞が発した言葉をいう。○垂慈利物…慈悲を垂れて衆生を利済すること。○九重之宝塔…京都白河に存した法勝寺九重塔のこと[補6]。○緇素…黒と白。別に僧俗の意もある。○縉紳…官吏。士大夫。高級官僚。○描邈将来…何者かが栄西の頂相を描いて持って来たこと。○時時…その時その時。その場その場。○大法輪…仏の所説をいう。仏法を転輪聖王の輪宝にたとえたもの。

○懐感禅師…浄土教の懐感（不詳）のこと[補1]。○双眼円明…左右の目が丸くぱっちりしている。○両眉似帚…左右両方の眉毛が竹箒のようである。○堂堂…りっぱで威厳のあるさま。○経論宗師…経典や論書に通じ、学徳を具えた高僧。○凛凛…引き締まって勇ましいさま。凛々しいさま。畏敬の念を起こさせるさま。○象龍元首…龍象のかしら。すぐれた修行僧たちの棟梁。○踞座…禅椅の座などに腰掛ける。○叉手当胸…両手を胸の上で組み合わせる。胸のところで手を拱く。○振威…威を振るわす。勢威を振るう。○外魔…外から来る魔。天魔。○定水…禅定に入っている心が湛然としているさまを、静かな水にたとえる。○澄清…澄んで清らかなさま。濁りのないさま。○仏身而現右…[補2]。○現右…右に現す。上位にする。○丹青…丹砂と青雘《せいわく》。赤と青の絵具の材料。赤い色と青い色。○面南看北斗…とんでもない見当違いをすること。また、自在に方位を転換する達道者のあり方をいう[補3]。

○道釈禅師…道綽の誤り。浄土教の道綽（五六二～六四五）のこと。浄土五祖の第二祖[補1]。○法器…仏法の器。すぐれた力量を有する人。○願力…本願力。衆生済度の願いの力。○充盈…満ちる。充満す心念頓に忘ずる也《や》、月は万戸《ばんこ》に円かなり。仏身示現《じげん》する也《や》、蓮は一閍《ほう》に香わし。数珠を以て信士に授けんと要す。宝所《ほうしょ》に約趨《やくすう》して、化城《けじょう》に住すること莫かれ。

12

曇鸞《どんらん》和尚

受気《じゅき》は既に大にして、履践《りせん》すること還って深し。経を聞きて理に達し、行を省《かえり》みて自ら斟《く》む。人を指して見性せしむるの妙無しと雖も、密かに善を勧めて念仏せしむるの心有り。世間、誰《た》が子か是れ知音なる。曇鸞の真の法躰《ほったい》を識《し》らんと要せば、乱峰《らんほう》は畳畳《じょうじょう》たり、水は沈沈《ちんちん》なり。

る。いっぱいになる。○想仏念仏…仏の姿や功徳を心に思い浮かべて観ずる。観想念仏をいう。○窮精至精…徹底して精進努力する意か。○心念頓忘也～莫住化城…[補2]。○心念…心識の思念。心の思い。○月円万戸…月が多くの家々を平等に照らしている。○仏身示現…仏菩薩が衆生を救うために種々の姿に身を変えてこの世に出現すること。○閍…宗廟の門。宮中の門。港の門。○数珠…念珠。数を記す珠。○信士…清信士。男性の在俗信者。優婆塞（梵：upāsaka）のこと。○宝所…仏国土。浄土。宝で飾られているところ。宝の国。涅槃にたとえる。○化城…法華七喩の一つで、神通力で変化させて作った城。『法華経』「化城喩品」に説く[補3]。○曇鸞和尚…浄土教の曇鸞（四七六～五四二）のこと。浄土五祖の初祖[補1]。○受気…天生の気宇。天から受けた気概。○履践…実践すること。仏道を踏み行なうこと。○聞経達理…経典の言葉を聞いて真理に通達する。○省行…行ないを反省する。○斟…考慮する。ものごとをほどよく量る。○指人見性…直指人心、見性成仏の意。ただちに人の心に指し示して仏性を徹見させる。○勧善念仏…善をなすように勧め人々に念仏をさせる。○知音…互いによく心を知り合った友。親友[補2]。○真法躰…真の法体。本当の出家の姿。○乱峰…高低入り乱れて連なる多くの山々。○畳畳…幾重にも重なり合うさま。○沈沈…水の深いさま。ひっそりと静まりかえっているさま。

小仏事

1

鐘を挂《か》く

「洪鑪《こうろ》を跳出《ちょうしゅつ》して大器《たいき》円《まど》かなり。千人同じく此の良縁《りょうえん》を結ぶ。当陽《とうよう》に一撃《いちげき》して、回互《えご》無し。切に忌む、余音《よいん》の客船《きゃくせん》に到ることを」と。打つこと一下《いちげ》して云く、「諸仁者《しょにんしゃ》、只今《いま》、是れ声の耳畔《にはん》に来たるか、是れ耳の声辺《しょうへん》に往《ゆ》くか。若《も》し耳を把《も》って聞かば、声に転ぜられん。各《おの》おの宜《よろ》しく未だ扣《たた》かざる已前《いぜん》に領在《りょうざい》すべし。未だ扣かざる已前に悟り去らば、三千大千に透徹《とうてつ》せん。建長《けんちょう》、暫《しばら》く洪鐘《こうしょう》の口を惜みて、重ねて檀那《だんな》の為めに次第《しだい》に宣べん」と。又た打つこと一下して云く、「歴歴《れきれき》たる妙音《みょうおん》、法界《ほっかい》に周《あまね》し。太平《たいへい》に象《ぞう》無し、百千年」と。

2

巨福山《こふくさん》建長禅寺の鐘銘《しょうめい》

南閻浮提《なんえんぶだい》、各《おの》おの音声《おんじょう》を以て長く仏事《ぶつじ》を為す。東州《とうしゅう》の勝地《しょうち》にて、特に榛莽《しんぼう》を開きて此の道場を剏《はじ》む。天人《てんにん》は帰向《きこう》し、龍象《りゅうぞう》は和光《わこう》す。雲斂《おさ》まり霏《もや》開けて、楼観《ろうかん》百尺たり。嵐《らん》敷き翠鎖《みどりとざ》して、勢い諸方を圧す。事は既に前に定まり、法も亦た恢張《かいちょう》す。洪鐘《こうしょう》を囲範《いはん》して千人の縁会《えんえ》を結び、宏《おお》いに高架《こうか》に撞《つ》きて四海の安康を鎮《やす》んず。一模自《いちもよ》り脱して、重《おも》くして挙げ難し。大器《たいき》を円成《えんじょう》して、鳴れば則ち常

○洪鑪…大きな溶鉱炉。○跳出…飛び出す。踊り出る。○大器…偉大な器物。大鐘のこと。建長寺の大梵鐘を指す。○当陽…面と向かって。まっこうから。まともに。○回互…互いにかみ合う。相互に依存する。二つ以上のものが互いに依存し合って存在していること。○余音到客船…[補1]。○余音…余韻。鐘の音の鳴り終わった後も、かすかに残る響き。○客船…客舟。旅の船。旅客を乗せた船。○諸仁者…大衆に対する呼び掛け。○是声来耳畔、是耳往声辺…[補2]。○耳畔…耳のあたり。○声辺…音声の辺。声のあたり。六根の一つである耳と、六境の一つである声の主客を逆転させた発想。○未扣已前…音声が発する以前の消息。○領在…掌握する。つかみ取る。会得する。○三千大千…三千大千世界の略。広大きわまりなき天地宇宙。○透徹…透き通る。通り越す。核心に達する。○建長…蘭渓道隆の自称。建長寺で大梵鐘を掛けたことがわかる。○洪鐘…大きな釣り鐘。大梵鐘。○檀那…ダーナ（梵：Dāna）の訳。布施者。施主。ここでは、執権の北条時頼のことか。○歴歴妙音…はっきりとした梵鐘の音色。妙音は美しい音声。○法界…全世界。全宇宙。あらゆる場所。○太平無象…世の中が平和に治まることに、定まった標準の姿があるわけではない[補3]。○百千年…長い年月。百千は数の多いこと。○巨福山建長禅寺鐘銘…[補1]。○南閻浮提…南閻浮洲。須弥山の南方に位置する、人間が生存している世界。○音声…音。声。発音された言葉。○仏事…仏の教化。仏の仏作。○東州…日本。中国の東の海上に位置することからいう。具体的には鎌倉のこと。○勝地…景色のすぐれた土地。○榛莽…草木が群がり茂っているところ。群がり茂った草木。○天人…人天に同じ。天上界の神々と人間界の人々。○帰向…ひたすら心を傾ける。○龍象…すぐれた象。高徳のすぐれた人物。○和光…光を和らげる。才智を外に顕さない。世俗に交わる。○雲斂霏開…雲や霧が収まり開けること。○楼観…見晴らしのよい高殿。楼閣。ここでは鐘楼。○百尺…きわめて高いこと。一尺は約三十センチ。○嵐敷翠鎖…山にしっとりともやが立ち込め、木々の緑があざやかなさま。○恢張…広げ発展させる。広げて大きくする。拡張する。○囲範…範囲。溶かした金属を鋳型に流し込んで周囲を正しく整えること。○縁会…因縁の法会。会は集まり。集い。○高架…地上から高いとこ

に非ず。蒲牢《ほろう》纔《わず》かに吼《ほ》えて、星斗晦蔵《せいとかいぞう》し、群峰《ぐんぽう》は響きに答えて、心境倶《しんきょうとも》に亡ず。之れを扣《たた》くこと大なれば、其の声は遠くへと徹《とど》き、之れを扣くこと小なれば、其の応ずること量《はか》り難《がた》し。東のかた素月《そげつ》を迎え、西のかた夕陽《せきよう》を送る。昏寐《こんび》未だ惺《さ》めざるに、之《こ》れを攪《と》れば則ち寤《さ》む。宴安猶《えんあんな》お恣《ほしいまま》にするも、之れを警《いまし》めて荘《おごそ》かなり。塵労《じんろう》の大夢を破り、物類《もつるい》の顚狂《てんおう》を息《や》む。妙覚覚空《みょうかくかくくう》して根塵《こんじん》は消殞《しょういん》し、返聞聞尽《へんもんもんじん》して本性全く彰《あら》わる。共に円通三昧《えんづうざんまい》を証して、永く檀施の千祥《せんしょう》を臻《いた》らしむ。此の善利《ぜんり》を回《めぐ》らして、上《かみ》は親王《しんのう》を祝し、民は豊かに歳は稔《みの》り、地は久しく天は長からんことを。

3

祖師三位を祖堂に入る

「法王《ほうおう》の至宝《しほう》を指出《ししゅつ》せば、衆悉《しゅことごと》く駭然《がいぜん》たり。竺土《じくど》の六宗を破除《はじょ》せば、人皆な畏敬《いぎょう》す。般若多羅《はんにゃたら》の遺讖《いしん》を受け、海に駕《が》して来たる。上根《じょうこん》の大器をして以て親しく伝えんと要し、心に従いて授く。幾回《いくかい》か毒に中《あ》たるも、毒も侵すこと能わず。屢《しば》しば深談《じんだん》を抗《こば》むも、談ぜば未だ曽て竭《つ》きず。無柄《むへい》の剣を提げては衲僧《のうそう》の妄見《もうけん》の源を断ち、有為《うい》の功《こう》を掃《はら》いては世人の真帰の地を指す。馨香《きょうこう》、界に偏《あまね》くして、一華《いっけ》自《よ》り出で、次第に聯芳《れんほう》して五葉を放開す。金州子《きんしゅうす》が一の馬駒《ばく》を産みて天下人を踏殺《とうさつ》するを讖《しん》し、更に回互《えご》の処無し。茲《これ》自《よ》り已往《いおう》して便ち三日耳聾《じろう》

ろに掛け渡したもの。高台。○四海…須弥山を取り巻く四つの外海。○安康…安らかなこと。安泰。○一模…一つの鋳形。模は器物を作るための原型、鋳型。○大器…偉大な器物。大鐘のこと。○円成…円満に成就する。完成する。○蒲牢…海獣の名[補2]。○晦蔵…姿をくらます。知られないように隠れる。○心境倶亡…心と境が共になくなる。主観と客観の対立を超えた絶対の境地になること。○素月…明るく輝く月。○昏寐…朦朧として眠くなること。○宴安…緊張を欠いてくつろぐこと。気ままにくつろぐ。○塵労…煩悩の異名。心を労してよごし疲れさすもの、五欲六塵の煩悩。○大夢…長い夢。迷いの多い人生。○物類…一切衆生。人間。○顚狂…心が迷い乱れているさま。狂乱するさま。○妙覚覚空…すっかり悟って空を極めること[補3]。○根塵…六根と六塵。目・耳・鼻・舌・身・意の六根と、それに対する、色・声・香・味・触・法の六塵をいう。○消殞…銷殞。無くなる。消滅する。○返聞聞尽…音を聞き入れて聞き尽くす。徹底して聞いてしまう。○円通三昧…円満に融通した三昧。仏・菩薩の三昧。○檀施…檀捨。施し捨てる。布施する。○善利…すぐれた恩恵。よい結果。○親王…皇帝の叔父や兄弟。皇子。○地久天長…天長地久。天地が永遠に亡びることとなく続くこと。○祖師三位…達磨・百丈懐海・臨済義玄の三祖師[補1]。○祖堂…祖師堂。祖師の位牌や尊像を安置する堂宇。とくに達磨を安置する。○法王…法門の王。仏のことを称えていう。○至宝…最上の宝[補2]。○駭然…ひどく驚くさま。びっくりするさま。○竺土六宗…古代インドの六宗[補3]。○破除…除くこと。取り除くこと。○畏敬…畏れはばかり敬う。敬服する。○般若多羅…西天二十八祖中の第二十七祖[補4]。○遺讖…遺言した預言。讖は預言[補5]。○上根大器…仏道を修める性質・能力がすぐれている者。機根のすぐれた人。○中毒…毒に当たる。毒物によって体に障害を起こす[補6]。○深談…深言。心の底から言う。心を打ち明けて語る。○無柄剣…柄のない剣。触れただけで切れてしまうとりつく島もない代物。○衲僧…衲衣を着た僧。禅僧のこと。○有為功…有為の功徳[補7]。○世人真帰之地…世間の人々が真に帰着すべき境地。○馨香…よいにおい。芳香。香気が遠くまでにおうこと。○偏界…世界にあまねきこと。法界に充満すること。○一華…一輪の花。仏の正法にたとえる[補8]。○聯芳…綿々として

の話有り、所として周《あまね》からざる無し。後代迅喝《じんかつ》の機、佇思《ちょし》を容《い》れ難し。這裏《しゃり》に到りて、祖禰《そでい》了ぜざれば、殃《わざわ》いは児孫に及ぶ。大家《たいけ》、首を聚《あつ》めて、共に深冤《しんえん》を結び、以て如来莫大《にょらいばくだい》の恩に報《むく》ゆ。雖然《しかれ》ども、我が信心檀度《しんじんだんど》分上に在りては、如何《いか》んが細論《さいろん》せん。永く宗社を安んじて寰宇《かんう》を清め、凡聖斉《ぼんしょうひと》しく此の一門に帰す」と。

「少林の路を把定《はじょう》し、土壙く人稀《まれ》にして、相い逢う者少なし。独り大雄峰《だいゆうほう》に坐し、鉄額《てつがく》・銅頭《どうとう》も敢えて覷著《しょじゃく》せず。禍源《かげん》未だ息《や》まず、後人を負累《ふるい》す。棒喝交《ぼうかつこも》ごも馳せ、機用迅捷《きゆうじんしょう》なり。今日、建長、一線の道を放ちて収拾し帰り来たる。冤《えん》に其の頭有り、債《さい》に其の主有り。既に是れ冤債《えんさい》なれば、甚《なん》に因ってか却って堂中に安在す」と。良久して大衆を召して云く、「会す麼《や》。人を殺さば須らく人を殺す漢を討《たず》ぬべし。劫賊《こうぞく》は還って劫賊の群に投ぜよ」と。

4

寿福寺《じゅふくじ》に聖僧《しょうそう》を安ず

「面面相い向かい、尺《しゃく》は短く寸《すん》は長し。眼眼相い看る、你は坐し我れは立つ。破顔微笑《はがんみしょう》して、其の笑いに因《いん》有り。終日無言《しゅうじつむごん》にして、其の言息《や》まず。箇裏《こり》に明《あき》らめ得ば、是れ迦葉波《かしょうは》にあらず、亦た維摩詰《ゆいまきつ》に非ず。体露堂堂《たいろどうどう》、甚《なん》に因《よ》ってか尋覓《じんぺき》するに処無き」と。聖僧《しょうそう》の膝《ひざ》を撫《う》ちて云く、「人若《も》し眼裏《がんり》に筋有らば、一見

仏法が伝わること。○五葉…花が五つの花弁に開くこと。○金州子…金州（陝西省）出身の南嶽懐譲（六七七～七四四）のこと[補9]。○一馬駒…一頭の馬の子。子馬。ここでは南嶽下の馬祖道一（七〇九～七八八）のこと[補10]。○踏殺…踏みつける。踏み破る。○讖…預言する。未来のことを書き記す。○回互…互いにかみ合う。相互に依存する。二つ以上のものが互いに依存し合って存在していること。○已往…過ぎ去ったこと。以前。既往。○三日耳聾之話…「百丈三日耳聾」の公案[補11]。○迅喝之機…すみやかに喝を下すはたらき。○佇思…じっと思いを凝らす。じっくり物事を考えること。○祖禰不了、累及児孫…[補12]。○祖禰…祖は先祖の廟、禰は父の廟。○大家…みんな。みなさん。○聚首…聚頭に同じ。多くの修行僧が一カ所に集まること。○深冤…深い恨み。深怨。○莫大恩…この上なく大きな恩。きわめて大きな仏恩。○檀度…檀那波羅蜜（梵：Dāna-Pāramitā）のこと。六波羅蜜の一つ、布施のこと。○分上…自分の本来の持ち前。○細論…詳論する。細かに議論する。○宗社…宗廟社。祖先のみたまや。○寰宇…天地四方の内のひろびろとした世界。○少林路…嵩山少林寺の道。達磨の仏道。○把定…しっかりと握る。相手の機を押さえ込むこと。○土壙人稀、相逢者少…曠野には人影もなく、出会う者も稀である。孤独の中で一人歩むさま[補13]。○独坐大雄峰…「百丈独坐大雄峰」の公案を踏まえる[補14]。○鉄額銅頭…鉄の額と銅の頭。堅固さのたとえ[補15]。○覷著…うかがい尽くす。のぞき見てしまう。○禍源…災いの生ずる根源。○負累…罪を受けて永く悪名を受ける。人をまきぞえにする。○棒喝…棒と喝。修行者を警醒するために、拄杖で打ったり、喝したりすること。鋭い機鋒による学人指導の方法。○交馳…こもごも馳せる。○迅捷…非常に早いさま。すみやかなさま。○放一線道…一筋の気脈を通わせてやる。それとないヒントを与えてやる。○収拾…取り集める。拾い集める。とりかたづける。始末する。○冤有其頭、債有其主…[補16]。○殺人須討殺人漢…[補17]。○劫賊還投劫賊群…[補18]。○劫賊…盗賊。脅かし盗む者。強盗。○寿福寺…鎌倉扇ケ谷の亀谷山寿福寺のこと[補1]。○聖僧…僧堂内の中央に奉安する仏像[補2]。○尺短寸長…寸長尺短とも。尺は短く、寸は長い[補3]。○破顔微笑…「拈華微笑」の公案[補4]。○終日無言…「維摩一黙」の故事を踏まえる[補5]。○箇裏…ここ。這裏と同

して便ち端的《たんてき》を知らん」と。

5

円暁首座《えんぎょうしゅそ》の為めにする秉炬《ひんこ》

「明らかなること日の如く、黒きこと漆に似たり。夜半には正に団円なるも、暁来たりて影迹《ようしゃく》を亡ず。天下の衲僧《のうそう》、看出だせず。独り円暁首座有りて、纔《わず》かに此の門に入り、便ち端的《たんてき》を知る。拈《ねん》じ来たれば、死生を照破《しょうは》し、東壁は西壁を打倒す。平生《へいぜい》を慶快すと雖然《いえど》も、我が此の恨心《こんしん》は未だ息《や》まず。此の心、此の恨み、奚《なに》をか為さんと擬欲《ほっ》すや。末世の頽綱《たいこう》、誰をしてか力を合わさしめん。目を挙げて、寥寥《りょうりょう》として覓《もと》むるに処無し。覓むるに処無く、這裏《しゃり》に在り」と。火を挙《こ》して云く、「伊《かれ》が為めに旧閑居を燎却《りょうきゃく》す。須らく信ずべし、谷神《こくしん》は元より不死なることを」と。

6

徳智小師《とくちしょうし》の為めにする秉炬《ひんこ》

「有智《うち》・無智《むち》、惟《た》だ已《すで》に自知す。内空《ないくう》・外空《げくう》、豈に他力《たりき》を仮《か》らんや。昔年、恁麼《いんも》に来たる、扶桑《ふそう》には屍骸《しがい》を著《つ》くるに地無し。今日、恁麼に去る、唐朝《とうちょう》は是れ汝が帰る処にあらず。既に帰る処無ければ、何の所にか安存《あんぞん》せん」と。火を挙して云く、「炎炎たる大火、面門を燎却《りょうきゃく》す。千里の暮雲《ぼうん》、紫翠《しすい》に横たわり、一鉤《いっこう》の

じ。○迦葉波…仏十大弟子の一人、摩訶迦葉のこと。禅宗における西天第一祖[補6]。○維摩詰…『維摩経』に登場する在俗居士[補7]。○体露堂堂…全体がすべてはっきり現れていること。見るからに姿が立派なこと。○尋覓…探し求める。○眼裏有筋…眼光に鋭さがある。ものの本質を見抜く力がある。○端的…はっきりとしているさま。そのものずばりのありよう。

○円暁首座…不詳。建長寺で首座を勤めた[補1]。○首座…第一座。禅宗寺院で修行僧の首位に坐る者。六頭首の一つ。○秉炬…炬火を手に秉って荼毘する意。下炬・下火とも。秉炬の際の引導法語。○明如日…太陽が上ってすべてがはっきり現れているさま。○黒似漆…漆のように真黒であること。分別判断を持ち込めない黒一色のさま。○夜半…半夜。真夜中。○団円…丸い。丸いかたまり。○影迹…姿形。痕跡。○天下衲僧…あらゆる禅僧。すべての修行僧。○看不出…見てとることができない。見つけられない。○死生…死んだり生まれたりすること。生死の一大事。生死をくりかえす。○照破…照らし尽くす。解き明かす。○平生…いつも。つね日ごろ。○慶快…快ぶ。満足する。○末世頽綱…末法の世の衰えた綱紀。頽綱は規律や秩序がゆるんでいること。○挙目…目を挙げて遠くまで眺める。○寥寥…寂しく静かなさま。空虚なさま。○旧閑居…古くからの静かな住まい。ここでは肉体。○燎却…焼き払う。荼毘してしまう。○谷神元不死…谷間の空虚なところを、万物を生成する玄妙なる道にたとえる[補2]。

○徳智小師…渡来僧。おそらく若くして蘭渓道隆と共に来日した[補1]。○小師…弟子のこと。とくに得度した弟子をいう。○秉炬…炬火を手に秉って荼毘する意。下炬・下火とも。秉炬の際の引導法語。○有智…智慧・知識があること。○無智…智慧・知識がないこと。ここでは空を悟った無上の智。○自知…自分で知る。真理を自分で了解する。○内空…『大智度論』に説く十八空の第一[補2]。○外空…『大智度論』に説く十八空の第二[補3]。○他力…他からの力添え。仏菩薩などの加護。○昔年恁麼来～今日恁麼去…[補4]。○扶桑…中国の東方海上の島にあるという神木の名。日本を指す。○屍骸…しかばね。死体。屍体。○唐朝…唐の王朝。ここでは広く中国のこと、南宋（宋朝）をいう。○安存…安らかに居る。安らかに永らえ続く。○面門…顔面。面皮。○燎却…焼き払う。荼毘してしまう。○千里暮雲

新月、黄昏《こうこん》に挂《か》く」と。

7

大安郷人《だいあんきょうじん》の為めにする下火《あこ》

「我れ此の山を主《つかさど》りて十霜を経たるも、斯《こ》の心は日夜に滄浪《そうろう》を渡る。汝来たりて同じく住し、未だ三載《さんさい》ならざるに、肘《ひじ》を掣《ひ》きて便ち行きて故郷に帰る。故郷は南閩《なんびん》に在らず、住処も亦た此の国に非ず。四大は本より空なりと了知《りょうち》せば、此に到りて安《いず》くんぞ出没《しゅつもつ》有らん。末後、慇懃《いんぎん》に伊《かれ》が為めに提掇《ていてつ》せん」と。其の名を召し、火を挙して云く、「看て看よ、炎炎たる火は荔枝《れいし》の紅なるに似たり。首を回らせば、三山《さんざん》は天末《てんまつ》に倚《よ》る」と。

8

覚上座《かくじょうざ》の秉炬《ひんこ》

「静辨《じょうべん》の工夫、病裏《びょうり》に看る。看来たり看去りて、覚心《かくしん》安し。今朝、静覚《じょうかく》、頓に亡じ了われり。明鏡《めいきょう》は臺に当たり、珠は盤に走る。覚上座よ、死句《しく》は会することは則ち易《やす》く、活句《かっく》は明らむること則ち難《かた》し。且《しば》らく、什麼《なに》を喚びてか活句と作さん」と。火を以て円相《えんそう》を打して云く、「火輪《かりん》、撥転《はってん》して瞞旰《まんかん》を燎尽《りょうじん》す。月色《げっしょく》は煙に和して白く、松声《しょうせい》は露を帯びて寒し」と。

横紫翠、一鉤新月挂黄昏…[補5]。○千里暮雲…遥か遠くまで連なる夕暮れの雲。○紫翠…紫や緑。美しい山の景色の形容。○一鉤新月…一本の釣り針のような新月。○黄昏…夕方の薄暗い空。

○大安郷人…福州（福建省）閩県出身の人[補1]。○郷人…同じ郷里の人。ここでは宋国出身の人の意。○下火…秉炬や下炬に同じ。松火で火を点ずる。下火の際の引導法語。○我主此山経十霜…蘭渓道隆が建長寺に住持して十年が経過したこと[補2]。○斯心日夜渡滄浪…滄浪は青々とした波。道隆に望郷の念が深かったことを想定させる。○未三載…まだ三年を経ていない[補3]。○掣肘…他人の臂を傍らから引く。他人の行動を妨害する。○南閩…南方の閩。閩は福州（福建省）閩県。また広く福建省の別称。○四大本空…万物の構成要素である、地・水・火・風の四つの元素がもともと空であること。四大和合をいう。○了知…明らかに知る。はっきりと悟る。○出没…出たり入ったり。生まれたり死んだり。○末後…最後。最期。命の終わるとき。○慇懃…手厚く親切に。ねんごろに。○提掇…すくい上げる。手の上にものを載せて重さを量ること。○荔枝…レイシ。ムクロジ科の常緑高木。あるいはその実[補4]。○回首…首をめぐらす。ふり返って後ろを見る。○三山…閩（福建省）の地の別称[補5]。○天末…天が地と接するように見える遠くの果て。きわめて遠いところ。天際。

○覚上座…不詳。法諱は静覚。○上座…有徳の僧。僧衆の第一座をいう。ここでは亡僧に対する尊称か。○秉炬…炬火を手に秉って荼毘する意。下炬・下火とも。秉炬の際の引導法語。○静辨…もの静かに弁道すること。弁は努める、精進する。静覚の法語にちなむ表現。○工夫…仏道修行などに専念すること。坐禅に専心すること。○病裏…病気の中で。久しく病いをわずらっていたか。○看来看去…看は参究する意。じっくりと参究しつづけて。○覚心…心性を悟ること。真心（仏性）を覚証すること。○明鏡当臺…明鏡が鏡台に取り付けられること[補1]。○珠走盤…明珠走盤。明珠が盤上で自在に転がる。無礙自在なさま[補2]。○死句会則易、活句明則難…[補3]。○死句…生機を欠いた言葉。仏祖の教えを分別の立場で表面的にのみ理解した言句。○活句…活きた言句。真に仏法をとらえた句。真理を言い当てた言葉。○火輪…旋火輪のこと。火を回転させて輪を作っても、その輪に実体がないことをいう。○撥転…手玉にとってあやつる。○瞞旰

9

遊岩上座《ゆうがんじょうざ》の下火《あこ》

「了事《りょうじ》の衲僧《のうそう》、撥《はっ》せざるに自《おの》ずから転ず。牙関《がかん》を咬定《こうじょう》して、死魔《しま》共に戦う。戦い来たり戦い去りて、地の容るるべき無し。一踢《いってき》に踢翻《てきほん》して、五眼《ごげん》にても見難《みがた》し。見るや見ざるや。山野《われ》、伊《かれ》が為めに一線を通ぜん」と。火を擲下《てきげ》して云く、「直下に来たるや。火箭《かせん》を看取せよ」と。

10

澄禅上人《ちょうぜんしょうにん》の秉炬《ひんこ》

「心を澄まさず、念を息《や》めず。天下の衲僧も看れども見えず。道を学ばず、禅に参ぜず。作者《さくしゃ》に逢うこと罕《まれ》にして拳《こぶし》を開かず。一条の脊梁《せきりょう》、硬きこと鉄の如し。二十年来、拗《ねじ》り折れず。今朝、拗り折りて帰去来《ききょらい》す。万里に雲無し、一輪の月。箇《こ》は是れ澄禅人、末後に親しく饒舌《じょうぜつ》す。山僧、忍俊《にんしゅん》し禁《え》ず」と。火を挙して云く、「随後《ずいご》に火を把りて熱を助けん」と。火把《かは》を擲下《てきげ》す。

11

道如上座《どうにょじょうざ》の下火《あこ》

「理事貫通《かんつう》せば、即ち如如仏《にょにょぶつ》なり。喚びて如如《にょにょ》と作《な》さば、生死《しょうじ》の窟に堕《だ》す。如上座、如何《いか》んが生死《しょうじ》に堕し去らざるを得ん」と。火を挙して云く、「撃石火《げきせっか》、閃電光《せんでんこう》。伊《かれ》が為めに燎尽《りょうじん》して余物《よぶつ》無し。更《さら》に春風に向かって此の情を話《かた》らん。

…瞞頇とも。ぼんやりしているさま。はっきりものが見えないさま。○燎尽…焼きつくす。荼毘してしまう。○月色和煙白、松声帯露寒…[補4]。○松声…松の木に風が吹いて鳴る音。○遊岩上座…不詳。蘭渓道隆の印可を受けた人らしい。○上座…有徳の僧。僧衆の第一座をいう。ここでは亡僧に対する尊称か。○下火…秉炬や下炬に同じ。松火で火を点ずる。下火の際の引導法語。○了事衲僧…参禅学道の一大事を了畢した禅僧。○咬定牙関…歯を食いしばる。牙関は奥歯のこと。咬定は歯を食いしばること。○死魔…四魔の一つ。死を悪魔に見なしていう。死神。衆生の死ぬ時期を定める魔。○戦来戦去…ずっと戦いつづけて。○一踢踢翻…一蹴りに蹴飛ばす。○五眼…五つの眼力。肉眼・天眼・慧眼・法眼・仏眼の五つを指す。○山野…禅僧の自称。山僧。衲僧。○通一線…一すじの道を通じる。○擲下…投げ下ろす。投げ捨てる。○直下…即座。そのまま。○火箭…火矢。先に火をつけて射る矢。○看取…じっくりと見る。○澄禅上人…不詳。○上人…有徳の僧に対する敬称。ここでは参学人に対する敬称。○秉炬…炬火を手に秉って荼毘する意。下炬・下火とも。秉炬の際の引導法語。○澄心…心を清く澄ませる。○息念…心のはたらきを止める。○天下衲僧…あらゆる禅僧。すべての修行僧。○看不見…見ようにも見えない。見ぬけられない。○学道…仏道を学ぶ。○参禅…師を尋ねて参禅修行する。○作者…作家に同じ。練達した禅匠。○開拳…拳を開く。問答を戦わせること。○一条脊梁…一本のすっと伸びた背すじ。すばらしい坐相。○二十年来…禅僧となって坐禅して二十年を経ている。○拗不折…へし折らない。へし折れない。拗折は折れる。折れまがる。へし折る。○帰去来…故郷に帰ろう。官職を退いて故郷に帰ろうとすること[補1]。○万里無雲一輪月…万里の果てまで一片の雲もなく丸い満月が輝いている[補2]。○末後…最後。最期。命の終わるとき。○饒舌…おしゃべり。多弁。ここでは澄禅の遺偈をいう。○忍俊不禁…忍び笑いをこらえきれない。忍俊は笑みを漏らすのを我慢すること[補3]。○随後…間をおかずに、すぐに。○火把…火炬。たいまつ。○擲下…投げ下ろす。投げ捨てる。○道如上座…不詳[補1]。○上座…有徳の僧。僧衆の第一座をいう。ここでは亡僧に対する尊称か。○下火…秉炬や下炬に同じ。松火で火を点ずる。下火の際の引導法語。○理事…理と事。理は真理、平等の築紫《つくし》の山川、故国に非ず」と。

12

有尊上座《うそんじょうざ》の下火《あこ》

尊《たっと》ぶべき者有り、道を以て己を守る。道在りて人亡ずるも、人は本とより死せず。円覚伽藍《えんがくがらん》を掀翻《きんぽん》するも、未だ是れ衲僧の行履《あんり》にあらず。尊上座《そんじょうざ》、如何《いか》なるか是れ衲僧の行履。紅焔聚裏《こうえんしゅうり》に花毬《かきゅう》を打し、大洋海底に閑《しず》かに遊戯《ゆげ》す。

13

行賢老宿《ぎょうけんろうしゅく》の秉炬《ひんこ》

勤行《ごんぎょう》は躬《からだ》に在り、賢を慕《した》いて志を資《たす》く。拙《つたな》きを衆中に蔵《かく》し、惟《た》だ道のみ是れ履《ふ》む。時来たりて危坐《きざ》して便ち行き、只《た》だ死生《ししょう》を以て遊戯《ゆげ》す。牢関瞥転《ろうかんべってん》して、更に須《すべか》らく異類中《いるいちゅう》に遊ぶべし。大智《だいち》洞明なるも、切に忌む、這裏《しゃり》に坐在することを。賢老宿、耳根《にこん》を塞却《そくきゃく》して、吾が指示を聴け」と。火を以て円相を打して云く、「火官頭上《かかんずじょう》、鞦韆《しゅうせん》を打す。脱殻《だっかく》の烏亀《うき》、飛んで天に上る」と。

14

禅意上座《ぜんいじょうざ》の下火《あこ》

「道は功勲を絶し、禅は意想に非ず。心を擬《ぎ》せば則ち差《たが》い、念を動ぜば則ち喪《うしな》う。心を擬せず念を動ぜざれば、塵塵《じんじん》は本自《もと》より遮障《しゃしょう》無し。這の回、義断え情

真如。事は現実の事象。種々の事物。○貫通…貫き通る。貫き通す。

○如如仏…法身仏のこと[補2]。○如如…ありのまま。真実のすがた。真如。○生死窟…生死の迷いの窟。三界の迷いの世界。○撃石火…石を打って発する火花。きわめて短い時間。非常に機敏なさま。○閃電光…稲光り。閃く稲妻。瞬時。時間の最も短い意。○燎尽…焼きつくす。荼毘してしまう。○築紫…筑紫（福岡県）のこと[補3]。

○有尊上座…不詳。○上座…有徳の僧。僧衆の第一座をいう。ここでは亡僧に対する尊称か。○下火…秉炬や下炬に同じ。松火で火を点ずる。下火の際の引導法語。○守己…おのれの本分を守る。○円覚伽藍…円満なる仏の悟りを修する堂宇。仏法が満ちた寺院。○掀翻…ひっくり返すこと。高く持ち上げてひるがえすこと。○衲僧行履…禅僧の日常の行為。禅僧の日々の修行。○紅焔聚裏…真紅の火焔が盛んに燃えている中。○花毬…美しい毛織物。打毬は毬を蹴ること。けまりをする。○大洋海底…大海原の底。○遊戯…心に滞りなく自由に遊ぶ。道そのものを自在に楽しむ。

○行賢老宿…不詳。○老宿…老尊宿。耆老。永く叢林にあって修行した有徳の老師。○秉炬…炬火を手に秉って荼毘する意。下炬・下火とも。秉炬の際の引導法語。○勤行…務め励むこと。努力して仏道修行すること。精進する。○賢…賢者。賢人。才知のすぐれた人。○蔵拙…拙劣を隠して人に見せない。短所を秘す。○衆中…衆の中。修行僧たち。一会の僧衆。○危坐…身を正してきちんとすわる。端坐すること。○死生…死んだり生まれたりすること。生死の一大事。生死をくりかえす。○遊戯…心に滞りなく自由に遊ぶ。道そのものを自在に楽しむ。○牢関…堅牢な関所。厳しい関門。○瞥転…すばやく転ずる。ちらっと見る。○異類中…六道に輪廻する一切有情の迷いの世界。○大智…すぐれた知恵。広大なる智恵。仏智。○洞明…明らかに見通す。明らかに知る。よくわかる。○坐在…坐る。ある境地に留まる。在は動詞について場所を表す。○耳根…六根の一。聴覚器官である耳。聴覚能力。○塞却…塞いでしまう。○火官頭上打鞦韆…[補1]。○火官…古の官名。火政（防火）を行なうことを司る官[補2]。○鞦韆…ぶらんこ。秋千。秋遷。○脱殻烏亀飛上天…[補3]。○脱殻…古い殻を脱ぐ。殻から抜け出す。物事が新しい段階にすすむ。○烏亀…かめ。

○禅意上座…不詳。○上座…有徳の僧。僧衆の第一座をいう。ここで

忘ず、畢竟して、如何んが趣向《しゅこう》せん。意上座、趣向するに堪えたり。請う、勝熱婆羅門《しょうねつばらもん》に参ぜよ。而今《いま》の火焔《かえん》上を離れず」と。火把《かは》を擲下《てきげ》す。

15

宗監寺《そうかんす》の下火《あこ》

格外《かくがい》の玄機《げんき》、吾が家の宗旨、擬議《ぎぎ》し来たらざれば、活中に死有り。多年同じく住して、一旦に非を知り、撩却《りょうきゃく》して便ち行き、自己を慶快す。自己慶快なれば、処として通ぜざる無し。五十八年の破屋子《はおくす》、情を尽くして丙丁童《へいていどう》に分付す。分付して後、如何《いか》ん。烈焔《れつえん》は天に亘りて倶に燎却《りょうきゃく》す。青山は旧《ふる》きに依りて、白雲の中。

16

禅海上座《ぜんかいじょうざ》の下火《あこ》

涅槃堂裏《ねはんどうり》の禅に参透《さんとう》して、便ち生死海《しょうじかい》を掀翻《きんぽん》するを解す。一間の破屋《はおく》、人の修する没《な》し。須らく信ずべし、其の中の主《ぬし》、元より在ることを。海上人、在りや在らざるや。更に勝熱婆羅門《しょうねつばらもん》に参ぜよ。覿面《てきめん》に伊《かれ》が為《た》めに重ねて点化《てんけ》せん。

17

印空老宿《いんくうろうしゅく》の秉炬《ひんこ》

「永く一室に踞《きょ》して、清きこと氷霜《ひょうそう》の若し。主宰《しゅさい》と作《な》り得て、短きを捨て長き

は亡僧に対する尊称か。○下火…秉炬や下炬に同じ。松火で火を点ずる。下火の際の引導法語。○功勲…修行の成果。修行の段階。○意想…心に物事を思い描くこと。○擬心則差、動念則喪…[補1]。○擬心…心を差し向ける。分別をさしはさむ。○動念…念を動かす。妄念が起こる。○塵塵…一切の事象。すべての事物。○遮障…さえぎり妨げる。○義断情忘…義理人情を断ち切る。○趣向…赴く。目的を定めてそれに向かうこと。○勝熱婆羅門…『華厳経』「入法界品」で善財童子が訪ねる知識の一人。火炎の中で修行していた人[補2]。○火把…火炬。たいまつ。○擲下…投げ下ろす。投げ捨てる。

○宗監寺…不詳。監寺の職にあった□宗という禅僧[補1]。○監寺…寺の運営面を司る要職。総領の任にあたる役目。六知事の一つ。○下火…秉炬や下炬に同じ。松火で火を点ずる。下火の際の引導法語。○格外玄機…世間の尺度を超えた神妙なはたらき。大悟底の人の玄妙な作略。○宗旨…宗義の要旨。根本の教え。○擬議不来…答えようとすることができない。不来は動詞について動作が実現できないことを表す。~することができない。不可能を表す。○撩却…払い去る。思い切って立ち去る。○慶快…快ぶ。満足する。○破屋子…あばら屋。ぼろ屋。ここでは朽ちた肉体。○丙丁童…丙丁童子。火をつかさどる神。○分付…分け与える。手渡す。○烈焔…激しい炎。盛んな火炎。○燎却…焼いてしまう。茶毘してしまう。○青山依旧白雲中…[補2]。

○禅海上座…不詳。○上座…有徳の僧。僧衆の第一座をいう。ここでは亡僧に対する尊称か。○下火…秉炬や下炬に同じ。松火で火を点ずる。下火の際の引導法語。○涅槃堂…禅宗寺院内で病僧の居る堂宇。延寿堂。病室。○参透…参じ究める。深く悟る。○生死海…無限につづく生死の苦しみの海。○掀翻…ひっくり返すこと。高く持ち上げてひるがえすこと。○破屋…壊れた家。あばら屋。ここでは朽ちた肉体のこと。○主…主人。本来の自己。仏性にたとえる。○上人…有徳の僧に対する敬称。ここでは参学人に対する敬称。○勝熱婆羅門…『華厳経』「入法界品」で善財童子が訪ねる知識の一人。火炎の中で修行していた人[補1]。○覿面…面と向かう。目の当たりに見る。○点化…教え感化する。教化する。他の縁に点ぜられて自己を変ずる。

○印空老宿…不詳[補1]。○老宿…老尊宿。耆老。永く叢林にあって修行した有徳の老師。○秉炬…炬火を手に秉って茶毘する意。下炬・

に従う。他家の冬瓜《とうがん》の印子《いんす》を受けず。這裏を離れずして、眼は諸方を空ず。此の三昧を手に入るることを得て、灼然《しゃくねん》として気宇は王の如し。疾に臥して一月余日、死を視ること、故郷に帰るが若し。十載同じく居して、意を表す可き無し」と。火炬を挙して云く、「只だ這箇《しゃこ》に憑《よ》りて、汝が為めに敷揚《ふよう》せん。破屋《はおく》、頭《はじめ》従《よ》り都《すべ》て燎却《りょうきゃく》す。本来の面目《めんもく》、露堂堂《ろどうどう》」と。

18

円光上座《えんこうじょうざ》の秉炬《ひんこ》

火を以て一円相を打して云く、「這箇《しゃこ》の円光、本光、何ぞ別《わか》たん。此の光を識得せば、塵塵照徹す。照徹して後、作麼生《そもさん》。何ぞ須《もち》いん、這《こ》の星子を点発することを。火聚刀山《かじゅとうざん》、脚に信《まか》せて行く」と。

19

幸賢監寺《こうけんかんす》の下火《あこ》

重任を荷担《かたん》して、善《よ》く衆情《しゅじょう》を伏す。精金美玉《せいきんびぎょく》、十成《じゅうじょう》を得ず。中道《ちゅうどう》にして夭《よう》すること、器の鍠《こう》を失するが如し。寥落《りょうらく》たる宗社、孰《たれ》か拄撐《しゅとう》するを為《な》さん。賢監寺、元とより死せず。何似生《かじせい》。楊岐の驢子は脚三隻、能く蹄《あし》を弄《ろう》して火裏《かり》に行く。

下火とも。秉炬の際の引導法語。○一室…印空は寺内に一つの居室を与えられていた。○氷霜…氷と霜。操の固くて清潔なたとえ。○主宰…全体をまとめる主。あるじ。○捨短従長…短いところを捨てて長いところを用いる。人の短所を見ずにその長所を活かす。○冬瓜印子…トウガンで作った印子。安易に印可を与える希薄な禅。○三昧…サマーディ（梵：Samādhi）のこと。三摩提・三摩地とも。定・等持・正受と訳す。深く集中し、心が安定した状態。○灼然…あきらかなさま。明白なこと。○気宇如王…気迫が王のように堂々としている。気宇は心の持ちかた。気がまえ。○十載同居…印空が十年間にわたって蘭渓道隆のもとに在ったこと。○表意…意を表す。気持ちを表現する。思いを伝える。○火炬…火把。たいまつ。○敷揚…述べ表す。広く示して明かす。○破屋…壊れれた家。あばら屋。ここでは朽ちた肉体のこと。○燎却…焼き尽くす。荼毘してしまう。○本来面目露堂堂…[補2]。○本来面目…本来の自己。主人公。本来具えている真実のありよう。○露堂堂…かくすところもなく露わなさま。真理がはっきりと現れていること。

○円光上座…不詳[補1]。○上座…有徳の僧。僧衆の第一座をいう。ここでは亡僧に対する尊称か。○秉炬…炬火を手に秉って荼毘する意。下炬・下火とも。秉炬の際の引導法語。○本光…もとより人がもっている尊貴なもの。仏性。本有の光。○識得…本質を見てとる。よく理解すること。○塵塵…塵のように数限り無いさま。○照徹…照りとおること。すみずみまで照りわたること。○星子…火種が星のように跳ね散っているさま。○点発…火をつける。火をともす。○火聚刀山…火樹刀山。燃えさかる火。猛火の集まり。剣の山。刀剣を植えた山。ともに地獄のさま。

○幸賢監寺…不詳。○監寺…寺の運営面を司る要職。総領の任にあたる役目。六知事の一つ。○下火…秉炬や下炬に同じ。松火で火を点ずる。下火の際の引導法語。○荷担…肩に担う。○衆情…多くの人々の心。衆人の感情。ここでは修行僧たちの心情。○精金美玉…精金良玉とも。すぐれた金属と美しく立派な宝玉。人が純良で温和なたとえ。○十成…十割。充分に完成すること。完全無欠。○中道…ここでは半途。中途。道の途中の意。○器…器物。うつわ。○鍠…鐘の音。○寥落宗社…荒れ果ててしまった宗廟・社稷。ここでは零落した禅宗叢林。

20

正真《しょうしん》大師の為めにする下火

真見《しんけん》・妄見《もうけん》、了ぜば則ち本《もと》より空なり。凡心《ぼんしん》・聖心《せいしん》、達する時は幻《まぼろし》の如し。若し空なり幻なりと言わば、死眼未《いま》だ開かず。真大師、火急《かきゅう》に渠《かれ》が落処《らくしょ》を知らんと要せば、五臺《ごだい》にて会《え》散じて早く帰り来たれ。

21

定智大師《じょうちだいし》の下火《あこ》

千里に師を尋ねて一訣《いっけつ》を求む。便ち知る、語有りて舌に干《かか》わるに非ざることを。一条の脊梁《せきりょう》、何ぞ太《はなは》だ剛きや。生死到来するも拗《へ》し折らず。深く禅定を得て、真智《しんち》現前し、窠臼《かきゅう》を掀翻《きんぽん》して、蓋纏《がいてん》に堕せず。手を撒《さっ》して便ち行き、鶴髪《かくはつ》七旬の母を思わず。他日、再び聚《あつ》まりて同じく龍華三会《りゅうげさんえ》の縁を結ばん。畢竟《ひっきょう》して、何を以てか験と為《な》さん。只今《いま》、定智朗然《ろうねん》たり。炉《ろ》に当たって、炎炎たる火を避くること莫《な》かれ。烏亀《うき》を拶出《さっしゅつ》して飛んで天に上《のぼ》らしむ。

22

盛道上座《じょうどうじょうざ》の下火《あこ》

「道上座、生《しょう》とも道《い》わず、死とも道わず。大海は波停まり、片雲《へんうん》風掃う。四《よ》もに顧みれば寥寥《りょうりょう》として討《もと》むるに処無し」と。火を以て前山を指して云く、「那辺《なへん》に臭煙《しゅうえん》を噴起《ふんき》する時、角を戴く毒蛇、驚きて草を出づ」と。

○拄撐…ささえる。ささえ止める。○何似生…何如・何似とも。どうだ。どのようだ。○楊岐驢子脚三隻…「楊岐三脚驢」の公案[補1]。○楊岐…臨済宗楊岐派祖の楊岐方会（九九二～一〇四九）のこと[補2]。○弄蹄…足を動かす。足を運ばせる。

○正真大師…不詳。女性の弟子。○大師…大師は大姉。この時代では、禅宗の尼僧のことを指す場合が多い。○下火…秉炬や下炬に同じ。松火で火を点ずる。下火の際の引導法語。正しい見解。○真見…真実の見解。○妄見…まちがった見解。迷いから生じた虚妄な考え。○凡心…凡夫の心。煩悩に束縛され、苦しみ迷っている衆生の心。○聖心…聖者の心。悟りに達した仏菩薩の心。○火急…火のついたように、さし迫った状態にあること。緊急に、大急ぎで。○落処…つぼ。究極のポイント。かんどころ。落ちつき場所。○五臺会散…「鉄磨老牸牛」の公案[補1]。○五臺…山西の五臺山[補2]。

○定智大師…不詳。女性の弟子[補1]。○大師…大師は大姉。この時代では、禅宗の尼僧のことを指す場合が多い。○下火…秉炬や下炬に同じ。松火で火を点ずる。下火の際の引導法語。○千里尋師…千里の遠くから仏法のために正師を求めて参学する。○一訣…一たび結着すること。一度大悟すること。身心に決定すること。○有語非干舌…[補2]。○一条脊梁…一本のすっと伸びた背すじ。すばらしい坐相。○生死到来…死が差し迫ってくること。○拗不折…圧し折らない。ここでは挫けることなく坐禅をつづけたことをいう。○禅定…思いを静め、心を明らかにして真正の理を悟るための修行法。坐禅。○真智…真実の智慧。正しい智慧。○掀翻窠臼…[補3]。○窠臼…鳥の巣。型どおりの方式。○掀翻…ひっくり返すこと。高く持ち上げてひるがえすこと。○蓋纏…煩悩。煩悩の束縛。○撒手…手を即座に放す。○鶴髪…鶴の羽のように真っ白な髪。白髪。○七旬之母…七十歳の母親。○龍華三会…弥勒三会とも[補4]。○定智…禅定と智慧。○朗然…明るくかげりのないさま。くもりなくはっきりとしているさま。○拶出烏亀飛上天…[補5]。○烏亀…かめ。○拶出…押し出す。圧力をかけて、じわりと押し出す。

○盛道上座…不詳。○上座…有徳の僧。僧衆の第一座をいう。ここでは亡僧に対する尊称か。○下火…秉炬や下炬に同じ。松火で火を点ずる。下火の際の引導法語。○生也不道、死也不道…[補1]。○大海波

23

湛朗上座《たんろうじょうざ》の下火《あこ》

生前は湛湛地《たんたんち》に唯だ已に自知《じち》す。末後は朗朗然《ろうろうねん》として疾無くして去る。天応《てんおう》の瑞雪《ずいせつ》、手を撒《さっ》して門を出づれば、月夜の清風、即ち汝が来たる路なり。朗上座、宜《よろ》しく薦取《せんしゅ》して、更に勝熱婆羅《しょうねつばら》に参じて閑家《かんか》潑具を燎却《りょうきゃく》すべし。燎《や》き尽して後、如何《いか》ん。東山・西嶺、焼痕《しょうこん》青く、本来の面目、回互《えご》し難し。

蘭渓和尚語録、巻下

勅差《ちょくさ》にて臨安府《りんあんふ》御前香火の浄慈報恩光孝禅寺《じんずほうおんこうこうぜんじ》に住持せる嗣祖比丘智愚《ちぐ》、校勘《こうかん》す。

停…波停大海に同じ[補2]。○片雲…一点の雲。一かたまりの雲。○寥寥…もの寂しく静かなさま。空虚なさま。○前山…前の山。建長寺か建仁寺かは未詳。○那辺…その辺。あの辺。そちら。あちら。○臭煙…臭い煙。火葬の煙をいう。○戴角毒蛇驚出草…死蛇驚出草に同じ[補3]。○毒蛇…毒をもった蛇。時に煩悩にたとえられる。

○湛朗上座…不詳。○上座…有徳の僧。僧衆の第一座をいう。ここでは亡僧に対する尊称か。○下火…秉炬や下炬に同じ。松火で火を点ずる。下火の際の引導法語。○湛湛地…水を深く湛えたごとく、落ち着いて静かなさま。○末後…最後。最期。命の終わるとき。○朗朗然…明らかなさま。ほがらかなさま。○天応…天が応ずる。人事に対する天の応報。○瑞雪…めでたい印とされる雪。冬の雪のこと。○撒手…手を即座に放す。○薦取…自ら押し出す。選び出す。○勝熱婆羅…勝熱婆羅門のこと。『華厳経』「入法界品」で善財童子が訪ねる知識の一人。火炎の中で修行していた人[補1]。○閑家潑具…閑家廃具のこと。閑家具・閑家破具とも。無用の家具。古くなって使い道のなくなった家具[補2]。○燎却…焼いてしまう。荼毘してしまう。○東山西嶺…東の山と西の山と。○焼痕…焼け跡。草を焼いた跡。○本来面目…本来の自己。主人公。本来具えている真実のありよう。○回互…互いにかみ合う。相互に依存する。二つ以上のものが互いに依存し合って存在していること。

○勅差…勅使を差し使わすこと。○臨安府…南宋代における杭州（浙江省）の府名。南宋の国郡。宋が南渡した際、高宗が行在所となした。○御前…天子の座前。天子の御座所。○香火…香を焚く火。焼香と灯火。廟に捧げるもの。○浄慈報恩光孝禅寺…杭州（浙江省）銭塘県にある南屏山浄慈報恩光孝禅寺のこと。中国五山の第四位[補1]。○嗣祖比丘…祖師の法を嗣続した僧。○智愚…臨済宗松源派の虚堂智愚（一一八五〜一二六九）のこと[補2]。○校勘…数種の異本などを比べ、考えて異同を正し定める。字句などを調べて正す。

宋に名衲《めいのう》有り、自ら蘭溪と号す。一筇にて高く岷峨《びんが》を出で、万里のかた呉越《ごえつ》に南詢す。陽山《ようざん》にて旨を領じて、到頭に無明《むみょう》を識《し》らず。脚を擡《もた》ぐること千鈞、肯《あ》えて松源《しょうげん》の家法を践《ふ》む。桴《いかだ》に海に乗りて、大いに日本国中に行き、淵黙雷声《えんもくらいせい》して、三たび半千の雄席を董す。之れが歳月を積み、遂に簡編を成す。忍禅《にんぜん》、久しく雪庭《せってい》に侍し、遠く四明《しめい》を訪ねて梓《し》に鋟《きざ》む。言い及ばざる処、務めて正脈《しょうみゃく》流通《るずう》せんことを要す。用いて尽くす無き時、切に忌む、林を望みて渇《かわ》きを止むることを。

景定甲子《きのえね》春二月、虚堂智愚《きどうちぐ》、浄慈の宗鏡堂《すぎょうどう》に書す。

［智愚］［息畊叟《そっこうそう》］［虚堂］

○宋有名衲～望林止渇…［補1］。○宋…趙匡胤（太祖）が建てた宋の王朝。ここでは南宋を指す［補2］。○名衲…名僧。すぐれた高僧。すばらしい禅僧。○自号蘭渓…道隆が自ら蘭渓と号したこと［補3］。○筇…竹の杖［補4］。○岷峨…四川省にある岷山と峨眉山のこと［補5］。○万里…一万里。きわめて遠い距離。○呉越…春秋時代に存した呉と越の両国のこと。ただし、ここでは蘭渓道隆が参学した蘇州・杭州・明州など江蘇・浙江の地をいう［補6］。○南詢…諸方に歴参すること［補7］。○陽山…蘇州（江蘇省）長洲県陽山に存した尊相禅寺のこと［補8］。○領旨…宗旨を領解する。悟る。会得する。○到頭…つまるところ。結局のところ。○無明…臨済宗松源派の無明慧性（一一六〇～一二三七）のこと［補9］。○擡脚…足を持ち上げる。坐禅から立ち上がる。松源崇嶽の「大力量人因甚擡脚不起」の公案［補10］。○千鈞…非常に重いこと。一鈞は三十斤に当たり、約七六八〇グラム。○松源…臨済宗楊岐派（松源派祖）の松源崇嶽（一一三二～一二〇二）のこと［補11］。○家法…師匠から弟子に伝える一家の学問など。家伝の秘法。○乗桴于海…筏で海に乗り出す。桴は竹木を編んで舟の代用としたもの［補12］。○淵黙雷声…淵黙は静かに黙ること、沈黙すること。雷声は雷鳴。雷のような大きな声［補13］。○三董半千雄席…三たび五百人の修行者を擁する禅寺に住持したことを指す［補14］。○簡編…書物。典籍。簡冊。広く書物のことをいう。○忍禅…忍禅人の略か［補15］。○侍雪庭…雪の降りしきる庭に随侍する。二祖慧可が嵩山少林寺で雪中にて達磨に随侍した故事を踏まえる［補16］。○四明…四明山の存する明州（浙江省）の地［補17］。○鋟梓…鋟板とも。版木に刻んで印刷すること。梓の木が版木に適することからいう。○言不及処…言い及ばざる処。言及できない処。言語や文字でとらえようとすることができないところ。○正脈…正統な法脈。仏祖が代々伝えてきた正伝の教え。○用無尽時…用い尽くせない時。いくら用いても尽きることがない時。○望林止渇…望梅止渇のこと［補18］。

○景定甲子春二月…景定五年（一二六四）甲子の春二月。日本の文永元年（弘長四年）に当たる。○虚堂智愚…臨済宗松源派の虚堂智愚のこと［補19］。○浄慈…杭州浄慈寺のこと［補20］。○宗鏡堂…浄慈寺に存した宗鏡台のこと［補21］。○息畊叟…虚堂智愚の別号［補22］。

大宋紹興府南明の孫源《そんげん》、同じく剡川《せんせん》の石斌《せきひん》、刊《きざ》む。

開板を幹当する比丘　智侃《ちかん》・祖伝《そでん》

北京《ほっきょう》山城州東山建寧《けんにん》禅寺監寺比丘禅忍《ぜんにん》、財を施して刊行す。

天台山万年報恩光孝禅寺首座比丘惟俊《いしゅん》、点対入板す。

大宋天台山万年報恩光孝禅寺住持嗣祖比丘妙弘《みょうこう》、点正施梓す。

○大宋…大宋国。南宋のこと[補1]。○紹興府…南宋代における越州（浙江省）の呼称。元代の紹興路。現在の浙江省紹興市。○南明…越州新昌県にある地名。○孫源…木版の職工の名。○剡川…越州嵊県にある地名。○石斌…木版の職工の名[補2]。○開板…開版。書物を出版すること。○幹当…ものごとを処理する。主管する。担当する。○智侃…臨済宗聖一派の直翁智侃（一二四五～一三二二）のこと[補3]。○祖伝…未詳。○北京…南都（奈良）に対して京都をいう。○山城州…山城国（京都府）のこと。○東山建寧禅寺…東山建仁禅寺のこと[補4]。○監寺…寺の運営面を司る要職。総領の任にあたる役目。六知事の一つ。○禅忍…蘭渓道隆の門弟。入宋して『蘭渓和尚語録』の刊行に尽力した[補5]。○施財…財施。物質的な財を他人に施すこと。○天台山…台州（浙江省）天台県の天台山のこと[補6]。○万年報恩光孝禅寺…天台山中の列秀峰下の平田にある禅寺。栄西や道元ら多くの日本僧が訪れたことでも知られる[補7]。○首座…第一座。禅宗寺院で修行僧の首位に坐る者。六頭首の一つ。○惟俊…松源派の虚堂智愚の法を嗣いだ東州惟俊（不詳）のこと[補8]。○点対…検点対照する。対校する。○入板…版木に字を刻むこと。○嗣祖…歴住祖師の後を嗣ぐこと。○妙弘…天台山万年寺の住持であった截流妙弘（不詳）のこと[補9]。○点正…添削を加える。手を入れる。○施梓…版木を施す。上梓刊行する。梓は版木に用いられる落葉高木。

補注

『蘭渓和尚語録』巻上

序文

序―1　双塔…　蘇州（江蘇省）府城東南隅に存する双塔寿寧万歳禅寺のこと。唐代に般若寺が建造されたことに始まる。太平興国九年（九八二）に双塔が建立され、双塔寺と称される。東塔は舎利塔、西塔は功徳塔。清代に重建され、現在に至る。

序―2　無明性禅師…　臨済宗松源派の無明慧性（一一六〇～一二三七、または一一六二～一二三七）のこと。達州（四川省）巴渠の李氏。松源崇嶽の法を嗣ぐ。廬山の帰宗寺などを経て蘇州の陽山尊相寺・双塔寿寧寺に住した。法嗣に蘭渓道隆と顔汝勲（一斎居士）がいる。『無明和尚語録』一巻が存する。佐藤秀孝「無明慧性の活動と『無明和尚語録』―建長寺開山蘭渓道隆を育成印可した南宋禅者―」（『駒澤大学禅研究所年報』第二十一号、二〇〇九年）を参照。

序―3　東山…　臨済宗楊岐派の五祖法演（?～一一〇四）のこと。綿州（四川省）の鄧氏。白雲守端（一〇二五～一〇七三）の法を嗣ぐ。蘄州（湖北省）黄梅の五祖山（東山）真慧寺において、楊岐派の宗風を挙揚した。弟子に圜悟克勤・仏鑑慧懃・仏眼清遠の三仏がいる。『法演禅師語録』三巻が存する。

序―4　牛過窓櫺…　「牛過窓櫺」の公案。水牯牛が窓の格子越しに通り過ぎていった時、頭も角も四本足も全て通り過ぎたのに、尻尾だけが通り過ぎることができない理由を問う公案。『応庵和尚語録』巻五「建康府蔣山太平興国禅寺語録」の「径山大慧禅師至上堂」によれば、楊岐派の仏眼清遠（一〇六七～一一二〇）が五祖法演に参じた時、法演が示したたとえ話として「我為㆑你説㆓箇喩子㆒。正如㆘一人牽㆓一頭牛㆒従㆓窓櫺中㆒過㆖、両角四諦悉皆過了、唯尾巴過不㆑得」（続蔵一二〇・四二一b～c）と示されているのが最も古い。『無門関』第三十八則「牛過窓櫺」に「五祖曰、譬如㆔水牯牛過㆓窓櫺㆒、頭角四諦(蹄)都過了、因㆓甚麽㆒尾巴過不㆑得。無門曰、若向㆓這裏㆒顚倒、著㆓得一隻眼㆒、下㆓得一転語㆒、可㆘以上報㆓四恩㆒下資㆗三有㆖。其或未㆑然、更須㆑照㆓顧尾巴㆒始得。頌曰、過去堕㆓坑塹㆒、回来却被㆑壊。者些尾巴子、直是甚奇怪」（大正蔵四八・二九七c）とある。

序―5　松源…　臨済宗虎丘派（松源派祖）の松源崇嶽（一一三二～一二〇二）のこと。処州（浙江省）竜泉松源の呉氏。密庵咸傑（一一一八～一一八六）の法を嗣ぐ。蘇州（江蘇省）陽山の澄照寺に出世開堂した後、蘇州の虎丘山雲巌寺や杭州の北山霊隠寺に住し、顕親報慈寺を開く。法嗣に運庵普巌・掩室善開・滅翁文礼・無明慧性らがいる。『松源和尚語録』二巻が存する。

序―6　破沙盆…　ひびが入った素焼きの盆。「密庵破沙盆」の公案。臨済宗虎丘派の密庵咸傑が、師である応庵曇華のもとで証契した因縁を指す。『密庵和尚語録』の淳熙十五年（一一八八）に張鎡（一一五三～?）が選した序に「老師一㆓見応庵㆒、便明㆓大法㆒、破沙盆語、盛播㆓叢林㆒」（大正蔵四七・九五七c）とある。また、『五灯会元』巻二十の密庵咸傑章に「後謁㆓応庵於衢之明果㆒。庵孤硬難㆑入、屢遭㆑呵。一日庵問、如何是正法眼。師遽答曰、破沙盆。庵頷㆑之」（続蔵一三八・四一四b）とある。

序―7　禅忍…　蘭渓道隆の門弟で、語録を携えて入宋し、宋地における開版に尽力した。『蘭渓和尚語録』巻下「法語」には、「示㆓禅忍上人㆒」が存し、末尾の刊記にもその名を刻むが、その後の足跡は不明。『蘭渓和尚語録』の刊行については、本書の解題を参照。

序―8　左右街都僧録…　左右街とは、左右の街の意で、唐の長安城はあわせて六街で、左三街、右三街であった。ここでは南宋の都である杭州（浙江省）臨安府の左右街のこと。僧録とは、僧侶の登録や住持の任免などの人事を統括する役職。賛寧（九一九～一〇〇一）の『大宋僧史略』巻中「左右街僧録」（大正蔵五四・二四三c～二四四a）によれば、唐の元和年間（八〇六～八二〇）に設置されたのが始まりとされ、開成年間（八三六～八四〇）に左右街都僧録が置かれた。

序―9　上天竺広大霊感観音教寺…　杭州（浙江省）銭塘県、霊隠山の北高峰の麓にあり、上天竺寺・法喜寺・霊感観音寺とも称する。中天竺寺・下天竺寺と並び、三天竺寺と称される。五代の天福四年（九三九）、呉越忠懿王《ちゅういおう》が仏寺を興し、道翊《どうよく》の発願で観音像を安置し、天竺看経院と称した。北宋の嘉祐年間（一〇五六～一〇六三）の末に太守沈文通が天台の学僧である弁才元浄を迎え、禅寺を教寺に改め、霊感観音院の勅号を賜った。後に広大霊感観音教寺と改められた。教寺五山の第一位。『杭州上天竺講寺志』十五巻が存する。

序―10　顕慈集慶教寺…　杭州（浙江省）城外九里松に存した顕慈集慶教寺のこと。淳祐十年（一二五〇）に天台宗の寺院として創建される。開山は晦巌法照。教寺十刹の第一位となる。

序―11　法照…　天台宗の晦巌法照（一一八五～一二七三）のこと。台州（浙江省）黄巌県の童氏。天台宗の北峰宗印の法嗣。浙翁如琰ら禅僧に参禅する。明州の延慶寺や杭州の上天竺寺などに住する。禅僧との交流も多方面に及ぶ。仏光法師の号を賜う。『続仏祖統紀』巻一の法師法照章に「理宗聞二師名一、勅住二下天竺一、尋迁二上天一、補二右街鑑義一、特賜二仏光法師一。進録左街、賜二金襴袈裟一、召二見倚桂閣一、対レ御称レ旨。時集慶寺成、有レ旨命二開山一。力辞、挙二白蓮観主南峰誠法師一以代。明年誠円寂。特旨転二左右街都僧録一、令二兼住一、不レ許二辞免一、御二書晦岩二大字一賜レ之」（続蔵一三一・三五六c）とある。

日本国相模州常楽禅寺蘭渓和尚語録

上1―1　常楽禅寺…　粟船山常楽寺のこと。鎌倉市大船にある。嘉禎三年（一二三七）に建立された。開基は北条泰時（一一八三～一二四二）、開山は退耕行勇（一一六三～一二四一）である。もとは「粟船御堂」と呼ばれ、北条泰時夫人の母の追善供養のために建てたられた御堂である（『吾妻鏡』仁治三年六月十五日条）。また、粟船の山号は大船の地名の由来となった。蘭渓道隆は建長寺に移って以降にも常楽寺の修行僧のために板榜を残し、修行の規則を定めるなど、鎌倉で初めて住持を勤めた常楽寺を重視した。『粟船山常楽寺略記』が存する。

上1―2　智光…　蘭渓道隆の弟子であり、「常楽禅寺語録」の編集に携わる。後に入宋したらしく、建長寺第二世の兀庵普寧（一一九八～一二七六）が中国に戻ってから、宋地にて随侍しており、また『虚堂和尚語録』『希叟和尚語録』など中国禅僧の語録に多々その名前が見られる。その後、日本に戻ったのかは明確でない。

上1―3　指三門、百千万億法門、尽在此門而入…　この一節は『松源和尚語録』巻一「平江府陽山澄照禅院語録」の入院法語に「入院、指二三門一云、一見便見、一得永得、八万四千法門、尽従二此門一而入。喝一喝」（続蔵一二一・二八六d）とあるのを受けたものか。蘭渓道隆は松源崇嶽の孫弟子に当たるため、入院に際して『松源和尚語録』を踏まえた可能性が示唆される。

上1―4　尊相禅寺…　蘇州（江蘇省）長洲県の陽山に存した尊相禅寺のこと。『同治蘇州府志』巻四一「寺観三〈長洲県〉」の「已廃寺観」に、「尊相禅寺、在二県北西四十里陽山之陰一。莫レ知レ所レ始。元季燬、明洪武初、帰二併光福寺一。永楽二年重建。今廃」とあり、尊相寺は長洲県北西四十里の陽山の陰に存しており、創建の経緯は定かではないが、元末に焼けるまで伽藍は存していたことが知られる。明の洪武年間（一三六八～一三九八）に蘇州呉県光福鎮西街の光福寺に合併されたが、永楽二年（一四〇四）に伽藍が重建されている。

上1―5　松源…　松源崇嶽のこと。既出（序―5）。

上1―6　無明大和尚…　無明慧性のこと。既出（序―2）。

上1―7　伯楽…　馬の良否を見分ける中国周代の名人、孫陽のこと。人物を見抜き、その能力を引き出し育てるのが上手な人にたとえる。『荘子』「外篇」の「馬蹄第九」に「及レ至二伯楽一曰、我善治レ馬、焼レ之剔レ之、刻レ之雒レ之」とある。

上1―8　驊騮…　中国古代、周の穆王《ぼくおう》が愛用した赤栗毛の良馬の名。『荀子』「性悪篇」に「驊騮・騏驥・纎離・緑耳、此皆古之良馬也」とある。

上1―9　知音…　互いによく心を知り合った友。親友。春秋時代の伯牙と鍾子期の故事に基づく。琴の名人伯牙は、親友鍾子期が亡くなると、自分の琴の音を理解する者はもはやいないと、愛用していた琴の糸を切って再び弾じなかったという。この故事は『列子』や『呂氏春秋』などに見られる。

上1―10・11　坐微塵裏転大法輪・向一毫頭現宝王刹…　『大仏頂如来密因修証了義諸菩薩万行首楞厳経』（以下『首楞厳経』）巻四の「於二一毛端一現二宝王刹一、坐二微塵裏一転二大法輪一」（大正蔵一九・一二一a）を踏まえたものであろう。

上1―12　東勝和尚…　蘭渓道隆が建長寺に入寺した際に鎌倉に存した東勝寺の住持のことであろう。嘉禄元年（一二二五）、執権となった北条泰時は鎌倉の鶴岡八幡宮境内の南東、滑川をこえた葛西ケ谷の谷間に当寺を築き、北条一族の菩提寺としたとされ、開山は栄西門下の退耕行勇とされている。しかしながら、『仏祖宗派図』には、退耕行勇の法嗣として「東勝開山西勇」とあり、東勝寺の開山として西勇の名が残されている。あるいは、ここでいう東勝和尚が西勇である可能性は存しよう。後には関東十刹になっているが、現在は廃寺。

上1—13　似虎靠山、如龍得水…　虎が山に踞し、龍が水を得たように、その本領を十分に発揮し得る情況にあること。『大慧普覚禅師語録』巻四「径山能仁禅院語録」の上堂に「不レ起二一念一、未三是諸人放身命処一。一念纔生、如二龍得一レ水、似二虎靠一レ山」（大正蔵四七・八二八b）とある。

上1—14　無限清風来未已…　『無明和尚語録』「南康軍廬山帰宗能仁禅寺語録」に「為二首座典座一上堂云、法社棟梁、叢林綱紀。全殺全活、建二立宗旨一。双放双収、総在二這裏一。虎嘯風生、龍吟霧起。撃二払子一云、大家扶二起破砂盆一、無限清風来未レ已」（続蔵一二一・三一八c）とある。蘭渓道隆が廬山帰宗能仁禅寺で行なわれた無明慧性の本上堂を直接聞いていた可能性も存する。

上1—15　乳源和尚～時節出頭来…　乳源和尚は馬祖下の韶州乳源（不詳）のこと。『景徳伝灯録』巻八の韶州乳源章に「韶州乳源和尚、上堂云、西来的的意、不レ妨難レ道、大衆莫レ有二道得者一、出来試道看。有二一僧一出、纔礼拝。師便打云、是什麼時節出頭来。〈後人挙二似長慶一。長慶云、不レ妨不レ妨。資福代云、為二和尚一不レ惜二身命一〉」（大正蔵五一・二六〇c～二六一a）とある。

上1—16　鏌鎁…　鏌鎁・莫邪ともいう。中国古代の呉の名剣の名。「干将莫邪」の故事に基づく。呉王闔閭のために作られた陽の剣を干将、陰の剣を莫邪という。『荘子』「内篇」の「大宗師第六」や『荀子』「性悪篇」および『呉越春秋』「闔閭内伝」に載る。

上1—17　少林…　嵩山少林寺のこと。登封県（河南省）北西、五嶽の一つ嵩山にある甲刹。北魏の太和二〇年（四九六）に孝文帝によって創建される。禅宗の初祖達磨の面壁九年や慧可断臂の故事で知られる。北周武帝の廃仏により伽藍は毀廃されたが、隋代になると陟岵寺と改め復興し、後に文帝の時に寺名を再び少林寺に改めた。大業年間（六〇五～六一六）の末に山賊により焼尽の憂き目に遭い、ただ僅かに霊塔を残すのみとなった。唐代になると高宗や則天武后らの崇敬を受け、伽藍が整備された。多くは元代以降の遺構であるが、宋代再建の初祖庵大殿は建築史上重要である。『少林寺志』四巻などが存する。

上2—1　両班…　東班と西班のこと。両序（東序・西序）ともいう。中世の禅宗寺院の制度では、寺院の経営面を司る知事が東班、修行面を司る頭首が西班といわれた。東班は都寺・監寺・副寺・維那・典座・直歳の六知事。西班は首座・書記・蔵主・知客・知殿・知浴の六頭首。本来は協力して叢林を運営していくべき立場であるが、東班は経済力を持って寺院の実権を握り、西班は住持に出世できるという性格から、しだいに両班の隔絶や対立が生じることもあった。

上3—1　道非遠而行之必至、事在易而懼之則難…　道は近くにあるから行けば必ず至り、事は難しくないのにそれを怖れてしまえば難しくなる。『孟子』「離婁章句上」に「道在レ邇而求二諸遠一、事在レ易而求二諸難一」とあり、『荀子』「修身篇第二」に「道雖レ邇、不レ行不レ至。事雖レ小、不レ為不レ成」とあるのを踏まえる。補注（法14—2）と補注（小15—16）も参照。

上3—2　画餅充飢…　絵に画いた餅で飢えを満たそうとする。空しい気休め。実効を伴わない所為。『魏志』巻二十二「蘆毓伝」に「名如二画レ地作一レ餅、不レ可レ啖也」とあるのに基づく。『聯灯会要』巻十七の南華知炳章に「各各開二張義路一、建二立門風一、大似二画レ餅充一レ飢、蒸レ沙作一レ飯」（続蔵一三六・三五四b）とあり、『五灯会元』巻十七の開先行瑛章にも「上堂。談レ玄説レ妙、譬如二画レ餅充一レ飢。入レ聖超レ凡、大似二飛蛾赴一レ火」（続蔵一三八・三三七a）とある。

上3—3　炊沙作飯…　沙を炊いてご飯とする。無理な願い。不可能な注文。『首楞厳経』巻六（大正蔵一九・一三一c）に出る故事。「蒸沙成飯」「蒸沙作飯」なども同義。『建中靖国続灯録』巻六の筠州洞山永孚章に「上堂云、棒頭挑二日月一、木馬夜鳴嘶。拈二拄杖一云、雲門大師来也。卓一下云、炊レ砂作レ飯、看レ井作レ袴」（続蔵一三六・五二a）とある。

上3—4　不是一番徹骨寒、争得梅花香撲鼻…　一度は骨身に徹するほどの寒さを経なければ、梅の花は鼻をつくほどの香りを発することはない。『密庵和尚語録』巻上「西烏巨山乾明禅院語録」の上堂に「卓二拄杖一下云、不三是一番寒徹二レ骨、争得梅花撲レ鼻香」（大正蔵四七・九五九a）とある。

上6—1　直釣（鉤）鯤鯨…　まっすぐな釣り針で、鯨を釣り上げること。『嘉泰普灯録』巻五の西京招提広灯惟湛章に「上堂、直鉤釣二鯤鯨一、曲鉤釣二魚鼈一。古人用レ力太多、所レ得甚小」（続蔵一三七・五二b）とある。また、直鉤は太公望（呂尚）が使用した釣り針としても知られる。覆宋五山版と江戸刊本ともに「直釣」に作るが、「直鉤」が正しいと思われる。

上7—1　従門入者不是家珍…　門から入ってくるものは自己本来の珍宝ではない。

外から仕入れたものは、本来の家宝ではない。『法演禅師語録』中巻「舒州白雲山海会演和尚語録」に「上堂云、風和日暖、古仏家風。柳緑桃紅、祖師巴鼻。眼親手辦、未二是惺惺一。口辯舌端、与レ道転遠。従レ門入者不二是家珍一。且道、畢竟如何相見。又云、無事不レ来還憶レ君」（大正蔵四七・六五六b）とある。また、『碧巌録』第二十二則「雪峰鼈鼻蛇」の本則評唱に「頭遂喝云、爾不二聞道一、従レ門入者不二是家珍一。峰云、他後如何即是。頭云、他日若欲レ播二揚大教一、一一従二自己胸襟一流出将来、与レ我蓋天蓋地去」（大正蔵四八・一六二c～一六三a）とある。

上7―2　向外馳求…　外に追い求める。外に向かってむさぼり求める。『臨済録』「示衆」に「爾若能歇二得念念馳求心一、便与二祖仏一不レ別。爾欲三得識二祖仏一麼。祇爾面前聴法底是。学人信不レ及、便向レ外馳求。設求得者、皆是文字勝相、終不レ得二他活祖意一」（大正蔵四七・四九七b）とある。

上7―3　転生迷悶…　しばしば迷いを生ずる。迷いの中で悟りが開けず苦しむこと。『阿毘達磨大毘婆沙論』巻七十三「結蘊第二中十門納息第四之三」に「彼但有レ語、而無二実義一。若還問レ之、便不レ能レ了、後自思審、転生二迷悶一」（大正蔵二七・三七八b～c）とある。

上7―4　譬如明珠繋於衣裏、奔走他土丐食伶俜…　『法華経』の「五百弟子受記品」に載る衣裏宝珠（酔人衣裏珠）の故事を踏まえる。ある人が親友の家で酒に酔って寝入ってしまった。その親友は所用があって外出せねばならず、宝珠を酔った人の衣服の中に入れて去った。しかし、酔人はそのことを知らずに帰途につき、その後、宝珠をさがして諸国を流浪して困難を強いられた。後に親友と再会して衣の中の宝珠の話を聞き、忽ちに貧苦をまぬがれ、大きな富を得た。これは、人々が生まれながらに有している仏性を衣服の中の宝珠にたとえたもの。『法華経』巻四の「五百弟子受記品」には「譬如下有レ人至二親友家一、酔レ酒而臥上。是時親友官事当レ行、以二無価宝珠一繋二其衣裏一、与レ之而去。其人酔臥、都不二覚知一。起已遊行、到二於他国一。為二衣食一故、勤力求索、甚大艱難。若少有レ所レ得、便以為レ足。於レ後親友会遇見レ之、而作二是言一、咄哉丈夫、何為二衣食一乃至レ如レ是。我昔欲レ令下汝得二安楽一五欲自恣上、於二某年日月一、以二無価宝珠一繋二汝衣裏一。今故現在。而汝不レ知、勤苦憂悩、以求二自活一、甚為レ癡也。汝今可下以二此宝一貿中易所須上。常可三如レ意無レ所二乏短一」（大正蔵九・二九a）とある。

上7―5　肇法師道、天地与我同根、万物与我一体…　天地と私は同じ根源であり、万物と私は一体である。天地・万物はそのまま自己と一体不二である理を示す。『肇論』「九折十演者」の「妙存第七」に「然則玄道在二於妙悟一、妙悟在二於即真一、即真即有無斉観、斉観即彼已莫レ二。所以天地与レ我同根、万物与レ我一体。同レ我則非二復有無一、異レ我則乖二於会通一、所以不レ出不レ在、而道存二乎其間一矣」（大正蔵四五・一五九b～c）とある。もともと、『荘子』「内篇」の「斉物論」に「天地与レ我並生、而万物与レ我為レ一」とあるのに因る。

上7―6　肇法師…　晋代の僧肇（?～四一四）のこと。鳩摩羅什の門下四哲の一人。鳩摩羅什に師事し、翻経を助け、門下のうち理解第一と称された。著作に『肇論』や『注維摩詰経』がある。『高僧伝』巻六の釈僧肇伝がある。

上8―1　亀谷峰…　亀谷山寿福寺のこと。神奈川県鎌倉市扇ヶ谷に存し、後に鎌倉五山の第三位となる。正治二年（一二〇〇）に、源頼朝の夫人北条政子の発願によって伽藍が建立され、栄西を開山とした。蘭渓道隆は京都から鎌倉に到着し、常楽寺に入寺する前に寿福寺の大歇了心のもとに寓居していた。後には道隆は寿福寺の住持にもなっている。道隆の他にも円爾・心地覚心・大休正念などが歴住に名を連ねており、鎌倉における禅宗の展開に与えた影響は大きい。

上8―2　郢人運斧斫木丁丁然…　「郢人運斧」は『荘子』「雑篇」の「徐無鬼」に載る故事。郢の人が、鼻先にある白土を石匠に削り取らせようとした。石匠は斧をふりまわし鼻を傷つけずに白土を削り取ったが、郢の人はなすがままに少しも態度を乱さなかった話。郢人はここでは知己、自分をよく理解してくれる人のたとえ。

上8―3　是声来耳畔、莫是耳往声辺…　『無門関』第十六則「鐘声七条」の本則の評唱に「雲門曰、世界恁麼広闊、因レ甚向二鐘声裏一披二七条一。無門曰、大凡参禅学道、切忌随レ声逐レ色。縦使聞レ声悟レ道見レ色明レ心、也是尋常。殊不レ知、衲僧家騎レ声蓋レ色。頭頭上明、著著上妙。然二雖如レ是、且道、声来二耳畔一、耳往二声辺一。直饒響寂雙忘、到レ此如何話会。若将レ耳聴応レ難レ会、眼処聞レ声方始親」（大正蔵四八・二九五a）とある。

上8―4　白雲尽処是青山、行人更在青山外…　白雲の尽きるところに青山があり、青山の外に行人がいる。白い雲が切れるところに青々とした山が見え、さらにその向こうを行く人がいる。仏向上の世界を歩む人を表現したもの。北宋代の欧陽修（一〇〇七～一〇七二）の『六一詞』の「踏莎行」に「平蕪尽処是春山、行人更在二春山外一」とあるのを受ける。『円悟仏果禅師語録』巻九「小参二」の示衆に「又有レ問、如何是

合レ聖之言。対云、大小長慶、被二闍黎一問一、直得三口似二匾担一。若善参詳、可二以丹霄独歩自在縦横一。大衆、還知二落処一麼。若也未レ知、為二諸人一拈出。白雲尽処是青山、行人更在二青山外一」（大正蔵四七・七五三c）とある。

上9—1　檀越…　北条時頼（一二二七〜一二六三）のこと。北条泰時の孫であり、鎌倉幕府第五代執権。幕府当初よりの御家人である三浦氏を滅ぼし、また訴訟の公正迅速を目的として評定衆の下に引付衆を付設し合議制を進展させるなど、執権政治体制を強化した。さらに渡来僧の蘭渓道隆を鎌倉に招き、本格的な禅宗寺院として建長寺を創建して道隆を開山に迎えた。自らも出家して最明寺殿道崇と称し、鎌倉における禅宗展開の礎を作った。高橋慎一郎『北条時頼』（人物叢書、吉川弘文館、二〇一三年）を参照。

上9—2　達磨…　中国禅宗の初祖、菩提達磨のこと。達摩とも。禅宗初祖として年代を追って達磨伝には脚色が付加されている。『景徳伝灯録』など後代の達磨伝では、南天竺国の第三王子で、出家して後、西天二十七祖の般若多羅の法を嗣いだとされる。六世紀のはじめに中国に渡り、嵩山少林寺で面壁坐禅した。梁の武帝との問答、蘆葉達磨、慧可断臂、隻履達磨などの故事が伝えられる。『少室六門』などの著述が存するが、後代に達磨に仮託して作られた著述とされる。柳田聖山『ダルマ』（講談社、一九八一年）や、柳田聖山訳注『達磨の語録〈二入四行論〉』（禅の語録一、筑摩書房刊、一九八三年）などを参照。

上9—3　少林九載…　西来した菩提達磨が、金陵（南京）で梁の武帝に謁見して数番の問答を行なったが契わなかったため、北上して北魏の洛陽（河南省）に到り、嵩山少林寺に居して、九年間、壁に向かって坐禅し続けた故事。『景徳伝灯録』巻三の菩提達磨章に「十月一日、至二金陵一。帝問曰、朕即位已来、造レ寺写レ経度レ僧不レ可二勝紀一、有二何功徳一。師曰、並無二功徳一。（中略）帝又問、如何是聖諦第一義。師曰、廓然無聖。帝曰、対レ朕者誰。師曰、不識。帝不二領悟一。師知二機不レ契。（中略）寓二止于嵩山少林寺一、面壁而坐、終日黙然。人莫二之測一、謂二之壁観婆羅門一」（大正蔵五一・二一九a〜b）とある。『従容録』第二則「達磨廓然」の本則に「挙、梁武帝問二達磨大師一、如何是聖諦第一義。磨云、廓然無聖。帝云、対レ朕者誰。磨云、不識。帝不レ契。遂渡レ江至二少林一、面壁九年」（大正蔵四八・二二八b）とある。

上9—4　分髄分皮…　「礼拝得髄」の公案を踏まえる。「達磨皮肉骨髄」とも。菩提達磨が道副・尼総持・道育・慧可の四人の門人にそれぞれの所解を呈示させた時、慧可以外の三人は言葉で各々の境涯を呈し、それぞれに皮・肉・骨を得たと評された。最後に慧可のみは達磨を無言で礼拝して元の位に戻った。それに対して達磨が吾が髄を得たりと述べて慧可に伝法したという。『景徳伝灯録』巻三の菩提達磨章に「乃命二門人一曰、時将至矣。汝等蓋三各言二所得一乎。時門人道副対曰、如二我所見一、不レ執二文字一、不レ離二文字一、而為二道用一。師曰、汝得二吾皮一。尼総持曰、我今所解、如下慶喜見二阿閦仏国一、一見更不中再見上。師曰、汝得二吾肉一。道育曰、四大本空、五陰非レ有、而我見処無二一法可一レ得。師曰、汝得二吾骨一。最後慧可、礼拝後依レ位而立。師曰、汝得二吾髄一」（大正蔵五一・二一九b〜c）とある。

上9—5　真不掩偽、曲不蔵直…　真実はいつわりを顕にし、曲がったものは真っ直ぐなものを隠せない。『宏智禅師広録』巻四「明州天童山覚和尚上堂語録」に「示衆。挙、鏡清問二曹山一、清虚之理、畢竟無レ身時如何。山云、理即如レ是、事又作麼生。師云、智不レ到処、宛転窮通。清云、如レ理如レ事。師云、麁中之細、細中之麁。山云、謾二曹山一人一即得、争二奈諸聖眼一何。師云、真不レ掩レ偽、曲不レ蔵レ直」（大正蔵四八・五三a）とある。

上9—6　二祖…　二祖慧可のこと。僧可とも。幼名は神光。洛陽（河南省）武牢の姫氏。洛陽香山永穆寺の宝静のもとで出家得度した。その後、諸方遊歴を経て、三十二歳で再び香山に帰り、四十歳の時、嵩山少林寺の菩提達磨を訪れ、深雪の中で弟子入りを懇願したが許されなかった。そのため自ら臂を断って求道心を示し、入門が認められた「雪中断臂」の逸話が伝わる。修行の後、達磨より大法を授かった。鄴都（河南省）を中心に活動し、弟子に三祖僧璨がいる。開皇十三年（五九三）三月十六日に示寂したとされる。正宗普覚大師・大祖禅師と諡する。

上9—7　天上有星皆拱北、人間無水不朝東…　天上の星はみな北斗星のある北に向かって仰ぎ、地上の川はすべて東海に向かって流れる。天地の道理を述べたもの。『黄龍慧南禅師語録』「偈頌」の「北斗蔵身」に「天上有レ星皆拱レ北、人間無二水不一レ朝レ東、時人若識二蔵身病一、拈二取簸箕一別処舂」（大正蔵四七・六三五b）とある。あるいは、『円悟仏果禅師語録』巻六「上堂六」の「住金山龍游語録」「陞座」に「六処惹レ絆不レ住、三界収摂不レ得、唯当陽直截承当、便見二透脱分暁一。正当恁麼時如何。天上有レ星皆拱レ北、人間無二水不一レ朝レ東」（大正蔵四七・七四〇b）とある。

上9―8　**趙州和尚云、諸人被十二時使、老僧使得十二時**…　諸君らは十二時に使われているが、老僧（私）は十二時を使いこなしている。『趙州真際禅師語録』巻上に「問、十二時中如何用心。師云、你被二十二時使一、老僧使二得十二時一。你問二那箇時一」（続蔵一一八・一五四c）とある。

上9―9　**趙州和尚**…　南嶽下の趙州従諗（七七八〜八九七）のこと。全諗とも。曹州（山東省）の郝氏。馬祖下の南泉普願の法を嗣ぐ。趙州（河北省）観音院に住し、四十年間、口唇皮禅とも称される独自の禅風を宣揚する。唐の乾寧四年十一月二日に百二十歳で示寂したとされる。真際大師と諡する。『趙州真際禅師語録』三巻がある。

上9―10　**唐朝舒王〜一念万年哉**…　『嘉泰普灯録』巻二十三の荊公王安石居士の章に「字介甫、丁二母難一、読二書定林一、往二来蔣山一、従二賛元禅師一游。一日、問二元祖師意旨一。元不レ答。公益扣レ之。元曰、公於二般若一有レ障者三、其近レ道之質一、更須二一両生来恐純熟一。公曰、願聞二其説一。元曰、公受レ気剛大世縁深、以二剛大気一遭二深世縁一、必以レ身任二天下之重一、懐二経済之志一。用舎不レ能、則心未レ平。以二未レ平之心一、持二経世之志一、何時能一念万年哉。人多レ怒而学問尚レ理、於レ道為二所知愚一、此其三也」（続蔵一三七・一五九a〜b）とある。『禅林僧宝伝』巻二十七の蔣山元禅師章では王安石を「舒王」（続蔵一三七・二七四b）と記す。

上9―11　**唐朝舒王**…　北宋代の宰相、王安石（介甫、一〇二一〜一〇八六）のこと。撫州（江西省）臨川の人。神宗の代に政治顧問を勤め、青苗法などの政治改革を行なった。唐宋八大家の一人で文章家・詩人としても名を馳せた。『臨川集』百巻が存する。

上9―12　**蔣山元禅師**…　臨済宗の蔣山賛元（?〜一〇八六）のこと。婺州（浙江省）義鳥の傅氏。傅大士の後裔という。慈明楚円（九八六〜一〇三九）の法を嗣ぐ。蘇州の天峰寺・龍華寺・白雲寺を経て、金陵（南京）の蔣山太平興国寺に住する。王安石の請で覚海禅師の号を賜る。

上9―13　**偃武修文**…　武器をしまい文徳で修めること。『書経』「下篇」の「武成」に「乃偃レ武修レ文、帰二馬于華山之陽一、放二牛于桃林之野一、示二天下弗一レ服」とある。

上9―14　**譬如善財入弥勒楼閣門**…　八十巻本『華厳経』巻七十七から巻七十九の「入法界品」に記された善財童子が弥勒菩薩の大楼閣に入って問答した因縁（大正蔵一〇・四一九c〜四三九a）をいう。『古尊宿語録』巻十一の『慈明禅師語録』に「示レ衆云、無明実性即仏性、幻化空身即法身。諸仁者、若也信得去、不レ妨二省力一。可レ謂、善財入二弥勒楼閣一、無辺法門悉皆周徧」（続蔵一一八・一四二c）とある。

上9―15　**善財**…　善財童子のこと。文殊菩薩の指導を受けた善財童子が五十三人の善知識を歴訪したことは『華厳経』「入法界品」に詳述される。その飽くなき求道の遍歴は、仏道修行者の模範として古来より親しまれてきた。そのため禅宗においても、山門楼上に観音菩薩の脇侍として善財童子を安置することが多い。

上9―16　**弥勒**…　弥勒菩薩（梵：Maitreya）のこと。慈氏とも漢訳する。未来仏。現在は兜率天において天人のために説法しているが、五十六億七千万年後にこの世に下生し、龍華樹のもとで成道した後に三会にわたって説法し、衆生を済度するとされる。

上9―17　**明窓浄几**…　明るい窓と清らかな机。転じて、学問をするのに適した明るく清潔な書斎。欧陽修の「試筆」の「学書為楽」に蘇軾の言葉として「明窓浄几、筆硯紙墨、皆極二精良一、亦自是人生一楽」とあるのにちなむ。

上10―1　**画餅充飢**…　既出（上3―2）。

上11―1　**洞山曽有言、吾常於此切**…　弟子から仏陀が三身の内、どの身で説法しているかを問われた洞山良价が、「吾れ常に此に於いて切なり」と答えたという話に基づく。『景徳伝灯録』巻十五の洞山良价章に「問、三身之中、阿那身不レ堕二衆数一。師曰、吾常於レ此切」（大正蔵四八・二九五b）とある。

上11―2　**洞山**…　曹洞宗祖の洞山良价（八〇七〜八六九）のこと。越州（浙江省）の兪氏。南泉普願や潙山霊祐に歴参し、青原下の雲巌曇晟（七八二〜八四一）の法を嗣ぐ。筠州（江西省）洞山広福寺（普利院）に住する。法嗣に雲居道膺・曹山本寂らがいる。後代に編集された『洞山録』が存する。

上11―3　**麻三斤**…　布一着分が作れる麻糸。麻製の袈裟一着分の重さ。「洞山麻三斤」の公案。『無門関』第二十則「洞山三斤」に雲門宗の洞山守初（九一〇〜九九〇）の問答として「洞山和尚、因僧問、如何是仏。山云、麻三斤」（大正蔵四八・二九五b）とある。『古尊宿語録』巻三十八の『襄州洞山第二代初禅師語録』の上堂に「問、如何是仏。師云、麻三斤」（続蔵一一八・三二三c）とあるのが初出である。詳しくは、入矢義高「麻三斤」（『禅学研究』第六十二号、一九八三年）を参照。

上11―4　**乾屎橛**…　乾いた糞。棒状にひからびた糞。「雲門乾屎橛」の公案。『無門関』第二十一則「雲門屎橛」に雲門文偃の問答として「雲門因僧問、如何是仏。門云、乾屎橛」（大正蔵四八・二九五c）とある。『雲門匡真禅師広録』巻上「対機三百二十則」では「問、如何是釈迦身。師云、乾屎橛」（大正蔵四七・五五〇b）となっている。

上11—5　正法眼蔵向這瞎驢辺滅…　臨済義玄が臨終に際して示した説示。正伝の仏法がものの道理のわからない者のところで衰滅してしまう。『臨済録』「行録」に「師臨二遷化一時、拠坐云、吾滅後、不レ得レ滅二却吾正法眼蔵一。三聖出云、争敢滅二却和尚正法眼蔵一。師云、已後有レ人問レ爾、向レ他道二什麼一。三聖便喝。師云、誰知吾正法眼蔵、向二這瞎驢辺一滅却。言訖端然示寂」（大正蔵四七・五〇六c）とある。

上12—1　保寿…　宝寿とも。唐末五代、臨済下の保寿沼（不詳）のこと。臨済義玄の法を嗣ぐ。鎮州（河北省）の保寿寺（宝寿寺）に住する。

上12—2　興化…　臨済下の興化存奨（八三〇〜八八八）のこと。闕里（山東省）の孔氏。臨済義玄の法を嗣ぐ。魏府（河北省）の興化寺に住する。広済大師と諡する。『臨済録』の校勘者として知られる。

上12—3　倒退三千…　後ずさりすること三千里、地の果てまで退却すること。転じて、師家の機鋒に畏れ退くこと。『円悟仏果禅師語録』巻七「上堂七」に「進云、忽被三学人掀二翻禅床一時如何。師云、我且問レ爾、見二箇什麼道理一。僧礼拝云、仁義道中放二過一著一。師云、倒退三千」（大正蔵四七・七四三c）とある。

上13—1　粟船…　常楽寺の山号。既出（上1—1）。

上14—1　偃鼠飲河…　偃鼠はもぐらのこと。もぐらが川の水を飲む。もぐらが川の水を飲もうとしても満腹以上には飲めない。転じて、自らをわきまえ、分相応に満足するのが吉であるとの意。『荘子』「内篇」の「逍遥遊」に「鷦鷯巣二於深林一、不レ過二一枝一、偃鼠飲レ河、不レ過二満腹一」とあり、『法苑珠林』巻六「畜生部」の「述意部第二」に「竄二伏陂池一、横遭二罾網一。如レ是畜生悉皆懺悔。乃至鵾鵬大質、螻蟻細軀、偃鼠飲レ河、鷦鷯巣レ木」（大正蔵五三・三一七a）とある。

上14—2　四大海水尽掀翻、五須弥山倶撥転…　四大海水は須弥山を取り囲む海。五須弥山は須弥山を五つ重ねた高さ。『仏説観無量寿仏経』に「無量寿仏身、如二百千万億夜摩天閻浮檀金色一。仏身高六十万億那由他恒河沙由旬、眉間白毫、右旋宛転、如二五須弥山一、仏眼清浄、如二四大海水一、清白分明」（大正蔵一二・三四三b）とある。

上14—3　刻舟覓剣…　刻舟求剣、落剣刻舟ともいう。舟に目印を刻み剣を求める。『呂氏春秋』「察今」に見られる寓話で、「楚人有二渉レ江者一、其剣自二舟中一墜二於水一。遽契二其舟一曰、是吾剣之所二従墜一也。舟止、従二其所レ契者一、入レ水求レ之。舟已行矣、而剣不レ行。求レ剣若レ此、不二亦惑一乎」とある。川を渡る際に舟中から剣を落とした者が、舟に目印を刻み、それを頼りに剣を探したという話。見当違いの努力をするたとえ。時勢の変化に気づかず、旧習を固守する愚者にたとえる。

上15—1　鳴那、青青黯黯処…　『聯灯会要』二十三の洛京韶山寰普章に「因下遵布衲到二山下一相見上、遵問、韶山路向二甚麼処一去。師以レ手指云、烏那、青黯黯処去」（続蔵一三六・四〇七b）とある。

上16—1　大宋国径山…　杭州（浙江省）余杭県の径山興聖万寿寺のことで、五山の第一位。天目山の東北の峰にあり、径《みち》が天目山に通ずることから径山と名付けられた。唐の天宝年間（七四二〜七五六）に国一禅師法欽が庵を結び、代宗の命で大暦四年（七六九）に伽藍が建立された。南宋代に大慧宗杲（一〇八九〜一一六三）・無準師範（一一七七〜一二四九）・虚堂智愚（一一八五〜一二六九）などが住した。また道元や円爾など多くの日本僧がこの寺に参学している。元末に兵火によって焼け、洪武年間（一三六八〜一三九八）に重建されている。『径山志』十四巻が存する。

上16—2　無準和尚…　臨済宗破庵派の無準師範（一一七七〜一二四九）のこと。剣州（四川省）梓潼県の雍氏。九歳で陰平山の道欽について出家し、紹熙五年（一一九四）に具足戒を受ける。その後、阿育王山の拙庵徳光（一一二一〜一二〇三）に参じ、蘇州（江蘇省）西華秀峰寺の破庵祖先（一一三六〜一二一一）に参じて法を嗣ぐ。明州（浙江省）清涼寺に住持し、鎮江（江蘇省）の焦山、明州の雪竇山・阿育王山を経て、径山の住持となり、理宗から仏鑑禅師の号を賜る。蘭渓道隆も宋地で無準師範に参じており、建長寺二世の兀庵普寧（一一九八〜一二七六）、建長寺四世で円覚寺開山の無学祖元（一二二六〜一二八六）が法嗣にいる。また、日本僧としては東福寺の円爾（一二〇二〜一二八〇）、松島瑞巌寺の性西法心などが入宋して無準師範の法を嗣いでおり、日本の禅界に与えた影響は極めて大きい。『仏鑑禅師語録』六巻が存する。

上16—3　来時空索索〜迹難消…　無準師範の遺偈に対して一句ごとに著語を加えながら上堂している。無準師範の遺偈は、『仏鑑禅師語録』巻六「径山無準禅師行状」などに収録される。また、京都東山の慧日山東福寺には「仏鑑禅師墨蹟拓本（宋拓）遺偈」（『続禅林墨蹟』、思文閣出版、一九六五年）が伝わっており、重要文化財に指定されている。

来時空索索、去也赤条条、
更要レ問二端的一、天台有二石橋一。
　　住山無準師範珍重
首座大衆
風火相逼、不レ得二一々面逸一、
各宜下為二宗乗一多々保護上。
　　住山師範珍重
首座大衆

上16—4　誌公…　梁代の高僧、宝誌（四一八～五一四）のこと。金陵（南京）の朱氏。幼くして出家し、建康（南京）の道林寺にて禅定を修した。住居を定めず市中を徘徊し飲食も時を決めず、その風貌は髪の長さ数寸に及ぶなど奇異をきわめた。後に梁の武帝より帰依を受け、また種々の霊異を現じて衆を教化した。広済大師と諡する。『高僧伝』巻十に伝がある。梁の武帝と菩提達磨の因縁においては、達磨が武帝のもとを去った後、彼は観音大士であると武帝に奏したことでも有名である。

上16—5　僧繇…　梁代の画家、張僧繇（不詳）のこと。蘇州（江蘇省）呉県の出身。天監年間（五〇二～五一九）に武陵王国侍郎直秘閣を経て右軍将軍呉興太守となり、梁の武帝に仕える。多くの壁画を描き、道教・仏教の人物画や龍の画に才能を発揮した。「画龍点睛」の故事で知られる。『歴代名画記』巻七や『琅琊代酔編』巻十八に記事がある。

上16—6　七十三年…　『後村先生大全集』巻百六十二「仏鑑禅師墓誌銘」によれば、無準師範の世寿は七十二歳であったと記されている。しかしながら、『仏鑑禅師語録』巻二「径山興聖万寿寺語録」の「結夏上堂」で「山僧淳煕四年生、経今六十五歳、本命丁酉」（続蔵一二一・四四八a）と自ら述べているので、生年は淳煕四年（一一七七）丁酉であったことになる。また、淳祐九年（一二四九）三月十八日に示寂しているから、世寿は七十三歳であったことになり、『蘭渓和尚語録』での道隆の説示は無準師範の正しい世寿を伝えていたことになる。

上16—7　月落不離天、水流元入海…　月は西に落ちても天を離れることはなく、川の水はどこを流れても結局は海に入る。万物は絶えず流転し続ける一方で、行き着く先は同一であることの説示。『建中靖国続灯録』巻十七の浮槎山福厳守初章に「大衆且道、従二什麼処一得。良久云、水流元在レ海、月落不レ離レ天」（続蔵一三六・一二六d）とあり、『仏鑑禅師語録』巻六「径山無準和尚入内引対陞座語録」に「時有レ僧問、太后仙游、今在二何処一。浄照禅師曰、月落不レ離レ天」（続蔵一二一・四八三d）とある。

相州巨福山建長禅寺語録

上17—1　建長禅寺…　神奈川県鎌倉市山ノ内にある臨済宗建長寺派の本山。山号は巨福山。本尊は地蔵菩薩。開基は北条時頼、開山は蘭渓道隆で、建長元年（一二四九）創建された。蘭渓道隆以降、兀庵普寧・大休正念・無学祖元などが住した。暦応四年（一三四一）八月二十三日、室町幕府によって鎌倉五山の第一位に列せられて今日に至る。

上17—2　覚慧…　円範と共に「建長禅寺語録」を記録編集していることなどから、道隆の弟子の中でも中心的な存在であったとみられる。松島円福寺（現在の瑞巌寺）の住持を勤めた空巌□慧のことか。空巌□慧は蘭渓道隆の弟子と考えられ、無隠円範に次いで松島瑞巌寺に住した禅僧である。覚満禅師と諡されているが、これは蘭渓道隆の諡である大覚禅師に因んだものであろう。

上17—3　円範…　臨済宗大覚派の無隠円範（一二三〇～一三〇七）のこと。蘭渓道隆の法を嗣ぐ。蘭渓道隆に参学した後に入宋し、帰朝後に、松島円福寺（瑞巌寺）・建仁寺・円覚寺・建長寺などに歴住した。覚雄禅師と諡されているが、これも、空巌□慧と同じく大覚禅師の名に因んだものであろう。無隠円範の会下には、若き日の夢窓疎石が参じており、後に夢窓派は南北朝期から室町期にかけて大いに禅風を振るった。徳治二年（一三〇七）十一月十三日示寂。舘隆志「一山一寧撰「頼賢の碑」と松島瑞巌寺」（『禅学研究』第八十四号、二〇〇六年）を参照。

上17—4　却物為上、逐物為下…　外界の物を却けるのを上根とし、外界の物に振り回されるのを下根とする。『碧巌録』第五十一則「雪峰是什麼」の本則の評唱に「巌頭常用二此機一示レ衆云、明眼漢没二窠臼一、却レ物為レ上、逐レ物為レ下」（大正蔵四八・一八六c）とある。

上17—5　亮座主～遂隠于西山…　『景徳伝灯録』巻八の亮座主章に「亮座主（隠二洪州西山一）本蜀人也。頗講二経論一。因レ参二馬祖一、祖問曰、見説、座主大講二得経論一是否。

亮云、不敢。祖云、将二什麼一講。亮云、将レ心講。祖云、心如二工伎児一、意如二和伎者一、争解講二得経一。亮抗レ声云、心既講不レ得、虚空莫二講得一麼。祖云、却是虚空講得。亮不レ肯便出、将レ下レ堦。祖召云、座主。亮迴レ首。祖云、是什麼。亮豁然大悟礼拝。祖云、這鈍根阿師、礼拝作麼。亮帰レ寺告二聴衆一云、某甲所レ講経論、謂レ無二人及得一、今日被二馬大師一問一、平生功夫氷釈而已。乃隠二西山一、更無二消息一」（大正蔵五一・二六〇a）とある。

上17―6　亮座主…　唐代、馬祖下の西山亮座主（不詳）のこと。亮座主は蜀（四川省）の人で、もと盛んに経論を講じていた学僧であったが、馬祖道一に参じて真に経論を講ずる意味を悟り、その後、洪州（江西省）の西山（翠巌山）に隠れて消息を絶ったという。

上17―7　馬大師…　南嶽下の馬祖道一（七〇九～七八八）のこと。漢州（四川省）の馬氏。六祖下の南嶽懐譲（六七七～七四四）の法を嗣ぐ。各地に住した後、洪州（江西省南昌）の開元寺に住して宗風を挙揚した。その禅風は「平常心是道」「即心是仏」を掲げ、百丈懐海・西堂智蔵・南泉普願・塩官斉安・大梅法常などが弟子にいる。馬祖をはじめその門人たちには多くの語録が存し、禅宗語録出現の契機となった。青原下の石頭希遷と共に「江西の馬祖、湖南の石頭」と称される。

上17―8　渓声便是広長舌、山色無非清浄身…　谷川のせせらぎの音は仏の説法であり、山々の景観は仏の清浄身にほかならない。蘇軾（東坡居士、一〇三六～一一〇一）が黄龍派の東林常総（一〇二五～一〇九一）に献じた偈。『蘇軾詩集』巻二十三に「贈二東林総長老一」と題して「渓声便是広長舌、山色豈非二清浄身一、夜来八万四千偈、他日如何挙二似人一」とあり、『嘉泰普灯録』巻二十三の蘇軾章（続蔵一三七・一五九a）にも載せられる。

上17―9　是法非思量分別之所能解…　この真理の世界は思量分別をもってしては理解できない。『法華経』「方便品」に「是法非三思量分別之所二能解一、唯有二諸仏一乃能知レ之」（大正蔵九・七a）とある。

上17―10　野火焼不尽、春風吹又生…　野火は春先に野原の枯れ草を焼く火。野原の草を焼いても根は枯れないで、春風が吹くようになると、また芽を出してくる。白居易（楽天居士、七七二～八四六）の『白氏文集』巻に「賦二得古原草一送別詩」と題して「離離原上草、一歳一枯栄、野火焼不レ尽、春風吹又生」とある。

上18―1　昔日馬大師与三子翫月次～惟有普願、独超物外…　「馬祖翫月」の公案。馬祖道一が弟子の西堂智蔵・百丈懐海・南泉普願とともに月を眺めていたときに、馬祖が「正恁麼の時、如何ん」と質問する。西堂は「供養によい」と答え、百丈は「修行によい」と答えたが、南泉のみは払袖して出ていった。馬祖はこのとき一人南泉のみが物外に超えていると評した。『天聖広灯録』巻八の百丈懐海章に「与二西堂智蔵・南泉普願一、同号二入室三大士一焉。一夕、三大士随二侍馬祖一翫レ月次、祖問、正当与麼時如何。西堂云、正好二供養一。師云、正好二修行一。南泉払袖便去。祖云、経入レ蔵、禅帰レ海。唯有二普願一、独超二物外一」（続蔵一三五・三二八a）とある。一方、『景徳伝灯録』巻六の百丈懐海章にも翫月の話が見えるが、「与二西堂智蔵禅師一、同号二入室一。時二大士為二角立一焉。一夕、二士随二侍馬祖一翫レ月次、祖曰、正恁麼時如何。西堂云、正好二供養一。師云、正好二修行一。祖云、経入レ蔵、禅帰レ海」（大正蔵五一・二四九b～c）となっており、南泉普願の名は見えず、西堂と百丈のみが馬祖と問答している。ただし、明版の『景徳伝灯録』には南泉の答話が挿入されている。

上18―2　馬大師…　馬祖道一のこと。既出（上17―7）。

上18―3　百丈…　馬祖下の百丈懐海（七二〇・七四九～八一四）のこと。福州（福建省）長楽県の王氏。馬祖道一の法を嗣ぐ。洪州（江西省）奉新県の百丈山（大雄峰）に住して禅風を鼓吹する。『百丈清規』を制定したといわれ、門下に潙山霊祐・黄檗希運らがいる。大智禅師と諡する。

上18―4　西堂…　馬祖下の西堂智蔵（七三五～八一四・七三八～八一七）のこと。南康郡（江西省）虔化の廖氏。馬祖道一の法を嗣ぐ。虔州龔公山（江西省）に住する。馬祖下の三大士の一人。大宣教禅師、大覚禅師と諡する。

上18―5　南泉…　馬祖下の南泉普願（七四八～八三四）のこと。鄭州（河南省）新鄭の王氏。馬祖道一の法を嗣ぐ。池陽（安徽省）の南泉山に住する。自ら王老師と称し、趙州従諗や長沙景岑など多くの弟子を接化した。『南泉和尚語録』が存する。

上18―6　霊山指月、曹渓話月…　霊山は霊鷲山の釈迦牟尼仏、曹渓は韶州（広東省）曹渓山宝林寺の六祖慧能。月は真理そのものをいい、指月は月を指し示すこと、話月は月について語ることである。禅宗では言葉によって表現されたものは真理そのものではないとする。『保寧禅院勇和尚語録』「上堂」に「問、霊山指レ月、曹渓画レ月、未審、保寧門下如何。師云、嗄」（続蔵一二〇・一七八c）とあり、『嘉泰普灯録』巻四の保寧仁勇章に「問、霊山指レ月、曹渓話レ月、未レ委、保寧門下如何。師曰、嗄」（続蔵一三七・四八ｄ）とある。

上18—7　**曹渓**…　韶州（広東省）曲江県東南の曹渓山宝林寺のこと。六祖慧能が居住した寺であり、宋代以降は南華寺と称して現今に及ぶ。北宋代の余靖の『武渓集』巻八に「韶州曹渓宝林山南華禅寺重修法堂記」が存する。また寺志として『重修曹渓通志』がある。

上18—8　**画餅充飢**…　既出（上3—2）。

上18—9　**眼中添屑**…　眼中著屑とも。目の中にゴミが入ること。『応庵和尚語録』巻四「婺州宝林禅寺語録」の「当晩小参」に「師乃云、弥勒真弥勒、分身千百億、時時示二時人一、時人倶不レ識。這老漢、四稜榻地了也。是汝諸人、還識得也未。若識得、正是眼中添レ屑。若不レ識、宝林有レ過。便下座」（続蔵一二〇・四一五ｄ）とある。

上19—1　**古人道、尽大地是一箇火炉**…　直接的にこの言葉は見えないが、青原下の雪峰義存の示衆に対する玄沙師備の言葉として、世界の広さを一箇の火炉にたとえている。『聯灯会要』巻二十三の玄沙師備章に「師因雪峰云、世界闊一丈、古鏡闊一丈、世界闊一尺、古鏡闊一尺。師指二火炉一云、且道、火炉闊多少。峰云、如二古鏡闊一。師云、這老漢、脚跟未レ点レ地在」（続蔵一三六・四一〇ａ～ｂ）とある。また曹洞宗の真歇清了の『真歇和尚拈古』（『信心銘拈古』とも）には「極大同レ小、不レ見二返表一」の拈提として「尽十方世界、只是箇火炉。只是箇主丈子、只在二諸人眉毛眼睫上一、豈不二是極大同レ小」（続蔵一二四・三二七ａ）とある。

上19—2　**陸地平沈**…　陸地に身を沈める。埋没する。落ちぶれる。自ら拘束して自由を得ないさま。『荘子』「雑篇」の「則陽」に「方且与レ世違、而心不レ屑二与レ之倶一、是陸沈者也。是其市南宜僚邪」とある。『碧巌録』第七十六則「丹霞喫飯也未」の頌古の評唱に「既是過咎深、因二什麼一却無レ処レ尋。此非二小過一也。将二祖師大事一、一斉於二陸地上一平沈却。所以雪竇道、天上人間同陸沈」（大正蔵四八・二〇四ｂ）とある。

上19—3　**冷灰豆爆**…　冷え切った灰の中で一つぶの豆が爆発する。心のはたらきを絶し切ったところで突然に大悟することのたとえ。『景徳伝灯録』巻二十の杭州仏日章に「曰、冷灰裏有二一粒豆子一爆、喚二維那一来、令レ安二排向明窓下一著」（大正蔵五一・三六一ｃ～三六二ａ）とある。

上19—4　**迷頭認影**…　演若達多がある日、鏡に映る自分の顔が見えなかったと騒ぎ、自分の頭が取られたと思い込み探しまわったという話。妄想にとらわれた状態をいう。『首楞厳経』巻十に「皆因三妄想之所二生起一、斯元本覚妙明真精、妄以発二生諸器世間一、如二演若多迷レ頭認レ影」（大正蔵一九・一五四ｃ）とある。

上19—5　**明招久～便見瞌睡**…　『聯灯会要』巻二十五の明招徳謙章に「上堂。良久云、這裏風頭稍硬、不二是你諸人安身立命処一、且帰二暖処一商量。便帰二方丈一、大衆随後上二方丈一、方立定。師云、纔到二暖処一、便乃瞌睡。拈二拄杖一一時趁下」（続蔵一三六・四二九ｂ～ｃ）とある。

上19—6　**明招**…　唐末五代、青原下の明招徳謙（不詳）のこと。羅山道閑の法を嗣ぐ。婺州（浙江省）武義県の明招山に住する。左眼が悪く、独眼龍とも称される。

上20—1　**古霊辞受業師～此奇特事**…　「古霊揩背」の公案。古霊神賛が百丈懐海に得法した後、受業師の所へ帰ったときに師の背中を拭い流しながら、「仏殿は良いのだが、中の仏が聖でない」と言った。そこで師が振り向くと、古霊はまた「聖ではないがよく光を放っている」と言ったという。弟子が師を超える働きを見せた話。『景徳伝灯録』九の古霊神賛章に「本州大中寺受業後、行脚遇二百丈一開悟。却迴二本寺一、受業師問曰、汝離レ吾在レ外得二何事業一。曰、並無二事業一。遂遣二執役一、一日因レ澡レ身、命レ師去レ垢。師乃拊レ背曰、好所仏殿而仏不レ聖。其師迴レ首視レ之。師曰、仏雖レ不レ聖、且能放レ光。其師又一日在二窓下一看経、蜂子投二窓紙一求レ出。師覩レ之曰、世界如許広闊不二肯出一、鑽二他故紙一驢年去得。其師置レ経問曰、汝行脚遇二何人一、吾前後見二汝発レ言異レ常。師曰、某甲蒙三百丈和尚指二箇歇処一、今欲レ報二慈徳一耳。其師於レ是告レ衆致レ斎、請二師説法一。師登レ座挙二唱百丈門風一、乃曰、霊光独耀、逈脱二根塵一、体二露真常一、不レ拘二文字一、心性無レ染、本自円成。但離二妄縁一、即如如仏。其師於二言下一感悟曰、何期垂レ老得レ聞二極則事一」（大正蔵五一・二六八ａ）とある。

上20—2　**古霊**…　唐代、南嶽下の古霊神賛（不詳）のこと。福州（福建省）の人。百丈懐海の法を嗣ぐ。福州大中寺の受業師との問答が知られる。福州侯官県の古霊寺に住する。

上20—3　**百丈**…　百丈懐海のこと。既出（上18—3）。

上20—4　**天堂未就、地獄先成**…　天堂（天国）に行くことが決まらないうちに、地獄に行くことが先に決まってしまった。『虚堂和尚語録』巻三「阿育王山広利禅寺語録」の上堂に「僧問、有句無句、如二藤倚レ樹、此意如何。師云、掬レ水月在レ手、弄レ花香満レ衣。僧云、潙山放二下泥盤一、呵呵大笑、又作麼生。師云、天堂未レ就、地獄先成」（大正蔵四七・一〇〇五b）とある。

上20—5　冤有頭、債有主…　中国の諺。怨みには相手がおり、債務には債権主がいる。事故が起きたら責任者を見つけねばならない。事情を知るにはその相手を探さなければならない。『聯灯会要』巻十八の剣門庵安分章に「示レ衆云、上至二諸仏一、下及二衆生一、性命総在二山僧手裏一。撿点将来、有二没量罪過一。山僧亦有二没量罪過一、還有二撿点得出者一麼。卓二拄杖一云、冤有レ頭債有レ主。復東西顧視云、自二出レ洞来一無二敵手一、得二饒レ人処一且饒レ人」（続蔵一三六・三六七b）とある。

上20—6　事従叮嘱起…　あまりにしつこいと面倒なことになる。叮嘱は繰り返し言い聞かせる。『大慧普覚禅師語録』巻二「径山能仁禅院語録」に「上堂。今朝九月初五、天色半晴半雨。衲僧鼻孔眼睛、切忌和レ泥合レ土。乃顧二視大衆一云、惺惺直是惺惺、霊利不レ妨二霊利一、等閑問二著十人一、五双不レ知二落処一、既惺惺又霊利、為二甚麼一不レ知二落処一。不レ見レ道、事因二叮嘱一起」（大正蔵四七・八一七c）とある。

上20—7　賊是小人、智過君子…　小物だと思っていた盗賊が、実は君子以上の智慧を具えていた。『臨済録』「行録」に「一日普請次、師在レ後行。黄檗回レ頭見二師空手一乃問、钁頭在二什麼処一。師云、有二一人一将去了也。黄檗云、近前来、共レ汝商二量箇事一。師便近前。黄檗竪二起钁頭一云、秖這箇、天下人拈掇不レ起。師就レ手掣得、竪起云、為二什麼一却在二某甲手裏一。黄檗云、今日大有レ人普請。便帰レ院、後潙山問二仰山一、钁頭在二黄檗手裏一、為二什麼一却被二臨済奪却一。仰山云、賊是小人、智過二君子一」（大正蔵四七・五〇五b）とある。

上20—8　勾賊破家…　『臨済録』「勘辨」に「後潙山問二仰山一、此二尊宿意作麼生。仰山云、和尚作麼生。潙山云、養レ子方知二父慈一。仰山云、不レ然。潙山云、子又作麼生。仰山云、大似二勾賊破レ家」（大正蔵四七・五〇三a）とある。

上20—9　殺人可恕、無礼難容…　『建中靖国続灯録』巻九の和州開聖禅院棲禅師章に「問、如何是道。師云、放汝二三十棒一。僧曰、為二什麼一如レ是。師云、殺人可レ恕、無礼難レ容」（続蔵一三六・七六d）とある。また、『仏鑑禅師語録』巻一「住慶元府阿育王山広利禅寺語録」に「前仗錫率庵和尚至上堂。挙下趙州訪二茱萸一公案上。師云、是則是。殺人可レ恕、無礼難レ容」（続蔵一二一・四三五d）とあり、『仏鑑禅師語録』巻五「頌古」にも「皓老布裩」と題して「衿誇二富貴一、賤売赤窮。殺人可レ恕、無礼難レ容」（続蔵一二一・四七二d）とあるから、無準師範（仏鑑禅師）が好んで用いた言葉であろうか。

上20—10　款出囚口…　款出囚人口とも。『碧巌録』第十五則「雲門倒一説」の本則の著語に「挙、僧問二雲門一、不二是目前機一。亦非二目前事一時如何〈跉跳作二什麼一、倒退三千里〉。門云、倒一説〈平出。款出二囚人口一、也不レ得二放過一。荒草裏横レ身〉」（大正蔵四八・一五五a）とある。

上20—11　如如仏…　法身仏のこと。あるいは真如。絶対的真理そのもの。『景徳伝灯録』巻九の潙山霊祐章に「若也単刀趣入、則凡聖情尽、体二露真常一、理事不二、即如如仏」（大正蔵五一・二六五a）とあり、『景徳伝灯録』巻九の古霊神賛章に「師登レ座挙二唱百丈門風一。乃曰、霊光独耀、迥脱二根塵一、体二露真常一、不レ拘二文字一、心性無レ染、本自円成。但離二妄縁一、即如如仏」（大正蔵五一・二六八a）とあるのを踏まえた語。

上20—12　八角磨盤空裏転…　八角磨盤空裏走に同じ。すさまじい破壊力のたとえ。八角磨盤は、古代インドの神話に見える武器の一つ。八つの角をもつ武器（研磨盤）が空中を旋転して一切のものを破壊する。『円悟仏果禅師語録』巻十八の「頌古上」に「挙、僧問二投子一、一大蔵教還有二奇特事一也無。子云、演二出一大蔵一。頓漸偏円、権実空有、釘觜鉄舌、河目海口。一道清虚亘二古今一、八角磨盤空裏走」（大正蔵四七・八〇〇b）とある。

上20—13　金剛杵打鉄山摧…　『古尊宿語要』巻十九『潭州道吾真禅師語要』の上堂に「問、如何是真如体。師云、夜叉屈レ膝眼睛黒。問、如何是真如用。師云、金剛杵打二鉄山一摧」（続蔵一一八・二〇三d）とあり、『嘉泰普灯録』巻三の潭州道吾真章に「問、如何是真如体。曰、夜叉屈レ膝眼睛黒。云、如何是真如用。曰、金剛杵打二鉄山一摧」（続蔵一三七・三六d）とある。

上20—14　地蔵堂…　地蔵菩薩を安置する堂。建長寺では創建当初から地蔵菩薩を本尊としている。『吾妻鏡』建長五年（一二五三）十一月二十五日条に記された、建長寺仏殿の開堂供養には「建長寺供養也。以二丈六地蔵菩薩一為二中尊一。又安二置同像千躰一」とある。建長寺が建立される以前、この地には地蔵菩薩を本尊とする心平寺が建てられていたと伝えられる。

上20—15　文殊放過維摩詰…　『維摩経』巻中「入不二法門品」に「於レ是文殊師利問二維摩詰一、我等各自説已、仁者当レ説、何等是菩薩入二不二法門一。時維摩詰黙然無レ言。文

殊師利歎曰、善哉、善哉、乃至無レ有二文字語言一、是真入二不二法門一」（大正蔵一四・五五一ｃ）とある。『景徳伝灯録』巻十三の首山省念章には「問、維摩默然、文殊賛レ善、未審、此意如何。師曰、当時聴衆必不レ如レ是。僧曰、未審、維摩默然意旨如何。師曰、知レ恩者少、負レ恩者多」（大正蔵五一・三〇四ｂ）とある。

上20―16　文殊…　文殊師利菩薩のこと。般若の智慧をつかさどる菩薩。釈迦如来の脇侍として普賢菩薩と三尊仏を形成する。頭に五髻を結び、普通は右手に智剣、左手に青蓮華を持っている。また獅子の上に坐している姿が多い。中国では山西省の五臺山が文殊菩薩の霊地とされる。禅宗では僧堂に聖僧として僧形文殊が祀られることが多い。

上20―17　維摩詰…　『維摩経』に登場する在俗居士。釈尊在世時に中インドの毘耶離（毘舎離）城に居たとされる長者。在俗のままに大乗の奥義に通じ、無生忍を得たとされる。『維摩経』「入不二法門品」によれば、維摩詰が病床にあった時、釈尊の指示で文殊菩薩が見舞いに訪れ、不二の法門について問答した。維摩詰は不二の法門は不可説であるとして、ただ一默をもって示した。『維摩経』の思想は後代の仏教に大きな影響を与え、禅宗においても、「維摩一默」の公案として頻繁に用いられる。

上21―1　弥勒…　弥勒菩薩のこと。既出（上9―16）。

上21―2　三冬不得一番寒、争得梅花香撲鼻…　既出（上3―4）。

上21―3　孝宗皇帝一日～大悦…　この記事は『古尊宿語録』巻四十八の『仏照禅師奏対録』には見られない。『虚堂和尚語録』巻一「万松山延福禅寺語録」の入寺上堂に「復挙、孝宗皇帝問二仏照禅師一、世尊雪山六年、所レ成者何事。仏照奏云、将謂陛下忘却。師云、君臣慶会、日照天臨、幹二旋造化之元枢一、奮二発風雷之大用一。然二雖如レ是、還知二太平無レ象麼」（大正蔵四七・九九二ａ～ｂ）とある。

上21―4　仏照禅師…　臨済宗大慧派の拙庵徳光（一一二一～一二〇三）のこと。臨江（江西省）新喩の彭氏。東山光化寺普吉について出家し、明州（浙江省）阿育王山の大慧宗杲の法を嗣ぐ。台州（浙江省）光孝寺に出世し、次いで阿育王山、杭州（浙江省）霊隠寺や径山に歴住する。南宋の孝宗の帰依を受け、仏照禅師の号を賜る。『仏照禅師奏対録』が存する。

上21―5　既往之事不必重詢…　既往不咎に同じ。すでに過ぎ去ったことは咎め立てしない。『論語』「八佾」に「成事不レ説、遂事不レ諫、既往不レ咎」とある。魯の哀公が、孔子の弟子である宰我《さいが》に、どんな神木を社に植えればよいかを尋ねたところ、宰我は歴史を紐解きながら、過去の政治的意図に伴う神木植樹を暗に批判した。後にこれを聞いた孔子は、「成事は説かず、遂事は諫めず、既往は咎めず」と説いた。

上21―6　相識満天下、知心能幾人…　知り合いは世間に多いが、本当に自分の心を解ってくれる真の友は少ないことをいう。『宗鏡録』巻二十六に「昔人詩云、海枯終見レ底、人死不レ知レ心。又云、相識満二天下一、知心能幾人」（大正蔵四七・五六四ｂ）とある。

上22―1　年年是好年、日日是好日…　毎年毎年様々なことがあるが、すべて好い年であり、日々様々なこともあるが毎日がめでたいという意味。『雲門匡真禅師広録』巻中「室中語要」に「示衆云、十五日已前不レ問レ爾、十五日已後道二将一句一来。代云、日日是好日」（大正蔵四七・五六三ｂ）とあり、『聯灯会要』巻二十六の智門師寛章に「僧問、新年頭還有二仏法一也無。師云、無。僧云、日日是好日、年年是好年、為二甚麼一却無。師云、張公喫レ酒李公酔」（続蔵一三六・四三二ｄ）とある。

上22―2　爻象…　『周易』の卦で、事物の変動や形状をあらわす形。爻は交わり、X形にクロスすること。『周易』で卦を組み立てるもとの符号。「⚊」は陽爻、「⚋」は陰爻。三爻を組み合わせて一卦となし、八卦（☰ ☱ ☲ ☳ ☴ ☵ ☶ ☷）ができ、また二卦を重ねて六十四卦を得る。

上23―1　含血噴天、先汚其口…　『禅宗頌古聯珠通集』巻十の百丈野狐に対する宗覚空（死心悟新の法嗣、崇覚空とも）の頌古として「含レ血噴レ人、先汚二其口一。百丈野狐、失レ頭狂走。驀地喚回、打二箇筋斗一」（続蔵一一五・五七ｄ）とあり、『大川和尚語録』「住嘉興府報恩光孝禅寺語録」の上堂に「師乃云、止止不レ須レ説、我法妙難レ思。含レ血噴レ人、汚二其口一。鐘未レ鳴鼓未レ響、天寧早喫二棒三十一了也」（続蔵一二一・一六〇ｄ）とある。また、『四十二章経』には「仏言、悪人害二賢者一、猶仰レ天而唾。唾不レ汚レ天、還汚二己身一。逆風坋レ人、塵不レ汚レ彼、還坋二于身一。賢者不レ可レ毀、過必滅レ己也」（大正蔵一七・七二二ｂ）とある。

上24―1　居一切時不起妄念～不辨真実…　『円覚経』巻一に「善男子、但諸菩薩及末世衆生、居二一切時一不レ起二妄念一、於二諸妄心一亦不二息滅一、住二妄想境一不レ加二了知一、於レ無二了知一不レ辨二真実一」（大正蔵一七・九一七ｂ）とある。

上24―2　筇…　筇竹。布袋竹・仏面竹ともいう。蜀（四川）に産する竹の一種で、杖を作るのに適する。細身ながら堅牢で潤いを持ち、節が九つある直線的なものが高級品とされた。『古尊宿語録』巻二十三の『葉県広教省禅師語録』の「勘弁語并行録偈頌」の「筇竹杖」と題する偈頌に「筇竹九節、縦横無レ邪、大展二長空一、凡聖路絶」（続蔵一一八・二三四a）とある。

上25—1　**世尊臨入涅槃～非吾弟子**…　『聯灯会要』巻一の釈迦牟尼仏章に「世尊一日、於二涅槃会上一以レ手摩レ胸、告二大衆一云、汝等善観二吾紫摩金色之身一、瞻仰取レ足、勿レ令二後悔一。若謂二吾滅度一、非二吾弟子一。若謂二吾不二滅度一、亦非二吾弟子一。時百万億衆、悉皆悟道」（続蔵一三六・二二一d）とある。

上25—2　**不被無常呑**…　無常に呑み込まれない。『仏説無常経』に「大地及日月、時至皆帰尽。未四曽有三一事、不レ被二無常呑一」（大正蔵一七・七四五b）とある。

上28—1　**後徳山**…　青原下の徳山宣鑑（七八〇～八六五）のこと。剣南（四川省）の周氏。金剛経に通じ、周金剛と称される。後に禅に帰して、龍潭崇信の法を嗣ぐ。朗州（湖南省常徳）武陵県の徳山に住し、徳山の棒と称される厳格な禅風を振るった。『景徳伝灯録』巻十五の徳山宣鑑章に「朗州徳山宣鑑禅師。剣南人也。姓周氏。丱歳出家、依レ年受具。精究二律蔵一、於二性相諸経一、貫二通旨趣一。常講二金剛般若一、時謂二之周金剛一」（大正蔵五一・三一七b）とある。

上29—1　**独有雲門大師～要打殺**…　「雲門打殺」の公案。誕生したばかりの釈迦がすぐに天地を指さし歩いて、「天上天下唯我独尊」と述べた話に対し、雲門宗祖の雲門文偃が「もし私がそのとき見たら、一棒に打ち殺して犬に食べさせて、天下太平を図ろう」と述べたという話。『雲門匡真禅師広録』巻中「室中語要」に「挙、世尊初生下、一手指レ天一手指レ地、周行七歩、目顧二四方一云、天上天下唯我独尊。師云、我当時若見、一棒打殺与二狗子一喫却、貴図二天下太平一」（大正蔵四七・五六〇b）とある。

上29—2　**雲門大師**…　雲門宗祖の雲門文偃（八六四～九四九）のこと。嘉興（浙江省）の張氏。南嶽下の睦州道蹤に謁し、三度門を閉じられ足を挫いて大悟した。その後、青原下の雪峰義存の法を嗣ぐ。韶州（広東省）の雲門山光泰禅院を建立して開山となり、常時千人の修行者が雲集していたという。雲門宗の開祖として知られる。『雲門匡真禅師広録』三巻が存する。

上30—1　**隠峰**…　唐代、馬祖下の鄧隠峰（不詳）のこと。青原下の石頭希遷に参じ、馬祖道一の下で契悟する。五臺山に登ろうとして淮西を出発したが、途中で呉元済の反乱軍と政府軍の交戦に遭う。そこで空中を飛行したところ、両軍の将兵がそれを見て戦意を失ったとされる。五臺山隠峰とも称される。

上31—1　**水潦和尚～総在這裏**…　『聯灯会要』巻五の洪州水潦和尚章に「問二馬大師一、如何是祖師西来意。大師欄レ胸与二一踏一踏倒。当下大悟、起来撫レ掌、大笑云、也大奇、也大奇、百千法門、無量妙義、只向二一毫頭上一、識二得根源一去。便作レ礼」（続蔵一三六・二六一c）とある。

上31—2　**水潦和尚**…　唐代、馬祖下の水潦和尚（不詳）のこと。洪州（江西省南昌）に居したとされるが、伝記は定かではない。『景徳伝灯録』巻八では洪州水老和尚とする。

上31—3　**馬祖**…　馬祖道一のこと。既出（上17—7）。

上31—4　**白沢**…　中国に伝わる想像上の神獣。人語を理解し、万物に精通するとされる。鳳凰や麒麟と同様に徳の高い為政者の治世に姿を現すとされる。牛のような体に人面、顎髭を蓄え、顔に三つ、胴体に六つの目、額に二本、胴体に四本の角を持つ姿で描き表されることが多い。『円悟仏果禅師語録』巻二の上堂に「国無二定乱之剣一、四海宴清。門無二白沢之図一、全家吉慶」（大正蔵四七・七一九c）とある。

上33—1　**卞和**…　『韓非子』「和氏」に見られる話。楚人の卞和は、楚山の山中で得た宝玉の原石を楚の厲王に献じたが、信じてもらえず左足を切られた。次の武王のときにも献じたが、ただの石だとして右足を切られた。文王が位につき、これを磨かせると、果して宝玉であったので、この玉を「和氏の璧」と称した。

上34—1　**驪龍頷下珠**…　黒龍のあごの下にあるとされる千金の珠。『荘子』「雑篇」の「列禦寇」に「夫千金之珠、必在二九重之淵、而驪龍頷下一」とある。危険を冒さなくては手に入れることのできない貴重なもののたとえ。

上34—2　**韓獹逐塊**…　韓獹（韓盧とも）は戦国時代、韓の国の黒毛の駿犬の名。「師子齩レ人」と対で用いられる。人が土塊を投げつけると、獅子は人をめがけて襲い掛かるが、犬は土塊を追いかける。愚かな人が精神・意気を無用なことに費やすことをたとえる。『景徳伝灯録』巻十一の襄州王敬初常侍章に「襄州王敬初常侍、視レ事次、米和尚至。王公乃挙レ筆。米曰、還判二得虚空一否。公擲レ筆入レ庁、更不二復出一。米致レ疑。至二明日一、憑三鼓山供養主入探二其意一。米亦随至、潜在二屏蔽間一偵伺。供養主才坐、問云、昨日米和尚有二什麼言句一、便不レ得レ見。王公曰、師子齩レ人、韓獹逐レ塊」（大正蔵五一・二八六a）とある。

上35—1　**知音**…　既出（上1—9）。

上35—2　**天暁起来～夜半又分明**…　夜が明けて起きてみると、その姿を全く現さないが、真夜中になると俄かに明らかとなる。『宝鏡三昧』の「夜半正明、天暁不レ露」（大正蔵四七・五一五a）に因む。

上36—1　**相逢且説三分語、未可全抛一片心**…　どんなに親しい知人に対しても十分の三しか説けない。心の中をすべて曝け出させない。仏法の玄妙はすべてを言葉で表現することができない。『白雲端和尚語録』巻一「江州承天禅院語録」の上堂に「乃云、智不到処、切忌道著。大衆、既是智不到処。又道二箇什麼一。拍二禅牀一一下云、相逢只可二三分語一、未レ可三全抛二一片心一」（続蔵一二〇・二〇二a）とある。

上38—1　**風頭稍硬、煖処商量**…　風が強くなってきたので、暖かいところで相談しよう。『聯灯会要』巻二十五の明招徳謙章に「上堂。良久云、這裏風頭稍硬、不二是你諸人安身立命処一、且帰二暖処一商量。便帰二方丈一。随後上二方丈一、方立定。師云、纔到二暖処一、便及二瞌睡一。拈二拄杖一一時趂下」（続蔵一三六・四二九b～c）とある。

上38—2　**勒叉勒叉、薩婆薩埵**…　『請観世音菩薩消伏毒害陀羅尼呪経』の一節に「勒叉勒叉、薩婆薩埵」（大正蔵二〇・三五a）とある。

上38—3　**悉哩悉哩、蘇盧蘇盧**…　『大悲心陀羅尼』の一節。『大慈大悲救苦観世音自在王菩薩広大円満無礙自在青頸大悲心陀羅尼』に「悉唎悉唎、蘇嚧蘇嚧」（大正蔵二〇・五〇〇b）とある。

上39—1　**達磨**…　菩提達磨のこと。既出（上9—2）。

上39—2　**隻履**…　陝州（河南省）東の熊耳山に葬られた達磨が、片方の草鞋を残して西天に帰ったという「隻履達磨」の故事をふまえた一節。『聯灯会要』巻二の菩提達磨章に「祖於二後魏太和十九年丙辰歳十月初五日一、端坐而逝。十二月二十八日、葬二熊耳山一。後三年、宋雲使二西域一帰、遇二祖于葱嶺一。手携二隻履一、飄飄独行。雲問、師今何往。祖云、西天去」（続蔵一三六・二三〇c）とある。

上39—3　**指桑園罵柳樹**…　桑園は桑を植えた畑で、柳樹は柳の木。桑の木を指して柳の木をののしる。あてこすりをいう。『仏海瞎堂禅師広録』巻一「滁州龍蟠寿聖禅院語録」の上堂に「挙、保寧勇和尚示レ衆云、有二手脚一無二背面一、明眼人看不レ見、天左旋地右転。拍レ膝云、西風一陣来、落葉両三片。師云、指二桑樹一罵二柳樹一、用二官坊一作二醋坊一」（続蔵一二〇・四五一c）とある。

上45—1　**達磨**…　菩提達磨のこと。既出（上9—2）。

上46—1　**地獄天宮～斉成仏道**…　地獄も天上界もすべて浄土であり、有性も無性も同じく仏道を成じている。天宮は天人の宮殿。有性と無性は仏性を有しているものと有していないもの。『円覚経』巻一に「地獄天宮皆為二浄土一、有性無性斉成二仏道一」（大正蔵一七・九一七b）とある。

上47—1　**豫譲呑炭**…　豫譲は中国春秋時代の晋に仕えていた人。主君の敵を討つために身に漆を塗り、炭を呑んで声を枯らして変装したという。『史記』巻八十六の「刺客列伝」第二十六の豫譲伝に「豫譲又漆レ身為レ厲、呑レ炭為レ啞、使二形状不一レ可レ知、行二乞於市一、其妻不レ識也」とある。

上47—2　**子胥報寃**…　伍子胥は春秋時代、楚の重臣の家柄であったが、父と兄が楚の平王に殺されたことを恨み、呉に仕えて楚に対して復讐を遂げた。しかし仇である平王はすでに亡くなっていたため、墓を暴き、死体に対して鞭を打ったという。『史記』巻六十六「伍子胥列伝」に「及二呉兵入一レ郢、伍子胥求二昭王一。既不レ得、乃掘二楚平王墓一、出二其尸一、鞭レ之三百、然後已」とある。

上48—1　**霊雲見桃花～老兄未徹在**…　霊雲志勤は桃花が咲くのを見て悟りを開き、一偈を詠じたが、これに対して、玄沙師備が疑義を呈している。『景徳伝灯録』巻十一の霊雲志勤章に「福州霊雲志勤禅師、本州長渓人也。初在二潙山一、因二桃華一悟レ道。有レ偈曰、三十年来尋レ剣客、幾逢レ落レ葉幾抽レ枝、自三従一二見桃華一後、直至二如今一更不レ疑。祐師覧レ偈詰二其所一レ悟、与レ之符契。祐曰、従レ縁悟達、永無二退失一、善自護持。有レ僧挙二似玄沙一。玄沙云、諦当甚諦当、敢保老兄猶未レ徹。衆疑二此語一」（大正蔵五一・二八五a）とある。

上48—2　**霊雲**…　唐代、潙山下の霊雲志勤（不詳）のこと。福州（福建省）長渓の人。一見桃華によって悟道し、潙山霊祐の法を嗣ぐ。福州懐安県の霊雲山に住する。

上48—3　**玄沙**…　雪峰下の玄沙師備（八三五～九〇八）のこと。福州（福建省）閩県の謝氏。備頭陀・謝三郎と称される。福州芙蓉霊訓に参じて出家し、青原下の雪峰義存の法を嗣ぐ。福州侯官県の玄沙院や安国院に住する。宗一大師と諡する。『玄沙宗一禅師語録』三巻が存する。

上49—1　**百五十衆**…　康元元年（一二五六）の二月十五日（仏涅槃）から、四月八日（浴仏）までの間に行なわれた上堂であり、この時点で建長寺の修行僧が百五十人になっていることがわかる。ちなみに、常楽寺の「元宵上堂」においては「一百来僧」とあることから、建長元年（一二四九）より数えて、門下が七年間でおよそ五十人ほど増えていたと考えられる。

上51—1　三身中、擬浴那一身…　三身（法・応・報）の中で、いったいどの身を浴するのか。『続古尊宿語要』巻五の『此庵浄禅師語』に「今晨浴仏。且道、三身中浴二那一身一。若浴二報化身仏一、又道、報化非二真仏一、亦非二説レ法者一。若浴二法身仏一、又道、仏真法身、猶若二虚空一、応レ物現レ形、如二水中月一。三身既不レ有、一身何処起。無レ処レ起、正好劈頭一杓水。喝一喝」（続蔵一一九・三七b）とある。

上52—1　麁飡不如細嚼…　『無門関』第四十七則「兜率三関」の無門慧開の評唱に「麁飡易レ飽、細嚼難レ飢」（大正蔵四八・二九八c）とある。

上52—2　苦口是良薬…　よく効く薬は苦くて飲みにくい。『韓非子』「外儲説左上」に「夫良薬苦二於口一、而智者勧而飲レ之。知三其入而能已二己疾一也。忠言払二於耳一、而明主聴レ之。知三其可二以致レ功也」とある。

上52—3　俊鷹不食籬辺雀…　俊敏な鷹は、生け垣付近にいる雀など食べない。『大慧普覚禅師語録』巻八「住福州洋嶼庵語録」に「儲大夫請二示衆一。徹レ骨徹レ髄道二一句一、三要三玄絶二遮護一。竺乾四七例皆迷、震旦二三渾未レ悟。我説二是言一非二正邪一、当機覿面休二回互一。慇懃為レ報二雲台公一、俊鷹不レ打二籬辺兔一」（大正蔵四七・八四四b）とある。

上53—1　撞牆磕壁…　『碧巌録』第二十則「翠微禅板」の垂示に「堆山積嶽、撞レ牆磕レ壁。佇レ思停レ機、一場苦屈。或有二箇漢一出来掀二翻大海一、踢二倒須弥一、喝二散白雲一、打二破虚空一。直下向二一機一境一、坐二断天下人舌頭一、無二爾近傍処一。且道、従上来、是什麼人曽恁麼。試挙看」（大正蔵四八・一六〇a）とある。

上53—2　下座巡堂喫茶…　『入衆須知』「朔望巡堂」に「朔望上堂。就レ座云、下座巡堂喫茶。首座領レ衆、依レ図巡堂一匝。至二元位一立。住持入堂、焼香帰レ位。知事作二一班一、面二聖僧一問訊。住持巡堂一匝。若二暫到一、先随レ衆、後同二侍者一、在二帳後一立。知事巡将出堂、却随後出。侍者帰レ堂。平常焼香喫茶畢。収レ盞、鳴二退堂鐘一三下。如不二巡堂一、即粥罷、就レ座喫茶。其三人巡堂、見レ前不二再録一」（続蔵一一一・四七七a）とある。

上56—1　貴買賤売…　『密庵和尚語録』「常州褒忠顕報華蔵禅寺語録」に「上堂。釈迦不説説、拗レ曲作レ直、迦葉不聞聞、望レ空啓告。馬祖即心即仏、掛二羊頭一売二狗肉一。趙州勘二庵主一、貴買賤売、分文不レ直」（大正蔵四七・九五六b）とある。

上57—1　諸仏音声偏満法界…　諸仏の音声は全世界に充満する。八十巻本『華厳経』巻七「世界成就品第四」に「諸仏音声咸遍満、斯由二業力一之所レ化。或有二国土一周二法界一、清浄離垢従レ心起」（大正蔵一〇・三六a）とある。

上58—1　馬大師与諸子翫月公案…　「馬祖翫月」の公案。既出（上18—1）。

上58—2　馬大師…　馬祖道一のこと。既出（上17—7）。

上60—1　達磨来東土～枯中亦有栄…　蘭渓道隆は、達磨の伝法偈「吾本来二茲土一、伝レ法救二迷情一、一華開二五葉一、結果自然成」を引用して、達磨に対する報恩の上堂を行なった。『景徳伝灯録』巻三の菩提達磨章に「師曰、汝得二吾髄一、乃顧二慧可一而告レ之曰、昔如来以二正法眼一付二迦葉大士一、展転囑累而至二於我一、我今付レ汝、汝当護持。并授二汝袈裟一以為二法信一、各有二所表一宜レ可レ知矣。（中略）聴二吾偈一曰、吾本来二茲土一、伝レ法救二迷情一、一華開二五葉一、結果自然成」（大正蔵五一・二一九c）とある。

上60—2　達磨…　菩提達磨のこと。既出（上9—2）。

上61—1　古徳道、更闌夜永氷侵骨、撥尽寒炉炭也無…　夜も深けて寒さが骨身に徹する。冷え切った炉には炭すらない。『破庵和尚語録』「夔府臥龍山咸平禅院語録」に「上堂。今朝又見二開炉一、浩浩諸方煖熱。臥龍冷落門庭、也要二人前細説一。夜静更闌炭也無、衲衣破処氷侵レ骨」（続蔵一二一・四一六c）とある。

上61—2　古徳…　臨済宗虎丘派（破庵派祖）の破庵祖先（一一三六～一二一一）のことか。広安（四川省）の王氏。楊岐派の水庵師一らに学んだ後、虎丘派の密庵咸傑の法を嗣ぐ。夔府（四川省）の臥龍山咸平禅院や蘇州（江蘇省）の秀峰禅院に住し、臨安府（浙江省）の広寿慧雲禅院の開山となり、蘇州穹窿寺と湖州（浙江省）鳳山資福禅寺に住する。法嗣に無準師範や石田法薫を出す。『破庵和尚語録』一巻が存する。

上61—3　貧無一縷、富敵万豪…　貧乏になると一本の糸すらなくなり、羽振りが良くなると大富豪にも匹敵する。もともとの出典は明らかではないが、蘭渓道隆とほぼ同時代の破庵派の希叟紹曇の『希叟和尚広録』巻七「題」の「六言山居」に「香霧暁垂二簾幕一、幽禽春弄二笙簧一。誰料貧無二一物一。迩来富敵二君王一」（続蔵一二二・一五七a）とある。

上63—1　陳蒲鞋…　唐代、南嶽下の睦州道蹤（不詳）のこと。道明とも。江南の陳氏。黄檗希運の法を嗣ぐ。睦州（浙江省）の龍興寺に住し、陳尊宿と呼ばれた。後に身を隠して房に居し、蒲鞋を作って母を養ったことから陳蒲鞋とも称された。雲門文偃（八六四～九四九）を接化したことでも知られる。『聯灯会要』巻九の臨済義玄章によれば、「曹州南華邢氏子。初参二黄檗一。凡三年、行業純一。時陳睦州為二首座一、嘆曰、此子雖二後生一、与レ衆有レ異」（続蔵一三六・二八七c）とあり、道蹤は黄檗希運のもとで首座を勤めたとされる。『睦州和尚語録』一巻が存する。

上63—2　**匾頭子**…　黄龍派祖の黄龍慧南（一〇〇二～一〇六九）のこと。信州（江西省）玉山の章氏。臨済宗の石霜楚円に参じて法を嗣ぐ。隆興府（江西省）の黄龍山に住して宗風を宣揚した。『黄龍慧南禅師語録』一巻が存する。学人の接得に際して公案を盛んに用い、門下は湖南・湖北・江西を中心として大きな勢力となり、後に臨済宗黄龍派と称される。平な扁頭であったことから、南扁頭と称される。『大慧宗門武庫』の「清素首座」の項に「素後問曰、子所レ見何人。悦曰、洞山文和尚。又曰、文見二何人一。悦云、南和尚。素曰、南匾頭見二先師一不レ久。後法道大振如レ此」（大正蔵四七・九五〇a）とある。

上63—3　**睡虎謀人之機**…　虎を眠らせ人を誑かすはたらき。まだ真の禅者の活作略でないこと。『雲谷和尚語録』巻下「小仏事」の「空海宝西堂炬」に「睡虎機前、龍困深処、砕二破砂盆一、折二黒竹箆一」（続蔵一二七・八d）とある。

上63—4　**羅龍打鳳之手**…　龍や鳳を捕らえるような鋭い手段。『仏鑑禅師語録』巻四「拈古」の「洞山万里無寸草処去」の拈提に「洞山雖下則布二漫天網一捞レ蝦摝レ蜆即得上、若要二羅レ龍打レ鳳則不可。後来石霜道、出レ門便是草。果然」（続蔵一二一・四六九a）とある。

上65—1　**昨夜三更月到窓**…　趙州従諗の問いに対する南泉普願の説示の言葉。昨晩真夜中に月光が窓から静かに差し込んできた。『景徳伝灯録』第十の趙州従諗章に「異日問二南泉一、知レ有底人向二什麼処一休歇。南泉云、山下作レ牛去。師云、謝二指示一。南泉云、昨夜三更月到レ窓」（大正蔵五一・二七六c）とある。

上66—1　**丹霞焼木仏**…　「丹霞焼仏」「丹霞木仏」の公案。青原下の丹霞天然が寺の本尊の木仏を焼いて暖をとった故事。院主が咎めたところ、院主は仏罰を蒙り眉鬚が落ちたが、丹霞には罰がなかったとされる。『聯灯会要』巻十九の丹霞天然章に「師経二過一寺一、値二天寒一。師取二殿中木仏一、焼レ火向。院主忽見、呵云、何得レ焼二我木仏一。師以二拄杖一撥レ灰云、吾焼取二舎利一。院主云、木仏何有二舎利一。師云、既無二舎利一、更請二両尊一。再取焼レ之。院主自後眉髪堕落」（続蔵一三六・三七一c～d）とある。

上66—2　**丹霞**…　青原下の丹霞天然（七三九～八二四）のこと。馬祖道一に学び、石頭希遷の法を嗣ぐ。洛陽（河南省）慧林寺において天寒に遭った際、暖をとるために本尊の木仏を焼いた逸話が存する。南陽（河南省）南召県の丹霞山棲霞寺に住して多くの僧を接得した。智通禅師と諡する。

上66—3　**赢得一籌**…　赢得は「赢ち得たり」と訓ずる。得たものはせいぜいこの程度のものであったとの意。一籌は得点を数える竹棒一本のこと。『碧巌録』第五十五則「道吾一家弔慰」の本則評唱に「道吾依レ旧老婆心切、更向レ他道、打即任レ打、道即不レ道。源便打。雖二然如レ是、却是他赢二得一籌一」（大正蔵四八・一八九b）とある。

上66—4　**片玉無瑕類、何事秦王受誑言**…　『史記』巻八十一の「廉頗藺相如列伝」第二十一にある「完璧帰趙」の話。中国戦国時代、趙の藺相如は、趙王が持っていた和《か》氏《し》の璧を秦の領土と交換するために秦に赴いたが、秦王が宝玉を手に入れ領土を渡す意思のないことを見抜き、言葉巧みに宝玉を取り返したという故事。「完璧帰趙」は、借りた物を無事に返すことのたとえ。

上66—5　**秦王**…　秦の昭襄王（？～前二五一）のこと。在位は前三〇七～前二五一。秦の恵文王の子で、敵対する六国を衰退させ、秦の統一の基礎を築いた。

上68—1　**指桑園罵楊柳**…　既出（上39—3）。

上69—1　**床窄先臥、粥稀後坐**…　床が狭ければ場所を確保して先に寝て、粥が薄ければ後で坐って、桶の下にたまった粥を食べる。『景徳伝灯録』巻二十四の廬山帰宗道詮章に「問、如何是学人自己。師曰、床窄先臥、粥稀後坐」（大正蔵五一・四〇三b）とある。

上69—2　**嵩山破竈堕**…　唐代、破竈堕和尚（不詳）のこと。五祖下の嵩山慧安の法を嗣ぐ。嵩山に隠居し、その言動は常規を逸しており、他人が予測するの許さなかったという。『景徳伝灯録』巻四の嵩嶽破竈堕章に「嵩嶽破竈堕和尚。不レ称二名氏一。言行叵レ測、隠二居嵩嶽一。山塢有レ廟甚霊、殿中唯安二一竈一。遠近祭レ祠不レ輟、烹二殺物命一甚多。師一日領二侍僧一入レ廟、以レ杖敲レ竈三下云、咄。此竈只是泥瓦合成、聖従レ何来、霊従レ何起、恁麼烹二宰物命一。又打三下、竈乃傾破堕落」（大正蔵五一・二三二c）とある。

上70—1　黄蘗示衆云～只是無師…　『碧巌録』第十一則「黄檗噇酒糟漢」の本則に「挙、黄檗示レ衆云、汝等諸人、尽是噇酒糟漢。恁麼行脚、何処有二今日一。還知三大唐国裏無二禅師一麼。時有レ僧出云、只如二諸方匡レ徒領一レ衆、又作麼生。檗云、不レ道レ無レ禅。只是無レ師」（大正蔵四八・一五一b）とあり、『聯灯会要』巻七の黄檗希運章（続蔵一三六・二七四c）にも同文が載る。

上70—2　黄蘗…　唐代、南嶽下の黄檗希運（不詳）のこと。福州（福建省）閩県の人。福州福清県の黄檗山で出家し、後に百丈懐海の法を嗣ぐ。相国裴休に請われて洪州（江西省）新昌県に黄檗山を開いて開祖となる。断際禅師と諡する。臨済宗の祖である臨済義玄を打出した。『伝心法要』『宛陵録』が存する。

上70—3　嚼飯餧嬰孩…　御飯を噛んでやわらかくして乳飲み子に食べさせる。きわめて老婆心切な指導をいう。『建中靖国続灯録』巻二十一の潭州慈雲彦隆章に「師云、諸禅徳。遮箇公案、喚作三嚼レ飯餧二小児一、把レ手更与レ杖。還会麼。若未レ会、須二是扣レ己而参一。直要二真実一、不レ得二信レ口掠虚一、徒自虚生浪死。参」（続蔵一三六・一五三d）とある。

上71—1　向外馳求…　既出（上7—2）。

上72—1　徳山有棒…　徳山棒・徳山行棒とも。徳山宣鑑は打棒による厳格な指導を禅風とした。『聯灯会要』巻二十の徳山宣鑑章に「小参示レ衆云、今夜不二答話一、問話者三十棒。時有レ僧出作礼。師便打。僧云、某甲話也未レ問、為レ甚便打。師云、你是甚処人。云、新羅人。師云、未レ跨二船舷一時、好与二三十棒一」（続蔵一三六・三七八d）とある。

上72—2　徳山…　徳山宣鑑のこと。既出（上28—1）。

上72—3　臨済有喝…　臨済喝・臨済四喝とも。臨済義玄は修行僧の指導に当たっては常に棒喝の手段を用いた。また一喝の効用を四種（臨済四喝）に分類して説示した。『臨済録』「勘辨」に「師問レ僧、有時一喝、如二金剛王宝剣一。有時一喝、如二踞レ地金毛師子一。有時一喝、如二探竿影草一。有時一喝、不レ作二一喝用一。汝作麼生会。僧擬議。師便喝」（大正蔵四七・五〇四a）とある。

上72—4　臨済…　臨済宗祖の臨済義玄（?～八六六）のこと。曹州（山東省）南華の邢氏。南嶽下の黄檗希運の法を嗣ぐ。青原下の徳山宣鑑と並び称される。鎮州（河北省）真定城の東南隅、滹沱河に臨む地の臨済院にて、徹底した無事禅を唱導し、唐代祖師禅において最も自由溌剌な禅風で知られる。慧照禅師（大師）と諡する。『臨済録』一巻が存する。

上73—1　有智無智、較三十里…　『宏智禅師広録』巻三「拈古」に「挙、古徳垂語云、終日拈レ香択レ火、不レ知二身是道場一。師云、弄二精魂一漢、有二什麼限一。玄沙云、終日拈レ香択レ火、不レ知二真箇道場一。師云、奇怪八十翁翁出二場屋一、不二是小児戯一。且道、利害在二什麼処一、有智無智、較二三十里一」（大正蔵四八・二三a）とある。

上74—1　倒退三千…　既出（上12—3）。

上75—1　天不能蓋、地不能載…　天でも覆うことができず、地にも載せることができない。天地を超えたありよう。『碧巌録』第七則「慧超問仏」の垂示に「垂示云、声前一句、千聖不レ伝。未二曽親観一、如レ隔二大千一。設使向二声前一辨得、截二断天下人舌頭一、亦未二是性燥漢一。所以道、天不レ能レ蓋、地不レ能レ載。虚空不レ能レ容、日月不レ能レ照。無レ仏処独称レ尊、始較二些子一」（大正蔵四八・一四七a）とある。

上76—1　今夏百二十日長期…　夏は夏安居の意。夏安居は通常四月十五日から七月十五日の九十日間（九旬安居）であるが、四月・五月・六月に閏月を数える年の場合は、夏安居が百二十日間となった。南宋の暦では、宝祐五年（一二五七）に閏四月が存するため、正嘉元年（一二五七）が符合する年時と考えられる。舘隆志「『大覚禅師語録』の上堂年時考」（『駒沢史学』第六十六号、二〇〇六年）を参照。

上76—2　両彩一賽…　両采一賽とも。賽は賽子、骰子ともいう。双六や博打の用具。彩は勝ち目。サイコロ一振りで二つの勝ち目。『臨済録』「行録」に「後偽山問二仰山一、黄檗入二僧堂一意作麼生。仰山云、両彩一賽」（大正蔵四七・五〇五b）とある。補注（上229—4）も参照。

上80—1　文殊令善財童子～亦能活人…　「善財採薬」の公案。文殊菩薩が仏法を薬にたとえ、善財童子の力量を賞揚し、同時に修行を激励した話。『聯灯会要』巻一の竺乾諸大賢聖章に「文殊大士、一日令二善財採一レ薬云、是薬者採将来。善財徧採、無レ不二是薬一。却来白云、無二不レ是者一。文殊云、是薬者採将来。善財拈二一枝草一、度二与文殊一。文殊提起、示レ衆云、此薬能殺レ人、亦能活レ人」（続蔵一三六・二二三a）とある。

上80—2　文殊…　文殊師利菩薩のこと。既出（上20—16）。

上80—3　善財童子…　既出（上9—15）。

上80—4　文殊撫無絃琴、善財吹無孔笛…　『無明和尚語録』「廬山開先華蔵禅寺語録」に「上堂云、以二拄杖一横按云、鼓二没絃琴一。復作二吹レ笛勢一云、吹二無孔笛一。共楽二尭年一同二舜日一、達磨九年空面壁」（続蔵一二一・三一九d）とある。

上80―5　**自救不了**…　『臨済録』「示衆」に「問、如何是西来意。師云、若有レ意、自救不了」（大正蔵四七・五〇二a）とある。また、『景徳伝灯録』巻二十九「梁宝誌和尚大乗讃」に「世間幾許癡人、将レ道復欲レ求レ道。広尋二諸義一紛紜、自救二己身一不レ了」（大正蔵五一・四四九c）とある。

上80―6　**既往不咎**…　既出（上21―5）。

上81―1　**陳尊宿道、現成公案、放汝三十棒**…　「放汝三十棒」は、三十棒の罰打を免ずるが、お前には打たれる資格すらないとの意。『景徳伝灯録』巻十二の陳尊宿章に「師見二僧来一云、見成公案放二汝三十棒一。僧云、某甲如レ是。師云、三門金剛為二什麼一挙レ拳。僧云、金剛尚乃如レ是。師便打」（大正蔵五一・二九一b）とある。

上81―2　**陳尊宿**…　睦州道蹤のこと。陳蒲鞋とも。既出（上63―1）。

上81―3　**舌頭早已長三尺**…　舌頭長と同義か。舌頭長は、少ししゃべりすぎてしまったという自省と謙遜の意を表す。

上82―1　**偏界恁麼熱～不消得**…　曹洞宗の曹山慧霞（恵霞）の「曹山甚麼処回避」の公案に基づく。『聯灯会要』巻二十五の曹山恵霞章に「師問レ僧、可殺熱。僧云、未審、向二甚麼処一回避。師云、鑊湯炉炭裏回避。云、只如二鑊湯炉炭裏一、作麼生回避。師云、衆苦不レ能レ到」（続蔵一三六・四二五d～四二六a）とある。ただし、『碧巌録』第四十三則「洞山無寒暑」の本則の評唱には「又曹山問レ僧、恁麼熱、向二什麼処一迴避。僧云、鑊湯炉炭裏迴避。山云、鑊湯炉炭裏、如何迴避。僧云、衆苦不レ能レ到」（大正蔵四八・一八〇b）とあり、曹山慧霞と一僧との問答が逆転している。

上83―1　**弥勒**…　弥勒菩薩のこと。既出（上9―16）。

上83―2　**朝打三千、暮打八百**…　朝晩に散々棒などで打ち叩くこと。朝に三千、暮に八百の罰棒を喰らわす。三千や八百は数が多いさま。『碧巌録』第六十則「雲門拄杖化龍」の頌古の著語に「直饒朝打三千、暮打八百、堪レ作二什麼一」（大正蔵四八・一九二c）とある。

上84―1　**罕逢穿耳客、多是刻舟人**…　罕逢穿耳客とは、死後、耳に棒を穿つと、仏教を修習していた者の耳には穴が空き、そうでない者には穴が空かなかったとする説話から、穿耳客とは優れた仏教者のことを指す。『止観輔行伝弘決』巻一之一に「爾時、城中諸優婆塞、畏二其毀謗一、皆就買レ之。即以二銅鉒一貫二穿其耳一。若徹レ之者便多与レ価、其半徹者与レ価漸少。都不レ通者都不レ与レ直」（大正蔵四六・一四七b）とある。多是刻舟人とは、舟から川に剣を落とした際に、その船縁に目印を刻んだ愚者がいたとする説話（既出、上14―2）。刻舟人とは愚者のことを指す。やはり世の中には優秀な者は少なく、愚かな者が多いということの表現。『碧巌録』第五十五則「道吾一家弔慰」の本則の著語に「却較二些子一。罕レ逢二穿耳客一、多遇二刻レ舟人一」（大正蔵四八・一八九a）とある。

上85―1　**雪峰輥出木毬児**…　「雪峰輥毬」の公案。雪峰義存が三個の木毬を一度に抛出したことに対し、玄沙師備（八三五～九〇八）がそれを壊すそぶりをして、とらわれのない自由を示したとする公案。『雪峰真覚禅師語録』巻下に「玄沙問レ師云、某甲如今大用去。和尚作麼生。師遂将二三箇木毬一一時抛。沙作二斫牌勢一祇対。師云、汝親在二霊山一、方得レ如レ此。沙云、也即是自家事」（続蔵一一九・四八一b）とあり、ほかにも木毬をめぐる問答が存する。

上85―2　**雪峰**…　青原下の雪峰義存（八二二～九〇八）のこと。泉州（福建省）南安の曽氏。徳山宣鑑の法を嗣ぐ。福州（福建省）侯官県の雪峰山崇聖寺に住する。中和二年（八八二）には禧宗より真覚大師の号と紫衣を賜る。門下に玄沙師備・雲門文偃など多くの禅者を打出し、江南の地に独特の宗風を鼓吹した。『雪峰真覚禅師語録』二巻があり、巻末に年譜を付する。

上85―3　**霊照街頭売攤籬**…　「霊照菜籃」の公案。龐居士は衡陽（湖南省）の城南に寓居し、漉籬（竹ざる）を作って娘の霊照（霊昭）に街に売りに行かせて生計を立てていた。『龐居士語録』上巻に「居士因レ売二漉籬一、下レ橋喫撲。霊照見、亦去二爺辺一倒。士曰、汝作二什麼一。照曰、見二爺倒一レ地、某甲相扶。士曰、頼是無二人見一」（続蔵一二〇・三一b）とある。

上85―4　**霊照**…　唐代、馬祖道一に参じた龐居士（龐蘊、?～八〇八）の娘の霊照（霊昭）のこと。禅機に優れていた女性として知られる。『龐居士語録』には霊照との問答が多く収録される。

上86―1　**両班**…　既出（上2―1）。

上86―2　**孫臏**…　中国戦国時代の斉の兵法家、孫臏（不詳）のこと。孫武の子孫と伝えられる。魏の龐涓にその才能をねたまれ、臏刑（両足を断つ刑）に処せられたが、後に斉の威王の軍師となり、紀元前三五三年に馬陵において龐涓の率いる魏軍を破り龐涓は自害した。『史記』巻六十五の「孫子呉起列伝」第五に載る。

上86—3 **囲魏救趙**… 孫臏が魏国を包囲して趙国を救った故事。『史記』巻六十五の「孫子呉起列伝」第五に見られる。戦国時代の紀元前三五三年、魏の軍が趙の都邯鄲（河北省）を包囲した。趙は斉に助けを求めたが、斉の将軍孫臏は邯鄲に向かわず魏の本土防衛が弱いのを見て、魏の都を急襲した。魏軍は自国の救援に戻るため趙の包囲を解いたが、帰る途中で待ち伏せをしていた斉軍に殲滅された。この孫臏の一石三鳥の戦略は、後に兵家に用いられ、「囲魏救趙」と称される。

上87—1 **雲門問僧〜門云話堕了也**… 「雲門話堕」の公案。張拙秀才の悟道偈の一節である「光明寂照遍河沙、凡聖含霊共一家」の前一句をめぐる問答。この言葉が張拙秀才の偈であることを問うた雲門に対し、僧が「はい」と答える。雲門文偃はすかさず話堕（失言）せりと述べた。『雲門匡真禅師広録』巻中「室中語要」に「挙、光明寂照遍河沙。問レ僧、豈不二是張拙秀才語一。僧云是。師云、話堕也」（大正蔵四七・五五七c）とあり、『無門関』第三十九則「雲門話堕」によって知られる。『聯灯会要』巻二十二の張拙秀才章によれば、悟道偈は「乃述レ偈云、光明寂照徧河沙、凡聖含霊共我家。一念不レ生全体現、六根纔動被二雲遮一。断二除煩悩一重増レ病、趣二向真如一亦是邪。随二順世縁一無二罣礙一、涅槃生死是空華」（続蔵一三六・三九七c）とある。

上87—2 **雲門**… 雲門文偃のこと。既出（上29—2）。

上87—3 **張拙秀才**… 唐末五代の居士。禅月大師貫休の指示を受けて、青原下の石霜慶諸（八〇七〜八八八）に参じ、問話を数回重ねただけで、忽ち大悟した。『聯灯会要』巻二十二の張拙秀才章に悟道偈の全文を載せる。

上88—1 **吾心似秋月**… 一点の曇りもない自身の心境を、澄んだ秋の明月になぞらえたもの。『寒山詩集』に「吾心似二秋月、碧潭清皎潔一。無三物堪二比倫一、教二我如何説一」とある。

上88—2 **払袖便行去**… 「馬祖翫月」の公案からの引用。補注（上18—1）を参照。『景徳伝灯録』巻六の百丈懐海章に「一夕三士随二侍馬祖一翫レ月次、祖曰、正恁麼時如何。西堂云、正好供養。師云、正好修行。南泉払袖便去。祖云、経入レ蔵、禅帰レ海。唯有二普願一独超二物外一」（大正蔵五一・二四九c）とある。

上88—3 **寒山子**… 唐代、天台山の国清三隠の一人、寒山（不詳）のこと。台州（浙江省）天台県の天台山国清寺に居し、豊干・拾得と共に「国清三隠」と称せられる。寒山の詩を閭丘胤がまとめた『寒山詩集』二巻が存する。

上88—4 **老南泉**… 南泉普願のこと。既出（上18—5）。

上88—5 **胡餅一堂**… 罰として僧堂内の修行僧に餅をふるまわせることか。『仏海瞎堂禅師広録』巻一「衢州報恩光孝禅院語録」に「上堂。諸方毎レ遇二中秋良辰一、往往説レ月指レ月翫レ月画レ月、以至吟レ詩作レ偈。無レ非三以レ月為二仏事一。山僧遮裏、又且不レ然。如有レ人説二月之一字一、罰胡餅一堂。乃云、彎彎初生如二囊弓一、団団次第漾二懸鏡一。人間起レ舞争二清輝一、影落二秋江一験二邪正一。円也缺也烏足レ論、体也用也誰能分。潦二倒南泉一没二碑記一、夜随二流水一遶二孤村一」（続蔵一二〇・四五七b）とある。

上88—6 **眼裏無筋一世貧**… 眼筋は真実を見きわめる眼力のこと。眼裏有筋で眼光鋭く気力気概のあること。対して眼裏無筋は無気力の意。ものの本質を見抜く力がなく、一生涯むだに送る。『古尊宿語録』巻七の『汝州南院禅師語要』に「問、久在二貧中一、如何得レ済。師云、満二掬摩尼一親自捧。学云、教二人眼瞎一。師云、眼裏無レ筋一世貧」（続蔵一一八・一一九a）とある。

上89—1 **因地震上堂**… 地震があったことに因んだ上堂。上堂の配列から、正嘉元年（一二五七）八月二十三日の大地震のことを指すと考えられる。この地震のことは、『吾妻鏡』正嘉元年（一二五七）八月二十三日条に「廿三日乙巳晴。戌尅、大地震。有レ音、神社仏閣一宇而無レ全。山岳頽崩、人屋顛倒、築地皆悉破損、所々地裂、水涌出。中下馬橋辺、地裂破、自二其中一、火炎燃出、色青云云」と記録されている。「神社・仏閣、一宇として全きこと無し」とあることから、建長寺にも相当な被害があったものと推測される。

上89—2 **八幡菩薩**… 八幡神のこと。八幡神はもともと大分県宇佐の地（宇佐八幡）に祀られた神であり、応神天皇や神功皇后を祭神とすることから、天皇家の尊崇も受け、清和源氏をはじめとする武士からも崇敬を集めた。早くは、東大寺の大仏を建造中の天平勝宝元年（七四九）に八幡神が大仏建造に協力する旨を託宣し、東大寺の鎮守神として祀られ、天応元年（七八一）には朝廷が宇佐八幡に「八幡大菩薩」の神号を贈った。後に、本地垂迹においては阿弥陀如来が八幡神の本地仏とされた。京都の石清水にも、貞観二年（八六〇）に清和天皇が社殿を建立し、勧請され石清水八幡として尊崇された。鎌倉の鶴岡八幡宮は、この石清水八幡の分霊を、康平六年（一〇六三）に源頼義の奥州征伐の際に由比郷に祀ったことに始まるとされる。さらに治承四年（一一八〇）に源頼朝は現在地に遷座し、以後、鎌倉幕府の尊崇を集めた。

上91―1　**寒焼木仏**…　「丹霞焼仏」「丹霞木仏」の公案に同じ。既出（上66―1）。

上91―2　**丹霞**…　丹霞天然のこと。既出（上66―2）。

上91―3　**含沙**…　中国南方にいるとされる伝説上の猛毒を持った怪虫。白居易の「寄二元九一」に「山無二殺草霜一、水有二含沙蜮一」（『全唐詩』巻十六）とある。水中に潜み、人の影に砂をふきつける。その砂が当たれば瘡を発し、死に至るとされる。また、含沙蜮・短狐・射影ともいう。

上92―1　**滄溟不宿屍**…　「大海不宿死屍」の公案を踏まえる。滄溟は滄く広い海。青海原。大海が不浄の死骸を停めておかずに、岸に打ち上げてしまうことをいう。八十巻本『華厳経』巻七十七「入法界品」（大正蔵一〇・四二二ａ）や『涅槃経』巻二十「梵行品」（大正蔵一二・四八一ｂ）に見える語。『景徳伝灯録』巻十七の曹山本寂章に「問、承教有レ言、大海不レ宿二死屍一、如何是海。師曰、包二含万有一。曰、為二什麼一不レ宿二死屍一。師曰、絶レ気者不レ著。曰、既是包二含万有一、為二什麼一絶レ気者不レ著。師曰、万有非二其功一、絶レ気有二其徳一」（大正蔵五一・三三六ｂ）とある。

上93―1　**世尊三昧、迦葉不知〜迦葉三昧、阿難不会**…　この説示は種々の禅籍に確認できるが、『天聖広灯録』巻十五の風穴延昭章には、「師上堂云、世尊三昧、迦葉不レ知。迦葉三昧、阿難不レ知。阿難三昧、商那和修不レ知。迄至吾有二三昧一、汝亦不レ知。時有レ僧問、未審、和尚三昧什麼人得レ知。師云、真金不レ仮二炉中試一、元膀精華徹底鮮」（続蔵一三五・三七〇ｃ）とあり、『聯灯会要』巻十二の瑯瑘慧覚章に「示衆云、世尊三昧、迦葉不レ知、迦葉三昧、阿難不レ知、阿難三昧、商那和修不レ知。吾有二三昧一、汝亦不レ知」（続蔵一三六・三一八ａ）とある。

上93―2　**迦葉**…　禅宗における西天付法第一祖。仏十大弟子の一人、頭陀第一の摩訶迦葉（梵：Mahā-kāśyapa）のこと。大迦葉・飯老尊者とも。摩掲陀国のバラモンの出身で、若くして出家し、釈尊の出世を知って仏教に帰依した。釈尊が亡くなった後、第一結集を行なったことで名高い。禅宗の伝承では、釈尊が霊鷲山で説法している際に花を拈じたところ、摩訶迦葉ひとりがその意味を悟り、破顔微笑し、釈尊と黙通証契したので、釈尊は迦葉に正法眼蔵涅槃妙心を付嘱し、迦葉は西天第一祖になったとされる。この釈尊との因縁を拈華微笑・破顔微笑などという。後には阿難に付法し、西天第二祖となした。

上93―3　**阿難**…　禅宗における西天付法第二祖。仏十大弟子の一人、多聞第一の阿難陀（梵：Ānanda）のこと。釈迦族の王族、斛飯王の子。提婆達多の兄弟とされる。釈尊が成道後、初めて迦毘羅衛城に帰ってきた際に出家したといわれる。出家して以来、常に釈尊のそばに随侍し、その説法を聞くことが多かったので、第一結集の際にも活躍した。釈尊の入滅後、摩訶迦葉から法を受け嗣ぎ、西天第二祖となった。

上93―4　**南山起雲、北山雾霈**…　「南山起雲、北山下雨」とも。南山に雲が起こると、北山には雨が降る。南山と北山で起こることは、一見別々の事象に見えるが、実は深く関わっていることを示す。『景徳伝灯録』巻二十二の徳山縁密（円明大師）章に「問、如何是和尚家風。師曰、南山起レ雲、北山下レ雨」（大正蔵五一・三八五ａ）とある。

上93―5　**胡孫騎鼈背**…　猿がすっぽんの背中に乗ること。扱いかねるさま。『人天眼目』巻六「禅林方語〈新増〉」に「胡孫喫二毛虫一、市袋裏老鴉、十字街頭碑、壁上画二風車一、胡孫騎二鼈背一、胡孫入二布袋一」（大正蔵四八・三三二ｃ）とある。

上93―6　**瞎驢趁大隊**…　目の見えない驢馬がひたすら仲間の群れに従う。安易に随順することをいう。『古尊宿語録』巻四十の『雲峰悦禅師語録』の「初住翠巌語録」に「如何是真月。師云、瞎驢趂二大隊一。進云、恁麼則早知二今日事一。悔レ不レ慎二当初一。師云、脚頭脚尾」（続蔵・一一八・三三九ｃ）とある。

上94―1　**切忌随声逐色**…　外界の音声や色相に振り回されてはならない。『大慧普覚禅師語録』巻十四「普説」の「黄徳用普説」に「又作二一頌一曰、切忌談レ玄説レ妙、那堪随レ声逐レ色。和二這一橛一掃除、大家都無二見識一」（大正蔵四七・七六九ａ）とあり、『無門関』第十六則「鐘声七条」の本則の評唱に「雲門曰、世界恁麼広闊、因レ甚向二鐘声裏一披二七条一。無門曰、大凡参禅学道、切忌随レ声逐レ色。縦使聞レ声悟レ道見レ色明レ心、也是尋常。殊不レ知、衲僧家騎レ声蓋レ色。頭頭上明、著著上妙。然二雖如一レ是、且道、声来二耳畔一、耳往二声辺一。直饒響寂雙忘、到レ此如何話会。若将レ耳聴応レ難レ会、眼処聞レ声方始親」（大正蔵四八・二九五ａ）とある。

上97―1　**秘魔擎杈**…　「秘魔擎杈」の公案。杈（叉）とは先が二つに分かれた木棒。刺股のような棒。秘魔巌常遇が、叉を首につきつけることで、僧をぎりぎりのところまで追い詰め、出家行脚する当体とは何かを問い詰めた公案。『景徳伝灯録』巻十の五臺山秘魔巌和尚章に「五臺山秘魔巌和尚、常持二一木叉一、毎レ見二僧来礼拝一、即叉二却

頸二云、那箇魔魅教二汝出家一、那箇魔魅教二汝行脚一。道得也叉下死、道不レ得也叉下死。速道。学僧鮮レ有二対者一」（大正蔵五一・二八〇a～b）とある。

上97―2　**秘魔**…　南嶽下の秘魔巌常遇（八一七～八八八）のこと。范陽（河北省）の陰氏。馬祖下の永泰霊湍の法を嗣ぐ。代州（山西省）五臺山の秘魔巌に到り、茅を結んで住する。常に一木叉を手にして学人の接化にあたった。

上97―3　**魯祖面壁**…　「魯祖面壁」の公案。馬祖下の魯祖宝雲が自らの面壁坐禅の姿をもって学人接化をなしたとする公案。『景徳伝灯録』巻七の魯祖宝雲章に「師尋常見二僧来一便面壁。南泉聞云、我尋常向レ僧道、向下仏未二出世一時上会取。尚不レ得二一箇半箇一。他恁麼地驢年去」（大正蔵五一・二八〇a～b）とある。

上97―4　**魯祖**…　唐代、馬祖下の魯祖宝雲（不詳）のこと。馬祖道一の法を嗣ぐ。池州（安徽省）魯祖山に住す。「魯祖面壁」の公案で知られるが、詳しい行実は解っていない。

上98―1　**善星比丘**…　須那呵多《しゅなかっだ》のこと。『大般涅槃経』では羅睺羅と同じく釈尊の子であるとする。一旦は釈尊のもとで出家したものの、後に還俗して釈尊や仏教の悪口を唱え、外教を賛嘆した。その結果、生きながらにして阿鼻地獄に堕ちたとされる。『大般涅槃経』巻三十三「迦葉菩薩品」に「善星比丘、是仏菩薩時子。出家之後、受二持読三誦分四別解五説十二部経一。壊二欲界結一獲二得四禅一。云何如来記、説善星是一闡提廝下之人、地獄劫住不レ可レ治人。如来何故不下先為レ其演二説正法一後為中菩薩上。如来世尊、若不レ能レ救二善星比丘一、云何得レ名下有二大慈愍一有中大方便上」（大正蔵一二・五六〇b）とある。

上98―2　**前面是牛頭～右辺有刀山突兀**…　牛頭は頭が牛で胴体は人という異形の鬼。馬の頭をしている馬頭と並び称される獄卒。『首楞厳経』巻八に「亡者神識見二大鉄城一、火蛇火狗、虎狼師子、牛頭獄卒、馬頭羅刹、手執二槍矟一、駆入二城門一」（大正蔵一九・一四四c）とある。元代に活躍した松源派の了庵清欲（一二八八～一三六三）の『了庵和尚語録』巻三「平江路霊巌禅寺語録」に「前面牛頭獄卒、後面馬面阿傍、左辺銅柱鉄床、右畔烈河灰刃」（続蔵一二三・三二七c～d）とある。

上98―3　**良哉観世音**…　すばらしきかな観世音。『首楞厳経』巻六に「我今白二世尊一、仏出二娑婆界一、此方真教体、清浄在レ音聞、欲レ取二三摩提一、実以二聞中一入、離レ苦得二解脱一、良哉観世音」（大正蔵一九・一三〇c）とある。

上98―4　**観世音**…　観音菩薩のこと。アヴァローキテーシュヴァラ（梵：Avalokiteśvara）の漢訳であり、鳩摩羅什は観世音菩薩、玄奘三蔵は観自在菩薩と漢訳した。観世音は、世間の衆生が救いを求めているのを聞いて、直ちに救済するの意。観自在は、もろもろの存在を自由自在に観ることを意味する。観音の住処は、補陀落（梵：Potaraka）という。

上99―1・2　**無孔笛・氈拍板**…　無孔笛は穴のない笛。氈拍板は毛氈を張ったカスタネット。この二つは対で用いられることが多い。『松源和尚語録』巻一「虎丘雲巌禅院語録」に「師云、一人打二氈拍板一、一人吹二無孔笛一。梵音清雅、令二人楽聞一。且道、是什麼曲調。洞庭山脚太湖心」（続蔵一二一・二九八c）とある。

上99―3　**帰去来**…　故郷に帰ろう。東晋・宋の詩人、陶淵明（陶潜、三六五～四二七）が、官を辞して帰郷し、田園生活を送ろうとする心境を記した「帰去来辞」に因む言葉。

上100―1　**嗚哪、青青黯黯処**…　既出（上15―1）。

上100―2　**僧繇**…　張僧繇のこと。既出（上16―5）。

上101―1　**南山大虫**…　南山の鼈鼻蛇のこと。南山は福州（福建省）侯官県の雪峰山のこと。鼈鼻蛇は鼻のひしゃげた蛇。青原下の雪峰義存が自らを猛毒の蛇にたとえた「雪峰看蛇」の公案を踏まえる。『雪峰真覚禅師語録』巻下に「師示レ衆云、南山有二一条鼈鼻蛇一。汝等諸人、切須二好看一。長慶出云、今日堂中大有レ人喪身失命。僧挙二似玄沙一。沙云、須二是稜兄一始得。然二雖如レ此、我即不二与麼一。僧云、和尚作麼生。沙云、用二南山一作麼。雲門以二拄杖一攛二向師面前一、作二怕勢一、張レ口吐レ舌」（続蔵一一九・四八四a）とある。『景徳伝灯録』巻十八の長慶慧稜章（大正蔵五一・三四七b）にも載り、『碧巌録』第二十二則「雪峰鼈鼻蛇」（大正蔵四八・一六二c）によって知られる。

上101―2　**長沙猛虎**…　長沙は南泉下の長沙景岑のこと。長沙景岑が潙山下の仰山慧寂と相見した際、たちまち慧寂を踏み倒したため、大虫（虎）のごとき乱暴者の意で岑大虫と称された。猛虎は機峰の鋭い禅者にたとえる。『景徳伝灯録』巻十の長沙景岑章に「因二庭前向レ日、仰山云、人人尽有二遮箇事一、只是用不レ得。師云、恰是請二汝用一。仰山云、作麼生用。師乃蹋二倒仰山一。仰山云、直下似二箇大虫一。長慶云、前彼此作家、後彼此不二作家一。乃別云、邪法難レ扶。自レ此諸方謂為二岑大虫一」（大正蔵五一・二七五a～b）とある。

上101—3　長沙…　唐代、南嶽下の長沙景岑（不詳）のこと。南泉普願の法を嗣ぐ。初め長沙（湖南省）の鹿苑寺に住したが、後に居所を定めず長沙和尚と称される。悪辣な接化から岑大虫とも呼ばれた。

上101—4　邯鄲学唐歩…　昔、燕の寿陵の青年が趙の邯鄲（河北省）に歩き方を習いに行ったが習得できず、燕の歩き方も忘れてしまい、這って帰ったという故事。『荘子』「外篇」の「秋水」に「且子独不レ聞三夫寿陵余子之学二行於邯鄲一与。未レ得二国能一、又失二其故行一矣、直匍匐而帰耳」とある。むやみに他人のまねをすれば、自分本来のものも忘れて、両方とも失うことのたとえ。「学唐歩」の意が定かでないが、『雪竇明覚禅師語録』巻三「拈古」に「挙、鏡清問レ僧、趙州喫茶去、爾作麼生会。僧便出去。清云、邯鄲学レ歩。師云、者僧不二是邯鄲人一、為二什麼一学二唐歩一。若弁得出、与レ爾茶喫」（大正蔵四七・六八七c）とある。

上101—5　水母以蝦為目…　水母はくらげ。水母には目がなく、蝦を従えて目とすることをいう。『雪竇明覚禅師語録』巻二「明覚禅師後録」に「一日挙、馬祖上堂、衆方集。百丈出捲レ蓆。祖便下レ座。諸方皆謂二奇特溜麼挙一。還当麼。若当、譬若二水母以レ蝦為一レ目。若不レ当、又空讃歎図二箇什麼一。衆中一般漢、乱踏向前問二古人意旨如何一。更有三老底不レ識二好悪一」（大正蔵四七・六八三a）とある。

上102—1　韶国師云、通玄峰頂〜満目青山…　法眼宗の天台徳韶が台州（浙江省）天台山の最高峰である通玄峰を詠じた偈を引用したもの。『景徳伝灯録』巻二十五の天台徳韶章に「師有レ偈示レ衆曰、通玄峰頂、不二是人間一、心外無レ法、満目青山」（大正蔵五一・四〇八b）とある。

上102—2　韶国師…　法眼宗の天台徳韶（八九一〜九七二）のこと。処州（浙江省）龍泉の陳氏。投子大同や龍牙居遁に参じ、法眼文益の法を嗣ぐ。後に台州（浙江省）天台山に登って智者大師智顗の遺跡を興し、乾祐元年（九四八）に呉越忠懿王によって国師に遇せられる。天台県の般若寺（護国寺）に開堂する。

上102—3　心外無法、満目青山…　黄檗希運の『宛陵録』に「心外無レ法、満目青山。虚空世界、皎皎地無三糸髪許与レ汝作二見解一」（大正蔵四八・三八五c）とある。

上103—1　玄上座…　臨済義玄のこと。既出（上72—4）。

上103—2　三遭六十烏藤…　『臨済録』「行録」にある「臨済大悟」の因縁を踏まえたもの。烏藤は黒塗りの拄杖。藤葛の杖。『円悟仏果禅師語録』巻八「住成都府天寧寺小参」に「臨済在二黄檗一三度設レ問、喫二六十棒一」（大正蔵四七・七四九c）とあり、『密庵和尚語録』「景徳霊隠禅寺語録」の「葛中書請上堂」に「臨済問二黄檗仏法的的大意一、三遭二六十痛棒一」（大正蔵四七・九七一c）とある。

上103—3　周金剛未喫点心…　徳山宣鑑の「三心不可得」の公案。『金剛経』に精通して周金剛と称された徳山宣鑑は、南方の禅宗が「直指人心、見性成仏」を説いて盛んなのに不平を懐き、これを挫かんと蜀（四川省）を旅立ったが、中途で餅売りの老婆に遭遇した。老婆は『金剛経』の経文を踏まえて、過去心・現在心・未来心のどの心で餅を食べるのかと問い詰める。答えることのできなかった宣鑑は直ちに澧州（湖南省）の龍潭崇信に参じて法を嗣いだ。『聯灯会要』巻二十の徳山宣鑑章に「剣南周氏子。在レ蜀業二金剛経一、因号二周金剛一。（中略）後聞二南方禅席頗盛一、師気不レ平、謂二同列一曰、出家児、千劫学二仏威儀一、万劫学二仏細行一、尚不レ得二成仏一。南方魔子敢言、直指人心、見性成仏。我当下楼二其窟穴一、滅二其種族一、以報中仏恩上。遂担二青龍疏抄一出レ蜀。及二中路一、遇二一売レ餅婆子一。師放二下疏抄一、問レ婆云、買レ餅点心。婆斂レ手云、上座担者、何文字。師云、青龍疏抄。婆云、講二何経一。師云、金剛経。婆云、婆有二一問一、上座若道得、即捨レ餅充二点心一。師云、便請。婆云、経中道、過去心不可得、見在心不可得、未来心不可得。上座鼎鼎、是点二那箇心一。師無レ対。径造二龍潭一、纔相見便問、久響二龍潭一、及二乎到来一、潭又不レ見、龍又不レ現。潭云、子親到二龍潭一。師作礼而退」（続蔵一三六・三七八b）とある。

上103—4　周金剛…　徳山宣鑑のこと。既出（上28—1）。

上104—1　無位真人赤肉団…　無位真人はいかなる枠にもはまらず、一切の枠を超えた自由人。『臨済録』に「上堂云、赤肉団上有二一無位真人一。常従二汝等諸人面門一出入。未二証拠一者看看。時有レ僧出問、如何是無位真人。師下二禅床一把住云、道道。其僧擬議。師托開云、無位真人是什麼乾屎橛。便帰二方丈一」（大正蔵四七・四九六c）とある。また、「真人」は『荘子』「大宗師」に見られる言葉で、道家では道の体得者として用いられる。

上104—2　下座巡堂喫茶…　既出（上53—2）。

上106—1　僧問夾山〜作麼生会…　『景徳伝灯録』巻十五の夾山善会章に「問、如何是夾山境。師曰、猿抱レ子帰二青嶂裏一、鳥銜レ華落二碧巌前一」（大正蔵五一・三二四b）とあり、『古尊宿語録』巻四十六の『滁州瑯琊山覚和尚語録』に「挙、僧問、如何是夾

山境。夾山云、猿抱レ子帰二青嶂裏一、鳥銜レ花落二碧巌前一。法眼云、我二十年作二境話会一」（続蔵一一八・三九四c）とある。

上106—2　夾山…　青原下の夾山善会（八〇五～八八一）のこと。漢広（河南省）峴亭の廖氏。幼少にて潭州（湖南省）龍牙山に出家し、道吾円智の勧めにより、華亭江で船頭になっていた船子徳誠に参じて法を嗣ぐ。澧州（湖南省）石門県の夾山霊泉院に居して禅風を振るった。碧巌は夾山に存する一峰。

上106—3　法眼…　法眼宗祖の法眼文益（八八五～九五八）のこと。杭州（浙江省）余杭の魯氏。青原下の羅漢桂琛の法を嗣ぐ。撫州（江西省）の曹山崇寿院、金陵（江蘇省）の報恩院・清涼院に住する。浄慧禅師・大法眼禅師と諡する。文益の門流を法眼宗と称し、禅宗五家の一に列した。『宗門十規論』一巻がある。

上106—4　巌下白雲抱幽石…　山から湧き起こる白雲がひっそりと幽石を抱く。境を離れた幽玄な中で湧き上がる白雲が山奥の石を包み込んでいる。『文選』巻二十六「詩篇下」に収録された東晋の謝霊運（三八五～四三三）が自らの荘園を詠った詩である「過二始寧墅一」に「巌峭嶺稠畳、洲縈渚連綿、白雲抱二幽石一、緑篠媚二清漣一」とある。また『寒山詩集』の冒頭にも「重巌我卜居、鳥道絶二人迹一、庭際何所レ有、白雲抱二幽石一」とある。

上107—1　跛脚阿師…　足が不自由な師匠。雲門宗祖の雲門文偃のことを指す。『無門開和尚語録』巻上「黄龍崇恩寺禅寺語録」に「上堂。挙、雲門示レ衆云、十五日已前即不レ問、十五日已後道二将一句一来。自代云、日日是好日。師云、這跛脚阿師、始者与麼告報、将謂将謂。及三乎末後露二出尾巴一、元来元来」（続蔵一二〇・二五三a）とある。雲門文偃については既出（上29—2）。

上107—2　擘破面皮…　生身の厚い面の皮をはぎ取る。『古尊宿語要』巻六の『或庵体禅師語』に「掉二開骨董一、奮二一隻拳一、擘二破面皮一、軒知二大胆一。住二荒涼院舎一、拾二落成新一、説二朴実頭禅一、摧レ邪顕レ正」（続蔵一一九・九二d）とあり、『率庵和尚語録』「慶元府仗錫山延勝禅院率庵和尚語録」の「謝二一首座一上堂」に「一切即一、一即一切、者也之乎、鶏豚狗彘。驀忽擘二破面皮一、喝二退徳山臨済一」（続蔵一二一・五七b）とある。

上107—3　従高麗来、便入奥州去…　この時代に奥羽（東北地方）で活躍した僧侶に、高麗出身で径山の無準師範（一一七七～一二四九）の法嗣であり、永平道元（一二〇〇～一二五三）にも参学したことがある羽州（山形県）大泉荘の善見山玉泉寺開山の了然法明がいる。当時、高麗出身の禅僧は了然法明の他に知られていないことから、この上堂にいう蘭渓道隆と相見した高麗出身の僧は、おそらく了然法明ではないかと推測される。了然法明については、佐藤秀孝「出羽玉泉寺開山の了然法明について―道元禅師に参じた高麗僧―」（『駒澤大学仏教学部研究紀要』第五十二号、一九九四年）および同「了然法明と三処の玉泉寺」（『宗学研究』第五十号、二〇〇八年）を参照。

上107—4　高麗…　朝鮮の王朝名。朝鮮の後三国時代、九一八年に王建が後高句麗を滅ぼし建国。九三五年には新羅が高麗に帰順し、ついで九三六年に後百済を滅亡させる形で、朝鮮半島は高麗により統一された。以後一三九二年まで高麗王朝が続いた。

上107—5　髣髴西秦、依稀東魯…　西秦に似ていると思ったら、東魯にもそっくりだ。西秦は西の秦の国、東魯は東の魯の国で、ともに春秋時代の列国の一つ。『碧巌録』第八十二則「大龍堅固法身」の本則の評唱に「一如下君向二西秦一、我之中東魯上、他既恁麼行、我却不二恁麼行一」（大正蔵四八・二〇八b）とある。

上108—1　少林…　嵩山少林寺のこと。既出（上1—17）。

上108—2　甜瓜生得苦葫蘆…　『古尊宿語録』巻四十一の『雲峰悦禅師語録』の「偈頌」の「寄二南華慈済禅師一」に「曹渓何幸示二来書一。忽憶当年在二大愚一。堪レ笑堪レ悲無限事。甜瓜生二得苦葫蘆一」（続蔵一一八・三四八b）とある。

上109—1　水牯牛・胡孫子…　水牯牛は去勢した牛、胡孫子は猿のこと。ともに、心の乱れたさまにたとえられる。『蘭渓坐禅儀』にも「如レ此則自家胡孫子・水牯牛、更不二跨跳一」とあり、坐禅中の心の乱れを胡孫子と水牯牛にたとえている。

上110—1　頂上鉄枷卸却…　『雪峰真覚禅師語録』巻下に「雲門参二睦州和尚一得レ旨、後造二陳操侍郎宅一経二三載一。続回礼二謁睦州一。州云、南方有二雪峰和尚一、汝何不下去二彼中一受上レ旨。雲門到二雪峰庄上一、見二一向北僧一。雲門問、上座今日上レ山去那。僧云、是。雲門云、寄二一則因縁一、問二山頭和尚一、祇是不レ得レ道二是別人語一。僧云、得。雲門云、上座到二山中一。見二和尚上堂衆纔集一、握レ腕立地云、者老漢、項上鉄枷何不二脱却一。其僧一依二雲門教一。師見二者僧与麼道一、便下座攔胸把住乃云、速道、速道。其僧無語。師一拓拓開云、此不二是汝語一。僧云、是某甲語。師云、侍者将二縄棒一来。僧云、是不二是某甲語一、在二荘上一見二一浙中上座一。教二某甲一来与麼道。師云、大衆去二荘上一、迎二取五百人善知識一来。雲門来日上レ山。師纔見便云、因二什麼一得レ到二与麼地一。雲門乃低頭、従レ茲

契合」（続蔵一一九・四八二ｄ）とある雲峰義存と雲門文偃の機縁を踏まえる。

上110—2　雪峰…　雪峰義存のこと。既出（上85—2）。

上110—3　雲門…　雲門文偃のこと。既出（上29—2）。

上110—4　澄潭不許蒼龍蟠…　澄み切った水深き淵は、青龍がとぐろをまいて住み着くことさえも許さない。『碧巌録』第十八則「忠国師無縫塔」の頌古に「無縫塔見還難。澄潭不レ許二蒼龍蟠一。層落落影団団。千古万古与レ人看」（大正蔵四八・一五八ｃ）とある。

上113—1　無位真人…　既出（上104—1）。

上113—2　夏雲多奇峰…　夏の入道雲には珍しい峰の形のようなものが多い。『箋註陶淵明集』巻三には陶淵明の作として「四時」と題して「春水満二四沢一、夏雲多二奇峰一。秋月揚二明暉一、冬嶺秀二孤松一」とある。ただし、この詩は陶淵明に仮託した偽作とする説が強い。

上114—1　缺歯老胡…　歯の欠けた胡人。達磨のこと。『仏鑑禅師語録』巻一「雪竇山資聖禅寺語録」に「上堂。風蕭蕭、雨蕭蕭、行人弓箭各在レ腰。缺歯老胡剛然不レ知レ有、却向二少林一九年面壁」（続蔵一二一・四三二ｄ）とある。

上114—2　隻影返西天…　陝州（河南省）東の熊耳山に葬られた達磨が、片方の草鞋を残して西天に帰ったという故事をふまえた一節。既出（上39—2）。

上115—1　笻…　既出（上24—2）。

上116—1　両班…　既出（上2—1）。

上116—2　楊岐一頭驢、只有三隻脚…　「楊岐三脚驢」の公案。『楊岐会和尚語録』「袁州楊岐山普通禅院語録」に「問、如何是仏。師云、三脚驢子弄レ蹄行。進云、莫二只者便是一。師云、湖南長老」（大正蔵四七・六四〇ａ）とあり、『大慧普覚禅師語録』巻十「頌古」に「僧問二楊岐一、如何是仏。岐云、三脚驢子弄レ蹄行。僧云、便恁麼去時如何。岐云、湖南長老。頌云、楊岐一頭驢、只有二三隻脚一。潘閬倒騎帰、攧二殺黄幡綽一」（大正蔵四七・八五四ｂ～ｃ）とある。

上116—3　楊岐…　臨済宗楊岐派祖の楊岐方会（九九二～一〇四九）のこと。袁州（江西省）宜春県の冷氏。石霜楚円の法を嗣ぐ。主に院事を司っていたが、後に出世して、袁州の楊岐山普通禅院や潭州（湖南省）の雲蓋山海会寺に住す。『楊岐会和尚語録』一巻あり。

上117—1　迦葉…　摩訶迦葉のこと。既出（上93—2）。

上118—1　光非照境～復是何物…　『景徳伝灯録』巻七の盤山宝積章に「夫心月孤円、光呑二万象一。光非レ照レ境、境亦非レ存。光境倶亡、復是何物」（大正蔵五一・二五三ｂ）とある。

上118—2　古人…　唐代、馬祖下の盤山宝積（不詳）のこと。馬祖道一の法を嗣ぐ。幽州（河北省）盤山に住して宗風を鼓吹した。法嗣に鎮州普化がいる。

上118—3　老瑞巌…　唐末五代、青原下の瑞巌師彦（不詳）のこと。閩越（福建省）の許氏。巌頭全豁の法を嗣ぐ。台州（浙江省）黄巌県の瑞巌院に住し、武粛王銭氏の帰依を受けた。空照禅師と諡する。

上118—4　惺惺石…　惺惺は心の明らかなさま、目が醒めていること。惺惺著は精神を明瞭にせよ、目を覚ませの意。『聯灯会要』巻二十三の瑞巌師彦章に「師尋常自喚二主人公一。復自応云、諾。復云、惺惺著。他後莫レ受二人謾一」（続蔵一三六・四〇九ｃ）とあり、『無門関』第十三則「巌喚主人」に「瑞巌彦和尚、毎日自喚二主人公一。復自応諾。乃云、惺惺著、喏。他時異日、莫レ受二人瞞一、喏喏」（大正蔵四八・二九四ｂ）とある。

上119—1　因事上堂…　特定の出来事に因んでなす上堂。特定の出来事については明確にはできないが、『吾妻鏡』正嘉二年（一二五八）八月二十八日条には、「二十八日甲辰、晴。戌刻、螢惑、犯二南斗第五星一。同時大流星〈長四丈余四尺〉自レ乾至レ巽。今日評定、将軍家御上洛延引〈云云〉。是依二諸国損亡民間有一レ愁之故也」とあり、この日、螢惑（火星）が南斗六星（いて座）の第五星に重なり、それと同時に大流星（彗星）があり、長さが四丈四尺程（約一三・三メートル）にも及び、乾（北西）から巽（南東）に至るほどに達したという。そのため、諸国が存亡するという民間の噂が起こり、将軍家の御上洛が延期されるほどになっている。上堂は八月二十五日に行なわれているが、大流星の大きさや、民間の噂からすれば、それよりも前から大流星が見えており、すでに人民に不安が広がっていた様子が窺える。上堂には「終朝万慮千思、不レ若二三平二満一」とあることは、このことを指している可能性も想定される。

上119—2　三平二満…　十分に満たされてはいなくても、心が安らかで満足していること。『無明和尚語録』「蘄州資福禅寺語録」に「上堂云、挙、雲門示レ衆云、天寒日短、両人共二一椀一。師云、雲門家風太倹。資福則不レ然。天寒日短、三平二満。虎咬二大虫一、雄鶏生レ卵。且道、明二什麼辺事一。参」（続蔵一二一・三一七d）とある。

上119—3　古徳道、炊無米飯、接不来人…　『松源和尚語録』巻下「賛仏祖」の「道巌首座請レ賛」に「人我如レ山、狠気如レ雲、炊二無レ米飯一、接二不レ来人一。電光影裏賓主分、不二是冤家一不レ与レ隣」（続蔵一二一・三二二b）とある。

上119—4　古徳…　松源崇嶽のこと。既出（序—5）。

上119—5　道吾老人…　唐代、南嶽下の関南道吾（不詳）のこと。関南道常の法を嗣ぐ。襄州（湖北省）の関南寺に住し、上堂の際に、音曲を歌舞して学人に示したという。魯氏の出身であったためか、魯三郎と称した。『景徳伝灯録』巻十一の関南道吾章に「襄州関南道吾和尚。始経二村墅一、聞三巫者楽神云二識レ神無一。師忽然惺悟。後参二常禅師一、印二其所レ解。復遊二徳山門下一、法味弥著。凡上堂示レ徒、戴二蓮花笠一、披レ襴執レ簡、撃レ鼓吹レ笛、口称二魯三郎一」（大正蔵五一・二八八c）とある。

上120—1　為新極楽然長老引座上堂…　『元亨釈書』巻六「釈了然」によれば、月峰了然が正嘉元年（一二五七）に極楽寺（後の浄妙寺）の住持になっている。『月峰和尚語録』には、冒頭に「師二於正嘉元年一、建長禅寺首座寮受レ請」とあることから、正嘉元年に建長寺の首座寮にて受請したとみられる。『月峰和尚語録』には、「入院上堂」があり、その次の上堂が、臘月（十二月）に行なわれていることから、この受請は、正嘉元年冬と考えられる。したがって、翌正嘉二年（一二五八）の秋頃、新しく極楽寺の住持となった月峰了然のために上堂が行なわれたと推定される。

上120—2　新極楽然長老…　臨済宗大覚派の月峰了然（不詳）のこと。もと京都の大学博士。出家して蘭渓道隆の法を嗣ぐ。鎌倉中期に鎌倉の極楽禅寺（後の稲荷山浄妙寺）に住持した。語録に『月峰和尚語録』がある。佐藤秀孝「月峰了然と『月峰和尚語録』—京都の大学博士から転身して蘭渓道隆の法を嗣ぐ—」（『駒澤大学禅研究所年報』第二十二号、二〇一〇年）を参照。

上120—3　極楽…　鎌倉二階堂の極楽禅寺のことで、文治四年（一一八八）に足利氏によって創建された。開山は栄西門下の退耕行勇である。月峰了然が住職となり禅刹に改められたとされる。後に稲荷山浄妙禅寺と改め、鎌倉五山の第五位となる。

上120—4　挨到無挨已十年…　挨は迫る、問いつめる。十年は月峰了然が蘭渓道隆に参学した期間を指す。道隆は宝治二年中は京都の泉涌寺に滞在していることから、この間に、道隆と了然が知り合ったものか。その後、道隆が常楽寺の住持を勤めた宝治二年（一二四八）か、あるいは建長寺の開山となった建長元年（一二四九）の頃から道隆に参じていたことになろう。

上120—5　破諸方冬瓜印子、掃近世蘿蔔頭禅…　『碧巌録』第九十八則「天平行脚」の本則の評唱に「天平曽参二進山主一来。為下他到二諸方一、参二得此蘿蔔頭禅一、在二肚皮裏一。到処便軽開二大口一道中、我会レ禅会上レ道。常云、莫レ道レ会二仏法一、覓二箇挙話人一也無。（中略）只管被二諸方冬瓜印子印定一了、便道、我会二仏法奇特一、莫レ教二人知一」（大正蔵四八・二二一b～c）とある。

上120—6　洞山五位…　洞山良价が創唱した偏正五位説で、法の実態を正中偏・偏中正・正中来・偏中至・兼中到の五種に分類したもの。曹洞系ではおおむねこのまま伝承されたが、臨済宗では汾陽善昭や石霜楚円により五位の列位や名称の名目が一部変化して伝えられた。『人天眼目』巻三「曹洞宗」の「五位君臣」（大正蔵四八・三一三c～三一七c）に詳しい。

上120—7　洞山…　洞山良价のこと。既出（上11—2）。

上120—8　臨済三玄…　臨済義玄が用いた三玄三要という学人指導の方法。三玄は、第一玄は体中玄、第二玄は句中玄、第三玄は玄中玄をいう。三要は、第一要は分別造作のない言語。第二要は千聖がそのまま玄要に入ること。第三要は言語を絶したもの。『臨済録』の馬防の序に「奪人奪境、陶二鋳仙陀一、三要三玄、鈐二鎚衲子一」（大正蔵四七・四九六a）とあり、「上堂」に「師又云、一句語須レ具二三玄門一、一玄門須レ具二三要一、有レ権有レ用」（大正蔵四七・四九七a）とある。南宋代の『人天眼目』巻一「臨済宗」に「三玄三要」として「師云、大凡演二唱宗乗一、一語須レ具二三玄門一、一玄門須レ具二三要一、有レ権有レ実、有レ照有レ用。汝等諸人作麼生会。後来汾陽昭和尚、因挙二前話一乃云、那箇是三玄三要底句。僧問、如何是第一玄。汾陽云、親嘱二飲光前一。吾云、釈尊光射二阿難肩一。如何是第二玄。汾云、絶レ相離二言詮一。吾云、孤輪衆象攅。如何是第三玄。汾云、明鏡照無レ偏。吾云、泣向二枯桑一涙漣漣。如何是第一要。汾云、言中無二作造一。吾云、最好精麁照。如何是第二要。汾云、千聖入二玄奥一。吾云、閃爍乾坤光晃耀。如何是第三要。汾云、四句百非外、尽踏二寒山道一。吾云、夾レ路青松老」（大正蔵四八・三〇一c～三〇二a）とある。

上120—9　臨済…　臨済義玄のこと。既出（上72—4）。

上120—10　趙州…　趙州従諗のこと。既出（上9—9）。

上120—11　老南泉…　南泉普願のこと。既出（上18—5）。

上120—12　青原思和尚～石頭便礼拝…　「青原鉳斧子」の公案。青原行思・南嶽懐譲はともに六祖慧能に法を嗣いだ弟子であり、石頭希遷も六祖晩年の得度の弟子であったが、その遺言により青原に参じることになった。青原は石頭に「南嶽にこの書を届けよ。帰ってきたら鉳斧子を与えて住持させよう」といい、石頭を南嶽懐譲のもとに送った。しかし、石頭は持参した書信も渡さず、返事も聞かずに、ただ「不レ求二諸聖一、不レ重二已霊一」の問答を交わして青原のもとに帰ってきた。石頭が約束の鉳斧子を求めると、青原は一足を垂れた。石頭は礼拝すると辞去して南嶽に往った。『景徳伝灯録』巻五の青原行思章に「師令三希遷持レ書与二南嶽譲和尚一曰、汝達レ書了速廻、吾有二箇鉳斧子一、与レ汝住山。遷至レ彼未レ呈レ書、便問、不レ慕二諸聖一不レ重二已霊一時如何。譲曰、子問太高生、何不二向下問一。遷曰、寧可三永劫受二沈淪一、不下従二諸聖一求中解脱上。譲便休。遷廻至二静居一。師問曰、子去未レ久、送レ書達否。遷曰、信亦不レ通、書亦不レ達。師曰、作麽生。遷挙二前話一了、却云、発時蒙三和尚許二鉳斧子一。便請取。師垂二一足一。遷礼拝」（大正蔵五一・二四〇b）とある。

上120—13　青原思和尚…　六祖下の青原行思（?～七四〇）のこと。吉州（江西省）安城の劉氏。六祖慧能の法を嗣ぐ。南嶽懐譲と共に二大弟子と称された。吉州廬陵県の青原山静居寺に住する。弘済大師と諡する。法嗣に石頭希遷を得、その系統から曹洞宗・雲門宗・法眼宗が展開した。

上120—14　石頭…　青原下の石頭希遷（七〇〇～七九〇）のこと。端州（広東省）の陳氏。韶州（広東省）の曹渓山にて六祖慧能について得度し、後に青原行思の法を嗣ぐ。衡山（南嶽）の南台寺に行き、寺東の石上に庵を結んで常に坐禅し、石頭和尚と称された。禅の宗要を説いた『参同契』を撰述する。無際大師と諡する。

上120—15　南嶽譲和尚…　六祖下の南嶽懐譲（六七七～七四四）のこと。金州（陝西省）安康の杜氏。荊州（湖北省）玉泉寺の弘景律師に参じて出家し、律蔵を学ぶ。嵩山慧安を訪ね、曹渓山の六祖慧能の法を嗣ぐ。南嶽の般若寺（後の福厳寺）に住する。門下に馬祖道一を得、さらに潙仰宗・臨済宗へと連なる。大慧禅師と諡する。

上120—16　不慕諸聖不重己霊…　『景徳伝灯録』巻五の青原行思章に「師令三希遷持レ書与二南嶽譲和尚一曰、達レ書了速廻、吾有二箇鉳斧子一、与レ汝住山。遷至レ彼未レ呈レ書、便問、不レ慕二諸聖一不レ重二己霊一時如何。譲曰、子問太高生、何不二向下問一。遷曰、寧可三永劫受二沈淪一、不下従二諸聖一求中解脱上。譲便休。遷廻至二静居一」（大正蔵五一・二四〇b）とある。

上120—17・18　事忙不及草書・家貧難辦素食…　『大慧普覚禅師語録』巻九「雲居首座寮秉払」の「秉払」に「白雲端和尚云、龍牙老人可謂熟処難レ忘。師云、端和尚恁麽道、大似二以レ己方一レ人。杲上座即不レ然。家貧難レ弁二素食一、事忙不レ及二草書一」とあり、『無門関』第二十四則「雲門屎橛」に「雲門因僧問、如何是仏。門云、乾屎橛。無門曰、雲門可レ謂、家貧難レ辦二素食一、事忙不レ及二草書一。動便将二屎橛一来、撑レ門拄レ戸。仏法興衰可レ見」（大正蔵四八・二八五c）とある。

上120—19　前言不副後語…　前に述べた言葉は後に述べた言葉に及ばない。前に述べた言葉と後で述べた言葉とつじつまが合わない。「前言不応後語」「前語不及後語」とも。『聯灯会要』巻四の麻谷宝徹章に「披雲云、死中得レ活、万中無レ一。師下レ牀、作下抽二坐具一勢上。雲把住云、前死後活、你還甘麽。師云、甘即甚甘、阿師堪レ作二甚麽一。雲推レ師向二一辺一云、知道前言不レ副二後語一」（続蔵一三六・二五二c）とあり、『嘉泰普灯録』巻三の天童澹交章に「云、向上宗乗又且如何挙唱。曰、前言不レ及二後語一」（続蔵一三七・四〇d）とある。

上120—20　払袖便行…　既出（上88—2）。

上120—21　青原子孫、不至断絶…　後世、青原行思の門流を青原下と称し、曹洞宗・雲門宗・法眼宗がその流れに属する。ここでは、北宋代に曹洞宗の大陽警玄（九四三～一〇二七）の教えが代付された故事を指すか。大陽警玄には弟子も多かったが、真に法門を嗣続する人材に欠けていた。そのため、警玄はすでに臨済宗の葉県帰省の法を嗣いでいた浮山法遠に皮履や直裰を与えて後事を託し、後に法遠はその法を投子義青（一〇三二～一〇八三）に伝えて、曹洞宗の法系が伝えられた。これを「断絶」と表現したものか。

上121—1　文殊与維摩、両両常論議…　『維摩経』において維摩居士と文殊菩薩の二人が問答を交わしたことをいう。両両は二人で、共に。『碧巌録』第八十四則「維摩不二法門」に「挙、維摩詰問二文殊師利一、何等是菩薩入二不二法門一。文殊曰、如二我意一者、於二一切法一、無レ言無レ説、無レ示無レ識、離二諸問答一、是為レ入二不二法門一。於レ是文殊師利問二維摩詰一、我等各自説已。仁者当レ説、何等是菩薩入二不二法門一」（大正蔵四八・二〇九b）とある。

上121—2　文殊…　文殊師利菩薩のこと。既出（上20—16）。

上121—3　維摩…　既出（上20—17）。

上121—4　西川石像…　嘉州（四川省）の大仏。西川は西の川、蜀（四川省）の地をいう。現在の四川省楽山市にある楽山大仏のこと。岩山を掘り、九十年かけて造られた巨大な弥勒菩薩の磨崖仏であり、唐の貞元十九年（八〇三）に完成した。高さは七十一メートル。『円悟仏果禅師語録』巻十六「拈古上」に「挙、雲門示レ衆云、爾若実未レ得二箇入頭処一、三世諸仏在二爾脚跟下一、一大蔵教在二爾舌頭上一。且向二葛藤処一会取。師云、崇寧土上加レ泥、敢道、直得下潙山水牯触二殺東海鯉魚一、陝府鉄牛呑中却嘉州大像上」（大正蔵四七・七九〇c）とあり、『仏光国師語録』巻三「相州巨福山建長興国禅寺語録」の「除夜小参」に「嘉州大像、呵呵大笑。黄梅石女、大叫二蒼天一。因レ甚如レ此。朱顔明鏡裏、古剣髑髏前」（大正蔵八〇・一五九c）とある。

上121—5　泥牛…　泥で作った牛。思慮分別の固まり。『嘉泰普灯録』巻五の東京浄因自覚章に「云、知三師久韞二嚢中宝一、今日当レ場略借看。曰、木馬踏二開雲外路一、泥牛耕二尽海中田一」（続蔵一三七・五四b）とあり、『増輯丹霞淳禅師語録』「頌古」の「鳳翔石柱」の公案に対する頌古に「海底泥牛耕二白月一、雲中木馬驟二清風一。胡僧懶レ捧二西乾鉢一、半夜乗レ舟過二海東一」（続蔵一二四・二五三a）とある。

上121—6　度嚕地利…　陀羅尼の一種か。『楽邦文類』巻一「溥遍解脱心真言」に「又溥遍解脱心眞言曰、唵没〈二合〉囉歌麼〈一〉廢灑陀上囉〈二〉馱囉馱囉〈三〉地利地利〈四〉度嚕度嚕〈五〉縒曼彈入縛攞〈六〉畝佉襴〈七〉莎縛〈二合〉訶〈八〉」（大正蔵四七・一六二b）とある。

上121—7　刻舟剣去久…　剣去刻舟とも。既出（上14—3）。

上122—1　老趙州開口便見胆…　趙州従諗が口を開いて胆まで見せた。最も肝要なところまですべて露わにすること。『無門関』第七則「趙州洗鉢」に「趙州因僧問、某甲乍入二叢林一、乞師指示。州云、喫粥了也未。僧云、喫粥了也。州云、洗二鉢盂一去。其僧有レ省。無門曰、趙州開レ口見レ胆、露二出心肝一。者僧聴レ事不レ真、喚レ鐘作レ甕」（大正蔵四八・二九三c～二九四a）とある。

上122—2　老趙州…　趙州従諗のこと。既出（上9—9）。

上124—1　達磨…　菩提達磨のこと。既出（上9—2）。

上124—2　聖徳太子昔放過伊…　聖徳太子が大和（奈良）の片岡山で飢人と会い、食事と衣服を与え、次の日に使いに見に行かせたところ、姿が消えて衣が残されていた。その飢人は実は達磨であったという話。『日本書紀』では、飢人は単に真人（聖）とされていたが、奈良時代末に敬明によって編まれた『上宮太子伝』に注記として、この聖が達磨であることが記された。この話は『元亨釈書』巻一「菩提達磨」にも収録されており、鎌倉期の人たちに聖徳太子の片岡山伝説が受け入れられていた様子が窺える。

上124—3　豫譲呑炭…　既出（上47—1）。

上124—4　道猷洗腸…　道猷については『高僧伝』巻十一「習禅」に載る竺曇猷（道猷とも）のことか。洗腸は腸を洗い清める。心中の邪気を抜き取る。

上125—1　那斯祁…　那はあれ、斯や祁はこれ。ごく簡単な言葉。無著道忠の『葛藤語箋』巻六「三言目録乾」の「愚滞」には「那斯祁」として「伝灯八、十六丈、紅螺和尚章云、頌曰、共語問酬全不レ会、可レ憐只解二那斯祁一。鈔、一山曰、言レ不レ知也。或言、福州郷談、無分暁之謂也」とある。『景徳伝灯録』巻八の紅螺和尚章に「紅螺和尚、在二幽州一有レ頌示二門人一曰、紅螺山子近二辺夷一、度得之流半是奚。共語問酬全不レ会、可レ憐只解二那斯祁一」（大正蔵五一・二六〇b）とあり、無著道忠は『景徳伝灯録鈔』を引用して那斯祁を不知の意とし、また福州（福建省）の郷談で無分暁の意であるとする。明らかでないこと、言語で表現することのできないありようか。物の道理の解らない意ともとれる。『松源和尚語録』巻上「饒州薦福禅院語録」に「上堂。十五日已前取不レ得、十五日已後捨不レ得。正当十五日、取即是、捨即是。問レ汝問レ余都不レ会、可レ怜只解二那斯祁一」（続蔵一二一・二九二a）とあり、『無明和尚語録』「南康軍廬山棲賢宝覚禅寺語録」に「解夏上堂云、有レ結有レ解倶錯、到底無レ縄自縛。一夏九十日終、箇箇眉鬚堕落。入レ水長人、塡レ溝塞レ壑。相逢只解二那斯祁一、明眼衲僧休二卜度一」（続蔵一二一・三二〇c）とある。一方、『希叟和尚語録』「偈頌」の「日本玄志禅人請レ語」には「上人幼負二凌雲志一、十五為レ僧今廿二。鯨波不レ怕嶮如レ崖、遠渉要レ明二西祖意一。老松陰下扣二烟扉一、未レ透二慈渓一劈レ箭機。満口郷談学二唐語一、帝都丁喚二那斯祁一」（続蔵一二二・九〇d）とあり、ここでは日本僧の語る言葉がはっきり理解できない例として用いられている。

上125—2　陳処士…　陳摶《ちんたん》（図南、希夷先生、八六七～九八四、あるいは？～九八九）のこと。亳州（河南省）真源の人で、五代から北宋初期の道士。科挙に落第して仕官をあきらめ、湖北の武当山九室巌に隠棲して道術を学び、のちに陝西の華山（西嶽）雲台観などに住んだ。五代に後周の世宗に召され、北宋の太宗のときには二度上京して寵遇され、希夷先生の号を賜った。『宋史』巻四五七などに伝が存する。『嘉泰普灯録』巻十三の霊光文観章に「上堂曰、過去諸如来、斯門已成就、好事不レ如レ無。現在諸菩薩、今各入二円明一、好事不レ如レ無。未来修学人、当レ依二如レ是法一、好事不レ如レ無。還知麼。除二却華山陣(陳)処士一、何人不レ帯二是非行一。参」（続蔵一三七・一〇五b）とある。

上125—3　倒騎驢自華山帰…　驢馬の背に逆さ乗りして華山から帰ってくる。達人の自由自在なありよう。張果老の故事。張果は唐代の道士で、道教の仙人として八仙の一人に数えられる。張果老のことは、唐の玄宗代の記録『明皇雑録』巻上に初めて記録され、『旧唐書』巻一九一や『新唐書』巻二〇四などに伝記が残されている。ただし、これらの古い記録には、張果が驢馬に後ろ向きに乗っていたという記事や華山から帰って来た故事は見られないが、北宋代の『太平広記』巻三〇には「張果者、隠二於恒州条山一、常往二来汾晋間一。時人伝レ有二長年秘術一。（中略）果常乗二一白驢一、日行数万里、休則重畳レ之、其厚如レ紙、置二於巾箱中一。乗則以レ水噀レ之、還成レ驢矣」とあって、張果が白い驢馬に乗っていたという伝説があったことが知られる。また『白雲端和尚語録』巻四「舒州法華山端和尚頌古」の「霊雲見桃花悟道」の頌古として「霊雲悟処復何如、未レ徹無三人弁二得渠一。千古華山山脚下、豈知二潘閬倒騎レ驢」（続蔵一二〇・二二〇b）とあったり、『禅宗頌古聯珠通集』巻三十二の「雪峰望州烏石」に対する大洪守遂の頌古として「登レ山過レ水幾区区、特地相逢問二道途一、堪レ笑華山潘処士、長安路上倒騎レ驢」（続蔵一一五・二〇〇a）とあるように、北宋代の詩人、潘閬（逍遥、?〜一〇〇九）が華山と結びつけられ、驢馬に後ろ向きに乗るモチーフとしてしばしば用いられ、これらが次第に張果の伝説として語られるようになったものと推測される。ただし、蘭渓道隆は華山に居した陳摶（陳処士）の故事をこの話に当てている。

上126—1　浮幢王刹海…　浮幢とは『華厳経』に出る香水海の一つ。八十巻本『華厳経』巻十「華蔵世界品第五之三」に種々の香水海を挙げる中に「次有二香水海一、名二宝末閻浮幢一、世界種名二諸仏護念境界一」（大正蔵一〇・四九a）とある。『首楞厳経』巻五では月光童子の語として「我憶二往昔恒河沙劫一、有二仏出レ世。名為二水天一、教二諸菩薩一、修二習水精一、入二三摩地一。観二於身中水性無レ奪、初従二涕唾一、如レ是窮尽、津液精血、大小便利、身中漩澓水性一同。見レ水身中与二世界外浮幢王刹諸香水海一、等無二差別一」（大正蔵一九・一二七b）と解釈される。

上126—2　嵩山破竈堕…　破竈堕和尚のこと。既出（上69—2）。

上126—3　泥土合成、霊聖何来…　泥や土が合成しているだけなのに、霊や聖はどこからやって来るのか。『聯灯会要』巻三の嵩山破竈堕章に「以二拄杖一敲レ竈三下云、汝本泥土、塼瓦合成、霊従レ何来、聖従レ何起、恁麼烹二宰物命一」（続蔵一三六・二三四d）とある。

上128—1　臨済会下〜賓主歴然…　『臨済録』の上堂に「是日両堂首座相見、同時下レ喝。僧問レ師。還有二賓主一也無。師云、賓主歴然」（大正蔵一九・一二七b）とある。

上128—2　臨済…　臨済義玄のこと。既出（上72—4）。

上128—3　元字脚…　『大慧普覚禅師語録』巻八「泉州小渓雲門庵語録」に「為二圜悟和尚一挙哀拈香。指レ真云、這老和尚、一生多口攪二擾叢林一。近聞、已在二蜀中一遷化了也。且喜天下太平。雲門昔年雖二曽親近一、要且不レ聞三他説二著箇元字脚一。所以今日作二一分供養一、点二一盞茶一、焼二此一炷香一、熏二他鼻孔一。即非二報徳酬恩一。只要レ辱二他則箇一。召二大衆一云、既不レ聞三他説二箇元字脚一、又無二恩徳可レ報。何故特地作二這一場笑具一。還委悉麼。冤有レ頭、債有レ主。偶因三失レ脚倒レ地、至レ今怨入二骨髄一。遂焼香」（大正蔵四七・八四四c）とある。

上129—1　奇哉〜不能証入…　八十巻本『華厳経』巻五十一「爾時如来、以二無障礙清浄智眼一、普観二法界一切衆生一、而作二是言一、奇哉奇哉、此諸衆生、云何具二有如来智慧一、愚癡迷惑、不レ知不レ見。我当教以二聖道一、令三其永離二妄想執著一、自於二身中一、得レ見二如来広大智慧与レ仏無レ異。即教三彼衆生修二習聖道一、令レ離二妄想一、離二妄想一已。証二得如来無量智慧一。利二益安三楽一切衆生二」（大正蔵一〇・二七二c〜二七三a）とあり、圭峰宗密『註華厳法界観門』の裴休による序文「注華厳法界観門序」に「故世尊初成二正覚一、歎曰、奇哉、我今普見二一切衆生一、具二有如来智慧徳相一、但以二妄想執著一而不二証得二」（大正蔵四五・六八三b）とある。また、『宏智禅師広録』巻二「頌古」に「挙、華厳経云、我今普見二一切衆生一、具二有如来智慧徳相一。但以二妄想執著一而不二証得二」（大正蔵四八・二四c）とあり、これは「厳経智慧」の公案とされる。

上129—2　自家頻掃門前雪、莫管他人屋上霜…　自分で何度も門前の雪を払え、他人の屋根の霜のことなど心配するな。『希叟和尚広録』巻二「雪竇資聖禅寺語録」の上堂に「上堂。昨夜蝍蟟呑二跛鼈一、天明屙出二一団鉄一。平地翻レ身触二険崖一、擘二破崑崙一成二八

概。捻レ土為レ香供二養伊一、細問二因由一不二肯説一。不二肯説一、太饒舌。莫レ管二他人屋上霜一、自家掃二取門前雪一」（続蔵一二二・一〇九c）とある。

上130—1　**和光惹事、刮篤成家**…　自分の才能をひけらかさずに物事をなし、自分の気持ちを抑えて家門を立てる。『宏智禅師広録』巻三の「長蘆覚和尚拈古」に「挙、僧問二風穴一、語黙渉二離微一、如何通不レ犯。穴云、長憶江南三月裏、鷓鴣啼処百花香。雪竇云、劈レ腹剜レ心。師云、露躶躶円陀陀、直是無二稜縫一。且道、風穴無二稜縫一、何似二雪竇無二稜縫一、還会麽。和レ光惹レ事、刮レ篤成レ家」（大正蔵四八・二八b）とある。

上131—1　**九年面壁**…　既出（上9—3）。

上131—2　**胡達磨**…　菩提達磨のこと。既出（上9—2）。

上132—1　**賞不避仇讎**…　仇敵であっても手柄があれば賞を与える。『従容録』第九十五則「臨済一画」の評唱に「済云、猶較二些子一。万松道、有二何不可一。院主被レ棒、賞不レ避二仇讐一。供養主蒙レ恩、誅不レ択二骨肉一。天童拠レ尽レ令而行、要レ見二全機大用一」（大正蔵四八・二八九a）とある。

上133—1　**貪遊百済、蹉過新羅**…　百済を遊覧しすぎて、新羅を見過ごす。『無明和尚語録』「蘄州北山智度禅寺語録」に「上堂云、元宵正月半、是処金蓮現。貪二看灯明仏一、蹉二過新羅箭一。以二払子一撃二禅牀一云、閃電光中、聊通二一線一」（続蔵一二一・三一八b）とある。

上133—2　**百済**…　古代朝鮮半島の南にあった国。四世紀前半に馬韓から起こったとされる。王室は、伝説によれば夫余・高句麗系の移民とされる。三七一年に漢山城を都とした。新羅・高句麗と抗争する。日本とは友好関係にあり大陸文化や仏教を伝える。六六〇年に新羅と唐の連合軍に滅ぼされる。

上133—3　**新羅**…　古代朝鮮半島南東部にあった国。四世紀中頃に朝鮮半島南東部の辰韓諸国を斯盧《しろ》が統一して建国した。六世紀以降、伽耶諸国を滅ぼし、また唐と結んで百済・高句麗を征服し、六六八年に朝鮮半島を統一した。唐制にならい中央集権的な政治体系を敷いた。九三五年に高麗の太祖王建に滅ぼされた。

上134—1　**釈迦老子云、性覚真空～周遍法界**…　本性は空にして清浄であり、法界に普く行きわたっていること。『首楞厳経』巻三に「汝全不レ知二如来蔵中一。性覚真空、性空真覚。清浄本然、周二遍法界一、随二衆生心一、応レ所知レ量」（大正蔵一九・一一八b～c）とある。

上136—1　**拈一去七**…　一を取り出し、七を取り除く。一と七を取り替える。一は数のはじめであり、万物の根本。七はその変化した万象をいう。根本的なはじめとしての一と、具体的なものを表す七。『碧巌録』第六則「雲門日日好日」の頌古に「去二却一一、拈二得七一、上下四維無二等匹一」（大正蔵四八・一四六b）とあることを踏まえた言葉。『龐居士語録』巻上に「士乃回前以二拄杖一劃レ地作二七字一。霞於二下面一書二箇一字一。士曰、因レ七見レ一、見レ一忘レ七」（続蔵一二〇・二九a）とある。

上136—2　**放両抛三**…　二を放って三をなげ捨てる。二つか三つ捨てる。『無明和尚語録』「頌古」の「大力量人脚下紅線不レ断」に「放レ両抛レ三、瞞レ神諕レ鬼。換レ盆換レ盆、誰不レ識レ你」（続蔵一二一・三三一b）とある。

上136—3　**東海龍王**…　四海龍王の一つで、東方に潜み棲む龍王。道教における四海を治める四龍のうちの一つ。東海蒼龍、敖広、広徳王とも言われる。

上136—4　**迦葉尊者**…　摩訶迦葉のこと。既出（上93—2）。

上137—1　**護生須是殺～雪峰輥毬**…　『龐居士語録』に「護生須二是殺一、殺尽始安居。会二得箇中意一、鉄船水上浮」（続蔵一二〇・三一b）とある言葉に、一句ずつ著語したもの。

上137—2　**死諸孔明、走生仲達**…　亡くなった諸葛亮は生きている司馬懿を走らせた。習鑿歯撰『漢晋春秋』に「諺曰、死諸葛走二生仲達一」とあり、また陸游の『渭南文集』巻二十二「賛」の「宏智禅師真賛」にも「死諸葛走二生仲達一、死姚崇売二生張説一」とある。

上137—3　**諸孔明**…　中国三国時代、蜀の宰相であった諸葛亮（孔明、一八一～二三四）のこと。琅邪陽都（山東省沂水県）の人。劉備の三顧の礼に応じて仕え、軍師として補佐した。天下三分の計を説き、孫権と連合して赤壁の戦いで曹操の軍を破り、その名を天下に知らしめた。後、五丈原で司馬懿と対陣中に病没した。著に『諸葛武侯文集』がある。

上137—4　**仲達**…　中国三国時代、魏の武将であった司馬懿（仲達、一七九～二五一）のこと。河内（河南省）の人。魏の曹操・曹丕に信任され、明帝により大将軍に任ぜられた。諸葛亮の進攻に対抗するために出陣した。また公孫淵の反乱を鎮定し、楽浪、遼東などの四郡を魏の版図とした。のち、曹爽・何晏を殺して魏の政権をとり、孫の司馬炎が晋を建国する基礎を築いた。

上137―5　迦葉欲擯文殊…　「文殊過夏」「文殊三処安居」の公案。安居の禁制を破った文殊を摩訶迦葉が擯斥しようとしたが、文殊は身を百千万億に現じたため、擯斥できなかったという因縁。文殊の大乗の立場を述べた公案。『宏智禅師広録』巻三「長蘆覚和尚拈古」に「挙、世尊因二自恣日一、文殊三処過レ夏。迦葉欲レ擯二出文殊一、纔近レ椎乃見二百千万億文殊一。迦葉尽二其神力一、椎不レ能レ挙。世尊遂問、汝擯二那箇文殊一。迦葉無レ対。師云、金色頭陀、有レ心無レ胆、当時尽レ令而行。莫レ道、百千万億文殊。祇這黄面瞿曇、也与擯出」（大正蔵四八・二七ｃ）とある。

上137―6　迦葉…　摩訶迦葉のこと。既出（上93―2）。

上137―7　文殊…　文殊師利菩薩のこと。既出（上20―16）。

上137―8　三平撥胸、石鞏失利…　「三平開胸」の公案。「石鞏箭架」「三平撥胸」とも。馬祖下の石鞏慧蔵はもと猟師であり、僧が来ると常に弓箭を引いて学人を指導していた。門下に到った三平義忠は自ら胸を開き、その箭は人を殺すか活かすかと問うと、石鞏はこの答えに満足して弓を捨てたという。『景徳伝灯録』巻十四の三平義忠章に「石鞏常張レ弓架レ箭以待二学徒一。師詣二法席一。鞏曰、看レ箭。師乃撥二開胸一云、此是殺人箭、活人箭又作麼生。鞏乃扣二弓絃一三下。師便作礼。鞏云、三十年一張弓両隻箭、只射二得半箇聖人一。遂拗二折弓箭一」（大正蔵五一・三一六ｂ）とある。

上137―9　三平…　青原下の三平義忠（七八一～八七二）のこと。福州（福建省）の楊氏。大顚宝通の法を嗣ぐ。漳州（福建省）南靖県の三平山で学人を接化する。王諷撰「漳州三平大師碑銘并序」が存する。

上137―10　石鞏…　唐代、馬祖下の石鞏慧蔵（不詳）のこと。撫州（江西省）の人。もと猟師であったが、馬祖道一に参じて法を嗣ぐ。撫州宜黄県の石鞏山に住持する。常に弓箭をもって学人を接化した。

上137―11　鉄船水上浮…　鉄の船が水上に浮く。不可能が可能になる。『龐居士語録』に「護生須二是殺一、殺尽始安居。会二得箇中意一、鉄船水上浮」（続蔵一二〇・三一ｂ）とある。

上137―12　禾山打鼓…　「禾山解打鼓」の公案。禾山無殷が何を聞かれても解打鼓と答えたことを扱った公案。『碧巌録』第四十四則「禾山解打鼓」の本則に「挙、禾山垂語云、習学謂二之聞一、絶学謂二之隣一。過二此二一者、是為二真過一。僧出問、如何是真過。山云、解打レ鼓。又問、如何是真諦。山云、解打レ鼓。又問、即心即仏即不レ問、如何是非心非仏。山云、解打レ鼓。又問、向上人来時如何接。山云、解打レ鼓」（大正蔵四八・一八〇ｃ～一八一ａ）とある。『聯灯会要』巻二十五の禾山無殷章（続蔵一三六・四二四ａ）にも載る。

上137―13　禾山…　青原下の禾山無殷（八八四～九六〇）のこと。福州（福建省）連川県の呉氏。筠州（江西省）の九峰道虔の法を嗣ぐ。吉州（江西省）の禾山大智院、揚州（江蘇省）の祥光院、洪州（江西省）の翠巌院、洪州の護国寺に住す。澄源禅師の号を賜い、法性禅師と諡する。

上137―14　雪峰輥毬…　「雪峰輥毬」の公案。既出（上85―1）。

上137―15　雪峰…　雪峰義存のこと。既出（上85―2）。

上138―1　屯兵駐箚…　屯兵はたむろする兵士、また兵士をたむろさせること。駐箚は官吏が任地にとどまること。『吾妻鏡』には正元元年（一二五九）の記録がないため明確ではないが、おそらくは何らかの有事があり、建長寺に実際に兵士が留まっていたのだろう。そのため、本上堂では、僧侶だけでなく、鎌倉武士も聴聞していたものと推察され、武士を意識して、「潼関」などの地名を用いて法を説いていたものであろうか。上137「結制上堂」で、「諸孔明」「仲達」が登場し、上140に「項羽」、上143で「潼関」が登場するが、これも鎌倉武士を意識していた可能性はあろう。

上138―2　潼関…　黄河流域に置かれた関の名。堅固な関にたとえるか。後漢の時代、陝西省潼関県の東南に置かれた。黄河の大屈曲部に当たり、古来より、用兵上の要地として知られる。隋代に旧関の北の地に移した。建安十一年（二一一）に、魏の曹操が涼州（甘粛省）の馬超・韓遂らの連合軍と戦った潼関の戦いの場としても知られる。

上139―1　百丈云、汝等為～展両手…　『景徳伝灯録』巻九の洪州百丈山惟政章に「一日謂レ僧曰、汝与レ我開レ田了、我為レ汝説二大義一。僧開レ田了、帰請レ師説二大義一。師乃展二開両手二」（大正蔵五一・二六八ｃ）とある。

上139―2　百丈…　唐代、南嶽下の百丈惟政（不詳）のこと。百丈懐海の法を嗣ぐ。一説に馬祖道一の法嗣とも。涅槃和尚。洪州（江西省）奉新県の百丈山二世。

上139―3　六鼇…　『列子』「湯問」に「而龍伯之国有二大人一、挙レ足不レ盈二数歩一、而曁二五山之所一。一釣而連二六鼇一、合負而趣二帰其国一、灼二其骨一以数焉」とある。龍伯国の巨人が、岱輿・員嶠・方壷・瀛洲・蓬莱の五山を支えていた十五匹の大亀のうち六匹を釣り上げたという話。

上140—1　微涼生殿閣、独立問薫風…　わずかな涼しさが宮殿に生じ、独り立って心地よい風に当たる。『唐詩紀事』巻四十「柳公権」に、柳公権（字誠懸、七七八～八六五）が唐の文宗の詩に和した記事として「文宗夏日与二諸学士一聯句曰、人皆苦二炎熱一、我愛二夏日長一。公権続曰、薫風自レ南来、殿閣生二微涼一」とあるのを踏まえる。『円悟仏果禅師語録』巻三「上堂三」に「上堂云、風吹風動無二二種一、水洗水湿豈両般。浅聞深悟底、錦上鋪レ華。深聞不レ悟底、生鉄鋳就。春尽群芳已歇、夏初百穀方滋。時節不二相饒一、乾坤得二自在一。且不レ渉二迷悟一一句作麼生道。薫風自レ南来、殿閣生二微涼一」（大正蔵四七・七二四a）とある。

上140—2　烏江如未到、蓋世逞英雄…　項羽が和州（安徽省）烏江の地で死を迎えたときの描写。『史記』巻七「項羽本紀」によれば、劉邦の軍に追い詰められた項羽は、小舟を用意した烏江の亭長に、対岸に逃れるよう勧められたが、それを断って劉邦の軍と対峙し、自ら命を絶った。

上140—3　英雄…　ここでは中国秦末の武将、項羽（項籍、紀元前二三二～二〇二）のこと。楚の人。前二〇九年、叔父の項梁と共に挙兵し、劉邦（漢の高祖）と呼応して秦を滅ぼし、西楚覇王と名乗る。前二〇二年、劉邦と天下を争ったが、垓下の戦いで大敗し、烏江（安徽省）で自害した。

上141—1　長伸両脚臥…　長々と両足をまっすぐに伸ばして寝る。『六祖壇経』に「憎愛不レ関レ心、長伸二両脚一臥。欲三擬化二他人一、自須レ有二方便一。勿レ令二彼有一レ疑、即是自性現」（大正蔵四八・三五一c）とあり、また『景徳伝灯録』巻十五の夾山善会章に「明明無レ悟レ法、悟レ法却迷レ人、長舒二両脚一睡、無レ偽亦無レ真」（大正蔵五一・三二四a）とある。

上142—1　麻三斤…　「洞山麻三斤」の公案。既出（上11—3）。

上142—2　乾屎橛…　「雲門乾屎橛」の公案。既出（上11—4）。

上143—1　潼関…　黄河流域に置かれた関の名。既出（上138—2）。

上143—2　臨済…　臨済義玄のこと。既出（上72—4）。

上143—3　徳山…　徳山宣鑑のこと。既出（上28—1）。

上143—4　公験…　官から出し与える証拠の書き物。僧侶であることを証明する度牒や戒牒の類いを指す。もとは、得度して僧や尼になったものに与える度牒が公験であったが、鑑真の渡来により受戒制度が整備され、受戒したものに与える戒牒が公験となった。

上145—1　曹山問僧～苦不能到…　曹洞宗の曹山慧霞（恵霞）に因む「曹山甚麼処回避」の公案。『聯灯会要』巻二十五の曹山恵霞章に「師問レ僧、可殺熱。僧云、未審、向二甚麼処一回避。師云、鑊湯炉炭裏回避。云、只如二鑊湯炉炭裏一、作麼生回避。師云、衆苦不レ能レ到」（続蔵一三六・四二五d～四二六a）とある。ただし、『碧巌録』第四十三則「洞山無寒暑」の本則の評唱には「又曹山問レ僧、恁麼熱、向二什麼処一迴避。僧云、鑊湯炉炭裏迴避。山云、鑊湯炉炭裏、如何迴避。僧云、衆苦不レ能レ到」（大正蔵四八・一八〇b）とあり、曹山と僧の問答が逆転している。補注（上82—1）も参照。ただし、曹山本寂の問答とする史料も存する。

上145—2　曹山…　唐末五代、曹洞宗の曹山慧霞（不詳）のこと。恵霞・慧遐とも。泉州（福建省）莆田県の黄氏。曹山本寂の法を嗣ぐ。撫州（江西省）宜黄県の曹山崇寿院に住する。了悟大師と諡する。

上146—1　舌頭不出口…　『景徳伝灯録』巻八の利山和尚章に「僧問、衆色帰レ空、空帰二何所一。師云、舌頭不レ出レ口。僧云、為二什麼一不レ出レ口。師云、内外一如故」（大正蔵五一・二六〇c）とある。

上146—2　面南看北斗…　とんでもない見当違いをすること。また、自在に方位を転換する達道者のあり方をいう。『法演禅師語録』巻二「白雲山海会演和尚語録」の上堂に「若也未レ明、白雲為レ你点破。道レ無不二是無一、道レ有不二是有一。東望二西耶尼一、面レ南看二北斗一」（大正蔵四七・六五七c）とある。

上147—1　両班…　既出（上2—1）。

上147—2　離中虚、坎中満…　『周易』の八卦の「離」卦、「坎」卦のこと。「離」卦は「☲」と表示され、真ん中の爻は陰爻「⚋」であり、虚という。「坎」卦は「☵」と表示され、真ん中の爻は陽爻の「⚊」であり、実という。『建中靖国続灯録』巻二十六の天衣山昭愛章に「問、如何是和尚家風。師云、臂長衫袖短。僧曰、忽遇二客来一如何。師云、離中虚、坎中満」（続蔵一三六・一七九c）とある。

上148—1　昔尊宿～主無語…　『白雲端和尚語録』巻二「舒州興化禅院語録」の上堂に「因レ請二蔵主一上堂。挙、一僧在二経堂内一長坐。一日蔵主問、上座何不二看経一。僧云、某甲不レ識レ字。蔵主云、何不レ問レ人。其僧鞠躬叉手云、未審是什麼字。蔵主無レ語」（続蔵一二〇・二一〇a～b）とある。

上148—2　尊宿…　臨済宗楊岐派の白雲守端（一〇二五～一〇七二）のこと。衡陽（湖南省）の周氏。楊岐方会の法を嗣ぐ。江州（江西省）の承天禅院、廬山円通崇勝禅院、舒州（安徽省）の法華山証道禅院・龍門山乾明禅院・興化禅院・白雲山海会禅院に住する。『白雲端和尚語録』四巻が存する。

上148—3　蔵殿…　古くは経蔵と看経堂を兼ねた建物。経蔵は仏像をまつり、祝聖または施主の願いによる諷経を行ない、看経堂は大衆が経を閲覧した。

上149—1　諸法従本来～来世当作仏…　『妙法蓮華経』巻一「方便品第二」に「諸法従二本来一、常自寂滅相。仏子行レ道已、来世得レ作レ仏」（大正蔵九・八b）とある。この世に存在するものはすべて最初から常に寂滅の姿を示している。仏の子はみな修行を完成して来世には仏と成るであろう。

上149—2　弥勒…　弥勒菩薩のこと。既出（上9—16）。

上149—3　江南多有、江北全無…　南にはたくさんあるのに、北には全くない。『仏鑑禅師語録』巻一「住慶元府雪竇山資聖禅寺語録」に「端午上堂。挙下文殊令二善財採レ薬公案上。師云、若拠二善財一、偏採無レ不二是薬一、争奈悞将二甘草一以当二黄連一。文殊只知二亦能殺レ人亦能活一レ人、要且不レ知二来処一。文殊即且置。遂拈二拄杖一云、諸人且道、這箇従二什麼処一得来。畢竟是黄連耶、是甘草耶。卓一下云、江南儘有、江北全無」（続蔵一二一・四三二b）とある。

上150—1　無間重罪…　無間業・五無間業とも。無間地獄に堕する極悪罪のこと。五逆罪をいう。等活・黒縄・衆合・叫喚・大叫喚・焦熱・大焦熱・無間の八熱地獄の中で、無間地獄が最深最極の苦痛を受けるとされ、アビ（梵：Avici）を阿鼻と音写し、無救と訳する。苦しみをうけることが絶え間ないことから無間という。

上150—2　普化振鈴…　「普化振鈴」の公案。飄々と鈴鐸を振り歩いている普化に対し、臨済義玄が僧をつかわして普化が悟っているかを試した公案。『臨済録』「勘辨」に「因普化常於二街市一揺レ鈴云、明頭来明頭打、暗頭来暗頭打、四方八面来旋風打、虚空来連架打。師令二侍者去一、纔見二如レ是道一、便把住云、総不二与麼来一時如何。普化托開云、来日大悲院裏有レ斎。侍者回挙二似師一。師云、我従来疑二著這漢一」（大正蔵四七・五〇三b）とある。

上150—3　普化…　唐代、南嶽下の鎮州普化（不詳）のこと。馬祖下の盤山宝積の法を嗣ぐ。主に鎮州（河北省）に住んで、臨済義玄と交友をなした。きわめて型破りな言動をもって知られ、あたかも狂僧のように振舞い、常に一鐸を持ち、人を見るたびに振り歩いた。

上150—4　老盧踏碓…　六祖慧能（盧行者）が五祖弘忍のもとで、碓を踏んでいた故事。『六祖壇経』「行由第一」に「恵能曰、上人、我此踏レ碓八箇余月、未三曽行二到堂前一。望下上人引至二偈前一礼拝上。童子引至二偈前一礼拝。恵能曰、恵能不レ識レ字、請二上人為読一。時有二江州別駕、姓張名日用一、便高声読。恵能聞已、遂言、亦有二一偈一、望別駕為書。別駕言、汝亦作レ偈、其事希有。恵能向二別駕一言、欲レ学二無上菩提一、不レ得レ軽二於初学一。下下人有二上上智一、上上人有二没意智一。若軽レ人、即有二無量無辺罪一。別駕言、汝但誦レ偈、吾為レ汝書。汝若得レ法、先須レ度レ吾、勿レ忘二此言一。恵能偈曰、菩提本無レ樹、明鏡亦非レ台、本来無一物、何処惹二塵埃一」（大正蔵四八・三四八c～三四九a）とある。

上150—5　老盧…　六祖慧能（六三八～七一三）のこと。范陽（河北省）の盧氏。新州（広東省）に生まれる。五祖弘忍の法を嗣ぐ。韶州（広東省）曲江県の曹渓山宝林寺（後の南華寺）で禅風を発揮した。大鑑禅師と諡する。著作に『金剛経解義』が存する。門下には青原行思、南嶽懐譲、荷沢神会などがあり、後世にいたって発生した五家七宗の禅はすべて慧能の法系から展開した。

上151—1　昔日馬大師不安～日面仏月面仏…　「馬祖日面仏月面仏」の公案。『天聖広灯録』巻八の馬祖道一章に「師於二貞元四年正月一登二建昌石門一、於二林中一経行、見二洞壑平坦峰巒秀抜一、謂二侍者一曰、玆吉祥所、乃吾終焉之地矣。既而示レ疾、院主問、和尚近日、尊候如何。師云、日面仏、月面仏。至二二月一日一、沐浴加趺而化」（続蔵一三五・三二七d）とあり、『碧巌録』第三則「馬祖日面仏月面仏」の本則に「挙、馬大師不安。院主問、和尚近日、尊候如何。大師云、日面仏、月面仏」（大正蔵四八・一四二c）とある。

上151—2　馬大師…　馬祖道一のこと。既出（上17—7）。

上151—3　日面仏、月面仏…　菩提流支訳『仏説仏名経』巻一に「南無無垢臂仏、南無無垢眼仏、南無無垢面仏、南無波頭摩面仏、南無月面仏、南無日面仏」（大正蔵一四・一一八a）とある。日面仏は長寿で寿命一千八百歳とされ、月面仏は一日一夜の短命であるとされる。

上151—4　海底火焼天…　海底の火が天を焼く。『禅宗頌古聯珠通集』巻十七の「船子蔵身処没踪跡」の古則に対する楊岐派の蒙庵元聡の頌古に「一下蘭橈驀口鞭、大洋海底火焼レ天。父南子北家何許。風満二長空一月満レ船」（続蔵一一五・一〇五c）とある。

上151―5　**赤脚走上須弥巓**…　裸足で走って須弥山の頂に上る。『聯灯会要』巻十五の蘄州開元琦章に「示レ衆云、四面亦無レ門、十方無二碧落一。頭鬔鬆、耳卓朔。箇箇男児大丈夫、何得二無レ縄而自縛一。且道、透脱一句、又作麽生。良久云、踏二破草鞋一赤脚走。僧問、須弥納二芥子一即不レ問、微塵裏転二大法輪一時如何。師云、一歩進二一歩一。云、恁麽則朝到二西天一、暮帰二唐土一。師云、作レ客不レ如レ帰レ家」（続蔵一三六・三三四b）とあるのを受けたものか。

上152―1　**掣風掣顚**…　風顚のようである。奇想天外なことをやらかす。『臨済録』「勘辨」に「普化毎日在二街市一、掣風掣顚。知二他是凡是聖一」（大正蔵四七・五〇三b）とある。

上152―2　**五峰**…　五臺山の五つの峰のことで、五臺山そのものを指す。五臺山は、太原府（山西省）代州に存する霊山で、文殊菩薩の霊地とされ、観音菩薩の霊場である浙江の普陀山、普賢菩薩の霊場である四川の峨眉山、地蔵菩薩の霊場である安徽の九華山と並んで中国四大聖地として尊崇される。

上152―3　**泥牛**…　泥で作った牛。既出（上121―5）。

上152―4　**威音王那畔**…　威音王仏が出世する以前のありよう。空劫已前に同じ。自己本来の面目。『大慧普覚禅師語録』巻三十「大慧普覚禅師書」の「答二張舎人状元一」に「或以二無レ言無レ説、坐二在黒山下鬼窟裏一、閉レ眉合レ眼。謂二之威音王那畔父母未生時消息一」（大正蔵四七・九四一c）とある。

上152―5　**蟭螟眼裏打鞦韆**…　小虫がブランコに乗る。蟭螟は小虫の名前。『大慧普覚禅師語録』巻一の「径山能仁禅院語録」に「上堂。拈二拄杖一卓一下、召二大衆一云、還聞麽。復挙起云、観世音菩薩来、也在二径山拄杖頭上一。口喃喃地道、諸行無常、是生滅法、生滅既滅、寂滅現前。拈二須弥盧於掌上一、向二針眼裏一打二鞦韆一。直饒便恁麽見得徹去、猶較二拄杖子一十万八千。且道、径山拄杖子有二甚麽奇特一。擲下云、不レ直二半分銭一、亦謂二之黙而常照一」（大正蔵四七・八一四c～八一五a）とある。

上153―1　**百草頭上～識取天子**…　『聯灯会要』巻二十一の夾山善会章に「示衆云、忽有レ人問、老僧報道、百草頭上、罷二却平生事一、根株亦不レ留、老僧当レ位坐、坐処不レ停レ囚。闍梨、殿上識二得天子一、屋裏識二得主人公一、有二甚用処一。須下向二鬧市門頭一識二取天子一、百草頭上薦中取老僧上」（続蔵一三六・三八六d）とあり、『雲門匡真禅師広録』巻上「対機」には「夾山和尚道、百草頭上薦二取老僧一、鬧市裏識二取天子一」（大正蔵四七・五四七a）とある。

上154―1　**即心即仏～不是物**…　『聯灯会要』巻四の馬祖道一章に「僧問、和尚為二甚麽一説二即心是仏一。師云、為レ止二児啼一。云、児啼止時如何。師云、非心非仏。云、除二此二種人一来時、如何指示。師云、向レ伊道不二是物一」（続蔵一三六・二四四d）とあるのによる。『密庵和尚語録』巻一「法語」の「示光禅人」に「馬祖道、即心即仏、非心非仏。不二是心一不二是仏一不二是物一。与麽掲二示学者一、恰如下掘二箇深坑一活埋中了人上」（大正蔵四七・九七九b）とあり、『松源和尚語録』巻上「饒州薦福禅院語録」に「上堂。達磨面壁九年、無二摸索処一。二祖礼拝而立、口似二磉盤一。即心即仏、非心非仏、不二是心一不二是仏一不二是物一、未レ免下抱二橋柱一澡洗上」（続蔵一二一・二九五b）とある。

上154―2　**長鯨**…　巨大なくじら。『楽邦文類』巻五の中峰明本の「懐二浄土一詩」に「長鯨一吸四溟乾、自性弥陀眼界寛。眉裏玉毫遮不レ得、珊瑚枝上月団団」（大正蔵四七・二二〇b）とある。

上154―3　**珊瑚枝枝撑著月**…　『聯灯会要』巻二十六の巴陵顥鑑章に「問、如何是吹毛剣。師云、珊瑚枝枝撑二著月一」（続蔵一三六・四三一c）とあり、この古則公案は『碧巌録』第百則「巴陵吹毛剣」によって知られる。

上154―4　**馬祖一喝、百丈耳聾**…　「百丈三日耳聾」の公案。百丈懐海が馬祖道一の一喝で三日間も耳が聞こえなかったこと。『景徳伝灯録』巻六の百丈懐海章には「一日、師謂レ衆曰、仏法不二是小事一。老僧昔再蒙二馬大師一喝一、直得二三日耳聾眼黒一」（大正蔵五一・二四九c）とあり、『聯灯会要』巻四の百丈懐海章に「師再参二馬大師一、侍立次、大師目顧二縄床角払子一。師云、即二此用一、離二此用一。祖云、汝向後開二両片皮一、将レ何為レ人。師取二払子一竪起。祖云、即二此用一、離二此用一。師挂二払子旧処一。祖震レ威一喝。師直得二三日耳聾一」（続蔵一三六・二四七d）とある。

上154―5　**馬祖**…　馬祖道一のこと。既出（上17―7）。

上154―6　**百丈**…　百丈懐海のこと。既出（上18―3）。

上154―7　**黄蘗**…　黄檗希運のこと。既出（上70―2）。

上155―1　**黄幡綽**…　唐代に玄宗に仕えた宮廷の楽官。音律に精進し、玄宗や安禄山の寵愛を受けた。蘇州（江蘇省）の崑山に葬られる。『法演禅師語録』巻上「次住太平語録」に「上堂。挙、三祖見二祖礼拝問曰、請師懺罪。二祖云、将罪来与汝懺。三祖云、求罪不可得。二祖云、与汝懺罪竟。因成一頌、挙似大衆。無孔笛子氈拍板、五音六律皆普遍。時人不識黄幡綽、笑道儂家登宝殿」（大正蔵四七・六五三a）とある。

上156—1 **魯祖見僧面壁**…　「魯祖面壁」の公案。既出（上97—3）。

上156—2 **魯祖**…　魯祖宝雲のこと。既出（上97—4）。

上156—3 **金剛杵打鉄山摧**…　既出（上20—13）。

上156—4 **趙州逢人請喫茶**…　「趙州喫茶去」の公案。趙州従諗が人を接するごとに茶を飲むことを勧めた公案。『古尊宿語録』巻十三の『趙州真際禅師語録』の「趙州真際禅師語録之余」には「師問二新到、上座曽到此間否。云、不曽到。師云、喫茶去。又問那一人、曽到此間否。云、曽到。師云、喫茶去。院主問、和尚不曽到、教伊喫茶去、即且置。曽到、為什麽教伊喫茶去。師云、院主。院主応諾。師云、喫茶去」（続蔵一一八・一六四d）とある。

上156—5 **趙州**…　趙州従諗のこと。既出（上9—9）。

上156—6 **八角磨盤空裏走**…　既出（上20—12）。

上156—7 **只可聞名、不欲見面**…　ただ名を聞くだけでよい、顔を見ようとは思わない。『景徳伝灯録』巻十四の薬山惟儼章に、朗州刺史の李翺が「見面不如聞名」と述べたのに対し、薬山惟儼が「何得貴耳賤目」（大正蔵五一・三一二b）と答えた問答にちなむ。

上157—1 **披雲一嘯**…　雲を披きて一嘯す。青原下の薬山惟儼が夜中に澧州（湖南省）の芍薬山の山頂にて月を見て大笑いした故事。『景徳伝灯録』巻十四の薬山惟儼章には「師一夜登山経行、忽雲開見月。大笑一声、応澧陽東九十許里、居民尽謂東家。明晨迭相推問、直至薬山。徒衆云、昨夜和尚山頂大笑。李翺再贈詩曰、選得幽居愜野情、終年無送亦無迎。有時直上孤峰頂、月下披雲笑一声」（大正蔵五一・三一二b）とある。

上157—2 **徳山白棒**…　徳山棒・徳山行棒とも。既出（上72—1）。

上157—3 **徳山**…　徳山宣鑑のこと。既出（上28—1）。

上158—1 **無底鉄船**…　底のない鉄船。没鉄船とも。『人天眼目』巻六「宗門雑録」の「十無問答」に「無底船、空載月明帰」（大正蔵四八・三三一c）とあり、『仏鑑禅師語録』巻一「阿育王山広利禅寺語録」の「請淵首座立僧上堂」に「山僧数年来、泛一隻無底鉄船、運載南北東西無家之子、游泳於大寂滅海。有時順水張帆、有時逆風把柁」（続蔵一二一・四三六c）とある。

上159—1 **知事**…　禅宗寺院において寺院運営を司る役職。東序に位置する。監院・維那・典座・直歳の四知事が『禅苑清規』巻二に見られるが、南宋時代の清規によれば、都寺・監寺・副寺・維那・典座・直歳の六知事が設けられた。

上159—2 **頭首**…　禅宗寺院において大衆を統理する役職。西序に位置する。首座・書記・蔵主・知客・浴主・庫頭の六頭首が『禅苑清規』巻三に見られるが、後には庫頭が副寺として知事位に移し、知殿が頭首位を占めるに至った。

上160—1 **石頭不下釣魚山**…　石頭自回の悟りの機縁譚。石工出身であった石頭自回が、ある日、石を打つ火花を見て大悟した。『嘉泰普灯録』巻十七の合州釣魚臺石頭自回庵主章に「合州釣魚臺石頭自回庵主、郡之石照人。世為石工。嘗参礼報恩琏禅師、求安心法。琏諭之、因棄家為道人。一日、於大随出石次、心光頓発。往見南堂蒙印可。堂授以僧服後庵居、学者従之。示衆曰、参禅学道、大似井底叫渴相似。殊不知、塞耳塞眼、回避不及。且如十二時中行住坐臥動転施為、是甚麽人使作。眼見耳聞、何処不是路頭。若識得路頭、便是大解脱路。方知老漢与你証明、山河大地与你証明。所以道、十方薄伽梵、一路涅槃門。諸仁者、大凡有一物当途、要見一物之根源。一物無処。要見一物之根源。見得源源、源無所源。所源既非、何処不円。諸禅徳、你看、老漢有甚麽勝你処。諸人有甚麽不如老漢処。還会麽。太湖三万六千頃、月在波心説向誰」（続蔵一三七・一二七b～一二八a）とある。

上160—2 **石頭**…　南宋代、臨済宗楊岐派の石頭自回（不詳）のこと。合州（現在の重慶市合川区）石照の人。彭州（四川省）大隋山の南堂元静に参じて法を嗣ぐ。合州の釣魚台に庵を結んで住した。『雲臥紀談』巻上「西蜀釣魚山回禅師」（続蔵一四八・五a～b）の項に逸話を伝える。蘭渓道隆は同郷の先哲として一世紀前の自回のことを思慕していたものらしい。

上160—3 **釣魚山**…　石頭自回が庵を結んで住した合州の釣魚山のこと。現在の重慶市合川区にある釣魚城。合州は涪江と嘉陵江が合する地で、大業三年（六〇七）の郡制施行以降は涪陵郡と改称された。

上160—4　**一槌便透**…　一槌便成とも。一槌のもとに完成する。槌の一打ちで透脱する。師の一言などで修行が完成することにたとえる。『応庵和尚語録』巻二「饒州報恩光孝禅寺語録」に「厳教授請上堂。僧問、凝然湛寂、有レ辱二宗風一、廓尓現前、猶辜二自己一。去二此二途一、如何即是。師云、一槌便透」（続蔵一二〇・四〇七d）とある。一槌便成については、補注（上184—1）を参照。

上160—5　**臨済**…　臨済義玄のこと。既出（上72—4）。

上160—6　**五峰**…　五臺山の五つの峰のことか。既出（上152—2）。

上160—7　**誰家竈裏無煙**…　いったい誰の家の竈《かまど》の中に、煙がないことがあろう。『続古尊宿語要』巻四の『松源岳禅師語』の「小参」に「義出豊年、是処井中有レ水。礼薄致レ怨、誰家竈裏無レ煙。得レ路塞レ路、過レ橋断レ橋。衲僧家、鼻孔遼天、不レ知二脚下泥深三尺一。不レ著二珍御一、権掛二垢衣一。土曠人稀、相逢者少。不レ見レ道、吾本来二此土一、伝レ法救二迷情一、一花開二五葉一、結果自然成」（続蔵一一九・二一d〜二二a）とある。ただし、この小参は『松源和尚語録』には収められていない。

上161—1　**推出雲門、折一隻脚**…　雲門文偃が睦州道蹤（陳尊宿）に参じた際に、睦州が雲門を門から押し出したところ、片方の足が門の中に残っており、足が折れてしまった。雲門が痛み忍んで声をあげた際、忽ちに悟りを得たという悟道の機縁を指す。『碧巌録』第六則「雲門日日好日」の本則の評唱に「雲門初参二睦州一。州旋機電転、直是難二湊泊一。尋常接レ人、纔跨レ門便搊住云、道道。擬議不レ来、便推出云、秦時轅轢鑽。雲門凡去見、至二第三回一、纔敲レ門。州云、誰。門云、文偃。纔開レ門便跳入。州搊住云、道道。門擬議、便被二推出一。門一足在二門閫内一、被二州急合レ門、拶二折雲門脚一。門忍レ痛作レ声、忽然大悟」（大正蔵四八・一四五c）とある。

上161—2　**雲門**…　雲門文偃のこと。既出（上29—2）。

上161—3　**攛掇臨済、喫三頓棒**…　睦州道蹤（陳尊宿）が臨済義玄をうまくおだてて、三頓棒を受けさせた故事。睦州が臨済を黄檗希運に参問させ、黄檗の三頓棒を喫せしめて大悟に導いたことをいう。三頓棒とは中国で罪人をこらしめるために棒で打つことで、一頓が二十棒とされる。禅者が学人を棒で接化する意。一頓は二十棒とされるが、三頓棒は必ずしも回数としての六十棒を意味していない。『臨済録』「行録」では、首座が臨済を黄檗に参ぜしめたことになっているが、『聯灯会要』巻八の睦州陳尊宿章では「指二臨済一参二黄蘗一、接二雲門一嗣二雪峰一、皆師之力也」（続蔵一三六・二八五b〜c）とある。

上161—4　**臨済**…　臨済義玄のこと。既出（上72—4）。

上161—5　**含沙**…　既出（上91—3）。

上161—6　**黄蘗**…　黄檗希運のこと。既出（上70—2）。

上161—7　**大愚**…　唐代、南嶽下の高安大愚（不詳）のこと。筠州（江西省瑞州）高安の大愚山に住した。法諱は不詳。馬祖下の帰宗智常の法を嗣ぐ。臨済義玄を接化したことで知られ、法嗣に末山了然尼が存する。

上161—8　**首座**…　睦州道蹤のこと。既出（上63—1）。

上161—9　**終日尋春不見春〜春在枝頭已十分**…　北宋代の詩人、載益の作とされる「探レ春」に「終日尋レ春不レ見レ春、杖レ藜踏破幾重雲、帰来試把二梅梢一看、春在二枝頭一已十分」とある。ただし、この詩は羅大経の『鶴林玉露』巻六や蔡正孫の『唐宋千家聯珠詩格』巻八などにも引用されるが、作者については諸説が存する。

上162—1　**藤原三翁、清原四叔**…　蘭渓道隆は、上19「胡張三」「黒李四」や、上22「張三李四」と同様の意味として、上250「平三」「源四」を平氏の三男と源氏の四男という意味で造語していることから、ここでいう「藤原三翁、清原四叔」も、特定の人物ではなく、ありふれた人たちを指している可能性も存しよう。

上162—2　**破竈堕**…　破竈堕和尚のこと。既出（上69—2）。

上163—1　**玉崑崙**…　崑崙山から出た宝玉。崑崙山は新疆・チベット・青海に広がる山脈。黄河の源流であり、美玉を産出する。古来から西王母の住む霊山とされてきた。崑崙山の玉は禅宗では仏法の奥底、根本の意に用いる。『虚堂和尚語録』巻九「径山興聖万寿禅寺後録」の「結夏小参」に「不レ為二崑山採レ玉、赤水求レ珠、直教刺レ脳入二膠盆一、正好将レ身挨二白刃一」（大正蔵四七・一〇四八b）とある。

上164—1　**七縦七擒**…　中国三国時代、蜀の諸葛亮（孔明）が南中に出兵した際、服従しない敵将の孟獲《もうかく》を捕らえて釈放することを七たび繰返し、遂に心服させたという。この故事から、相手を思い通りにあしらうことをいう。『漢晋春秋』の「諸葛亮」の項に「亮至二南中一、所在戦捷。聞三孟獲者、為二夷漢所レ服、募生二致之一。既得、使レ観二於営陣之間一。問曰、此軍何如。獲対曰、向者不レ知二虚実一、故敗。今蒙レ賜観二看営陣一、若祇如レ此。即定易レ勝耳。亮笑、縦使二更戦一。七縦七擒。而亮猶遣レ獲。獲止不レ去。曰、公、天威也。南人不二復反一矣。遂至二滇池一、南中平」とある。

上164―2 **鉄船**… 鉄船水上浮。既出（上137―11）。

上164―3 **和月下滄洲**… 『松源和尚語録』巻上「饒州薦福禅院語録」の上堂に「有時乗二好月一、不レ覚過二滄洲一」（続蔵一二一・二九五b）とある。

上165―1 **伊勢**… 三重県伊勢市にある伊勢神宮のこと。伊弉諾《いざなぎ》・伊弉冉《いざなみ》の子である天照大神を祀る神社。伊勢の最も中心的な祭神は天照大神であり、天照大神のことを伊勢と呼ぶこともあるが、基本的には、天照大神を祀る内宮と呼ばれる皇大神宮と、外宮と呼ばれる衣食住の守り神である豊受大御神を祀る豊受大神宮の二宮を中心とした社であり、また、一四別宮、一〇九社の摂社・末社・所管社を含めた宮の総称として伊勢神宮と呼ばれる。単に、「大神宮」「神宮」とも称された。

上165―2 **祠山**… 祠山大帝のこと。張大帝とも。江西・江蘇・浙江・安徽一帯の地方において盛んに祭祀された神のこと。蘭渓道隆が日本に伽藍神として将来して以降、禅宗寺院の伽藍神として祀られた。また、「日本建長開山大覚禅師蘭渓和尚行状」には、道隆が祠山大帝との因縁により、日本に来朝した記事が収録される。「蘭渓和尚行状」によれば、江西廬山の帰宗寺にも祀られていたらしい。祠山大帝については、二階堂善弘「祠山張大帝考―伽藍神としての張大帝―」（『関西大学中国文学会紀要』第二十八号、二〇〇七年）などを参照。

上165―3 **八幡**… 鶴岡八幡神のこと。既出（上89―2）。

上165―4 **二所**… 伊豆山権現（伊豆山神社）と箱根権現（箱根神社）の称。伊豆山権現は、静岡県伊豆山山腹に立地する霊山。伊豆国一宮。古くからの山岳修行の道場で、伊豆山権現・伊豆大権現・走湯権現・走湯山・伊豆山などとよばれた。源頼朝は同山へたびたび参詣し、また、祈禱などを命じている。箱根権現は箱根山に立地する霊山。古くからの山岳修行の道場であり、箱根大権現、箱根三所権現ともよばれ、関東の修験霊場として栄えた。文治四年（一一八八）に、源頼朝は二所（伊豆山・箱根山）に三嶋社（三嶋大社）を加えて参詣し、以後、将軍による二所詣が恒例化することとなった。

上165―5 **三嶋大神**… 三島大神のこと。静岡県三島市にある神社に祀られる神のこと。三嶋大明神ともいう。三嶋神はその后といわれる伊古奈比《いこなひめ》神とともに伊豆半島の開発の祖神・伊豆諸島の造成神と称えられ、はじめ同じ場所に祀られていた。『三宅記』には、三島神は三宅島に居住していたが、のち下田の白浜へ飛んで来たと記しており、もともと賀茂郡に祀られていた神とされる。源頼朝は治承四年（一一八〇）八月に戦勝祈願を行ない崇敬し、しばしば参詣した。以後、将軍が二所詣の際に参詣する神社となった。

上166―1 **百千灯自一灯生**… 一つの灯火から百千の灯火が点ぜられる。元宵には多くの灯火が燭される。『偃渓和尚語録』巻上「住慶元府香山智度禅寺語録」に「上元上堂。百灯千灯、従二一灯一起。有レ処二動レ地放レ光、無レ処二放レ光動レ地。問二訊灯明如来一、慣レ打二者般行市一」（続蔵一二一・一三一b）とある。

上167―1 **新年頭仏法**… 『聯灯会要』巻二十四の杭州龍冊順徳怤（鏡清道怤）章に「僧問、新年頭還有二仏法一也無。師云、有。云、如何是新年頭仏法。師云、元正啓祚、万物咸新。云、謝二師答話一。師云、鏡清今日失利」（続蔵一三六・四二〇b）とある。

上168―1 **此義深遠、吾不能説**… この義はあまりにも奥深いため、私には説くことができない。『聯灯会要』巻一の釈迦牟尼仏章に「舎利弗問二須菩提一、夢中説二六波羅密一、与二覚時一同異。須菩提言、此義深遠、吾不レ能レ説。会中有二弥勒大士一、汝往レ彼問」（続蔵一三六・二二四a）とある。

上168―2 **巴・逢・果・閬**… 巴州・逢州・果州・閬州はいずれも四川省内の地名。『石渓和尚語録』巻上「住建康能仁禅寺語録」の上堂に「巴蓬集璧、去レ天一尺」（続蔵一二三・三〇a）とあり、集州・壁州も四川省内の地名。『五灯会元』巻二十の処州連雲道能章に「曰、如何是就レ肉刮レ皮。師曰、嘉眉果閬、懐裏有レ状」（続蔵一三八・四〇〇c）とあり、嘉州・眉州も四川省内の地名。ちなみに石渓心月は眉州の人、連雲道能は漢州の人であり、ともに蘭渓道隆と同じ蜀僧である。

上169―1 **霊雲見桃花悟道～老兄未徹在**… 既出（上48―1）。

上169―2 **霊雲**… 霊雲志勤のこと。既出（上48―2）。

上169―3 **玄沙**… 玄沙師備のこと。既出（上48―3）。

上169―4 **相識満天下、知心能幾人**… 既出（上21―6）。

上171―1 **婆餅焦**… 鳥の名。ばへいしょう。ぼびんじょう。慌ただしく鳴く鳥。鶯の鳴き声とも。王質の『林泉結契』巻一に「婆餅焦、身褐、声焦急、微清無レ調」とあり、室町期の辞書『運歩色葉集』「保部」に「婆餅焦〈ボビンゼウ〉鶯ノ鳴声」とある。『如浄和尚語録』「再住浄慈寺語録」に「徽宗皇帝忌上堂。古仏不二曽過去一、現在法如レ是。還相委悉麽。一声婆餅焦、啼在二竹林裏一」（大正蔵四八・一二六c）とある。

上172―1　諸法従本来～来世当作仏…　既出（上149―1）。

上172―2　古人…　南宋代、臨済宗楊岐派の訥堂梵思（不詳）のことか。蘇州（江蘇省）の朱氏。二十一歳で出家し、仏鑑慧懃・仏眼清遠に参じた後、圜悟克勤の法を嗣ぐ。衢州（浙江省）の天寧寺などに住する。

上172―3　春有百花秋有月～便是人間好時節…　『無門関』第十九則「平常是道」の頌に「頌曰、春有二百花一秋有レ月、夏有二涼風一冬有レ雪。若無三閑事挂二心頭一、便是人間好時節」（大正蔵四八・二九五b）とあるものの、ここでは古人の詩句とあるため、古人は無門慧開（一一八三～一二六〇）よりも以前の人と想定される。淳熙二年（一一七五）に編纂された『禅宗頌古聯珠通集』巻五の「維摩不二法門」の頌古に「春有二百花一秋有レ月、夏有二涼風一冬有レ雪。若無三閑事在二心頭一、便是人間好時節〈訥堂思〉」（続蔵一一五・二七a）とあるから、楊岐派の訥堂梵思が古人に当たるか。また、瑞長本『建撕記』に「詠二本来面目一」と題して「春は花、夏ほととぎす、秋は月、冬雪さゑて、すずしかりけり」という道元の和歌が存する。

上172―4　風花雪月…　見慣れた四季の景色。春の花、夏の風、秋の月、冬の雪をいう。『法演禅師語録』巻上「次住海会語録」に「上堂云、僧問二雲門一、如何是一代時教。門云、対一説。師云、対一説、巻二尽五千四十八一。風花雪月任二流伝一、金剛脳後添二生鉄一」（大正蔵四七・六五五b）とある。

上174―1　損臂者…　臂を断ち切った者。二祖慧可を指す。慧可については既出（上9―6）。

上174―2　泣岐…　岐路に泣く。岐路に立って泣くこと。『淮南子』「説林訓」に「楊子見二岐路一而哭レ之、為下其可二以南一、可中以北上」とある。楊子（楊朱）が岐路に際し、そのいずれにも行き得る様子を見て、人は本来同じくとも、行く末はその行為によって異なることを感じて泣いた話。

上175―1　下座巡堂喫茶…　既出（上53―2）。

上177―1　玉泉皓和尚、上堂次～蹉過一員善知識…　『大光明蔵』巻三の成都昭覚克勤禅師（圜悟克勤）章に「讃曰、老和尚至二玉泉一見二浩公一。陞堂趺坐、以レ手数二屋椽一云、一二三四五六七。便下座。不レ契而去。（中略）後来嘗語二学者一曰、我当時入二得玉泉門一」（続蔵一三七・四五三a）とある。

上177―2　玉泉皓和尚…　雲門宗の玉泉承皓（一〇一一～一〇九一）のこと。承浩とも。眉州（四川省）丹稜の王氏。復州（湖北省）北塔寺の思広の法を嗣ぐ。郢州（湖北省）の大陽寺や荊門（湖北省）の玉泉寺に住する。裩犢鼻（ふんどし）に歴代祖師の名を書していたことから、皓布裩と称された。

上177―3　円悟…　臨済宗楊岐派の圜悟克勤（一〇六三～一一三五）のこと。彭州（四川省）崇寧の駱氏。五祖法演の法を嗣ぐ。成都（四川省）の昭覚寺に出世し、潭州（湖南省）の道林寺、建康府（南京）の蔣山太平興国寺、開封（江南省）の天寧万寿寺、潤州（江蘇省）の金山龍游寺、南康郡（江西省）の雲居山真如院に歴住し、再び昭覚寺に住する。北宋の徽宗から仏果禅師、南宋の高宗から圜悟禅師の勅号を賜った。真覚大師と諡する。『円悟仏果禅師語録』二十巻や『圜悟禅師心要』二巻が存する。また『碧巌録』『撃節録』を提唱した。

上178―1　古人道、好雨点点、不落別処…　恵みの雨は、一滴一滴が落ちるべき所に落ちる。『古尊宿語録』巻四十四の『宝峰雲庵真浄禅師語録』巻三「住金陵報寧語録」に「上堂。大衆、好雨点点、不レ落二別処一。且道、落二在什麽処一」（続蔵一一八・三七二b）とある。同様の言葉に「好雪片片、不レ落二別処一」が存する。

上178―2　古人…　臨済宗黄龍派の雲庵克文（一〇二五～一一〇二）のこと。陝府（河南省）閿郷の鄭氏。黄龍慧南の法を嗣ぐ。筠州（江西省）の洞山寺や聖寿寺に住し、金陵の報寧寺を開山する。晩年、廬山の帰宗寺や洪州（江西省）の泐潭宝峰寺に住する。真浄大師の勅号を賜う。

上179―1　盧行者売薪次～得箇入頭…　若い頃の六祖慧能（盧行者）は、家計を助けるために薪を売っていたが、ある日、市中で『金剛経』の読誦を聞いて、「応三無レ所レ住、而生二其心一」の言葉で出家の志を抱いたとする話。『天聖広灯録』巻七の恵能大師章には「三歳喪レ父、其母守レ志鞠養。及レ長家尤貧窶、師樵レ采以給。一日負レ薪至レ市、聞三客読二金剛経一。至二応無所住而生其心一、有レ所二感寤一。而問曰、此何法也、得二於何人一。客曰、此名二金剛経一、得二於黄梅一」（続蔵一三五・三二三c）とある。

上179―2　盧行者…　六祖慧能のこと。既出（上150―5）。

上179―3　金剛経…　『金剛般若波羅蜜経』のこと。般若経典の内の一つで、禅宗では特に重んじられた。五祖弘忍や六祖慧能の頃から禅宗で用いられ始めた。慧能の弟子荷沢神会は『金剛経』を強調し、初祖達磨以来の最要の経典として伝承したと主張した。

上179—4　**応無所住、而生其心**…　『金剛般若波羅蜜経』に載る有名な一句。どこにも心を留めさせないようにして心を起こせ。ものにとらわれないで心を起こさなければならぬ。『金剛般若波羅蜜経』には「諸菩薩摩訶薩、応㆔如㆑是生㆓清浄心㆒、不㆑応㆓住㆑色生㆑心。不㆑応㆘住㆓声香味触法㆒生㆖心、応㆔無㆑所㆑住、而生㆓其心㆒」（大正蔵八・七四九c）とある。

上180—1　**檀越**…　北条時頼のこと。既出（上9—1）。

上180—2　**梵天**…　古代インドで宇宙の根源とされたブラフマンを神格化したもの。仏教に取り入れられて仏法護持の神となった。釈尊は成道の直後に、梵天の勧請によって、宣教の決意をしたとされる。

上180—3　**坐微塵裏転大法輪**…　既出（上1—10）。

上180—4　**仰山問陸郎中～陸便起去**…　『聯灯会要』巻八の仰山慧寂章に「師向㆓陸郎中㆒承聞、郎中看㆑経得㆑悟、是否。陸云、弟子因㆑看㆓涅槃経㆒、有㆑云㆘不㆑断㆓煩悩㆒而入㆗涅槃㆖、得㆓箇安楽処㆒。師竪㆓起払子㆒云、只如㆓這箇㆒、作麽生入。陸云、入之一字、也不㆓用得㆒。師云、入之一字、不㆑為㆓郎中㆒。陸便起去」（続蔵一三六・二八三b）とある。『景徳伝灯録』巻十一の仰山慧寂章では侍郎の鄭愚との問答になっている。『全唐文』巻八二〇に鄭愚の撰した「潭州大潙山同慶寺大円禅師碑銘并序」が存する。

上180—5　**仰山**…　潙仰宗祖の仰山慧寂（八〇七～八八三）のこと。韶州（広東省）懐化県の葉氏。南陽下の耽源応真に学び、百丈下の潙山霊祐の法を嗣ぐ。郴州（湖南省）の王莽山、袁州（江西省）宜春の仰山、洪州（江西省）新建の石亭観音院、韶州の東平山正覚寺に住する。智通大師（通智大師とも）と諡される。

上180—6　**陸郎中**…　唐代の著名な宰相、陸希声（八三七～？）のこと。蘇州（江蘇省）呉県の人。号は居陽遁叟。博学にして文を善くする。昭宗のときに給事中となり、戸部侍郎・中書門下平章事・太子少師となる。『全唐文』巻八一三に陸希声の撰した「仰山通智大師塔銘」が存する。

上180—7　**涅槃経**…　大乗の『大般涅槃経』のこと。釈尊の入滅前後の事跡を述べた経典。北涼の曇無識訳（北本）と東晋の法顕記に基づく南本が存する。

上180—8　**不断煩悩而入涅槃**…　煩悩を断じないままで、悟りを得る。この語句は『涅槃経』には存せず、『維摩詰所説経』巻上「弟子品第三」に「不㆑断㆓煩悩㆒而入㆓涅槃㆒、是為㆓宴坐㆒」（大正蔵一四・五三九c）とある。

上180—9　**毘盧頂顊**…　毘盧遮那とはサンスクリット語のヴァイローチャナ（梵：Vairocana）の音訳。略して盧遮那仏、遮那仏とも表される。遍一切処・光明遍照・大日遍照と訳される。毘盧頂顊とは毘盧遮那仏の頭のこと。「向㆓毘盧頂顊㆒行」とは、毘盧遮那仏の頭上を踏み越えて行くこと。仏向上事をいう。

上182—1　**僧問梁山～老僧袈裟角**…　『聯灯会要』巻二十七の梁山縁観章に「僧問、家賊難㆑防時如何。師云、識得後不㆑為㆑寃。云、識得後時如何。師云、貶㆓向無生国裏㆒。云、莫㆓是他安身立命処㆒也無。師云、死水不㆑蔵㆑龍。云、如何是活水龍。師云、興㆑雲不㆑吐㆑霧。云、忽遇㆓興㆑雲致㆑雨時如何。師下㆓縄床㆒把住云、莫㆑教㆑湿㆓却老僧袈裟角㆒」（続蔵一三六・四四四b）とある。ただし、『宗門統要集』巻十の鼎州梁山観禅師章では「有問、家貧遭㆓劫賊㆒時如何。師云、識得後不㆑為㆑寃。云、識後如何。師云貶㆓向無生国㆒。云、莫㆓便是他安身立命処㆒也無。師云、死水不㆑蔵㆑龍。云、如何是活水龍。師云、拏㆑雲不㆑吐㆑霧。云、或遇㆓傾湫倒嶽㆒来時如何。師下㆓縄床㆒把住云、莫㆑教㆑湿㆓却老僧袈裟角㆒」（『禅学典籍叢刊』一・二二一b）とあり、この方が本上堂に相応している。

上182—2　**梁山**…　北宋代、曹洞宗の梁山縁観（不詳）のこと。同安観志の法を嗣ぐ。朗州（湖南省鼎州）武陵県の梁山観音寺に住する。法嗣に大陽警玄がいる。

上182—3　**家賊難防**…　家族や身内から出る盗賊は防ぎようがない。自己の内にある煩悩妄想は断ち難い。『宏智禅師広録』巻三「真州長蘆覚和尚拈古」に「挙、僧問㆓法眼㆒、声色両字、如何透得。眼云、大衆若会㆓這僧問処㆒、透㆓声色㆒也不㆑難。師云、従前不㆑了、祇因㆓家賊難㆑防。直下分明、且向㆓草庵㆒止宿」（大正蔵四八・三〇b）とある。

上183—1　**騄騄**…　騄は騄耳、緑耳ともいう。周の穆王が愛用した良馬の名。『竹書紀年』巻下に「（周穆王）八年春、北唐来賓、献㆓一驪馬㆒、是生騄耳」とある。また、『荀子』「性悪篇」に「驊騮・騹驥・纎離・緑耳、此皆古之良馬也」とある。

上183—2　**克期取証**…　九旬安居のように、一定の期日を区切って修行し、証悟を得ようとすること。『仏鑑禅師語録』巻一「雪竇山資聖禅寺語録」に「解制上堂。克㆑期取㆑証、繫㆓縛盲驢㆒。休夏自陳、且莫㆓鬼語㆒。饒你一坐坐断、別有㆓生涯㆒。若到㆓諸方㆒不㆑得㆑道、従㆓這裏㆒過㆑夏来。何故、雪竇親栖㆓宝蓋東㆒」（続蔵一二一・四二四c～d）とあり、『仏鑑禅師語録』巻三「小参」に「結夏小参。一撥便転、猶渉㆓程途㆒。三搭不㆑回、

故難二持論一。豈不レ見、広額屠児放二下屠刀一道、我是千仏一数。障蔽魔王道、待三一切衆生成仏尽衆生界空、乃至無レ有二衆生名字一、我乃発二菩提心一。直饒恁麼刺レ脳入二膠盆一、你這一隊漢、更来二這裏一、聚レ頭合レ火道、我禁足安居、克レ期取レ証。且擬レ証二箇什麼一。皮下還有レ血麼」（続蔵一二一・四五五c）とある。

上183—3　一串穿却…　一本の串で穴を開ける。一串で貫き通す。『碧巌録』第二則「趙州至道無難」の頌古の評唱に「此是古人問レ道底公案。雪竇拽来、一串穿却、用頌三至道無レ難、唯嫌二揀択一。如今人不レ会二古人意一、只管咬レ言嚼レ句。有二甚了期一。若是通方作者、始能辨二得這般説話一」（大正蔵四八・一四二b）とあり、『無門関』第三則「倶胝竪指」の評語に「無門曰、倶胝并童子、悟処不レ在二指頭上一。若向二者裏一見得、天龍同倶胝并童子、与二自己一一串穿却」（大正蔵四八・二九三b）とある。

上184—1　一槌便成…　一槌便透とも。一槌のもとに完成する。槌の一打ちで透脱する。師の一言などで修行が完成することにたとえる。『景徳伝灯録』巻十五の投子大同章に「一日、雪峰随レ師訪二龍眠庵主一。雪峰問、龍眠路向二什麼処一去。師以二拄杖一指二前面一。雪峰曰、東辺去西辺去。師曰、漆桶。雪峰異日又問、一槌便成時如何。師曰、不二是性燥漢一」（大正蔵五一・三二九b）とあり、『碧巌録』第四十六則「鏡清雨滴声」の垂示に「垂示云、一槌便成、超レ凡越レ聖。片言可レ折、去レ縛解レ粘。如二氷凌上行、剣刃上走一。声色堆裏坐、声色頭上行。縦横妙用則且置、刹那便去時如何。試挙看」（大正蔵四八・八一二b）とある。一槌便透については、補注（上160—4）を参照。

上184—2　水洒不著…　水がかかっても濡れない。『円悟仏果禅師語録』巻十三「小参六」の「入寺小参」にて「金剛王宝剣、截二断玄機一。正眼摩醯光、呑二諸祖目一。機銖両挙レ一明レ三。左転右旋、七穿八穴也。須二是箇風吹不レ入、水洒不レ著、針劄不レ入、快活自由底漢一始得」（大正蔵四七・七七一b）とあり、同じく「小参六」に「所以道、爾未レ跨二船舷一時、好与二三十棒一。如レ此、則千里万里一時坐断。何故、須レ知三当人分上各有二水洒不レ著、風吹不レ入」（大正蔵四七・七七四b）とある。

上184—3　得勇夫、須還重賞…　重賞之下、必有勇夫に同じ。莫大な賞金をかけると、必ず優れた成績をあげる者が出てくる。『雪竇明覚禅師語録』巻三「拈古」の「鼓山示衆」の公案に対する拈提に「師云、諸方老宿総道、鼓山失二却一隻眼一。殊不レ知、重賞之下、必有二勇夫一。然二雖如レ此、若仔細点撿来、未レ免二一時埋却一」（大正蔵四七・六八八c）とある。もとは漢代の兵法書『黄石公三略』の「上略」に見える「香餌之下、必有二死魚一。重賞之下、必有二勇夫一」の語に基づく。

上186—1　骨髄肉皮分散後…　達磨の肉体が分散して死に至ったことを、道副・尼総持・道育・慧可の四門人に「皮肉骨髄」の因縁で法を伝えたことになぞらえている。「礼拝得髄」「達磨皮肉骨髄」の公案については既出（上9—4）。

上186—2　少林…　嵩山少林寺のこと。とくに達磨を指す。少林寺（上1—17）と達磨（上9—2）は既出。

上187—1　因事上堂…　特定の出来事に因んでなす上堂。このときの出来事については明確にはできないが、『吾妻鏡』文応元年（一二六〇）十月十五日条に「十五日己酉、相州政村息女、煩二邪気一、今夕殊悩乱。為二比企判官女讃岐局霊祟一之由、及二自託一云々。件局為二大蛇一、頂有二大角一、如二火炎一常受レ苦。当時在二比企谷土中一之由発レ言。聞レ之人、堅二身毛一、云々」とある記事が注目される。執権の北条政村（一二〇五〜一二七三）の息女が邪気を煩い、この夕方に特に悩乱した際、比企能員（?〜一二〇三）女の讃岐局の霊が祟っていることを述べたという。讃岐局の霊は大蛇となり、頭に大きな角があり、火炎のごとく常に苦しみを受けており、今は比企ヶ谷の土中にあるとされた。この霊の祟りを聞いた人々は身の毛もよだつ思いであったと記されており、この怪談は鎌倉内に広く伝聞されていた様子が確認される。187「因事上堂」に「怪は外より来たるに非ず、動《やや》もすれば内より起こる」とある「怪」は、この記事に記された出来事を指しているのかもしれない。

上188—1　光侍者謂玄沙云〜鉄船也未…　『景徳伝灯録』巻十八の玄沙師備章に「師在二雪峰一時、光侍者謂レ師曰、師叔若学二得禅一、某甲打二鉄船一下レ海去。師住後問曰、光侍者打二得鉄船一也未。光無レ対」（大正蔵五一・三四六c）とある。

上188—2　玄沙…　玄沙師備のこと。既出（上48—3）。

上188—3　鉄船…　鉄船水上浮。鉄船が水上に浮かぶ。既出（上137—11）。

上189—1　兀庵和尚至上堂…　宋僧の兀庵普寧が建長寺に到着したことに因む上堂。兀庵普寧が来朝した時のことは、『兀庵和尚語録』巻上に詳細に記されており、「師因下日域法眷・道旧郷人、不レ忘二径山道聚之義一、屢邀二閑楽一、累却復至上、於二景定庚申一、暫与一遊」（続蔵一二三・四d）と記録されている。景定庚申とは、南宋の景定元年（一二六〇）に相当し、この年に普寧が渡海して来朝し、博多聖福寺や京都東福寺を経て鎌倉建長寺に到着したことが知られる。そのため、「兀庵和尚至上堂」は文応元年に行なわれた上堂であったことが確定する。

上189—2　**兀庵和尚**…　臨済宗破庵派の兀庵普寧（一一九八〜一二七六）のこと。西蜀（四川省）の人。無準師範の法を嗣ぐ。景定元年（文応元年、一二六〇）に来朝し、博多聖福寺、京都東福寺を経由して鎌倉建長寺に入る。弘長二年（一二六二）に蘭渓道隆が京都建仁寺に移ると、建長寺の第二世となった。道隆の後を受けて北条時頼を接化し、弘長三年に普寧は時頼に印可した。時頼が遷化すると、文永二年（一二六五）に帰国した。婺州（浙江省）の雲黄山宝林寺（双林寺）や、温州（浙江省）の江心山龍翔寺に住する。至元十三年十一月二十四日に示寂。宗覚禅師と諡する。『兀庵和尚語録』三巻が存する。

上189—3　**温故知新**…　過去を学んだ上で、現状に適した判断をして今後に活かすこと。『論語』「為政」に「子曰、温レ故而知レ新、可三以為二師矣」とある。

上190—1　**古徳云〜全提底時節**…　『雲門匡真禅師広録』巻中「室中語要」に「師有時云、直得三乾坤大地無二繊毫過患一、猶是転句。不レ見二一色一、始是半提。直得レ如レ此、更須レ知レ有二全提時節一」（大正蔵四七・五五七a〜b）とあり、『碧巌録』第四十二則「龐居士好雪片片」に「雲門道、直得三尽乾坤大地無二繊毫過患一、猶為二転句一。不レ見二一色一、始是半提。若要二全提一、須レ知レ有二向上一路一始得」（大正蔵四八・一八〇a）とあるのを受ける。

上190—2　**古徳**…　雲門文偃のこと。既出（上29—2）。

上191—1　**鬼面神頭**…　鬼神のような顔。阿修羅のごとき面と夜叉のような頭。『大慧普覚禅師語録』巻七「住江西雲門庵語録」の示衆に「恁麼中不恁麼、鬼面神頭。不恁麼中却恁麼、披毛戴角」（大正蔵四七・八三七c）とある。

上191—2　**浄名放過老文殊**…　『聯灯会要』巻一「竺乾諸大賢聖」に「維摩会上三十二菩薩、各説二不二法門一。文殊云、我於二一切法一、無レ言無レ説、無レ示無レ識、離二諸問答一、是為二菩薩入不二法門一。文殊又問二維摩一。維摩黙然。文殊嘆云、乃至無レ有二語言文字一、是菩薩真入不二法門」（続蔵一三六・二二三c）とあるのを受けるか。

上191—3　**浄名**…　維摩詰のこと。既出（上20—17）。

上191—4　**老文殊**…　文殊師利菩薩のこと。既出（上20—16）。

上193—1　**迦葉尊者**…　摩訶迦葉のこと。既出（上93—2）。

上193—2　**忍俊不禁**…　忍び笑いをこらえきれない。思わず笑い出してしまう。胸がむずむずするのを堪えきれない。忍俊は笑みを漏らすのを我慢すること。『法演禅師語録』巻上「次住太平語録」の上堂に「山僧昨日入レ城、見二一棚傀儡一。（中略）子細看時、元来青布幔裏有レ人。山僧忍俊不レ禁」（大正蔵四七・六五三b）とある。

上193—3　**知心能幾人、満眼是相識**…　「相識満天下、知心能幾人」に同じ。既出（上21—6）。

上194—1　**古徳不辨端倪却道、三人証亀成鼈**…　『景徳伝灯録』巻二十二の香林澄遠章に「問、如何是室内一灯。師曰、三人証レ亀成レ鼈」（大正蔵五一・三八七a）とあり、『碧巌録』第十七則「香林坐久成労」の本則の評唱にも「後来僧問、如何是室内一盞灯。林云、三人証レ亀成レ鼈」（大正蔵四八・一五七b）とある。

上194—2　**古徳**…　雲門宗の香林澄遠（九〇八〜九八七）のこと。漢州（四川省）綿竹の上官代。雲門文偃の法を嗣ぐ。初め西川（四川省）導江県の迎祥寺天王院（水精宮）に住し、益州（四川省成都）灌県の青城山香林院に住する。

上194—3　**端倪**…　物事の始めと終わり。事の始終。『荘子』「大宗師」に「仮二於異物一、託二於同体一、忘二其肝胆一、遺二其耳目、反覆始終、不レ知二端倪一」とある。

上194—4　**釈迦老子道〜寂滅時如何**…　『円覚経』に「善男子、有レ照有レ覚倶名二障礙一、是故菩薩常覚不レ住。照与二照者一同時寂滅、譬如三有レ人自断二其首一、首已断故無二能断者一。則以二礙心一自滅二諸礙一、礙已断滅無二滅レ礙者一」（大正蔵一七・九一七a）とある。

上194—5　**憍梵波提**…　ガヴァンパテー（梵：Gavampati）のこと。牛跡比丘。牛呞比丘。釈迦牟尼仏の弟子の一人。常に牛のように口を動かしていたとされる。釈迦弟子中で解律第一といわれ、戒律を理解することに秀でたという。

上196—1　**問取海兄**…　「馬祖四句百非」の公案を踏まえる。『聯灯会要』巻四の馬祖道一章に「僧問、離二四句一絶二百非一、請師直二指某甲西来意一。師云、我今日労倦、不レ能二為レ汝説得一、問二取智蔵一去。僧問二智蔵一。蔵云、汝何不レ問二和尚一。云、和尚教三来問二上座一。蔵云、我今日頭痛、不レ能二為レ汝説得一、問二取海兄一去。僧問レ海。海云、我到二這裏一、却不レ会。僧挙二似師一。師云、蔵頭白、海頭黒」（続蔵一三六・二四四b）とあり、『碧巌録』第七十三則「馬祖四句百非」（大正蔵四八・二〇〇c）として収録される。

上196—2　**海兄**…　百丈懐海のこと。既出（上18—3）。

上197—1　**睦州指臨済去見黄蘗**…　『碧巌録』第十一則「黄蘗噇酒糟漢」の本則の評唱に「蘗住後、機鋒峭峻。臨済在二会下一、睦州為二首座一。問云、上座在レ此多時、何不レ去二問話一。済云、教三某甲問二什麼話一即得。座云、何不三去問二如何是仏法的的大意一。済便去問、三度被二打出一」（大正蔵四八・一五一c〜一五二a）とある。

上197—2　睦州…　睦州道蹤のこと。既出（上63—1）。

上197—3　臨済…　臨済義玄のこと。既出（上72—4）。

上197—4　黄蘗…　黄檗希運のこと。既出（上70—2）。

上197—5　徳嶠辞龍潭而訪大潙…　『景徳伝灯録』巻十五の徳山宣鑑章には「丱歳出家、依レ年受具。精究二律蔵一、於二性相諸経一貫二通旨趣一。常講二金剛般若一、時謂二之周金剛一。厥後訪二尋禅宗一。因謂二同学一曰、一毛呑レ海、海性無レ虧。纎芥投レ鋒、鋒利不レ動。学与二無学一、唯我知焉。因造二龍潭信禅師一、問答皆一語而已。師即時辞去、龍潭留レ之。一夕於二室外一黙坐。龍問、何不二帰来一。師対曰、黒。龍乃点レ燭与レ師。師擬レ接。龍便吹滅。師乃礼拝。龍曰、見二什麼一。曰、従レ今向去不レ疑二天下老和尚舌頭一也。至二明日一便発。龍潭謂二諸徒一曰、可中有二一箇漢一、牙如二剣樹一口似二血盆一。一棒打不レ迴レ頭。他時向二孤峰頂上一立二吾道一在。師抵二于潙山一」（大正蔵五一・三一七a）とある。

上197—6　徳嶠…　徳山宣鑑のこと。既出（上28—1）。

上197—7　龍潭…　唐代、青原下の龍潭崇信（不詳）のこと。荊州（湖北省）渚宮の人。天皇道悟（七四八〜八〇七）の法を嗣ぐ。澧州（湖南省）澧陽県の龍潭で庵を結ぶ。門下に徳山宣鑑を出す。

上197—8　大潙…　潙仰宗祖の潙山霊祐（七七一〜八五三）のこと。福州（福建省）長慶の趙氏。馬祖下の百丈懐海の法を嗣ぐ。潭州（湖南省）寧郷の大潙山に住する。門下に仰山慧寂・香厳智閑・霊雲志勤らがいる。『潙山警策』が存し、明代に『潭州潙山霊祐禅師語録』一巻が編纂された。

上199—1　富士大明神…　富士浅間大神のこと。富士山の噴火を鎮めるために富士山を神（浅間神または浅間大神）として祀ったもの。浅間大神を祀る神社として、富士山本宮浅間大社は最も早く成立し、「富士本宮浅間社記」に、大同元年（八〇六）に山宮浅間神社の地から現在の富士宮市宮町の地に移転したとある。

上199—2　若宮八幡大菩薩…　若宮は本宮の祭神を分霊勧請した新宮。若宮の鶴岡八幡神のこと。八幡神については既出（上89—2）。

上201—1　天衣示衆〜禍事禍事…　『嘉泰普灯録』巻二の天衣義懐章に「上堂。挙、法眼道、昇元閣為二御街裏人一説法。師曰、諸人還知。崇寿仏殿上蚩吻、昨夜三更大笑一声。三門頭金剛咄云、你笑二箇甚麽一。我笑下茫茫宇宙人、空延二歳月一、兀兀度レ時、道徳不レ修、衣食斯費上。忽然築二著閻羅老子一、禍事禍事」（続蔵一三七・二九d）とある。

上201—2　天衣…　雲門宗の天衣義懐（九九三〜一〇六四）のこと。温州（浙江省）楽清県の陳氏。雪竇重顕の法を嗣ぐ。廬州（安徽省）の鉄仏寺に出世し、越州（浙江省）山陰県の天衣寺などに住する。振宗大師と諡する。『続古尊宿語要』巻二に『天衣懐和尚語』が存する。

上201—3　蚩吻…　鴟尾《しび》。古代の宮殿や寺院の大棟の両端に据える飾り。その起源は漢代にさかのぼり、東晋代に鴟尾という名称があらわれ、北魏に至って強く反り上がった形が完成。中唐から晩唐にかけては大棟に取りつく部分を獣頭形につくる鴟吻《しふん》（蚩吻）に変化した。後世の日本の鬼瓦に当たる。

上203—1　囲魏救趙…　既出（上86—3）。

上203—2　弥勒…　弥勒菩薩のこと。既出（上9—16）。

上204—1　有智無智、較三十里…　既出（上73—1）。

上205—1　両班…　既出（上2—1）。

上205—2　少塩少醤…　日常の食生活において塩や醤油を欠くこと。「馬祖塩醤」の公案を踏まえる。塩醤は食事の必需品。『景徳伝灯録』巻五の南嶽懐譲章に「後馬大師闡二化於江西一。師問レ衆曰、道一為レ衆説法否。衆曰、已為レ衆説法。師曰、総未レ見下人持二箇消息一来上。衆無レ対。因遣二一僧去一云、待二伊上堂時一、但問二作麽生一。伊道底言語、記将来。僧去一如二師旨一。迴謂レ師曰、馬師云、自二従胡乱一後三十年、不三曽闕二塩醤喫一。師然レ之」（大正蔵五一・二四一a）とある。

上205—3　炊無米飯…　既出（上119—3）。

上205—4　供養無心道人…　黄檗希運の『伝心法要』に「供二養十方諸仏一、不レ如レ供二養一箇無心道人一」（大正蔵五一・二七〇c）とある。

上206—1　家家観世音…　『雲門真匡禅師広録』巻上「対機」の上堂に「問、牛頭未レ見二四祖一時如何。師云、家家観世音。進云、見後如何。師云、火裏蝍蟟呑二大虫一」（大正蔵四七・五四九b）とある。

上206—2　観世音…　観音菩薩、観自在菩薩とも。既出（上98—4）。

上207—1　兜率悦和尚云、剔起眉毛〜玉一団…　『嘉泰普灯録』巻七の兜率従悦章に「上堂。夜夜抱レ仏眠、朝朝還共起。起坐鎮相随、語黙同居止。欲レ識二仏去処一、只這語声是。諸禅客、大小大傅大士、只会下抱二橋柱一澡洗、把レ纜放上レ船。印板上打将来、模子裏脱将去。豈知道、本色衲僧、塞二除仏祖窟一、打二破玄妙門一、跳二出断常坑一、不レ依二清浄界一、都無二一物一、独奮二双拳一、海上横行、建レ家立レ国。有二一般漢一、也要下向二百尺竿頭一凝然端坐上、泊二乎翻身之際一、捨レ命不レ得。豈不レ見、雲門大師道、知二是般事一、拈二放一辺一、直須下擺二動精神一、著中些二筋骨上。向二混沌未レ剖已前一薦得、猶是鈍漢、那堪下更於二他人舌頭上一咂中啖淡味上。終無二了日一。諸禅客、要レ会麼。剔二起眉毛一有二甚難一。分明不レ見二一毫端一。風吹二碧落一浮雲尽、月上二青山一玉一団。喝一喝、下座」（続蔵一三七・六一b～c）とある。

上207—2　兜率悦和尚…　臨済宗黄龍派の兜率従悦（一〇四四～一〇九一）のこと。虔州（江西省）の熊氏。真浄克文の法を嗣ぐ。洪州（江西省）義寧の兜率寺に住する。嗣法の弟子に、兜率慧照や丞相張商英（無尽居士）がいる。『続古尊宿語要』巻一に『兜率悦禅師語』が存する。

上208—1　透関人…　『嘉泰普灯録』巻二十九「偈頌」の「護国此庵元禅師二首」の「送二化士一」に「言前薦得成二多事一、句後承当亦未レ真。截二断両頭閑路布一、不レ知誰是透関人」（続蔵一三七・二〇九c）とある。

上209—1　有一魔王～世尊便休去…　大慧宗杲の『正法眼蔵』巻二に「天衣懐和尚示レ衆云、二千年前大覚世尊、欲下将二諸聖衆一往二第六天上一説中大集経上。勅二他方此土人間天上一切獰悪鬼神一、悉皆集会、受二仏付嘱一、擁二護正法一。設有二不レ赴者一、四天門王飛二熱鉄輪一、追レ之令レ集。既集会已。無レ有下不レ順二仏勅一者上、各発二弘誓一擁二護正法一。唯有二一魔王一、謂二世尊曰一、瞿曇、我待三一切衆生成仏尽、衆生界空、無レ有二衆生名字一、我乃発二菩提心一」（続蔵一一八・一八b～c）とある。

上209—2　当断不断、返招其乱…　当然処断すべきところで躊躇して処断しないと、逆に反乱を招いてしまう。『史記』の「斉悼恵世家」に載る言葉。『景徳伝灯録』巻十八の龍冊道忞（鏡清）章に「師在二帳中一坐、有レ僧問訊。師撥レ帳問曰、当レ断不レ断、返招二其乱一。僧曰、既是当レ断、為二什麼一不レ断。師曰、我若尽レ法、直恐レ無レ民」（大正蔵五一・三四九a）とある。

上209—3　貶向鉄囲山中…　貶向鉄囲に同じ。『円悟仏果禅師語録』巻十九「頌古」の「挙、南泉示レ衆云、昨夜文殊普賢、起二仏見法見一、毎レ人与二二十棒一、貶二向二鉄囲山一去也。趙州出云、和尚棒教二誰喫一。泉云、王老師有二什麼過一。州礼拝。泉下レ座帰二方丈一」の古則に対して「霧起龍吟、風生虎嘯。両口一舌、異レ音同レ調。文殊普賢仏法見、南泉趙州日月面。拠レ令而行指顧間、尽レ情貶二向鉄囲山一。忽有二箇不レ憤底一出来道二崇寧囉一、只向レ他道、果然果然」（大正蔵四七・八〇四c）とある。

上210—1　三年逢一閏…　閏月のこと。太陰暦では、ひと月を二十九日余りと計算して、三年に一度、閏月をおいて調節していた。この表現は種々の禅籍中に見られるが、ここでは普遍的で当然のものの例示として用いられている。『楊岐会和尚語録』「袁州楊岐山普通禅院語録」の「歳旦上堂」に「僧問、旧歳已随二残臘一去、今日新春事若何。師云、鉢盂裏満盛。進云、与麼則三年逢二一閏一、九月是重陽」（大正蔵四七・六四一b）とある。

上212—1　昨日初一、今朝月二…　この前後数年の冬至の日にちを挙げてみると、正元元年（一二五九）十一月一日、文応元年（一二六〇）十一月十二日、弘長元年（一二六一）十一月二十一日、弘長二年（一二六二）十一月三日となり、十一月二日に冬至を迎えた日が存在していない。しかしながら、上堂配列からは、弘長元年に行なわれた冬至上堂と推定される。

上212—2　健則経行、困則打睡…　体がすこやかならば経行し、疲れたならば睡る。『大川和尚語録』「慶元府宝陀観音禅寺語録」の「解夏上堂」に「宝陀今夏一百二十日内、也有二四件事一。飢則喫レ飯、困則打眠、健則経行、熱則揺レ扇」（続蔵一二一・一五八c）とある。

上212—3　礼可興而不可廃…　礼は従い守らねばならない、廃し去ってはならない。『建中靖国続灯録』巻二十一の大相国寺智海禅院仏印禅師（智海智清）章に「問、法具随レ身、逢レ場仏事、不レ施二三拝一、不レ唱二一喏一、置レ問得也無。師云、礼可レ興不レ可レ廃」（続蔵一三六・一五〇d）とある。

上213—1　二十四家書…　『古尊宿語録』巻六の『睦州和尚語録』の「勘講経論座主大師第三」に「有二座主一善解二二十四家書一。師問、你解二二十四家書一是否。主云、不敢。師遂於二空中一作レ書勢云、是什麼字。主云、不レ会。師云、吽吽、這箇阿師、脱空妄語道三我解二二十四家書一。永字八法也不レ識。主無レ語」（続蔵一一八・一一七c）とあり、『聯灯会要』巻八の睦州陳尊宿章に「有二秀才一、会二二十四家書一。師以二拄杖一空中点一点云、会麼。云、不レ会。師云、又道レ会二二十四家書一。永字八法也不レ識」（続蔵一三六・二八六c）とある。

上214—1　睦州凡見僧来～為甚麼不会…　『古尊宿語録』巻六の『睦州和尚語録』の「上堂対機第二」に「有時纔見二新到一云、現成公案、放二你三十棒一」（続蔵一一八・一一五d）とあり、『雲門匡真禅師広録』巻上の「対機三百二十則」に「睦州和尚見二僧入レ門来、便云、現成公案、放二爾三十棒一。自余之輩、合作麼生」（大正蔵四七・五四七a）とある。

上214—2　睦州…　睦州道蹤のこと。既出（上63—1）。

上214—3　曽被毒蛇傷、怕見断井索…　『法演禅師語録』巻中「舒州白雲山海会語録」に「上堂。挙、南泉云、文殊普賢、昨夜三更起二仏見法見一、各与二二十棒一、貶二向二鉄囲山一。白雲則具二大慈悲一。遂拍レ手云、曼殊室利・普賢大士、不審不審。今後更敢也無。自云、一度被二蛇傷一、怕レ見二断井索一」（大正蔵四七・六五九c～六六〇a）とある。

上215—1　投明須是到、不許夜中行…　「不許夜行、投明須到」に同じ。明け方には到っていなければならないが、法令で夜中に行くことは許さない。『景徳伝灯録』巻十五の投子山大同章に「趙州問、死中得レ活時如何。師曰、不レ許二夜行一、投レ明須レ到」（大正蔵五一・三一九a）とある。

上217—1　建寧寺…　京都東山の建仁寺のこと。建仁二年（一二〇二）に明庵栄西を開山として、源頼家（一一八二～一二〇四）によって開創された。はじめは比叡山の別院として台密禅兼修の道場であったが、弘長二年（一二六二）に蘭渓道隆が住持するに及んで、本格的な禅宗道場としての態様を持つようになった。後に京都五山の第三位になる。建寧寺という呼称は、亀山天皇（一二四九～一三〇五）の諱である「恒仁」の「仁」字を避け、寺号の「仁」を「寧」と表記したものとみられる。中国僧である道隆の皇帝（天皇）に対する配慮が窺われる。

上217—2　十三春…　十三回目の春。蘭渓道隆が建長寺に住持していた期間を指す。「結制上堂」（上10）が存することから、道隆は建長元年（一二四九）七月十五日までは常楽寺にあったものとみられ、これ以降に建長寺に移ったことになる。弘長二年（一二六二）一月の「歳旦上堂」（上216）の次に「辞衆上堂」（上217）が収録されており、建長元年の七月以降から、弘長二年一月で十三回目の春を数えたのである。詳しくは、本書の「『蘭渓和尚語録』解題」を参照。

山城州北京東山建寧（建仁）禅寺語録

上218—1　建寧禅寺…　京都東山の建仁寺のこと。既出（上217—1）。

上218—2　東倒西擂…　東倒西歪とも。千鳥足であちこちによろめき倒れる。『松源和尚語録』巻上「江陰軍君山報恩光孝禅寺語録」の上堂に「山僧只養二得一頭驢一、一向東倒西擂順レ時。一日何啻千里万里恸レ時。直是一歩不二肯移一」（続蔵一二一・二八八c）とある。

上218—3　道仏便漱口…　仏という言葉を一言でも声に出せば、三年もの間、口を漱ぐ。『虎丘隆和尚語録』の「平江府虎丘雲巌禅寺語録」の「傅枢密請陞座」に「師乃云、仏語心為レ宗、一切即一。無門為二法門一、一即一切。是汝諸人高肩二拄杖一、天下横行。還踏二著此門一也未。若也踏二著此門一、年年是好年、月月是好月、日日是好日、時時是好時。明如二杲日一、寛若二太虚一。三世諸仏、以二此門一生レ凡育レ聖、広利二群品一。歴代祖師、以二此門一以レ心契レ心、流二通正続一。天下宗師、以二此門一掲二示人天眼目一、提二持向上一路一。乾坤以二此門一為二覆蔵一、日月以二此門一為二照臨一、四時以二此門一為二寒暑一、国王以二此門一治二天下一、百官以二此門一尽レ忠尽レ孝、庶人以二此門一治生産業、衲僧以二此門一撥二転天関一、掀二翻地軸一。失口説二著仏之一字一、漱レ口三年。雖二然如レ此、事無二一向一。若或尚留二門外一、不レ免露二箇消息一去也」（続蔵一二〇・三九九b～c）とある。蘭渓道隆の因事小参（小15—46）には「豈不レ見、雲門大師道、道二仏一字一、漱レ口三年」とあるが、雲門文偃の言葉には見当たらない。ただし、『希叟和尚語録』の「法語」や『希叟和尚広録』巻四「法語」に収録された、希叟紹曇が北条時宗に与えた「日本温英二禅人、持二建長蘭渓和尚書一、与二平元帥一求レ語」ないし、「示二日本平将軍一法語」に「道二仏一字一、漱レ口三年、方有二少分相応一。若打二祖師門下過一、喫二痛棒一有レ分」（続蔵一二二・八九bと一二九a）とあることは参考になる。

上218—4　跛脚漢…　跛脚阿師とも。足の不自由な人。雲門文偃のこと。既出（上107—1）。

上218—5　老徳山…　徳山宣鑑のことか。既出（上28—1）。

上218—6　王老師…　王氏出身の南泉普願のこと。既出（上18—5）。

上218—7　冉和尚…　冉氏の出身である蘭渓道隆の自称。建長寺所蔵「開山大覚禅師石卵之中銀製霊骨器銘之写」に収録された道隆最古の伝記に「大宋西蜀涪州冉氏、師諱道隆、自号二蘭渓一」とあり、『元亨釈書』巻六「釈道隆」にも「釈道隆。宋国西蜀涪江人也。姓冉氏」とある。また、一九九八年に涪州（現在の重慶市涪陵区）藺市から、南宋淳熙十一年（一一八五）に亡くなった冉隠君の墓志銘「冉隠君墓志銘」が出土している（『藺市古鎮』藺市古鎮編集委員会、二〇〇九年）。当時この地で冉氏が活躍していた痕跡が残っており、今日も「冉」姓を持つ人たちが暮らしている。

上218—8　**袈裟是鉄囲**…　『叢林盛事』巻下の「仏印示衆」に「莫下挂二袈裟一便要上レ閑、七条中有二鉄囲山一。幾多放逸縦横者、失二却人身一瞬息間」（続蔵一四八・四六b）とある。

上218—9　**我脚何似驢脚**…　私の足は驢馬の足と比べてどうだ、というほどの意。この語は黄龍慧南が諸方に参じて宗師の所得を請う時に用いた語。『黄龍慧南禅師語録』の「黄龍慧南禅師語録続補」には「師室中常問二僧出家所以郷関来歴一。復扣云、人人尽有二生縁処一、那箇是上座生縁処。又復当機問答、正馳二鋒弁一。却復伸レ手云、我手何似二仏手一。又問二諸方参請宗師所得一。却復垂レ脚云、我脚何似二驢脚一。三十余年、示二此三問一。往往学者多不レ湊レ機。叢林共目為二三関一」（大正蔵四七・六三六c）とある。上記の三問は合わせて「黄龍三関」と称され、『無門関』の末尾（大正蔵四八・二九九b）にも採用されて臨済宗を代表する機関の一つに数えられる。

上218—10　**密切**…　親密な、綿密な。ぴったりしているさま。真理と一枚であるさま。『古林和尚語録』巻四「小参普説」の「中夏普説」には「即今、且只要下你将二従前伎倆一一時截断、使中脚跟下空牢牢地上。然後将二古人機縁一密切提撕。畢竟是箇甚麼道理」（続蔵一二三・二五二b）とあり、また『師子林天如和尚語録』巻三「法語」の「示二用庵照上人一」には「只就二本参事上一密切体究、一切時一切処猛著二精彩一、看二他是箇甚麼道理一」（続蔵一二二・四二六c）とある。ともに古人の言句・機縁に真に参ずるためには、親密一体に提撕・体究することが求められている。

上218—11　**今上皇帝**…　亀山天皇（一二四九〜一三〇五）のこと。第九十代天皇。諱は恒仁。後嵯峨天皇の第七皇子として生まれ、在位期間は正元元年（一二五九）から文永十一年（一二七四）まで。持明院統と大覚寺統による両統迭立の端緒となり、また退位後も上皇として院政を振るった。禅宗に帰依し、正応四年（一二九一）に自らの離宮である禅林寺殿を寺院に改め、無関普門を請して禅林禅寺（後の瑞龍山南禅寺）を開創した。

上218—12　**大丞相**…　丞相は古代中国の官名で、君主を補佐した最高位の官吏。宰相のこと。日本では左丞相は左大臣、右丞相は右大臣、大丞相は太政大臣に当たる。蘭渓道隆が建仁寺の住持となった弘長二年（一二六二）四月十五日の太政大臣は、弘長元年（一二六一）十二月十五日から弘長二年七月二日に太政大臣を勤めた西園寺公相（一二二三〜一二六七）であり、道隆の建仁寺入院に参加したものと推測される。

上218—13　**葵藿**…　葵はあおい科の多年草、藿は豆の若葉のこと。葵藿傾陽で、あおいの花や豆の若葉が日光の方に傾き向かうこと。君主を尊敬し、これに忠誠を尽くすこと。

上218—14　**最明寺禅門**…　北条時頼のこと。既出（上9—1）。

上218—15　**最明寺**…　鎌倉山ノ内にあった寺院で、北条時頼によって建立された。建長寺小参には、「最明寺開堂小参」（小34）が収録されており、蘭渓道隆が最明寺の開山であることが確認できる。『相模国風土記稿』では、北条時宗の代に禅興寺と名を変えて再興したと伝える。禅興寺は、渡来僧の大休正念（一二一五〜一二八九）が道隆の法助により日本で最初に住持した寺で、後には関東十刹となる。禅興寺は廃絶してしまうが、臨済宗建長寺派の明月院が禅興寺塔頭寺院として存続している。

上218—16　**尊相禅寺**…　蘇州（江蘇省）長洲県の陽山に存した禅寺。既出（上1—4）。

上218—17　**無明大和尚**…　無明慧性のこと。既出（序—2）。

上218—18　**新羅**…　古代朝鮮の国名。既出（上133—3）。

上218—19　**世尊道、我法付嘱国王大臣有力檀那**…　『景徳伝灯録』巻十三の首山省念章に「師謂レ衆曰、仏法付二与国王大臣有力檀越一、令二灯灯相然相続不レ断、至二于今日一。大衆且道、相二続箇什麼一。師良久又曰、今日須二是迦葉師兄一始得」（大正蔵五一・三〇四a）とあり、『虚堂和尚語録』巻三「阿育王山広利禅寺語録」に収録された虚堂智愚（一一八五〜一二六九）の入寺法語には「師乃云、黄面老漢、末上放乖、向二霊山会上万百衆前一、以二仏法一付二嘱国王大臣有力檀那一。迨レ今二千余年、代不レ乏レ賢」（大正蔵四七・一〇〇四b）とあり、省念と同様の語句が霊山会上における釈尊の行為として位置づけられている。

上218—20　**四花**…　仏の説法などの際、瑞兆として天から降るという四種の蓮の花。『妙法蓮華経』「序品第一」には「是時天雨二曼陀羅華・摩訶曼陀羅華・曼殊沙華・摩訶曼殊沙華一、而散二仏上及諸大衆一」（大正蔵九・二b）とあり、世尊が結跏趺坐し無量義処三昧に入った時、天から曼陀羅華・摩訶曼陀羅華・曼殊沙華・摩訶曼殊沙華という四種の花が降り注いだとされる。

上218—21 **千江蘸月、万国逢春**… 月は分かれることなくあらゆる河川に普くその姿を映し、春はあらゆる国々に平等に訪れる。臨済宗楊岐派の別峰宝印（一一〇九～一一九〇）の言葉として『続古尊宿語要』巻六の『別峰印禅師語』に「春行二万国一春無レ跡、月満二千江一月不レ分」（続蔵一一九・七二d）とある。

上218—22 **知音**… 既出（上1—9）。

上218—23 **尽大地是箇解脱門**… 解脱の境界に入る門。三界の苦界を離れ悟りを得る門のこと。青原下の雪峰義存の上堂に拠る語。『雪峰真覚禅師語録』巻下の上堂には「尽大地是箇解脱門。把レ手拽レ伊不二肯入一。時一僧出曰、和尚怪二某甲一不レ得。又一僧曰、用レ入作二甚麼一。師便打」（続蔵一一九・四八五b）とある。

上218—24 **夜月流輝含古渡**… 真夜中の月が古い渡し場の水面に輝いているさま。『宏智禅師広録』巻四「天童山覚和尚語録」の上堂に「進云、夜月有レ輝含二古渡一、白雲無レ雨裹二秋山一。師云、邯鄲学二唐歩一」（大正蔵四八・四一a）とある。

上218—25 **春風著意発新条**… 春の風が必死に新しい枝を芽吹かせるさま。新条は新芽の出た枝。『仏鑑禅師語録』巻五「讃仏祖」の「達磨祖師」に「一花五葉自芬披、不レ在二春風著レ意吹一」（続蔵一二一・四七六b）とある。

上218—26 **太宗皇帝～無対**… 『聯灯会要』巻二十九「応化賢聖」の大宋太宗皇帝章に「有レ僧朝見云、陛下、還記二得臣僧一麼。帝云、甚処相見来。云、霊山一別、直至二于今一。帝云、卿以レ何為レ験。僧無レ対」（続蔵一三六・四六五b）とあり、『嘉泰普灯録』巻二十二「聖君」の太宗皇帝章（続蔵一三七・一五二a）にも載る。

上218—27 **太宗皇帝**… 北宋の太宗（趙炅、九三九～九九七、在位は九七六～九九七）のこと。趙弘殷の第三子、宋の太祖趙匡胤の実弟。太祖の急死を受けて太平興国元年（九七六）に宋の第二代皇帝に即位する。太祖の統一事業を引き継ぎ、呉越を併合し北漢を制服してほぼ統一を完成させた。内政では文治主義を徹底し、中央集権化を進めた。

上218—28 **文応**… 第九十代亀山天皇が即位した直後に改元された年号。正元二年（一二六〇）四月十三日に文応と改元され、文応二年（一二六一）二月二十日に弘長と改元されている。亀山天皇の異称が「文応皇帝」であり、亀山天皇のことを踏まえている。

上219—1 **毫釐有差、参商便起**… 毛の先ほどのずれが生ずると、参と商ほども掛け離れる。参と商は、参星（西のオリオン座）と商星（東の金星）のことで、互いに離れていて会うことのできないたとえ。三祖僧璨の『信心銘』の「毫釐有レ差、天地懸隔」（大正蔵四八・三七六b）という語を、具体的な事例で示している。

上219—2 **野草閑花各自春**… 野草や閑花にもそれぞれ春がやってくる。蘇軾の『蘇軾詩集』巻十二の「単同年求二徳興兪氏聚遠楼詩三首一」に「雲山煙水苦難レ親、野草幽花各自春、賴有二高楼一能聚遠、一時収拾与二閑人一」とある。『宏智禅師広録』巻七「天童山覚和尚真賛」に「説時不レ借レ口、用処不レ依レ身。天寒絶二飛鳥一、潭浄無二游鱗一。点二活眼一著二精神一、野草閑華自在春」（大正蔵四八・八〇b）とある。

上222—1 **莫信直中直、隄防仁不仁**… 素直そうな表面を信じてはいけない。人でなしを防がねばならない。仁不仁は恩義や人情をわきまえない人。『禅林類聚』巻七「対機」には南院慧顒の「赤肉団上壁立万仞」の古則に対して「塗毒策云、莫レ信二直中直一、須レ防二仁不仁一。這僧雖三乱湜二英雄一、南院是作家手段。然而美則美矣」（続蔵一一七・四四a）とあり、「隄防」の字を異にするものの、黄龍慧南下五世の塗毒智策の語として引用されている。また、『虚堂和尚語録』巻八「虚堂和尚続輯」の「仏生日上堂」に「僧問、無憂樹下作二獅子吼一、固有レ之指レ天指レ地、還端的也無。師云、莫レ信二直中直一、須レ防二人不仁一」（大正蔵四七・一〇四一b）とある。

上223—1 **泉蔵主**… 泉蔵主が如何なる人物であったのかは不明であるが、この上堂から、蘭渓道隆と宋地において同参の間柄の渡来僧であったとみられる。この時期に渡来していたと見られる僧に、臨済宗大慧派の大川普済（一一七九～一二五三）の法を嗣いだ古澗世泉がいる。『仏光国師語録』巻六「普説」の「太守元帥請レ為二最明寺殿忌辰一普説」に「十五六年前、泉古澗帰レ自二本国一、開寿相会。他方従レ此回、備言、最明寺殿棄二捨世栄一、身披二法服一、後臨二入寂之時一、儼然坐脱」（大正蔵八〇・一八七b）とあることから、古澗世泉は無学祖元（一二二六～一二八六）が来日する十五・六年ほど前に日本から帰国した宋僧であったことが知られる。無学祖元の来日は至元十六年（一二七九）であるため、古澗世泉の帰国は、一二六四年から一二六五年頃であったと推測されよう。この上堂にいう、泉蔵主が古澗世泉であったならば、古澗世泉は宋地で蘭渓道隆と同参であったことになろう。

上223―2　**興化因同参~化便打**…　『聯灯会要』巻十の興化存奬章に「師見二同参来一纔上二法堂一。師便喝。僧亦喝、行二三両歩一。師又喝。僧亦喝、須臾近前。師拈レ棒。僧又喝。師云、你看、這瞎漢猶作レ主在。僧擬議。師便打、直打下二法堂一」（続蔵一三六・三〇二a）とある。

上223―3　**興化**…　興化存奬のこと。既出（上12―2）。

上223―4　**棒頭有眼、喝下無私**…　棒の先に打ちすえる相手の度量を見てとる眼がついており、喝を下すところに私心がないこと。棒は徳山宣鑑、喝は臨済義玄に代表される接得手段であり、共に学人接化における機鋒の鋭さを表す形容としても「徳山の棒、臨済の喝」と称される。棒頭・喝下という表現も禅宗の歴代祖師の語録によく見られるもので、大慧宗杲は『大慧普覚禅師語録』巻十二「讃仏祖」の「仏灯珣和尚」で、楊岐派の仏灯守珣を賛して「臨済頂中髄、楊岐眼裏睛。棒頭明二殺活一、喝下顕二疎親一」（大正蔵四七・八六〇a~b）という語を残している。『法演禅師語録』巻中「白雲山海会演和尚語録」の上堂に「若以二祖道一観レ之、白雲合レ喫二二十棒一。然雖レ如レ是、棒頭有レ眼」（大正蔵四七・六六〇c）とあり、『楚石禅師語録』巻十六「偈頌」の「送二智門斯道一」に「句後声前竟莫レ測、棒頭喝下終無レ私」（続蔵一二四・一二四d）とある。徳山棒については補注（上72―1）、臨済喝については補注（上72―3）を参照。

上224―1　**古徳道、我在此立地待汝悟去**…　『景徳伝灯録』巻十八の玄沙師備章に「勧レ汝、我如今立地待二汝覯去一、不レ用二汝加レ功練レ行一」（大正蔵五一・三四四c）とある。

上225―1　**郁山主**…　北宋代、楊岐方会のもとにいた茶陵（湖南省）の郁山主のこと。廬山の化士から「百尺竿頭進一歩」にまつわる公案を聞かされてより、それに三年間参じ続けた。ある日、驢馬に乗り橋を渡ろうとした時、橋板が折れて驢馬と共に倒れてしまったが、その際、思わず口に出た自分の叫び声を聞いて契悟した。『古尊宿語録』巻三十二の『舒州龍門仏眼和尚普説語録』の普説には「不レ見、四十五年前有二茶陵郁和尚一作二山主一時、因二廬山化士到一、言話間為挙、僧問二法灯一、百尺竿頭如何進レ歩。灯云、嗄。由レ是毎日参詳。至二於喫粥喫飯時一、未二嘗離一レ念。一日因レ赴二外請一、騎二驢子一過レ橋、橋損陥二驢子一脚倒。不レ覚口中云、嗄。忽然大悟。乃有二悟道頌一云、我有二明珠一顆一、久被二諸塵封裹一。今朝塵尽光生、照二破山河朶朶一」（続蔵一一八・二八四b）とある。

上225―2　**老新豊**…　洞山良价のこと。新豊は筠州（江西省瑞州）新昌県にある新豊洞（洞山）のこと。洞山良价については既出（上11―2）。

上225―3　**常於此切**…　我常於此切に同じ。既出（上11―1）。

上225―4　**六月不熱、五穀不結**…　中国で諺として伝えられてきた語。六月が暑くないと、五穀は実を結ばない。『龍源清禅師語録』「開寿普光禅寺語」の上堂に「徳山臨済、尽レ令而行、岩頭雪峰、尽レ法而説。子細検点将来、也只道二得一橛一。何故。六月不レ熱、五穀不レ結」（続蔵一二一・一三六d）とあり、『仏国国師語録』巻下「普説」の「中夏普説」（大正蔵八〇・二七五b）や、『一山和尚語録』巻上「慶元府宝陀観音禅寺語録」の上堂（大正蔵八〇・三一三b）にも見られる。

上226―1　**諸仏出身処、薫風自南来**…　『大慧普覚禅師語録』巻十七「普説」の「礼侍者断七請普説」に「挙、僧問二雲門一、如何是諸仏出身処。門曰、東山水上行。若是天寧即不レ然、如何是諸仏出身処。薫風自レ南来、殿閣生二微涼一」（大正蔵四七・八八三a）とある。

上226―2　**薫風自南来**…　薫風は初夏に新緑の間を吹いてくる快い風。『唐詩紀事』巻四十「柳公権」に柳公権（誠懸、七七八~八六五）が唐の文宗の詩に和した記事として「文宗夏日与二諸学士一聯句曰、人皆苦二炎熱一、我愛二夏日長一。公権続曰、薫風自レ南来、殿閣生二微涼一」とある。『円悟仏果禅師語録』巻三「上堂三」に「上堂云、風吹風動無二二種一、水洗水湿豈両般。浅聞深悟底、錦上鋪レ華。深聞不レ悟底、生鉄鋳就。春尽群芳已歇、夏初百穀方滋。時節不二相饒一、乾坤得二自在一。且不レ渉二迷悟一、一句作麼生道。薫風自レ南来、殿閣生二微涼一」（大正蔵四七・七二四a）とある。補注（上140―1）も参照。

上226―3　**妙喜老人**…　臨済宗楊岐派の大慧宗杲（一〇八九~一一六三）のこと。自ら妙喜と号する。宣州（安徽省）の奚氏。圜悟克勤の法を嗣ぐ。曹洞の黙照禅を強く批判して看話禅を大成させ、士大夫層を中心に多くの支持者を得た。杭州（浙江省）の径山能仁寺、明州（浙江省）の阿育王山広利寺などに住する。径山に再住し、南宋の孝宗の帰依を受け、大慧禅師の勅号を賜る。普覚禅師と諡する。『大慧普覚禅師語録』三十巻、『正法眼蔵』三巻、『大慧普覚禅師普説』四巻、『大慧普覚禅師年譜』一巻などがある。

上227―1　**僧問梁山~老僧袈裟角**…　『聯灯会要』巻二十七の梁山縁観章に「僧問、家

賊難レ防時如何。師云、識得後不レ為レ冤。云、識得後時如何。師云、貶二向無生国裏一。云、莫二是他安身立命処一也無。師云、死水不レ蔵レ龍。云、如何是活水龍。師云、興レ雲不レ吐レ霧。云、忽遇二興レ雲致レ雨時如何。師下二縄床一把住云、莫レ教レ湿二却老僧袈裟角一」（続蔵一三六・四四四b）とある。補注（上182—1）も参照。

上227—2　**梁山**…　梁山縁観のこと。既出（上182—2）。

上227—3　**頭破作七分**…　頭が割れて七つに破ける。『妙法蓮華経』「陀羅尼品第二十六」の偈に「若不レ順二我呪一、悩二乱説法者一、頭破作二七分一、如二阿梨樹枝一」（大正蔵九・五九b）とある。

上228—1　**無明和尚忌**…　無明慧性が示寂したのは嘉熙元年（一二三七）の七月二十日。無明慧性の忌日については、佐藤秀孝「無明慧性の活動と『無明和尚語録』—建長寺開山蘭渓道隆を育成印可した南宋禅者—」（『駒澤大学禅研究所年報』第二十一号、二〇〇九年）を参照。

上228—2　**無明和尚**…　無明慧性のこと。既出（序—2）。

上228—3　**陽山**…　無明慧性が住した蘇州（江蘇省）長洲県の陽山尊相禅寺。既出（上1—4）。

上228—4　**水有源、木有根**…　どの川にもみな水源があり、どの木にもみな根がある。万事にはみな源があることを指す。蘭渓道隆の滅後に、北条時宗が天童山に「俊傑禅伯」を拝請するために送った書簡文にも、この言葉が「樹有二其根一、水有二其源一」として用いられている。円覚寺所蔵「北条時宗書状」に次のようにある。

時宗留二意宗乗一、積有二年序一、建二営梵苑一、安二止緇流一。但時宗毎憶、樹有二其根一、水有二其源一。是以欲下請二宋朝名勝一助中行此道上、煩二詮・英二兄一、莫レ憚二鯨波険阻一、誘二引俊傑禅伯一、帰二来本国一為レ望而已、不宣。

弘安元年〈戊寅〉十二月廿三日、時宗和南。

詮蔵主禅師

英典座禅師

上228—5　**出乎爾兮返乎爾**…　爾より出でて爾に返る。『孟子』「梁恵王章句下」に「曽子曰、戒レ之、戒レ之、出二乎爾一者、反二乎爾一者也」とある。善行であれ悪行であれ、自分のしたことの報いは自分が受けるという意味。ただし、ここではそのような意味ではなく、蘭渓道隆が先師無明慧性の薫陶を受けて出世したことと、今この場でその慈恩に酬いようとする意志を表明するために用いたと考えられる。

上229—1　**開山千光和尚忌**…　千光和尚は栄西のこと。栄西は建保五年（一二一五）七月五日に京都建仁寺にて入滅した。栄西の入滅については、詳しくは、舘隆志「栄西の入滅とその周辺」（『駒澤大学禅研究所年報』第二十一号、二〇〇九年）を参照。

上229—2　**千光和尚**…　臨済宗黄龍派の明庵栄西（一一四一～一二一五）のこと。千光房・葉上房とも称する。備中（岡山県）の賀陽氏。比叡山延暦寺で出家。天台宗にて顕密を極め、二度入宋する。二度目の在宋中に、黄龍派の虚庵懐敞の法を嗣ぐ。帰朝の後、博多聖福寺・鎌倉寿福寺・京都建仁寺の開山となり、天台・真言・禅の三宗を兼学したかたちで、禅を布教した。後に日本禅宗の初祖として尊崇される。また、奈良東大寺や京都白河法勝寺九重塔の再建に尽力したことでも知られる。建仁寺にて建保三年（一二一五）七月五日に示寂。著書に『興禅護国論』三巻、『喫茶養生記』がある。

上229—3　**前身後身**…　栄西を前身として、蘭渓道隆は栄西の後身であることを述べたもの。栄西は『未来記』で、「予が世を去るの後五十年、此の宗最も興るべし」（大正蔵八〇・一七b）と予言していた。道隆の「前身後身」という言葉は、この栄西の予言を踏まえたもの。栄西の『未来記』と、その体現者としての蘭渓道隆については、舘隆志「栄西『未来記』と蘭渓道隆」（『駒澤大学禅研究所年報』第二十五号、二〇一三年）を参照。

上229—4　**一彩両賽**…　賽は賽子、骰子ともいう。双六や博打の用具。彩は勝ち目。二度の勝負で出た勝ち目は一つだけ。『大慧普覚禅師語録』巻七「江西雲門庵語録」に「解夏示衆。洞山万里一条鉄、瀏陽一撃百雑砕。雲門関字常現前、翠巌眉毛在不レ在。乃挙二払子一云、雲門大師来也。還見麼。撃二禅床一云、一彩両賽」（大正蔵四七・八三八b～c）とある。補注（上76—2）も参照。

上229—5　**香風吹萎花、更雨新好者**…　『妙法蓮華経』巻三「化城喩品第七」に「諸天神龍王、阿修羅衆等、常雨二於天華一、以供二養彼仏一。諸天撃二天鼓一、并作二衆伎楽一。香風吹二萎華一、更雨二新好者一」（大正蔵九・二六a）とある。

上230—1　**両班**…　既出（上2—1）。

上230—2　**一鏃破三関**…　一本の矢尻を射込んで三重の関所を突き破る。『景徳伝灯録』巻十七の欽山文邃章に「有二良禅客一参次、才礼拝後便問云、一箭射二三関一時如何。

師曰、放二出関中主一看」（大正蔵五一・三四〇b）とあり、『碧巌録』第五十六則「欽山一鏃破関」の公案によって知られる。また、『景徳伝灯録』巻二十九「讃頌偈詩」の「帰宗至真禅師智常頌」には「一鏃破二三関一、分明箭後路。可レ憐大丈夫、先レ天為二心祖一」（大正蔵五一・四五二a）とある。

上230―3　**一言説六国**…　六国は中国の戦国時代、秦に対抗する六つの諸侯国、斉・楚・燕・韓・魏・趙のこと。六国にそれぞれ単独に秦と同盟を結ばせる「連衡策」を説く張儀（?～紀元前三一〇）と、六国を連合して秦に対抗する「合従策」を説く蘇秦（?～紀元前三一七）が、六国を遊説しまわった話。『史記』「蘇秦列伝」第九に見られる。

上230―4　**三脚驢児**…　「楊岐三脚驢」の公案。既出（上116―2）。

上230―5　**老楊岐**…　楊岐方会のこと。既出（上116―3）。

上231―1　**江練夜拕白、秋林暗點紅**…　米芾の『宝晋英光集』巻一に「有時江練夜白秋清月高」とある。

上231―2　**迷己逐物**…　『首楞厳経』巻二に「一切衆生、従二無始一来、迷レ己為レ物、失二於本心一、為二物所転一」（大正蔵一九・九四五c）による。雪峰下の鏡清道怤（八六八～九三七）の問答として、『景徳伝灯録』巻十八の龍冊道怤（鏡清）章に「師問レ僧、門外什麼声。曰、雨滴声。師曰、衆生顚倒、迷レ己逐レ物」（大正蔵五一・三四九c）とあり、『碧巌録』巻四十六則「鏡清雨滴声」の本則として「挙、鏡清問レ僧、門外是什麼声。僧云、雨滴声。清云、衆生顚倒、迷レ己逐レ物。僧云、和尚作麼生。清云、洎不レ迷レ己。僧云、洎不レ迷レ己、意旨如何。清云、出身猶可レ易。脱体道応難」（大正蔵四八・一八二b）とある。

上231―3　**石鞏箭架、三平撥胸**…　「三平開胸」の公案。既出（上137―8）。

上231―4　**石鞏**…　石鞏慧蔵のこと。既出（上137―10）。

上231―5　**三平**…　三平義忠のこと。既出（上137―9）。

上232―1　**指月話月**…　「馬祖翫月」の公案を踏まえる。既出（上18―1）。

上232―2　**文殊強指南**…　文殊菩薩が南遊を指示したことを指すものであろう。『華厳経』「入法界品」では、文殊菩薩と出会った善財童子がその指示に従って南方へ向かい、五十三人の善知識に歴参する求道の説話が記されている。

上232―3　**文殊**…　文殊師利菩薩のこと。既出（上20―16）。

上233―1　**呉中石像**…　蘇州開元寺に存した毘婆尸仏と迦葉仏の二つの石像のこと。『仏祖歴代通載』巻六の嘉平九年（二五四）条に「呉中、是年有二維衛・迦葉二仏石像一、汎レ海而至二呉淞江滬瀆口一。（中略）乃奉二安通玄寺〈今開元寺〉一供養」（大正蔵四九・五一九a）とあり、『六道集』巻四「音釈」の「呉中石像」に「一維衛仏、即毗婆尸仏。一迦葉仏。浮レ海而来、在二蘇州城内開元寺一。康熙九年、有レ寄二住僧法慧一、募レ人装レ金。使二工匠一改レ像為二時相一、全失二本真一。不レ久法慧与二匠人一倶亡。十九年、余到二開元一設レ供瞻礼。惋慨無レ已矣」（続蔵一四九・三七九c）とある。

上233―2　**誌公老師**…　宝誌のこと。既出（上16―4）。

上235―1　**死柴頭**…　枯れ尽くした柴。たき木。『楊岐会和尚語録』「袁州楊岐山普通禅院語録」に「上堂。薄福住二楊岐一、年来気力衰。寒風凋二敗葉一、猶喜二故人帰一。囉唻哩。拈二上死柴頭一、且向二無レ煙火一」（大正蔵四七・六四〇c）とある。

上236―1　**関東檀那、捨普賢荘上堂**…　建仁寺に住持していた蘭渓道隆に、普賢菩薩に因む名称の寺領（荘園）が時頼から喜捨されたと考えられる。本上堂はその喜捨に際して行なわれたものであろう。弘長二年十月十六日、北条時頼は鎌倉建長寺において兀庵普寧から印可を受けている。この印可に対し、長年指導してくれた道隆に対し、時頼からの謝意として、建仁寺に対して荘園が喜捨されたのであろう。

上236―2　**関東檀那**…　北条時頼のこと。既出（上9―1）。

上236―3　**五祖云～狗子無仏性話**…　『法演禅師語録』巻下「偈頌」に「師室中常挙、趙州狗子還有二仏性一也無。州云、無。僧請問、師為頌レ之。趙州露二刃剣一、寒霜光焰焰。更擬レ問二如何一、分レ身作二両段一」（大正蔵四七・六六六b～c）とあり、『大慧普覚禅師語録』巻三十「大慧普覚禅師書」の「答二鼓山逮長老一」に「五祖師翁住二白雲一時、嘗答二霊源和尚一書云、今夏諸荘、顆粒不レ収、不三以為二レ憂、其可レ憂者、一堂数百衲子、一夏無三一人透二得箇狗子無仏性話一。恐仏法将レ滅耳」（大正蔵四七・九四二c）とある。

上236―4　**五祖**…　五祖法演のこと。既出（序―3）。

上236―5　**狗子無仏性**…　「趙州無字」「趙州狗子」の公案。『趙州真際禅師語録』の示衆に「問、狗子還有二仏性一也無。師云、無。学云、上至二諸仏一下至二螘子一、皆有二仏性一、狗子為二什麼一無。師云、為下伊有二業識性一在上」（続蔵一一八・一五七c）とあり、『無門関』第一則「趙州狗子」に「趙州和尚因僧レ問、狗子還有二仏性一也無。州云、無」（大正蔵四八・二九二c）とあり、『従容録』第十八則「趙州狗子」に「挙。僧問二趙州一、狗子還有二仏性一也無。州云、有。僧云、既有、為二甚麼一却撞二入這箇皮袋一。州云、為二他知而故犯一。又有レ僧問、狗子還有二仏性一也無。州曰、無。僧云、一切衆生皆有二仏性一、狗子為二什麼一却無。州云、為三伊有二業識一在一」（大正蔵四八・二三八c）とある。

上236—6　**普賢菩薩**…　サマンタ・バドラ（梵：Samanta bhadra）。仏の理・定・行の徳を代表し象徴する菩薩。文殊の智慧に対して、普賢は行願の菩薩とされる。文殊菩薩とともに、釈迦如来の二脇士として知られ、白象に乗って仏の右方に侍す。

上236—7　**六牙白象**…　普賢菩薩の乗る六本の牙を持った白象のこと。また、摩耶夫人が釈尊を懐胎した際、白い六つの牙を持つ象を夢に見たとされる。

上236—8　**法輪未転、食輪先転**…　『聯灯会要』巻十四の雲峰文悦章に大愚守芝と雲峰文悦の問答として「南昌徐氏子。初造二大愚一。聞二示衆一、有云、大家相聚喫二茎齏一。若喚作二一茎齏一、入二地獄一如二箭射一。便下座。無二他語一。師大駭。夜造二方丈一。芝問、来何所レ求。師云、求二心法一。芝云、法輪未レ転、食輪先レ転。後生、趂二色力健一。何不二為レ衆乞一レ食。我忍レ飢不レ暇、何暇為レ你説レ禅乎。師不二敢違一」（続蔵一三六・一二一b）とある。

上236—9　**死中求活**…　死中求生ともいう。ほとんど助からないような状態のなかで、なおも生きのびる道を探し求める。死中に活路を開く。『晋書』「載記第二十二・呂光」に「死中求レ生、正在二今日一也」とある。

上237—1　**東光**…　鎌倉二階堂に存した医王山東光寺のこと。関東十刹の一つになる。後に移転し、横浜市金沢区に存する臨済宗建長寺派の東光寺がそれに当たり、旧跡地には鎌倉宮が建立された。鎌倉二階堂に存した東光寺については、舘隆志『園城寺公胤の研究』（春秋社、二〇〇九年、四六八頁）を参照。後に蘭渓道隆が身を寄せる甲斐市の法蓋山東光寺とは別の寺であろう。

上237—2　**東光和尚**…　上堂の内容が涪州（現在の重慶市涪陵区）に因むことから、ここでいう東光和尚は、蘭渓道隆と共に渡来した臨済宗大覚派の義翁紹仁（一二一七～一二八一）ではないかと推測される。義翁紹仁は、西蜀（四川省）の人。蘭渓道隆の法を嗣ぐ。京都の建仁寺、鎌倉の建長寺に住持し、蘭渓道隆の禅風を広める。普覚禅師と諡する。

上237—3　**臨済訪徳山**…　『聯灯会要』巻二十一の巌頭全豁章に「師見二疎山一来、遂洋洋而睡。山近前而立。師不レ顧。山拍二縄床一一下。師回顧云、作二甚麼一。山云、和尚且瞌睡。便出去」（続蔵一三六・三九〇d～九三一a）とあるのを受ける。ただし、徳山下の巌頭全豁（全奯）と洞山下の疎山匡仁との問答となっている。

上237—4　**臨済**…　臨済義玄のこと。既出（上72—4）。

上237—5　**徳山**…　徳山宣鑑のこと。既出（上28—1）。

上237—6　**白棒**…　徳山棒・徳山行棒とも。白棒は白色の太い杖。既出（上72—1）。

上237—7　**鑑沱水**…　西蜀涪州（現在の重慶市涪陵区）にある長江の入江。鑑沱・龍王沱・鑑湖とも呼ばれる。南宋代の地理志『輿地紀勝』巻一七四「涪州」に「鑑沲、在二州濈下一、遇レ旱祈レ雨有レ応」とある。鑑沲はすなわち鑑沱のこと。清代の『道光重慶府志』巻一「輿地志」「山川〈涪州〉」に「龍王沱、州西北一里、又名二鑑湖一。水漲三漩最険」（『中国地方志集成・四川府県志輯』五・巴蜀書社）とある。

上237—8　**銅柱灘**…　西蜀涪州（現在の重慶市涪陵区）の江中にある灘。南宋代の地理志『輿地紀勝』巻一七四「涪州」に「銅柱灘、見二九域志一。又周地図記云、涪陵江中有二銅柱灘一、昔人於レ此維舟見二水底一有二銅柱一、故名。銅柱灘、最峻急」とある。また、『道光重慶府志』巻一「輿地志」「山川〈涪州〉」に「銅柱灘。宇記周地図記云、涪陵江中有二銅柱灘一。灘、昔日人於レ此維舟見二水底一有二銅柱一、故名。灘最悛急」（『中国地方志集成・四川府県志輯』五・巴蜀書社）とある。

上238—1　**玄沙**…　玄沙師備のこと。既出（上48—3）。

上238—2　**飛猨嶺**…　飛猿嶺。建昌府（江西省）新城県の東に存する山。悲猿嶠・飛鳶嶺とも。『景徳伝灯録』巻十七の益州北院通禅師章に「師在二洞山一随レ衆参請、未レ契レ旨。遂辞二洞山一擬二入レ嶺去一。洞山曰、善為、飛猿嶺峻好看。師沈吟良久。洞山曰、通闍梨。師応諾。洞山曰、何不二入レ嶺去一。師因レ此惺悟、更不レ入レ嶺」（大正蔵五一・三三九b）とあり、『聯灯会要』巻十七の雪峰義存章に「師辞二洞山一。山問、子向二甚麼処一去。師云、帰レ嶺去。山云、当時従二甚路一出。師云、飛猿嶺出。山云、今従二甚路一去。師云、飛猿嶺去。山云、有二一人一不下従二飛猿嶺一去上、子還証麼。師云、不レ識。山云、為二甚麼一不レ識。師云、他無二面目一。山云、子既不レ識、争知レ無二面目一。師無レ対」（続蔵一三六・三九一c）とある。

上238—3　**回老**…　石頭自回のこと。既出（上160—2）。

上238—4　**釣魚山**…　石頭自回の住した合州（現在の重慶市合川区）の釣魚山のこと。釣魚山も銅柱灘（上237—8）と同じく重慶市にある合州の山。釣魚山については既出

（上160—3）。

上239—1・2　犬嘷半夜・雞唱五更…　『景徳伝灯録』巻二十二の広州羅山崇禅師章に「僧問、如何是大漢国境。師曰、玉狗吠時天未レ暁、金雞啼後五更初」（大正蔵五一・三八六b）とある。

上240—1　新年頭仏法…　既出（上167—1）。

上240—2　全身坐在含元殿、猶問長安有幾程…　すでに宮殿の含元殿にいるのに、都の長安まではどれ程かと尋ねる。含元殿は長安の大明宮の一番目の正殿。もともと本来自分に具わっているものを見ることができないことのたとえ。『景徳伝灯録』巻十の長沙景岑章に「問、善財為二什麼一無量劫遊二普賢身中世界一不レ遍。師曰、爾従二無量劫一来、還遊得遍否。云、如何是普賢身。師曰、含元殿裏更覓二長安一」（大正蔵五一・二七五c）とあり、『碧巌録』第五十則「雲門塵塵三昧」の本則の著語に「挙、僧問二雲門一、如何是塵塵三昧。〈天下衲僧、尽在二這裏一作二窠窟一。満口含レ霜、撒レ沙撒レ土作二什麼一〉。門云、鉢裏飯、桶裏水。〈布袋裏盛レ錐、金沙混雑。将レ錯就レ錯。含元殿裏不レ問二長安一〉」（大正蔵四八・一八五b）とある。

上241—1　香林老子解道、三人証亀成鼈…　既出（上194—1）。

上241—2　香林老子…　香林澄遠のこと。既出（上194—2）。

上242—1　水流元入海、月落不離天…　水はどこを流れても結局は海に帰り、月は落ちても天を離れることはない。『建中靖国続灯録』巻十七の浮槎山福厳守初禅師章に「但由二一念相応一、方信不三従レ人得二。大衆、且道、従二什麼処一得。良久云、水流元在レ海、月落不レ離レ天」（続蔵一三六・一二六c）とある。

上243—1　不老人…　「一老一不老」とも。『法華経』「従地涌出品」に「譬如下少壮人、年始二十五、示二人百歳子、髪白而面皺一、是等我所生、子亦説中是父上。父少而子老、挙レ世所レ不レ信」（大正蔵九・四二a）とあるのに基づく語。老は現実に仏道修行している人。不老は永遠なる仏や仏性を指す。仏法が時と場所を越えて脈々と伝えられていくさまをたとえる。『景徳伝灯録』巻二十九「讃頌偈詩」に載る洞山良价の「無心合道頌」に「道無二心合レ人、人無二心合レ道。欲レ識二箇中意一、一老一不老」（大正蔵五一・四五二c）とあり、『五灯会元』巻十三の洞山良价章に「上堂、道無二心合レ人、人無二心合レ道。欲レ識二箇中意一、一老一不老。後僧問二曹山一、如何是一老。曹山云、不二扶持一。云、如何是一不老。山云、枯木。僧又挙二似逍遥忠一。忠云、三従六義」（続蔵一三八・二三六d）とある。

上243—2　天不能蓋、地不能載…　既出（上75—1）。

上243—3　春風浩浩…　春風がさかんに流れ吹くさま。『雪竇明覚禅師語録』巻五「祖英集」の「送二澄禅者一」に「春色依依、襲二爾原草一、春風浩浩、払二我窓牖一」（大正蔵四七・六九九c）とある。

上243—4　春日遅遅…　春の日がゆっくり暮れること。『詩経』「豳風」の「七月」に「春日遅遅、采蘩祁祁」とある。

上243—5　神光元不覓安心…　「達磨安心」「二祖安心」の公案。『無門関』第四十一則「達磨安心」の本則に「達磨面壁。二祖立レ雪、断レ臂云、弟子心未レ安、乞師安心。磨云、将レ心来、為レ汝安。祖云、覓レ心了不可得。磨云、為レ汝安心竟」（大正蔵四八・二九八a）とある。もと『景徳伝灯録』巻三の菩提達磨章（大正蔵五一・二一九b）に載る。

上243—6　神光…　二祖慧可のこと。既出（上9—6）。

上243—7　三祖何曽遭白癩…　『景徳伝灯録』巻三の慧可大師章に「有二一居士一年踰二四十一、不レ言二名氏一、聿来設レ礼而問レ師曰、弟子身纏二風恙一、請和尚懺レ罪。師曰、将レ罪来与レ汝懺。居士良久云、覓レ罪不可得。師曰、我与レ汝懺レ罪竟、宜下依二仏法僧一住上」（大正蔵五一・二二〇c）とある。

上243—8　三祖…　三祖僧璨のこと。二祖慧可について出家し、慧可の法を嗣ぐ。伝法後は舒州（安徽省）太湖県の司空山に入ったが、北周武帝による法難（五七四）に遭遇し、舒州潜山県の皖公山に隠れた。付法の弟子に四祖道信がいる。『全唐文』巻三九〇の「舒州山谷寺覚寂塔隋故鏡智禅師碑銘并序」と、巻三九二「舒州山谷寺上方禅門第三祖璨大師塔銘」には、独孤及の撰した塔銘が残される。

上244—1　却物為上、逐物為下…　ものにとらわれないのが上根であり、ものを追いかけるのが下根である。『聯灯会要』巻二十一の巌頭全豁章の示衆に「是句亦剗、非句亦剗。自然転轆轆地、自然目前露倮倮地、飽齁齁地、不レ解レ却、不レ解レ咬。不レ見レ道、却レ物為レ上、逐レ物為レ下」（続蔵一三六・三八九d）とあり、『碧巌録』第二十六則「百丈独坐大雄峰」の頌古の評唱に「巌頭道、却レ物為レ上、逐レ物為レ下。若論戦也、箇箇立二在転処一」（大正蔵四八・一六七b）とある。

上244—2　差之毫釐…　差はすれちがう。毫釐はごくわずかなこと。三祖僧璨の『信心銘』に「至道無難、唯嫌二揀択一。但莫二憎愛一、洞然明白。毫釐有レ差、天地懸隔」（大正蔵四八・三七六b）とあるのを受ける。

上245—1 **霊雲見桃花～老兄未徹在**… 既出（上48—1）。

上245—2 **霊雲**… 霊雲志勤のこと。既出（上48—2）。

上245—3 **玄沙**… 玄沙師備のこと。既出（上48—3）。

上245—4 **雲暗不知天早晩**… 雲が暗く覆っているため夜が明けたのか否かがわからない。『建中靖国続灯録』巻六の越州東山国慶順宗禅師章に「雲暗不レ知二天早晩一、雪深難レ辨二路高低一」（続蔵一三六・五三d）とある。

上246—1 **黄面老子云、無始以来、認賊為子、失汝元常**… 盗人を自分の子と見誤ってまったくの思い違いをしたために、もとから具えていた本質を見失ってしまう。『宗鏡録』巻三に「仏告二阿難一、此是前塵虚妄想相、惑二汝真性一。由二汝無始一至二于今生一、認レ賊為レ子、失二汝元常一、故受二輪転一」（大正蔵四八・四三一a）とある。

上246—2 **刻骨傷人、大赦不放**… 恨みを骨に刻みつけて忘れずに、人を傷つけたなら、その罪は大赦でも許されない。大赦不放は『法演禅師語録』巻上「次住太平語録」に「問、如何是仏。師云、露レ胸跣レ足。学云、如何是法。師云、大赦不レ放。学云、如何是僧。師云、釣魚船上謝三郎」（大正蔵四七・六五二a）とある。

上247—1 **未達唯心境～分別即不生**… 『円悟仏果禅師語録』巻三「上堂三」の「劉提挙請上堂」に「般若智光、破二生死昏衢之暗一、金剛宝剣、截二結使纏縛之憂一。透脱処一念無レ多、受用処通身具レ眼。直得、如二天普蓋一、似二地普擎一、如二日普照一、如二風普涼一。一糸不レ移、繊塵不レ翳。所以道、一切法不レ生、一切法不レ滅、若能如レ是解、諸仏常現前。又道、未レ達二境唯心一、起二種種分別一。達二境唯心一已、分別即不レ生」（大正蔵四七・七二七b）とある。

上247—2 **最難防処是家賊**… 家賊は家人の内にいる盗人。曹洞宗の梁山縁観の問答を踏まえた語。補注（上182—3）を参照。

上247—3 **欲過万程、起於初歩**… 『宗鏡録』巻三十三に「又如二千里之程一、起二於初歩一。雖レ未二即到一、果不レ倶レ因。然全因二初歩之功一、能達二千里之路一。則因因而果。故云、成山仮就二於始簣一、修二途託一至二於初歩一」（大正蔵四八・六〇八c）とある。

上248—1 **古徳道、動則誑～不能為汝説**… 動はここでは口を動かす。寂は口を閉じる。『景徳伝灯録』巻十の下堂義端章に「一日師謂レ衆曰、語是謗、寂是誑、寂語向上有レ路在。老僧口門窄、不レ能二与レ汝説得一。便下堂。僧問、一句子如何。師云、此間一句亦無。僧問、正因為二什麼一無事。師云、我不二曽停留一」（大正蔵五一・二七六）とある。原意は語ると黙するの二つを超えたところを示す。

上248—2 **古徳**… ここでは南嶽下の下堂義端（不詳）のこと。南泉普願の法を嗣ぐ。鄧州（河南省）の白崖山香厳寺に住する。

上248—3 **百斛驢乳掇将来、不消獅子乳一滴**… 八十巻本『華厳経』巻七十八の「入法界品」に「善男子。譬如下有レ人以二牛羊等種種諸乳一、仮使積集盈二於大海一、以二師子乳一滴一投レ中、悉令二変壊一、直過無上レ礙」（大正蔵一〇・四三二c）とあるのを受ける。四巻本『大慧普覚禅師普説』巻二の「銭承務同衆道友請普説」に「雲門道、這俗漢亦不二乱分付一。譬如三師子一滴乳迸二散百斛驢乳一」とある。

上249—1 **因安土地神上堂**… 土地堂に新たに土地神を安置したことに因む上堂。建仁寺入院上堂（上218）で、「土地堂」にて法語を述べているので、すでに建仁寺に土地堂が建立されていることが知られる。この土地堂に、それまで祀られていた土地神とは別に、蘭渓道隆が新たに土地神（護伽藍神）として祠山大帝を安置したとみられる。

上249—2 **土地神**… 寺院の境内を守護する神のこと。護伽藍神。ここでは祠山大帝のことであろう。祠山大帝については既出（上165—2）。建仁寺では現在でも祠山大帝を伽藍神として祀っている。

上249—3 **南泉凝取明日遊荘舎**… 『聯灯会要』巻四の南泉普願章に「師一日下レ荘。荘主預備迎奉。師云、老僧居常出入。不二曽与レ人知一、何得二預辦如レ此。主云、昨夜土地神報。師云、王老師修行無レ力、被二鬼神覰見一。侍者便問、大善知識、為二甚麼一被二鬼神覰見一。師云、土地前更下二一分飯一著」（続蔵一三六・二四六c）とある。

上249—4 **南泉**… 南泉普願のこと。既出（上18—5）。

上249—5 **大坐当軒**… 当軒大坐とも。僧堂でどっかりと坐る。当軒は室内での意。徹底して坐禅するさま。『大慧普覚禅師語録』巻八「泉州小渓雲門庵語録」に「示衆。挙、道吾与二漸源一、至二一家一弔慰。源拊レ棺云、生耶死耶。吾云、生也不レ道、死也不レ道。源云、為二甚麼一不レ道。吾云、不レ道不レ道。回至二中路一。源云、和尚快与二某甲一道、若不レ道打二和尚一去。吾云、打即任レ打、道即不レ道。師云、生也不レ道、死也不レ道。公案両重、一状領到、露刃吹毛、截二断綱要一。脱二却鶻臭衫一、拈二了炙脂帽一、大坐当軒気浩浩。喝一喝、下座」（大正蔵四七・八四五a）とある。

上250—1　因事上堂…　何らかの事柄に因んで行なう上堂。「人有りて西州従り来たり、東国の信を接得す」とあるから、西州（西国）からやって来た人から、東国すなわち鎌倉のたよりを受け取ったことが知られる。蘭渓道隆は、このことに因んで上堂を行なったものとみられる。

上250—2　憍陳如尊者…　阿若憍陳如（梵：Aññā-Koṇḍañña）のこと。釈尊から最初の説法（初転法輪）を聴いた五比丘の一人。五比丘は苦行時代の悉達太子（成道以前の釈尊）に六年間仕えたが、太子が苦行を捨てたのでこれを見限って太子のもとを去った。太子は菩提樹の下で成道して彼らのもとに行き、四諦八正道に関する『転法輪経』を説いた。五比丘の中で憍陳如が一番最初に悟りを開いたとされる。悟道梵行第一とされ、法臘第一とされる。

上250—3　羝羊触藩…　雄羊がまがきに角を引っかけて、身動きが取れない。『易経』「大壮卦」の「羝羊触レ藩、羸二其角一」や「羝羊触レ藩、不レ能レ退、不レ能レ遂、無攸利、艱則吉」という句に基づいたものであろう。

上250—4　三平二満…　既出（上119—2）。

上250—5　雄雞解生卵…　雄の鶏が卵を生む。『無明和尚語録』「蘄州資福禅寺語録」の上堂に「天寒日短、三平二満、虎咬二大虫一、雄鶏生レ卵」（続蔵一二一・三一七d）とある。

上251—1　曹山霞和尚〜鑊湯炉炭裏回避…　「曹山甚麼処回避」の公案。既出（上145—1）。

上251—2　曹山霞和尚…　曹山慧霞のこと。既出（上145—2）。

上251—3　忠言逆耳、良薬苦口…　真心を込めた忠告の言葉はなかなか相手に聞き入れられにくく、よく効く薬は苦くて飲みにくい。『韓非子』「外儲説左上」に「夫良薬苦二於口一、而智者勧而飲レ之。知三其入而能已二己疾一也。忠言払二於耳一、而明主聴レ之。知三其可二以致レ功也」とある。

上251—4　土曠人稀、相逢者少…　曠野には人影もなく、出会う者も稀である。孤独の中で一人歩むさま。『景徳伝灯録』巻六の朗州中邑洪恩章に「師下二縄床一執二仰山手一、作レ舞云、山山与レ汝相見了。譬如下蟭螟虫在二蚊子眼睫上一作上レ窠。向二十字街頭一叫喚云、土曠人稀、相逢者少」（大正蔵五一・二四九b）とあり、『碧巌録』第六十一則「風穴家国興盛」の頌古の評唱に「雪竇拈二拄杖一云、還有二同生同死底衲僧一麼、一似レ道下還有二謀臣猛将一麼上。一口呑二却一切人一了也。所以道、土曠人稀、相逢者少。還有二相知者一麼。出来一坑埋却。万里清風只自知、便是雪竇点胸処也」（大正蔵四八・一九三c）とある。

上251—5　低声低声、牆壁有耳…　壁に耳あり、人に聞かれるから低い声で述べよ。『円悟仏果禅師語録』巻十六「拈古上」に「挙、舎利弗問二須菩提一、夢中説二六波羅蜜一与二覚時一是同是別。師拈云、低声低声。須菩提云、此義幽深、吾不レ能レ説」（大正蔵四七・七九〇a）とあり、『松源和尚語録』巻上「無為軍冶父山実際禅院語録」に「上堂。冶父門風、別無二道理一。家田米飯、早眠晏起、洗レ面摸二著鼻一、啜レ茶滋二却觜一。忽有二箇漢一出来道、低声低声、墻壁有レ耳。也怪レ他不レ得。何故。洞山仏無レ光、韓信臨レ朝底。喝一喝」（続蔵一二一・二八九a）とある。

上253—1　両班…　既出（上2—1）。

上253—2　雪峰陞堂〜向這裏会取…　『雪峰真覚禅師語録』巻上に「上堂云、看看東辺底、看看西辺底。汝若要レ会。抛二下拄杖一云、向二者裏一会」（続蔵一一九・四七八d）とある。

上253—3　雪峰…　雪峰義存のこと。既出（上85—2）。

上253—4　破砂盆…　ひびが入った素焼きのもろい盆。ここでは「密庵破沙盆」の公案を踏まえる。既出（序—6）。

上254—1　寒山…　天台山の国清三隠の一人、寒山のこと。既出（上88—3）。

上254—2　無物堪比倫、教我如何説…　我が心に比較し得るものなど何もない。私の心のありようをどのように説明させることができよう。『寒山詩集』に「吾心似二秋月、碧潭清皎潔一。無三物堪二比倫一、教二我如何説一」とある。

上254—3　日可冷兮月可熱…　太陽の光が冷たくなり、月の光りが暑くなる。絶対に起こり得ないことのたとえ。『景徳伝灯録』巻三十「永嘉真覚大師証道歌」に「大千沙界海中漚、一切聖賢如二電払一。仮使鉄輪頂上旋、定慧円明終不レ失。日可レ冷月可レ熱、衆魔不レ能レ壊二真説一」（大正蔵四八・三九六c）とある。

上255—1　点那箇心…　「徳山三心不可得」の公案。既出（上103—3）。

上255—2　徳山…　徳山宣鑑のこと。既出（上28—1）。

上255—3　喫三頓棒…　臨済義玄が黄檗希運に参じて三頓棒（六十棒）をくらったこと。既出（上103—2）。

上255—4　**臨済**…　臨済義玄のこと。既出（上72—4）。

上256—1　**霧豹沢毛、七日不食**…　南山の豹は霧雨で毛を濡らし、七日間も食べずにいることで毛並に光沢を増す。『列女伝』「賢明」の「陶答子妻伝」に「南山有二玄豹一、霧雨七日而不二下食一者、何也。欲下以沢二其毛一而成中文章上也。故蔵而遠レ害」とあり、『聯灯会要』巻七の黄檗希運章に臨済宗の翠巌可真の言葉として「霧豹沢レ毛、未二嘗下一レ食、庭禽養レ勇、終待レ驚レ人」（続蔵一三六・二七四c）とある。

上256—2　**把定死蛇頭**…　死んだ蛇を手に握る。油断すると生き返ることから、気を許せないことのたとえ。『仏海瞎堂禅師広録』巻三の普説に「堕二在空寂一、撥二無因果一、自己開レ口不レ得、擡レ脚不レ起。一味担版、殊無二転動一、把二定死蛇頭一」（続蔵一二〇・四七六b）とある。

上258—1　**只這是**…　只遮是とも。只だ這れ是なり。これこそがそうである。『景徳伝灯録』巻三十「銘記箴歌」の「道吾和尚楽道歌」に「今日山僧只遮是」（大正蔵五一・四六一c）とあり、『景徳伝灯録』巻十七の雲居道膺章に「問、学人擬二欲帰レ郷時如何。師曰、只遮是」（大正蔵五一・三三五b）とある。

上258—2　**拾得**…　唐代、天台山の国清三隠の一人、拾得（不詳）のこと。台州（浙江省）の天台山国清寺に居し、寒山・豊干と共に「国清三隠」と称せられる。『寒山詩集』に拾得の詩偈が付されている。

上258—3　**寒山子**…　天台山の国清三隠の一人、寒山のこと。既出（上88—3）。

上259—1　**十有五双**…　十は五が二つ。ありふれたさま。ほとんどすべて。『応庵和尚語録』巻九「法語下」の「示二達禅人一」に「又曰、頂顙上一著、是他得底。二六時不レ露二鋒鋩一、等閑趯出、十有二五双一蹉過」（続蔵一二〇・四四三a）とあり、『北礀和尚語録』「常州顕慶禅寺語録」に「二郷僧帰レ郷上堂。未レ発二足南方一已前、早知二錯了底一。十有二五双一、往往当面諱却、不二肯承当一。若不二将レ錯就レ錯、未レ免二雪上加レ霜。我者裏、纂節去処。擲二主丈一云、聴レ他烟棹上二瞿塘一」（続蔵一二一・七〇b）とある。

上259—2　**迷己逐物**…　既出（上231—2）。

上260—1　**寒灰豆爆**…　冷灰豆爆に同じ。既出（上19—3）。

上260—2　**貶向鉄囲**…　既出（上209—3）。

上262—1　**無限清風生八極**…　『無明和尚語録』「南康軍廬山開先華蔵禅寺語録」に「上堂云、月掛二長空一、孤峰独宿。幽鳥数声清、白雲断処続。仏眼難レ窺、拗レ直作レ曲。羱羊掛レ角絶二跡由一、無限清風生二八極一」（続蔵一二一・三二〇a）とある。道隆が侍者を勤めていた廬山開先華蔵禅寺で無明慧性が語った言葉を引用している。

上263—1　**両班**…　既出（上2—1）。

上263—2　**商山四皓**…　秦末、乱世を避けて商県（陝西《せんせい》省）の商山に隠居した東園公・綺里季・夏黄公・甪里《ろくり》先生の四人の隠士。四人とも鬚眉《しゅび》が皓白《こうはく》の老人であったので「四皓」と呼ばれる。『史記』「留侯世家」に見られる。

上263—3　**漢国三臣**…　前漢の建国に当たって功勲のあった張良（子房）・蕭何・韓信の三人のことか。『史記』「高祖本紀第八」に「高祖曰、公知二其一一、未レ知二其二一。夫運二籌策帷帳之中一、決二勝於千里之外一、吾不レ如二子房一。鎮二国家一、撫二百姓一、給二餽饟一、不レ絶二糧道一、吾不レ如二蕭何一。連二百万之軍一、戦必勝、攻必取、吾不レ如二韓信一。此三者、皆人傑也。吾能用レ之、此吾所三以取二天下一也。項羽有二一范増一而不レ能レ用、此其所三以為二我擒一也」とある。

上263—4　**龍韜虎略**…　韜は『六韜』を指し、略は『三略』を指す。『六韜』『三略』はどちらも中国における代表的な兵法書。併せて「六韜三略」とも称するが、それに龍・虎を対句の修飾語として付し、その偉大さを強調した成句。

上263—5　**象王回顧、獅子嚬呻**…　『聯灯会要』巻三の廬山開先善暹禅師章に「一日、遠禅師陞堂、顧二視大衆一云、師子嚬呻、象王回顧。師忽有レ省」（続蔵一三六・三六b）とある。

上264—1　**古人道、路逢達道人、莫将語黙対**…　路上で達道の人に逢ったなら、言語でも沈黙でも応対してはならない。『景徳伝灯録』巻二十九の「香厳襲灯大師智閑頌」の「譚レ道」に「的的無二兼帯一、独運何依頼、路逢二達道人一、莫下将二語黙一対上」（大正蔵五一・四五二b）とあり、『無門関』第三十六則「路逢達道」に「五祖曰、路逢二達道人一、不下将二語黙一対上。且道、将二甚麽一対。無門曰、若向二者裏一対得親切、不レ妨二慶快一。其或未レ然、也須二一切処著レ眼。頌曰、路逢二達道人一、不下将二語黙一対上。攔腮劈面拳、直下会便会」（大正蔵四八・二九七c）とある。

上264—2　**道者栽松**…　五祖弘忍が前世で蘄州（湖北省）黄梅の破頭山（双峰山）の栽松道者であって、四祖道信に法を聞こうとしたが、高齢のために許されなかった。このため、道者は一人の女性に託胎して生まれ変わり、七歳で道信に謁したとする。この話は覚範慧洪の『林間録』巻上に「道者栽松」（続蔵一四八・二九五d〜二九六

a）として詳しく載る。

上264—3　道者…　五祖弘忍（六〇一〜六七四）のこと。栽松道者と称される。蘄州（湖北省）黄梅の周氏。四祖道信の法を嗣ぐ。双峰山の東の憑茂山で布教した。弘忍の系統は東山法門と称され、神秀と慧能の二人の優れた弟子を出した。神秀の系統は北宗禅、慧能の系統は南宗禅と称され、世に南頓北漸という。大満禅師と諡する。

上264—4　老盧踏碓…　既出（上150—4）。

上264—5　老盧…　六祖慧能のこと。盧行者。既出（上150—5）。

上265—1　九峰慧和尚〜堪為法器…　『景徳伝灯録』巻十一の九峰慈慧章に「福州九峰慈慧禅師。初在二潙山一遇二祐師一上堂云、汝等諸人、只得二大体一、不レ得二大用一。師抽レ身出去。潙山召レ之。師更不二迴顧一。潙山云、此子堪レ為二法器一。師一日辞二潙山一入レ嶺云、某甲辞二違和尚一。千里之外不レ離二左右一。潙山動容曰、善為」（大正蔵五一・二八五c）とある。

上265—2　九峰慧和尚…　唐代、潙山下の九峰慈慧（不詳）のこと。潙山霊祐の法を嗣ぐ。福州（福建省）侯官県の九峰鎮国院に住した。

上265—3　潙山…　潙山霊祐のこと。既出（上197—8）。

上265—4　笑裏蔵鋒、泥中有刺…　「笑裏蔵鋒」は慣用句。「笑裏蔵刀」「笑中有刀」「笑裏刀」とも。外見は柔和なのに内心が陰険なさまをいう。「泥中有刺」も同義。「疎山布単」「疎山有句無句」の公案などで見られる。『聯灯会要』巻七の福州長慶大安章に「疎山後到二明招一、挙二前話一。招云、大潙可レ謂、頭正尾正、只是不レ遇二知音一。疎山却問、樹倒藤枯時如何。招云、更使二潙山笑転新一。疎山因而有レ省。乃云、潙山元来笑裏有レ刀。遂遥望二潙山一作礼」（続蔵一三六・二七六c）とある。ここにいう潙山は長慶大安のこと。

上266—1　莫道無事好…　これでものごとがうまく済んだと思ってはならない。『臨済録』「勘辨」に「有二一老宿一参レ師、未二曽人事一、便問、礼拝即是、不二礼拝一即是。師便喝。老宿便礼拝。師云、好箇草賊。老宿云、賊賊。便出去。師云、莫レ道無事好」（大正蔵四七・五〇三b）とある。

上267—1　新仏法…　新年頭仏法に同じ。既出（上167—1）。

上267—2　五条橋…　京都の五条大橋のこと。現在の五条大橋は、下京区と東山区の境の鴨川に架かり五条通を結ぶが、平安京の五条大橋は松原通の辺りで、それは現在の松原橋の位置とされる。現在の松原橋と建仁寺は、およそ二〇〇メートルほど離れているが、当時の建仁寺の寺領が現在よりもかなり広く、鴨川に近接していたことからすれば、少なくとも建仁寺から最寄りの橋の一つであったものと見られる。建仁寺の修行僧には身近な地名であった。

上267—3　九重塔…　法勝寺の九重塔のこと。法勝寺は白河天皇が京都白河の地に建立した寺院で、天皇はこの地に寺院を造ることを決め、承保二年（一〇七五）に造営を始め、承暦元年（一〇七七）に金堂の落慶供養が行なわれた。以後、この地には「勝」の字を用いた寺が計六カ寺も建立され、六勝寺と総称された。法勝寺はその最初の寺院であり、永保三年（一〇八三）には高さ約八十メートルの八角九重塔が寺内に建立された。承元二年（一二〇八）に落雷で焼失してしまうが、栄西が大勧進となって再建され、建保元年（一二一三）に落成した。栄西が勧進して再建された法勝寺九重塔は、建仁寺からも良く見えたことであろう。

上267—4　張家三箇児…　張家の三人の兄弟。青原下の巌頭全奯（全豁）の法嗣である玄泉山彦の問答として、『景徳伝灯録』巻十七の懐州玄泉彦章に「問、如何是仏。師曰、張家三箇児。曰、学人不レ会。師曰、孟仲季便不レ会」（大正蔵五一・三四一a）とある。

上268—1　十有五双…　既出（上259—1）。

上268—2　撞牆磕壁…　既出（上53—1）。

頌古

頌1—1　世尊八万衆前〜破顔微笑…　霊鷲山で釈尊が摩訶迦葉との間でなした「拈華微笑」の公案。宋代の作話とされるが、公案としても著名。中国撰述とされる『大梵天王問仏決疑経』「拈華品」に「爾時如来、坐二此宝座一、受二此蓮華一、無レ説無レ言、但拈二蓮華一、入二大会中一。八万四千人天時大衆、皆止黙然。於レ時長老摩訶迦葉、見二仏拈レ華示二衆仏事一、即今廓然、破顔微笑。仏即告言、是也。我有二正法眼蔵涅槃妙心、実相無相微妙法門一、不立文字、教外別伝、総持任持、凡夫成仏。第一義諦、今方付二属摩訶迦葉一。言已黙然。爾時尊者摩訶迦葉、即従レ座起、頂二礼仏足一」（続蔵八七・三二六c）とある。『天聖広灯録』巻二の摩訶迦葉章には「如来在二霊山一説法。諸天献レ華、世尊持レ華示レ衆、迦葉微笑。世尊告レ衆曰、吾有二正法眼蔵涅槃妙心一、付二嘱摩訶迦葉一。流布将来、勿レ令二断絶一。仍以二金縷僧伽梨衣一付二迦葉一、以俟二慈氏一」（続蔵一三五・三〇六c）とあり、『聯灯会要』巻一の釈迦牟尼仏章には「世尊在二霊山会上一、拈レ花示レ衆。衆皆默然、唯迦葉破顔微笑。世尊云、吾有二正法眼蔵涅槃妙心、実相無相微妙法門一、不立文字、教外別伝、付二嘱摩訶迦葉一」（続蔵一三六・二二〇d～二二一a）とある。『無門関』第六則「世尊拈花」には「世尊昔在二霊山会上一、拈レ花示レ衆。是時衆皆默然。惟迦葉尊者破顔微笑。世尊云、吾有二正法眼蔵涅槃妙心、実相無相微妙法門一、不立文字、教外別伝、付二嘱摩訶迦葉一」（大正蔵四八・二九三c）とある。ただし、『大梵天王問仏決疑経』が日本撰述である可能性を示唆する説も存する。石井修道「『大梵天王問仏決疑経』をめぐって」（『駒澤大学仏教学部論集』第三十一号、二〇〇〇年）参照。

頌1―2　八万衆前…　霊山会座の大衆の数。『玄沙広録』巻下「王大王請雪峰与玄沙入内論仏心印録」には「霊山会上八万衆前」（続蔵一二六・一九九c）とある。また、『大梵天王問仏決疑経』巻一「序品」には霊山会上に「八万人」（続蔵八七・四四一a）とあり、また「拈華品」には「八万四千人天」（続蔵八七・四四二a）とある。

頌1―3　迦葉…　摩訶迦葉のこと。既出（上93―2）。

頌2―1　阿難問迦葉～門前刹竿者…　『聯灯会要』巻一の二祖阿難尊者章に「祖問二迦葉一云、師兄、世尊伝二金襴袈裟一外、別伝二箇甚麽一。迦葉召二阿難一。祖応諾。迦葉云、倒二却門前刹竿一著」（続蔵一三六・二二五b）とある。また『無門関』第二十二則「迦葉刹竿」にも「迦葉因阿難問云、世尊伝二金襴袈裟一外、別伝二何物一。葉喚云、阿難。難応諾。葉云、倒二却門前刹竿一著」（大正蔵四八・二九五c）とある。

頌2―2　阿難…　阿難陀のこと。既出（上93―3）。

頌2―3　迦葉…　摩訶迦葉のこと。既出（上93―2）。

頌2―4　笻…　既出（上24―2）。

頌3―1　二祖三拝～汝得吾髄…　「礼拝得髄」の公案を踏まえる。「達磨皮肉骨髄」とも。菩提達磨が道副・尼総持・道育・慧可の四人の門人にそれぞれの所解を呈示させた時、慧可以外の三人は言葉で各々の境涯を呈し、それぞれに皮・肉・骨を得たと評された。最後に慧可のみは達磨を無言で礼拝して元の位に戻った。それに対して達磨が吾が髄を得たりと述べて慧可に伝法したという。『景徳伝灯録』巻三の菩提達磨章に「乃命二門人一曰、時将至矣。汝等蓋三各言二所得一乎。時門人道副対曰、如二我所見一、不レ執二文字一、不レ離二文字一、而為二道用一。師曰、汝得二吾皮一。尼総持曰、我今所解、如下慶喜見二阿閦仏国一、一見更不中再見上。師曰、汝得二吾肉一。道育曰、四大本空、五陰非レ有、而我見処無二一法可一レ得。師曰、汝得二吾骨一。最後慧可、礼拝後依レ位而立。師曰、汝得二吾髄一」（大正蔵五一・二一九b～c）とある。既出（上9―4）。

頌3―2　二祖…　二祖慧可のこと。既出（上9―6）。

頌3―3　達磨…　中国禅宗初祖の菩提達磨のこと。既出（上9―2）。

頌3―4　真不掩偽、曲不蔵直…　既出（上9―5）。

頌4―1　廓侍者一日～山便休去…　廓侍者（守廓）が徳山宣鑑と対問した際に、公案を与えられた故事。『聯灯会要』の守廓侍者章に「師一日自語云、従上諸聖、向二甚麽処一去。徳山聞云、作麽作麽。師云、敕点飛龍馬、跛鱉出頭来。山休去」（続蔵一三六・三〇七b）とあり、大慧宗杲の『正法眼蔵』巻三に「徳山和尚、因廓侍者問、従上諸聖向二甚麽処一去。山云、作麽作麽。廓云、勅二点飛龍馬一、跛鼈出頭来。山便休去」（続蔵一一八・六三d）とある。

頌4―2　廓侍者…　唐代、臨済下の興化存奨の法を嗣いだ守廓（不詳）のこと。

頌4―3　徳山…　徳山宣鑑のこと。既出（上28―1）。

頌5―1　徳山次日～山又休去…　補注（頌4―1）の徳山宣鑑と廓侍者の問答の続きに当たる問答。大慧宗杲の『正法眼蔵』巻三に「次日浴出、廓過レ茶与レ山。山於二廓背上一拊二一下一云、昨日公案作麽生。廓云、遮老漢今日方始瞥地。山又休去」（続蔵一一八・六三d）とある。

頌5―2　徳山…　徳山宣鑑のこと。既出（上28―1）。

頌5―3　廓侍者…　興化存奨の法を嗣いだ守廓のこと。既出（頌4―2）。

頌6―1　僧問馬大師～即心是仏…　大梅法常が馬祖道一に参じた際の問答。仏とは何かと問うた大梅に対して、馬祖は他ならぬ心こそが仏であると答え、大梅が言下に開悟した因縁。『景徳伝灯録』巻七の大梅法常章に「初参二大寂一問、如何是仏。大寂云、即心是仏」（大正蔵五一・二五四c）とある。

頌6―2　馬大師…　馬祖道一のこと。既出（上17―7）。

頌7―1　龐居士～不与万法為侶…　龐居士が馬祖道一に参じた際の問答。『景徳伝灯録』巻八の龐居士章に「後之二江西一参二問馬祖一云、不下与二万法一為上レ侶者、是什麽人。祖云、待三汝一口吸二尽西江水一、即向レ汝道。居士言下頓二領玄要一」（大正蔵五一・二六三b）とある。

頌7—2　龐居士…　馬祖下の龐蘊（?～八〇八）のこと。字は道玄。龐居士と呼ばれる。衡陽（湖南省）の出身。石頭希遷に参じて禅旨を会得し、次いで馬祖道一に参随した。更に丹霞天然・薬山惟儼・大梅法常など数多くの禅者との問答が残されている。一生涯、僧形を取ることはなかったが、独自の悟境に達したため、中国の維摩居士とも称される。『龐居士語録』三巻が存する。

頌7—3　鏌鋣…　既出（上1—16）。

頌8—1　馬大師、与西堂百丈南泉翫月…　「馬祖翫月」の公案。馬祖道一が弟子の西堂智蔵・百丈懐海・南泉普願とともに月を眺めていたときに、馬祖が「正恁麼の時、如何ん」と質問する。西堂は「供養によい」と答え、百丈は「修行によい」と答えたが、南泉のみは払袖して出ていった。馬祖はこのとき一人南泉のみが物外に超えていると評した。『天聖広灯録』巻八の百丈懐海章に「与二西堂智蔵・南泉普願一、同号二入室三大士一焉。一夕、三大士随二侍馬祖一翫レ月次、祖問、正当与麼時如何。西堂云、正好二供養一。師云、正好二修行一。南泉払袖便去。祖云、経入レ蔵、禅帰レ海。唯有二普願一、独超二物外一」（続蔵一三五・三二八a）とある。一方、『景徳伝灯録』巻六の百丈懐海章にも翫月の話が見えるが、「与二西堂智蔵禅師一、同号二入室一。時二大士為二角立一焉。一夕、二士随二侍馬祖一翫レ月次、祖曰、正恁麼時如何。西堂云、正好二供養一。師云、正好二修行一。祖云、経入レ蔵、禅帰レ海」（大正蔵五一・二四九b～c）となっており、南泉普願の名は見えず、西堂と百丈のみが馬祖と問答している。ただし、明版の『景徳伝灯録』には南泉の答話が挿入されている。既出（上18—1）。

頌8—2　西堂…　西堂智蔵のこと。既出（上18—4）。

頌8—3　百丈…　百丈懐海のこと。既出（上18—3）。

頌8—4　南泉…　南泉普願のこと。既出（上18—5）。

頌8—5　神頭鬼面…　鬼面神頭に同じ。既出（上191—1）。

頌9—1　潙山侍立百丈～令看炉有火無…　潙山霊祐が百丈懐海の膝下に投じ、炉中の火にちなんで開悟した機縁。『景徳伝灯録』巻九の潙山霊祐章に「一日侍立百丈問、誰。師曰、霊祐。百丈云、汝撥鑪中有レ火否。師撥云、無レ火。百丈躬起、深撥得二少火一。挙以示レ之云、此不二是火一。師発悟、礼謝陳二其所解一。百丈曰、此乃暫時岐路耳」（大正蔵五一・二六四b）とある。

頌9—2　潙山…　潙山霊祐のこと。既出（上197—8）。

頌10—1　臨済問黄蘗～喫六十拄杖…　臨済義玄が黄檗希運に「仏法的的大意」を三たび質問し、三たび打たれる因縁。黄檗に打ちのめされた臨済はその後、高安大愚の下で黄檗の老婆心を知り開悟した。『円悟仏果禅師語録』巻八「住成都府天寧寺小参」に「臨済在二黄檗一三度設レ問、喫二六十棒一」（大正蔵四七・七四九c）とあり、『密庵和尚語録』「景徳霊隠禅寺語録」の「葛中書請上堂」に「臨済問二黄檗仏法的的大意一、三遭二六十痛棒一」（大正蔵四七・九七一c）とある。補注（上103—2）を参照。

頌10—2　臨済…　臨済義玄のこと。既出（上72—4）。

頌10—3　黄蘗…　黄檗希運のこと。既出（上70—2）。

頌11—1　臨済示衆云～是什麼乾屎橛…　赤肉団は生き身の人間、面門は六根、無位真人はあらゆる枠組を超えた真の解脱人。作用即性説を人格化し主体化した表現で、この一瞬一瞬にわずかの間断もなく全現している働きのたとえとして用いられる。『臨済録』に「上堂云、赤肉団上有二一無位真人一、常従二汝等諸人面門一出入。未レ証拠者看看。時有レ僧出問、如何是無位真人。師下二禅床一、把住云、道道。其僧擬議。師托開云、無位真人是什麼乾屎橛」（大正蔵四七・四九六c）とある。

頌11—2　将驢却倒騎…　張果老の故事。既出（上125—3）。

頌12—1　南泉示衆云～疑著這漢…　南泉普願の異類中行についての示衆は、『古尊宿語録』巻十二『南泉和尚語録』に「師示レ衆云、（中略）喚作二如如一早是変也。兄弟直須下向二異類中一行上始得。大難、大難」（続蔵一一八・一四九d）とあり、『景徳伝灯録』巻八の南泉普願章に「一日師示レ衆云、道箇如如早是変也。今時師僧須下向二異類中一行上」（大正蔵五一・二五七b～c）とある。趙州従諗との問答は、『趙州真際禅師語録』巻上に「師問二南泉一、異即不レ問、如何是類。泉以二両手一托レ地。師便踏倒。却帰二涅槃堂一内叫、悔、悔。泉聞、乃令二人去問一、悔二箇什麼一。師云、悔レ不三剰与二両踏一」（続蔵一一八・一五三d～一五四a）とある。「我従来疑著這漢」は『聯灯会要』巻四の南泉普願章に「師聞、令二趙州往勘一レ之。州纔見二庵主一、便作礼。主不レ顧。州従レ西過レ東。従レ東過レ西而立。主亦不レ顧。州云、草賊大敗。拽二下簾子一便行、挙二似師一。師云、我従来疑二著這漢一」（続蔵一三六・二四六c）とある。また、「我従来疑二著這漢一」（大正蔵四七・五〇三b）は、侍者から普化の話を聞いた臨済義玄の語としても知られる。

頌12—2　南泉…　南泉普願のこと。既出（上18—5）。

頌12―3　趙州…　趙州従諗のこと。既出（上9―9）。

頌13―1　南泉因僧問～平常心是道…　門弟の趙州従諗に道とは何たるかを問われた南泉普願がありのままの心でいることこそが道である、と答えた因縁。この問答を通して趙州は開悟する。『景徳伝灯録』巻十の趙州従諗章に「異日問南泉、如何是道。南泉曰、平常心是道。師曰、還可趣向否。南泉曰、擬向即乖。師曰、不擬時、如何知是道。南泉曰、道不属知不知。知是妄覚、不知是無記。若是真達不疑之道、猶如太虚廓然虚豁。豈可強是非邪。師言下悟理。乃往嵩岳、瑠璃壇納戒、却返南泉」（大正蔵五一・二七六・c）とある。

頌14―1　趙州因僧問～州云無…　「趙州無字」「趙州狗子」の公案。『趙州真際禅師語録』の示衆に「問、狗子還有仏性也無。師云、無。学云、上至諸仏下至螘子、皆有仏性、狗子為什麼無。師云、為伊有業識性在」（続蔵一一八・一五七c）とあり、『無門関』第一則「趙州狗子」に「趙州和尚因僧問、狗子還有仏性也無。州云、無」（大正蔵四八・二九二c）とあり、『従容録』第十八則「趙州狗子」に「挙。僧問趙州、狗子還有仏性也無。州云、有。僧云、既有、為甚麼却撞入這箇皮袋。州云、為他知而故犯。又有僧問、狗子還有仏性也無。州曰、無。僧云、一切衆生皆有仏性、狗子為什麼却無。州云、為伊有業識在」（大正蔵四八・二三八c）とある。既出（上236―5）。

頌14―2　趙州…　趙州従諗のこと。既出（上9―9）。

頌15―1　開口不在舌頭上…　「松源大力量人」の公案の一句。口を開いてものを言うことは、舌先上にかかっているのではない。言葉ですべてを言い尽くすことはできない。他人を化導することの困難さをいったもの。『松源和尚語録』巻下「秉払普説」で、「明明向汝道、開口不在舌頭上、弄潮須是弄潮人」（続蔵一二一・三〇七c）とある。この句と、自行の大切さを説く「大力量人、因甚擡脚不起」（大正蔵四七・一〇二四a）をあわせて「松源二転語」と、さらに「脚跟下紅糸線不断」（続蔵一二一・二八九a）の一転語を加えて「松源三転語」ともいう。「松源二転語」の公案は『無門関』第二十則「大力量人」（大正蔵四八・二九五b）に収録される。また、蘭渓道隆の師である無明慧性は松源崇嶽の三転語にそれぞれ頌古（続蔵一二一・三二二b）を呈している。

頌16―1　趙州東門西門南門北門…　「趙州四門」の公案。『趙州真際禅師語録』巻上に「問、如何是趙州。師云、東門・西門・南門・北門」（続蔵一一八・一五六b）とある。趙州城の四門の開放と、趙州自身の融通無礙な境涯をかけている。『碧巌録』第九則「趙州四門」（大正蔵四八・一四九a）として収録される。

頌16―2　趙州…　趙州従諗のこと。既出（上9―9）。

頌17―1　龐公参大梅…　大梅法常が馬祖道一にその悟境を認められたという話を聞き及んだ龐居士が、大梅の境涯を点検しに行き、大梅に打ち負かされたことを指す。『聯灯会要』巻四の大梅法常章に「馬大師、遣僧問師云、和尚見馬大師、得箇甚麼、便住此山。師云、馬大師向我道即心是仏、我便向這裏住。僧云、馬大師近日仏法又別也。師云、作麼生別。僧云、又道非心非仏。師云、這老漢、惑乱人未有了日。任他非心非仏、我這裏只管即心即仏。僧回挙似馬大師。大師云、梅子熟也。龐居士聞之、欲検師真実、特往勘之。纔見便問、久響大梅、未審梅子熟也未。師云、你向甚麼処下口。士云、百雑砕。師伸手云、還我核子来。士無語」（続蔵一三六・二五〇b～c）とある。また、『龐居士語録』巻上にも「居士訪大梅禅師、纔相見、便問、久響大梅、未審、梅子熟也未。梅曰、熟也。你向什麼処下口。士曰、百雑砕。梅伸子曰、還我核子来。士便去」（続蔵一二〇・三〇a）と録されている。

頌17―2　龐公…　龐蘊のこと。既出（頌7―2）。

頌17―3　大梅…　馬祖下の大梅法常（七五二～八三九）のこと。馬祖道一の法を嗣ぐ。明州（浙江省）鄞県南東に位置する大梅山に四十年住した。金沢文庫に『明州大梅山常禅師語録』が伝わる。

頌18―1　劉鉄磨訪潙山公案…　「鉄磨老牸牛」の公案。水牯牛と称した潙山霊祐が、機峰の鋭かった老尼劉鉄磨を老牸牛（老熟した牝牛）と呼んだ公案。『聯灯会要』巻七の潙山霊祐章に「劉鉄磨来。師云、老牸牛汝来也。磨云、来日臺山大会斎、師還去也無。師放身便臥。磨便出去」（続蔵一三六・二七三b）とある。『碧巌録』第二十四則「鉄磨老牸牛」（大正蔵四八・一六五a）として、『従容録』第六十則「鉄磨牸牛」（大正蔵四十八・二六四c）として収録される。

頌18―2　劉鉄磨…　唐代の尼僧、潙山下の劉鉄磨（不詳）のこと。詳細な伝は不明であるが、『碧巌録』第二十四則「鉄磨老牸牛」の本則の評唱には、「劉鉄磨久参、機鋒峭峻。人号為劉鉄磨。去潙山十里卓庵。一日去訪潙山。山見来便云、老牸牛汝来也。磨云、来日臺山大会斎、和尚還去麽。潙山放レ身便臥。磨便出去」（大正蔵四八・一六五ａ）とあり、機峰峭峻で人々に劉鉄磨と呼ばれ、潭州（湖南省）寧郷の潙山から十里ほどのところに庵を結んでいたとされる。

頌18―3　潙山…　潙山霊祐のこと。既出（上197―8）。

頌19―1　玄沙云、如如不動～安排佗一字不得…　「玄沙云、如如不動～一字不得」は、『禅林僧宝伝』巻四の玄沙師備章に「如如不動没レ可二安排一。恰似三焔鑪不レ蔵二蚊蚋一。本来平坦、何用二剗除一。動転施為、是真解脱。繊毫不レ受、措レ意便差。借使千聖出頭来、也安二排他一字一不レ得」（続蔵一三七・二二九ｂ）とある。「拈云」より以降は蘭渓道隆による拈提。拈提中の「不レ在二舌頭一」は松源崇嶽の「松源三転語」（続蔵一二一・三〇七ｃ）の一句にちなむ。

頌19―2　玄沙…　玄沙師備のこと。既出（上48―3）。

偈頌

偈2―1　曹渓…　六祖慧能のこと。既出（上150―5）。

偈4―1　主人翁…　人間の根源的な主体性。主人公・本来人・真人ともいう。ここでは、「瑞巌主人公」の公案を踏まえる。瑞巌師彦は一日中盤石で坐禅し、常に自らに「主人公」と呼びかけては、「目覚めているか」「他人にだまされるな」と自問自答していたと伝えられる。『聯灯会要』巻二十三の瑞巌師彦章に「師尋常自喚二主人公一、復自応云、諾。復云、惺惺著、他後莫レ受二人謾一」（続蔵一三六・四〇九ｃ）とあり、『無門関』第十二則「巌喚主人」の本則「瑞巌彦和尚、毎日自喚二主人公一、復自応諾。乃云、惺惺著。喏。他時異日、莫レ受二人瞞一。喏喏」（大正蔵四八・二九四ｂ）で知られる。補注（上118―4）も参照。

偈5―1　空維那…　臨済宗聖一派の蔵山順空（一二三三～一三〇八）のことか。肥前（佐賀県）万寿寺の神子栄尊（一一九五～一二七二）のもとで出家し、東福寺の円爾、建長寺の蘭渓道隆に師事した。弘長二年（一二六二）に入宋し、各地遊行の後に松源派の石林行鞏（一二二〇～一二八〇）に参じて契悟する。帰朝すると東福寺に掛搭し、円爾の法を嗣ぐ。博多天承寺、京都東福寺に住する。肥前（佐賀県）高城寺の開山となる。円鑑禅師と諡し、『円鑑国師語録』一巻が存する。『元亨釈書』巻八の釈順空伝によれば、東福寺の円爾のもとから建長寺に到った際に、蘭渓道隆のもとで維那（紀綱）を勤めている。

偈5―2　蒼鷹…　羽毛が蒼みを帯びている白鷹。青華厳すなわち北宋代の投子義青（一〇三二～一〇八三）に蔵山順空をなぞらえている。投子義青は浮山法遠より大陽警玄の法を代付された。また、江戸期の曹洞宗僧侶、万回一線が、投子の代付を主張するために著した『青鷂原夢語』も、投子を青鷂（鷂はタカの一種）にたとえる。

偈5―3　罰銭出院…　葉県帰省と浮山法遠の罰銭をめぐる故事を踏まえる。補注（小15―41）を参照。

偈5―4　二老…　東福寺の円爾（一二〇二～一二八〇）と、建長寺の蘭渓道隆。円爾は聖一派の派祖。駿河（静岡県）の人。五歳で久能山に入り、天台教学を学ぶが、のちに上野（群馬県）長楽寺の栄朝に師事する。嘉禎元年（一二三五）に入宋して各地を歴参したのち、臨済宗破庵派の無準師範の法を嗣ぐ。仁治二年（一二四一）に帰朝し、建長七年（一二五五）に東福寺の開山となる。応長元年（一三一一）、花園天皇が聖一国師と諡する。

偈6―1　源侍者…　かなりの禅者で入宋を志していたらしい。臨済宗松源派の巨山志源（不詳）のことか。はじめ諸老宿に遍参して、経典・外典を研鑽し、のちに入宋して虚堂智愚の法を嗣ぐ。帰国して後、相模（神奈川県）禅興寺の二世となる。

偈10―1　玉楼起粟彤雲合、秀気飄空六出花…　北宋代の詩人、蘇軾（東坡居士、一〇三六～一一〇一）の『蘇軾詩集』巻十二「古今体詩」の「雪後書二北臺壁一二首」と題する二首目の詩に「凍合二玉楼一寒起レ粟、光揺二銀海一眩生レ花」とあるのを踏まえる。

偈10―2　不知明月落誰家…　『李太白文集』巻二十「懐思」に収録された、唐代の詩人、李白の詩「憶二東山一二首」に「不レ向二東山一久、薔薇幾度花。白雲他自散、明月落二誰家一」とあるのを踏まえたもの。『北礀和尚語録』「偈頌」には、蘭渓道隆の参師の一人である北礀居簡（一一六四～一二四六）が千手大悲像について詠じた「化レ闡拈二千手大悲像一」に「秋澄二万水一家家月、春入二千林一処処花。為レ問二大悲千手眼一、不レ知二明月落二誰家一」（続蔵一二一・八〇ａ）として用いられる。

偈11―1　転身…　新しく身や心境などを変えて転ずること。迷いから悟りの境地に転ずる。究極の処から一段上の処に身をひるがえすこと。潙山霊祐が「死んだ後、門前の牛になって生まれ変わった時、果たしてその牛を何と喚ぶか」と、門弟に問うた「潙山水牯牛」「大潙左脇五字」の公案を踏まえたもの。『景徳伝灯録』巻九の潙山霊祐

章に「師上堂示レ衆云、老僧百年後、向二山下一作二一頭水牯牛一、左脇書二五字一云、潙山僧某甲。此時喚作二潙山僧一、又是水牯牛。喚作二水牯牛一、又云二潙山僧一。喚作二什麼一即得」（大正蔵五一・二六五c）とある。『祖堂集』十六巻の潙山霊祐章（中文出版社本・三〇六b）にも見られる。

『蘭渓和尚語録』巻下

普説

普1—1　以蠡酌海…　小さな瓢簞《ひょうたん》で大きな海の水を酌み取ろうする。狭い見識で大事を量ろうとするたとえ。『漢書』巻六十五「東方朔伝」の「答二客難一」に「以レ管闚レ天、以レ蠡測レ海」とあることに基づく成語。『四分律行事鈔資持記』巻上一上に「以レ蠡酌レ海、長嗟レ罔レ測二其深一。捧レ土塞レ河、実愧レ不レ知二其量一」（大正蔵四〇・一五七a）とある。

普1—2　持管窺天…　管を通して天を見るような狭い見識のこと。浅薄な知識で大理を知ろうと企てる。『荘子』「外篇」の「秋水第十七」に「子乃規規然而求レ之以レ察、索レ之以レ辯。是直用レ管闚レ天、用レ錐指レ地也、不二亦小一乎」とある。

普1—3　古人云、道遠乎哉、触事皆真。聖遠乎哉、体之必神…　『肇論』「不真空論第二」の末尾に「然則道遠乎哉、触レ事而真。聖遠乎哉、体レ之即神」（大正蔵四五・一五三a）とある。道は遠くにあるのではなく、身の回りの様々な事象が真理であることを示す。『中庸』第十三章に「子曰、道不レ遠レ人、人之為レ道而遠レ人、不レ可二以為レ道一」とあるのに基づく。

普1—4　古人…　僧肇のこと。既出（上7—6）。

普1—5　有凡有聖、有迷有悟、何曽有三無差別乎…　四十巻本『華厳経』巻三十二「入不思議解脱境界普賢行願品」に「以二一切法性相一平等同二一体一故如レ是。乃至凡聖迷悟、染浄因果、去来進退、皆同一相」（大正蔵十・八〇八b）とあるのに基づくか。また六十巻本『華厳経』巻十「夜摩天宮菩薩説偈品」に「心如二工画師一、画二種種五陰一、一切世界中、無二法而不一レ造。如レ心仏亦爾、如レ仏衆生然、心仏及衆生、是三無二差別一」（大正蔵九・四六五c）とある。

普1—6　吾自鹿苑、而至於跋提河、未曽説一字…　北宋代の仏日契嵩の『伝法正宗論』巻下に「又経曰、始従二鹿野苑一、終至二跋提河一、中間五十年、未三曽説二一字一」（大正蔵五一・七八二b）とある。釈尊が跋提河で入寂したというのは『大般涅槃経』の所説に基づく。また「未三曽説二一字一」は、『大般若波羅蜜多経』巻四二五「帝釈品」に「我曽於二此甚深般若波羅蜜多相応義中一不レ説二一字一、汝亦不レ聞」（大正蔵七・一三八c）とあるように、般若系の経典に多く用いられる。

普1—7　随明月下滄洲…　和月下滄洲に同じ。既出（上164—3）。

普1—8　文殊白云～是吾曽転法輪耶…　『聯灯会要』巻一の釈迦牟尼仏章に「世尊臨レ入二涅槃一、文殊請三仏再転二法輪一。世尊咄云、文殊、吾四十九年住レ世、未三嘗説二一字一。汝請三吾再転二法輪一、是吾曽転二法輪一耶」（続蔵一三六・二二一d）とある。『大般涅槃経』巻十三「聖行品之下」において、釈尊が般涅槃するのに臨んで大法輪を転ぜられたと文殊が述べたのに対し、釈尊が「是故如来不レ転二法輪一、（中略）是故汝今不レ応四説三言二如来方便転二於法輪一」（大正蔵一二・六八九a）と答えたのを受けたものか。『景徳伝灯録』巻十二の昇州長慶道巘章に「世尊臨レ入二涅槃一、文殊請三仏再転二法輪一。世尊咄二文殊一言、吾四十九年住レ世、不二曽一字与一レ人。汝請三吾再転二法輪一、是謂三吾曽転二法輪一也」（大正蔵五一・二九七a）とある。言語で真理を説明しようとしても、真意を述べ尽くすことはできないとされる。「世尊不説一字」の公案として知られる。

普1—9　文殊…　文殊師利菩薩のこと。既出（上20—16）。

普1—10　三千里外定誵訛…　極めて高遠なところに真理を示すこと。三千里外は極めて遠い距離のたとえ。『癡絶和尚語録』巻上「雪峰崇聖禅寺語録」の入院の三門法語に「指二三門一云、有下三千里外定二誵訛一底眼目上、始可レ入二得此門一。苟或未レ然、且随二新長老一、脚跟後転」（続蔵一二一・二五二c）とある。また同じく癡絶道冲は『兀庵和尚語録』巻末の「無準老送二寧侍者一」の偈頌に「況無準老有下三千里外定二殺訛一底眼目上、早已知三予悞二了人家男女一。子帰当二自知一レ之矣。端平丙申大寒、金陵北山道冲、書二于正伝一」（続蔵一二三・二一c）と跋文を寄せている。

普1—11　達磨…　菩提達磨のこと。既出（上9—2）。

普1—12　九年面壁…　達磨が面壁九年した故事。既出（上9—3）。

普1—13　神光…　二祖慧可のこと。既出（上9—6）。

普1—14　汝得吾髄…　「礼拝得髄」の公案。「達磨皮肉骨髄」とも。既出（上9—4）。

普1—15　大鵬展翅蓋十洲、籬辺鴟雀空啾啾…　巨大な大鵬は羽を広げると十洲（世界）を覆うほどであり、生け垣にたむろする小鳥たちはただ囀り鳴くばかりである。

『嘉泰普灯録』巻一の金山瑞新章に「金山終不レ事二悠悠一、一言道合死即休。大鵬展レ翅蓋二十洲一、籬辺之物鳴啾啾」（続蔵一三七・二四d）とあり、『大慧普覚禅師語録』巻一「住径山能仁禅院語録」に「上堂。僧問、万機休罷、独坐二大方一、猶是向下事。如何是向上事。師云、癡人面前不レ得レ説レ夢。進云、老和尚三寸甚密。師云、衆眼難レ謾。進云、只如下僧問二洞山如何是仏一、云中麻三斤上、又作麼生。師云、大鵬展レ翅蓋二十洲一、籬辺之物空啾啾」（大正蔵四七・八一五a）とある。

普1―16　末法已越二百余載…　日本における末法思想は、平安後期に最澄に仮託して撰述された『末法灯明記』によって推進したとされる。日本の末法は永承七年（一〇五二）に始まるとされ、栄西・法然・道元・親鸞・日蓮ら鎌倉期の仏教者らが末法に言及しているように、その後も末法という思想は強い影響力を持って展開した。二百余載とあるので、この時点で、二百年後の建長四年（一二五二）よりしばらくしてから建長寺で行なった普説とみられる。

普1―17　三祖和尚…　三祖僧璨のこと。既出（上243―8）。

普1―18　執之失度、必入邪路、放之自然、体無去住…　三祖僧璨の『信心銘』に「執レ之失レ度、必入二邪路一。放レ之自然、体無二去住一」（大正蔵四八・三七五b）とある。道に対して執著を持ったり、道を理想のものとして対象化すると、必ず誤った方向に進むことになる。手を放ってとらわれることなく自然であれば、道そのものは行くことも住まることもない。

普1―19　大恵和尚道～永劫不可取…　『大慧普覚禅師語録』巻十七「普説」の「礼侍者断七請普説」に「若未レ得二箇安楽処一、一向求二知見一覓二解会一、這般雑毒纔入レ心、如二油入一レ麺、永取不レ出。縦取得出、亦費二料理一」（大正蔵四七・八八二a）とある。

普1―20　大恵和尚…　大慧宗杲のこと。既出（上226―3）。

普1―21　先聖云～覓他蹤跡耶…　不詳。

普1―22　真正学道人…　本当の正しい修行者。『臨済録』の上堂に「若是真正学道人、不レ求二世間過一、切急要レ求二真正見解一」（大正蔵四七・四九八b）とある。

普1―23　仏眼覷不見…　仏の眼力でも見てとれない。仏の世界をも超え出たありよう。覷見は窺い見る。覷不見は窺い見れない。『長霊和尚語録』の「廬州能仁資福禅院語録」に「上堂。僧問、如何是体中玄。師云、仏眼覷不レ見」（続蔵一二〇・一五七b）とあり、『碧巌録』第九十七則「金剛経罪業消滅」の頌古の著語に「伎倆既無〈休去歇去。阿誰恁麼道〉。波旬失レ途〈勘破了也。這外道魔王、尋二蹤迹一不レ見〉。瞿曇瞿曇〈仏眼覷不レ見。咄〉。識レ我也無〈咄。勘破了也〉」（大正蔵四八・二二〇c）とある。

普1―24　岩頭同雪峰行脚時～今日始是鼇山成道…　『聯灯会要』巻二十一の雪峰義存章に「師同二巌頭・欽山一三人、辞二徳山一、同到二澧州一。欽山先住、師与二巌頭一、一日到二鼇山店一阻レ雪。師一向坐禅、巌頭唯打睡。師云、師兄師兄。且起来。頭云、作二甚麼一。師云、今生不レ著レ便。共二文邃一箇漢行脚、到処被二他帯累一。師兄如今又只管打睡。頭喝云、噇眠去、毎日恰似二七村裏土地一。他時後日、魔二魅人家男女一去在。師点レ胸云、某甲這裏。未レ隠在、不二敢自瞞一。頭云、我将謂、你他後向二孤峰頂上一盤二結草庵一、呵レ仏罵レ祖去在。猶作二這箇語話一。峰云、某甲実未レ隠在。頭云、若実如レ此、拠二汝見処一一一通来。是処与レ你証明、不是処与レ你剗却。師云、某甲初到二塩官一、聞レ挙二色空義一、得二箇入処一。頭云、此去三十年、切忌挙著。師云、又因二洞山過水悟道頌一、有二箇省処一。頭云、若恁麼、自救也不レ了。師云、某甲因問二徳山一、従上宗乗中事、学人還有レ分也無。山打一棒云、道二甚麼一。我当下如二桶底脱一相似。被二巌頭震威一喝一云、豈不レ聞レ道、従レ門入者不二是家珍一。師云、如何即是。頭云、他後若欲レ播二揚大教一、須下一一従二自己胸襟一流出将来、与レ我蓋天蓋地去上。師於二言下一大悟、跳下レ床、作礼云、師兄、今日始是鼇山成道、師兄、今日始是鼇山成道」（続蔵一三六・三九一d～三九二a）とある。

普1―25　岩頭…　青原下の巌頭全奯（八二八～八八七）のこと。全豁とも。泉州（福建省）南安県の柯氏。はじめは経律を学んでいたが、雪峰義存・欽山文邃と親交を持ってからは仰山慧寂の会下に参じ、青原下の徳山宣鑑の法を嗣ぐ。洞庭湖畔の鄂州（湖南省）の臥龍山（巌頭）に住する。賊の刃に切られて死す。清儼大師と諡する。

普1―26　雪峰…　雪峰義存のこと。既出（上85―2）。

普1―27　款出囚人口…　既出（上20―10）。

普1―28　塩官…　馬祖下の塩官斉安（?～八四二）のこと。盧簡求（字は子臧）が撰した「杭州塩官県海昌院禅門大師塔銘」（『全唐文』巻七三三）に詳しい。海門郡（江蘇省）の李氏。馬祖道一の法を嗣ぐ。越州（浙江省）蕭山県の法楽寺に住した後、法昕の帰依を受け、杭州（浙江省）塩官県の海昌放生池の近くに居を移し、鎮国海昌院の開山となる。禅門大師と称され、悟空禅師と諡する。

普1―29　洞山過水悟道頌…　「過水偈」の名でよく知られる曹洞宗の洞山良价の偈頌。『景徳伝灯録』巻十五の洞山良价章に「切忌従レ他覓、迢迢与レ我疎。我今独自往、処処得レ逢レ渠。渠今正是我、我今不二是渠一。応須二恁麼会一、方得レ契二如如一」（大正蔵五一・三二一c）とある。洞山良价が本師の雲巌曇晟のもとを辞して、大きな谷川を渡る際に、水面に映る自分の影を見て悟り、その境涯を偈頌に賦したもの。我とは自己、渠は主人公や本来人を指す。自己と本来人が不即不離の関係で契合しているところを如如と表現している。

普1—30　洞山…　洞山良价のこと。既出（上11—2）。

普1—31　自救也未徹在…　自救不了に同じ。既出（上80—5）。

普1—32　従門入者不是家珍…　既出（上7—1）。

普1—33　閃電光中纔擬議、雨声一霎過滄浪…　ほんのわずかでも分別にわたってしまえば、雨だれの音さえも自己とかけ離れたものとなってしまう。この語句の直接の出典は定かではないが、仏光派の規庵祖円（南院国師、一二六一～一三一三）が『南院国師語録』巻上「龍安山禅林禅寺語録」にて「冬夜小参。垂語云、沙飛石走仲冬節、誰管二繍紋一線長一。閃電光中纔擬議、雨声一霎過二滄浪一。莫レ有下不レ渉二擬議一底上麼」（大正蔵八〇・二八六a）と引用している。

普1—34　西天四七…　西天二十八祖のこと。四と七を掛けると二十八になることからいう。摩訶迦葉を第一祖に数え、西天（インド）で次第して二十八祖の菩提達磨に至る。なお、菩提達磨は東土（中国）の初祖でもある。祖統説とは、西天の祖師たちが釈尊以来の仏法を師資相承し、断絶させることなく中国にもたらしたという説のこと。西天の祖師の数は時代や宗派によって異なるが、二十八代とする説は『宝林伝』（八〇一年）において確立し、日本に伝えられた祖統説は『景徳伝灯録』（一〇〇四年）に基づいている。

普1—35　東土二三…　達磨から六祖慧能に至る中国の六代の祖師。初祖達磨、二祖慧可、三祖僧璨、四祖道信、五祖弘忍、六祖慧能の六代の祖師を「東土二三」ともいう。西天二十八祖と東土六祖を合わせて、「西天四七東土二三」あるいは単に「四七二三」ともいう。

普2—1　塩田和尚至引座普説…　建長寺が開山されて間もなくしてやって来た「塩田長老」を法座に拝請した際、塩田長老に先立って蘭渓道隆が行なった普説。この後、塩田長老が建長寺の修行僧を前にして法座に立ったものとみられる。

普2—2　塩田和尚…　塩田長老。信濃（長野県）塩田の長老。普説中に「建長与二塩田一各拠二一刹一、或百余衆、或五十衆」とあることから、建長寺に対して信州の「塩田寺」と呼称されていた寺の住持を勤めていたとみられる。入宋経験があり、蘭渓道隆と同船にて日本に帰朝した。塩田長老が誰なのかは明確ではないが、長野県上田市塩田にある安楽寺開山で、入宋して破庵派無準下の別山祖智（智天王、一二〇〇～一二六〇）の法を嗣いだ樵谷惟僊と同一人物であるとする説があり、これまで何度も議論が行なわれているが、結論は出ていない。代表的な研究に玉村竹二「信濃別所安楽寺開山樵谷惟僊伝についての私見」（『日本禅宗史論集』上、下之二、思文閣出版、一九八八年）がある。また、本普説中に「瑩巌」とあるのが塩田長老の道号である可能性が存している。あるいは、塩田長老の弟子であった樵谷惟僊が、建長寺の蘭渓道隆に参じ、後に入宋して天童山の別山祖智の法を嗣いだものであろうか。

普2—3　塩田…　信濃（長野県）塩田のことで、塩田にある寺院のことを指す。蘭渓道隆が「建長」に対して「塩田」と呼称しており、さらに「諸人、此の巨福山中に在り、彼の塩田刹内に居る者」とあることから、単に地名というだけではなく、「塩田寺」と呼称されていた寺院であったらしい。塩田は「塩田庄」という地名で平安末期の文献に初見される。建治三年（一二七七）に連署の北条義政が塩田城（上田市東前山）に居を構え、その子である北条国時、孫の北条俊時の三代にわたり塩田北条氏と称するなど、鎌倉との縁が強い地域である。後に樵谷惟僊によって塩田に崇福山安楽寺が建立され、現存する国宝の安楽寺三重塔は北条義政の創建と伝えられる。信濃出身の無関普門（一二一二～一二九一）が若くして塩田で参学しており、「大明国師無関大和尚塔銘」には「却回二信州一、館二於塩田一、乃信州之学海、凡渉二経論之学一者、担レ簦負レ笈、自二遠方一来而皆至焉」とあり、遠方からも塩田で経論を学ぶために参学するなど、蘭渓道隆が日本に渡来する以前から仏教が盛んな地であったことが知られる。

普2—4　浩然之気…　『孟子』「公孫丑章句上」に出る言葉。孟子（孟軻）は、弟子の公孫丑に対して、真の勇気を養うために、自らが心掛けていることは、人の話を理解することと浩然の気を養うことであると述べる。また、浩然の気を養うことで何事にも動じない道徳的勇気を体得することはできるが、浩然の気を身につけることが目的化しては無益なだけでなく、かえって有害であるとも述べる。『孟子』「公孫丑章句上」に、「敢問、夫子悪乎長。曰、我知レ言、我善養二吾浩然之気一。敢問、何謂二浩然之気一。曰、難レ言也。其為レ気也、至大至剛、以直、養而無レ害、則塞二于天地之間一。其為レ気也、配二義与レ道。無レ是餒也。是集義所レ生者、非二義襲而取レ之也。行有レ不レ慊二於心一、則餒矣。我故曰、告子未二曽知レ義。以二其外レ之也。必有レ事焉、而勿レ正心勿レ忘、勿二助長一也。無下若二宋人一然上。宋人有下閔二其苗之不レ長而揠レ之者上。芒芒然帰、謂二其人一曰、今日病矣、予助レ苗長矣。其子趨而往視レ之、苗則槁矣。天下之不二助レ苗長一者寡矣。以為レ無レ益而舎レ之者、不レ耘レ苗者也。助レ之長者、揠レ苗者也。非二徒無レ益、而又害レ之」とある。

普2—5　恁麼也不得、不恁麼也不得、恁麼不恁麼総不得…　『聯灯会要』巻十九の薬山惟儼章に「直造二石頭一問、三乗十二分教某甲粗知、嘗聞二南方直指人心見性成仏一、実未二明了一、伏望和尚慈悲指示。頭云、恁麼也不レ得、不恁麼也不レ得、恁麼不恁麼総不レ得、汝作麼生。師竚思。頭云、子因縁不レ在レ此、江西馬大師処去、必為レ子説」（続蔵一三六・三六九ｄ）とある。

普2—6　建長与塩田各抛一刹、或百余衆或五十衆…　建長寺に百人、塩田寺に五十人の修行僧があったことを示す。康元元年（一二五六）の二月十五日（仏涅槃）から、四月八日（浴仏）までの間に行なわれた上堂（上48）では、建長寺の修行僧が百五十人であったことが記されているから、これよりも前に行なわれた普説とみられる。宝治三年（建長元年、一二四九）一月十五日に行なわれた「元宵上堂」（上6）では、「常楽寺に一百来の僧有り」とあり、すでに常楽寺の時点で百人の参学僧があったことになる。したがって、建長寺が開山されてからそれほど時間を経ずに行なわれた普説であったと推測される。「示二承性西堂一」（法5）の法語では、建長寺の修行僧を「千百指人」として百十人と述べているので、「塩田和尚引座普説」はこれよりも以前か、ほぼ同時期に行なわれた普説と推察される。

普2—7　端倪…　既出（上194—3）。

普2—8　永嘉禅師道～故不同於兎角…　『禅宗永嘉集』「奢摩他頌第四」に「若以レ知知レ寂、此非二無縁知一。如三手執二如意一、非レ無二如意手一。若以二自知一知、亦非二無縁知一。如二手自作レ拳、非二是不レ拳手一。亦不二知知レ寂、亦不二自知レ知、不レ可レ為二無知一、自性了然故、不レ同二於木石一。手不レ執二如意一、亦不二自作レ拳、不レ可レ為二無手一、以レ手安然故、不レ同二於兎角一」（大正蔵四八・三八九ｃ）とある。

普2—9　永嘉禅師…　六祖下の永嘉玄覚（?～七一三）のこと。温州（浙江省）永嘉県の戴氏。天台止観の法門に精通していた。韶州（広東省）曹渓山の六祖慧能に参じ、わずかに問答商量するや印可を受け、その法を嗣ぐ。一宿にして慧能の下を去ったことから、「一宿覚」と称される。温州永嘉に帰って松臺山浄光寺などで大いに化を振った。真覚大師といい、無相大師と諡する。著述に『禅宗永嘉集』や『証道歌』が存する。

普2—10　寂音尊者云、永嘉止説悟後之病…　覚範慧洪撰『林間録』巻下「永嘉禅師偈」の項に、「智覚之意、欲二偈兼レ言明レ悟、永嘉止説二悟後之病一。二老之言皆是也。然天下之理、豈可下以二一言一尽上耶。永嘉之偈、不二必奪一亦可也」（続蔵一四八・三一六ｃ）とある。

普2—11　寂音尊者…　臨済宗黄龍派の覚範慧洪（一〇七一～一一二八）のこと。筠州（江西省）新昌県の彭氏。真浄克文の法を嗣ぐ。後に筠州の清涼寺などに住した。意見を異にする僧の讒訴により、四回投獄されたが、居士の張商英・郭天民らによって助けられた。釈放後は、衡陽（湖南省）の南嶽南臺寺の明白庵に隠棲し、多くの著作を残した。代表的な著作に『林間録』『禅林僧宝伝』『石門文字禅』などがある。

普2—12　孤陋寡聞…　孤陋はひとりよがりで頑なこと。寡聞は見聞が狭く浅いこと。卑下謙遜した表現。独学して切磋する友がいないと、学識が狭く見聞も少ない。『礼記』「学記第十六」に「雑施而不レ孫、則壊乱而不レ修。独学而無レ友、則孤陋而寡レ聞」とある。

普2—13　仁者見之必謂之仁、智者見之必謂之智…　『周易』（易経）「繫辞伝上」の語に「仁者見レ之謂二之仁一、知者見レ之謂二之知一」とある。また、『仏鑑禅師語録』巻一「焦山普済禅寺語録」の入院上堂に「仏殿。你不レ識レ我、我不レ識レ你。狹路相逢、脳門著レ地。仁者見レ之謂二之仁一、智者見レ之謂二之智一」（続蔵一二一・四三〇ｄ）とあり、無準師範が鎮江府（江蘇省）の焦山普済寺に入院した際の仏殿法語にも同じ表現が見られる。それぞれの分に応じて道のとらえ方は仁や智として表現される。

普2—14　笻…　既出（上24—2）。

普2—15　吾祖道、不立文字、直指人心、見性成仏…　『法演禅師語録』巻中「舒州白雲山海会演和尚語録」に「小参云、達磨西来、不立文字、直指人心、見性成仏」（大正蔵四七・六五九ｂ）とあり、『碧巌録』第一則「聖諦第一義」の本則の評唱に「達磨遥観三此土有二大乗根器一、遂泛レ海得得而来、単二伝心印一、開二示迷塗一。不立文字、直指人心、見性成仏」（大正蔵四八・一四〇ａ～ｂ）とある。

普2―16　如龐居士道～共説無生話…　『龐居士語録』巻上に「有レ偈曰、有レ男不レ婚、有レ女不レ嫁、大家団圞レ頭、共説二無生話一」（続蔵一二〇・二八a）とある。息子は嫁を取らず、娘は嫁に行かず、一家でそろって仏法を語る。無生話とは仏法の空に関する論議をいう。

普2―17　龐居士…　馬祖下の龐蘊のこと。既出（頌7―2）。

普2―18　女…　龐居士の娘、霊照（霊昭）のこと。既出（上85―4）。

普2―19　駆耕夫之牛、竊飢人之食…　「駆耕夫牛、奪飢人食」に同じ。農民の牛を追い払い、飢えた人から食べ物を奪い取る。人情に左右されない厳格な接化をあらわす。『聯灯会要』巻二十六の洞山守初章に「夫善知識者、駆二耕夫之牛一、奪二飢人之食一、方名二善知識一。即今天下、那箇是真善知識。諸人参二得幾箇善知識一来也、不二是等閑一。直須是参レ教徹覿レ教透、千聖莫二能証明一、方顕二丈夫児一。不レ見、釈迦老子、明星現時、豁然大悟。与二大地衆生一同時成仏。無二前後際一、豈不レ暢哉。雖二然如レ是、若遇二明眼衲僧一、也好劈脊棒」（続蔵一三六・四三三b～c）とある。この語は『古尊宿語録』巻三十八の『襄州洞山第二代初禅師語録』の上堂（続蔵一一八・三三四c）にも載せられる。

普2―20　指槐罵柳…　既出（上39―3）。

普2―21　仏来也打、祖来也打…　仏が来ても打ち、祖師が来ても打つ。いかなる事象にも絶対的な価値を置かない禅の立場を標榜したもの。『密庵和尚語録』「衢州大中祥符禅寺語録」の上堂に「徳山拗二一条白棒一、仏来也打、祖来也打、且不レ坐二在鬧浩浩静悄悄処一」（大正蔵四七・九六〇c）とある。

普2―22　生鉄面皮…　鉄面皮に同じ。非常に強固な面の皮のたとえ。『五灯会元』巻十八の道場法如章に「尋常多説二十智同真一、故叢林号為二如十同一也。水庵・円極皆依レ之。円極嘗賛レ之曰、生鉄面皮難二湊泊一、等閑挙レ歩動二乾坤一、戯拈二十智同真話一、不レ負二黄龍嫡骨孫一」（続蔵一三八・三四五b）とある。

普2―23　不著仏求、不著法求、不著僧求…　求那跋陀羅訳『仏説菩薩行方便境界神通変化経』巻下に「夫求レ法者、不二著レ仏求一、不二著レ法求一、不二著レ僧求一」（大正蔵九・三一二c）とあり、『維摩経』「諸法言品第五」に「夫求レ法者、不二著レ仏求一、不二著レ法求一、不二著レ衆求一」（大正蔵一四・五二六c）とある。また、これを受けたものとして『聯灯会要』巻七の黄檗希運章に「師在二塩官一、殿上礼拝次、時大中帝為二沙弥一問レ師、不二著レ仏求一、不二著レ法求一、不二著レ僧求一、長老当何所レ求。師云、不二著レ仏求一、不二著レ法求一、不二著レ僧求一、常礼如二是事一。弥云、用レ礼何為。師与二一掌一。弥云、太麁生。師云、這裏是甚麼所在、説レ麁説レ細。随後又掌」（続蔵一三六・二七四d～二七五a）とある。

普2―24　聞仏一字、嗽口三年…　道仏一字、嗽口三年とも。仏という言葉を一言でも聞けば、三年もの間、口を洗い漱ぐ。既出（上218―3）。

普2―25　回光返照…　自己の智慧の光をめぐらし、自らを省みること。『臨済録』「示衆」に「問、如何是西来意。師云、若有レ意、自救不了。云、既無レ意、云何二祖得レ法。師云、得者是不レ得。云、既若不レ得、云何是不レ得底意。師云、為下爾向二一切処一馳求心不上レ能レ歇、所以祖師言、咄哉丈夫、将レ頭覓レ頭。你言下便自回光返照、更不二別求一、知下身心与二祖仏一不上レ別、当下無事、方名レ得レ法」（大正蔵四七・五〇二a）とある。

普2―26　庭前栢樹子…　「庭前栢樹子」の公案。趙州従諗が一僧の「祖師西来意」という問いに庭前の栢樹子と答えた公案。『古尊宿語録』巻十三の『趙州真際禅師語録』に「師上堂謂レ衆曰、此事的的、没量大人出二這裏一不レ得。老僧到二潙山一、僧問、如何是祖師西来意。潙山云、与レ我将二床子一来。若是宗師、須下以二本分事一接上レ人始得。時有レ僧問、如何是祖師西来意。師云、庭前栢樹子。学云、和尚莫三将レ境示二レ人。師云、我不三将レ境示二レ人。云、如何是祖師西来意。師云、庭前栢樹子」（続蔵一一八・一五四a～b）とあり、『聯灯会要』巻六の趙州従諗章（続蔵一三六・二六四c～b）にも載る。一般には『無門関』第三十七則「庭前栢樹」（大正蔵四八・二九七c）の公案によって知られる。

普2―27　洞山麻三斤…　「洞山麻三斤」の公案。既出（上11―3）。

普2―28　洞山…　雲門宗の洞山守初（九一〇～九九〇）のこと。鳳翔府（陝西省）良原の傅氏。涇州（陝西省）で受戒して律を学ぶ。雲門文偃の法を嗣ぐ。乾祐元年（九四八）に請われて襄州（湖北省）洞山に住し、太平興国六年（九八一）に崇慧大師の徽号を受ける。「洞山麻三斤」の公案で知られる。『古尊宿語録』巻三十八に『襄州洞山第二代初禅師語録』一巻が存する。

普2―29　郷談…　それぞれの土地で用いられる言葉。ここでは、蘭渓道隆の言葉として「郷談未だ暁らめざれば」とあり、この時点で郷談がいまだ達者ではなかったため、塩田長老に問取するよう述べていることから、ここでいう郷談とは日本語のことと考えられる。『希叟和尚語録』「偈頌」の「日本玄志禅人請語」に「上人幼負二凌雲志一、十五為レ僧今廿二。鯨波不レ怕嶮如レ崖、遠渉要レ明二西祖意一。老松陰下扣二烟扉一、未レ透二慈渓劈箭機一。満口郷談学二唐語一、帝都丁喚二那斯祁一」（続蔵一二二・九〇d）とあるように、中国僧にとって日本語は日本における郷談であった。「塩田和尚至引座普説」は建長寺が開山されて間もなく行なわれたと推定されるため、道隆はまだ日本語に精通していなかったとみられる。

普2—30　蒙庵岳禅師～更有赤鬚胡…　『叢林公論』に「之琰侍者、蒙里閈人也。丁未秋、自二育王一出訪二江湄一、清談款密。琰挙、蒙庵岳禅師、始応二浄衆辟命一、道過二鼓山一。竹庵珪禅師請為レ衆説法。竹庵引座云、鼓山三十棒、要レ打二新浄衆一、大衆莫三是未レ入レ門合レ喫二此棒一麼。咄。莫三是已入レ門合レ喫二此棒一麼。咄。莫二是鼓山盲枷瞎棒胡打乱打一麼。咄咄。若是我臨際児孫、便請単刀直入。岳遂登レ座云、鼓山三十棒、要レ打二新浄衆一、大似二話レ驢得レ驢話レ馬得一レ馬。浄衆今日到来、要レ騎便騎、要レ下便下、而今突二出人前一、未レ免弄レ真像レ仮。以レ手取二拄杖一云、今朝暫借二鼓山拄杖一、与二大衆一抜本去也。復放云、休休、将謂胡鬚赤、更有二赤鬚胡一。遂下座。蒙徐謂レ琰曰、語録所レ不レ載、何従得レ之。琰曰、拙庵和尚。蒙遂横首。琰曰、実柏堂毎以レ此挙似。蒙曰、竹庵合レ喫二者庵棒一」（続蔵一一三・四五三a～b）とある。『叢林公論』は、南宋代の者庵恵彬の講義録であるが、この話は、恵彬が淳熙一四年（一一八七）に之琰侍者なる人物から聞いたもので、蒙庵思嶽の語録にも収録されていなかった話とみられる。

普2—31　蒙庵岳禅師…　南宋初、臨済宗大慧派の蒙庵思岳（不詳）のこと。江州（江西省）の人。大慧宗杲（一〇八九～一一六三）の法を嗣ぐ。漳州（福建省）の浄衆寺に出世し、福州（福建省）の鼓山や東禅寺に住持した。『続古尊宿語要』巻五に『東禅蒙庵岳和尚語』が収録される。法嗣に蓬庵宗逮・石庵知玿・寓庵徳濤がいる。

普2—32　浄衆…　福州（福建省）龍渓県にある浄衆寺のこと。蒙庵思岳も住持し、『筠渓集』巻二十に「請三岳老住二漳州浄衆一疏」を収める。また、『福建通志』巻九には宋代の詩人郭祥正（字は功夫）が撰した「浄衆寺法堂記」を収め、「宋郭祥正、浄衆寺法堂記云、閩之八州、漳最在レ南。民有レ田以耕、紡レ苧為布、弗レ逼二於衣食一。楽レ善遠レ罪、非二七州之比一」とある。

普2—33　鼓山…　福州（福建省）閩県の海浜に立つ鼓山湧泉寺のこと。湧泉寺は鼓山の白雲峰の麓にある。湧泉寺は、会昌の破仏によって荒廃したが、その後、雪峰義存の法嗣である鼓山神晏が住し、大いに化を振るった。明末の永覚元賢が編集した『鼓山志』十二巻が存する。

普2—34　竹庵珪禅師…　臨済宗楊岐派の竹庵士珪（一〇八三～一一四六）のこと。成都（四川省）の史氏。仏眼清遠（一〇六七～一一二〇）の法を嗣ぐ。政和年間（一一一一～一一一八）の末に和州（安徽省）天寧寺に出世し、和州褒禅寺・廬山東林寺・福州鼓山等に住持した。詔によって温州（浙江省）の雁蕩山能仁寺の開山となり、紹興十五年（一一四五）に温州の江心山龍翔寺に住持する。『続古尊宿語要』巻六の『竹庵珪和尚語』（続蔵一一九・六八a～七〇d）や『東林和尚雲門庵主頌古』（続蔵一一八・三九八a～四一一d）が存する。大慧宗杲（一〇八九～一一六三）・宏智正覚（一〇九一～一一五七）・真歇清了（一〇八八～一一五一）らと交流を持ったことが知られている。

普2—35　将謂胡鬚赤、更有赤鬚胡…　「胡鬚赤」は胡人のひげが赤いことで、「赤鬚胡」は赤いひげをした胡人のこと。「将謂」とは、思い違いをする、誤解するという意味。赤ひげの胡人は自分だけかと思っていたが、なんと他にも同類がいたの意。胡人は西域人またはインド人。ここでは達磨のことを指す。『雲門匡真禅師広録』巻上に「上堂云、我有二一句語一、不三敢望二爾会一、還有二人挙得一麼。良久云、将謂胡鬚赤、更有二赤鬚胡一。便下座」（大正蔵四七・五五二c）とあり、『無門関』第二則「百丈野狐」の本則に「師至レ晩上堂、挙二前因縁一。黄檗便問、古人錯祇二対一転語一、堕二五百生野狐身一。転転不レ錯、合作二箇甚麼一。師云、近前来与レ伊道。黄檗遂近前、与二師一掌一。師拍レ手笑云、将謂胡鬚赤、更有二赤鬚胡一」（大正蔵四八・二九三b）とある。

普2—36　瑩巌…　塩田長老の道号か。玉村竹二氏も「信濃別所安楽寺開山樵谷惟僊伝についての私見」（『日本禅宗史論集』上、思文閣出版、六〇六頁）で「瑩巌といふのは道号で、蘭渓は、さりげなく之を法語中にはめ込んだ」という可能性を指摘し、さらに「塩田和尚は樵谷とは別人であるという説に有力な手がかりを与えることになる」と述べている。いずれにしても、「瑩巌」は固有名詞として読むことが自然であり、文脈からはこれを僧名か道号に比定したい。「瑩巌」を道号と理解した場合、やはり『蘭渓和尚語録』の「塩田和尚」と、樵谷惟僊は別人ということになる。その場合、塩田和尚の門弟が樵谷惟僊であり、惟僊は塩田長老すなわち瑩巌に参じた後に、建長寺の蘭渓道隆に参じたのであろうか。その後、入宋して別山祖智の法を嗣いだ惟僊は、塩田に戻り安楽寺の開山となったのではないだろうか。

普2―37　袈裟角… 既出（上182―1）。

普3―1　三分光陰、早已過半… 三分光陰二早過に同じ。人生の半ばを過ぎたこと。『雪竇明覚禅師語録』巻六「明覚禅師祖英集」の「為レ道日損」に「三分光陰二早過、霊台一点不二揩磨一。貪レ生逐レ日区区去、喚不レ廻レ頭争奈何」（大正蔵四七・七〇八c）とある。

普3―2　覿体全真… そっくりそのまま№すべて真実であること。覿体は、身ぐるみ、まるごと。『雲門匡真禅師広録』巻中「室中語要」に「挙、応化非二真仏一、亦非二説法者一。師曰、応化之身説、即是法身説、亦喚作二覿体全真一。以二法身一喫二法身一。又云、飯不二是法身一、拄杖不二是法身一」（大正蔵四七・五五八c）とある。

普3―3　眼観東南、意在西北… 東南の方を向いているが、本来の意図するところは、西北の方向にある。狙いが別のところにあるのをいう。『円悟仏果禅師語録』巻十九「頌古下」の「疎山法身辺事」の頌古に「眼観二東南一、意在二西北一、撥二転天関一、掀二翻地軸一。法身向上法身辺、間気英霊五百年。膠漆相投箭相拄、南山起レ雲北山雨」（大正蔵四七・八〇四b）とある。

普3―4　直指桑樹、返罵柳条… 指槐罵柳に同じ。既出（上39―3）。

普3―5　只為太近、所以蹉過… あまりにも近すぎるので、かえって見過ごしてしまう。『景徳伝灯録』巻十八の玄沙師備章に「僧問、是什麼得二恁麼難一レ見。師曰、只為二太近一」（大正蔵五一・三四六c）とある。

普3―6　昔日、開善謙～謙遂伏膺… 開善道謙の開悟の機縁を述べた一段。『雲臥紀談』巻下の「謙問張浚」の項に「大慧老師先住二径山一日、遣二謙首座一往二零陵一、問二訊張魏公一。是時竹原庵主宗元者、与レ謙有二維桑契分一。元於レ道先有二所証一。謙因慨然謂レ元曰、一生参禅見二知識一、不レ得二了当一、而今只管奔波、如何則是。元笑而語レ之曰、不レ可二路上行便参禅不レ得也。你但平日参得底悟得底、及長霊・圜悟・仏日三老為レ你説底、都不レ須二理会一。我今偕行二途中一可レ替底、都替レ你了。其替不レ得有二五件事一、你自管取。謙曰、何謂二五事一。元曰、著衣喫飯屙屎送尿、駝二箇死屍一路上行。謙未レ逮二半途一、忽有二契悟一。元賀曰、今日且喜大事了当。我已見二清河公一竟、兄当二独往一。宗元従レ此帰レ郷矣。魏公嘗為レ謙識二其悟一、為名レ庵曰二自信一。而記レ之略曰、（中略）紹興戊午四月二十三日、紫巌居士張浚徳遠書。及二謙回一、大慧逆自二半山一望見、便曰、這漢和レ骨都換了。謙後帰二建陽一、結二茅于仙洲山一。聞二其風一者、悦而帰レ之。（中略）大慧先生住二径山一語要、乃謙有二衡陽一編次。謙嘗従二劉宝学所一レ請、出二世建之開善一」（続蔵一四八・一八a～c）とあり、『聯灯会要』巻十七の開善道謙章に「初之二京師一、謁二円悟禅師一、無レ所二省発一。後随二妙喜一庵二居泉南一。妙喜領二径山一、師亦侍行。未レ幾令三師往二長沙一、通二紫巌居士張丞相書一。師自謂、我参禅二十年、無二入頭処一、更作二此行一、決定荒廃。意欲レ無レ行。友人宗元者叱曰、不レ可二在レ路便参禅不レ得也、去吾与レ汝倶往。師不レ得レ已而行。在レ路泣謂レ元曰、我一生参禅、殊無二得レ力処一、今又途路奔波、如何得二相応去一。元告レ之曰、你但将二諸方参得底・悟得底・円悟妙喜為レ你説得底一、都不レ要二理会一。途中可レ替底事、我尽替レ你。只有二五件事一、替レ你不レ得、你須二自家知当一。師云、五件者何事、願聞二其要一。元云、著衣飯喫屙屎送尿、駝二箇死屍一路上行。師於二言下一領レ旨、不レ覚手舞足踏。元復告レ之曰、你這回方可レ通二紫巌書一、汝可二前進一、吾当帰矣。元即帰二径山一。師到二長沙一、留半載。（中略）師告レ回、及二径山一。妙喜策レ杖門待、一見而喜曰、建州子、你這回別也。於レ是日益二玄奥一、後出二世玄沙一、遷二建寧開善一、而終レ老焉」（続蔵一三六・三五八d～三五九b）とある。

普3―7　開善謙… 南宋代、臨済宗大慧派の密庵道謙（不詳）のこと。建寧府（福建省）の遊氏。はじめ圜悟克勤の会下に投じ、後に大慧宗杲に参ずる。大慧の命で張浚（紫巌居士）を訪ねた際、道友の竹原宗元の語によって開悟した。福州（福建省）の玄沙寺に出世し、建寧府の開善寺に住する。『大慧普覚禅師宗門武庫』（一一八六年刊行）は、道謙の編録にかかる。朱熹が開善寺の道謙に参じたことは名高い。

普3―8　開善… 建寧府（福建省）の開善寺のこと。密庵道謙が住したことで知られる。『聯灯会要』巻十七の開善道謙章には「師告レ回、及二径山一。妙喜策レ杖門待、一見而喜曰、建州子。你這回別也。於レ是日益二玄奥一。後出二世玄沙一、遷二建寧開善一、而終レ老焉」（続蔵一三六・三五九a）とある。

普3―9　径山… 径山興聖万寿寺のこと。ただし、南宋初期の大慧宗杲の頃は径山能仁禅院と称する。既出（上16―1）。

普3―10　大慧禅師… 大慧宗杲のこと。既出（上226―3）。

普3―11　紫岩居士… 南宋初期の政治家、張浚（一〇九七～一一六四）のこと。字は徳遠。諡は忠献。紫巌先生と称される。綿竹（四川省）の出身。政和八年（一一一八）に進士となり、靖康元年（一一二六）に太常寺簿となる。その後、幾度かの左遷を経ながらも、枢密使などの要職を歴任し、国政に関わりつづけた。『大慧禅師禅宗雑毒海』巻下「讃二方外道友一」の「紫巌居士画像讃并序」（続蔵一二一・四五a）によれば、若い頃より大慧宗杲と親交があったようである。密庵道謙は大慧宗杲の命で張浚のもとを尋ね、問答する傍ら、同行していた竹原宗元の語によって大悟しており、多くの禅僧との因縁が記録されている。伝記には、『宋史』巻三六一に「張浚伝」があり、親交があった朱熹も『朱文公文集』巻九十五に「張魏国公行状」を撰している。

普3―12　念茲在茲…　常に心に思うこと。このことをいつも心にかけて忘れない。『書経』（『尚書』とも）「大禹謨」に禹の言葉として「帝念哉。念レ茲在レ茲、釈レ茲在レ茲、名二言茲一在レ茲、允出レ茲在レ茲、惟帝念レ功」とある。禹は中国の伝説上の聖王で、夏王朝の始祖。夏禹・大禹とも称される。

普3―13　竹原元庵主…　臨済宗大慧派の竹原宗元（一一〇〇～一一七六）のこと。建陽（福建省）の連氏。儒林の秀傑とも称されたが、西峰道聳を礼して出家し、径山の大慧宗杲の法を嗣ぐ。福州（福建省）西禅寺で分座説法し、丞相の張浚が諸寺に住するように勧めたが、郷里に帰って庵を結んで衆妙園と号し、生涯、大刹に出世しなかった。『続古尊宿語要』巻五に『竹原元庵主語』が存する。

普3―14　会万物帰自己之上…　『肇論』「涅槃無名論」の「通古第十七」に、「夫至人空洞無レ象、而万物無レ非二我造一、会二万物一以成レ已者、其唯聖人乎」（大正蔵四五・一六一a）とある。『碧巌録』第四十則「陸亘天地同根」の本則評唱でも、この『肇論』の言葉を引用して圜悟克勤の拈提（大正蔵四八・一七八a）が残されている。

普3―15　古徳道、百尺竿頭如進歩、十方世界現全身…　百尺の竿の先でさらに歩みを進めたなら、十方世界が沙門の全身となる。悟境に至っても、満足することなく歩みを進め、さらに向上の境地を目指して努力することで、自己を取り巻く環境世界がより明らかに立ち現れてくることをいう。『景徳伝灯録』巻十の長沙景岑章に「師示二一偈一曰、百丈竿頭不動人、雖二然得入一未レ為レ真、百丈竿頭須レ進レ歩、十方世界是全身」（大正蔵五一・二七四b）とあり、『聯灯会要』巻六の長沙景岑章に「師示以レ偈云、百尺竿頭坐底人、雖二然得入一未レ為レ真、百尺竿頭須レ進レ歩、十方世界現二全身一」（続蔵一三六・一三八c～d）とある。

普3―16　古徳…　長沙景岑のこと。既出（上101―3）。

普3―17　夜短睡不足、日長飢有余…　『断橋和尚語録』巻上「台州瑞峰祇園禅寺語録」に「中夏上堂。前半夏已去、新事不レ添。後半夏未レ来、旧事不レ減。而今新也旧也。拈向一辺。諸人且道、是甚麼事。良久云、夜短睡不レ足、日長飢有レ余」（続蔵一二二・二〇一a）とある。「夜短睡不レ足」は、北宋代の文人張耒（一〇五四～一一一四）の『柯山集』巻十二「七言古詩」の「招二潘郎一飲」の詩に「老人夜短睡不レ足、勃公窓外強知レ時。五更未レ明語千万、更憎林間鵯鵊児。吹レ紅洗レ白雨三日、吾園花在已離レ披。一年春事坐如レ此、白首窮譎帰無レ期。念レ此径須沽酒飲、買レ魚烹レ肉勤二妻児一。更呼東隣好酒伴、為レ我酔倒階前泥」とある。「日長飢有レ余」は、白居易（七七二～八四六）の「捕蝗捕蝗誰家子、天熱日長飢欲レ死」（全唐詩四二六、白氏長慶集三）という詩の一節が参考になる。

法語

法1―1　裕上人…　行歴は不詳であるが、法語の内容から、もとは天台僧であり、その教えを捨てて禅僧になったことが確認される。法語中には「数次相い訪ねて」とあるから、蘭渓道隆のもとに何度か参禅し、法語を得たことが知られる。

法1―2　大光明蔵…　光明蔵とも。諸仏の正しい悟りの世界を光明の蔵にたとえる。正法眼蔵に同じ。また、自己の本心を指すこともあり、無明を破り真如の光を本心が収蔵していることからこう呼ばれる。六十巻本『華厳経』巻三十「仏不思議法品」に「一切諸仏、悉有二最勝無上光明荘厳一、皆悉普放二大光明蔵一。一一光明、悉有二無数妙光明網一以為二眷属一、普照二十方諸仏世界一、除二滅一切世間闇冥一」（大正蔵九・五九三b）とある。

法1―3　華厳性海…　華厳は、色とりどりの華によって荘厳された世界の意。性海は本性の海、実性の海のこと。相（事）に対してそのもととなる本体（理）の世界。真如の世界が広く深いことを海にたとえる。果海とも。『大方広仏華厳経疏』巻三「世主妙厳品」に「本来清浄、強名二之清浄法界一。是以極従二無尽一、乃至二一字無字一、皆摂二華厳性海一、無レ有二遺余一」（大正蔵三五・五二六a）とある。

法1―4　呵仏罵祖…　仏を叱り、祖師を罵る。仏祖をしのぐ勢いを示す。『聯灯会要』巻二十の徳山宣鑑章に「師到二潙山一、挾二複子一、於二法堂一、従レ西過レ東、従レ東過レ西、顧二視方丈一。潙山不レ顧。師云、無無。便出去。師至二門首一却云、也不レ得二草草一。却

具二威儀一、再入相見。纔跨レ門、提二起坐具一、召云、和尚。潙山擬レ取二払子一。師便喝、払袖而出。潙山至レ晩問二首座一、今日新到在二甚麼処一。座云、当時背二却法堂一、著二草鞋一出去了也。潙云、還識二此人一麼。云、不レ識。潙云、此子已後、向二孤峰頂上一盤二結草庵一、呵レ仏罵レ祖去」（続蔵一三六・三七八c）とある。

法1—5 我宗無語句、亦無一法与人… 雪峰義存と徳山宣鑑の問答に見える語。『景徳伝灯録』巻十五の徳山宣鑑章に「雪峰問、従上宗風以二何法一示レ人。師曰、我宗無二語句一、実無二一法与一レ人。巌頭聞レ之曰、徳山老人一条脊梁骨硬似レ鉄拗不レ折。然二雖如一レ此、於二唱教門中一猶較二些子一」（大正蔵五一・三一八a）とある。

法1—6 西天四七… 既出（普1—34）。

法1—7 東土二三… 既出（普1—35）。

法1—8 元字脚… 既出（上128—3）。

法1—9 夾教説禅、禅又不是、夾禅説教、教亦非真… 出典不明。「夾」はさしはさむ、混ぜること。教（教宗）と禅（禅宗）という、思想体系も修行方法も異なるものを混合してしまっては意味がない。

法1—10 昔日有百法座主~主礼拝屈服… 『大慧禅師禅宗雑毒海』巻上に「仏照杲禅師、謝二事法雲一、居二景徳寺鉄羅漢院一。一日因曬レ麦次、聞二百法座主相語一曰、禅和家多愛二脱空一。仏照造レ前曰、座主会レ講二百法論一是否。座主曰、不敢。仏照曰、昨日雨今日晴、甚麼法中収。座主無レ対。仏照以二手中爬子一打云、莫レ道禅和家脱空好。座主恚曰、和尚且道、昨日雨今日晴、甚麼法中収。仏照云、第四十二時分不相応法中収。座主屈服。妙喜住二径山一上堂、挙二前因縁一乃云、昨日晴今日雨、時分不相応、三日後看取」（続蔵一二一・二九c~d）とあり、『聯灯会要』巻十五の仏照杲禅師章に「有二百法座主一云、禅家流、多愛二脱空一。師造レ前問、承聞、座主講二得百法論一、是否。主云、不敢。師云、昨日雨今日晴、是甚麼法中収。主無レ対。師便打云、莫レ道、禅家流多愛二脱空好一。主恚曰、和尚且道、昨日雨今日晴、是甚麼法中収。師云、四十二時分不相応法中収。主屈服、作礼而謝」（続蔵一三六・三四〇d）とある。

法1—11 仏照杲禅師… 北宋代、臨済宗黄龍派の仏照□杲（不詳）のこと。法諱の上字は不明。円通円璣（一〇三六~一一一六）に参じた後、真浄克文のもとに投じ、紹聖三年（一〇九六）に、西天第七祖・婆須蜜の伝法偈を読んで開悟して法を嗣ぐ。廬山の帰宗寺に出世し、東京（開封）の浄因寺や法雲寺に住持した。仏照禅師の号を賜う。

法1—12 四十二分不相応法… 二十四不相応法のこと。四十二は二十四の誤写か。不相応法は心不相応行法の略。五位百法の一つ。心法でも色法でもない有為法のこと。『大乗百法明門論』では「第四、心不相応行法、略有二二十四種一。一得、二命根、三衆同分、四異生性、五無想定、六滅尽定、七無想報、八名身、九句身、十文身、十一生、十二老、十三住、十四無常、十五流転、十六定異、十七相応、十八勢速、十九次第、二十方、二十一時、二十二数、二十三和合性、二十四不和合性」（大正蔵三一・八五五c）とあり、心不相応行法は二十四に分けられる。

法1—13 以醍醐為毒薬… 正しい教えを誤って理解してしまうこと。『叢林盛事』巻上「帰雲本和尚」の項に「余観二踈山本禅師辨佞一、詞遠而意広、深切著明、極能箴二其病一。第為三妄庸輩知識暗短酔二心於邪佞之域一、必以二醍醐一為二毒薬一也」（続蔵一四八・三六a）とある。

法1—14 昔日有二僧~釈然有省… 「風幡問答」のこと。『景徳伝灯録』巻五の六祖慧能章に「至二儀鳳元年丙子正月八日一、届二南海一遇下印宗法師於二法性寺一講中涅槃経上。師寓二止廊廡間一。暮夜風颺二刹幡一、聞二二僧対論一、一云二幡動一、一云二風動一。往復酬答、未二曽契レ理。師曰、可レ容三俗流輒預二高論一否。直以二風幡非レ動、動自心一耳。印宗竊聆二此語一、竦然異レ之」（大正蔵五一・二三五b）とあり、『聯灯会要』の六祖恵《ママ》能章に「得法之後、晦二跡于南海法性寺一。偶風颺二刹幡一、有二二僧一対論、一云二風動一、一云二幡動一、往復曽未レ契レ理。師云、不二是風動一、不二是幡動一、仁者心動。二僧悚然」（続蔵一三六・二二一c）とある。

法1—15 盧行者… 六祖慧能のこと。既出（上150—5）。

法2—1 氷雪… 氷と雪。純白なさま。清廉潔白なたとえ。『荘子』「内篇」の「逍遥遊第一」に「藐姑射之山有二神人一居焉、肌膚若二氷雪一、淖約若二処子一」とある。

法2—2 昔日神光大師~雪已斉腰矣… 「慧可断臂」の故事。二祖慧可が、嵩山少林寺にて面壁坐禅していた達磨に教えを請うために、雪の降る中で待ち続け、自らの求道心を示すために左の臂を断ち切った故事。『景徳伝灯録』巻三の菩提達磨章に「時有二僧神光者一、曠達之士也。久居二伊洛一、博覧二群書一、善談二玄理一。（中略）其年十二月九日夜、天大雨レ雪。光堅立不レ動。遅明積雪過レ膝。師憫而問曰、汝久立二雪中一、当求二何事一。光悲涙曰、惟願和尚慈悲、開二甘露門一、広度二群品一。師曰、諸仏無上妙道、曠劫精勤、難レ行能行、非レ忍而忍。豈以二小徳小智軽心慢心一、欲レ冀二真乗一、徒労二勤苦一。光聞二師誨励一、潜取二利刀一、自断二左臂一、置二于師前一。師知二是法器一、乃曰、諸仏最初求レ道、為レ法忘レ形。汝今断二臂吾前一、求亦可在。師遂因与易レ名曰二慧可一。光曰、諸仏法印可レ得レ聞乎。師曰、諸仏法印匪二従レ人得一。光曰、我心未レ寧、乞師与安。師曰、将レ心来、与レ汝安。曰、覓レ心了不レ可レ得。師曰、我与レ汝安レ心竟」（大正蔵五一・二一九b）とある。なお、『景徳伝灯録』では雪は膝の高さまで積もったと叙述されるが、『天聖広灯録』巻六の菩提達磨章には「積雪斉レ腰」（続蔵一三五・三二〇c）とあり、積雪が腰に達したことになっている。

法2―3　**神光大師**…　二祖慧可のこと。神光は慧可の幼名。既出（上9―6）。

法2―4　**少林**…　嵩山少林寺のこと。既出（上1―17）。

法2―5　**拱立**…　両手を胸の前でかさね合わせて敬礼して立つ。『礼記』「曲礼上第一」に「遭二先生于道一、趨而進、正立拱レ手」とあり、『論語』「微子第十八」には「子路拱而立」とある。

法2―6　**忘形骸於寂寞之浜、棄性命於険危之際**…　「形骸」は肉体や身体を指し、「形」のみでも意味は同じ。「忘形」は『荘子』に見える語で、肉体を忘れ、物我の境界を超脱し、無為自然の道を悟ること。『荘子』「雑篇」の「譲王第二十八」に「故養レ志者忘レ形、養レ形者忘レ利、致レ道者忘レ心矣」とある。「寂寞之浜」は次の補注参照。「棄二性命於険危之際一」については出典が定かではないが、危険を顧みず身命を惜しまずに精進努力することをいう。

法2―7　**寂寞之浜**…　人影稀でひっそりとして寂しい浜辺。広々としたさま。宋祁撰『宋景文公筆記』巻中「考古」に韓愈の言葉として「韓退之云、（中略）又云、耕二於寛閑之野一、釣二於寂寞之浜二」とある。『大慧普覚禅師語録』巻二十八「大慧書」の「答二李参政一」にも「異日相二従於寂寞之浜一、結二当当来世香火因縁一、成二就重重法界一以実二其事一」（大正蔵四七・九三四a）とある。

法2―8　**豊衣足食**…　衣服と食料が満ち足りる。豊衣は豊厚な衣服。足食は十分な食料。五代の小説『唐摭言』巻十五「賢僕夫」に「堂頭官人、豊衣足食、所レ往無レ不レ克」とある。

法2―9　**古徳道、雪覆千山～孤峰不白**…　『聯灯会要』巻二十二の曹山本寂章で「問、雪覆二千山一、為二甚麼一孤峰不レ白。師云、須レ知レ有二異中異一。云、如何是異中異。師云、不レ堕二諸山色一」（続蔵一三六・三九八c）とある。

法2―10　**古徳**…　曹洞宗祖の曹山本寂（八四〇～九〇一）のこと。泉州（福建省）莆田県の黄氏。洞山良价の法を嗣ぎ、撫州（江西省）宜黄県の曹山崇寿院に住した。洞山の「五位顕訣」を伝承して大成させた。後代に編纂された『撫州曹山本寂禅師語録』二巻、『撫州曹山元証禅師語録』一巻などがある。

法2―11　**寒暑不到**…　『宏智禅師広録』巻四「天童山覚和尚語録」に「歳旦上堂。宿雨洗二去山面塵一、東君料二理山春家一、浩劫壺中勿二新歳一、枯木巌前有二古人一。寒暑不レ到、以二法界一為レ処。歯髪不レ老、以二虚空一為レ身。坐間黙有二相伝意一、川上乾無二逝去津一」（大正蔵四八・四七b）とある。

法2―12　**塵劫難移**…　『宏智禅師広録』巻八「天童山覚和尚偈頌箴銘」の「次二韻真歇和尚円覚経頌一十四首二」に「衲僧撥二転鉄牛機一、黙耀二霊通一底是誰。月兎影沈二雲母地一、海禽夢臥二珊瑚枝一。韶陽仏法嫌二饒舌一、魯祖家風解レ惜レ眉。端二坐環中虚白処一、縦経二塵劫一箇難レ移」（大正蔵四八・八四a）とある。

法2―13　**日本望新羅**…　扶桑国裏望新羅とも。日本から新羅（朝鮮半島）を眺めること。非常に遠くにあるものを眺めることを指す。本質に近づいていないのに、無理に本質を見ようとすること。

法2―14　**新羅**…　古代の朝鮮半島南東部にあった国。既出（上133―3）。

法3―1　**十有五双**…　既出（上259―1）。

法3―2　**伝灯**…　禅宗史書、五灯の一つ『景徳伝灯録』三十巻のこと。北宋初期の景徳元年（一〇〇四）にに法眼宗の永安道原が撰した禅宗灯史。元豊三年（一〇八〇）刊。過去七仏より東土六祖を経て法眼文益の法嗣に至る一七〇一人の機語が載せられており、そのほか讃頌・偈詩・銘・記・箴・歌等を収録する。俗に「千七百則の公案」という。『大正新脩大蔵経』第五十一巻に収める。

法3―3　**広灯**…　禅宗史書、五灯の一つ『天聖広灯録』三十巻のこと。北宋代に李遵勗（九八八～一〇三八）が編する。紹興十八年（一一四八）刊。仁宗の天聖七年（一〇二九）に本書を撰して献上するや、『景徳伝灯録』に続くものとして、時の元号を冠し、『天聖広灯録』の名と序を賜った。釈尊以下、西天二十七祖、東土の六祖より南嶽下は九世、青原下は十二世まで、約三七〇人の伝及び機縁が載せられている。『卍続蔵経』第一三五巻に収める。

法3―4　古人道、多知多慮～不如守一…　『景徳伝灯録』巻三十「銘記箴歌」の「僧亡名息心銘」に「銘二其膺一曰、古之摂レ心人也、戒レ之哉戒レ之哉。無二多慮一無二多知一。多知多事、不レ如レ息レ意。多慮多失、不レ如レ守レ一。慮多志散、知多心乱。心乱生レ悩、志散妨レ道」（大正蔵五一・四五八a）とある。

法3―5　古人…　北周代、渭浜沙門の亡名法師（不詳）のこと。亡名とは、名を失ったの意。『続高僧伝』巻七「義解篇」の「周渭浜沙門釈亡名伝」（大正蔵五〇・四八一b～四八二b）によれば、代々官僚の家に生まれ、梁の元帝に仕えていたが、政情が傾くと仏門に投じた。出家した後は兊禅師に投じ、北周の宇文護から庇護を受けた。文章をよくし、「息心銘」の他にも多くの著作があり、世に広く行なわれていたらしい。『続高僧伝』では「息心賛」とあり、語句に異同が見られる。

法3―6　昔日慈明禅師～慈明忽大悟…　『禅林僧宝伝』巻二十一の慈明禅師章に「遂造二汾陽一、昭公壮レ之。経二二年一、未レ許二入室一。公詣レ昭、昭揣二其志一、必罵二詬使令者一、或毀二詆諸方一。及レ有レ所レ訓、皆流俗鄙事。一夕訴曰、自レ至二法席一已再夏、不レ蒙二指示一、但増二世俗塵労念一。歳月飄忽、己事不レ明、失二出家之利一。語未レ卒、昭公熟視罵曰、是悪知識、敢裨二販我一。怒挙レ杖逐レ之。公擬レ伸レ救、昭公掩二其口一。公大悟曰、乃知、臨済道出二常情一」（続蔵一三七・二六一c）とある。

法3―7　慈明禅師…　臨済宗の石霜楚円（九八六～一〇三九）のこと。全州（広西省）の李氏。汾陽善昭の法を嗣ぐ。初めに袁州（江西省）南源山広利禅院に出世し、ついで潭州（湖南省）道吾山、石霜山崇勝禅院、南嶽山福厳禅院、潭州興化禅院に住し、慈明禅師の号を賜う。法嗣に楊岐方会・黄龍慧南があり、両者の下から臨済宗は楊岐・黄龍の二派に分かれた。『慈明円禅師語録』一巻が存する。

法3―8　汾陽和尚…　臨済宗の汾陽善昭（九四七～一〇二四）のこと。太原（山西省）の兪氏。首山省念の法を嗣ぐ。汾陽（山西省）の太子院に住する。無徳禅師と諡する。『汾陽無徳禅師語録』三巻が存する。

法3―9　擬則喪、動則乖…　心を向けるとすれ違い、念を動かすとずれてしまう。『聯灯会要』巻十七の開善道謙章に「示レ衆云、擬則喪、動則乖。不レ擬不レ動、又似二箇無孔鉄鎚一、有二甚麼提掇処一。到二這裏一、須下是咬二猪狗一底手脚上」（続蔵一三六・三五九c）とある。

法4―1　空性知客…　臨済宗大覚派の癡鈍空性（?～一三〇一）のこと。大和（奈良県）の人。蘭渓道隆の法を嗣ぐ。京の建仁寺に十四世として住し、のち建長寺の八世となった。奥羽に巡化し、その地に霊山寺・普門寺・禅福寺の三刹を建立した。正安三年閏六月二十八日示寂。

法4―2　洞山領得十信不帰…　不詳。『禅門諸祖師偈頌』巻下之下（巻四）の「洞山辞レ親書〈略述二大意一、十不帰偈非也〉」（続蔵一一六・四八八b～d）に見られる洞山良价が出家して親元を離れ、誓って家に帰らなかった故事をいうか。

法4―3　洞山…　洞山良价のことか。既出（上11―2）。

法4―4　雪竇到家両眸弗覯…　不詳。

法4―5　雪竇…　雲門宗の雪竇重顕（九八〇～一〇五二）のこと。遂州（四川省）の李氏。成都の大慈寺で出家した後、雲門宗の智門光祚の法を嗣ぐ。蘇州（江蘇省）洞庭山の翠峰寺に出世開堂し、明州（浙江省）奉化県の雪竇山資聖寺に住する。大いに接化を振い、多数の門弟を育成し、「雲門の中興」と称される。古則百則を選んで頌賛を付した『雪竇頌古』は、臨済宗の圜悟克勤によって著語・評唱が施され、『碧巌録』として流布し、『雪竇拈古』百則も克勤が提唱して『撃節録』となっている。『瀑泉集』『祖英集』などを含めた『雪竇明覚禅師語録』六巻が存し、巻末に呂夏卿が撰した「明州雪竇山資聖寺第六祖明覚大師塔銘」を収める。明覚禅師と諡する。

法4―6　銜鉄負鞍驢腸馬肚…　驢馬や馬に生まれ変わって人のために使われること。『景徳伝灯録』巻十八の玄沙師備章に「只如二大地上蠢蠢者一、我喚作二地獄劫住一。如今若不レ了、明朝後日看。変入二驢胎馬肚裏一、牽レ犁拽レ杷、銜レ鉄負レ鞍。碓擣磨磨、水火裏焼煮」（大正蔵五一・三四五b）とある。

法4―7　皮下有陽秋…　皮下有春秋、皮裏春秋、皮裏陽秋とも。口で言わないで、心の中で人を褒めたり謗ったりすること。陽秋は春秋、孔子が正邪善悪を質した歴史書『春秋』のこと。『晋書』巻九三「列伝〈外戚〉」の「褚裒伝」に「譙国桓彝見而目レ之曰、李野有二皮裏陽秋一。言下其外無二蔵否一、而内有レ所中褒貶上也」とある。

法4―8　睦州老子織屨…　睦州道蹤（陳尊宿）が草鞋を編んで老母を養った故事。『聯灯会要』巻八の睦州陳尊宿章に「得二旨断際一、初居二筠州米山一。後住二睦州観音一、常百余衆。知二道不レ偶レ世、捨レ衆居二開元寺房一、織二蒲鞋一養二其母一」（続蔵一三六・二八五b）とある。

法4―9　睦州老子…　睦州道蹤のこと。陳尊宿・陳蒲鞋。既出（上63―1）。

法4—10　東大寺…　奈良県奈良市にある華厳宗の寺院。奈良時代に聖武天皇によって建立された。正式名称は、金光明四天王護国之寺という。南都七大寺の第一。聖武天皇の発願により建立され、天平勝宝元年（七四九）に本堂の毘盧遮那仏（奈良の大仏）が、同四年に金堂（大仏殿）が完成、開眼供養が行なわれた。治承四年（一一八〇）十二月に平重衡の兵火によって伽藍のほとんどを焼失するも、俊乗房重源が大勧進となって復興され、建久六年（一一九五）には大仏殿の落慶供養が行なわれた。重源の入滅後は、栄西が大勧進となって復興が続けられた。

法4—11　一尊仏…　東大寺大仏殿の毘盧遮那仏の大坐像。聖武天皇の発願により天平十七年（七四五）に制作が開始され天平勝宝四年（七五二）に開眼供養会が行なわれた。現存の大仏は高さ約十四メートル、基壇の周囲七十メートルある。治承四年（一一八〇）十二月に平重衡の兵火によって大仏もそのほとんどを焼失するが、重源が大勧進となって復興が進められ、後白河上皇・九条兼実らの助力や、宋人の陳和卿の協力を得て鋳造され、文治元年（一一八五）八月に大仏開眼供養が行なわれている。現在の大仏は、頭部が江戸時代、体部の大部分が鎌倉時代の補修であるが、台座の右の脇腹と両腕から垂れる袖や大腿部などの一部に建立当時の部分も残っている。台座の蓮弁に描かれた『華厳経』の世界観を表す画像は天平時代の造形遺品として貴重である。昭和三十三年に「銅造盧舎那仏坐像」として国宝に指定されている。

法5—1　承性西堂…　筑前（福岡県）博多の安国山聖福寺に住した承性のことか。入宋して知識に参じて、帰国した後、郡主の請を受けて、臨済宗黄龍派の大歇了心が名山（聖福寺か）の住持となしている。このことから、大歇了心の法を嗣いでいる可能性が想定される。六年間、名山の住持を勤めて後に、建長寺の蘭渓道隆の接化を補佐していたのだろう。この間、建長寺の修行僧は「千百指」（百十人）となっていることから、承性は建長寺が開山されたかなり初期の段階から建長寺に入っていたとみられる。名山については明確ではないが、法語中に「西従り東に過ぎ」とあり、博多聖福寺の歴住に「承性」の名があることから、時期的に博多聖福寺を指すと考えられる。

法5—2　要体道之本源、非一朝一夕事…　『禅林宝訓』巻一に五祖法演の言葉として「夫観二探詳聴之理一、固非二一朝一夕之所一レ能、所以南嶽譲見二大鑑一之後、猶執二事十五秋一」（大正蔵四八・一〇一八c）とある。

法5—3　寿福老子…　臨済宗黄龍派の大歇了心（不詳）のこと。鎌倉時代の人で般若房と称す。栄西門下の退耕行勇（一一六三～一二四一）の法を嗣ぐ。入宋して諸禅林を歴参し、帰朝後に鎌倉の亀谷山寿福寺に住した。蘭渓道隆は鎌倉に入った際に寿福寺に寓居しているが、この時に住持を勤めていたのが、大歇了心と推定される。後に京都の建仁寺の九世として住した。日本禅林の衣服礼典を整備した人物とされている。

法5—4　寿福…　亀谷山寿福寺のこと。既出（上8—1）。

法5—5　郡守…　郡の長。郡の領主。鎌倉郡主たる相模守のことを指すものか。承性が六年間にわたって博多聖福寺の住持を勤めており、さらに数年間、初期の建長寺に滞在して蘭渓道隆から法語を得ていることを踏まえれば、北条時頼が相模守を勤める建長元年（一二四九）より以前のことであろう。これに符合するのは、北条重時（一一九八～一二六一、相模守一二三七～一二四九）であるが、ここでいう郡主が北条重時であるかは不明である。

法5—6　名山…　名刹。名だたる寺院。筑前（福岡県）博多の安国山聖福寺のことか。十刹の一つで、現在は臨済宗妙心派に所属する。建久六年（一一九五）に明庵栄西を開山として建立された。日本最初の禅寺の一つとして知られる。

法5—7　会万殊於一致…　万物を一まとめにする。『広弘明集』巻二十五「僧行篇」の「司戎議」に「三災変レ火、六度逾凝、二字為レ経、百成収緬。是以白毫著レ相、闡二一乗於万劫一、紫気浮レ影、混二万殊於一致一」（大正蔵五二・二八七a）とある。

法6—1　円範蔵主…　無隠円範のこと。既出（上17—3）。

法6—2　古人道、既難掩随所安名…　『続古尊宿語要』巻一の『兜率悦禅師語』に「到二九仙一歳旦上堂。年去年来又一年、四時交泰自天然。労生何用欣然賀、物外乾坤本不レ遷。不レ遷之道、功莫大焉。奪二天地之権衡一、出二陰陽之陶鋳一。光呑二日月一、重若二丘山一。逐レ処随レ方、安レ名立レ字。吉凶無レ兆、悔吝何生」（続蔵一一八・四三四a）とある。

法6—3　古人…　兜率従悦のことか。既出（上207—2）。

法6—4　周金剛…　徳山宣鑑のこと。既出（上28—1）。

法6—5　徳山…　朗州（湖南省常徳市）の徳山乾明寺のこと。常徳府武陵県の善徳山下にある。唐の咸通年間（八六〇～八七四）に馬祖の法嗣、三角総印が開創し、初め徳山精舎と称した。武陵太守薛延望の援助により青原下の徳山宣鑑が再建し、古徳禅院と称した。宋代には太平興国寺と称し、後に乾明寺と改められた。

法6—6　玄上座…　臨済義玄のこと。既出（上72—4）。

法6—7　臨済…　鎮州（河北省）真定城東南隅の臨済院のこと。後に臨済寺と呼称され、滹沱河に臨む地に建っていたことから、臨済と呼ばれる。東魏の興和二年（五四〇）に建立され、唐末に臨済義玄が宗風を挙揚したことで名高い。臨済宗発祥の聖地。石家荘市正定県に存し、義玄の霊骨・衣鉢を収めた八角七層の澄霊塔（清塔）が名高い。

法6—8　羨鱗者多、結網者少…　魚の鱗にあこがれる人は多いが、魚を捕る網を作る人は少ない。末世の状況を嘆いた語。雪峰義存と三聖慧然が交わした鱗と網をめぐる問答として、『聯灯会要』巻十の三聖慧然章には「師問二雪峰一、透レ網金鱗、未審以レ何為レ食。峰云、待下汝出二得網一来上、即向レ汝道。師云、一千五百人善知識、話頭也不レ識。峰云、老僧住持事繁」（続蔵一三六・三〇〇c）とある。

法6—9　台山…　台州（浙江省）天台県の天台山のこと。山西の五臺山を臺山と称するのに対する。仙霞嶺山脈の東端に位置する。隋代に天台智顗（智者大師）がここに住し、修禅寺を開創してから、中国天台宗の根本道場として栄え、国清寺・万年寺・華頂寺など多数の寺院や天台石橋・智者塔院などの史蹟が存する。また古来、仙郷としての伝承があり、道士の修行道場としても知られる。『天台山方外志』三十巻、『天台勝蹟録』四巻がある。

法6—10　雁嶺…　温州（浙江省）楽清県の北雁蕩山のこと。山中には霊峰寺・霊巌寺・能仁普済寺など多くの寺院が存する。能仁寺は紹興年間（一一三一～一一六二）の頃に楊岐派の竹庵士珪が開山となった。『雁山志』三巻がある。

法6—11　古徳有語～不若参自己…　『希叟和尚広録』巻一「希叟和尚仏隴□□禅寺語録」の「上堂」には「古人道、参二十箇善知識一、不レ如レ参二一箇首座一。参二十箇首座一、不レ如レ参二一箇同行一。参二十箇同行一、不レ如レ参二一箇自己一。仏隴即不レ然。太平休レ整二閑戈甲一、一枕松風酔二黒甜一」（続蔵一二二・九六a）とあり、同様の語が引かれるが、出典については不明。

法6—12　古云、当言不避截舌、当断便与結絶…　直接の出典は不明だが、一句目は『建中靖国続灯録』巻十八の洪済（長蘆）宗賾章に「上堂云、新羅別無二妙訣一、当レ言不レ避レ截レ舌、但能心口相応、一生受用不レ徹。且道、如何是心口相応底句。良久云、焦瓢打二著連底凍一。参」（続蔵一三六・一三四a）とある。

法6—13　法堂前草深一丈…　法堂の前に草が一丈もの高さで生い茂っていること。法堂の門を閉ざして説法しないことをたとえたもの。『聯灯会要』巻六の長沙景岑章に「示衆云、我若一向挙二揚宗教一、法堂前草深一丈。我事不レ獲レ已、所以向二諸人一道、尽十方世界是沙門一隻眼、尽十方世界是沙門全身、尽十方世界是自己光明、尽十方世界在二自己光明裏一、尽十方世界無レ有三一人不二是自己一。我尋常向二你諸人一道、三世諸仏、共二尽法界衆生一、是摩訶般若光。光未レ発時、諸人向二甚麼処一委悉。光未レ発時、尚無レ仏無二衆生消息一、何処得二山河国土一来」（続蔵一三六・二六八c）とある。

法7—1　千疑万疑只是一疑～永劫無有悟時也…　『大慧普覚禅師語録』巻二十八「大慧普覚禅師書」の「答二呂舎人一〈居仁〉」に「千疑万疑、只是一疑。話頭上疑破、則千疑万疑一時破。話頭不レ破、則且就二上面一与レ之廝崖。若棄二了話頭一却去、別文字上起レ疑、経教上起レ疑、古人公案上起レ疑、日用塵労中起レ疑、皆是邪魔眷属。第一不レ得下向二挙起処一承当上、又不レ得二思量卜度一。但著レ意就下不レ可二思量一処上思量、心無レ所之、老鼠入二牛角一、便見二倒断一也。又方寸若閙、但只挙二狗子無仏性話一。仏語祖語諸方老宿語、千差万別。若透二得箇無字一、一時透過。不レ著レ問レ人。若一向問二人仏語又如何、祖語又如何、諸方老宿語又如何一、永劫無レ有二悟時一也」（大正蔵四七・九三〇a）とある。

法7—2　老鼠入牛角…　ねずみが牛の角の中に潜り込む。土壇場まで押し詰められて、抜き差しならない状態をいう。『大慧普覚禅師語録』巻二十一「法語」の「示二鄂守熊祠部一〈叔雅〉」に「我能知二他人好悪長短底一、是凡是聖、是有是無。推窮来推窮去、到下無レ可二推窮一処上、如三老鼠入二牛角一、驀地偸心絶。則便是当人四楞塌地帰家穏坐処。妙喜不レ得レ已説二這悪口一」（大正蔵四七・八九八b～c）とある。

法7—3　狗子無仏性…　「趙州無字」の公案。既出（上236—5）。

法7—4　大慧老人…　大慧宗杲のこと。既出（上226—3）。

法7—5　由基…　春秋時代、楚の大夫の養由基（不詳）のこと。射術の名人として知られ、百歩離れて柳の葉を射ても百発百中で、弓の調子を整えただけで猿が木にすがり泣き叫んだと伝えられる。禅宗では師家の抜群な接化ぶりにたとえられる。『春秋左氏伝』「成公十六年」の項や『史記』「周本紀第四」などに名が見られる。『止観輔行伝弘決』巻十には「又云、如二養由基一善射、去二樹葉一百歩射レ之百中。与二楚襄王一出レ猟、見二群猿遶一レ樹。王命二左右一射レ之。群猿騰躍更甚。王命二由基一射レ之、猿乃抱レ樹長啼。見解是禅所発見、名字是聞所発見。具二此二一故、故不レ同二前学問坐禅無見之輩一」（大正蔵四六・四三三b～c）とあり、天台宗の荊渓湛然（七一一～七八二）の頃から禅定と由基が結びつけられていたことが知られる。

法7―6　一条…　京都の一条のこと。平安京北端の一条大路のことで、その一帯を指す。大内裏の達智門、偉鑑門、安嘉門に接する。

法7―7　五条…　京都の五条のこと。平安京を東西に走る五条大路のことで、その一帯を指す。既出（上267―2）。

法7―8　好子何曾使父銭…　孝行息子は父親の財産など使わない。すぐれた子は親のすねを齧らない。『松源和尚語録』巻下「偈頌」の「送二化主一」に、「不レ依二本分一要二参禅一、売二了山前祖父田一。赤手出レ門無二活計一、好児終不レ使二爺銭一」（続蔵一二一・三一五b）とある。

法8―1　浄業上人…　不詳。この時代に活躍した僧侶に、律宗の曇照浄業（法忍、一一八七～一二五九）がいる。山城（京都府）の人で、近江の園城寺や奈良の諸寺で顕密二教を学んだが、建保二年（一二一四）に南宋に渡り、律宗の鉄翁守一より具足戒を受け、帰国後、京都戒光寺を創建して、戒律復興の道場となした。天福元年（一二三三）頃に再び宋に渡り、帰国後に大宰府に西林寺、京都に東林寺を開いた。正嘉三年（一二五九）二月に入滅した。『戒光寺開山曇照律師行業記』が存する。「浄業上人」と曇照浄業の関連は不明であるが、蘭渓道隆が最初に京都に滞在した際、律宗の泉涌寺来迎院に寓居していることと合わせて考えると興味深い。

法8―2　古人道、未知生、焉知死…　生がまだわからないのに、どうして死がわかろう。人生のことを理解していないのに、どうして死とは何かを知り得ようか。『論語』「先進第十一」に「季路問レ事二鬼神一。子曰、未レ能レ事レ人、焉能事レ鬼。曰、敢問レ死。曰、未レ知レ生、焉知レ死」とある。

法8―3　古人…　ここでは孔子（前五五三～前四七九）のこと。孔子は中国、春秋時代の思想家、学者。儒家の祖。名は丘、字は仲尼。魯の陬邑（山東省曲阜）の人。礼を理想の秩序、仁を理想の道徳とし、孝悌と忠恕を以て理想を達成する根底とした。魯に仕えたが相容れられず、諸国を十年間歴遊する。その間に諸侯に道徳的政治の実行を説くも用いられず、時世の非なることを見て教育と著述に専念したとされ、『春秋』『論語』を著わした。後生、文宣王・至聖文宣王と諡され、また至聖先師と呼ばれる。

法8―4　念茲在茲…　既出（普3―12）。

法8―5　種般若種子在心…　般若種子とは、一切の真実を見極める智慧が悟りに到達する正しい種であること。ここではその種を自らの心に植えるという意味。『大慧普覚禅師語録』巻二十「法語」の「示二真如道人一」に「学道無二他術一、以レ悟為レ則。今生若不レ悟二儘崖一、到二尽未来際一常存二此心一、今生雖レ未レ悟、亦種二得般若種子一、在二性地上一、世世不レ落二悪趣一、生生不レ失二人身一、不レ生二邪見家一、不レ入二魔軍類一。況忽然心華発明耶。当二此之時一、三世諸仏証明有レ分、諸大祖師無レ処二安著一。非二是彊為一、法如レ是故」（大正蔵四七・八九五a）とある。

法8―6　一聞千悟…　一たび法を聞いて千も悟りを得る。『宗鏡録』巻二に「上上根人、一聞千悟、性相双弁、理事倶円」（大正蔵四八・四二一a）とある。

法9―1　生無益於人、死無聞於後…　『礼記』「檀弓上第三」に「生有レ益二於人一、死不レ害二於人一。吾縦生無レ益二於人一、吾可三以レ死害二於人一乎哉」とあり、『晋書』巻六十六「列伝」の「陶侃伝」に「常語レ人曰、大禹聖者、乃惜二寸陰一、至二於衆人一、当レ惜二分陰一、豈可二逸遊荒酔一。生無レ益二於時一、死無レ聞二於後一、是自棄也」とある。また、朱熹の『小学』外篇「善行」も、『晋書』の「生無レ益二於時一、死無レ聞二於後一」を引用している。

法9―2　過現未来～喜怒哀楽是幻…　直接の典拠は不明だが、『荘子』「内篇」の「斉物論第二」に載る「胡蝶の夢」の説話や、唐代の李泌撰の「邯鄲の夢」の説話にみられる、栄枯盛衰の儚さや現実の危うさを説いた説話を下敷きにしたものであろう。また、白居易の『白氏文集』第十五「律詩」の「放言五首」の末尾の一首に「泰山不レ要レ欺二毫末一、顔子無レ心レ羨二老彭一。松樹千年終是朽、槿花一日自為レ栄。何須二恋レ世常憂一レ死、亦莫二嫌レ身漫厭一レ生。生去死来都是幻、幻人哀楽繫二何情一」とあるのもこのような思想を表すものとして参考になろう。

法9―3　世界壊時渠不壊、劫火焼時渠不然…　世界が破壊に向かう時にも仏性は壊れず、また壊劫の末に起こる火災にも仏性は耐えるということ。「世界壊時渠不壊」の語は、『景徳伝灯録』巻二十八「趙州従諗和尚語」に「未レ有二世間一時、早有二此性一。世界壊時、此性不レ壊。従三一見二老僧一後、更不二是別人一、只是一箇主人公。遮箇更用二向レ外覓一レ物作二什麼一。正恁麼時、莫二転レ頭換一レ脳。若転レ頭換レ脳、即失却去也」（大正蔵五一・四四六c）とあるのを受けるか。『景徳伝灯録』巻二十九の「宝誌和尚十二時頌」にも「鶏鳴丑。一顆円珠明已久、内外接尋覓総無。境上施為渾大有、不㆑見㆑頭又無㆑手。世界壊時渠不㆑朽、未㆑了之人聴㆓一言㆒。只遮如今誰動㆑口」（大正蔵五一・四五〇b〜c）とあって、同様の語が見いだされる。「劫火焼時渠不㆑燃」の語は、『龐居士語録』巻中に「欲㆑得㆓真醍醐㆒、三毒須㆓去除㆒。嗅無㆓酥酪気㆒、自見㆓如意珠㆒。劫火焼不㆑然、泛海浪中浮。昔日強索者、今日作㆓他奴㆒」（続蔵一二〇・三六b）とある。『聯灯会要』巻十の大隋法真章に「僧問、劫火洞然、大千倶壊。未審、這箇壊不㆑壊。師云、壊。僧云、恁麼則随㆑他去也。師云、随㆑他去」（続蔵一三六・二九七b）とある「大隋劫火洞然」の公案として知られる。

法9—4　脚頭脚底是弥勒、左顧右観皆釈迦…　日常の動作の一つ一つが弥勒菩薩の行であり、左右を見回せば周囲のものはみな釈迦であるということ。『建中靖国続灯録』巻三の資聖盛勤章には「上堂云、多生覚悟非㆑干㆑衲、一点分明不㆑在㆑灯。拈㆓拄杖㆒云、拄杖頭上祖師、灯籠脚下弥勒、須弥山腰鼓細、即不㆑問㆑你。作麼生是分明一点。你若道得、無辺刹境総在㆓你眉毛上㆒。你若道不㆑得、作麼生遇㆓得羅刹橋㆒」（続蔵一三六・三七b）とある。また、『永平広録』巻五「永平禅寺語録」の「六月初十祈晴上堂」に「若還依㆑旧水漉漉、渾家飄㆓堕羅刹国㆒。稽㆓首釈迦㆒、南㆓無弥勒㆒、能救㆓世間苦㆒、観音妙智力。咄」とある。

法9—5　弥勒…　弥勒菩薩のこと。既出（上9—16）。

法10—1　円悟云、待汝思量之心尽分別之念亡、自然徹根徹源去…　同一の表現は見当たらないが、同様の趣旨を言ったものとして、『円悟仏果禅師語録』巻十二「小参」に「所以道、挙不㆑顧、即差互。擬㆓思量㆒、何劫悟。本分衲僧、不㆑要㆓思量分別㆒、直須㆑求㆓箇悟処㆒。言㆑悟者、如㆘失㆓一件物㆒多年廃置而一旦得㆖㆑之、又如㆓傷寒病忽然得㆑汗、直是慶快也。将㆑知、悟㆑心見㆑性、非㆓思量分別㆒。所以証㆓入金剛正体㆒」（大正蔵巻四七・七七〇c）とある。また、見聞覚知の働きを止めることと関連して、『円悟仏果禅師語録』巻十二「小参」に「而今兄弟、若被㆑問㆓将㆑心与㆑汝安㆒、便孟八郎、或打㆓箇円相㆒、或進前三歩退後三歩、作㆓女人拝㆒、拍一下、喝一声、或撑㆑眉努㆑目、或説㆑心説㆑性。只是情塵業識、所謂、学道之人不㆑識㆑真、只為㆔従前認㆓識神㆒、無量劫来生死本、癡人喚作㆓本来人㆒。只如㆓二祖㆒、豈不㆑会㆑作㆓許多道理㆒。因㆓甚麼㆒只答道、覓㆑心了不可得。須㆑知、達磨当頭一撥、二祖当下如㆓暗得㆑灯如㆓貧得㆑宝、見㆓徹根源㆒。此中不㆓喚作㆑心。不㆓喚作㆑仏、亦不㆓是物㆒。直似㆔紅鑪上著㆓一点雪㆒相似」（大正蔵四七・七六八a）とある。

法10—2　円悟…　圜悟克勤のこと。既出（上177—3）。

法11—1　禅忍上人…　蘭渓道隆の門弟。入宋して『蘭渓和尚語録』の刊行に尽力した。既出（序—7）。

法11—2　横拈倒用…　横にしたり、さかさに用いる。あれこれと自在に使いこなす。『碧巌録』第二則「趙州至道無難」の本則の評唱に「横拈倒用、逆行順行、得㆓大自在㆒」（大正蔵四八・一四二a）とある。

法11—3　巌頭…　巌頭全奯（全豁）のこと。既出（普1—25）。

法11—4　徳山…　徳山宣鑑のこと。既出（上28—1）。

法11—5　智過於師、方堪伝授…　智が師匠の見識を超えてこそ、まさに法を伝授することができる。超師の器のたとえ。百丈懐海と黄檗希運との問答の語で、『天聖広灯録』巻八の百丈懐海章に「師云、子已後莫㆘承㆓嗣馬祖㆒去㆖麼。檗云、不㆑然、今日因㆓師挙㆒、得㆑見㆓馬祖大機之用㆒、然且不㆑識㆓馬祖㆒。若嗣㆓馬祖㆒、已後喪㆓我児孫㆒。師云、見与㆑師斉、減㆓師半徳㆒、見過㆓於師㆒、方堪㆓伝授㆒。子甚有㆓超師之見㆒」（続蔵一三五・三二八c）とあり、『碧巌録』第十一則「黄檗噇酒糟漢」の本則の評唱に「丈遂挙㆘再参㆓馬祖㆒因縁㆖。祖見㆓我来㆒、便竪㆓起払子㆒。我問云、即㆓此用㆒、離㆓此用㆒。祖遂掛㆓払子於禅床角㆒、良久。祖却問㆑我、汝已後鼓㆓両片皮㆒、如何為㆑人。我取㆓払子㆒竪起。祖云、即㆓此用㆒、離㆓此用㆒。我将㆓払子㆒掛㆓禅床角㆒。祖振㆑威一喝。我当時直得㆔三日耳聾㆒。黄檗不㆑覚悚然吐㆑舌。丈云、子已後莫㆑承㆓嗣馬大師㆒麼。檗云、不㆑然。今日因㆓師挙㆒、得㆑見㆓馬大師大機大用㆒。若承㆓嗣馬師㆒、他日已後喪㆓我児孫㆒。丈云、如是如是、見与㆑師斉、減㆓師半徳㆒、智過㆓於師㆒、方堪㆓伝授㆒。子今見処、宛有㆓超師之作㆒」（大正蔵四八・一五一c）とある。

法11—6　十三載…　蘭渓道隆が建長寺に住持した期間。建長元年（一二四九）からの十三年間を指す。禅忍は入宋して景定三年（一二六二）二月十五日に杭州（浙江省）上天竺寺の晦巌法照から語録の序文を得ているため、この法語は弘長二年（一二六二）のうちに、道隆が禅忍に与えた法語である。詳しくは、本書解題を参照。

法11—7　四明…　四明山の存する明州（浙江省）の地。現今の寧波市近辺の一帯をいう。四明山は明州鄞県の西南から越州（紹興市）余姚県の南に連なる山並で、道教では第九洞天とか丹山赤水の天と称され、古くから霊山とされる。天台宗の約言知礼（九六〇～一〇二八）は明州府城の延慶寺で活躍したため、世に四明知礼と称された。明州には天童山景徳寺・阿育王山広利寺・大梅山護聖寺・雪竇山資聖寺など著名な禅寺も多い。蘭渓道隆の頃の明州の地志に『宝慶四明志』や『延祐四明志』などが存する。『蘭渓和尚語録』は明州（四明）の地で越州の職工により版木に刻まれたことが知られる。

法11—8　天台山…　台州（浙江省）天台県の天台山のこと。既出（法6—9）。

法11—9　国清寺…　台州（浙江省）の天台山仏隴峰の麓にある寺院。隋の煬帝が天台智顗のために創建し、章安灌頂・荊渓湛然なども住した中国天台宗の中心的道場。最澄・円珍・成尋・栄西など日本人留学僧も多く参詣している。寒山・拾得・豊干らが隠棲した地としても有名。南宋代から元代には禅宗十刹の第十位に列している。

法11—10　老豊干…　唐代、天台山の国清三隠の一人、豊干（不詳）のこと。台州（浙江省）天台県の天台山国清寺に居し、寒山・拾得と共に「国清三隠」と称せられる。老は尊称。虎に乗って寺内を歩くなど奇行で知られる。古くから画題として取り上げられ、虎にまたがった「豊干図」や、寒山・拾得と共に描かれた「四睡図」がある。

法11—11　踞虎頭収虎尾…　虎の頭に跨って虎の尾を手にする。大力量を身につける意。『碧巌録』第四十九則「三聖透網金鱗」の垂示に「垂示云、七穿八穴、攙レ鼓奪レ旗。百匝千重、瞻レ前顧レ後。踞二虎頭一、収二虎尾一、未二是作家一。牛頭没、馬頭回、亦未レ為二奇特一。且道、過量底人来時如何。試挙看」（大正蔵四八・一八四ｃ）とある。また『無門開和尚語録』巻下「賛仏祖」に「騎レ虎豊干」と題して「忙忙業識老豊干、鼓レ舌揺レ唇総自瞞。縦踞二虎頭一収二虎尾一、衲僧門下管窺レ斑」（続蔵一二〇・二六一ｃ～ｄ）という祖賛が存する。

法11—12　夜行徒衣錦…　夜中の真っ暗な中で、きらびやかな衣装を着ること。『漢書』巻三十一の「項籍〈項羽〉伝」に「後数日、羽乃屠二咸陽一、殺二秦降王子嬰一、焼二其宮室一、火三月不レ滅。収二其宝貨一、略二婦女一而東。秦民失レ望。於レ是韓生説レ羽曰、関中阻レ山帯レ河、四塞之地、肥饒、可都以伯。羽見二秦宮室皆已焼残一、又懐レ思東帰、曰、富貴不レ帰二故郷一、如二衣レ錦夜行一。韓生曰、人謂楚人沐猴而冠、果然。羽聞レ之、斬二韓生一」とある。

法11—13　年老覚心孤…　年をとって老齢になり、心もとなさを感じる。『松源和尚語録』巻上「饒州薦福禅院語録」に「上堂。徳山入レ門便棒、臨済入レ門便喝。倶胝竪レ指、雪峰輥レ毬。成二得箇什麽一。光陰如二電掣一、年老覚二心孤一」（続蔵一二一・二九五ｄ）とある。

法12—1　道然上人…　臨済宗大覚派の葦航道然（一二一九～一三〇一）のこと。信濃（長野県）の人。建長寺・建仁寺の蘭渓道隆に参じて法を嗣ぐ。弘安四年（一二八一）に無学祖元のもとで建長寺の首座となる。その後、建長寺の六世、円覚寺の五世となる。正安三年十二月六日に示寂する。大興禅師と諡する。

法12—2　建寧…　京都東山の建仁寺のこと。既出（上217—1）。

法12—3　如岩頭雪峰相似…　「鼇山成道」の公案を踏まえる。既出（普1—24）。

法12—4　岩頭…　巌頭全奯（全豁）のこと。既出（普1—25）。

法12—5　雪峰…　雪峰義存のこと。既出（上85—2）。

法12—6　多処要添、少処要減…　多いところに増し、少ないところに減らす。「多添少減」「少処減些子、多処添些子」とも。『白雲端和尚語録』巻一「舒州龍門山乾明禅院語録」に「上堂云、未レ透者、且教二伊識一。已透者、須二共レ伊行一。尽大地是沙門一隻眼、教二阿誰識一。実際理地不レ受二一塵一、向二什麽処一行。所以道、他人住処我不レ住、他人行処我不レ行。不三是為レ人難二共聚一、大都緇素要二分明一。少処減二些子一、多処添二些子一。為二什麽一少処更減、多処更添。神仙秘訣、父子不レ伝」（続蔵一二〇・二〇八ｄ～二〇九ａ）とある。

法12—7　拗曲作直…　曲がったものをむりやり真っ直ぐにする。『法演禅師語録』巻上「初住四面山語録」の開堂に「師云、若論二第一義一、西天二十八祖、唐土六祖、立二在下風一。一大蔵教、白雲万里、摩竭掩レ室、毘耶杜レ口。正在二夢中一、千仏出世、寐語未レ了。文殊普賢、拗レ曲作レ直」（大正蔵四七・六四九ａ）とある。

法12—8　指柳罵桑…　指桑園罵柳樹に同じ。既出（上39—3）。

法12—9　持南作北…　南を北とする。通常の判断を逆転させる。『雲門匡真禅師広録』巻中「垂示代語」に「一日云、将レ南作レ北、将レ北作レ南、作麽生道。代云、由二阿誰一」（大正蔵四七・五六五ｂ）とある。

法13—1　宿屋居士…　鎌倉在住の得宗被官であり、在俗の居士として蘭渓道隆に帰依した。若訥宏弁宛「蘭渓道隆尺牘」によれば、筑前（福岡県）の葦屋寺（現在の遠賀郡芦屋町の観音寺）を道隆に寄進しており、本法語「示二宿屋居士一」は、鎌倉から京都を尋ねた宿屋居士が、建仁寺住持の道隆から得たものであることから、強い師弟関係にあったように思われる。また、日蓮がたびたび書簡を出した相手の一人でもあり、書簡の中では「宿屋入道」「谷土野禅門」（『〈昭和定本〉日蓮上人遺文』四二四・四二五・四二七・二五一六）とあり、日蓮は宿屋居士が道隆の禅に深く帰依したことを熟知していた。一方で、日蓮の『立正安国論』を、北条時宗に進献した人としても知られている。

法13—2　一物不将来…　一切何ものも持参しない。赤裸々な本来の姿。『古尊宿語録』巻十四『趙州真際禅師語録』の「趙州真際禅師語録之余」に「問、一物不二将来一時如何。師云、放下著」（続蔵一一八・一六二d）とあるが、大慧宗杲の『正法眼蔵』第一之上では「厳陽尊者問二趙州一、一物不二将来一時如何。州云、放下著。厳云、既是一物不二将来一、又放二下箇甚麼一。州云、放不レ下、便担取去」（続蔵一一八・五c）とあり、趙州従諗と法嗣の厳陽善信との問答になっている。

法14—1　左馬禅門…　不詳。左馬とは左馬頭のこと。禅門とは禅定門の略で、在家の身で剃髪して仏門に投じた人のことを指す。かつては、ここにいう「左馬禅門」は、左馬権頭を勤めた北条時宗のことを指すと考えられていた。北条時宗（一二五一～一二八四）が左馬権頭を勤めるのは弘長元年（一二六一）十二月からであるから、時期的には蘭渓道隆から法語を得ることは不可能ではない。しかしながら、剃髪もしていない十一歳の時宗に対して「左馬禅門」と称することはあり得ない。このため、左馬頭を勤め、出家して「左馬頭入道正義」と称した足利義氏（一一八九～一二五五）に比定する説も存しているが、左馬頭を勤めた他の人物である可能性もあり、現在のところ、『蘭渓和尚語録』巻下「法語」の「左馬禅門」が誰であるかは確定されていない。

法14—2　道固非遠…　道はもともと遠くにあるのではない。『孟子』「離婁章句上」に「道在レ邇而求二諸遠一、事在レ易而求二諸難一。人人親二其親一、長二其長一而天下平」とあるのに基づく。道は身近なところにあるのに、人はそれを遠くに求める。

法14—3　対面有千里之遥…　対面千里に同じ。『宏智禅師広録』巻二「頌古」の「南陽浄瓶」の頌古に「鳥之行レ空、魚之在レ水。江湖相忘、雲天得レ志。擬レ心一糸、対面千里。知レ恩報レ恩、人間幾幾」（大正蔵四八・二二b）とある。

法14—4　大覚世尊～七処徴心…　『大仏頂如来密因修証了義諸菩薩万行首楞厳経』（『首楞厳経』）巻一から巻三における世尊と阿難の問答に基づく。七処徴心の語は『首楞厳経』の祖派の序文（大正蔵一九・一〇六a）に出る。迷妄の中にいて真実を明らかにできない状態を七つの問答で表した。

法14—5　楞厳会上…　『首楞厳経』の会座。この経典は八世紀初頭に中国で撰述された偽経であるとされるが、修禅に関する記述が多く、そのため、宋代から明代にかけて教禅一致を宣揚する禅僧らによって『大方広円覚修多羅了義経』と共に多く用いられた。

法14—6　阿難…　阿難陀のこと。既出（上93—3）。

法14—7　大乗金剛般若経…　『金剛般若波羅蜜多経』のこと。『大般若経』第九会（巻五七七）「能断金剛分」に当たる。漢訳に六種あり、チベット訳や梵文原典も存在する。多く用いられる『金剛経』は、鳩摩羅什訳を基礎とし、欠けた部分を菩提流支訳で補ったものである。禅宗では『六祖壇経』に多く引用されることで知られ、また、六祖慧能が本経の「応無レ所レ住、而生二其心一」（大正蔵八・七四九c）の句を耳にして発心し、黄梅山の五祖弘忍のもとに投じたという逸話も作成された。

法14—8　金剛経云、若見諸相非相、即見如来…　迷妄を生み出す対境としての諸相が真実ではないと悟ったときに如来の真理に達するという、釈尊と須菩提の問答に見える語。羅什訳『金剛般若波羅蜜経』に「須菩提、於レ意云何。可下以二身相一見中如来上不。不也。世尊、不レ可下以二身相一得レ見中如来上。何以故。如来所レ説身相、即非二身相一。仏告二須菩提一、凡所レ有相、皆是虚妄。若見二諸相非相一、則見二如来一」（大正蔵八・七四九a）とある。

法14—9　清浄本然、云何忽生山河大地…　『首楞厳経』巻四の「仏言、富楼那、如二汝所レ言清浄本然、云何忽生二山河大地一。汝常不レ聞三如来宣二説性覚妙明本覚明妙一。富楼那言、唯然、世尊、我常聞三仏宣二説斯義一。仏言、汝称二覚明一、為二復性明称名為レ覚。為三覚不レ明称為二明覚一。富楼那言、若此不レ明、名為レ覚者、則無二無明一」（大正蔵一九・一二〇a）とある釈尊と富楼那の問答に基づく。また、『嘉泰普灯録』巻三の長水子璿講師章に「聞三瑯瑘道重二当世一、即趨二其席一。値二上堂一次出問、清浄本然、云何忽生二山河大地一。瑯憑陵答曰、清浄本然、云何忽生二山河大地一。師領悟」（続蔵一三七・三八b～c）とある問答が名高い。

法14—10　此山河大地本従何来、劫火洞然又従何去…　第一句については『雲門匡真禅師広録』巻中「室中語要」に「師或拈二拄杖一示レ衆云、拄杖子化為レ龍、呑二却乾坤一了也、山河大地、甚処得来」(大正蔵四七・五五八b)とあり、第二句については『建中靖国続灯録』巻二十九「偈頌門」に天衣義懐の「色空」という偈が録されており、「色空空色色空空、闋二却潼関一路不レ通、劫火洞然毫末尽、青山依レ旧白雲中」(続蔵一三六・三九〇a)とあるのが参考となる。この雲門文偃と天衣義懐の語を合わせた表現として、『真歇和尚信心銘拈古』の「一空同レ両、斉含二万象一」の拈提に「拈云、有レ利無レ利、不レ離二行市一。恁麼不恁麼、総在二裏許一。無相而相、無形而形、無為而為、無作而作、同レ能同レ所、同レ境同レ心、照用斉行、人境倶不レ奪。雖二然如レ此、主丈子呑二却乾坤一了也。山河大地、甚処得来。劫火洞然毫末尽、青山依レ旧白雲中」(続蔵一二四・三二三a)とある。

法14—11　一人発真帰源、十方虚空悉皆消殞…　『首楞厳経』巻九において、釈尊が阿難に語る箇所に「当レ知、虚空生二汝心内一、猶如三片雲点二太清裏一。況諸世界在二虚空一耶。汝等一人発レ真帰レ元、此十方空皆悉銷殞。云何空中所有国土、而不二振裂一。汝輩修レ禅飾二三摩地一、十方菩薩及諸無漏大阿羅漢、心精通溜、当処湛然。一切魔王及与二鬼神一諸凡夫天、見二其宮殿一無レ故崩裂、大地振坼、水陸飛騰、無レ不二驚慴一」(大正蔵一九・一四七b)とある。また、『景徳伝灯録』巻十の長沙景岑章に「講二華厳一大徳問、虚空為是定有、為是定無。師曰、言レ有亦得、言レ無亦得。虚空有時但有二仮有一、虚空無時但無二仮無一。云、如二和尚所レ説、有二何教文一。師曰、大徳豈不レ聞、首楞厳経云、十方虚空生二汝心内一、猶三片雲点二太清裏一。豈不三是虚空生時但生二仮名一。又云、汝等一人発レ真帰レ元、十方虚空皆悉消殞。豈不三是虚空滅時但滅二仮名一。老僧所以道、有是仮有、無是仮無」(大正蔵五一・二七五c)とある。

法14—12　過去心不可得、現在心不可得、未来心不可得…　「徳山三心不可得」の公案のこと。既出(上103—3)。

法14—13　若人識得心、大地無寸土…　『天聖広灯録』巻十八の楊億章に「古徳亦云、若人識二得心一、大地無二寸土一。此是甚道理。直下尽十方世界是汝一隻眼。一切諸仏・天人群生類、尽承二汝威光一建立。須二是信得一乃方得」(続蔵一三五・三九〇b)とある。

法14—14　古徳云、会得是障礙、不会不自在…　『五灯会元』巻八の龍済紹修章に「上堂。巻レ簾除二却障一、閉レ戸生二窒礙一。祇這障与レ礙、古今無二人会一。会得是障礙、不レ会不二自在一」(続蔵一三八・一五四b)とあり、『如浄和尚語録』巻上「臨安府浄慈禅寺語録」にも「上堂。鐘楼上念讃、床脚下種レ菜。不レ会不二自在一、会得是障礙。且合作麼生。白狗喫二生薑一、胡人夜渡レ関。咄。若不レ得二流水一、還応レ過二別山一」(大正蔵四八・一二五a)とある。

法14—15　古徳…　唐末五代、青原下の龍済紹修(不詳)のこと。法眼文益と共に福州(福建省)地蔵院の羅漢桂琛の法を嗣ぐ。撫州(江西省)臨川の龍済山に住して修山主と称される。

法14—16　僧問雲門〜須弥山…　「雲門須弥山」の公案。『雲門匡真禅師広録』巻上「対機」に「問、不レ起二一念一、還有レ過也無。師云、須弥山」(大正蔵四七・五四七c)とある。一般には『従容録』第十九則「雲門須弥」(大正蔵四八・二三九a〜二四〇a)によって知られる。

法14—17　雲門…　雲門文偃のこと。既出(上29—2)。

法15—1　梁…　南北朝時代、南朝の梁(五〇二〜五五七)の王朝。梁の武帝(蕭衍)が斉の禅譲を受けて建国する。武帝の治世は四十八年に及び、その間に南朝文化が最盛期を迎えた。武帝は仏教・道教を庇護し、特に寺院の堂宇造営に資財を大量に投じた。また『広弘明集』巻二十六所収の「断酒肉文」は、居士として国内の僧侶に飲酒・肉食の禁止を呼びかけたものとして有名である。しかし、その後、侯景の反乱が起って国内が分裂し、五年の間に五帝が立てられ、陳の武帝(陳霸先)に国を奪われ滅亡した。

法15—2　魏…　南北朝時代、北朝の北魏(三八六〜五三四)の王朝。鮮卑族の拓跋珪(道武帝)が三八六年に魏王を称し、皇始元年(三九六)に平城(現在の山西省大同)に都して建国する。後に太武帝が華北統一を完成したが、彼は詔を下して「三武一宗の法難」の一つである大規模な廃仏運動を行なったことで知られる。孝文帝は都を洛陽(河南省)に定めて漢化政策を推進したが、五三四年に内乱により東魏と西魏に分裂し、東魏は五五〇年、西魏は五五六年に滅亡した。

法15—3　少林…　嵩山少林寺のこと。既出(上1—17)。

法15—4　冷坐九年…　達磨が面壁九年した故事。既出(上9—3)。

法15—5　神光…　二祖慧可のこと。既出(上9—6)。

法15—6　汝得吾髄…　「礼拝得髄」の公案。「達磨皮肉骨髄」とも。既出(上9—4)。

法15—7　行棒…　徳山棒・徳山行棒のこと。既出(上72—1)。

法15—8　下喝…　喝を下す。臨済喝・臨済四喝のこと。既出(上72—3)。

法15―9　竪指…　一本の指を立てる。唐代、南嶽下の金華倶胝（不詳）の「倶胝竪指」または「倶胝竪一指」の公案のこと。倶胝は師の天龍より一指頭の禅を受け継ぎ、どのような問いを投げかけられてもただ無言で一指を立てて答えたとされる。『景徳伝灯録』巻十一の金華倶胝章に「果旬日天龍和尚到レ庵。師乃迎礼、具陳二前事一。天龍竪二一指一而示レ之。師当下大悟。自レ此凡有二参学僧到一、師唯挙二一指一、無二別提唱一。（中略）師将二順世一、謂レ衆曰、吾得二天龍一指頭禅一、一生用不レ尽。言訖示レ滅」（大正蔵五一・二八八a～b）とあり、『碧巌録』第十九則「倶胝只竪一指」の本則に「倶胝和尚。凡有二所問一、只竪二一指一」（大正蔵四八・一五九a）とあることで知られる。

法15―10　挙拳…　拳を上げる。げんこつを見せる。唐末、曹洞宗の欽山文邃（不詳）の「欽山拳頭」の公案のことか。『景徳伝灯録』巻十七の欽山文邃章に「僧参、師竪二起拳頭一云、若開二成掌一、即五指参差。如今為レ拳、必無二高下一。汝道、欽山通二商量一、不レ通二商量一。其僧近前、却竪レ拳而已。師曰、便恁麼、只是箇無レ開レ口漢」（大正蔵五一・三四〇c）とある。あるいは趙州従諗の「趙州勘庵主」の公案のことか。『古尊宿語録』巻十四『趙州真際禅師語録』の「趙州真際禅師語録之余」に「師行脚時、到二一尊宿院一。纔入レ門相見、便云、有麼有麼。尊宿竪二起拳頭一。師云、水浅船難レ泊。便出去。又到二一院一、見二尊宿一便云、有麼有麼。尊宿竪二起拳頭一。師云、能縦能奪、能取能撮。礼拝便出去」（続蔵一一八・一六六a～b）とあり、『無門関』第十一則「州勘庵主」の公案（大正蔵四八・二九四b）によって知られる。

法15―11　無賓主句…　「趙州無賓主」の公案のこと。『古尊宿語録』巻十四『趙州真際禅師語録』の「趙州真際禅師語録之余」に「師示レ衆云、老僧三十年前在二南方一、火炉頭有二箇無賓主話一。直至二如今一無二人挙著一」（続蔵一一八・一六一c）とあり、『祖堂集』巻十八の趙州従諗章に「師示レ衆云、我三十年前在二南方一、火炉頭挙二無賓主話一、直至二如今一無二人道着一。有レ人挙問二雪峰一、趙州無賓主話、作麼生道。雪峰便踏倒」（中文出版本・三三三a）とある。また、『景徳伝灯録』巻二十一の僊宗守玭章に「僧問、請師答二無賓主話一。師曰、向下無二賓主一処上問将来」（大正蔵五一・三七六c）とある。

法15―12　麻三斤…　「洞山麻三斤」の公案。既出（上11―3）。

法15―13　乾屎橛…　「雲門乾屎橛」の公案。既出（上11―4）。

法15―14　庭前栢樹子…　「庭前栢樹子」の公案。既出（普2―26）。

法16―1　龐居士自見馬祖～咸皆悟道…　『龐居士語録』巻上に「居士後之二江西一、参二馬祖大師一。問曰、不下与二万法一為上侶者、是什麼人。祖曰、待三汝一口吸二尽西江水一、即向レ汝道。士於二言下一頓領二玄旨一。（中略）有レ偈曰、有レ男不レ婚、有レ女不レ嫁、大家団欒頭、共説二無生話一」（続蔵一二〇・二八a）とあるのに基づく。

法16―2　龐居士…　馬祖下の龐蘊のこと。既出（頌7―2）。

法16―3　馬祖…　馬祖道一のこと。既出（上17―7）。

法17―1　玄海大師…　藤原氏出身の尼僧で、渡来僧の蘭渓道隆や兀庵普寧に参じ、円爾や東山湛照にも参じており、当時の禅僧たちとの幅広い交流がみられる。舘隆志「京都万寿寺・三聖寺と玄海大姉―鎌倉期に活躍した禅宗尼僧の活動―」（『駒沢大学大学院仏教学研究会年報』第四十号、二〇〇七年）、同「鎌倉期における禅宗の尼僧―玄海大姉・成道大姉・素妙尼から無外如大尼へ―」（『禅文化研究所紀要』第二十九号、二〇〇八年）、同「兀庵普寧に参じた尼僧をめぐって」（『アジア遊学』第一二二号、二〇〇九年）などを参照。

法17―2　岩頭和尚向雪峰云～蓋天蓋地去也…　雪峰義存が常徳（湖南省）武陵県の鼇山（鰲山とも）で大悟する直前、巌頭全豁が義存に語った語。『聯灯会要』巻二十一の雪峰義存章に「頭云、他後若欲レ播二揚大教一、須下一一従二自己胸襟一流出将来、与レ我蓋天蓋地去上。師於二言下一大悟、跳下レ床、作礼云、師兄、今日始是鼇山成道。師兄、今日始是鼇山成道」（続蔵一三六・三九二a）とある。

法17―3　岩頭和尚…　巌頭全豁（全豁）のこと。既出（普1―25）。

法17―4　雪峰…　雪峰義存のこと。既出（上85―2）。

法17―5　十三載…　建長寺での住持期間。蘭渓道隆は弘長二年（一二六二）に建仁寺に入寺している。この法語の末尾に「予、西国に在りても東州を離れず」とあることから、建長寺から建仁寺に移る直前か、あるいは移った直後の頃になされたものと推測される。

法17―6　龍華三会…　弥勒三会とも。弥勒菩薩が五十六億七千万年の後、兜率天から下ってこの世に出で、華林園中の龍華樹のもとで成道し、三度法会を開いて人々を教化することから、「龍華三会」と呼ばれる。鳩摩羅什訳『弥勒下生成仏経』では三会の様子を「爾時弥勒仏於二華林園一、其園縦広一百由旬、大衆満レ中。初会説法、九十六億人得二阿羅漢一、第二大会説法、九十四億人得二阿羅漢一、第三大会説法、九十二億人得二阿羅漢一。弥勒仏既転二法輪一度二天人一已」（大正蔵一四・四二五a～b）としている。

法17―7　八閲星霜…　八年の歳月を経たこと。玄海大師と知遇を得てから、八年の年月を経たことをいう。玄海大師が蘭渓道隆から法語を得たのが弘長二年（一二六二）であるから、建長五年（一二五四）・六年頃から道隆に参じていたものとみられる。時期的には、仏殿が完成し落慶して間もなくのことであったと推察される。

法17―8　古人道、但辦肯心、必不相賺…　『緇門警訓』巻一の「潙山大円禅師警策」に「生生若能不レ退、仏階決定可レ期。往二来三界一之賓、出没為レ他作レ則。此之一学、最妙最玄。但辦二肯心一、必不二相賺一」（大正蔵四八・一〇四三b）とある。

法17―9　古人…　潙山霊祐のこと。既出（上197―8）。

法17―10　劉鉄磨与潙山問答…　「鉄磨老牸牛」の公案。既出（頌18―1）。

法17―11　劉鉄磨…　劉鉄磨のこと。既出（頌18―2）。

法17―12　賓八布衫…　『古尊宿語要』巻三十八の『襄州洞山第二代初禅師語録』の上堂に「問、牛頭未レ見二四祖一時如何。師云、榔標木拄杖。云、見後如何。師云、賓八布衫」（続蔵一一八・三二三c）とあり、『景徳伝灯録』巻二十三の洞山守初章（大正蔵五一・三八九c）にも載る。

法18―1　無明即仏性、煩悩即菩提…　煩悩の根本である無明がそのまま仏性であり、煩悩がそのまま菩提（さとり）であること。無明を離れて仏性はなく、煩悩を離れて菩提はない。本来、反対のものである二者は、悟境からみれば別のものではないこと。『摩訶止観』巻九下に「又無明即法性、煩悩即菩提。欲レ令二衆生即レ事而真、法身顕現一是故起レ慈与二究竟楽一」（大正蔵四六・一三一a）とあり、『証道歌』に「君不レ見、絶学無為閑道人、不レ除二妄想一不レ求レ真。無明実性即仏性、幻化空身即法身」（大正蔵五一・四六〇a）とある。

法18―2　浄飯王宮…　釈迦族の都城、迦毘羅衛（梵：Kapilavastu）のこと。釈尊の父である浄飯王（梵：Suddhodana）が居住支配した王城であることから呼ばれる。

法18―3　四城門…　迦毘羅衛の東西南北の城門。釈尊が出家する以前、これらの四門から出遊した際に老人・病人・死者・沙門（修行者）に出会い、生・老・病・死の四苦を目の当たりにして出家を志した因縁。四門出遊とも。『修行本起経』巻下「遊観品」（大正蔵三・四六六b～四六七c）などに説かれる。

法18―4　如何得免此苦去～難免生老病死苦…　『仏本行集経』巻十二「遊戯観矚品」には「世間衆生、極受二諸苦一、所謂生老及以病死、兼復受二於種種苦悩一、展二転其中一、不レ能レ得レ離。云何不レ求レ捨二是諸苦一。云何不レ求二厭レ苦寂智一。云何不レ念レ免二脱生老病死苦因一。我今於レ何得二空閑処一、思二惟如レ是諸苦悩事一」（大正蔵三・七〇六a）とあって、太子時代の釈尊が、生老病死の四苦を厭離することの困難さを嘆く語が伝えられている。

法18―5　明星…　明るく輝く星。明け方の東の空に輝く金星。「一見明星」の故事。釈尊は菩提樹下で明星を一見して悟りを開いたとされ、『普曜経』巻六「行道禅思品」には「明星出時、廓然大悟、得二無上正真道一、為二最正覚一」（大正蔵三・五二二b）とあり、禅宗灯史においても、『景徳伝灯録』巻一、『建中靖国続灯録』巻一、『聯灯会要』巻一などの釈迦牟尼仏章では、明星が出現した時に大悟したと記されている。

法18―6　忽然大悟…　仏陀が菩提樹の下で成道した故事を指す。『聯灯会要』巻二十六の洞山守初章に「不レ見、釈迦老子、明星現時、豁然大悟。与二大地衆生一、同時成仏」（続蔵一三六・四三三c）とあり、『古尊宿語録』巻四十二の『宝峰雲庵真浄禅師語録』の「住筠州聖寿語録」の開堂（続蔵一一九・三五〇a）や、『嘉泰普灯録』巻四の真浄克文章に「昔日於二摩竭陀国一、十二月八日明星現時、豁然悟道、大地有情、一時成仏」（続蔵一三七・四五d）とある。

法18―7　大地一切衆生～不能証入…　既出（上129―1）。

法18―8　一了一切了…　一了百了とも。一がわかればすべてがわかる。根本の一を悟れば、他の万事に通ずる。『円悟仏果禅師語録』巻八「小参一」の「示衆」に「八面坦平、四方清肅、万法不レ能二蓋覆一、千聖不二敢当一レ前。若搆得去、一了一切了、一成一切成、一見一切見、一得一切得。所以道、一塵纔挙、大地全収。一毛頭師子、百億毛頭一時現」（大正蔵五一・七五一a）とある。

法18―9　古人云、狂心未歇、歇即菩提…　狂心は常軌を逸脱した心。歇は止む、尽きる。『宗鏡録』巻一「標宗章第一」に先徳の言葉として「神丹九転、点レ鉄成レ金。至理一言、転レ凡成レ聖。狂心不レ歇、歇即菩提。鏡浄心明、本来是仏」（大正蔵四八・四一九c）とあり、これは『首楞厳経』巻四に「狂性自歇、歇即菩提」（大正蔵一九・一二一b）とあるのに基づく。

法18―10　一聞千悟…　既出（法8―6）。

法18―11　龐居士…　馬祖下の龐蘊のこと。既出（頌7―2）。

法18―12　霊昭女云～飢来喫飯困来睡…　『聯灯会要』巻六の襄州龐蘊居士章に「居

士一日自語云、難難、十碩油麻樹上攤。龐婆応レ声云、易易、百草頭辺祖師意。霊照云、也不レ難也不レ易、飢来喫レ飯困来睡」（続蔵一三六・二六三a）とある。

法18—13　霊昭女…　龐居士の娘、霊昭（霊照）のこと。既出（上85—4）。

法18—14　飢則喫飯、困則打眠…　腹が減ったら飯を食らい、体が疲れたら眠る。自受用三昧の境涯を示した北宗の南嶽明瓚（懶瓚）や、馬祖下の大珠慧海の語に基づく。『景徳伝灯録』巻三十「銘記箴歌」の「南嶽懶瓚和尚歌」に「我不レ楽二生天一、亦不レ愛二福田一。飢来喫レ飯、困来即眠。愚人笑レ我、智乃知レ焉。不二是癡鈍一、本体如然」（大正蔵五一・四六一b）とあり、『景徳伝灯録』巻六の大珠慧海章に「問、和尚修道、還用レ功否。師曰、用レ功。曰、如何用レ功。師曰、飢来喫レ飯、困来即眠」（大正蔵五一・二四七c）とある。補注（上212—2）も参照。

法19—1　生従何来…　『聯灯会要』巻十三の金山達観曇穎章に、臨済宗の達観曇穎と李端愿（李遵勗の子）との問答として「都尉李公端愿問、人死、識帰二何処一。師云、未レ知レ生、焉知レ死。李云、生則已知。師云、生従レ何来。李擬議。師揕二其胸一云、只在二這裏一、思二量箇甚麼一。李云、只知レ貪レ程、不レ覚蹉レ路。師托開云、百年一夢」（続蔵一三六・三二二a）とある。また『仏鑑禅師語録』巻五「小仏事」の「為二開上座一秉炬」には「生従レ何来、鉄樹花開。死従レ何去、雲収嶽露。去来生死両倶忘、火自炎炎風自涼」（続蔵一二一・四七八d）とあり、「死従何去」と対句で用いられる。

法19—2　不従人得、亦非外来…　『嘉泰普灯録』巻二十五「諸方広語」の「西蜀仁王欽禅師示衆」に「雖レ然、這一段事、莫レ非二当人自知一。皮下有レ血、向二己躬下一猛省得来、瞥地有二箇悟入処一、始知下不二自レ外来一不中従レ人得上」（続蔵一三七・一七一a）とある。

法20—1　古人云、此身不向今生度、更向何生度此身…　『黄龍四家録』巻三に収録された『黄龍死心新禅師語録』「遷住黄龍語録」の小参に「諸上座。人身難レ得、仏法難レ聞。此身不下向二今生一度上、更向二何生一度二此身一」（続蔵一二〇・一二六b）とある。

法20—2　古人…　臨済宗黄龍派の死心悟新（一〇四三～一一一四）のこと。韶州（広東省）曲江の王氏または黄氏。晦堂祖心の法を嗣ぐ。洪州（江西省）分寧県の雲巌寺や、洪州新建県の翠巌寺に住した後、洪州義寧県の黄龍寺に遷住した。『黄龍死心新禅師語録』一巻が存する。

法20—3　不起一念、還有過也無、須弥山…　「雲門須弥山」の公案。既出（法14—16）。

法21—1　如何是道、平常心是道…　既出（頌13—1）。

法21—2　古人、将即心是仏～即心即仏…　『聯灯会要』巻四の大梅法常章に「馬大師遣レ僧問レ師云、和尚見二馬大師一得二箇甚麼一、便住二此山一。師云、馬大師向レ我道、即心是仏。我便向二這裏一住。僧云、馬大師近日仏法又別也。師云、作麼生別。僧云、又道二非心非仏一。師云、這老漢、惑二乱人一未レ有二了日一。任他非心非仏、我這裏只管即心即仏。僧回挙二似馬大師一。大師云、梅子熟也」（続蔵一三六・二五〇b）とあるのが参考になる。ただし、『祖堂集』巻十五の大梅法常章では、馬祖道一ではなく、同門の塩官斉安が弟子を派遣したことになっている。

法21—3　古人…　大梅法常のこと。既出（頌17—3）。

法22—1　成道大師…　肥後（熊本県）報恩寺の住持を勤め、曹洞宗の寒巌義尹や、臨済宗の蘭渓道隆・兀庵普寧などに参じた尼僧。舘隆志「曹洞宗最古の尼寺報恩寺と寒巌義尹—兀庵普寧と蘭渓道隆に参じた成道大師について—」（『駒沢史学』第六十八号、二〇〇七年）、同「鎌倉期における禅宗の尼僧—玄海大姉・成道大姉・素妙尼から無外如大尼へ—」（『禅文化研究所紀要』第二十九号、二〇〇八年）、同「兀庵普寧に参じた尼僧をめぐって」（『アジア遊学』第一二二号、二〇〇九年）などを参照。

法22—2　道固非遠…　既出（法14—2）。

法22—3　対面有千里之隔…　対面千里に同じ。既出（法14—3）。

法22—4　一日信而進一歩、一日疑而退三舎…　ある時は仏法を信じて一歩だけ進むが、ある時は疑いを懐いて大きく退いてしまう。遅々として進歩がないさま。「退三舎」は軍隊が三日間後退する距離で、一舎は三十里。『春秋左氏伝』「僖公二十八年」に「曹衛告二絶於楚一。子玉怒、従二晋師一。晋師退。軍吏曰、以レ君辟レ臣辱也。且楚師老矣、何故退。子犯曰、師直為レ壮、曲為レ老。豈在レ久乎。微二楚之恵一、不レ及レ此。退二三舎一辟レ之、所二以報一也」とあり、城濮の戦いにおける故事に由来する。

法22—5　匙飯百鞭、寸糸千命…　一さじの御飯と、わずかな衣類。唐太宗の撰述した『百字箴』に「寸糸千命、匙飯百鞭、無レ功受レ禄、寝食不レ安」とある。一寸の糸も千匹の蚕の命を受けたものであり、一匙の御飯は牛が無数に鞭打たれた功に依るものである。

法22—6　達磨云、玄微深不可測…　出典不詳。

法22—7　達磨…　菩薩達磨のこと。既出（上9—2）。

法22—8　殊不知道無不在…　『関子』第九「薬」に「殊不レ知道無レ不レ在、不レ可二捨レ此就レ彼」とあり、『大慧普覚禅師語録』巻二十三「法語」の「示二妙明居士一」に「道無レ不レ在、触処皆真、非レ離レ真而立処、立処即真」（大正蔵四七・九一一a～b）とある。

法22—9　末山和尚亦是女人身～便礼拝…　『聯灯会要』巻十の末山尼了然章に「灌渓游方時到レ山、乃云、若相当即住、不レ然即推二倒縄床一。師令二侍者問一、上座游山来、為二仏法一来。云、為二仏法一来。師即鳴レ鼓陞堂、閑上参。師問、今日離二何処一。云、路口。師云、何不二盖却一。閑無レ対。便作礼問、如何是末山。師云、不レ露レ頂。云、如何是末山主。師云、非二男女等相一。閑喝云、何不二変去一。師云、不二是神一不二是鬼一、変二箇甚麼一。随後便打。閑於レ是伏膺、依附三年」（続蔵一三六・二九八d）とある。

法22—10　末山和尚…　唐代、南嶽下の末山了然尼（不詳）のこと。洪州（江西省）の人。高安大愚の法を嗣ぐ。筠州（江西省）上高県の末山の九峰寺に住した。尼僧として住持を勤めたことで、後に代表的な尼僧の一人として扱われた。

法22—11　九峰寺…　筠州（江西省瑞州）上高県西の末山の東北にある寺。末山了然尼が住したことでも知られ、青原下の九峰道虔や曹洞宗の九峰普満も住した。

法22—12　灌渓和尚…　臨済下の灌渓志閑（?～八九五）のこと。魏府（河南省）館陶の史氏。幼くして出家し、臨済義玄の膝下に入り、後に末山の了然尼に参じた。臨済義玄の法を嗣ぎ、鄂州（湖北省）崇陽の灌渓山に住した。

法22—13　臨済…　臨済義玄のこと。既出（上72—4）。

法22—14　一刀割断…　一刀両断に同じ。一刀のもとに切って捨てる。割断は切り断つ。断ち切る。『雲居山志』巻十八「跋二雲居仏印帖一」に雲門宗の仏印了元が蘇軾（蘇東坡、一〇三六～一一〇一）に与えた言葉として「元禅師与二東坡一書云、時人忌三子瞻作二宰相一耳。三十年功名富貴、過レ眼成レ空、何不下猛与二一刀一割断上。又云、子瞻胸中有二万巻書一、筆下無二一点塵一。為レ何于二自己性命一、便不レ知二下落一。以二東坡之顥敏一、而又有二如レ是善友策発一、何慮レ不二日進一。今之縉紳、与二衲子一交者、宜レ講二此誼一」（『中国仏寺志彙刊』第二輯、第十五冊、二七一～二七二頁）とある。

法23—1　無明煩悩即是仏性、幻化空身即是法身…　『摩訶止観』巻九下に「又無明即法性、煩悩即菩提。欲レ令二衆生即レ事而真、法身顕現一、是故起レ慈与二究竟楽一」（大正蔵四六・一三一a）とあり、『景徳伝灯録』巻三十の「永嘉真覚大師証道歌」には「君不レ見、絶学無為閑道人、不レ除二妄想一不レ求レ真。無明実性即仏性、幻化空身即法身」（大正蔵五一・四六〇a）とある。迷いや煩悩はそのまま仏性であるし、幻の身である我が身そのままが法身ということ。補注（法18—1）も参照。

法23—2　迷頭認影…　既出（上19—4）。

法23—3　劫火洞然、大千倶壊…　世界の終わりの時の火災は全てを燃やし尽くし、大千世界をも壊す。『仁王護国般若波羅蜜多経』巻下「護国品第五」の偈頌に「劫火洞然、大千倶壊、須弥巨海、磨滅無レ余。梵釈天龍、諸有情等、尚皆殄滅、何況此身。生老病死、憂悲苦悩、怨親逼迫、能与願違。愛欲結使、自作二瘡疣一。三界無レ安、国有二何楽一」（大正蔵八・八四〇b）とある。また、『聯灯会要』巻十の大隋法真章に「僧問、劫火洞然、大千倶壊。未審、這箇壊不レ壊。師云、壊。僧云、恁麼則随レ他去。師云、随レ他去」（続蔵一三六・二九七b）とある。『碧巌録』第二十九則の「大隋随他去也」（大正蔵四八・一六九a～一六九c）の公案や、『従容録』第三十則「大随劫火」（大正蔵四八・二四七a）の公案として知られる。

常楽寺小参

小1—1　常楽寺…　粟船山常楽寺のこと。既出（上1—1）。

小1—2　徳昭…　「常楽禅寺小参」の編纂者。臨済宗大覚派の無弦徳詔（無絃徳紹）のことか。徳詔は蘭渓道隆の法を嗣ぎ、後に鎌倉の浄妙寺や浄智寺の住持となる。『延宝伝灯録』巻十六では「相州浄智無弦徳詔禅師」とあり、室町期の『仏祖宗派図』では「浄智無絃徳紹」とある。

小1—3　掣風掣顚…　既出（上152—1）。

小1—4　飢来喫飯、困則打眠…　飢則喫飯、困則打眠に同じ。既出（法18—14）。

小1—5　亀谷…　亀谷山寿福寺のこと。既出（上8—1）。

小1—6　粟船…　粟船山常楽寺のこと。既出（上1—1）。

小1—7　弥勒…　弥勒菩薩のこと。既出（上9—16）。

小1—8　文殊…　文殊師利菩薩のこと。既出（上20—16）。

小1—9　普賢…　普賢菩薩のこと。既出（上236—6）。

小1—10　探水獼猴空捉月…　「猨猴探水月」とも。空しい努力をすることのたとえ。

『景徳伝灯録』巻二十七の天台豊干章に「一日寒山問、古鏡不レ磨、如何照レ燭。師曰、氷壷無二影像一、猨猴探二水月一」(大正蔵四八・四三三b) とある。

小1—11　**感首座問法昌～来処也不知**…　『洪州分寧法昌禅院遇禅師語録』の「勘辯」に「歳夜喫レ湯次、感首座云、昔日北禅分歳、曽烹二露地白牛一。和尚、今夜分歳、有二何施設一。師云、臘雪連レ天白、春風逼レ戸寒。感云、大衆喫二箇什麼一。師云、莫レ嫌三冷淡無二滋味一、一餉能消二万劫飢一。感云、未審、是什麼人置辦。師云、無慚愧漢、来処也不レ知」(続蔵一二六・二四〇d) とあり、『嘉泰普灯録』巻二の法昌倚遇章にも「歳夜喫レ湯次、感云、昔日北禅分歳、曽烹二露地白牛一。和尚、今夜分歳、有二何施設一。曰、臘雪連レ山白、春風逼レ戸寒。云、大衆喫二箇甚麼一。曰、莫レ嫌三冷淡無二滋味一、一飽能消二万劫飢一。云、未審、是甚麼人置辦。曰、無慚愧漢、来処也不レ知」(続蔵一三七・三一c) とある。

小1—12　**法昌**…　雲門宗の法昌倚遇(一〇〇五～一〇八一) のこと。漳州(福建省) の林氏。南嶽芭蕉庵の大道谷泉に参じた後、北禅智賢の法を嗣ぐ。廬山円通寺の大覚懐璉に見え、後に請われて洪州(江西省) 分寧県の法昌寺に住した。黄龍慧南らとも知遇を得た。

小1—13　**北禅**…　北宋代、雲門宗の北禅智賢(不詳) のこと。南嶽の福厳良雅の法を嗣ぎ、衡州(湖南省) 常寧県の北禅院に住した。

小1—14　**赤骨律窮**…　赤骨律地・赤骨歴地とも。赤裸々に。何も持たないさま。『仏鑑禅師語録』巻四「普説」に「亦不下是矜二誇学解一、眩二曜見知一及造妖捏怪上。只拠二自家所見一、赤骨律地与二兄弟一相見」(続蔵一二一・四六四c) とある。

小1—15　**万里持来鉄餕餡、渾崙無縫似研槌**…　『古尊宿語録』巻二十七の『舒州龍門仏眼和尚語録』の「東山和尚忌晨上堂」に「道来也有二誵訛一、道不レ来也有二誵訛一。若為得レ無二誵訛一去。還知得麼。三箇渾崙鉄餕餡、一双無縫木饅頭」(続蔵一一八・二五四b) とあるのが参考になる。

小1—16　**鉄餕餡**…　鉄で作ったマントウ。『法演禅師語録』巻上「初住四面山語録」の開堂小参に「及レ到二浮山円鑑会下一、直是開レ口不レ得。後到二白雲門下一、咬二破一箇鉄酸餡一、直得二百味具足一」(大正蔵四七・六四九c) とある。

小1—17　**諸方五味禅**…　各地で行なわれている雑然とした邪禅。一味禅に対していう。元来は圭峰宗密が『禅源諸詮集都序』巻上之一において禅を外道禅・凡夫禅・小乗禅・大乗禅・最上乗禅の五種(大正蔵四八・三九九b) に分けたことに因む。『古尊宿語録』巻二十八の『舒州龍門仏眼和尚語録』の上堂に「山僧尋常道、喫茶去。今日也道、喫茶去。会二尽諸方五味禅一、何似二山僧喫茶去一。下座」(続蔵一一八・二五七a～b) とある。

小1—18　**知恩者少、負恩者多**…　恩恵を受けた本当の意味を知っている者がほとんどいないことをいう。『古尊宿語録』巻十四の『趙州真際禅師語録』の「趙州真際禅師語録之余」に「師問二菜頭一、今日喫二生菜一熟菜。菜頭提二起一茎菜一。師云、知レ恩者少、負レ恩者多」(続蔵一一八・一六五b) とあり、『景徳伝灯録』巻十の趙州従諗章にもこの問答(大正蔵五一・二七七c) を載せる。

小1—19　**従来春色無高下、自是花枝有短長**…　春の景色に優劣は無いものの、花の咲く枝はそれぞれに長短の違いがある。『全唐詩』巻三十一の虚中の「句」に「春雨無二高下一、花枝有二短長二」とあり、『円悟仏果禅師語録』巻九「小参二」に「進云、雪峰三度到二投子一、九度上二洞山一、是同是別。師云、別是一家春。進云、恁麼則春色無二高下一、華枝自短長。師云、一任二卜度一」(大正蔵四七・七五四b～c) とある。

小2—1　**内不放出、外不放入**…　内側から出しもしないし、外側から入れもしない。『大慧普覚禅師語録』巻一「住径山能仁禅院語録」に収録された杭州(浙江省) 臨安県の海会寺で開堂に際して疏を拈じてなした示衆に、「既不レ在二己躬一、則内不二放出一、外不二放入一。既外不二放入一、則外息二諸縁一。内不二放出一、則内心無レ喘。既内心無レ喘、外息二諸縁一、則一切智通無二障礙一。既無二障礙一、則一切智智清浄、無レ二無二二分一、無レ別無レ断故」(大正蔵四七・八一三b) とある。

小2—2　**思而得知、慮而得解**…　馬祖下の塩官斉安の語。『景徳伝灯録』巻七の塩官斉安章に「有二講僧一来参。師問云、坐主蘊二何事業一。対云、講二華厳経一。師云、有二幾種法界一。対云、広説則重重無尽、略説有二四種法界一。師竪二起払子一云、遮箇是第幾種法界。坐主沈吟、徐思二其対一。師云、思而知、慮而解、是鬼家活計、日下孤灯。果然失照」(大正蔵五一・二五四a) とある。

小2—3　**亀峰**…　亀谷山寿福寺のこと。既出(上8—1)。

小2—4　**粟船**…　粟船山常楽寺のこと。既出(上1—1)。

小2—5　**重賞之下、必有勇夫**…　得勇夫、須還重賞に同じ。既出(上184—3)。

小2—6　**徳山小参、不答話～好与三十棒**…　『景徳伝灯録』巻十五の徳山宣鑑章に

「師上堂曰、今夜不レ得二問話一、問話者三十拄杖。時有レ僧出方礼拝。師乃打レ之。僧曰、某甲話也未レ問、和尚因二什麽一打二某甲一。師曰、汝是什麽処人。曰、新羅人。師曰、汝未レ跨二船舷一時、便好与二三十拄杖一」（大正蔵五一・三一七c）とある。

小2―7　**徳山**…　徳山宣鑑のこと。既出（上28―1）。

小2―8　**新羅**…　古代の朝鮮半島南東部にあった国。既出（上133―3）。

小2―9　**擬網大鵬、雀亦不遇**…　出典不詳。大鵬のような大きい鳥を捕らえてやろうと網を張ったが、小さな雀さえも得ることがなかった。

小3―1　**永嘉和尚**…　永嘉玄覚のこと。既出（普2―9）。

小3―2　**游江海渉山川、尋師訪道為参禅**…　『景徳伝灯録』巻三十の「永嘉真覚大師証道歌」に「遊二江海一渉二山川一、尋レ師訪レ道為二参禅一。自三従認二得曹渓路一、了三知生死不二相干一。行亦禅坐亦禅、語黙動静体安然」（大正蔵五一・四六〇b）とある。

小3―3　**達磨大師**…　菩提達磨のこと。既出（上9―2）。

小3―4　**天台智者**…　天台山の智者大師智顗（五三八～五九七）のこと。荊州（湖南省）華容県の陳氏。字は徳安。十八歳で出家し、光州（河南省）大蘇山で南嶽慧思に学ぶ。慧思に禅観を受け、金陵（南京）の瓦官寺で『法華経』や『大智度論』を講義した。陳の皇帝の信任を受けるも、台州（浙江省）の天台山に籠り、天台教学を確立する。智顗の著述とされる『法華玄義』『法華文句』『摩訶止観』は総称して天台三大部と呼ばれる。

小3―5　**死諸葛亮、走生仲達**…　既出（上137―2）。

小3―6　**諸葛亮**…　蜀の諸葛亮のこと。既出（上137―3）。

小3―7　**仲達**…　魏の司馬懿のこと。既出（上137―4）。

小3―8　**窮伎倆**…　わずかな腕前。これぐらいの芸当。『無明和尚語録』「蘄州北山智度禅寺語録」の「因事上堂」に「因事上堂。毒蛇頭上能揩レ痒、正是吾家跳竈児。竊得二這些三窮伎倆一、白拈手裏覓二便宜一。囮。万仞崖頭独足立、頭長三尺知二是誰一」（続蔵一二一・三一八b）とある。

小3―9　**円通秀和尚～吾宗異日在汝行矣**…　『聯灯会要』巻二十八の円通法秀章に「秦州隴城辛氏子也。通二諸経論一、久習二華厳一。一日嘆曰、吾観下善財始見二文殊一、復過二百一十城一、事中五十三知識上。又聞三達磨西来、老盧南去、教外別伝二無上心印一。吾豈止二方隅一滞二性相之宗一耶。因棄二所業一、束装南游。径往二天衣一、謁二懐禅師一。懐問曰、座主講二甚麽経一。師云、粗習二華厳一。懐云、華厳以レ何為レ宗。師云、以二法界一為レ宗。懐云、法界以レ何為レ宗。師云、以レ心為レ宗。懐云、心以レ何為レ宗。師不レ能二加答一。懐云、毫釐有レ差、天地懸隔。汝当自看、会有二省発一耳。後十七日、聞下僧挙中白兆問二報慈一云、情生智隔、想変体殊、情未レ生時如何。慈云、隔上。師於レ此大悟。直詣二方丈一陳二所証一。懐喜云、前後座主、唯汝一人真大法器、吾宗異日在レ汝行矣」（続蔵一三六・四五八a）とある。

小3―10　**円通秀和尚**…　雲門宗の円通法秀（一〇二七～一〇九〇）のこと。秦州（甘粛省）隴城の辛氏。天衣義懐の法を嗣ぐ。舒州（安徽省）大湖県の四面山に出世し、廬山棲賢寺、金陵（南京）の鍾山寺や鳳臺山保寧寺、真州（江蘇省）の長蘆崇福禅院、東京（開封）の法雲寺を歴住した。神宗より円通禅師の号を賜る。

小3―11　**善財**…　善財童子のこと。既出（上9―15）。

小3―12　**文殊**…　文殊師利菩薩のこと。既出（上20―16）。

小3―13　**達磨**…　菩提達磨のこと。既出（上9―2）。

小3―14　**老盧南去**…　六祖慧能が法を伝えられて南方に逃れたこと。慧能が「菩提本無レ樹、明鏡亦非レ台、本来無一物、何処惹二塵埃一」の一偈をしたためた後、五祖弘忍の衣法を相伝して南方に逃れた故事を指す。慧能は韶州（広東省）曲江の曹渓山宝林寺（南華寺）を開創し、その禅は南方で大きく展開して南宗禅と呼ばれ、後に五家七宗が派生した。

小3―15　**老盧**…　盧行者。六祖慧能のこと。既出（上150―5）。

小3―16　**天衣懐禅師**…　天衣義懐のこと。既出（上201―2）。

小3―17　**毫釐有差、天地懸隔**…　分別の念が毛の先ほどでも生ずると、道から天と地ほども掛け離れてしまう。三祖僧璨の『信心銘』に「至道無難、唯嫌二揀択一、但莫二憎愛一、洞然明白、毫釐有レ差、天地懸隔」（大正蔵四八・三七六b）とある。

小3―18　**白兆問報慈云～慈云隔**…　『聯灯会要』巻二十五の報慈蔵嶼章に「僧問、承古有レ言、情生智隔、想変体殊、只如二情未レ生時一如何。師云、隔。云、情既未レ生、隔二箇甚麽一。師云、這梢郎子、未レ遇レ人在」（続蔵一三六・四二七b）とある。ただし、問者を白兆志円ではなく一僧とする。

小3―19　**白兆**…　唐末五代、青原下の白兆志円（不詳）のこと。洪州（江西省）の感潭資国の法を嗣ぐ。安州（湖北省）の白兆山竺乾院に住する。顕教大師と諡する。

『景徳伝灯録』巻十七では感潭資国の法嗣とするが、『聯灯会要』巻二十四では雪峰義存の法嗣としている。

小3—20 **報慈**… 唐末五代、曹洞宗の報慈蔵嶼（不詳）のこと。龍牙居遁の法を嗣ぐ。潭州（湖南省）の報慈寺に住する。匡化大師と諡する。

小3—21 **情生智隔、想変体殊**… 『臨済録』「示衆」に「但一切時中、更莫間断、触目皆是。祇為二情生智隔想変体殊一、所以輪二回三界一受二種種苦一」（大正蔵四七・四九七c）とある。分別の心が生ずると真智と隔たり、想念が動くと本体と違ってしまう。この語句はもともと李通玄の『新華厳経論』巻一の冒頭に載る言葉（大正蔵三六・七二一a）として知られる。

小3—22 **刺脳入膠盆**… 膠《にかわ》を溶いた盆に頭を入れること。転じて身動きがとれないさま。『古尊宿語録』巻四十の『雲峰悦禅師語録』の「初住翠巌語録」に「上堂。汝等諸人、与麼上来、大似三刺レ頭入二膠盆一。与麼下去、也是平地喫交。直饒不レ来不レ去、朝打三千、暮打八百。便下座」（続蔵一一八・三三八b）とある。

小3—23 **祖意教意無異無別**… 四巻本『大慧普覚禅師普説』巻三「上官承務請普説」に「此箇説話、眼若未レ開、一似レ説レ夢。要レ敵二他生死一、須下是透二得這箇金剛圏一、呑中得這箇栗棘蓬上。自然頭頭上明、物物上顕、方知二祖意教意無レ二無レ別」とある。

小3—24 **更須透過那辺更那辺**… 那辺はあちら側。現実の世界、差別門・第二義を這辺とするのに対し、悟りの世界、向上門・第一義を指す。『宏智禅師広録』巻五「明州天童山覚和尚小参」に「師云、透二過那辺一看、方有二出身路一。僧云、掲二開金鎖一裏頭看、隠隠風光元自異。師云、不二是那辺事一。僧云、如何是那辺事。師云、瑠璃殿上行、撲倒須二粉砕一」（大正蔵四八・五八a）とある。

建長寺小参

小4—1 **天堂未就、地獄先成**… 既出（上20—4）。

小4—2 **瑞巌没些転智～自喚惺惺也**… 「瑞巌主人公」の公案を踏まえる。既出（偈4—1）。

小4—3 **瑞巌**… 瑞巌師彦のこと。既出（上118—3）。

小4—4 **隔障有耳、低声低声**… しきりを隔てて人が聞いているから、声を小さくせよ。『松源和尚語録』巻上「無為軍治父山実際禅院語録」に「上堂。治父門風、別無二道理一。家田米飯、早眠晏起。洗レ面摸二著鼻一、啜レ茶滋二却觜一。忽有二箇漢一出来、道二低声低声、墻壁有レ耳。也怪レ他不レ得。何故。洞山仏無レ光、韓信臨レ朝底。喝一喝」（続蔵一二一・二八九a）とある。補注（上251—5）も参照。

小4—5 **趙州嘗問僧～州云喫茶去**… 「趙州喫茶去」の公案。既出（上156—4）。

小4—6 **趙州**… 趙州従諗のこと。既出（上9—9）。

小4—7 **雖無上馬力、猶有殺人心**… 気はあっても実力が伴わないたとえ。『物初和尚語録』「慶元府阿育王山広利禅寺語録」に「上堂。挙、僧問二趙州一、二龍争レ珠、誰是得者。州云、老僧只管看。師云、者僧発二此一問一、大似下向二致仕宰相面前一、説中少年登科事上一般。只如レ道二老僧只管看一、又作麼生。雖レ無二上レ馬力一、猶有二殺レ人心一」（続蔵一二一・九三a）とある。

小5—1 **行亦禅坐亦禅**… 『景徳伝灯録』巻三十の「永嘉真覚大師証道歌」に「遊二江海一渉二山川一、尋レ師訪レ道為二参禅一。自三従認二得曹渓路一、了三知生死不二相干一。行亦禅坐亦禅、語黙動静体安然」（大正蔵五一・四六〇a）とある。

小5—2 **三十年**… 三十年は修行の年数。また、修行に必要な年数の最低限を意味する。『雲門匡真禅師広録』巻上「対機三百二十則」に「問、絶二消息一処、如何履践。師云、三十年後。進云、祇今如何。師云、莫二乱統一」（大正蔵四七・五四八c）とある。

小5—3 **諸仏正法眼、滅向瞎驢辺**… 『臨済録』「行録」の臨済義玄が示寂に臨んで示した「誰知吾正法眼蔵、向二這瞎驢辺一滅却」（大正蔵四七・五〇六c）に依る語。既出（上11—5）。

小5—4 **寸糸挂体千条命、匙飯充腸一百鞭**… 「匙飯百鞭、寸糸千命」と同義。既出（法22—5）。

小5—5 **好児終不使爺銭**… 既出（法7—8）。

小5—6 **潙山問道吾～莫是智頭陀麼**… 『景徳伝灯録』巻十四の道吾円智章に「潙山問レ師、什麼処去来。師曰、看病来。曰、有二幾人一病。師曰、有二病底一有二不レ病底一。曰、不レ病底莫二是智頭陀一否。師曰、病与レ不レ病、総不レ干二他事一。急道、急道」（大正蔵五一・三一四b）とある。

小5—7 **潙山**… 潙山霊祐のこと。既出（上197—8）。

小5—8 **道吾**… 青原下の道吾円智（宗智とも、七六九～八三五）のこと。豫章（江西省）海昏の張氏。幼くして百丈惟政（涅槃和尚）の下で出家受具し、薬山惟儼に師事して法を嗣ぐ。霊巌曇晟と共に潙山霊祐らに参じて後、潭州（湖南省）瀏陽の道吾山に住する。修一大師と諡する。

小5―9　**蔵身露影**…　身を隠して影を露わす。自分の身を隠していながら、影を見せてしまう。言いたいことを全部言ってしまわないで、ちらちらとほのめかす。『碧巌録』第二十八則「南泉不説底法」の本則の著語に「看他手忙脚乱。蔵レ身露レ影。去レ死十分。爛泥裏有レ刺。恁麼那賺レ我」（大正蔵四八・一六八ｂ）とある。

小5―10　**掩耳偸鈴**…　耳を掩いて鈴を偸む。音が聞こえないように自らの耳を塞いで鈴を盗むこと。同義に「掩レ鼻偸レ香」がある。愚者が自分だけを欺いて無駄なことをする意。『碧巌録』第八十五則「桐峰庵主作虎声」の本則に「雪竇云、是則是、両箇悪賊、只解二掩レ耳偷レ鈴一」（大正蔵四八・二一〇ｂ）とある。

小5―11　**住持事繁**…　住持としての仕事が忙しい。解答を保留する意。『龐居士語録』巻上の薬山惟儼との問答に「山曰、道三居士不レ見二石頭一、得麼。士曰、拈レ一放レ一、未レ為二好手一。山曰、老僧住持事繁。士珍重便出」（続蔵一二〇・二八ｂ）とある。

小5―12　**聖僧**…　僧堂の中央に奉安する仏像。通常、現在の僧堂には文殊菩薩を、衆寮には観音菩薩を安置する。蘭渓道隆は小仏事の「寿福寺安二聖僧一」において、寿福寺の僧堂に摩訶迦葉と維摩居士の尊像を安置していることが確認される。補注（事4―2）を参照。

小5―13　**鼻孔長三尺**…　『聯灯会要』巻二十七の五祖師戒章に「僧問、如何是仏。師云、鼻孔長三尺。云、不レ会。師云、真不レ掩レ偽、曲不レ蔵レ直」（続蔵一三六・四四一ｄ）とある。

小6―1　**畬山種粟～潙山仰山**…　潙山霊祐と仰山慧寂による「仰山高処高平」の公案。『景徳伝灯録』巻十一の仰山慧寂章に「一日随二潙山一開レ田。師問曰、遮頭得二恁麼低一、那頭得二恁麼高一。祐曰、水能平レ物、但以二水平一。師曰、水也無レ憑、和尚但高処高平、低処低平。祐然レ之」（大正蔵五一・二八二ｂ）とある。

小6―2・3　**事忙不及草書・家貧難辦素供**…　事忙不及草書・家貧難辦素食に同じ。既出（上120―17・18）。

小6―4　**潙山**…　潙山霊祐のこと。既出（上197―8）。

小6―5　**仰山**…　仰山慧寂のこと。既出（上180―5）。

小6―6　**其父攘羊、其子作証**…　春秋時代に楚の直躬が羊を盗んだ父のことを訴えて己の正直を証した故事。『論語』の「子路第十三」に「葉公語二孔子一曰、吾党有二直躬者一、其父攘レ羊、而子証レ之。孔子曰、吾党之直者異二於是一。父為レ子隠、子為レ父隠、直在二其中一矣」とある。

小6―7　**雲山又隔万重重**…　同様の表現として『癡絶和尚語録』巻上「嘉興府報恩光孝禅寺語録」の入院法語に「師驀拈二拄杖一、示レ衆云、拄杖頭辺宇宙空、去二留千聖一覓無レ蹤。直饒未レ挙知二端的一、猶隔二白雲千万重一」（続蔵一二一・二四七ａ）とある。

小6―8　**法昌示衆云～懐宝迷邦**…　『聯灯会要』巻二十八の法昌倚遇章に「示レ衆云、祖師西来、特唱二此事一。只要二時人知レ有。如二貧子衣珠一、不二従レ人得一。千世諸仏、只是弄レ珠底人。十地菩薩、只是求レ珠底人。汝等正是伶俜乞丐、懐レ宝迷レ邦」（続蔵一三六・四五二ｃ）とあり、『法昌禅院遇禅師語録』の上堂（続蔵一二六・二三一ｄ）にも載る。

小6―9　**法昌**…　法昌倚遇のこと。既出（小1―12）。

小6―10　**貧子衣珠**…　『法華経』「五百弟子受記品」に載る衣裏繋珠の故事を踏まえる。既出（上7―4）。

小6―11　**大事為汝不得、小事各自祇当**…　大きなことは何もしてやれないし、小さなことは各自で対応せよ。仏法の大事のことは人のために何も代わってやれない。日常の些細なことがらは各自で対応処理せよ。『応庵和尚語録』巻八「法語」の「示二章化士一」に「袖レ軸求二法語一、揮レ翰聊書二大概一。切忌作二言語会一、亦不レ容レ作下無二言語一会上。到二箇裏一、大事為レ你不レ得、小事自家祇当」（続蔵一二〇・四三七ａ）とある。

小7―1　**霊然密運**…　江戸期の『大覚禅師語録』では「霊然」を「霊山」に作る。霊鷲山で釈尊が摩訶迦葉との間でなした「拈華微笑」の公案。宋代の作話とされる。既出（頌1―1）。

小7―2　**梅花香暗度、元自大寒来**…　既出（上3―4）。

小7―3　**丹霞焼木仏公案**…　「丹霞木仏」の公案。既出（上66―1）。

小7―4　**丹霞**…　丹霞天然のこと。既出（上66―2）。

小7―5　**華岳貪観却倒騎**…　既出（上125―3）。

小8―1　**剣去久矣、爾方刻舟**…　刻舟求剣に同じ。既出（上14―3）。

小8―2　**禾山打鼓**…　「禾山解打鼓」の公案。既出（上137―12）。

小8―3　**禾山**…　禾山無殷のこと。既出（上137―13）。

小8—4　**象骨輥毬**…　「雪峰輥毬」の公案。象骨は雪峰山のこと。既出（上85—1）。

小8—5　**象骨**…　雪峰山の象骨峰のこと。ここでは青原下の雪峰義存を指す。既出（上85—2）。

小8—6　**帰宗拽石**…　「帰宗拽石」の公案。拽石は石の臼を拽くこと。馬祖下の帰宗智常が禅宗寺院の普請の一つである石を拽くことに因んで維那を接化した公案。『宗門統要集』巻三の帰宗智常章に「師因普請、乃問二維那一、作二什麼一。曰、拽レ磨。師曰、不レ得レ動二著中心樹子一。維那無レ対」（『禅学典籍叢刊』一・五一a）とある。なお、『景徳伝灯録』巻八の南泉普願章（大正蔵五一・二五八c）や、『聯灯会要』巻四の南泉普願章（続蔵一三六・二四六a）では、帰宗智常ではなく、南泉普願の問答となっている。

小8—7　**帰宗**…　唐代、馬祖下の帰宗智常（不詳）のこと。馬祖道一の法を嗣ぐ。後に廬山帰宗寺に住し、赤眼帰宗と称される。至真禅師と諡する。

小8—8　**投子道油**…　「投子沽油」の公案。趙州従諗が舒州（安徽省）桐城県の投子大同を訪ねた際の問答で、大同を売油翁と評した公案。『景徳伝灯録』巻十五の投子大同章に「一日趙州諗和尚至二桐城県一。師亦出レ山、途中相遇、未二相識一。趙州潜問二俗士一、知二是投子一。乃逆而問曰、莫二是投子山主一麼。師曰、茶塩銭乞二一箇一。趙州即先到二庵中一坐。師後携二一缾油一帰レ庵。趙州曰、久嚮二投子一、到来只見二箇売油翁一。師曰、汝只見二売油翁一、且不レ識二投子一。曰、如何是投子。師曰、油油」（大正蔵五一・三一九a）とある。この問答は『古尊宿語録』巻三十六の『投子和尚語録』にも趙州従諗との問答（続蔵一一八・三一一c～d）として載る。

小8—9　**投子**…　青原下の投子大同（八一九～九一四）のこと。舒州（安徽省）懐寧の劉氏。長安で禅観や華厳経を修めた後、翠微無学の法を嗣ぐ。舒州に帰って、桐城県の投子山に住すること三十年に及ぶ。慈済大師と諡する。『投子和尚語録』一巻が存する。

小8—10　**洞山示衆云～終不著他鶻臭布衫**…　『古尊宿語録』巻三十八の『襄州洞山第二代初禅師語録』の上堂に「到二臘月三十日一、鼓也打破、猢猻又走却了。手忙脚乱、一無レ所レ成。悔将レ何及。你若是箇衲僧、乍可三凍殺餓殺、終不レ著二你鶻臭布衫一。便下座」（続蔵一一八・三二五b）とあり、『聯灯会要』巻二十六の洞山守初章に示衆として「臘月三十日、鼓也打破了、猢猻又走却了。手忙脚乱、一無レ所レ成。悔将レ何及。你若是箇衲僧、乍可三凍殺餓殺、終不レ著二他鶻臭布衫一」（続蔵一三六・四三三c）とある。

小8—11　**洞山**…　洞山守初のこと。既出（普2—28）。

小8—12　**胡孫子**…　既出（上109—1）。

小8—13　**喚鐘作甕**…　鐘のことを甕だという。早合点すること。『襄州洞山第二代初禅師語録』の上堂に「問、法不二孤起一、仗レ境方生。向上一路、請師便道。師云、聴レ事不レ真、喚レ鐘作レ甕」（続蔵一一八・三二四c）とあり、『無門関』第七則「趙州洗鉢」に「趙州因僧問、某甲乍入二叢林一、乞師指示。州云、喫レ粥了也未。僧云、喫レ粥了也。州云、洗二鉢盂一去。其僧有レ省。無門曰、趙州開レ口見レ胆、露二出心肝一。者僧聴レ事不レ真、喚レ鐘作レ甕」（大正蔵四八・二九三c～二九四a）とある。

小9—1　**鄭州出曹門**…　開封（河南省）から西のかた鄭州（河南省）へ行くのに、東の曹門（建陽門）から出発すること。中国の諺で、甚だしい見当違いをするのにたとえる。『大慧普覚禅師語録』巻十五「大慧普覚禅師普説」の「傅庵主請普説」に「向二三条椽下七尺単前一、閉レ目合レ眼、坐二在黒山下鬼窟裏一、思量卜度。若作二這一絡索道理一、欲レ明二此事一、大似三鄭州出二曹門一。且喜没交渉」（大正蔵四七・八七六b）とある。

小9—2　**仏病祖病**…　仏という病、祖という病。仏祖にとらわれて自由を得ない禅病。仏や祖が自己をしばるものとなること。これは仏祖を絶対視しすぎたり、神格化しすぎたりする様子を病にたとえた表現。仏病・祖病は一度患うと非常に治りにくいものとされる。『雲門匡真禅師広録』巻上「対機三百二十則」の上堂に「問、仏病祖病将レ何医。師云、審即諧。進云、将レ何医。師云、幸有レ力」（大正蔵四八・五四八c）とあり、『天聖広灯録』巻二十一の五祖師戒章に「師上堂云、仏病祖病、一時与二諸禅徳一、拈二向三門外一。諸徳、還拈二得山僧病一也無。若拈二得山僧病一、不レ妨見二得仏病祖病一。珍重」（続蔵一三五・四〇四b）とある。

小9—3　**大海若知足、百川応倒流**…　もしも大海が限界を示して、受け入れを拒否したならば、一切の川の水は海に入れず逆流しなければならない。無限の包容力を持つことが、大海の秘めた大機用の証しであることをいう。『建中靖国続灯録』巻十八「対機門」の潭州等覚法思章に「問、如何是仏法大意。師云、灯籠挂二露柱一。僧曰、学人未レ会。師云、仏殿対二三門一。僧曰、向上更有レ事也無。師云、大海若知レ足、百川応二倒流一」（続蔵一三六・一三五a～b）とある。

小9—4　**僧問永明～心内無法**…　『聯灯会要』巻二十七の永明道潜章に「僧問、祖師西来。未審、伝二箇甚麼一。師云、伝二箇策子一。云、恁麼則心外有レ法去也。師云、心内無レ法」（続蔵一三六・四四六b）とある。

小9—5　**永明**…　法眼宗の永明道潜（?～九六一）のこと。河中府（山西省）の武氏。撫州（江西省）臨川の崇寿院で法眼文益に参学して法を嗣ぐ。銭俶（忠懿王）の命で杭州（浙江省）に入り、銭俶に菩薩戒を授け、慈化定慧禅師の号を賜る。銭俶は杭州銭塘に慧日永明寺（後の浄慈寺）を創建して開山に請じた。

小9—6　**烏非染成、鵠本自白**…　烏玄鵠白に同じ。烏は黒く白鳥は白い。烏は染めて黒くなったのではなく、白鳥はもとから白い。差別の相が歴然として明白であること。『仏鑑禅師語録』巻一「初住慶元府清涼禅寺語録」に「上堂。挙レ一不レ得レ挙レ二、放二過一著一。改旦令辰、恭惟、知事・頭首・耆旧・大衆、各各道体、起居万福。左顧如レ氷如レ霜、右盻如レ金如レ玉。鵠白烏玄、松直棘曲。山僧返復更思量。六六元来三十六」（続蔵一二一・四二八b）とある。

小10—1　**西祖本無所伝、所伝者伝茲無文印子**…　『大慧普覚禅師語録』巻七「住江西雲門庵語録」に「示衆。諸法本来絶待、触目且無二拘礙一、只因二断レ臂覓一レ心、便有レ人求レ懺レ罪。無文印子既成、付レ法伝レ衣廝頼」（大正蔵四七・八三八b）とある。

小10—2　**西祖**…　西来祖師の意で、達磨のこと。既出（上9—2）。

小10—3　**潙山令侍者～将謂有何処分**…　『北磵和尚語録』「散夏小参」に「挙、潙山令三侍者喚二院主一。院主到。潙山云、我喚二院主一、你来作二什麼一。院主無レ対。保寧代云、将謂有二何処分一。北磵即不レ然。只向レ他道、和尚且坐、待二為喚来一。教三這老漢一生起不二レ得」（続蔵一二一・七五d）とある。ただし、保寧仁勇の代語に見られない。

小10—4　**潙山**…　潙山霊祐のこと。既出（上197—8）。

小10—5　**保寧**…　北宋代、臨済宗楊岐派の保寧仁勇（不詳）のこと。四明（浙江省）の竺氏。天台教学を学んだ後、禅に転じて雪竇重顕に投じ、楊岐方会の法を嗣ぐ。建康府（南京）の鳳臺山保寧寺に住する。『保寧禅院勇和尚語録』一巻が存し、『続古尊宿語要』巻三に『保寧勇禅師語』が存する。

小10—6　**遂事莫諫、既往莫咎**…　遂事不諫、既往不咎に同じ。既出（上21—1）。

小11—1　**壷内有別乾坤**…　後漢の費長房の故事。「壷中天」で壷の中の別世界。壷中天地。俗世界と離れた別天地のこと。仙境。『後漢書』巻八十二「方術列伝」の「費長房伝」に「費長房者、汝南人也。曽為二市掾一、市中有二老翁一売レ薬、懸二一壷於肆頭一。及二市罷一、輒跳二壷中一。市人莫二之見一、唯長房於二楼上一覩レ之異焉。因往再拝。（中略）翁乃与倶入二壷中一、唯見二玉堂厳麗一。旨酒甘肴盈二衍其中一、共飲畢而出」とある。

小11—2　**道之消也我不消、道之長也我不長**…　道が衰えても私は衰えない。道が増大しても私は増大しない。『周易』の一節。「泰」（吉）の卦には「君子道長、小人道消也」とあり、「否」（凶）の卦には「小人道長、君子道消也」とある。

小11—3　**巴陵因僧問～鴨寒下水**…　巴陵三句の一つ。同じ条件の下でもそれぞれのありように従った異なる対応があるということ。『景徳伝灯録』巻二十二の巴陵顥鑑章に「師住後、僧問、祖意教意是同是別。師曰、鶏寒上レ樹、鴨寒入レ水」（大正蔵五一・三八六a）とある。

小11—4　**巴陵**…　五代北宋初、雲門宗の巴陵顥鑑（不詳）のこと。雲門文偃の法を嗣ぐ。岳州（湖南省）巴陵の新開寺に住し、弁舌に優れたため、鑑多口と称された。

小11—5　**氷河発焔連天赤、石笋生枝払地青**…　氷河から真っ赤な炎が天まで立ち上り、石筍から枝が生えて地を覆って青々としている。ここでは不可能なもののたとえとして挙げられる。『曹源和尚語録』「饒州妙果禅寺語録」に「冬至上堂。竪二起払子一云、還見麼。君子道長。又撃一下云、還聞麼。小人道消。氷河斉発レ燄、石笋暗抽レ条。喝一喝云、塵劫来事、只在二今朝一」（続蔵一二一・二四二c）とある。

小12—1　**鉄餕餡**…　既出（小1—16）。

小12—2　**南枝向暖、北枝背陽**…　南の枝では日の光に向かってぬくもり始めているのに、北の枝では日が当たらず寒々としている。同じ春の日を受けていても別々である。『仏鑑禅師語録』巻一「初住慶元府清涼禅寺語録」に「上堂。去年梅、今歳柳、顔色馨香依レ旧。依レ旧則故是、因レ甚南枝向レ暖北枝寒。拍二禅床一云、莫レ道春風有二両般一」（続蔵一二一・四三〇c）とあり、『無明和尚語録』「頌古」の「趙州見二二庵主一」に「南枝向レ暖北枝寒、一種春風有二両般一。寄二語高楼一莫レ吹レ笛、大家留取倚二欄干一」（続蔵一二一・三二二b）とある。

小12—3　**春色本無高下、花条各有短長**…　従来春色無高下、自是花枝有短長に同じ。既出（小1—19）。

小12—4　**向三冬傲雪霜**…　冬の最中に雪霜に覆われながら、寒梅がほこらしげに咲くさまをいう。『宏智禅師広録』巻八「偈頌箴銘」の「以二何学士韻一示二像侍者一」に

「茂二養高標一松抱レ苓。歳寒姿傲二雪霜丁一。蕭騒風度山林韻、偃蹇気錘丘壑形。霽月霽雲胸次淡、秋山秋水眼稜青」（大正蔵四八・九七ｂ）とある。

小12―5　**龐居士～伏理人難得**…　『龐居士語録』巻上に「居士訪二大梅禅師一、纔相見便問、久嚮二大梅一、未審、梅子熟也未。梅曰、熟也。你向二什麼処一下レ口。士曰、百雑砕。梅伸《(手)》レ子曰、還二我核子一来。士便去」（続蔵一二〇・三〇ａ）とある。『北礀和尚語録』「小参」の「除夜小参」に「挙、龐居士問二大梅一、久嚮二大梅一、未審、梅子熟也未。師云、到処生レ事。大梅云、你向二什麼処一下レ口。師云、引二得春風一入二菜藍一。居士云、百雑砕。師云、放過即不レ可。大梅云、還二我核子一来。師云、不レ索何獲。居士便礼拝。師云、如何得二一転語一、啞二却居士口一」（続蔵一二一・七五ｄ～七六ａ）とあり、大慧派の北礀居簡が蘭渓道隆と同じように龐居士と大梅法常の問答の一々に著語を付している。

小12―6　**龐居士**…　馬祖下の龐蘊のこと。既出（頌7―2）。

小12―7　**大梅**…　大梅法常こと。既出（頌17―3）。

小13―1　**鉄額銅頭**…　鉄の額と銅の頭。共に堅固さのたとえ。『天聖広灯録』巻十九の韶州仏陀山遠禅師章には「問、如何是仏。師云、銅頭鉄額。学人未レ会、此意如何。師云、簸レ土颺レ塵」（続蔵一三五・三九二ａ～ｂ）とある。

小13―2　**騎鉄馬跨泥牛**…　『宏智禅師広録』巻七「明州天童山覚和尚真賛下火」に「只如二此陰已謝彼陰未レ成、一著落二在什麼処一。穏駕二泥牛一耕二大海一、倒騎二鉄馬一上二須弥一」（大正蔵四八・八三ａ）とある。

小13―3　**泥牛**…　泥で作った牛。既出（上121―5）。

小13―4　**趙州示衆云～今日被驢撲**…　『古尊宿語録』巻十四の『趙州真際禅師語録』の「趙州真際禅師語録之余」の「示衆」に「師示衆云、纔有二是非一、紛然失レ心、還有二答話分一也無。有レ僧出将二沙弥一打一掌、便出去。師便帰二方丈一。至二来日一問二侍者一、昨日者師僧、在二什麼処一。侍者云、当時便去也。師云、三十年弄二馬騎一、被二驢子撲一」（続蔵一一八・一六二ａ）とある。

小13―5　**趙州**…　趙州従諗のこと。既出（上9―9）。

小13―6　**纔有是非、紛然失心**…　わずかでも是非分別の心が起こると、たちまちに本心を見失う。三祖僧璨の『信心銘』に「二見不レ住、慎勿二追尋一。纔有二是非一、紛然失レ心。二由レ一有、一亦莫レ守。一心不レ生、万法無レ咎」（大正蔵四八・三七六ｃ）とある。

小13―7　**奪賊鎗殺賊**…　『従容録』第百則「瑯琊山河」の本則の評唱に「瑯琊云、我則不レ然、清浄本然、云何忽生二山河大地一。此喚下騎二賊馬一趕レ賊、奪二賊槍一殺上レ賊」（大正蔵四八・二九二ａ）とある。

小13―8　**竿木随身**…　芸人が竿木を自在にあやつること。その時々の場面や状況に応じて自由自在に行動することにたとえる。臨機応変な振る舞い。竿木は芸人が曲芸などを演じるときに用いる長い竿のこと。『景徳伝灯録』巻六の馬祖道一章に「鄧隠峰辞レ師。師云、什麼処去。対云、石頭去。師云、石頭路滑。対云、竿木随レ身、逢レ場作レ戯」（大正蔵五一・二四六ｂ）とある。

小14―1　**臨済辞黄蘗～坐却天下人舌頭**…　『臨済録』「行録」に「師因半夏上二黄蘗一、見二和尚看経一。師云、我将謂是箇人、元来是揞黒豆老和尚。住数日乃辞去。黄蘗云、汝破レ夏来、不レ終レ夏去。師云、某甲暫来礼二拝和尚一。黄蘗遂打、趁令レ去。師行二数里一疑二此事一、却回終レ夏。師一日辞二黄蘗一。蘗問、什麼処去。師云、不二是河南一、便帰二河北一。黄蘗便打。師約住与二一掌一。黄蘗大笑、乃喚二侍者一、将二百丈先師禅板机案一来。師云、侍者、将レ火来。黄蘗云、雖二然如レ是、汝但将去、已後坐二却天下人舌頭一去在」（大正蔵四七・五〇五ｃ）とある。

小14―2　**臨済**…　臨済義玄のこと。既出（上72―4）。

小14―3　**黄蘗**…　黄檗希運のこと。既出（上70―2）。

小14―4　**鴻門**…　長安（陝西省西安市）の東北、臨潼県の東部にある地名。漢の劉邦（高祖）と楚の項羽が会見した所。楚漢戦争の際、劉邦は漢中の平定に関して謀反の疑いをかけられたため、項羽に謝罪弁明をしに鴻門に赴いたところ、宴席にて暗殺されかかるが、配下の張良や樊噲らの計らいによりその危機を脱したとする。

小14―5　**樊噲**…　前漢の武将、樊噲（?～前一八九）のこと。鴻門の会で劉邦の命を救い、漢の建国後、その功により舞陽侯に封じられた。『史記』巻九十五「樊酈滕灌列伝第三十五」の「舞陽侯樊噲伝」に載る。

小14―6　**細柳営**…　漢の将軍周亜夫が細柳（陝西省咸陽県）に営んだ軍営。漢の文帝が各陣営を訪問した際に、周亜夫の陣営のみが、軍規に即した陣中の作法を文帝にも守らせた。これに対して文帝の側近たちは周亜夫を非難したが、文帝は「周亜夫こそ真の将軍たる人物である」として褒め称えたとする逸話。『漢書』巻四十「張陳王周伝第十」の「周亜夫伝」に載る。

小14—7　**亜夫**…　漢の将軍、周亜夫（?～前一四三）のこと。文帝・孝景帝に仕えた。呉楚七国の乱において反乱軍を破る功績を上げた。『史記』巻五十七「絳候周勃世家第二十七」や『漢書』巻四十の「周亜夫伝」に載る。

小15—1　**吾宗三句**…　臨済三句のこと。『臨済録』の「上堂」に「上堂。僧問、如何是第一句。師云、三要印開朱点側、未レ容二擬議一主賓分。問、如何是第二句。師云、妙解豈容二無著問一、漚和争負二截流機一。問、如何是第三句。師云、看二取棚頭弄二傀儡一、抽牽都来裏有レ人。師又云、一句語須レ具二三玄門一、一玄門須レ具二三要一。有レ権有レ用、汝等諸人、作麼生会。下座」（大正蔵四七・四九七a）とある。

小15—2　**徳山拆仏殿**…　『松源和尚語録』巻上「饒州薦福禅院語録」に「上堂。拈二拄杖一卓一下云、過去諸如来、斯門已成就。現在諸菩薩、今各入二円明一。未来修学人、当二依レ如レ是住一。只如三徳山拆二却仏殿一、又作麼生。相逢説二尽平生話一、夜深方見二把針人一。喝。卓二拄杖一下座」（続蔵一二一・二九五c）などとあるが、青原下の徳山宣鑑の関連史料では直接の出典が定かではない。

小15—3　**徳山**…　徳山宣鑑こと。既出（上28—1）。

小15—4　**丹霞焼木仏**…　「丹霞木仏」の公案。既出（上66—1）。

小15—5　**丹霞**…　丹霞天然のこと。既出（上66—2）。

小15—6　**黄蘗打羅漢**…　黄檗希運（断際禅師）が、一人の僧（阿羅漢）を打った故事のことか。『林間録』巻下に「断際禅師、嘗与二異僧一游二天台一。行数日、値二江漲不レ能レ済、植レ杖。久之、異僧以レ笠当レ舟、登レ之浮去。断際嫚罵曰、我早知レ汝、定揰二折其脛一乃快也。異僧嘆曰、道人猛利、非二我所レ及」（続蔵一四八・三二一a）とあり、『古尊宿語録』巻四十八に所収される拙庵徳光（仏照禅師）の『仏照禅師奏対録』にも「師云、昔日黄蘗和尚路逢二異僧一同行、乃一羅漢。至二天台一、値二江漲不レ能レ済、植レ杖。久之、異僧以レ笠当レ舟、登レ之浮去。黄蘗指而罵曰、這自了漢、我早知レ汝、定揰二折其脛一。異僧乃歎曰、道人猛利、非二我所レ及」（続蔵一一八・四一七c～d）とあって、同様の故事が収録されている。

小15—7　**黄蘗**…　黄檗希運のこと。既出（上70—2）。

小15—8　**皓老題布裩**…　「荊門犢鼻」の公案。荊門は荊門（湖北省）当陽県の玉泉景徳寺のことで、雲門宗の玉泉承皓（皓布裩）のことを指す。布裩・犢鼻裩とはふんどし。承皓が赤い犢鼻を製り、そこに祖師の名を書いて用いた故事。『建中靖国続灯録』巻六の玉泉承皓章に「参二復州北塔広禅師一、発二明心要一、得二大自在三昧一。製二赤犢鼻一、書二歴代祖師名一、而服レ之曰、唯有二文殊普賢一、猶較二些子一。且書二於帯上一。自レ是諸方曰二皓布裩一」（続蔵一三六・五三a～b）とある。

小15—9　**皓老**…　玉泉承皓のこと。既出（上177—2）。

小15—10・11・12　**聖希天・賢希聖・士希賢**…　聖人は天の徳に及ばんことを願い、賢人は聖人の徳に及ばんことを願い、すぐれた士人は賢人の徳に及ばんことを願う。北宋代の儒者、周敦頤（一〇一七～一〇七三）の『周子通書』「志学第十」に「聖希レ天、賢希レ聖、士希レ賢」とある。

小15—13　**昔日霊山会上八万衆時、梵釈前後侍衛、諸天拱随**…　むかし、霊鷲山において八万の衆生が釈尊の会座に集った時、梵天と帝釈天は前後に控えて護衛し、諸天はそれをとりまき随っていたという意味。釈尊が法を説く際の場の様子を述べている。

小15—14　**八万衆**…　霊山会上の大衆の数。既出（頌1—2）。

小15—15　**梵釈**…　梵天と帝釈天。梵天はインド思想のブラフマンが神格化されたもの。釈尊は梵天の勧請により布教を決意したとされる。帝釈天は雷が神格化された神であり、仏典においては梵天と共に仏法を守護する神とされる。梵天と帝釈天に持国天・広目天・増長天・多聞天の四天王を合わせて梵釈四王といわれる。

小15—16　**道在邇而求之則遠、事在易而捨之則難**…　道は近くにあるのにそれを求めれば遠くなり、事は難しくないのにそれをなげ捨ててしまえば難しくなる。『孟子』「離婁章句上」に「道在レ邇而求二諸遠一、事在レ易而求二諸難一」とあり、『荀子』巻一「修身篇第二」に「道雖レ爾、不レ行不レ至。事雖レ小、不レ為不レ成」とある。補注（上3—1）と補注（法14—2）も参照。

小15—17　**釈尊挙花**…　「拈華微笑」の公案。既出（頌1—1）。

小15—18　**迦葉**…　摩訶迦葉のこと。既出（上93—2）。

小15—19　**二十八祖**…　西天二十八祖のこと。既出（普1—34）。

小15—20　**達磨大師**…　菩提達磨のこと。既出（上9—2）。

小15—21　**嫉妬謗辱者、雖経数回**…　『景徳伝灯録』巻三の菩提達磨章に「時魏氏奉レ釈、禅俊如レ林。光統律師・流支三蔵者、乃僧中之鸞鳳也。覩二師演レ道斥レ相指一レ心、毎与レ師論議、是非鋒起。師遐振二玄風一、普施二法雨一。而偏局之量自不二堪任一、競起二害心一、数加二毒薬一。至二第六度一、以二化縁已畢伝レ法得レ人、遂不二復救レ之、端居而逝。即後魏孝明帝太和十九年丙辰歳十月五日也」（大正蔵五一・二二〇a）とある。

小15―22　**二祖**…　二祖慧可のこと。既出（上9―6）。

小15―23　**三祖**…　三祖僧璨のこと。既出（上243―8）。

小15―24　**五祖**…　五祖弘忍のこと。既出（上264―3）。

小15―25　**老盧**…　盧行者。六祖慧能のこと。既出（上150―5）。

小15―26　**大檀那**…　北条時頼のこと。既出（上9―1）。

小15―27　**含血噴天、天無染而我口先汚**…　含血噴天、先汚其口に同じ。既出（上23―1）。

小15―28　**六祖大師**…　六祖慧能のこと。既出（上150―5）。

小15―29　**碓米篩糠**…　米を臼で挽き、籾殻を篩う。六祖慧能が碓房において八ヶ月にわたり碓をついた故事。既出（上150―4）。

小15―30　**石頭和尚亦無文墨、以打石為生**…　『雲臥紀談』巻上に「西蜀釣魚山回禅師、早為二石工一、而有二契証一。故叢林目レ之、為二回石頭一」（続蔵一四八・五a）とあり、『五灯会元』巻二十の石頭自回章に「本郡人也。世為二石工一。雖レ不レ識レ字、志慕二空宗一。毎求レ人口授二法華一、能誦レ之、棄レ家投二大随一。（中略）人以三其為二石工一、故有二回石頭之称一也」（続蔵一三八・三九三a～b）とある。

小15―31　**石頭和尚**…　石頭自回のこと。既出（上160―2）。

小15―32　**一日南堂云～掃蕩煙塵空索索**…　『嘉泰普灯録』巻十七の合州釣魚臺石頭自回庵主章には「一日於二大随一出レ石次、心光頓発、往見二南堂一蒙二印可一。堂授以二僧服一。後庵居、学者従レ之」（続蔵一三六・一二七c）としか記されないが、『五灯会元』巻二十の合州釣魚臺石頭自回庵主章には「棄レ家投二大随一、供二掃灑一。寺中令レ取二崖石一、師手不レ釈二鎚鑿一、而誦レ経不レ輟レ口。随見而語曰、今日硿磕、明日硿磕、死生到来、作二甚折合一。師愕然釈二其器一設レ礼、願レ聞二究竟法一。因随至二方丈一。随令下且罷二誦経一看中趙州勘婆因縁上。師念念不レ去レ心。久之、因鑿レ石、石稍堅、尽レ力一鎚、瞥見二火光一、忽然省徹。走至二方丈一、礼拝呈レ頌曰、用二尽工夫一、渾無二巴鼻一、火光迸散、元在二這裏一。随忻然曰、子徹也。復献二趙州勘婆頌一曰、三軍不レ動旗閃爍、老婆正是魔王脚、趙州無柄鉄掃帚、掃二蕩煙塵一空索索。随可レ之、遂授以二僧服一。人以三其為二石工一、故有二回石頭之称一也」（続蔵一三八・三九三a～b）とある。

小15―33　**南堂**…　臨済宗楊岐派の南堂元静（一〇六五～一一三五）のこと。後に道興と名のる。閬州（四川省）玉山の趙氏。五祖法演の法を嗣ぐ。成都（四川省）の昭覚寺などを経て、彭州（四川省）の大隋山に住する。『続古尊宿語要』巻三に『南堂興和尚語』が存する。

小15―34　**趙州勘婆**…　趙州従諗の「臺山婆子」の公案。五臺山への路を問う修行者に対して「驀直に恁麼に去け」と指示していた婆子を、趙州が作略にてあしらった公案。『景徳伝灯録』第十の趙州従諗章に「有レ僧遊二五臺一、問二一婆子一云、臺山路向二什麼処一去。婆子云、驀直恁麼去。僧便去。婆子云、又恁麼去也。其僧挙二似師一。師云、待三我去勘二破遮婆子一。師至二明日一便去問、臺山路向二什麼処一去。婆子云、驀直恁麼去。師便去。婆子云、又恁麼去也。師帰レ院謂レ僧云、我為レ汝勘二破遮婆子一了」（大正蔵五一・二七七b）とある。『趙州真際禅師語録』の「趙州真際禅師語録之余」にこの問答（続蔵一一八・一六四d～一六五a）が収録され、『無門関』第三十一則「趙州勘婆」の本則（大正蔵四八・二九七a）によって知られる。

小15―35　**趙州**…　趙州従諗のこと。既出（上9―9）。

小15―36　**趙州無柄鉄笤帚、掃蕩煙塵空索索**…　『禅宗頌古聯珠通集』巻十八の「趙州勘婆」の公案に対する石頭自回の頌古として「老婆元是魔王脚、三軍不レ動旗閃爍。趙州無柄鉄掃帚、掃二蕩烟塵一空索索」（続蔵一一五・一一二b）とあり、先に『五灯会元』に載るものとは若干相違している。

小15―37　**放下著**…　下ろしなさい。置きなさい。著は命令の助字。『趙州真際禅師語録』の「趙州真際禅師語録之余」には「問、一物不二将来一時如何。師云、放下著」（続続一一八・一六二d）とある。『宏智禅師広録』巻二「頌古」では「挙、厳陽尊者問二趙州一、一物不二将来一時如何。州云、放下著。厳云、一物不二将来一、放二下箇什麼一。州云、恁麼則担取去。頌曰、不レ防二行細一輸二先手一。自覚二心麁一愧二撞頭一。局破腰間斧柯爛。洗二清凡骨一共レ仙遊」（大正蔵四八・二三c）とあり、趙州従諗と門下の厳陽善信の問答として載る。

小15―38　**回光返照**…　既出（普2―25）。

小15―39　**彼以悪事而加於汝～仏言還帰彼人之己**…　『雑阿含経』巻四十二に「如レ是我聞。一時仏住二舎衛国東園鹿子母講堂一。世尊晨朝著レ衣持レ鉢、入二舎衛城一乞食。時有二逆健罵婆羅豆婆遮婆羅門一、遥見二世尊一、作二麁悪不善語瞋罵呵責一、把レ土坌レ仏。時有二逆

風一、還吹二其土一、反自坌レ身。爾時世尊即説レ偈言、若人無二瞋恨一、罵辱以加者、清浄無二結垢一、彼悪還帰レ己、猶如二土坌レ彼、逆レ風還自汚一」（大正蔵二・三〇七b～c）とある。

小15—40　**順風使帆**…　風に乗って舟の帆を巧みに操作する。情況に対応してものごとを運ぶこと。『宏智禅師広録』巻六「明州天童覚和尚法語」に「衲僧真実処、要在二履践一。徹二照淵源一、細中之細、混然明瑩、一色無レ痕。更須三転身過二裏許一始得。所以喚作三能紹二家業一。機糸不レ掛、光影杳絶。就レ父一蹊、妙在二体処一。塵滓亡節類泯。知之不レ及、回レ頭取証、覷二破髑髏一。可中得了、便能出レ化。蘆花明月、古渡船開。玉綫金針、那時機転。入レ世応レ縁、塵塵皆爾、法法無レ他。順風使レ帆、自然無レ礙矣」（大正蔵四八・七四c）とある。

小15—41　**昔日、葉県省和尚～遂呼其帰**…　『大慧普覚禅師宗門武庫』の「葉県省和尚」の項に「葉県省和尚、厳冷枯淡、衲子敬二畏之一。浮山遠・天衣懐、在レ衆時、特往参扣。正値二雪寒一、省訶罵駆逐、以至将レ水潑二旦過一、衣服皆湿。其他僧皆怒而去。惟遠懐併二畳敷具一整レ衣、復坐二於旦過中一。省到訶曰、爾更不レ去、我打レ爾。遠近前云、某二人、数千里特来、参二和尚禅一。豈以二一杓水潑一レ之便去。若打殺也不レ去。省笑曰、爾両箇要二参禅一、却去挂搭。続請レ遠充二典座一。衆苦二其枯淡一。省偶出レ荘。遠竊二鑰匙一取二油麪一、作二五味粥一。粥熟、省忽帰赴レ堂。粥罷坐二堂外一、令レ請二典座一。遠至首云、実取二油麪一煮レ粥、情願乞和尚責罰。省令下算レ所レ直估二衣鉢一還訖上、打三十拄杖出レ院。遠舎二於市中一、託二道友一解免。省不レ允。又曰、若不レ容レ帰、祇乞随レ衆入室。亦不レ允。一日出レ街次、見下遠独於二旅邸前一立上、乃云、此是院門房廊、爾在レ此住二許多時一、曽還二租銭一否。令二計レ所レ欠追取一。遠無二難色一、持二鉢於市一、化レ銭還レ之。省又一日出レ街、見二之持鉢一。帰為レ衆曰、遠真有レ意二参禅一。遂呼レ其帰」（大正蔵四七・九四四a）とあり、また『禅宗雑毒海』巻上の「葉県省和尚」の項にも同様の記事（続蔵一一一・二八a～b）が存する。

小15—42　**葉県省**…　北宋代、臨済宗の葉県帰省（不詳）のこと。冀州（河北省）の賈氏。易州（河北省）保寿院で出家した後、首山省念の法を嗣ぐ。汝州（河南省）葉県の広教院に住した。『古尊宿語録』巻二十三に『汝州葉県広教省禅師語録』一巻を収める。

小15—43　**浮山遠**…　臨済宗の浮山法遠（九九一～一〇六七）のこと。遠録公と称される。鄭州（河南省）圃田県の王氏。三交智嵩の下で出家し、汾陽善昭に参じ、葉県帰省の法を嗣ぐ。大陽警玄に謁して衣履を受く。舒州（安徽省）懐寧県の太平興国寺に出世し、蘇州（江蘇省）呉県の天平山を経て舒州（安徽省）桐城県の浮山華厳寺に住する。浮山内の会聖岩に隠遁中に会下に到った投子義青に大陽警玄の法を代付して曹洞宗を嗣続させる。円鑑大師と諡する。

小15—44　**天衣懐**…　天衣義懐のこと。既出（上201—2）。

小15—45　**八角磨盤空裏転**…　既出（上20—12）。

小15—46　**金剛杵打鉄山摧**…　既出（上20—13）。

小15—47　**常不軽菩薩毎見人云～汝等皆当作仏**…　『妙法蓮華経』巻六「常不軽菩薩品」に「最初威音王如来既已滅度、正法滅後、於二像法中一、増上慢比丘有二大勢力一。爾時有二一菩薩比丘一名二常不軽一。得大勢、以二何因縁一名二常不軽一。是比丘、凡有レ所レ見、若比丘・比丘尼・優婆塞・優婆夷、皆悉礼拝讃歎、而作二是言一、我深敬二汝等一、不二敢軽慢一。所以者何、汝等皆行二菩薩道一、当レ得二作仏一。而是比丘、不三専読二誦経典一、但行二礼拝一、乃至遠見二四衆一、亦復故往、礼拝讃歎、而作二是言一、我不三敢軽二於汝等一、汝等皆当二作仏一」（大正蔵九・五〇c）とある。

小15—48　**常不軽菩薩**…　『妙法蓮華経』巻六「常不軽菩薩品」に出てくる菩薩で、釈尊の過去世の名。迫害に遭いつつも、一切の衆生には仏性があるため、常に四衆を礼拝し、多くの人に授記を与えた。

小15—49　**雲門大師道～漱口三年**…　既出（上218—3）。ただし、雲門文偃の言葉としての用例は不詳。

小15—50　**雲門大師**…　雲門文偃のこと。既出（上29—2）。

小16—1　**真照無方、長時恒赫**…　『景徳伝灯録』巻十二の臨済義玄章の遺偈に「師唐咸通七年丙戌四月十日、将レ示レ滅乃説二伝法偈一曰、沿レ流不レ止問二如何一、真照無辺説二似他一。離レ相離レ名如レ不レ稟、吹毛用了急須レ磨。偈畢坐逝」（大正蔵五一・二九一a）とある。

小16—2　**擘破娘生鉄面皮**…　擘破面皮とも。既出（上107—2）。

小16—3　**鉄面皮**…　既出（普2—22）。

小16—4　**驚起法身蔵北斗**…　『大慧普覚禅師語録』巻十二「讃仏祖」の「圜悟和尚」に対する讃に「風雷為レ舌、虚空為レ口、応レ群生レ機、作二師子吼一。眼光爍二破四天下一、驚二起法身一蔵二北斗一。箇是楊岐嫡孫、喝下須弥倒走」（大正蔵四七・八六〇a）とある。

小16—5　玄沙問長生云～鬼窟裏作活計…　『聯灯会要』巻二十四の長生皎然章に「玄沙問、我観二如来一、前際不レ来、後際不レ去、今亦無レ住、長老作麼生。師云、放二某甲一過、有二箇道処一。沙云、我放レ你過、你作麼生道。師黙然。沙云、誰委。師云。和尚不レ委那。沙云、情レ知、你向二鬼窟裏一作二活計一」（続蔵一三六・四二〇c）とある。

小16—6　玄沙…　玄沙師備のこと。既出（上48—3）。

小16—7　長生…　唐末五代、雪峰下の長生皎然（不詳）のこと。福州（福建省）の人。雪峰義存に執事すること十年を経て、印可を受く。福州連江の長生山に住する。閩師より禅主大師の号を受ける。

小16—8　在鬼窟裏作活計…　幽鬼の棲む洞窟で暮らしをなす。迷いの境地を悟りと思いちがえて安住してしまう。『景徳伝灯録』巻十九の保福従展章に「因挙、盤山云、光境倶亡、復是何物。洞山云、光境未レ亡、復是何物。師曰、拠二此二尊者商量一、猶未レ得二勦絶一。乃問二長慶一、如今作麼生道、得二勦絶一。長慶良久。師曰、情知和尚向二山鬼窟裏一作二活計一。長慶却問、作麼生。師曰、両手扶レ犁水過レ膝」（大正蔵五一・三五四c）とあり、『雪竇明覚禅師語録』巻三「拈古」に「保福扶犁」（大正蔵四七・六九〇c～六九一a）の公案として知られている。

小17—1　陸侍御～侍御自問他看…　『嘉泰普灯録』巻二十六「拈古」の「太平仏鑑懃禅師六則」に「挙、潙山同二陸侍御一入二僧堂一。陸問、如許多僧、為復是喫二粥飯一僧、為復是参禅僧。曰、亦不下是喫二粥飯一僧上、亦不二是参禅僧一。云、在レ此作二甚麼一。曰、侍御自問二取他一看」（続蔵一三七・一八四b）とある。『聯灯会要』巻八の仰山慧寂章では「陸侍御、同レ師入二僧堂一。問、如許多師僧、為復是喫二粥飰一僧、為復是参禅僧。師云、亦不下是喫二粥飰一僧上、亦不二是参禅僧一。陸云、在レ此作二甚麼一。師云、侍御自問二取他一」（続蔵一三六・二八三b）とあって、仰山慧寂と陸侍御との問答になっている。

小17—2　潙山…　潙山霊祐のこと。既出（上197—8）。

小17—3　孫臏…　戦国時代の斉の兵法家。既出（上86—2）。

小17—4　囲魏救趙…　既出（上86—3）。

小17—5　子胥遁跡恨楚投呉…　子胥報冤に同じ。既出（上47—2）。

小17—6　天暁須教到、無令犯夜行…　「不許夜行、投明須到」に同じ。既出（上215—1）。

小18—1　迦葉尊者…　摩訶迦葉のこと。既出（上93—2）。

小18—2　当年龕上座、三文買箇黒撈波…　この年の夏安居に仏法を担ってゆく人材が育たなかったことに対し、巌頭全龕（龕上座）の故事を引いて説示した。『聯灯会要』巻二十一の巌頭全龕章に「有レ僧辞。師問、甚麼処去。云、入レ嶺、礼二拝雪峰一去。師云、雪峰若問二巌頭如何一、但向レ他道、近日在二湖辺一住、只将二三文一買二箇撈波子一、撈レ蝦摝レ蜆、且恁麼過レ時」（続蔵一三六・三九一a）とある。

小18—3　龕上座…　巌頭全龕（全豁）のこと。既出（普1—25）。

小18—4　雲門問僧～還我九十日飯銭来…　「雲門還飯銭来」の公案。九十日飯銭とは安居中の食費のことであるが、ここでは修行を指し、雲門文偃が九旬安居の意義を説い質している。『雲門匡真禅師広録』巻上「対機三百二十則」に「問、初秋夏末、前程忽有レ人問、如何祇対。師云、大衆退後。進云、過在二什麼処一。師云、還二我九十日飯銭一来」（大正蔵四七・五五〇c）とあり、『聯灯会要』巻二十四の雲門文偃章などにもこの話（続蔵一三六・四一六d）を載せる。

小18—5　雲門…　雲門文偃のこと。既出（上29—2）。

小18—6　隔山容易見、対面不相知…　山を隔てて遠くいつも見ていたのに、面と向かい合うと互いにそれと見て取れない。「隔山容易見」は、『松源和尚語録』巻下「臨安府景徳霊隠禅寺語録」に「上堂。隔レ墻見レ角、便知二是牛一。隔レ山見レ煙、便知二是火一。以二払子一撃二禅床一一下云、諸人還見麼。下レ坡不レ走、快便難レ逢」（続蔵一二一・三〇二c）とあるように、北本『大般涅槃経』巻十七「梵行品」に「如二遠見レ烟、名為レ見レ火、実不レ見レ火。雖レ不レ見レ火、亦非二虚妄一。（中略）如下人遥見二籬間牛角一、便言上レ見レ牛。雖レ不レ見レ牛、亦非二虚妄一」（大正蔵一二・四六六a）とあるのを基にした語であろう。「対面不相知」は『古尊宿語録』巻八の『汝州首山念和尚語録』「次住宝応語録」に「問、向上一路、請師指示。師云、対面不二相識一。僧云、為二什麼一不二相識一。師云、問処分明答処親」（続蔵一一八・一二五c）とある。

小19—1　胡僧…　菩提達磨のこと。既出（上9—2）。

小19—2　僧問古徳～大底大小底小…　大きい石は大きく、小さい石は小さい。個々そのものがそれぞれの姿を保っていることをいう。『景徳伝灯録』巻二十四の帰宗道詮章には「問、九峰山中還有二仏法一也無。師曰、有。曰、如何是九峰山中仏法。師曰、山中石頭大底大、小底小」（大正蔵五一・四〇三b）とあり、この語は雪峰派下の帰宗道詮が筠州（江西省）の九峰隆済院に住したときの問答とされる。ただし、『無明和尚語録』の「平江府陽山尊相禅寺語録」に「上堂云、挙、僧問二鏡清一、深山巌窟中、還有二仏法一也無。清云、有。僧問、如何是深山巌窟中仏法。云、石頭大底大、小底小」（続蔵一二一・三二一a～b）とあり、無明慧性はこの古徳を雪峰下の鏡清道怤のこととしている。

小19―3　**古徳**…　法眼宗の帰宗道詮（九三〇～九八五）のこと。吉州（江西省）安福の劉氏。雪峰派下の延寿慧輪の法を嗣ぐ。廬山の牛首峰下に結庵する。筠州（瑞州）上高の九峰隆済院に開堂し、太平興国九年（九八四）に廬山の帰宗寺に住した。

小19―4　**順水使帆**…　順水張帆とも。水の流れに乗って舟の帆を上げる。情勢に対応してものごとを進める。『大慧普覚禅師語録』巻五「住育王広利禅寺語録」の「到二天童一請上堂」に「若恁麼、喚作二順水張レ帆、未三是衲僧用処一。雖二然如レ是、略借二主人威光一、与二大衆一赴二箇時節一」（大正蔵四七・八三〇c）とある。補注（小15―40）も参照。

小19―5　**月色和煙白、松声帯露寒**…　『黄龍慧南禅師語録』の「黄龍慧南禅師語録続補」に「月色和レ雲白、松声帯レ露寒。好箇真消息、憑レ君子細看」（大正蔵四七・六三八a）とある。

小20―1　**傅大士**…　存俗居士の傅翕（四九七～五六九）のこと。善慧大士・叢林大士・東陽大士とも称される。仏教に対する造詣は非常に深く、梁の武帝への講経や、婺州（浙江省）義烏の松山双林寺（宝林寺）の創立、大蔵経閲覧の便宜を図るために輪蔵を建立するなど、多くの功績があり、居士ではあったが弥勒の応身と讃えられた。『双林寺善慧大士語録』二巻が存する。

小20―2　**道得八成**…　八割を言い当てている。いまだ完全ではない。『碧巌録』第九十一則「塩官犀牛扇子」の頌古の評唱に「道得也殺道、只道二得八成一。若要二十成一、便与掀二倒禅床一」（大正蔵四八・二一六b）とある。

小20―3　**老雪峰**…　雪峰義存のこと。既出（上85―2）。

小20―4　**雄雞生卵**…　雄の鶏が卵を生む。ここでは元旦に新年が始まるのをたとえている。『無明和尚語録』「蘄州資福禅寺語録」に「上堂云、挙、雲門示レ衆云、天寒日短、両人共二一椀一。師云、雲門家風太険、資福則不レ然。天寒日短、三平二満。虎咬二大虫一、雄鶏生レ卵。且道、明二什麼辺事一。参」（続蔵一二一・三一七d）とある。

小20―5　**寒拾**…　唐代に天台山の国清寺に居た僧で、豊干と共に「国清三隠」と称せられた寒山と拾得のこと。寒山（上88―3）と、拾得（上258―2）は既出。

小20―6　**白雲示衆云～不曽容易舞三臺**…　『聯灯会要』巻十五の白雲守端章に「示レ衆云、若端的得二一回汗出来一、便向二一茎草上一現二瓊楼玉殿一。若未三端的得二一回汗出来一、縦有二瓊楼玉殿一、却被二一茎草蓋却一。作麼生得二汗出一去。自有二一双窮相手一、不三曽容易舞二三臺一」（続蔵一三六・三三六c）とあり、『白雲端和尚語録』巻二「白雲山海会禅院語録」にも「上堂」（続蔵一二〇・二一一d）として載る。

小20―7　**白雲**…　白雲守端のこと。既出（上148―2）。

小20―8　**三臺**…　詞曲の名。『楽府詩集』「雑曲詩辞十五」の「三臺詞序」によると、劉禹錫の『嘉話録』に、北斉の高洋が銅雀臺をこわして三つの臺を建てた。宮人はこれに拍手して、酒を持って臺に登れと呼んだので、その曲を「三臺」と名付けたという。唐代の王建の「江南三臺詞」に「朝愁暮愁郎老、百年幾度三臺」とある。また、鄴都（河北省）の西北に三臺があり、そこで後趙の太祖、石虎（字は季龍、武帝）が酒宴を催し、その際に作った曲を三臺と名付けたことによるとも伝えられている。

小21―1　**臨済**…　臨済義玄のこと。既出（上72―4）。

小21―2　**徳山**…　徳山宣鑑のこと。既出（上28―1）。

小21―3　**招提元易禅師～莫錯認**…　『嘉泰普灯録』巻五の招提元易章に「僧問、古者道、迥絶無レ人処、聚レ頭相共挙。既是迥絶無レ人処、是誰相共挙。曰、青山与二白雲一。云、只如二青山白雲一、還知レ有也無。曰、若知レ有、即有レ人也。云、未審是甚麼人証明。曰、白雲与二青山一。云、莫二便是和尚為レ人処一麼。曰、莫二錯認一」（続蔵一三七・五三d）とある。

小21―4　**招提元易**…　曹洞宗の招提元易（一〇五三～一一三七）のこと。潼州（四川省）銅山の税氏。芙蓉道楷の法を嗣ぐ。鄧州（河南省）の招提寺に出世し、襄州（湖北省）の石門寺などに住する。

小21―5　**古徳道、迥絶無人処、聚頭相共挙**…　出典不詳。招提元易より若干ながら後の時代ではあるが、『続古尊宿語要』巻四の『山堂洵禅師語』「入二霊石一」の入山法語に「師云、翠巌和尚恁麼説話、自救不了、如何為レ人。霊石也無下仏法到二諸人一参上、也無下禅道与二諸人一学上。拈二却丈二釘一、去二却八尺楔一。若也会得、迥絶無レ人処、聚レ頭相共挙。若也不レ会、三尺一丈六、且同携レ手帰」（続蔵一一九・三a）とあり、同様の言葉が引用されている。

小21—6　**古徳**…　不詳。臨済宗黄龍派の山堂僧洵（?〜一一七〇）は、同様の言葉を語録に残しているが、曹洞宗の招提元易より一世代新しい人であるため符合しない。

小21—7　**長袖善舞、多財善賈**…　長いふり袖を着た人は上手に舞うことができ、金持ちは上手に商売することができる。条件のそろった者は何事をするにも都合がよい。『韓非子』「五蠹第四十九」に「今不レ行二法術於内一、而事二智於外一、則不レ至二於治強一矣。鄙諺曰、長袖善舞、多銭善賈。此言二多資之易一レ為レ工也」とある。

小22—1　**三喚**…　三たび喚ぶこと。「国師三喚」の公案を踏まえる。六祖下の南陽慧忠（大証国師）が侍者を三度召喚し、侍者が三度応答したという公案。『景徳伝灯録』巻五の南陽慧忠章に「一日喚二侍者一、侍者応諾。如レ是三召皆応諾。師曰、将謂吾孤二負汝一、却是汝孤二負吾一」（大正蔵五一・二四四a）とある。一般には『無門関』第十七則「国師三喚」の公案（大正蔵四八・二九五c）によって知られる。

小22—2　**三玄三要**…　既出（上120—8）。

小22—3　**以賤圧良**…　圧良為賤とも。良民を無理やり賤民にする。強いて人を賤しめて悪者扱いをする。『景徳伝灯録』巻八の南泉普願章に「師為二馬大師一設レ斎。問レ衆云、馬大師来否。衆無レ対。洞山云、待レ有レ伴即来。師云、子雖二後生一、甚堪二雕琢一。洞山云、和尚莫二圧レ良為一レ賤」（大正蔵五一・二五九a）とある。

小22—4　**資福因僧問〜瞎却一人眼**…　『景徳伝灯録』巻十二の資福如宝章に「問、学人創入二叢林一、一夏将レ末、未レ蒙二和尚指教一、願垂二提拯一。師托二開其僧一乃曰、老僧自二住持来一、未三曾瞎二却一僧眼一」（大正蔵五一・二九八a〜b）とある。

小22—5　**資福**…　唐末五代、潙仰宗の資福如宝（不詳）のこと。袁州（江西省）宜春県の仰山の西塔に居した西塔光穆の法を嗣ぐ。吉州（江西省）廬陵県の資福寺に住した。

小23—1　**疎山訪岩頭〜今日被驢撲**…　『聯灯会要』巻二十一の巌頭全奯章に「師見二疎山一来、遂洋洋而睡。山近前而立。師不レ顧。山拍二縄床一一下。師回顧云、作二甚麼一。山云、和尚且瞌睡。便出去。師呵呵大笑云、三十年弄二馬騎一、今日被二驢撲一」（続蔵一三六・三九〇d〜三九一a）とある。

小23—2　**疎山**…　唐末五代、洞山下の疎山匡仁のこと。光仁とも。吉州（江西省）新淦の人。香厳智閑や福州大安に参じ、洞山良价の法を嗣ぐ。撫州（江西省）全渓県の疎山白雲寺に住する。体が小さかったことから矮師叔と称された。

小23—3　**岩頭**…　巌頭全奯（全豁）のこと。既出（普1—25）。

小23—4　**隠身無地**…　身を隠す場所すらない。『嘉泰普灯録』巻八の長蘆祖照道和章に「上堂。観二身実相一、観レ仏亦然。這裏見得、黄面瞿曇隠レ身無レ地。其或渺漫不レ分、照二顧眉毛鼻孔一」（続蔵一三七・七一b〜c）とある。

小24—1　**七仏未生之際**…　過去七仏が出世する以前。七仏以前とも。威音王已前や朕兆未分已前などと同じで、相対性を超えた自己の本来的な姿を指す。

小24—2　**二儀未判之先**…　天地が分かれる以前。二儀は天と地。『嘉泰普灯録』巻三十「雑著」の「呉山師子端禅師」の「易説」に「夫易之道、幽玄難レ会、問二著時流一、指レ天説レ地。窮二他二儀未レ分已前一、只言、太始太極、混沌一気。清濁纔分之後、不レ離二乾坎艮震巽离坤兌一」（続蔵一三七・二一三c）とある。

小24—3　**洞山五位**…　既出（上120—6）。

小24—4　**洞山**…　洞山良价のこと。既出（上11—2）。

小24—5　**臨済三玄**…　既出（上120—8）。

小24—6　**臨済**…　臨済義玄のこと。既出（上72—4）。

小24—7　**古徳有僧問〜家犬声獰夜不休**…　『天聖広灯録』巻十九の廬山化城鑑章に「時有レ僧問、生死到来、如何免得。師云、柴鳴竹爆驚二人耳一。学人不レ会、請師直指。師云、家犬声獰夜不レ休」（続蔵一三五・三九四b）とある。

小24—8　**古徳**…　唐末五代、雲門下の廬山化城鑑（不詳）のこと。雲門文偃の法を嗣ぐ。江州（江西省）徳化県廬山香炉峰の化城寺に住する。

小25—1　**潙山因僧問〜方見裏頭仁**…　『聯灯会要』巻七の潙山霊祐章に「僧問、如何是道。師云、無心是道。云、某甲不レ会。師云、会二取那不会底一。云、如何是不会底。師云、只是你不二是別人一」（続蔵一三六・二七三c）とある。潙山霊祐と一僧との問答に対して、蘭渓道隆が一々に著語している。

小25—2　**潙山**…　潙山霊祐のこと。既出（上197—8）。

小25—3　**南山北山転霶霈**…　「南山起雲、北山霶霈」「南山起雲、北山下雨」とも。既出（上93—4）。

小25—4　**有智無智、較三十里**…　既出（上73—1）。

小25—5　**順水張帆**…　順水使帆とも。既出（小19—4）。

小25—6　**貴買賤売**…　既出（上56—1）。

小26―1　**徳山棒**…　徳山行棒とも。既出（上72―1）。

小26―2　**徳山**…　徳山宣鑑のこと。既出（上28―1）。

小26―3　**臨済喝**…　臨済四喝とも。既出（上72―3）。

小26―4　**臨済**…　臨済義玄のこと。既出（上72―4）。

小26―5　**画餅徒用充饑**…　画餅充饑のこと。既出（上3―2）。

小26―6　**那斯祁**…　既出（上125―1）。

小26―7　**文殊三処度夏**…　「文殊過夏」の公案。既出（上137―5）。

小26―8　**文殊**…　文殊師利菩薩のこと。既出（上20―16）。

小26―9　**迦葉**…　摩訶迦葉のこと。既出（上93―2）。

小26―10　**有頭無尾**…　頭があって尾がない。尻切れトンボ。首尾一貫しないこと。『臨済録』「行録」に「仰山云、但去、已後有三一人佐二輔老兄一在。此人秖是有レ頭無レ尾、有レ始無レ終」（大正蔵四七・五〇五b）とあり、『碧巌録』八十一則「薬山麈中麈」の本則の評唱に「石鞏作略、与二薬山一一般。三平頂門具レ眼、向二一句下一便中レ的。一似二薬山道レ看レ箭。其僧便作レ塵放レ身倒、這僧也似二作家一。只是有レ頭無レ尾」（大正蔵四八・二〇七b）とある。

小27―1　**十一月十一日**…　冬至小参は、冬至の日の前日の夜に行なわれる。したがって、この年の冬至は十一月十二日であったことになる。これに符合する年は、文応元年（一二六〇）であり、この小参は文応元年十一月十一日に行なわれたものであろう。

小27―2　**柳未開新眼、梅先放旧条**…　『全唐詩』巻一に載る上官昭容（上官婉児）の「遊二長寧公主流杯池一二十五首」の一首に「鬪レ雪梅先吐、驚レ風柳未レ舒。直愁二斜日落一、不レ畏二酒尊虚一」とあり、『虚堂和尚語録』巻八「虚堂和尚続輯」の「除夜小参」には「且不レ渉二時宜一一句作麼生。撃二払子一。嶺梅先破レ玉、江柳未レ揺レ金」（大正蔵四七・一〇四二b）とある。

小27―3　**潙山問仰山〜大家在這裏**…　『景徳伝灯録』巻九の潙山霊祐章に「冬月師問二仰山一、天寒人寒。仰山云、大家在二遮裏一」（大正蔵五一・二六五c）とある。「潙山天寒人寒」の公案と称される。

小27―4　**潙山**…　潙山霊祐のこと。既出（上197―8）。

小27―5　**仰山**…　仰山慧寂のこと。既出（上180―5）。

小27―6　**三搭不回頭**…　三度も肩を叩かれても振り向きもしない。鈍根なさまをいう。『碧巌録』第二十四則「鉄磨老牸牛」の本則の評唱に「如今人三搭不レ回レ頭」（大正蔵四八・一六五a）とある。

小27―7　**無限清風来未已**…　既出（上1―14）。

小28―1　**昔日趙州老、解道能駆十二時**…　「趙州使得十二時」の公案。『古尊宿語録』巻九の『趙州真際禅師語録』巻上の上堂に「問、十二時中如何用心。師云、你被二十二時使一、老僧使二得十二時一。你問二那箇時一」（続蔵一一八・一五四c）とあるのを受ける。

小28―2　**趙州老**…　趙州従諗のこと。既出（上9―9）。

小28―3　**擘破面皮**…　既出（上107―2）。

小28―4　**雪竇有僧問〜啞子喫苦瓜**…　『建中靖国続灯録』巻三の雪竇重顕章に「問、如何是教外別伝一句。師云、看看臘月尽。僧曰、恁麼則流レ芳去也。師云、瘂子喫レ瓜」（続蔵一三六・三二b）とある。

小28―5　**雪竇**…　雪竇重顕のこと。既出（法4―5）。

小28―6　**秀支替戻岡、僕谷劬禿当**…　『高僧伝』巻九の仏図澄伝に「澄曰、相輪鈴音云、秀支替戻岡、僕谷劬禿当。此羯語也。秀支軍也、替戻岡出也、僕谷劉曜胡位也、劬禿当捉也。此言三軍出捉二得曜一也」（大正蔵五〇・三八四b）とある。西域の渡来僧、仏図澄（二三二〜三四八）は神異譚が数多く伝わるが、そのうちのひとつで、鈴の音を聞き、その意味を知る逸話がある。この場合、鈴の音は「羯語」であるとし、その意味を解明し、前趙の劉曜（字は永明）が軍に捉えられることを予言した。

小29―1　**古人道、痕垢尽時光始現、心法双忘性即真**…　けがれた跡がすべて消え去ると鏡の光が始めて現われてくる。心と対象がともになくなったとき、性がそのまま真となる。『景徳伝灯録』巻三十「永嘉真覚大師証道歌」に「心是根法是塵、両種猶如二鏡上痕一。痕垢尽除光始現、心法双亡性即真」（大正蔵五一・四六〇c）とある。

小29―2　**古人**…　永嘉玄覚のこと。既出（普2―9）。

小29―3　**鉄船**…　既出（上137―11）。

小29―4　**僧問潙山〜只是你不是別人**…　『聯灯会要』巻七の潙山霊祐章に「僧問、如何是道。師云、無心是道。云、某甲不レ会。師云、会二取那不会底一。云、如何是不会底。師云、只是你不二是別人一」（続蔵一三六・二七三c）とある。

小29―5　**潙山**…　潙山霊祐のこと。既出（上197―8）。

小29―6　**阿魏無真、水銀無仮**…　阿魏は珍しい薬草であり、本物を知る人が少ないため偽物が多い。水銀は誰もが知っているものであるため偽物がない。『禅宗頌古聯珠通集』巻十一「南泉油餈」の公案に対する楊岐派の保安復庵可封の偈頌に「阿魏無レ真、水銀無レ仮。老倒南泉、可レ知レ礼也」（続蔵一一五・六五a）とある。

小29―7　**貴買賤売**…　既出（上56―1）。

小29―8　**眼裏無筋一世貧**…　既出（上88―6）。

小30―1　**雪峰輥三箇木毬**…　「雪峰輥毬」の公案。既出（上85―1）。

小30―2　**雪峰**…　雪峰義存のこと。既出（上85―2）。

小30―3　**魯祖面一間土壁**…　「魯祖面壁」の公案。既出（上97―3）。

小30―4　**魯祖**…　魯祖宝雲のこと。既出（上97―4）。

小30―5　**尽大地是箇解脱門**…　既出（上218―23）。

小30―6　**圧良為賤**…　以賤圧良とも。既出（小22―3）。

小30―7　**助桀為虐**…　助紂為虐とも。桀王を補佐して虐政を行なう。夏王朝の暴君桀王を助けて、人民を虐げること。悪人に手を貸して、共に悪事を働くことのたとえ。桀王や紂王は悪政を敷いた暴君として知られる。『史記』巻五十五「留侯世家」には、漢の宰相、張良（留侯）の言葉として「今始入レ秦、即安二其楽一、此所謂助レ桀為レ虐。且忠言逆レ耳利二於行一、毒薬苦レ口利二於病一。願沛公聴二樊噲言一」とある。

小30―8　**僧問文殊和尚～方知不是祖**…　本語録では文殊和尚と一僧との問答としているが、実際は大光居誨と一僧との問答であろう。湖南文殊も大光居誨も共に石霜慶諸の法嗣。『景徳伝灯録』巻十六の大光居誨章に「有レ僧問、只如二達磨一是祖否。師曰、不二是祖一。僧曰、既不二是祖一、又来作二什麼一。師曰、為二汝不一レ薦レ祖。僧曰、薦後如何。師曰、方知レ不二是祖一」（大正蔵五一・三二八c）とあり、『聯灯会要』巻二十二の大光居誨章にも同文（続蔵一三六・三九七b）が載る。

小30―9　**文殊和尚**…　唐末五代、青原下の湖南文殊（不詳）のこと。法諱は不詳。石霜慶諸の法を嗣ぐ。潭州（湖南省）の文殊寺に住する。大光居誨とは同門に当たる。

小30―10　**達磨大師**…　菩提達磨のこと。既出（上9―2）。

小30―11　**閃電光中鴨聴雷**…　如鴨聞雷とも。『圜悟心要』巻下「送二雷公達教授一」に「不レ知レ有底、如二鴨聴一レ雷、只貶二得眼一」（続蔵一二〇・三七三c）とある。

小30―12　**扶桑国裏望新羅**…　日本望新羅とも。扶桑国は日本のこと。既出（法2―13）。

小30―13　**新羅**…　古代の朝鮮半島南東部にあった国。既出（上133―3）。

小30―14　**臨済**…　臨済義玄のこと。既出（上72―4）。

小30―15　**徳山**…　徳山宣鑑こと。既出（上28―1）。

小30―16　**遂事不諫、既往不咎**…　既出（上21―5）。

小30―17　**主山高兮案山低**…　寺の後方の山は高く、前方の山は低い。案山は南面した寺の前面（正面）にある山。按山とも。『聯灯会要』巻二十七の五祖師戒章に智門師寛との問答として「智門問レ師、暑往寒来即不レ問、林下相逢事若何。師云、五鳳楼前聴二玉漏一。云、争二奈主山高按山低一。師云、須弥頂上撃二金鍾一」（続蔵一三六・四四一c）とあり、『碧巌録』第五十六則「欽山一鏃破関」の本則の著語には「挙、良禅客問二欽山一、一鏃破二三関一時如何。〈嶮、不レ妨二奇特一。不レ妨二是箇猛将一〉山云、放二出関中主一看〈劈面来也。也要二大家知一、主山高按山低〉」（大正蔵四八・一九〇a）とある。

小30―18　**韓獹吠絶**…　韓獹が吠えるのをやめる。韓獹逐塊を踏まえるか。韓獹逐塊は既出（上34―2）。

小31―1　**三世諸仏不知有**…　三世の諸仏は悟りのあることを知らない。『景徳伝灯録』巻十の長沙景岑章に「僧問、南泉云、貍奴白牯却知レ有、三世諸仏不レ知レ有。為二什麼三世諸仏不一レ知レ有。師曰、未レ入二鹿苑一時、猶較二些子一。僧曰、貍奴白牯為二什麼一却知レ有。師曰、汝争怪二得伊一」（大正蔵五一・二七五a）とある。

小31―2　**面南看北斗**…　既出（上146―2）。

小31―3　**潙山問仰山云～頼遇寂子不会**…　『聯灯会要』巻七の潙山霊祐章に「示衆云、仲冬厳寒年年事、晷運推移事若何。仰山近前、叉手而立。師云、我也知、汝答二這話一不レ得。却顧二香厳一。厳云、某甲偏答二得這話一。師躡二前問一。厳亦近前、叉手而立。師云、頼遇二寂子不一レ会」（続蔵一三六・二七一c）とある。

小31―4　**潙山**…　潙山霊祐のこと。既出（上197―8）。

小31―5　**仰山**…　仰山慧寂のこと。既出（上180―5）。

小31―6　**香厳**…　潙山下の香厳智閑（?～八九八）のこと。青州（山東省）の人。潙山霊祐に久しく参じて悟りを得ず、鄧州（河南省）白崖山に入り、南陽慧忠の遺跡に止まる。一日、庭の掃除をし、小石が竹にぶつかる音を聞いて悟りを開き、潙山霊祐の法を嗣ぐ。鄧州香厳長寿寺に住し、大いに禅風を挙揚する。襲灯禅師と諡する。偈頌に巧みで、金沢文庫所蔵『香厳頌』一巻が伝えられる。

小31—7　和月渡滄洲…　既出（上164—3）。

小32—1　以大円覚、為我伽藍…　仏の境地をそのまま自らの住居となすこと。大円覚は広大円満な仏の悟りの境地。『円覚経』に「我比丘・比丘尼・優婆塞・優婆夷、某甲踞二菩薩乗一修二寂滅行一、同入二清浄実相一住持、以二大円覚一為二我伽藍一、身心安二居平等性智一、涅槃自性無二繫属一故。今我敬請不レ依二声聞一、当下与二十方如来及大菩薩一三月安居上、為レ修二菩薩無上妙覚大因縁一故、不レ繫二徒衆一」（大正蔵一七・九二一a）とある。

小32—2　望山之時～水依旧只是本水…　『碧巌録』第八十則「趙州初生孩子」の本則の評唱には「山依レ旧是山、水依レ旧是水。無二造作一、無二縁慮一。如下日月運二於太虚一未中嘗暫止上」（大正蔵四八・二〇六b）とあり、『嘉泰普灯録』巻六の青原惟信章には「上堂曰、老僧三十年前未二参禅一時、見レ山是山、見レ水是水。及レ至三後来親見二知識一、有二箇入処一、見レ山不二是山一、見レ水不二是水一。而今得二箇休歇処一、依レ前見レ山只是山、見レ水只是水。大衆、這三般見解、是同是別。有レ人緇素得出、許レ汝親見二老僧一」（続蔵一三七・五八d）とある。

小32—3　高高山頂行、深深海底坐…　『景徳伝灯録』巻十四の薬山惟儼章に「朗州刺史李翶、嚮二師玄化一、屢請不レ起。乃躬入レ山謁レ之。（中略）翶又問、如何是戒定慧。師曰、貧道遮裏無二此閑家具一。翶莫レ測二玄旨一。師曰、太守欲三得保二任此事一、直須下向二高高山頂一坐、深深海底行上」（大正蔵五一・三一二b）とある。本語録では、「坐」と「行」が逆転している。

小32—4　眼観南北、意在東西…　眼観東南、意在西北と同義。既出（普3—3）。

小32—5　東坡居士…　北宋代の詩人、蘇軾（子瞻、一〇三六～一一〇一）のこと。眉山（四川省）の人。詩文で宋代第一とされ、黄庭堅や陳師道らに影響を与え、散文では唐宋八大家の一人に数えられる。弟の蘇轍と共に進士となり、欧陽修を師と仰ぐ。また、筆禍によって流罪となった際には、廬山に遊び、臨済宗黄龍派の東林常総らと親交を持った。『東坡集』『東坡後集』など「東坡七集」を合した『東坡全集』百五十巻が存する。

小32—6　廬山…　江西の名山。古来より多くの文人墨客や画家が訪れて詩を詠じ山水を画いた。江州（江西省九江市）の南に存する中国東南部随一の景勝地で、峰々が連なる風光明媚な場所として知られる。山中には東林寺・西林寺・開先寺・帰宗寺・棲賢寺・円通寺・天池寺などが存する。『廬山志』『廬山記』『廬山紀事』などが存する。

小32—7　横看成嶺側成峰～只縁身在此山中…　『蘇軾詩集』巻二十三の「題二西林壁一」と題する詩に「横看成レ嶺側成レ峰、遠近高低総不レ同。不レ識二廬山真面目一、只縁三身在二此山中一」とある。蘇軾が廬山の西林寺の壁に書き付けたとされる漢詩。遠近高低を変えれば、廬山の景色はそれぞれに変化する。廬山の真の姿を知らないのは、この身がこの山にあるからである。

小32—8　知識…　臨済宗黄龍派の東林常総（一〇二六～一〇九一）のこと。延平（福建省）の施氏。久しく黄龍慧南に参じて法を嗣ぐ。洪州（江西省）靖安の石門山の泐潭寺や江州（江西省）廬山の東林寺に住し、多くの門弟を育成する。広慧大師と照覚禅師の号を賜わる。『演山集』巻三十四に「照覚禅師行状」を収める。

小32—9　古人道～秘在形山…　『碧巌録』第六十二則「雲門中有一宝」の本則に「挙、雲門示レ衆云、乾坤之内、宇宙之間、中有二一宝一、秘二在形山一。拈二灯籠一向二仏殿裏一、将二三門一来二灯籠上一」（大正蔵四八・一九三c）とあり、『宏智禅師広録』巻二「頌古」に「挙、雲門大師云、乾坤之内、宇宙之間、中有二一宝一、秘二在形山一。拈二灯籠一向二仏殿裏一、将二三門一来二灯籠上一」（大正蔵四八・二六c）とあるが、『雲門匡真禅師広録』三巻にはこの古則は収められていない。『五灯会元』巻十五の雲門文偃章にこの古則（続蔵一三八・二七八d）を載せる。

小32—10　古人…　雲門文偃のこと。既出（上29—2）。

小32—11　石頭和尚…　石頭希遷のこと。既出（上120—14）。

小32—12　庵雖小含法界～壊与不壊主元在…　『景徳伝灯録』巻三十「石頭和尚草庵歌」に「吾結二草庵一無二宝貝一、飯了従容図二睡快一。成時初見二茆草新一、破後還将二茆草一蓋。住庵人鎮常在、不レ属三中間与二内外一。世人住処我不レ住、世人愛処我不レ愛。庵雖レ小含二法界一、方丈老人相体解。上乗菩薩信無レ疑、中下聞レ之必生レ怪。問二此庵壊不一レ壊、壊与レ不レ壊主元在」（大正蔵五一・四六一c）とある。

小32—13　撈出泥牛過海南…　『禅宗頌古聯珠通集』巻十一の「南泉鎌子」の公案に対して、黄龍派の智海智清（仏印禅師）が「王老真機迅若レ風、示レ人方便孰能通。茆鎌挙起神鋒露、驚二得泥牛一過二海東一」（続蔵一一五・六三c）と頌古を付している。

小32—14　泥牛…　既出（上121—5）。

小32―15　**昔有一宿徳～僧便礼拝**…　『景徳伝灯録』巻七の大梅法常章に「唐貞元中、居二於天台山余姚南七十里梅子真旧隠一。時塩官会下一僧、入レ山采二拄杖一、迷レ路至二庵所一。問曰、和尚在二此山一来、多少時也。師曰、只見二四山青又黄一」（大正蔵五一・二五四c）とあり、『景徳伝灯録』巻八の潭州龍山（隠山）章に「洞山价和尚行脚時、迷レ路到レ山。因参礼次、師問、此山無レ路、闍梨向二什麼処一来。洞山云、無レ路且置、和尚従レ何而入。師云、我不二曽雲水一。洞山云、和尚住二此山一多少時邪。師云、春秋不レ渉。洞山云、此山先住、和尚先住。師云、不レ知。洞山云、為二什麼一不レ知。師云、我不下為二人天一来上」（大正蔵五一・二六三a）とあって、この両話を合わせた内容となっている。

小32―16　**隠山**…　唐代、馬祖下の隠山和尚（不詳）のこと。龍山和尚とも。馬祖道一の印可を得て後、潭州（湖南省）の龍山で深山に籠り、隠遁生活を送る。道に迷った洞山良价と問答商量したとされる。

小32―17　**徳山**…　徳山宣鑑のこと。既出（上28―1）。

小32―18　**臨済**…　臨済義玄のこと。既出（上72―4）。

小33―1　**不物於物、能超万物之先。非形之形、能出衆形之外**…　『止観輔行伝弘決』巻十之二に「如レ云下夫無レ形故無レ不レ形、無レ物故無上レ不レ物。不レ物者能物レ物、不レ形者能形レ形。故形レ形物レ物者、非レ形非レ物也。夫非レ形非レ物者、求二之於形物一、不二亦惑一乎」（大正蔵四六・四四〇c）とある。

小33―2　**刻舟尋剣**…　刻舟覓剣とも。既出（上14―3）。

小33―3　**二百余衆**…　建長寺における修行僧の数。建長元年（一二四九）に常楽寺で行なわれた「元宵上堂」（上6）では「一百来僧」とあり、康元元年（一二五六）に建長寺で行なわれた上堂（上49―1）では「百五十衆」とある。本小参では「二百余衆」とあるから、これよりも数年後のことであったと推定される。蘭渓道隆の初住期間の間に、建長寺には二百人を越える修行者が集まっていたことが語録から確認される。

小33―4　**神鼎諲禅師有僧問～今日話無門**…　『古尊宿語録』巻二十四の『潭州神鼎山第一代諲禅師語録』「応機揀辨」に「問、輪二回六道一底人、畢竟如何。師云、不レ願二成仏一。曰、為二什麼一不レ願二成仏一。師云、仏亦不二究竟一。云、請二一言一。師云、昨日猶記得、今朝話無レ門」（続蔵一一八・二三八a）とあり、『聯灯会要』巻十二の潭州神鼎鴻諲章にも「問、輪二迴六道一底人、畢竟如何。師云、不レ願二成仏一。云、為二甚麼一不レ願二成仏一。師云、仏亦不二究竟一。云、請二師一言一。師云、昨日猶記得、今朝話無レ門」（続蔵一三六・三一四d）とある。

小33―5　**神鼎諲禅師**…　北宋代、臨済宗の神鼎洪諲（不詳）のこと。鴻諲とも。襄水（湖北省）の扈氏。首山省念の法を嗣ぐ。潭州（湖南省）湘陰県の神鼎山資聖寺に住する。『古尊宿語録』巻二十四に『潭州神鼎山第一代諲禅師語録』一巻が所収される。

小34―1　**最明寺**…　鎌倉山ノ内に存した寺院で、北条時頼によって建立された。既出（上218―15）。

小34―2　**垃圾上重添垃圾**…　ごみの上に更にごみを添える。垃圾は塵やごみ。『湖州呉山端禅師語録』巻上の偈頌に「師因二章相公請一レ供、賺下二餛飩一」と題して「腥餛飩素餛飩、満碗盛二来渾崙一吞。垃圾打従二灘上一過、龍宮海蔵自分明」（続蔵一二六・二四八c）とある。

小34―3　**達磨**…　菩提達磨のこと。既出（上9―2）。

小34―4　**霊山二千年公案**…　「拈華微笑」の公案。既出（頌1―1）。

小34―5　**打破画瓶帰去来**…　『宏智禅師広録』巻四「明州天童山覚和尚上堂語録」に「上堂云、夤縁心和合相、傀儡棚頭呈二伎倆一。打二破画屏一帰去来、家山田地還清曠。掃二断情塵一、瀝二乾識浪一。虚明游践兮風月一壷、夢冷転身兮雪雲万丈」（大正蔵四八・三八a）とある。

小34―6　**帰去来**…　既出（上99―3）。

小34―7　**太平好唱還郷曲**…　『嘉泰普灯録』巻七の道林了一章に、了一が師の祐聖法宦と交わした問答として「至二祐聖一投レ誠入室。聖挙二払子一問曰、雲帰レ山水帰レ海、且道、祐聖払子帰二甚麼処一。云、銀蟾纔散レ彩、万類尽瞻レ光。曰、且喜没交渉。云、便唱二還郷曲一、高歌楽二太平一也。曰、何不レ道、春来華競吐、秋去葉凋零」（続蔵一三七・六七b）とある。また還郷曲については『景徳伝灯録』巻二十九の同安常察の「十玄談」の「還源」に「還郷曲調如何唱、明月堂前枯樹華」（大正蔵五一・四五五c）とある。

小34―8　**行到路窮橋断処、坐看雲散月明時**…　王維の「終南別業」という詩の「行到水窮処、坐看雲起時」（『全唐詩』巻五）という句に基づく。『建中靖国続灯録』巻三の雪竇重顕章に「問、如何是縁生義。師云、金剛鋳鉄券。僧曰、学人不レ会。師云、閙市裏牌。僧曰、恁麼則行到二水窮処一、坐看二雲起時一。師云、列レ下」（続蔵一三六・三二b）とあり、『真州長蘆了和尚劫外録』の「機縁」に「遂与レ頌云、相逢相揖眼如レ眉、百鳥銜レ花尚未レ帰。回レ首春風吹レ夢断、旧山雲散月明時」（続蔵一二四・三一六c）とある。

小34―9　**昔有僧問古徳～大底大小底小**…　既出（小19―2）。

小34―10　**古徳**…　帰宗道詮のこと。既出（小19―3）。

小34―11　**真不掩僞、曲不蔵直**…　既出（上9―5）。

小34―12　**達磨本来観自在**…　達磨を観音菩薩の化身とする。『碧巌録』第一則「聖諦第一義」の本則に「挙、梁武帝問二達磨大師一、如何是聖諦第一義。磨云、廓然無聖。帝曰、対レ朕者誰。磨云、不レ識。帝不レ契。達磨遂渡レ江至レ魏。帝後挙問二志公一。志公云、陛下還識二此人一否。帝云、不レ識。志公云、此是観音大士、伝二仏心印一。帝悔、遂遣レ使去請。志公云、莫レ道陛下発レ使去取、闔国人去、他亦不レ回」（大正蔵四八・一四〇a）とあり、宝誌が梁の武帝に対して、達磨は西天から仏心印を伝えにやってきた観音菩薩であると語ったとされる。

小34―13　**浄名**…　維摩詰のこと。既出（上20―17）。

建寧寺小参

小35―1　**破沙盆**…　「密庵破沙盆」の公案。既出（序―6）。

小35―2　**臨済住院日～済又打**…　『聯灯会要』巻九の臨済義玄章に「師見二普化一乃云、我在二南方一、馳レ書到二潙山一時、知三你先在レ此住待二我来一。及二我来一得二汝佐賛一。我今欲レ建二立黄檗宗旨一、汝切須二為レ我成褫一。普化珍重下去。克符後至、師亦如レ是道。符亦珍重下去。三日後、普化却上問訊云、和尚前日道二甚麼一。師拈レ棒便打下。又三日、克符亦上問訊、乃問、和尚前日打二普化一作二甚麼一。師亦拈レ棒打下」（続蔵一三六・二八九d）とあり、『五灯会元』巻十一の臨済義玄章では「師後住二鎮州臨済一、学侶雲集。一日謂二普化・克符二上座一曰、我欲三於レ此建二立黄檗宗旨一、汝且成二褫我一。二人珍重下去。三日後、普化却上来問、和尚三日前説二甚麼一。師便打。三日後、克符上来問、和尚前日打二普化一作二甚麼一。師亦打」（続蔵一三八・一九四d～一九五a）とある。

小35―3　**臨済**…　臨済義玄のこと。既出（上72―4）。

小35―4　**普化**…　鎮州普化のこと。既出（上150―3）。

小35―5　**黄蘗**…　黄檗希運のこと。既出（上70―2）。

小35―6　**克符道者**…　唐代、臨済下の涿州克符（不詳）のこと。尅符とも。紙衣を常用していたため、紙衣道者・紙衣和尚とも呼ばれる。臨済義玄に参じて四料揀の問答によって法を嗣ぐ。涿州（河北省）に居する。

小36―1　**呵仏罵祖**…　既出（法1―4）。

小36―2　**僊宗玭和尚因僧問～宗云驢年**…　『景徳伝灯録』巻二十一の僊宗守玭章に「僧問、十二時中常在底人、還消二得人天供養一也無。師曰、消不レ得。僧曰、為二什麼一消不レ得。師曰、為二汝常在一。僧曰、只如二常不レ在底人一、還消得也無。師曰、驢年去」（大正蔵五一・三七六c）とある。

小36―3　**僊宗玭和尚**…　五代北宋初、雪峰下の僊宗守玭（不詳）のこと。長慶慧稜の法を嗣ぐ。福州（福建省）侯官県の僊宗院に住する。

小36―4　**床窄先臥、粥稀後坐**…　既出（上69―1）。

小37―1　**片玉従来絶点痕、無端抛出生瑕類**…　完璧帰趙の故事に基づく。既出（上66―4）。

小37―2　**障蔽魔王領諸眷属～如是而住**…　『景徳伝灯録』巻二十七「諸方雑挙徴拈代別語」に「障蔽魔王領二諸眷属一一千年、随二金剛斉菩薩一、覓二起処一不レ得。忽因二一日得レ見、乃問云、汝当於レ何住。我一千年領二諸眷属一、覓二汝起処一不レ得。金剛斉云、我不下依二有住一而住上、不下依二無住一而住上。如レ是而住」（大正蔵五一・四三四c）とある。

小37―3　**翳睛法**…　翳睛術に同じ。核心を覆い隠して見えなくさせる方法。翳はかすみ目。妄想や煩悩によって目のかすんだ状態をいう。蘭渓道隆は「用二翳睛術一、三十余年、打二翻筋斗一、地転天旋」という遺偈を残して示寂しており、「翳睛術」は道隆が行なっていた接化の方法でもあった。「翳睛術」については、舘隆志「蘭渓道隆の霊骨器と遺偈」（『駒澤大学禅研究所年報』第二十三号、二〇一一年）を参照。

小37―4　**旧事不理、既往莫咎**…　遂事不諫、既往不咎に同じ。…既出（上21―5）。

小38―1　**慈明老子**…　石霜楚円のこと。既出（法3―7）。

小38―2　**丹霞行脚次～院主後眉鬚堕落**…　「丹霞木仏」の公案。既出（上66―1）。

小38―3　**丹霞**…　丹霞天然のこと。既出（上66―2）。

小38―4　**天作孼猶可違、自作孼不可逭**…　天災はまだ努力によって逃れることができるが、自らが招いた禍いは逃れることができない。『書経』「太甲中」に「王拝手稽首曰、予小子不レ明二于徳一、自底二不類一、欲敗レ度、縦敗レ礼、以速二戻于厥躬一。天作孽猶可レ違、自作孽不レ可レ逭。既往背二師保之訓一、弗レ克二于厥初一。尚頼二匡救之徳一、図二惟厥終一」とある。

小39―1　**説心説性**…　心を説き性を説く。心性を説き尽くす。分節化することが不可能な心性を分けて考えてしまう。『聯灯会要』巻二十の神山僧密章に「師与二洞山一行次、洞指二路傍院一云、裏面有レ人、説レ心説レ性。師云、是誰。洞云、被二師伯一問、直得去死十分。師云、説レ心説レ性者誰。洞云、死中得レ活」（続蔵一三六・三八四d）とあり、『真歇和尚拈古』の冒頭に「示レ衆云、截二断千差岐路一、已是平地喫交、併二却咽喉唇吻一、未レ免二扶レ籬摸レ壁。若更開二蝦蟆口一、説レ心説レ性、説レ禅説レ道、尽是誑二謼諸人一、滅二胡種族一。従上来事、合作麼生。不レ渉二廉纖一、試請挙看」（続蔵一二四・三一九c）とある。また道元の『正法眼蔵』にも「説心説性」の巻が存する。

小39―2　**不喞𠺕漢**…　冴えない人。だらしない人。『古尊宿語録』巻三十八の『襄州洞山第二代初禅師語録』の上堂に「認二得箇驢鞍橋一、喚作二阿爺下頷一、与二你本分事一有二什麼交渉一。将知下你一生行脚、只是踏二破草鞋一、始終成中得箇不喞𠺕漢上」（続蔵一一八・三二七b）とある。

小39―3　**赤骨律地**…　赤骨律窮・赤骨歴地とも。既出（小1―14）。

小39―4　**罔聖欺賢**…　欺罔聖賢とも。聖賢を欺罔する。聖人・賢者を欺く。『聯灯会要』巻二十八の法昌倚遇章に「如レ斯之見、尽是敗二祖宗風一、滅二胡種族一。承レ虚接レ響、罔レ聖欺レ賢」（続蔵一三六・四五二b）とある。

小39―5　**窮伎倆**…　既出（小3―8）。

小39―6　**趙州有僧問～其僧有省**…　この問答は『趙州真際禅師語録』などに収められておらず、『聯灯会要』巻十六の蔣山慧懃（仏鑑禅師）章に「挙、僧問二趙州一、如何是不遷義。州以レ手作二流水勢一。其僧有レ省」（続蔵一三六・三四七b）とあり、大慧宗杲の『正法眼蔵』巻六でも「仏鑑和尚示衆」にこの問答（続蔵一一八・六八a）を載せる。

小39―7　**趙州**…　趙州従諗のこと。既出（上9―9）。

小39―8　**巻舒自若**…　把住と放行を平然と行なう。心を乱さず巻いたり伸ばしたりする。無準師範の『仏鑑禅師語録』巻一「初住慶元府清凉禅寺語録」に「王知県到上堂。挙下王常侍訪二臨済一遊二僧堂一公案上。師云、臨済老糸綸在レ手、不レ妨巻舒自如。王常侍明鏡当レ臺、一点瞞レ他不レ得。只如三末後道二将謂是箇俗漢一、諸人作麼生商量。須レ知三傳説非二伝説一、莫下把二曽参一作中魯参上」（続蔵一二一・四二八d）とある。

小40―1　**潙山問仰山～迸散六斛驢乳**…　『景徳伝灯録』巻十一の仰山慧寂章に「祐問、大地衆生、業識茫茫、無二本可一レ拠。子作麼生知二他有之与一レ無。師曰、慧寂有二験処一。時有二一僧一従二面前一過。師召云、闍梨。其僧回レ頭。師曰、和尚遮箇便是業識茫茫、無二本可一レ拠。祐曰、此是師子一滴乳、迸二散六斛驢乳一」（大正蔵五一・二八三a）とある。

小40―2　**潙山**…　潙山霊祐のこと。既出（上197―8）。

小40―3　**仰山**…　仰山慧寂のこと。既出（上180―5）。

小41―1　**牛頭没馬頭回**…　『円悟仏果禅師語録』巻二の上堂に「乃云、牛頭没馬頭回、千聖不レ知。前三三後三三、河沙莫レ算。低低処平レ之有レ余、高高処観レ之不レ足。東勝身洲走レ馬、南贍部洲著レ撲。扇子䟦跳上レ天、東海鯉魚発レ怒。直得雨似二盆傾一、大千沙界悉已瀰漫。且道、是牛頭没馬頭回、是前三三後三三。海神知レ貴不レ知レ価、留二向人間一光照レ夜。下座」（大正蔵四七・七一九c～七二〇a）とある。

小41―2　**有条攀条、無条攀例**…　『法演禅師語録』巻中「舒州白雲山海会演和尚語録」の上堂に「上堂云、若論二此事一、如二人博戯一相似。忽然贏得、身心歓喜、家業昌盛、覆二陰児孫一、不レ覚輸レ他、自然迷悶。然二雖有レ輸有一レ贏、此事還在。白雲今日、有レ条攀レ条、無レ条攀レ例」（大正蔵四七・六六二a）とある。

小41―3　**六祖因僧問～我不会仏法**…　『六祖壇経』「機縁」に「一僧問レ師云、黄梅意旨、甚麼人得。師云、会二仏法一人得。僧云、和尚還得否。師云、我不レ会二仏法一」（大正蔵四八・三五八a）とあり、『聯灯会要』巻二の六祖恵能章に「僧問、黄梅意旨、甚麼人得。師云、会二仏法一人得。僧云、和尚得否。師云、我不レ得。僧云、和尚為二甚麼不一レ得。師云、我不レ会二仏法一」（続蔵一三六・二三二b）とある。

小41―4　**六祖**…　六祖慧能のこと。既出（上150―5）。

小41―5　**黄梅**…　五祖弘忍のこと。既出（上264―3）。

小41―6　**曹渓**…　韶州（広東省）曲江県東南の曹渓山宝林寺のこと。六祖慧能の住山地。既出（上18―7）。

小42―1　**開門待知識、不見一人来**…　『龐居士語録』巻下「龐居士詩巻下」に「有三人嫌二龐老一、龐老不レ嫌レ他。開レ門待二知識一、知識不二来過一。心如具二三学一、塵識不二相和一。

一丹療二万病一、不レ仮二薬方多一」（続蔵一二〇・三七c）とあり、『無明和尚語録』「平江府陽山尊相禅寺語録」にも「覚報長老至上堂云、開レ門待二知識一、知識不二来過一。知識既来過、畢竟如何通信。払子撃二禅床一云、開レ口不レ在二舌頭上一、佇看平地起二風波一」（続蔵一二一・三二〇d）とある。

小42—2　**洞山到雲門～山大悟**…　「雲門放三頓棒」「洞山三頓」の公案。門下に到った洞山守初に対し、雲門文偃が来歴を問うたところ、守初は素直に落ち度のない返答をする。それに対して文偃は「三頓棒を課すところだが赦免してやる」と示し、これが機縁で守初は大悟したとされる。『古尊宿語録』巻三十八の『襄州洞山第二代初禅師語録』の問答に「師到二雲門一。雲門問、近離二什麼処一。師云、楂渡。門云、夏在二什麼処一。師云、湖南報慈。門云、幾時離レ彼。師云、八月二十五。門云、放二你三頓棒一。師晩間入室次却問、今日祇対次、蒙三和尚放二三頓棒一。未審、過在二什麼処一。門云、江西湖南便与麼商量。師於二言下一大悟」（続蔵一一八・三二九c）とあり、『景徳伝灯録』巻二十三の洞山守初章に「初参二雲門一。雲門問、近離二什麼処一。師曰、楂渡。門曰、夏在二甚処一。師曰、湖南報慈。曰、甚時離レ彼。師曰、八月二十五。門曰、放二汝三頓棒一、師至二明日一、却上問訊曰、昨日蒙三和尚放二三頓棒一。不レ知過在二什麼処一。門曰、飯袋子、江西湖南便与麼去。師於二言下一大悟」（大正蔵五一・三八九b）とある。『無門関』第十五則「洞山三頓」の公案（大正蔵四八・二九四c）によって知られる。

小42—3　**洞山**…　洞山守初のこと。既出（普2—28）。

小42—4　**雲門**…　雲門文偃のこと。既出（上29—2）。

小42—5　**武侯臨流一喝、風静波停**…　諸葛亮が赤壁の戦などで風を自在に操った故事をいうか。ここでは、「洞山三頓」の公案における雲門文偃の自在の接化を諸葛亮の戦略に擬えている。諸葛亮の如き機微によって、雲門文偃が洞山守初を追い込み、悟りの機縁へと導いたことを意味する。諸葛亮は蘭渓道隆の郷里である蜀の英雄。

小42—6　**武侯**…　蜀の諸葛亮の諡号。既出（上137—3）。

小42—7　**項羽逼至烏江、英豪始絶**…　既出（上140—2）。

小42—8　**項羽**…　楚の項羽のこと。既出（上140—3）。

小42—9　**不蓄一粒米、不種一茎菜、向十字路頭、接待往来**…　洞山守初が大悟した際の言葉。『古尊宿語録』巻三十八の『襄州洞山第二代初禅師語録』の問答に「遂云、他後向下無二人煙一処上卓二箇庵子一、不レ畜二一粒米一、不レ種二一茎菜一、接二待十方往来一、尽与レ伊抽レ釘抜レ楔、拈二却炙脂帽子一、脱二却鶻臭布衫一、教三伊洒洒地作二箇衲僧一、豈不レ俊哉」（続蔵一一八・三二九c）とあり、『景徳伝灯録』巻二十三の洞山守初章にも「遂云、従レ今已去、向二十字街頭一、不レ畜二一粒米一、不レ種二一茎菜一、接二待十方往来一箇箇一、教下伊拈二却膩脂帽子一、脱中却鶻臭布衫上、教三伊洒洒落落地作二箇明眼衲僧一、豈不レ快哉」（大正蔵五一・三八九b）とある。

小42—10　**春雷一震、蟄戸倶開**…　『石渓和尚語録』巻上「住平江府虎丘山雲巌禅寺語録」に「上堂。斬レ関之用、截レ鉄之機、若非二作家一、不レ免二傷レ鋒犯一レ手。平レ高就レ下、拆レ半裂レ三、雖二是作家一、亦未レ免二拕レ泥帯一レ水。只如二春雷一震、蟄戸自開一、因レ甚却道、龍無二龍句一」（続蔵一二一・三六a）とある。

小43—1　**寒来暑往**…　冬の寒さがやって来て、夏の暑さが去ってゆく。四季の移り変わりを指す。梁代の周興嗣（字は思慕）が撰した「千字文」には「寒来暑往、秋収冬蔵」とあり、『周易』「繋辞下」には「寒往則暑来、暑往則寒来。寒暑相推、而歳成焉」とある。

小43—2　**仲冬厳寒年年事、晷運推移事若何**…　既出（小31—3）。

小43—3　**超宗越格底一句**…　『円悟仏果禅師語録』巻四の「楊安撫請上堂」に「明明絶二承当一、歴歴無二回互一、見二成是箇大解脱門一、有二超宗越格底眼一、具二離レ見絶レ情底機一」（大正蔵四七・七三〇c）とある。

小43—4　**掀翻海岳求知己**…　『白雲端和尚語録』巻一「江州円通崇勝禅院語録」に「上堂云、入レ林不レ動レ草、入レ水不レ動レ波、入レ鳥不レ乱レ行。大衆、者箇是把レ纜放レ船底手脚。且道、衲僧家合作麼生。以レ手拍二禅床一一下云、掀二翻海岳一求二知己一、撥二動乾坤一見二太平一」（続蔵一二〇・二〇三c）とある。

小43—5　**直下滄溟駕鉄船**…　『禅宗頌古聯珠通集』巻十二の「水燎忽然大悟」の古則に対する東林常総（照覚禅師）の頌古に「水潦承レ機徹二祖意一、馬駒一踏暁二根源一。虚空撲落無二閑地一、却向二滄溟一駕二鉄船一」（続蔵一一五・六九a）とある。

小43—6　**鉄船**…　既出（上137—11）。

小43—7　**明招和尚示衆云～以主丈一時趕散**…　既出（上19—5）。

小43—8　**明招和尚**…　明招徳謙のこと。既出（上19—6）。

小44—1　**将南作北**…　南を北となす。誤った判断を下す。通常の判断を逆転させる意にも用いる。『碧巌録』第十八則「忠国師無縫塔」の本則の著語に「停レ囚長レ智、直得指レ東劃レ西将レ南作レ北、直得口似二匾担一」（大正蔵四八・一五七c）とある。

小44—2　玄沙示衆云～釣魚船上謝三郎…　『福州玄沙宗一大師広録』巻下に「上堂云、我与二釈迦一同参。有レ僧問、承和尚有レ言、我与二釈迦一同参、未審、参二見什麼人一。師云、釣魚船上謝三郎」（続蔵一二六・九五c）とあり、『聯灯会要』巻二十三の玄沙師備章にも「示レ衆云、我与二釈迦老子一同参。時有レ僧出問、未審、参二見甚麼人一。師云、釣魚船上謝三郎」（続蔵一三六・四一一a）とある。

小44—3　玄沙…　玄沙師備のこと。既出（上48—3）。

仏祖讃

讃1—1　山色…　蘇軾（東坡）の「渓声便是広長舌、山色豈非二清浄身一」の句を踏まえる。既出（上17—8）。

讃2—1　円通大士…　耳根円通な大士（菩薩）の意。観世音菩薩の異称。既出（上98—4）。

讃2—2　補陀山…　ポータラカ（梵：potalaka）の音写。補陀洛迦山のこと。経典に載る観音菩薩の霊地。インドの南海岸にあるとされる。中国では、明州（浙江省）昌国県（舟山）の普陀山が観音の住処と信ぜられている。普陀山は唐代に日本僧の恵蕚によって開かれ、南宋初期に曹洞宗の真歇清了によって禅寺に改められた。山西の五臺山や四川の峨眉山と共に中国三大霊場とされる。『普陀山志』『普陀列祖録』などが存する。

讃2—3　善財…　善財童子のこと。既出（上9—15）。

讃2—4　眼裏聴風声、耳中観水色…　眼で風の声を聴き、耳で水の色を観る。自然を会得したさまを表す「耳視目聴」の言葉を踏まえる。『列子』巻四「仲尼第四」に「老聃之弟子有二亢倉子者一、得二聃之道一、能以レ耳視而目聴」とあり、老子（老聃）の弟子の亢倉子は老子の道を得て耳で視て目で聞くとされた。『景徳伝灯録』巻十五の洞山良价章には雲巌曇晟に呈した無情説法の偈に「也大奇也大奇、無情解説不思議。若将レ耳聴声不レ現、眼処聞レ声方可レ知」（大正蔵五一・三二一c）とある。

讃2—5　苦哉観世音菩薩…　『禅宗頌古聯珠通集』巻三十四の雲門文偃章に載る「雲門上堂、因レ聞二鐘声一乃曰、世界与麼広闊、為二甚麼一向二鐘声一披二七条一。僧無レ語。師曰、七里灘頭多二蛤子一」（続蔵一一五・二一三b）の古則に対し、虎丘派の笑庵了悟の頌古として「試問鐘声披二七条一、軽軽撃著無明発、買二来餬餅一是謾（饅）頭、苦哉観世音菩薩」（続蔵一一五・二一三c）とある。

讃2—6　観世音菩薩…　観音菩薩、観自在菩薩とも。既出（上98—4）。

讃2—7　観自在…　観自在菩薩のこと。観音菩薩、観世音菩薩とも。既出（上98—4）。

讃3—1　布袋…　布袋和尚契此（?～九一七）のこと。長汀子とも称される。常に一杖を持って布嚢を担い、市中に出ては物を乞うたという。貞明三年（九一七）三月三日に明州（浙江省）奉化県の岳林寺で示寂したとする。中国では弥勒菩薩の化身とされ、禅画にも多くの布袋図を伝える。定応大師と諡する。『明州定応大師布袋和尚伝』が存する。

讃3—2　知音…　既出（上1—9）。

讃4—1　傅大士…　在俗居士の傅翕《ふきゅう》のこと。既出（小20—1）。

讃5—1　達磨…　菩提達磨のこと。既出（上9—2）。

讃5—2　楊子江頭浪拍天、独乗一葦興如煙…　「蘆葉達磨」の故事を指す。『松源和尚語録』巻下「賛仏祖」の「達磨」に「一葦渡レ江、無レ処二埋蔵一、分レ皮分レ髄、瞞レ神諕レ鬼。忙忙直向レ西帰、不レ知失二却隻履一」（続蔵一二一・三一一d）とある。

讃5—3　梁魏…　南朝の梁と北朝の北魏のこと。梁（法15—1）と魏（法15—2）はともに既出。

讃5—4　坐九年…　達磨が嵩山少林寺で面壁九年した故事。既出（上9—3）。

讃6—1　嬾瓚和尚…　怠け者の明瓚和尚の意。唐代、北宗の南嶽明瓚（不詳）のこと。北宗禅の嵩山普寂の法を嗣ぐ。衡陽（湖南省）の衡山（南嶽）に隠棲閑居する。怠惰なさまを衆僧より批難されても恥じることはなかったため、嬾瓚・嬾残と称された。大明禅師と諡する。

讃6—2　埜芋…　野芋。里いも。牛糞で焼いた芋を鼻水を垂らしながら食べる嬾瓚和尚のさまを、唐の徳宗（粛宗とも）が澄明高潔で堅固とほめたたえた「嬾瓚煨芋」の公案を踏まえる。『碧巌録』第三十四則「仰山不曽遊山」の頌古の評唱に「懶瓚和尚、隠二居衡山石室中一。唐徳宗（粛宗）聞二其名一、遣レ使召レ之。使者至二其室一宣言、天子有レ詔、尊者当二起謝一レ恩。瓚方撥二牛糞火一、尋二煨芋一而食、寒涕垂レ頤、未二嘗答一。使者笑曰、且勧尊者拭レ涕。瓚曰、我豈有下工夫為二俗人一拭上レ涕耶。竟不レ起。使回奏。徳宗（粛宗）甚欽二嘆之一。似下這般清寥寥白的的、不レ受二人処分一、直是把得定、如中生鉄鋳就上相似」（大正蔵四八・一七三b）とある。ただし、『宋高僧伝』巻十九「感通篇」の「唐南嶽山明瓚伝」によれば「国鄴公李泌、避二崔李之害一隠二南嶽一、而潜察二瓚所一レ為曰、非二常人一也。聴三其中宵梵唄響二徹山谷一。李公情頗知レ音、能辯二休戚一。謂レ瓚曰、経音悽愴、而後喜悦、必謫堕之人、時将レ去矣。候二中夜一、李公潜往謁焉。望二席門一、自贊而拝。瓚大訴、仰レ空而唾曰、是将レ賊レ我。李愈加二鄭重一、唯拝而已。瓚正発二牛糞火一、出レ芋啗レ之。良久乃曰、可二以席一レ地。取レ所レ啗芋之半一、以授焉。李跪捧尽食而謝。謂二李公一曰、慎勿二多言一、領二取十年宰相一。李拝而退」（大正蔵五〇・八三四a）とあり、さらに「李鄴公、於二天宝末一、粛宗北巡、至二霊武一即レ位、遣レ使訪召。会泌自二嵩潁一奔、赴二行在所一。帝喜用レ之、俾レ掌二枢務一、権逾二宰相一、判二広平王府司馬事一。粛宗曰、卿為二朕師友一、今父子三人資二卿道義一、尋為三崔円李輔国害二其能一、泌懼乞レ遊二衡嶽一。詔許レ之。絶レ粒数年、遂見レ瓚焉。後終居二相位一、一如二瓚之懸記一矣。勅諡二大明禅師一、塔存二嶽中一云」（大正蔵五〇・八三四b）とある。ここでは、明瓚が牛糞の火で芋を焼いたのは、後に宰相となった李泌（字は長源、承休子）の前であったとされる。

讃7―1　普化…　鎮州普化のこと。既出（上150―3）。

讃7―2　踢倒…　蹴倒す。臨済義玄と普化が施主の家の斎によばれた際、臨済の問いに対して普化が飯台を蹴倒した「普化倒飯床」の公案に基づく。『臨済録』「勘辨」に「師一日同二普化一赴二施主家斎一次、師問、毛呑二巨海一、芥納二須弥一、為是神通妙用、本体如然。普化踏二倒飯床一。師云、太麁生。普化云、這裏是什麼所在、説レ麁説レ細。師来日又同二普化一赴レ斎。問、今日供養、何二似昨日一。普化依前踏二倒飯床一。師云、得即得、太麁生。普化云、瞎漢、仏法説二什麼麁細一。師乃吐レ舌」（大正蔵四七・五〇三b）とある。

讃7―3　驢鳴…　驢馬が鳴くこと。驢馬の鳴き声。ここでは普化が生野菜をかじっているのを見た臨済が「驢馬そっくりだ」というと、普化が驢馬の鳴き声をしたという「普化驢鳴」の公案をいう。『臨済録』「勘辨」に「一日普化在二僧堂前一喫二生菜一。師見云、大似二一頭驢一。普化便作二驢鳴一。師云、這賊。普化云、賊賊。便出去」（大正蔵四七・五〇三b）とある。

讃7―4　掣風掣顚…　既出（上152―1）。

讃7―5　指槐罵柳…　既出（上39―3）。

讃7―6　木鐸…　法令などを広く人民に示すときに振り鳴らした金属製の鈴。金口木舌の鈴。舌の部分を木で作っている。風鈴のこと。ここでは「普化振鈴」の公案をいう。「普化振鈴」については既出（上150―2）。

讃8―1　四睡図…　『仏鑑禅師語録』巻五「讃仏祖」に「豊干寒拾虎四睡」と題して「善者未二必善一、悪者未二必悪一。彼此不レ忘レ懐、如何睡得著。悪者難レ為レ善、善者難レ為レ悪。老虎既忘レ機、如何睡不レ著」（続蔵一二一・四七七a）とある。

讃9―1　開山…　寺院を開創した僧。初代の住持。ここでは京都東山の建仁寺の開山を指す。建仁寺の開山塔には明庵栄西が祀られる。建仁寺については既出（上217―1）。

讃9―2　千光和尚…　明庵栄西のこと。既出（上229―2）。

讃9―3　合浦之珠…　廉州（広西省）合浦より産出する珍珠。無上の宝のたとえ。ただし、昔、合浦の海には真珠を産したが、貪欲な太守が多かったため、海の真珠がすべて取り尽くされてしまった。後漢のとき孟嘗《もうしょう》（字は伯周）が太守になって善政を行なったので、再び真珠が帰って来たとされる。この故事から一度失った大切なものが再び帰って来ることのたとえとして用いられる。『後漢書』巻七十六「循吏列伝」「孟嘗伝」に載る。

讃9―4　荊山之璧…　荊璧。荊玉。和氏の璧。戦国時代に卞和が楚の山中で得た宝石。既出（上33―1、上66―4）。

讃9―5　太白…　明州（浙江省）鄞県の太白峰天童山景徳禅寺のこと。中国五山第三位。西晋の永興元年（三〇四）に義興により開創され、唐の至徳二年（七五七）に伽藍を現在地に移した。南宋代には宏智正覚・虚庵懐敞・長翁如浄らが住し、日本からも栄西・道元が来山受法したほか、寒巌義尹や徹通義介も掛搭した。栄西は天童山の虚庵懐敞のもとで禅旨を究め、臨済宗黄龍派を伝えた。また、蘭渓道隆も日本に赴く直前には天童山に居住していた。明代の『天童山志』五巻、清代の『新纂天童山志』十巻などが存する。

讃9―6　九重之宝塔…　法勝寺九重塔のこと。既出（上267―3）。

讃10―1　懐感禅師…　唐代、浄土教の懐感《えかん》（不詳）のこと。感禅師とも呼ぶ。浄土五祖の第四祖。初め唯識を学ぶが、後に善導（六一三～六八一）に師事して浄土教の要義を学び、念仏三昧を証得した。長安（陝西省西安市）の千福寺に住する。『宋高僧伝』巻六に伝が存し、著書に『釈浄土群疑論』七巻がある。

讃10—2　仏身而現右…　『宋高僧伝』巻六「義解篇」の「唐京師千福寺懐感伝」に「乃入二道場一三七日、不レ覩二霊瑞一。感自恨二罪障深一、欲二絶レ食畢一レ命。導不レ許。遂令三精虔三年念レ仏、後忽感二霊瑞一、見二金色玉毫一、便証二念仏三昧一。悲三恨宿垢業重妄搆二衆愆一、懺悔発露。（中略）臨レ終、果有二化仏一来迎。合掌面レ西而往矣」（大正蔵五〇・七三八c）とある。

讃10—3　面南看北斗…　既出（上146—2）。

讃11—1　道釈禅師…　道綽の誤り。浄土教の道綽（五六二～六四五）のこと。浄土五祖の第二祖。西河禅師と称する。并州（山西省太原）汶水の衛氏。十四歳で出家し、『涅槃経』に通じたが、四十歳のとき并州西南の石壁山玄中寺において曇鸞の石碑を読んで、その行実を敬慕し、浄土教に帰した。玄中寺に留まって浄業を修し、門下には中国浄土教を大成した善導がいる。

讃11—2　心念頓忘也～莫住化城…　『宋高僧伝』巻二十「習禅篇」の「唐并州玄中寺釈道綽伝」に「曽以二貞観二年四月八日一、綽知二命将レ尽、通二告事相一。聞而赴者満二于山寺一。咸見下鸞師在二七宝船上一、告レ綽云中汝浄土堂成、但余報未レ尽耳上。並見二化仏住レ空天華下散一、男女等以二裙襟一承得、薄滑可レ愛。又以二蓮花一乾地而插者、七日乃萎。及余善相不レ可二殫紀一。自レ非二行感備通一、詎能会レ此乎」（大正蔵五〇・五九四a）とあるのを受けるか。

讃11—3　化城…　法華七喩の一つで、神通力で変化させて作った城。『法華経』「化城喩品第七」（大正蔵九・二二a～二七b）に説く。苦しい悪路を行く隊商の指導者が、途中で幻の城を現して部下たちに希望を抱かせ、さらに目的地への旅を続けさせるというたとえ。仏が神通力で浮かびあがらせた城。小乗の悟りから大乗の悟りへと導く方便を表す。

讃12—1　曇鸞和尚…　浄土教の曇鸞（四七六～五四二）のこと。浄土五祖の初祖。雁門（山西省）の人。初め四論宗を学ぶが、洛陽で北インドから渡来した菩提流支に会い、浄土経典の一つ『観無量寿経』を授けられ、ただちに手にしていた『仙経』を焼き捨て浄土教に帰したという。并州（山西省）の大巌寺や玄中寺に住して浄業を修する。『浄土往生論註』や『讃阿弥陀仏偈』の著述が存する。

讃12—2　知音…　既出（上1—9）。

小仏事

事1—1　余音到客船…　唐の詩人、張継（字は懿孫）が蘇州（江蘇省）呉県の楓橋寒山寺の鐘声を詠じた「楓橋夜泊」の詩にちなむ。『唐詩選』巻七の「楓橋夜泊」の詩に「月落烏啼霜満レ天、江楓漁火対二愁眠一。姑蘇城外寒山寺、夜半鐘声到二客船一」とあるのを受ける。

事1—2　是声来耳畔、是耳往声辺…　既出（上8—3）。

事1—3　太平無象…　『資治通鑑』巻二四四「唐紀六十」の「唐文宗太和六年」の十一月条に「会上禦二延英一、謂二宰相一曰、天下何時当二太平一、卿等亦有レ意二於此一乎。僧孺対曰、太平無レ象。今四夷不レ至二交侵一、百姓不レ至二流散一、雖レ非二至理一、亦謂二小康一。陛下若別求二太平一、非二臣等所レ及」とある。

事2—1　巨福山建長禅寺鐘銘…　建長寺の梵鐘は、建長七年（一二五五）二月二十一日に、北条時頼をはじめとする千人もの結縁により、「大工大和権守物部重光」の手によって鋳造された。銘文は蘭渓道隆によるものであり、現在は国宝に指定されている。ただし、『蘭渓和尚語録』巻下「巨福山建長禅寺鐘銘」と現存する「巨福山建長禅寺鐘銘」とでは五文字の相違が確認され、「特開」が「聊芟」に、「敀《皈》」が「影」に、「鎖」が「掃」に、「範」が「范」になっている。この相違の理由は明確ではないが、虚堂智愚による校勘によるものと想定される。詳しくは本書の解題を参照。

事2—2　蒲牢…　海獣の名。龍生九子の一。鯨を畏れ、襲われると大声で鳴くとされる。声が大きいため、鐘の上によくその形を刻む。後に鐘の異名となる。

事2—3　妙覚覚空…　すっかり悟って空を極めること。妙覚は神妙不可思議な無上の悟り。妙なる悟り。覚空は空を悟る。悟りすら空じる。『首楞厳経』巻六に「爾時、観世音菩薩、即従レ座起、頂二礼仏足一而白レ仏言、世尊、憶二念我昔無数恒河沙劫一、於レ時有三仏出二現於世一名二観世音一、我於二彼仏一発二菩提心一。彼仏教下我従二聞思修一入中三摩地上。初於二聞中一入レ流亡レ所。所入既寂、動静二相了然不レ生、如レ是漸増、聞所聞尽。尽聞不レ住、覚所覚空。空覚極円、空所空滅。生滅既滅、寂滅現前。忽然超二越世出世間一、十方円明、獲二二殊勝一。一者上合二十方諸仏本妙覚心一、与二仏如来一同一慈力。二者下合二十方一切六道衆生一、与二諸衆生一同一悲仰」（大正蔵一九・一二八b）とある。

事3—1　祖師三位…　達磨・百丈懐海・臨済義玄の三祖師。法語の内容から、達磨・百丈懐海・臨済義玄の三祖師を安置したと推定される。この点は、『大休和尚語録』「大小仏事」にも「禅興新立二達磨百丈臨済祖堂一」（日仏全九六・一〇七ａ）が存しており、当時、臨済宗寺院の祖師堂には達磨・百丈懐海・臨済義玄の三祖師を安置するのが一般的であったとみられる。

事3―2　至宝…　最上の宝。西天二十七祖の般若多羅の質問に対し、南天竺香至国の第三皇子の菩提多羅（達磨）が無価の宝珠とは法宝であると答えた話を受ける。『景徳伝灯録』巻二の般若多羅章に「時王有二三子一、其季開士也。尊者欲レ試二其所得一、乃以二所レ施珠一問二三王子一曰、此珠円明、有二能及レ此否。第一子目浄多羅、第二子功徳多羅、皆曰、此珠七宝中尊、固無レ踰也。非二尊者道力一、孰能受レ之。第三子菩提多羅曰、此是世宝、未レ足レ為レ上。於二諸宝中一、法宝為レ上。此是世光、未レ足レ為レ上、於二諸光中一、智光為レ上。此是世明、未レ足レ為レ上、於二諸明中一、心明為レ上。此珠光明、不レ能二自照一、要下仮二智光一光辯中於此上。既辯レ此已、即知二是珠一。既知二是珠一、即明二其宝一。若明二其宝一、宝不二自宝一。若辯二其珠一、珠不二自珠一。珠不二自珠一者、要下仮二智珠一而辯中世珠上。宝不二自宝一者、要下仮二智宝一以明中法宝上。然則師有二其道一、其宝即現。衆生有レ道、心宝亦然」（大正蔵五一・二一六ａ～ｂ）とある。

事3―3　竺土六宗…　古代インドの六宗。六師外道の教え。釈尊の在世当時、中インドで活動した六人の外道の思想。彼らは釈尊と同じように正統派の婆羅門の教えに対して批判的であり、自由思想家として沙門と呼ばれた。『長阿含経』巻十七「沙門果経」（大正蔵一・一〇七ａ～一〇九ｃ）などに載る。プラーナ・カッサパ（富蘭那迦葉）は、善悪の業報を信じない道徳否定論を唱えた。マッカリ・ゴーサーラ（末迦梨拘舎梨）は、邪命外道と称され、地水火風空に霊魂を加えた宿命論を唱えた。サンジャヤ・ベーラティプッタ（刪闍耶毘羅胝子）は形而上学的判断を認めない懐疑論を唱えた。アジタ・ケーサカンバラ（阿耆多翅舎欽婆羅）は、順世外道と称され、池水火風空の四元素による唯物論を唱えた。パグダ・カッチャーヤナ（迦羅鳩駄迦旃延）は、池水火風空に苦楽・霊魂を加えた七要素説を唱えた。ニガンダ・ナータプッタ（尼乾陀若提子）は、相対的実在論を唱えて苦行を説き、ジャイナ教（耆那教）の開祖となった。

事3―4　般若多羅…　西天二十八祖中の第二十七祖。菩提達磨の本師。生没年未詳。東インドのバラモン出身で、不如密多（不如蜜多とも）から受法する。後に南天竺香至国において三人の王子と問答し、その中の菩提多羅が法を伝える器であるとして出家させ、菩提達磨と名付け、彼に法を伝えて入滅したとされる。

事3―5　遺讖…　遺言した預言。讖は預言。ここでは般若多羅が達磨に対して仏法を東土（中国）に広めるように指示したことを受けている。『景徳伝灯録』巻三の菩提達磨章に般若多羅の言葉として「汝雖レ得レ法、未レ可二遠遊一。且止二南天一、待二吾滅後六十七載一、当下往二震旦一設二大法薬一直接中上根上。慎勿三速行衰二於日下一」（大正蔵五一・二一七ａ）とある。

事3―6　中毒…　毒に当たる。毒物によって体に障害を起こす。ここでは、達磨が毒殺されんとしたことを指す。達磨の毒殺に関しては『伝法宝紀』の菩提達摩章に載るのが最初である。『歴代法宝記』の菩提達摩章によると、菩提流支と光統律師が前後六度にわたって毒を盛ったとされる。『景徳伝灯録』巻三の菩提達磨章には「光統律師・流支三蔵者、乃僧中之鸞鳳也。覩二師演レ道斥レ相指一レ心、毎与レ師論議、是非鋒起。師遐振二玄風一、普施二法雨一。而偏局之量自不レ堪レ任、競起二害心一、数加二毒薬一。至二第六度一、以二化縁已畢伝レ法得一レ人、遂不二復救一レ之、端居而逝。即後魏孝明帝太和十九年丙辰歳十月五日也」（大正蔵五一・二二〇ａ）とある。

事3―7　有為功…　有為の功徳。相対的な善の意。一切の世間的な善法。梁の武帝と達磨との問答を受ける。『景徳伝灯録』巻三の菩提達磨章に「帝問曰、朕即位已来、造レ寺写レ経度レ僧不レ可二勝紀一、有二何功徳一。師曰、並無二功徳一。帝曰、何以無二功徳一。師曰、此但人天小果有漏之因、如二影随一レ形雖レ有非レ実。帝曰、如何是真功徳。答曰、浄智妙円、体自空寂、如レ是功徳不二以レ世求一。帝又問、如何是聖諦第一義。師曰、廓然無レ聖。帝曰、対レ朕者誰。師曰、不レ識。帝不二領悟一。師知二機不一レ契」（大正蔵五一・二一九ａ）とある。

事3―8　一華…　一輪の花。仏の正法にたとえる。ここでは達磨の伝法偈にある一華五葉のたとえを踏まえる。『景徳伝灯録』巻三の菩提達磨章に達磨の偈頌として「吾本来二茲土一、伝レ法救二迷情一、一華開二五葉一、結果自然成」（大正蔵五一・二一九ｃ）とある。

事3―9　金州子…　金州（陝西省）出身の南嶽懐譲のこと。既出（上120―15）。

事3―10　一馬駒…　一頭の馬の子。ここでは馬祖道一のこと。既出（上17―7）。

事3―11　三日耳聾之話…　「百丈三日耳聾」の公案。「百丈再参馬祖」ともいう。馬

祖道一の大声で百丈懐海が三日間も耳が聞こえなくなった話。『碧巌録』第十一則「黄檗噇酒糟漢」の本則の評唱に「初到二百丈一、丈問云、巍巍堂堂、従二什麼処一来。檗云、巍巍堂堂、従二嶺中一来。丈云、来為二何事一。檗云、不レ為二別事一。百丈深器レ之。次日辞二百丈一。丈云、什麼処去。檗云、江西礼二拝馬大師一去。丈云、馬大師已遷化去也。你道、黄檗恁麼問、是知来問、是不レ知来問。却云、某甲特地去礼拝、福縁浅薄、不レ及二一見一。未審、平日有二何言句一。願聞二挙示一。丈遂挙下再参二馬祖一因縁上。祖見二我来一、便竪二起払子一。我問云、即二此用一、離二此用一。祖遂掛二払子於禅床角一良久。祖却問レ我、汝已後鼓二両片皮一、如何為レ人。我取二払子一竪起。祖云、即二此用一、離二此用一。我将二払子一掛二禅床角一。祖振レ威一喝。我当時直得二三日耳聾一」（大正蔵四八・一五一b）とあり、『聯灯会要』巻四の百丈懐海章にもこの問答（続蔵一三六・二四七d）が載る。補注（上154—3）を参照。

事3—12　祖禰不了、累及児孫…　祖父や父の代でカタを付けておかないと、とばっちりが子孫にまで及ぶ。『保寧禅院勇和尚語録』の「上堂」に「上堂。釈迦老子、初生下時、周行七歩、目顧二四方一。当与麼時、土曠人稀、相逢者少。遂以レ手指二天地一。三家村裏、東卜西卜。便道、天上天下、唯我独尊。祖禰不レ了、殃及二子孫一。下レ座以レ手托二禅牀一、召レ衆云、三十年後、不レ得二錯挙一」（続蔵一二〇・一七九d）とある。

事3—13　土壙人稀、相逢者少…　既出（上251—4）。

事3—14　独坐大雄峰…　「百丈独坐大雄峰」の公案を踏まえる。独り大雄峰に坐する。奇特の事を問われた百丈懐海が自ら百丈山に安住しているさまをもって答えた言葉。大雄峰とは、洪州（江西省）奉新県西一二〇里にある百丈山の別称。大雄山とも。『聯灯会要』巻四の百丈懐海章に「僧問、如何是奇特事。師云、独坐二大雄峰一。僧作礼。師便打」（続蔵一三六・二四九c）とあり、『碧巌録』第二十六則「百丈独坐大雄峰」の本則（大正蔵四八・一六六c）によって知られる。

事3—15　鉄額銅頭…　既出（小13—1）。

事3—16　冤有其頭、債有其主…　冤有頭、債有主に同じ。既出（上20—5）。

事3—17　殺人須討殺人漢…　人を殺すなら人殺しを尋ねよ。『碧巌録』第三十一則「麻谷振錫遶床」の本則の著語に「也好、殺レ人須レ見レ血、為レ人須二為徹一。瞞二却多少人一来」（大正蔵四八・一七〇b）とある。『大慧普覚禅師語録』巻十「頌古」に「師子尊者白乳」の公案に対して「殺レ人須二是殺人漢一、当下一刀成二両段一。頭臂雖レ虧二剣刃鋒一、何似二秦時轅轢鑽一」（大正蔵四七・八五五a）とある。

事3—18　劫賊還投劫賊群…　盗賊になりたいなら盗賊の仲間になれ。『応庵和尚語録』巻一「初住処州妙厳禅院語録」の「浴仏上堂」に「進云、只如下雲門大師道中我当時若見、一棒打殺与二狗子一喫却上、未審具二什麼眼目一。師云、尽大地人不レ知二落処一。進云、雲門大師雖三則坐二断乾坤一、争三奈落二在釈迦老子圏繢裏一。師云、賊是賊捉」（続蔵一二〇・四〇四b）とある。賊是賊捉（賊須賊捉とも）とは、盗賊を捕らえるには、こちらも盗賊ではなくてはならないの意。

事4—1　寿福寺…　亀谷山寿福寺のこと。既出（上8—1）。

事4—2　聖僧…　僧堂内の中央に奉安する仏像。現在、僧堂には文殊菩薩を、衆寮には観音菩薩を安置するのが一般的であるが、ここでは摩訶迦葉と維摩居士の尊像となっている。しかも「面面相向」とあることから、二体の聖僧像が僧堂内で向かい合うように配置されていたものであろう。無著道忠は『禅林象器箋』巻四「霊像類上」の「聖僧」において「忠曰、僧堂中央所レ設像、総称二聖僧一。然其像不レ定。若大乗寺則安二文殊一。小乗寺則安二憍陳如或賓頭盧一。有処用二大迦葉一、復用二空生一。如二禅刹一則通用不レ拘」と述べているから、摩訶迦葉（大迦葉）や須菩提（空生）などを安置することも存したことが知られる。補注（小5—12）を参照。

事4—3　尺短寸長…　寸長尺短とも。尺は短く、寸は長い。通常の概念では把握しがたいところをいう。『虚堂和尚語録』巻二「婺州雲黄山宝林禅寺語録」の「智者和尚至上堂」に「浄瓶裏澡洗、古橋下修身。彼此寸長尺短、何妨忝為二切隣一」（大正蔵四七・九九六a）とある。

事4—4　破顔微笑…　「拈華微笑」の公案。既出（頌1—1）。

事4—5　終日無言…　一日中、何も言葉を発しないこと。『維摩経』巻二「入不二法門品」（大正蔵一四・五五〇b〜五五一c）にある、維摩居士が真実の仏法は言説では説明できないことを一黙を以て示した「維摩一黙」の故事を踏まえる。古来より禅宗の公案として用いられ、『碧巌録』第八十四則「維摩不二法門」の本則に「挙、維摩詰問二文殊師利一、何等是菩薩入二不二法門一。文殊曰、如二我意一者、於二一切法一、無レ言無レ説、無レ示無レ識、離二諸問答一、是為レ入二不二法門一。於レ是文殊師利問二維摩詰一、我等各自説已、仁者当レ説、何等是菩薩入二不二法門一」（大正蔵四八・二〇九b）とある。

事4—6　迦葉波…　摩訶迦葉のこと。既出（上93—2）。

事4—7　維摩詰…　既出（上20—17）。

事5—1　円暁首座…　不詳。蘭渓道隆に参じて建長寺で首座を勤めた。蘭渓道隆は門弟に「円」の系字を用いており、法嗣に無隠円範や空山円印が知られるが、他にも「常楽寺語録」の編者の一人に円顕がおり、円暁と同じ亡僧に円光（事18—1）が確認される。

事5—2　谷神元不死…　谷間の空虚なところを、万物を生成する玄妙なる道にたとえる。『老子』「成象第六」に「谷神不レ死、是謂二玄牝一。玄牝之門、是謂二天地之根一。綿綿乎若レ存、用レ之不レ勤」とあるのに基づく。

事6—1　徳智小師…　渡来僧。蘭渓道隆のもとで剃度を受けた弟子であり、おそらく若くして随侍し来日したものと見られる。修行途中に日本で示寂した。道隆は門弟に「徳」の系字を用いており、法嗣に無弦徳韶（小1—2）・約翁徳倹・桃渓徳悟・無及徳詮らが知られる。

事6—2　内空…　『大智度論』に説く十八空の第一。内的な法である六根が空であること。『大智度論』巻三十一「釈初品中十八空義」に「内空者、内法、内法空。内法者、所謂内六入、眼・耳・鼻・舌・身・意。眼空、無レ我無二我所一無二眼法一。耳・鼻・舌・身・意、亦如レ是」（大正蔵二五・二八五b）とある。

事6—3　外空…　『大智度論』に説く十八空の第二。外的な法である六境が空であること。『大智度論』巻三十一「釈初品中十八空義」に「外空者、外法、外法空。外法者、所謂外六入、色・声・香・味・触・法。色空者、無レ我無二我所一無二色法一、声・香・味・触・法、亦如レ是」（大正蔵二五・二八五b）とある。

事6—4　昔年恁麼来～今日恁麼去…　『法演禅師語録』巻上「次住海会語録」に「上堂云、一向恁麼去、路絶人稀。一向恁麼来、孤二負先聖一。去二此二途一、祖仏不レ能レ近。設使与二白雲一同生同死、亦未レ称二平生一。何也。鳳凰不二是凡間鳥一、不レ得二梧桐一誓不レ棲」（大正蔵四七・六五五c）とある。

事6—5　千里暮雲横紫翠、一鉤新月挂黄昏…　北宋代の詩僧である聞復思聡が詠じた詩の言葉に「千点乱山横二紫翠一、一鉤新月挂二黄昏一」とある。南宋初期の周紫芝（竹坡居士）が編した『竹坡老人詩話』巻一の「聡聞復」の項に「聡聞復、銭塘人、以レ詩見レ称二於東坡先生一。余遊二銭塘一甚久、絶不レ見二此老詩一。松園老人謂レ余言、東坡倅二銭塘一時、聡方為二童行一試経。坡謂二坐客一言、此子雖レ少善作レ詩、近参寥子作二昏字韻詩一、可レ令レ和レ之。聡和レ篇立成云、千点乱山横二紫翠一、一鉤新月掛二黄昏一。坡大称賞言、不レ減二唐人一。因笑曰、不レ須二念経一、也做二得一箇和尚一。是年、聡始為レ僧」とある。聞復思聡は杭州（浙江省）銭塘県の人で、幼少にして出家し、蘇軾（東坡居士）より詩文の才を称えられたとされる。銭塘県の西湖に存する孤山に居したらしいが、詳しい事跡は知られていない。

事7—1　大安郷人…　福州（福建省）閩県出身の人。蘭渓道隆が建長寺の住持となってから十年が経過した正嘉二年（一二五八）か正元元年（一二五九）頃に示寂した。「未だ三載ならず」とあるので、康元元年（一二五六）頃に来朝し、建長寺の蘭渓道隆に参じたものとみられる。

事7—2　我主此山経十霜…　蘭渓道隆が建長寺に住持して十年が経過したこと。建長寺の開山年時には諸説があるものの、『蘭渓和尚語録』の上堂年時や、その内容を踏まえるならば、建長元年（一二四九）が開山年時であったと判断するのが妥当である。そのため、道隆が建長寺に住持して十年後は、正嘉二年（一二五八）か正元元年（一二五九）に当たるものと思われる。『蘭渓和尚語録』の上堂年時や、建長寺の開山年時については、舘隆志「『大覚禅師語録』の上堂年時考」（『駒沢史学』第六十六号、二〇〇六年）と、本書の解題を参照。

事7—3　未三載…　蘭渓道隆が建長寺に住持して十年が経過したのは正元元年（一二五九）か文応元年（一二六〇）のどちらかの年時であろう。これを踏まえるならば、大安郷人が来日して建長寺に到ったのは正嘉元年（一二五七）頃かその翌年頃のことだと判断される。鎌倉の建長寺には、蘭渓道隆や共に来朝した義翁紹仁・龍江応宣の他にも渡来僧が活動していたことが知られる。

事7—4　荔枝…　レイシ。ムクロジ科の常緑高木。あるいはその実。ライチーともいう。中国南部の原産。晩春に黄色の小さい花が咲き、夏に卵形の甘い実をつけ、その果実は熟すと真赤になる。

事7—5　三山…　閩（福建省）の地の別称。福州侯官県に存する閩山・九仙・粤王山の三つの山にちなむ。また東海に浮かぶ神仙の境である方丈・瀛《えい》洲・蓬莱のこととももされる。ここでは福州閩県の出身である大安郷人に関する話であるから、閩の別称としての三山をいう。南宋代の福建省の地志に『淳熙三山志』が存する。また蘭渓道隆に随侍して渡来した龍江応宣も漳州（福建省）の出身であり、広義には閩僧である。

事8—1　明鏡当臺…　明鏡が鏡台に取り付けられること。明鏡は明らかにして一点の曇りのない鏡。人人本具の仏性のたとえ。五祖弘忍の弟子である玉泉神秀の偈を踏まえる。『六祖壇経』「行由第一」に神秀上座の偈として「身是菩提樹、心如二明鏡台一、時時勤払拭、勿レ使レ惹二塵埃一」（大正蔵四八・三四八b）とあり、『円悟仏果禅師語録』巻十二「小参五」に「山僧明日、便於下無二計校一処上胡道乱道、転没二交渉一。後来徹悟実見実用、如二明鏡当レ台明珠在レ掌、得二大自在一」（大正蔵四七・七六八c）とある。

事8—2　珠走盤…　明珠走盤。明珠が盤上で自在に転がる。無礙自在なさま。『宏智禅師広録』巻九「天童覚和尚真賛」に「目深額聳、口方鼻端。秋雲消兮天青而闊、夜月上兮水白而寒。看看、影像随レ応兮明珠走レ盤」（大正蔵四八・一一八a～b）とある。

事8—3　死句会則易、活句明則難…　『古尊宿語録』巻三十八の『襄州洞山第二代初禅師語録』の上堂に「語中有レ語、名為二死句一。語中無レ語、名為二活句一。諸禅徳、作麼生是活句。到二者裏一実難レ得レ人。若也不レ動二一塵一、不レ撥二一境一、見レ事便道二答話一、長老下レ脚不レ得、東西南北莫レ知二多少一」（続蔵一一八・三二五b）とあり、『無明和尚語録』「平江府双塔寿寧万歳禅寺語録」に「上堂云、無語中有レ語、名曰二死句一。有語中無レ語、名曰二活句一。可レ謂、剜レ肉作レ瘡、皮穿骨露。挙不レ顧即差牙、閃電光中走二烏兎一」（続蔵一二一・三二一d）とある。

事8—4　月色和煙白、松声帯露寒…　『黄龍慧南禅師語録』「黄龍慧南禅師語録続補」に「月色和レ雲白、松声帯レ露寒。好箇真消息、憑レ君子細看」（大正蔵四七・六三八a）とある。

事10—1　帰去来…　既出（上99—3）。

事10—2　万里無雲一輪月…　『増輯丹霞淳禅師語録』「頌古」に「泐潭碓搗」の公案に対して「一念蕭蕭不レ記レ年、皮膚脱落自完全。長天夜夜清如レ鏡、万里無レ雲孤月円」（続蔵一二四・一二五五a）とある。

事10—3　忍俊不禁…　既出（上193—2）。

事11—1　道如上座…　不詳。筑紫（福岡県）出身の僧で、蘭渓道隆に参じた。道隆は門弟に「道」の系字を用いており、法嗣に葦航道然・桑田道海・同源道本らが知られ、北条時頼にも道崇という法諱を授けている。

事11—2　如如仏…　既出（上20—11）。

事11—3　築紫…　筑紫のこと。九州全体や九州の北半を指すこともあるが、ここでは筑前（福岡県）・筑後（福岡県）の地を指すものとみられる。道如の郷里であろう。

事13—1　火官頭上打鞦韆…　『景徳伝灯録』巻十一の霊樹如敏章に「問、是什麼得二恁麼難レ会。師云、火官頭上風車子」（大正蔵五一・二八六b）とある。また、『大慧普覚禅師語録』巻一「径山能仁禅院語録」に「上堂。拈二拄杖一卓一下、召二大衆一云、還聞麼。復挙起云、観世音菩薩来也在二径山拄杖頭上一。口喃喃地道、諸行無常、是生滅法、生滅既滅、寂滅現前。拈二須弥盧於掌上一、向二針眼裏一打二鞦韆一。直饒便恁麼見得徹去、猶較二拄杖子一十万八千。且道、径山拄杖子有二甚麼奇特一。擲下云、不レ直二半分銭一」（大正蔵四七・八一四c～八一五a）とあり、『大慧普覚禅師語録』巻四「径山能仁禅院語録」に「上堂挙、僧問二雲門一、如何是透法身句。門云、北斗裏蔵レ身。師云、雲門老人恁麼道、只答二得法身句一、未レ答二得透法身句一。今日或有レ人問二径山如何是透法身句一、即向レ他道、蟭螟眼裏放二夜市一、大虫舌上打二鞦韆一」（大正蔵四七・八二八c～八二九a）とある。

事13—2　火官…　古の官名。火政（防火）を行なうことを司る官。五官の一つで、火正ともいう。火星を祭り、火に関する政治をつかさどる。

事13—3　脱殼烏亀飛上天…　殼から抜け出た亀が飛んで天に上る。煩悩のとらわれを脱して自由を得るのにたとえる。『大慧普覚禅師語録』巻十三「大慧普覚禅師普説」に「定光大師請普説。僧問、一法若有、毘盧堕二在凡夫一。万法若無、普賢失二其境界一。去二此二塗一、請師速道。師云、脱殼烏亀飛上レ天」（大正蔵四七・八六四b）とある。

事14—1　擬心則差、動念則喪…　心を働かせようとするとすぐに違ってしまい、一念を動かすとすぐに失われてしまう。『臨済録』「示衆」に「学人若眼定動、即没交渉。擬レ心即差、動レ念即乖。有レ人解者、不レ離二目前一」（大正蔵四七・五〇一b）とある。

事14—2　勝熱婆羅門…　八十巻本『華厳経』巻六十四「入法界品」に「善男子、於二此南方一、有二一聚落一、名二伊沙那一。有二婆羅門一、名曰二勝熱一。汝詣レ彼問、菩薩云何学二菩薩行一、修二菩薩道一。時善財童子、歓喜踊躍、頂二礼其足一、遶無数匝、慇懃瞻仰、辞退南行」（大正蔵一〇・三四六a）とある。

事15—1　宗監寺…　不詳。監寺の職にあった□宗という禅僧。蘭渓道隆に参じた。道隆よりも年長者であり、長い期間、道隆を補佐し、五十八歳で示寂した。

事15—2　青山依旧白雲中…　『聯灯会要』巻二十八の天衣義懐章に「師作二色空二一

偈。一云、色空空色色空空、礙二却潼関一路不レ通。劫火洞然毫末尽、青山依レ旧白雲中」（続蔵一三六・四五五b）とある。

事16—1　勝熱婆羅門…　既出（事14—2）。

事17—1　印空老宿…　不詳。蘭渓道隆に参ずる以前から、禅僧に参じていたらしいが、そこでは印可を受けれなかったらしい。道隆に参じて共に修行すること十年であった。

事17—2　本来面目露堂堂…　『無門開和尚語録』巻下の末尾に、楊岐派の無門慧開が示寂する直前に自らの寿塔に寄せた言葉として「起入塔語曰、東西十万、南北八千、到処去来、不レ如レ在レ此。此之描不レ成兮画不レ就、賛不レ及兮休二生受一、本来面目露堂堂。外面風頭稍硬、帰二来暖処一商量。法身遍界不二曽蔵一、毒悪声名播二大唐一」（続蔵一二〇・二六四b）とある。

事18—1　円光上座…　不詳。蘭渓道隆に参じた。蘭渓道隆は門弟に「円」の系字を多く用いている。補注（事5—1）も参照。

事19—1　楊岐驢子脚三隻…　「楊岐三脚驢」の公案。既出（上116—2）。

事19—2　楊岐…　楊岐方会のこと。既出（上116—3）。

事20—1　五臺会散…　「鉄磨老牸牛」の公案を踏まえる。既出（頌18—1）。

事20—2　五臺…　山西の五臺山のこと。既出（上152—2）。

事21—1　定智大師…　不詳。蘭渓道隆に参じた女性の弟子で、千里に師を尋ねたとされるから、京都・鎌倉からはかなり遠方の出身であったとみられる。七十歳の母親がいることから、世寿五十歳前後で示寂したか。

事21—2　有語非干舌…　真の言葉は舌先に拘わるものではない。『古尊宿語録』巻二十七の『舒州龍門仏眼和尚語録』の上堂に「三冬陽気盛、六月降レ霜時。有レ語非レ干レ舌。無レ言切要レ詞。会二我最後句一、出世少二人知一。午斎晨粥無二余事一、盞茗炉香話レ道奇」（続蔵一一八・二五二b〜c）とある。

事21—3　掀翻窠臼…　大洪守遂編『注潙山警策』に寄せた楊岐派の蒙山徳異（牧叟）の跋に「掀二翻窠臼一、洞二徹玄微一、挽二回真風一、大興二末運一」（続蔵一一一・一四九b）とある。

事21—4　龍華三会…　弥勒三会とも。既出（法17—6）。

事21—5　拶出烏亀飛上天…　脱殻烏亀飛上天に同じ。既出（事13—3）。

事22—1　生也不道、死也不道…　『景徳伝灯録』巻十五の漸源仲興章に「在二道吾処一為二典座一。一日随二道吾一、往二檀越家一弔レ喪。師以レ手拊レ棺曰、生耶死耶。道吾曰、生也不レ道、死也不レ道。師曰、為二什麼一不レ道。道吾曰、不レ道不レ道。弔畢同迴レ途次、師曰、和尚今日須下与二仲興一道上。儻更不レ道、即打去也。道吾曰、打即任レ打。生也不レ道、死也不レ道。師遂打二道吾一数拳。道吾帰レ院、令二師且去一。少間主事知了打レ汝、師乃礼辞往二石霜一、挙下前語及打二道吾一之事上。今請和尚道。石霜曰、汝不レ見、道吾道、生也不レ道、死也不レ道。師於レ此大悟、乃設レ斎懺悔」（大正蔵五一・三二一b）とあり、『碧巌録』第五十五則「道吾一家弔慰」の本則（大正蔵四八・一八九a）で知られる。

事22—2　大海波停…　『禅苑清規』巻七「亡僧」の「龕前念誦」に「切以生死交謝、寒暑迭遷。其来也電激二長空一、其去也波停二大海一」（続蔵一一一・四五七b）とある。

事22—3　戴角毒蛇驚出草…　死蛇驚出草に同じ。『嘉泰普灯録』巻二十九「芙蓉楷禅師五首」に「死蛇驚出レ草。日炙風吹草乱埋。触二他毒気一又還乖。暗地忽然開二死口一、長安依レ旧絶二人来一」（続蔵一三七・二〇四d）とある。

事23—1　勝熱婆羅…　勝熱婆羅門のこと。既出（事14—2）。

事23—2　閑家潑具…　閑家破具とも。『古尊宿語録』巻四十一の『雪峰悦禅師語録』「偈頌」の「布袋和尚」に「困来抱レ嚢無レ語、傍観尽生二疑慮一。未レ免開二献諸人一、是甚閑家破具」（続蔵一一八・三四六d）とある。

刊記・跋文

刊1—1　浄慈報恩光孝禅寺…　杭州（浙江省）銭塘県の西湖南岸にある南屏山浄慈報恩光孝禅寺のこと。南山浄慈寺と略称される。五代周の顕徳元年（九五四）に呉越の忠懿王が創建して慧日永明院と称し、法眼宗の永明延寿が住して『宗鏡録』百巻を撰したことで名高い。北宋代には雲門宗の円照宗本や大通善本などが住持し、南宋初期に浄慈報恩光孝禅寺と改められる。南宋中期には五山第四位に列し、曹洞宗の長翁如浄や大慧派の北礀居簡、松源派の虚堂智愚などが住持している。寺志として『勅建浄慈寺志』三十巻が存する。

刊1—2　智愚…　臨済宗松源派の虚堂智愚（一一八五〜一二六九）のこと。四明（浙江省）象山の陳氏。息耕叟と称する。臨済宗松源派の運庵普巌の法を嗣ぐ。諸刹を歴住して後、明州の阿育王山広利禅寺、杭州の南屏山浄慈寺、径山興聖万寿寺に住する。『虚堂和尚語録』十巻が存し、末尾に法嗣の閑極法雲が撰した「行状」を収める。智愚の法を伝えて日本に帰国した法嗣に南浦紹明（円通大応国師、一二三五～一三〇八）と巨山志源が存し、とくに紹明の流れである大応派は大徳寺派と妙心寺派を形成し、現今の日本臨済宗の源流となる。智愚は浄慈寺の住持として『蘭渓和尚語録』を校勘し、景定四年（一二六四）二月に跋文を寄せているが、その一年後、咸淳元年（一二六五）三月に智愚は同じ浄慈寺の住持として道元の『永平元禅師語録』に跋文を寄せている。佐藤秀孝「虚堂智愚の伝記史料―『虚堂和尚行状』の訳註―」（『駒澤大学禅研究所年報』第十五号、二〇〇三年）を参照。

跋―1　宋有名衲～望林止渇…　『虚堂和尚語録』巻十「跋」に「日本建長寺隆禅師語録跋」と題して、「宋有二名衲一、自号二蘭渓一。一筇高出二於岷峨一、万里南二詢於呉越一。陽山領レ旨、到頭不レ識二無明一。擡レ脚千鈞、肯践二松源家法一。乗二桴于海一、大行二日本国中一、淵黙雷声、三董二半千雄席一。積二之歳月一、遂成二簡編一。忍禅久侍二雪庭一、遠訪二四明一鋟レ梓。言不レ及処、務要二正脈流通一。用無レ尽時、切忌望レ林止レ渇」（大正蔵四七・一〇六一b）とある。

跋―2　宋…　趙匡胤（太祖）が建てた宋の王朝。北宋期と南宋期に分けられるが、ここでは南宋を指す。南宋代は、建炎元年（一一二七）から祥興二年（一二七九）までの百五十三年間に栄えた王朝。靖康の変で北宋が金に攻められ、都を汴京（河南省開封市）から臨安府（浙江省杭州市）に遷し、徽宗の子の高宗が宋朝を再建した。その後、元（蒙古）に滅ぼされるまでをいう。禅宗は唐代末期から発展し、北宋代には政府との関わりを深め、南宋代の寧宗の時には五山十刹制度が制定された。このような政府との密接な関係により、禅宗は様々な特権を得て繁栄した。

跋―3　自号蘭渓…　道隆が自ら蘭渓と号したこと。建長寺所蔵「開山大覚禅師石卵之中銀製霊骨器銘之写」に収録された蘭渓道隆の最古の略伝に「自号二蘭渓一」とあることからも確認される。さらに建長寺所蔵「西来庵修造勧進帳」には「蘭渓人也」とあり、建長寺では「蘭渓」が道隆の出身地として伝承されていることから、「蘭渓」という道号は道隆の出身地である西蜀涪州の地名《ちみん》である可能性が指摘される。

跋―4　筇…　既出（上24―2）。

跋―5　岷峨…　四川省にある岷山と峨眉山のこと。岷山とは四川省北部の甘粛省との境にあり、北西から南東に延びる山脈で、その南端に峨眉山がある。岷山は山頂に雪があるため雪山ともいう。峨眉山は四川省峨眉県の西南にあり、岷山から延びて大小金川と岷江との分水嶺となっている。峨眉山は仏教では光明山、道教では虚霊洞天などともいい、山西の五臺山、浙江の普陀山と並ぶ中国三大霊場の一でもある。

跋―6　呉越…　春秋時代に存した呉と越の両国のこと。呉（前五八五頃～前四七三）は長江下流に栄えた国で、呉（蘇州）を都とし、越（前六〇〇頃～前三三四）は浙江省辺りに栄えた国で、会稽（浙江省紹興市）を都とした。ただし、ここでは呉は広く江蘇省の古称であり、越は広く浙江省の古称として用いられる。

跋―7　南詢…　八十巻本『華厳経』巻六十以降の「入法界品」（大正蔵一〇・三一九a～四四四c）に記された、善財童子が南方に旅して五十三人の善知識に参じて教えを請うたことを指す。諸方を歴参すること、行脚修行することをいう。

跋―8　陽山…　蘇州（江蘇省）長洲県の陽山に存した尊相禅寺のこと。既出（上1―4）。

跋―9　無明…　無明慧性のこと。既出（序―2）。

跋―10　擡脚…　足を持ち上げる。坐禅から立ち上がる。『無門関』第二十則「大力量人」に松源崇嶽の説示として、「松源和尚云、大力量人因レ甚擡レ脚不レ起。又云、開レ口不レ在二舌頭上一」（大正蔵四八・二九五b）とある。また、『無明和尚語録』「頌古」に「大力量人擡レ脚不レ起」（続蔵一二一・三二二b）とあり、『無明和尚語録』巻末の顔汝勲（一斎居士）が撰した「塔銘」にも「室中多挙、開レ口不レ在二舌頭上一、大力量人為二什麼一擡レ脚不レ起、大力量人為二什麼一脚根下紅糸線不レ断」（続蔵一二一・三二三d）とある。

跋―11　松源…　松源崇獄のこと。既出（序―5）。

跋―12　乗桴于海…　筏で海に乗り出す。桴は筏のことで、竹木を編んで舟の代用としたもの。『論語』「公冶長第五」に「子曰、道不レ行、乗レ桴浮二於海一。従レ我者其由与。子路聞レ之喜」とあり、孔子が道の行なわれないのを歎じて、世を避けて海外に赴こうとした言葉に因む。

跋―13　淵黙雷声…　淵黙は静かに黙ること、沈黙すること。雷声は雷鳴。雷のような大きな声。『荘子』「外篇」の「在宥第十一」に「故君子苟能無レ解二其五蔵一、無レ擢二其聡明一。尸居而龍見、淵黙而雷声、神動而天随、従容無為、而万物炊レ累焉」とある。『四明尊者教行録』巻七「明州宝雲四祖師賛」の「四明法智尊者」に「霊山之会、龍象雲蒸。羊鹿牛車、同帰二一乗一。雨二勝法雨一、普潤二有情一。逮二及後世一、止観爰興。慈鋒慧剣、摧二堕疑城一。誰其嗣レ之。粤有二四明一。講席雄峙、淵黙雷声。天台正統、於レ焉継承。章レ聖在レ御、使レ馹馳レ星。問二仏大旨一、得二其精英一。宸恩載錫、法智鴻名。是為二釈子万古光栄一」（大正蔵四六・九三一c）とあり、『虚堂和尚語録』巻七「偈頌」にも「淵禅人之二乳峰一」と題して「淵黙雷声善発レ機、鈍根難下頂門椎。青霜黄葉圧二窮野一、急急帰来見二隠之一」（大正蔵四七・一〇三六c）とある。また蘭渓道隆が渡来する直前に居住していた天童山景徳寺の東方、古天童の東谷庵に残る「宏智禅師妙光塔銘」には「淵黙雷声」の文字が大書されている。

跋—14　三董半千雄席…　三たび五百人の修行者を擁する禅寺に住持したことを指す。ここでは蘭渓道隆が常楽寺・建長寺・建仁寺の三ヶ寺で多くの修行僧を接化したことをいう。

跋—15　忍禅…　忍禅人の略か、あるいは禅忍の誤記であろう。禅忍については既出（序—7）。

跋—16　侍雪庭…　雪の降りしきる庭に随侍する。二祖慧可が嵩山少林寺で雪中にて達磨に随侍した故事を踏まえる。既出（法2—2）。

跋—17　四明…　既出（法11—7）。

跋—18　望林止渇…　望梅止渇のこと。梅を眺めて渇きを止める。南北朝時代の劉義慶が編した『世説新語』「仮譎第二十七」に「魏武行役失二汲道一、三軍皆渇。乃令曰、前有二大梅林一、饒レ子甘酸、可二以解一レ渇。士卒聞レ之、口皆出レ水。乗レ此得レ及二前源一」とある。魏武とは魏の曹操のこと。魏の曹操が山上の梅林を指差して兵士たちの喉の渇きを止めた故事。『松源和尚語録』巻上「無為軍冶父山実際禅院語録」にも「上堂。挙、馬大師入室罷、西堂・百丈・南泉随侍翫レ月次、大師云、正当恁麼時如何。西堂云、正好供養。師云、望二梅林一止レ渇。百丈云、正好修行。師云、金不レ博レ金。南泉払袖便行。師云、只得二一橛一。馬師云、経帰レ蔵、禅帰レ海、惟有二普願一独超二物外一。師云、唵嚩呢噠哩吽嗳吒」（続蔵一二一・二九〇d）とある。

跋—19　虚堂智愚…　既出（刊1—2）。

跋—20　浄慈…　杭州の浄慈寺のこと。既出（刊1—1）。

跋—21　宗鏡堂…　浄慈寺に存した宗鏡台のこと。宗鏡台とは、第二世の永明延寿（九〇四～九七五）が浄慈寺（もと永明寺）に陞住した当初に『宗鏡録』百巻を撰したところで、延寿の墓塔が祀られている。『勅建浄慈寺志』巻二「興建二」の「宗鏡堂」の項に「宗鏡堂。浄慈寺旧志。宗鏡堂五楹、在二毘盧閣後一、即演法堂也。顕徳元年建、後為二永明寿禅師会一、三宗義学、集二宗鏡録於此一、因改二今額一。皇慶間住持正伝、洪武初住持道聯、先後重建。嘉靖四十三年燬、万歴丁亥、円岵復建。甲辰、明広重修。丁未、大壑遷二永明霊骨一、建二塔于堂後一、因更葺レ堂。崇敞厳固肖二祖像一供奉、其中以標二宗鏡法脈一、又旁設二禅牀一、甲乙両行、以棲二禅定一。至二庫庚庖湢一、無レ不二庀具一。仍募二田六十余畝・山十四畝・菜園十畝一、以二膳斎一供二香火一。定為二永明塔院一、世永二其伝一」とあり、あわせて臨済宗黄龍派の覚範慧洪（寂音尊者）が北宋代に撰した「宗鏡堂記略」を載せている。

跋—22　息畊叟…　虚堂智愚の別号。『虚堂和尚語録』巻七「偈頌」に「自賦二息畊一」と題して「葉深煙気暖、粳軟骨毛香。巣許垂二清節一、臨レ流不二爾忘一」（大正蔵四七・一〇三八c）とある。

刊2—1　大宋…　宋のこと。ここでは南宋。既出（跋—2）。

刊2—2　石斌…　『蘭渓和尚語録』の刊記では「石娀」に作り、江戸期の『大覚禅師語録』の刊記では「石恣」に作るが、ここでは石斌と解する。

刊2—3　智侃…　臨済宗聖一派の直翁智侃（一二四五～一三二二）のこと。上野（群馬県）の源氏。足利氏の出身と伝えられる。幼くして出家し、顕密二教を学び、のちに禅門に帰して建長寺の蘭渓道隆に師事し、入宋して『蘭渓和尚語録』の刊行に尽力した。帰朝した後は東福寺の円爾のもとに投じてその法を嗣ぐ。嘉元三年（一三〇五）に大友貞親の請を受け、豊後（大分県）に万寿寺を開き、延慶三年（一三一〇）には東福寺に住した。仏印禅師と諡する。『直翁和尚語録』一巻が存する。

刊2—4　東山建寧禅寺…　京都東山の建仁寺のこと。既出（上217—1）。

刊2—5　禅忍…　蘭渓道隆の門弟。入宋して『蘭渓和尚語録』の刊行に尽力した。江戸期に刊行された『大覚禅師語録』の刊記では祖忍に作る。既出（序—7）。

刊2—6　天台山…　台州（浙江省）天台県の天台山のこと。既出（法6—9）。

刊2—7　万年報恩光孝禅寺…　天台山中の列秀峰下の平田にある禅寺。東晋の曇猷が庵を建てて居した地であり、唐の太和七年（八三三）に伽藍が建立された。会昌年間（八四一～八四六）に破仏に遭い廃されるも、大中六年（八五二）に再興し、鎮国平田寺と号する。禅寺開山は南嶽下の平田普岸とされる。後梁の龍徳年間（九二一～

九二三）に福田寺と改める。北宋の建中靖国元年（一一〇一）に火災により焼失。崇寧三年（一一〇四）に重建され、天寧万年寺と号され、南宋の紹興九年（一一三九）に報恩広孝寺、さらに報恩光孝寺と改められる。万年寺と略称される。栄西や道元ら多くの日本僧が訪れたことでも知られる。

刊2—8　惟俊…　南宋末、松源派の虚堂智愚の法を嗣いだ東州惟俊（不詳）のこと。『仏祖正伝宗派図』や『正誤仏祖正伝宗派図』四には「万年東州惟俊」と記される。『虚堂和尚語録』巻二「婺州雲黄山宝林禅寺語録」を編んでおり、同じく『虚堂和尚語録』には惟俊のためになした偈頌・上堂・真賛（大正蔵四七・一〇三六b、一〇五二b、一〇六一b）が収められる。慶遠寺や天台山万年報恩光孝寺に住する。南浦紹明ゆかりの『一帆風』や無象静照の『無象照公夢遊天台偈軸并序』にも詩偈が残されている。佐藤秀孝「虚堂智愚の嗣法門人について—南宋末元初の江南禅林における虚堂門下の動向—」（『駒澤大学仏教学部研究紀要』第六十四号、二〇〇六年）の「東州惟俊」の項を参照。

刊2—9　妙弘…　南宋末、天台山万年寺の住持であった截流妙弘（不詳）のこと。嗣承は不詳。無象静照の『無象照公夢遊天台偈軸并序』（『五山文学新集』第六巻所収）にも万年寺の住持として詩偈を寄せている。

『蘭渓和尚語録』解題

『蘭渓和尚語録』解題

舘　隆志

『蘭渓和尚語録』は、鎌倉中期の渡来僧、臨済宗松源派の蘭渓道隆（一二一三～一二七八）の相模粟船山常楽寺、鎌倉巨福山建長寺、京都東山建仁寺（建寧寺）における語録である。

本語録は、宝治二年戊申（一二四八）冬十二月に道隆が常楽寺に入院した際の上堂から始まる。道隆が常楽寺の住持であったのは翌年の建長元年（一二四九）までであり、「常楽寺語録」は南宋の淳祐九年（一二四九）三月十八日に杭州（浙江省）径山で示寂した無準師範（一一七七～一二四九）の訃報が届いたことに因む「大宋国径山無準和尚訃音至上堂」（上16）で終わっている。その後は建長寺での語録になるが、建長寺の入院上堂は収録されていない。

建長寺における退院の上堂（上217）で、道隆は建長寺で住持を勤めた期間を「十三春」と述べており、詳しくは後述するが、これに依るならば常楽寺を退院後、その年のうちに建長寺の開山になったものとみられる。これは、道隆の伝記『元亨釈書』巻六「釈道隆」に記された「十三年」[1]という建長寺での住持期間と一致している。

ただし、建長寺は巨刹であり、その伽藍の完成には数年かかったとみられ、道隆が開山となってすぐに建長寺が寺院としての機能をすべて備えていたかは不明である。『吾妻鏡』建長五年十一月二十五日条[2]によれば、建長三年（一二五一）から造営が始められ、建長五年（一二五三）十一月二十五日に仏殿の落慶供養がなされたことが記されており、この仏殿落慶をもって、一応の伽藍完成と理解した上で、この年を建長寺創建年時とする場合がある。

一方、『吾妻鏡』とは異なる情報を載せるのは『聖一国師年譜』[3]と『皇代記』[4]であり、建長元年（一二四九）を開山年時として記録している。このように、建長寺の開山年時には諸説が存しているが、道隆の語録から導き出される開山年時と、『聖一国師年譜』と『皇代記』に記された開山年時が一致することは重要である。ちなみに、上堂の配列からは、建長六年（一二五四）頃からの上堂が収録されていると判断されるから、常楽寺を退いてから実に五年分ほどの上堂が存していないことになる。

建仁寺については、「建寧寺語録」として収められており、入院上堂（上218）からが収録されている。建仁を建寧とするのは、時の天皇である亀山天皇（一二四九～一三〇五、在位一二六〇～一二七四）の諱である「恒仁」の字を避けるためであったと考えられ[5]、中国僧である蘭渓道隆の皇帝（天皇）に対する配慮が窺われる（以下、建仁寺に統一）。建長寺の住持期間や上堂配列を踏まえるならば、建仁寺の上堂は弘長二年（一二六二）から始まっており、弘長四年（一二六四）一月十五日の「元宵上堂」（上268）で終っており、退院上堂が存していない。そして、常楽寺から建仁寺までの頌古・偈頌・普説・法語・小参・仏祖讃・小仏事が上堂と共に収録されたと考えられる。

『蘭渓和尚語録』の序文は、南宋の景定三年（弘長二年、一二六二）二月十五日に天台宗僧侶の晦巌法照（仏光法師、一一八五～一二七三）によって撰されており、

蘭渓隆老出レ蜀南遊、至二蘇臺双塔一、遇下無明性禅師室中挙中東山牛過二窓欞一話上、遂有レ省。於レ是知下松源提二破沙盆一得中所伝上矣。後十数年、航レ海之二日本一、殆若二宿契一、迺大振二宗風一。其門人禅忍、秤二三会語録一、請二序於余一。余観二其略一曰、寒巌幽谷面面迴レ春、此土地邦、頭頭合レ轍。故因而序云。

時大宋景定三年二月望日、

特転二左右街都僧録一主二管教門公事一、住二持上天竺広大霊感観音教寺一、兼住二持顕慈集慶教寺一、伝二天台教観一、特賜二紫金襴衣一、特賜二仏光法師一法照。

とある。ここに「三会語録」とあることが、上堂配列と上堂年時からすれば若干の問題を残している。禅忍が入宋直前に道隆から得た法語『蘭渓和尚語録』巻下「法語」の「禅忍上人に示す」（法13）には「老拙《ろうせつ》、巨福《こふく》を主《つかさど》りて自《よ》り以来、期すること十三載」とあり、建長寺の最晩年頃であったことがわかる。後述するように、禅忍が序文を得たのが、南宋の景定三年二月望日、すなわち日本の弘長二年（一二六二）二月十五日であることからすれば、禅忍が入宋した年時は、弘長元年（一二六一）か弘長二年の可能性しか存しない。しかしながら、『蘭渓和尚語録』の「建寧寺語録」は、上堂配列からは、少なくとも弘長二年（一二六二）二月以降の記録と考えられるのである。

すなわち、禅忍は道隆が建仁寺に住持することを踏まえて、常楽寺と建長寺の語録を法照に呈示し、建仁寺の語録を収録することを前提として、三会語録としての序文を得ていた可能性が示されるのである。上堂配列や、序文に記された年時、さらに「禅忍上人に示す」の法語の内容からは、そのように解釈せざるを得ない。いずれにしても、禅忍は「建寧寺語録」が完備されていない語録を法照に呈示したことは疑いないようである。

また、ここで跋文を得たのが、天台僧の晦巌法照であることの理由は不明ではあるが、『蘭渓和尚語録』巻下「法語」の「禅忍上人に示す」で、道隆は禅忍に対して「纔かに四明《しめい》に到りて、径《ただ》ちに天台山に往《ゆ》かば、国清寺内に箇の老豊干有り」と述べ

ているので、禅忍が入宋して四明（明州）に到着後、すぐに天台山の国清寺に行くことは、当初の計画であったらしい。その後に、杭州上天竺寺の晦巌法照を訪れたと考えられる。

禅忍が序文を得た晦巌法照は、天台宗の北峰宗印（一一四八～一二一三）の法を嗣いだ、当時著名な学僧であった。道隆は臨済宗松源派の無明慧性（一一六〇～一二三七）の法を嗣ぐが、それに先だって無準師範、癡絶道冲（一一六九～一二五〇）、北磵居簡（一一六四～一二四六）に学んでいる。ここで問題なのは、癡絶道冲である。『続仏祖統紀』巻一の法師法照章には「育王虚レ席、郡請二兼住一。辞曰、自二梁隋一已降、達磨・智者、各有二宗承一。挙二痴絶冲一自代」(6)とあり、明州阿育王山で住持を欠いた際、明州府主は明州府城の延慶寺の法照に兼住を請うた。法照は自身が禅僧ではないことからこれを断り、代わりに天童山の癡絶道冲を推挙したという。

また、法照は京都東山泉涌寺を開いた日本僧の俊芿（一一六六～一二二七）と同じく北峰宗印に学んだ人であり、道隆は日本に来朝して二年目に京都に少しの間滞在するが、仮寓したのは東山泉涌寺来迎院であった(7)。この時に泉涌寺の住持であったのは月翁智鏡であるが、このように道隆は泉涌寺僧との関わりが深い。また、北峰宗印は北磵居簡とかなり深い交流が存していたことが知られている(8)。そのため、道隆在宋中、あるいは泉涌寺僧などを通じた人的交流などから、道隆の指示によって、中国に到着して間もなく、禅忍は杭州（浙江省）の上天竺寺に赴いて法照から序文を得たものと考えられる。

一方、建仁寺が、当初、天台・真言・禅の三宗を兼学する道場として建立され、比叡山の末寺として位置づけられていたことも重要であろう(9)。おそらくは道隆の入寺によって、完全な禅寺となった建仁寺であるが、『元亨釈書』巻六「釈道隆」には、栄西忌の上堂を行なって以降、門弟が「畏愛」を加えたと記されている(10)。これと同じように、天台僧たる晦巌法照から序文を得て語録を刊行し、道隆の建仁寺内における立場を改善させようと意図した可能性も考慮する必要が存しよう。実際の刊行よりも二年も前に序文を得ていることには、何らかの理由があったものと考えられる。後述するように、『蘭渓和尚語録』の刊記によれば、天台山万年寺の東州惟俊が点対入版（対校して入稿）し、住持の截流妙弘が点正施梓（添削を加えて上梓刊行）している。天台山万年寺は栄西が虚庵懐敞に参じた寺であることなども考慮する必要があるだろう。

また、下巻末には、景定五年（一二六四）春二月に松源派の虚堂智愚（一一八五～一二六九）が、

宋有二名衲一、自号二蘭渓一。一笻高出二於岷峨一、万里南詢二於呉越一。陽山領レ旨、到頭不レ識二無明一。擡レ脚千鈞、肯践二松源家法一。乗二桴于海一、大行二日本国中一。淵黙雷声、三董二半千雄席一。積レ之歳月遂成二簡編一。忍禅久侍二雪庭一、遠訪二四明一、鋟レ梓。言不レ及処、務要二正脈流通一。用無レ尽時、切忌望レ林止レ渇。

景定甲子春二月、虚堂智愚、書二于浄慈宗鏡堂一。

という跋文を記しており、さらに同じく下巻末には、

敕差住二持臨安府御前香火浄慈報恩光孝禅寺一嗣祖比丘智愚、校勘。

とあって、智愚自身が校勘していることが確認される。校勘とは、数種の異本などを比べ考えて異同を正し定めることや、字句などを調べて正すことであるが、智愚がどれほど語録の言葉を正したのかは明確にはなっていない。

ただし、『蘭渓和尚語録』巻下「小仏事」収録の「巨福山建長禅寺鐘銘」（事2）と、建長七年（一二五五）二月二十一日に鋳造され、実際に国宝として現存している「巨福山建長禅寺鐘銘」(11)の文字が、五文字ほどに相違が確認されることは問題である(12)。語録（第一五二丁）の一行目の「特開」が実際は「聊芟」、二行目の「敀」（皈）が実際は「影」、三行目の「鎖」が「掃」、同じく三行目の「範」が実際には「范」となっている。これらの文字は、異体字である「範」と「范」を除けば、基本的には書写し間違えるような相違ではない。

また、この相違から生ずる意味の違いも問題である。草木の生い茂っている所を削る意の「聊か榛莽を芟り」と、草木の生い茂っている所を開く意の「特に榛莽を開き」では、意味がより具体的であり、天人が心を傾ける意の「天人帰向す」と、天人が姿を現す意の「天人影向す」では意味が大きく異なってしまう。山の風が広がり山の翠をすばやく過ぎ去る意の「嵐《らん》敷き翠掃いて」と、山の風が広がり翠を包み覆う意の「嵐《らん》敷き翠鎖《とざ》して」とでは、それぞれに意味が異なってしまうのである。これについては、道隆自身による変更、禅忍などの誤写、智愚による「校勘」の可能性が想定されるが、梵鐘に刻まれたものを道隆が変更するとも思われず、弟子が誤写するような字でもないだろう。状況的に考えるならば、智愚による「校勘」で変更されてしまった可能性が最も高い。

しかしながら、上堂語（上104）と(13)、「示看蔵経僧」（偈1）(14)についても現存する史料にて確認することができるが、この二点については相違を確認することはできなかった。また、この他にも「栄意禅人に示す」（法3）の後半部分と、栄意に法語を書した際に、同じ紙に道隆が上堂語（上47）を一つ書したものが残っている(15)。

まず、「栄意禅人に示す」であるが、語録（第九五丁）の十二行目「長」が現存史料では「伏」、十三行目の「分」が現存史料では「暇」、二十四行目の「発三毒」が現存史料では「発心三毒」、二十五行目の「意上人」が現存史料では「意兄《上人》」となっている。このうち、「心」と「兄《上人》」については文字上に○で印がついており、あるいは道隆自身で訂正したものとみられる。ただし、「古人の閑言、語を伏して包みて一肚皮と為す」と、「古人の閑言長語をば、包みて一肚皮と為す」では意味が異なって

しまうし、時間を表す「工夫を做す暇無し」と資格を表す「工夫を做す分無し」についても同様に意味が異なっている。道隆自身が、「心」と「兄《上人》」を修正しているとみられることから、「伏」と「暇」については道隆自身による変更ではなかった可能性が考えられる。

上堂語（上47）に関しては、「仏涅槃上堂。結座云、七七」とあるが、この「結座云」は状況説明なので変更されたものとはいえず、他はすべて同じものである。そのため、智愚による「校勘」がどこまで行なわれていたのかは明確にはなっていないが、一丁に数文字程度の割合で変更がなされている可能性が提示される。

あるいは、後年の史料ではあるが、蘭渓道隆の門下であった直翁智侃（一二四五～一三二二）が虚堂智愚に「校勘」を願ったため、道隆の下を破門されて、聖一派に転じたと記す史料もある。[16] しかしながら、これも実際に「校勘」を願ったのは禅忍であり、当時二十歳にも満たなかった智侃が主導してこれを成し得たとも考えづらい。智愚の「校勘」にはさまざまな問題が存しているのである。

また、この跋文にはもう一つ問題があり、上堂の配列からは、弘長四年（一二六四）一月十五日までの建仁寺の上堂が収録されているとみられるにも拘わらず、景定五年（一二六四）春二月に虚堂智愚から跋文を得ているという年時上の矛盾が生じていることであろう。そのため、跋文を得た際も、序文と同様に「建寧寺語録」の上堂などがすべて完備されていない状況で、智愚から跋文を得ていたと考えなければならない。この点、建仁寺の退院上堂が存していないことも、これを裏付けるものといえよう。

禅忍が携帯することができなかった「建寧寺語録」の部分は、後に入宋した道隆の門人たちによって、中国の禅忍の下にもたらされたものと考えられる。その可能性の存する門人の一人に無隠円範（一二三〇～一三〇七）がいる。「建長寺語録」の編者の一人であるが、道隆の建仁寺住持に随行して建仁寺に移って蔵主を勤めていたらしい。円範が入宋直前に道隆から得た法語「円範蔵主に示す」（法6）では、道隆が円範を「東西両刹にて、道聚《どうしゅ》すること数年」と評しており、鎌倉建長寺と京都建仁寺で、数年間、道隆に付き従っていたことが解るため、この法語は建仁寺で授けられたものである。したがって、この法語は禅忍が入宋して以降に中国に届けられたことが確実にわかり、しかもそれは円範自身によって届けられた可能性が想定される。[17]

『蘭渓和尚語録』の末尾には刊記が存し、

大宋紹興府南明孫源、同刻川石斌刊。

幹当開板比丘智侃・祖伝。
北京山城州東山建寧禅寺監寺比丘禅忍、施財刊行。
天台山万年報恩光孝禅寺首座比丘惟俊、点対入板。
大宋天台山万年報恩光孝禅寺住持嗣祖比丘、妙弘、点正施梓。

とあり、越州紹興府南明の孫源、紹興府剡川の石斌という二人の職工が版木を刻んだものらしい。施財したのは建仁寺監寺の禅忍であり、この人が晦巌法照から序文を、虚堂智愚から跋文を得た人でもあるから、語録刊行の中心人物であったことになろう。さらに、この時点では建仁寺の監寺という地位が与えられていたらしい。それを補佐したのが、直翁智侃や祖伝であったと推定される。祖伝については不明であるが、円範と同様に、祖伝や智侃などによっても語録の残りが中国にもたらされたものと考えられる。

また、天台山万年寺の首座の東州惟俊が点対入版（対校して入稿）し、住持の截流妙弘が点正施梓（添削を加えて上梓刊行）していることが確認される。惟俊は智愚の法嗣であるが、妙弘については嗣承が定かでない。また、なぜ天台山万年寺であったかという点は、栄西が天台山万年寺の虚庵懐敞に参じたことと、道隆が建仁寺の住持であったこととの関連が注目される。智愚の跋文を得てから、東州惟俊による点対入板、截流妙弘による点正施梓があったとすれば、実際の開版は景定五年（一二六四）春二月よりしばらくしてからであろう。智愚の跋文に「遠く四明に訪ねて梓に鋟む」とあることから、四明（明州）で刊行されたものとみられる。このように見ると『蘭渓和尚語録』は杭州・越州・台州・明州をはさんで宋版が完成していることになろう。

『蘭渓和尚語録』の上堂配列について

『蘭渓和尚語録』の上堂は二六八あり、配列は基本的に矛盾がないため、上堂順に並べられたものと推定される（「蘭渓和尚語録上堂一覧表」参照）。このうち、確実に年時が記されているのが、常楽寺の入院上堂であり、冒頭に「宝治二年戊申冬十二月」とあることによって、常楽寺の入院が宝治二年（一二四八）冬十二月であり、退院が翌年であることがわかる。建長寺語録に関しては、年時に関する記述が一つもない。そのため、これまで道隆の建長寺住持期間については定まっておらず、諸説が挙げられていた。

道隆の語録を持参して中国に届けた禅忍には、入宋直前に道隆から得た法語「禅忍上人に示す」（法13）が残されており、ここに「老拙、巨福を主りて自り以来、期すること十三載」とあり、道隆が建長寺の住持となって以来十三年が経過していることがわかる。

禅忍は入宋して南宋の景定三年（弘長二年、一二六二）二月十五日に序文を得たわけであるが、それ以前に十三年が経過するためには、建長寺の開山年時は、建長元年（一二四九）か、建長二年（一二五〇）の二つの可能性しか存在し得ないことになる。積極的に考えるならば、鎌倉から出発して、景定三年二月十五日に杭州（浙江省）の上天竺寺で法照から序文を得るためには、禅忍は道隆から「禅忍上人に示す」を弘長元年（一二六一）中に得ていなければ不可能と考えたい。すなわち、禅忍との関わりにおいては、建長寺の開山年時を建長元年としなければならないことになる。

この点、法語「玄海大師に示す」（法17）においても、道隆は「予、建長に住持して以来、弾指すること已に十三載」と述べている。ただし、同法語において「予、西国に在りても東州を離れず」とも述べているが、この法語を得た場所が建長寺か建仁寺かの判断は難しい。すなわち、既に建仁寺に住しているが気持ちは建長寺にあるという意味なのか、これから建仁寺に赴くが気持ちは建長寺にあるという意味なのか、確定することができないのである。

ここで問題となるのは、住持期間の厳密性であり、『元亨釈書』巻六「釈道隆」には「十三年」という建長寺住持期間が記されている点である。「建長寺語録」は、「歳旦上堂」（上216）の次に「辞衆上堂」（上217）が存している。そのため、おそらく道隆は、少なくとも弘長二年一月までは建長寺住持であった。しかしながら、単純に建長元年（一二四九）から弘長二年（一二六二）までを住持期間と定義した場合、足かけ十四年となってしまう。すなわち、年初から「辞衆上堂」までのおそらくは約一・二ヶ月程の期間をもって、住持期間を一年間と数えていたか否かが問題となるのである。(18)

この点については、「常楽寺語録」には「結制上堂」（上10）が存していることから、少なくとも建長元年七月十五日の解制までは常楽寺にあったものと推定される。それ以降に建長寺の住持となったわけであるから、おおよその住持期間とすれば、建長元年から弘長二年一月までで十三年間と考えていたとみるのが自然であろう。以上のことを踏まえるならば、建長元年を開山年時とすることが妥当といえる。

建長寺の「辞衆上堂」では、「要津把断す十三春」と具体的に述べているが、この「十三春」をどのように理解すべきであろうか。道隆は建長元年の春は常楽寺の住持であるから、ここでいう「十三春」とは建長二年春から数えて十三回目の春の意であろう。建長元年末までには、すでに建長寺の住持となっていたと考えられる。そして、弘長元年の末頃には、道隆はすでに「十三」という住持期間を述べており、翌弘長二年春であっても、その期間を使い続けたのであろう。

蘭渓和尚語録　上堂一覧表

1	宝治二年(1248)	12		師於宝治二年戊申冬十二月入院	
2		12	30	謝新旧両班上堂	
3				上堂	
4				上堂	
5	建長元年(1249)	1	1	正旦上堂	
6		1	15	元宵上堂	
7				上堂	
8				上堂	
9		4	8	浴仏並開堂	
10		4	15	結制上堂	九旬
11		5	1	上堂	結夏已半月
12				謝監寺副寺維那蔵主上堂	
13				上堂	
14				上堂	
15				上堂	
16				大宋国径山無準和訃音至	
17	建長六年(1254)			上堂	
18		8	15	中秋上堂	
19		10	1	上堂十月旦日	
20				上堂	冬至已過半月日
21		12	8	仏成道日上堂	
22	建長七年(1255)	1	1	正旦上堂	
23		1	15	元宵上堂	
24				上堂	
25		2	15	仏涅槃上堂	
26				上堂	
27				上堂	
28				上堂	
29		4	8	浴仏上堂	
30		4	15	結制上堂	
31				上堂	
32				上堂	六月炎烝
33				上堂	
34	建長七年(1255)	7	15	解夏上堂	
35		8	1	上堂	今朝八月一
36		8	15	上堂	中秋夜月
37				上堂	
38		10	1	開炉上堂	
39		10	5	達磨忌上堂	
40		11		至節上堂	
41				謝書記蔵主浴主上堂	
42		12	8	仏成道上堂	
43				因雪上堂	
44	康元元年(1256)	1	1	正旦上堂	
45		1	15	元宵上堂	
46				上堂	
47		2	15	仏涅槃上堂	
48				上堂	三月桃花爛熳
49				上堂	
50				上堂	青春已過朱夏還来
51		4	8	浴仏上堂	
52		4	15	結夏上堂	
53				上堂	
54				上堂	
55				上堂	遍界炎炎
56		7	15	解夏上堂	
57				祈祷上堂	七日之中
58		8	15	中秋上堂	
59		10	1	開炉上堂	
60		10	5	達磨忌上堂	
61				上堂	
62		11		冬至上堂	
63				謝首座書記蔵主浴主直歳上堂	
64				上堂	
65				上堂	
66				上堂	
67		1	1	正旦上堂	
68				因事上堂	
69	正嘉元年(1257)			上堂	
70				上堂	
71				上堂	
72				上堂	
73				上堂	
74				上堂	
75		4	8	仏生日上堂	
76		4	15	結夏上堂	今夏百二十日長期
77				上堂	
78				上堂	結夏已十日
79				上堂	
80		5	5	端午上堂	
81				上堂	
82				上堂	
83				上堂	
84				上堂	
85		7	15	解夏上堂	
86				謝両班上堂	
87				上堂	
88		8	15	中秋上堂	
89		8	23	因地震上堂	
90		10	1	開炉上堂	
91				上堂	
92		11		書雲上堂	
93				上堂	
94				上堂	
95				遊山帰上堂	
96		12	8	臘八上堂	
97				上堂	
98				上堂	臘月三十日来
99	正嘉二年(1258)	1	1	正旦上堂	
100		1	15	元宵上堂	
101				上堂	
102				上堂	
103	正嘉二年(1258)			上堂	
104				上堂	
105				上堂	
106				上堂	
107				上堂	昨日有人従高麗来
108		4	15	結制上堂	西天東土日本高麗
109		4	25	上堂	結夏已十日
110				上堂	
111				看経上堂	
112				上堂	
113				上堂	
114				祈晴上堂	
115		7	15	解夏上堂	九旬
116				謝両班上堂	
117				上堂	
118		8	15	中秋上堂	
119		8	25	因事上堂	元是八月二十五
120				為新極楽然長老、引座上堂	挨到無挨已十年
121				上堂	
122		10	1	開炉上堂	
123				上堂	
124		10	5	達磨忌上堂	
125				上堂	
126				上堂	
127		11		書雲上堂	
128				謝頭首上堂	
129		12	8	仏成道上堂	
130				上堂	
131				上堂	
132				上堂	
133				上堂	
134				上堂	
135				上堂	
136				上堂	

番号	年	月	日	上堂	語句
137	正元元年(1259)	4	15	結制上堂	
138				上堂	
139				上堂	
140				上堂	
141		5		上堂	中夏今已到
142				上堂	
143				上堂	
144		7	1	上堂	七月初一
145				上堂	
146		7	15	解制上堂	九十日
147				謝両班上堂	
148				祈祷看経上堂	
149				上堂	
150				上堂	
151				因病上堂	
152				上堂	
153				遊山帰上堂	
154				上堂	
155		10	1	開炉上堂	
156				上堂	
157				上堂	
158				上堂	
159				謝知事頭首上堂	
160				上堂	
161				謝首座上堂	
162				上堂	
163		12	8	仏成道上堂	
164				上堂	
165	文応元年(1260)	1	1	歳旦上堂	
166		1	15	元宵上堂	
167		春		上堂	春風春水一時来
168				上堂	
169				上堂	
170				上堂	
171				上堂	
172	文応元年(1260)			上堂	
173				上堂	
174		4	15	結制上堂	
175		5	5	端午上堂	
176				上堂	
177				上堂	
178				上堂	
179				上堂	
180				檀越写五部大乗経上堂	
181				上堂	
182				上堂	
183		7	15	解夏上堂	三月安居
184				謝書記蔵主維那浴主上堂	
185				上堂	
186		10	5	達磨忌上堂	
187				因事上堂	
188				上堂	
189				兀庵和尚至上堂	
190				上堂	
191				上堂	
192	弘長元年(1261)	1	1	正旦上堂	
193				上堂	
194		1	15	元宵上堂	
195				上堂	
196				謝修造上堂	
197				上堂	
198				上堂	
199				上堂	
200		4	15	結制上堂	
201				上堂	
202		5	15	上堂	結夏已一月日了
203				上堂	
204		7	15	解夏上堂	
205				謝両班上堂	
206	弘長元年(1261)			上堂	
207		8	15	中秋上堂	
208				上堂	
209				上堂	
210				上堂	
211				上堂	
212		11	2	冬至上堂	
213				謝書記蔵主典座浴主上堂	
214				上堂	
215				上堂	
216	弘長二年(1262)	1	1	歳旦上堂	
217				辞衆上堂	
218				師入寺	山僧到此、十六日程
219		春		上堂	各自春
220		春		上堂	看看春老
221		春		上堂	一年能幾春
222		4	15	結制上堂	
223				泉蔵主至上堂	
224				上堂	
225		6		上堂	六月不熱
226				上堂	
227				上堂	
228		7	20	無明和尚忌拈香	
229		7	5	開山千光和尚忌上堂	
230				謝両班上堂	
231				上堂	
232		8	15	中秋上堂	
233				因事上堂	
234		秋		上堂	秋風高
235		10	1	開炉上堂	
236				関東檀那捨普賢荘上堂	
237				東光和尚至上堂	
238		冬		上堂	歯冷唇寒
239				上堂	
240	弘長三年(1263)	1	1	正旦上堂	
241		1	15	元宵上堂	
242				上堂	
243				上堂	
244		春		上堂	春風
245				上堂	
246		4	15	結制上堂	九十日
247				上堂	
248				上堂	
249				因安土地神上堂	
250				因事上堂	
251				上堂	
252		7	15	解夏上堂	
253				謝両班上堂	
254		8	15	中秋上堂	
255				上堂	
256				上堂	
257				上堂	
258				上堂	
259				上堂	
260		10	1	開炉上堂	
261				上堂	
262				上堂	
263				謝両班上堂	
264				上堂	
265				上堂	
266		12	31	上堂	臘月三十日到来
267	1264	1	1	正旦上堂	
268		1	15	元宵上堂	

これらの事情を踏まえるなら、蘭渓道隆の建長寺住持期間は、建長元年から弘長二年春までであり、その期間は十三年間であったと考えるのが自然である。そして、弘長二年から弘長四年一月十五日までの建仁寺における上堂記録が収録されていることになる。しかしながら、これらの考察は、あくまで道隆の常楽寺、建長寺、建仁寺の住持期間を確定するに留まる。

そこで、この仮説を上堂年時を考察することで、明らかにする必要があるだろう。上堂を並べてみると（「蘭渓和尚語録上堂一覧表」参照）、年時を確定することができる上堂が、一月一日「正旦上堂」、一月十五日「元宵上堂」、二月十五日「仏涅槃上堂」、四月八日「浴仏上堂」、四月十五日「結制上堂」、五月五日「端午上堂」、七月十五日「解制上堂」、八月十五日「中秋上堂」、九月九日「重陽上堂」、十月一日「開炉上堂」、十月五日「達磨忌上堂」、十二月八日「臘八上堂」などが、順番に並んでいることがわかる。一部、「開山千光和尚忌上堂」[19]と「無明和尚忌拈香」[20]の順番に問題はあるが、これを例外として、他はすべて順番通りに並んでいると考えてよいだろう。この例外については、「建寧寺語録」が順次日本からもたらされたために生じたと考えたい。

『蘭渓和尚語録』の中で、外部の記録から年時を確実にできるものがある。一つが「兀庵和尚至上堂」（上189）であり、建長寺の第二世となった渡来僧の兀庵普寧（一一九八～一二七六）が来朝し、建長寺に到着した際に、道隆が行なった上堂が残されている。兀庵普寧が来朝した時のことは、『兀庵和尚語録』巻上に詳細に記されており、「景定庚申に於いて、暫らく与めに一遊す」[21]と記録されている。景定庚申とは、南宋の景定元年のことであり、日本の暦では文応元年（一二六〇）に相当し、この年に普寧が建長寺に到着したことが知られる。そのため、「兀庵和尚至上堂」は文応元年に行なわれた上堂であったことが確定する。

他に、「結夏上堂」（上76）では「今夏百二十日長期」と述べていることから、この年の四月から六月の間に閏月が存しなければならないことになる。これに符合する年は、建長六年（一二五四）と正嘉元年（一二五七）である。日本の旧暦では正嘉元年は閏三月であるが、南宋の暦では閏四月であるため[22]、正嘉元年も符合する年時と言えるわけである。仮に、この上堂が行なわれたのが、建長六年だとすると、「建長寺語録」のうち、最も早く記されている上堂が、建長三年（一二五一）の八月十五日の上堂ということになる。しかし、兀庵普寧の来朝や、建長寺退院上堂を踏まえるならば、可能性が残るのは、正嘉元年（一二五七）のみであり、これにより「建長寺語録」の上堂が記録され始めたのは建長六年（一二五四）ではないかと一応確定されるわけである。また、蘭渓道隆は暦の上からも、宋朝のやり方をそのまま取り入れた様子がうかがえる。

他に「因地震上堂」（上89）が存する。この上堂は「中秋上堂」（上88）と、「開炉上堂」（上90）の間にあるため、八月十五日から十月一日までの四十五日間に地震があった年で、建長五年（一二五三）以降のものを『吾妻鏡』によって確認を試みると、建長五年（一二五三）九月十六日に地震が記録されているが、この時では符合しない。このほかに符合する地震として、正嘉元年（一二五七）の、八月二十三日・八月二十五日・九月四日・九月二十四日に起きた地震が『吾妻鏡』に記録されている。(23)(24)この中で唯一、八月二十三日の地震を、大地震と記しているため、(25)本稿では、「因地震上堂」は正嘉元年八月二十三日の上堂と推測しておきたい。また、前後数年の内で、この上堂に符合する地震は、正嘉元年の地震のみであった。

以上の三つの上堂が、想定される上堂年時に符号していることが確認される。さらに、基本的な上堂配列に矛盾がないことから、『蘭渓和尚語録』の「建長寺語録」は、上堂年時順であり、「建長寺語録」が建長六年（一二五四）から、弘長二年（一二六二）までの記録であることが確定するのである。(26)

テキスト『蘭渓和尚語録』

蘭渓道隆の語録は宋国で『蘭渓和尚語録』と題して刊行された。しかしながら、この時に宋国で刊行された宋版の『蘭渓和尚語録』は現存していない。現在確認できるもっとも古い『蘭渓和尚語録』は、この宋版に基づいて日本で刊行された覆宋五山版と呼ばれるものである。

現存する『蘭渓和尚語録』を宋版と判断するか、覆宋五山版と判断するかは見解が分かれている。川瀬一馬『五山版の研究』は、現存する『蘭渓和尚語録』を、「鎌倉末期を降らぬ頃の開版に相違なく」(27)と指摘し、その解題において「鎌倉末期刊」とした上で、「初期五山版中の白眉」であることを述べている。ただし、同書において「その生前に宋国で語録が開版せられ、版木をわが国へ携え帰ったかと推測する者もあるが、それはわが国内で開版されたものであると思う」(28)と述べ、『蘭渓和尚語録』が日本のみで開版したとする説を挙げている。その後、『入門講話日本出版文化史』では、「蘭渓和尚の生存中か、或は歿後間もなく出版された五山版に相違」(29)ないとし、出版年時の上限を上げている。

一方、高橋秀栄「建長寺で出版された禅の書物」(30)では、釼阿が鎌倉後期に記した『小経蔵目録』に、「蘭渓和尚語録　一帖唐」とあり、鎌倉期の蔵書目録に宋版『蘭渓和尚語録』の存在が記されていることから、宋版は実際に開版されて金沢文庫に所蔵されていたことを指摘している。

『小経蔵目録』(31)は鎌倉の称名寺二世の釼阿（明忍房、一二六一～一三三八）が鎌倉後期に記した百二十以上の典籍の目録であるが、この内「唐」と記されたものは「首楞厳経疏廿帖唐」「蘭渓和尚語録二帖唐」「五灯会元十帖唐」「僧宝伝三帖唐」「禅門宝訓二帖唐」の五冊である。注目すべきは『禅門宝訓』であり、「禅門宝訓二帖唐」とは別に「禅門宝訓一帖」が記されていることである。すなわち、建長寺で弘安十年（一二八七）に刊行された『禅門宝訓』と、宋版を区別しているとみられるのである。ここでいう「蘭渓和尚語録二帖唐」の表記は宋版を示していると考えられるため、宋版がかつて存在していた可能性は極めて高いといえる。宋版と五山版には明確な相違があったのである。

本語録については、宋版である可能性がこれまでも何度も指摘されてきてはいるが、大東急記念文庫所蔵『蘭渓和尚語録』は初摺ではないことが指摘されており[32]、これに基づけば少なくとも大東急本は日本で刊行された五山版となる。この大東急本、建長寺本、内閣文庫本、松ヶ岡文庫本はすべて同じ版木が用いられていることから、ここに挙げた諸本すべてが日本で刊行された五山版ということになろう。さらに、先に述べたようにかつて宋版が存在していたことからすれば、この五山版は宋版『蘭渓和尚語録』を模して作られた覆宋版と考えられ、したがって、現存する『蘭渓和尚語録』は覆宋五山版と判断されるのである。

また、建長寺本を含め現存する『蘭渓和尚語録』はすべて楮紙であり、日本で主に使用された紙である。一方、宋版はそのほとんどが竹紙であるから、紙質を踏まえた場合においても、現存する『蘭渓和尚語録』は日本で刊行されたものである可能性が高い。この紙質こそが、『小経蔵目録』において覆宋五山版と宋版が明確に区別された理由ではないかと考えられよう。

建長寺所蔵『蘭渓和尚語録』[33]には、出版年時を明らかにし得る墨書等は存しないが、内閣文庫所蔵『蘭渓和尚語録』には一巻「常楽寺小参」の末に「福山此枝軒公用、堂司存龍置之」と、巻二「建長寺語録」の末に「建武元年八月十日」とあり、巻四末に「建武元年八月十日、福山此枝軒公用、堂司存龍置之」とあることから、少なくとも建武元年（一三三四）には建長寺内の此枝軒の常住として置かれていることになる。出版年時は明らかではないが、後述するように上下二冊本であったものが四巻三冊に再構成されていることからしても、建武元年よりもかなり前に出版されていることになる。そのため、道隆の年忌に際して、道隆示寂後のかなり早い段階で刊行されたものと推定されているのである[34]。

五山版とは京都や鎌倉の五山を中心に刊行された出版物全般を指し[35]、覆宋五山版とは宋版を模して刊行した五山版のことである。そのため、鎌倉後期、いまだ五山制度が確立されていない時代に刊行されていた『蘭渓和尚語録』は、厳密な意味では覆宋五山版とは言えない。しかし、これを定義する学問的な用語も存していないため、本論ではそのまま覆宋五山版として表記しておきたい。

『国書総目録』[36]や『新纂禅籍目録』[37]に基づいて、現在までに確認できた『蘭渓和尚語録』は、完本としては建長寺所蔵本（建長寺本）、内閣文庫所蔵本（内閣文庫本）の二本が残っており、下巻のみの端本として五島美術館大東急記念文庫所蔵本（大東急本）[38]、序文と常楽寺・建長寺の上堂のみの端本として石井積翠軒文庫旧蔵の松ヶ岡文庫所蔵本（松ヶ岡本）が残っている。

①建長寺所蔵『蘭渓和尚語録』上下二冊本

②宮内庁書陵部所蔵『蘭渓和尚語録』四巻三冊

頭丁は欠丁、手書きにて補っている。その他、七九・一三九・一四〇・一四一・一四九・一五〇丁は欠丁。二巻末に「建武元年八月十日」、四巻末に「建武元年八月十日、福山此枝軒公用、堂司存龍置之」の墨書あり。

③大東急記念文庫所蔵『蘭渓和尚語録』下巻一冊

法語・仏祖讃・頌古・小仏事（一五一丁欠）・跋文。刊記は欠[39]。

④松ヶ岡文庫所蔵（積翠軒文庫旧蔵）『蘭渓和尚語録』一冊

法照の序と、常楽寺・建長寺の上堂

現存例は以上であるが、鎌倉後期の刊行物であることを踏まえるならば、比較的に多く残っていると言い得ることができる。松ヶ岡本には巻首に「西来公用」「有嶋首座捨入、五十年後宝普修レ之、文亀癸亥之仲」とあり、巻末に「鎮於　嵩山西来庵」の墨書識語が存するため、有嶋首座が一四五〇年頃に入手した『蘭渓和尚語録』を、文亀三年（一五〇三）に宝普という人が補修して建長寺西来庵に公用として置いたものであることが知られる[40]。

建長寺本は上下二巻二冊本であるのに対し、内閣文庫本は四巻三冊で構成されている。内閣文庫本は、本来の上巻末に相当する偈頌の終わりを欠くが、建長寺本と同様に小仏事が終わって「蘭渓和尚語録巻下」と記されていることから、四巻本の語録として構成されたものでないことが確認される。『蘭渓和尚語録』は、刊行された当初から上下二巻本であったと判断して問題はないだろう。内閣文庫本に関しては、携帯性や利便性が考慮されて三冊に構成されたものと推定されるが、後述するように、その配列にはかなりの問題が存する。

この後、江戸前期に『大覚禅師語録』として刊行されるまでの間、建長寺にて道隆の語録は刊行されなかったようである。その理由は明確ではないが、建長寺が十方住持制の寺院であったことが理由の一つとして考えられる。十方住持制とは、禅宗であれば系統にとらわれることなく、広く十方から住持を任命する制度のことで、主に五山十刹の寺院で行なわれた住持の任命形態である。

建長寺では、この十方住持制が初期の頃から適用された。開山の道隆をはじめとして、建長寺二世の兀庵普寧、三世の大休正念（一二一五～一二八九）、四世の義翁紹仁（一二一七～一二八一）、五世の無学祖元（一二二六～一二八六）が住するなど、渡来僧の住する寺となった。大覚派としては、四世の義翁紹仁が最初であるが、日本僧としては六世の葦航道然（一二一九～一三〇一）が最初であり、七世の鏡堂覚円（一二四四～一三〇六）が渡来僧で、その後、八世の痴鈍空性（?～一三〇一）と九世の桑田道海（?～一三〇九）が大覚派であるが、十世の一山一寧（一二四七～一三一七）、十一世の西澗子曇（一二四七～一三一七）が渡来僧である。十二世の無隠円範が大覚派であるが、十三世の南浦紹明（一二三五～一三〇八）は虚堂智愚（一一八五～一二六九）の法嗣であり、十四世の高峰顕日（一二四一～一三一六）は無学祖元の法嗣である。鎌倉後期までの期間に関しては十方住持制の寺でありながらも、かなりの期間を蘭渓道隆の門流たる大覚派が占めていたことになる。

しかしながら、鎌倉末期以降は、さまざまな派の僧侶が建長寺に住したのであり、大覚派が中心となって住する寺ではなくなっていたのである。そのため、建長寺は道隆が開山した寺院でありながら、鎌倉期以降の建長寺では、『蘭渓和尚語録』は中心的な典籍とはなり得なかったのであろうか。さらに、鎌倉幕府が滅亡し、政治の中心が京都に移ったことも多大な影響を与えた。それにともなって禅の中心も鎌倉から京都へと徐々に移行していったのである。

また、南北朝期にかけて夢窓疎石（一二七五～一三五一）とその門流たる夢窓派が五山に広く展開したことも大きな要因としてあげられよう。この影響が少なかったのは、円爾（一二〇二～一二八〇）の門流（聖一派）によって京都東山の東福寺住持を相承した聖一派である。一方、夢窓派以外の諸派は五山では必然的に勢いを失い、それまで最大門派であった大覚派は最も大きな影響を受けたことは想像に難くない。その結果、疎石の師翁たる無学祖元（一二二六～一二八六）の語録『仏光国師語録』は幾たびも刊行されることとなるが[41]、『蘭渓和尚語録』に関しては、鎌倉期に再刊されて以降、江戸期まで再刊されることはなかったのである。

『蘭渓和尚語録』の伝来

中国で印刷された宋版『蘭渓和尚語録』は、現存はしていないものの、鎌倉の称名寺二世の釼阿が鎌倉後期に記した『小経蔵目録』に、「蘭渓和尚語録　二帖　唐」とあることは既に述べた通りである。ここに「唐」とあるのは、宋版であることを指すため、鎌倉後期にはまだ宋版の『蘭渓和尚語録』が伝存していたことがわかる。

一方、鎌倉後期にはおそらくは宋版の伝存数はかなり少なくなっていたとみられ、故に覆宋五山版が作成されたものと考えられる。この内の、完本と端本を含む四本が現在まで伝えられている。

しかしながら、実際にはこの四本も鎌倉を中心に伝来したらしく、南北朝期から室町期の京都では、どうやら伝来していなかったか、少なくとも現物を見ることが困難であったらしい。これを暗示しているのが、聖一派の直翁智侃の伝記「東福第十世勅賜仏印禅師直翁和尚塔銘」に記された道隆と直翁智侃との因縁を伝える話であり、

始参二建長隆禅師一、隆一見而器レ之、侍二於左右一、且有レ年矣。俄有二南詢之志一、乃礼辞而入二宋国一焉、徧二参諸老一、乃知三法無二異味一。帰来再侍二蘭渓於建長寺一。凡有二上堂・入室・普説・小参等語一、編成レ録矣。師再欲レ入二宋国一焉、建長因付以二所レ編録一。且欲下呈二似平生参見諸老一而求中印証上焉。然而師初謁二於大川済禅師一、求二校正一矣。逮二乎帰来一、以二校正録一提二示蘭渓一。渓見而不レ喜矣。師払袖便出矣。雖然於レ後刊二行於世一者、即茲本也。[42]

と記されている。この「塔銘」は、松源派（金剛幢下）の椿庭海寿（一三一八～一四〇一）が撰し、応永六年（一三九九）に竺芳正旃が立石したものであり、智侃滅後八十年近く、道隆の語録が編纂されてからは百四十年近く経過して作成された伝記となろう。ここに記された智侃の伝記が、道隆をめぐる史的事実とは符号しない場所が多々存することはすでに指摘されている。[43]

ここで問題にすべきは、語録の編纂に関わる記事であり、「塔銘」では、智侃が「上堂・入室・普説・小参等語」を中国に持参し、「大川済禅師に謁し、校正を求む」と記しており、この点が問題となる。なぜならば、智侃が入宋した際には、十年以上も前にすでに大川普済（一一七九～一二五三）は示寂しているからである。さらに、実際に校勘したのが虚堂智愚であるにも拘わらず、普済が「校正」したと記していることも問題となろう。すなわち、椿庭海寿は『蘭渓和尚語録』を見ることなく、この「塔銘」を記しているとみられるのである。[44] 少なくとも、『蘭渓和尚語録』は当時簡単に閲覧でき得る状況にはないため、この記事の整合性を確認するのは困難であったと考えられよう。

この塔銘は、史実と符号しない記事が多々存するものの、少なくとも道隆と智侃の確執を伝えており、それがどうやら『蘭渓和尚語録』に因んだものであったらしいことが読み取れる。少なくとも、道隆の門弟として入宋した智侃が、帰国後に東福寺円爾に参じてその法を嗣いだ事実を否定することはできない。

また、夢窓派の瑞渓周鳳（一三九二～一四七三）の日記『臥雲日件録抜尤』一の文安五年（一四四八）四月一日条には、

四月一日、上生院竺華来、話次及下慈氏和尚偏二貞和集一、不レ載二大覚禅師頌一之事上。又曰、近聞、花園日峰謂、東福光蔵院直宗、本大覚弟子也。将入二大唐一時、大覚以二語録一就二痴絶一求レ序。直宗入レ唐、痴絶已遷化。時虚堂旺化、因請二其序一。虚堂一見、就二語録中一竄二滅偈頌一、然序而述レ之。直宗持帰呈二大覚一。覚大怒、便付二一炬一。由レ是直宗嗣二東福聖一一。然則慈氏

不レ采二其頌一亦有レ旨歟、云々。予謂、日峰即虚堂孫、或為レ美二先祖具眼一、而云レ爾乎。大覚亦一代善知識、豈無二一偈可レ采

哉、云々。(45)

とあり、夢窓派の竺華梵蕚（?～一四六五）が瑞渓周鳳に語ったこととして、慈氏すなわち夢窓派の義堂周信（一三二五～一三八八）が『貞和集』を編纂する際に、道隆の偈頌が収録されていないことを記事としている。

そして、さらにこれに関連して大応派の日峰宗俊（一三二五～一四四六）が竺華梵蕚に語ったこととして、直宗（直翁）が中国に道隆の語録を持して凝絶道冲に序を求めたが、すでに遷化した後であったので、智愚から序を得ることとなった。その際、智愚は一見してその語録から偈頌を「竄滅」(46)して、序文を撰した。それを智侃が日本に持って帰ったところ道隆は大いに怒って、「一炬に付」したという。このため智侃は道隆の会下を去り、円爾の門弟となったとされる。故に義堂周信が『貞和集』に道隆の偈頌を収録できなかったことが語られている。そして、この伝聞に対して瑞渓周鳳は、日峰宗俊が智愚門流（大応派）であるから先祖を美化しているのだろうかと述べた上で、道隆は「一代の善知識」であるから、智愚が「一偈」すらも採用するべきものがなかったはずがないとの感想を述べている。

ここで重要となるのは、義堂周信の『貞和集』に道隆の偈頌が収録されていない理由として、すでに道隆の語録が「一炬に付」されたために、この日記が書かれた時代にはそれが伝わっていなかったとされていることである。

覆宋五山版が作られていることからすれば、この記事内容は肯うことができないが、少なくとも日峰宗俊、竺華梵蕚、瑞渓周鳳は『蘭渓和尚語録』を見ていなかったことが示されている。そして、彼らが活躍する京都では入手はもちろん閲覧する機会さえなかったことになる。すなわち、京都の地では、『蘭渓和尚語録』は室町期にはすでに伝来していなかった可能性が高いのである。

義堂周信がなぜ『蘭渓和尚語録』の偈頌を『貞和集』に収録しなかったのかは明確ではない。『貞和集』はテーマに添った偈頌が収録されているため、十三首しか収録されていない道隆の偈頌の中からは、単純に収録すべきものがなかったと考えるのが自然である。しかし、これは現在のように語録を容易に閲覧することができる状況からの判断であり、語録が容易には閲覧することができなかった当時は、さまざまな理由が想定されたものとみられる。そして、日峰宗俊は智愚が偈頌を語録から「竄滅」したために収録されなかったと判断していたようである。いずれにしても、ここに挙げた「直翁和尚塔銘」と『臥雲日件録抜尤』の二つの記事が、少なくとも、『蘭渓和尚語録』を閲覧していない前提で記されているということには問題なかろう。

このように、南北朝期から室町期の京都では、『蘭渓和尚語録』はすでに閲覧することが困難な情況となっている可能性が高

いことからすれば、現存する覆宋五山版『蘭渓和尚語録』のほとんどは鎌倉を中心に伝来したものと考えられ、事実、建長寺本と内閣文庫本と松ヶ岡本は建長寺に伝来していたことから、残りの大東急本についても、鎌倉に伝来したとみるべきなのかもしれない。この数少なく伝存した『蘭渓和尚語録』に基づいて、江戸期に『大覚禅師語録』が刊行されることになるのである。

『大覚禅師語録』について

鎌倉期に刊行された『蘭渓和尚語録』を模して江戸時代に刊行された道隆の語録を『大覚禅師語録』という。道隆は示寂すると勅号「大覚禅師」と諡されたため、江戸期の再刊に際して『大覚禅師語録』という名称に変更されたものと推定される。

この鎌倉後期の覆宋五山版『蘭渓和尚語録』に基づいて、江戸時代の天和二年（一六八二）に刊行されたのが『大覚禅師語録』四巻四冊であり、覆宋五山版と同じく、半丁十一行で構成されている（天和本）。現存するものとしては、京都建仁寺塔頭正伝永源院と、東京大学史料編纂所に完本が、建長寺と建仁寺塔頭両足院に端本が残っている。

天和本は半丁十一行であり、これは覆宋五山版に倣ったものであろう。しかしながら、天和本には問題点があり、版工のミスを彫り直さずに■と四角に黒く塗りつぶして処理していること。また、まったく同じ偈頌と頌古が二カ所に存在していることである。頌古と偈頌が二カ所に存在している理由は明確ではないが、建長寺本と内閣文庫本の配列を考えると興味深いことが見えてくる。

それは、巻一の頌古・偈頌の場所は建長寺本に相当し、巻四の頌古・偈頌は内閣本に相当しているからである。すなわち、天和本の刊行に際して、建長寺本、内閣文庫本の二つを参照したとみられるからである。そして、この事実を踏まえるならば、この時点では内閣文庫本も建長寺に所蔵されていた可能性が高い。

延享二年（一七四五）に『大覚禅師語録』が刊行されている（延享本）。これは、江戸時代の様式に合わせ、半丁十行で構成され、また後述するように配列が組み直されている。かなり多く刊行されたのであろうか、現存するものは比較的に多い。さらに、建長寺で刊行された記録が残っていることも注目すべきであろう。

文政十年（一八二七）に復刊された『大覚禅師語録』（文政本）の刊記には、

開山禅師語録、旧板殆蠹殄、衆人憂レ之。今茲于二五百五十年大忌一、大開二雲堂一、四衆麕至。有二海津維徳居士者一、喜二捨浄財一再上梓、以蔵二于円鑑塔下一。可レ謂、古道重生二顔色一。是誰不二歆羨一者也。依以記レ焉。

文政十年丁亥孟夏結制日、福山知蔵比丘識。

とあり、蘭渓道隆の五百五十年遠忌を記念して出版されたことが確認される。内容は、延享本とほぼ同じであるが、文政本の末には道隆の普説が一点追加されて収録されており、この点が延享本までの『大覚禅師語録』とは異なっている。しかしながら、基本的に延享本を模して再刊されたものであったと判断される[47]。その後、刊行年時は不明であるが、文政本の刊記のみを載せない『大覚禅師語録』が刊行されている。

江戸期に刊行された『大覚禅師語録』に使用された版木は、比較的に良く伝存しており、天和本の序文と跋文と刊記の版木、後述する『大覚禅師拾遺録』全体の八割ほどの版木と、延享本の全体の八割ほどの版木が京都建仁寺塔頭の正伝永源院に伝わっている（ただし、正伝永源院所蔵の延享本の版木には序文、跋文、刊記は含まれていない）。文政本の版木は九割以上が建長寺に伝わっている。

おそらくは、文政本の出版に際し、縁の深かった建仁寺に建長寺から寄進されたものであろう。現在は正伝永源院に伝わるが、京都建仁寺塔頭西来院が道隆の塔頭であることからすれば、もとは建仁寺塔頭西来院に伝わった可能性も考えられる[48]。その一方、正伝永源院の前身である永源院は、道隆の同郷で共に来朝して法嗣となった渡来僧の義翁紹仁（一二一七～一二八一）の塔頭であり、建長寺との関係が深い寺であることは注目すべきであろう。ただし、『拾遺録』はもともと建長寺が主体となって刊行したものではないため、一旦建長寺に寄進された版木が、後に他の版木と共に、建仁寺に寄進された可能性が想定される。

いずれにしても、江戸期に刊行された『大覚禅師語録』の版木は、文政本が出版されるまで、建長寺で管理していたのであろう。そして、文政本の出版に際して、それまで建長寺で護持してきた天和本、『拾遺録』、延享本の版木の一部を建仁寺に寄進したのであろう。そして、文政本の版木は建長寺で管理していたのであろう。現存する版木からすれば、少なくとも、他の寺院にも寄進されたと推定されるが、いまのところ他に版木の現存例は確認されていない。

『蘭渓和尚語録』と『大覚禅師語録』の配列

『蘭渓和尚語録』には、完本として現存する建長寺本と内閣文庫本の二種が存在する。並びに、『大覚禅師語録』として、天和本、延享本、文政本が存在する。これらの語録は、それぞれに配列に相違が確認されるため、この配列を列記してみたい。

①建長寺本

蘭渓和尚語録　巻上
仏光法師法照序
日本国相模州常楽禅寺蘭渓和尚語録　侍者円顕・智光編
相州巨福山建長禅寺語録　侍者覚慧・円範編
山城州北京東山建寧禅寺語録　侍者了禅・従琛編
頌古
偈頌
蘭渓和尚語録　巻下
普説
法語
常楽禅寺小参　侍者徳昭編
建長禅寺小参
建寧禅寺小参
仏祖讃
小仏事
虚堂智愚校勘
虚堂智愚跋
刊記

②内閣文庫本

蘭渓録　一
仏光法師法照序
日本国相模州常楽禅寺蘭渓和尚語録　侍者円顕・智光編
山城州北京東山建寧禅寺語録　侍者了禅・従琛編
建寧禅寺小参
常楽禅寺小参　侍者徳昭編
蘭渓録　二　三
相州巨福山建長禅寺語録　侍者覚慧・円範編
建長禅寺小参

蘭渓録　四　終
普説
法語
頌古
偈頌
仏祖讃
小仏事
虚堂智愚校勘
虚堂智愚跋
刊記

③天　和　本

大覚禅師語録　巻第一
仏光法師法照序
日本国相模州常楽禅寺蘭渓和尚語録　侍者円顕・智光編
山城州北京東山建寧禅寺語録　侍者了禅・従琛編
建寧禅寺小参
常楽禅寺小参　侍者徳昭編
頌古
偈頌
大覚禅師語録　巻二
相州巨福山建長禅寺語録　侍者覚慧・円範編
大覚禅師語録　巻三
建長禅寺小参
大覚禅師語録　巻四
普説
法語
頌古
偈頌
仏祖讃

小仏事
虚堂智愚校勘
虚堂智愚跋
刊記

④延　享　本

大覚禅師語録　巻上
仏光法師法照序
日本国相模州常楽禅寺蘭渓和尚語録　侍者円顕・智光編
相州巨福山建長禅寺語録　侍者覚慧・円範編
大覚禅師語録　巻中
山城州北京東山建寧禅寺蘭渓和尚語録　侍者了禅・従琛編
常楽禅寺小参　侍者徳昭編
建長禅寺小参
建寧禅寺小参
大覚禅師語録　巻下
普説
法語
頌古
偈頌
仏祖賛
小仏事
虚堂智愚校勘
虚堂智愚跋
刊記
助刻名套
延享刊記

⑤文　政　本

大覚禅師語録　巻上
仏光法師法照序

日本国相模州常楽禅寺蘭渓和尚語録　侍者円顕・智光編
相州巨福山建長禅寺語録　侍者覚慧・円範編
大覚禅師語録　巻中
山城州北京東山建寧禅寺蘭渓和尚語録　侍者了禅・従琛編
常楽禅寺小参　侍者徳昭編
建長禅寺小参
建寧禅寺小参
大覚禅師語録　巻下
普説
法語
頌古
偈頌
仏祖賛
小仏事
虚堂智愚校勘
虚堂智愚跋
刊記
普説
文政刊記

①建長寺本であるが、偈頌の末尾に「蘭渓和尚語録巻上」とあり、上巻であることが記されており、小仏事が終わって「蘭渓和尚語録巻下」とあるから、上下二冊本であったことが確認される。この点、金沢文庫所蔵の『小経蔵目録』に、「蘭渓和尚語録　二帖　唐」とあり、宋版も上下二冊本であったとみられ、故に覆宋五山版も上下二冊本として刊行されたとみられる。また、基本的な巻数配列が符合しており、この配列が宋版、覆宋五山版の元来の配列であったとみられる。

②内閣文庫本であるが、四巻三冊に配列が組み直されていることがわかる。この形で刊行されていないのは、四巻の構成であるにも拘わらず、建長寺本と同じく小仏事が終わった巻末に「蘭渓和尚語録巻下」とあることから明白である。したがって、上下二巻の配列であったものが、四巻三冊に組み直されたとみるのが自然であろう。その理由は不明であるが、二・三巻は、建長寺上堂や建長寺小参のみを一冊にして構成されており、ある程度、利便性が考慮された可能性は考えられよう。また、上

下二巻よりも一冊を薄くできることから、携帯性なども考慮されたかとも考えられるが、あくまで推定の域を出ない。

③天和本であるが、四巻四冊で構成されている。配列は内閣文庫本とほぼ同じであるが、まったく同じ頌古・偈頌が、巻一と巻四にそれぞれ二回収録されている。このうち、巻一収録のものは、建長寺本の位置に相当し、巻四のものは内閣文庫本の位置に相当する。すなわち、天和本は、これが刊行された天和二年当時、建長寺に所蔵されていた建長寺本と内閣文庫本の二種類の『蘭渓和尚語録』に基づいて刊行されたものと推定される。

④延享本であるが、これは、これまでの①建長寺本、②内閣文庫本、③天和本とは異なる配列であり、巻数に関しても、上下二冊、三巻四冊の二種類を踏襲せずに、三巻三冊で刊行されている。この配列は、上堂の次に小参が配列されるなどの基本的な語録の配列に準じたものであり、鎌倉期の刊行に倣うことなく、流行に合わせたと言うこともできるだろう。これに助刻名套と延享刊記が付されている。

⑤文政本であるが、基本的には延享本と同じ配列である。そのため、刊記のみを別刻した可能性も存在したが、延享本の版木の八割近くが建仁寺塔頭正伝永源院に所蔵され、文政本の版木の九割以上が建長寺に所蔵されていることから、それぞれ別に版木が作られ刊行されたことになる。延享本と文政本の版木は酷似しており、延享本を参照して版木が作られたことがわかる。さらに、未収録の法語が追加され、文政刊記が追記されていることが相異している。『大正新脩大蔵経』八十巻に所収されているものは文政本である。ただし、仏書刊行会編『大日本仏教全書』第九十五巻に所収されているものと、鈴木学術財団編『大日本仏教全書』第四十八巻に所収されているものは、延享本の助刻名套と延享刊記、文政本の普説と文政刊記を共に収録している。

序文・跋文・刊記の相違

まず、『蘭渓和尚語録』と『大覚禅師語録』における序文の相違であるが、基本的に模刻しているため、内容的には同じものである。しかしながら、覆宋五山版と比較した場合、天和本に関しては漢字そのものが別体字で書かれていることがあり、字体がかなり相違している例が多々存することから、あくまで参考にして模刻されたという程度のようである。延享本と文政本に関しては、覆宋五山版に近い形で模刻されている。また、一行の文字数に相違が確認され、覆宋五山版に関しては八文字から十文字で構成され、文字数にばらつきがあるが、天和本は一行に十文字、延享本と天和本は一行に九文字で統一されている。

次いで、『蘭渓和尚語録』と『大覚禅師語録』における跋文の相違であるが、大きく異なるのが天和本であり、別体字が多く確認され、さらに覆宋五山版に収録された智愚の字体とはかなり異なっているように思われる。雰囲気が大幅に異なっているのである。この点、延享本と文政本に関しては、覆宋五山版に近い形で模刻されているのは序文と同じである。跋文の文字数は、覆宋五山版が一行七文字で統一されているが、天和本が一行十文字であり、延享本と文政本が一行八文字で構成されている。

『大覚禅師語録』における刊記の相違であるが、まず、③天和本には、

大宋紹興府南明孫源同刻川石斌刊。
幹当開板比丘　智侃・祖伝
北京山城州東山建寧禅寺監寺比丘禅忍、施財刊行。
天台山万年報恩光孝禅寺首座比丘惟俊、点対入板。
大宋天台山万年報恩光孝禅寺住持嗣祖比丘、妙弘、点正施梓。
天和二年壬戌年仏涅槃日

とあり、覆宋五山版の刊記に、「天和二年壬戌年仏涅槃日」の一文を追記し、天和二年（一六八二）二月十五日が刊行日であることを記している。

④延享本の刊記は、［智愚］［息耕叟］［虚堂］の三つの印と同じ丁に、

幹当開板比丘　智侃・祖伝
北京山城州東山建寧禅寺監寺比丘祖忍《ママ》、施財刊行。
天台山万年報恩光孝禅寺首座比丘惟俊、点対入板。
大宋天台山万年報恩光孝禅寺住持嗣祖比丘妙弘、点正施梓。
大宋紹興府南明孫源同刻川石斌刊。

とあり、覆宋五山版や③天和本と「大宋紹興府南明孫源同刻川石斌刊」の順序が逆転している。続いて、「助刻名套」として、刊行に際して施財した人々の名が刻まれており、最後に、

延享第二星躔乙丑八月穀旦、加㆑点再鏤。

とあり、延享二年八月の刊行であることが刻まれている。

⑤文政本の刊記は、延享本を模刻していることもあり、延享本と同じ順番で刊記が記されている。この刊記に続いて、『蘭渓和尚語録』から漏れた一つの普説が追加されている。この普説に続いて、普説が収録された経緯が、

妙高雪巣和尚記曰、此普説一段者、不レ上二刊行之語録一。広徳海会老禅、西遊之日、在二于肥之三間山中一、得二之古冊堆中一。可レ謂、沙中拾レ金者也。記充二後鑑一。而今再刊語録之序、以附二巻尾一。

と刻まれ、妙高寺の雪巣和尚の記録の一文が紹介されており、これによれば、この普説は三間山円通寺に所蔵されていた古冊に記されていたという。さらに文政本の刊記として、

開山禅師語録、旧板殆蠹殄、衆人憂レ之。今茲于二五百五十年大忌一。大開二雲堂一、四衆麕至。有二海津維徳居士者一、喜二捨浄財一再上梓、以蔵二于円鑑塔下一。可レ謂、古道重生二顔色一。是誰不二歆羨一者也。依以記レ焉。

文政十年丁亥孟夏結制日、福山知蔵比丘識。

とあって、五百五十年遠忌に際し、海津維徳居士の寄進によって、文政十年（一八二七）四月十五日に『大覚禅師語録』を再版し、円鑑塔（開山塔）の下に蔵めたことが記されている。

『大覚禅師拾遺録』について

天和二年（一六八二）に天和本が刊行されて後、語録に収録されなかった遺文が、元禄六年（一六九三）七月二十四日に、曹洞宗の僧侶である梅峰竺信（一六三三～一七〇七）によって『大覚禅師拾遺録』として刊行された[49]。同書の外題は「建長開山大覚禅師梵語心経付心経心要僧堂規矩全」とあるものの、帯には「大覚拾遺録」とあり、さらに跋文も「跋大覚禅師拾遺録」と題して記録されている。そのため、『大覚禅師拾遺録』として刊行されたと理解されており、『大日本仏教全書[50]』においても『大覚禅師拾遺録』と題して翻刻されていることから、『大覚禅師拾遺録』として統一して表記しておきたい。

『大覚禅師拾遺録』には竺信による跋文が収録されており、

跋二大覚禅師拾遺録一

前レ此有二大覚禅師坐禅論一、行レ世久矣。至二三会語一、則忍禅雕本廃二于曩時一、露二於今之一。中間韞櫝、抑為二伽藍一之所レ恡。与二其余一卮緒、尚泯泯蔑二聞者一。乃梵語心経・註心要及規則数篇也。茲有二東武無生居士一、毎疑三松源門下無二僧堂規一、迨三適獲二此遺典一、加レ額懽喜矣。其言謂、或曰、松源一派、所レ謂大用現前、不レ存二規則一。故大灯・関山不レ守二毘尼一、抹二撥規矩一矣。吁、是何言。焼二木仏一而禦レ寒耶、書二列祖於犢鼻一耶。然南浦大応国師、松源児孫、豈撤二規矩一。大灯坐二夏五岳一、恒

循二南浦規一、関山眡二篆建長一。何由後来行二松源規一、如二同福山一。伝道玄公嘗充二建長維那一、矜二式堂規一灼矣。且喜、前来疑城蕩然氷釈云云。於レ是歴二蘄敗紙落稿于建長・常楽其他五岳、龍宝・正法一、捜剔殆尽。至三繕写校讎、率無二紕漏一、転二之津南一、欲下余志二於後一、以鋟中諸梓上。余意寔注焉、竟如二其言一、而付二之剞氏一。竊惟、此之本邦済宗中興、叢林祖師規訓赫如也。今後禅林有識、有二拳拳服膺、振二数百年已墜之綱一、則縦嚫二百千両金一者、方二居士護法一、亡二与比一焉。余又謂、居士生平、禅機警抜、咄咄逼二毘耶一。今亦為レ甚致二此等奇寄一。豈其然、豈其然。時積雨霽、金風一転、不レ覚吹二此二三策一、落二余敝几一。病衲蹴躃、便起祝曰、孟婆孟婆、好做二方便一、使三吾瞻二阿閦如来面一。

元禄六年癸酉七月二十四日、洞上譜系、

前住興聖宝林梅峰竺信、拝手識二於臨南室中一。[51]

とある。これによれば、すでに流布していた『大覚禅師坐禅論』と『大覚禅師語録』の他に、道隆のものとして「梵語心経・註心要、及び規則数篇」をたまたま入手したのが、無生居士（源高明、高門、一六五八～一七二一）であり、無生居士は交流のあった曹洞宗の梅峰竺信に助力を請い[52]、梅峰竺信によって刊行されることとなる。そして、梅峰竺信は跋文を道隆の忌日の七月二十四日に摂津（大阪府）臨南寺で記したのである。

刊行の経緯をより詳しく記すのが、『興聖梅峰和尚年譜』元禄六年条であり、

六年癸酉、師六十一歳。春師不予、及レ夏復レ常。〇無生居士寄二梵語心経、大覚禅師心経註心要、及規則数篇一、請レ鋟二諸梓一。師件件抄襲流行。題曰二大覚禅師拾遺録一。[53]

と記されている。これによれば、梅峰竺信は無生居士から「梵語心経、大覚禅師心経註心要、及規則数篇」を寄付されて刊行せんことを請われ、その内容を梅峰竺信が『大覚禅師拾遺録』として刊行したことになる。したがって、『拾遺録』は、建長寺で刊行したものではなく、曹洞宗の竺信が主体となって刊行したことになろう。

『拾遺録』は『大覚禅師梵語心経』、『蘭渓道隆注心要』、「大覚禅師省行文」、「大覚禅師遺誡」、「相州路鎌倉県粟船山常楽禅寺定規」、「大覚開山塔」で構成されており、これに竺信の調査伝聞に基づくと想定される簡略な解説がそれぞれに付されており、その末に竺信による跋文が収録されている。『拾遺録』の現存例は極めて少なく、松ヶ岡文庫、建仁寺両足院などに所蔵が確認されるのみであるが、道隆の遺文を蒐集したものとして貴重である。

『蘭渓和尚語録』の最善本について

まず、『蘭渓和尚語録』の呼称についてであるが、江戸期に『大覚禅師語録』と題して刊行されて以降、『大覚禅師語録』あるいは『大覚録』が一般的な名称として知られている。この点、『大正新脩大蔵経』や『大日本仏教全書』においても、文政本に基づいて翻刻されているため、『大覚禅師語録』として紹介されている。しかしながら、道隆の語録が刊行された時には未だ「大覚禅師」の謚号を得ていないわけであり、歴史的にみれば『蘭渓和尚語録』の呼称が正しい。

『蘭渓和尚語録』は、道隆の生前中に刊行されたものである。弟子の筆写本や写本も残っておらず、宋地で刊行された宋版も現存していない。また、江戸期に出版された『大覚禅師語録』は、あくまで『蘭渓和尚語録』に基づいて刊行されたものである。したがって、鎌倉期に刊行された覆宋五山版『蘭渓和尚語録』が善本であると言える。

現存する善本は建長寺本と内閣文庫本の二点である。内閣文庫本は上下二冊本から四巻三冊本に変更され、なおかつ配列が組み替えられている。また、序文の頭丁が手書きによる筆写であり、欠丁も存在している。建長寺本に関しては、本来の上下二巻のままであり、配列もそのままであり、全丁がそろっている。以上のことから、『蘭渓和尚語録』の最善本は建長寺本と判断すべきであろう。

註

凡例　以下に関しては略称を用いる。

『大正新脩大蔵経』新文豊出版公司―大正蔵
『卍続蔵経』新文豊出版公司―続蔵
『大日本仏教全書』仏書刊行会―大日仏
『大日本仏教全書』鈴木学術財団―日仏全

（1）『元亨釈書』巻六「釈道隆」には「居十三年、遷㆓平安城之建仁㆒」（日仏全六二・一〇一b）とあり、道隆の建長寺の住持期間が十三年間であったことが記されている。

（2）『吾妻鏡』建保五年十一月二十五日条に「廿五日庚子、霰降、辰剋以後、小雨灌。建長寺供養也。以㆓丈六地蔵菩薩㆒、為㆓中尊㆒、又安㆓置同像千躰㆒。相州、殊令㆑凝㆓精誠㆒給。去建長三年十一月八日、有㆓事始㆒、已造畢之間、今日展㆓梵席㆒。願文草、前大内記茂範朝臣。清書、相州。導師、宋朝僧道隆禅師。又一日内、被㆑写㆓供養五部大乗経㆒。此作善旨趣、上、祈㆓皇帝萬歳将軍家及重臣千秋天下太平㆒、下、訪㆓三代上将二位家并御一門過去数輩没後御㆒云云」（『新訂増補国史大系』三十六巻、五六八―五六九頁）とある。

（3）『聖一国師年譜』建長元年条に「平元帥時頼最明寺殿闢巨福山刱建長寺、師遣僧十員、行叢林礼」（大日仏九五・一三七b）とある。

（4）『皇代記』に「建長元年己酉、平時頼創建長寺。五年癸丑建仁《ママ》寺立」（『群書類従』第三輯、帝王部、続群書類従完成会、一九三三年、二〇七頁）とある。

（5）今枝愛眞『禅宗の諸問題』（雄山閣、一九七九年、一六頁）では、「建仁寺と建寧寺と書いたのは、ときの天皇深草院の諱久仁の仁の字を特に避けて、寧の字を代わりに使った」とあり、後深草上皇（一二四三～一三〇四、在位一二四六～一二五九）の諱、久仁の仁の字を特に避けて、寧の字を送りにつかったと指摘している。しかしながら、この時の天皇は亀山天皇であり、亀山天皇の諡も、「恒仁」であることから、「恒仁」の「仁」の字を避けて「寧」の字を使ったものと推察される。いずれにしても、蘭渓道隆の天皇や上皇に対する配慮と考えるべきであろう。

（6）『続仏祖統紀』巻一の法師法照章（続蔵一三一・三五六c）。

（7）『元亨釈書』巻六「釈道隆」には「乃入都城寓泉涌寺来迎院」（日仏全六二・七七b）とある。

（8）西谷功「泉涌寺と南宋仏教の人的交流」（『禅学研究』第九十一号、二〇一三年、九五―一二六頁）。

（9）『元亨釈書』巻二「釈栄西」には、「建仁二年、金吾将軍源頼家、施地于王城之東、営大禅苑。三年六月尚書省剳、置台密禅三宗、西即而構真言止観二院于寺」（日仏全六二・七七b）とある。また、応永四年七月二十日「山門訴申」に「至建仁寺建立者、被置遮那止観等諸宗之上、可為山門之末寺之由、依申請、令免許畢」（高橋秀栄「大日房能忍と達磨宗に関する史料(二)」『金沢文庫研究』二四二・二四三号、一九七六年、三〇頁）とある。

（10）『元亨釈書』巻六「釈道隆」に「逢開山千光忌。上堂曰、蜀地雲高、扶桑水快、前身後身、一彩両賽。昔年今日、死而不亡、今日斯晨、在而不在。諸人還知落処麼。良久曰、香風吹委花、更雨新好者。自此寺衆加畏愛」（日仏全六二・一〇〇b）とある。

（11）「巨福山建長禅寺鐘銘」については、『鎌倉市文化財総合目録―書跡・絵画・彫刻・工芸篇』（鎌倉市教育委員会、一九八六年、五九八―五九九頁）に翻刻がなされている。ただし、現存する梵鐘に刻まれた銘文とは相違が確認されるため、本解説においては現存する梵鐘に刻まれた銘文に基づいて改めて左記のごとく翻刻した。

巨福山建長禅寺鐘銘

南閻浮提、各以音声、長為仏事。東州勝地、聊芟榛莽、刱此道場。天人影向、龍象和光。雲斂霏開兮楼観百尺。嵐敷翠掃兮勢圧諸方。事既前定、法亦恢張。囲范洪鐘、結千人之縁会、宏撞高架、鎮四海之安康。脱自一模、重而難挙。円成大器、鳴則非常。蒲牢纔吼、星斗晦蔵、群峰答響、心境倶亡。扣之大者、其声遠徹、扣之小者、其応難量。東迎素月、西送夕陽。昏寐未惺、攪之則寤。宴安猶恣、警之而荘。破塵労之大夢、息物類之顛狂。妙覚覚空根塵消殞、返聞聞尽本性全彰。共証円通三昧、永臻檀施千祥。回此善利、上祝親王、民豊歳稔、地久天長。

建長七年乙卯二月二十一日

本寺大檀那相模守平朝臣時頼、謹勧千人同成大器。

建長禅寺住持宋沙門道隆謹題。

都勧進監寺僧琳長

大工大和権守物部重光

(12) 平成二十五年八月二十六日に建長寺にて調査を行ない、現存する「巨福山建長禅鐘銘」と『蘭渓和尚語録』との相違を確認した。

(13) 大阪久保惣記念美術館所蔵「蘭渓道隆上堂語」（『禅林墨蹟』正、七、思文閣出版）。

(14) 「示看蔵経僧」（『禅林墨蹟拾遺』四、思文閣出版）。

(15) 「示栄意禅人・上堂語」（『続禅林墨蹟』一〇一、思文閣出版）。

(16) 佐藤秀孝「虚堂智愚と南浦紹明―日本僧紹明の在宋中の動静について―」（『禅文化研究所紀要』第二十八号、二〇〇六年、一五―四三頁）に詳しい。

(17) 無隠円範が入宋した年時については明確ではない。しかしながら、松島雄島に現存する一山一寧撰「頼賢碑」によれば、文永四年（一二六七）に観鏡房頼賢が松島円福寺に参じた時の住持が無隠円範であるから、無隠円範は文永四年（一二六七）より前に入宋し、帰朝していなければならないことになる。無隠円範の入宋と「頼賢碑」については、拙稿「一山一寧撰「頼賢の碑」と松島瑞巌寺―御島妙覚庵の観鏡房頼賢の事跡をめぐって―」（『禅学研究』第八十四号、二〇〇六年）を参照。

(18) 蘭渓道隆が建仁寺に入院した月日は明確ではない。ただし、入院に際して建仁寺僧侶と問答しており、ここでは、鎌倉から京都まで「十六日」ほどで到着したと述べている。蘭渓道隆の建長寺の退院上堂（上217）、建仁寺の入院上堂（上218）に「春」であることが記録されているため、少なくとも三月中までには建仁寺に到着していることが確認される。ただし、入院してから四月十五日の結制上堂（上222）までの期間に、三つの上堂（上219・220・221）が記録されており、それらがすべて「春」の上堂である。さらに、二月十五日の仏涅槃上堂が記録されていないことを鑑みれば、二月中旬以降に建仁寺に入寺した可能性が想定されよう。

(19) 栄西は、建保三年（一二一五）七月五日に京都建仁寺にて入滅した。栄西の入滅については、拙稿「栄西の入滅とその周辺」（『駒澤大学禅研究所年報』二十一、二〇〇九年、二〇一―二二三頁）に詳しい。

(20) 無明慧性は、嘉熙元年（一二三七）の七月二十日に蘇州（江蘇省）の双塔寺で示寂した。無明慧性については、佐藤秀孝「無明慧性の活動と『無明和尚語録』―建長寺開山蘭渓道隆を育成印可した南宋禅者―」（『駒沢大学禅研究所年報』第二十一号、二〇〇九年、一三五―二〇〇頁）に詳しい。

(21) 『兀庵和尚語録』巻上（続蔵一二三・四d）。

(22) 閏月の確認は、『補正新訂三正綜覧』（内務省地理局編纂、一九七三年）と、内田正男氏の『日本暦日原典』（一九七五年）に依る。

(23) 『吾妻鏡』建長五年九月十六日条（『新訂増補国史大系』三十六巻、五六七頁）。

(24) 『吾妻鏡』正嘉元年八月二十三日・八月二十五日・九月四日・九月二十四日条（『新訂増補国史大系』三十六巻、六四八―六四九頁）

(25) 『吾妻鏡』正嘉元年八月二十三日条（『新訂増補国史大系』三十六巻、六四八頁）。

(26) 蘭渓道隆の語録の上堂年時については、拙稿「『大覚禅師語録』の上堂年時考―特に兀庵普寧の来朝年時を中心に―」（『駒沢史学』第六十六号、二〇〇六年、三四―五九頁）も参照。

(27) 川瀬一馬『五山版の研究』（日本古書籍商協会、一九七〇年、八三頁）。

(28) 川瀬一馬『五山版の研究』（日本古書籍商協会、一九七〇年、八二頁）。

(29) 川瀬一馬『入門講話日本出版文化史』（日本エディタースクール、一九八三年、一〇六頁）。

(30) 高橋秀栄「建長寺で出版された禅の書物」（『禅文化』二二八号、禅文化研究所、二〇一三年、五〇—五七頁）。

(31) 『小経蔵目録』（『金沢文庫古文書』第八輯仏事篇上、金沢文庫、一九二八年、四六頁）。

(32) 川瀬一馬『入門講話日本出版文化史』（日本エディタースクール、一九八三年、一〇六頁）では、大東急記念文庫所蔵本の『蘭溪和尚語録』について、「この本の摺りは初摺ではありません」との見解を示した上で、「建武よりもっと早くにできたと思う」と指摘している。

(33) 建長寺所蔵『蘭溪和尚語録』は鎌倉市指定文化財に指定されており、『鎌倉の文化財』第十一集（一九八一年、四五—四七頁）にくわしい。

(34) 川瀬一馬『入門講話日本出版文化史』（日本エディタースクール、一九八三年、一〇六頁）では「蘭溪和尚の生存中か、或は歿後間もなく出版された五山版に相違なく」と指摘している。また、『仏光国師語録』巻六「普説」の「大覚禅師忌辰太守請普説」に「太守今晨為開山大覚和尚遠忌之辰、雕㆓造如来聖像㆒、雕㆓刊円覚了義経㆒」（大正蔵八〇・一九二b）とあり、また、「結座。今朝大覚忌、檀越效㆓追遠㆒、思慕不㆑可㆑得。雕㆓刻如来身㆒、円覚修多羅刊㆑板広流布、将㆓此功徳利㆒追㆓薦大覚師㆒」（大正蔵八〇・一九二b）とあり、道隆示寂後に、道隆の年忌に際して北条時宗が『円覚経』を出版していることが確認される。これを踏まえ、高橋秀栄「建長寺で出版された禅の書物」（『禅文化』二二八号、禅文化研究所、二〇一三年、五〇—五七頁）において、『蘭溪和尚語録』の日本での刊行を道隆の一周忌に当たる弘安二年（一二七九）頃と推定している。

(35) 川瀬一馬『五山版の研究』（日本古書籍商協会、一九七〇年、二頁）で、「五山版」を「五山並びに禅宗関係者によって、鎌倉・室町間に刊行された書籍」との定義を確認している。

(36) 『国書総目録』五巻、補訂版、岩波書店、一九八九年、三六九頁。

(37) 『新纂禅籍目録』、駒澤大学図書館、一九六二年、二九一—二九二頁。

(38) 大東急記念文庫所蔵『蘭溪和尚語録』については、『大東急記念文庫貴重書解題』第二巻、仏書之部（大東急記念文庫、一九五六年、一三七頁）の「蘭溪和尚語録」を参照のこと。

(39) 但し、小仏事の間に頌古がもう一つ挿入されている。すなわち、大東急本には、まったく同じ頌古が二箇所に入っている（平成二十年三月五日調査）。

(40) 松ヶ岡文庫所蔵『蘭溪和尚語録』については、『石井積翠軒文庫善本書目—本文篇』（臨川書店、一九八一年、一一二頁）の「大覚禅師語録　一巻」を参照。

(41) 『新纂禅籍目録』（駒澤大学図書館、一九六二年、四一六頁）によれば、応安元年（一三六八）以前の五山版、応安元年、応安三年、嘉慶二年（一三八八）、室町時代の五山版などの存在が記録されており、たびたび再刊されていたことが知られる。

(42) 「東福第十世勅賜仏印禅師直翁和尚塔銘」（『続群書類従』第九輯上、続群書類従完会、一九二七年、三九五頁）。

(43) 佐藤秀孝「虚堂智愚と蘭溪道隆—とくに直翁智侃と『蘭谿和尚語録』の校訂をめぐって—」（『禅文化研究所紀要』第二十四号、一九九八年、一五—四三頁）。

（44） 佐藤秀孝「虚堂智愚と蘭渓道隆」（『禅文化研究所紀要』第二十四号、一九九八年）では、この問題が、大覚派と直翁派の争いを避けるために、あえて智愚から普済の名に変更した可能性を指摘している。その可能性は考慮されなければならないが、いずれにしても、伝記を撰述した椿庭海寿は『蘭渓和尚語録』を閲覧していなかったということには問題がなかろう。

（45） 『臥雲日件録抜尤』一（『大日本古記録』臥雲日件録抜尤、岩波書店、一九六一年、二六頁）。

（46） 「竄滅」という用語については、四十巻本『華厳経』巻三十六に「亦復如ㇾ是、暫以二慧眼一、観二諸惑業一、皆即竄滅」（大正蔵一〇・八二九a）とあり、ここでは滅するの意で用いられている。

（47） 延享本と文政本は、内容がほぼ同じであるため、刊記のみを作り直していた可能性が想定されていた。しかしながら、調査の結果、建長寺に文政本の版木を確認することができ、内容の調査からも文政本と確認された。それとほぼ同じで全体の八割ほどの版木が正伝永源院に伝わっていることから、正伝永源院の版木は、延享本の可能性が高い。このことを踏まえて、駒澤大学図書館にて、延享本、文政本を確認すると、僅ながらの相異を確認することができた。

（48） 蘭渓道隆の九条袈裟が建仁寺塔頭の正伝永源院に伝わっているが、箱書きから、この袈裟はもともと建仁寺塔頭の西来院に伝来したものであることが知られる。図録『建仁寺』（栄西禅師開創八〇〇年記念特別展覧会、京都国立博物館、二〇〇二年、二三七頁）を参照。

（49） 『大覚禅師拾遺録』の跋文末には、「元禄六年癸酉七月二十四日。洞上譜系、前住興聖宝林、梅峰竺信、拝手識於二臨南室中一」（大日仏九五・一一五a）とあり、厳密には跋文が記された日にちが「七月二十四日」である。

（50） 『大日本仏教全書』巻九十五、仏書刊行会、一九一二年。

（51） 『大覚禅師拾遺録』「跋大覚禅師拾遺録」（大日仏九五・一一四b〜一一五a）。ただし、正確を期するために元禄六年刊の建仁寺両足院所蔵『大覚禅師拾遺録』を参照した。

（52） 無生居士と梅峰竺信との交流については、佐藤俊晃「京極無生居士について」（『宗学研究』第四十七号、二〇〇六年、一八七―一九二頁）を参照。

（53） 『興聖梅峰和尚年譜』元禄六年条（『臨南寺全書』第五、一九九八年、臨南寺東洋文化研究所、三六―三七頁）。

あとがき――『蘭渓和尚語録』訳註本の発刊に寄せて――

鎌倉の禅寺、巨福山建長禅寺をお開きになった蘭渓道隆和尚（大覚禅師）は、西暦一二一三年、中国は西蜀涪《ふ》州に生を受けられました。三十四歳で日本に渡来され、弘安元年（一二七八）、六十六歳で建長寺にて遷化されました。平成二十六年、開山蘭渓禅師の生誕八百年を御祝いするため、建長寺では十一月十八日に愍忌斎《みんきさい》を執り行うことになりました。本年は建仁寺様などで栄西禅師の八百年遠諱が行われましたが、蘭渓禅師は栄西禅師が遷化される前々年に誕生されました。不思議な因縁を覚えます。

栄西禅師や道元禅師らの活動によって中国の禅宗が我が国に紹介され、禅布教の環境が整いつつあった時代、蘭渓禅師は、日本にまだ「唐式《とうしき》の正式な禅」が伝わっていないことを知り、日本へ渡ることを決心され、門弟等と共に来日されました。

北条時頼公は進取の精神に富み、武力闘争や政治権力争いをしながら生き方を模索して、禅の他にも律や念仏、真言に広く関心をもつかたわら、道元禅師、円爾禅師（聖一国師）から直接、禅の教えを受けました。そして、中国僧、蘭渓道隆禅師と出会うことによって、禅の世界に没入し、建長寺を創建することになります。

禅宗史上においての蘭渓禅師の御功績は、当時純粋に禅を学ぶ寺がなかった中で、まず常楽寺に住し、禅を学ぶ根拠地である僧堂を確立し、北条時頼をして建長寺の創建に向かわしめたことです。執権・時頼の心を動かし、天下の大刹を作らしめた禅師の力量は偉大なものであったでしょう。

常楽寺や建長寺で、蘭渓禅師が行ったことは、坐禅の禅の思想に基づく生活の普及でした。当時の鎌倉人にとって、禅は仏心宗と呼ばれていましたが、全くもって、理解不能なものであったに違いありません。禅師は日本に渡来するや、すぐ要望に応じて『坐禅儀』を説き著します。更に『大覚禅師坐禅論』も著し、坐禅がいかに大事かということや、道念を支える行いが坐禅であることを説き続けます。国宝の『大覚禅師法語規則』や『遺戒五條』にそれがよく出ています。

また、『禅苑清規』の導入をはかり禅寺の生活を確立したことも、よく知られています。近年発見された『弁道清規』には、禅僧の寺での生活が簡潔に示され、お経や坐禅や喫茶が、一日の中にどう組み込まれていたかがよく解ります。

蘭渓禅師の弟子の筆頭は、南浦紹明（大応国師）であります。また円覚寺の無学祖元（仏光国師）を通じて、夢窓国師の出現を得、鎌倉の禅は京都の禅へと移っていきますが、蘭渓禅師や無学禅師の鎌倉で果たされた業績は日本の禅にとって計り知れないものがあります。また、蘭渓禅師は京都にも行かれ、建仁寺第十一世として同寺を禅寺にされました。建仁寺は元々源頼家（頼朝の息子）が開基であります。円爾禅師が開いた東福寺にしても、開基九条道家は鎌倉と深いつながりのある人物です。

従来、蘭渓禅師の業績はよく知られていましたが、私たちが、今当たり前に〝禅〟といっているものの源、基本は、蘭渓禅師を始め円爾禅師（聖一国師）方が苦心惨憺して築かれたものであることを忘れてはなりません。

それでは、建長寺では、御開山様に対する報恩をどう表しているかです。年々の開山忌はもちろんのこと、遠諱法要を通じ、その精神を継承することが大事です。先の七百年遠諱には、大接心、大授戒会、法要、開山様の坐禅論の発刊、大庫裏の建設がありました。創建七百五十年にも実に多くの仕事をさせていただきました。現在の建長寺はそのおかげで立派に維持されております。今回の生誕八百年斎は、昨年（平成二十五年）の北条時頼公没後七百五十年の大事業とつながっているものでありまして、この佳節を皆で祝うことが目的です。そして、十年来の懸案であった禅堂や侍者寮の新築工事、法堂脇の大収蔵庫の建設を果たそうというものです。おかげさまで、平成二十七年の開山忌（七月二十四日）までには、全てが完成する予定です。

今回の事業で特筆するものは、三つの出版であります。

第一に本年は、管長吉田正道老師が御入山されて満三十年になります。そこで、管長様の文章をまとめさせて頂いて御祝いの本を出します。

二つ目は、建長寺が主催する鎌倉禅研究会、平成十六年より毎月行われ、実に百回を越えました。そこで発表された先生方にお願いをし、村井章介先生の監修によりまして『東アジアのなかの建長寺』が出版されます。アジア・鎌倉・禅を、広い空間と永い時間の中で考えようとするものです。

三つ目に、建長寺史編纂事業の中から、蘭渓道隆禅師全集を作成することです。駒澤大学の佐藤秀孝先生、舘隆志先生を始め、たくさんの方々の手を経て古版の『蘭渓和尚語録』の訳註本が刊行されます。佐藤秀孝ゼミでは、六年にわたって「行状」「坐禅儀」「尺牘」「語録」の読解・解析をしていただいています。これからも、その成果が発表され、蘭渓禅師の業績が広く世に紹介されていくことになります。

開山蘭渓禅師様や御開基の北条時頼公のお力を借りて、このような仕事ができるのは、建長寺にいる人間あるいは建長寺派に属する者にとって有難い喜びです。このことが、檀信徒や社会の人々の平安につながっていけるように念じています。

最後に、建長寺は十五年後の平成四十年に、開山七百五十年遠諱を迎えます。鎌倉に播かれた禅の種は、鎌倉禅となり、日本禅となり、再び鎌倉で釈宗演、鈴木大拙師のおかげで禅の花が開き、いまや世界禅となりました。派というものにとらわれず、みんなで禅の花を咲かせ続けていきましょう。

建長寺派宗務総長　高井正俊

あとがき

平成二十年（二〇〇八）三月に、私は初めて臨済宗建長寺派の高井正俊宗務総長と御会いする機会を得た。これより先、私のゼミ指導の大学院生であった小栗隆博氏が修士論文で『湘南葛藤録《しょうなんかっとうろく》』の研究を行なうために大本山建長寺に赴いていた。小栗氏の研究によって『湘南葛藤録』が後代の偽撰であることが判明したのは幸いであった。その過程の中で、駒澤大学非常勤講師の舘隆志氏がかつて発表した『大覚禅師語録』の上堂年時に関する研究を鎌倉禅研究会でお話することになり、それがもとで建長寺との縁が始まったのである。

その後、舘氏を経由したかたちで、平成二十一年（二〇〇九）十一月に建長寺御開山の蘭渓道隆禅師（大覚禅師、一二一三～一二七八）の全集を作りたいとの相談が高井宗務総長よりなされた。それ以来、駒澤大学大学院の授業で、私は努めて蘭渓道隆禅師に関する講義や演習を行なうようにして今日に至っている。

駒澤大学は曹洞宗が建てた大学であるから、当然のことながら道元禅師（一二〇〇～一二五三）とその思想に関する授業が禅学研究の中心である。『正法眼蔵《しょうぼうげんぞう》』や『永平広録』などは頻繁に取り上げられ、大学院生で研究している人も多い。しかしながら、日本の臨済宗、とりわけ鎌倉・京都の五山禅林に関わる研究となると、駒澤大学ではそれほどなされていないのが実情である。

そのため高井宗務総長の御依頼もあり、私は舘氏とともに、蘭渓禅師に関する伝記史料や蘭渓禅師が書した清規・墨蹟などを読解することにしたのである。大学院の授業は駒澤大学深沢校舎の禅研究所を中心に行なった。私は舘氏とともに大学院の授業でそれらを読み進めることにし、当初は高井宗務総長も週一度の授業に参加していただいた。

その間、舘氏は蘭渓禅師撰『辨道清規《べんどうしんぎ》』や蘭渓禅師の「霊骨器」と遺偈に関する研究などを立てつづけに出しており、私も蘭渓禅師の師匠である無明慧性《むみょうえしょう》禅師（一一六〇～一二三七）に関する研究をなすことができた。また建長寺で毎月開かれる鎌倉禅研究会では、私は数回しか行なっていないが、舘氏に至っては実に十数回にも及ぶ講演をこなしている。平成二十二年八月の開山忌には建長寺に赴き、仏殿や西来庵で搭袈裟《たっけさ》して初めて法要に参加させていただいたのも懐かしい。その後も私と舘氏は建長寺のさまざまな行事に参加させていただいている。

ところが、私の方からなのか、舘氏からなのか、あるいは高井宗務総長からであったのか、いまとなっては定かでないのであるが、古版（覆宋五山版）の建長寺所蔵『蘭渓和尚語録』のことが話題になった折、いつしか訳註本を出すことが決まってしまった。そのときから『蘭渓和尚語録』に対する地獄のような訳註作業が始まった。普通ならば、十年以上をかけて行なうような作業を、わずか三年で完成させるという驚異的な日程で行なう羽目となったのである。

なぜかというと、平成二十五年十一月に建長寺開基の北条時頼公の七百五十回遠忌を厳修し、また蘭渓禅師生誕八百年の法要を平成二十六年十一月に行なうことが予め定まっていたため、高井宗務総長から何とか北条時頼公の遠忌か蘭渓禅師の御生誕に合わせて『蘭渓和尚語録』の訳註本を一書にまとめてほしいという強い要請があった。

このため、途中から私と舘氏にとって過酷な毎日が始まることとなった。とりわけ、舘氏には遅れがちな私の作業過程から、高井宗務総長との間に立って、大変な負担をかけてしまった。当初は大学院生も多かったが、しだいに大学院生の数も減り、併せて舘氏が花園大学でも非常勤講師を勤めるようになったため、舘氏も大変な情況となり、私も駒澤大学大学院人文第一研究科の委員長となったため、公私ともに慌ただしい環境となったのである。ただ、幸いであったのは蘭渓禅師の出身地に近い四川省重慶市出身の彭丹さんが平成二十三年の後期から授業や作業に参加され、四川の地名や言葉に関する情報をかなり正確に知ることができたことである。

なにぶん『蘭渓和尚語録』は分量が多く、これを着実に読みこなすには時間的にきわめて厳しいものが存した。かつて私が駒澤大学大学院や曹洞宗宗学研究所に在籍していた頃、指導教授の鏡島元隆先生が『永平広録』や『如浄和尚語録』を授業で講読演習しておられたが、全文を読みこなすのにかなりの歳月を掛けておられたのを思い起こす。当時、私は田中良昭先生が開かれていた『宝林伝』の課外ゼミ、石井修道先生が開かれていた『大慧普覚禅師普説』の課外ゼミなどにも参加させていただいていた。私自身も大学院では虚堂智愚《きどうちぐ》禅師（一一八五～一二六九）のことを研究していたため、当時は『虚堂和尚語録』を頻繁に読んでおり、その後も日中の禅宗交流に興味が存したことから、多くの宋元や日本中世の禅僧たちの語録を閲覧していたが、これほど細かに『蘭渓和尚語録』を読む羽目になるとは思っても見なかった。本来ならば、私も大学院の授業などで『蘭渓和尚語録』をじっくりと演習のかたちで読みつづけるのが良かったのであろうが、現実問題としてそれは時間的に許されなかったのである。

まず、覆宋五山版『蘭渓和尚語録』を底本とし、影印とその翻刻を載せ、これに文政本『大覚禅師語録』と大正蔵経本『大覚禅師語録』の当該箇所より文字の対校をなした。作業はあまりにも膨大な時間が掛かることとなり、ほとんどの作業を舘氏が中心となって当たり、大学院生の方々などにお願いすることとなった。その原稿を最後に私が点検して完成させていったのであり、その最終的な責任はすべて私に帰するものである。

つぎに『蘭渓和尚語録』の書き下しをなし、その下段に語注を載せることとした。さらに出典や説明などが必要な項目に関しては補注を別に載せることとした。簡単な読み下し文と注記は舘氏が基礎データを作成し、それに基づいて私なりに一気に読み下した。これを、舘氏を中心に大学院生の方々などが出典や注記の追加を行ない、それを私と舘氏で何度も推敲する作業を行なった。私なりの訳注を施して行き、それを舘氏がパソコンにデータ化して内容を整理分類し、互いに何度も問題点を指摘していくという作業を繰り返し行なったのである。

とりわけ、私がパソコンをうまく使いこなせないため、舘氏には多大な負担を強いることになった。建長寺や思文閣出版との交渉、出版の体裁、人員の確保、作業の分配など入稿に関わる事務一切をお願いすることとなった。そのため舘氏の仕事量は計り知れないものが存したのであり、舘氏の事務能力の高さに改めて感服した次第である。

なお、『蘭渓和尚語録』には、現代の感覚からすると、差別的とも取られかねない表現なども見られるが、あくまで歴史資料としてそのまま掲載しておくものであり、決して差別の助長を願うものではないことを断っておきたい。この間、平成二十三年（二〇一一）三月十一日には東日本大震災が起き、多くの尊い人命が失われた。亡くなられた方々の御冥福を切に祈るものである。

このように、『蘭渓和尚語録』の訳註には膨大な作業が必要であり、多くの方々に御尽力を頂くことになった。その方々の名前を列記し、ここに感謝の意を表わすものである。

彭丹・龍谷孝道・上野徳親・佐藤英樹・廣瀬良文・小栗隆博・比屋根貴彦・横山龍顯・喜美候部正吾・三宅大哲・清原泰裕・眞如晃人・増田孝夫・土屋圭子・伊東崇啓・本間英純・菅原義勝・金井利彰・佐藤光・佐藤敬之・山浦歩など

解題を含め、本書の作成に関して、大本山建仁寺様、建仁寺塔頭正伝永源院様、建仁寺塔頭両足院様、および大船常楽寺様には御協力を得ており、ここに記して御礼申し上げるものである。また建長寺派管長吉田正道老師、建長寺派宗務総長高井正俊師には、多くの面で便宜を得ており、建長寺派宗務本院の方々や鎌倉国宝館の高橋真作氏にも大変お世話になった。さらに本書の製作を快諾して頂いた思文閣出版には格段の御配慮を賜わった。ここに併せて感謝申し上げたい。多くの方々の御協力で、何とかここに『蘭渓和尚語録』の訳註本をかたちに残すことができたのである。この『蘭渓和尚語録』の訳註を通し、初めて日本にやって来た鎌倉時代の渡来僧、蘭渓道隆禅師の労苦を窺っていただけたならば幸いである。

平成二十六年七月吉日　駒澤大学深沢校舎内の禅研究所にて

佐藤秀孝　記す

老兄 25a, 49a, 68a
老兄未徹在 25a, 49a, 68a
老玄沙 53b
老虎呑山 130a
老胡 37b, 146a
老胡正宗 146a
老宿 71b, 98b, 99a, 155a, 155b, 156a
老新豊 64a
老瑞巌 38b
老雪峰 130a
老鼠 37a, 44a, 81b, 98b
老鼠咬生鉄 44a
老鼠咬大虫 37a
老鼠入牛角 98b
老僧袈裟角 52a, 64b
老臊胡 46b
老大 76a, 111a
老東山 66a
老南泉 32b, 39a
老豊干 101b
老爺 71a
老楊岐 65a
老盧 45b, 72a, 93a, 117a, 125b
老盧踏碓 45b, 72a
老盧南去 117a
弄巧成拙 30b, 52b
弄珠底人 119b
弄真像仮 88a
朗朗 17a, 108a, 157b
朗朗全彰 108a
朗朗然 157b
廊侍者 74a, 74b
楼下 29a
楼閣 10b
摟搜 120b
漏泄 27a, 44a, 48a, 64a, 70b, 72b, 97b, 102a
漏綻 84a, 143b
漏賺 122b
漏逗 16b
臘月 135a
臘月三十日 6b, 7a, 34b, 72b, 120b, 121a, 147b
臘月三十夜 144b
臘八 34a
臘八上堂 34a
六陰 134b, 144a
六月不熱、五穀不結 64a
六竈 43b
六国 65a
六斛驢乳 145b
六根 51a
六宗 152b
六十烏藤 35b
六十主丈 75a
六十八州 33a
六十余州 28a
六出 79a, 94a, 94b
六出花 79a
六祖 93a, 126a, 146a
六祖大師 126a
六賊 6b
六通 48b
六道 91a, 140a
六道輪回底人 140a
六臂 5a
六門 37b, 88b
勒叉勒叉薩婆薩埵 23a
鹿苑 80b
碌磚 142a
碌碌 13b
攏籮 32a
轆轆 41b, 47a, 136a
論量 15a, 63a

【わ】

和看者 111b
和気 97a
和技者 14a
和月下滄洲 48a
和月渡滄洲 137b
和光 41b, 152a
和光惹事、刮篤成家 41b
和座子掀転底時節 96a
和座盤一時翻転 19b
和誰字而頓亡 99a
和泥合水 142a
話会 36a
話窖 26b, 68b
話而立端 22b
話堕 32a, 32b, 135a
話頭 87b, 98b, 99a, 99b, 105a, 109a, 112a, 114a
話驢得驢、話馬得馬 88a
矮子 115b
椀脱丘 69b
腕頭 77a

◎共編者略歴◎

佐藤秀孝（さとう　しゅうこう）
1953年新潟県生。駒澤大学仏教学部卒。新潟県十日町市曹洞宗少林寺住職。駒澤大学教授。曹洞宗文化財調査委員会委員。大本山建長寺研究員。永平寺史料全書編纂委員会委員。著書に『明峯素哲禅師の生涯』など。

舘　隆志（たち　りゅうし）
1976年静岡県生。駒澤大学法学部卒業。静岡県沼津市曹洞宗龍音寺副住職。駒澤大学・花園大学兼任講師。大本山建長寺研究員。博士(仏教学)。2010年曹洞宗特別奨励賞受賞。著書に『園城寺公胤の研究』など。

蘭渓道隆禅師全集《らんけいどうりゅうぜんじぜんしゅう》　第一巻　蘭渓和尚語録《らんけいおしょうごろく》

2014(平成26)年10月5日発行

定価:本体15,000円(税別)

編　者　佐藤秀孝・舘隆志
発行者　吉田正道
発行所　大本山建長寺
247-8525　鎌倉市山ノ内8番地
電話　0467-22-0981(代表)
制作発売　株式会社思文閣出版
605-0089　京都市東山区元町355
電話　075-751-1781(代表)

装　幀　上野かおる(鷺草デザイン事務所)
印刷・製本　株式会社 図書印刷 同朋舎

©Printed in Japan　ISBN978-4-7842-1777-9　C3315

◆共同執筆者一覧◆

高井正俊	建長寺派宗務総長
彭　丹	法政大学非常勤講師・大本山建長寺研究員
龍谷孝道	駒沢女子大学非常勤講師
上野徳親	駒澤大学仏教経済研究所研究員・曹洞宗研究員
佐藤英樹	駒澤大学大学院仏教学専攻博士課程単位取得退学
廣瀬良文	駒澤大学大学院仏教学専攻博士課程単位取得退学
小栗隆博	駒澤大学大学院仏教学専攻博士課程単位取得退学
比屋根貴彦	駒澤大学大学院仏教学専攻博士課程
横山龍顯	駒澤大学大学院仏教学専攻博士課程
喜美候部正吾	駒澤大学大学院仏教学専攻修士課程修了
三宅大哲	駒澤大学大学院仏教学専攻修士課程修了
清原泰裕	駒澤大学大学院仏教学専攻修士課程修了
眞如晃人	駒澤大学大学院仏教学専攻修士課程修了
増田孝夫	駒澤大学大学院仏教学専攻修士課程修了
土屋圭子	駒澤大学大学院仏教学専攻修士課程修了
伊東崇啓	駒澤大学大学院仏教学専攻修士課程修了
本間英純	駒澤大学大学院仏教学専攻修士課程修了
菅原義勝	（公財）致道博物館学芸員

索　　引

凡　例

■建長寺所蔵の覆宋五山版『蘭渓和尚語録』（以下、建長寺本）の原文箇所の索引である。語句は原文のみから選び、建長寺本の丁数をアラビア数字で示し、右面をａ、左面をｂと表記した。
■本索引は固有名詞や専門用語など内容を細かに分類することはせず、語句を音によって分類配列したものである。
■使用した漢字について
- 表記は建長寺本の原文の漢字に基づいているが、検索の便を踏まえてそれぞれ該当する常用漢字が存するものはこれに改めている。
- ただし、訓註で「弁」「辧」「辨」「辯」などと使い分けた漢字の場合、索引中では常用漢字の「弁」に統一していないこともある。

■語句の配列について
- 語句の配列は、見出し漢字の音の五十音順に依るものとする。発音は原則として漢音を用いるが、慣用音や呉音・唐音の方が一般的な場合や、仏教用語として通用している場合などはこれに従った。
- いずれの発音を使用したかは、索引中で矢印によって指示するものとする（例：会かい→え、解げ→かい、如じょ→にょ）。
- 同じ発音の文字は画数によって総画順に配列し、同音・同画の内では部首の順に配列するものである。
- 同じ見出し漢字の語句は、二字目以降の五十音順によって配列する（例：安居・安居禁足・安居結制の順番）。

【あ】

亜夫　124b
阿魏　136a
阿魏無真、水銀無仮　136a
阿上大師　111a
阿難　33a, 74a, 104a
阿難不会　33a
阿鼻　32a, 120a
唖　35b, 70b
唖子　35a, 135a
唖子喫苦瓜　35a, 135a
噁　19b, 117a, 136b
挨　116b
挨拶　29b
挨到無挨已十年　39a
挨得　16b, 76a
悪事　126b
悪趣　100a
悪水　79a
悪知識　95b
圧石出油　123b
圧良為賤　136a
斡旋　128a, 147a
安居　21b, 32a, 36b, 43a, 52b, 55b, 63a, 121a, 123b
安居禁足　36b
安居結制　21b, 32a
安著　24a, 96a, 139a
安詳　40a
安心　68a
安心之法　93b
安身立命　15b, 52a, 64a
安静之時　99b
安跡　123a
安然　21a, 85b, 118b
安排　77a
安楽　6a, 18a, 24b, 81b, 88a, 93b, 101a, 102a, 138a
安楽法門　18a
按山子　56a
晏清　33a
案前　98a
唵　52a
庵雖小含法界　139a
暗号　34a, 121a
暗地　125b, 126b
暗昧　15b, 100b
暗冥　15a
暗裏　53a

【い】

以己方人　28a, 60a, 82b, 130b, 136a
以古為儔　102b
以悟為準　92b
以心為宗　117a
以賤圧良　131b
以打石為生　126a
以大円覚為我伽藍　137b
以醍醐為毒薬　92b
以油入麺　82a
以蠡酌海　80a
伊勢　48b
衣食　55b
衣草食泥　21a
衣鉢　127a, 146a

衣裏 7b
囲魏救趙 32a, 56a, 128b
依倚 35b
依稀 36b
依朱著墨 62b
依然 77a, 133b
依模画様 117b
委細 56a
委悉 34b, 64a
咦 35a, 65b, 115a
威音王那畔 46a
威音那畔 39a
威力 99a
為新極楽然長老引座上堂 39a
為人 32a, 51a, 54a, 60b, 64b, 87b, 91a, 97a, 104a, 106a, 131a
為人処 32a, 131a
為人親切 104a, 106a
為人方便 51a
為復〜為復〜 128b
倚恃 92a
倚天勢 76a
唯唯 91b
唯識論 92a
唯心 27b, 68b
惟俊 161a
異解邪量 90a
異見 100a
異相 62a
異端 95a, 140b
異類 75b, 109b, 155a
異類中行 75b
移易 61a, 92b, 112a
移換 39a, 69a, 106a
萎花 65a
意旨 132b, 146a
違越 36b
漪漪 33b
維那 11b, 16b, 52b, 60b, 78b
維摩 40a
維摩詰 18b, 153a
潙山 72a, 75a, 76b, 109a, 118b, 119a, 121b, 122a, 128b, 133a, 133b, 134b, 135b, 136a, 137b, 145a, 145b
潙山僧堂 128b
蝟鼠 53a
遺迹 33b
遺跡 144a
郁山主 64a
一円相 156b
一往 102b, 103b, 108a
一往直前 102b, 103b, 108a
一花開五葉 27a
一夏護生 130b
一夏修行 142b
一華 152b
一課 19a
一回汗出 130a
一摑 137a
一串穿却 52b
一関 34a, 48a, 48b, 64b
一機 27b, 44a, 78b
一機子 78b
一疑 98b
一句子 34a, 54b, 60b, 71a, 80b, 103a
一具氈拍板 34b
一茎菜 146b
一茎草 97a, 138a
一件事 29b, 56a, 110b
一剣 103a
一乾坤 137a
一間土壁 136a
一言説六国 65a
一言半句 85a, 139a
一源 9a, 105a
一箇火爐 15b
一箇半箇 142a
一口 74a, 81b, 107a
一向 4a, 5b, 6a, 8a, 10a, 22a, 98b, 115a, 146b
一咬咬定 94a
一搆搆得 135a
一綱 124b
一毫 5a, 7b, 32a, 35a, 56b, 58b, 60b, 98a, 109a, 145a
一毫之欺 98a
一毫端 7b, 35a, 56b
一毫頭 5a, 60b, 145a
一切悪 109b
一切衆生 109b
一切処 8a, 89b, 98a, 100b, 104a, 111a, 111b
一切擾 114b
一切善 109b
一切人 20b
一彩両賽 65a
一歳光陰 67a
一盞 35a
一枝無孔笛 34b
一絲毫 97a, 138a
一字 80b
一色純真 94b

一日信而進一歩、一日疑而退三舎 112b
一株子 27b
一鍬 131a
一閏 57b
一小院 144a
一掌 92a, 123b, 124a
一条
12a, 63a, 66b, 94a, 99a, 123b, 124a, 154b, 157a
一条活路 63a, 94a
一条脊梁 154b, 157a
一条大道 12a, 123b
一身天地間 138b
一陣 18b, 74b
一塵不動 64b
一塵不染 131b
一世 32b, 136a
一生参学事畢 144a
一斉 121a
一星火種 27a
一星児 71a
一掣掣断 94a
一隻 47b, 70a
一隻手 70a
一箭 21a, 122b
一鉏 57b, 134b, 147b
一双 130b
一捜 92a
一則語 80b
一鏃破三関 65a
一尊仏 96b
一隊 38b, 40a, 47a, 71a, 120b
一隊声聞 40a
一大事 10a, 88b, 89a, 102b, 104b, 113b
一大事因縁 10a, 88b, 102b, 113b
一大蔵経 38a
一大蔵教 37b
一段公案 80b
一段光明 100b
一段大事 16a, 82a, 110a, 113a
一知半見 68a
一籌 28a, 43a, 48a
一著
19b, 24a, 27a, 37a, 38a, 50b, 87a, 94b, 98b, 113a
一著子 87a, 98b
一槌 22a, 47a, 52b, 126a
一槌便成 52b
一通 48b
一炷 60a
一重関 43b
一張口 35b, 90b
一朝一夕事 96b
一朝道聚 108b
一滴全無 64b
一踢 30b, 94a, 154b
一踢踢飜 154b
一転語 44b, 48a, 50b, 107b
一刀割断 114a
一灯未発已前事 48b
一等 92a, 110a, 111b
一頭地 38b, 41a, 70b, 101b
一頭驢 38a
一動一静 89a, 102b, 114a
一堂僧 128b
一得一失 123a
一徳 111b, 113a
一如 98a, 110b
一人発真帰源、十方虚空悉皆消殞 104b
一年三年 100a
一年半載 101a, 111a
一念万年 10a
一馬駒 152b
一半 130a, 136a
一番徹骨寒 7a
一微塵 37b, 42b, 51a
一百鞭 118b
一百来僧 7b
一物不将来 103b
一分 19a, 69a, 84a, 145a, 147b
一分喜処 84a
一聞千悟 100a, 110a
一片雲 23b
一片心 23a
一片地 30a, 95a, 147b
一瓣香 4b, 60b, 61a
一方 55a, 57b, 125b, 136b
一飽 115a, 150a
一蜂子 17b
一棒要打殺 21b
一味 13b, 47b
一脈 78a, 79a
一無位真人 75b
一網収 76b, 123b
一夜鋪成銀世界 79a
一陽 129b, 132a, 134b, 137a, 144a
一陽復至 129b
一陽復生 132a, 134b, 137a
一里之地 26b
一理貫通 8a
一粒米 146b
一了一切了 109b

一領領去　33b
一縷　27a
一例　118a
一犂　137a
一路　96b, 130b
逸格　18b, 19a
引古証今　102b
引座　39a, 84b, 87b
引座普説　84b
引導　16a, 48b
引得後代　124b
引喩　101b
引領　65a
印可　47b, 81b, 109a
印空老宿　156a
因安土地神上堂　69a
因事　28b, 38b, 53a, 65b, 69b, 79a, 116b, 124b, 136a, 145a
因事小参　116b, 124b, 136a, 145a
因事上堂　28b, 38b, 53a, 65b, 69b
因雪上堂　24a
因漸入頓　99b
因僧病　118b
因地震上堂　32b
因病上堂　45b
咽喉　29b, 75a, 133a
咽喉路　75a
院主　28a, 33a, 45b, 120a, 121b, 122a, 144a, 144b
婬坊　20a, 87a
婬坊酒肆　20a
陰雲　34a
陰陽　9b, 120a, 132b
陰陽惨舒　9b
陰陽舒縮　132b
夤縁　116b
隠隠　33b, 122b
隠山　139a, 139b
隠士　139b
隠身無地　132a
隠蔵　62a
隠匿之事　98a
隠蔽　98a
隠峰　21b
隠昧　97a
隠密不露処　145b

【う】

右盼　31a
右辺有刀　34b
宇宙　55b, 125a, 138b
宇宙之間　138b
宇宙人　55b
有　う→ゆう
迂曲　99a
雨声一霎　83a
雨点　46b, 50b
雨露　95a, 147b
烏亀　26a, 36a, 54a, 155b, 157a
烏形　56a
烏江　21a, 43b, 82b, 146b
烏江如未到、蓋世逞英雄　43b
烏騅　116a
烏兎　128a
烏藤　21a, 26b, 35b, 79a
烏非染成、鵠本自白　121b
運用　17a
雲暗不知天早晩　68b
雲翳　7a, 15b
雲霓　137a
雲根　137a
雲山　119b, 145a
雲山又隔万重重　119b
雲水　22b
雲頭　14a
雲門　21b, 32a, 32b, 37a, 47b, 105a, 127b, 129a, 146b
雲門大師　21b, 127b
蘊藉　97a

【え】

会取　70a, 133b, 135b
会取不会底　133b, 135b
会中　113b
会得　5b, 33a, 43a, 49b, 80a, 105a, 115a, 120a, 120b, 136a, 140b
会万殊於一致　97a
会万物帰自己之上　90b
会仏法人　146a
回　え→かい
衣　え→い
恵日　26b
恵命　36a, 84a
慧眼　101b
慧行大師　112a
慧日光　94b
慧寂　145a
慧性　111a
懐　え→かい
穢語　125b
永嘉和尚　116b

永嘉止説悟後之病　85b
永嘉禅師　85b
永劫　39b, 82a, 98b, 99a
永劫無有悟時　98b
永日　33a
永明　121a
英豪　146b
英士　125a
英雄　43b, 79a
英霊　20a, 22a, 24a, 35b
英霊衲子　22a, 35b
拽石　120b
拽転　5b, 28b, 109a
拽杷　112b, 124b
拽杷拕犁　25b
栄意禅人　94b, 95a
栄枯　95a
盈虧　15b, 120a, 135a
郢人　8a, 54b
熒煌　72b
影迹　14a, 153b
瑩巌　88a
嬰孩　29a, 44b, 68a
翳　7a, 15b, 137a, 143b
翳睛法　143b
贏得　28a
贏得一籌　28a
易進門　8a
越十霜　62a
噎　31a
円覚伽藍　121b, 131b, 142b, 146b, 155a
円覚経　92a
円暁首座　153b
円顕　4a
円悟　50b, 100a
円光上座　156b
円成　18a, 52a, 62b, 101a, 105a, 152a
円陀陀　38b, 54a
円通　38a, 117a, 117b, 149a, 152a
円通秀和尚　117a
円通大士　149a
円転　146a
円範　13a, 97a
円範蔵主　97a
円満　52a
円明　108a, 113a, 151a
円融　14b, 143a
円融無碍　14b
円顱　108b
延寿堂　76a, 82a
沿途　46a
炎炎　26a, 153b, 154a, 157a
炎烝　22a, 31b
咽　えん→いん
剡川　160b
捐臂者　50a
偃鼠飲河　11b
偃武修文　10b
寃　21b, 25a, 26b, 43b, 52a, 60a, 64a, 68b, 146b, 152b, 153a
寃憎会苦　136b
寃敵　34a, 136b
寃有頭、債有主　17b
掩耳偸鈴　119a
掩正扶邪　134a
焔爐　77a, 131a
猿抱子帰青嶂後　36a
菸菟　124a
淵源　18b, 21b
淵黙雷声　158b
園林草木　27b
塩官　82b
塩醋　142b
塩田和尚　84b, 88a
塩田和尚至引座普説　84b
塩田刹内　85b
煙霞　122a
煙水　145a
煙波　32b
筵　61b, 115b
遠遠来帰　86b
遠近高低　138a
縁偶　108b
閻家　75a
閻浮提　42b, 100a, 109b, 111b, 152a
閻羅　55b, 56a, 68a
閻羅大王　68a
閻老　98a
簷　18b

【お】

烏　お→う
嗚那　12a
嗚那青青黯黯処　12a
嗚哪　35a
嗚哪青青黯黯処　35a
噁　お→あ
王化　58b
王宮　24a
王道　21a

王老師 60a, 69a
応機無尽 91a
応時 15a, 134b
応身 87a
応是 75a
応諾 74a, 135b
応物副機 103b
応無所住、而生其心 50b, 51a
応用 44b, 78b, 86a
往往 25a, 34a, 46a, 96a, 97b
往還 97b, 128a
往日 91a, 92b, 110a
往来 7b, 80a, 101b, 146b
枉 35b, 100a, 107b, 126b
枉自出来 100a
枉造虚言 126b
殃害 25a, 30a, 40b, 129a
殃及児孫 152b
黄梅 93a, 125b, 146a
黄梅衣鉢 146a
黄蘗 28b, 29a, 46b, 47b, 55a, 75a, 124a, 124b, 142a, 142b
黄蘗宗旨 142a
黄蘗打羅漢 124b
黄幡綽 46b
黄面瞿曇 49a, 51a, 96b, 149a
黄面老子 30a, 41b, 68b, 81a
黄連 18b
奥旨 104a
奥州 36b
横煙 47a
横擒 72a
横三竪四 22a
横斜 68b
横吹鉄笛 135a
横説竪説 51a
横拕倒拽 18b, 88b
横点頭 47b
横拈倒用 101b
横看成嶺側成峰 138a
鴨寒下水 122b
鏖戦 44b
鸚鵡 69b
屋椽 50b
屋上霜 41b
屋裏 72a
恩愛 114a
恩力 107b
温故知新 53b
温爐 94a

【か】

下火 154a, 154b, 155a, 155b, 156a, 156b, 157a, 157b
下喝 41b, 105b
下語 20a, 27a
下口 115b, 123a
下座 5b, 25b, 36a, 47b, 50a, 50b, 52b, 64b, 88a, 144b, 147a
下座巡堂喫茶 25b, 36a, 50a
下視 137a, 150a
下実工 111a
下手処 99a
下拝 88b
下風 88b
下民 37b
化　か→け
戈甲 5a
戈矛 33a, 68a
火炬 156a
火災 66a
火種 16a, 27a, 66a
火種星子 16a
火種星児 66a
火聚刀山 156b
火筯 15b
火輪 154a
火爐 15b
可怜愍 85a
可憐生 67a
禾山 43a, 120b
禾山打鼓 43a, 120b
仮名 9a
何似 60b, 139b, 156b
何似生 156b
何如 117b
花枝有短長 116a
花条各有短長 123a
佳景 143b
価宝 133b
和　か→わ
呵呵大笑 22a, 124a
呵責 144a
呵風罵雨 16b, 144b
呵仏罵祖 21a, 91a, 142b
果是 19b, 21a, 123a
河沙 5a, 24b, 32a
河南 32b, 124a
河北 124a
迦葉

33b, 38a, 43a, 54a, 74a, 125b, 129a, 134a, 153a
迦葉三昧 33b
迦葉尊者 43a, 54a, 129a
迦葉不知 33b
迦葉欲擯文殊 43a
夏雲多奇峰 37b
夏有涼風冬有雪 49b
家筵 115b
家家観世音 56b
家業 99b
家犬声獰夜不休 132b
家醜 20a
家賊 52a, 52b, 64a, 68b
家賊難防時 52a, 52b, 64a
家中鬼 108b
家珍 6b, 7b, 74a, 83a, 136a, 136b
家貧難弁素供 119a
家貧難弁素食 39b
荷負 86b
華岳 120a
華岳貪観却倒騎 120a
華厳 68a, 91a, 117a
華厳之境界 68a
華厳性海 91a
華山 75b
華蔵海 105b
掛搭 127a
袈 か→け
過去七仏 91b
過去心不可得、現在心不可得、未来心不可得 104b
過去未来現在 37a
過現未来 42b, 48b, 100a
過而必失 89a
過水 82b, 83b
過水悟道頌 82b
過犯 53b, 144b
過犯弥天 144b
訶罵 127a
禍害 13b, 134a
禍源 24b, 153a
禍根 17b
禍事 54a, 55b, 63b, 141a
禍胎 64a
禍端 149b
禍福吉凶 92b
瑕類 28a, 143a
窠臼 157a
窠窟 45a, 127b, 146a
歌舞 137b
箇 か→こ
蝦 35a
蝦蟹 123b
謌謠 37b
顆粒 66a
牙関 11a, 47b, 87b, 154b
瓦礫 25b, 55b, 140a
伽藍 121b, 131b, 137b, 142b, 146b, 155a
我伽藍 137b
我脚何似驢脚 60b
我之己 24b
我之珍 89a
我主此山経十霜 154a
我常於此切 64a
我宗無語句、亦無一法与人 91a
画影図形 119b
画瓶 140b
画餅充飢 7a, 11a, 15b
画楼 137b
俄然 22b
駕 43a, 47a, 48a, 115a, 116a, 127b, 147a, 152b
駕起 48a, 116a
丐子 146a
丐食伶俜 7b
介意 91a
会 かい→え
回顧 43b, 72a
回互 152b, 157b
回光 8b, 87b, 126b
回光返照 87b, 126b
回合 57b
回視 126a
回首 4a, 14a, 36a, 52a, 66b, 72a, 84a, 145b, 149b, 154a
回生起死 64b
回頭 8a, 17b, 25a, 32b, 33a, 49b, 79b, 84a, 100b, 122a, 133b, 134b, 136b, 144a, 149a
回頭返視 100b
回老 67a
灰頭 102b
灰頭土面 17a, 35b
快活 17a
快賢上人 100a
快舌 88b
快便 4b
乖張 20b
怪異 94a
怪得 70a
廻春 2a, 5a
画 かく→が

恢恢　132b
海宇　10a
海岳　147a
海嶽　5b, 24b
海兄　55b
海禅人　156a
海蔵　19a
海底火焼天　45b
海南　139a
海北江南　42b
界　8b, 10b, 12a, 17b, 19a, 22a, 26a, 26b, 30b, 31b, 34a, 37a, 37b, 40b, 42a, 42b, 44a, 47a, 50a, 55a, 56a, 60b, 68a, 72a, 79a, 87b, 90b, 94b, 98a, 99a, 100b, 103b, 106a, 108a, 111a, 114b, 116a, 117a, 135b, 137b, 138a, 138b, 139a, 147b, 151b, 152b
晦邑　3b
晦気　23b
晦中有明　37a
晦匿　54a
喙　98a
開花　21a
開口不在舌頭上　76b
開口不得時　16a
開山千光和尚　150b
開山千光和尚忌　65a
開遮　78b
開善　89a, 90a
開善謙　89a, 90a, 33a
開張　27a, 124b
開堂　9a, 11a, 140b
開発　89b, 123a
開板比丘　161a
開門待知識、不見一人来　146b
開爐　15b, 23a, 27a, 33a, 40a, 46b, 66a, 71b
開爐上堂　23a, 40a, 46b, 66a, 71b
階梯　110a
解会　49b, 82a, 84a
解夏　22b, 26a, 30a, 32a, 37b, 52b, 56a, 70a, 119a, 124a, 128b, 131a, 133b, 143a, 146a
解夏上堂　22b, 26a, 32a, 37b, 52b, 56a, 70a
解制　32a, 44b, 121b
解制上堂　44b
解脱　6b, 10b, 39b, 62b, 77a, 91a, 93b, 100a, 110b, 136a
解脱大師　110b
解脱門　10b, 62b, 91a, 100a, 136a
解免　127b
解纜　101b
懐感禅師　151a
懐宝迷邦　119b
懐裏　49a
外擭　95a
外道　19a
外物　6a
崖頭　41b
凱　43a
街頭売攏籭　32a
碍塞　40b
蓋載　125a
蓋世　43b
蓋地蓋天　39a, 116b
蓋天蓋地　83b, 108a
蓋纒　115a, 135a, 157a
斆郎　17a
客途　116b
格外　8b, 44a, 155b
格外玄機　8b, 155b
核子　76b, 123a
覚　8a, 8b, 9a, 10b, 13b, 20b, 24b, 28b, 31a, 33a, 35a, 38a, 41b, 42a, 46b, 62a, 67b, 71a, 74b, 75b, 83a, 84b, 86a, 88b, 92a, 93b, 96b, 101a, 102a, 104a, 107a, 107b, 108b, 121b, 122b, 129b, 131b, 135b, 137b, 142b, 146b, 152a, 154a, 155a
覚慧　13a
覚空空覚　84b
覚悟　114b, 150b
覚上座　154a
較　かく→こう
隔山容易見、対面不相知　129a
隔障有耳、低声低声　118a
劃断　68b
劃一劃　130a
廓侍者　74a
赫奕　24a, 73a
赫赫　132b
嚇殺　129a
鶴羽　56a
鶴見　46a
鑊湯中　79b
鑊湯爐炭　44a, 44b, 69b
鑊湯爐炭裏回避　69b
攪不渾　79a
学道参禅　22a
学道之士　101a
学得　92b
学仏者　9a
楽音　34b
刮篤成家　41b
活機　116a

活句　15b, 154a
活計　14b, 80a, 128a, 146b
活人剣　31b
活水　52a, 64a
活著用　117a
活法　88b
活龍　119b
活路　63a, 68b, 94a
喝下無私　63b
渇驥　33b
渇仰　16b
渇則飲泉、困則休息　20a
聒耳　77a
葛藤　91b, 107b
葛藤自縛　91b
褐服　112b
瞎漢　63b
瞎却　33b, 131b
瞎波斯　133b
瞎驢　11b, 33b, 47a, 118b
瞎驢趁大隊　11b, 33b
瞎驢辺　11b, 118b
龕上座　129a
月　がつ→げつ
干戈　6b, 10a, 44b
干渉　112b, 120a
幻　かん→げん
刊行　161a
甘雨　22a
甘旨　94a
甘心　71a
甘草　36b
汗墨　95a
坎中満　45a
旱苗　22a
旱澇　66a
罕逢穿耳客、多遇刻舟人　31b
肝胆　49a
官田　21a, 95a
官路　36a
邯鄲学唐歩　35a
姦　125a
姦擾　21a
姦謀　37b
巻舒　51a, 144b
巻舒自若　144b
看看　7a, 37b, 58a, 60b, 63a, 67a, 70a, 75b, 132a, 135a, 144a, 154a
看看臘月尽　135a
看経　17b, 37a, 45a, 51b
看見　31b
看時隠隠相追逐、去後単単又復来　122b
看守　81b
看取　50a, 154b
看水開渠　120a
看得　26a, 86a, 101a, 106a, 113b
看得見　26a
看得透　86a, 106a
看得明　113b
看賓打賊　96b
看不破　63a
看来看去　111b, 154a
竿頭　75a, 90b
竿木随身　124a
陥穽　42a, 69a
乾　かん→けん
勘証分明　68b
勘破　60a, 98a
勘婆　126a
喚鐘作甕　121a
喚醒　108a
寒温　88b, 120a
寒温動静　120a
寒灰堆中　66a
寒灰豆爆　71b
寒巌幽谷　2a, 5a
寒山　32b, 70b, 71a
寒山子　32b, 71a
寒拾　130a
寒暑循環　132b
寒暑不到　94b
寒焼木仏　33a
寒心　22b
寒梅　123a
寒爐　16a, 27a, 33a
寒露　23b
換却眼睛　34a
揀辨　143a, 145b
敢保　25a, 49a, 50b, 68a
間事　49b
間然　28a, 142a
間断　99a, 107b
閑和尚　65b
閑家具　146b
閑家潑具　157b
閑戯　20a
閑工夫　126a
閑言　130b
閑行　130b
閑坐困眠　144a

閑事　49b
閑人　32b, 139a
閑中　88b
閑棒　142b
幹当開板比丘　161a
感首座　115b
漢国三臣　72a
漢子　140a
鉗鎚　135a
管帯　30a
趕退　122b
銜鉄　96a
銜鉄負鞍　96a
関関　42b
関東檀那　66a
関捩　101b
関捩子　101b
憨眠　74b
款　18a, 37a, 44b, 53a, 66a, 82b, 145b
款出囚人口　18a, 82b
歓喜　42b, 66b, 110b, 112b
歓喜踊躍　66b
歓呼　137a
歓娯　146a
澗水　141a
監寺　11b, 155b, 156b, 161a
監寺比丘　161a
緩緩　43b, 45a, 89b, 123b
寰宇　10b, 26b, 153a
寰中　137a
撼　18b, 19a, 68a
撼動　23a
還帰彼人之己　126b
還郷曲　140b
還汝債　109b
環中　143a
艱辛　7b
簡編　159a
韓獹逐塊　22b
韓獹吠絶天将暁　137a
観音教寺　3a
観自在　141a, 149b
観世音　34b, 56b, 149a
観世音菩薩　149b
観聴　26b
観不見　88b
檻外　49a
懽声　72b
灌渓和尚　113b
闌闠　78b
鑑照　51b
鑑沱水　66b
鑑徹　84b
元　がん→げん
岩頭　82b, 83a, 83b, 84a, 108a, 132a
岩頭和尚　108a
含血噴人　20a
含血噴天　126a
含元殿　67a
含沙　33b, 47b
含摂　139a
含涙　96b
眼横　19b
眼活　16b, 71a
眼瞎耳聾　65b
眼観東南、意在西北　88b
眼観南北、意在東西　138a
眼耳鼻舌身意　18a
眼上眉毛倶打失　136b
眼睛　24b, 34a, 37b, 39b, 41a, 118a, 121a
眼睛定動　121a
眼精　117a
眼中添屑　15b
眼底　114b
眼裏筋　74a
眼裏無筋　32b, 60b, 136a
眼裏無筋一世貧　32b, 136a
雁字　22b, 65a
雁嶺　97b
嵒下白雲抱幽石　36a
頑鈍　88b
翫月　12a, 15a, 26b, 75a
頷下珠　22b
願心　52a
巌頭　101b

【き】

己躬　96b
危亡　116b
気息　131a
希奇　18b, 19a, 32a, 55b, 65a, 133b, 140a
希求　80b
其中　13a, 36b, 49b, 58b, 63b, 75b, 104a, 122b, 125b, 137a, 145a, 156a
其父攘羊、其子作証　119a
奇異　18a
奇異法門　67a
奇奇　53a, 137a
奇言　13b, 57b
奇言妙語　57b

奇哉 41b
奇事 33b, 53b, 72b
奇特 18a, 22a, 23a, 33a, 42b
奇特事 18a, 42b
奇峰 37b
祈晴 37b
祈祷看経上堂 45a
祈祷上堂 26a
帰家穏坐 106b
帰去来 34b, 140b, 154b
帰降 19a
帰宗 120b
帰宗拽石 120b
既往 19b, 31a, 122a, 136b, 143b
既往之事不必重詢 19b
既往莫咎 122a, 143b
既往不咎 31a, 136b
既難掩随所安名 97b
記取 39a
記得 6b, 56b, 62b, 87b, 140a
起居動止 111a
起死回生 83b
起処 67b, 98b, 143b
起心動念 111a
起信 92a
飢人之食 87a
飢来喫飯困来睡 110a
飢来喫飯、困則打眠 110a, 115a
鬼眼睛 41a, 118a
鬼窟 54a, 128a, 128a, 128b
鬼窟黒山 54a
鬼窟裏 128a
鬼神 69a, 82b
鬼面 54a, 75a, 136b
鬼面神頭 54a
亀谷 8a, 115a
亀谷峰 8a
亀峰頂上 116a
喜怒哀楽 100a
幾幾 71b, 146a
幾許 23b, 79a, 96b
幾多 34a, 56b
幾多般 75a
碁運 41a, 57b, 120a, 137b, 147a
欺凡罔聖 131b
葵藿 61a
貴官 9b
貴買賤売 26a, 133b, 136a
愧悚 43b
棄位入山 19a
棄却 71a, 92b
毀謗 98a
箕風畢雨 71a
輝曄 15a
機 5a, 8b, 11b, 13a, 13b, 15a, 15b, 17a, 18b, 19a, 27b, 27b, 31b, 38a, 40b, 44a, 45a, 45b, 52a, 57b, 62b, 63a, 64b, 65a, 72a, 72b, 78b, 81b, 82a, 84b, 91a, 93b, 96a, 101b, 103b, 108a, 108b, 116a, 125b, 128a, 129b, 130b, 137b, 144b, 146a, 147b, 150b, 152b, 155b
機縁 81b
機関 11b, 34a, 60a, 121a
機先 60b, 84b
機前 121b
機智 138a
機変 79ab
機用 13a, 13b, 139b, 153a
機輪 62a
窺覻 135b
徽煥 91b
騎鉄馬跨泥牛 123b
羈鎖 43b
羈絆 33a
伎倆 21b, 46b, 57a, 63a, 117a, 144a, 144b
技芸 7a
宜 9b, 25a, 25b, 28b, 34b, 44b, 56b, 63b, 76a, 78b, 84a, 90b, 96a, 101a, 109b, 110a, 111b, 136b, 151b, 157b
祇 ぎ→し
偽造 95a
疑情 19b, 106a, 111a
疑心 42a, 91a, 105a
疑団 6b
疑著 76a
疑著這漢 76a
疑得深 106a
疑慮 9b, 90b, 102a
擬議 7a, 21a, 28b, 63b, 75b, 83a, 155b
擬議不来 21a, 28b, 63b, 75b, 155b
擬心 49b, 61b, 133a, 155b
擬心即差、動念則喪 155b
擬則喪、動則乖 95b
擬網大鵬、雀亦不遇 116b
戯蝶 55a
魏 32a, 53a, 56a, 105b, 125b, 128b, 136a, 150a
鞠勘 66a, 131a
吉凶 92b
喫三頓棒 47b, 70b
喫粥飯僧 128b
喫茶 25b, 36a, 46b, 50a

喫茶去 118a
喫飯 31b, 89b, 90a, 110a, 110b, 123b, 128b
喫飯僧 128b
却物為上、逐物為下 13a, 68a
脚跟下 17a, 88b
脚手 91a
脚尖頭 34a, 43a
脚踏実地 129a
脚頭脚底 100b
脚頭脚底是弥勒、左顧右観皆釈迦 100b
脚頭辺 17a
逆耳 69b, 97b
逆順 118b, 130a
九夏 37b, 116b
九経 23b
九首三頭 133a
九旬 11a, 52b, 119b, 121a, 121b, 130b, 135b, 142b, 146b
九旬禁足 52b, 121a, 130b, 142b, 146b
九十日内 68b, 116a
九十日飯銭 129a
九重天上聖人 62a
九重塔 72b
九仞之峰 102a
九転還丹 50a
九年面壁 42a, 81a
九峰寺 113b
九峰慧和尚 72a
九万里風 35b
久久 84a, 99b, 100b, 102b, 105a, 109a, 126a, 139a
久住 6b, 149b
久長之志 106b
弓箭 124a
仇讎 34a, 42a
丘山 145b
旧鞋 46b, 94a
旧鞋破韈 46b
旧巻 81b
旧事 134b, 143b
旧事不理、既往莫咎 143b
旧時之見 84a
旧条 134b
旧跡 118a
旧本 56b
休夏 56a
休休 43a, 48a, 88a, 134b, 143a
休咎 122a
休歇 29a, 102a, 109b
休心息意 81b
休息 20a, 54a, 111b
吸不乾 79a
求珠底人 119b
究竟 8a, 96a, 104b, 140a
究竟絶疑之地 96a
究道参玄 94a
究得到体得明 82a
究理悟心之者 19a
泣岐 50a
急急 52a, 111b
急急如律令勅 52a
急流勇退 97a
救済 81b
給侍 17b
嗅著 76b
窮鬼 55b, 146b
窮伎倆 117a, 144b
窮玄 116b
窮相 130b
牛過窓櫺 1a
牛頭 34b, 145b
牛頭没馬頭回 145b
去去来来 103b, 129a
去住 4a, 10b, 81b
去歳 115a
去也赤条条 12a
去来 34b, 68a, 103b, 109a, 115a, 129a, 136b, 140b, 154b
去路 103a
巨細 29b
巨福 13a, 26a, 58b, 62a, 85b, 97a, 101b, 123b, 132b, 152a
巨福山 13a, 26a, 58b, 62a, 85b, 123b, 132b, 152a
巨福山建長禅寺鐘銘 152b
巨福山中 26a, 58b, 62a, 85b
巨福山頂 123b
巨浪 43b, 75b, 146a
居一切時不起妄念 20a
拋款結案 37a
挙覚 131b
挙起 4a, 31a, 98b
挙拳 105b
挙止 15a, 103b
挙似 16a, 25a, 26a, 76a, 86a, 120b, 121b
挙唱 8a, 14b, 18a, 19a, 62b, 87a, 120a
挙著 82b, 91b, 135b, 139b
挙揚 46a, 49a, 49b, 58a, 85a, 88b, 131a, 134b
虚偽之言 97b
虚空 14a, 40a, 40b, 72a, 72b, 77a, 104b, 139a
虚幻 114a
虚玄 7a, 17a, 51a

虚玄之玄　51a
虚言　126b
虚辞　126b
虚実　112b
虚心　99a
虚声　27a, 60b
虚伝　21a
虚度光陰　25b
虚頭　123b
虚堂　159b, 160a
虚堂智愚　159b
虚無之宗　91b
虚名　111a
虚霊　16b, 91a, 108a, 129b
虚霊空妙　108a
虚霊自照　16b
虚霊寂照　16b, 91a
許多　13a, 30a, 66a, 98a, 107b, 114b, 127b, 136b
渠　22a, 24a, 32a, 45a, 47b, 60a, 66a, 78b, 83a, 93b, 100b, 101b, 120a, 136a, 156b
渠儂　76b, 124b
噓　23b, 56a
噓一声　23b, 56a
踞虎頭収虎尾　101b
魚龍　123b
御前香火　157b
漁父　46a
語　ぎょ→ご
劫　きょう→ごう
杏花　76b
狂心　110a
狂心未歇、歇即菩提　110a
狂象　37b
狂蜂　55a
狂類　84a
京中大道　67a
供款　66a, 145b
供給　124b
供通　119a
協賛　32a
姜　38a
拱手　19a, 89a
拱随　125a
拱立　93b
香火　157b
香厳　137b
香餌　59a, 75a
香匙　15b
香風　65a
香風吹萎花、更雨新好者　65a
香林老子　67b
恭敬　6b
胸襟　83b, 108a
胸次　89a, 112b
胸中　65b, 118b
胸中万丈深　118b
強辯　92b
教意　61b, 117b, 122b
教家　91b
教壊　144a
教外別伝　117a
教外別伝底一句　135a, 135b
教僧　91b
教中　20a
教門　2b, 91b
教誘　92b
皎皎　26b, 30a, 53b
皎潔　11ab
経　きょう→けい
郷人　154a
郷談　88b
暁　きょう→ぎょう
筇　20b, 158a
境界　8b, 10b, 22a, 68a, 99a, 103b, 108a, 114b, 135b, 138a
境話会　36a
誑　12a, 68b, 69a, 91b
誑言　28a
誑謼　65b
誑説妄談　121b
憍陳如　69b
憍梵波提　54b
興　きょう→こう
轎子　89b
鏡容鷹爪　35a
驚起　42, 54a, 70a, 128a
驚起法身蔵北斗　128a
仰山　51b, 119a, 134b, 137b, 145a, 145b
仰山問陸郎中　51b
行　ぎょう→こう
堯風　62a
暁来　66a, 71b, 130b, 153b
曲径　22b
曲尺　65b
曲折　63b, 103a
曲录　20a
極則　124a
極大至深　126a
極西之地　125b
極東之州　125b

極楽然長老 39a
玉 11a, 19a, 22a, 28a, 96b, 100a, 130a, 130b, 140a, 143a, 156b
玉一団 56b
玉崑崙 48a
玉泉皓和尚 50b
玉銭 55a
玉堂 61b
玉葉 60b
玉欄 71b
玉楼 79a
斤斧 27b
今夏百二十日長期 30a
今古分明 139b
今歳今宵 120a
今日 5b, 9a, 11a, 12a, 14b, 15a, 16a, 18a, 20a, 21a, 21b, 24a, 24b, 25a, 28b, 29b, 30b, 31a, 31b, 32a, 32b, 34b, 36b, 47b, 48b, 49a, 49b, 50a, 52b, 53a, 54a, 54b, 56b, 57a, 58b, 60a, 60b, 61b, 64a, 64b, 65a, 69a, 69b, 70b, 71b, 74b, 83b, 88a, 90b, 92a, 123b, 124a, 126a, 132a, 133a, 134b, 136b, 140a, 153a, 153b
今宿 133a
今上皇帝 60b
今世 89b, 102b, 106a
今世大事 106a
今生 89a, 100a, 106b, 107a, 111b
今生之本 111b
今生大事 107a
今仏 4a
今末世 97b
近功 111b
近世蘿蔔頭禅 39a
近傍 87a
近来 52a
欣顔 122b
欣喜 122b
金華 149b
金言 150b
金剛 6b, 18a, 35b, 46b, 50b, 55b, 60b, 97b, 104a, 104b, 105a, 127b, 143b
金剛王宝剣 6b
金剛界 60b
金剛経 50b, 104b
金剛斉菩薩 143b
金剛杵打鉄山摧 18a, 46b, 127b
金剛般若経 104a
金州子 152b
金声 45b, 72a
金線 55a
金槌 39a
金瓶 140b
金襴 3a, 74a
金輪 60b
金鱗 59a, 75a, 78b
金毛獅子 5b, 11b, 20a, 28b, 81a, 137b
金毛獅子子 81a
金毛獅子児 20a
掀転 96a
掀倒 22b, 116b
掀翻 5b, 11b, 30b, 33a, 70b, 79b, 135b, 142b, 147a, 155a, 156a, 157a
掀翻窠臼 157a
掀翻海岳 147a
掀翻海岳求知己 147a
掀翻海嶽 5b
琴声甲夜弾 29a
筋骨 27a
欽崇 9b
禁城 37b
禁足 36b, 123b
禁足安居 123b
緊悄 78a
緊要処 19b, 92a, 94a
擒縦 48a
銀山 18b, 35b, 91a
銀山鉄壁 18b
銀世界 79a
銀蟾 66b

【く】

九　く→きゅう
口　く→こう
工技兒 14a
工夫 6a, 6b, 16b, 81a, 82a, 85b, 92b, 93a, 94a, 94b, 95b, 100a, 106a, 109a, 111a, 112a, 113b, 126a, 126b, 139a, 154a
工夫純熟 139a
工夫用意 109a
区区 37b, 48a, 52b, 80b
句下 101a, 101b, 111a, 112a, 118b
句下千鈞重、胸中万丈深 118b
句下知帰 101a
究　く→きゅう
狗子無仏性 66a, 76a, 98b
供　く→きょう
苦瓜 35a, 135a
苦苦 36a
苦口是良薬 25b
苦行六年 19a

苦哉 80b, 149b
苦哉観世音菩薩 149b
苦趣 107a
駆十二時 135a
駆逐 127a
具信心人 88a
具足之味 85b
具大信根之人 91a
駆耕夫之牛、奪飢人之食 87a
瞿曇 49a, 51a, 80a, 96b, 149a
瞿然 104a
愚懐 97a
愚鈍之人 89a
愚昧 6a
愚蒙 88b
空 7a, 8a, 8b, 14a, 15a, 15b, 17a, 18a, 22a, 22b, 24a, 26b, 30a, 35a, 37b, 39a, 40a, 40b, 42a, 42b, 43b, 44b, 46b, 52b, 55b, 65a, 72b, 77a, 78a, 78b, 79a, 81a, 82a, 82b, 83b, 84b, 89a, 90b, 91a, 92a, 93b, 99b, 101a, 102a, 104b, 110b, 114b, 115b, 123b, 127b, 128b, 133b, 135a, 137a, 137b, 139a, 142b, 152a, 153b, 154a, 156a, 156b
空維那 78b
空花 108a
空覚頓亡 84b
空闊 46a, 139a
空劫 17a, 39a, 101a
空劫以前 39a, 101a
空劫以前時 101a
空見 80b
空拳 23b, 108a
空谷 42a
空索索 12a, 126a, 137a
空啾啾 81a
空性知客 96a
空説 107b
空体無方 137b
空同 8a
空壙 142b
空妙 108a
空門 17b
偶合 125b, 126a
屈節 69a
屈煩 97a
屈蟠 38a
屈服 92a
君子 17b, 41a
郡守 97a
群陰 119b, 132a, 137a
群陰剥尽 132a, 137a
群英 33b
群狐 11b, 135a
群狐探水 135a
群情 109a
群生 4b, 9a, 24a
群峰 139a, 152a
群品 19a
群魔 21a, 26b, 44a, 84a
群有 51b
群林万木 21a
群霊一源 9a
薫風 43b, 64a
薫風自南来 64a

【け】

化導 5b
希 け→き
家 け→か
華 け→か
袈裟下一事 112a
袈裟下一段大事 109b, 110a
袈裟下事 89a
袈裟角 52b, 64b, 88a
袈裟是鉄囲 60a
下 げ→か
外 げ→がい
夏 げ→か
解 げ→かい
兄弟 16a, 27a, 66a, 83b, 86a, 95a, 129a
圭角 60a, 80b
形影 130a
形骸 25b, 93b
形山 138b
形質 90a
形迹未分已前 91a
形相 86b
形容 131b
径山 12a, 89a, 89b
径捷 110a
契券 30b, 95a, 145a
契悟 112b
契書 12a
挂在 65b, 102a
挂鐘 151b
計会 49a, 58b
計較 47a, 101a, 107b, 125b, 129b
迥絶無人処 131a
荊壁 72a
荊棘 47a, 133b, 142b, 144b, 145a
荊棘叢 145a

荊棘林　133b, 142b
荊山之璧　150b
恵　けい→え
啓口　58a, 90a
掲開　135a
渓澗　78a
渓口　139a
渓水　129b
渓声　14b, 149a
渓声便是広長舌、山色無非清浄身　14b
渓頭水　35b
渓辺　36a
経教　98b
経行　57b, 86a, 95b, 118a, 138a, 145a
経行坐臥　118a
経済　10a, 78a
経得過　75b
経律論蔵　11a, 80b
経論　14a
経論宗師　151a
逕截之法　94a
景定甲子春二月　159b
景定三年二月望日　2b
敬畏　127a
軽帆　59a
傾湫倒岳　64b
傾湫倒嶽　52a
詣実　37a, 119a
境　けい→きょう
慶会　17a
慶快　88a, 117b, 138a, 153b, 155b
慶讃　10b, 28a
慧　けい→え
稽顙　86b
擎杈　34b
繋礙　135a
繋絆　91a
瓊楼玉殿　130a, 130b
警覚　107a
驚　けい→きょう
鶏寒上樹　122b
迎接　57b
逆　げき→ぎゃく
撃開　133b
撃砕　22b, 134a
撃石火　155a
撃得開　63a, 134b
擘破娘生鉄面皮、驚起法身蔵北斗　128a
血淋淋地　50a
決烈　86b, 113b
桀　136a
缺歯老胡　37b
訐露　87a
結果自然成　27a
結夏　11a, 25b, 30a, 36b, 56a, 90a, 116a, 118a, 121a, 123b, 128b, 130b, 135b, 139b, 142b, 145b
結夏已一月日了　56a
結夏已十日　30a, 36b
結夏已半月　11a
結夏上堂　25b, 30a
結解　143a
結実　21a
結制　11a, 21b, 30a, 32a, 36b, 43a, 50a, 55b, 63a, 68b, 130b, 133a
結制上堂　11a, 21b, 36b, 43a, 50a, 55b, 63a, 68b
結絶　98a
結著　25b
結網者　97b
傑士　30b, 93b
碣斗　47a
潔清　93b
月氏国　35a
月色　130a, 154b
月色和煙白　130a, 154b
月面仏　45b
月落不離天　12a, 67b
欠缺　22b, 23b
欠少　46a, 131a
犬嘷半夜　67a
犬吠　33b
玄　けん→げん
見解　82a, 84a, 94b, 138a, 143a, 147a
見今　8a, 9a, 130a
見行　130a
見識　66a
見処　13b, 82b, 97b, 104a, 108a
見神見鬼　98a
見性　81a, 83b, 86b, 151b
見成　8a
見諦　22a
見徹　32b
見桃花悟道　25a
見道　83a, 114a
見得　8a, 13b, 14a, 35a, 35b, 128a, 149a
見得明　128a
見斧好斫　136a
見聞　7a, 83a, 88b, 129b, 149a
見聞覚知　83a, 88b
巻　けん→かん
建長　13a, 14b, 18a, 19b, 20a, 20b, 22b, 23a, 24a,

25a, 26a, 26b, 27a, 27b, 28a, 29a, 29b, 30a, 30b, 31a, 31b, 32a, 32b, 33b, 34a, 35b, 36a, 36b, 37a, 38b, 40a, 40b, 41a, 41b, 42a, 43a, 43b, 45b, 46a, 46b, 47a, 47b, 50a, 50b, 52b, 53a, 53b, 54a, 55a, 56b, 57a, 58a, 58b, 61a, 85a, 85b, 88a, 102b, 108b, 118a, 119a, 119b, 121a, 121b, 122a, 122b, 124a, 128a, 128b, 129a, 129b, 130a, 131a, 131b, 132b, 133a, 134a, 134b, 135b, 136a, 136b, 140a, 141b, 142a, 151b, 152a, 153a
建長寺 118a
建長寺小参 118a
建長小参 141a
建長禅寺 13a, 152a
建長禅寺鐘銘 152a
建寧 58b, 60a, 61a, 62b, 63b, 64a, 64b, 65b, 66a, 69a, 70a, 71b, 90a, 99b, 102b, 103a, 142a, 142b, 143a, 144a, 145a, 147b
建寧寺 58b, 62b, 70a, 90a, 142a
建寧寺小参 142a
建寧禅寺 60a, 161a
研槌 115b
剣去久矣、尓方刻舟 120b
剣樹刀林 72b
拳踢 30b
涓滴 108a, 146a
虔誠 93b
軒前壁 31a
乾坤 21b, 46b, 50b, 72a, 122a, 125a, 137a, 138b, 149b, 150a
乾坤之中 138b
乾屎橛 11a, 44a, 75b, 106a
健則経行、困則打睡 57b
掀　けん→きん
牽犁拽杷 112b
眷属 42b, 86b, 98b, 143b
険危之際 93b
険処 47a, 59a
堅固志 100b
堅志 102b, 126b
堅実 114a
喧譁 107b
揀辨 143a, 145b
検挙 119a
検察 18a, 108a
萱堂 96b
権実 43a
憲網 142b
賢希聖 125a
賢劫 48b
賢佐 61a
賢者 125a, 127a
賢人 10a, 125a
験処 145a
顕 108a
顕赫 100b
顕現 26a, 66b
顕示 68a
顕慈集慶教寺 3a
顕相覆相説 80b
顕揚 72b
顕露 62a
元因 122b
元字脚 41b, 91b
元宵上堂 7b, 20a, 24b, 35a, 48b, 54b, 67a, 72b
元常 68b
元是八月二十五 39a
元禅師 10a
幻化空身 114b
玄奥 102a
玄音 67b
玄海大師 107b
玄関 30a, 43b
玄機 5a, 8b, 155b
玄沙 25a, 49a, 53a, 53b, 67a, 68a, 68b, 77a, 128a, 147b
玄旨 88b, 147a
玄章 55b
玄上座 35b, 97b
玄中之玄 87b, 90b
玄微 113a
玄微深不可測 113a
玄妙 7a, 22b, 23a, 39a, 51a, 62a, 86b, 87b, 90b, 97b, 123a
見　げん→けん
言外 138a
言詮 47a, 116b
言前 86b, 101a, 101b, 117a
言前搆得 101a
言不及処 159a
眼　げん→がん
衒人眸 78b
現在 37a, 96a, 101b, 104b, 140b
現在心不可得 104b
現成 31a, 33b, 58a, 63a, 64a, 67a, 71a, 78a, 103a, 133b, 135a, 139b, 142b
現成公案 31a, 58a, 71a
現成公案、放汝三十棒 31a
現成事 78a
現成底事 64a, 133b, 135a, 142b
現前 21b, 38a, 51b, 65b, 67a, 80a, 100b, 104b,

108a, 122b, 145b, 157a
絃 12a, 30b
源遠流長 78a
源四眉毛短 69b
源侍者 78b
厳寒 137b, 147a
厳然 なし
厳風 23b
厳冷 127a
儼然 61b, 113a, 139a, 139b

【こ】

己霊 39b
去　こ→きょ
古人 15a, 15b, 18a, 26b, 27a, 28a, 29b, 35a, 38b, 41b, 44b, 46a, 47b, 49b, 50a, 50b, 52a, 53b, 63a, 64b, 65b, 72a, 80a, 82a, 83b, 84b, 90a, 92a, 93b, 94a, 95a, 95b, 97b, 98b, 99b, 106a, 109a, 110a, 111b, 112a, 116a, 119a, 135b, 138b, 139a
古洞幽巌 34a
古徳 27a, 38b, 53b, 54b, 63b, 68b, 69a, 90b, 94a, 97b, 105a, 127b, 129b, 131a, 132b, 140b
古仏 4a
古霊 17a, 17b
古老銭 132b
孤猿 34a
孤標 123a
孤峰頂上 27b, 45a, 94b
孤峰不白 94b
孤峰無高下 94b
孤陋寡聞 86a
狐魅 22a
狐狼 71b, 124a
股肱 38a, 61a
虎威 34b
虎眼 120b
虎體本来斑 88b
虎頭昨夜生三角 24a
虎頭生角 55a, 56b
虎略 72a
故園 55a
故郷 33a, 154a, 156a
故紙 17b, 18a
枯寒 97b
枯槁 95a
枯淡 127a
枯椿 128b
牯牛 79a
胡王 122b
胡狗 22b
胡鬚赤 88a
胡説胡言 92b
胡僧 93b, 129b
胡孫 33b, 36b, 37a, 120b, 121a
胡孫騎鼈背 33b, 37a
胡孫子 36b, 120b
胡猻喫毛虫 44a
胡打乱打 88a
胡達磨 42a
胡張三 16a
胡餅 32b
胡餅一堂 32b
胡乱 82b
挙　こ→きょ
壷内別有乾坤 122a
虚　こ→きょ
湖南 146b
辜負 112b, 133a, 147b
瑚璉 96b
鼓山 87b, 88a
鼓笛 77a
鼓舞 38b
箇漢 29a, 71b, 82b, 135a
箇箇 5a, 9a, 50b, 136b
箇事 40b, 84a, 97a, 131a
箇中意 43a
箇中人 144a
箇人 39a, 92a
箇衲僧 50b, 120b
箇般 88b, 120b, 150a
箇般事 120b
箇般麁行沙門 150a
箇裏 11a, 22b, 35a, 38b, 48b, 120a, 123b, 129b, 153a
顧視 5a, 16b, 22b, 27a, 30b, 37b, 45a, 50a, 52b, 72a, 88a, 118a
五位 39a, 132b
五嶽 26a
五逆児孫 21b
五件事 89b
五湖 143b
五更 67a
五穀 58b, 64a
五穀豊登 58b
五事 89b
五色 23b
五須弥山 11b
五宗 105b
五十三知識 117a
五十衆 25a, 85a

五十八年　110b, 155b
五条　72b, 99a
五条橋　72b
五常　125a
五神通　48b
五祖　66a
五臓　68b
五千四十八巻　91b
五千余巻　80b
五臺　156b
五臺会散　156b
五通　48b
五部大乗経　51a
五峰　46a, 47a
五味粥　127a
五味禅　115b
五葉　27a, 152b
牛　ご→ぎゅう
吾自鹿苑而至於跋提河、未曽説一字　80b
吾宗三句　124b
吾常於此切　11a
吾心似秋月　32b
吾祖　86b, 125b, 126a
呉越　158a
呉中石像　65b
後　ご→こう
悟後之病　85b
悟心　19a, 28a
悟道　19a, 24a, 25a, 68a
悟道之士　90a
悟入　51b
悟門　17a, 90a
悟理　105b
悟了底人　110a
語言　91b
語黙　9b, 18a, 72a, 105a, 107a, 113a
語黙行蔵　107a
護生　43a, 130b
護生須是殺　43a
口業　144b
口角畔　17a
口在鼻孔下　70a
口是禍門　121b, 134b, 136b, 143b
口門　53b, 60b, 69a
口門窄舌頭短　53b
工　こう→く
公　10a, 104a, 106a, 138b
公按　106a
公案　19b, 26b, 31a, 58a, 71a, 74b, 76b, 80b, 81b, 90a, 90b, 98b, 120a, 134a, 140b
公験　44a
公事　2b
勾賊入門　123a
勾賊破家　17b
公庭　51b
交象　19b
広大霊感観音教寺　2b
広灯　95a
広長舌　14b
甲夜　29a
亘天之稲　137a
光陰　11a, 25b, 43b, 44b, 67a, 88b, 143a
光陰虚擲　143a
光陰莫虚過　43b
光影　11b, 20a, 48b, 67b, 72b, 90a, 90b
光影辺事　67b
光光　48b, 67a
光侍者　53a, 53b
光非照境　38b
光明蔵　91a, 109a
交渉　44a
交接　80a
交年　67b
向異類中行　75b
向一毫頭現宝王刹　5a
向外馳求　7b, 29a
向仰　19a
向下文長付在来日　53b
向三冬傲雪霜　123a
向日　86b
向上　11b, 24b, 44b, 48b, 60b, 62b, 68b, 69a, 74a, 77a, 107a, 146a
向上機関　11b
向上玄機　44b, 45a
向上事　62b, 107a
向上宗乗　146a
向前根究　111a
向背　48b, 135a
向忙裏取閑　110b
好悪　106a, 111b, 134a
好雨　50b
好雨点点、不落別処　50b
好愚痴　89b
好箇仏堂、其仏不聖　17b
好子　55a, 99a
好子何曽使父銭　99a
好児終不使爺銭　118b
好時節　49b
好手　129b
好心　83a, 124a

好生　64b
好声美色　20a, 91a
好男女　149b
好頭角　76b
好与三十棒　116b
行亦禅坐亦禅　118b
行家　33a
行解　86a, 128b
行看山来坐看山　76a
行脚　17b, 18a, 28b, 50b, 78a, 82b, 116b, 117b, 144a
行賢老宿　155a
行持　5a, 10b, 91a, 99a
行持不到之処　91a
行住坐臥　6b, 7a, 112a
行蔵　7b, 107a, 113a
行到路窮橋断処、坐看雲散月明時　140b
行道　10b, 45a, 49b, 81a
行人更在青山外　8b
行不到処　17a
行不得　106b
行棒　105b
江月　30b
江湖　78b
江西湖南　146b
江頭　121b, 150a
江南　42b, 45a
江南多有、江北全無　45a
江辺　75a
江北　45b
江練夜拖白、秋林暗点紅　65a
夾山　36a
夾教説禅、禅又不是、夾禅説教、教亦非真　92a
孝子　99b
孝宗皇帝　19b
孝中不孝　21b
宏済　4b
抗論　85a
更換　128a
更須透過那辺更那辺　117b, 118a
更闌夜永氷侵骨、撥尽寒爐炭也無　27a
杏　こう→きょう
幸賢監寺　156b
狗　こう→く
空　こう→くう
肯心　89b, 109a
厚味　88a
咬而復嚼　85a
咬出　103a
咬著　123a
咬定　11a, 47b, 87b, 94a, 154b
咬定牙関　11a, 47b, 87b, 154b
咬破　76b, 85b
咬破舌頭　85b
後裔　125a
後昆　102b
後代子孫　23b
後徳山　21a
後人　144a, 153a
後報世　111b
後面是獄卒　34b
後来　36a, 50b, 85b, 93b, 146b
恒赫　128a
恰好　43b
恍　93b
恍然　86a
昂昂　41a, 142a
洪文　23b
洪鑪　151b
皇家　9b
皇畿　61a
皇城那畔　145b
皇祚　24a, 61a
紅焔　16a, 155a
紅艶　25a
紅紅白白　35b
紅紫　42b
紅日　58b
紅炉　79b
荒郊　109a
荒草　133a
香　こう→きょう
校勘　157b
浩浩　67b, 129a
浩然之気　84b
浩渺　143a
狹詐　37b
耕夫之牛　87a
高見　109a
高高山頂行、深深海底坐　138a
高人　54b
高峰　55b, 129b
高麗　36b
黄　こう→おう
皓月　57a
皓老　124b
硬寨　44a
硬地　29b
項　36b, 146b
項羽　146b

項羽逼至烏江英豪始絶 146b
較一半 136a
較三十里 29b, 56a, 133b
較些子 72a
鉤錐 32a
鉤頭 43b, 59a
鉤頭香餌 59a
慷慨 102b
敲磕不壊 41a
敲出你骨髓 134a
搆得 11b, 78b, 101a, 130a, 135a
綱維 65a
綱宗 145a
横　こう→おう
瞌睡 16b, 66b, 147a
誵訛 81a
膠黏 136a
靠主丈 4a, 7a, 20b, 31b, 129b, 130a
興化 11b, 63b
興廃 96a
興妖鬼子 23a
興隆 48b
糠粃 80b
鴻門 124b
闔山 79b
合家 107a, 110a
合匝 32a
合朝 61a
合轍 2a, 5a, 102b, 108a
合浦之珠 150b
合力 5a, 126b, 153b
劫火 100b, 104b, 114b
劫火焼時渠不然 100b
劫火洞然 104b
劫火洞然、大千倶壊 114b
劫初時事不離如今 56b
劫賊還投劫賊群 153a
劫風 132b
剛硬 130a
剛然 70b
剛大 10a
毫楮 138b
毫髪 129b, 144b, 145b, 149b
毫末 61b
毫釐 62b, 68a, 117a, 119b
毫釐有差、参商便起 62b
毫釐有差、天地懸隔 117a
傲雪 16b, 61a, 123a
傲雪欺霜、呵風罵雨 16b
業因 128b
業縁 114b
業識 101a, 145a, 145b
業識忙忙 145a, 145b
業風 62a
豪門 92a
轟雷掣電 47a, 57b, 142b
鼇山 82b, 83b
鼇山成道 83b
克期取証 52b
克符道者 142a
克由叵耐 35b, 45a
告報 25b, 45b, 47a, 123b, 129a
谷神元不死 153b
刻骨 68b
刻骨傷人、大赦不放 68b
刻舟 31b, 40a, 120b, 140a
刻舟剣去久 40a
刻舟人 31b
刻舟尋剣 140a
国王大臣有力檀那 61b
国高信士 106a
国清寺 101b
尅期取証 56a
哭不成 34a
斛 69b, 145b
黒山 35a, 54a
黒似漆 144a, 153b
黒漆竹篦 64b
黒風 74b
黒撈波 129a
黒李四 16a
鵠本自白 121b
極　ごく→きょく
獄卒 34b
乞丐 119b
忽然 7b, 8b, 16a, 17a, 40b, 55b, 56b, 66b, 71a, 71b, 79b, 81b, 84a, 85b, 86b, 89a, 92a, 99a, 101a, 104b, 108a, 109a, 109b, 112b, 114a, 133a, 142a
忽然大悟 109b
忽地 18b
忽忙 109a
骨髄 134a
骨髄肉皮 53a
骨董 95a
骨毛 38a, 133a
骨肋 130b
鶻臭布衫 120b, 121a
兀庵和尚 53b
兀兀 55b, 129b
今　こん→きん

困則休息 20a
困則打睡 57b
困則打眠 110a, 115a
困則長伸両脚臥 43b
困来睡 110a
坤維 141a
昏衢 26b, 35a, 122a
昏昏 6a, 82a
昏散 6a, 6b, 8b
昏沈 6a
昏迷 15a
金　こん→きん
恨楚投呉 128b
根機 93b, 130b
根究 111a, 134b
根根塵塵 14b
根塵 14b, 18a, 152a
混在 87a
混崙 134b
痕垢 135b
痕垢尽時光始現、心法双忘性即真 135b
渾剛 17a
渾不見 134a
渾不顧 142b
渾不通 136a
渾不露 5b, 22b
渾無事 76a
渾崙 115b
髡頭 101a
輥毬 43a
輥三箇木毬 136a
輥出木毬児 32a
鯤鯨 7b

【さ】

叉手 45a, 105b, 137b, 147a, 151a
乍入叢林 131b
左顧 18b, 31a, 100b
左顧右観 18b, 100b
左敲右敲 15b
左之右之 45b, 48a, 56b, 65a
左旋右転 13b
左提右挈 70a
左転右旋 62a, 103a, 132b
左馬 103b
左馬禅門 103b
左辺有剣 34b
左輔右弼 32a
左右街都僧録 2b
作　さ→さく
沙汀 74b
査渡 146b
差互 31b, 36b
差之毫釐 68a
做到 6a, 135b
做工夫 6a, 6b, 16b, 85b, 95b, 100a, 113b
嗟吁 54a
嗟歎 89a
嗄 122a
槎枒 123a
蹉過 29b, 33a, 42a, 50b, 70b, 85b, 88b
蹉過新羅 42a
坐臥 6b, 7a, 86a, 95b, 109a, 112a, 118a, 138a, 145a
坐臥経行 86a, 95b, 138a
坐看雲散月明時 140b
坐却天下人舌頭 124a
坐在 38b, 67a, 90a, 94b, 149b, 155b
坐禅 45a
坐断 65b
坐微塵裏転大法輪 5a, 51a
坐立 61b, 139b
座元 27b
座主 14a, 92a, 117a, 117b, 143a
西　さい→せい
妻児男女等 107a
洒　さい→しゃ
済世 9b, 129b
済険扶危 5a
柴鳴竹爆 132b
細嚼 25b
細柳 124b
菜葉 139a
犀因翫月紋生角 12a
最初一念 112a, 118b
最難防処是家賊 68b
最明寺 61a, 140b
最明寺禅門 61a
催逼 144a
債有主 17b
歳寒 16a, 79b
歳月 55b, 91a, 128a, 159a
歳旦上堂 48a, 58b
歳夜 130a, 135a
賽 44a
賽過 69b
賽得 78b
在意 17b
在家菩薩 107b
在鬼窟裏作活計 128a
在在 12a, 15a, 67a, 68a

在衆時 127a
罪過 120a, 128b
罪過弥天 120a
罪首 40b
罪犯弥天 132b
作家 14b, 30b
作者 30b, 124b, 154b
作証 119a
作仏 45a, 49b, 57b, 71b, 105a, 127b
作略 55a
作礼 65a, 101b, 108b
昨日公案 74b
昨日初一、今朝月二 57b
昨夜三更月到窓 28a
捉獲得著 68b
捉拳 85b
索性 78a
索話 4b, 61a
責罰 127a
策子 107b, 121a
策馬 103a
醋梨 71a
刹 さつ→せつ
拶
29b, 33a, 35b, 36a, 39a, 41b, 66a, 102a, 139a, 157a
拶出 33a, 36a, 39a, 66a, 139a, 157a
拶出烏亀飛上天 157a
拶出泥牛過海南 139a
拶到 35b, 41b, 102a
殺活 31b, 108b
殺活自由 31b
殺尽始安居 43a
殺人可恕、無礼難容 17b
殺人須討殺人漢 153a
殺人心 118b
殺人刀 31b
察量 112a
撒手 83b, 86b, 147a, 157a, 157b
雑念 116b
雑用心 126a
雑乱一上 56b
三会語録 2a
三月 25a, 34b, 52b, 121a, 130b, 135b
三月安居 52b, 121a
三月内九旬中 135b
三界 19a, 55a
三界天人之師 19a
三喚 91b, 131a
三喚不回眸 131a
三関 65a
三祇劫 4b
三脚驢児 65a
三軍 75a
三兄五弟 55a
三傑 38a
三玄三要 131a
三箇月中九十日内 116a
三箇木毬 136a
三交両勝 63a
三更 28a, 55b, 71b
三綱 125a
三業 51a
三山 154a
三思 29b
三日耳聾 152b
三尺剣 141a
三十三天 42b
三十主丈 29b, 127a
三十霜 124b
三十年 56b, 82b, 118b, 123b, 124a, 132a, 142a
三十年来 142a
三十棒 31a, 87b, 88a, 116a, 116b
三十余載 102b
三十年弄馬騎、今日被驢撲 123b, 124a, 132a
三十六旬 135a
三旬 67b
三処 16a, 134a
三掌 45a
三条椽下 33a
三乗十二分教 91b
三臣 72a
三身 25b
三身中擬浴那一身 25b
三寸舌 16a, 90b
三世諸仏 119b
三世諸仏不知有 137b
三隻脚 38a
三千 11b, 24b, 29b, 31b, 81a, 151b
三千海嶽 24b
三千大千 151b
三千里外定誵訛 81a
三尖五露之人 133a
三銭買両銭売 46a
三祖 68a, 125b
三祖和尚 81b
三匝 57a, 92b
三遭六十烏藤 35b
三蔵 23b
三臺 130b
三塗 128b

三冬 16a, 19a, 123a
三島大神 48b
三董半千雄席 159a
三頭六臂 5a
三毒 96a
三頓棒 47b, 70b, 146b
三人証亀成鼈 54b, 67b
三年逢一閏 57b
三拝 60a, 74a, 81a, 105b
三百斤枷 129a
三百余会 80b
三分語 23a
三分光陰、早已過半 88b
三文之本 130a
三文買箇黒撈波 129a
三平 38b, 43a, 65b, 69b
三平二満 38b, 69b
三平撥胸 43a, 65b
三宝 87a
三昧 14b, 33b, 37a, 40a, 44a, 143a, 152a, 156a
三無差別 80b
三門 4a, 55b, 60a
三門頭 55b
三有四恩 6a
三両歩 63b
山河大地 6b, 104b, 114b
山城州 60a, 161a
山禽 123b
山色 14b, 149a
山水 138a
山水之楽 138a
山川 33a, 98a, 116b, 155a
山川草木 33a
山僧 5b, 6a, 7a, 8b, 10a, 10b, 15b, 16a, 18a, 21a, 22b, 23a, 25b, 31a, 32a, 33a, 33b, 34b, 36b, 37b, 38b, 41b, 42a, 43b, 45b, 46a, 46b, 48a, 48b, 49b, 50b, 51b, 52a, 52b, 53b, 61b, 72b, 74b, 86a, 90b, 103a, 109a, 115b, 116a, 117b, 119a, 121b, 123a, 124b, 128b, 131a, 131b, 132b, 133a, 134a, 136b, 137a, 141a, 142a, 147b, 154b
参 4a, 6a, 8b, 13a, 13b, 17a, 17b, 22a, 46a, 47a, 53a, 62b, 63b, 67b, 76b, 80b, 82a, 83b, 84a, 87b, 88b, 90a, 91b, 92b, 93a, , 94a, 95b, 97a, 97b, 99b, 100a, 100b, 101a, 101b, 104a, 105b, 108b, 110b, 111a, 111b, 112b, 113a, 113b, 115a, 116a, 116b, 116b, 117b, 118a, 118b, 124b, 126b, 127a, 127b, 128b, 135b, 136a, 137a, 137b, 139a, 140b, 141a, 142a, 143b, 144a, 145a, 145b, 147b, 154b, 155b, 156a, 157b
参学事 4a, 144a
参学人 13a
参学弟子 105b
参学道流 8b, 118b
参学二字 113b
参学分 112b, 145b
参玄 94a, 139a, 143b
参玄究妙之士 139a
参玄人 143b
参扣 7a, 127a
参商 62b
参禅 6a, 13b, 17b, 22a, 82a, 91, 92b, 93a, 99b, 100a, 100b, 101a, 111a, 111b, 113a, 113b, 116b, 127a, 127b, 128b, 154b
参禅学道 82a, 100b, 113a, 113b
参禅僧 128b
参禅人 100a
参禅用心 111b
参天 47a
参得 53a
参拝 101b
剗却 124b
剗地 70a, 95b
剗除 29b, 77a, 82b
惨舒 9b
散失 52a
散乱 6a
棧閣 76b
酸 76b
潺潺 129b, 141a
攢眉 53a, 64b
懺悔 45b
攙掇 47b
攙掇臨済、喫三頓棒 47b
讃毀 87a, 112a
讃歎 48b
讃揚 98a
纔 6b, 15a, 16b, 23a, 29a, 29b, 47a, 50a, 54b, 57b, 60a, 63b, 70b, 80b, 81b, 83a, 85a, 90a, 91a, 94a, 98a, 101a, 101b, 103b, 107a, 108a, 109a, 109b, 112a, 115a, 123b, 124a, 127a, 134a, 139b, 147a, 152a, 153b
纔有是非、紛然失心 123b, 124a
鑚亀打瓦 35b
残紅 28b, 63a
残唾余涎 80b
残蘂 55a
残年 144a
慚愧 115b
慚惶 23b

【し】

士希賢 125a
子規 36a
子胥 25a, 128b
子胥遁跡、恨楚投呉 128b
子胥報寃 25a
子細 12a, 14b, 39a, 46a, 84a, 101a, 113a, 117b, 128b, 137a, 147b
尸骸 64a
止宿 44b
只為太近、所以蹉過 88b
只管 13a, 82a, 119b, 140a
只這是 71a
只是你不是別人 135b
只是未在 57a
只如 8a, 9a, 29a, 46a, 47a, 47b, 48b, 49a, 63a, 67a, 72a, 83a, 87b, 129b, 140b
四威儀 6a, 99b, 108a, 136b
四恩 6a
四花 61b
四海 4b, 33a, 62a, 152a
四害 13b
四角六張 49a
四月十五日後 145b
四顧 134a, 157a
四皓 72a
四山青又黄 139b
四至界畔 12a, 30b, 147b
四肢 86a
四時 60b, 67b, 115a
四時遷改 67b
四時八節 115a
四七二三 37b
四衆 87a
四十二分不相応法 92a
四序 54a, 63a, 67b
四序循環 54a, 67b
四城門 109b
四睡図 150b
四大海水 11b
四大五蘊 138b
四大本空 154a
四般病 13b
四方八面 74b
四明 101b, 159a
四六文章 82a
此一事 14a, 82a
此間 6a, 89a, 118a
此岸 116a
此義深遠、吾不能説 49a
此国 154a
此山河大地本従何来、劫火洞然又従何去 104b
此事 14b, 15a, 26a, 49b, 56a, 63a, 72b, 85a, 89b, 100b, 101a, 103b, 106b, 107a, 112a, 116b, 119b, 126a
此心 8a, 32a, 92b, 110b, 144b, 153b
此身不向今生度、更向何生度此身 111b, 112a
此性 144b
此地 8b, 111a, 139a, 145a
此朝 125b, 126b
此土他邦 2a, 5a
死寃讐 68b
死款 44b, 53a
死漢 21a, 36a
死眼 41b, 64a, 156b
死柴頭 66a
死屍 89b, 134a
死蛇 25b, 70b, 116a
死蛇頭 70b, 116a
死諸孔明、走生仲達 43a
死水 52a, 64a
死水不蔵龍 52a, 64a
死生 91b, 106b, 107a, 111a, 114a, 153b, 155a
死中得活 66b
死也不道 157a
至鑑 62b, 108a
至極 9a, 27b, 84b
至祝 97a
至節 23b, 33b
至尊 4b
至妙 51a, 84b, 99a
至妙之妙 51a
孜孜 108b
私義 11b
私冊子 81b
刺脳入膠盆 117b
始終 89a, 95a, 112b
始終一致 89a
枝条 119b
屍骸 153b
屎腸尿腸 20a
屎尿 25b
思惟 29a, 29b, 65a, 80a, 86a, 101a, 149b
思惟分別 80a
思而得知、慮而得解 116a
思慮 42a, 110a
思量 6b, 14b, 54a, 93a, 98b, 100b, 101a, 103b, 104a, 107b, 110a, 116b
思量之心 100b

思量分別　14b, 93a, 100b, 101a, 116b
指槐罵柳　87a, 150a
指教　131b
指月　15b, 65b
指月話月　65b
指示　29a, 57a, 71a, 136b, 147b, 149b, 155b
指松唖竹　124b
指桑園罵楊柳　28b
指桑園罵柳樹　23b
指東話西　137a
指頭　77a
指南　65b
指柳罵桑　103a
施　し→せ
祇対　45b, 50b, 72a, 81a, 129a, 140a
祇敵　82a
師兄　83b
師資　108b
師叔　53a
恣情　118b
祠山　48b
紙裹麻纒　142a, 144a
脂麻　41b
蚩吻　55b
匙飯充腸一百鞭　118b
匙飯百鞭、寸絲千命　112b
視聴　38a, 126b
絲毫　48a, 52a, 53b, 97a, 134b, 138a, 147a
紫金襴衣　3a
紫岩居士　89a, 89b
紫磨金色之軀　20b
嗣祖比丘　157b, 161a
獅子一滴乳　145b
獅子吼　71b
獅子子　81a
獅子児　20a
獅子乳一滴　69a
觜盧都　23a
資福　131b
緇素　91b, 150b
緇侶　108b
誌公　12a, 65b
誌公何事証僧繇　12a
誌公老師　65b
鴟雀　81a
地　じ→ち
寺宇　10b, 98a
而今　22b, 61a, 64b, 74a, 76a, 77a, 88a, 101a, 106b, 110a, 111a, 112b, 113a, 114b, 132b, 155b
耳往声辺　8b, 151b
耳畔　8b, 151b
耳門　37b
耳聞眼見　20a
耳聾　46b, 65b, 136a, 152b
耳聾目瞽　136a
自家　13b, 16b, 41b, 110a, 137a
自家頻掃門前雪、莫管他人屋上霜　41b
自欺　11a, 81b
自救不了　31a
自己胸襟　108a
自己之上　90b
自己之道　112a
自己珍蔵　108a
自己未明之処　84a, 114a
自古三年逢一閏　57b
自在　8b, 32a, 99b, 101a, 103b, 105a, 110b
自作孽不可逭　144a
自恣　56a
自若　144b
自受用三昧　143a
自証自悟　84a
自照　16b
自心　9b, 15a, 105a, 106a, 109b
自信自修自悟　16b
自信不及　69a
自性本来無変無壊　68a
自大宋同帰　84b
自知　23a, 49a, 85b, 96a, 133b, 145b, 153b, 157b
自東至西　54b, 103a
自得　7b, 51a
自然　6a, 18b, 19a, 27a, 64b, 80b, 81b, 96b, 99b, 100b, 102b, 108a, 109a, 110a, 111a, 112a, 118b
自然弥勒　19a
自敗　52b, 147b
自由　85a
自由分　13a
自来　30b
自利利人　51b
似虎靠山　5a
児戯　71a, 107b
事在易而懼之則難　6a
事在易而捨之則難　125a
事従叮嘱起　17b
事忙不及草書　39b, 119a
侍衛　125a
侍者　4a, 13a, 53a, 53b, 60a, 74a, 74b, 76a, 78b, 93b, 115a, 121b, 122a, 123b, 124a
侍立　75a, 93b, 132a
持管窺天　80a
持南作北　103a

持鉢 127b
時時 14b, 46b, 99a, 107a, 109a, 151a
時人 13a, 21b, 75b, 85b, 102b, 119b, 143a
時節 5b, 100a, 102b, 131b, 132a
時節因縁 131b, 132a
時節若至 100a, 102b
時来 49a, 79a, 103b, 155a
時流 102b, 108b, 146a
滋味 6a, 103a, 115b
慈孝 124b
慈風 26b, 62a
慈明禅師 95b
慈明老子 144a
慈容 136b
辞衆上堂 58b
色空 8a, 82b, 83b, 114b
色相 8a
色声 9b
色前 13a, 33b
識者 41a, 62a, 81a, 86a
識取 46a, 54a
識得 7b, 13a, 13b, 15b, 20b, 29b, 38b, 52a, 64a, 67b, 103a, 104a, 105a, 110b, 113b, 119a, 122b, 132b, 136a, 149b, 156b
識得破 113b
識破 108b
直 じき→ちょく
竺乾 16a, 55a, 78b, 132b
竺乾書 78b
竺乾四七 132b
竺土 9a, 152b
七凹八凸 49a
七花八裂 64a
七脚八手 54a
七月中旬 145b
七月初一 44a
七七載 24b
七日之中 26a
七尺単前 80a
七十三年 12a
七縦七擒 48a
七縦八横 28a
七旬之母 157a
七処徴心 104a
七通八達 111a
七顛八倒 135a
七仏未生之際 132b
失却 17a, 33b, 50b, 126b
失却人身 126b
失脚蹈翻 53b
失度 81b
失忘 56b
失利 21b, 43a
悉達 9a, 18b, 29b, 109b
悉達太子 18b, 109b
悉哩悉哩蘇盧蘇盧 23a
湿気 64b
湿却 52a, 64a
嫉妬 125b
漆桶 118a
蒺藜 74b
日可冷兮月可熱 70b
日月星辰 24a, 104b
日日是好日 19b
日長飢有余 90b
日南長至 41a, 57b, 120a
日本 1b, 36b, 94b
日本国 4a
日本国中 158b
日本国内 42b
日本扇 78b
日面仏月面仏 45b
日用 9b, 10a, 13a, 15a, 93a, 98b, 103a, 107a, 110a, 113a, 130a, 135a
実解 92a
実際 37a
実処 113b
実相 42a, 57b, 67b
実法 91a
且緩緩 43b, 45a
且喜 90a
且如 9b, 17a, 21a, 23a, 26a, 42a, 47a, 48b, 53b, 58a, 62b, 70a, 72a, 93a, 94b, 107a, 114a, 129a, 141a, 142b, 143b, 147a
社稷 10a, 38a, 72a
車馬駢闐 131a
些子 11b, 16a, 22b, 50a, 72a, 80b, 84a, 88a
舎利 144a
卸却 36b
柘枝 25a
洒洒落落 102b
娑婆 133a
這一句 54b, 96a
這箇 4a, 9b, 11b, 14a, 15a, 16a, 20b, 24a, 27a, 28b, 37b, 38b, 45a, 51b, 86b, 87a, 91b, 101a, 105b, 110b, 111a, 113a, 113b, 114a, 120b, 121a, 145b, 146a, 150b, 156a, 156b
這些 25a, 142a, 144b
這星 95b, 117a, 156b
這辺那辺 67a

捨却 6a, 94a
捨本従来 34b
赦宥 71b
遮掩 31a, 87a, 130a
遮護 21b
遮障 138a, 155b
遮面 69b
謝修造上堂 54b
謝両班上堂 32a, 38a, 65a, 70a, 72a
邪解 81b, 82a
邪見 81a, 81b, 82a, 84a
邪言 81b
邪視 94a
邪知 81b
邪魔 84a, 98b
邪路 81b
闍梨 60a
尺短寸長 153a
杓子 44b
灼然 8a, 9b, 104b, 106a, 156a
灼卜聴虚声 27a
斫額望新羅 61b
釈迦 19a, 19b, 20b, 21b, 22b, 24b, 31b, 37a, 42a, 45a, 48a, 54b, 100b, 115a, 131b, 140b, 147b, 149a
釈迦眼睛 24b
釈迦雪山六年 19b
釈迦苗裔 21b
釈迦老子 20b, 24b, 37a, 42a, 45a, 54b, 147b
釈去 89a
釈氏 91b, 113a
釈氏子孫 91b
釈然有省 93a
釈尊挙花 125b
爍破 118a
嚼飯餧嬰孩 29a
嚼飯餵嬰孩 44b
若見諸相非相、即見如来 104b
若宮王子 33a
若人識得心、大地無寸土 105a
弱冠 94a, 99a
寂子 137b, 145b
寂静 42a
寂寂冥冥之中 38b
寂寞江辺 75a
寂寞之浜 93b
寂滅 45a, 49b, 54b
寂音尊者 85b
手眼親 93a
手蹉脚跌 63a, 64a, 73a
手忙脚乱 120b
主眼卓竪 133a
主宰 114b, 156a
主山高兮案山低 137a
主将 6a
主丈 4a, 5a, 7a, 20a, 20b, 23b, 24b, 27a, 29b, 31b, 40b, 42a, 48a, 53a, 54a, 74a, 81a, 92b, 93b, 105b, 113a, 117a, 125b, 127a, 129b, 130a, 136b, 137a, 140b, 141a, 150a
主丈子 40a, 48a, 48b
主人 40b, 78b, 108a, 142a
主人翁 78b
主盟 61b
守一 95b
守古塚鬼 116a
朱夏 25a
取証 13a, 52b, 56a
取信於人者 102a~b
首座 27b, 41a, 47b, 115b, 153b, 161a
首座比丘 161a
首尾一如 110b
殊勝 10b
殊不知 10a, 19a, 24b, 32b, 47a, 57b, 63b, 67b, 85b, 113a, 120b, 128a, 138b, 143a
酒肆 20a
蛀虫 79a
須弥 4b, 11b, 33b, 45b, 60b, 69b, 70a, 105a, 112a, 126a
須弥山 4b, 11b, 105a, 112a, 126a
須弥巓 45b
須弥峰 69b
須弥盧 60b
種瓜生得瓠 27a
種種分別 27b, 68b
種般若種子在心 100a
聚首 11a, 23a, 97b, 152b
聚頭 24a, 33a, 53a, 85a, 86b, 110a, 131a, 150b
聚頭側耳 53a
趣向 58a, 87a, 101a, 131b, 155b
輸 しゅ→ゆ
趨 しゅ→すう
鬚眉 28a, 120a
寿山 10b
寿福寺 153a
寿福老子 97a
受屈 24a
受業師 17a
受用 7b, 19a, 81b, 95a, 101b, 102a, 143a, 145a
受用無尽 7b, 19a, 101b
竪旗 30a
竪指 105b

竪縦 72a
竪払 121a
儒門傑士 93b
儒履 149b
収帰 105a
収視 13a, 81b, 107a, 109a, 113a
収視返観 81b, 109a
収視返聴 107a, 113a
収取 30b, 144a
収拾
14b, 31b, 61a, 66a, 122a, 133a, 136b, 137b, 153a
収拾不上 122a
収得 32b, 34b, 50a, 136b, 145a
収放 91a
収来 137b
収覧 23b
秀気 78b, 79a
秀支替戻崗、僕谷劬禿当 135b
周円 134a
周金剛 35b, 97b
周年 96b
周遍法界 42a
宗監寺 155b
宗鏡堂 160a
宗旨 32a, 80a, 84b, 87b, 129b, 142a, 142b, 155b
宗師 20a, 81b, 104a, 126b, 151a
宗社 30a, 93b, 153a, 156b
宗門 10b, 80b, 100b, 131a
宗師家 126b
宗旨法幢 84b
祝　しゅう→しゅく
秋雲 46a
秋初夏末 129a
秋林 65a
臭煙 157a
臭口 33b, 98a
修己 118b
修造 54b
修心煉行 22a
袖裏 5b, 96a
執簡 38b
執見 81a
執之失度、必入邪路、放之自然、体無去住 81b
執情 84a, 99a
執著 41b, 109b
執無 80b
終日
8b, 15b, 20a, 26a, 26b, 47b, 87a, 100a, 126a, 153a
終日聞声 8b
終身之患 98a
終朝 18a, 38b
啾啾 81a
就下 77a, 102b
就空釘橛 123b
就身打劫 132b
就中 4a, 7b, 115a, 118a, 144b
衆形之外 139b
衆数 21b, 96a
衆生 87a, 109b, 145a
衆中 11b, 21a, 22a, 24b, 25a, 26b, 30b, 31b, 43b, 44b, 45a, 45b, 55a, 56a, 58a, 66a, 68a, 88a, 121a, 124b, 144a, 145b, 155a
衆魔 19a
衆寮 29a
集慶教寺 3a
嵩　しゅう→すう
愁上更添愁 120b
愁人 63a
愁悶 89a
醜妍 130b
醜拙 32b
讎怍 40b
驟雨 71a
驟歩 4b
入　じゅう→にゅう
十一月十一日 134b
十界 138b
十塊五塊 33b
十月旦日 15b
十箇有九箇半 88b
十載同居 156a
十三載 101b, 108b
十三春 59a
十字街頭 35a
十字路頭 146b
十事九成 69b
十洲 35b, 81a
十信 96a
十成 130a, 156b
十霜 62a, 154a
十地菩薩 119b
十二箇月 135a
十二時 9b, 31b, 98a, 100b, 104a, 110b, 133b, 135a, 136b, 142b
十二時中 31b, 110b, 136b, 142b
十年五載 100a
十方
6a, 61b, 62b, 90b, 104b, 116b, 137b, 139a, 149a
十方虚空 104b, 139a
十方充満 137b

十方世界現全身 90b
十方叢林 6a
十方同聚 116b
十方人 6a
十万八千 24b
十有九人半 80a
十有五双 71a, 73a, 95a
十余年前 86a
充塞 21b
充徹 60b
住持 3a, 157b, 161a
拾得 31b, 61a, 71a, 137b
重　じゅう→ちょう
従上 9a, 14b, 67a, 71b, 74a, 83a, 104a, 107a, 122b, 128b, 136b, 146b
従上諸聖 9a, 74a, 104a
従上諸大老 67a
従上諸仏祖師 136b
従上祖師 71b, 122b
従上仏祖 14b, 128b, 146b
従前 82a, 82b, 84a, 92b, 99a, 118a, 138a
従琛 60a
従頭 19b, 78a, 120a, 142b, 156a
従門入者不是家珍 7b, 83a
縦横 67a, 72a, 80b, 91a, 130a, 142b, 146a
縦横妙用 91a
縦横無礙説 80b
縦奪 64b
祝延 60b
祝香 60b
祝聖 4b
宿因 108b
宿屋居士 103a
宿契 1b
宿徳 139a
粥稀後坐 28b, 143a
粥罷 127a
孰為 4b, 156b
熟視 95b
出家人 91b
出期 109b, 129a
出乎爾兮反乎爾 65a
出身之路 38b
出塵羅漢 103b, 111a
出世間之法 10a, 109b
出鄽垂手 102b
出頭 5b, 18a, 74b, 77a, 100a, 107b, 110a, 132a, 137a, 145a
出頭天外 137a
出没自在 99b
出没無碍 12a
俊快 39b, 120a
俊快衲僧 39b
俊底 11b
俊鷹不食籬辺雀 25b
春在枝頭已十分 47b
春色本無高下、花条各有短長 123a
春色無高下 116a
春日遅遅 68a
春昼 76b
春風浩浩 67b
春風著意発新条 62b
春有百花秋有月、夏有涼風冬有雪 49b
春雷一震、蟄戸倶開 146b
舜日 62a
巡堂 25b, 36a, 50a
巡寮 81b
純一工夫 126b
純一無雑 95a
純熟 81a
純朴 126a
循環 54a, 67b, 132b
舜 35b, 62a, 131a
順水行舟 62b
順水使帆 129b
順水張帆 133b
順風使帆 126b
順毛相捋 96a
閏余月 115a
処処 51a, 58b, 72b, 105b
処処普賢門 105b
処分 122a
初祖西来 105b
初歩 68b, 92b, 93a, 113a
初発心 112a
所業 117a
所見 10a, 10b, 42a, 82b, 85b, 105b
所在 85a, 104a
所障 13a, 95b
所生 99b
所説 49b
所知 11a, 35b, 85b
所直 127a, 138a
所得 17b, 80b, 82a, 82b, 119a
所得所見 82b
所有 84b
書雲 33b, 41a
書雲上堂 33b, 41a
書記 23b, 27b, 52b, 58a
諸境 108a

諸垢 51a
諸孔明 43a
諸趣 106b
諸上人 6b, 14a, 126a, 106b
諸人現成底事 135a
諸人被十二時使、老僧使得十二時 9b
諸仁者 33b, 82a, 120a, 151b
諸聖 9a, 39b, 74a, 104a
諸相非相 104b
諸荘 66a
諸大老 67a
諸天 42b, 125a, 126b
諸仏音声徧満法界 26a
諸仏行不到処 17a
諸仏出身処 64a
諸仏正法眼、滅向瞎驢辺 118b
諸仏祖師 136b
諸方冬瓜印子 39a
諸方老宿語 98b, 99a
諸法従本来、常示寂滅相 45a, 49b
曙気 93b
覷見 69a
覷著 37b, 46a, 61a, 128b, 130a, 133a, 153a
覷不見 82a
覷捕得著 69b
女 17a, 48a, 68a, 86b, 107a, 110a, 111a, 113a, 113b, 137a, 149b
女人 111a
女人身 113b
女流 113b
汝得吾髄 74a, 81a, 105b
如 じょ→にょ
助喜 95a
助桀為虐 136a
助国扶法 138b
叙謝 5b
徐徐 19b, 83b
除糞 80b
除夜 115a, 120a, 122b, 128a, 132b, 144b, 147b
舒王 10a
舒縮 132b
鋤 57b
小院 114a
小歇場 113b
小策 107a
小参 115a, 116a, 116b, 117b, 118b, 124b, 136a, 137b, 140b, 141a, 142a, 145a
小師 153b
小児戯 71a
小事各自祇当 119b
小小 113a
小人 17b, 41a
小知小見 105b
小底小 129b, 140b
小仏事 151b
小補 96a
少塩少醤 56a, 56b
少時 132a
少林 5b, 9a, 36b, 53a, 93b, 105b, 140b, 153a
少林九載 9a
少林八百載風月 140b
召 7a, 14a, 15a, 18a, 20b, 22b, 25b, 29a, 33b, 42b, 43a, 49a, 49b, 50a, 50b, 54b, 57a, 60a, 63b, 64a, 65a, 66a, 66b, 67a, 67b, 68a, 68b, 70a, 72a, 72b, 74a, 123a, 145b, 153a, 154a
正 しょう→せい
生 しょう→せい
床窄先臥、粥稀後坐 28b, 143a
抄入 81b
声 しょう→せい
性 しょう→せい
承性西堂 96b
承当 8b, 10a, 52b, 55a, 98b, 104a
招愆 126a
招提 11b, 131a
招提元易禅師 131a
昇平 10a, 62a
昌隆 44a
松関 134b
松源 1b, 4b, 158b
松源家法 158b
松声帯露寒 130a, 154b
松椿 61a
松風 129b, 141a
省 1a, 93a, 127a, 127b, 142b, 144b, 145a
省覲 17b
省行 151b
省事 98a
省処 83a
省発 117b
荘 しょう→そう
将謂 19b, 53a, 82b, 88a, 89b, 122a, 149b
将謂胡鬚赤、更有赤鬚胡 88a
将軍 21a
将沙弥 123b
将驢却倒騎 75b
峭巍巍 34a, 136a
峭峻 57b
峭措 135b
峭抜 136b

従　しょう→じゅう
悄然　73a
消殞　104b, 152a
消散　33b, 48a
消息　8b, 18b, 35b, 40a, 44a, 53a, 54a, 79b, 90a, 121b, 134b
消除　22a, 26b, 51a
消他底不得　121a
消得　31b, 80b, 99a, 122a, 143a
祥瑞　23b, 61b
笑怪　70a, 134b
笑臉　35a, 123a
笑殺　39b, 40a, 133a, 150a
笑倒　28b
笑眉　72b
笑不成　34a
笑裏蔵鋒、泥中有刺　72b
陞座　11a, 60b
陞堂　16b, 18a, 49a, 54a, 70a
商確　24a, 142b, 144a
商議　8a
商山四皓　72a
商量　4a, 16b, 23a, 26a, 47a, 57b, 62a, 65a, 119, 147a, 147b
唱歌　38b
紹興府　160b
紹隆　14a, 95a
勝熱婆羅　157b
勝熱婆羅門　156a
証果　84a
証亀成鼈　54b, 67b
証拠　29b, 75b, 82b
証悟　83b
証入　41b, 109b
象　しょう→ぞう
勦除　141a
摂　しょう→せつ
照鏡　98a
照顧　21b, 25b, 40b, 63b
照徹　54b, 156b
照破　54a, 153b
照与照者　54b
聖　しょう→せい
蔣山元禅師　10a
嶂　36a, 37b
慵　33a
種　しょう→しゅ
精　しょう→せい
障碍　13b, 82a, 85a, 105a
障碍窒塞　85a
障礙　67b, 100a
障蔽　15a, 143b
障蔽魔王　143b
韶国師　35a
嘯傲　32b
牆壁有耳　70a
鐘鼓　67a
鐘銘　152a
衝開　75a
賞　42a, 52b, 55b, 116a, 124b
賞不避仇讐　42a
霄漢　17a
樵唱漁歌　57b
樵夫　46a
樵父漁夫　62a
醬甕　77a
瀟洒　16a
簫笛　137b
蟭螟打鞦韆　46a(蟭螟眼裏打鞦韆)
蹤迹　53b
蹤跡　82a, 82b
上欣下悦　97a
上古　63b, 71b, 85a, 102b, 110b
上古俗人　110b
上古達道之士　85a
上古慕道之士　102b
上根大器　152b
上座　31b, 35b, 97b, 129a, 139b, 145b, 154a, 154b, 155a, 155b, 156s, 156b, 157a, 157b
上刹　61b
上上根人　91b
上帳　56a
上天　24b, 37b, 155b, 157a
上天竺　2b
上天竺広大霊感観音教寺　2b
上頭　67a, 142b
上頭関　67a
上堂　5b, 6a, 7a, 7b, 8a, 9a, 11a, 11b, 12a, 13a, 15a, 15b, 17a, 18b, 19b, 20a, 20b, 21a, 21b, 22a, 22b, 23a, 23b, 24a, 24b, 25a, 25b, 26a, 26b, 27a, 27b, 28a, 28b, 29a, 29b, 30a, 30b, 31a, 31b, 32a, 32b, 33a, 33b, 34a, 34b, 35a, 35b, 36a, 36b, 37a, 37b, 38a, 38b, 39a, 40a, 40b, 41a, 41b, 42a, 42b, 43a, 43b, 44a, 44b, 45a, 45b, 46a, 46b, 47a, 47b, 48a, 48b, 49a, 49b, 50a, 50b, 51a, 52a, 52b, 53a, 53b, 54a, 54b, 55a, 55b, 56a, 56b, 57a, 57b, 8a, 58b, 62b, 63a, 63b, 64a, 65a, 65b, 66a, 66b, 67a, 67b, 68a, 68b, 69a, 69b, 70a, 70b, 71a, 71b, 72a, 72b, 113b
上人　6b, 14a, 47a, 55b, 80b, 91a, 92b, 93a, 94a,

96a, 98a, 99b, 100a, 100b, 101a, 102a, 102b, 126a, 126b, 135a, 154b, 156a
上馬力 118b
上面 98b
丈夫 23a, 113b
丈夫之作 113b
仍旧 105a, 133a
成現 49b, 53a, 63a, 145b
成就時節 112a
成褫 142a
成等正覚 9a, 33a, 101a
成道 18b, 24a, 41b, 48a, 83b, 112b, 114a
成道大師 112b
成人 66a
成仏 24b, 28a, 53a, 57a, 71a, 86b, 140a
成仏道 24b
成仏分 28a, 140a
状 49a, 93a
定　じょう→てい
乗興 79a
乗桴于海 158b
乗涼 74b
浄覚覚空 8b
浄几 11a
浄業上人 99b
浄慈 160a
浄慈報恩光孝禅寺 157b
浄衆 87b, 88a
浄心 140b
浄尽 23b, 58a, 129b
浄土 24b
浄飯王宮 109b
浄名 54a, 141a
浄名放過 54a
浄躶躶 94b, 136b
娘生 16a, 128a, 133b
娘生口 16a
娘生鉄面皮 128a
常安常楽 10b
常在底人 142b
常住 145a
常不軽菩薩 127b
常楽寺 7b, 8a, 11a, 115a
常楽寺小参 115a
常楽小参 117b
常楽禅寺 4a
常楽東堂 5a
常流 65b
剰言 86a
情解 70a
情塵 114b
情生智隔、想変体殊 117b
情与無 21b, 24a, 58b
畳畳 145a, 151b
静　じょう→せい
縄床 7a, 12a, 22b, 24a, 56a, 62a, 66a, 66b, 68a, 75b, 133a, 144b, 148a
擾攘 105a
攘羊 119a
饒人不是痴 134b
饒舌 101b, 154b
色　しょく→しき
食輪 66b
粟　しょく→ぞく
喞嚁 122a
触事皆真 80a
触処 128a
触藩之羊 85a
触物遇縁 89a
蜀 1a, 36a, 65a
蜀地 65a
蜀魄 36a
稷 10a, 38a, 72a, 124b
識　しょく→しき
嘱 17b, 61b, 107a
心意識 87b, 94b
心印 117a
心火 26a
心外 6b, 35a, 35b, 121a, 121b
心外無法 35a, 35b
心外無法、満目青山 35a
心外有法 121a, 121b
心肝 53a, 82b, 98b, 119b
心源 62a
心孤 102a
心行相応 89a
心肯 94b
心思意想 90a
心上 106a, 109a
心心法法 14b
心塵 108a
心性 15a, 18a, 139a
心地 6a, 9a
心田 115a, 116b
心頭 49b
心念 26a, 151a
心病 50a
心法双忘 135b
心力 19b, 65a
伸縮 86b

身心自然安楽　6a
身心清涼　31a
辛苦　97b
枕　しん→ちん
信口　86a
信根　90a, 91a, 105b
信士　106a
信手　21b, 50a, 86a
信受　51b
信州　86b
信心　61a, 84b, 85a, 88a, 103b, 104a, 152b
信心人　84b, 88a
信施　25b
信得及　6b, 69a, 91a, 106a, 110a
信不及　69a, 88b, 110a
哂笑　44b
神光　68a, 81a, 93b, 94a, 105b
神光大師　93b
神質　84a
神通　7a, 28b, 48b, 69b
神通游戯　28b
神鼎諲禅師　140a
神頭　54a, 75a
神頭鬼面　75a
神変　20b
神妙　120a
振威一喝　64b
振起　32a
振鈴　45b
真仮　134a
真覚　42a
真楽　38a
真機　72b, 82a
真空　42a
真経　78a
真月　65b, 70b
真見　156b
真語実語　93a
真照無方　128a
真乗　80a
真常　18a
真心　104a
真正　81b, 82a
真正学道人　82a
真正宗師　81b
真宗　7a, 9a, 17a
真大師　156b
真智　157a
真如　14b, 37a
真如法界　37a
真不掩偽、曲不蔵直　9a, 74a, 140b
真仏　4a
真方　129b
真面目　138a
真用真機　82a
真流　128a
真流不動、触処波瀾、真照無方、長時恒赫　128a
秦王　28a
秦州　117a
深意　138b
深坑　45a, 58b, 72b
深山　97a, 104b, 112b, 129b, 130a, 139a, 139b, 140b, 141a
深山窮谷　97a, 129b, 130a, 140b, 141a
深処　96a
深深海底坐　138a
深蔵秘密　144a
脣吻　80a
進一歩　112b
森森然　107b
森羅　33b
森羅万象　8a
嗔　87a, 90a, 111b, 113a, 135a
斟酌　25b, 56b, 130b
新眼　134b
新月　154a
新建寧　142b
新好者　65a
新極楽然長老　39a
新条　62b, 71b
新浄衆　87b, 88a
新到　63a~b, 122b
新年頭仏法　48b, 67a
新仏法　56b, 72b
新聞　54b, 56b
新豊　64a
新羅　42a, 61b, 94b, 136b
新羅人　116b
滲漏　79b
審詳　101a
震旦　16a, 20a, 35a, 55b, 101a
震旦宗師　20a
親見親踏　102a
親行　107b
親証親悟　105b
親切　4b, 104a, 106a, 149a
親爺　96b
縉紳　150b
人　じん→にん
仁

4b, 9b, 33b, 63b, 82a, 86a, 93a, 120a, 133b, 151b
仁義 4b
仁者 33b, 82a, 86a, 93a, 120a, 151b
仁者心動 93a
仁者見之必謂之仁、智者見之必謂之智 86a
仁不仁 63b
尽日 88b
尽底 33a, 70b, 104a, 124b, 147b
尽大地 4b, 6b, 15b, 25b, 45a, 53b, 57a, 62a, 95a, 136a, 137b, 138a
尽大地是一箇火爐 15b
尽大地是箇解脱門 62a, 136a
尽大地是汝自己 6b
尽未来際 38b, 111a
尽令而行 39b
迅喝之機 152b
陣雲 70b
尋師訪道 116b
尋常 78a, 114a, 118a, 145b
尋常事 145b
尋覔 54a, 119b, 153a
塵縁 111b
塵劫 18b, 94b
塵穴 110b
塵世 108b, 114a, 142a
塵中第一高見 109a
塵塵 14b, 54b, 105b, 155b, 156b
塵塵華蔵海、処処普賢門 105a
塵泥 72a
塵労 32b, 52a, 95b, 98b, 106a, 106b, 108a, 152a
塵労界中 106a

【す】

図画 35a, 122a
頭　ず→とう
水漪漪 33b
水雲 53b
水牯 25b, 30a, 36b
水牯牛 36b
水洒不著 23b, 52b
水難 66a
水磨 133b
水母以蝦為目 35a
水有源兮木有根 65a
水流元会海 12a
水流元在海 67b
水流湿火就燥 43b
水潦和尚 22a
吹唱 47a
垂下 39b, 60b
垂拱 4b
垂柳 28b
垂手接人 84b
炊沙作飯 7a
炊無米飯 38b, 56b
炊無米飯、接不来人 38b
衰栄 67b
推 8b, 14b, 29a, 86a, 114b
推移 41a, 57b, 120a, 137b, 147a
推窮 99b, 104a
推出 47b
推心 140a
推理 106a
推量 58a
揣摩 106a
遂事 122a, 136b
遂事莫諫、既往莫咎 122a
遂事不諫、既往不咎 136b
睡虎 27b, 63b
睡虎謀人之機 27b
睡蛇 37b
翠微 20b
誰家竈裏無煙 47a
雖無上馬力、猶有殺人心 118b
随後 7a, 154b
随声逐色 34a, 106a
随風倒柁 120a
随明月下滄洲 81a
瑞巌 38b, 118a
瑞気 28a, 34a, 62a
瑞雪 157b
蕊 55a, 137a
崇寿殿 55b
嵩山 28a, 41a, 47b, 150a
嵩山破竈堕 28b, 41a
嵩嶺 33b
趨前 62b, 93a, 101b
趨前作礼 101b
寸絲 112b, 118b
寸絲挂体千条命 118b
寸絲千命 112b
寸刃 21a, 43a
寸釘子 98a
寸釘入木 135a
寸土 105a
寸歩 5a, 61b

【せ】

世縁 10a
世界 17b, 34a, 37b, 42b, 44a, 72a, 79a, 90b, 98a,

100b, 111a, 116a
世界壊時渠不壊 100b
世間 6a, 10a, 52a, 94a, 95a, 95b, 101a, 103a, 109b, 110a, 111b, 138b, 140b, 151b
世間出世 52a, 138b, 140b
世間雑事 6a, 101a
世事 88b, 104b, 106a, 106b, 107a, 111b, 142a
世事怱忙 107a
世出世間 138b
世上 4b, 113b, 150a
世衰道喪之際 102b
世尊 10b, 20b, 33b, 38a, 57a, 61b, 74a, 80b, 81a, 104a, 134a
世尊三昧 33b
世尊八万衆前 74a
世尊臨入涅槃示衆 20b
世念 6a, 99b
施為 17a, 77a
施財刊行 161a
施梓 161a
是事 39b, 86b
是你 110b, 133b, 136a
是非 123b, 124a
是法非思量分別之所能解 14b
正因 30a, 122a, 131a
正眼 53a, 76a, 137b
正眼看 53a, 76a
正見知 82a
正視直行 88a
正宗 5b, 121a
正身 94a, 125a
正信 86b
正真大師 156b
正旦上堂 7a, 19b, 24a, 28a, 34b, 54a, 67a, 72b
正法眼 11b, 118b, 142a
正法眼蔵向這瞎驢辺滅 11b
正法輪 61a
正本 69b
正脈流通 159b
正令当行 62b
生寃 21b, 43b, 146b
生寃家 21b, 146b
生縁 84a
生涯 22a, 36a, 39a, 45a, 109a, 128b, 142b
生殺 38a, 120a, 131b
生死海 156a
生死岸頭 110b
生死大事 89b
生死到来 82a, 132b, 157a
生死魔 6b, 118b
生死無常之大事 6a
生従何来 99b, 111a, 111b
生成 95a
生鉄 26a, 44a, 46b, 49a, 53a, 65b, 87a, 128a
生鉄面皮 87a, 128a
生無益於人、死無聞於後 100a
生也不道、死也不道 157a
生老病死苦 109b
成　せい→じょう
西屋 29a
西瞿耶尼 23a
西江水 107a
西行東道 103a
西国 58b, 61b, 109a, 120b
西山 14a
西竺乾 55a
西州 54a, 62a, 63a, 69b, 118a
西秦 36b, 42a, 136b
西川秦州 117a
西川石像 40a
西祖 121b
西天 27a, 36b, 37b, 84a, 91b
西天四七 84a, 91b
西堂 15a, 75a, 96b, 97a
西来 9a, 92b, 105b, 117a, 119b, 121b, 140b
西来意 5b
西来直指之道 14a
西林 56b
西嶺 50a, 157b
声色 8b, 13a, 65a, 103b, 111a, 149a
声色会 65a
声色商量 65a
声声 36a
声辺 8b, 151b
声聞 40a
声聞形 138b
声来耳畔 8b, 151b
性覚真空 42a
性義 131b, 132a
性空 42a
性相之宗 117a
性懆僧 96a
性智行 87a
性命 93b, 123b, 133a, 147b
青原思和尚 39b
青原子孫不至断絶 40a
青紅碧白 114b
青山 8b, 33b, 35a, 35b, 43b, 56b, 62a, 104b, 131a, 156a
青山依旧白雲中 156a

青山外　8b
青山玉一団　56b
青山白雲　131a
青山流水　104b
青絲　135a
青嶂　36a
青霄　133a
青青黯黯処　12a, 35a
青苔　8a
青天　11a, 71b, 83b, 142a
星子　16a, 43b, 156b
星児　28b, 66a, 71a
星霜　108b
省　せい→しょう
情　せい→じょう
済川　78a
清閑　110b
清原四叔　47b
清浄　14b, 42a, 51a, 51b, 104b
清浄身　14b
清浄本然、云何忽生山河大地　104b
清浄梵行　51b
清痩徳　なし
清淡淡　16b
清寧　10b
清風　5a, 7a, 61b, 71b, 134b, 157b
清平　4b, 34a, 116a
盛道上座　157a
盛徳　61a
細　せい→さい
惺惺　38a, 38b, 43b, 53a, 67b, 118a, 150b
惺惺石　38b
掣断不行　85a
掣電　47a, 57b, 142b
掣電轟雷　7a
掣不断処　134b
掣風掣顛　115a, 150a, 46a
晴空朗朗　17a
聖遠乎哉、体之必神　80a
聖化　116a
聖解　37b, 39b, 121a, 127b, 129b
聖解凡情　121a, 129b
聖希天　125a
聖教　51a, 82a
聖賢　102a, 125a
聖賢事業　102a
聖資　126a
聖主　28a
聖種　14a, 95a
聖証　84a
聖心　156b
聖世　62b
聖僧　119a, 153a
聖徳太子　40b
聖人　9b, 61b, 62a, 78b, 100a, 125a
聖人賢士　100a
聖人書　61b
聖凡　24b, 55b, 87b, 108b, 116a
腥　34b
腥羶　39a
誠信　91b, 92b
精鑑者　96b
精金　124b, 156b
精厳　97b
精進　90a, 111a
精進根　90a
精専　112b
精微　85b
精明　6b, 104b
精藍　98a, 108b
静覚堂　10b
静観　90a
静聴　90b
静鬧　99a, 107b
静辨工夫　154a
夕陽影裏　74b
石烏亀　54a
石火　95b, 126a, 155a
石鞏　43a, 65b
石鞏架箭　65b
石鞏失利　43a
石室茆庵　138b
石笋生枝払地青　122b
石女　48a, 68a, 137a
石女木人　48a, 137a
石人　135b
石像　40a
石頭　21b, 39b, 47a, 95a, 126a, 129b, 139a, 140b
石頭和尚　126a, 139a
石頭和尚亦無文墨以打石為生　126a
石頭山　21b
石頭大底大小底小　129b, 140b
石頭不下釣魚山　47a
石馬　33b
石斌　160b
赤脚　45b
赤脚走上須弥巓　45b
赤骨律窮　115b
赤骨律地　144b
赤手　99b, 108a

赤鬚胡　88a
赤条条　12a
赤心　79b, 60b
赤心片片　79b
赤身　116b
赤肉団　35b, 75b
赤肉団上有一無位真人　75b
昔人踏破底草履　122b
昔年行処　108a
析出　6b, 104b
隻影　37b
隻履　23b
脊梁　154b, 157a
寂　せき→じゃく
淅瀝淅瀝　18b
釈　せき→しゃく
蓆　81b
積盈　19a
積聚　93a
切忌挙著　82b
切忌随声逐色　34a
切忌忘却　130b
切忌望林止渇　159b
切磋琢磨　102b
切歯　64b
切切　42b, 92b, 107a
折脚鐺子　97a
折挫　64b
折旋　120a
折倒　63b
折本　38b
刹　58b, 60b, 85a, 131b
刹海　41a
刹竿　4a, 74a
刹塵　15b
接手　78b
接人　14a
接待往来　146b
接得　30b, 69b, 78a
接不来人　38b
雪已斉腰　93b
雪山六年　19b
雪上更加霜　94b
雪刃　76a
雪庭　159a
雪竇　96a, 135a
雪峰　32a, 36b, 37a, 43a, 70a, 82b, 83a, 83b, 84a, 102b, 108a, 130a, 136a
雪峰輥毬　43a
雪峰輥三箇木毬　136a
雪峰輥出木毬児　32a
雪峰陞堂　70a
雪嶺　9a, 34a
雪嶺六年　9a
雪蘆霜葦　75a
雪覆千山、因甚孤峰不白　94a
摂視返聴　8b
摂万物而帰自己　138b
截舌　98a
截断　6b, 135a
截不住　8a
説過　6b
説経　86b
説向　107a, 140a
説心説性　144b
説著　80b
説得　14b, 57a, 80b, 106b
説破　4a, 16a, 42a, 53b, 60b, 90b, 103a, 104a, 111b, 144b
説不到　54b, 71a, 103a
説不到底一句子　71a, 103a
説不得　17a, 18b, 71a
説話　16a, 58b, 91b, 94a, 110a, 111b
舌頭　4b, 31a, 44b, 53b, 60b, 76b, 77a, 85b, 115b, 124a, 147a
舌頭上　76b, 147a
舌頭早已長三尺　31a
舌頭不出口　44b
絶観　7b
絶疑慮　9b, 102a
絶究之地　91b, 99b
熱　ぜつ→ねつ
爇香　21b, 60a, 101b, 108b
爇向　4b, 60b, 61a
千疑万疑　98b
千鈞　118b, 149b, 158a
千言万言　51a
千言万語　81a
千光和尚　65a, 150b
千江蘸月、万国逢春　61b
千差　65b, 78b, 98b, 105a, 115a, 145a
千差万別　98b, 105a
千載　10a, 54a, 64b
千山　94a, 138b
千思万算　44b
千思万慮　42a
千日之道　102a
千手　5a
千条命　118b
千辛万苦　6a

千生万生　89b, 106b
千聖　60b, 77a, 101b
千重　64a, 72b, 133a
千頭　47a, 63a
千万　4a, 10b, 33a, 42b, 107b, 125b, 134a
千万里　33a
千百指人　97a
千仏　10b, 24b, 107b
千仏光　10b
千峰　34a, 46b
千命　112b
千里之隔　112b
千里尋師　157a
山　せん→さん
川雑劇　75a
川附子　81b
仙郷　10b
先師　124a
先生　21b
先鋒　75a
先聖　82a, 88b
専志　90a
専心　126a
専注　106a
泉蔵主　63b
洗脚　130b
洗滌　58a
洗腸　40b
穿過　41a
穿却　52b
穿鑿　40b, 94b, 124b
穿耳客　31b
穿汝髑髏　120b
染汚　108a
剗除　29b, 77a, 82b
剗地　70a, 95b
旃檀林　47a
涎唾　94a
閃爍　25b, 60a
閃電光　27b, 83a, 136b, 155a
閃電光中　83a, 136b
閃電光中鴨聴雷　136b
閃電光中纔擬議、雨声一霎過滄浪　83a
剪裁　35b
剪刀　65b
旋転　57a
旋風　44a
船舷　116b
羨鱗者多、結網者少　97b
詮註　23b
僊宗玭和尚　142b
箭
21a, 40a, 44a, 63a, 65b, 88b, 99a, 122b, 124a, 154b
線索　77a
線路　147a
蝉声　22b, 65a
選仏場　123b
薦取　46a, 157b
薦不薦　63a
氈拍板　34b
鮮血淋漓　55b
瞻仰　20b, 131b
瞻覩　101b
闡提　17a
纖毫　39a, 77a, 108a, 115a
纖塵　51a
冉和尚　60a
全機　52a
全身坐在含元殿、猶問長安有幾程　67a
全体現成　103a
全賓全主　96a
前言不副　40a
前後座主　117b
前後念　109a
前巷後巷　67a
前際後際　128a
前三後三　40a
前思後算　108b
前身後身　65a
前程　77a, 100a
前程莽鹵　100a
前頭　129a
前徳山　21a
前不到村、後不迭店　50b
前面是牛頭、後面是獄卒　34b
前路　82a
善財　10b, 30b, 31a, 117a, 149a
善財吹無孔笛　30b
善財童子　30b
善財入弥勒閣門　10b
善順　115a
善星比丘　34b
善知識　14b, 50b, 51a, 69a, 84a, 86a, 95b
然長老　39a
禅意上座　155b
禅海上座　156a
禅教　91b, 92b, 105a
禅教律僧　91b
禅床　9a, 25b, 116b, 132a
禅定　28a, 157a

禅忍　2a, 101a, 161a
禅忍上人　101a
禅板　124a, 124b
禅門　61a, 103b, 110a
禅流　91b
燃　ぜん→ねん

【そ】

祖意　61b, 117b, 122b
祖意教意無異無別　117b
祖翁　13a
祖師三位　152b
祖師西来　119b, 121b
祖師西来意　5b
祖宗門下　80b, 131a
祖庭　5a, 93b
祖伝　161a
祖堂　40b, 152b
祖病　121a
祖風　69b
祖来也打　87a
租銭　127b
素供　119a
素食　39b
措意　77a
甦甕　なし
疎山　132a
疎山訪岩頭　132a
疏鈔　92b
鉏　57b, 134b, 147b
麁悪　95b
麁行沙門　150a
麁浪不如細嚼　25b
醋　そ→さく
鋤　そ→じょ
蘇臺　1a
双眼　151a
双双　42b
双塔　1a
双趺　23a
双眸　8a
匝　32a, 57a, 64a, 92b, 130b, 133a
匝地普天　130b
争奈　12a, 38b, 39b, 45b, 69b, 145a
早晩　68b
早早　136b
宋　158a
宋朝　97a
走却　120b
走作　94a
走使　129b
走上走下　13b, 90a
走路　124a
走東入西　95b
宗　そう→しゅう
怱忙　107a, 109a
怱怱之際　99b
相見
7a, 24a, 27b, 53b, 58b, 62b, 66b, 96b, 118b, 129b
相識　23a, 54b
相識満天下　19a
相模州　4a
相逢者少　69b
草鞋　20a, 72a, 78a, 97b, 120a, 122b
草鞋銭　97b
草芥　10b
草書　39b, 119a
草縄自絆　22a
草深一丈　98a
草賊　29a, 44a
草賊大敗　44a
草棒　123a
草木　27b, 33a
草木叢林　6b
草履　122b
草料　64b
荘　127a, 152a, 66a
荘厳　11a
荘舎　69a
荘主　69a
桑　103a
桑園　23b, 28b
峥嵘　34b, 67a, 108a
掃却　127b
掃除　37b, 104a, 121a
掃蕩　34a, 98a, 116a, 126a
曹渓　15b, 78a, 146a
曹渓話月　15b
曹山　44a, 69b
曹山霞和尚　69b
曹山問僧　44a
曹司　146a
曹門　121a
巣穴　71a
窓櫺　1a
喪却　133a
捜索　117b
捜討　16b, 123b
僧家　57b, 70b, 88b
僧堂　7a, 8a, 9a, 10b, 29a, 128b

僧問夾山 36a
僧問馬大師 74b
僧問梁山 52a, 64a
僧問永明 121a
僧問潙山 135b
僧問文殊和尚 136b
僧繇 12a
僧録 2b
滄海 41b, 55b, 67a
滄洲 48a, 81a, 137b
滄溟 8b, 10b, 33b, 46a, 57b, 66a, 75b, 101a, 126a, 133a, 142b, 147a
滄溟不宿屍 33b
滄浪 47a, 83a, 154a
蒼鷹 78b
蒼龍 14a, 37a
聡俊 88b
聡敏霊利之徒 89a
遭逢 33a
颯颯 141a
嗽口三年 87a
操持 13a
操心不善 53b
操進之心 95a
澡浴 74b
燥暴 102a
糟粕 87a
聰明 6b
霜天 66a
霜露菓熟 97a
叢中 46a, 87a, 101a
叢裏 142a, 142b
叢林 6a, 6b, 15a, 18b, 22b, 30a, 30b, 32a, 36a, 38a, 67b, 71b, 85a, 94a, 126a, 126b, 129a, 131b, 144a
造化 120a
造詣 105b, 125a
造作 122b
造妖揑怪 12a
象王 72a
象王回顧、獅子嚬呻 72a
象骨 120b, 130b
雑 ぞう→ざつ
蔵経 38a, 78a
蔵主 11b, 23b, 27b, 45a, 52b, 58a, 63b, 97a
蔵身露影 119a
蔵蔵 41a
蔵殿 45a
触 そく→しょく
即心是仏 74b, 112ab
即心即仏 112ab
促膝 78b
息耕叟 160a
息念 154b
捉月 115a
速悟 92b
測度 32a
測量 8a, 17a
塞断 28b, 133a
塞北 32b
粟 11b, 79a, 115a, 116a, 119a, 146a
粟船 11b, 115a, 116a
賊漢 90a
賊是小人、智過君子 17b
賊鎗 124a
賊盗 145a
卒急 32a
寸 そん→すん
孫源 160b
孫臏 32a, 128b
尊位 45b
尊官 10a
尊貴 125a
尊宿 31a, 45a
尊相禅寺 4b, 61a
尊堂 83b
損其躯 102a
損害 125b
罇前 25a
蹲坐 15b

【た】

他後 83b
他之己 24b
他日 11a, 41b, 106b, 108a, 110b, 112b, 113a, 157a
他日百年歳後 110b
他底 112b, 121a
他土 7b
他人屋上霜 41b
他方世界 111a
他邦 2a, 5a
他力 16a, 86a, 101b, 109a, 153b
多財善賈 131a
多失 95b
多謝 30a
多少 19b, 22b, 24a, 45b, 50a, 97b, 119a, 129a, 142b, 144b
多是 31b, 48b, 62a, 80b, 81b, 95a, 106b, 134a
多端 6a
多知 82a, 95b

多知多解 82a
多知多慮不如息意 95b
多智多会 143a
多年無価宝 133b
多病 85b
多慮 95b
多慮多失不如守一 95b
他旧跡 118a
他日後時 112b
他人 15b, 31a, 41b, 125a
妵女 17a
拕犁 25b, 124b
拕犁拽杷 124b
嚲避 22a
打一遭 100a
打一椎 134a
打漁 63b
打坐 82b
打失鼻孔 43b, 103a
打殺 21b, 25b, 127a
打睡 57b
打石為生 126a
打著 29a, 142a
打破 6b, 31a, 43a, 118a, 120b, 140b
打破画瓶帰去来、太平好唱還郷曲 140b
打破漆桶 118a
打眠 23a, 110b, 115a
打落 129b
那　だ→な
拏雲不吐霧 52a, 64a
堕在 34b, 70a, 71b, 145a, 146a
堕鬚眉 120a
堕聖坑良 124b
太危険生 16b
太虚 23b
太空 91a
太煞 77a, 140b, 145b
太宗皇帝 62b
太白 150b
太平 10b, 21a, 66b, 68a, 140b, 151b
太平好唱還郷曲 140b
太平時節 21a, 68a
太平無象 151b
台座 10b
台山 97b
台旆 10b
体究 40a, 82a, 84a, 85b, 99a, 104b
体究得明 84a
体窮 16b, 101a
体察 9b, 84a, 105a
体督 113a
体取 7a, 13a, 18b, 104a, 110b, 114a
体乃即神 なし
体得 82a, 114a, 132a
体得明 82a, 114a
体用 138a
体露真常 18a
対面 103b, 112b, 129a
対面不相知 129a
対面有千里之隔 112b
待汝一口吸尽西江水、却向汝道 107a
怠堕 111a
退屈 10b
退後 129a
退三舎 112b
退失 108a
退舎 127a
退心 112a
退堕 106a
泰平 33a
堆金積玉 100a
堆堆地 80a
堆中 8b, 48a, 66a
碓擣 129a
碓米篩糠 126a
諦　たい→てい
頽剛 32a
頽綱 97a, 153b
戴角毒蛇横古路 40b
戴角毒蛇驚出草 157a
擡眸貪看華山秀 75b
乃　だい→ない
大安郷人 154a
大安楽 88a, 93b, 101a
大安楽地 101a
大意 10a, 75a
大潙 55a
大恵和尚 82a
大慧 89a, 89b, 90a, 99a
大慧禅師 89a
大慧老人 99a
大円覚 135b, 137b
大円鏡 51b
大家 23a, 26a, 63a, 72b, 79b, 86b, 97b, 98b, 110a, 133b, 134b, 152b
大家団聚頭、共説無生話 86b
大海若知足、百川応倒流 121a
大海波停 157a
大解脱 6b, 91a, 93b, 100a
大解脱法門 6b

大解脱門 91a, 100a
大概 16b, 60b
大覚世尊 10b, 104a
大覚世尊示生之晨 10b
大寒 120a
大患 126b
大器 151b, 152a, 152b
大機 72a, 137a, 146a
大義 43a, 43b
大吉 20a
大休歇地 102a
大虚 54a
大教 83b, 108a
大経巻 51a
大愚 47b
大権 9b
大光明 20b, 91a
大光明蔵 91a
大根器 93b
大坐当軒 69b
大士 149a, 149b
大師 14a, 15a, 21b, 26b, 45b, 74b, 75a, 93b, 107b, 109a, 110a, 110b, 111a, 111b, 112a, 112b, 114b, 117a, 125b, 126a, 127b, 136b, 156b, 157a
大自在人 8b, 103b
大自由 110a
大事 6a, 10a, 16a, 33a, 66a, 82a, 88b, 89b, 90a, 94b, 104a, 106a, 107a, 110a, 113a, 119b, 136a
大事已辦 33a
大事為汝不得、小事各自祇当 119b
大事了当 90a
大事了辦 66a
大謝 84a
大赦 68b
大小黀老 82b
大小洞山 120b
大丈夫 123b
大丞相 61a
大乗経 51a
大乗金剛般若経 104a
大乗根器 105b
大乗正見 84a
大乗聖教 51a
大食国 137a
大信根 91a, 105b
大信大疑 106a
大誓願 93b
大雪漫空 93b
大千 24b, 114b, 117a, 151b
大闡提人 17a
大善知識 69a
大宋 2b, 84b, 160b
大宋景定三年二月望日 2a
大宋国 12a
大宋朝 97b
大叢林 126a
大蔵 11a, 37b, 38a, 58a, 78a
大隊 11b, 33b
大檀 52a
大檀之力 126b
大檀那 9b, 51b, 126a
大地一切衆生 109b
大地衆生 145a
大地無寸土 105a
大虫 35a, 37a, 133b
大底大小底小 129b, 140b
大抵 78b
大堤 137a
大徹 108b, 113b
大唐国僧 15a, 116b
大唐国裏無禅師 28b, 29a
大唐中 86b
大道 12a, 21a, 68b, 123b, 131a
大道坦然 131a
大徳 4b
大難 128b
大梅 76b, 123a
大柄 9b
大便小便 89b
大方 22b, 147a
大法 65a, 102b, 117b, 125b, 126a
大法洞明 102b
大法輪 5a, 51a, 151a
大鵬 35b, 81a, 116b
大鵬展翅蓋十洲、籬辺鴟雀空啾啾 81a
大明神 55b
大庾嶺 123a
大用 72a, 108a, 146a
大洋海 93a
大雄峰 153a
大用現前 108a
大洋海 23a, 93a, 155a
大力量 9a, 52a, 105b, 120a, 140b
大力量人 9a, 52a, 120a, 140b
大爐鞴 96a
内　だい→ない
代官 89b
第一義 42b, 67a
第一高見 109a
第二箇 110b, 114a, 122a

第二義　51a, 145b
第二義門　51a, 145b
第二見　146a
第二第三　19a
第二人　138a, 146a
醍醐　92b, 118b
托　32b, 75b
托開　75b
卓主丈　5a, 19b, 20b, 23a, 23b, 24a, 28b, 33a, 37a, 40a, 43b, 44b, 47b, 50a, 50b, 53a, 53b, 64b
琢玉　96b
達境唯心已、分別即不生　27b, 68b
達士　124b, 126b
達人分上　138b
達道　61a, 72a, 85a
達道人　72a
達磨　9a, 23b, 24b, 27a, 40b, 42a, 53a, 74a, 81a, 92b, 93b, 105b, 113a, 117a, 125b, 136b, 137a, 140b, 141a, 150a
達磨忌上堂　23b, 27a, 40b, 53a
達磨西来　9a, 92b, 117a, 140b
達磨大師　117a, 125b, 136b
達磨鼻孔　24b
達磨本来観自在　141a
達磨来東土　27a
達理　98a, 140b, 151b
脱監　56a
脱空　92a
脱洒　146a
脱体　42a, 52b
脱得　66a
奪賊鎗殺賊　124a
丹霞　28a, 33a, 120a, 124b, 144a
丹霞焼木仏　28a, 120a, 124b
丹霞焼木仏公案　120a
丹霞行脚　144a
丹霄　145a
丹鳳　135a
丹鳳騰空、了無繫礙　135a
旦過　127a
但辦肯心、必不相賺　109a
坦蕩　116b
担　63b, 142b, 156b
担荷　47b, 117b, 129a
担夯　103b
担截　26a
担帯　44a
単単　6a, 122b
単刀直入　88a
胆小心驚　29b
探水　88a, 115a, 135a
探水獼猴空捉月、入鄽矮子謾量天　115a
淡薄　22b
堪笑　43a
湛寂　129b
湛然　15a
湛朗上座　157b
短牆　76b, 81a
短艇　75b
短長　106a, 116a, 123a
端居　122b
端倪　54b, 85a
端午上堂　30b, 50a
端的　5b, 12a, 122b, 130a, 153a, 153b
潭　37a
賺汝皮嚢　111a
団坐　107a
団団　29a, 137b
団圝　130a
男　86b, 110b, 113b
男女　149b
男女等　107a
男女等相　113a, 113b
男僧五百人　113a
断卦　92b
断絶　40a
断送　40a
断臂　94a
断井索　58a
弾指　40a, 62b, 67b, 108b
弾指間　62b
弾指頃　67b
談玄説妙　103a
談空　78b
談笑　48a, 68a
談笑座中　68a
談道談禅　144b
談柄　82a
談話　101b
檀越　9a, 51a, 61a
檀越写五部大乗経上堂　51a
攤向　26a, 41a
煖洪洪　40a
煖処　16b, 23a, 147a

【ち】

地位　8b, 111a
地獄天宮　24b
地蔵堂　18b
池塘　68a

知委 120b
知音 4b, 22b, 62a, 138b, 149b, 151b
知恩報恩 21b
知解 7a
知客 96a
知覚 24b, 129b
知君 116b
知見解会 82a, 84a
知慚識愧 56a, 102b
知事 47a, 70a
知識 14b, 50b, 51a, 69a, 84a, 85a, 86a, 95b, 97a, 97b, 101b, 113b, 117a, 138a, 146b
知心能幾人 19b
知心能幾人、満眼是相識 54b
知恥 63a
知道 96b, 98a, 113a, 136b, 142a, 30b, 55a
知有 5a, 38a, 48a, 48b, 51b, 55a, 70b, 84b, 116b, 119b, 120a, 131a, 137b, 157a
持 ち→じ
智慧 28a, 41b, 109b
智過於師、方堪伝授 101b
智侃 161a
智愚 157b, 159b, 160a
智源 143a
智光 4a
智者 86a, 94a, 117a
智者見之必謂之智 86a
智頭陀 119a
智辨 125b
遅疑 20b, 135a
遅問 なし
置遅 なし
置辦 115b
馳求 7b, 29a
竹庵珪禅師 87b
竹原元庵主 89b
竹釘 95a
竹嚗 132b
竹篦 64b
竹裏銅人 65b
竺 ちく→じく
畜生 109b
逐塊狗 20a
逐物為下 13a, 68a
築前 122b
築著 24b, 55b
築著釈迦眼睛 24b
築破 77a
窒塞 85a
蟄戸 146b
著 ちゃく→ちょ
嫡嗣 4b
中夏 43b
中間底 115a
中下 91b, 94a
中下之流 91b
中秋上堂 15a, 26b, 32b, 38b, 56b, 65b, 70b
中秋夜月 22b
中途 106b, 110b
中道 14b, 20a, 26a, 102a, 126b, 156b
中流 103a, 116a
中路 82b, 89b
仲達 43a, 117a
仲冬厳寒 137b, 147a
住在 91b, 106b
住持事繁 119a
扭住 75b
扭捏 28a
肘後有符 45a
忠言逆耳 69b
忠心輔国 9b
忠人 126b
抽身 72a
抽掣 77a
偸笑 58b, 128a
偸眼 45b, 48a, 103a
註解 112a, 68a
註脚 145a
儔 102b, 127b
籌 28a, 48a, 94b, 96b
籌室 18b
躊躇 28a, 145a
著衣喫飯 89b, 90a, 110b
著意 62b, 66b, 95a, 98b, 104b
著脚 56b, 74b
著実 80b, 82a, 107a
著手当胸 113a
著得 16b, 104b
著到 47b
著力 25b, 136a
著落 7b
楮皮冠 149b
筯 15b
丈 ちょう→じょう
長安 67a
長遠 113b
長街 23b
長期 30a, 140a
長空 22b, 30a
長鯨 46a

長語　95b
長沙　35a
長沙猛虎　35a
長至　41a
長袖善舞、多財善賈　131a
長処　21a, 21b, 78a, 144b
長床　81b
長伸両脚臥　43b
長進　111a
長生　128a
長蛇大陣　116b
長短　130b
長堤　62a
挑撥　71b
迢迢　82b, 83b
重囲　69b
重勘　123a
重関　43b, 48a, 60a, 149a
重賞　52b, 116a
重賞之下、必有勇夫　116a
重重　6b, 90b, 119b, 135a, 145a
重如五嶽軽如毛　26a
重陽　57b
凋零　42b
張三～李四～　16a, 19b
張三眼横、李四鼻直　19b
張拙秀才　32a
張家三箇児　72b
彫弊　97b
彫零　61a
掉　ちょう→とう
釣竿　38a
釣魚山　47a, 67a
釣舟　75a
頂額　20b, 52a
頂額頭　82a
頂門　4a, 25b, 71a, 119a
頂門眼　71a
頂門濶一丈、鼻孔長三尺　119a
鳥啣花落碧嵒前　36a
鳥啼鵲噪　78a
朝見　62b
朝参暮請　80b, 88b
朝打三千、暮打八百　31b
朝暮　112a
畳　ちょう→じょう
超過諸人一頭地　41a
超他一頭地　38b, 70b
超脱　106b, 114b
跳下　83b
跳得出　25b, 36b
徴心　104a
肇法師　8a
趙州　9b, 39a, 40a, 46b, 75b, 76a, 76b, 118a, 118b, 123b, 124a, 126a, 135a, 144b, 145a
趙州和尚　9b
趙州勘婆　126a
趙州東門西門南門北門　76b
趙州逢人請喫茶　46b
趙州老　135a, 144b
調持　120b
調伏　36b, 38a
澄心　154b
澄禅上座　154b
澄湛湛　47a, 135b
澄潭不許蒼龍蟠　37a
聴教　91b
聴取　103a, 118b, 137b
聴著　37b
聴得聞　26a
直下　8a, 23a, 49b, 104a, 105b, 147a, 154b
直鉤　7b, 14a
直歳　27b
直指之道　14a
直指人心見性成仏　86b
直視　64b, 94a
直截　46a, 46b, 99a
直千金　74a
直前　102b, 103b, 108a
直中直　63b
直得　16a, 33a, 34b, 54a, 55b, 75a, 116b, 135b
敕差住持　157b
勅点飛龍馬、跛鼈出頭来　74b
沈吟　29b, 56b
枕子　18a
珍蔵　4b, 108a
珍重　11a
砧基　145a
陳処士　40b
陳尊宿　31a
陳年　120a, 133a
陳蒲鞋　27b
趁　22b, 33b, 78a
鴆毒　52a, 68b

【つ】

追求　123b
追思　57a
追尋　18a, 108a
追随　88b

追逐　122b
椎　134a, 136b
墜緒　65a
墜地　146a
通玄峰頂、不是人間、心外無法、満目青山　35a
通身　16a, 33a, 66a, 142b
通達　103b, 149a
通暢　86a
通方　136a
痛棒　27b, 52b
痛処　52a, 83a

【て】

丁丁　8a
叮嘱　17b
叮嚀　77a
打　てい→だ
低降　89a
低声　27a, 34a, 70a, 102a, 118a
低声低声　70a, 118a
低声低声、牆壁有耳　70a
低頭　83b, 134b
体　てい→たい
呈機　84b
定慧円明　108a
定価　26a, 136a
定相　72b
定智大師　157a
定当　32b, 122a
定当得出　122a
定動　44b, 121a
定乱　38a
底蘊　80a, 83b, 92b
底事　38a, 51b, 53b, 64a, 133b, 135a, 142b, 143a
庭前栢樹子　87b, 106a
剃頭　111a, 113b
剃頭女人　111a
帝王之位　18b
帝郷　62a
停留　98a
第　てい→だい
羝羊触藩、不能自忖　69b
頂　てい→ちょう
堤前　49a
提　4b, 13b, 53b
提誨　95b
提起　87b, 114a, 133b
提挙　109a
提唱　56b, 129a, 133b
提上挈下　63a
提撕　107a
提掇　64a, 133a, 154a
程途　121a
隄防　16a
隄防仁不仁　63b
滞礙　8b
滞見　99a
鼎省　19a, 28b, 50a
鼎惺　78b
鄭州出曹門　121a
諦実之心　106b
諦信　126b
諦審　8b
諦当　25a, 49a, 68a
蹄　65a, 156b
醍　てい→だい
聴　てい→ちょう
泥牛　40a, 46a, 123b, 139a
泥人咬生鉄　46b
泥団　47b
泥中有刺　72b
泥土合成、霊聖何来　41a
泥封土裹　133b
泥犂　71b
禰　152b
的信　123a
的的大意　75a
倜儻　9a
剔起眉毛　56b
剔脱　78a
滴水　58a, 131b
適来　123b
踢脱　78a, 108b
擲下　7a, 16a, 24b, 28b, 29b, 31a, 36a, 40a, 41a, 44a, 52b, 71a, 154b, 155b
覿体　8b, 88b
覿面　26a, 65a, 156a
掇転　11b
鉄囲　32a, 57a, 60a, 66a, 71b
鉄囲山中　57a
鉄枷　36b
鉄額銅頭　123b, 153a
鉄丸　58a
鉄牛　54a, 137a
鉄餕餡　115b, 122b
鉄山　18a, 46b, 125a, 127b
鉄蒺梨槌　79a
鉄樹　33b, 137a
鉄汁　58a
鉄帚　62a

鉄石 106b
鉄船 43a, 47a, 48a, 53a, 53b, 135b, 147a
鉄船水上浮 43a
鉄苕帚 126a
鉄笛横吹 135a
鉄馬 36a, 46a, 77a, 123b
鉄壁 18b, 35b, 74a, 91a
鉄壁銀山 35b, 91a
鉄鞭 36b
鉄磨 76b
鉄磨大師 109a
鉄面皮 87a, 128a
鉄網 78b
徹骨 7a, 16a, 41a, 71b
徹困 103a
徹根徹源 67b, 100b
徹底 60b, 83a
徹頭 33a
徹得去 89b
徹骨徹髄 41a
捏　でつ→ねつ
涅　でつ→ね
天衣 55b, 117a, 117b, 127a
天衣懐 117a, 127a
天衣懐禅師 117a
天衣示衆 55b
天応瑞雪 157b
天下安然 21a
天下諸善知識 84a
天下人 152b
天下人舌頭 124a
天下衲僧 60b, 153b, 154b
天涯 33a, 49b
天寒人寒 134b
天禧 62b
天宮 24b
天暁 22b, 56b, 67a, 93b, 128b
天暁須教到、無令犯夜行 128b
天際雪 132a
天作孼猶可違、自作孼不可逭 144a
天子 46a, 61b
天子勅 61b
天資 79a
天竺 27a
天上人間唯我知 55b, 135a
天上有星皆拱北、人間無水不朝東 9a
天真 120a
天然 19a, 129b
天然釈迦 19a
天台教 3a, 92b
天台教観 3a
天台山 101b, 161a
天台智者 117a
天台有石橋 12a
天地間 139a
天地懸隔 117a
天地闢闔 9b
天地与我同根、万物与我一体 8a
天堂未就、地獄先成 17b, 118a
天不能蓋、地不能載 30a, 67b
典座 58a, 127a
店上 82b
恬浄 24a
恬然 97a
恬静之郷 100b
点一点 58a
点汚 52b, 94b
点化 117b, 156a
点画 なし
点開 131b
点劃 4a, 37b
点瞎 131b
点胸 87a
点検 29a, 32b, 46b, 60b, 70a, 123a, 143b, 144b
点検将来 29a, 32b, 70a
点検得出 123a, 144b
点検不出 143b
点痕 143a
点首 137b
点心 35b
点正施梓 161a
点対入板 161a
点著 61a
点点 50b
点頭 47b, 81a, 91b, 111b
点那箇心 70b
展起 49a, 137b
展翅 81a
展手 19b
展笑眉 72b
展双眉 133b
展転 90b
展眉 71a
展翼 54a
展両手 43b
甜瓜 36b
甜口相讒 96a
甜桃樹 71a
転過那辺来 24a
転機 15b, 129b, 147b

転却 108a
転身 39a, 79b, 94b
転生迷悶 7b
転大法輪 5a, 51a, 151a
転智 35a, 102b, 118a
転凡成聖 21a, 106b
転轆轆 41b, 47a, 136a
椽下 33a
鄽 102b, 115b
顛倒 6b, 11b, 54a, 70a, 77a, 106b, 110a, 137b
田地 13a, 16b, 86b, 104b, 121a, 137a
伝持無窮 84a
伝授 91b, 101b
伝心 9a
伝送 78b
伝灯 95a
伝法救迷情 27a
年　でん→ねん
念　でん→ねん
拈　でん→ねん
粘　でん→ねん
殿宇 54b
殿閣 43b
殿中木仏 144a
殿堂 67a
電光 27b, 83a, 95b, 136b, 155a
電光石火 95b
鮎　でん→ねん

【と】

土　と→ど
吐而又呑 85a
吐舌 46b
吐露 7b, 63b, 87b, 96a, 96b
兎角 85b
図　と→ず
杜鵑 76b
肚中 98a
肚皮 92b, 95b, 118b
肚皮裏 92b
兜　と→とう
渡頭 127b
都僧録 2b
覩星悟道 19a, 24a
闍　と→じゃ
蠹摧 95a
土塊 95a
土曠人稀、相逢者少 69b
土地神 53a, 69a
土地堂 60a
土木場 63a, 142a, 145b
土壁 136a
土面 17a, 35b
土面灰頭 102b
度嚕地利 40a
度量 68a, 90a, 94b
怒濤 66a
刀林 72b
刀斧 47a
冬瓜印子 39a, 82b, 156a
冬至 18b, 27b, 57b, 119b, 122a, 129b, 131b, 134b, 143b, 147a
冬至上堂 27b, 57b
冬節 137a
灯灯 16a, 35a, 67a, 105b
灯灯相続 16a
灯灯相聯 67a
灯灯不絶 105b
灯籠 39b, 43a
当下 26b, 51a, 83a, 104a
当機 62b, 65a
当機覿面 65a
当言 98a
当言不避截舌、当断便与結絶 98a
当断不断、返招其乱 57a
当頭 40b
当堂 120b
当年 38b, 40b, 76b, 129a
当年夔上座、三文買箇黒撈波 129a
当面 40a, 70a, 96a
当面分付 40a, 70a
当門歯 129b
当陽 4a, 15b, 37a, 60a, 151b
当郎当郎 18b
彤雲 79a
投子 120b
投子道油 120b
投明須是到、不許夜中行 58b
抖擻 20a, 120b
豆爆 16a, 71b
到家安楽之時 102a
到此十六日 61b
到退三千 29b
到頭 106b, 158a
到来 6b, 33b, 60a, 63b, 72b, 82a, 84a, 88a, 132b, 147b, 157a
到了 14b, 34b, 44a, 94b
東夷 43a
東海岸頭 55b
東海龍王 42b

東観西望 67a
東去西去 129a
東君 66b
東光和尚 66b
東光和尚至上堂 66b
東行西行 63a
東咬西嚼 56b, 133a
東敲西磕 145b
東国 5a
東西両刹 97a
東山 1a, 50a, 60a, 66a, 157b, 161a
東山牛過窓櫺話 1a
東山建寧禅寺 161a
東山西嶺 157b
東州 54a, 58b, 60b, 61a, 61b, 109a, 115a, 118a, 120b, 122b, 152a
東州勝地 152a
東勝和尚 5a
東勝身州 123b
東震旦 35a, 55b
東大寺 96b
東大洋海 23a
東土 23b, 27a, 36b, 50b, 62a, 63a, 84a, 91b, 121b
東土二三 84a, 91b
東倒西擂 60a
東坡居士 138a
東撥西撥 15b, 40b, 71b
東門西門南門北門 76b
東搖西掃 62a
東籬 133b
東魯 36b, 42a, 136b
東廊 29a, 133b
洞　とう→どう
倒断 16b, 98b, 111b
倒戈卸甲 108a
倒騎牛兮入仏殿 26a
倒騎驢自華山帰 40b, 41a
倒却門前刹竿著 74a
倒退三千 11b, 29b
倒用横施 121a
倒流 121a
凍破 47b
凍殺餓殺 120b
凍雪厳霜 40b
唐式 10b
唐僧 55a
唐朝 153b
唐朝舒王 10a
唐土二三 132b
唐歩 35a
桃花 25a, 49a, 68a
桃李 21a, 133b
透過 11b, 60a, 60b, 98b, 117b
透過那辺更那辺 117b
透関 57a, 60a
透脱 95a
透頂透底 8a
透得 34a, 98b
透不過者 11a
透路 135b
陡頓 16b
兜率 24a, 56b
兜率悦和尚 56b
掉在 111a
桶箍 44b, 56b
逗到 34a, 94b
棟梁 31a
痛　とう→つう
登程 89b
答話 61b, 116a, 122b, 123b, 124a
等覚 84b
等正覚 9a, 33a, 101a
滔滔 17a, 38b
滔滔地 17a
箚 43a, 91a
噇酒糟漢 28b
噇飯過時 140a
噇眠 82b
撞牆磕壁 25b, 73a
撞鐘 16b
撞著 17a, 24b, 29a, 133b, 136a, 144a
撞著達磨鼻孔 24b
撞破 55b
潼関 43a, 44a
蕩尽 21a, 37b
蕩然 104a
蕩漾 23b
踏青 36a
踏断 124b
踏著 70a, 88b
踏倒 76a
踏得著 128a
踏破 47b, 67a, 122b
踏歩向前 121a, 123b, 147b
踏翻 131b
踏飜 121b
頭角 76b
頭紅面熱 92a
頭首 41a, 47a, 70a
頭全尾不全 132b

頭抵 124a
頭頭 2a, 5a, 29b, 51a, 62a, 72b, 93a, 108a, 132a
頭頭合轍 2a, 5a, 108a
頭破作七分 64b
頭鼻 23b, 106b
鍮 4b
藤原 21b, 47b, 140a
藤原翁子 21b
藤原漢子 140a
藤原三翁、清原四叔 47b
闘戦 6b
闘諍 85a
闘諜 71b
韜晦 93b
韜光晦迹 102b
竇八布衫 109a
騰空 135a
同行 89ab, 89b, 97b, 143b
同行同住同坐同臥 143b
同参 63b, 147b
同日而語 102b
同舟共済之謀 53b
同宿 116b
同出同入 86b
同心 5a, 126b
同道人 131b
同流 59a
洞山
11a, 39a, 67b, 82b, 83b, 87b, 96a, 120b, 132b, 146b
洞山過水 82b, 83b
洞山過水悟道頌 82b
洞山五位 39a, 132b
洞山示衆 120b
洞山到雲門 146b
洞山麻三斤 87b
洞山領得十信不帰 96a
洞山老漢 67b
洞然 9a, 13b, 89a, 104b, 114b
洞然明白 89a
洞達 109a, 114a, 120a
洞庭 74b
洞徹 51a, 62a, 129b
洞明 89b, 102b, 105a, 112a, 155b
悩　どう→のう
能　どう→のう
動静 5a, 8b, 9b, 10a, 14b, 16b, 18a, 79b, 88b,
104b, 105a, 108a, 109a, 112a, 120a
動静語黙 18a, 105a
動寂 68b, 69a
動則誑寂即謗、動寂向上有事在 68b
動著 20b, 34a, 50a, 62a
動中消息静中看 8b
動転施為 77a
動念 111a, 133a, 155b
堂堂 67b, 73a, 95a, 151a, 153a, 156a
堂堂兄弟 95a
脳　どう→のう
道遠乎哉、觸事皆真 80a
道固非遠 103b, 112b
道吾 38b, 118b
道吾老人 38b
道号 97b
道在邇而求之則遠、事在易而捨之則難 125a
道之消也我不消、道之長也我不長 122a
道者 72a, 81a, 107a, 107b, 125b, 142a
道者栽松 72a
道釈禅師 151a
道取 130a
道聚 95a, 97a, 101b, 102b, 108b
道場 5a
道心 84a, 85a, 117b
道然上人 102a
道著 20a, 23a, 24a, 32b, 35a, 67a
道得 17a, 25b, 40b, 53b, 67a, 130a
道徳 55b, 86a, 150b
道如上座 155a
道人 9b, 53a, 56b, 72a, 82a, 121b, 131b
道念 6a, 85a, 89a, 89b, 90a, 99b, 100a, 104b
道破 66a, 133a
道非遠而行之必至 6a
道不得 25b, 60b
道仏便漱口 60a
道本 111b
道友 127b
道猷洗腸 40b
道理 40a, 55a, 87a, 94b, 110a, 110b
道力 109a
道流 8b, 20a, 118b
銅柱灘 66b
銅頭 123b, 153a
銅人 65b
鬧市 46a, 71a, 87a, 142a, 142b
鬧市裏 71a
鬧市叢中識取天子 46a
鬧鬨鬨 33a
嚢入宋朝 97a
禿却 33b
禿頭居士 92b
得吾髓 74a, 81a, 105b
得処 4b, 89a, 93b

得道者 125b
得明 9b, 11a, 57a, 82a, 84a, 89a, 100b, 104a, 113b, 114a, 128a
得勇夫須還重賞 52b
得力 101a, 113b
徳嶠 55a
徳嶠辞龍潭而訪大潙 55a
徳山 21, 29a, 44a, 46b, 60a, 66b, 70b, 74a, 74b, 83a, 83b, 97b, 101b, 116a, 116b, 124b, 130b, 133b, 134a, 136b, 139b
徳山小参不答話 116a
徳山次日澡浴 74b
徳山拆仏殿 124b
徳山白棒 46b
徳山棒 83b, 134a
徳山有棒 29a
徳昭 115a
徳性 109b
徳相 41b
徳智小師 153b
篤 41b, 96a
毒蛇 40b, 58a, 67b, 71b, 157a
毒薬 92b, 118a
毒薬醍醐 118a
独坐大雄峰 153a
独超物外 15a
髑髏 15b, 57a, 76a, 98a, 120b
髑髏前見神見鬼底 98a
咄 5a, 55b, 71b, 87b, 88a
突兀 34b, 67a
突爾現前時 145b
突出 88a
屯兵駐箚 43a
貪遊百済、蹉過新羅 42a
呑炭 25a
呑得去 115b
鈍根 29b
鈍置 39b
曇鸞和尚 151a

【な】

那一句子 80b
那一著 38a
那一籌 43a
那一通 48b
那一方 55a
那箇 20a, 25b, 51b, 62a, 70b, 88b, 128a, 134a
那箇般漢 88b
那斯祁 40b, 134a
那事 11a, 97a
那辺 24a, 42b, 67a, 117b, 118a, 157a
那裏 46a, 50b, 70a, 83a, 99a, 138a
乃至 14b, 89a, 139a
内不放出、外不放入 116a
男　なん→だん
南閻浮提 42b, 100a, 109b, 152a
南嶽譲和尚 39b
南京 96a
南山 33b, 35a, 67a, 133a
南山起雲、北山霧霈 33b
南山大虫 35a
南山突兀、北嶺崢嶸 67a
南山北山転霧霈 133a
南枝向暖、北枝背陽 123a
南詢 158a
南辰 5b, 28b
南泉 15a, 32b, 39a, 69a, 69b, 75a, 75b, 76a
南泉示衆 75b
南贍部洲 126b
南甸 96b
南堂 126a
南閩 154a
南浦 56b
南方 31b, 98a
南鵬入漢、万里搏風 70b
南明 160b
南游 117a
南遊 1a

【に】

二儀之首 9b
二儀未判之先 132b
二十年後 36a
二所 48b
二千年 140b
二千余年成未了底公案 134a
二祖 9a, 74a, 125b
二百余載 81a
二百余衆 140a
二六時中 108a
尼僧 111a
而　に→じ
耳　に→じ
聻 71b, 122a
日　にち→じつ
入院 4a
入院当晩 142a
入荒草 133a
入貢 4b, 33a
入作 118b, 123b

入之一字 51b
入寺 60a
入室 127b
入水求天 22a
入聖超凡 15b
入定 55b
入鄽矮子謾量天 115a
入頭 93b
入頭之処 90b
入得 4a, 11b, 24b, 74b, 137a, 139b
入涅槃 20b, 51b, 52a, 80b
入板 161a
入理 38a
入路 12a
乳源和尚 5b
女 にょ→じょ
如意 85b
如何是道、平常心是道 114a
如今 6a, 19b, 24b, 51b, 56b, 71b, 89b, 90a, 130a
如今拕箇死屍在路上行 89b
如是我聞 51b
如如 18a, 77a, 83a, 155a
如如不動 77a
如如仏 18a, 155a
如然 132b
如麻 36a
如来 41b, 50a, 104b, 109b, 128a, 152b
如龍得水 5a
尿床之人 30a
尿腸 20a
鬧 にょう→どう
人我叢中 101a
人寒 134b
人間 9a, 9b, 35a, 35b, 49b, 55b, 108b, 125a, 132b, 135a, 150a
人間好時節 49b
人間世 9b
人間無水不朝東 9a
人情 28b, 36a
人身 126b
人世 21a
人天 139b
人天供養 143a
人天之福報 109b
忍俊不禁 54a, 154b
忍禅 159a
認賊為子 68b
認奴作郎 140a

【ね】

涅槃 20b, 24b, 51b, 52b, 80b
涅槃経 51b
揑怪 12a, 41a
揑合 57a
揑聚 117a
熱火 86a
熱鉄輪 57a
年年是好年 19b
年老覚心孤 102a
念根 90a
念茲在茲 89a, 99b
念念 6b, 112a
念慮 101a
拈一去七 42b
拈起 16a, 57b, 65b
拈却 36a
拈向一壁 21a
拈香 4b, 15b, 61a, 64b
拈取 40b
拈出 4b, 16a, 31a, 34b, 54a, 72a, 144a
拈帖 4a, 60b
拈槌竪払 121a
拈得 34a
拈放殺活 130b
拈弄 33a
粘綴 84b
然 ねん→ぜん
鮎魚 39a
燃燈記 131b

【の】

衲子 8b, 17a, 22a, 35b, 91b, 127a
衲僧 8a, 16a, 29b, 33a, 34a, 35b, 38a, 39b, 42a, 43a, 46b, 50b, 57b, 60b, 70a, 70b, 93a, 116b, 120a, 120b, 127b, 128b, 133a, 135b, 152b, 153b, 154b, 155a
衲僧家 57b, 70b
衲僧巴鼻 29b
衲僧分上 16a, 33a, 120a
衲僧面前 93a
悩害 23b
能縦不能奪 136b
脳蓋 135a
脳後一錐 104a
脳門 20b, 58a
脳門著地 58a
嚢蔵被蓋 121b

【は】

巴鼻 21b, 29b
巴陵 122b
巴蓬果閬 49a
把火 107b
把髻投衙 50a
把住 52b, 64b, 65b, 124a
把断 59a
把定 5b, 42a, 52b, 56b, 62a, 70b, 75a, 76b, 87a, 108a, 116a, 143b, 153a
把定死蛇頭 70b, 116a
叵耐 35b, 45a
怕怖 26b, 150b
波斯 133b
波吒 49b
波波 100a
波瀾 79a, 128a
破屋子 155b
破屋没人 156a
破家児 17b, 147a
破顔微笑 74a
破沙盆 1b, 142a
破砂盆 70a
破砕 125b
破綻 77a
破除 137b, 147b
破草鞋 20a, 72a
破竈堕 28b, 41a, 47b
破鞵 46b
跛脚阿師 36b
跛脚漢 60a
跛鼈 74b
播揚 83b, 106a
馬騎 123b, 124a, 132a
馬駒 152b
馬蝗 33a
馬祖 22a, 46a, 107a
馬祖一喝、百丈耳聾 46a
馬大師 14a, 15a, 26b, 45b, 74b, 75a
馬大師不安 45b
馬大師与三子翫月 15a
馬大師与諸子翫月公案 26b
馬大師与西堂百丈南泉翫月 75a
馬肚 96a
馬頭 145b
麻 ば→ま
婆餅焦 49b
婆羅 157b
婆羅門 156a
盃池 79a
背後底 122a
排辨 69a
敗露 35a, 56b, 77a
擺撥 33b, 34b
売卜漢 92b
売犬提羊 124b
梅花香撲鼻 7a, 19a
梅先放旧条 134b
買断 39a, 147a
買帽相頭 63a
白雲 8b, 36a, 41b, 43b, 83a, 130a, 130b, 131a, 156a
白雲尽処是青山、行人更在青山外 8b
白雲抱幽石 36a
白玉毫光 19a
白絲 135a
白首 13b, 96a
白相 94b
白刃 116b
白沢図 22a
白兆 117b
白棒 46b, 66b, 142a
白漫漫 137a
白癩 68a
白鷺 133b
百 はく→ひゃく
伯楽 4b
栢樹子 87b, 106a
剥尽 132a, 134b, 137a
博多 101a, 106b
博地 92b, 99b
搏風 70b
擘破 36b, 128a, 135a
曝 56b, 132b
曝地 47b
莫錯認 131a
莫将閑事挂心頭 49b
莫信直中直、隄防仁不仁 63b
莫道無事好 56a, 72b
莫莫 43a
摸 ばく→も
縛定 29a
鏌鎁 75a
驀 14b, 33b, 42b, 47b, 48b, 50a, 66b, 91a
驀然 8b, 63a
驀地 22a
八閡星霜 108b
八角磨盤空裏転 18a, 46b, 127b
八極 71b

八十翁翁　76b
八成　130a
八千子弟　82b
八幡　33a, 48b
八幡大菩薩　55b
八幡菩薩　33a
八万　24b, 74a, 125a
八万衆　74a, 125a
八万衆前　74a
八万聖凡　24b
八面　57b
抜本　88a
発意　96a
発育　125a
発作　71a
発真帰源　104b
発明　6b, 9a, 107a
発露　96b, 100b
鉢嚢　25b
撥火　144a
撥尽　27a
撥著　27a, 33a, 40b, 54a, 66a, 71b
撥転　121a, 142b, 154a
撥乱　123a
潑　21b, 25b, 74a, 75b, 94b, 115b, 127a, 138b, 157b
潑天　74a, 75b, 94b, 115b, 138b
潑天富貴　138b
末　ばつ→まつ
抹　ばつ→まつ
跋提河　80b
罰　55b
罰銭　32b, 38a, 78b
凡　はん→ぼん
反反復復　107b
半憨半痴　143a
半合之水　86a
半刻停策之心　97b
半信半疑不前不後者　83b
半千雄席　159a
半銭　32b
半提　53b
半途　91b
半夜　67a, 109b
犯著　32b
泛濫者　102b, 104a, 105a
畔　8b, 12a, 17a, 30b, 39a, 46a, 61a, 131a, 145b, 147b, 151b
畔岸　80a
般若　37a, , 109a, 115a, 152b
般若種子　100a
般若多羅　152b
般若大師　109a
般若波羅蜜　37a
梵　はん→ぼん
斑　44b, 56a, 76a, 88b
飯自米中来　55a
飯銭　75a, 129a
飯袋子　146b
煩悩　15a, 51b, 52a, 53b, 90a, 109b, 110b, 114b
煩悩即菩提　109b
煩悩魔　118b
煩絮　102b
幡動　93a
樊噲　124b
翻　はん→ほん
藩　69b
攀恋　123a
万彙　129b
万縁　13a, 103b
万縁万境　13a
万貫之銭、三文之本　130a
万機泯絶　108a
万斤之石　89a
万劫　115b
万頃　46a
万行　118b
万豪　27a
万国逢春　61b
万載　60b
万指　47a
万事大吉　20a
万事和合　58b
万殊　97a
万樹　129b
万重重　119b
万緒　47a, 63a
万緒千頭　47a, 63a
万蘂之栄　137a
万象　8a, 104a, 104b, 137a
万象難斉　137a
万像　6b, 33a
万像森羅　33b
万乗帝王之位　18b
万姓　37b
万丈　72b, 118b
万仞　41b, 74b, 125a
万仞懸崖　74b
万仞鉄山　125a
万程　68b
万年報恩光孝禅寺　161a

万馬　74b
万八千　29a
万般　52b
万物　8a, 9b, 20b, 51a, 67b, 90b, 122b, 138b, 139b
万物之主　9b
万物之上　122b
万物之先　139b
万物与我一躰　8a
万別千差　78b, 115a, 145a
万邦　4b, 33a
万里　11a, 33a, 34a, 35b, 38b, 66a, 70b, 83b, 115b, 154b, 158a
万里持来鉄餕餡、渾崙無縫似研槌　115b
万慮千思　38b
蛮夷　9b

【ひ】

比丘　157b, 161a
比倫　70b
皮下元来有血　47a
皮下有陽秋　96a
皮囊　90a, 111a
皮穿骨露　67a, 71b, 83a
彼以悪事而加於汝、汝若不受之時、此悪復帰何処　126b
彼岸　116a
彼人之己　126b
披雲一嘯　46b
披剥　6b, 104a
肥州　107a
肥前　106b, 107a
非干汝事　98a
非形　131b, 139b, 140a
非形之形、能出衆形之外　139b
非事　60a
非心非仏　46a, 112a
非相　104b, 137b
非非想天　42b
飛猨嶺　67a
飛塵　135b
飛龍馬　74b
秘魔　34b
秘魔擎杈　34b
蚍蜉　11b
被位頭　81b
費力　11b, 61b
裨販　95b
鄙事　95b
鄙者　10b
臂　5a, 38b, 44b, 50a, 52a, 94a
譬如善財入弥勒閣門　10b
譬如明珠繋於衣裏、奔走他土丐食伶俜　7b
未　び→み
弥　び→み
眉鬚堕落　28a, 144a
眉毛　56b, 69b, 136b
眉毛短　69b
美欣欣　33a
美声好色　100a
毘盧頂顊　52a
寐語　56a
微塵　5a, 37b, 42b, 47b, 51a, 57a, 138a
微涼　43b
微涼生殿閣、独立問薫風　43b
鼻孔　21b, 22a, 24b, 39b, 43b, 55b, 60b, 69b, 70a, 103a, 117a, 119a, 133b
鼻孔長　69b
鼻孔長三尺　119a
鼻尖頭　88b, 102b
鼻直　19b
獼猴　115b
畢雨　71a
畢竟　26a, 33b, 34b, 35a, 46b, 48a, 50b, 61b, 63b, 72a, 73a, 83b, 87b, 92a, 113a, 134b, 138b, 140a, 146b, 155b, 157a
筆硯　81b
百一十城　117a
百花　42b, 49b
百怪千妖　52a
百卉　123a
百計　65b
百五十衆　25a
百雑砕　37a, 123a
百尺竿頭如進歩、十方世界現全身　90b
百姓　51a, 101a
百済　42a
百千三昧　37a
百千灯自一灯生　48b
百千万億　4a, 10b, 42b, 134a
百千万億法門、尽在此門而入　4a
百川　121a
百匝千重之処　64a, 133a
百草頭上　46a
百丈　15a, 17a, 18a, 43a, 43b, 46b, 75a
百丈和尚　18a
百丈耳聾　46b
百年　6a, 106b, 108b, 110a
百鞭　112b, 118b
百法座主　92a
百余衆　85a, 140a

百慮　97a
百煉精金　124b
百斛驢乳撥将来、不消獅子乳一滴　69a
白　びゃく→はく
氷河　33b, 122b, 137a
氷河発焔連天赤、石笋生枝払地青　122b
氷雪　93b
氷霜　156a
彪眼　55a
憑拠　23b
飄空　79a
飄飄　43a
平　びょう→へい
妙　びょう→みょう
苗裔　21b
病者　121a
病魔　118b
描邈　137a, 150b
渺渺　8b
品類　51a
貧子　80b, 119b
貧子衣珠　119b
貧賤　108a
貧無一縷、富敵万豪　27a
賓主　16a, 41a, 105b
賓主歴然　41a
擯出　11b, 134a
嚬呻　72a
鬢　76a
閩　154a

【ふ】

不安　45b
不会底　133b, 135b
不会仏法　146a
不往彼岸、不居此岸、不住中流　116a
不可得　22b, 86a, 93b, 104b
不敢　6b, 10b, 11a, 14a, 44a, 60b, 71b, 92a, 121b, 127b, 143b, 153a
不勘自敗　52b, 147b
不起一念　87b, 105a, 112a
不起一念、還有過也無　105a, 112a
不疑之地　104a
不及草書　39b, 119a
不牽而自入底　24b
不慳貪　87a
不幻之物　100b
不幻者　100b
不沽酒　87a
不顧傍観　29a
不顧傍哂　130b
不孝中孝　21b
不肯回頭　133b
不根　85b
不殺生　87a
不思議　10a, 53a, 143a
不思議解脱門　10b
不思議法門　53a, 143a
不自讃毀他　87a
不識無明　158b
不惜身命　48b
不邪婬　87a
不種一茎菜　146b
不祥　52a
不勝其数　107a
不喞　122a, 144b
不嗔恚　87a
不仁　63b
不是一番徹骨寒、争得梅花香撲鼻　7a
不惜口業　144b
不説四衆過　87a
不遷　144b, 145a
不断煩悩而入涅槃　51b
不知不会人　102a
不知有　137b
不蓄一粒米　146b
不偸盗　87a
不著仏求、不著法求、不著僧求　87a
不直半銭　32b
不伝之妙　84b, 93b
不動　5a, 6b, 32a, 43b, 48a, 64a, 77a, 115a, 128a, 149b, 155b
不被無常呑　20a
不物　13a, 33b, 139b, 140a
不物於物、能超万物之先　139b
不平　34a, 113b, 140b
不平之気　113b
不慕諸聖、不重己霊　39b
不謗三宝　87a
不妄語　87a
不与万法為侶　75a, 107ab
不来人　38b
不離這裏　24a, 32a, 117a, 143b, 156a
不立文字　86b
不了事漢　100a
不廉　118b
不露頂　113b
不露鋒鋩不施寸刃底　21a
不老人　67b
父銭　99a

父母　99b, 100b, 111b, 113a
父母之恩　111b
父母腹　100b
父母養育之恩　113a
付授　37a
付嘱国王大臣有力檀那　61b
付託　121b
付与這箇　120b
布裩　124b
布衫　109a, 120b, 121a
布袋　25b, 26a, 36b, 149b
布袋口　36b
孚祐　10b
扶持　60a, 61a, 63b
扶竪正宗　5b, 121a
扶桑　35a, 53b, 65a, 68a, 101a, 124b, 132b, 133a, 136b, 153b
扶桑国　35a, 133a, 136b
扶籬摸壁行　48b
斧頭元是鉄　55a
俛首　62b
負累　32a, 63a, 95b, 128b, 153a
俯仰　9a, 120a
俯仰折旋　120a
浮雲　56b, 108b
浮花　91b
浮山遠　127a
浮生　124b
浮幢王刹海　41a
畐塞　54a
訃音　12a
符　45a, 52a, 142a
傅大士　149b
普化　45b, 142a, 150a
普化振鈴　45b
普願　15a
普賢　66ab, 105b, 115a
普賢荘　66a
普賢菩薩　66a
普賢門　105b
普請　79b, 137b
普説　80a, 84b
普天　58b, 130b
富貴　74a, 100a, 106b, 108a, 138b
富士之嶽　10b
富士大明神　55b
富敵万豪　27a
輔国　9b, 61a, 125a
敷栄　27a
敷演　49a
敷具　127a
武侯　146b
無　ぶ→む
風雲　122a
風花雪月　50a
風月　81b, 140b
風月之句　81b
風光　39a, 42b, 51a, 147a
風骨　45b, 131a
風信　127b
風頭　16b, 23a, 147a, 147b
風頭稍硬、且帰煖処商量　16b, 147a
風頭稍硬処　147b
風頭稍硬、煖処商量　23a
風動　93a
風流　36a, 78b
風浪　57b
伏膺　90a
服膺　113b
副寺　11b
福海　10b
福山　13a, 26a, 53a, 58a, 62a, 85b, 123b, 132b, 134b, 152a
福報　9a, 109b
覆蔭　19a, 95a
仏　ふつ→ぶつ
払子　5b, 16a, 26b, 27b, 31a, 37ab, 38b, 40a, 51b, 52a, 58a, 62a, 66a, 121b, 124a, 124b, 132a, 142b, 144a, 144b, 147b
払袖　14a, 15a, 32b, 40a, 65b, 132a
払袖便行去　32b
仏衣　109b, 113a, 149b
仏一字　87a
仏恵命　36a
仏戒　86b
仏鑑老子　12a
仏眼　51b, 82a, 98b, 135b
仏眼覰不見　82a
仏光法師　3a, 3b
仏刹　10b
仏子　45a, 49b, 145a
仏日　62a
仏種　14a, 109a
仏性　66a, 76a, 98b, 109b, 114b, 131b, 132a
仏照杲禅師　92a
仏照禅師　19a
仏成道日上堂　18b
仏成道上堂　24a, 41b, 48a
仏心宗　51b
仏生日上堂　29b

仏祖一大事因縁 113b
仏祖仇讎 34b
仏祖玄奥 102a
仏祖讃 149a
仏祖大道 112a
仏祖妙道 7b
仏像 84a
仏殿 4a, 7a, 26a, 60a, 124b
仏堂 17b
仏涅槃上堂 20b, 24b
仏病祖病 121a
仏法禅道四字 85a
仏法大意 10a
仏法的的大意 75a
仏来也打、祖来也打 87a
物外 15a, 143a
物有定価 26a, 136a
分外 31b
分暁 67a, 100a, 112a, 113b, 134a
分歳 115b
分子 4a
分上 16a, 23b, 33a, 54b, 152b
分髄分皮 9a
分疎不下 132b
分争 92a
分付 40a, 55a, 70a, 74a, 142b, 147b, 155b
分別 6b, 14b, 27b, 28a, 58a, 68b, 80a, 91b, 93a, 94b, 100b, 101a, 103b, 104a, 116b
分別之念 100b
分別心 108b
分別相 91b
分明 4a, 5b, 9a, 12a, 15a, 20a, 22b, 30b, 42a, 47b, 50a, 56b, 57a, 66b, 67a, 68b, 73a, 103a, 104a, 105a, 111b, 131b, 139b, 140b, 147b
汾陽和尚 95b
粉骨砕身 129a
粉砕 57a
粉粧 56a
粉蝶 42b
紛紜 125b
紛擾 42a, 79b, 99b
紛然 123b, 124a
紛飛 101a
紛紛 94b, 132a
紛紛天際雪 132a
噴涕 93a
憤然 52a
奮志 107b
分　ぶん→ふん
文応 62b
文字語言 6b, 82a, 84a, 92b
文字之学 91b
文殊 18b, 30b, 31a, 43a, 54a, 65b, 81a, 115a, 117a, 134a, 136b
文殊和尚 136b
文殊過三処度夏 134a
文殊強指南 65b
文殊撫無絃琴、善財吹無孔笛 30b
文殊放過維摩詰 18b
文殊与維摩、両両常論義 40a
文墨 126a
刎頸 72b
蚊蚋 77a
聞　ぶん→もん

【へ】

丙丁童 44a, 155b
平江府 4b, 61a
平三鼻孔長、源四眉毛短 69b
平常会 57b
平常心 76a, 112ab, 114a
平常心是道 76a, 114a
平生 49a, 52a, 98a, 124a, 153b
平坦 77a
平地喫交 45a, 64a
平沈 15b
平定 72a
平等性智 131b
平等超越 138b, 140b
平等利益 87b
平人 23b, 66a, 123a, 144b
平白 27b, 85a, 120b, 129b
平白欺人 120b
併掃 110a
秉炬 153b, 154a, 154b, 155a, 156a, 156b
柄窘 40a
柄欄 40a
瓶 131a, 140b
陛下 19b
弊屣 108b
迷　べい→めい
碧漢一輪 11a
碧眼胡僧 93b
碧眼老臊胡 46b
碧嵒 36a
碧空 7a
碧霄 29a
碧波 66b
碧落 56b
僻見 5b

劈脊 28a
劈箭 44a
劈面 137a
壁角頭 103a
闢闔 9b
覓心了不可得 93b
別人 16b, 81a, 133b, 136a, 140a, 149a
別是一乾坤 137a
別法 58a, 103b
瞥 54b, 135a, 136a
瞥喜瞥嗔 135a
瞥脱 108a
瞥地 7a, 40a, 74b, 116b
瞥転 30a, 155a
鼈 33b, 37a, 43b, 54b, 67b, 74b
片雲風掃 157a
片玉 28a, 143a
片玉無瑕纇 28a
片時 97a
片段 35b
辺際 139a
返観 7b, 81b, 104b, 105a, 109a, 110a
返究 99b
返視 97b, 100b
返照 87b, 90b, 99a, 126a, 126b
返聴 8b, 13a, 107a, 113a
返返復複 86a, 93a, 99b
返復推窮 104a
返聞聞尽 8b, 152a
変却 113b
変更 58b
変通 39a, 84b, 115a
扁舟 32b, 74b, 76b
貶向 52a, 57a, 64a, 71b
貶向鉄囲 71b
貶向鉄囲山中 57a
貶剥 121b
徧河沙 32a
徧界 26a, 31b, 40b, 47a, 50a, 76a, 152b
徧参 113b
徧満 24b, 26ab, 117a
徧歴 5a, 61b
徧満大千 24b, 117a
卞和 22a
便宜 76a, 78b, 109b, 110a, 111b
便行 15a, 32b, 40a, 65b, 76a, 123b, 146a, 154a, 155ab, 157a
辨 20a, 39a, 40b, 42b, 54b, 69a, 91b, 96b, 124b, 144a, 147b, 148a, 154a
辨得 15b, 143a, 144a, 145b
辨白 96b
瓣 33a, 66a, 115b
瓣肯心 89b, 109a
瓣素供 39b, 119a
鞭笞 146a
辯辞 88b
辯論 93a

【ほ】

布 ほ→ふ
歩歩 17a
保 9b, 25a, 47a, 49a, 50b, 57b, 68a, 72a, 147b
保社 21b, 37b, 38a, 47a, 50a, 60a
保寿 11b
保惜 136a
保寧 122a
普 ほ→ふ
鋪蘆覆塹 124b
母胎 100b, 110b, 113a
母堂 96a
菩薩行 138b
菩薩乗 66b, 135b
菩薩地 9b
菩提 57a, 109b, 110a
菩提心 57a
暮請 80b, 88b
暮打八百 31b
暮天 74a
方円 37b
方隅 117a
方丈 4a, 16b, 17a, 43b, 60a, 89a, 95b, 117b, 123b, 142a, 146b, 147a
方寸 13b, 98b, 105a, 116b
方便 7a, 10a, 21b, 51a, 105b, 106a, 138b, 145b
方便門 7a, 138b
包裹 37a
包蔵 16a
抛向 46b
抛撒 83a
抛出 143a
抛砂撒土 76a
抛脱不下 86a
芳心 123a
咆哮 25b
奉行 51b
奉饒 31a
奉勉 107a
宝王刹 5a
宝剣 6b, 39a
宝匣 140b

宝治二年戊申冬十二月 4a
宝所 99b, 151a
宝蔵 80b
宝鐸 18b
宝幢 61a
房廊 127b
放逸 11a
放下 14a, 16a, 49a, 67b, 84a, 111b, 126b, 138a
放下著 126b
放過一著 37a, 50b
放開 117a, 152b
放懐 95b
放却 116b
放行 34a, 52b, 62a
放之自然、体無去住 81b
放恣 87a
放捨 13b, 82a, 112b
放出 37b, 116a, 118a
放汝三十棒 31a
放声 96b
放得下 81b
放入 116a
放不下 88b
放両抛三 42b
法王 4b, 57b, 152b
法王座 4b
法界
26ab, 37a, 42a, 87b, 94b, 117a, 137b, 139a, 151b
法界非相 137b
法眼 11b, 36a, 118b, 142a
法器 72ab, 117b, 151a
法座 4b, 60b, 92a
法昌 115b, 119b
法昌示衆 119b
法照 3a, 3b
法身 6a, 87a, 114b, 128a
法性 37a, 143a
法歳 134a
法堂 63b, 98a
法堂前草深一丈 98a
法道 44a, 125b
法乳之恩 61a
法門 53a, 143a
法要 57b, 58b
法輪 5a, 66b, 81a, 149a
法輪未転、食輪先転 66b
法令 57b, 58b, 124b
迸散 126a, 145b
逢著 46b, 92a
報冤 25a
報恩光孝禅寺 161a
報慈 18a, 117b, 146b
報身 87a
豊衣足食 93b
豊稔 37b
飽帆和月渡滄洲 137b
蓬蒿 93b
髣髴 36b, 43b, 40b
髣髴西秦 36b
褒讃称揚 97b
褒辞 97a
鋒 31b, 69a, 72b, 75a, 116b
鋒鋩 5b, 21a, 27b, 50a, 55a, 87a
縫罅 35b, 134b
龐居士 75a, 86b, 107a, 107b, 110a, 123a
龐公 76b
龐公参大梅 76b
龐老 76b
雱霈 33b, 133a
妄　ぼう→もう
忙然 47a
忙忙 106a, 145ab
忙忙地 106a
芒鞵 47b
忘却 19a, 71a, 105a, 130b, 133b
忘形骸於寂寞之浜、棄性命於険危之際 93b
忘前失後 54b
罔　ぼう→もう
冒姓 21a
茆庵 138b
茆屋 61b
剖出腸 82b, 119b
剖析 17a
剖説 126b
剖断得出 120a
剖露 47b, 101b
茫茫 55b, 150b
望空射垜 128b
望山庵 137b, 138b, 139a
望山山頂 139b
望山之庵 139a
望山之時 138a
望水之時 138a
望林止渇 159b
眸 8a, 75b, 78b, 96a, 131a, 139b
傍観 27a, 29a, 31a, 44b, 69a, 87a, 123a, 150a
傍観者 27a, 29a, 44b, 87a
榜様 83b, 107b
棒喝 13ab, 32a, 35b, 60a, 153a
棒頭有眼、喝下無私 63b

滂沱 71a
蒙　ぼう→もう
貌相 68b
懋昭 4b
謗 68b, 69a, 87a, 98a
謗辱 125b
北鬱単越 123b
北京 60a, 161a
北山 33b, 133a
北山霧霈 33b
北枝背陽 123a
北禅 115b
北狄 43a
北斗 128a
北嶺 67a
卜 19b, 27a, 92b
卜度 98b
木毬 136a
木毬児 32a
木杓 17b, 74b
木石 85b
木屑 95a
木人騎石馬 33b
木人石人 135b
木仏 28a, 33a, 120a, 124b, 144a
朴実 78b, 101b
朴実頭 78b
撲 7a, 16a, 19a, 27a, 66a, 123b, 124a, 132a
撲鼻 7a, 19a
撲滅 125b
睦州 55a, 58a, 96a
睦州指臨済去見黄蘗 55a
睦州老子 96a
払　ほつ→ふつ
没意智 40a
没底舟 123b
没転智 102b
没量罪過 128b
没量大漢 60b, 70b, 102b
本位 20b, 49b
本拠 32b
本郷 93a
本源 32b, 82a, 96b, 117b, 126a
本源上 82a
本光 54a, 156b
本自円成 18a
本所 138a, 150a
本心 6b, 54b, 109a, 139a
本身 10b
本性 15a, 139a, 152a
本然 42a, 104b
本地風光 42b, 51a
本分 44a, 64b, 81b, 128a
本分事 44a, 81b
本分草料 64b
本有 15a, 54a, 100b
本来 9b, 45a, 49b, 51a, 68a, 73a, 77a, 88b, 101a, 126a, 131b, 138a, 141a, 145a, 156a, 157b
本来身 9b
本来成現 49b
本来清浄 51a
本来不遷義 145a
本来面目 156a, 157b
奔走 7b, 128a, 151a
奔走他土 7b
奔馳 72b, 108a, 149b
奔程走道 89a
翻偽為真 103a
翻却 53a, 136b
翻却慈容又呈鬼面 136b
翻転 19b, 77b, 78a, 147b
凡質 126a
凡情 37b, 121a, 127b, 129b
凡心聖心 156b
凡夫 107a, 107b
梵行 51b
梵刹 48b, 55a, 62b
梵釈 125a
梵天 51a
煩　ぼん→はん

【ま】

馬　ま→ば
麻三斤 11a, 44a, 87b, 105b, 106a
摩空淩雲之勢 102a
摩霄 54b
摩捋 97b
磨兮礱兮 96b
磨盤 18a, 46b, 127b
磨磨 129a
魔王 57a, 143b
魔外 135b
魔軍 62b
魔見 81b
魔子 98a
魔趣 84a
埋没 10a, 119a
驀箚 91a
末運 97a
末後 9a, 19a, 23b, 80b, 81a, 95a, 105b, 107a,

124b, 154a, 154b, 157b
末後法輪 81a
末山境 113b
末山和尚 113b
末世 20a, 61a, 97b, 125a, 153b
末代 22b, 85a
末法已越二百余載 81a
抹過 23a, 39a, 41b, 46a, 123b
万　まん→ばん
満院春風 142b
満眼 23a, 48a, 54b, 109a
満眼是相識 54b
満眼相識 23a
満眼満耳 48a, 109a
満口含霜 18b, 33a, 147a
満天風月 140a
満目 35a, 35b, 61a, 62a, 145a
満目青山 35a, 35b, 62a
漫空 15a, 93b
漫天網 123a
瞞瞞盱盱 143b

【み】

未審 121a, 147b
未相信時 86b
未曽説一字 80b
未達唯心境、起種種分別 27b, 68b
未知生、焉知死 99b
未徹在 25a, 49a, 68a, 83a
未来心不可得 104b
未離父母腹時 100b
未了公案 19b
未了底公案 134a
弥天 118a, 120a, 132b, 142b
弥天罪犯 118a, 142b
弥勒 10b, 19a, 31b, 45a, 56a, 100b, 115a
弥勒閣門 10b
微　み→び
密窮 90b
密察 81b
密室 94a
密切 60a
密用 103b
名　みょう→めい
妙阿大師 111b
妙音 42a, 151b
妙覚 84b, 152a
妙喜老人 64a
妙句 13b, 55b
妙語 57b
妙弘 161a
妙算 56a
妙旨 7a
妙趣 138b
妙処 71a, 86b, 111a, 142a
妙体 79a
妙湛霊明 13a, 14b
妙中之妙 87b, 90b
妙転臨機 101b
妙道 6a, 7b, 13b, 86a
妙明明時 135b
妙用 14b, 39a, 91a, 115a
妙理 9b, 105b
命　みょう→めい
明　みょう→めい
岷峨 158a
泯絶 108a, 110a

【む】

無位真人 35b, 37b, 75b
無位真人赤肉団 35b
無為 4b, 28a, 51a, 62a, 116a, 116b, 138b
無依 35b, 42a
無隠 97a, 98a
無縁 85b
無碍 12a, 14b, 40b, 80b, 99a
無碍境界 99a
無礙 9a
無間重罪 45b
無間地獄 84a
無窮 6b, 9a, 16b, 19a, 78a, 84a
無去無来 34a
無極 51b
無形之物 132b
無限清風生八極 71b
無限清風来未已 5a, 5b, 134b
無絃琴 30b
無孔笛 30b, 34b
無垠 60b
無始以来認賊為子 68b
無思之郷 90a
無絲線 123b
無事 27b, 53b, 56a, 72b, 76a, 110b, 119b, 146a
無事好 56a, 72b
無識之徒 125b
無手 85b
無住 143b
無準和尚 12a
無準和尚訃音至上堂 12a
無証無修 78a

無上心印　117a
無上法　20b
無上妙道　6a
無常　20a
無情　10a, 21a, 21b, 24a, 27b, 58b
無情之物　21a
無縄自縛　50a
無心　51a, 53a, 56b, 80b, 121b, 133a, 135b, 138b, 150a
無心之境　138b
無心是道　133a, 135b
無心道人　53a, 56b, 121b
無心仏事　51a
無心無為　138b
無尽　7b, 19a, 27a, 51a, 67b, 78a, 91a, 101b, 102a, 138b, 141a, 159a
無生　7a, 37a, 52a, 62a, 68a, 86b, 110a, 119b, 146a
無生国　52a, 62a
無生話　86b, 110a
無性　24b
無多子　63a, 67a
無体之場　91b
無端　27b, 45b, 48a, 55b, 65b, 71b, 133a, 136a, 143a
無地　56a, 64a, 77a, 122b, 132a, 153b, 154b
無著　7a, 17a, 23b, 40b, 80b
無底鉄船　47a
無転智　35a
無道心人　85a
無賓主句　105b
無物堪比倫、教我如何説　70b
無柄金槌　39a
無柄杓子　44b
無柄鉄苕帚　126a
無柄犁鉏　147b
無米飯　38b, 56b
無方　128a, 137b
無法与人　9a
無縫　35b, 115b, 130a, 134b
無明　1a, 4b, 15a, 61a, 64b, 96a, 109b, 114a, 158a, 158b
無明和尚忌　64b
無明火　61a, 64b
無明性禅師　1a
無明即仏性、煩悩即菩提　109b
無明大和尚　4b, 61a
無明煩悩即是仏性、幻化空身即是法身　114b
無面目漢　28b, 46a, 115a
無文印子　121b
無憂　9a
無量劫来　101a
無量法門　37a
夢事　100a
夢寐　84a
霧豹　70b
霧豹沢毛、七日不食　70b

【め】

名言　90b, 144b
名山　97a, 101b
名相語言　91b
名衲　158a
名聞利養　94a
名邈　23b, 121b
名摹　34a
命根　87a
明暗色空　114b
明鑑　63b
明眼　53b, 90a, 128b, 132a, 147a
明眼漢　147a
明眼高流　132a
明眼人　53b
明君　60b, 61a
明月　81a
明源禅人　98b
明皎皎　26b, 53b
明師　83b
明取　109b
明珠　7b
明招　16b, 17a, 147a, 147b
明招和尚　147a
明招久不陞堂　16b
明心　81a, 83b, 140b
明星　9a, 34a, 109b
明禅上人　100b
明窓浄几　11a
明智　101b
明中有晦　37a
明徹　10a
明道　45b, 81a, 139b
明得　5a, 11a, 28a, 57a, 82a, 87a, 100a, 105a, 130a, 137b, 153a
明得悟得　82a
明如日　24a, 144a, 153b
明年明日　120a
明白処　94b
明文　136a
明明　32b, 34a, 45b, 49a, 49b, 71a, 76b, 84b, 126b, 135b, 140a
明明向道　49b, 76b

明了　57a, 89a, 89b, 139a
明了了明　84b
明歴歴　34a, 38b, 54a, 94b, 136b
迷己逐物　65a, 71a
迷昏　17a
迷情　27a
迷頭認影　16b, 114b
迷悶　7b, 108b
冥冥　38b
瞑眩　100a
面上含笑　98a
面前　27b, 35a, 41a, 46b, 52b, 63b, 72b, 93a, 145b
面南看北斗　44b, 137b, 151a
面皮　36b, 48a, 77a, 87a, 128a, 135a
面壁　34b, 42a, 46b, 81a, 136a
面門　75b, 153b

【も】

摸索　5a, 35b
母　も→ぼ
毛人　122b
毛虫　44a
妄　20a, 44a, 50a, 78a, 87a, 94b, 107b, 121b, 147b, 152b, 156b
妄縁　18a, 110a, 113a
妄見　156b
妄宰　109b
妄想　6b, 20a, 41b, 99b, 106b, 109b, 110a
妄想顛倒　6b, 110a
妄念　20a, 106a, 109a
盲枷瞎棒　87b
盲人摸象　134a
罔措　48b, 96a
罔聖欺凡　142b
莽莽蕩蕩　106b, 147b
莽莽鹵鹵　143b
莽鹵　100a
猛虎　35a, 67b
猛省　7a
猛励　22b
猛烈漢　142b
蒙　5a, 9a, 39b, 60b, 87b, 88a, 88b, 108b, 131b, 146b
蒙庵嶽禅師　87b
蒙福　60b
懞憧　53a
木　もく→ぼく
目瞽　136a
目前大道　21a
沐浴　27b
黙運　9b
黙識　93b
黙推　8b
黙然　92a, 128a
黙体　94a
没　もつ→ぶつ
物　もつ→ぶつ
文　もん→ぶん
門限　65b
門戸　9a, 113a
門前刹竿　74a
門前雪　41b
問取　43a, 55a, 72b, 87b
問取海兄　55a
問訊　90a, 142a
問著　40b, 95a, 143a
問話　116a
聞見　53b, 121b, 144b
聞声　8b
聞知　85a, 88a
聞得　8a, 42b, 49a, 49b, 66b, 68a, 69b, 76a
聞仏一字、嗽口三年　87a

【や】

也大奇　11a
夜月流輝含古渡　62b
夜行　100a, 102a, 128b
夜行徒衣錦、年老覚心孤　102a
夜叉　145b
夜短睡不足、日長飢有余　90b
夜中行　58b
夜半　22b, 24a, 71b
夜夜　53a
夜闌　33a, 74b
野火焼不尽、春風吹又生　14b
野狐涎　116b
野草閑花各自春　63a
爺銭　118b
約有明文　136a
訳語　143a
躍出　43a
鑰匙　127a

【ゆ】

由基　99a
油缸　77a
油麪　127a
逾城　24a
輪機　144b
唯原居士　105b

維　ゆい→い
右　ゆう→う
用　ゆう→よう
有為　51a, 152b
有始却無終　136b
有始無終　106b
有修有証　78a
有住　143b
有条攀条、無条攀例　145b
有情　10a
有生　5a, 22a, 45a, 109a, 128b
有性　24b
有性無性　24b
有尊上座　155a
有男不用婚、有女不用嫁、大家団聚頭、共説無生話　86b
有智無智　29b, 56a, 133b, 153b
有智無智、較三十里　29b, 56a, 133b
有頂　60b
有底　38a, 47a, 58a, 139b
有頭無尾　134a
有道　6a, 60b, 62a, 85a, 89b, 100a
有般　33a, 66a, 134a, 144b, 147a
有放有収　43a, 96a, 120b
有凡有聖有迷有悟、何曽有三無差別乎　80b
有余　24a, 27a, 51a, 90b, 122a, 130a
有力檀那　61b
勇夫　52b, 116a
勇猛　110b, 112a
幽隠　20b
幽谷　2a, 5a, 45a, 65a
幽深　112b
幽石　36a
幽鳥　42b
幽洞　43b
悠悠　122b
猶自　25a, 147b, 149b
猶有事在　102a
猶有～在　14a, 48a, 83b, 102a, 108a, 135b
裕上人　91a, 92b
游戯　28b
游江海渉山川、尋師訪道為参禅　116b
遊岩上座　154b
遊戯　55b, 107a, 155a
遊山　34a, 46a, 79a
遊山帰上堂　34a
遊人楼下過　29a
遊方　139a
雄雞生卵　130a
雄鋒　69a
熊野　122b
憂煎　116b
憂慮　110a
優游自在　110b

【よ】

与古徳為儔　127b
与三掌　45a
予讓呑炭　25a, 40b
畬　119a, 146a
永　よう→えい
用　4b, 10a, 11a, 13b, 14b, 21a, 31a, 40a, 44a, 46a, 49b, 50b, 51a, 56b, 58a, 74a, 77a, 82a, 88b, 98b, 101b, 111a, 112a, 123b, 136b, 144a, 146a
用意　11b, 21a, 109a
用舎　10a
用心　82a, 111b, 112b, 126a
用得　13b, 14a, 51b, 137b
用不著　60a
用無尽時　159b
妖怪　22a
妖精　34a, 84b
妖魔　116a
応　よう→おう
佯佯　66b, 132a
杳昏　74b
殃　よう→おう
要津把断　59a
葉県省和尚　127a
遥観白雪、指作楊花　17b
陽山　4b, 61a, 64b, 158a
陽山領旨　158a
陽秋　96a
陽和　95a, 95b
搖曳　25a, 32a, 70a
搖乾撼坤　19a
搖脣鼓吻　77a
楊花　17b, 132a
楊岐　38a, 65a, 156b
楊岐一頭驢、只有三隻脚　38a
楊岐驢子脚三隻　156b
楊州　43a
楊柳　28b, 49a
腰帯　11b
様子　113b
踊躍　42b, 48b, 66b
踊躍歓喜　42b
養民　9b
擁休　60b
颺却　70b, 140a

颺下　99a, 142a, 142b
颺在　132b, 133a, 133b
浴司　17b
浴主　23b, 27b, 52b, 58a
浴仏　9a, 21b, 25b
浴仏上堂　21a, 25b
欲過万程、起於初歩　68b

【ら】

羅漢　103b, 111a
羅列　139b
羅龍打鳳之手　27b
邏囉哩　34b
蘿蔔頭禅　39a
礼　らい→れい
来機　40a, 45b, 144b
来時空索索　12a
来日　53b
来処　16a, 103a, 115b
来処也不知　115b
来世　45a
来舀　7b, 55b, 61a, 76b, 115a, 132a
来臨　53b, 61b
雷同　7a
頼遇寂子不会　137b
洛上　115a
落在　19a, 45a, 50b, 128a, 131b
落在～著　19a
落処　29a, 51b, 65a, 124b, 137b, 156b
落節　28a, 37a, 144b
落便宜　76a, 78b
落楊花　132a
垃圾　140b
垃圾上重添垃圾　140b
乱青　62a
乱談　94a
乱風　63a
闌　27a, 33a, 74b, 75a
闌珊　75a
嬾瓚和尚　150a
懶散　74b
懶堕　10b
蘭若　11b, 97b
蘭渓　55a, 63a, 68a, 68b, 72b, 130b, 142b, 144b, 145b, 158a
蘭渓和尚語録　4a, 79b, 157b
蘭渓叟　53a
蘭渓隆老　1a
攔胸　143b, 146a
欄竿　120b, 137b
瀾　24b
爛却　56b
爛臭　25b
爛草鞋　120a
爛椎一頓　136b
爛物　133a
爛熳　25a

【り】

利益　5a, 9a, 87b
利害　95a, 147b, 148a
利剣　70b
利口　88b
利周　19a
利人　51b
利名　22b, 100a, 108b
利養　94a
理会　92b, 111a
理論　107a
裏許　13a, 45a, 62b
裏頭仁　133b
離中虚、坎中満　45a
籬雀　123b
籬辺雀　25b
籬辺鴟雀空啾啾　81a
驪龍頷下珠　22b
力行不怠者　102b
力行力究　105a
力量　11b
六　りく→ろく
陸侍御　128b
陸地平沈　15b
陸沈　144b, 146a
陸郎中　51b
立雪　94a
立地　53a, 63b, 71a, 111a
立法　126a
律令　52a
率服　9b
掠虚　92a
柳　8a, 87a, 103a, 134b, 150a
柳岸　38a, 81a
柳樹　23b
柳未開新眼、梅先放旧条　134b
柳緑花紅　8a
流鸎　76b, 81a
流禍在扶桑　124b
流沙　36a
流水勢　144b
流泉　42b

流俗 95b
流通 38a, 61b, 159b
流布 55a, 103b
流芳 135a
留意 112b
留在 103a
留心 13b, 92b
劉鉄磨 76b, 109a
劉鉄磨訪潙山公案 76b
龍華三会 108b, 157a
龍顔 19b
龍宮 19a
龍血 34b
龍興 62b
龍象 130b, 152a
龍潭 55a
龍韜虎略 72a
龍門 59a, 76b
旅邸 127b
閭閻 65b
驢　りょ→ろ
了期 17b, 107a, 135a, 149b
了却 14b, 58a, 89b, 106a, 106b
了時 6a
了事 8b, 100a, 107a, 107b, 110a, 111a, 154b
了事漢 100a, 110a
了事尼僧 111a
了事凡夫 107a, 107b
了禅 60a, 93b, 94a
了禅侍者 93b
了知 20a, 154a
了然 5a, 13b, 85b, 104b, 138a
了明無所 84b
了了 15a, 38a, 84b, 142a
両橛 70a
両彩一賽 30a
両手把定 87a
両勝 63a
両尊 144a
両重 11a
両頭 78a
両堂首座 41a
両班 5b, 32a, 38a, 65a, 70a, 72a
両眉 151a
両片皮 133b
両眸弗覩 96a
両目瞑眩 100a
両目瞑後 112b
両両 37a, 40a
良医之門病者愈盛 121a
良縁 151b
良驥 22a
良哉観世音 34b
良匠 96b
良謀 43a
良薬 25b, 50a, 69b
良友 83b, 102b
亮座主 14a
凌雲 102a
梁 27b, 31a, 105b, 125b, 154b, 157a
梁魏 53a, 150a
梁山 52a, 52b, 64a
梁棟 61a
涼風 49b, 64a
量天 115a
楞厳 92a, 104a, 105a
楞厳会上 104a
寥落 30a, 156b
寥寥 33a, 134a, 139a, 153b, 157a
領会 23a
領解 18a, 65b
領在言前 86b
領得 96a
領略 60b
遼天 29b, 60a, 70b, 87a
遼天索価 60a, 70b, 87a
遼邈 101a
霊　りょう→れい
力　りょく→りき
渌水 62a, 141a
騄騄 52b
淋汗 79a
淋漓 55b, 71b
淋淋 50a, 66a
凛凛 34a, 151a
輪回 107a, 140a
輪回六道底人 140a
輪廻 91a
輪墜 111b
輪転 89b, 111a
臨安府 157b
臨崖看虎眼 120b
臨期応用 44b, 86a
臨機殺活 108b
臨機罔措 96a
臨機応変 31b
臨済 4b, 29a, 39a, 41a, 44a, 47a, 47b, 55a, 65a, 66b, 70b, 75a, 75b, 88a, 95b, 97b, 113b, 124a, 124b, 130b, 132b, 134a, 136b, 139b, 142a, 142b
臨済会下 41a

臨済喝　134a
臨済三玄　39a, 132b
臨済示衆　75b
臨済児孫　88a
臨済住院日　142a
臨済正派　4b
臨済訪徳山　66b
臨済問黄蘗　75a
臨済有喝　29a
鱗　59a, 75a, 78b, 97b
鱗鱗　129b

【る】

流　る→りゅう
留　る→りゅう
琉璃殿　133b
累劫　109b

【れ】

礼可興而不可廃　58a
礼三拝　81a, 105b
礼拝屈服　92a
伶俜　7b, 119b
伶俜乞丐　119b
冷灰　16a, 71b
冷灰豆爆　16a
冷坐　93b
冷坐九年　105b
冷飈飈　16b, 75a
冷地　23a, 28a
怜愍　85a
玲瓏　57b, 65a, 136b
玲瓏八面　57b
犁　25b, 71b, 112b, 124b, 147b
犁鉏　147b
零落　82b
領　れい→りょう
霊雲　25a, 49a, 68a, 68b
霊雲見桃花　25a, 49a, 68a
霊亀曳尾　53a
霊亀拽尾　12a
霊験　112a
霊骨　84b
霊山　15b, 62b, 120a, 125a, 140b
霊山一別直至于今　62b
霊山会上　125a
霊山会上八万衆時　125a
霊山指月、曹渓話月　15b
霊山二千年公案　140b
霊照　32a
霊照街頭売擁籬　32a
霊然密運　120a
霊明　13a, 14b
霊利　6b, 26b, 42b, 53a, 70a, 89a, 96a, 115b, 127b, 132b, 133a, 137a
霊利漢　26b, 42b, 96a, 115b, 132b, 137a
霊利聡明　6b
霊利衲僧　70a, 127b, 133a
黎民　125a
嶺外　25a
嶺上雲　35
嶺上山前　78a
蠡　80a
歴歴現前　80a
列義分科　143a
列在　88b, 139b
列刹　86a, 125b
列祖説不得時　17a
烈焔炉中　131a
裂石崩山　142b
連雲　76b
練雲　30b
鎌倉　7a, 55b
簾纖　64b, 146a

【ろ】

路中　89b
路逢達道人、莫将語默対　72a
魯祖　34b, 46b, 136a
魯祖見僧面壁　46b
魯祖面一間土壁　136a
魯祖面壁　34b
盧行者　93a
廬山　109a, 118b, 119a, 121b, 122a, 128b, 133a, 133b, 134b, 135b, 136a, 138a, 145a, 150b
廬山真面目　138a
蘆花　76b, 121b
蘆花影裏　76b
蘆蓼　127b
露地牛　122b
露堂堂　156a
驢　11b, 33b, 38a, 40b, 47a, 65a, 69a, 75b, 88a, 96a, 118a, 118b, 123b, 124a, 132a, 136a, 140a, 143a, 145b, 150a, 156b
驢脚　60b
驢迎馬向　140a
驢児　65a
驢腸馬肚　96a
驢乳　69a, 145b
驢年　136a, 143a